不動産登記実務総覧

第4版

[監修]
倉吉 敬

[編集代表]
寺島 健
小宮山 秀史

一般社団法人 金融財政事情研究会

第4版　序

　本書は昭和53年に刊行され、以来、不動産登記実務の体系的な参考書として、「実務総覧」の愛称とともに、司法書士、土地家屋調査士、金融機関担当者、不動産取引関係者、法務局その他の官公署職員等の不動産登記実務に携わる実務家を中心に広範な支持を得ながら、昭和62年（全訂版）、平成10年（新訂版）と、版を重ねてきた。

　その後、平成16年6月に、明治以来の不動産登記法（明治32年法律第24号）を全面改正した新しい不動産登記法（平成16年法律第123号）が成立し、平成17年3月に施行された。新法は、不動産登記制度を高度情報化社会にふさわしい制度とするため、オンライン申請手続、登記識別情報制度等を導入し、旧来の登記済証制度、出頭主義等を廃止するとともに、登記の正確性を確保するため、登記申請に登記原因証明情報の添付を必須とする規定等を置いた。政省令及び不動産登記事務取扱手続準則（民事局長通達）も全面的に改正され、申請人、登記事項及び登記手続の骨格に関する事項は法律に、申請情報、添付情報等の登記申請に関する事項は政令に、登記官が行う事務に関する事項は省令にそれぞれ規定されて、分かりやすい体系になった。

　その後も、信託法、商法（海商関係）の改正等不動産登記実務に影響のある制度改正が続き、最近では、平成29年5月に成立した民法（債権関係）の一部改正法（2020年4月1日施行予定）により、電子記録債権が根抵当権の被担保債権となること、登記請求権を保全するために債権者代位権を行使し得ること等が明文化され、さらに、平成30年7月に成立した民法（相続関係）等の一部改正法により、登記することができる権利として配偶者居住権が創設され（2020年4月1日施行予定）、また、これまでの判例法理と異なり、相続させる旨の遺言についても、法定相続分を超える部分については登記等の対抗要件を具備しなければ第三者に対抗することができないこととされた（2019年7月1日施行予定）。

　こうした事情から本書を全面的に見直すこととし、法務省民事局及び法務局で不動産登記実務に従事した経験のある方々の協力を得て、新たに『不動産登記実務総覧〔第4版〕』として刊行することとなった。上記の法改正等に対応して320余にのぼる項目（論点）を追加するとともに、既存の項目についても相当の補正をしたが、他方、今日では不要と思われるものも含めて旧版の130余の項目を削除するなど、スリム化にも努めた。

新しい不動産登記法施行後13年が経過し、読者諸兄姉を長期間お待たせすることになったが、この間に蓄積された判例や登記先例を包摂し、かつ、最新の民法改正を踏まえた記述を加えることもできたので、より充実した内容になったものと思われる。不動産登記実務に携わる方々に広く活用されることを願っている。

　平成31（2019）年3月

中央更生保護審査会委員長　倉　吉　　敬

第4版 はしがき

　平成10年に「新訂不動産登記実務総覧」が刊行されてから、約20年経過しており、元号もいよいよ新しいものとなろうとしており、新しい時代の幕開けが迫っている。

　この間、不動産登記制度については、平成16年に不動産登記法（明治32年法律第24号）を全面改正した新しい不動産登記法（平成16年法律第123号）が公布され、平成17年には、不動産登記施行令（昭和35年政令第228号）を全面改正した不動産登記令（平成16年政令第379号）と、不動産登記法施行細則（明治32年司法省令第11号）を全面改正した不動産登記規則（平成17年法務省令第18号）及び全面改正された不動産登記事務取扱手続準則（平成17年2月25日付法務省民二第456号民事局長通達）とが施行されたが、これにより、登記制度は大きく見直され、一足先に新時代を迎えている。

　また、少子高齢化の進展により、不動産登記簿によって土地の所有者が判明せず、また、仮に判明してもその所在が分からないといういわゆる「所有者不明土地問題」が大きな社会的課題として認識されるようになっている。現在は、政府方針に基づき、2020年を一つのデッドラインとして所有者不明土地問題への対策の検討が待ったなしで進められているが、既に一部については措置がされており、例えば、相続登記促進のための新たな制度として、不動産登記規則が改正されて平成29年5月から「法定相続情報証明制度」の運用が開始されている。

　このように、この間の大きな時代の変化に即したものとするべく、これらの法改正や新たな制度の導入によって生じた論点を追加するとともに、平成10年以降の先例等を踏まえ、既存の論点についても見直しを行い、「不動産登記実務総覧〔第4版〕」として刊行する運びとなったものである。

　本書が、不動産登記の実務や研究における必携の書として、旧版にも増して活用されることを期待している。

平成31（2019）年3月

法務省民事局民事第二課長　**村松　秀樹**

序

　不動産登記制度は、民法を始めとする実体法と不動産登記法を始めとする手続法に基づいて運用されている。そして、その条文の解釈を補うものとして、数多くの先例が集積されており、これらの先例が、実体法と手続法の関連を明らかにする手掛かりとなることも少なくない。不動産登記の実務に携わる者がしばしば経験することであるが、実務上生起する様々な問題の背後には、手続法の論理と実体法の論理が、ときに矛盾対立するかのような様相を呈しながら、複雑に交錯していることがあり、これを解きほぐして問題の所在を明確にし、適正妥当な結論に至るには、手続法と実体法とを関連付けて総合的に把握するとともに、先例を正しく位置付け、その趣旨を的確に理解することが必要となる。しかし、これは手続に熟達した実務家にとっても、民法等の実体法の解釈に精通した研究者にとっても、容易なことではないのである。

　本書の初版は、昭和三五年に刊行された『金融機関登記実務総覧』に遡る。その後数次の改訂を経て、昭和五五年に『不動産登記実務総覧』としてその内容を一新し、さらに、昭和六二年にその間の法改正等を踏まえて全面的に改訂されたが、最初の編者である香川保一氏以来、一貫して、実体法と手続法との関連付けに留意しつつ、関係先例に言及するという視点を堅持してきた。本書が、質の高い体系的な実務参考書として、不動産登記の実務家と研究者の間で広範な支持を得てきたのは、このためにほかならない。その本書が、昭和六二年の全訂版の刊行から約一〇年を経過した今、この間に生じた法改正や新しい判例・先例を踏まえて、大幅に内容を充実させ、『新訂不動産登記実務総覧（上）（下）』として上梓の運びとなった。不動産登記制度の円滑な運用を望む者として御同慶にたえない。

　国際化時代を背景とした金融ビッグバン、行政の高度情報化、規制緩和の流れ等々、時代はめまぐるしく進展しているが、そのような中にあっても、わが国における不動産登記制度は、ゆるぎないものとして、その果たす役割はますます重要性を増していくことになると思われる。その時々の社会の要請に柔軟に対応しつつ、国民の貴重な財産である不動産の保全と取引の安全という使命を果たすことを望むものであるが、本書もまたその内容をますます充実し、不動産登記実務の円滑に貢献することを祈念するものである。

　平成一〇年六月一五日

法務省民事局長　森 脇　　勝

新訂版はしがき

　昭和六二年に『不動産登記実務総覧（全訂版）』が刊行されてから一〇年以上が経過したが、この間、いくつかの法令改正が行われ、不動産登記の制度と実務の運用は大きく変容した。このうち主要なものをあげると、次のとおりである。

　まず、昭和六三年に、登記事務にコンピュータを導入するための不動産登記法の改正がされた。この改正は、わが国の不動産登記制度を、登記簿という簿冊から解放し、ブックレスシステムによる事務処理を可能とする画期的なものであり、制度そのものに大きな変革をもたらすものであった。次いで、平成元年には、民事保全法の制定に伴う不動産登記法の改正がされ、不動産についての登記請求権を保全するための処分禁止の仮処分の登記に関する規定が設けられ、平成三年には、借地借家法の制定に伴う不動産登記法の改正がされ、定期借地権及び期限付借家権に対応するための規定等が整備された。さらに、平成五年には、建物の合体による登記手続の新設と地図に準ずる図面に関する規定の整備を中心として、その他、地役権の登記がある土地の合筆の登記手続の整備、登記申請のための代理権の不消滅に関する規定の新設、保証書制度の改善、地図作成の際の職権による分合筆の登記手続の新設等を内容とする不動産登記法の改正がされ、地積測量図の作成方法に関する不動産登記法施行細則、及び不動産登記事務取扱手続準則の改正がされた。いずれも、これまで手続上の懸案事項とされてきた問題点の立法的解決を図ったものである。

　そこで、法務省民事局第三課の関係者が中心になって、これらの法令改正によって生じた新たな論点を追加して詳細な説明を加えるとともに、昭和六二年以降の不動産登記事務の取扱いの変更や新たな先例・判例、手数料の改訂等も盛り込んで、本書を全面的に改訂し、『新訂不動産登記実務総覧（上）（下）』として刊行する運びとなった。

　不動産登記の実務上生起する様々な問題点を体系的に分類し、理論的に掘り下げた解説を付した本書が、不動産登記の実務家と研究者の必携の書として、旧版にも増して広く活用されることを期待している。

　平成一〇年六月一五日

法務省民事局第三課長　倉　吉　　敬

全訂版の序

　不動産に関する権利関係を定めているのは、民法その他の実体法であるが、その実体法を勉強した人でも、その権利が具体的にどのように保証されているのかを知っている人は意外に少ない。逆に、不動産の取引を業とし、あるいは不動産登記の事務を専門とする人は、登記の重要性を知ってはいるが、その人達が常に実体法の専門家であるとは限らない。不動産の権利関係を正確かつ確実に保証するためには、実体法と手続法の両面から登記制度を理解し、理論的な裏付けの下に手続の統一的運用を計る必要があるのである。しかし、そのことは、実際には大変難しいことである。民法の大家であっても、日々登記所に生起する問題を承知することはできないし、日々登記事務に追われている実務家は、理論的研究をするいとまがない。したがって、本当に役に立つ登記の専門書というのは、世間には極めて数少ないのである。そういう意味で、不動産登記の実務に携わる者にとって、本書は、本当に役に立つほとんど唯一といってよい参考書であるといえる。

　そのことは、本書の発刊とその後の改訂の経緯が明らかに物語っている。本書の最初の編者である香川保一氏が「はしがき」に書いておられるとおり、本書は、昭和三五年に不動産登記を担当する法務省民事局第三課の職員の有志が、実務上生起する多くの問題について、その経験と実績に基づいて、実務家に役立つ体系的な実務参考書として分担執筆したものである。当初は、金融取引を中心に「金融機関登記実務総覧」として刊行されたが、その後、度重なる法令の改正及びこれに伴う多くの先例の蓄積のため、昭和五五年には改訂増補されて「不動産登記実務総覧」と改題され、多くの登記関係者に親しまれ、頼りにされてきたのである。

　今回、時代の要請に応えて全面改訂されることになったが、これを機に、編者香川保一氏の御配慮により、その改訂に当たった法務省民事局の関係者に編集をお任せ頂くことになり、今後本書はこれらの方々によって刊行されていくこととなった。本年は、たまたま不動産登記制度一〇〇周年に当たり、各種の記念行事が開催され、あるいは記念出版も行われた。奇しくもこの年に当たり、本書が装いも新たに刊行されることとなったことは、その内容にふさわしいことと喜びにたえない。同氏の御好意に感謝申し上げるとともに、今後、本書がますます充実し、関係者に一層広く利用され、実務の円滑な処理に貢献することを期待するものである。

昭和六二年一一月二〇日

　　　　　　　　　　　　　法務省民事局長　**千種　秀夫**

全訂版の刊行にあたって

　本書は、昭和三五年に香川保一（当時法務省民事局第三課長、現在最高裁判所裁判官）編集、法務省民事局第三課職員の有志の分担執筆により、担保権に関する登記を中心に、「金融機関登記実務総覧」として、初版刊行されたものであるが、その後、昭和三九年の不動産登記法の大幅な改正、昭和四六年の根抵当立法を契機に、何回かの改訂が重ねられてきた。

　そして、昭和五五年には、同書に掲載されていなかった表示登記及び所有権に関する登記をも織り込むとともに、昭和五二年の不動産登記法施行細則の改正、昭和五三年のいわゆる仮登記担保法の立法、昭和五四年の不動産登記記載例の改訂等を踏まえて、当時の法務省民事局第三課長清水湛氏及び同課職員の協力のもとに、全面的な改訂が施され、「不動産登記実務総覧」として装いも新たに上梓された。この全面改訂によって、本書は、まさに不動産登記の総合実務手引書として、登記関係者に活用されていたところであるが、その後、昭和五四年には民事執行法の制定が、また昭和五八年には、いわゆる区分所有法の改正及びそれに伴う不動産登記法の改正がされたことに伴い、改訂版の刊行の必要に迫られていたものである。そこで、昭和三五年の初版刊行以来、編集責任者としてご労苦されてきた香川保一氏から法務省民事局第三課職員を中心にした民事局の関係者へ編集の重責を任されることになったことを機に、分類項目について見直しを図るとともに区分所有法及び民事執行法関係の設問を加え、さらには巻末に収録されていた申請書式についても若干の様式を追録し、併せて不動産登記記載例を掲載するなど内容をより充実させ日常実務の手引書として活用いただけることを企図して、この度全訂版として発行する運びとなった。さらに発刊直前に所得税法等の一部を改正する法律（昭和六二年法律第九六号）により租税特別措置法が改正されたことに伴う登録免許税の改正事項をも盛り込むことにより、最新版としてご活用いただけるようにも努力をした。

　しかしながら、短時間の間の作業であったため、内容が重複したり、表現に精粗があったり、また用語の統一が不十分であるなど、至らぬ点も多々あると思われる。これらについては他日を期したいと考えているが、少なくとも基本的な事項については、全て掲げたつもりであり、十分に参考としていただける内容のものとなっていると考えている。

　最後に、今日まで本書を育てていただいた香川保一氏に深謝申し上げるとと

もに、この全訂版の刊行について何かとお世話になった民事法情報センター並びに金融財政事情研究会の各氏に心から感謝の意を表する次第である。
　昭和六二年一一月
　　　　　　　法務大臣官房参事官（前法務省民事局第三課長）　田中　康久

はしがき

　手続法と実体法とは、不可分の関係をもち、これと一体をなすことが望まれる。しかし、手続法は、その文理的解釈によるのみではなくして、行政的な立場からも、これに適切な解釈が与えられるべきである。このことは、不動産登記関係の分野においても、関係先例がおびただしい数にのぼっていることによって窺い知ることができる。したがって、実務関係者は、右の関係先例等を識らずしては、実務処理の完璧を期することができないことは、当然である。そこで、実体法と手続法とを、有機的に関連せしめつつ、あわせて関係先例を適宜に配した、体系的な実務参考書がぜひとも必要となるのである。

　このような要望に応えるため、本書は昭和三五年に法務省民事局第三課職員の有志の分担執筆により、担保権に関する登記を中心に、「金融機関登記実務総覧」として、初版刊行をみたものである。同書は幸いにして広く好評を博し、その後、昭和三九年の不動産登記法の大幅な改正や、昭和四六年の根抵当立法を契機に、何回かの改訂、重版を重ねてきた。

　しかし、旧版を刊行してから、早八年の歳月が経過し、この間、不動産登記法施行細則、事務取扱準則の改正（昭和五二年）、いわゆる仮登記担保法の立法（昭和五三年）、不動産登記記載例の改正（昭和五四年）や、数々の先例が発布されるところとなり、改訂を望む声が強く出されていた。このたび法務省民事局第三課長清水湛氏はじめ関係各位の協力を得て、このような要望に応えて全面的な改訂を施すとともに、旧版では欠落していた表示登記および所有権に関する登記を新たに収め、さらに仮登記担保に関する事項を追録し、真に不動産登記の総合実務手引書として有用ならしめるとともに、装いも新たに「不動産登記実務総覧」として、上梓するところとなった。

　ただ、編纂作業に十分な時間をとれないまま刊行せざるを得ない状況にあったため、意を尽くさない箇所や、十分な検討をとげ得ない所も多々あろうことと思われるので、その点はお詫び申し上げるとともに、読者諸賢のご批判、ご叱正を仰ぎたい。

　最後に、多忙な職務の余暇をさいて、快く執筆・編集作業に当たって下さった方々に対し、深謝申し上げるとともに、本書がいささかでも登記実務関係者のお役に立つことを祈ってやまない。

　昭和五五年三月

香川　保一

【監修・編集代表・編集委員・執筆者】

[監修]

倉吉　敬（くらよし　けい）

　昭和26年生まれ。昭和51年4月判事補任官後、最高裁調査官等を経て、平成8年7月法務省民事局第二課長。その後、第三課長、第一課長、大臣官房会計課長、秘書課長、司法法制部長、東京高裁判事。同19年7月法務省民事局長。同21年8月東京高裁部総括判事。その後、さいたま地裁所長、横浜地裁所長、仙台高裁長官、東京高裁長官。同28年3月退官。
　現在　中央更生保護審査会委員長

[編集代表]

寺島　健（てらしま　つよし）

　昭和26年生まれ。昭和45年4月東京法務局採用後、法務大臣官房司法法制調査部、法務省訟務局、民事局参事官室、民事局第三課（現民事第二課）、内閣法制局第二部、法務省民事局第三課第一係長、同補佐官等の勤務を経て、平成13年4月前橋地方法務局総務課長、同14年法務省人権擁護局総括補佐官、同16年民事局総括補佐官。その後、仙台法務局民事行政部長、静岡地方法務局長、東京法務局総務部長、札幌法務局長、福岡法務局長。同23年3月退職。同23年6月柏公証役場公証人。同30年6月任期満了により退任。

小宮山　秀史（こみやま　ひでし）

　昭和30年生まれ。昭和56年11月大阪法務局採用後、法務省訟務局、民事局第三課（現民事第二課）、東京法務局民事行政部不動産登記部門統括登記官、民事局民事第二課補佐官等の勤務を経て、平成18年4月奈良地方法務局総務課長、同19年4月法務省民事局民事第二課地図企画官。その後、大阪法務局民事行政部長、同総務部長、仙台法務局長。同27年3月退職。
　現在　東大阪公証役場公証人

[編集委員]

横山　亘（よこやま　わたる）　東京法務局民事行政部民事行政調査官
土手　敏行（どて　としゆき）　法務省民事局総務課登記情報管理室長
江口　幹太（えぐち　かんた）　法務省民事局民事第二課地図企画官

[執筆者]（50音順）

青木　典一	東京法務局民事行政部戸籍課総括係長	
荒川　　豊	法務省民事局総務課補佐官	
石坂　浩二	神戸地方法務局不動産登記部門統括登記官	
大橋　光典	法務省人権擁護局調査救済課長	
梶野　　渉	千葉地方法務局松戸支局不動産登記部門登記官	
木野　　泉	名古屋法務局会計課施設係長	
小西　憲冶	神戸地方法務局総務課人事係長	
済田　秀治	神戸地方法務局総務課長	
齊藤　弘康	名古屋法務局民事行政部国籍課係員	
佐藤　晶子	法務省民事局総務課補佐官	
佐藤　利弘	宇都宮地方法務局会計課長	
杉浦　直紀	法務省民事局民事第一課長	
田畑美惠子	大阪法務局北大阪支局総務登記官	
千葉　和信	旭川公証人合同役場公証人	
中山　隆弘	衆議院調査局法務調査室調査員	
野﨑　貴義	東京法務局総務部職員課人事係長	
秦　　慎也	福山公証役場公証人	
藤本　悠介	法務省民事局総務課公証係長	
古田　辰美	法務省大臣官房会計課調達第二係長	
前村　俊二	東京法務局民事行政部法人登記部門登記官	
山田　昌之	甲府地方法務局会計課長	
山本　貴典	法務省民事局民事第二課補佐官	
山本　公彦	神戸地方法務局西宮支局総務課民事専門官	

凡　例

法令名関係

不登法	不動産登記法（平成16年法律第123号）
登記令	不動産登記令（平成16年政令第379号）
規則	不動産登記規則（平成17年法務省令第18号）
旧不登法	不動産登記法（明治32年法律第24号）
旧施行令	不動産登記法施行令（昭和35年政令第228号）
旧細則	不動産登記法施行細則（明治32年司法省令第11号）
法務省組織令	法務省組織令（平成12年政令第248号）
設置規則	法務局及び地方法務局の支局及び出張所設置規則（平成13年法務省令第12号）
管轄指定省令	不動産の管轄登記所等の指定に関する省令（昭和50年法務省令第68号）
登記手数料令	登記手数料令（昭和24年政令第140号）
滞調法	滞納処分と強制執行等との手続の調整に関する法律（昭和32年法律第94号）
国調法	国土調査法（昭和26年法律第180号）
工抵法	工場抵当法（明治38年法律第54号）
工抵規則	工場抵当登記規則（平成17年法務省令第23号）
商法	商法（明治32年法律第48号）
船舶法	船舶法（明治32年法律第46号）
鉱抵法	鉱業抵当法（明治38年法律第55号）
漁抵法	漁業財団抵当法（大正14年法律第9号）
港運法	港湾運送事業法（昭和26年法律第161号）
道抵法	道路交通事業抵当法（昭和27年法律第204号）
観抵法	観光施設財団抵当法（昭和43年法律第91号）
農信法	農業動産信用法（昭和8年法律第30号）
建抵法	建設機械抵当法（昭和29年法律第97号）
船舶登記令	船舶登記令（平成17年政令第11号）
農業用動産抵当登記令	農業用動産抵当登記令（平成17年政令第25号）
建設機械登記令	建設機械登記令（昭和29年政令第305号）
立木法	立木ニ関スル法律
立木規則	立木登記規則
森林法	森林法（昭和26年法律第249号）

信託法	信託法（平成18年法律第108号）
医療法	医療法（昭和23年法律第205号）
学校教育法	学校教育法（昭和22年法律第26号）
行審法	行政不服審査法（昭和37年法律第160号）
行訴法	行政事件訴訟法（昭和37年法律第139号）
区分所有法	建物の区分所有等に関する法律（昭和37年法律第69号）
担信法	担保付社債信託法
刑訴法	刑事訴訟法（昭和32年法律第131号）
建築基準法	建築基準法（昭和25年法律第201号）
公的個人認証法	電子署名等に係る地方公共団体情報システム機構の認証業務に関する法律
国民年金法	国民年金法（昭和34年法律第141号）
税法	登録免許税法（昭和42年法律第35号）
税法施行令	登録免許税法施行令（昭和42年政令第146号）
税法施行規則	登録免許税法施行規則（昭和42年大蔵省令第37号）
地方税法	地方税法（昭和25年法律第226号）
番号利用法	行政手続における特定の個人を識別するための番号の利用等に関する法律（平成25年法律第27号）
民事執行法	民事執行法（昭和54年法律第4号）
民事執行規則	民事執行規則（昭和54年最高裁判所規則第5号）
民事保全法	民事保全法（平成元年法律第91号）
破産法	破産法（平成16年法律第75号）
仮登記担保法	仮登記担保契約に関する法律

通達関係

準則	「不動産登記事務取扱手続準則」平成17年2月18日付け法務省民二第456号民事局長通達
旧準則	「不動産登記事務取扱手続準則」昭和52年9月3日付け法務省民三第4473号民事局長通達
施行通達	「不動産登記法の施行に伴う登記事務の取扱いについて」平成17年2月25日付け法務省民二第457号民事局長通達
筆界特定基本通達	「不動産登記法等の一部を改正する法律の施行に伴う筆界特定手続に関する事務の取扱いについて」平成17年12月6日付け法務省民二第2760号民事局長通達
記録令通達	「不動産登記記録令について」平成21年2月20日付け

	民二第500号民事局長通達
財団準則	「財団登記事務取扱手続準則」昭和41年5月17日付け民事甲第955号民事局長通達
昭和42年794号依命通知	「登録免許税法の施行に伴う不動産登記事務の取扱いについて」昭和42年7月26日付け法務省民三第794号民事局第三課長依命通知
平成14年1811号依命通知	「登記に関する申請書の取扱いについて」平成14年7月26日付け法務省民二民商第1811号民事局民事第二課長・商事課長依命通知
平成17年1009号通達	「不動産登記法附則第3条第1項の規定による指定を受けた事務に係る登記簿の改製作業等の取扱いについて」平成17年4月18日付け法務省民二第1009号民事局長通達
平成20年57号通達	「不動産登記令の一部改正等に伴う登記事務の取扱いについて」平成20年1月11日付け法務省民二第57号民事局長通達
平成20年58号通達	「不動産登記事務取扱手続準則の一部改正について」平成20年1月11日付け法務省民二第58号民事局長通達
平成21年76号通知	「閉鎖登記簿及び和紙公図の電子化並びに不動産登記の申請情報等の保存期間の延長に伴う事務の取扱いについて」平成21年1月14日付け法務省民二第76号民事局民事第二課長通知
平成23年644号通達	「不動産登記事務取扱手続準則の一部改正について」平成23年3月25日付け法務省民二第644号民事局長通達
平成23年768号依命通知	「不動産登記事務取扱手続準則の一部改正について」平成23年3月25日付け法務省民二第768号民事第二課長依命通知
平成26年852号通達	「不動産登記事務取扱手続準則の一部改正について」平成26年12月25日付け法務省民二第852号民事局長通達
平成27年874号通達	「行政手続における特定の個人を識別するための番号の利用等に関する法律等の施行に伴う不動産登記事務の取扱いについて」平成27年12月17日付け法務省民二第874号民事局長通達

目　次

第1章　総　説

第1節　総　説

- 1001　登記の効力 …………………………………………………… 2
- 1002　登記の公信力 ………………………………………………… 4
- 1003　登記される権利 ……………………………………………… 5
- 1004　変動の登記 …………………………………………………… 5
- 1005　登記を必要とする物権変動 ………………………………… 6
- 1006　権利の順位 …………………………………………………… 9
- 1007　登記の無効 …………………………………………………… 10
- 1008　二重登記（重複登記）……………………………………… 12
- 1009　登記の流用 …………………………………………………… 14
- 1010　登　記　所 …………………………………………………… 16
- 1011　登　記　官 …………………………………………………… 16
- 1012　登記の管轄 …………………………………………………… 18
- 1013　登記官の過誤による登記の錯誤又は遺漏 ………………… 20
- 1014　登記官の処分についての不服 ……………………………… 21

第2節　登　記　簿

- 1015　登記の種類 …………………………………………………… 23
- 1016　登記簿と登記記録 …………………………………………… 25
- 1017　登記記録の編成 ……………………………………………… 25
- 1018　コンピュータ化されていない登記簿又は閉鎖登記簿 …… 26
- 1019　一不動産一登記記録の原則 ………………………………… 27
- 1020　登記情報提供サービス・登記情報交換サービス ………… 27
- 1021　登記情報の調査の必要性 …………………………………… 29
- 1022　登記情報の調査の着眼点 …………………………………… 30
- 1023　登記事項証明書・登記事項要約書の交付請求 …………… 33

1024	登記事項証明書の交付等の手数料	34
1025	登記簿及びその附属書類等の公開	35
1026	登記所備付けの図面	37

第3節　地図・建物所在図

1027	地図の意義	41
1028	電磁的記録に記録された地図の意義	43
1029	不動産登記法14条1項に規定する地図の作成方法	45
1030	地図の精度	46
1031	不動産登記法14条1項地図の種類	48
1032	国土調査法による地籍図	49
1033	旧土地台帳附属地図	51
1034	地図又は地図に準ずる図面の訂正手続	53
1035	土地所在図の訂正等	54
1036	建物所在図の意義	55

第4節　登記の種類

1037	不動産の表題登記の意義	57
1038	不動産の表題部の変更登記の意義	58
1039	不動産の表題部の更正登記の意義	59
1040	登記名義人の氏名等の変更登記の意義	59
1041	登記名義人の氏名等の変更と中間省略登記	60
1042	土地の表題部の変更登記の中間省略登記の申請の可否	61
1043	建物の表題部の変更登記の中間省略登記の申請の可否	61
1044	登記名義人の氏名等の更正登記の意義	62
1045	権利の変更登記の意義	63
1046	権利の更正の登記の意義	63
1047	権利の登記の抹消の意義	64
1048	抹消登記の回復の意義	65
1049	滅失登記の回復の意義	65

第5節　登記申請

1050　登記申請手続における一般通則 …………………………………… 66
1051　登記権利者及び登記義務者の意義 ………………………………… 67
1052　一般承継人による登記の申請 ……………………………………… 68
1053　意思能力ある未成年者の登記申請能力 …………………………… 70
1054　判決による登記の「判決」の意義 ………………………………… 70
1055　公正証書による登記の単独申請の可否 …………………………… 71
1056　債権者代位による登記 ……………………………………………… 71
1057　申請情報作成上の留意事項 ………………………………………… 73
1058　同一の申請情報で数個の不動産の登記を申請できる場合 ……… 75
1059　登記申請の撤回による取下げの可否 ……………………………… 76
1060　登記申請に不備があるときの取下げの可否 ……………………… 77
1061　登記申請の却下事由 ………………………………………………… 77
1062　登記官による本人確認調査 ………………………………………… 79
1063　不正登記防止申出 …………………………………………………… 82
1064　申請書等の送付の方法による登記の申請 ………………………… 84
1065　オンライン申請 ……………………………………………………… 85
1066　オンライン申請における別送方式 ………………………………… 87
1067　オンライン申請における表示に関する登記の添付情報 ………… 88
1068　オンライン申請送信日の翌日以降の日が登記原因日である登記原因証明情報 ……………………………………………………………… 89

第6節　登記の代理申請

1069　登記申請代理人の能力者であることの要否 ……………………… 91
1070　登記申請と双方代理又は当事者の一方が他の代理人となることの可否 ……………………………………………………………………… 92
1071　会社等の代表者の資格 ……………………………………………… 92
1072　代理権不消滅 ………………………………………………………… 93
1073　委任状を登記権利者及び登記義務者において同一の書面で作成することの可否 ………………………………………………………… 95
1074　数個の登記の申請代理権限を1通の委任状をもって授権することの

	可否 …………………………………………………………………	95
1075	本人の委任状に復代理人選任の事項の記載のない場合の復代理人による登記申請の可否 ……………………………………………………	96
1076	包括委任状の使用の可否 ………………………………………………	97
1077	銀行支店長の登記申請の可否 …………………………………………	98
1078	改印後に改印前の委任状により登記申請することの可否 …………	99
1079	支配人の所有権移転登記の申請権限の有無 …………………………	99
1080	成年被後見人の登記申請権限 …………………………………………	100
1081	被保佐人の登記申請権限 ………………………………………………	101
1082	破産会社の登記申請権限 ………………………………………………	102
1083	破産手続開始の登記のない不動産について破産管財人のする任意売却による所有権の移転の登記の可否 ………………………………	103
1084	相続財産法人に属する不動産の登記申請権限 ………………………	104
1085	未成年の子の所有不動産を父に売買する場合の親権者 ……………	105
1086	父が代表者である会社のための子の物上保証と利益相反 …………	106
1087	成年後見人の代理権限を証する情報 …………………………………	107
1088	持分会社の代表社員が法人である場合の会社法人等番号 …………	108
1089	受領証の取扱い …………………………………………………………	109

第7節　添付情報

第1項　原本還付 …………………………………………………………	111
1090　添付情報の原本還付請求 …………………………………………	111
1091　相続による権利の移転の登記等における添付書面の原本還付 ……	112
1092　委任状の原本還付の可否 …………………………………………	113
1093　印鑑証明情報の原本還付の可否 …………………………………	114
1094　申請人本人が原本に相違ない旨の記載をすることの可否 ……	114
第2項　添付情報の援用 …………………………………………………	115
1095　添付情報の援用 ……………………………………………………	115
1096　不動産登記と船舶登記を同時に申請する場合の添付情報の援用 ……	116
第3項　登記原因証明情報 ………………………………………………	117
1097　登記原因証明情報の意義 …………………………………………	117
1098　契約書作成後当事者の商号等に変更があった場合に当該契約書を登	

	記原因証明情報とすることの可否 …………………………………… 118
1099	売買契約の締結及び売買代金の受領権限を有する弁護士が登記原因証明情報の作成名義人になることの可否 ……………………… 119
1100	支配人の登記がされていない支店長等が登記原因証明情報の作成名義人となることの可否 …………………………………………… 119
1101	混同により権利の登記を抹消する場合の登記原因証明情報の提供の要否 ………………………………………………………………… 120

第4項　登記済証 ………………………………………………………… 121

1102	登記義務者の権利に関する登記済証の取扱い ……………………… 121
1103	登記権利者に交付する登記済証の取扱い …………………………… 121
1104	登記義務者への登記済証の還付 ……………………………………… 122

第5項　登記識別情報 …………………………………………………… 123

1105	登記識別情報の意義 …………………………………………………… 123
1106	合筆後に提供する登記識別情報 ……………………………………… 124
1107	代位登記の登記識別情報の取扱い …………………………………… 125
1108	登記識別情報の有効性確認 …………………………………………… 125
1109	嘱託登記の登記識別情報の取扱い …………………………………… 126
1110	不在者財産管理人が裁判所の許可を得て不動産を売却する場合の登記識別情報の取扱い …………………………………………………… 127
1111	成年後見人が成年被後見人の居住用不動産の処分につき裁判所の許可を得て、売却する場合の登記識別情報 ………………………… 128
1112	更生会社の管財人が任意売却した場合の登記識別情報の取扱い …… 129

第6項　事前通知 ………………………………………………………… 129

1113	登記識別情報の提供ができない場合の取扱い ……………………… 129
1114	資格者代理人による本人確認情報の提供とは何か ………………… 130
1115	破産管財人代理と面談したことをもって、資格者代理人による本人確認情報とすることの可否 ………………………………………… 131
1116	海外居住の日本人につき、日本領事の署名証明書をもって本人確認情報とすることの可否 ……………………………………………… 132
1117	登記官による事前通知とは何か ……………………………………… 132
1118	登記官による登記義務者の前住所への通知 ………………………… 133
1119	保全管理人宛ての事前通知の取扱い ………………………………… 134

1120	遺贈を原因とする所有権の移転の登記における登記義務者の前住所への通知の要否	134
1121	申請書等についての公証人による認証とは何か	135
1122	通知の期間の計算方法	135
1123	外国人が登記義務者の場合と不動産登記法23条適用の有無	136
1124	外国人が登記義務者の場合の事前通知の送付先	136
1125	事前通知受領後、申出前に登記義務者が死亡した場合の措置	137

第7項 第三者の許可、同意 ……………………………………… 138

1126	登記原因についての第三者の許可、同意又は承諾を証する情報を提供すべき場合	138
1127	未成年者所有不動産についての抵当権の設定の登記と親権者の同意情報の要否	139
1128	甲・乙両株式会社の代表取締役が同一人である場合の甲・乙間の不動産取引と会社法356条の適用	140
1129	民事再生会社を売主とする場合の監査委員の同意の要否	141
1130	株主総会又は取締役会が承諾したことを証する情報を記載した書面への記名押印者	142
1131	破産財団に属さない不動産に係る所有権の移転の登記と第三者の許可書の提供の要否	143
1132	真正なる登記名義の回復を原因とする所有権移転の登記と農地法所定の許可書の提供の要否	144
1133	成年被後見人とその成年後見人が代表者である株式会社間における売買による所有権移転の登記	145
1134	株式会社の代表取締役が株式会社の財産を代表取締役である別の株式会社に現物出資した場合	146
1135	第三者のためにする売買、買主の地位の譲渡と利益相反行為	147

第8項 登記上の利害関係人とその承諾 ……………………… 149

1136	登記官の過誤により抹消された登記の回復と利害関係人の承諾の要否	149
1137	登記上の利害関係人の承諾書と印鑑証明書の要否	150

第9項 印鑑証明書 ………………………………………………… 151

1138	印鑑証明書の有効期間の計算	151

1139	印鑑証明書の提出を要する登記申請	151
1140	外国人が登記義務者となって登記の申請をする場合の印鑑証明書の要否	153
1141	破産管財人が登記義務者として登記を申請する場合の印鑑証明書の要否	154
1142	委任契約に係る公正証書を代理人の権限を証する情報とする場合の印鑑証明書の提出の省略の可否	156

第10項　住所証明情報 ……………………………………………… 157
| 1143 | 住所証明情報の添付を要する登記申請 | 157 |
| 1144 | 外国人登録制度の廃止による登記事務 | 158 |

第8節　法定相続情報証明制度

1145	法定相続情報証明制度の概要	160
1146	法定相続情報一覧図の記載内容に関する留意点	162
1147	交付の申出ができる者	163
1148	代理人による申出	164
1149	手続の流れ	166
1150	申出書の記載内容	167
1151	添付書面	168
1152	登記所での取扱いに係る流れ	170
1153	再交付	171
1154	戸籍の記載に変更があった場合	173

第2章　不動産の表示に関する登記

第1節　表示の登記

第1款　土　地 ………………………………………………………… 176
2001	一筆の土地の意義	176
2002	河川区域内の土地の登記能力	177
2003	海面下の土地の登記能力	178
2004	土地の地番の付番方法	180

2005	地震に伴う地殻変動と筆界	181
2006	宅地造成中の土地の地目	182
2007	ゴルフ用地の一部が建物の敷地となっている場合の当該敷地の地目	183
2008	温室の敷地の地目	184
2009	地積の意義と傾斜地の地積の求め方	185
2010	共有土地の表示に関する登記申請を共有者の一人からすることの可否	188
2011	公有水面埋立によって生じた土地の表題登記	189
2012	私人が未登記の国有地を時効取得した場合の表題登記	190
2013	未登記の市所有道路の用途を廃止後、私人が当該土地の払下げを受ける場合の登記手続	191
2014	土地の表題登記の申請において添付すべき土地所在図及び地積測量図の記録事項	192

第2款　建　　物　196

2015	建物の要件	196
2016	建物の個数の認定	199
2017	建物の種類の認定	201
2018	建物の床面積の定め方	202
2019	建築中の建造物の登記能力取得時期	204
2020	移動可能な建築物の登記能力	205
2021	地下街の建物を建造物として登記することの可否	207
2022	中二階や塔屋の登記手続	208
2023	建物を甲・乙両登記所の管轄にまたがって新築した場合の登記手続	209
2024	仮換地上の建物の所在の表示方法	210
2025	未登記の建物について所有権の処分の制限の登記をする場合の登記手続	213
2026	ビニールハウスの建物の成否	215
2027	新築建物の原因及びその日付	215
2028	死亡した者を所有者とする建物の表題登記の申請	216
2029	筆界未定とされた土地に建築された建物の表題登記の申請	217

2030	吹抜部分がある建物についての床面積について ………………… 218
2031	未登記の建物について附属建物を建築した場合における表題登記の申請の手続 ……………………………………………………………… 218
2032	内装が完成されていない建物の表題登記の申請の可否 ………… 219
2033	既存の建物の材料を用いた建物の再築の登記手続 ……………… 219
2034	建物の表題登記における所有権を証する情報 …………………… 220
2035	二筆以上の土地にまたがって建築された建物の表題登記における所在欄 ………………………………………………………………… 221
2036	建物の表示に関する登記の申請において、添付する建物図面及び各階平面図の記録事項 …………………………………………… 222

第2節　表示の変更又は更正の登記

第1款　土　　地 ……………………………………………………… 224

2037	土地の所在変更の登記 …………………………………………… 224
2038	地番の更正の登記の申請の可否 ………………………………… 224
2039	農地の地目の変更の登記 ………………………………………… 225
2040	相続人が行う地目変更の登記の申請 …………………………… 228
2041	土地の一部を取得した者が行う地目の変更の登記の申請 ……… 229
2042	保安林とされている土地の地目の変更の登記の申請 ………… 229
2043	農地について非農地証明を添付してする地目の変更の登記の申請 ‥ 230
2044	地積更正の登記を再度申請することの可否 …………………… 231
2045	地積の更正の登記申請と隣地所有者の承諾 …………………… 232
2046	境界に争いのある土地の地積の更正の登記の申請の受否 …… 234
2047	寄洲の登記の手続 ………………………………………………… 236

第2款　建　　物 ……………………………………………………… 237

2048	所在地番の更正の登記が認められる事例 ……………………… 237
2049	建物の移転による登記 …………………………………………… 238
2050	建物の敷地が分筆された場合における建物の所在変更の登記申請における添付情報 ……………………………………………… 240
2051	増築による床面積の変更の登記申請手続 ……………………… 241
2052	建物の構造の変更と増築を別個に行った場合の登記申請手続 …… 243
2053	数次に取壊し及び増改築を加えた登記手続 …………………… 244

2054　床面積の更正登記の申請における添付情報 …………………………… 245
2055　建物の一部取壊し及び増築における登記申請手続 …………………… 246
2056　主である建物の増築と同時に附属建物を新築した場合の登記手続 ‥ 247
2057　附属建物のみを新築した場合の登記申請手続 ………………………… 248
2058　2個の既登記建物同士を渡り廊下でつないだ場合の登記申請手続 ‥ 250
2059　附属建物を有する主である建物が滅失した場合の登記申請 ………… 251
2060　附属建物のみが滅失した場合の登記申請手続 ………………………… 252

第3節　分筆、分割又は合併の登記

第1款　土　　地 ………………………………………………………………… 254

2061　土地の分筆の登記の意義 ………………………………………………… 254
2062　地積測量図の記録事項 …………………………………………………… 255
2063　いわゆる残地分筆の許容範囲 …………………………………………… 257
2064　地役権の登記のある土地の分筆登記の申請手続 ……………………… 259
2065　要役地についてする分筆の登記の申請手続 …………………………… 260
2066　共有土地の分筆の登記の申請手続 ……………………………………… 261
2067　抵当権のある土地についてする分筆登記の申請手続 ………………… 262
2068　時効取得で認められた土地の分筆の登記の申請の可否 ……………… 263
2069　表題部所有者等の住所の変更又は更正の登記がされていない土地の
　　　分筆の登記の申請の可否 ………………………………………………… 264
2070　分合筆の登記の申請手続 ………………………………………………… 265
2071　地目変更の登記と同時に分筆の登記をする場合における申請手続 ‥ 266
2072　極小な土地の分筆登記の申請の可否 …………………………………… 267
2073　土地区画整理事業施行地域内の土地の分筆の登記の可否 …………… 268
2074　誤った分筆登記の是正方法 ……………………………………………… 268
2075　敷地権の目的となっている土地の分筆の登記 ………………………… 270
2076　分筆後の土地の一方のみに、当該分筆後の所有権の移転の登記があ
　　　る場合における分筆の登記の抹消の可否 ……………………………… 272

第2款　建　　物 ………………………………………………………………… 274

2077　建物の分割の登記の意義 ………………………………………………… 274
2078　甲建物の附属建物を分割して乙建物に合併する場合の登記手続 …… 275
2079　建物の一部を取り壊して二棟の建物にした場合の登記手続 ………… 276

2080 数個ある附属建物をそれぞれ分割する場合の登記申請手続 ……… 278
2081 附属建物のみの所有権を取得した者による登記の申請手続 ……… 280

第4節　合筆又は合併の登記

第1款　土　　地 …………………………………………………… 282
2082 土地の合筆の登記の意義 ………………………………………… 282
2083 土地の合筆の登記手続 …………………………………………… 283
2084 土地の合筆の制限 ………………………………………………… 285
2085 土地の合筆の登記の抹消の登記手続 …………………………… 286

第2款　建　　物 …………………………………………………… 287
2086 建物の合併の登記の意義 ………………………………………… 287
2087 建物の合併の登記手続 …………………………………………… 288
2088 建物の合併の制限 ………………………………………………… 289
2089 敷地権のある区分建物の合併の登記手続 ……………………… 291

第5節　区分建物

第1項　総　　論 …………………………………………………… 293
2090 区分建物の意義 …………………………………………………… 293
2091 区分建物の登記記録の仕組み …………………………………… 295
2092 敷地利用権と一体性の原則 ……………………………………… 297
2093 公正証書による規約の設定 ……………………………………… 299
2094 敷地権の意義 ……………………………………………………… 301

第2項　表題登記 …………………………………………………… 303
2095 区分建物の表題登記の申請人 …………………………………… 303
2096 区分建物の表題登記の一括申請 ………………………………… 304
2097 区分建物の表題登記の申請手続 ………………………………… 306
2098 遺言執行者からの建物の区分の登記の申請 …………………… 309
2099 等価交換方式による場合の区分建物の表題登記の申請手続 ……… 310

第3項　表示の変更又は更正 ……………………………………… 311
2100 区分建物の表題部に変更があった場合の登記申請手続 ……… 311
2101 区分建物の表題部に誤りがある場合のその訂正の登記申請手続 …… 313
2102 一棟の建物の表題部に変更（更正）が生じた場合の登記申請手続 … 316

2103 既登記の非区分建物の増築部分を区分建物とする場合の登記申請手続 ………………………………………………………………… 319
2104 新築した区分建物を別棟の既登記の区分建物の附属建物とすることの可否 ……………………………………………………………… 321

第4項 敷地権 ……………………………………………………… 323

2105 敷地権が生じた場合の登記申請手続 ………………………… 323
2106 敷地権が敷地権でないものとなった場合の登記申請手続 ……… 325
2107 敷地権の目的である土地の表示に変更（更正）があった場合の登記申請手続 …………………………………………………… 327
2108 敷地権の割合を「0」とすることの可否 …………………… 329

第5項 共用部分又は団地共用部分 ………………………………… 331

2109 共用部分の意義 ………………………………………………… 331
2110 共用部分である旨の定めをした場合の登記申請手続 ……… 332
2111 団地共用部分である旨の定めをした場合の登記申請手続 … 334
2112 共用部分である旨の登記等がある建物の表題部の変更の登記申請手続 ……………………………………………………… 337
2113 共用部分である旨の登記等の抹消の登記申請手続 ………… 338

第6節 建物合体の登記

2114 建物の合体による登記 ………………………………………… 341
2115 主である建物と附属建物を合体する場合の登記手続 ……… 345
2116 合体前に相続が開始している場合の登記手続 ……………… 347
2117 合体錯誤の場合の登記手続 …………………………………… 350
2118 未登記同士の建物が合体した場合の登記手続 ……………… 351
2119 合体による登記申請における所有権を証する情報の提供の要否 …… 352

第7節 表示の抹消の登記

第1款 土　　地 ………………………………………………… 355

2120 土地の一部が河川の流水下に没した場合の登記手続 ……… 355
2121 一時的に土地が海面に没した場合の滅失登記の可否 ……… 357

第2款 建　　物 ………………………………………………… 358

2122 相続が開始した建物についての登記手続 …………………… 358

2123	滅失登記が錯誤である場合の登記手続 …………………… 360
2124	区分建物の滅失の登記申請手続 ………………………… 361
2125	所有権の保存の登記の抹消と登記記録の閉鎖 …………… 363
2126	二重登記の処理 …………………………………………… 366

第8節　表題部所有者に関する登記

2127	表題部所有者の変更の登記の申請の可否 ………………… 369
2128	表題部所有者の住所の変更があった場合の申請手続 …… 370
2129	表題部所有者に誤りがあった場合の登記手続 …………… 371
2130	表題部所有者が共有である場合の持分の更正の登記手続 ………… 373
2131	表題部所有者が共有である場合の所有者の更正の登記手続 ……… 374

第9節　地図等の訂正の申出

2132	土地の所有者からの地図訂正の申出の手続 ……………… 377
2133	地図訂正申出情報に添付される誤りがあることを証する情報 …… 378
2134	相続その他の一般承継があった土地についての地図訂正の申出 …… 379
2135	利害関係人からの地図訂正の申出 ………………………… 380

第10節　その他

2136	所有権を証する情報 ……………………………………… 382
2137	オンライン申請における添付情報 ………………………… 383
2138	土地家屋調査士が代理して申請する場合における調査報告書 …… 384
2139	土地の実地調査の方法 …………………………………… 385

第3章　所有権の登記

第1節　総　論

3001	字名による所有権の登記の可否 …………………………… 390
3002	一筆の土地の一部についての所有権の登記の可否 ……… 391
3003	法人格なき社団の登記能力 ………………………………… 392
3004	投資事業有限責任組合の登記能力 ………………………… 395

3005	外国法により設立されたLLCの登記能力 ··································	396
3006	所有権の放棄と登記 ···	397
3007	登記義務者である外国人の署名証明書を原本還付することの可否 ··	398

第2節　所有権保存

3008	共有者の一人からする所有権保存の登記 ······································	401
3009	未登記建物の譲渡人名義の所有権保存の登記 ······························	402
3010	建物工事費用の先取特権保存の登記と建物の所有権保存の登記の関係 ··	403
3011	共有者が全員死亡した場合の所有権保存の登記申請 ·····················	404
3012	未登記不動産を買受人名義で所有権保存の登記をすることの可否 ··	405
3013	死者名義の所有権保存の登記の可否 ··	406
3014	敷地権付区分建物の所有権保存の登記 ··	410
3015	判決による所有権保存の登記 ··	412
3016	記名共有地の所有権保存登記 ··	413
3017	債権者代位による所有権保存の登記 ··	415

第3節　所有権移転

第1款	総説（売買登記を含む） ··	416
3018	実体に合致しない登記原因の効力 ···	416
3019	中間省略登記 ···	417
3020	第三者のためにする売買契約 ··	418
3021	買主の地位の譲渡 ···	419
3022	換地処分前に保留地の買受人がその地位を譲渡した場合における施行者から譲受人への直接の所有権移転登記の申請の可否 ·················	420
3023	土地区画整理の換地処分が行われた土地についてする所有権移転の登記の可否 ··	422
3024	売主が登記未了のまま死亡した場合の登記手続 ··························	423
3025	法人格のない社団の代表者が更迭された場合の登記手続 ············	424
3026	仮処分の登記のある不動産についてする所有権移転の登記の可否 ··	425
3027	農地の所有権移転登記と農地法所定の許可書の要否 ·····················	426
3028	敷地権付き区分建物の売買による所有権移転登記 ·······················	428

3029 外国人を当事者とする所有権移転の登記手続 ……………………… 429
第2款 遺贈による登記 …………………………………………… 431
3030 遺贈による所有権移転の登記の登記原因証明情報 ……………… 431
3031 遺贈の一部放棄と登記手続 ………………………………………… 432
3032 特定遺贈が放棄された場合に、包括受遺者が遺贈を原因として所有権移転の登記の申請をすることの可否 ……………………… 433
3033 全財産の2分の1につき包括遺贈がされた場合の登記 ………… 435
3034 相続の登記と遺贈の登記の区別 …………………………………… 435
3035 遺贈による所有権移転の登記の添付情報 ………………………… 436
3036 相続人を受遺者とする特定遺贈の登記と農地法3条1項の許可書の提供の要否 ………………………………………………… 437
3037 遺贈による登記と遺言書の提供の要否 …………………………… 438
第3款 相続による登記 …………………………………………… 439
3038 特別受益証明書 ……………………………………………………… 439
3039 胎児の出生前に作成された特別受益証明書を添付してする相続登記の適否 ……………………………………………………… 440
3040 確定判決による登記を申請する場合における相続を証する情報の提供の要否 …………………………………………………… 442
3041 遺産分割による相続登記 …………………………………………… 444
3042 相続人不存在の場合の登記 ………………………………………… 445
3043 相続人の中に破産者がいる場合 …………………………………… 446
3044 差押えの登記のために、相続財産管理人を選任せず、相続財産法人に変更する代位の登記申請の可否 …………………………… 447
3045 相続財産法人の登記の目的 ………………………………………… 449
3046 相続財産法人の登記の申請情報 …………………………………… 449
3047 共有者の一人が相続人なくして死亡した場合の権利の帰属とその登記 ……………………………………………………………… 450
3048 二重相続資格者の相続放棄 ………………………………………… 451
3049 胎児の相続能力と胎児名義の相続登記 …………………………… 452
3050 同時死亡と相続登記 ………………………………………………… 455
3051 寄与分と相続登記 …………………………………………………… 457
3052 数次相続と相続登記 ………………………………………………… 459

3053	外国人の相続の登記 …………………………………………	461
3054	敷地権付区分所有建物についての相続による所有権移転の登記 ……	463
3055	相続分の譲渡による相続登記 ………………………………	464
3056	相続分の譲渡後に遺産分割協議がされた場合の登記手続 ………	467
3057	相続分のない相続人を含めて相続の登記がされた場合の更正登記 …	468
3058	相続登記後に相続の放棄がされた場合の更正登記 ………………	469
3059	家督相続後の隠居者名義の不動産が留保された財産である場合に、当該不動産を処分したときにする登記 ………………………	470
3060	再転相続人が相続放棄をした場合における相続を原因とする所有権移転の登記申請人 …………………………………………	472
3061	相続させる旨の遺言の受遺者が遺言者の死亡以前に死亡した場合の登記手続 ………………………………………………	473
3062	配偶者と子が共同相続した遺産の分割協議未了の間に配偶者が死亡した場合の、子一人による遺産分割 ………………………	475
3063	特定の不動産を遺贈する旨の遺言書に相続させる旨の読替規定がある場合の相続人からの登記の申請 …………………………	477
3064	遺言執行者が登記申請を代理する場合の代理権限を証する情報 ……	478
3065	債権者代位による嫡出でない子の相続分を嫡出である子の相続分と同等にするための更正の登記 ……………………………	479
3066	債権者代位によってされた相続の登記につき、当該差押登記が抹消された後に、更正の登記をする場合の代位者の承諾の要否 ………	482
3067	遺言執行者の権限 ……………………………………………	483
3068	被相続人の同一性を証する書面の原本還付の可否 ………………	485

第4款　その他の原因による登記 ……………………………… 487

3069	「真正な登記名義の回復」を登記原因とする所有権移転の登記 ……	487
3070	所有権保存登記がされている建物における真正な登記名義の回復 …	488
3071	滞納処分による差押えを代位原因とする真正な登記名義の回復 ……	489
3072	財産分与による登記 …………………………………………	490
3073	譲渡担保による登記 …………………………………………	491
3074	譲渡担保権者が死亡した場合の登記 ………………………	492
3075	時効取得による登記 …………………………………………	493
3076	契約解除による登記 …………………………………………	494

3077 退職慰労金として給付された不動産についての登記 ……………… 495
3078 有限責任事業組合の組合員が脱退した場合の当該組合員の持分を他の組合員に移転するための登記手続 ……………………………… 496
3079 会社が剰余金の配当として、自己の所有する不動産を株主に配当した場合の登記 …………………………………………………………… 497
3080 遺産分割による代償譲渡を登記原因とする所有権移転の登記 …… 498
3081 株式会社が株主から自己株式を取得するために株式会社の所有する不動産を株主に交付した場合の登記原因 ……………………… 499
3082 市町村合併による承継の登記の要否 …………………………… 500

第5款 共有登記 ……………………………………………………… 501

3083 共有物分割の登記 ………………………………………………… 501
3084 共有物不分割の特約とその登記 ………………………………… 502
3085 共有者の更正 ……………………………………………………… 503
3086 共有持分の更正と利害関係人 …………………………………… 504
3087 有限責任事業組合の組合員の地位を第三者に譲渡した場合の持分移転の登記手続 …………………………………………………………… 505

第6款 買戻しの特約 ………………………………………………… 507

3088 買戻しの特約の登記手続 ………………………………………… 507
3089 所有権保存登記の申請と同時にする買戻特約登記申請の可否 …… 509
3090 買戻しの特約の仮登記の可否 …………………………………… 510
3091 所有権移転と買戻特約の登記原因日付が異なる場合の登記申請の方法 ……………………………………………………………………… 511
3092 買戻権の変更の登記 ……………………………………………… 512
3093 買戻しの特約の抹消 ……………………………………………… 513

第4章 用益権

第1節 地上権

4001 地上権設定登記とは何か ………………………………………… 516
4002 地上権の準共有者の一人と土地所有者が共同して地上権設定の登記をすることの可否 ……………………………………………………… 517

4003 地上権の目的は、どのように定められるか ………………………… 518
4004 地上権の存続期間は、どのように定められるか ………………… 519
4005 地上権の地代及び支払時期は、どのように定められるか ……… 520
4006 区分地上権とは何か ……………………………………………… 521
4007 通常の地上権の登記を区分地上権の登記に変更することができるか ……………………………………………………………………… 523
4008 法定地上権とは何か ……………………………………………… 524
4009 存続期間が満了している地上権の移転の登記可否 …………… 525
4010 重複した地上権・賃借権の登記の可否 ………………………… 526
4011 存続期間が満了している地上権の登記に重ねて地上権設定の登記をすることの可否 ……………………………………………………… 527
4012 地上権者がその目的地の所有権を取得した場合の登記手続 …… 528
4013 地上権者となる地位の地上権設定効力発生前の譲渡 ………… 530

第2節　永小作権

4014 永小作権の意義と登記申請手続 ………………………………… 531

第3節　地役権

4015 地役権の意義 ……………………………………………………… 534
4016 一筆の土地の一部に地役権を設定する登記の可否 …………… 536
4017 既に用益権の登記がされている土地を承役地とする地役権設定の登記可否 ……………………………………………………………… 537
4018 地上権者又は賃借権者が自己の権利のために地役権を設定する登記の可否 ……………………………………………………………… 538
4019 同一の承役地に重ねて地役権を設定する登記の可否 ………… 540
4020 地役権設定契約で特約を定めた場合における、その特約の登記可否 ……………………………………………………………………… 541
4021 地役権変更の登記又は地役権の登記の抹消における登記上の利害関係人 ………………………………………………………………… 542
4022 承役地の所有者が要役地の所有権を取得した場合における、当該地役権の消滅 …………………………………………………………… 543

目　次　33

第4節　賃借権

- 4023　不動産の賃借権と地上権 …………………………………………… 545
- 4024　既に用益権又は賃借権の登記が設定されている土地に重ねて賃借権設定の登記をすることの可否 ……………………………………… 546
- 4025　地上権、永小作権又は不動産質権を目的とする賃借権の設定の登記可否 ……………………………………………………………………… 548
- 4026　数筆の土地につき一括して賃料を定めた場合における、賃借権設定の賃料の登記 ………………………………………………………… 549
- 4027　賃借物の転貸の登記と、賃借権の移転の登記 …………………… 549

第5節　借地権

- 4028　借地借家法の適用と地上権又は賃借権の登記 …………………… 551
- 4029　一般定期借地権の登記 ……………………………………………… 552
- 4030　事業用借地権の登記 ………………………………………………… 553
- 4031　始期付事業用借地権の仮登記の申請時における公正証書の添付要否 ……………………………………………………………………… 554
- 4032　賃借権の先順位抵当権に優先する旨の同意の登記 ……………… 555
- 4033　存続期間を30年未満と定めた借地権の登記の申請可否 ………… 556
- 4034　存続期間についての特約を定めた借地権の登記の申請可否 …… 557
- 4035　借地権の存続期間の更新に関する登記 …………………………… 558
- 4036　賃借権の変更登記 …………………………………………………… 559
- 4037　所有権の一部に対する賃借権の登記の可否 ……………………… 560
- 4038　借地借家法の適用と建物の賃借権の登記の関係 ………………… 562
- 4039　借地権の設定登記後、借地権者を賃貸人とする賃借物についての事業用借地権の転貸の登記 ………………………………………… 563
- 4040　借地借家法一部改正前の事業用借地契約の存続期間を30年に変更する登記の申請可否 ………………………………………………… 564

第6節　配偶者居住権

- 4041　配偶者居住権の内容 ………………………………………………… 567
- 4042　配偶者居住権の設定登記 …………………………………………… 571

| 4043 | 配偶者居住権の登記の抹消 ………………………………… 572 |

第7節　採石権

| 4044 | 採石権の意義と登記申請手続 ……………………………… 574 |

第5章　先取特権

5001	先取特権の順位 …………………………………………… 578
5002	不動産の売買の先取特権の保存の登記をすべき時期 ……… 580
5003	不動産工事の先取特権の保存の登記 ……………………… 581
5004	所有権の保存の登記と同時に先取特権の保存の登記を申請することの可否 …………………………………………………… 582
5005	建物工事の請負契約の承継又は債権譲渡を原因とする先取特権の移転の登記の可否 ……………………………………………… 583
5006	船舶の先取特権と抵当権の優劣と実行手続 ……………… 584
5007	宅地造成の費用に関する不動産工事の先取特権の保存の登記の可否 …………………………………………………………… 585

第6章　質　権

6001	質権の設定の登記の登記原因と日付の記録例 …………… 588
6002	質権の設定の登記がある不動産について重ねて質権の設定の登記をすることの可否 ………………………………………… 588
6003	転質の登記の登記原因の記録例 …………………………… 589
6004	土地賃借権の上の質権の設定の登記の可否 ……………… 590
6005	船舶上の抵当権付債権を質権の目的とする場合の登記 … 590

第7章　抵当権

第1節　総　論

第1款　総　説 …………………………………………………… 594

| 7001 | 抵当権の法律的意義 | 594 |
| 7002 | 抵当権の対抗要件及び登記の意義 | 595 |

第2款 抵当権の効力の及ぶ範囲 596

7003	付加一体物の意味	596
7004	付加一体物に抵当権の効力が及ばない場合	597
7005	付加物、従物の分離と抵当権の効力	598
7006	従たる権利や果実に対する抵当権の効力	598
7007	建物の増築等と抵当権の効力	599
7008	建物の物理的移転と抵当権の効力	600
7009	虚偽の建物滅失の登記と抵当権の効力	601
7010	山林抵当権と立木法の抵当権との立木に対する効力の差異	602

第3款 抵当権における優先弁済権の範囲 603

7011	抵当権の被担保債権の範囲	603
7012	抵当権設定者等に対する関係における利息・損害金の範囲	603
7013	重利や違約金についての抵当権の効力	604

第4款 船舶抵当権の効力 605

7014	船舶の附属物と抵当権の効力	605
7015	船舶の推進機関の取替えに伴う抵当権の効力	606
7016	製造中の船舶の抵当権の効力は完成後にも及ぶか	607

第2節 抵当権の設定

第1款 総説 609

第1項 目的 609

7017	共有持分の上の抵当権の設定登記手続	609
7018	土地の賃借権が工場財団の組成物件である場合の土地所有者の抵当権設定登記	610
7019	農地を目的とする抵当権と農地法3条	610
7020	処分禁止の仮処分登記のある不動産の抵当権設定登記	611
7021	差押えの登記のある不動産の抵当権設定登記	611
7022	強制競売による差押えの登記がされた不動産の抵当権設定登記	612
7023	製造中の船舶を目的とする抵当権設定の時期	613
7024	所有権取得を条件とする抵当権の設定とその登記原因証明情報	614

第2項　被担保債権 …………………………………………………………… 614
　7025　2個の債務を目的として1個の抵当権を設定することの可否 ……… 614
　7026　債権額の一部を担保する抵当権設定 ……………………………………… 615
　7027　主たる債権が特定している保証人の求償債権と抵当権 ……………… 616
　7028　求償権担保の被担保債権額の意義 …………………………………………… 617
　7029　求償権担保の抵当権により担保される債権の範囲 …………………… 617
　7030　求償権担保の抵当権設定に際し、保証料をも被担保債権とすることの可否 ……………………………………………………………………………… 618
　7031　求償権担保の抵当権と保証人の代位弁済による抵当権取得との関係 ……………………………………………………………………………………… 619
　7032　同一不動産に主債務担保と求償権担保の2個の抵当権の併存することの可否 ……………………………………………………………………………… 620
　7033　分割貸付けや限度貸付けと抵当権設定 ………………………………… 621
　7034　外貨を支払う旨の特約のある債権の抵当権の設定 …………………… 622
　　第3項　設定契約 …………………………………………………………………… 622
　7035　停止条件付契約を含む抵当権設定契約 ………………………………… 622
　7036　抵当権設定契約と公正証書 …………………………………………………… 623
　　第4項　利益相反 …………………………………………………………………… 624
　7037　親権者の債務の担保として未成年の子の所有不動産に抵当権を設定する場合 ……………………………………………………………………………… 624
　7038　親権者及び未成年者の連帯債務の担保として未成年者所有の不動産に抵当権を設定する場合 ……………………………………………………… 625
　7039　未成年者の物上保証と利益相反 ……………………………………………… 625
　7040　利益相反関係にある場合にした親権者の行為の効力と登記 ………… 626
　7041　取締役会設置会社の取締役全員が連帯債務者となり会社所有不動産について抵当権を設定することの可否 ………………………………… 627
　7042　清算人一人の場合の当該清算人と株式会社との取引 …………………… 628
　第2款　抵当権の設定登記 ……………………………………………………… 628
　　第1項　総　　説 …………………………………………………………………… 628
　7043　同一の不動産に対する同順位の二以上の抵当権設定の登記手続 …… 628
　7044　被相続人の設定した抵当権の登記手続 …………………………………… 629
　7045　被相続人取得に係る登記未了の抵当権設定の登記手続 ……………… 629

7046 法人格なき社団を不動産登記法83条の債務者として登記することの可否 …………………………………………………………………… 630
7047 同一債権の担保たる数個の不動産の一部についての抵当権設定登記の留保の可否 ……………………………………………………………… 631
7048 親権者による未成年者所有不動産の抵当権設定登記の可否 ……… 632
7049 会社解散後清算人による抵当権の設定登記の可否 ………………… 632
7050 製造中の船舶を目的とする抵当権設定の登記手続 ………………… 633
7051 不動産抵当権について船舶を追加担保とした場合と共同担保表示の要否 …………………………………………………………………… 633

第2項 申請情報の記録事項 ………………………………………………… 634
 1 登記原因の記載 …………………………………………………… 634
7052 登記原因の意義 ……………………………………………………… 634
7053 債権額の一部のみを担保する抵当権の登記原因の記録方法 ……… 635
7054 設定契約後の債権額一部弁済の場合の抵当権設定登記の登記原因の記録 …………………………………………………………………… 635
 2 債　権　額 ………………………………………………………… 636
7055 元利均等償還の債権担保の抵当権設定登記における債権額及び均等償還の定めの登記の可否 …………………………………………… 636
7056 債権額の一部を被担保債権とする抵当権設定の登記の債権額の表示 …………………………………………………………………… 637
7057 設定契約後の債権額一部の弁済の場合の抵当権設定登記と債権額の表示 …………………………………………………………………… 637
7058 保証人の将来の求償権担保のための抵当権設定登記と債権額の表示 …………………………………………………………………… 638
7059 外貨表示の債権担保の抵当権の債権額 ……………………………… 639
 3 約定利息 …………………………………………………………… 640
7060 「100円に付日歩2銭5厘以内」という利息の定めの登記の可否 …… 640
7061 抵当権の利息の登記として「利息年○％、ただし将来の金融情勢に応じ債権者において適宜変更できる」旨の定めの登記の可否 ……… 641
7062 利率として年利と日歩の両者を登記する場合の記載方法 ………… 641
7063 利息の発生期の登記の可否 ………………………………………… 642
7064 無利息とする利息の特約の登記の可否 …………………………… 643

4　遅延損害金（遅延利息）……………………………………… 643
7065　債務不履行による賠償額の予定が利息制限法違反の定めある抵当権設定登記の可否 ………………………………………………… 643
7066　違約金の定めの登記の可否 …………………………………… 644
7067　定期金的性質を有する違約金又は違約損害金の定めとその登記の可否 ……………………………………………………………… 645
　　5　重　利 …………………………………………………………… 645
7068　重利に対する抵当権の効力とその登記の可否 ……………… 645
　　6　その他の特約 …………………………………………………… 649
7069　弁済遅滞のときは利息を付する旨の特約の登記の可否 …… 649
7070　抵当権設定の登記と代物弁済の特約 ………………………… 649
第3項　添付情報 ……………………………………………………… 650
　　1　登記原因証明情報 ……………………………………………… 650
7071　抵当権の設定の登記の申請において提供する登記原因証明情報の要件 ………………………………………………………………… 650
7072　設定契約後の債権額一部弁済の場合の抵当権の設定の登記の登記原因を証する情報 ……………………………………………… 651
7073　2個の債務を担保する抵当権の設定の登記と登記原因を証する情報 ……………………………………………………………… 651
7074　取扱店の変更の登記を申請する場合の登記原因証明情報 … 652
　　2　その他の添付情報 ……………………………………………… 652
7075　合筆登記をした不動産の抵当権設定登記の申請情報と併せて提供すべき登記義務者の権利に関する登記識別情報 ……………… 652
7076　2つの抵当権の設定の登記を同一の代理人で申請する場合の委任状 ………………………………………………………………… 653
7077　抵当権設定登記の委任状の記録事項 ………………………… 653
7078　地上権を目的とする抵当権設定登記の申請と印鑑証明書の添付の要否 ………………………………………………………………… 654
7079　設定者でない債務者が法人である場合の当該法人の会社法人等番号の提供の要否 ………………………………………………… 654

目　次　39

第3節　抵当権の変更（更正）

第1款　変更又は更正の登記の意義 ………………………………… 656

- 7080　変更又は更正の登記の意義 ……………………………… 656
- 7081　債権額の減少の場合 ……………………………………… 656
- 7082　債権額の増額の場合 ……………………………………… 657
- 7083　利息又は遅延損害金の変更 ……………………………… 659
- 7084　利息又は遅延損害金の「特別の登記」の意義 ………… 660
- 7085　民法370条ただし書の定めの変更 ……………………… 662
- 7086　その他の登記事項の変更 ………………………………… 663
- 7087　共有持分上の抵当権を不動産全部の上の抵当権とする変更 ……… 664
- 7088　元本が消滅し利息又は遅延損害金のみが残存する場合 ………… 665

第2款　債権額の変更・更正 ………………………………………… 667

- 7089　債権額増加の変更登記の可否 …………………………… 667
- 7090　追加貸付けによる債権額の変更登記の可否 …………… 668
- 7091　貸付額を減額した場合の変更登記の方法 ……………… 668
- 7092　変更契約による債権額減少の登記の可否 ……………… 669
- 7093　抵当権の債権額の更正登記の可否 ……………………… 670
- 7094　債権の一部代位弁済による抵当権の一部移転の登記後、残債務を弁済した場合の登記 ……………………………………… 671
- 7095　債権の一部を担保する抵当権の被担保債権額を増加する場合と同順位抵当権者の利害関係の有無 ……………………… 672

第3款　利息の変更、利息の特別登記 ……………………………… 673

第1項　利息の変更 …………………………………………………… 673

- 7096　利息の変更と後順位抵当権者の承諾の要否 …………… 673
- 7097　民法375条１項ただし書の特別の登記の形式 ………… 674
- 7098　利息延滞と抵当権による保全 …………………………… 675
- 7099　重利の特約に基づき利息を元本に組み入れた場合の変更登記の可否 …………………………………………………… 677
- 7100　割賦弁済金に含まれる利息の特別の登記の可否 ……… 677
- 7101　１個の契約でした債権額の減額と利息の増額の場合の変更登記を１件の申請情報で申請することの可否 …………… 678

7102 利息（利率）引上げの登記と他の同順位抵当権者の承諾の要否 ‥‥ 678
7103 抵当権付債権の一部譲渡の登記後その譲渡債権の利息の変更登記手続 ‥‥‥‥‥‥‥‥‥‥‥‥‥‥‥‥‥‥‥‥‥‥‥‥‥‥‥‥‥‥‥ 679
7104 順位の譲渡を受けた抵当権の債権額の増額の変更登記手続 ‥‥‥‥ 680
第2項 元本のみの弁済の場合 ‥‥‥‥‥‥‥‥‥‥‥‥‥‥‥‥‥‥ 681
7105 元本消滅後の残存利息に関する抵当権の変更登記 ‥‥‥‥‥‥‥‥ 681
7106 特別の登記をした後の元本債権消滅とその登記 ‥‥‥‥‥‥‥‥‥ 681
第4款 債務者の変更 ‥‥‥‥‥‥‥‥‥‥‥‥‥‥‥‥‥‥‥‥‥‥ 683
7107 債務引受又は一般承継による債務者の変更 ‥‥‥‥‥‥‥‥‥‥‥ 683
7108 債務者の死亡による債務の承継に関する登記手続 ‥‥‥‥‥‥‥‥ 684
7109 抵当権設定者の死亡と変更登記の要否 ‥‥‥‥‥‥‥‥‥‥‥‥‥ 685
7110 更改後の債務への抵当権の移転 ‥‥‥‥‥‥‥‥‥‥‥‥‥‥‥‥ 686
7111 債務者交替による更改と旧債務者の承諾の要否 ‥‥‥‥‥‥‥‥‥ 687
7112 債務者を追加する抵当権の変更登記と取締役会の承認書の要否 ‥‥ 688
第5款 共有持分の抵当権の変更 ‥‥‥‥‥‥‥‥‥‥‥‥‥‥‥‥‥ 689
7113 共有持分の抵当権を設定者の単独所有となった不動産の全部に及ぼす旨の登記の方法 ‥‥‥‥‥‥‥‥‥‥‥‥‥‥‥‥‥‥‥‥‥‥ 689
7114 同一の共有持分を目的とする数個の抵当権の効力を目的不動産全部に及ぼす場合の利害関係の有無 ‥‥‥‥‥‥‥‥‥‥‥‥‥‥‥‥ 690
第6款 順位の変更 ‥‥‥‥‥‥‥‥‥‥‥‥‥‥‥‥‥‥‥‥‥‥‥ 691
7115 抵当権の順位変更の意義 ‥‥‥‥‥‥‥‥‥‥‥‥‥‥‥‥‥‥‥ 691
7116 抵当権の順位変更の有効要件 ‥‥‥‥‥‥‥‥‥‥‥‥‥‥‥‥‥ 692
7117 順位変更の効力の及ぶ範囲 ‥‥‥‥‥‥‥‥‥‥‥‥‥‥‥‥‥‥ 693
7118 1番A、2番B、3番Cの3個の抵当権の順位を1番C、2番B、3番Aと変更する場合の手続 ‥‥‥‥‥‥‥‥‥‥‥‥‥‥‥‥‥ 694
7119 1番A、2番B、3番C、4番D、5番Eの5個の抵当権の順位を1番B、2番A、3番E、4番D、5番Cと変更する場合の手続 ‥‥ 696
7120 数個の抵当権の中間順位に地上権の登記がある場合の順位の変更の手続 ‥‥‥‥‥‥‥‥‥‥‥‥‥‥‥‥‥‥‥‥‥‥‥‥‥‥‥‥ 697
7121 順位の変更とその利害関係を有する者 ‥‥‥‥‥‥‥‥‥‥‥‥‥ 698
第7款 その他 ‥‥‥‥‥‥‥‥‥‥‥‥‥‥‥‥‥‥‥‥‥‥‥‥‥ 698
7122 目的物件でない土地にされた抵当権設定登記の更正の可否 ‥‥‥‥ 698

7123 抵当権の変更登記の申請をする場合に提供する登記識別情報 …… 699
7124 抵当権の設定登記後に期限利益の喪失約款及び遅延損害金の定めを追加することの可否 ………………………………………………… 700
7125 民法370条ただし書の定めを廃止する変更の登記と後順位抵当権者又は転抵当権者の利害関係の有無 …………………………… 701
7126 登記原因日付の更正 …………………………………………… 702

第4節　抵当権の移転

第1項　総　説 ……………………………………………………… 704
7127 抵当権の移転及びその登記の意義 …………………………… 704
第2項　抵当権移転の要件 ………………………………………… 706
7128 抵当権の移転の生じる場合 …………………………………… 706
7129 被担保債権全部の譲渡による抵当権の移転 ………………… 707
7130 被担保債権の一部の譲渡による抵当権の移転 ……………… 707
7131 相続その他一般承継による抵当権の移転 …………………… 708
7132 新設分割による抵当権の移転 ………………………………… 709
7133 転付命令による移転 …………………………………………… 710
7134 代位弁済による移転 …………………………………………… 710
7135 被担保債権が共有の場合の共有持分譲渡又は放棄による移転 …… 714
7136 抵当権の被担保債権を譲渡担保した場合の抵当権移転 …… 715
第3項　抵当権移転の対抗要件 …………………………………… 716
7137 債権譲渡の対抗要件 …………………………………………… 716
7138 債権譲渡による抵当権移転の対抗要件 ……………………… 717
7139 抵当権の移転登記と債権譲渡の通知又は承諾との関係 …… 718
7140 相続合併その他一般承継による抵当権の移転の対抗要件 … 721
7141 転付命令による抵当権の移転の対抗要件 …………………… 722
7142 代位弁済による抵当権の移転の対抗要件 …………………… 723
第4項　抵当権移転の登記 ………………………………………… 724
7143 抵当権又は質権の移転登記を同一の申請情報ですることの可否 … 724
7144 債権の一部譲渡とともに共同抵当物件を分割した場合の抵当権移転の可否 ……………………………………………………………… 725
7145 未登記の抵当権付債権の譲受人が直接自己名義でする抵当権設定登

記の可否 ……………………………………………………… 725
7146　未登記抵当権付債権の譲受と抵当権の実行 ……………………… 726
7147　代位弁済により抵当権の準共有者となった者の残債権全部の代位弁
　　　済 ………………………………………………………………… 727

第5節　抵当権の処分

第1項　総　　説 …………………………………………………… 729
7148　抵当権の処分の意義 ………………………………………… 729
7149　民法376条の「同一の債務者」の意義 …………………………… 730
7150　民法377条1項の規定の意義 ……………………………………… 731
7151　民法377条2項の規定の趣旨 ……………………………………… 732
7152　民法377条2項の規定の意義と効果 ……………………………… 734
7153　民法377条2項の弁済の意義 ……………………………………… 739
第2項　転 抵 当 ……………………………………………………… 740
7154　転抵当の意義 ………………………………………………… 740
7155　転抵当の要件 ………………………………………………… 742
7156　転抵当権者の優先弁済権 …………………………………… 743
7157　転抵当と原抵当権の主たる債務者等への対抗要件 ……… 744
7158　転抵当と第三者対抗要件 …………………………………… 745
7159　転抵当権と原抵当権との法律関係 ………………………… 746
7160　転抵当権の実行の要件 ……………………………………… 748
7161　抵当権の一部の転抵当の可否 ……………………………… 748
7162　転抵当の転抵当の可否 ……………………………………… 749
第3項　抵当権の譲渡（放棄）……………………………………… 750
7163　抵当権の譲渡（放棄）の意義 ……………………………… 750
7164　抵当権の譲渡（放棄）の要件 ……………………………… 751
7165　抵当権の譲渡の効果 ………………………………………… 754
7166　抵当権の放棄の効果 ………………………………………… 756
7167　抵当権の譲渡（又は放棄）の対抗要件 …………………… 757
7168　抵当権のみの譲渡（放棄）の登記 ………………………… 758
7169　抵当権の一部の譲渡（又は放棄）の可否 ………………… 759
7170　抵当権（又はその順位）の譲渡（放棄）等と債務者の承諾の要否 …… 760

7171	抵当権のみの二重譲渡の可否 ………………………………………	760
7172	債権を有しない第三者に対する抵当権のみの譲渡の登記の有効性 ‥	762
7173	抵当権譲渡による受益者の権利の譲渡の可否 ……………………	763

第4項　抵当権の順位の譲渡（又は放棄） ……………………………… 763

7174	抵当権の順位の譲渡（又は放棄）の意義 ………………………	763
7175	抵当権の順位の譲渡（放棄）の要件 ……………………………	765
7176	抵当権の順位の譲渡の効果 ………………………………………	766
7177	抵当権の順位の放棄の効果 ………………………………………	770
7178	抵当権の順位の譲渡（放棄）の対抗要件 ………………………	772
7179	順位譲渡（放棄）の登記の形式 …………………………………	773
7180	抵当権の順位の譲渡（又は放棄）の登記における順位番号の記録方法 ………………………………………………………………………	774
7181	被担保債権の債務者を異にする数個の抵当権間における順位譲渡の可否 ………………………………………………………………………	774
7182	数個の後順位抵当権のために同時又は順次に順位を譲渡することの可否 ………………………………………………………………………	775
7183	数個の不動産をいずれも担保に徴求している数人の抵当権者間における順位譲渡の手続 ………………………………………………	777
7184	関係当事者の一部において順位の譲渡及び放棄が行われた場合の効果 ………………………………………………………………………	778
7185	順位を異にする3個の抵当権を同順位にするための手続 …………	778
7186	登記された6個の抵当権の優先弁済を受ける順位を1、2、5、6、3、4番の順序とするための手続 …………………………	779
7187	先順位、後順位とも同一人の場合における順位譲渡又は放棄の登記の可否 ………………………………………………………………	780
7188	順位譲渡を受けた抵当権の当該譲受順位の譲渡の可否 …………	780
7189	抵当権の一部につきその順位を譲渡することの可否 ……………	781
7190	同一順位の抵当権者間において一方がほかより後順位となる場合及びその登記の手続 ………………………………………………	782
7191	同順位の3個の抵当権間において各順位を異にするための手続 …	783
7192	同順位抵当権者の一方が先順位抵当権の順位を譲り受ける場合と他の同順位抵当権者の承諾の要否 …………………………………	784

7193 抵当権付債権の一部を譲り受けた者と債権者との間の順位譲渡の可否 ………………………………………………………………… 785
7194 共有抵当権者間における順位の譲渡の可否 ………………… 786
7195 抵当権の共有持分の順位譲渡（放棄）の可否 ……………… 787
7196 債権譲渡による移転の付記登記がされた抵当権の順位譲渡とその登記手続 …………………………………………………………… 788
7197 抵当権のみの譲渡（処分）後当該抵当権の順位の後順位抵当権のための譲渡の可否 …………………………………………………… 789
7198 無担保債権者への抵当権の順位の譲渡（放棄）の可否 …… 790
7199 債権質権の順位譲渡の可否 …………………………………… 791
7200 社債を担保する抵当権の順位の譲渡（放棄）の可否 ……… 792

第5項 権利質 ……………………………………………………… 792

7201 抵当権付債権を目的とする債権質の被担保債権を質入れした場合の登記の可否 …………………………………………………… 792
7202 抵当権を質権の目的とすることの可否 ……………………… 794
7203 抵当権付債権の質入れの一部移転の登記申請の可否 ……… 794
7204 船舶抵当権の被担保債権の質入れ及びその旨の登記の可否 … 795

第6節 抵当権の抹消

第1項 総 説 ……………………………………………………… 797

7205 目的不動産の所有権の一部（持分）を取得した抵当権者と権利混同 …………………………………………………………………… 797
7206 抵当権者が目的不動産の所有権を取得した後に第三者に転売した場合の抵当権登記の抹消手続 ………………………………………… 798
7207 抵当権者が行方不明の場合の抵当権登記の抹消手続 ……… 799
7208 抵当権者死亡後相続人不存在の場合における抵当権登記の抹消手続 …………………………………………………………………… 800
7209 競落により消滅した抵当権の抹消登記未了の場合の抹消手続 … 801
7210 抵当権消滅請求による抵当権の抹消 ………………………… 801

第2項 抹消登記請求権（申請適格）……………………………… 802

7211 目的不動産の第三取得者と抵当権登記の抹消請求権 ……… 802
7212 権利混同によって消滅した抵当権の抹消手続の一事例 …… 803

7213　後順位抵当権者による先順位抵当権の抹消登記請求の可否 ……… 804

7214　清算結了の登記後の抵当権の登記の抹消の登記手続 ………… 805

7215　清算人の死亡後、裁判所の清算人選任書を提供してする抵当権抹消
　　　の登記手続 ……………………………………………………… 805

7216　破産管財人から別除権の目的である不動産を破産財団から放棄した
　　　場合の抵当権の登記の抹消の申請人 ………………………… 807

7217　合併により解散した会社名義の抵当権で解散前に消滅した抵当権の
　　　登記の抹消の登記義務者 ……………………………………… 808

7218　抵当権消滅後における設定者の共同相続人の一人と抵当権者が共同
　　　してする抵当権抹消登記申請の可否 ………………………… 809

7219　被担保債権質入れの旨の登記のある抵当権登記の抹消の申請人 …… 810

第3項　登記原因 ……………………………………………………………… 811

7220　抵当権者が代物弁済によって目的不動産を取得した場合の抵当権消
　　　滅の登記原因 …………………………………………………… 811

7221　債権不発生の場合の消費貸借についての抵当権登記の抹消の原因 … 812

7222　共有不動産を目的とする抵当権の効力を共有持分について消滅させ
　　　る場合の登記原因 ……………………………………………… 812

7223　保証人の求償権担保のための抵当権登記の抹消の登記原因 …… 813

7224　権利混同によって消滅した抵当権の登記抹消の登記原因の日付 … 814

第4項　前提登記及びその省略 ……………………………………………… 814

7225　抵当権の抹消登記申請と前提となる登記の登記名義人（抵当権者）
　　　の住所の変更（更正）登記の省略の可否 …………………… 814

7226　相続又は会社合併後の弁済を登記原因とする抵当権の抹消手続 …… 815

7227　抵当権設定者の相続の登記を省略して抵当権の登記の抹消を申請す
　　　ることの可否 …………………………………………………… 816

第5項　添付書面（登記原因証明情報） ………………………………… 818

7228　抵当権の抹消登記の登記原因証明情報と弁済受領証 ………… 818

7229　抵当権者が行方不明の場合の抵当権登記の抹消と「債権証書」 …… 819

第6項　印鑑証明書 ………………………………………………………… 819

7230　登記識別情報を提供せずにする抵当権設定（仮）登記抹消申請と登
　　　記義務者（名義人）の印鑑証明書の要否 …………………… 819

第7項　特殊な態様の抵当権の抹消 ……………………………………… 820

7231	移転の付記登記のある抵当権設定登記の抹消手続 ……………	820
7232	転抵当の目的とされた原抵当権の抹消手続 …………………	821
7233	同順位の抵当権の登記の抹消手続 ……………………………	822
7234	順位譲渡を受けた抵当権の抹消と順位譲渡の登記の処遇 ………	823

第7節 共同抵当

7235	共同抵当の意義 …………………………………………………	825
7236	共同抵当の成立 …………………………………………………	826
7237	共同抵当における次順位抵当権者の意義 ……………………	827
7238	次順位抵当権者の代位の意義 …………………………………	828
7239	次順位抵当権者の代位の要件 …………………………………	829
7240	共同抵当における代位額の算定 ………………………………	835
7241	共同抵当における数個の後順位抵当権者相互間の順位 ……	838
7242	数個の共同抵当と後順位抵当権者の代位 ……………………	838
7243	代位すべき共同抵当権の放棄（絶対的放棄）と後順位抵当権者の利害関係 ………………………………………………………	839
7244	代位の目的である共同抵当権の処分と後順位抵当権者の利害関係 …	848
7245	共同抵当権の混同と後順位抵当権者の利害関係 ……………	854
7246	民法393条の代位の登記と対抗要件 …………………………	855
7247	民法393条の代位の登記手続 …………………………………	857
7248	後順位抵当権者の代位の仮登記の可否 ………………………	859
7249	共同抵当の登記申請手続の特則 ………………………………	860
7250	土地と立木との共同抵当権の設定登記の申請情報 …………	862
7251	共同担保物件中の一部の物件のみの抵当権設定登記の可否等 ……	863
7252	日を異にして設定された共同抵当権の設定登記の申請手続 ………	864
7253	共同抵当物件の一部解除と抵当権抹消登記の要否 …………	865
7254	敷地権の表示を登記した建物のみを目的とする抵当権の追加設定の登記の可否 ………………………………………………………	866

第8節 その他

| 7255 | 登記留保と抵当権の保全 ……………………………………… | 868 |
| 7256 | 設定者が抵当権設定登記の申請に応じない場合の措置 …… | 869 |

7257	所有権登記未済の建物の新築資金担保の抵当権の保全	870
7258	建物の滅失登記と抵当権者の承諾情報の要否	871
7259	二重保存登記と抵当権の登記	872
7260	抵当権者の代位登記と代位原因を証する情報の提供省略の可否	872
7261	抵当不動産が第三者に譲渡又は賃貸された場合の注意点	873
7262	混同を登記原因として抵当権の抹消を申請する場合の登記識別情報の提供の要否	875
7263	担保権の抹消の登記義務者が行方不明の場合の抹消手続の特例	875

第8章　根抵当権

第1節　総説

第1項　意義及び効力 …… 880

8001	根抵当権の意義	880
8002	根抵当権と被担保債権との関係（付従性）	881
8003	根抵当権の随伴性	882
8004	被担保債権の譲渡と根抵当権	883
8005	被担保債務の引受けと根抵当権	883
8006	被担保債権の質入れと根抵当権	884
8007	債権者の交替による更改と根抵当権	885
8008	債務者の交替による更改と根抵当権	886
8009	確定前に保証人が弁済した場合、保証人が根抵当権者に代位することの可否及び保証人の求償権の担保方法	886
8010	優先弁済の限度	887
8011	回り手形、回り小切手の優先弁済の可否	888
8012	回り手形が被担保債権であることの立証責任	889
8013	確定後の根抵当権と普通抵当権との差異	890

第2項　確定請求 …… 891

8014	確定請求の意義	891
8015	第三取得者の確定請求の可否	892
8016	共有不動産と確定請求権	893

8017 共有根抵当権者に対する確定請求権の行使 ……………………… 894
8018 確定請求権の代位行使 ……………………………………………… 895
8019 確定の事由 …………………………………………………………… 895
8020 根抵当権設定者からの確定請求権の効力発生 …………………… 897
8021 民法398条の19第２項の規定による元本確定登記をするときの確定請求したことを証する情報 ……………………………………… 897
8022 民法398条の19第２項の規定による元本確定請求を根抵当権設定者の破産管財人にすることの可否 ……………………………… 898
8023 確定により担保される元本債権の範囲 …………………………… 899
8024 確定の登記の必要性 ………………………………………………… 899
8025 根抵当権の元本の確定の登記をする前提としての根抵当権設定者の相続による所有権の移転の登記の要否 ………………………… 901
8026 共同根抵当権の確定 ………………………………………………… 902
8027 極度額の減額請求の意義 …………………………………………… 903
8028 元本の確定前の極度額の減額請求の可否 ………………………… 904
8029 根抵当権の消滅請求の意義 ………………………………………… 904
8030 債務者、保証人が根抵当権の消滅請求をすることができない理由 … 906
8031 後順位担保権者が根抵当権の消滅請求をできない理由 ………… 907

第２節　根抵当権の設定

第１項　被担保債権及び極度額 ……………………………………………… 908
8032 根抵当権の登記事項 ………………………………………………… 908
8033 基本契約の要否 ……………………………………………………… 909
8034 被担保債権の特定の要否 …………………………………………… 910
8035 被担保債権の範囲の定め方 ………………………………………… 910
8036 被担保債権の範囲を「銀行取引」という種類で定めた場合の具体的範囲 ……………………………………………………………… 914
8037 根抵当権の担保すべき範囲を「ファクタリング取引」「リース取引」とすることの可否 …………………………………………… 916
8038 極度額の定め方 ……………………………………………………… 918
8039 利息・損害金の登記の可否 ………………………………………… 919
8040 共有根抵当権と持分 ………………………………………………… 920

第2項　確定期日 …………………………………………………… 920
- 8041　確定期日の意義及び効果 ……………………………………… 920
- 8042　確定期日の定めの制度の趣旨 ………………………………… 922
- 8043　確定期日の定めについての契約の要否及び契約をすべき時期 …… 922
- 8044　確定期日の定め方 ……………………………………………… 924
- 8045　確定期日の定めの登記の要否 ………………………………… 925
- 8046　確定期日の定めの登記 ……………………………………… 925
- 8047　数個の取引の確定期日が異なる場合 ………………………… 927
- 8048　確定期日の定めを登記しなかった場合の効果 ……………… 928
- 8049　判決による元本の確定の登記 ………………………………… 929
- 8050　根抵当権の確定後の追加設定契約による共同根抵当権設定登記の可否 …………………………………………………………………… 930
- 8051　確定後の根抵当権について債務者の一人が自己の債務を全額弁済した場合における根抵当権の変更登記 ………………………………… 931

第3節　根抵当権の変更

第1項　被担保債権の範囲の変更 …………………………………… 932
- 8052　変更又は更正の登記の意義 …………………………………… 932
- 8053　変更登記を要する事項 ………………………………………… 933
- 8054　被担保債権の範囲の変更の可否 ……………………………… 934
- 8055　被担保債権の範囲の変更契約の当事者 ……………………… 935
- 8056　被担保債権の範囲の変更について後順位抵当権者の承諾の要否 …… 936
- 8057　根抵当権の確定後における被担保債権の範囲の変更が認められない理由 ………………………………………………………………… 937
- 8058　被担保債権の範囲の変更の登記申請手続 …………………… 937
- 8059　被担保債権の範囲の変更登記の効果 ………………………… 939

第2項　極度額の変更 ………………………………………………… 940
- 8060　極度額の変更の可否 …………………………………………… 940
- 8061　極度額の変更の当事者 ………………………………………… 941
- 8062　極度額の変更についての利害関係人の承諾の要否 ………… 942
- 8063　極度額を減額する場合の利害関係人 ………………………… 943
- 8064　極度額の増額契約後、変更登記前に設定登記をした後順位抵当権者

　　　　の利害関係人該当性 …………………………………………… 944
　8065　主登記による極度額の増額の変更登記の可否 ……………… 945
　8066　極度額の増減額の登記申請手続 ………………………………… 945
　第3項　債務者の変更 …………………………………………………… 948
　8067　債務者の変更の可否 …………………………………………… 948
　8068　債務者の変更の効力 …………………………………………… 949
　8069　債務者の変更契約の当事者 …………………………………… 950
　8070　債務者の変更についての後順位抵当権者の承諾の要否 ……… 950
　8071　物上保証における債務者の変更の場合の債務者の承諾の要否 ……… 951
　8072　債務者変更の登記申請手続 …………………………………… 952
　8073　債務者の変更と既存の債権の関係 …………………………… 953
　8074　確定後における債務者の変更が認められない理由 ………… 954
　8075　債務者の個人営業の法人成りの場合 ………………………… 955
　8076　債務者の営業の全部譲渡の場合 ……………………………… 957
　8077　債務者の営業の一部譲渡の場合 ……………………………… 958
　8078　併存的債務引受の場合の新債務者の引き受けた債務を既存の根抵当
　　　　権で担保させる方法 …………………………………………… 959
　8079　確定後における個々の債務の債務者の変更の可否 ………… 961
　8080　債務者の変更登記の効果 ……………………………………… 961
　第4項　確定期日の変更 ………………………………………………… 963
　8081　確定期日の延期又は短縮の契約の可否 ……………………… 963
　8082　確定期日の定めの変更登記をしなかった場合の効果 ……… 964
　8083　確定期日の定めの変更と利害関係人 ………………………… 965
　8084　確定期日経過後における確定期日の定めの登記の可否 …… 965
　8085　確定期日の定めを廃止することの可否 ……………………… 966
　8086　確定期日の定めの変更登記申請手続 ………………………… 966
　8087　相続及び合意の登記後に、新たに追加担保登記をする場合の根抵当
　　　　権者又は根抵当権の債務者の表示方法 ……………………… 967

第4節　根抵当権の譲渡（弁済の割合及び優先弁済の定めを含む）

　8088　根抵当権の譲渡の意義及び効果 ……………………………… 969
　8089　根抵当権の譲渡と民法376条の譲渡との差異 ……………… 970

- 8090 契約上の地位の承継と根抵当権の移転 …………………… 971
- 8091 根抵当権の譲渡と既存の債権との関係 ………………… 972
- 8092 全部譲渡の登記申請手続 ……………………………… 973
- 8093 根抵当権の一部譲渡の意義及び効果 …………………… 974
- 8094 一部譲渡の登記申請手続 ……………………………… 975
- 8095 根抵当権の分割譲渡の意義及び効果 …………………… 976
- 8096 分割譲渡の登記申請手続 ……………………………… 977
- 8097 第三者の権利の目的である根抵当権の分割譲渡 ………… 978
- 8098 根抵当権の分割譲渡と一部譲渡との差異 ………………… 979
- 8099 共有根抵当権者間の優先弁済の割合又は優先についての別段の定めの時期 ……………………………………………………… 980
- 8100 一部譲渡と優先の定めの登記申請を一つの申請情報ですることの可否 ……………………………………………………… 981
- 8101 根抵当権の一部譲渡の場合の優先弁済の割合についての別段の定め ……………………………………………………… 982
- 8102 準共有の根抵当権についての優先弁済の割合又は優先劣後の別段の定めの可否 ……………………………………………… 983
- 8103 根抵当権の譲渡又は一部譲渡と普通抵当権 ……………… 984
- 8104 確定後における譲渡又は一部譲渡の可否 ………………… 985
- 8105 後順位根抵当権を先順位根抵当権者に譲渡又は一部譲渡することの可否 ……………………………………………………… 986
- 8106 3番根抵当権を1番根抵当権に優先させる方法 …………… 986
- 8107 3番根抵当権と1番根抵当権とを同順位とする方法 ………… 988
- 8108 根抵当権について民法376条の抵当権の譲渡と同様の効果を生じさせる方法 ……………………………………………………… 989
- 8109 根抵当権について民法376条の抵当権の放棄と同様の効果を生じさせる方法 ……………………………………………………… 990
- 8110 確定前の根抵当権を全部譲渡により移転する登記の申請と株式会社の取締役会議事録の提供の要否 ………………………………… 991

第5節 根抵当権の処分

第1項 根抵当権の転抵当 …………………………………… 993

8111	根抵当権の処分の可否	993
8112	根抵当権の処分の制限の理由	993
8113	根抵当権の転抵当の効力	994
8114	転根抵当権の設定の可否	995

第2項　根抵当権の順位の変更 ……997

8115	根抵当権の順位の変更の可否	997
8116	根抵当権の順位の変更の当事者	998
8117	根抵当権の順位の変更の登記の効力	999
8118	第1順位根抵当権、第2順位普通抵当権、第3順位賃借権、第4順位根抵当権の順位の変更の合意の当事者	1000
8119	根抵当権の順位の変更の利害関係人	1000
8120	順位の変更の登記の申請手続	1001
8121	順位の変更の登記の形式	1002
8122	順位の変更の仮登記の可否	1002

第6節　根抵当権者又は債務者の相続、合併又は会社分割

第1項　相続の場合 ……1004

8123	元本確定前の根抵当権者の相続	1004
8124	元本確定前における根抵当権者の共同相続の場合の合意と相続人	1005
8125	根抵当権者の相続と合意の登記	1006
8126	元本確定後の根抵当権者の相続	1007
8127	元本確定前の根抵当権の債務者の相続	1007
8128	根抵当権設定者と債務者とが同一である場合の根抵当権の債務者の変更の登記の省略の可否	1008
8129	根抵当権の債務者の共同相続の場合の合意	1009
8130	根抵当権の債務者の相続と合意の登記	1010
8131	元本確定後の根抵当権の債務者の相続	1010
8132	根抵当権者又は債務者の相続の場合の合意についての第三者の承諾の要否	1011
8133	根抵当権者又は債務者の相続の場合において合意がないときの根抵当権の効力	1011
8134	元本確定前の根抵当権者の相続とその登記申請手続	1012

8135 元本確定前の根抵当権の債務者の相続とその登記 ………… 1013
第2項 合併の場合 ……………………………………………… 1014
8136 元本確定前の根抵当権者の合併の場合の根抵当権の被担保債権 … 1014
8137 元本確定後の根抵当権者の合併 ………………………… 1015
8138 元本確定前の根抵当権の債務者の合併の場合の根抵当権の被担保債権 …………………………………………………………… 1016
8139 元本確定後の根抵当権の債務者の合併 ………………… 1017
8140 根抵当権者又は根抵当権の債務者の合併の場合の元本の確定方法 … 1017
8141 根抵当権者又は債務者の相続の場合と合併の場合の扱いが異なる理由 ………………………………………………………… 1018
第3項 会社分割の場合 ………………………………………… 1019
8142 元本確定前後の根抵当権の会社分割 …………………… 1019
8143 会社分割により根抵当権の被担保債権が吸収分割承継会社に全部移転した場合の根抵当権移転の登記 ………………………… 1021

第7節 共有根抵当権の譲渡等

8144 共有根抵当権の譲渡の可否 ……………………………… 1023
8145 共有根抵当権の各共有者の権利の譲渡の可否 ………… 1024
8146 共有根抵当権者の一人に対する順位譲渡の可否 ……… 1024
8147 抵当権の順位の譲渡等を受けた根抵当権者がした根抵当権の譲渡等の効果 ……………………………………………………… 1025
8148 順位譲渡等を受けている共有根抵当権者間で優先弁済についての定めをすることの可否 ……………………………………… 1026

第8節 共同根抵当

8149 共同根抵当権の意義及び要件 …………………………… 1028
8150 共同根抵当権の設定登記特有の申請情報 ……………… 1029
8151 追加担保の可否 …………………………………………… 1030
8152 追加担保の登記特有の添付情報 ………………………… 1031
8153 根抵当権の追加設定と前登記証明書 …………………… 1031
8154 根抵当権設定後に、敷地権の目的となった土地を根抵当権の共同担保として追加する場合の手続 ………………………… 1032

8155	共同根抵当権について更正による特別の登記の可否	1033
8156	共同根抵当権の変更の要件	1034
8157	共同根抵当権の譲渡	1035
8158	共同担保の特別の登記がない数個の根抵当権の効力	1036
8159	共同担保の登記の廃止の可否	1037
8160	優先の定めの廃止	1038

第9節 経過規定

8161	旧根抵当権に対する昭和46年改正民法の適用	1040
8162	旧根抵当権の元本極度額の定めの変更の可否	1041
8163	主登記による極度額増額の変更登記の分割の可否	1042
8164	旧根抵当権の元本確定時期の定めの効力	1043
8165	旧根抵当権の代位行使の可否	1045
8166	旧根抵当権の処分の効力	1046
8167	共同担保の旧根抵当権の分離の可否	1046
8168	共同担保の旧根抵当権の分離の登記手続	1048
8169	旧根抵当権の元本の確定の時期	1049

第9章 工場抵当

第1節 総説

9001	工場抵当の意義及び性質	1052
9002	工場の意義	1053
9003	太陽光発電と工場抵当	1054

第2節 狭義の工場抵当

第1項 総説 ………………………………………………… 1058

9004	工場抵当権設定の場合の注意事項	1058
9005	物上保証としての工場抵当の設定の可否	1059
9006	工場に属する土地、建物の共有持分の上の工場抵当の成否	1060
9007	工抵法2条の抵当権と工場専属の貨物自動車	1061

9008 賃借して工場に備え付けた機械器具等を3条目録に記録することの可否 …………………………………………………………………… 1062

9009 登記記録上の農地（現況宅地）を工場抵当の目的とすることの可否 …………………………………………………………………… 1062

第2項 工場抵当の効力 ……………………………………… 1063

9010 3条目録を提供しないものとこれを提供したものとの間における3条目録上の機械器具等に対する優先順位 …………………… 1063

9011 新たに建物に備え付けられた機械に対する工場抵当権の効力 …… 1064

9012 譲渡担保の目的となっている機械器具等と工場抵当権の効力 …… 1067

9013 工場抵当権と備付機械の上の質権との優先順位 ………………… 1068

9014 工場抵当権と備付機械の上の売買の先取特権との優先順位 …… 1069

9015 追加担保不動産に係る3条目録に、前に登記を受けた不動産の機械器具等を含めて記録した場合の措置 ……………………………… 1071

第3項 工場抵当と普通抵当の関係 ……………………………… 1072

9016 機械器具等の全部の備付けを廃止して工場抵当権を普通抵当権とする場合の手続 ……………………………………………………… 1072

9017 工場抵当権の設定後、機械器具等に抵当権の効力が及ばないとする別段の定めをすることの可否 …………………………………… 1074

9018 普通抵当権が設定された土地又は建物に機械器具等を備え付けて工場抵当権とすることの可否 ………………………………………… 1075

9019 抵当権の効力を機械器具等に及ぼさないとした当初の別段の定めを改めることの可否 …………………………………………………… 1076

第4項 登記申請手続 ……………………………………………… 1079

9020 工場に属するものとそうでないものを共同担保とする抵当権の設定の登記を一の申請情報で行うことの可否 …………………………… 1079

9021 工抵法2条の抵当権の設定登記の登記原因証明情報に機械器具等を表示することの要否 ……………………………………………… 1080

9022 機械器具等の追加による3条目録の記録の変更の登記の申請と抵当権者の同意を証する情報の提供の要否 ……………………………… 1081

9023 3条目録の追加変更登記と抵当権者の代位申請の可否 ………… 1081

9024 建物につき工場抵当権を設定した後、敷地及び機械器具等を追加担保とした場合の登記手続 …………………………………………… 1082

第5項　3条目録 …………………………………………………… 1083
　1　総　　説 ……………………………………………………… 1083
9025　3条目録の意義 ………………………………………………… 1083
9026　3条目録記録の効力 …………………………………………… 1084
9027　後順位工場抵当権の登記後に先順位抵当権を工場抵当権とした場合
　　　の機械器具等についての優先順位 …………………………… 1085
　2　作成方法等 …………………………………………………… 1086
9028　数個の不動産を目的とする工場抵当権の設定の場合の3条目録の作
　　　成方法 …………………………………………………………… 1086
9029　3条目録の記名押印者 ………………………………………… 1089
　3　登記事項証明書の作成 ……………………………………… 1090
9030　3条目録のみの登記事項証明書の交付請求の可否 ………… 1090
　4　3条目録の記録の変更 ……………………………………… 1091
9031　3条目録の記録の変更の登記の意義及びその登記手続 …… 1091
9032　3条目録の記録の変更の登記の効力 ………………………… 1097
第6項　その他 …………………………………………………… 1098
9033　工場抵当物件を分離して競売の申立てをすることの可否 … 1098
9034　工抵法2条の抵当権の目的物と差押えの効力 ……………… 1100

第3節　工場財団

第1項　総　　説 ………………………………………………… 1101
9035　工場財団の意義 ………………………………………………… 1101
第2項　組成物件 ………………………………………………… 1102
　1　通　　則 ……………………………………………………… 1102
9036　工場財団の組成物件の種類 …………………………………… 1102
9037　工場財団の組成物件たるべき要件 …………………………… 1105
9038　工場財団の組成物件となるべきものの処分制限 …………… 1108
9039　工場財団の組成物件の処分制限 ……………………………… 1110
9040　工場財団の組成物件の処分の効力 …………………………… 1113
　2　各　　則 ……………………………………………………… 1114
9041　組成物件の一部が他人の所有地又は所有建物にある場合の財団設定
　　　の可否 …………………………………………………………… 1114

9042 建物を組成物件とはせずに、これに備付けの機械器具を組成物件とすることの可否 …………………………………………………… 1115
9043 鉱業施設たる製錬所の諸施設を工場財団の組成物件とすることの可否 ……………………………………………………………………… 1116
9044 放送局の施設と「工場」…………………………………………… 1118
9045 工場財団の組成物件である不動産を賃借して、別の工場財団の組成物件とすることの可否 ………………………………………… 1118
9046 自動車や貨車を工場財団に所属させることの可否 ……………… 1119
9047 工場附属の医療施設としての建物、医療器具等を工場財団の組成物件とすることの可否 …………………………………………… 1120
9048 航空機を工場財団に所属させることの可否 ……………………… 1121
9049 牛馬を工場財団の組成物件とすることの可否 …………………… 1123
9050 受電権を組成物件とすることの可否 ……………………………… 1124

第3項 管轄登記所 …………………………………………………………… 1125
9051 工場財団の設定についての管轄登記所の指定申請手続 ………… 1125

第4項 所有権保存の登記 …………………………………………………… 1126
9052 所有権保存の登記の申請情報の内容 ……………………………… 1126
9053 所有権保存の登記の添付情報 ……………………………………… 1128

第5項 工場財団目録 ………………………………………………………… 1132
 1 総　　説 ……………………………………………………………… 1132
9054 工場財団目録の記録の効力 ………………………………………… 1132
 2 作成方法等 …………………………………………………………… 1134
9055 工場財団目録の記録事項及びその作成方法 ……………………… 1134
 3 工場財団目録の記録の変更 ………………………………………… 1139
9056 工場財団目録の記録の変更の意義 ………………………………… 1139
9057 工場財団目録の記録の変更をすべき場合 ………………………… 1140
9058 工場財団目録の記録の変更の登記の申請手続 …………………… 1143

第6項 工場図面 ……………………………………………………………… 1147
9059 工場図面を謄写印刷等で作成することの可否 …………………… 1147
9060 工場財団の組成物件であるガスの配置諸導管等の配置図面の要否 … 1147

第7項 表示変更 ……………………………………………………………… 1148
9061 工場財団の表示の変更登記の意義 ………………………………… 1148

9062	工場財団の表題部の変更登記の申請手続 ………………………	1149

第8項　工場財団の分割 ……………………………………………… 1151

9063	工場財団分割の意義 ………………………………………………	1151
9064	工場財団分割の要件 ………………………………………………	1153
9065	工場財団分割の登記申請手続 ……………………………………	1155
9066	工場財団の分割登記申請と社債権者集会の決議書面添付の要否 …	1159

第9項　工場財団の合併 ……………………………………………… 1161

9067	工場財団の合併の意義 ……………………………………………	1161
9068	工場財団の合併の要件 ……………………………………………	1162
9069	工場財団の合併と管轄登記所 ……………………………………	1164
9070	工場財団の合併の登記の申請手続 ………………………………	1165

第10項　組成物件の分離 …………………………………………… 1168

9071	差し押さえられた工場財団の組成物件の分離と差押権者の同意の要否 ………………………………………………………………………	1168

第11項　工場財団及びその組成物件の賃借権 …………………… 1169

9072	工場財団の賃借権設定の登記の可否 ……………………………	1169
9073	工場財団の賃貸借とその留意点 …………………………………	1171
9074	工場財団の組成物件の賃借権の設定の登記の可否 ……………	1174
9075	工場財団の所属不動産の賃貸借とその留意点 …………………	1175

第12項　財団の消滅 ………………………………………………… 1178

9076	工場財団の消滅 ……………………………………………………	1178
9077	工抵法10条の6か月の期間の起算点 ……………………………	1181

第13項　その他 ……………………………………………………… 1182

9078	抵当権設定の追加物件について工場財団に所属の旨の記録前における仮差押えの登記等の可否 ………………………………………	1182
9079	工抵法23条の記録後の仮登記を命ずる処分による抵当権設定の仮登記の可否 …………………………………………………………	1183
9080	組成物件の追加による公告期間中の既設工場財団についての抵当権設定の登記の可否及び当該抵当権の効力 ………………………	1184
9081	工場財団目録のみの登記簿抄本の交付請求の可否 ……………	1185

第10章　各種財団抵当その他

第1節　各種財団抵当

第1項　総　説 ……………………………………………………… 1188
10001　各種財団抵当の種類 ……………………………………… 1188
第2項　鉱業財団 …………………………………………………… 1190
10002　鉱業財団の意義及び性質 ………………………………… 1190
10003　鉱業権の意義及び性質 …………………………………… 1192
第3項　漁業財団 …………………………………………………… 1194
10004　漁業財団の意義及び性質 ………………………………… 1194
10005　漁業権の意義及び性質 …………………………………… 1197
第4項　港湾運送事業財団 ………………………………………… 1199
10006　港湾運送事業財団の意義及び性質 ……………………… 1199
第5項　道路交通事業財団 ………………………………………… 1200
10007　道路交通事業財団の意義及び性質 ……………………… 1200
第6項　観光施設財団 ……………………………………………… 1202
10008　観光施設財団の意義及び性質 …………………………… 1202

第2節　船舶登記等

第1項　総　説 ……………………………………………………… 1205
10009　登記することができる動産 ……………………………… 1205
第2項　船舶登記 …………………………………………………… 1206
10010　船舶登記の意義及び性質 ………………………………… 1206
第3項　農業用動産抵当に関する登記 …………………………… 1208
10011　農業用動産抵当に関する登記の意義及び性質 ………… 1208
10012　農業動産信用法3条の法人が抵当権付債権を質入れし、その登記
　　　　をすることの可否 …………………………………………… 1211
第4項　建設機械に関する登記 …………………………………… 1211
10013　建設機械に関する登記の意義及び性質 ………………… 1211

第3節　鉱害賠償登録制度

10014　鉱害賠償登録制度の意義及び性質 …………………………………… 1214

第11章　担保付社債

11001　抵当権の譲渡と担保付社債信託法上の担保 ……………………… 1218
11002　一部の工場財団に係る抵当権の解除と担保付社債信託法41条1項の「担保の変更」…………………………………………………… 1218
11003　担保付社債信託法上の信託契約による抵当権の設定の登記の申請における登記原因証明情報の添付の要否 ……………………… 1219
11004　担保付社債の分割発行についての登記の登記原因 ……………… 1220
11005　担保付社債の総額についての制限の有無 ………………………… 1220
11006　担保付社債を分割発行する場合における抵当権の設定の登記の時期 ………………………………………………………………… 1221
11007　担保付社債の分割発行についての登記における登記原因証明情報 … 1221
11008　一部の工場財団の譲渡と担保付社債信託法41条1項の「担保の変更」………………………………………………………………… 1222
11009　担保付社債を分割発行した場合において、ある回の社債の一部を償還した場合にする登記 ……………………………………… 1223
11010　担保付社債を分割発行した場合において、ある回の社債の全部を償還したときにする登記 ……………………………………… 1224

第12章　立木抵当

12001　「一個ノ立木」の意義 ………………………………………………… 1226
12002　果樹についての立木登記の可否 …………………………………… 1226
12003　立木登記への不動産登記法の適用関係 …………………………… 1227
12004　立木の所有権保存の登記の意義 …………………………………… 1227
12005　地目が畑である土地上の樹木の集団についての立木の所有権の保存の登記の可否 ……………………………………………… 1228
12006　一筆の土地に生立する樹木の集団につき二以上の立木登記をする

	ことの可否 ………………………………………………………	1229
12007	立木の所有権保存の登記における土地の登記簿上の利害関係人 ‥	1230
12008	代位により立木の所有権保存の登記を申請することの可否 ………	1231
12009	立木の所有権保存の登記を申請する場合における立木の樹種等を証する情報の提供の要否 ……………………………………………	1231
12010	植栽による樹木の集団について所有権保存の登記を申請する場合における添付情報 …………………………………………………	1231
12011	伐採期限の到来後は所有権が復帰する旨の約定がされている立木の売買及び抵当権の効力 ……………………………………………	1232
12012	立木の抵当権の設定の登記における申請情報の内容である施業方法 ……………………………………………………………………	1233
12013	立木の滅失の登記の申請における利害関係人の承諾を証する情報の提供の要否 …………………………………………………………	1234
12014	立木の所有権の保存の登記の抹消 ………………………………	1234
12015	未登記の立木についての仮差押えの登記の可否 …………………	1235

第13章　譲渡担保

13001	不動産の譲渡担保に関する登記手続 ……………………………	1238
13002	譲渡担保を登記原因とする所有権移転の登記において被担保債権の内容等を登記事項とすることの可否 …………………………	1238
13003	譲渡担保を登記原因とする所有権の移転の登記において特約事項を登記することの可否 ……………………………………………	1239
13004	債権者ではない第三者のために譲渡担保を登記原因として所有権移転の登記をすることの可否 ………………………………………	1240
13005	被担保債権が消滅した場合の譲渡担保の目的となっている不動産の登記手続 …………………………………………………………	1240

第14章　信託の登記

14001	信託の意義 ………………………………………………………	1244
14002	信託登記の意義 …………………………………………………	1245

14003	信託目録の意義 …………………………………………… 1246
14004	財産権の移転等に伴う信託の登記 …………………… 1248
14005	権利の変更に関する信託の登記 ……………………… 1249
14006	信託の登記の抹消 ……………………………………… 1251
14007	信託の登記における共同申請の例外 ………………… 1252
14008	代位による信託の登記申請手続の特則 ……………… 1254
14009	裁判所書記官又は主務官庁による信託の変更の登記の嘱託 …… 1255
14010	登記官の職権による信託変更 ………………………… 1258
14011	信託登記の同時申請 …………………………………… 1259
14012	信託の登記のみの申請の可否 ………………………… 1260
14013	委　託　者 ……………………………………………… 1261
14014	登記手続における委託者の適格性 …………………… 1263
14015	受　託　者 ……………………………………………… 1264
14016	権利能力なき社団を受託者とすることの可否 ……… 1266
14017	受　益　者 ……………………………………………… 1266
14018	受託者を受益者とする信託の登記 …………………… 1267
14019	受託者が複数いる場合の各受託者の持分 …………… 1268
14020	受託者である法人の合併による解散 ………………… 1268
14021	胎児又は権利能力なき社団を受益者とすることの可否 ………… 1269
14022	信託契約時に受益者が特定しない場合の登記方法 ………… 1270
14023	信託管理人 ……………………………………………… 1271
14024	受益権とは ……………………………………………… 1272
14025	受益権の一部譲渡の可否 ……………………………… 1274
14026	一筆の土地の一部に信託の登記をすることの可否 ………… 1275
14027	農地の信託登記の可否 ………………………………… 1275
14028	抵当権設定登記のされている不動産に信託の登記をすることの可否 …………………………………………………… 1276
14029	信託財産である土地の上に建築された建物の登記 ………… 1276
14030	信託財産である土地と敷地権の発生 ………………… 1277
14031	未登記建物と信託の登記 ……………………………… 1279
14032	差押えのされた不動産にする信託の登記の可否 …… 1280
14033	譲渡担保によって取得した不動産に信託の登記をすることの可否 … 1280

14034	信託の仮登記の可否	1282
14035	自己信託	1283
14036	二重信託（再信託）	1285
14037	抵当権の設定による信託（セキュリティトラスト）	1286
14038	抵当権の設定による自己信託の登記の可否	1288
14039	信託の併合	1288
14040	信託の分割	1290
14041	信託の併合又は分割の登記	1291
14042	遺言信託	1292
14043	信託財産の一部抹消の可否	1294
14044	受託者が信託財産を固有財産とした場合	1295
14045	信託条項に反する登記	1296
14046	信託の登記のされた不動産への抵当権の設定登記の可否	1297
14047	信託登記前に登記された根抵当権の極度額変更の登記の可否	1299
14048	信託登記のある不動産の合筆又は合併の可否	1301
14049	信託の登記のある土地の分筆	1302
14050	信託財産に対する差押え	1302
14051	信託の登記前に発生した債権を被保全権利とする仮差押えの登記	1304
14052	信託財産に対する処分禁止の仮処分	1305
14053	信託財産に対する競売による売却を原因とする所有権移転の嘱託登記	1306
14054	信託財産に対する委託者の破産者	1307
14055	抹消された信託の登記の回復	1308
14056	信託財産の共有物分割	1309
14057	信託された建物の合体	1311
14058	信託の登記がされた不動産の仮登記	1313

第15章　民事執行法・民事保全法による登記

第1節　総　説

| 15001 | 民事執行事件に係る登記の嘱託者 | 1316 |

15002	民事執行の手続における不動産 …………………………………	1317
15003	民事執行事件に係る登記の種類 …………………………………	1318

第2節　強制執行に関する登記

第1項　不動産に対する強制執行 ………………………………… 1320

15004	強制競売の申立ての前提としてする債権者代位による登記の申請 …	1320
15005	強制競売の二重開始決定と差押えの登記の嘱託 …………………	1321
15006	登記された差押債権者と登記上の利害関係を有する第三者 ………	1323
15007	差押えの登記後の権利の移転と新たな差押えの登記の可否 ………	1324
15008	買受人の代金納付と登記 …………………………………………	1325
15009	売却により消滅した権利又は売却により効力を失った権利の取得に係る登記 ………………………………………………	1326
15010	買受人による代金納付と滞納処分による差押え・参加差押えの登記の処理 ………………………………………………	1327
15011	買受人の一般承継人が代金を納付した場合の登記の可否 ………	1329
15012	民事執行法による法定地上権の設定の登記 ……………………	1330
15013	売却による登記の登記原因を証する情報 ………………………	1332
15014	差押えの登記後に権利の移転の登記がされている場合の差押えの登記の抹消の登記権利者 ………………………………	1334
15015	買受けの申出後の強制競売の申立ての取下げを原因とする差押えの登記の抹消の嘱託 ………………………………………	1336
15016	強制管理の開始決定に係る差押えの登記及びその抹消の嘱託手続 ………………………………………………………	1338

第2項　船舶に対する強制執行 ………………………………… 1339

15017	船舶執行の対象となる船舶 ………………………………………	1339

第3項　債権及びその他の財産権に対する強制執行 ……………… 1340

15018	先取特権等によって担保される債権の差押えの登記の嘱託手続 …	1340
15019	その他の財産権で権利の移転について登記を要するもの ………	1341

第3節　仮差押え・仮処分に関する登記

15020	不動産に対する仮差押えの執行が仮差押えの登記をする方法により行われる場合の手続 ……………………………………	1343

15021	登記請求権保全のための処分禁止の仮処分の意義 …………	1345
15022	仮登記を命ずる処分と処分禁止の仮処分の相違点 ……………	1346
15023	保全仮登記の意義 ………………………………………………	1347
15024	処分禁止の登記及び保全仮登記をする者 ……………………	1349
15025	処分禁止の登記及び保全仮登記の嘱託手続 …………………	1349
15026	保全仮登記の記録 ………………………………………………	1351
15027	処分禁止の仮処分の債権者が本案訴訟で勝訴した場合の登記手続 ……………………………………………………………	1353

第4節 担保権の実行としての競売等に関する登記

15028	不動産を目的とする担保権の実行としての競売の開始決定に係る差押えの登記 ………………………………………………	1356
15029	仮処分登記の前に登記された抵当権の実行としての差押えの登記が仮処分登記の後にされている場合の抹消 ………………	1357
15030	登記された賃借権等を目的とする担保権の実行としての差押え ‥	1359
15031	遺産分割等に必要な換価のための競売に関する登記 …………	1359
15032	遺産の分割の審判の申立てがあった場合における仮差押え又は仮処分の登記 ……………………………………………………	1360
15033	元本確定前の根抵当権の被担保債権に対する差押えの登記等の受否 ………………………………………………………………	1362
15034	仮処分に基づく抹消登記の嘱託の受否 ………………………	1362
15035	強制競売開始決定に係る差押えの登記の後の所有権移転等の登記の可否 …………………………………………………………	1363

第16章 仮登記

16001	仮登記の意義 ……………………………………………………	1366
16002	仮登記できる権利 ………………………………………………	1366
16003	仮登記の種類 ……………………………………………………	1367
16004	仮登記を要する場合及び仮登記の効力等 ……………………	1368
16005	印鑑証明書の提出不能を理由とする仮登記の可否 …………	1369
16006	登記識別情報の提供不能を理由とする仮登記の可否 ………	1370

16007	財産分与の予約を登記原因とする所有権移転請求権仮登記の可否 …	1371
16008	求償権担保のための抵当権設定仮登記の可否 ……………………	1372
16009	製造中の船舶を目的とする抵当権設定請求権保全の仮登記の可否 …	1372
16010	抵当権と代物弁済の両契約を証する書面により代物弁済の仮登記のみをすることの可否 …………………………………………………	1373
16011	抵当権設定登記の特約と所有権移転の仮登記 ……………………	1373
16012	抵当権の成立後その登記に条件を付した場合の抵当権設定仮登記の可否 …………………………………………………………………	1374
16013	不動産登記法105条1号の仮登記が認められる実務上の事例 ……	1375
16014	請求権保全の仮登記の効力 …………………………………………	1376
16015	不動産登記法105条1号の仮登記をなすべき場合に同条2号の仮登記をした場合の効力 …………………………………………………	1378
16016	仮登記に基づく本登記の登記義務者 ………………………………	1379
16017	仮登記原因を異にする場合の本登記手続 …………………………	1380
16018	仮登記に基づく本登記申請に登記義務者の協力が得られない場合の処置 ……………………………………………………………………	1381
16019	仮登記後第三者が所有権取得登記をした場合の本登記手続 ……	1382
16020	条件付契約に基づく所有権移転の時期 ……………………………	1383
16021	債務不履行を停止条件とする所有権移転仮登記と債務更改の場合の措置 ……………………………………………………………………	1383
16022	抵当権の順位譲渡の場合の代物弁済仮登記の措置 ………………	1384
16023	仮登記された抵当権又はその設定請求権の順位譲渡の可否 ……	1385
16024	停止条件付抵当権設定の仮登記の可否 ……………………………	1386
16025	農地の所有権移転の仮登記と農地法所定の許可書の要否 ………	1386
16026	仮登記を命ずる処分に基づく仮登記手続 …………………………	1387
16027	共同根抵当権設定の仮登記の可否 …………………………………	1388
16028	数個の不動産を目的とする根抵当権設定の仮登記を同一の申請情報ですることの可否 …………………………………………………	1389
16029	根抵当権の極度額変更の仮登記の可否 ……………………………	1390
16030	根抵当権の確定の仮登記の可否 ……………………………………	1390
16031	真正な登記名義の回復を原因とする仮登記の可否 ………………	1391
16032	不動産登記法105条1号の仮登記上の権利の移転登記と同条2号の	

　　　　仮登記上の権利の移転登記の差異 …………………………………… 1392
16033　条件付所有権を目的として抵当権設定の仮登記をすることの可否 … 1393
16034　仮登記原因の疎明の程度 ……………………………………………… 1394
16035　仮登記義務者の承諾書に代わる判決の一例 ………………………… 1395
16036　代物弁済予約の仮登記後の賃借権者は仮登記の本登記について利
　　　　害関係人となるか ……………………………………………………… 1396
16037　農地法5条の許可を条件とする仮登記について同法3条の許可に
　　　　より本登記をすることの可否 ………………………………………… 1397
16038　被相続人名義の仮登記の更正登記及び仮登記に基づく本登記を相
　　　　続人の一人から行うことの可否 ……………………………………… 1398
16039　混同により消滅した権利の仮登記に基づく本登記の可否 ………… 1399

第17章　仮登記担保

第1節　総　　説

17001　仮登記担保の意義 ……………………………………………………… 1402
17002　仮登記担保法の要点 …………………………………………………… 1403
17003　本来の仮登記と担保仮登記との相違点 ……………………………… 1405

第2節　仮登記担保契約の成立・変動と登記

17004　仮登記担保契約で定めるべき事項 …………………………………… 1407
17005　仮登記担保契約に基づく権利の登記申請 …………………………… 1409

第3節　担保仮登記に基づく所有権の移転

17006　担保仮登記に基づく所有権移転の手続 ……………………………… 1411
17007　仮登記担保権の実行通知 ……………………………………………… 1412
17008　清　算　金 ……………………………………………………………… 1413
17009　清算金の供託 …………………………………………………………… 1414

第4節　本登記の手続

17010　本登記の要件 …………………………………………………………… 1417

17011	本登記の登記原因及びその日付 …………………………………	1418
17012	本登記申請の添付書面 ……………………………………………	1418
17013	仮登記担保法18条の規定により不動産登記法の特則を設けた理由 …	1420
17014	供託を証する書面中の供託金額の記載 …………………………	1421
17015	清算金がない場合の仮登記担保法18条の適用 …………………	1422
17016	競売開始決定の登記がある場合の本登記手続 …………………	1423

第5節　受　戻　権

17017	受戻権の性質及び効力 ……………………………………………	1424
17018	担保仮登記の本登記後の受戻権の行使による登記手続 …………	1425
17019	担保仮登記の本登記未了の場合の受戻権の行使による登記手続 …	1426

第6節　そ　の　他

1	共同仮登記担保 ………………………………………………………	1428
17020	共同仮登記担保の意義 ……………………………………………	1428
17021	共同仮登記担保の本登記手続 ……………………………………	1429
2	根仮登記担保 …………………………………………………………	1430
17022	根仮登記担保の性質 ………………………………………………	1430
17023	根仮登記担保の機能及び仮登記担保への変更 …………………	1431
3	強制競売手続と仮登記担保 ………………………………………	1432
17024	強制競売等の手続における仮登記担保権 ………………………	1432
4	そ　の　他 ……………………………………………………………	1433
17025	法定借地権の意義 …………………………………………………	1433
17026	仮登記担保権と破産手続、民事再生手続及び会社更生手続 ……	1434
17027	土地又は建物の所有権以外の権利の取得を目的とする担保仮登記の取扱い ………………………………………………………………	1436
17028	租税等の徴収権と仮登記担保権 …………………………………	1437

第18章　登録免許税

| 18001 | 登録免許税の納付方法 …………………………………………… | 1440 |
| 18002 | 登録免許税額の端数計算 ………………………………………… | 1441 |

18003	登録免許税の納付義務者	1441
18004	登録免許税の課税標準価額の認定に対する不服の申立方法	1442
18005	登録免許税の還付請求の手続	1443
18006	登記申請の一部取下げと登録免許税の還付	1445
18007	登記申請の取下げの場合の再使用証明	1446
18008	山林を目的とする権利の登記の登録免許税	1447
18009	建物の価格と課税標準の範囲	1448
18010	工場抵当法2条の抵当権設定の登記の登録免許税の納付方法	1448
18011	課税標準価額の認定基準時	1449
18012	住宅用家屋を取得した場合における租税特別措置法の適用	1449
18013	敷地権の表示がされた区分建物の権利に関する登記の登録免許税	1451
18014	同一の債権を担保するための税率を異にする抵当権の登記又は登録と登録免許税の納付方法	1453
18015	追加担保による抵当権設定登記の登録免許税の納付	1454
18016	根抵当権と租税特別措置法75条の適用の有無	1455
18017	抵当権の移転の登記の登録免許税	1455
18018	根抵当権の極度額の変更の登記の登録免許税	1456
18019	表示登記と登録免許税の要否	1456
18020	抵当権の債権額の更正登記の登録免許税	1458
18021	債務更改の場合の抵当権変更の登記の登録免許税	1458
18022	民法375条の利息についての特別登記の登録免許税	1459
18023	共有持分についての抵当権を不動産全部に及ぼすための変更登記の登録免許税	1460
18024	抵当権の順位の変更登記の登録免許税	1460
18025	根抵当権の一部譲渡の登記の登録免許税	1461
18026	同一不動産上の3個の抵当権の登記の抹消の登録免許税	1461
18027	共有物の分割による所有権の移転の登記における登録免許税	1462
18028	工場財団の分割、合併の登録免許税	1463
18029	行政区画の変更に伴う登記名義人等の住所についての変更に係る登記	1464

第1章

総　説

第1節 総　説

1001　登記の効力

問　登記にはどのような効力があるか。
結論　**本登記には、対抗力、権利推定力、形式的確定力がある。**
説明　ここでは本登記の効力について説明する。仮登記については、本書第16章参照。

(1) 対抗力

　所有権や抵当権などの物権の発生、変更、消滅を総称して「物権の変動」という。民法は、（不動産、動産を通じて）物権の設定及び移転は、「当事者の意思表示のみによって、その効力を生ずる」（民法176条）とした上で、不動産の物権の変動は、「その登記をしなければ、第三者に対抗することができない」（同法177条）と規定している。「第三者に対抗することができない」とは、当事者間で生じた物権の変動の効力を第三者には主張することができないことを意味する。

　例えば、乙から融資を受けた甲がその所有する土地に乙のために抵当権を設定した後に、このことを秘してその土地を丙に売却したとしよう。民法176条により、契約当事者である甲と乙の間では抵当権の設定の効力が生じ、同じく甲と丙の間では抵当権の負担のない完全な所有権の移転の効力が生じるが、同法177条により、乙は、先に抵当権の設定の登記を受けておかなければ、第三者である丙に対抗することができない（抵当権者であることを丙に主張することはできない）し、丙も、先に所有権の移転の登記を受けておかなければ、第三者である乙に対抗することができない（抵当権の負担のない完全な所有権者であることを乙に主張することはできない）。結局、第三者同士である乙と丙のいず

れが優先するかは、契約の先後ではなく登記の先後によって決まることになり、仮に丙が先に所有権の移転の登記を受けると、丙は抵当権の負担のない完全な所有権者となり、乙は丙より先に契約をしていたのに抵当権を失う。甲がその所有する土地を乙に売却した後に丙に二重に売却したという典型的な二重譲渡の場合も同様で、丙が先に所有権の移転の登記を受けると、丙が完全な所有権者となり、乙は丙より先に契約をしていたのに所有権を失う。

物権の変動を外部から認識できる公示の仕組みがなければ、不動産取引の安全を図ることはできない。登記はこの公示の役割を果たしており、民法は登記に対抗要件としての効力（対抗力）を与えたので、本問の丙は、甲乙間の取引が先行していたとしても、登記がない以上は自身に対抗することができないものとしてこれを無視することができ、安心して甲から土地を買うことができる（さらに、丙自身が速やかに所有権の移転の登記を受けることにより、乙の権利主張を完全に封じることができる）わけである。

以上が、不動産取引の安全を図るために民法が用意したシステムの帰結であり、対抗力は登記の基本的かつ最も重要な効力であるといえる。

(2) **権利推定力**

甲が所有していた土地について、〇年〇月〇日売買を原因として乙に所有権が移転した旨の登記があれば、甲と乙がその日にその土地の売買契約をし、所有権が乙に移転したのだろうと考えるのが通常である。この意味で登記には権利推定力があるといわれる。しかし、この推定は（法律に規定されたいわゆる法律上の推定ではなく）事実上のものにすぎないから、登記に記録された権利関係が真実存在するかは疑わしいといえる程度の立証（いわゆる反証）があれば覆される。事実上の推定にとどまるとはいえ、登記にはこのような権利推定力があるので、登記の記録事項を真実と信じた者は、そう信じたことに過失はないものと推定される。例えば、登記の記録を信頼してその所有権名義人から買い受けた者は、その登記名義人が真実の所有者ではなかった場合には、売買による所有権取得は認められないが、占有の開始の時に無過失であったものと推定されるので、10年間の占有による時効取得（民法162条2項）が認められる可能性が高い。

(3) **形式的確定力**

登記官には実体的審査権はない（登記申請された内容が実体的に真実であるかまで調査する権限はない）ので、ある登記が存在する限り、その登記が不実の

無効のものであっても、これを無視してその後の登記手続を行うことはできないという登記手続上の効果が生じる。これを登記には形式的確定力があるという。例えば、甲が乙に土地を売却したが、その登記が未了のうちに、偽造の委任状等が利用されて甲から丙への不実の所有権移転登記がされてしまうと、甲と乙が上記売買に基づく乙への所有権の移転の登記を申請しても、登記官は、甲から丙への所有権の移転の登記を無視することはできない、すなわち、丙を登記義務者とする申請でなければ受理することができないので、この申請は却下されることになる。

1002 登記の公信力

問 公信力とは何か。我が国の登記に公信力はあるか。
結論 **公示を信頼して取引をした者は、その公示された内容が真実の権利関係と異なっていても保護されるという制度が採用されている場合、その公示には公信力があるという。我が国の登記には公信力はない。**

説明 ドイツ民法やスイス民法では、不動産登記の内容が真実の権利関係と異なっていても、その登記を信頼して取引をした者に対しては、その登記されたとおりの権利関係が存在したものとして保護を与えるという制度が採用されている。この考え方を公信の原則といい、その登記には公信力があるという。例えば、甲の所有する土地について、乙が偽造の委任状等を用いて甲から買い受けた旨の虚偽の登記の申請をし、その旨の登記を得た上で丙に売却した場合、乙名義の登記を信頼して取引をした丙が所有権を取得し、甲は所有権を失う。このように公信の原則の下では、取引の安全（いわゆる動的安全）は最大限に図られるが、真の権利者の利益（いわゆる静的安全）は失われることになる。

我が国の民法には不動産取引について公信の原則を認める旨の規定はなく、登記に公信力はない。もっとも、判例は、真の権利者が不実の登記がされたことに関与していたとか、これを知りながらあえて放置していたような場合には、民法94条2項の類推適用等により、不実の登記を信頼して取引をした者の権利取得を認めており（最判昭45．9．22民集24巻10号1424頁、最判昭47.11.28民集26巻9号1715頁、最判平18．2．23民集60巻2号546頁など）、動的安全の要請と静的

安全の要請との調和を図る妥当な解釈に努めている。

1003 登記される権利

問 不動産に関する権利で登記されるものは、どのような権利か。

結論 **登記される権利は、所有権、地上権、永小作権、地役権、先取特権、質権、抵当権（根抵当権を含む）、賃借権、配偶者居住権及び採石権の10種の権利である。なお、買戻権も付記登記により公示される。**

説明 不動産に関する権利のうち登記されるものは、不動産登記法3条の各号に列挙された、所有権、地上権、永小作権、地役権、先取特権、質権、抵当権、賃借権、配偶者居住権及び採石権の10種の権利に限られる。民法所定の不動産物権である占有権（民法180条以下）、入会権（同法263条、294条）、留置権（同法295条以下）が除かれているのは、占有権、留置権については、占有という外形的事実を要件とし、その存続中は占有自体により公示されるので、登記にはなじまないし、入会権については、その内容が各地方の慣習によって定まるもので、その実体関係も複雑なので、登記によって公示するのは極めて困難であり、適切でもないという理由によるものである。

なお、不動産の買戻権は、特約による解除権の留保だが（民法579条）、一種の物権取得権として取引の対象となっているため、付記登記で公示されることになっている（不登法96条）。

1004 変動の登記

問 登記は、権利変動についてするのか、それとも、権利の存否についてするのか。

結論 **不動産登記は、動的な権利の変動についてするものであって、静的な権利の存否についてするものではない。**

説明 民法177条は、不動産物権の「得喪及び変更」は登記をしなければ第三者に対抗することはできない旨を定め、不動産登記法3条は、登記は不動産に関する権利の「保存、設定、移転、変更、処分の制限又は消滅」についてするものとし、同法18条・不動産登記令3条6号は、「登

記原因及びその日付」を申請情報とし、不動産登記法59条3号は、「登記原因及びその日付」を登記事項とすることとしている。これらの規定に照らすと、我が国の不動産登記の対象は、権利変動そのものであって、権利の所在のみを対象としているのではない（例えば、売買により甲から乙に所有権が移転した場合には、その事実全てを登記するのであって、単に所有権者が乙になったことのみを登記するものではない）。

したがって、所有権が甲から乙、乙から丙に移転した場合に、甲が丙に対し直接所有権移転登記手続をするよう求めること（いわゆる中間省略登記請求）はできず、甲から乙、乙から丙への各所有権の移転の登記をすべきものとされる。

1005 登記を必要とする物権変動

問 不動産に関する物権の変動は、全て登記を必要とするか。

結論 **不動産に関する物権の変動は、全て登記を必要とするわけではない。判例は、どのような物権の変動が登記を必要とする対抗問題を生じるかを、個別に判断している。**

説明 判例は、かつては、全ての物権の変動に登記が必要だとしていた（大連判明41.12.15民録14輯1301頁）が、その後この考え方を実質的に改め、物権の変動には、対抗要件としての登記を必要とする対抗問題を生じるものと、対抗問題を生じないものがあるという前提に立って、どのような物権の変動が対抗問題を生じるかを個別に判断している。以下、問題となる典型的な事例について、判例の考え方を概説する。

(1) **取消しと登記**

甲が、乙に土地を売却した後、無能力、詐欺又は強迫の理由で売買契約を取り消したが、乙から買い受けた丙がいるとする。丙が買ったのが取消しの前か後かで結論は異なる。

取消し前に丙が買っていた場合、対抗問題はなく、甲丙の優劣は、取消しの効果（遡及的無効。民法121条）を制限する第三者保護の規定の有無によって定まる。すなわち、取消しにより乙は遡及的に無権利者となり、無権利者乙から買った丙は所有権を取得し得ないのが本来だが、取消原因が詐欺で、丙が詐欺につき善意である場合には、民法96条3項により例外的に丙が保護される。

取消後に丙が買った場合はどうか。取消しにより乙は遡及的に無権利者となり、甲は最初から所有者だったことになるが、甲から乙に所有権が移転したのは事実であるから、実質的には、一旦乙に移転した所有権が取消しの時に甲に復帰する物権変動があったものといえる。そうすると、取消後に乙から買った丙と甲とは、二重譲渡の譲受人と同視することができるから、甲と丙の関係は対抗問題になり、登記を先に備えた方が所有権を取得する（大判昭17．9．30民集21号911頁）。甲としても、取り消した以上は直ちに登記を甲名義に戻しておく（乙に対し抹消登記手続請求をする）べきであり、取消後の第三者との関係を対抗問題とする判例の考え方は妥当である。

(2) **解除と登記**

　甲が、乙に土地を売却した後、乙の債務不履行を理由に売買契約を解除したが、乙から買い受けた丙がいるとする。解除前に丙が買っていた場合、解除の遡及効を制限する民法545条1項ただし書（「第三者の権利を害することはできない」とする）があるので、丙は、解除原因についての善意・悪意を問わず保護されるが、判例は、同項ただし書の「第三者」は（対抗要件ではなく）権利保護要件として登記を備えることが必要とする（大判大10．5．17民録27輯929頁）。解除後に丙が買った場合には、取消しの場合と同様に、解除により所有権が甲に復帰したという物権の変動があるものと見ることができるので、対抗問題となる（最判昭35．11．29民集14巻13号2869頁）。

　したがって、丙が買ったのが解除の前か後かに関わりなく、登記を先に備えた方が所有権を得るという結論になる。

(3) **相続と登記**

　被相続人が土地を甲に売却したが未登記の間に相続が開始し、相続人が同一不動産を乙に売却した場合、甲と乙の関係は対抗問題になる（大連判大15．2．1民集5巻44頁）。相続人は被相続人の地位を包括的に承継するので、両者は同一人格と見てよい（同一人からの二重譲渡と異なるところはない）からである。同じ理由で、被相続人から買った甲と相続人は、買主と売主という売買の当事者になるので対抗問題にはならない。

　被相続人の子である甲と乙が土地を共同相続したが、乙が、この土地を単独で相続したとしてその旨の登記を経た上、第三者丙に売却した場合、甲は、相続によって取得した2分の1の共有持分につき、登記なしに丙に対抗することができるか。最高裁は、乙の登記は甲の持分に関する限り無権利の登記であ

り、登記に公信力がない以上丙も甲の持分に関する限りその権利を取得することはできないとして、甲は自己の持分を登記なしに丙に対抗することができるとした（最判昭38.2.22民集17巻1号235頁）。

　甲から乙への不動産の遺贈による所有権移転登記未了の間に、甲の共同相続人の一人の債権者丙が当該不動産の相続分の差押えの申立てをし、その旨の登記がされた場合、受遺者乙は登記なしに丙に対抗できるか。最高裁は、遺贈は、意思表示によって物権変動の効果を生ずる点においては贈与と異なるところはなく、したがって、不動産の二重譲渡の場合と同様に対抗問題になるとして、乙は遺贈による所有権取得を登記がなければ丙に対抗できないとした（最判昭39.3.6民集18巻3号437頁）。

　遺産分割により法定相続分を超える権利を取得した相続人と第三者の関係はどうか。民法909条は、「遺産の分割は、相続開始の時にさかのぼって効力を生ずる。ただし、第三者の権利を害することはできない。」と規定するが、最高裁は、この第三者は、相続開始後遺産分割前に生じた第三者を指し、遺産分割後に生じた第三者との関係は、（法定相続分を超える権利部分につき）対抗問題になるとする。遺産分割には遡及効があるが、分割後の第三者との関係では、相続人が相続により一旦取得した権利につき分割時に新たな変更を生じるのと実質上異ならないというのが、その理由である（最判昭46.1.26民集25巻1号90頁）。

　このように遺産分割については対抗問題とみることができるとしても、遺産分割方法の指定（相続させる旨の遺言）や相続分の指定がされた場合には、被相続人の死亡の時に直ちに当該遺産等が当該相続人に相続により承継されることになるので（最判平3.4.19民集45巻4号477頁）、この場合における不動産の権利の取得については、登記なくして第三者に対抗できる（対抗問題にはならない）とするのが判例（最判平14.6.10裁判集民事206号445頁）である。しかし、遺産分割方法の指定や相続分の指定も、実質的には被相続人の意思表示により法定相続分を変更するという面があることは否定できないし、登記不要とすると、法定相続分による権利義務の承継があったものと考えて法的措置を執ろうとする相続債権者等が不測の損害を被るおそれがある。そこで、平成30年7月に成立した民法（相続関係）の一部改正法は、この判例法理を見直し、相続による権利の承継は、遺産分割によるものかどうかにかかわらず、法定相続分を超える部分については登記等の対抗要件を備えなければ第三者に対抗すること

ができないこととした（民法899条の2）。遺言の有無及び内容を知り得ない相続債権者等の利益や第三者の取引の安全を確保する観点から、遺贈や遺産分割と同様に対抗要件主義を導入することとしたものである。これに伴い、相続させる旨の遺言がされた場合には、遺言執行者は、その遺言によって財産を承継する受益相続人のために対抗要件を具備する権限を有することも明文化された（民法1014条2項）。以上の規定は2019年7月1日から施行される。

(4) 時効取得と登記

甲所有の土地を乙が善意・無過失で10年間占有したとする。甲は、乙所有の土地を時効取得したのだから当事者であり、対抗問題にはならない。登記は不要である（大判大7.3.2民録24輯423頁）。問題は第三者が現れた場合だが、判例は、時効完成の前か後かで区別する。

① 時効完成前に丙が甲から土地を買った場合、時効完成時の所有者は丙で、甲は丙所有の土地を時効取得したのだから当事者であり、対抗問題にはならない（最判昭41.11.22民集20巻9号1901頁）。

② 時効完成後に丁が甲から土地を買った場合、乙と丁は甲から土地を二重に譲渡されたような関係となるから、対抗問題となり、先に登記を備えた方が所有権を取得する（大連判大14.7.8民集4輯412頁、最判昭33.8.28民集12巻12号1936頁）。

③ この場合に、乙が、占有開始時期をずらし、丁が買った後に時効が完成したと主張することができれば、乙は常に丁に勝てることになるが、最高裁は、時効期間は、時効の基礎である事実の開始された時を起算点として計算すべきもので、時効援用者において起算点を選択し、時効完成の時期を早めたり遅らせたりすることはできないとしている（最判昭35.7.27民集14巻10号1871頁）。

④ しかし、丁の登記後更に取得時効に必要な期間占有すれば、乙は、登記なしに丁に対し時効取得を主張することができる（最判昭36.7.20民集15巻7号1903頁）。

1006 権利の順位

問 登記された権利の順位は、何によって決まるか。

結論 同一の不動産について登記された複数の権利の順位は、原則とし

て、登記の前後によって決まり、登記の前後は、登記記録の同一の区にした登記相互間については順位番号、別の区にした登記相互間については受付番号による。ただし、付記登記の場合は主登記の順位により、仮登記に基づく本登記がされた場合は仮登記の順位による。

説明　物権の変動の対抗力は登記によって生じるので、対抗関係にある複数の権利が登記されている場合には、先に登記された権利が優先する。不動産登記法4条1項が、「同一の不動産について登記した権利の順位は、法令に別段の定めがある場合を除き、登記の前後による。」と規定したのは、この理を明らかにしたものである。「別段の定め」としては、不動産の先取特権に関する特則（民法331条1項、339条1項）、不動産賃貸借に関する特則（同法387条1項）、抵当権の順位の変更（同法374条）又は抵当権の順位の譲渡若しくは放棄（同法376条）がある。

　登記の前後は、登記記録の同一の区にした登記（例えば、乙区にした複数の抵当権の設定の登記）相互間については順位番号により、別の区にした登記（例えば、甲区にした所有権の移転の仮登記と乙区にした制限物権の設定の登記）相互間については受付番号による（規則2条1項）。また、敷地権である旨の登記をした土地の敷地権についてされた登記としての効力を有するもの（建物の登記記録の権利部にした登記）と当該土地の登記記録の権利部にした登記との前後は、受付番号による（同条2項）。なお、受付番号は1年（暦年）ごとに更新されるので（規則56条3項）、厳密には、受付年及び受付番号によるということになる。

　ただし、①付記登記は、主登記と一体のものとして公示されるので、その順位は主登記の順位により（不登法4条2項）、②仮登記は、本登記の順位を確保するためにされるものなので、仮登記に基づく本登記がされた場合の順位は仮登記の順位による（同法106条）。

1007　登記の無効

問　登記は、どのような場合に無効となるのか。
結論　登記は、その登記に符合する実体が存在しない場合（実質的有効要件を欠く場合）には無効となるが、判例は、権利変動の過程や

態様を如実に反映していない登記でも、現在の真実の権利状態に合致している場合には原則的に有効としている。また、手続上の一定の条件が充足されない場合（形式的有効要件を欠く場合）にも無効となる。

説明

(1) 実質的有効要件

　　登記は、特定の不動産に実体的な権利の変動があったことを前提として、これに対抗力を与えるものであるから、登記の内容に符合する実体が存在しない場合（実質的有効要件を欠く場合）には、その登記は無効となる。具体的には、登記に符合する不動産が存在しない場合、登記名義人が実在しない虚無人である場合、登記された権利変動が全く存在しない場合はもとより、登記と実体との間に同一性を欠くほどの不一致が認められる場合、すなわち、①権利の客体を誤って登記したとき（甲地に権利変動があったにもかかわらず乙地に登記したなど）、②権利変動の主体に同一性が認められないとき（甲が権利を取得したにもかかわらず乙が権利を取得したとして登記したなど）、③権利の種類自体が実体と合致しないとき（賃借権の設定契約をしたにもかかわらず地上権の設定の登記をしたなど）にも、その登記は無効である。

　しかし、実体と少しでも符合しない登記を全て無効にしたのでは取引の安全を害する。そこで、判例は、不動産の表示について軽微な齟齬がある登記でも対抗力を認め（最大判昭40．3．17民集19巻2号453頁、最判平18．1．19判時1925号96頁など）、また、権利の変動の過程や態様を如実に反映していない登記でも、現在の真実の権利状態に合致していれば、原則的に有効としている（中間者の同意なしにされた中間省略登記でも、中間者は、この登記の抹消を請求する正当な利益がなければその抹消を請求することはできないとした最判昭35．4．11民集14巻6号946頁、贈与による所有権移転なのに売買を原因とした登記を有効とした大判大5．9．12民録22輯1702頁など）。

(2) 形式的有効要件

　登記が対抗力を有するためには、その登記が「登記法その他の登記に関する法律の定めるところに従い」されることを要する（民法177条）。したがって、登記手続上一定の条件が充足されていない場合（形式的有効要件を欠く場合）には、実体に符合していても登記は無効となるが、手続上の瑕疵が常に登記の無効をもたらすわけではない。

まず、登記が実行され存続していなければ、対抗力は認められない。しかし、登記が、第三者の違法行為によって不法に抹消され、あるいは登記官の過誤によって抹消されたような場合には、対抗力は消滅しない（抵当権者不知の間に抵当権が不法に抹消されたときは、対抗力を失わず、その登記の回復登記をする際、登記上利害関係のある第三者は、回復登記に必要な承諾を拒むことはできないとした最判昭36．6．16民集15巻6号1592頁など）。

　不動産登記法25条各号には登記申請の却下事由が定められているが、これらは登記の申請の受理要件であって、その全てが登記の有効要件となるわけではない。すなわち、登記官が、これらの事由があるのに申請を却下せずに登記してしまったとしても、同条の1号（申請に係る不動産の所在地がその登記所の管轄に属していない場合）、2号（申請が登記事項以外の事項の登記を目的としている場合）、3号（申請に係る登記が既に登記されている場合。いわゆる二重登記について〔1008〕参照）、13号（登記すべきものでない場合。登記令20条各号）に該当する登記は、その事由自体の重大性に鑑み無効というべきだが、その余の4号から12号までに該当する登記は、その却下事由があったことのみでは無効とはならないものと解される。不動産登記法71条が、前記の1号、2号、3号、13号に該当する権利の登記について、登記官に職権による登記の抹消を義務付けており、上記各号に該当する表示の登記についても、同法28条に基づき登記官が職権で抹消すべきものと解されているのは、以上の考え方を前提とするものである。

1008　二重登記（重複登記）

問　二重登記（重複登記）とは何か。
結論　**同一の不動産について二の登記記録が作成されていることを、二重登記（重複登記）という。登記実務は、原則として後にされた登記を無効として職権で抹消すべきものとする。**

説明　同一の不動産について二の登記記録が作成されていることを二重登記という。土地の二重登記は考えにくいが、建物については起こり得る。二重登記は、不動産の権利関係を混乱させ、取引の安全を害するので、不動産登記法は、登記記録を「一筆の土地又は一個の建物ごとに作成される電磁的記録」と定義して、一不動産一登記記録の原則を採ることを明確

にし（同法2条5号）、同一の不動産について重ねて表題登記の申請があった場合には、これを却下することとしている（同法25条3号）。それにもかかわらず二重登記が生じるのは、建物については、申請情報の内容と実在する建物との同一性の確認が困難なケースがあるからである。

　二重登記（重複登記）を解消するには、どうすべきか。ここでは、登記の実務の考え方を中心に説明する。

　昭和35年に不動産登記制度と台帳制度が一元化されて表示に関する登記の制度が設けられたが、その前は、二重登記とは所有権の保存の登記が重複することであり、判例及び登記実務は、①後にされた登記は無効であって、登記官の職権により抹消すべきことを原則としながらも、②同一名義人により二重に所有権の保存の登記がされ、後にされた登記用紙（登記記録）に第三者の権利の登記があるときは、後の方の登記を有効とし、③名義を異にして二重に所有権の保存の登記がされている場合には、実体上の権利関係に符合している方の登記を有効とするという考え方を採っていた。

　しかし、この考え方は、一元化後の制度には必ずしも妥当しない。すなわち、一元化により、不動産の表示そのものが登記の対象になり、二重登記の意味が、所有権の保存の登記の重複から表題登記の重複の問題に変わることとなったからである。そうすると、二重登記の解消は、権利に関する登記の処理ではなく表示に関する登記（表題登記）の処理の問題となる。登記実務は、この前提に立って、①表題登記後の所有権の保存の登記や第三者の権利の登記の有無、内容に関わりなく、後にされた表題登記は不動産登記法2条5号の規定に反する無効な登記であるとして、登記官が、同法28条（職権による表示に関する登記）の規定に基づき、これを職権により抹消し、当該登記用紙（登記記録）を閉鎖すべきものとし（昭37.10.4第2820号通達。なおこの処理により、残された登記の有効性が確定されるわけではなく、抹消された方の登記の名義人が、訴訟により自己の登記の実現を図る可能性は残っている。）、②ただし、重複してされた表題登記の所有者が同じであり、双方の登記用紙（登記記録）に、同一の登記名義人で所有権の保存の登記がされた後、後に設けられた登記用紙（登記記録）のみに第三者の権利に関する登記がされている場合（昭39.2.21第384号通達）や、先の登記には、Aの所有権の保存の登記とAからBへの所有権の移転の登記がされ、後にされた登記には、Bの所有権の保存の登記とBからCへの所有権の移転の登記がされている場合（昭44.4.21第868号回答）には、便宜、

登記官は、先にされた表題登記を職権により抹消し、当該登記用紙（登記記録）を閉鎖して差し支えないこととしている。

1009 登記の流用

問 登記の流用とは何か。
結論 登記に符合する実体関係が消滅したことにより無効となった登記について、これをその後に生じた類似する別個の実体関係を公示するために利用することを登記の流用という。

説明
(1) 無効な登記の利用

登記に符合する実体関係が存在しない場合（実質的有効要件を欠く場合）、その登記は無効となる（〔1007〕参照）。無効な登記は抹消すべきだが、これが抹消されずその後に生じた類似する別個の実体関係を公示するために利用されることがある。無効な登記の利用の場面としては、大きく次の二つが考えられる。

一つは、当初から登記に符合する実体関係が存在しないため無効である登記について、その後、その登記に対応する実体関係が備わったとして（ただし、登記原因の日付など、必ずしも、完全には登記の内容と実体関係は一致しない）、その実体関係を公示するために利用することである。これは、「実質的有効要件の追完」ないし「無効登記の追完」などといわれ、その実体関係を備えるに至った時から、当該登記は有効となるとするのが判例の立場である（大判昭7．12.21法学2巻824頁、最判昭29．1．28民集8巻1号276頁、最判昭41．1．13民集20巻1号1頁）。

もう一つは、当初は登記に符合する実体関係が存在し、有効であった登記について、その後、その実体関係が消滅したことにより無効となったにもかかわらず、その登記の抹消を申請することなく、これを類似する別個の実体関係を公示するために利用することである。一般に「登記の流用」といわれているのがこれであり、主に、①滅失した建物の登記の流用、②抵当権の登記の流用がある。①は表示に関する登記、②は権利に関する登記の流用だが、この流用登記の効力については検討を要する。

(2) 流用登記の効力

①滅失した建物の登記の流用とは、取壊しなどによって滅失した建物につい

て、滅失の登記を申請することなく、その滅失建物の登記を取壊し後同一の敷地に新築した建物の登記として利用することをいう。判例は、このような流用登記は無効としている（最判昭40.5.4民集19巻4号797頁）。旧建物が滅失した以上、その後の登記は真実に符合しないだけでなく、二重登記の誘発など、不動産登記の公示性を乱すおそれがあり、不動産登記制度の本質に反するというのが、その理由である。なお、不動産登記法は、建物が滅失したときの建物の滅失の登記、建物を新築したときの建物の表題登記について、その所有者に登記の申請義務を課していること（同法57条、47条1項）も留意しておく必要がある。

　次に、②抵当権の登記の流用とは、被担保債権の弁済等により抵当権が消滅したのに、その抵当権の登記をその後に生じた他の債権を担保するために利用することをいう。大審院は、当初は、流用登記の効力を否定し、流用後に買い受けた第三取得者が提起した抵当権の設定の登記の抹消請求を認めたが（大判昭6.8.7民集10巻875頁）、その後、新たな抵当権のために登記があることを知り得るから第三者は不測の損害を被ることはないとの理由で対抗力を認め、仮に第三取得者が、流用登記であって対抗力を生じないことを知りながら、抵当権が存在するという前提で廉価に購入し、後日その抵当権の対抗力を否認しようとするならば、それは登記の欠缺を主張する正当な利益を有しないものだと説いた（大判昭11.1.14民集15巻89頁）。しかし、流用登記の効力を認めるのであれば、その根拠は、物権変動の過程を如実に反映していない登記でも、現在の真実の権利状態に合致するものであれば有効とする判例理論に求めるべきであろう。最高裁は、金銭債権の担保のため債務者所有の不動産に所有権移転請求権保全の仮登記をするのに代えて、他の債権者の債権担保のためにした所有権移転請求権保全の仮登記が被担保債権の消滅にもかかわらず残存しているのを利用して新債権者へのこの請求権移転の付記登記をしたという事案について、「不動産物権変動の過程を如実に反映していなくとも、仮登記移転の附記登記が現実の状態に符合するかぎり、当事者間における当事者はもちろん、右附記登記後にその不動産上に利害関係を取得した第三者は、特別の事情のないかぎり、右附記登記の無効を主張するにつき正当な利益を有しないものと解するのが相当である」と述べて、第三取得者がした前記仮登記の抹消登記手続請求を棄却すべきものとした（最判昭49.12.24民集28巻10号2117頁）。判例は、第三者を害するような特別の事情がない限り、このような流用登記も有効とする立場

を採っているものと考えられる。

1010　登記所

問　登記所とは、どのような機関なのか。
結論　**登記所とは、登記の事務をつかさどる法務局・地方法務局（支局・出張所を含む）のことである。**

説明　不動産登記法6条1項は、「登記の事務は、不動産の所在地を管轄する法務局若しくは地方法務局若しくはこれらの支局又はこれらの出張所（以下単に「登記所」という。）がつかさどる。」と規定している。この規定ぶりから明らかなように、「登記所」とは、「不動産の所在地を管轄する法務局若しくは地方法務局若しくはこれらの支局又はこれらの出張所」を意味する、法文上の略称である。この法務局及び地方法務局は、法務省の地方支分部局である（法務省設置法15条。支局・出張所の設置について、同法19条、20条）。したがって、「登記所」は、あくまで不動産登記法上の名称であり、実際に、「登記所」と称する国家行政組織法上の官署が存在するわけではないが、登記事務を取り扱う国の機関の呼び名として親しまれ、定着している。なお、法務局庁舎外の市役所庁舎などで、登記に関する証明書を取得することができる法務局窓口として、「法務局証明サービスセンター」がある（「法務局証明サービスセンター」の一覧等の詳細については、法務省ホームページ参照）。

1011　登記官

問　登記官とは何か。登記官には、どのような権限や責任があるのか。
結論　**登記官とは、登記所における事務を取り扱う者として指定された者をいう。登記官は、各種関係法令や先例などに従って、自己の名において完結的に登記の可否を判断し、その処理を完了することができる。なお、登記官が職務を行うについて故意又は過失によって違法に他人に損害を加えたときは、国の賠償責任が生じる。**

説明

(1) 登記官

　　登記官とは、登記所（不動産の所在地を管轄する法務局若しくは地方法務局若しくはこれらの支局又はこれらの出張所）（不登法6条1項）に勤務する法務事務官のうちから、その登記所における事務を取り扱う者として、法務局又は地方法務局の長が指定する者をいい、登記所における事務は、この登記官が取り扱う（同法9条）。この登記官の指定は、登記所を特定してされるところ、登記所の規模に応じて一人ないし数人が指定され、登記官の指定を受けない、登記所に勤務し登記事務に従事する法務事務官は、登記官が取り扱う登記所における事務を補助している。なお、法務局若しくは地方法務局若しくはこれらの支局又はこれらの出張所には、行政組織上の官職としての「登記官」（首席登記官、次席登記官、統括登記官、総務登記官。以下単に「官職としての登記官」という）が置かれているところ（法務局及び地方法務局組織規則14条2項、34条3項、51条1項、53条、各法務局・地方法務局事務分掌規程）、これらの官職としての登記官は、不動産登記法上の「登記官」とは別の概念であるため、これらの官職としての登記官が同法上の「登記官」となるには、別途、同法9条に基づく登記官の指定を受けることを要する。同様に、総括表示登記専門官、表示登記専門官も同法上の「登記官」となるには、同法9条に基づく登記官の指定を受けることを要する。

(2) 登記官の権限と責任

　登記官は、民法等の実体法、不動産登記法等の手続法をはじめとする各種関係法令のほか、関係法令の解釈や運用の統一的基準を示すものとして上級行政庁の発する「通達」及び個別の具体的事件の処理方法や適用すべき法令の解釈についての照会に対して上級行政庁の発する「回答」といった先例に従って、その事務を処理する必要があるが、具体的事件の処理においては、法令や先例に定めるものを除き、自己の名において完結的に登記の可否を判断し、その処理を完了することができる（登記官の地位・権限の独立性）。なお、国家公務員たる登記官が、その職務を行うについて、故意又は過失によって違法に他人に損害を加えたときは、国がこれを賠償する責任を負い（国家賠償法1条1項）、この場合に、登記官に故意又は重大な過失があったときは、国は、その登記官に対して求償権を有することとなる（同条2項）。

(3) 登記官の除斥

　登記は、国民の重要な財産権である不動産の権利の変動を公示するという重

要なものであることから、登記官は、常に、厳正・公平な職務執行が求められる。そのため、一定の場合には、登記官の権限行使に制限が加えられる。具体的には、登記官又はその配偶者若しくは四親等内の親族（四親等内の血族及び三親等内の姻族（民法725条。以下同じ）。配偶者又は四親等内の親族であった者を含む）が登記の申請人であるときは、当該登記官は、当該登記をすることができず、また、登記官又はその配偶者若しくは四親等内の親族が申請人である法人を代表して申請するときも、同様とされている（不登法10条。これらの者が代理人である場合は含まれない）。なお、この登記官の除斥事由を定める不動産登記法10条に違反してされた登記であっても、そのことのみをもって当然には無効とはならない。

1012 登記の管轄

問 登記の管轄とは何か。
結論 登記の事務が不動産の所在地を管轄する登記所によって取り扱われることを、登記の管轄という。

説明

(1) 管轄登記所

登記の事務は、不動産の所在地を管轄する登記所（以下「管轄登記所」という）がつかさどるとされており（不登法6条1項）、管轄登記所でない登記所にした登記の申請は、登記官によって却下される（同法25条1号）。

(2) 管轄区域

各登記所が管轄する区域（管轄区域）は、行政区画（市区町村等）を基準として法務大臣が定めている（設置規則）。したがって、行政区画が定まっていないもの（例：所属未定の公有水面埋立地及びその地上に建築された建物など）については、たとえそれが編入されるべき行政区画が地理的に明白なときであっても、管轄登記所が定まらず、登記（表題登記）をすることができない（昭30.5.17第930号通達、昭43.4.2第723号回答）。この場合、地方自治法7条の2第1項の規定に基づく内閣による行政区画の編入処分及び同条3項の規定に基づく総務大臣の告示によって行政区画が定まることとなり、これによって、管轄登記所が定まることとなる。

(3) **管轄登記所の指定**

　管轄登記所は、不動産の所在地（行政区画）によって自動的に定まるところ、その例外として、不動産が二つ以上の登記所の管轄区域にまたがる場合における法務大臣又は法務局若しくは地方法務局の長による管轄登記所の指定がある（不登法6条2項）。具体的には、1個の建物が二つ以上の登記所の管轄区域にまたがる事案が想定されるところ（土地については、その地番区域が、市、区、町、村、字又はこれに準ずる地域をもって定めるものとされ（規則97条）、また、一筆の土地の一部が地番区域を異にするに至ったときは、登記官が職権でその土地の分筆の登記をしなければならないとされているため（不登法39条2項）、一筆の土地が二つ以上の登記所の管轄区域にまたがる事案は想定されない）、その場合において、①その数個の登記所が同一の法務局又は地方法務局管内の登記所である場合には、当該法務局又は地方法務局の長が、②前記①の場合を除き、その数個の登記所が同一の法務局の管轄区域（法務省組織令69条2項の事務に関する管轄区域をいう）内の登記所である場合には、当該法務局の長が、③前記①及び②の場合以外の場合、すなわち、その数個の登記所が数個の法務局の管轄区域内の登記所である場合には、法務大臣が、それぞれ指定することとなる（登記管轄指定省令1条）。

　この管轄登記所の指定を要する登記の申請は、その建物が所在する土地を管轄する二つ以上の登記所のうち、任意に選択した一つの登記所にすることができるところ（不登法6条3項）、その場合に、申請人が登記の申請をした登記所とは別の登記所が管轄登記所に指定されたときは、登記の申請を受けた登記所の登記官は、その管轄登記所に当該申請に係る事件を移送し（規則40条1項）、その移送した旨を当該申請人に通知することとなる（同条2項）。なお、既に登記されている建物が、増築、附属建物の新築、管轄区域を異にする建物を附属建物とする登記、えい行移転、管轄区域の変更により、数個の管轄区域にまたがることとなった場合においては、その建物の登記がされている登記所が管轄登記所となるため（準則5条）、管轄登記所の指定は生じない。

(4) **管轄の変更（管轄の転属）**

　不動産の所在地が、物理的に変更することなく、ある登記所の管轄区域から他の登記所の管轄区域に変更になることを「管轄の変更」又は「管轄の転属」という。具体的には、登記所の管轄区域を定める「設置規則」の改正や行政区画の変更、登記所の統廃合等によって生じる。ただし、新たに行政区画が設け

られたとき、又は一つの登記所の管轄区域に属する全ての地域が他の登記所の管轄区域に属する行政区画に編入されたときにおいては、従前の管轄区域によるとされ（設置規則5条1項ただし書）、管轄の転属は生じない。

(5) 登記事務の委任

不動産登記法7条において、法務大臣は、一つの登記所の管轄に属する事務を他の登記所に委任することができるとされているところ、この登記事務の委任は、登記事務委任規則（昭和24年法務府令13号）によって行われる。

1013　登記官の過誤による登記の錯誤又は遺漏

　問　　登記官の過誤により登記に錯誤又は遺漏が生じた場合に、登記官はどうすべきか。

　結論　**登記官は、法務局又は地方法務局の長の許可を得て、職権により、付記登記の方法で、登記の更正をしなければならない。ただし、登記上の利害関係を有する第三者が存在する場合は、その第三者の承諾があるときに限る。**

　説明　(1) 登記の錯誤又は遺漏

「錯誤」とは、登記記録に、登記事項として本来されるべき記録がされず、代わりに誤った記録がされていることをいい（登記事項でない記録がされている場合を含む）、また、「遺漏」とは、登記記録に、登記事項として記録されるべき記録を欠くことをいう。

(2) 登記の更正（登記官の職権による登記の更正）

登記の錯誤又は遺漏が登記官の過誤によって生じた場合には、登記官は、職権で登記の更正をしなければならない（不登法67条2項）。この「登記の更正」は、更正の前後において登記に同一性が認められることが要件とされる「更正の登記」（同法2条16号）に限られるものではなく、登記事項の全部に遺漏があった場合や不動産を誤って登記した場合など、更正の前後における登記の同一性が認められない（問題とならない）ときであっても、その全部遺漏した登記を新たに記録して更正すること（監督法務局又は地方法務局の長の承認を得て登記するいわゆる「記入承認」）や登記の抹消により更正することが認められている。これは、登記官の過誤によるものであることから、広くその是正方法を認め、登記の申請人等に負担を掛けることなく、早期の是正を図る必要があるた

めである。

(3) 登記の更正の手続

　職権による登記の更正に当たっては、登記官は、遅滞なく、法務局又は地方法務局の長の許可を得て、登記の更正をしなければならない（不登法67条2項本文）。ただし、登記上の利害関係を有する第三者（当該登記の更正につき利害関係を有する抵当証券の所持人又は裏書人を含む）がある場合にあっては、当該第三者の承諾があるときに限る（同項ただし書）。この登記官の職権による登記の更正は、常に、付記登記によってされる。なお、これまでに述べた「登記の更正」（登記官の職権による登記の更正）は、権利に関する登記についてのものであるところ、表示に関する登記については、不動産登記法28条の規定に基づき、登記官が職権で更正することができる。

1014　登記官の処分についての不服

問　登記官の処分に不服がある場合、どうしたらよいか。
結論　**監督法務局の長又は地方法務局の長に対する審査請求又は裁判所に対する訴訟の提起の方法により救済を求めることができる。**

説明　　登記官の処分に不服がある者は、監督法務局の長又は地方法務局の長（以下「監督法務局長等」という）に、登記官を経由して、審査請求をすることができる（不登法156条1項・2項）。

　登記官の処分など行政庁の処分に「不服がある者」とは、当該処分について審査請求をする法律上の利益がある者、すなわち、行政事件訴訟法9条に規定する原告適格を有する者の具体的範囲と同一であり、当該処分により自己の権利若しくは法律上保護された利益を侵害され又は必然的に侵害されるおそれのある者をいうと解されている。

　不動産登記法156条1項に規定する「処分」の概念については、行政不服審査法2条の「行政庁の処分」及び行政事件訴訟法3条2項の「行政庁の処分その他公権力の行使に当たる行為」と同義であり、行政庁の行為のうち、「直接国民の権利義務を形成し又はその範囲を確定することが法律上認められているもの」（最判昭39.10.29民集18巻8号1809頁）をいうとされ、「処分」に該当するかどうかは、行為の具体的な内容によって決定されることとなる。表題登記、表題部の変更の登記又は更正の登記、滅失の登記及び合体による登記に係る申

請の却下については、行政処分性を有する登記官の処分に含まれないと整理されており、これらの登記の却下に対して審査請求がされたとしても、当該審査請求は不適当として却下されることとなる。ただし、登記官が、当該審査請求の内容に理由があると認める場合には、審査請求の手続とは別に、職権で表示に関する登記をすることになるものと考えられる。

審査請求がされた場合において、登記官は、処分についての審査請求を理由があると認めるときは、不動産登記法157条1項の規定により相当の処分をしなければならないとされているが、登記を実行した処分が不当である場合の登記の抹消は、当該登記が同法25条1号から3号まで又は13号に該当することなど同法71条に規定する手続による必要がある。

監督法務局長等は、処分についての審査請求に理由があると認めるときは、登記官に相当の処分を命じ、その旨を審査請求人のほか登記上の利害関係人に通知する。

なお、登録免許税法に基づく登記官の処分に不服がある者は、国税不服審判所に審査請求をすることができる（国税通則法75条1項3号）。

審査請求の手続は、行政内部における是正手続であるが、これとは別個に裁判所に対して登記官の処分の取消しを求める訴えを提起することができる。また、当該訴えの提起に当たっては、登録免許税法に基づくものを除き、審査請求の裁決を経る必要はない。なお、裁判所が登記官の処分に対して関与することができる範囲には、制限があり、不動産登記法により登記官が職権で登記の抹消をすることができる範囲、すなわち登記を実行した処分が不当である場合の登記の抹消は、当該登記が同法25条1号から3号まで又は13号に該当することなど同法71条に規定する手続によることができる場合に限って、裁判所は登記官に対して登記の抹消を命じることができるとされている。

第2節 登記簿

1015 登記の種類

問 登記には、どのような種類のものがあるか。

結論 登記の種類としては、目的（内容）別によれば、記入登記、変更登記（更正登記）、抹消登記、回復登記の四つがあり、形式別によれば、主登記、付記登記の二つがあり、さらに、効力別によれば、終局登記、予備登記の二つがある。

説明 登記の種類を大別すると、次のとおりである。

(1) 目的（内容）による区別

(イ) 記入登記

記入登記とは、新たに生じた登記原因に基づき、ある事項を新たに登記記録に記録する登記をいう。例えば、売買、代物弁済等による所有権の移転の登記又は抵当権、地上権等の設定契約に基づく権利の設定の登記をいう。

(ロ) 変更登記（更正登記を含む）

変更登記とは、広い意味では、既存の登記の一部を変更する目的でする登記をいい、狭義の変更の登記と更正の登記とを含む。狭義の変更の登記とは、既にされている登記事項が、その後に生じた事由によって実体関係と一致しなくなっている場合に、この不一致を是正する目的でする登記をいう（不登法2条15号）。例えば、不動産又は登記名義人の氏名等についての変更の登記、抵当権について利息の定めの増減の登記等をいう。更正の登記とは、既存の登記事項に錯誤又は遺漏があって、実体関係と当初から一致していないときに、その部分を実体に一致させる目的でする登記をいう（同条16号）。

(ハ) 抹消登記

抹消登記とは、既存の登記が、当初から無効か、又は後にこれに対応する実体関係を失い、その存在意義を喪失した場合に、当該登記の抹消を目的とする登記をいう。例えば、弁済により抵当権が消滅した場合における抵当権の登記の抹消又は差押えを解除した場合の差押えの登記の抹消等をいう。

　㈡　回復登記

回復登記には、抹消された登記の回復登記（不登法72条）と登記記録の滅失による滅失回復登記（同法13条）の二つがある。前者は、一旦抹消された登記が本来抹消すべきものでなかった場合に、それを是正して従前の登記を回復する登記であり、後者は、登記記録が災害等によって滅失した場合に、それによって消滅した登記を回復する登記をいう。

(2)　形式による区別

　㈡　主登記（独立登記）

主登記とは、甲区・乙区の順位番号欄に独立の番号を付してされる登記であって、付記登記の対象となる既にされた権利に関する登記をいう（不登法4条2項）。登記は、原則として、主登記の形式によってされる。

　㈣　付記登記

付記登記とは、既にされた権利に関する登記（主登記）についてする登記であって、その主登記を変更し、若しくは更正し、又は所有権以外の権利にあっては、これを移転し、若しくはこれを目的とする権利の保存等をするもので、その主登記と一体のものとして公示する必要があるものをいう（不登法4条2項）。例えば、登記名義人の氏名等についての変更の登記、権利の変更の登記等をいう。

(3)　効力による区別

　㈡　終局登記（本登記）

本登記とは、登記本来の効力である対抗力を有する登記をいう。

　㈣　予備登記（仮登記）

仮登記とは、本登記をすべき実体上の権利変動が既に生じているところ、その登記申請に必要な手続上の要件が具備しない場合、又は、いまだ権利変動は生じていないところ、将来権利変動を生じさせる請求権その他の法律関係が既に発生している場合に、将来すべき本登記の登記上の順位を保全する目的でされる登記をいう（不登法105条）。仮登記それ自体は、対抗力を有しない。

1016　登記簿と登記記録

問　登記簿と登記記録とは、どのように違うか。
結論　**登記記録が記録される帳簿（磁気ディスク）が登記簿である。**

説明　登記事務は、電子情報処理組織（コンピュータ）によって取り扱われるところ、登記は、登記官が登記簿に登記事項を記録することによってされる（不登法11条）。この登記事項を記録する登記簿とは、登記記録が記録される帳簿であって、磁気ディスクをもって調製するものをいい（同法2条9号）、登記簿に記録される登記記録とは、表示に関する登記又は権利に関する登記について、一筆の土地又は一個の建物ごとに作成される電磁的記録であって、表題部及び権利部（甲区及び乙区）に区分して作成するものをいう（同条5号、12条、規則4条4項）。

1017　登記記録の編成

問　登記記録は、どのような仕組みになっているか。
結論　**登記記録は、一つの不動産について一つの登記記録が設けられ、一つの登記記録は表題部、権利部（甲区及び乙区）で編成され、登記簿に記録される。**

説明　登記記録は、表示に関する登記又は権利に関する登記について、一筆の土地又は一個の建物ごとに、電磁的記録として作成される（物的編成主義。不登法2条5号）。一つの登記記録は、表題部及び権利部で編成され（同法12条）、表題部には、表示に関する登記が記録され、権利部には、権利に関する登記が記録される（同法2条7号・8号）。この権利部は、更に甲区及び乙区で編成され、甲区には所有権に関する登記の登記事項が記録され、乙区には所有権以外の権利に関する登記の登記事項が記録される（規則4条4項）。この登記記録は、登記簿（磁気ディスク）に記録される（不登法2条9号）。なお、登記記録には、それを構成するものとして、共同担保目録（同法83条2項）及び信託目録（同法97条3項）があるところ、これらの目録は、公示の明確性・一覧性を確保する観点から、登記官が法務省令（規則166条～168条、170条、176条）で定めるところにより作成するものである。

1018 コンピュータ化されていない登記簿又は閉鎖登記簿

問 コンピュータ化されていない登記簿又は閉鎖登記簿とは何か。これらの謄本若しくは抄本の交付又は閲覧の方法は、どのようにすればよいか。

結論 **コンピュータ化されていない登記簿とはコンピュータによる取扱いに適合しない登記簿のことであり、閉鎖登記簿とはコンピュータ化前に閉鎖された登記簿のことである。これらの登記簿は、いずれも紙で調製されている登記簿である。これらの登記簿の謄本若しくは抄本の交付又は閲覧の請求手続は、基本的に、登記事項証明書又は登記事項要約書の交付の請求の場合と同様である。**

説明 登記事務は、原則、全て電子情報処理組織（コンピュータ）により取り扱われる。したがって、登記簿（登記記録が記録される帳簿であって、磁気ディスクをもって調製するもの。不登法2条9号）及び登記記録（表示に関する登記又は権利に関する登記について、一筆の土地又は一個の建物ごとに作成される電磁的記録。同条5号）についても、コンピュータにより管理されている。コンピュータ化された登記情報の公開は、主に、登記記録に記録されている事項の全部又は一部を証明した書面（登記事項証明書）を交付する方法又は登記記録に記録されている事項の概要を記載した書面（登記事項要約書）を交付する方法等によってされる（同法119条1項・2項等）。他方、コンピュータ化されていない登記簿（紙で調製されている登記簿）も存在するところ、この紙で調製されている登記簿については、従前と同じ方法により公開される。具体的には、紙で調製されている登記簿としては、コンピュータによる取扱いに適合しない登記簿（いわゆる改製不適合登記簿。規則附則3条1項ただし書）及び閉鎖登記簿（不動産登記法（平成16年法律第123号）施行時に既に存在していた閉鎖登記簿又は同法施行後、同法附則3条1項の規定に基づき、コンピュータにより取り扱う事務として法務大臣による指定がされるまでの間に閉鎖された登記簿）があるところ、これらの登記簿の公開の手続においては、不動産登記法附則3条4項又は4条1項の規定により、旧不動産登記法（明治32年法律第24号）等の規定が適用される。したがって、紙で調製されている登記簿の公開は、その謄本若しくは抄本を交付する方法又は閲覧をする方法によってされ

（旧不登法21条１項）、その請求手続は、基本的に、登記事項証明書又は登記事項要約書の交付の請求の場合と同様である（旧細則29条〜31条）。ただし、謄本又は抄本の交付の請求に関し、オンラインによる交付の請求をすることができないこと、請求に係る不動産の所在地を管轄する登記所以外の登記所の登記官に対してすることができないことといった違いがある。

1019　一不動産一登記記録の原則

問　一不動産一登記記録の原則とは、どのようなことをいうのか。
結論　**一不動産一登記記録の原則とは、一つの不動産について一つの登記記録を設けることをいう。**

説明　不動産登記法２条５号において、登記記録とは、一筆の土地又は一個の建物ごとに作成される電磁的記録をいうとされ、一不動産ごとに一登記記録を設けるのであって、一登記記録に複数の不動産を登記することはできず、一つの不動産の一部を登記することも許されないし、また、一つの不動産について二つ以上の登記記録を設けることもできない。もっとも、附属建物については、主たる建物と併せて一個の建物とみなされる。この一不動産一登記記録の原則は、不動産の表示及び不動産に関する権利を公示することにより、国民の権利の保全を図り、もって取引の安全と円滑に資するという不動産登記制度の目的（不登法１条）を達する上で、基本となる原則である。

1020　登記情報提供サービス・登記情報交換サービス

問　登記情報提供サービス・登記情報交換サービスとは何か。
結論　**登記情報提供サービスとは、登記情報をインターネットを利用して、誰もがパソコンで確認することができるサービスである。また、登記情報交換サービスとは、登記事項証明書の交付の請求を、請求に係る不動産の所在地を管轄する登記所以外の登記所の登記官に対してすることができるサービスである。**

説明　(1)　登記情報提供サービス
　　登記情報提供サービスとは、登記所が保有する登記情報をイ

ンターネットを利用して、誰もが自宅、事務所等のパソコンで確認することができるサービスである。この登記情報提供サービスは、電気通信回線による登記情報の提供に関する法律（平成11年法律第226号。以下「提供法」という。）に基づくサービスであり、登記情報を電気通信回線を使用して提供することにより、登記情報をより簡易かつ迅速に利用することができるようにし、もって取引の安全と円滑に資することを目的とするものである（提供法1条）。登記情報提供サービスによる登記情報の提供は、利用者の委託を受けた指定法人（利用者の委託を受けて、その委託に係る登記情報を電気通信回線を使用して利用者に送信する業務（登記情報提供業務）を行う者として法務大臣が指定した者（同法3条1項））が、利用者の委託に係る登記情報の提供を電気通信回線を使用して登記所に請求し（同法4条2項）、その提供を受けた登記情報を電気通信回線を使用して利用者に送信する方法によりされる（同条1項）。この指定法人として、一般財団法人民事法務協会が指定されている。登記情報提供サービスにより提供される登記情報は、電気通信回線を使用して提供することに適しないものとして法務省令（電気通信回線による登記情報の提供に関する法律施行規則（平成12年法務省令第28号。以下「提供法施行規則」という。）1条1項）で定めるものを除き、不動産の登記簿、商業登記簿その他政令（電気通信回線による登記情報の提供に関する法律施行令（平成12年政令第177号））で定める帳簿に記録されている情報で、①その登記簿等に記録されている事項の全部についての情報（提供法2条1項1号）及び②その登記簿等に記録されている事項の一部についての情報で法務省令（提供法施行規則1条2項）で定めるもの（提供法2条1項2号）とされている。登記情報提供サービスの利用方法、利用時間、利用料金その他詳細については、法務省ホームページ及び指定法人（一般財団法人民事法務協会）のホームページに掲載されている。

(2) **登記情報交換サービス**

　登記情報交換サービスとは、土地・建物に関する登記事項証明書の交付の請求を、請求に係る不動産の所在地を管轄する登記所以外の登記所の登記官に対してすることができるサービスであり（不登法119条5項）、このサービスにより、全国の土地・建物に関する登記事項証明書を最寄りの登記所で取得することができる（ただし、請求に係る土地・建物の地番・家屋番号が判明していることが前提となる。）。

1021 登記情報の調査の必要性

問 不動産に関する権利の取引の場合には、不動産登記情報を調査する必要があるといわれているが、どのような理由によるものか。

結論 不動産に関する権利の取引の安全と円滑を図るためである。

説明 不動産に関する権利の取引をする場合の不動産登記情報の調査の必要性は、「不動産に関する物権の得喪及び変更は、不動産登記法その他の登記に関する法律の定めるところに従いその登記をしなければ、第三者に対抗することができない。」とする民法177条の規定から必然的に生ずる。同法86条において「土地及びその定着物は、不動産とする。」と定義し、175条において「物権は、この法律その他の法律に定めるもののほか、創設することができない。」として、いわゆる物権法定主義を規定し、さらに176条において「物権の設定及び移転は、当事者の意思表示のみによって、その効力を生ずる。」と規定して、いわゆる意思主義を採用しているが、この物権（所有権、用益物権、担保物権及び占有権の4種に大別することができる。）は、特定の不動産について、その有する利益ないし価値を直接に支配することを内容とする権利として法律的に構成されているから、同一不動産上に一個の物権が存在するときは、これと相矛盾する内容の他の物権が併立的に存在することは不可能である（物権の排他性）。それゆえに、取引の目的たる不動産につき、既に物権が成立しているかどうかを調査することが、不動産に関する権利の取引において重要視されるのである。

　不動産に関する権利を取得しようとする者は、不測の損害を避けるためには、あらかじめ、目的物の上に自己が取得しようとする物権に優先すべき物権が存在するか否かといった調査をする必要があるところ、このような調査を容易にし、不動産取引の安全と円滑を図るために設けられたのが不動産登記制度なのである。したがって、不動産に関する権利を目的として取引が行われる場合には、当該不動産に関して、その登記の有無及び他の権利の登記がされているか否か、他の権利はいかなるものかを調査する必要があるわけで、その方法としては、不動産登記情報の調査によるのが効率的かつ効果的である。

1022 登記情報の調査の着眼点

問 登記情報の調査は、どのような点に着眼して行えば、その所期の目的が達せられるか。

結論 土地・建物に担保権を設定して金銭を融資しようとする場合における着眼点としては、①目的物件の確認、②所有権の確認、③その他の権利関係の確認の3点が挙げられる。

説明 登記情報の調査の目的は、取引しようとする不動産について、その権利関係を調査し、自己が取得しようとする権利の当該不動産上に占める法律上の地位を判定するとともに、併せて取得しようとする当該権利についての登記が、不動産登記法その他の登記に関する法律上において可能であるかどうかの調査にある。つまり、当該不動産について、既にいかなる権利が存在しているかを、登記情報によって調査し、その登記されている既存の権利が、新たに取得しようとする自己の権利に、いかなる対抗力を有するか、すなわち、当該権利を取得し、登記することによって、その取得目的が十分に達せられるか否か、又は、他の権利が既に存在することによって、自己の権利の行使がどの程度に制限されるかを判定し、自己が取得しようとする権利の財産的価値を評価することにある。したがって、登記情報の調査の目的も、取得しようとする権利や取得目的のいかんによっておのずから異なるところ、その目的を、土地・建物に担保権（抵当権、根抵当権、質権等）を設定して金銭を融資しようとする場合に限定して、その着眼点を示せば、次のとおりである。

(1) **目的物件の確認**

登記情報を調査するに当たり、まず注意すべきことは、目的物件の登記記録を間違えないことである。いかに権利関係を綿密に調査し、正確な判定をしたとしても、目的物件と異なる物件の登記記録により権利関係を調査したのでは、何ら調査の目的は達せられず、およそ意義のないことである。担保権を設定しようとする土地又は建物の登記記録に相違ないことを十分確かめた上で、権利関係の調査に着手すべきであって、この目的物件の確認を軽視したことによって、登記が無効に帰した事例もある。

(2) 所有権の確認

　次に重要なのは所有権の確認である。所有権に関する登記の登記事項は、登記記録中、権利部の甲区に記録されており（規則4条4項）、同区の最終に記録されている所有権の登記名義人が現在の所有者であるから、この所有者の表示が担保権設定者の供述と一致していれば、一応、当該不動産の現在の所有者（以下「B」という。）を確認することができるところ、この場合、注意を要することは、Bの所有権が何人に対しても対抗することができる完全な所有権かどうかである。すなわち、権利部の甲区に、所有権の保存又は所有権の移転の登記のほかに、他の登記事項が全くない場合は、Bの所有権は、少なくとも登記上は、何人に対しても自己の所有権を主張して対抗することができる完全な所有権と判定して差し支えないが、もし、所有権の保存又は所有権の移転に関する登記事項のほかに、他の登記事項があるときは、それらの権利が、Bの所有権に対し、いかなる対抗力を有しているかを、法律的に十分検討する必要がある。例えば、Bの所有権取得の登記前に、強制競売開始決定に係る差押えの登記、滞納処分による差押えの登記、処分禁止の仮処分の登記、所有権移転の仮登記があるというような場合には、後日それらの権利が実行、実現されると、結果的にBの所有権取得は、原則として、これらの権利者に対する関係において対抗力を失い、したがって、Bは所有権を喪失し、Bの所有権を信じて取引をした権利者の権利も、Bの所有権が消滅することによって、原則として、消滅することとなり、Bを所有者と信じて、担保権の設定の登記をしたとしても、結局、何ら担保権の設定の目的を達することができず、無担保の貸借関係の状態に帰する結果となる。

　また、Bの所有権取得の登記後に、前述のような差押え等の登記がある場合も、ほぼ同じように、それらの権利が実行されて、新たに所有権を取得した者のために、所有権取得の登記がされると、たとえ、その所有権取得の登記前に、Bとの貸借関係に基づいて担保権の設定の登記をしていたとしても、その担保権は、前述の場合と同様に、それらの権利者に対抗することができない（不登法4条、規則2条1項）。したがって、結局、何ら担保権の設定の目的を達することができず、無担保の貸借関係の状態に帰する結果となる。そこで、登記記録に記録されている現在の所有権の登記名義人が、果たして実質上も完全な所有権者であるかどうかを十分に調査、検討する必要がある。

(3) その他の権利関係の確認

　目的物件の確認、所有権の確認のほか、自己の取得しようとする担保権に優先する他の権利の存否の問題が、担保権を設定する上で重要視されることはいうまでもない。担保権を設定してその登記を完了し、第三者に対する対抗要件を備えたとしても、自己の担保権に優先する他の権利が既に登記されており、担保権の設定の目的が達せられないようでは、当該担保権の設定は、何ら意義がない。およそ担保権の設定の目的は、債務者が債務の返済をしない場合に、当該目的物件を民事執行法の規定するところに従って換価し、その換価代金をもって、自己の債権の弁済に充当することを本来の目的とするものであり、換価代金が、先順位の他の権利者に全部配当されたのでは、担保権取得の意義が失われる。例えば、土地を担保に100万円を融資しようとする場合に、当該土地の価格が200万円で、既に、第1順位で債権額200万円の抵当権の設定の登記がされているとすれば、自己の抵当権は、第2順位の抵当権となり、当該物件が競売された場合には、競売代金の中から、まず競売手続に要した執行費用が差し引かれ、次に第1順位の抵当権者が債権元本と最後の2年分の利息、損害金の配当を受けた後でなければ、第2順位の自己の抵当権は優先弁済を受ける権利はない。第1順位の抵当権の被担保債権が既に弁済されているか（抵当権は、抵当権によって担保されている債権が弁済されることによって当然に抵当権としての効力を喪失するが、根抵当権の場合は、既往の債権が弁済されて現在担保されている債権が皆無であっても、根抵当権取引が存続している限り、効力を有している。）、あるいは、一部弁済によって債権額が減少していて、自己の抵当権が第2順位であっても、十分にその目的を達し得る程度の配当を受け得る見込みがある場合であれば格別、このような点についての調査も十分に行わなければならない。

　さらに、抵当権の登記前において、抵当権以外の権利、例えば、地上権や地役権、賃借権等の登記がある場合は、これらの権利は、原則として、抵当権の実行（競売）によって消滅せず、競落人の負担として、当該目的物件上に、引き続きその権利を行使することができる関係上、競落人の所有権の行使が、その限度において制限されるので、当該目的物件の競落価格も、その限度において低く換価されることも、十分考慮に入れておく必要がある。

1023 登記事項証明書・登記事項要約書の交付請求

問 登記事項証明書・登記事項要約書の交付を受けるには、どのようにすればよいか。

結論 **登記事項証明書・登記事項要約書は、登記所（登記官）に対し、手数料を納付して、請求情報（請求書）を提出することにより、その交付を受けることができる。**

説明 登記事項証明書（登記記録に記録されている事項の全部又は一部を証明した書面。不登法119条1項）の交付を請求するには、請求に係る不動産の所在地を管轄する登記所（登記官）又は最寄りの登記所（登記官）に、請求情報（請求書）を提出してする必要がある。具体的な請求方法としては、登記所の窓口に請求書を提出する方法（郵送の方法による請求書の提出を含む。）、オンラインにより交付の請求をする方法等がある（規則194条）。請求情報として、請求人の氏名又は名称、不動産所在事項又は不動産番号、請求に係る書面の通数、登記事項証明書の区分（全部事項証明書、現在事項証明書、何区何番事項証明書、所有者証明書、一棟建物全部事項証明書及び一棟建物現在事項証明書。閉鎖登記記録にあっては、全部事項証明書、何区何番事項証明書及び一棟建物全部事項証明書。規則196条）、共同担保目録又は信託目録に記録された事項について証明を求めるときはその旨及び送付の方法により交付の請求をするときはその旨と送付先の住所を、その内容としなければならない（規則193条1項）。また、手数料を納付することを要し（不登法119条1項）、具体的な手数料の額は、登記手数料令（昭和24年政令第140号）に規定されている。この登記手数料の納付は、登記所の窓口に請求書を提出する方法（郵送の方法による請求書の提出を含む。）による場合は、請求書に収入印紙（又は登記印紙）を貼り付けてする方法によって行い（規則203条1項）、オンラインにより交付の請求をする方法による場合は、法務省令で定めるところにより、現金をもってすることができるところ（不登法119条4項ただし書、規則205条1項）、具体的には、請求手続の過程において登記官から得た納付情報により納付する方法によってすることを要し（規則205条2項）、同納付情報を基に、インターネットバンキング、モバイルバンキング又は電子納付対応のATMを利用して納付する。なお、登記所の窓口に請求書を提出する方法（郵送の方法による請求書の提

出を含む。）による場合であって、送付の方法により交付（規則197条6項）の請求をするときは、送付に要する費用も納付することを要する（規則204条）。

　登記事項要約書（登記記録に記録されている事項の概要を記載した書面。不登法119条2項）の交付を請求するには、請求に係る不動産の所在地を管轄する登記所（登記官）に、請求情報（請求書）を提出してする必要がある。登記事項要約書は、登記簿のコンピュータ化による閲覧制度の廃止に伴う代替措置として設けられたものであることから、具体的な請求方法としては、登記所の窓口に赴いて請求書を提出してすることを要し（規則194条1項）、その交付は、同窓口において直接され、送付の方法により交付を受けることはできない。請求情報として、請求人の氏名又は名称、不動産所在事項又は不動産番号、請求に係る書面の通数を、その内容としなければならない（規則193条1項）。また、手数料を納付することを要し（不登法119条2項）、具体的な手数料の額は、登記手数料令に規定されている。この登記手数料の納付は、請求書に収入印紙（又は登記印紙）を貼り付けてする方法によって行う（規則203条1項）。

1024　登記事項証明書の交付等の手数料

問　登記事項証明書の交付等の手数料は、何に定められているか。
結論　登記手数料令に定められている。
説明　登記事項証明書の交付等の手数料は、登記手数料令（昭和24年政令第140号）に定められており、その主なものは、次のとおりである。

〈登記手数料令（平成25年4月1日〜）〉
(1)　登記事項証明書
　　書面請求：600円（2条1項）
　　オンライン請求・送付：500円（3条1項）
　　オンライン請求・窓口交付：480円（3条1項）
　　（1通の枚数が50枚を超える場合は、その超える枚数50枚までごとに100円が加算される（2条1項ただし書、3条1項ただし書））
(2)　登記簿（閉鎖登記簿を含む）の謄本又は抄本の交付：600円
　　（1通の枚数が50枚を超える場合は、その超える枚数50枚までごとに100円が加算される（2条1項ただし書））

(3) 登記事項要約書（一登記記録）の交付：450円（2条2項）

（一登記記録に関する記載部分の枚数が50枚を超える場合は、当該登記記録については、その超える枚数50枚までごとに50円が加算される（2条2項ただし書））

(4) 地図、建物所在図又は地図に準ずる図面（一筆の土地又は一個の建物）の写し等の交付

書面請求：450円（2条3項）

オンライン請求・送付：450円（3条2項）

オンライン請求・窓口交付：430円（3条2項）

(5) 登記簿の附属書類のうち土地所在図、地積測量図、地役権図面、建物図面又は各階平面図（一事件に関する図面）の写し等の交付

書面請求：450円（2条4項）

オンライン請求・送付：450円（3条3項）

オンライン請求・窓口交付：430円（3条3項）

(6) 登記簿（閉鎖登記簿を含む。一登記用紙）又はその附属書類（一事件に関する書類）の閲覧：450円（5条1項）

(7) 地図、建物所在図又は地図に準ずる図面（1枚／電磁的記録に記録されているときは、一筆の土地又は一個の建物）の閲覧：450円（5条2項）

(8) 筆界特定

筆界特定書の写し等の交付：550円（9条1項）

図面の写し等（一図面）の交付：450円（9条2項）

手続記録（一手続に関する記録）の閲覧：400円（9条3項）

（筆界特定書の写し等の交付について、1通の枚数が50枚を超える場合は、その超える枚数50枚までごとに100円が加算される（9条1項ただし書））

(9) 登記識別情報に関する証明：300円（7条）

1025 登記簿及びその附属書類等の公開

問 登記簿及びその附属書類等の公開は、どのようにしてされるか。

結論 登記簿及びその附属書類等の公開は、その内容を表示した書面等を請求人に交付する方法又はその内容を登記官若しくはその指定する職員の面前で請求人が閲覧する方法その他登記情報をインターネットを利用して自宅、事務所等のパソコンで確認すること

ができるサービス（登記情報提供サービス）によりされる。

説明

(1) **登記簿等の公開**

　　不動産登記制度は、不動産の表示及び不動産に関する権利を公示することにより、国民の権利の保全を図り、もって取引の安全と円滑に資することを目的とすることから（不登法1条）、登記簿等（同法122条）、すなわち、登記簿（登記簿に記録された登記記録）、地図、建物所在図及び地図に準ずる図面並びに登記簿の附属書類（申請書及び嘱託書とその添付書面又は土地所在図、地積測量図、地役権図面、建物図面及び各階平面図（電磁的記録を含む。））は、登記官に対する手数料の納付や請求情報の提供等、所要の請求手続を経て、公開されることを原則としている。

(2) **公開の方法**

　登記簿等の公開は、①交付による方法、すなわち、請求人に対し、登記記録に記録されている事項の全部又は一部を証明した書面（登記事項証明書。不登法119条1項）、登記記録に記録されている事項の概要を記載した書面（登記事項要約書。同条2項）、地図、建物所在図又は地図に準ずる図面（以下「地図等」という。）の全部又は一部の写し（地図等が電磁的記録に記録されているときは、当該記録された情報の内容を証明した書面。同法120条1項）及び登記簿の附属書類（電磁的記録を含む。）のうち政令（登記令21条1項）で定める図面（土地所在図、地積測量図、地役権図面、建物図面及び各階平面図）の全部又は一部の写し（これらの図面が電磁的記録に記録されているときは、当該記録された情報の内容を証明した書面。不登法121条1項）を交付する方法と、②閲覧による方法、すなわち、請求人が、地図等又は登記簿の附属書類（これらが電磁的記録に記録されているとき又は電磁的記録であるときには、当該記録された情報の内容を法務省令（規則202条2項）で定める方法（電磁的記録に記録された情報の内容を書面に出力して表示する方法）により表示したもの。）を登記官又はその指定する職員の面前で閲覧する方法によりされる（不登法120条2項、121条2項、規則202条1項）。なお、登記簿の附属書類のうち、前述の政令（登記令21条1項）で定める図面以外のものについては、請求人が利害関係を有する部分に限り、閲覧することができることとされているため（不登法121条2項ただし書）、その閲覧を請求するに当たり、請求人は、請求情報として、不動産登記規則193条1項1号（請求人の氏名又は名称）及び2号（不動産所在事項又は不動産番号）に規定する一般的な事項のほか、請求人の住所や閲覧する部分、利害関係を有する理由等を請

求情報の内容とした上で（規則193条2項）、利害関係がある理由を証する書面等を提示する必要がある（同条3項～6項）。この利害関係がある理由を証する書面として、具体的には、登記名義人自らが閲覧を請求する場合には、当該登記名義人であることを確認することができる運転免許証等の身分証明書や印鑑証明書が、また、登記名義人以外の者が閲覧を請求する場合には、請求人本人であることを確認することができる身分証明書等のほか、利害関係があることを確認することができる売買契約書や登記名義人が取引をしようとする相手方に宛てて発した、当該取引の相手方が物件調査のため登記簿の附属書類を閲覧することについての登記名義人の承諾書（印鑑証明書付き）等の提示が必要となる。

(3) **閉鎖登記簿の公開**

閉鎖登記簿（紙の閉鎖登記簿）については、不動産登記法（平成16年法律第123号）附則4条1項の規定（経過規定）によりなお効力を有することとされた旧不動産登記法（明治32年法律第24号）24条ノ2第3項により準用される同法21条の規定に基づき、公開されることとなる。

(4) **情報公開法の適用除外**

登記簿等（登記簿、地図、建物所在図及び地図に準ずる図面並びに登記簿の附属書類。不登法122条）については、行政機関の保有する情報の公開に関する法律（平成11年法律第42号。情報公開法）の規定は、適用しないとされている（不登法153条）。これは、情報公開法が目的とする手続が既に不動産登記法において整備されているからである。

(5) **その他**

電気通信回線による登記情報の提供に関する法律（平成11年法律第226号）に基づくサービスとして、登記所が保有する登記情報をインターネットを利用して、誰もが自宅、事務所等のパソコンで確認することができる「登記情報提供サービス」がある。

1026 登記所備付けの図面

問 登記所には、どのような図面が備え付けられているか。

結論 **登記所には、土地及び建物に関する図面として、地図（又は地図に準ずる図面）及び建物所在図並びに土地所在図、地積測量図、**

地役権図面、建物図面及び各階平面図のほか、筆界特定の手続に係る図面が備え付けられている。

説明

(1) 登記所備付図面

　　登記所には、土地及び建物に関し、登記簿（登記記録）のほかに、図面として、地図（又は地図に準ずる図面）及び建物所在図（不登法14条1項・4項）並びに土地所在図、地積測量図、地役権図面、建物図面及び各階平面図（登記令2条2項～6号）のほか、土地の筆界特定の手続に係る図面（不登法143条2項、登記令21条2項）が備え付けられている。これらの登記所備付図面のうち、地図（又は地図に準ずる図面）及び建物所在図は「地図等」として、土地所在図、地積測量図、地役権図面、建物図面及び各階平面図は「登記簿の附属書類」として、筆界特定の手続に係る図面は「筆界特定書等」として、不動産登記法の規定に基づき、公開されている（不登法120条、121条、149条（登記令21条））。

(2) 地　　図

　地図は、一筆又は二筆以上の土地ごとに作成し、各土地の区画を明確にし、地番を表示するものとされ（不登法14条2項）、登記されている土地の現地における位置、範囲、区画を公示する。この登記所に備え付けられる地図としては、登記所（法務局）が自ら作成した地図のほか、国土調査法（昭和26年法律第180号）20条1項の規定により登記所に送付された地籍図（規則10条5項）、土地改良登記令（昭和26年政令第146号）5条2項3号、土地区画整理登記令（昭和30年政令第221号）4条2項3号の土地の全部についての所在図その他これらに準ずる図面（規則10条6項）等がある。

(3) 地図に準ずる図面

　地図に準ずる図面は、登記所に、不動産登記法14条1項の地図が備え付けられるまでの間、これに代えて備え付けられているものであり（不登法14条4項）、一筆又は二筆以上の土地ごとに土地の位置、形状及び地番を表示するものとされ（同条5項）、現地における土地を特定し、その形状や隣地などを明らかにする資料として重要な機能を果たしている。この地図に準ずる図面は、その大半が、旧土地台帳附属地図（いわゆる「公図」）であり、土地台帳とともに租税徴収の基礎資料として税務署に備え付けられていたものが、台帳事務が登記所において取り扱われることとなったため（土地台帳法等の一部を改正する法律（昭和25年法律第227号））、旧土地台帳とともに登記所に移管されたもので

ある。

(4) 建物所在図

　建物所在図は、一個又は二個以上の建物ごとに作成し、各建物の位置及び家屋番号を表示するものとされ（不登法14条3項）、登記されている建物の現地における位置、形状を公示する。この建物所在図としては、登記所（法務局）が、地図及び登記の申請に伴って申請人から提供された建物図面を用いて作成したもの（規則11条1項）のほか、新住宅市街地開発法等による不動産登記に関する政令（昭和40年政令第330号）6条2項の建物の全部についての所在図その他これに準ずる図面（規則11条2項）等がある。

(5) 土地所在図

　土地所在図は、一筆の土地の所在を明らかにする図面であって、法務省令（規則73条～76条）で定めるところにより作成されるものである（登記令2条2号）。この土地所在図は、土地の表題登記等の申請において、添付情報として、その申請情報と併せて登記所に提供されるものである（同令7条1項6号・別表の四の項添付情報欄イ、二十八の項同欄ホ、三十一の項同欄ロ）。

(6) 地積測量図

　地積測量図は、一筆の土地の地積に関する測量の結果を明らかにする図面であって、法務省令（規則73条～75条、77条、78条）で定めるところにより作成されるものである（登記令2条3号）。この地積測量図は、土地の表題登記、地積に関する変更の登記又は更正の登記、分筆の登記等、登記記録に新たに地積を記録すべき登記又は登記記録に記録された地積に異動を生ずる登記の申請において、添付情報として、その申請情報と併せて登記所に提供されるものである（同令7条1項6号・別表の四の項添付情報欄ロ、六の項同欄、八の項同欄イ、十一の項同欄、二十八の項同欄ホ、三十一の項同欄ロ。なお、合筆の登記においては、地積測量図は、添付情報とされていない（同別表の九の項添付情報欄）。）。

(7) 地役権図面

　地役権図面は、地役権設定の範囲が承役地の一部である場合における当該地役権設定の範囲を明らかにする図面であって、法務省令（規則79条、80条）で定めるところにより作成されるものである（登記令2条4号）。この地役権図面は、地役権設定の範囲が承役地の一部である場合の地役権の設定の登記、地役権の変更の登記又は更正の登記、分筆の登記、合筆の登記等の申請において、添付情報として、その申請情報と併せて登記所に提供されるものである（同令

7条1項6号・別表の八の項添付情報欄ロ、九の項同欄、三十五の項同欄ロ、三十六の項同欄ロ）。

(8) **建物図面**

建物図面は、一個の建物の位置を明らかにする図面であって、法務省令（規則73条、74条、81条、82条、84条）で定めるところにより作成されるものである（登記令2条5号）。この建物図面は、建物の表題登記、合体による登記、建物の表題部の変更の登記又は更正の登記、建物の分割の登記、建物の区分の登記、建物の合併の登記等の申請において、添付情報として、その申請情報と併せて登記所に提供されるものである（同令7条1項6号・別表の十二の項添付情報欄イ、十三の項同欄イ、十四の項同欄イ～ハ、十六の項同欄イ、二十八の項同欄ヘ、三十二の項同欄ロ）。

(9) **各階平面図**

各階平面図は、一個の建物の各階ごとの平面の形状を明らかにする図面であって、法務省令（規則73条、74条、81条、83条、84条）で定めるところにより作成されるものである（登記令2条6号）。この各階平面図は、建物の表題登記、合体による登記、建物の表題部の変更の登記又は更正の登記、建物の分割の登記、建物の区分の登記、建物の合併の登記等、登記記録に新たに床面積を記録すべき登記又は登記記録に記録された床面積に異動を生ずる登記の申請において、添付情報として、その申請情報と併せて登記所に提供されるものである（同令7条1項6号・別表の十二の項添付情報欄ロ、十三の項同欄ロ、十四の項同欄ロ・ハ、十六の項同欄イ、二十八の項同欄ヘ、三十二の項同欄ロ）。

(10) **筆界特定の手続に係る図面**

筆界特定書において、筆界特定の内容を表示するための筆界特定登記官が作成する図面（不登法143条2項）及び筆界調査委員が作成した測量図その他の筆界特定の手続において測量又は実地調査に基づいて作成された図面（前掲筆界特定登記官が作成する図面を除く。登記令21条2項）がある。

第3節 地図・建物所在図

1027　地図の意義

問　表示に関する登記における地図の役割は何か。
結論　**地図は、登記記録の記録とあいまって登記されている各筆の土地の区画を明確にするとともに、地図から逆に当該土地の筆界を復元することができる機能を有している。**

説明　土地の表示に関する登記は、権利の客体となるべき土地の物理的な状況を登記記録上において特定して明確に公示するためになされるものである。そして、土地の登記記録の表題部には、まず一筆の土地がどこに存在するかを明らかにするために、その土地の所在の市、区、郡、町、村及び字を登記することとされている（不登法34条1項1号）。つまり、これにより当該土地が行政区画のうちのどの広がりの中に存在するかを明らかにし、次に当該土地を特定し認識し得る方法として地番、地目、地積を登記することとされている（同項2号・3号・4号）。

しかし、これらの表示のみでは、登記した土地が現地のどこに位置し、その形状又は区画がどのようなものであるかを明らかにすることはできないので、不動産登記法は、各筆の土地の区画を明確にし、地番を表示した地図を登記所に備えることとしている（同法14条1項）。各筆の区画は、その性質上文字によって登記記録に記録することのみでは表現することが困難であるために、最も端的に、しかも適切に表現することができる地図で明確にしている。もっとも、各筆の位置、筆界を文字で表現することは理論上全く不可能というわけではなく、例えば筆界点の経緯度を求めて、その数値を登記記録に記録する方法も考えられるが、この方法は登記制度の利用者の立場を考えると、目下のとこ

ろは不適当といえる。

　このように地図は、登記記録とあいまって各筆の土地の位置及び筆界すなわち区画を特定明示するという機能を営むものであるが、地図が有しているこの機能を全うするためには、登記によって観念的に示されている各筆の土地の筆界を、現地において現実に示すものでなければならないことはいうまでもないことである。このことは、これを反面から見ると、例えば、土地の形質が人為的又は自然的な原因によって大きく変更されてしまった場合、あるいは、相隣接する所有者間において現地の筆界に争いが生じた場合には、当該登記されている土地の筆界線を現地に復元するという役割を地図が担っているものであることをも示している。

　ところで、地図の役割を果たすには、現地指示能力又は現地復元能力を有し得るものであるためには、以下の要件を具備していることが必要である。まず、筆界点の位置を求めるための基準となる点、すなわち図根点が現地にあって、それが図上にも表示されていることであり、次に、筆界点が図根点からの方向と距離とによって一定の精度で現地に示し得ることである。この図根点は測量法の規定により設置されている三角点・多角点等のいわゆる国家基準点を基礎とした図根測量によって設置されたものであることが必要である。そうすれば、たとえ図根点が亡失又は移動したとしても、より高次の国家基準点から復元することが可能だからである。

　地図を作成するための測量は、測量法（昭和24年法律第188号）第二章の規定による基本測量の成果である三角点及び電子基準点、国土調査法（昭和26年法律第180号）19条2項の規定により認証され、若しくは同条5項の規定により指定された基準点又はこれらと同等以上の精度を有すると認められる基準点を基礎として行うものとするとされている（規則10条3項）。

　また、測量には常に測量誤差が生じるのは避けられないので、求める筆界点の復元精度をどの程度の範囲に収めるかについては、不動産登記規則10条4項において、

「地図を作成するための一筆地測量及び地積測定における誤差の限度は、次によるものとする。

　一　市街地地域については、国土調査法施行令（昭和27年政令第59号）別表第四に掲げる精度区分（以下「精度区分」という）甲二まで

　二　村落・農耕地域については、精度区分乙一まで

三　山林・原野地域については、精度区分乙三まで」
とし、地域別にその精度の統一が図られている。

　現在登記所に保管されている地図のうち、法14条１項地図として備え付けられている地図としては、国土調査法の規定による地籍図のほか、法務局作成の地図、土地改良登記令５条２項２号及び土地区画整理登記令４条２項３号等の図面がある。登記所に備え付けられている図面の大多数を占める旧土地台帳附属地図（旧土地台帳施行細則２条参照）は、明治初期から中期にかけて租税徴収を主たる目的として作成された関係からその多くは土地の位置、形状等を明らかにする程度のもので、精度的には不完全な地図であるため、法14条１項に規定する地図とはなり得ないものとされている。しかし、同項に規定する地図が全国的に整備されていない現状の下で、これらの図面は、利用価値の非常に高い重要な地図であるところから、法14条１項地図が備え付けられるまでの間、これに代えて、地図に準ずる図面として備え付けることができる（同条４項）とされている。

1028　電磁的記録に記録された地図の意義

問　電磁的記録に記録された地図又は地図に準ずる図面とはどのようなものか。

結論　**平成16年法律第123号による不動産登記法の全面改正により、地図及び地図に準ずる図面（以下「地図等」という）について、電磁的記録に記録することができるものとされ（不登法14条６項）、平成23年までに、全国の登記所において、地図等が電磁的記録に記録され、地図等については電磁的記録が原本となる。**

説明　地図等は、土地の現況を正しく反映したものでなければならず、少なくとも登記記録とそごがあってはならない。すなわち、未登記の土地について表題登記が行われたとき、又は既に登記がされた土地に対して分筆や合筆の登記が行われたときは、該当する地図等にその内容を反映させる必要がある。

　一方、昭和61年に地籍調査作業規程準則（昭和32年総理府令第71号）等が改正され、地籍調査においては、精度の高い数値法による測量方法が細部測量に採用され、地図の最大供給源である地籍図は、数値法により作成されるようにな

り、また、土地改良事業や土地区画整理作業等により作成される土地所在図等についても、数値法により作成されるようになった。

　このような地図が備え付けられている地域において、分筆登記等の申請がされると、地図の測量成果である筆界点座標値を基準として、分筆登記等に係る測量成果を対照する等の審査を行ったり、これらの測量成果をアップデートして維持管理する必要があり、これらの維持管理を行うためにも、地図を電磁的記録に保存する必要が生じた。

　そこで、平成16年法律第123号による不動産登記法の全面改正により、地図等について、電磁的記録に記録することができるものとされ（不登法14条6項）、電磁的記録に記録する地図にあっては、各筆界点の座標値をも記録するものとされた（規則13条2項）。また、不動産登記法14条6項で「電磁的記録に記録することができる」とされたのは、地図等の電子化を進めるとしても、しばらくの間は、紙等の電磁的記録以外の媒体に記録された地図が併存することが想定されたためであり、さらに、電子化される前の閉鎖地図等についても公開の対象とする可能性があったためである。全国の全ての地図等は、平成23年までに電磁的記録に記録された。

　なお、閉鎖された地図に準ずる図面のうち和紙で調整されたもの（旧土地台帳附属地図等。以下「和紙公図」という）は、その作成から既に1世紀が経過し、経年劣化が著しい上に、平成18年に開始された筆界特定制度における活用等による利用頻度の増加から更なる劣化が進行しつつあることを踏まえ、損耗・劣化防止の観点から、平成20年度から平成24年度までの5か年で、全国の和紙公図の電子化が行われた。和紙公図には、分筆や合筆等の処理を行う際に、貼り紙や浮き紙といった処理がされている等のものが相当数存在し、和紙公図それ自体の現況そのものが筆界の経歴を知るための資料となることが考えられるとして、原本は、紙で調整されたものとすることが妥当であるとされ、電子化されたものについては、副図として取り扱うこととされ、和紙公図の写しの請求に対しては、電子化されたものを用いて作成するものとされ、閲覧の請求に対しては、電子化されたものを印刷し、これを閲覧に供するものとされた（平20．1．14第76号通知）。

1029 不動産登記法14条1項に規定する地図の作成方法

問 不動産登記法14条1項に規定する地図はどのように作成されるか。

結論 **不動産登記法14条1項に規定する地図は、各筆の土地の筆界を確認した上、その筆界点について、国家基準点等を基礎として測量した結果を、一定の縮尺で作図する方法によって作成される。**

説明 不動産登記法14条1項に規定する地図（以下「地図」という）は、登記記録とあいまって、一筆又は二筆以上の土地ごとに作成し、区画を明確にし、地番を表示するもの（同条2項）であって、地番区域又はその適宜の一部ごとに正確な測量及び調査の成果に基づき作成するもの（規則10条1項）であり、地域の属性によって、250分の1から2,500分の1までの縮尺によるものとされている（同条2項）。

このように、地図は登記された各土地が現地のどこに存するかを表示する能力（現地復元能力）を有していなければならず、以下の要件を満たす必要がある。

地図は、次に掲げるように、①一筆地調査（各土地の筆界の確認）、②細部測量（①の工程において確認された筆界点の測量）、③地積の測定、④地図等の作成及び縦覧の各作業工程によって作成されるのが通常である。

(1) **一筆地調査（各土地の筆界の確認）**

この作業では、登記された各筆の土地の筆界（道路等の長狭物との筆界を含む）を、土地所有者その他の関係人の立会い及び既存の図面等の客観的な資料に基づいて、現地において調査・確認する。また、この作業を行うに際しては、あらかじめ単位区域内における登記所備付けの地図に準ずる図面に該当する土地の地目、地積、所有権の登記名義人といった登記記録の内容等を記録したもの（調査図素図）、対照図（地図に準ずる図面と現況の相対的位置関係を表したもの）や調査表（登記簿等の登記所備付資料に基づき、調査対象地域の各筆の地目、地積、所有者、所有権以外の権利関係及び地積測量図等の備付けの有無の状況等の調査結果を記載したもの）を作成し、それらに基づいて現地調査を行い、各土地の筆界等の調査の適正を期すのが通常である。

(2) **細部測量**

　4級以上の基準点を既知点として、一筆地調査において確認した筆界点等の測量を行う。一筆地測量では、当該基準点や補助基準点（基準点を器械点とし、その位置を決定したもの）を基礎として、各土地の筆界点や当該筆界の屈曲点を3級トータルステーション等を用いて測量する。また、この図根点は、今後各土地の筆界を地図によって現地に復元するときの準拠ともなる重要なものである。

(3) **地積の測定**

　この作業では、一筆地測量が完了した後に、各筆の土地の地積を測定する。

　一筆地測量は、前記のとおり3級トータルステーション等を用いて測量しており、座標法により地積測定が行われ、その結果は、土地調査書に取りまとめられる。

(4) **地図等の作成及び縦覧**

　前記(3)までの作業終了後、土地調査書、調査図素図、細部測量データ及び地積測定の結果に基づき、縦覧図及び地積等調査一覧表を作成し、これらの図面等を一定期間土地所有者、その他の利害関係人の縦覧に供する。当該縦覧手続を経て、不動産登記規則10条2項以下の要件を満たした地図が作成される。

1030　地図の精度

　問　地図の精度とは何か。

　結論　**地図の精度とは、地図に描画されている土地の筆界点の位置を現地に復元するときの誤差の限度のことをいい、実務では、各土地の筆界点の位置誤差及び地積測定の誤差等の各々の限度をもって示される。**

　説明　地図は、登記された各筆の土地について、地図上から、その位置及び筆界をできるだけ正確に現地へ復元する能力を備えていなければならないが、人為的に作成される地図では、その作成過程で生じる各種の誤差を決して取り除くことはできない。このような地図の誤差の大小は、その地図に図化された各土地を現地に復元する場合には、その値に比例した誤差の範囲となって具現するのが通常であり、この地図に含まれる誤差のことを、一般に地図の精度と呼んでいる。

地図の精度は、地図を作成した後のものであるため、測量等の地図作成のための諸作業において、精密な器機を使用し、高度な技術と、多くの日時を費やすことによって、作成上の誤差を最小限にとどめて、地図の精度を高めることは可能である。しかし、最高の精度を有する地図を、全国の各土地について統一的に作成することは、少なからず困難なことであり、各地域における土地の利用状況及び経済価値等の諸事情を判断し、それに相応した範囲で、その誤差の限度を定めることが、むしろ測量経済上妥当であると考えられる。

　そこで、実務においては地図の精度を次の3地域に分類して定めており、一筆地測量及び地積測定の誤差の限度は、国土調査法による地籍調査によって作成される地籍図の精度を基準としている（規則10条4項）。

　すなわち、

一　市街地地域については、国土調査法施行令（昭和27年政令第59号）別表第四に掲げる精度区分甲二まで

二　村落・農耕地域については、精度区分乙一まで

三　山林・原野地域については、精度分乙三まで

となっている。このように地図の精度の基準は、地籍図のそれによっているので、以下、地籍図の精度について説明する。

　地籍図の精度は、国土調査法施行令別表第四に定められており、一筆地測量及び地積測定の誤差の限度を、次のような6段階に分類し、原則として、この基準によって行うものとされている。なお、基準点測量及び細部測量の誤差の限度は、同令別表第二及び第三に定められている。

甲一　大都市市街地区域

甲二　中都市市街地区域

甲三　上記以外の村落区域及び整形された農用地

乙一　農用地及びその周辺地域

乙二　山林、原野及びその周辺地域

乙三　山林、原野の地域

　「筆界点の位置誤差」とは、筆界点の地球の基準地球楕円体（GRS80楕円体）上における絶対誤差ではなく、一筆地測量のために使用した図根点（与点）に対する相対的な位置誤差である。つまり、図根点を、その座標系に対して誤差がないものとみなしているのである。

　このうち、「平均二乗誤差」とは、幾つかの筆界点が有している誤差の平均

二乗誤差を計算した値が、この数値以下でなければならないという意味である。つまり各土地の筆界の大部分がこの誤差の限度内になければならないということである。

また、「公差」とは、筆界点の位置誤差や筆界点間距離（辺長）の誤差が、この公差以上になれば失格するという限界を示している。

「地積測定の公差」は、通常、筆界点間距離（辺長）の公差に相応したものであるはずであるが、筆界点間距離の公差は、特に辺長の短いものにあっては、図解の場合におけるプロットの誤差の影響が辺長の長いものに比較して大きいことから、この辺長の短いものについては、地積測定の公差が、筆界点間距離の公差よりも厳しくなっている。

このことは、各土地の所有者の地積測定の精度に対する要請を考慮して定められたものであって、この両公差を満足させるためには、当該地域についての測量をトランシットを用いて行うなど、その方法を考慮し、又は、縮尺を大きくする（図解力が増大する）ことを要するものとされている。

以上のように、一筆地測量及び地積測定の誤差の限度が設けられるのであるが、もともとこれらは、地図作成過程における各種の測量（基準点測量、図根点測量等）及びその作業の結果に基づいて現れるものであるため、それらの各作業における許容誤差が具体的に定められるのはもちろんのことである（国土調査法施行令別表第二、第三、及び地籍調査作業規程準則（昭和32年総理府令第71号）等）。

1031 不動産登記法14条1項地図の種類

問 不動産登記法14条1項に規定する地図として登記所に備え付けられる図面には、どのようなものがあるか。

結論 **登記所備付地図作成作業により作成された地図のほか、国土調査法20条1項の規定により登記所に送付された地籍図のほか、土地改良登記令5条2項3号又は土地区画整理登記令4条2項3号の土地の全部についての所在図その他これらに準ずる図面である。**

説明 不動産登記法14条1項に規定する地図（以下「地図」という）は、各土地の区画を明確にし、地番を表示するものであり（同条2項）、土地の筆界を現地において示す能力、すなわち、登記された筆界が

不明になった場合や境界紛争が生じた場合など、地図から逆にその筆界を復元することができる能力が求められており、問〔1030〕のとおりの精度を必要とする。

　地図の整備の状況は、平成30年4月1日現在で、登記所に備え付けられている図面のうち約56％しかない状況である。

　法務局では、平成15年6月16日に都市再生本部において決定された「民活と各省連携による地籍整備の推進」を踏まえ、都市部（DID（国勢調査による人口集中地区であり、人口密度4,000人/k㎡以上の国勢調査上の基本単位区が互いに隣接して、5,000人以上の人口となる地域）のうち、緊急性の高い地図混乱地域、地図の整備が特に困難な大都市や東日本大震災の被災地を対象として、登記所備付地図作成作業を行っているが、その数は、非常に限られている。

　地図の備付方法について、不動産登記規則10条に規定されており、国土調査法20条1項の規定により登記所に送付された地籍図のほか、土地改良登記令5条2項3号又は土地区画整理登記令4条2項3号の土地の全部についての所在図その他これらに準ずる図面について、地図として備え付けることを不適当とする特別の事情がある場合を除き、地図として備え付けるとされている（規則10条5項、6項）。また、規則10条6項に規定する「その他これらに準ずる図面」としては、国土調査法19条5項に基づき、所定の精度以上の精度を有する地籍調査以外の民間事業者及び地方公共団体による測量成果を地籍調査の成果と同一の効果があるものとして国土交通大臣等が指定した用地実測図等の図面が挙げられる。

　規則10条5項に規定する「地図として備え付けることを不適当とする特別の事情」とは、地籍調査後、登記所に送付されるまでの間に異動が生じた土地につき、その異動に伴う地籍図の修正（その修正が不能の場合における筆界未定の処理を含む）がされていない場合や地籍図が地番区域内のごく一部の土地についてのみ存する場合とされている（昭52．9．3第4474号依命通知）。

1032　国土調査法による地籍図

| 問 | 登記所に送付された国土調査法による地籍図は不動産登記法14条1項に規定する地図となるか。 |
| 結論 | **国土調査法20条の規定により登記所に送付された地籍図は、地図** |

として備え付けることを不適当とする特別の事情がない限り不動産登記法14条1項に規定する地図として備え付けなければならない。

説明 　国土調査は、国土の開発及び保全並びにその利用の高度化に資するとともに、あわせて地籍の明確化を図るため、国土の実態を科学的かつ総合的に調査することを目的とする（国調法1条）ものであって、地籍調査は、その中の事業の一つとして通常は、市町村が実施機関となって一筆ごとの土地について地番、地目、境界の調査と登記簿に記載された所有者についての確認と併せて境界の測量及び地積を測定し、その結果に基づいて地籍簿及び地籍図を作成することとされている。

　地籍図は、各筆の土地について、後記のような作業を経て一定の規格の図葉に所定の縮尺で図化されたものである。

　また、この地籍図は、地籍簿とともに主務大臣等の認証を受けた後にその写しが登記所へ送付される（国調法20条1項）。

　一方、それらの送付を受けた登記官は、登記記録に記録された土地の地目、地積等が地籍簿の記載と一致しないときは、特別な場合を除いて地籍簿に基づいて登記記録を改めなければならない（国土調査法による不動産登記に関する政令1条）が、この場合における地籍図は、地籍簿に記載された調査後の各土地の位置、形状及び地番を明確に示したものであって、このことはとりもなおさず、登記された各筆の土地の区画を明確にし地番を表すために必要な不動産登記法14条1項に規定する地図（以下「地図」という）とその目的を同じくするものといえる。

　地籍図の作成の方法は、地図の作成の場合とほとんど同様である。

　つまり、測量は、国家三角点等の基準点を基礎として行われるので、各葉の地図は全て全国のどの地籍図とも関連付けが可能であって、各土地について我が国土内における位置の特定が（一定の精度をもって）できることになっているし、一筆地の境界等の調査及び測量の方法等についても所定の作業規程等によって行われるのである。

　地籍図は、40cm×50cmの図紙を用いて作成され、その縮尺は土地の利用状況に応じて250分の1から5,000分の1までに分かれる。また、精度は、各地域における土地の利用状況を考慮して区分されているが、いずれの場合にもその精度区分における誤差の限度が地図上に表示されている。

地籍図は、その作業手順をはじめ成果が認証されるまでの過程、さらに地籍図上その誤差の限度である精度区分が明らかであること等を総合的に勘案し、地図として備え付けることを不適当とする特別の事情のある場合を除いて、地図として備え付けるものとされている（規則10条5項ただし書）。

　なお、この特別の事情とは、どのようなものであるかは、必ずしも明らかではないが、例えば、地籍図が地番区域のごく一部について作成されたものであって、当該地籍図を地図として備え付けたとしても同一地番区域内の他の地域には同地図が存しないため登記所の事務処理上支障を来すおそれがある場合など、地籍図を地図として備え付けられることを適当としないことが客観的に明らかな場合をいうものと解されている（昭52．9．3第4474号依命通知）。

1033　旧土地台帳附属地図

問　登記所に保管されている旧土地台帳附属地図とはどのようなものか。

結論　**旧土地台帳附属地図とは、昭和35年の不動産登記法の一部改正（登記簿と台帳の一元化）前の土地台帳制度の下において、各筆の土地の区画及び地番を明らかにするためのものとして、登記所に備え付けられていた地図のことで、現行不動産登記法上は、不動産登記法14条1項に規定する地図が備えられるまでの間地図に準ずる図面として取り扱われている。**

説明　現在登記所で保管されている旧土地台帳附属地図（旧土地台帳法施行規則2条。以下「附属地図」という）は、昭和25年の土地台帳法の一部改正（法律第227号）によって台帳事務が登記所で取り扱うこととなったため、土地台帳とともに税務署から移管されたものであって、その後、登記簿と台帳の一元化（昭和35年法律第14号による「不動産登記法の一部を改正する等の法律」）実施によって土地台帳が廃止されるまでの間は、各土地の区画及び地番を明らかにするための、いわゆる公図として登記所に備え付けられていたものである。

　この附属地図は、明治6年頃に作成された野取絵図（改租図ともいわれる）に基づいて、同20年から22年にかけて再測量調整された地押調査図（更正図、字図、字限図又は字切図等ともいわれる）が基本となっているといわれる。

野取絵図は、全国的に統一した規則により作成されたとはいえ測量技術未熟の時代のものであり、また作成順序も一筆ごとの形状を描いた一筆限図を作成し、それを集成して一字限図とし、さらに一村限図としたため、現地と図面の不突合のものが少なくなかったようである。その後明治20年の町村地図調製式及更正手続（大蔵大臣内訓第3890号）に基づいた地押調査図が再製されたのであるが、野取絵図が正確であると見られる地域については、地押調査が行われなかったようである。

　地押調査図は、平板測量と同様の方法によって作成されたのであるが、基準点と関連する図根測量を経たものでなく、その精度は、今日のそれに比べてかなり低いもので、特に山林、原野については、見取図的なものが大半を占めているといわれている（なお、北海道の大部分については、これらの図面に比べてかなり高精度の「連絡査定図」等が、附属地図として、登記所に備え付けられている）。

　このような沿革を経ている附属地図は、昭和35年に至り前記の不動産登記法の一部改正等によって土地台帳法が廃止されたことに伴い、附属地図としての法的根拠を失った。

　しかし、その後もその地域に、不動産登記法14条1項に規定する地図（以下「地図」という）が整備されるまでの間、地図に準ずる図面として登記所に保管され、分筆等の土地の異動に伴う変更又は修正を加えて事実上一般の閲覧に供されてきた。

　このように附属地図は、地図の備付けのない地域においては、土地の位置・形状を表示する唯一の公的資料として、不動産取引等に重要な機能を果たしてきたものであり、今後も地図が備え付けられるまでは、地図に準ずる図面として、その機能を果たしていく必要がある。そこで、平成5年の不動産登記法の一部改正により、附属地図（公図）を「地図に準ずる図面」として、法律制度として登記所に備え付けるとともに、何人も手数料を納付してその閲覧を請求することができる旨の規定（不登法120条）が置かれた。

　なお、登記所に地図に準ずる図面が備えられるのは、当該地区に地図が登記所に備えられるまでの間であって、地図が備えられることとなった地区については、当該地図に準ずる図面は閉鎖されることとなる（規則12条1項、4項）。

1034 地図又は地図に準ずる図面の訂正手続

問 地図又は地図に準ずる図面に誤りがある場合の訂正は、どのような手続ですか。

結論 地図又は地図に準ずる図面（以下「地図等」という）に誤りがある場合には、土地の表題部所有者若しくは所有権の登記名義人又はこれらの相続人その他一般承継人（以下「所有者等」という）は、誤りがあることを証する情報などを提供して、不動産登記規則16条1項の規定に基づく地図等の訂正の申出をすることができる。

所有者等以外の利害関係人からの地図等の訂正の申出は認められていないので、不動産登記規則16条15項の規定に基づく地図等の訂正についての登記官の職権発動を促す申出を行うこととなる。

説明 現地と地図等の記録の内容とに食い違いがあるときは訂正しなければならないので、登記官は、職権で地図等の訂正を行うことができるが、登記所に備え付けられている数多くの地図等の中からその誤り全てを登記官が発見することは、ほぼ不可能である。そのため、分筆の登記や地積に関する更正の登記を申請しようとする者は、地図等の誤りをいち早く発見することができるとともに、当該誤りの内容もよく知っていると考えられ、地図等の正確性を確保する観点から、所有者等に地図等の訂正の申出権が付与されている（規則16条1項）。

当該申出を受けた登記官は、調査した結果、地図等を訂正する必要があると認めるときは、地図等の訂正の申出が不動産登記規則16条13項各号に掲げる却下事由に該当しない限り、当該申出に基づき、地図等を訂正しなければならない（同16条12項・13項）。

不動産登記規則16条1項に基づく地図等の訂正の申出権は、所有者等に限られているが、その他利害関係人など所有者等以外の者からの同項に基づく地図等の訂正の申出があった場合には、登記官は、地図等の訂正の申出の趣旨であるかどうか確認し、当該趣旨であれば、同条13項2号に基づき却下するものとし、そうでない場合は、これを職権の発動を促す申出があったものとして取り

扱って差し支えない（同条15項）とされている（平17．2．25第457号通達第1の11(2)ア）。

1035 土地所在図の訂正等

問 土地所在図、地積測量図、建物図面、各階平面図に誤りがある場合の訂正は、どのような手続により行われるか。

結論 **土地所在図、地積測量図、建物図面、各階平面図に誤りがある場合、表題部所有者若しくは所有権の登記名義人又はこれらの相続人その他一般承継人は、誤りがあることを証する情報などを提供して、誤りの訂正の申出を行う。**

説明

(1) 申出人

　申出に係る土地所在図、地積測量図、建物図面、各階平面図（以下「土地所在図等」という）が表題登記のみがされている土地又は建物に係るときは表題部所有者、所有権の登記がある土地又は建物に係るときは所有権の登記名義人、これらの者に相続その他一般承継を生じているときはこれらの相続人その他の一般承継人が申出人となる（規則88条1項）。なお、それぞれに該当する者が二人以上ある場合は、そのうちの一人からすることができる（平17．2．25第457号通達第1の12(2)ア）。

(2) 申出の方法

　申出は、①申出人の氏名又は名称及び住所、②申出人が法人であるときはその代表者の氏名、③代理人によって申出をするときは、当該代理人の氏名又は名称及び住所並びに法人であるときは、その代表者の氏名、④申出人が表題部所有者又は所有権の登記名義人の相続人その他の一般承継人であるときは、その旨、⑤申出に係る訂正の内容、に係る事項を内容とする情報（以下「土地所在図等訂正申出情報」という）を電子情報処理組織を使用して登記所に提供する方法と、土地所在図等訂正申出情報を記載した書面を登記所に提供する方法のいずれかによるものとされている（規則88条3項、16条4項）。電子情報組織を使用して登記所に提供する方法については、法務大臣の定めによる（規則88条3項、16条4項1号）とされているが、現時点では、その定めがないため、こ

の方法により申出を行うことができない。

(3) 添付情報

　土地所在図等訂正申出情報と併せて提供すべき添付情報は、訂正後の土地所在図等であり、表題部所有者又は所有権の登記名義人の相続人その他の一般承継人が申出をするときは、相続その他の一般承継があったことを証する市町村長、登記官その他の公務員が職務上作成した情報も提供する（規則88条3項、16条5項3号）。

(4) 申出の処理

　登記官は、土地所在図等訂正申出に係る事項を調査した結果、土地所在図等を訂正する必要があると認めるときは、当該地図等を訂正しなければならない（規則88条3項、16条12項）。

1036　建物所在図の意義

問　表示の登記における建物所在図の役割は何か。
結論　**建物所在図は、建物の位置及び家屋番号を明確にする趣旨で登記所に備え付けられる図面であり、建物の特定及び二重登記の防止機能を有するものである。**

説明

(1) 建物所在図の役割

　建物の登記記録の表題部に記載された事項が、いかに明確に記録されていても、これだけでは、登記されている建物が、現地のいかなる土地の上に位置し、その形状がいかなるものかを完全に明らかにすることはできない。そこで、各個の建物の位置及び家屋番号を明確にする建物所在図を登記所に備え付けるものとしている（不登法14条1項）。この建物所在図は、建物の登記記録とともに、建物を特定する重要な資料であって、建物の二重登記を防止するとともに、権利の客体たる建物自体に関する公示機能を果たすことを目的としているのである。

　なお、建物所在図は、昭和35年法律第14号不動産登記法の一部を改正する等の法律により新たに備えることとされたものであって、不動産登記法14条1項に規定する地図を基本とし、当該地図と同一内容の図の上に現存の建物の位

置、形状を調査して作成する必要があるが、当該地図が十分に整備されていないこともあって、登記所に建物所在図はほとんど備え付けられていないのが現状である。

(2) 建物所在図の作成方法

　平成16年法律第123号による不動産登記法の全面改正以降は、地図、建物所在図及び建物図面が電磁的記録に記録することができることとなったことから（不登法16条6項、規則22条2項において準用する規則20条2項）、地図及び建物図面が電磁的記録に記録されているときは、コンピュータを用いて、重ね合わせることが理論上可能であり、これらの図面から建物所在図を作成することが可能であることも踏まえ、建物所在図は、地図及び建物図面を用いて作成することができる（規則11条1項）。

　しかし、現時点では、地図情報システムにおいて電磁的記録に記録して管理することができないため、ポリエステル・フィルム等により作成することになる（準則15条1項ただし書）。この場合における具体的な建物所在図の縮尺は、当該地域の地図と同一とするとされている（同条2項）。また、具体的様式は、不動産登記事務取扱手続準則別記13号様式とされている（同条3項）。

第4節

登記の種類

1037 不動産の表題登記の意義

問 不動産の表題登記とは、どのようなものか。
結論 土地又は建物について登記記録の表題部に最初にされる登記のことである。

説明 不動産の表題登記は、その権利に関する登記とは別個独立に、最初に登記記録の表題部に記録される登記である。それは、主として新たに生じた土地又は新たに建築された建物のように、登記されていなかった土地又は建物について最初に表題部に登記記録を設け、これに一定の事項を記録して行うものである。一定の事項とは、「登記原因及びその日付」「登記の年月日」「所有権の登記がない不動産については所有者の氏名又は名称及び住所並びに所有者が二人以上であるときはその所有者ごとの持分」及び「不動産番号」（規則90条）のほか、土地にあっては「土地の所在する市、区、郡、町、村及び字」「地番」「地目」「地積」、建物にあっては「建物の所在する市、区、郡、町、村、字及び土地の地番」「家屋番号」「建物の種類、構造及び床面積」「建物の名称があるときは、その名称」「附属建物があるときはその所在する市、区、郡、町、村、字及び土地の地番並びに種類、構造及び床面積」、「建物又は附属建物が区分建物であるときは、これに関する登記事項」が加えられる。

このように、不動産の表題登記は、当該不動産の現況を明確にするもので（その権利、特に所有権に関する登記の前提となる）、「事実の登記」といわれるが、民法177条のいわゆる第三者対抗要件として行われるものではない。しかし、不動産の表題登記がされると、その登記は、所有権の保存の登記の申請人

の適格性を示している点で重要な意義がある。また、建物の表題登記については、所有権の保存の登記が行われない間でも、借地人を表題部所有者とする登記があれば、借地借家法10条1項（旧建物保護ニ関スル法律1条）の規定によって、敷地の借地権を第三者に対抗することができるものとされる（最判昭50．2．13民集29巻83頁）。

　不動産の表題登記については、所有者が申請すべき義務を負うが、登記官も職権で行うことができる。土地の場合は、土地所在図や地積測量図、建物の場合は、建物図面や各階平面図といった図面によっても、確証付けられる。

1038　不動産の表題部の変更登記の意義

問　不動産の表題部の変更の登記とは、どのようなものか。
結論　**不動産の表題部の変更の登記とは、表題部に記録されている不動産の表示に関する登記事項について変更が生じた場合に、その登記記録上の表示を、変更後の現況に合致させるためにする登記をいう。**

説明　登記記録の表題部に記録されている不動産の表示に関する登記事項に変更を生じたときにされる登記が、不動産の表題部の変更の登記である。ただし、表題部所有者又はその持分についての変更は、当該不動産について所有権の保存の登記をした後において、その所有権の移転の登記の手続をするのでなければ、不動産の表題部の変更の登記としてはすることができない（不登法32条）。

　これらの登記事項のうち、地番又は家屋番号は、登記所において定めるのであって、これを変更するときには、その登記を職権ですることになるが、この地番及び家屋番号以外の登記事項については、その表示内容に変更が生じたときには、1か月以内に所有者からその変更の登記を申請すべきものとされる（不登法37条、51条）。また、表題部に記録された表題部所有者の氏名若しくは名称又は住所についての変更の登記については、申請情報にその変更があったことを証する市町村長、登記官その他の公務員が職務上作成した書面（例えば、住所の変更の場合には、住民票や戸籍の附票の写し）を添付する（登記令別表の一の項）。なお、不動産の表題部の変更の登記は、登記官が職権ですることもできる。

1039　不動産の表題部の更正登記の意義

問　不動産の表題部の更正の登記とは、どのようなものか。

結論　**不動産の表題部の更正の登記とは、不動産の表示に関する登記の登記事項が当初から誤りであるか、又は登記事項が漏れている場合に、これを是正するためにする登記をいう。**

説明　不動産の表題部に記録される不動産の表示に関する登記事項が、その記録された時から誤りである場合、又は記録すべき事項が遺漏している場合には、所有者の申請又は職権によって、その誤り又は遺漏を是正する登記として、不動産の表題部の更正の登記が認められている。

例えば、地目が宅地であるのに畑として登記された場合とか、地積が150㎡であるのに100㎡として登記された場合とか、表題部所有者の住所が、その当時甲町一番地であるのに甲町三番地として登記された場合とか、甲が表題部所有者であるのに、乙が表題部所有者として登記されたといったような場合において、その誤りを是正し、正しい表示に記録を合致させるために、不動産の表題部の更正の登記を行う。この登記は、表題部所有者又は所有権の登記名義人の申請によってするのみならず、登記官が職権ですることもできる。

1040　登記名義人の氏名等の変更登記の意義

問　登記名義人の氏名若しくは名称又は住所の変更の登記とは、どのようなもので、どのような手続でされるか。

結論　**登記名義人の氏名若しくは名称又は住所の変更の登記とは、権利の主体に変更はないが、登記されている権利者の氏名若しくは名称又は住所に変更が生じた場合に、登記記録上のそれに合致させるために、その権利者の申請によりされる登記である。**

説明　登記名義人の氏名等についての変更の登記における登記名義人とは、登記記録の権利部に権利者として記録されている者をいい、自然人であるときは、その氏名及び住所が、法人であるときは、その名称及び住所が登記記録に記録される。そして、改姓、改名、商号変更等により氏名又は名称が変更した場合や転居、本店移転等により、住所が変更した場合に

おいて、登記記録上の氏名若しくは名称又は住所を変更後のものに改める登記が、登記名義人の氏名若しくは名称又は住所についての変更の登記である。

　この登記は、当該権利の登記名義人が単独で申請することができるが（不登法64条1項）、登記原因証明情報として、戸籍謄抄本（氏名の変更の場合）、住民票若しくは戸籍の附票の写し（住所移転の場合）、会社法人等番号（商号その他の名称又は本店等の主である事務所の変更の場合）等を提供する（登記令別表の二十三の項添付情報欄、平27.10.23第512号通達2(4)ア）。

　なお、登記名義人の氏名等についての変更の登記は、その主体が変わることなく、その表示事項に変更が生じた場合にのみされるものであるから、登記記録上の権利者が甲から乙に移転した場合には、権利移転の登記をすべきであって、登記記録上の甲の表示を乙に変更するいわゆる「名義書換」といった意味での登記名義人の氏名等についての変更の登記は、することができない。

1041　登記名義人の氏名等の変更と中間省略登記

問　住所が数回移転した場合のように、登記名義人の氏名若しくは名称又は住所が数回変更している場合、中間の変更の登記を省略して、登記記録上の氏名等から直接現在の氏名等に中間省略の登記をすることができるか。

結論　**登記名義人の氏名若しくは名称又は住所の変更については、中間省略の登記をすることができる。**

説明　登記名義人の氏名若しくは名称又は住所についての変更の登記は、その登記されている権利の実質関係には何ら影響を及ぼすものではなく、ほかに利害関係が生じる可能性は考えられないので、変更に係る事項を添付情報により全て証明した場合には、中間の変更の登記の申請を省略してもよい。

　例えば、登記名義人の住所が甲町一番地になっているが、乙町二番地に移転し、その登記をしないうちに更に丙町三番地に住所を移転しているときには、この経過を証する住民票の写し等を申請情報に添付し、甲町一番地から直接丙町三番地に住所変更の登記を申請することができる。この場合の申請情報に記録する登記原因としては、最後の移転についての経過を明らかにすることで足りると解される。ただし、乙町二番地に移転したところ、その地が住居表示の

実施により乙町二丁目二番一号に変更されたときには、申請情報に全ての経過を記録する必要がある。

1042 土地の表題部の変更登記の中間省略登記の申請の可否

問 土地の表題部の変更が数回にわたって生じている場合、中間の登記を省略して現状に土地の表題部の変更の登記を申請することができるか。

結論 **土地の表題部の変更の登記については、中間の登記を省略して登記を申請することができる。**

説明 土地の表題部の変更の登記の中間省略登記の申請とは、同一の土地について、その表題部の変更が数回にわたって生じた場合に、中間の表題部の変更の登記の申請を省略して、表題部の登記記録上の表示から現在の表示に変更の登記を申請することをいう。登記手続の簡素化を図る意味で、中間省略登記の申請が認められる。具体的には、以下の場合である。

(イ) 土地の表題部（例えば地目等）の変更が数回にわたってされている場合に中間の変更の登記を省略して直ちに現在の表示に変更する場合の表題部の変更の登記の申請

(ロ) 土地の表題部の変更があった後、その土地が滅失した場合に表題部の変更の登記を省略してする滅失の登記の申請

表題部は土地の現在の状況のみを表示する建前を採っているから、それがいかなる経過をたどって現在のようになっているかは、必ずしも公示する必要はないからである。

1043 建物の表題部の変更登記の中間省略登記の申請の可否

問 建物の表題部の変更が数回にわたって生じている場合、中間の登記を省略して現状に建物の表題部の変更の登記をすることができるか。

結論 **建物の表題部の変更の登記については、中間の登記を省略して登記をすることができる。**

|説 明| 建物の表題部の変更の登記の中間省略の登記とは、同一の建物について、その表題部の変更が数回にわたって生じた場合に、中間の表題部の変更の登記を省略して、表題部の登記記録上の表示から現在の建物の表示に変更の登記をすることをいう。登記手続の簡便化を図る意味において、附属建物の新築を除き、中間省略登記が認められる。具体的には、以下の場合である。

(イ) 建物（附属建物を含む）の表題部（例えば、種類、構造）の変更（附属建物の新築を除く）が数回にわたってされている場合の建物の表題部の変更の登記
(ロ) 建物（附属建物を含む）の表題部の変更があった後、その建物が滅失した場合に表題部の変更の登記を省略してする滅失の登記の申請

1044 登記名義人の氏名等の更正登記の意義

|問| 登記名義人の氏名若しくは名称又は住所の更正の登記とは、どのような登記か。

|結 論| **登記名義人の氏名若しくは名称又は住所の更正の登記とは、権利の登記名義人の氏名若しくは名称又は住所の記録に錯誤又は遺漏がある場合に、これを訂正する登記をいう。**

|説 明| 権利に関する登記（例えば所有権の保存又は移転の登記、抵当権の設定の登記等）をした場合には、登記に係る権利の権利者の氏名又は名称及び住所が登記されるが、この氏名又は住所等に錯誤又は遺漏がある場合（権利者は同一人であるが、その表示に誤りがある場合）に、これを正しい表示に訂正するために、登記名義人の氏名若しくは名称又は住所についての更正の登記が認められている。

この更正の登記は、主体（権利者）に変わりがないのであって、ただその表示事項に錯誤又は遺漏がある場合のみにされるのであって、例えば所有者が甲であるのに別人格である乙名義に登記されているときは、登記名義人の氏名等についての更正の登記によって所有権の登記名義人乙を甲に訂正することはできない。

1045 権利の変更登記の意義

問 権利の変更の登記とは、どのような登記か。
結論 登記されている権利の内容に変更を生じた場合に、その登記を変更後の実体に合致させるために行う登記である。

説明 例えば、抵当権の登記において、債権額が1,000万円と登記されているときに、一部弁済によって債権額が600万円に減少した場合とか、利息に関する定めとして年1割の登記がされているのが、変更契約によって年1割2分に変更された場合等のように、登記されている権利の内容がその登記後の変更契約等の事由により実体関係と合致しなくなった場合に、登記されている権利の内容を実体関係に合致させるためにするのが、権利の変更の登記である。この登記は、付記登記によってされる（規則3条2項）が、登記上の利害関係を有する第三者の承諾がある場合又は当該第三者がない場合は、付記登記でされ、そうでない場合は主登記でされる（不登法66条）。

なお、例えば、根抵当権の極度額の変更の場合のように、権利の変更そのものについて利害関係人の承諾を必要とする（民法398条の5）登記では、必ずその者の承諾を得なければならず、承諾が得られないときは、登記することができない。権利の変更の登記が付記登記でされた場合には、その登記の順位は、主登記すなわち当該権利の設定又は保存の登記の順位による（不登法4条2項）。

1046 権利の更正の登記の意義

問 権利の更正の登記とは、どのような登記か。
結論 権利に関する登記の登記事項に錯誤又は遺漏がある場合に、これを訂正するために行う登記をいう。

説明 権利の更正の登記とは、一旦された登記について、その登記手続における過誤によって、原始的に錯誤又は遺漏があり、実体関係との間に不一致が生じている場合に、これを訂正する目的でされる登記をいう。すなわち権利に関する登記の登記事項の一部に錯誤又は遺漏があって、実体関係と合致していない場合に、これを合致させるために行う登記である。

権利の更正の登記は、更正後の登記と更正前の登記との間に、全体としての

同一性が認められる場合に限り許されるのであり、全体としての前後の間に同一性が認められないときは、更正の登記はできず、前の登記は無効である。そして、この錯誤又は遺漏は、申請人の過誤に基づくものであると登記官の過誤に基づくものであるとを問わず、その更正の登記の申請は許容されるが、その登記の錯誤又は遺漏が、登記官の過誤に基づくものであるときは、登記上の利害関係を有する第三者の承諾がある場合又は当該第三者がない場合に限り、登記官は遅滞なく、登記官を監督する法務局又は地方法務局の長の許可を得て、職権で登記の更正をし、その旨を登記権利者及び登記義務者に通知しなければならないものとされている（不登法67条）。なお、登記官の過誤による更正の登記については、登録免許税を要しない（税法5条12号）。

1047 権利の登記の抹消の意義

問 権利の登記の抹消とは、どのような登記か。
結論 **登記された権利に関する登記を抹消させるためにされるものをいう。**

説明 例えば、抵当権の設定の登記がされた後、その債権が全部弁済され、又は抵当権が放棄されたために抵当権が消滅した場合や当初から抵当権の設定の登記が無効である場合に、その登記を抹消して正しい実体関係に戻す登記をいう。

この場合には、当該抵当権の存しないことを登記上明らかにするために、抵当権の登記が抹消される。なお、権利に関する登記の抹消を申請する場合に、その権利を目的とする第三者の権利に関する登記がある場合（例えば甲から乙への所有権の移転の登記を抹消する場合に、乙が設定の登記をした丙の抵当権の登記がされている場合）には、その抹消についての第三者の承諾を証する当該第三者が作成した情報又は当該第三者に対抗することができる裁判があったことを証する情報を申請情報と併せて提供することを要し、この情報の提供ができないときには、登記の抹消をすることができない。

なお、不動産登記法71条の規定によって、権利に関する登記が当該登記所の管轄に属しないとき、又は登記すべきものでないときには、一定の手続を経て、登記官が職権で登記の抹消をする。

1048 抹消登記の回復の意義

問 抹消登記の回復とは、どのような登記か。
結論 誤って抹消された登記を回復させる登記をいう。

説明 例えば、抵当権が消滅していないにもかかわらず、誤ってその登記が抹消された場合に、抹消前の状態に回復するために、抹消された登記の回復をするということである。そして、抹消された登記の回復を申請する場合に、その抹消された登記が回復されることについて登記上の利害関係を有する第三者がある場合には、抹消された登記を回復することについてのその第三者の承諾を証する第三者の作成した情報を申請情報と併せて提供する（この情報の提供がないときは、当該第三者に対抗することができる裁判があったことを証する情報等が提供されない限り、抹消された登記の回復をすることができない）。抹消された登記が回復されると、全然抹消されなかったのと同じ効果を持つことになり、順位も従前どおりとなる。

1049 滅失登記の回復の意義

問 滅失登記の回復とは、どのような登記か。
結論 登記記録の全部又は一部が滅失し、登記がない状態になった場合に、その登記を従前の順位で回復する登記をいう。

説明 登記記録の全部又は一部が滅失した場合には、法務大臣は、登記官に対し、一定の期間を定めて、当該登記記録の回復に必要な処分を命ずることができるとされている。

なお、現行の登記記録は、電磁的記録で記録され、副登記記録が作成されており、登記記録に何らかの事故が発生した場合は、副登記記録を用いて登記記録が回復される。したがって、法務大臣の命令により登記の回復がされることは皆無に等しい。電磁的記録で作成される登記記録とは異なり、不動産登記法附則3条の指定がされていない登記事務については、紙の登記用紙で調製された登記簿による事務処理がされるため、平成16年改正前の不動産登記法における手続と同じ命令がされる。

第 5 節

登記申請

1050 登記申請手続における一般通則

問 登記申請手続における一般通則とは、どのようなものか。

結論 **権利に関する登記の申請手続における一般通則としては、申請主義、要式主義及び共同申請主義があり、表示に関する登記の申請手続における一般通則としては、申請義務、要式主義及び職権登記主義がある。**

説明 (1) 申請主義

　権利に関する登記は、法令に別段の定めがある場合を除き、当事者の申請又は官庁若しくは公署の嘱託がなければ、することができない（不登法16条１項）。これは、登記の真正を確保し、虚偽の登記を防止するためには、私的自治の原則に従い、登記の原因である権利変動の当事者に登記手続の開始の手続を執らせることが、最も適切・妥当であると解されることによるものである。

(2) 要式主義

　登記の申請は、権利に関する登記であると表示に関する登記であるとを問わず、電子情報処理組織を使用する方法（オンライン申請）又は申請情報を記載した書面を提出する方法（書面申請）により、申請情報及び添付情報を登記所に提供してすることを要する（不登法18条、登記令７条）。これは、登記手続における正確性・適正性・迅速性を確保しようとするものである。

(3) 共同申請主義

　権利に関する登記の申請は、法令に別段の定めがある場合を除き、登記権利者及び登記義務者が共同してすることを要する（不登法60条）。これは、権利に

関する登記における登記官の形式的審査権の下、登記の真正を確保し、虚偽の登記を防止するため、原則として、その登記をすることによって、登記上、直接に利益を受ける者（登記権利者。同法2条12号）とその登記をすることによって、登記上、直接に不利益を受ける登記名義人（登記義務者。同条13号）とが共同して登記の申請をすべきものとしているものである。

(4) 申請義務

表示に関する登記は、権利の客体である不動産（土地及び建物）の状況を登記記録に記録し、不動産取引の安全と円滑に資することを目的とするものであり、権利に関する登記の基礎となるものである。したがって、不動産の客観的・物理的な現況が正確かつ迅速に登記記録に反映されることが要請される。そこで、一定の種類の表示に関する登記については、当該不動産の所有者等にその申請を義務付けている（不登法36条、37条、47条1項、51条1項〜4項等）。

(5) 職権登記主義

表示に関する登記では、不動産の客観的・物理的な現況が正確かつ迅速に登記記録に反映されることが要請されるところ、それを実現するため、登記官は、実質的審査権（実地調査権）に基づき、登記申請の有無にかかわらず、職権で登記をすることができる（不登法28条、29条）。なお、この登記官の職権による登記は、当事者の申請による登記を原則とする、二次的・補完的なものであると解されている（準則63条1項）。

1051　登記権利者及び登記義務者の意義

問　登記の申請をする場合、誰が登記権利者や登記義務者になるか。

結論　**権利に関する登記をすることによって、登記上、直接に利益を受ける者が登記権利者となり、登記上、直接に不利益を受ける者が登記義務者となる。**

説明　権利に関する登記の申請は、法令に別段の定めがある場合を除き、登記権利者及び登記義務者が共同してしなければならない（不登法60条）。したがって、その一方が登記申請に協力しないときには、登記することができないことになる。この場合、実体関係と登記記録との不合致を除去しようとして登記を希望する一方の当事者は、その他方の当事者に対して登記申請に協力することを要求する権利、すなわち、登記請求権を有するもの

と解される。

　この登記請求権の主体として、登記権利者及びこの請求に応ずる義務があるものとしての登記義務者という観念が認められる。もっとも、実体法上、登記を請求し得る権利を有する者及びその請求に応ずべき義務のある者が、登記手続上、全て「登記権利者及び登記義務者」、すなわち、登記の申請当事者としての適格者であるといい得るわけではない。

(1) **登記権利者**

　登記権利者とは、登記請求権を有する者、すなわち、その登記をすることによって、登記上、直接の利益を有する者をいう。例えば、所有権の移転又は抵当権の設定の登記については、新所有者又は抵当権者が登記権利者である。また、既に消滅した抵当権の登記の抹消については、実体法上は、当該不動産の所有者や後順位の抵当権者が登記権利者であるが、登記手続上、これらの者が現実に登記申請をする適格のある登記権利者であるためには、その登記について、登記記録上、登記名義を有し、登記権利者であることが形式的に表示されていることを必要とする。

(2) **登記義務者**

　実体法上の登記義務者とは、登記権利者の請求に応ずべき義務のある者、すなわち、その登記をすることによって、登記上、直接の不利益を受ける者をいう。しかし、登記手続上、その者が登記義務者として現実に登記申請をする適格を有するためには、申請する登記の基礎となるべき登記についての登記名義人であることを要する。このことは、不動産登記法が、その22条において、登記の申請につき「登記義務者の登記識別情報」を提供すべきものとし、25条7号において「登記義務者の氏名若しくは名称又は住所が登記記録と合致しないとき」には、その登記の申請を却下すべきものとしていることから自明である。

1052　一般承継人による登記の申請

　問　登記の申請人となる登記権利者や登記義務者又は登記名義人が登記の申請をする前に、相続その他の一般承継があった場合、その相続人その他の一般承継人は、当該登記を申請することができるか。

| 結論 | 相続人その他の一般承継人は、当該登記を申請することができる。

| 説明 | 権利に関する登記の申請人となることができる登記権利者、登記義務者又は登記名義人（登記名義人の氏名等についての変更の登記（不登法64条1項）等）が登記の申請をする前に、相続その他の一般承継があった場合には、その相続人その他の一般承継人は、当該登記に係る登記請求権、登記義務又は登記申請権を承継する。したがって、この場合は、当該登記の申請人となる登記権利者、登記義務者又は登記名義人の相続人その他の一般承継人は、申請人が登記権利者、登記義務者又は登記名義人の相続人その他の一般承継人である旨を申請情報とし、また、相続その他の一般承継があったことを証する市区町村長、登記官その他の公務員が職務上作成した情報（公務員が職務上作成した情報がない場合にあっては、これに代わるべき情報）を添付情報として登記所に提供することにより、当該登記を申請することができる（同法62条、登記令3条11号ロ、7条1項5号イ）。

例えば、甲から乙へ不動産の売買がされた後、その所有権の移転の登記が未了のうちに乙（登記権利者）又は甲（登記義務者）に相続その他の一般承継があった場合には、その相続人その他の一般承継人は、当該所有権の移転の登記に係る登記請求権又は登記義務を承継し、当該登記を申請することができる。ただし、乙（登記権利者）に相続その他の一般承継があった場合であっても、直接その相続人その他の一般承継人の名義で登記をすることはできず、乙（登記権利者）の名義で登記をした上で、その後に別途、相続その他の一般承継を登記原因として、相続人その他の一般承継人への所有権の移転の登記を申請することとなる。

また、相続人が共同相続人である場合には、その全員が登記の申請人となるのが原則であるところ、登記権利者の相続人の一人が相続人全員のために保存行為（民法252条ただし書）として登記を申請することができる。

なお、所有権の保存の登記にあっては、不動産登記法74条1項1号の規定に基づき、表題部所有者の相続人その他の一般承継人は、申請人が同号の規定に基づく者である旨を申請情報とし、また、相続その他の一般承継による承継を証する情報（市区町村長、登記官その他の公務員が職務上作成した情報（公務員が職務上作成した情報がない場合にあっては、これに代わるべき情報）を含むものに限る。）を添付情報として登記所に提供することにより（登記令3条13号・別表

の二十八の項申請情報欄イ、7条1項6号・別表の二十八の項添付情報欄イ)、直接その相続人その他の一般承継人の名義とする登記を申請することができる。

　表示に関する登記についても、その申請人となることができる表題部所有者又は所有権の登記名義人が登記の申請をする前に、相続その他の一般承継があった場合には、その相続人その他の一般承継人は、申請人が表題部所有者又は所有権の登記名義人の相続人その他の一般承継人である旨を申請情報とし、また、相続その他の一般承継があったことを証する市区町村長、登記官その他の公務員が職務上作成した情報（公務員が職務上作成した情報がない場合にあっては、これに代わるべき情報）を添付情報として登記所に提供することにより、当該登記を申請することができる（不登法30条、登記令3条10号、7条1項4号）。

1053　意思能力ある未成年者の登記申請能力

問　意思能力がある未成年者は、登記申請をすることができるか。
結論　申請することができる。

説明　登記の申請は、申請人の申請意思に基づいて行われるものであることから、意思能力が必要となるところ、形式的には、私法上の法律行為でないのみならず、当事者が実質的な取引をする行為ではなく、実体法上既に発生した物権変動を第三者に対抗するためにされるにすぎないものであることから、特に登記申請行為自体を保護する必要はないと解される。したがって、行為能力に関する民法の規定が適用されることはないといってよい。すなわち、登記の申請については、意思能力を有すれば足り、必ずしもその行為能力を必要としないと解される。

1054　判決による登記の「判決」の意義

問　不動産登記法63条1項にいう「判決」には、どのようなものがあるか。
結論　不動産登記法63条1項の「判決」とは、登記申請の意思表示を命ずる給付の確定判決その他給付判決と同一の効力を有する和解調書等をいう。

| 説明 | 不動産登記法63条1項の「判決」とは、確定判決であることはもちろんのこと（仮執行の宣言は、登記手続等の意思表示を命ずる判決には付することができないため、誤って仮執行の宣言が付された判決によっては、登記権利者は単独で登記の申請をすることができない。）、この「判決」には、いわゆる確認判決（権利変動があったことを確認するにすぎない判決）や形成判決（判決によって権利変動が形成される判決）は含まれず、給付判決に限るものとされる（大判大15.6.23民集5巻536頁）。

また、確定判決と同一の効力を有する裁判上の和解、調停も、その登記手続をすべき旨が調書に記載されている限り、ここにいう「判決」に含まれ、家事事件手続法（平成23年法律第52号）73条の規定による審判も同様に解される（同法75条）。

1055 公正証書による登記の単独申請の可否

| 問 | 登記申請の意思表示を明示している公正証書により、登記権利者が単独で登記を申請することができるか。
| 結論 | **単独で申請することはできない。**
| 説明 | 民事執行法22条5号の規定による公正証書、すなわち、「金銭の一定の額の支払又はその他の代替物若しくは有価証券の一定の数量の給付を目的とする請求について公証人が作成した公正証書で、債務者が直ちに強制執行に服する旨の陳述が記載されているもの」は、いわゆる債務名義となるところ、債務名義と判決とは同義でないのみならず、同規定によらない登記申請の意思表示を明らかにしているにすぎない公正証書は、その債務名義にもならないことから、このような公正証書によっては、登記権利者が単独で登記を申請することはできない。

1056 債権者代位による登記

| 問 | 債権者代位による登記とは何か。
| 結論 | **債権者代位による登記とは、債権者が自己の債権を保全するため、債務者に属する権利を代わって行使することができるという債権者代位権に基づいてする登記である。**

説明

(1) 債権者代位権

　　債権者代位権とは、債権者が自己の債権を保全するため必要があるときに、債務者の第三者に対する権利を当該債務者に代わって行使（代位行使）することができる制度である（民法423条1項本文）。この債権者代位権は、本来的には、債務者の一般財産（責任財産）を保全するための制度であって、保全すべき債権者の債権（以下「被保全債権」という。）として、金銭債権が想定されていたところ、債務者の一般財産（責任財産）の保全を目的としない、すなわち、金銭債権以外の債権（登記請求権）を被保全債権とする債権者代位権（いわゆる「債権者代位権の転用」）についても、判例において認められていたところである（大判明43.7.6民録16輯537頁）。この点、平成29年の民法一部改正により、登記請求権を保全するための債権者代位権の規定が新設され（民法423条の7）、債権者代位権の転用とされていたものが明文化された。

(2) 債務者の無資力要件

　　債権者代位権の一般的な要件として、債務者の一般財産（責任財産）の保全を目的とする債権者代位権であって、被保全債権が金銭債権である場合には、その権利行使に当たり、債務者が無資力であることが要件とされているところ、債務者の一般財産（責任財産）の保全を目的としない債権者代位権であって、被保全債権が金銭債権以外の債権（登記請求権）である場合には、その権利行使に当たり、債務者が無資力であることは要件とされていない（大判明43.7.6民録16輯546頁）。

　　この点、登記実務においては、前者の場合であっても、登記官の審査権の性質・範囲等に鑑み、債務者の無資力を証すべき情報の提供を要することとはされていないものの、代位原因を証する情報として、債権者が自己の債権を保全する必要があることを証する情報の提供を要することとされている（登記令7条1項3号）。したがって、例えば、担保権実行に基づく代位登記（代位による相続登記）の事案にあっては、裁判所が交付した担保権実行による競売申立受理証明書の提出を要することとされている（昭62.3.10民三第1024号民事局長回答）。

(3) 登記請求権の代位行使

　　登記請求権の代位行使とは、債務者（登記義務者）が自己の有する登記請求権を行使しないため、債権者（登記権利者）が自己の登記請求権を保全することができない場合において、債権者（登記権利者）が債務者（登記義務者）の有

する登記請求権を当該債務者（登記義務者）に代わって行使するものである。具体的には、不動産の所有権が甲から乙、乙から丙と順次移転している場合において、乙（債務者・登記義務者）が甲に対する登記請求権を行使しないときには、丙（債権者・登記権利者）は、自己の乙に対する所有権移転登記請求権を保全するため、乙の甲に対する所有権移転登記請求権を乙に代わって行使し、甲と共同して、甲から乙への所有権の移転の登記を申請し、その登記を受けるといったものが一例として挙げられる。

　この場合の代位行使する債権者・登記権利者（丙）を代位者・代位申請人、代位行使される債務者・登記義務者（乙）を被代位者、代位行使する登記（甲から乙への所有権の移転の登記）を代位登記といい、この代位登記自体は、あくまで債務者（被代位者）名義にする登記であって、債権者（代位者・代位申請人）名義にする登記ではない。

(4) 登記手続

　代位登記を申請するに当たっては、申請人が代位者である旨、被代位者の氏名又は名称及び住所並びに代位原因を申請情報とし（登記令3条4号）、代位原因を証する情報を添付情報として登記所に提供しなければならないとされている（同令7条1項3号）。代位原因の例としては、金銭債権を保全する場合にあっては「年月日金銭消費貸借の強制執行」、売買による所有権移転登記請求権を保全する場合にあっては「年月日売買の所有権移転登記請求権」などとなる。

　また、代位原因を証する情報としては、代位権発生の原因、すなわち、債権発生の原因を証する情報であれば足りるとされているところ（昭23.9.21民事甲第3010号民事局長通達）、例えば、金銭消費貸借契約書、売買契約書、抵当権の設定契約書などが該当する。なお、代位登記においては、代位者の氏名又は名称及び住所並びに代位原因が登記事項とされている（不登法59条7号）。

(5) その他

　債権者代位による登記（代位登記）は、権利に関する登記であると表示に関する登記であるとを問わない。

1057　申請情報作成上の留意事項

　問　　申請情報作成上の一般的な留意事項は何か。

| 結論 | 書面申請においては、申請情報（申請書）の作成に当たり、一般的に、①申請書の用紙の規格及び紙質等、②申請書の文字、③申請書の作成用具、④申請書に記載する漢字及び⑤申請書への記名押印について、留意する必要がある。

| 説明 | 電子情報処理組織を使用して申請情報を登記所に提供する方法（オンライン申請。不登法18条１号）にあっては、申請情報を、法務省が提供する登記・供託オンライン申請システムの「申請用総合ソフト」その他民間事業者が提供するソフトウェアにより、その定められた様式、形式、方法等に従って作成する必要があるところ、申請情報を記載した書面（以下「申請書」という。）を登記所に提出する方法（書面申請。同条２号）にあっては、申請情報の作成に当たり、一般的に、次の点に留意する必要がある。

(1) **申請書の用紙の規格及び紙質等**

申請書の用紙の大きさ及び紙質については、法令上、特に定められていないところ、申請書の用紙の大きさは、申請人の利便性の向上及び登記事務処理の効率化を図るため、日本工業規格Ａ列４番（Ａ４）の用紙（縦置き・横書き）を標準の用紙とするとされ（平16．9．27民二第2649号民事局民事第二課長依命通知）、また、紙質は、申請書の保存期間が30年間とされていることから（規則28条９号・10号）、同保存期間に耐えることができる丈夫なもの（上質紙等）であることを要する。なお、登記申請書は、左とじし、用紙の裏面は使用しない（同依命通知）。

(2) **申請書の文字**

申請書に記載する文字は、字画を明確にしなければならない（規則45条１項）。また、申請書の文字の訂正、加入又は削除をしたときは、その旨及びその字数を欄外に記載し、又は訂正、加入若しくは削除をした文字に括弧その他の記号を付して、その範囲を明らかにし、かつ、当該字数を記載した部分又は当該記号を付した部分に押印（実務上の取扱いとして、申請人等が二人以上ある場合は、その一人（共同申請の場合は、登記権利者等及び登記義務者等の各一人）の押印で足りるとされている。）しなければならず、この場合において、訂正又は削除をした文字は、なお読むことができるようにしておかなければならない（同条２項）。なお、この不動産登記規則45条の規定によらない登記の申請は、「申請情報又はその提供の方法がこの法律に基づく命令又はその他の法令の規定により定められた方式に適合しないとき。」（不登法25条５号）として、却下

事由に該当することとなる。

(3) 申請書の作成用具

申請書は、一般的なパソコン（ワープロ）を使用して作成するほか、手書きで作成する場合にあっては、鉛筆を使用することはできず、黒色インク、黒色ボールペン、カーボン紙等（摩擦等により消える、又は見えなくなるものは不可）で、はっきりと文字を記載しなければならない。

(4) 申請書に記載する漢字

申請書に記載する漢字は、基本的には、常用漢字を使用するところ、地名は、土地の同一性を失わない限り、当用漢字（常用漢字）を使用して差し支えないとされ、また、人名は、戸籍に記載された文字を使用すべきであるとされている（昭25.7.13民事甲第1182号民事局長通達）。

(5) 申請書への記名押印

申請書には、法務省令（規則47条）で定める場合を除き、申請人等が記名押印しなければならず（登記令16条１項）、また、申請書が２枚以上であるときは、各用紙のつづり目に契印（申請人等が二人以上ある場合は、その一人（共同申請の場合は、登記権利者等及び登記義務者等の各一人）の契印で足りる。）をしなければならない（規則46条１項・２項）。

1058 同一の申請情報で数個の不動産の登記を申請できる場合

問 同一の申請情報で数個の不動産の登記を申請できるのは、どのような場合か。

結論 **同一の登記所の管轄区域内にある二以上の不動産について申請する登記の目的並びに登記原因及びその日付が同一であるときその他法務省令（規則35条）で定めるときは、同一の申請情報で数個の不動産の登記を申請することができる。**

説明 不動産登記令４条本文において、申請情報は、登記の目的及び登記原因に応じ、一の不動産ごとに作成して提供しなければならないと規定され、同条ただし書において、同一の登記所の管轄区域内にある二以上の不動産について申請する登記の目的並びに登記原因及びその日付が同一であるときその他法務省令（規則35条）で定めるときは、この限りでないと

規定されている。

　これは、登記申請の内容を明確にし、登記手続における過誤防止を図りつつ、申請人の負担軽減と登記所における事務処理の合理化・効率化を実現することを目的とするものである。なお、「登記原因及びその日付が同一であるとき」とは、登記原因である法律行為又は法律事実の内容及びその成立ないし発生の日付が同一のことをいうのであって、その当事者が同一であることを要するものとされている。

1059　登記申請の撤回による取下げの可否

問　登記申請をした後、その後に生じた事情変更等により、その申請を撤回するための取下げはできるか。

結論　**登記申請は、その申請に基づく登記の完了又は登記申請の却下がされる前までであれば、取り下げることができる。**

説明　登記の申請は、申請の不備を補正するためのほか、登記申請意思の撤回のため、これを取り下げることができる。登記の申請の取下げは、その申請に基づく登記の完了又は登記の申請の却下がされる前までにしなければならない（規則39条2項、明32．8．8民刑第1311号回答）。そして、登記の申請を取り下げる場合には、その申請の区分（電子申請及び書面申請）に応じ、電子申請にあっては、電子情報処理組織を使用して申請を取り下げる旨の情報（以下「取下情報」という。）を登記所に提供する方法（オンラインによる取下情報の提供）、書面申請にあっては、取下情報を記載した書面を登記所に提出する方法によってしなければならない（同条1項）。

　なお、申請代理人が取下げをする場合において、その取下げの理由が、申請の不備を補正するためにするものであるときには、取下げについての特別の委任を受ける必要がなく、取下げのための委任状等を提供する必要がないところ、登記申請意思の撤回によるものであるときは、取下げについての特別の委任を受ける必要があり、取下げのための委任状等を提供する必要がある（昭29．12．25民事甲第2637号通達）。

1060 登記申請に不備があるときの取下げの可否

問 登記申請に不備があり、その不備を直ちに補正することができないときは、不動産登記法25条によって当然に却下されるか。取下げの機会は与えられないか。

結論 **申請の不備が補正することができるものである場合には補正の機会の付与の制度が、補正することができないものである場合には取下げの機会の付与の制度が設けられている。**

説明 登記の申請に不備があり、その不備が登記官が定めた相当の期間内に補正されない場合又はその不備が補正することができないものである場合には、その登記の申請は却下されるところ（不登法25条）、これらの中には、例えば、管轄登記所を誤認して登記の申請をした場合のように、補正することはできないが、登記の申請を取り下げた上で、還付された申請情報を訂正して、再度、正しい管轄登記所に登記の申請をすることができるものもあり得る。

このような場合に、登記官において、これを当然に却下することは、当事者の意に反することも多く、登記事務処理上も必ずしも当を得たものとはいえない。そこで、登記申請の補正の機会及び登記申請の取下げの機会の付与の制度が設けられている（不登法25条ただし書、準則31条4項）。

1061 登記申請の却下事由

問 登記の申請は、どのような場合に却下されるか。

結論 **登記の申請は、不動産登記法25条各号（登記令20条各号）に規定する却下事由に該当する場合に却下される。**

説明 登記の申請は、不動産登記法25条各号（登記令20条各号）に規定する却下事由に該当する場合に却下される。ただし、当該申請の不備が補正することができるものであって、登記官が定めた相当の期間内に、申請人がこれを補正したときは、この限りでないとされている（不登法25条ただし書）。不動産登記法25条各号（登記令20条各号）に規定する却下事由は、次のとおりである。

なお、不動産登記法25条各号に規定する却下事由のうち、特筆すべきものの一つとして、4号「申請の権限を有しない者の申請によるとき」が挙げられる。権利に関する登記については、原則、登記官は、形式的審査権に基づき、登記申請の受否を決定するところ、登記の申請人の申請権限の有無の調査に限っては、同法24条1項において、登記官は、登記の申請人となるべき者以外の者が申請していると疑うに足りる相当な理由があると認めるときは、申請人又はその代表者若しくは代理人に対し、出頭を求め、質問をし、又は文書の提示その他必要な情報の提供を求める方法により、当該申請人の申請権限の有無を調査しなければならないとされている。したがって、この限りにおいては、権利に関する登記においても、表示に関する登記と同様に、登記官に実質的審査権があるといえる。

〈不動産登記法25条〉

① 申請に係る不動産の所在地が当該申請を受けた登記所の管轄に属しないとき（1号）。
② 申請が登記事項（他の法令の規定により登記記録として登記すべき事項を含む。）以外の事項の登記を目的とするとき（2号）。
③ 申請に係る登記が既に登記されているとき（3号）。
④ 申請の権限を有しない者の申請によるとき（4号）。
⑤ 申請情報又はその提供の方法が不動産登記法に基づく命令又はその他の法令の規定により定められた方式に適合しないとき（5号）。
⑥ 申請情報の内容である不動産又は登記の目的である権利が登記記録と合致しないとき（6号）。
⑦ 申請情報の内容である登記義務者（又は登記名義人）の氏名若しくは名称又は住所が登記記録と合致しないとき（7号）。
⑧ 申請情報の内容が不動産登記法61条に規定する登記原因を証する情報の内容と合致しないとき（8号）。
⑨ 不動産登記法22条本文若しくは61条の規定又は同法に基づく命令若しくはその他の法令の規定により申請情報と併せて提供しなければならないものとされている情報が提供されないとき（9号）。
⑩ 不動産登記法23条1項に規定する期間内に同項の申出がないとき（10号）。
⑪ 表示に関する登記の申請に係る不動産の表示が不動産登記法29条の規定による登記官の調査の結果と合致しないとき（11号）。

⑫　登録免許税を納付しないとき（12号）。
⑬　不動産登記法25条1号から12号に掲げる場合のほか、登記すべきものでないときとして政令（登記令20条各号）で定めるとき（13号）。

〈不動産登記令20条〉
①　申請が不動産以外のものについての登記を目的とするとき（1号）。
②　申請に係る登記をすることによって表題部所有者又は登記名義人となる者（登記令別表の十二の項申請情報欄ロに規定する被承継人及び同令3条11号ハに規定する登記権利者を除く。）が権利能力を有しないとき（2号）。
③　申請が不動産登記法32条、41条、56条、73条2項若しくは3項、80条3項又は92条の規定により登記することができないとき（3号）。
④　申請が一個の不動産の一部についての登記（承役地についてする地役権の登記を除く。）を目的とするとき（4号）。
⑤　申請に係る登記の目的である権利が他の権利の全部又は一部を目的とする場合において、当該他の権利の全部又は一部が登記されていないとき（5号）。
⑥　同一の不動産に関し同時に二以上の申請がされた場合（不登法19条2項の規定により同時にされたものとみなされるときを含む。）において、申請に係る登記の目的である権利が相互に矛盾するとき（6号）。
⑦　申請に係る登記の目的である権利が同一の不動産について既にされた登記の目的である権利と矛盾するとき（7号）。
⑧　1号から7号に掲げるもののほか、申請に係る登記が民法その他の法令の規定により無効とされることが申請情報若しくは添付情報又は登記記録から明らかであるとき（8号）。

1062　登記官による本人確認調査

問　登記官による本人確認調査とは、どのようなものか。
結論　登記官による本人確認調査とは、登記官が、登記の申請人となるべき者以外の者が申請していると疑うに足りる相当な理由があると認めるときに、申請人等に対し、出頭を求めるなどの方法により、当該申請人の申請権限の有無を調査するものである。

説 明

(1) 登記官の審査権

　　　　登記官は、登記事務を処理する権限を有し、また、登記事務を法令に従って適正・迅速に処理すべき義務を負っている。この登記官の権限及び義務は、不動産の表示及び不動産に関する権利を公示することにより、国民の権利の保全を図り、もって取引の安全と円滑に資するという不動産登記制度の目的（不登法1条）を実現する上で、極めて重要な機能であるところ、その前提となる登記官の登記申請の受否を決定する権限、いわゆる登記官の審査権として、登記の正確性と迅速性の均衡を図る観点から、表示に関する登記については実質的審査権（同法25条11号）を、権利に関する登記については形式的審査権（同条1号～10号・12号・13号）を採っているといわれている。

(2) 登記官の本人確認調査（意義）

　登記官は、表示に関する登記については実質的審査権、また、権利に関する登記については形式的審査権に基づき、登記申請の受否を決定するところ、登記の申請が、申請権限を有しない者の申請によるときは、登記官は、当該登記の申請を不動産登記法25条4号の規定により却下することとなる。この点、権利に関する登記における登記官の形式的審査権では、その審査の資料が、申請情報及びその添付情報と登記記録に限定されるところ、登記の申請人の申請権限の有無の調査に限っては、同法24条1項において、登記官は、登記の申請人となるべき者以外の者が申請していると疑うに足りる相当な理由があると認めるときは、申請人又はその代表者若しくは代理人に対し、出頭を求め、質問をし、又は文書の提示その他必要な情報の提供を求める方法により、当該申請人の申請権限の有無を調査しなければならないとされている。したがって、この限りにおいては、登記官に実質的審査権があるといえる。

(3) 登記官の本人確認調査（要件）

　登記官の本人確認調査は、「申請人となるべき者以外の者が申請していると疑うに足りる相当な理由があると認めるとき」に行うべきとされているところ（不登法24条1項）、具体的には、①捜査機関その他の官庁又は公署から、不正事件が発生するおそれがある旨の通報があったとき、②申請人となるべき者本人から、不正登記防止申出（準則35条）がされ、登記官がこれを相当と認め、不正登記防止申出書類つづり込み帳の目録に、本人確認の調査を要する旨を記載しているとき（当該不正登記防止申出の日から3か月以内に申出に係る登記の申請があった場合に限る。）、③同一の申請人に係る他の不正事件が発覚している

とき、④前の住所地への通知（不登法23条2項）をした場合において、登記の完了前に、当該通知に係る登記の申請について異議の申出があったとき、⑤登記官が、登記識別情報の誤りを原因とする補正又は取下げ若しくは却下が複数回されていたことを知ったとき、⑥登記官が、申請情報の内容となった登記識別情報を提供することができない理由が事実と異なることを知ったとき、⑦その他、登記官が職務上知り得た事実により、申請人となるべき者に成りすました者が申請していることを疑うに足りる客観的かつ合理的な理由があると認められるとき、とされている（準則33条1項）。

(4) **登記官の本人確認調査（方法）**

　登記官の本人確認調査は、あくまで当該登記の申請人の申請権限の有無についての調査であって、申請人となるべき者が申請しているかどうかを確認するためのものであり、申請人の申請意思の有無は本人確認調査の対象ではないところ（施行通達第1の1の(6)）、この登記の申請人の申請権限の有無の調査に当たっては、申請人又はその代表者若しくは代理人に対し、①出頭を求め、質問をする方法、又は②文書の提示その他必要な情報の提供を求める方法（必ずしも出頭を求めることを要しない。）によりすることとされている（不登法24条1項）。なお、登記の申請が資格者代理人によってされている場合において、登記官が、本人確認調査をすべきときは、原則として、当該資格者代理人に対し、必要な情報の提供を求めるものとするとされている（準則33条2項）。

(5) **他の登記所の登記官への本人確認調査の嘱託**

　登記官は、不動産登記法24条1項に規定する申請人又はその代表者若しくは代理人が遠隔の地に居住しているとき、その他相当と認めるときは、他の登記所の登記官に同項の調査を嘱託することができるとされている（同条2項）。具体的には、登記官が、本人確認調査のため、申請人等の出頭を求めた場合において、申請人等から遠隔の地に居住していること、又は申請人の勤務の都合等（申請人の長期出張や病気による入院等）を理由に他の登記所に出頭したい旨の申出があり、その理由が相当と認められるときに、同調査の嘱託がされる（準則34条1項、施行通達第1の1の(8)）。

(6) **その他**

　登記官の本人確認調査の結果は、本人確認調書として記録・作成され（規則59条1項、準則33条3項）、申請書等と共に保管される（準則33条4項）。

1063 不正登記防止申出

問 不正登記防止申出とは、どのようなものか。
結論 不正登記防止申出とは、不正な登記がされるおそれがある場合に、登記名義人等が登記所に出頭してする申出であって、登記官の本人確認調査の契機の一つとなるものである。

説明

(1) 不正登記防止申出

　　不正登記防止申出とは、登記名義人若しくはその相続人その他の一般承継人又はその代表者若しくは代理人（委任による代理人を除く。）（以下「登記名義人等」という。）が登記所に出頭してする申出であって、不正な登記がされるおそれ、すなわち、印鑑証明書や登記済証が盗難にあった場合などにおいて、登記申請人となるべき者に成りすました者が登記の申請をしている又はそのおそれがある旨を申し出ることにより、不正な登記がされるのを防止することを目的とするものであり、登記官の本人確認調査（不登法24条）の契機の一つとなるものである。なお、登記識別情報が不正に取得された場合の対応としては、登記識別情報の失効の申出（規則65条）の制度がある。

(2) 申出人・代理人

　不正登記防止申出は、登記名義人等が登記所に出頭してしなければならないとされているところ（準則35条1項本文）、その登記名義人等が登記所に出頭することができないやむを得ない事情があると認められる場合には、委任による代理人が登記所に出頭してすることができる（同項ただし書）。

(3) 申出の要件

　不正登記防止申出は、不動産登記事務取扱手続準則別記第53号様式又はこれに準ずる様式による申出書を登記官に提出してするほか、同申出書には、①登記名義人等の印鑑証明書、②登記名義人又は一般承継人が法人である場合における当該法人の代表者の資格を証する書面、③代理人によって申出をする場合における当該代理人の権限を証する書面の添付が必要となる（ただし、①印鑑証明書については、登記申請における添付書面の扱いに準じて、その添付を省略することができ、また、②法人の代表者の資格を証する書面及び③登記名義人若しくはその一般承継人又はその代理人が法人である場合の代理人の権限を証する書面については、その申出書に当該法人の会社法人等番号をも記載したときは、その添付

を省略することができる。）（準則35条2項・3項）。また、申出に当たっては、申出人において、当該申出が必要となった理由に対応する措置を採っていることを要する（同条4項）。

具体的には、①印章又は印鑑証明書の盗難を理由とする場合には、警察等の捜査機関に被害届を提出したこと、②第三者が不正に印鑑証明書の交付を受けたことを理由とする場合には、交付をした市区町村長に当該印鑑証明書を無効とする手続を依頼したこと、③本人の知らない間に当該不動産の取引がされている等の情報を得たことによる場合には、警察等の捜査機関又は関係機関への防犯の相談又は告発等の措置が該当する。ただし、申出の内容が緊急を要するものである場合には、あらかじめこれらの措置を採っている必要はなく、申出をした後、直ちに当該措置を採ることとなる（施行通達第1の2の(2)）。

(4) 申出の効果

不正登記防止申出がされると、登記官は、当該申出人が申出に係る登記の登記名義人又はその相続人その他の一般承継人本人であること、当該申出人が申出をするに至った経緯及び申出が必要となった理由に対応する措置を採っていることを確認し、その内容が相当であると認めるときに、当該申出に係る登記の申請を、本人確認調査を要するものとして管理することとなる（準則35条4項・7項）。そして、当該申出の日から3か月以内に申出に係る登記の申請があったときは、登記官は、その不正登記防止申出を契機として、本人確認調査を行うこととなり（準則33条1項2号）、その調査の結果、申請権限を有しない者が申請していると判断した場合には、当該登記の申請を却下することとなる（不登法25条4号）。

したがって、不正登記防止申出をしたことのみによって申出に係る登記の申請が、登記官により却下されるものではないことに留意する必要がある。なお、不正登記防止申出の日から3か月以内に申出に係る登記の申請があったとき及び登記官が本人確認調査を完了したときは、登記官は、速やかに、申出をした者にその旨を適宜の方法で通知するものとするとされている（準則35条8項）。

(5) その他

不正登記防止申出の更新の手続は設けられていないため、当該申出の日から3か月が経過した後は、必要に応じ、登記名義人等が、改めて登記所に出頭して、不正登記防止申出をすることとなる。

1064 申請書等の送付の方法による登記の申請

問 申請書等の送付の方法による登記の申請とは、どのようなものか。

結論 申請書等の送付の方法による登記の申請とは、郵送等の方法により、申請書等を登記所に送付してする登記の申請（書面申請）である。

説明

(1) 登記申請の方法

登記の申請（表示に関する登記の申請であると権利に関する登記の申請であるとを問わない。）は、①電子情報処理組織（登記所の使用に係る電子計算機と申請人又はその代理人の使用に係る電子計算機とを電気通信回線で接続した電子情報処理組織）を使用する方法、いわゆる「電子申請（オンライン申請）」と②申請情報を記載した書面を提出する方法、いわゆる「書面申請」の二つの方法がある（不登法18条）。

(2) 申請書等の送付の方法による登記の申請

申請書等の送付の方法による登記の申請とは、郵送等の方法により、申請書及びその添付書面を登記所に送付してする登記の申請であって、書面申請の一態様である。書面申請の態様としては、このほかに、申請書及びその添付書面を登記所の受付の窓口に直接提出してする登記の申請がある。

(3) 申請書等の送付方法

申請書及びその添付書面を登記所に送付するに当たっては、①日本郵便株式会社が取り扱う書留郵便又は信書便事業者（民間事業者による信書の送達に関する法律（平成14年法律第99号）2条6項に規定する一般信書便事業者又は同条9項に規定する特定信書便事業者）による信書便の役務であって、当該信書便事業者において引受け及び配達の記録を行うものによってすることとされている（規則53条1項）。

また、登記所に送付する申請書及びその添付書面を入れた封筒の表面には、不動産登記申請書が在中する旨を明記することとされている（規則53条2項）。なお、これらの方法によることなく、普通郵便で送付したり、封筒の表面に不動産登記申請書が在中する旨を明記せずに送付したりした場合であっても、そのことをもって、登記官が当該登記の申請を却下したり、補正を求めたりする

ことはない。

(4) 登記申請の受付

　書面申請は、登記所の受付の窓口に申請書等が提出された（到達した）ときに、登記申請の受付の処理がされる。したがって、申請書等の送付の方法による登記の申請にあっては、送付された申請書等が、法務局若しくは地方法務局若しくはこれらの支局又はこれらの出張所（以下「法務局」という。）に送達した（到達した）時点では、登記申請の受付の処理はされず、その申請書等が登記所の受付の窓口に回付されたときに、登記申請の受付の処理がされる。

　したがって、前記の不動産登記規則で定められた申請書等の送付方法によらずに申請書等を登記所に送付した場合には、当該申請書等の送達途中における事故のほか、当該申請書等が法務局に送達した（到達した）後、登記所の受付の窓口に回付されるまでに通常よりも時間を要するなどした結果、不測の事態が生ずることも考えられる。

1065　オンライン申請

問　オンライン申請とは、どのようなものか。
結論　**オンライン申請とは、登記所の使用に係る電子計算機と申請人又はその代理人の使用に係る電子計算機とを電気通信回線で接続した電子情報処理組織を使用して、申請情報等を管轄登記所に提供する方法によってする登記の申請をいう。**

説明　平成16年法律第123号による不動産登記法の改正により可能となった申請方法（同法18条1号）であり、具体的には、申請人等のパソコンからインターネット等を通じて登記・供託オンライン申請システムにアクセスし、当該システムを使用して申請情報及び添付情報を管轄登記所に送信することによって申請を行うものである。

(1) 申請情報

　オンライン申請においては、申請人等は、申請情報に電子署名及び認証業務に関する法律（平成12年法律第102号）2条1項に規定する電子署名（以下単に「電子署名」という。）を行わなければならない（登記令12条1項）。

　また、申請情報は、法務大臣の定めるところにより送信する必要があるところ（規則41条）、法務省ホームページにおいて、登記・供託オンライン申請シ

ステムを使用して送信すべき旨が定められている。
(2) 添付情報
　添付情報は作成者による電子署名が行われていなければならず（登記令12条2項）、申請情報と併せて送信しなければならない（同令10条）。なお、添付情報（登記識別情報を除く）が書面で記載されているときは、当分の間、当該書面を登記所に提供することができる（同令附則5条1項）。
(3) 登記事項証明書に代わる情報
　添付情報が登記事項証明書であるときは、当該登記事項証明書を送信することはできないことから、法務大臣の定めるところに従い、登記事項証明書の提供に代え、登記官が登記情報の送信を指定法人から受けるために必要な情報を送信しなければならない（登記令11条）。
(4) 表示に関する登記の添付情報の特則
　表示に関する登記をオンライン申請する場合において、添付情報（申請人等が作成したもの並びに土地所在図、地積測量図、地役権図面、建物図面及び各階平面図を除く）が書面に記載されているときは、後日に原本を提示することを条件として、申請人等が作成した写しに相当する情報（当該書面に記載された情報を電磁的記録に記録したもの）を添付情報とすることができる。なお、当該写しに相当する情報には、作成した申請人等の電子署名が行われていなければならない（登記令13条）。
(5) 電子証明書
　電子署名が行われている情報を送信する場合には、電子証明書であって法務省令で定めるものを併せて送信しなければならない（登記令14条）。法務省令で定める電子証明書としては、①法人についての商業登記に基づく電子認証制度における電子証明書、②個人についての公的個人認証制度における電子証明書等がある（規則43条1項）。
(6) 登録免許税の納付
　オンライン申請における登録免許税は、現金納付（税法21条）、印紙納付（同法22条）のほか、歳入金電子納付システムを利用した電子納付の方法により納付することができる（同法24条の2）。

1066　オンライン申請における別送方式

問　オンライン申請における別送方式とは、どのようなものか。
結論　オンライン申請における別送方式とは、添付情報（登記識別情報を除く）が書面に記載されているとき、当分の間、当該書面を登記所に提出する方法により添付情報を提供することができる方式（以下「特例方式」という）をいう。

説明　オンライン申請の促進を図るため、公的個人認証サービスの普及率の低迷や官公庁等が発行する各種証明書等の電子化の遅れ等、オンライン申請の阻害要因が一定程度解消されるまでの間の措置として、不動産登記令の一部改正（平成20年政令第1号）及び不動産登記規則の一部改正（平成20年法務省令第1号）により特例的に認められた方式である。

なお、登記識別情報については、登記所に書面で提出することができる添付情報から除外されている（登記令附則5条1項）。これは、登記識別情報は、不動産登記のオンライン申請を実現させるため、従来の登記済証に代えてオンラインで提供されることを前提として導入された制度であり、情報そのものを提供すれば足りること、また、特例方式はオンラインで提供することができない添付情報について、別途登記所に提出することを認める方式であることから、常にオンラインで提供することが可能な登記識別情報についてはその対象とする必要がないことによる。

(1) 申請情報

特例方式により添付情報を提供する場合には、申請人等は、その旨をも申請情報の内容としなければならない（登記令附則5条2項）。

なお、その場合には、各添付情報につき書面を提出する方法によるか否かの別を申請情報の内容とする必要がある（規則附則21条1項）。

(2) 書面申請に関する規定の準用

特例方式により、オンライン申請の場合においても添付情報の一部が書面で提供されることとなるため、書面申請に関する規定のうち、必要な規定について準用している（登記令附則5条3項）。

(3) 登記原因証明情報

登記原因証明情報を提供すべき登記のうち、不動産登記法64条に規定されて

いる登記以外の登記申請をする場合には、申請情報と併せて、登記原因証明情報に記載された情報を記録した電磁的記録を提供しなければならないとされており（登記令附則5条4項、規則附則22条2項）、この電磁的記録とは、具体的にはPDFファイルである（規則附則22条3項）。

なお、PDFファイルについては、添付情報ではなく、あくまでも添付情報の写しという位置付けにすぎず、その作成者が誰であるかは必ずしも重要ではないことから、作成者の電子署名（登記令12条2項）は不要であり（同令附則5条4項）、また、PDFファイルとする範囲は、登記原因の内容を明らかにする部分のみで足りる（規則附則22条2項）。

1067 オンライン申請における表示に関する登記の添付情報

問 オンライン申請における表示に関する登記の添付情報は、どのように取り扱われるか。

結論 **オンライン申請における表示に関する登記の添付情報については、添付情報の多岐性及び登記官の審査権限との関係を考慮し、当該添付情報（一部の添付情報を除く）が書面に記載されているときは、その書面に記載された情報を電磁的記録に記録したものを添付情報とすることができる特則が設けられている。**

説明 オンライン申請による場合における添付情報は、原則として、作成者の電子署名が行われているものを、申請情報と併せて送信して提供しなければならない（登記令10条、12条2項）とされているが、表示に関する登記については、①添付情報に所有権証明情報（同令別表の四の項添付情報欄ハ等）などが書面に記載されることが多く、かつ、作成者が多数となることが想定されるものがあること、②登記官に実質的な審査権が認められており（不登法29条）、登記情報、申請情報と添付情報以外の情報を審査の対象とすることが予定されていること、③権利に関する登記ほど受付の順位が重要ではない（同法20条）ことなどの特性がある。

そこで、これらの特性に鑑み、表示に関する登記についてオンライン申請をする場合には、申請人（又はその代表者若しくは代理人）が作成した添付情報、土地所在図、地積測量図、地役権図面、建物図面及び各階平面図以外の添付情報が書面に記載されているときは、その書面に記載された情報を電磁的記録に

記録するとともに、当該電磁的記録の作成者による電子署名をしたものを添付情報とすることが認められている（登記令13条1項）。

　もっとも、この場合であっても、写しを原本として提出するのではなく、添付情報となるのは、あくまで原本であり、添付情報の提供の方法として、原本の提出に代えて写しに相当する電磁的記録に記録したものを提供することを認めているにすぎないことから、申請人は、登記官が定めた相当の期間内に、登記官に対して、書面によって作成された添付情報の原本そのものを提示しなければならない（登記令13条2項）。

　なお、電磁的記録については、原本の全てをその対象とする必要はなく、法令で定められた添付情報として必要な部分のみを記録すれば足りる（施行通達）。

1068 オンライン申請送信日の翌日以降の日が登記原因日である登記原因証明情報

問　登記・供託オンライン申請システムに送信された日の翌日以降の日に登記原因の生じた日として記録された登記原因証明情報を提供することはできるか。

結論　提供することはできない。

説明

(1) 不動産登記の効力

　不動産登記は、不動産についての物権変動を公示し、国民の権利の保全を図り、もって取引の安全と円滑に資することを目的としている（不登法1条）が、登記によって物権変動が成立するわけではない。物権変動は、登記と関係なく当事者の意思表示のみによって有効に成立するものであることから（民法176条）、不動産登記は、物権変動を生じるための要件ではなく、既に発生している物権変動を第三者に主張する対抗要件とされる（同法177条）。

(2) 登記原因証明情報

　権利に関する登記を申請する場合には、原則として登記原因を証する情報（以下「登記原因証明情報」という）を提供しなければならない（不登法61条）。登記原因とは、登記の原因となる事実又は法律行為（同法5条2項）であることから、登記原因証明情報とは、登記すべき物権変動の原因となっている法律

行為又は法律事実が存在することを形式的に証することができる情報である。したがって、登記の申請時には、既に登記すべき物権変動が発生している必要があり、登記原因証明情報の記録から物権変動が発生していないことが明らかである場合には、当該登記の申請は却下されることとなる（同法25条8号）。

(3) 登記・供託オンライン申請システムとの関係

　オンライン申請においては、申請人は、登記・供託オンライン申請システムを経由して登記所に申請情報等を送信することとなる。登記所の申請受付時間は8時30分から17時15分までであるが、登記・供託オンライン申請システムへは21時まで申請情報等を送信することができるため、17時15分を過ぎて登記・供託オンライン申請システムに申請情報等を送信した場合には、当該申請情報等に係る登記申請の受付日は翌業務日となる。

　なお、この際、申請情報と併せて送信する登記原因証明情報に登記原因が発生した日を登記申請の受付日として記録している場合には、不動産登記法25条8号により却下されることとなる。これは、結果的に登記申請の受付日と登記原因が発生した日が同一となったとしても、登記官においては、電子申請管理用紙（準則32条3項）により、前日に登記・供託オンライン申請システムに申請情報等が送信されたことを確認することができるため、登記原因の効力発生前に、その効力が発生したものとして登記を申請していることが明らかになることによる。

第6節 登記の代理申請

1069 登記申請代理人の能力者であることの要否

問 登記申請の代理人は、能力者でなければならないか。

結論 **必ずしも能力者であることを要しない。**

説明 登記事件が非訟事件の一種として裁判所の管轄に属し、非訟事件手続法（平成23年法律第51号）の適用を受けていた時であれば、同法16条1項の規定の適用により訴訟能力者であることを要するとも考えられるが、現在、登記事件は非訟事件ではなく、また、非訟事件として取り扱われた当時においても、登記申請の実質から、同条の適用がないと解するのが妥当である。他面、制限行為能力者が代理人としてした行為は、行為能力の制限によっては取り消すことができない（民法102条1項。平成29年の民法一部改正による改正前の民法102条においては、「代理人は、行為能力者であることを要しない」と規定されている）としている趣旨（すなわち代理行為の効果は本人に帰属するのであって、代理人はこれによって何ら影響を受けないし、また、本人自ら無能力者を代理人に選任した以上、たとえその代理行為によって不利益を受けてもやむを得ないとする理由）は、そのまま登記申請の代理についてもいえることであり、申請人自体行為能力を必要としないのであるから、権利変動の結果を登記するにすぎない登記申請の代理人については、能力者であることを要しないものと解してよい。

1070 登記申請と双方代理又は当事者の一方が他の代理人となることの可否

問 登記申請については、一人で申請人双方の代理人を兼ね、又は申請人の一人が他の申請人の代理人となることができるか。

結論 登記申請については、いわゆる双方代理も、一方が他方の代理人となることも差し支えない。

説明 私法上の法律行為については、民法108条1項本文において、「同一の法律行為について、相手方の代理人として、又は当事者双方の代理人としてした行為は、代理権を有しない者がした行為とみなす。」(平成29年の民法一部改正前の民法108条においては、「同一の法律行為については、相手方の代理人となり、又は当事者双方の代理人となることはできない」と規定されている)と規定されているが、登記申請行為は、私法上の行為ではないことから、形式的に民法108条の適用はなく、また、実質的に考えても、登記申請行為は、既に生じた権利変動について、その対抗力を具備するためにされるものにすぎないものであって、双方代理が許容される同条1項ただし書に該当する場合ともいえるから、一方が他を代理すること、又は双方代理を許しても、本人に損失を与えるおそれがない。したがって、同法108条1項本文の類推適用の余地がないものと解される。よって、買主が売主の登記申請代理人となることも差し支えない。

1071 会社等の代表者の資格

問 会社等の法人が不動産の登記を申請する場合において、当該法人の代表権のある者が当該申請を行ったことを証明するために登記所に提供しなければならない情報は何か。

結論 会社等の法人が登記されている場合は、原則として会社法人等番号を提供し、その他の法人については当該法人の代表者の資格を証する情報を提供する。

説明 会社等の法人が自ら登記申請をするときは、その法人を代表する権限がある者がその法人を代表して行うこととなるところ、

登記官においては、当該申請が当該法人を代表する権限がある者からされたものであることを審査する必要があることから、申請人は、申請情報と併せてこれが分かる情報を提供しなければならない。

　この点、会社法人等番号を有する法人については、当該会社法人等番号が当該法人の登記記録を識別する機能を有することから、会社法人等番号を提供することとなる（登記令7条1項1号イ）。

　なお、会社法人等番号が提供された場合、登記官は、当該会社法人等番号を用いて法人の登記記録によって当該法人の代表者の資格を審査することとなるが、当該法人について法人登記が申請されているときなど法人登記の処理が行われているときは、当該法人登記が完了するまで登記記録を確認することができないことから、前記の例外として、会社法人等番号に代えて作成後1か月以内の登記事項証明書を提供することができることとされている（登記令7条1項1号、規則36条1項・2項）。

　一方、土地改良区などの法人の登記がされない法人については、会社法人等番号を有しないことから、当該法人の代表者の資格を証する情報を提供することとなる（登記令7条1項1号ロ）。なお、当該情報が市町村長その他の公務員が職務上作成した書面である場合は、当該書面は作成後3か月以内のものでなければならない（同令17条1項）。

　また、登記申請の委任をした法人の代表者の権限が消滅した後に、その委任を受けた代理人が当該委任に係る代理人の権限を証する情報を添付して登記の申請をする場合（不登法17条4号の規定が適用される場合）には、申請情報において当該代表者の権限が消滅している旨を明らかにすることとされている（平5．7．30第5320号通達、平27.10.23第512号通達）。

1072 代理権不消滅

問　登記申請の委任をした法人の代表者の代表権限が登記申請前に消滅した場合には、どうしたらよいか。

結論　代理人が法人の代表者から登記申請の委任を受け、当該登記を申請するまでの間に、当該代表者の代表権限が消滅した場合においても、当該委任による代理人の権限は消滅しない（不登法17条4項）ため、当該代理人は登記申請を行うことができる。

説明 任意代理人の代理権は、委任契約によってその効力を生じ、代理人の代理権は、本人又は代理人の死亡若しくは破産手続開始の決定等によって消滅する（民法111条、643条）ところ、委任による登記申請の代理人の権限については、本人の死亡、本人である法人の合併による消滅、本人である受託者の信託に関する任務の終了又は法定代理人の死亡若しくは代理権の消滅等によっても消滅しない（不登法17条。以下「本規定」という）。

これは、①登記を申請する時点においては、実体上の権利関係は既に確定しており、当該権利関係について当事者の利害が対立する余地はないところ、代理権が消滅するとした場合には、登記義務を承継した相続人から改めて委任を受ける必要があるなど、登記手続の遅延によって登記権利者の権利が害されることとなり、また、そのことは実体に合致した権利変動関係を迅速に公簿に反映させるという不動産登記制度本来の目的にも反すること、②代理権が消滅しないとしても、所有権の移転の登記申請をする場合には、登記義務者本人の印鑑証明書の添付が必要であり、その有効期間は発行後3か月以内に限られていることから、本規定を濫用されるおそれが少ないこと等の理由による。

なお、不動産登記法17条4号の「法定代理人」には、法人の代表者も含まれる（平5.7.30第5320号通達記第2の1）ところ、法人の代表者が代理人に登記申請を委任した後、登記申請前に当該法人の代表権限を消失した場合に、同号に基づき代理人が登記申請をする際の手続の留意点については、次のとおりである。

(1) **申請情報**

申請情報には代表者の代表権限が消滅した旨を明らかにしなければならず、また、不動産登記令7条1項1号イにより会社法人等番号を有する法人にあっては、登記所に提供される会社法人等番号によって当該代表者の資格を確認することができないときは、その資格を確認することができる登記事項証明書を添付しなければならず（平27.10.23第512号通達記2(5)）、同号ニにより会社法人等番号を有しない法人にあっては、当該法人の代表者の資格を証する情報を添付しなければならない。なお、申請情報の内容となる法人の代表者の氏名（同令3条2号）については、登記申請時における代表者の氏名を提供すべきである。

(2) **添付情報**

本規定の扱いには時間的限定があるとはされていないものの、申請の種別に

よっては、添付情報として作成後３か月以内の登記申請の委任をした代表権が消滅した代表者の印鑑証明書又は公証人若しくはこれに準ずる者の認証を受けた委任状を登記所に提出しなければならない場合があるが、当該期間経過後は、もはや印鑑証明書や公証人又はこれに準ずる者の認証を受けた委任状を取得して、添付することができないことから、登記の申請をすることができないこととなる（不登法25条9号）。

1073 委任状を登記権利者及び登記義務者において同一の書面で作成することの可否

問 抵当権の設定の登記申請をする場合において、登記権利者及び登記義務者が共にその申請を委任するときは、一通の委任状によって委任することができるか。

結論 一通の委任状によって委任することができる。

説明 登記権利者又は登記義務者が第三者に登記申請を委任し、その第三者が代理人として登記申請をする場合には、申請情報と併せて代理人の権限を証する情報を提供しなければならない（登記令7条1項2号）のであるが、委任状を書面で作成する場合について特に制限はない。しかし、いかなる内容の登記を委任したかが明らかにされていることを要する。

ところで、本問の場合は、委任状に記載すべき委任の内容（すなわち、登記の目的、登記原因及びその日付など申請書に記載すべき事項）は、登記権利者及び登記義務者のいずれも同一であるから、登記権利者及び登記義務者が、同一の書面によって委任状を作成することも認められてよい（つまり、1通の委任状に登記権利者及び登記義務者の両者が連署することとなる）。

1074 数個の登記の申請代理権限を1通の委任状をもって授権することの可否

問 書面申請において、代理人によって数個の登記申請をする場合に、それらの登記の目的及び登記原因を異にするばかりでなく、相手方を異にするときでも、各登記申請の代理権限を証する情報として、1通の委任状を作成し、これを提供すれば足りるか。

結論 差し支えない。

説明 例えば、債務者甲が、その債権者Ａ銀行、Ｂ銀行及びＣ銀行の三者のため、それぞれ抵当権を設定し、これらの登記を同時に申請する場合に生じる問題である。この場合には、登記原因及び登記の目的を異にする３個の抵当権設定の登記であるから、同一の申請書によって申請することができない（登記令４条）。甲が、３個の登記をいずれも代理人によって申請しようとする場合は、その代理人が同一人であるときでも、当該代理人の権限を証する書面として、各別の委任状を作成することはもちろん自由であるが、しかし、代理人が同一人であることから考えると、１通の委任状を与えて代理申請されることも、何ら弊害を伴うわけでもなく、むしろその方が手続を簡易化し、経済的だといえよう。

そして、委任代理の場合の授権は、要式行為ではないから、この授権行為を証する書面としての委任状は、その形式及び記載内容について何ら拘束を受けることなく、自由である。Ａ、Ｂ及びＣの三者のために３個の抵当権設定の登記を申請する旨の甲の意思が、その委任状において明らかに表示されていればよいわけである。しかし、この場合には、委任状は１通であるから、これを各登記申請書に添付することはできないので、同一の登記所に同時に３個の登記を申請する場合には、その中の１個、例えばＡ銀行の抵当権の登記の申請書に添付し、Ｂ銀行及びＣ銀行の各登記申請書には、その旨を付記して、いわゆる委任状の援用を図り（規則37条）、また、それぞれ別個の機会に申請する場合には、委任状の原本還付の手続を執る必要があることになる（規則55条）。

1075 本人の委任状に復代理人選任の事項の記載のない場合の復代理人による登記申請の可否

問 本人の委任状に復代理人を選任することができる旨の記載がない場合の復代理人による登記申請には、別に本人の許諾の証明書を要するか。

結論 本人の許諾の証明書の提供を要する。

説明 代理人により登記申請をする場合には、不動産登記令７条１項２号の規定により、当該代理人の権限を証する情報を提供しなければならない。そして、復代理人により登記申請をする場合には、同号の規

定により、当該復代理人の権限を証する情報をも提供しなければならない。

　ところで、委任による代理人は、本人の許諾を得たとき、又はやむを得ない事由があるときでなければ復代理人を選任することができないため（民法104条）、本人の委任状に復代理人の選任を許す旨の復任権の存在が記載されていない限り、別に本人の許諾を得たことを証する情報を提供しなければ、復代理人からの登記申請は、代理人の権限を証する情報（委任状）及び当該代理人から復代理人に対する登記申請についての権限を証する情報を提供しても、復代理人の権限を証する情報を欠くものとして却下される（不登法25条9号）。

1076　包括委任状の使用の可否

問　包括委任状は、どのような場合に使用することができるか。
結論　**包括委任状は、①法令上業務の一部を他の金融機関に委託することができることとされている場合、②受任者との関係が法令上の代理関係と同視し得るような場合に限り、例外的に使用することが認められる。**

説明　包括委任状は、例えば個々の抵当権設定契約及び登記申請手続について個別に委任することなく、代理人に対して一定の種類の契約及び登記申請手続について包括的に委任し、契約の締結及び登記申請手続の簡便化・合理化を図ることを目的として、金融取引の活発化に伴い、登記申請手続の面において代理人の権限を証する情報として使用されるものであるが、包括委任状は個別の委任状と異なり代理権の範囲等多くの問題点を有している。

　ところで、本人は、代理人に対して包括的な代理権限を授与することができると解されていることから、包括的な委任事項を記載した委任状をもって代理人の権限を証する情報とすることができるかが問題となる。

　登記官は、登記の申請情報に添付された委任状のみによって代理人の権限の有無を判断しなければならず、委任状の記載はできるだけ具体的に記載されている必要があることから、一般的には、包括委任状は代理人の権限を証する情報として取り扱われていない。

　したがって、包括委任状は、①法令上業務の一部を他の金融機関に委任することができることとされている場合、又は②受任者との関係が法令上の代理関

係と同視し得るような場合に限り、例外的に使用することが認められている。そして、具体的な登記の実務では、包括委任状により誤った登記がされることを防止する意味から、個々の会社等の包括委任状を事前にチェックして、様式を定めた上で、これを先例により各登記所に周知し、個々の登記の申請に用いることができることとなっている。

包括委任状として、従来の先例で認められた主要なものとして次のものがある。まず、①法令上業務の一部を他の金融機関に委託することができることとされている場合として、農林漁業金融公庫の包括委任状により委任を受けた者が抵当権の設定の登記及びその更正の登記申請をする場合には、その委任状は、代理人の権限を証する情報となり得る（昭31.10.22第2443号通達）、雇用促進事業団が、その貸付業務の受託金融機関に対し、貸付業務に関する公正証書作成の嘱託並びに抵当権の設定等の登記申請等について復代理人及びその代理人を選任することを授権する場合の包括委任状の様式について（昭46.3.31第1189号通達）等があり、②受任者との関係が法令上の代理関係と同視し得るような場合として、中小企業金融公庫の支配人である支店長は、同公庫の貸付けに関し、その下部組織である出張所長に包括的な代理権を授与する包括委任状を交付することができる（昭49.4.25第2630号通知）、株式会社住友銀行が担保権の設定等の登記申請権限を支店等の出先機関の長に委任する場合の包括委任状の様式（昭59.11.12第5756号回答）等がある。

1077 銀行支店長の登記申請の可否

問 銀行の支店長は、登記申請について銀行の法定代理人として申請することができるか。

結論 **支店長が支配人であるときは申請することができる。**

説明 支配人ではない支店長は、当該銀行の法定代理人ではないから、登記申請をすることはできないが、当該支店長が支配人であれば、「支配人は、会社に代わってその事業に関する一切の裁判上又は裁判外の行為をする権限を有する。」のであるから（会社法11条1項）、銀行の法定代理人として登記の申請をすることができる。この場合には、支配人の資格を証する情報として、申請情報と併せて、会社法人等番号の提供を要する（登記令7条1項1号）。

1078 改印後に改印前の委任状により登記申請することの可否

問 改印届を了した後に、改印前に作成した委任状により登記を申請することができるか。

結論 原則として、申請することができない。

説明 会社等の法人が自ら登記申請をするときは、その法人を代表する権限がある者がその法人を代表して行うこととなるところ、この場合には、申請情報と併せて、会社法人等番号を有する法人については会社法人等番号を、会社法人等番号を有しない法人については当該法人の代表者の資格を証する情報（市町村長その他の公務員が職務上作成した書面である場合は、作成後3か月以内のもの）を提供することとなる（登記令7条1項1号）。

ところで、申請人である法人を代表する権限がある者の委任を受けて、その受任者が代理人として登記申請をする場合には、当該代理人の権限を証する情報として委任状の添付を要する（登記令7条1項2号）が、当該委任状は、当該申請人より適法に登記申請の委任がされていることが明らかなものでなければならない。

この点、委任による代理人によって登記申請をする場合には、申請人である法人を代表する権限がある者は、原則として、委任状に記名押印した上で、押印された印影に係る印鑑証明書を添付すべきものとされている（登記令18条1項・2項）。これは、委任状に押印された印影と、提供された印鑑証明書を登記官において対照し、委任状の真正を担保する必要があることによる。本問の場合には、委任状には、改印前の印をもって押印されており、印鑑証明書には、改印後の印鑑の証明がされているのであるから、両者の印鑑が符合しないこととなり、登記官は、当該委任状が形式的には登記義務者の委任状であることを確認することができないことになる。したがって、委任状に改印後の印をもって押印がされていない限り、登記申請をすることはできない。

1079 支配人の所有権移転登記の申請権限の有無

問 売買による所有権の移転の登記申請を、売主である会社（会社の

目的は、各種雑貨物の売買である）の法定代理人として、支配人がすることができるか。

結論 することはできない。ただし、**不動産売買を会社の目的としている場合はすることができる。**

説明 会社の支配人とは、会社によって特定の営業所における営業のために選任された法定代理人であり、その代理権は、会社に代わって、その営業に関する一切の裁判上又は裁判外の行為をなす権限のみであるから、本問の支配人は、各種雑貨物の売買についての行為をなす権限を有してはいるものの、その代理権の範囲外である不動産の売買についての登記申請をする権限はない。

したがって、会社の代表者によって申請すべきであるが、当該代表者がこの支配人に登記の申請を委任し、受任者である支配人が、代理して登記の申請をすることは可能である。なお、本問の会社が不動産の売買を会社の目的としている場合であれば、銀行業を会社の目的としている場合と同様に、支配人においても、代表者と同様に登記申請をすることができる。

1080 成年被後見人の登記申請権限

問 成年被後見人を登記権利者又は登記義務者とする登記申請は、成年被後見人がすることができるか。

結論 **意思能力が認められる場合は成年被後見人がすることができる。**

説明 (1) 成年被後見人

成年被後見人とは、認知症、知的障害、精神障害等の精神上の障害により、判断能力（事理を弁識する能力）を欠く常況にある者であって、家庭裁判所により後見開始の審判を受けた者をいい（民法7条、8条）、家庭裁判所により成年後見人が付される（同法8条、843条1項）。成年後見人には、成年被後見人の財産の管理権及びその財産に関する法律行為全般についての代理権（同法859条1項）並びに日常生活に関する行為を除く成年被後見人のした法律行為の取消権（同法9条）が付与される。したがって、成年被後見人はその行為能力を制限されており、未成年者などとともに、制限行為能力者と呼ばれる（同法20条1項）。

(2) 登記の申請行為の性質

　登記申請は、私法上の財産の得喪、変更に関するものであり、かつ、当事者間においては、相手方に対する登記申請義務を履行するという債務の弁済に準ずるものであって、私法上の意義が大きい。しかし、登記の申請行為は、形式的には、登記申請人が国家機関である登記所に対して、一定内容の登記をすることを要求する行為であることから、行政庁に対し一定の行政行為をすることを要求するという意味において公法上の行為であるとされる。

(3) 登記の申請能力

　登記申請は、前記のとおり、財産権に関する行為であり、原則的には民法の規定が適用されるが、形式的には私法上の行為ではないことから、行為能力は不要であり、意思能力があれば足りる。この点、登記先例においては、同じ制限行為能力者である未成年について、意思能力があることを前提として、未成年者が登記の申請人となることを認めている（先例集上81頁）。これは、①登記の申請は、既に当事者間に生じた権利関係を登記簿に記録し、公示することを求める行為であり、当事者間に新たな権利変動をもたらすものではないこと、②未成年者が法定代理人の同意を得ずに登記の申請をすることを認めたとしても、一般的には、未成年者に不利益を及ぼすことはないため、民法の未成年者に対する能力制限規定を準用するまでもないとの考えによるものと思われる。したがって、成年被後見人においても、意思能力が認められる場合においては、登記の申請人となることができる。

1081　被保佐人の登記申請権限

問　被保佐人を登記権利者又は登記義務者とする登記申請は、被保佐人がすることができるか。

結論　**意思能力が認められる場合は、被保佐人がすることができる。**

説明　被保佐人とは、認知症、知的障害、精神障害等の精神上の障害により、判断能力（事理を弁識する能力）が著しく不十分な者であって、家庭裁判所により保佐開始の審判を受けた者をいい（民法11条、12条）、家庭裁判所により保佐人が付される（同法12条、876条の2第1項）。保佐人には、民法13条に定められた行為について、同意権（同条1項）及び取消権（同条4項）が付与されるため、被保佐人は、成年被後見人や未成年者などと

同様に、制限行為能力者である（同法20条１項）。

　なお、代理権については、成年後見人とは異なり、保佐人に自動的に付与されないため、別途保佐人に代理権を付与する旨の審判（民法876条の４第１項）が必要となる。被保佐人についても、意思能力が認められる場合は、登記の申請人となることができる。

1082　破産会社の登記申請権限

問　破産会社を登記権利者又は登記義務者とする登記申請は、誰が行うのか。

結論　**原則として、裁判所により保全管理人が選任されている場合には当該保全管理人が、破産管財人が選任されている場合には当該破産管財人が登記申請を行うが、対象の不動産について破産法78条２項12号に規定する権利の放棄がされている場合には、破産会社を代表する清算人が登記の申請を行う。**

説明
(1)　保全管理人

　裁判所は、破産手続開始の申立てがあった場合において、法人である債務者の財産の管理及び処分が失当であるとき、その他債務者の財産の確保のために特に必要があると認めるときは、破産手続開始決定までの間、債務者の財産に関し、保全管理人による管理を命ずる処分（保全管理命令）をすることができ、その場合には保全管理人を選任しなければならないとされている（破産法91条１項・２項）。保全管理命令が発せられたときは、債務者の財産の管理及び処分をする権利は、保全管理人に専属するとされている（同法93条１項）ことから、管理対象の不動産の処分等を行った場合の登記申請については、当該保全管理人が破産会社を代表して行うこととなる。なお、保全管理人は、後記の破産管財人の権限と同様の権限を有するものとされている（同条３項）。

(2)　破産管財人

　裁判所は、破産手続開始の申立てがあった場合において、破産手続開始の原因となる事実（破産法15条、16条）があると認めるときは、破産手続の費用の予納がないとき等の一部の場合を除き、破産手続開始の決定を行い、破産管財人を選任しなければならないとされている（同法30条１項、31条）。そして、こ

の場合においては、破産者が破産手続開始の時において有する一切の財産（日本国内にあるかどうかを問わない）は破産財団（同法34条）とされ、破産財団に属する財産の管理及び処分をする権利は、破産管財人に専属するとされている（同法78条1項）ことから、破産財団に属する不動産の任意売却（同条2項1号）等の処分を行った場合の登記の申請については、当該破産管財人が破産会社を代表して行うこととなる。

なお、否認権の行使（破産法167条1項）に係る登記の申請についても破産管財人が行うこととされている（同法260条1項）。

(3) 権利の放棄

破産財団に属する不動産につき、当該不動産の換価処分が不可能又は困難な場合等には、破産管財人が当該不動産の権利の放棄（破産法78条2項12号）を行うことがある。この場合、当該不動産は自由財産となり、破産会社が任意に処分することが可能となるため、当該処分に係る登記の申請については、当該破産会社を代表する清算人が行うこととなる。

1083 破産手続開始の登記のない不動産について破産管財人のする任意売却による所有権の移転の登記の可否

問 破産手続開始の登記のない不動産について破産管財人のする任意売却による所有権の移転の登記はすることができるか。

結論 登記することはできるものと解する。

説明 破産手続開始の決定があると、破産者の一切の財産は決定と同時に破産財団に組み入れられ、以後、破産者はその財産権につき管理処分権を失い、代わって破産管財人が管理処分権を取得する（破産法78条1項）。

個人である債務者について破産手続開始の決定があった場合において、その財産が登記した権利であるときには、裁判所は、遅滞なく破産手続開始の登記を管轄登記所に嘱託し（破産法257条1項、258条1項）、この嘱託に基づき登記官は、当該不動産の登記記録に破産手続開始の登記をする。これによって、不動産又は不動産上の権利が破産財団に属し、登記名義人が破産手続開始の決定を受け、本人がもはや処分権を持っていないことを公示する。

破産者が自己の財産の管理処分権を喪失するという効果は、破産手続開始の

決定によって当然に生ずる（破産法30条2項）のであるから、破産者の個々の財産に対して破産手続開始の登記をするかどうかということと、破産者の管理処分権の喪失とは関連はない。破産者の個々の財産に対して破産手続開始の登記をしなくても、破産者の自己の財産の管理処分権の喪失という効果は、破産手続開始の決定の時に既に生じているのである。つまり、破産者は破産手続開始の登記の有無に関係なく、破産手続開始の決定の時に自己の財産に対する管理処分権を喪失するのである。

　また、破産財団に属する不動産を換価のため任意に売却した場合（任意売却）の登記手続は、破産者（登記名義人）には当該不動産についての処分権がなく申請人となることができないので、破産財団の管理処分権を有する破産管財人が登記申請代理人となる（破産法78条1項）。そして、破産管財人が任意売却するには、裁判所の許可が必要である（同条2項1号）関係上、登記の申請の際に裁判所の許可書を提供しなければならず（登記令7条1項5号ハ、昭34．4．30第859号電報回答）、破産管財人の代理権限証書として破産管財人の選任を証する書面（同項2号、破産規則23条3項）も提供しなければならない。

　このように破産手続開始の登記の効力及び破産管財人がする任意売却による所有権の移転の登記手続から見ると、本問の場合、破産手続開始の登記の有無に関係なく、所有権の移転の登記申請をすることができるものと解する。

1084　相続財産法人に属する不動産の登記申請権限

問　相続財産法人に属する不動産の登記申請は、誰が行うのか。
結論　家庭裁判所に選任された相続財産管理人が不動産の登記の申請を行う。

説明　(1)　相続財産法人

　民法においては、相続人のあることが明らかでないとき（戸籍上相続人が存在しない場合や、最終順位の相続人はあるが相続資格がない場合等）は、相続財産は法人とするとされており（同法951条）、この規定上当然に生ずる法人が相続財産法人と呼ばれる。そして、この場合には、利害関係人又は検察官の請求によって家庭裁判所が相続財産管理人を選任し（同法952条）、当該相続財産管理人が相続財産法人の代表者として相続財産の管理や清算に当たることとなる。

なお、包括受遺者がある場合には、当該包括受遺者は相続人と同一の権利義務を有する者であることから、相続人の存在が明らかでないときには該当せず、相続財産法人は成立しない（最判平9.9.12民集51巻8号3887頁）。

(2) 登記手続

相続財産管理人が相続財産である不動産を管理・清算するに当たっては、当該不動産の所有権の登記名義人を相続財産法人とする登記が必要であるところ、登記手続については、被相続人から相続財産法人への所有権の移転の登記ではなく、登記名義人の氏名若しくは名称又は住所についての変更の登記に準じて行うこととされており（昭10.1.14第39号通牒）、付記登記により登記がされる。

なお、この場合の登記の申請人は相続財産管理人であり、申請情報には登記原因証明情報として相続財産管理人選任審判書を添付することとなるが（登記令7条1項5号ロ）、当該相続財産管理人選任審判書の記載事項から当該相続財産管理人の選任が相続人不存在の場合であること及び死亡者の死亡年月日が明らかとならない場合には、これらを証する戸籍（除籍）の謄本又は抄本も添付する必要がある（昭39.2.28第422号通達）。

1085 未成年の子の所有不動産を父に売買する場合の親権者

問 未成年の子が、自己の所有する不動産を父と売買する場合、母が子を代表して差し支えないか。

結論 特別代理人を選任し、母と特別代理人が共同して子を代表しなければならない。

説明 民法826条は、親権者とその子との利益が相反する場合に、その親権者の法定代理権を否定し、特別代理人を選任して子の代理をさせることとしており、これによって、子の利益を保護しようとするものである。そして、共同親権の場合において、父母の一方、例えば父だけがその子と利益相反する行為については、母が単独で子を代表し得るのか、又は特別代理人だけが代理し得るのか、それとも母と特別代理人とが共同して子を代表又は代理するのかは、従来から疑問とされている。

原則として、親権の行使は、通常父母の共同名義でするものであって（民法818条3項）、いずれか一方のみがこれを行使することができないことは明らか

である（同法825条）。

　ところで、民法は、父母の一方が親権を行使することができない場合には、他の親権者が単独で親権を行使することができるものとしている（同法818条3項ただし書）。したがって、父とその子との利益が相反する場合にも、同法818条3項ただし書に該当するものとして、他の一方の親権者である母のみで子を代表することができるとする考え方もあり得る。しかし、同法826条1項の規定をそのように解することは文理上無理であり、また、実質的にも、一方が利益相反する場合でも、特別代理人の選任を要するとするのが妥当である（昭23．9．18第3006号回答参照）。

　このように、親権者の一方が子と利益相反する行為については、特別代理人の選任を要すると解すべきであるが、その場合、特別代理人のみが代理行為をすることになるのか、母と特別代理人とが共同して代表又は代理行為をすると解するのかが問題となる。しかし、何ら除斥される理由のない母の代表権を喪失させることは不当であり、利益相反関係なき他方の親権者と特別代理人とが共同して子を代表又は代理させるのが、最も子の保護の目的に合うと考えられることから、母と特別代理人が共同して代表権又は代理権を行使すべきである。

1086　父が代表者である会社のための子の物上保証と利益相反

問　父が代表取締役である株式会社の債務の担保として、未成年の子の不動産に抵当権を設定する場合には、特別代理人の選任を要するか。また、特別代理人によって設定された抵当権の設定の登記の登記義務者の申請代理人は、特別代理人のみとなるか。

結論　**前段について特別代理人の選任を要しない。後段について特別代理人も親権者も申請代理人となることができる。**

説明　親権を行う父が株式会社の代表取締役であっても、子の物上保証契約の相手方は当該会社に対する債権者であり、当該物上保証契約によって利益を受けるのは父ではなく父が代表取締役である当該会社自体であることから、当該物上保証契約は、利益相反行為（民法826条）には該当しない。したがって、本問の場合には、特別代理人を選任する必要はなく、親

権を行う者（父又は母、共同親権の場合は両者）が子を代表して、会社の債権者との間に抵当権設定契約をすれば足りる。

なお、一般的に子のための特別代理人の選任を要する場合の法律行為に基づいて登記申請をする場合には、申請人の一方は子であって（子の所有の不動産に抵当権の設定の登記申請をする場合には、子が登記義務者として申請人となる）、その申請代理人として特別代理人が申請行為をする場合であっても、特別代理人自身が登記義務者又は登記権利者となるのではない。親権を行う父又は母と子が利益相反し、特別代理人が選任された場合の法律行為による登記申請については、登記実務上、特別代理人も親権者も代理人として登記申請をすることができるとする扱いである（昭32.4.13第379号回答、昭34.5.4第72号認可）。

1087 成年後見人の代理権限を証する情報

問 成年後見人の選任に係る審判書の正本又は謄本及びその審判の確定証明書をもって、成年後見人の代理権限を証する情報として取り扱うことができるか。

結論 成年後見人の選任の日から3か月以内に登記申請がされる場合に限り、取り扱うことができる。

説明

(1) 代理人の権限を証する情報

成年後見人が成年被後見人の代理人となって登記を申請する場合においては、申請情報と併せて当該代理人の権限を証する情報を登記所に提供しなければならない（登記令7条1項2号）。当該代理人の権限を証する情報としては、後見登記等に関する法律（平成11年法律第152号）10条に規定する登記事項証明書が挙げられる。なお、当該登記事項証明書は、発行後3か月以内のものであることを要する（登記令18条3項）。

(2) 審判の効力の発生

家庭裁判所は、後見開始の審判をするときは、職権で、成年後見人を選任する（民法843条1項）ため、初めて成年後見人を選任する場合には、後見開始の審判において成年後見人が選任される。審判は、原則として、当事者及び利害関係人並びにこれらの者以外の審判を受ける者に告知することによってその効力を生ずるが、即時抗告をすることができる審判は確定しなければその効力を生じないとされており（家事事件手続法74条2項）、その場合、確定の時期は当

該即時抗告期間（2週間）の満了後となる（同条4項、86条1項）。後見開始の審判については、即時抗告をすることができ（同法123条1項1号）、その期間の起算点は、民法843条1項の規定により成年後見人に選任される者が審判の告知を受けた日（二以上あるときは、当該日のうち最も遅い日）である（家事事件手続法123条2項）。したがって、審判の効力の発生を証明するためには、審判書の正本又は謄本に加え、即時抗告期間満了後以降に請求することができる審判の確定証明書（同法47条1項・6項、家事事件手続規則（平成24年最高裁判所規則第8号）49条）が必要であり、これらの情報をもって代理人の権限を証する情報として取り扱うことができるものと考えられる。

　もっとも、本来、代理人の権限を証する情報として望ましいものは登記事項証明書であるし、当初選任された成年後見人が解任され、別途審判により新たな成年後見人が選任された場合であっても、後見開始の審判時の謄本や確定証明書はその後も発行することが可能であることから、これらの情報を代理人の権限を証する情報として無制限に認めることは相当ではない。そこで、登記実務においては、成年後見人の選任の日から3か月以内に登記が申請されたものであれば、変更の蓋然性が低いものとして、これらの情報を代理人の権限を証する情報として取り扱うこととしている。

1088　持分会社の代表社員が法人である場合の会社法人等番号

問　持分会社甲の代表社員が法人乙であり、乙の職務執行者が丙の場合に、甲の登記申請に乙の会社法人番号の提供は必要か。

結論　乙の会社法人等番号の提供は不要である。

説明
(1)　持分会社の社員

　　持分会社（合名会社、合資会社及び合同会社の総称（会社法575条1項））については、法人を社員とすることが可能であり、当該法人が持分会社の業務を執行する社員である場合には、当該法人は、当該業務を執行する社員の職務を行うべき者（以下「職務執行者」という。）を選任しなければならないとされている（同法598条1項）。

(2)　申請情報及び添付情報

　　不動産の登記の申請をする場合には、申請人が法人であるときは、その代表

者の氏名を申請情報の内容とし（登記令3条2号）、会社法人等番号を有する法人にあっては、当該法人の会社法人等番号を提供しなければならない（同令7条1項1号イ）とされている。法人が申請人である場合に、その法人における代表権のある者が申請していることを確認することにより、虚偽の登記の出現を防止し、不動産取引の安全及び円滑を図るための規定である。

　この点、申請人である持分会社を代表する社員が法人であるときは、当該法人を代表する社員である法人の商号又は名称に加え、職務執行者の氏名を申請情報の内容とするとともに、添付情報として、持分会社を代表する社員である法人の持分会社の代表者としての資格を証する情報に加えて、職務執行者の資格を有する情報も必要とされていた（平18.3.29第755号通達記4）ところ、持分会社の登記記録には、持分会社を代表する社員の氏名又は名称が記録され、その社員が法人であるときは、職務執行者が記録され（会社法912条6号・7号、913条8号・9号、914条7号・8号）、当該持分会社の会社法人等番号の提供があれば、登記官は当該持分会社の登記記録から持分会社を代表する社員及び職務執行者を確認することができるため、本問の場合には、持分会社甲の会社法人等番号の提供で足り、法人乙の会社法人等番号の提供は不要である。

1089　受領証の取扱い

問　受領証とは何か。

結論　**受領証とは、書面申請において、申請に係る登記が完了するまでの間、登記所が申請書及びその添付書面を受領したことを証明するために交付されるものである。**

説明

(1) 登記手続

　　登記官は、不動産登記法18条の規定により申請情報が登記所に提供されたときは、当該申請情報に係る登記の申請の受付をすることとされており（同法19条1項）、具体的には、受付帳に、登記の目的、申請の受付の年月日及び受付番号並びに不動産所在事項を記録することによってする（規則56条1項）。その後、登記官は遅滞なく、申請に関する全ての事項を調査し、申請に応じた登記を実行すべきかどうかを決しなければならない（不登法25条、規則57条）。

(2) 受領証

　登記官は、遅滞なく登記の実行の可否を決し、可の場合には速やかに登記を完了させる必要があるが、実際上は、登記の申請が短期間に集中して行われた結果、一時的に登記事務が遅滞する場合もある。申請人が緊急に融資を受ける場合等には、慣習上、登記事項証明書又は登記完了証若しくは登記識別情報に代えて、登記の申請が受け付けられた事実をもって融資を得る場合もあるが、登記が完了するまでに数日かかる場合は、その間、登記の申請を行った事実を証明するものがないことから、申請人は融資に必要な情報を得ることができない。そこで、登記申請から登記完了までの間に一定の期間がかかる状況に鑑み、登記が完了し、外形的に申請がされたことが分かるようになるまでの間、申請に係る登記の申請書及びその添付書面が登記所に提出されていることを申請人との間で明らかにするために、申請人の請求に応じて受領証を交付することとしている（規則54条）。

　なお、オンライン申請（不登法18条1号）は受領証の交付対象から除かれている。これは、オンライン申請をするためのシステム（登記・供託オンライン申請システム）を利用することにより、申請人が登記の申請が受け付けられたことなどの状況を確認することができることから、別途、受領証を交付する必要はないと考えられたものと思われる。また、この場合、銀行実務においては、登記・供託オンライン申請システムの「受付のお知らせ」画面を印刷したものが受領証の代わりとして取り扱われているようである。

第7節 添付情報

第1項　原本還付

1090　添付情報の原本還付請求

問　申請情報と併せて登記所に提供する添付情報の原本の還付を請求することができるか。

結論　**書面申請における一部の添付書面は、原本の還付を受けることができる。**

説明　書面申請や不動産登記令附則5条1項の規定による書面の提出による場合においては、原本と相違ない旨を記載した謄本を提出することにより、書面（磁気ディスクを除く）の原本の還付が認められている（規則55条、規則附則24条2項）。登記の申請書の添付書面の中には、第三者の許可書や遺産分割協議書など登記の申請以外の用途でも使用するものもあることから、申請人の利便等を考慮して認められたものであり、これらの書面については、登記官がその原本により審査を終了した時点で、その添付の目的の大半を果たしたものと見ることができることから、申請書類つづり込み帳につづり込まれるものまで、審査の際と同一の厳格さを要求する必要までもないとの判断に基づくものと思われる。

なお、登記手続において特に重要な添付書面として規定されている一定の印鑑証明書やその登記申請のためにのみ作成された委任状などそもそも原本還付の必要がない書面については、原本還付は認められない（規則55条1項本文ただし書）。

1091 相続による権利の移転の登記等における添付書面の原本還付

問 いわゆる相続関係説明図が提出された場合の添付書面の原本還付は、どのようにするのか。

結論 相続による権利の移転の登記等において添付書面の原本還付請求がされた場合に、いわゆる相続関係説明図が提出されているときは、これを戸籍謄(抄)本及び除籍謄本の謄本として取り扱い、原本を還付することができる。

説明 (1) 相続による権利の移転の登記等における添付情報

　相続を原因とする登記の申請(不登法63条2項)では、相続を証する市町村長、登記官その他の公務員が職務上作成した情報(公務員が職務上作成した情報がない場合にあっては、これに代わるべき情報)及びその他の登記原因を証する情報を添付すべきこととされており(登記令別表の二十二の項添付情報欄)、具体的には、相続が開始したことを証する情報としての被相続人の戸籍謄本又は除籍謄本、申請人が被相続人の正当な相続人であることを証する情報としての相続人の戸籍謄(抄)本、遺産分割協議が行われた場合にはこれを証する情報としての遺産分割協議書、共同相続人中に特別受益者がある場合にはその特別受益者の相続分の存しないことを証する情報としての特別受益証明書等がこれに当たる。

(2) 相続を証する書面の原本還付の特例等

　相続を証する書面のうち、戸籍謄(抄)本や除籍謄本(以下「戸籍関係書類等一式」という)については、内容が複雑で部数も多数となり、その謄本を作成することが申請人にとって大きな負担となる上、登記所側においても、申請書の調査に際して比較的便利であり、また、申請書の整理や保存において好都合であることから、相続関係説明図をこれらの謄本として取り扱うことを認めている(施行通達)。なお、平成16年法律第123号による不動産登記法の改正前は、これらに加え、遺産分割協議書等のその他の書面についても相続関係説明図により原本を還付する取扱いを行っていたが(昭39.11.21第3749号通達等)、作成者が私人である遺産分割協議書等の書面については、同じ書面を収集することが困難であり、後日、相続関係について争いが生じたときに、添付された

書面の内容を事後的に確認することができないなどの問題があったことから、登記原因証明情報を原則として必要な添付情報とする法改正の趣旨に沿わない取扱いであるとして、見直されたものと考えられる。なお、複数の登記所に相続による権利の移転の登記等を申請する場合には、申請の都度、戸籍関係書類等一式を添付し、原本還付の手続を行う必要があるが、平成29年5月に開始された法定相続証明制度において、戸籍関係書類等一式を提出することに代えて、法定相続情報一覧図の写しを提出することができることとされたため（規則37条の3）、これを利用することにより、申請人の負担軽減を図ることができるものと思われる。

1092 委任状の原本還付の可否

問 代理人によって登記を申請する場合には、申請情報に代理人の権限を証する情報を添付するが、代理人の権限を証する情報として、委任状を数回にわたって後日の登記申請のため使用しようとするときは、その謄本を添付することによって、原本の還付を受けることができるか。またこの謄本には、当該代理人において、原本と相違ない旨の記載をすればよいか。

結論 委任状についても、その申請のためにのみ作成されたものでなければ原本の還付を受けることができる。この場合に提出すべき謄本には、申請代理人が、原本と相違ない旨を記載して、署名捺印すれば足りる。

説明 不動産登記規則55条2項の規定によれば、申請書の添付書面の原本の還付を請求する場合には、「申請人は、原本と相違ない旨を記載した謄本を提出しなければならない」とされている。この謄本には、申請人（登記権利者又は登記義務者）が自ら登記を申請する場合には、当該申請人が同項の規定による記載を行って、署名捺印すべきであるが、代理人によって登記を申請する場合には、当該代理人において、添付書面の謄本を作成し、これに原本と相違ない旨を記載して署名捺印した上、当該謄本を原本とともに提出すれば、その原本の還付を受けることができる。委任状についても、その申請のためにのみ作成されたものでなければ、前記と同様である。

なお、「その申請のためにのみ作成された委任状」については、そもそも他

の用途に使用することはないはずであるから、原本還付の対象とはならない（規則55条1項本文ただし書）。

1093 印鑑証明情報の原本還付の可否

問 抵当権の設定の登記の申請情報に添付すべき所有権の登記名義人の印鑑証明書について、その証明ある印鑑と同一の印鑑を押印した印鑑証明書の謄本（写）を提出することによって、印鑑証明書（原本）自体の還付を受けることができるか。

結論 できない。

説明 登記の申請が真正であるか否かの審査の資料として、法令により提供すべきものとされている添付情報については、登記官の登記申請に対する審査の終了ないし登記の実行によって、添付の目的を果たしたものと見るべきだが、それらは、原則として申請人には還付されず、その登記の申請が真正かつ適法なものであったかどうかの後日の調査資料とすることができるように、申請書とともに申請書類つづり込み帳につづり込まれ、30年間保存される（規則19条、28条）が、申請人の利便等を考慮して、一定の印鑑証明書やそもそも原本還付の必要性がない書面を除き、原本還付を認めている（規則55条1項本文）。

この点、本問の印鑑証明書については、原本還付は認められていない（規則55条1項ただし書）。これは、近年、カラーコピー等を利用した印鑑証明書の巧妙な偽造事案が見られるところ、申請人本人が自ら申請していることを確認するために求められている特に重要な印鑑証明書などは、このような偽造事案防止のための取扱いが最優先されるべきであると考えられたことによるものと思われる。

1094 申請人本人が原本に相違ない旨の記載をすることの可否

問 オンライン又は送付により申請代理人が添付書面の原本還付を受ける場合に、原本に相違ない旨の記載は、申請人本人がしてもよいか。

| 結論 | 申請人本人が記載して差し支えない。

| 説明 |
(1) 原本の還付請求の委任

　　書面申請をした申請人は、申請書の添付書面（磁気ディスクを除く）の原本の還付を一部の添付書面を除き、請求することができ（規則55条1項）、当該請求は、申請代理人に委任することができると考えられている。

(2) 原本と相違ない旨の謄本の作成

　原本の還付を請求する申請人は、原本と相違ない旨を記載した謄本を提出しなければならない（規則55条2項）。これは、原本還付の制度が、第三者の許可書や遺産分割協議書など登記の申請以外の用途でも使用する必要があるので、申請人の利便等を考慮して、認められたものであるところ、申請人が原本と相違ない旨を記載した謄本を申請書つづり込み帳につづり込み、登記後においても、その登記の申請が真正かつ適法なものであったかどうかの調査資料とすることができるようにするためである。

　また、代理人により登記が申請された場合には、原本と相違ない旨を記載した謄本は本人が作成しても差し支えなく、原本還付手続に関する委任がされているときは、申請代理人が作成してもよい。なお、原本の還付は、申請人の申出により、原本を送付する方法によることができ、申請人は、送付先の住所を申し出なければならないとされているが（規則55条6項）、送付先が申請人又は申請代理人の住所いずれであっても、さらに書面申請、オンライン申請（いわゆる別送方式）のいずれであっても、原本に相違ない旨を記載した謄本の作成者は、本人で差し支えなく、原本還付手続に関する委任がされていれば申請代理人でも差し支えない。

第2項　添付情報の援用

1095　添付情報の援用

| 問 | 数個の登記申請をする場合に、添付情報の援用が許されるか。
| 結論 | 同時に数個の登記申請をする場合に、一の申請情報に添付した情報を他の申請の添付情報に援用することができる。

説明 同一の登記所に同時に数個の登記申請をする場合に、各申請情報に添付しなければならない情報の内容が同一であるときには、一の申請情報のみに一つ添付して、他の申請情報にこれを援用する旨を記録してその添付を省略することができる（規則37条）。例えば、所有権の登記名義人の印鑑証明書1通を一つの申請情報に添付し、他の申請の添付情報に援用するような場合である。もちろん登記所を異にするときは、このような便法は認められない。なお、例えば1通の委任状で数個の異なる登記の申請を委任している場合とか、登記の目的を異にする数個の登記の登記原因が1通の書面で証明されている場合等においても、一の申請情報にこれを添付し、他の申請情報にその旨を記録して援用することができる。

1096 不動産登記と船舶登記を同時に申請する場合の添付情報の援用

問 同一債権担保のため、不動産と船舶とを共に抵当権の目的とした場合における抵当権の設定の登記の添付情報については、援用が認められるか。

結論 **不動産抵当権の登記の申請情報に添付すべき情報と同一内容のものを船舶抵当権の登記の申請情報に添付する場合は、同時に両者の登記を申請する場合に限り、船舶抵当権の登記の申請情報については、当該情報と同一のものを添付しなくとも、不動産抵当権の登記の申請情報に添付したものを援用することができる。**

説明 不動産の抵当権と船舶の抵当権との各設定の登記を同一の管轄登記所で行うときは、各別の受付帳によって受付がされることになっているので、各別の申請情報によるべきものとされるが、この場合に、登記原因証明情報としての抵当権設定契約証書（通常、同一の書面でされる）、代理権限を証する情報（委任状）等の添付情報の全部を双方の申請情報に添付すれば問題ない。しかし、前記のように不動産の抵当権と船舶の抵当権の設定契約書やその登記の申請の委任が同一の書面でされている場合に、各登記の申請が各別の受付帳によって受理されるからといって、せっかく設けられている不動産登記規則37条（船舶登記規則（平成17年法務省令第27号）49条で準用する場合を含む）の規定の適用を妨げる理由にはならないであろう。

第3項　登記原因証明情報

1097　登記原因証明情報の意義

問　登記申請書に添付する登記原因証明情報とは、どのようなものか。

結論　登記原因証明情報とは、登記の原因となる事実又は法律行為の存在を証明する情報をいう。

説明　平成16年改正前の不動産登記法では申請に際して「登記原因ヲ証スル書面」（同法36条1項4号）の提出を求めていたものの、登記原因を証する書面が存在しないとき又は提出不能なときは、申請書副本を代わりに提出することができたことから（同法40条）、登記原因を証明させることよりもむしろ提出された登記原因を証する書面又は申請書副本に登記済みの旨を記載し、登記済証として登記権利者に還付する（同法60条1項）ことが主目的となっていた。現行不動産登記法では登記済証の制度は廃止され、登記原因の真実性を可能な限り確保し、登記の正確性を向上させるため、原則として、その申請情報と併せて登記原因を証する情報（登記原因証明情報）の提供が必須となった（不登法61条、登記令7条1項5号ロ）。

なお、申請情報の内容が登記原因証明情報の内容と一致しないとき、当該申請は却下される（不登法25条8号）。ここで登記原因とは、登記の原因となる事実又は法律行為をいい、登記原因となる事実又は法律行為の存在を証明する情報を登記原因証明情報という。この登記原因となる法律行為とは、物権変動の原因行為となる債権行為であり、当該原因行為に基づいて物権が現に変動したことが確認されなければならない。法律行為に基づかない物権変動の場合には、その要件を充足していることが確認されなければならない。登記原因証明情報には、既に存在する売買契約書と代金全額受領の領収証との組合せや抵当権設定契約書の原本などのほか、登記申請のために新規に作成された情報であっても、それが少なくとも登記義務者によって署名押印又は電子署名がされ、かつ、当該登記原因の存在を証明するのに十分な情報が含まれているのであればよいとされている。

また、不動産登記令の規定により、単独申請の場合などには登記原因証明情

報として特定の情報を提供しなければならないとされている。例えば相続による権利の移転の登記の場合には、相続を証する市区町村その他の公務員が職務上作成した情報及びその他の登記原因を証する情報（登記令別表の二十二の項添付情報欄）を提供しなければならないとされている。

1098 契約書作成後当事者の商号等に変更があった場合に当該契約書を登記原因証明情報とすることの可否

問 売買契約書を作成して署名押印した後、当事者である会社の商号、本店又は代表者に変更があった場合、当該売買契約書を登記原因証明情報として、所有権移転の登記を申請することができるか。

結論 **当該売買契約が実体的に有効に成立しているものであれば、当該売買契約書を登記原因証明情報の一部として、所有権の移転の登記を申請することができる。その場合、登記原因証明情報の一部として商号等に変更があったことを証する情報、登記されている法人については会社法人等番号又は登記事項証明書のいずれかの提供を要する。**

説明 売買による所有権移転の登記申請は、原則として、登記権利者（買主）と登記義務者（売主）との共同申請により（不登法60条）、会社が当事者の一方である場合には、申請情報に会社の本店、商号及び代表者を記録して会社の代表者から登記を申請することになるが、会社の本店、商号は登記申請時の商号、本店を記録すべきである。そこで、会社が登記義務者として登記を申請する場合において、これら申請情報の記録事項が、登記原因証明情報である売買契約書の記載事項と相違するときは、その同一性を証するために、会社の商号等の変更事項の記載がある「会社の登記事項証明書」を申請情報に添付するのが相当である。

なお、登記原因証明情報の一部として登記事項証明書の提供が必要とされている場合においても、これらの会社の会社法人等番号を提供したときは、登記事項証明書の提供に代えることができるとされており（平27.10.23第512号通達）、本問においても登記原因証明情報の一部として商号等に変更があったことを証する情報として、会社法人等番号を提供すれば足りる。

1099 売買契約の締結及び売買代金の受領権限を有する弁護士が登記原因証明情報の作成名義人になることの可否

問 売買契約の締結及び売買代金の受領権限を有する弁護士は、当該売買による所有権の移転の登記の報告形式の登記原因証明情報の作成名義人になることができるか。

結論 登記の原因である契約締結行為等に関与していると認められる場合、登記原因証明情報の作成名義人になることができる。

説明 登記原因とは、「登記の原因となる事実又は法律行為」と定義（不登法5条2項）され、登記の原因となる事実又は法律行為に該当する具体的な事実を証明する情報を登記原因証明情報という。この登記原因証明情報を作成することができる者とは、実体的な登記の原因を証することができる者と考えるべきである。その観点から考えると、契約当事者本人のほか、売買契約の締結及び売買代金の受領権限を有して実際に売買契約の締結及び売買代金の受領等をした弁護士も、その契約締結の事実を証することが可能であり、登記原因証明情報の作成名義人になることができるものと考えられる。

なお、登記原因証明情報の作成を委任する旨の委任を受けただけでは、登記の原因である契約締結行為等に代理人として関与することはできないので、登記原因証明情報の作成者となることはできない。また、少なくとも売主である不動産の所有者の記名押印のある売買契約の締結権限の委任を証する書面の提供が必要である。なお、司法書士には登記申請の代理権しかなく、契約代理権はないので、登記原因証明情報の作成名義人となることはできない。

1100 支配人の登記がされていない支店長等が登記原因証明情報の作成名義人となることの可否

問 支配人の登記がされていない支店長等は、登記原因証明情報の作成名義人となることができるか。

結論 法人内部で実質的に申請に係る不動産の取引を行う権限があり、その権限があることを証する情報（社内規程や業務権限証書等）を

併せて登記所に提供した場合には、登記原因証明情報の作成名義人となることができる。

説明　法人が権利に関する登記の申請をする場合に、申請情報と併せて提供する登記原因証明情報を作成するとき、作成名義人には法人の代表者に限らず、代表権のある者又はこれに代わるべき者もなることができると解されるので、支配人の登記がされていなくても法人の内部規程等であらかじめ実質的な事務の権限を有するとされている営業部長、支店長や融資課長等は登記所の登記原因証明情報の作成名義人となることができるものと考えられる。

なお、この場合における実質的に申請に係る不動産の取引を行う権限があることを証する情報には、例えば、社内規程や業務権限証明書が該当し、これらを登記原因証明情報と併せて提供する必要があり、これらは、法人の代表者又は登記された支配人が作成し、併せて資格を証する情報（もっとも、当該法人の代表者又は支配人が申請人であるときは、会社法人等番号又は登記事項証明書が提供されているので、これで足りる）の提供を要するものと考えられる。

1101 混同により権利の登記を抹消する場合の登記原因証明情報の提供の要否

問　混同により権利の登記を抹消する場合には、登記原因証明情報を提供する必要があるか。

結論　**申請情報と登記記録から明らかであるときは、登記原因証明情報の提供は不要と考えられる。**

説明　民法179条に定める所有権と所有権以外の物権の混同の要件には、所有権と所有権以外の物権が同一人に帰属すること、混同により消滅する所有権以外の物権が第三者の権利の目的でないことを要し、ここでいう第三者の権利とは、登記された権利に限らない。

混同により権利の登記を抹消する場合、所有権と所有権以外の物権が同一人に帰属したことを証する情報は登記記録となるが、登記記録では抹消される権利が第三者の権利の目的かどうかまでは確認することができない。しかし、登記されていない第三者の権利がないことを客観的に証明する制度はなく、仮に証明させるにしても抹消される権利の登記名義人により、その権利を目的とす

る第三者の権利はない旨の報告的情報とならざるを得ない。したがって、申請情報及び登記記録により、混同によって当該権利が消滅したことが明らかであれば、登記原因証明情報の提供は不要であると考えられる。

第4項　登記済証

1102　登記義務者の権利に関する登記済証の取扱い

問　登記義務者の権利に関する登記済証は、登記の申請の際に提出することができるか。

結論　登記義務者の権利に関する登記済証は、書面又は不動産登記令附則5条の添付情報の提供方法に関する特例による登記の申請の際に提出することができる。

説明　登記義務者の権利に関する登記済証は、書面による登記の申請の際に添付書面として提出することができる（不登法附則7条）。この登記済証は、①平成16年改正前の不動産登記法60条1項又は61条の規定により還付され、又は交付された登記済証、②不動産登記法附則8条の規定によりなお従前の例によることとされた登記の申請について還付され、又は交付された登記済証及び③同附則6条の規定により交付された登記済証であり、いずれの登記済証の提出も、同法22条本文との関係では、登記識別情報の提供とみなされる。

なお、不動産登記令附則5条の添付情報の提供方法に関する特例による登記の申請の際にも、前記により交付又は還付された登記義務者の権利に関する登記済証を提出することができる（不登法附則7条、登記令附則5条1項）。

1103　登記権利者に交付する登記済証の取扱い

問　登記権利者に登記済証が交付されるのは、どのような場合か。

結論　電子情報処理組織による取扱いに適合しない登記簿について、登記の申請がされ、登記が完了したとき、登記権利者に登記済証が交付される。

| 説　明 |　登記所は、その事務について電子情報処理組織により取り扱う事務としての指定を受けたときは、当該事務に係る登記簿を磁気ディスクによる登記簿に改製しなければならないが、電子情報処理組織による取扱いに適合しない登記簿については、この限りではないとされている（規則附則3条1項）。電子情報処理組織による取扱いに適合しない登記簿とは、おおむね、①登記簿の不動産所在事項が現行の地番区域と符合せず、現行の付番区域に属するか容易に判明しない場合、②同一の不動産について数個の登記用紙が備えられている場合、③表題部所有者の記載を欠く場合（表題部のみが設けられている場合に限る）の登記簿である（平17．4．18第1009号通達記の第1の2）。

　電子情報処理組織による取扱いに適合せず、電磁的記録による登記簿に改製されない登記簿について、登記の申請がされた場合には、登記完了後に、登記識別情報の通知に代えて、登記済証が交付される（不登法附則6条3項による不登法21条の読替え）。なお、当該登記済証は、平成16年改正前の不動産登記法60条1項の規定による方法によって作成される。

1104　登記義務者への登記済証の還付

| 問 |　登記義務者に登記済証が還付されるのは、どのような場合か。
| 結　論 |　**登記の申請の際に登記義務者の権利に関する登記済証が提出された場合において、登記完了後に当該登記義務者に登記済証が還付される。**

| 説　明 |　申請人は、不動産登記法附則7条の規定により交付又は還付された登記済証を提出して、登記の申請をすることができる。当該登記をしたときは、登記官は、当該申請人である登記義務者（登記権利者及び登記義務者がない場合にあっては、申請人である登記名義人）に対し、登記済証を還付するものとされている（規則附則16条）。この場合には、登記完了証の交付を要しない。当該登記済証は、平成16年改正前の不動産登記法60条2項の規定による方法によって作成される。

　なお、この登記義務者に還付された登記済証は、後日、登記義務者として登記の申請をする際に、提出することができる（不登法附則7条）。

第5項　登記識別情報

1105　登記識別情報の意義

問　かつて権利証と呼ばれ広く国民に定着していた登記済証（いわゆる権利証）と登記識別情報とは、どのような異同があるか。

結論　**登記識別情報と登記済証は双方共に本人確認の手段として用いられるが、登記識別情報は、その有効性を一義的に判断することができるため、本人確認手段としてより確実であること、申請人が希望しないことにより通知を不要とすることができること等が異なる。**

説明　登記済証とは、その登記をすることによって申請人自らが登記名義人となる場合において、登記官が、当該申請書に添付された登記原因を証する書面又は申請書副本を使って、その登記がされた旨を記載して作成される書面をいい、登記完了後に登記名義人に交付される。後日、登記名義人が登記義務者となって登記を申請する際は、本人確認のための手段として用いられる（旧不登法35条1項3号、60条）。

これに対し、不動産登記法に規定された登記識別情報とは、その登記をすることによって申請人自らが登記名義人となる場合において、不動産ごと及び登記名義人となった申請人ごとに定められたアラビア数字その他の符号の組合せにより作成された情報をいい、通知を希望する登記名義人に対して当該登記完了後に通知される（不登法21条）。そして登記済証と同じく後日、登記義務者となって登記を申請する際は、本人確認のための手段として用いられる（同法20条）。登記識別情報と登記済証は、どちらも本人確認のための手段として用いられるところは同じだが、登記識別情報は、数値や記号の組合せにより作成された情報そのものであり、特定物としての個性を有するものではないこと、その秘密性を維持することが重要であること、不動産ごと、登記名義人ごとに通知されること、それが有効なものであるかは、一義的に判断することができるため、登記済証より本人確認手段としてより確実であるとされること等が異なっている。

1106　合筆後に提供する登記識別情報

問　甲地、乙地及び丙地の三筆の合筆の登記がされている場合において、当該合筆後の土地を目的とする抵当権の設定等の登記を申請する場合には、登記義務者の登記識別情報として、合筆の登記をした際に申請人に通知された登記識別情報を提供する必要があるか。

結論　**合筆の登記をした際に申請人に通知された登記識別情報のほか、合筆前の各土地の所有権の登記の際に申請人に通知された登記識別情報の全部を提供してもよい。**

説明　登記官は、所有権の登記がある土地の合筆の登記を完了したときは、申請人に対し、当該登記に係る登記識別情報が通知されるため、本問の登記の申請をする場合には、当該登記識別情報を提供しなければならない。もっとも、登記識別情報については、過去に通知を受けた登記識別情報の提供を求めることにより、登記名義人本人が申請していることを確認するために導入されたものであるところ、合筆の登記の前の所有権の登記名義人となる登記の際に申請人に通知された登記識別情報の全部が提供された場合にも、登記名義人本人が申請していることを確認することができるといえるので、これらの提供も許容されるものと考えられる。なお、平成16年改正前の不動産登記法の規定により交付され、又は還付された登記済証の取扱いも、登記識別情報が通知されている場合の取扱いと同様である。

なお、「不動産登記法の一部を改正する法律」（昭和39年法律第18号）の施行（昭和39年4月1日）前までに合筆の登記をした不動産にあっては、①合併前のいずれか1個の不動産の所有権の登記の登記済証及び合筆の登記の登記済証を提出して差し支えなく（同法附則3条参照）、また、②登記所は、職権で所有権の登記をして、その所有権の登記の登記済証を作成し、これを所有権の登記名義人に交付することができるので、これにより交付を受けた登記済証を提出することも可能である（同法附則4条参照）。また、便宜の取扱いとして、合筆前の土地（甲、乙及び丙の各土地）の登記済証全部を提出することも認められている（昭39.8.30第2702号通達）。

1107　代位登記の登記識別情報の取扱い

問　債権者代位により債務者のための所有権移転の登記がされた場合に、当該債権者に登記識別情報が交付されるか。

結論　**当該債権者には交付されない。**

説明　登記識別情報の通知を受け取ることができる者とは、その登記をすることによって自らが登記名義人となる者である。債権者代位によって登記の申請をした債権者は、当該登記の申請人ではあるが、当該登記によって登記名義人となることはないので、登記識別情報は当該債権者には通知されない。

なお、登記官が登記識別情報の通知を要しない場合には、そのほかにも、登記識別情報を受けることができる者が、あらかじめ登記識別情報の通知を希望しない旨の申出をした場合、登記識別情報を受領することができる状態であるにもかかわらず受領しない場合及び登記識別情報を受領すべき者が官庁又は公署であり、あらかじめ通知を希望する旨の申出をしていない場合がある（不登法21条ただし書、規則64条1項）。

1108　登記識別情報の有効性確認

問　登記識別情報の有効性の確認とは、どのような制度か。

結論　**登記識別情報が有効であるかどうか、登記事項に記録された登記名義人に対して登記識別情報が通知され、かつ、失効していないかどうか等について確認することができる制度である。**

説明　登記名義人が、登記申請の手続を円滑に行うなどの理由から、自身が所持する登記識別情報の効力をあらかじめ確認する場合に、登記名義人又はその相続人その他の一般承継人は、登記官に対し、手数料を納付して登記識別情報が有効であることの証明その他の登記識別情報に関する証明を請求することができる（登記令22条1項）。登記識別情報は、その有効性を一義的に判断することができるため、本人確認手段として登記済証より確実であるとされる。登記識別情報が有効であること等の証明制度により、依頼を受けた資格者代理人又は登記名義人は、当該登記識別情報が有効であるかど

うかを確認することができるほか、当該登記事項に記録された登記名義人に対して登記識別情報が通知され、かつ、失効していないかどうか等についても確認することができる（準則40条）。

なお、不動産登記規則等の一部を改正する省令（平成20年法務省令第1号）の施行等により、平成20年1月15日から資格者代理人が代理人として請求する場合の代理権限証明情報の提供が不要となるなどの手続の簡素化が図られている。具体的には、不動産登記規則68条7項本文括弧書きにより、資格者代理人の代理権限情報等の提供が不要とされたが、これは代理権限証明情報には、オンラインで請求するときは請求者本人の電子署名及び電子証明書の提供が、書面で請求するときは請求者本人の押印及び印鑑証明書の提供が必要とされているが、迅速な決裁を伴う場面においてこの制度を利用することができないとの指摘がされ、オンラインでの請求の場合にも公的個人認証サービスに基づく電子証明書の普及が進んでおらず、オンラインによる請求を期待することもできないところ、秘匿性の高い登記識別情報の提供があれば、その提供をもって委任関係があると推認することも可能であり、特に資格者代理人には、品位保持義務等が課せられており、代理人が資格者代理人である場合には請求者本人からの委任に基づいて適正に請求していることが推認されるからである。

また、不動産登記規則68条5項に規定する変更証明情報や同条6項に規定する相続その他一般承継があったことを証する情報の提供も不要とされたが、これはこれらの情報がほとんど電子化されておらず、オンラインにより請求することができないので、資格者代理人が代理人として請求する場合には、請求人の氏名等について確認する義務があり、仮に住所等に変更があったときは、住民票等により請求人適格があるか否かについて確認されているものと考えられるからである。

1109　嘱託登記の登記識別情報の取扱い

問　嘱託登記がされた場合に、当該嘱託者に登記識別情報が通知されるか。

結論　通知される。ただし、官庁又は公署が登記権利者のためにした登記の嘱託に基づいて登記がされた場合にあっては、あらかじめ登記識別情報の通知を希望したときのみ通知される。

| 説明 | 国若しくは地方公共団体が登記権利者となって権利に関する登記をするとき、又は国又は地方公共団体が登記義務者となる権利に関する登記について登記権利者の請求があったときは、官庁又は公署は、登記所に嘱託しなければならない（不登法116条）。そして、登記識別情報について、官庁又は公署が登記権利者となる場合は、あらかじめ通知を希望した場合を除いて通知されない（規則64条1項4号）のに対し、官庁又は公署が登記義務者となる場合は、当該官庁又は公署に登記識別情報が通知され、当該官庁又は公署は、登記権利者に通知しなければならないとされている（不登法117条）。

1110 不在者財産管理人が裁判所の許可を得て不動産を売却する場合の登記識別情報の取扱い

| 問 | 不在者財産管理人が裁判所の許可を得て不動産を売却する場合には、所有権の移転の登記の申請には、登記識別情報の提供が必要か。

| 結論 | 裁判所の許可書を添付しているときは、登記識別情報の提供を要しない。

| 説明 | 登記権利者及び登記義務者の共同申請（不登法60条）において登記識別情報の提供を求めるのは、登記名義人本人からの申請であることを確認することによって虚偽の登記の申請を防止するためにある。本件と類似した場合として、破産管財人が裁判所の許可を得て破産者所有の不動産を売却し、その所有権の移転の登記の申請をする場合において登記済証（登記識別情報）の提供を要しないとしたものがある（昭34.5.12第929号回答）が、これは、破産者から登記識別情報の提供を受けることが困難であると想定されるのみならず、裁判所から選任された破産管財人が申請人であり、裁判所の許可書が提供されていることから、虚偽の登記であるおそれは少ないと考えられるためである。

不在者財産管理人が管理する財産について土地の買収に応じる場合など民法103条に定める権限を超える場合においても、その状況から登記識別情報の提供を受けることが困難であることが想定されるのみならず、家庭裁判所から選任された不在者財産管理人が申請人であり、家庭裁判所の許可書が提供される

場合は、虚偽の登記であるおそれは少ないと考えられるため、破産管財人の場合と同じく登記識別情報の提供を要せず、事前通知も要しないものと考える。

1111 成年後見人が成年被後見人の居住用不動産の処分につき裁判所の許可を得て、売却する場合の登記識別情報

問 成年後見人が成年被後見人の居住用不動産の処分につき裁判所の許可を得て、売却する場合の所有権の移転の登記の申請には、登記識別情報の提供が必要か。

結論 裁判所の許可書を添付しているときは、登記識別情報の提供を要しない。

説明 登記権利者及び登記義務者の共同申請（不登法60条）において登記識別情報の提供を求めるのは、登記名義人本人からの申請であることを確認することによって虚偽の登記の申請を防止するためにある。本件と類似した場合として、破産管財人が裁判所の許可を得て破産者所有の不動産を売却し、その所有権の移転の登記申請をする場合において登記済証（登記識別情報）の提供を要しないとしたものがある（昭34．5．12第929号回答）が、これは、破産者から登記識別情報の提供を受けることが困難であると想定されるのみならず、裁判所から選任された破産管財人が申請人であり、裁判所の許可書が提供されていることから、虚偽の登記であるおそれは少ないと考えられるためである。

　成年後見人が成年被後見人の居住用不動産の処分につき裁判所の許可を得て売却し、当該不動産の所有権の移転の登記を申請する場合においても、その状況から登記識別情報の提供を受けることが困難であることが想定されるのみならず、家庭裁判所から選任された成年後見人が申請人であり、家庭裁判所の許可書が提供される場合は、虚偽の登記であるおそれは少ないと考えられるため、破産管財人の場合と同じく登記識別情報の提供を要せず、事前通知も要しないものと考えられる。

1112 更生会社の管財人が任意売却した場合の登記識別情報の取扱い

問 更生会社の管財人が任意売却した場合の登記に登記識別情報の提供を省略することができるか。

結論 裁判所の許可書を提出することができないときは、登記識別情報の提供を省略することができない。

説明 会社更生法による更生手続開始決定があった場合、更生会社の財産の管理及び処分をする権利は、裁判所が選任した管財人に専属する（同法72条1項）。裁判所は、必要があると認めるときは、管財人の財産を処分する行為に対し裁判所の許可を得るよう定めることができ（同条2項1号）、この許可を得ないでした処分行為は無効となる（同条3項）。

本問と類似した場合として破産管財人が裁判所の許可を得て破産者所有の不動産を売却した場合や不在者財産管理人が裁判所の許可を得て不在者所有の不動産を売却する場合が挙げられ、いずれの場合にも裁判所が選任した破産管財人又は不在者財産管理人が申請し、裁判所の許可書が提供される場合は、虚偽の登記であるおそれは少ないとして登記識別情報の提供を要せず、事前通知も要しないとされる。したがって、本件においても裁判所が選任した管財人が申請人であり、裁判所の許可書が提供されている場合は、登記識別情報の提供を省略することができるが、裁判所の許可書が提供されていない場合は、登記識別情報の提供を省略することはできないと考えられる。

第6項 事前通知

1113 登記識別情報の提供ができない場合の取扱い

問 紛失等の理由で、登記識別情報の提供ができない場合には、どのように扱われるか。

結論 登記官が事前通知の方法によって、申請人が登記義務者本人であることを確認することができたときは登記が実行される。なお、

資格者代理人による本人確認情報又は申請情報等に公証人による必要な認証がされ、登記官がその内容を相当と認めたときは、事前通知は省略される。

説明　登記権利者及び登記義務者が共同して権利に関する登記の申請をする場合その他登記名義人が政令で定める登記の申請をする場合（登記令8条）には、登記識別情報を提供しなければならないが（不登法22条1項）、当該情報を提供することができないことに正当な理由がある場合は、この限りではないとされている（同条ただし書）。この場合、申請情報に当該情報を提供することができない理由を記載しなければならないところ（登記令3条12号）、その理由には、登記識別情報が通知されなかった場合、失効の申出によって登記識別情報が失効した場合、失念した場合などが挙げられる（準則42条）。

登記識別情報が提供されない場合、登記官は、事前通知の方法（不登法23条1項）によって登記義務者本人からの申請であることを確認することができたときは登記は実行される。なお、事前通知を要する場合において、①資格者代理人による本人確認情報の提供があり、かつ、登記官が、その内容が相当であると認めたとき、又は、②申請情報を記載し、又は記録した書面等について、申請人が登記義務者であることを確認するために必要な認証が公証人によりされ、かつ、登記官が、その内容が相当であると認めたときは、事前通知は省略される（同条4項1号・2号）。

なお、登記官は、申請人となるべき者以外の者が申請していると疑うに足りる相当な理由があると認めるときは、不動産登記法25条の規定により当該申請を却下すべき場合を除き、登記官の本人確認権限を行使して当該申請人の申請権限の有無を調査しなければならないとされている（同法24条）。

1114　資格者代理人による本人確認情報の提供とは何か

問　資格者代理人による本人確認情報の提供とは何か。

結論　**事前通知を要する場合において、司法書士などの資格者代理人が、申請人を代理して登記を申請した際に当該申請人が登記義務者であることを確認した上で作成した「本人確認情報」を提供し、かつ、登記官がその内容を相当と認めるときは、事前通知され**

ることなく登記が実行される仕組みである（不登法23条4項1号）。

説明　資格者代理人による本人確認情報の提供により事前通知（不登法23条1項）を省略することができるのは、①登記の申請の代理を業とすることができる資格者代理人（司法書士、土地家屋調査士及び弁護士）によって作成され、②その資格者代理人が代理人となる申請において本人確認情報を提供し、③登記官がその内容を相当と認める三つの要件を満たす場合である。

提供される本人確認情報の内容は法務省令で定められている（規則72条）が、①資格者代理人が、申請人と面談した日時、場所及びその状況、②資格者代理人が申請人の氏名を知り、かつ、面識があるときは、その旨と面識が生じた経緯、③資格者代理人が申請人の氏名を知らず、又は面識がないときは、申請の権限を有する登記名義人であることを確認するために申請人から提示を受けた運転免許証等の書類の内容及び認めた理由である。

1115 破産管財人代理と面談したことをもって、資格者代理人による本人確認情報とすることの可否

問　破産管財人代理と面談したことをもって、資格者代理人による本人確認情報とすることはできるか。

結論　**破産管財人代理と面談したことをもって、資格者代理人による本人確認情報とすることはできる。**

説明　破産手続において破産財団に属する財産の管理及び処分をする権利は、裁判所が選任した破産管財人が有し、かつ専属する（破産法2条12項、74条、78条）。破産管財人は、必要があるときは、自己の責任で、破産管財人代理を選任することができる（同法77条）。登記義務者が破産会社である場合において、破産法77条の規定に基づき破産管財人代理が選任されているときは、破産管財人代理は破産管財人の職務全体について包括的権限を有するものと考えられることから、当該破産管財人代理を相手として面談した結果をもって、事前通知における本人確認情報（不登法23条4項1号）とすることができる。

なお、この場合には、当該破産管財人代理の選任について裁判所の許可があったことを証する書面の添付を要する。

1116 海外居住の日本人につき、日本領事の署名証明書をもって本人確認情報とすることの可否

問 海外居住の日本人が登記識別情報を提供することができない場合に、日本領事の署名証明書をもって本人確認情報とすることができるか。

結論 **日本領事の署名証明書をもって本人確認情報とすることはできない。**

説明 海外に居住する日本人が登記識別情報の提供を要する登記の申請をする場合において、登記識別情報を提供することができない場合における本人確認の方法は、事前通知の方法（不登法23条1項）のほか、資格者代理人による本人確認情報の提供の方法（同条4項1号）又は申請情報若しくは添付情報への公証人の認証（同項2号）に限られ、日本領事の署名証明書をもって本人確認情報とすることはできないと考えられる。

1117 登記官による事前通知とは何か

問 登記官による事前通知とは何か。

結論 **正当な理由によって登記識別情報が提供されない場合において、登記官が行う本人確認の手段であり、登記義務者への通知の送付とこれに基づく申出から成る手続をいう。**

説明 登記官は、正当な理由によって登記識別情報が提供されない場合、登記義務者に対し、登記申請があった旨及び当該申請の内容が真実であると考えるときは、一定の申出期間内に（通知発送の日から2週間（外国は4週間））、その旨の申出をすべき旨を通知することとされている（不登法23条1項）。事前通知は、電子申請であっても書面申請であっても、自然人の場合又は法人の代表者宛て（申請人が法人の代表者の住所に宛てて送付を希望する旨の申出があったとき）のときは本人限定受取郵便により、法人宛てのときは書留郵便による（規則70条1項）。

登記義務者からの申出の方法について、当該登記を電子情報処理組織（オンライン）によって申請した場合は、当該申請に係る申出であることを特定する

ために、通知書に記載された照会番号を特定し、当該申請に用いた電子署名と同じ電子署名を付した上で、電子情報処理組織（オンライン）によって送信しなければならない（規則70条5項1号）。一方、当該登記を書面によって申請した場合は、送付された通知書に申請書又は委任状に押印したものと同一の印鑑を押し、返送しなければならない（同項2号）。なお、電子情報処理組織（オンライン）による申請であっても添付情報を書面によって提供した場合は（登記令附則5条）、書面申請の場合と同様の方法で申出を行うことができる（規則附則25条）。

登記官は、申出期間内に申出があった場合は、当該登記を実行するが、期間内に申出がない場合は、当該申請を却下する（不登法25条10号）。

1118 登記官による登記義務者の前住所への通知

問 登記官による登記義務者の前住所への通知とは何か。

結論 **登記官による事前通知を要する申請が、所有権に関する登記である場合において、登記義務者の住所について変更の登記がされているときは、原則として、登記義務者の現在の住所のほか、登記記録上の前住所地にも通知される。**

説明 前住所地への通知は、平成16年改正前の不動産登記法において、登記の申請に先立って本人が知らない間に住民基本台帳上の住所を移転する手続をし、移転後の住所地の市区町村長から不正に交付を受けた印鑑証明書を悪用した成りすましによる申請をした後、移転先の住所で事前通知を受領する事例が見受けられたことから、このようなパターンの不正事件を防止するため、所有権に関する登記については、原則として、登記名義人の登記記録上の前住所地にも通知をすることとされた。この前住所地への通知に対して、登記官が登記を完了する前に通知に係る登記の申請について異議の申出があったときは、申請人となるべき者以外の者が申請していると疑うに足りる相当な理由があるものとして、登記官による本人確認（不登法24条）の対象となるとされている。

前記の趣旨から、前住所地への通知は成りすましによる不正事件の可能性はないと考えられるときは省略が認められるが、具体的には、住所についての変更又は更正の原因が、行政区画若しくはその名称又は字若しくはその名称につ

いての変更又は錯誤若しくは遺漏である場合（規則71条2項1号）、住所変更の登記を申請した日から3か月を経過している場合（同項2号）、登記義務者が法人である場合（同項3号）、資格者代理人による本人確認情報の提供があり、その内容により申請人が登記義務者であることが確実であると認められる場合（同項4号）とされている。

なお、登記義務者の住所移転等の登記後、3か月を経過していないものが複数ある場合は、いずれの前住所地へも通知することとされている（準則48条2項）。

また、前住所地への通知は、そもそも申請人が居住していないことを確認するためにされることから、その住所地に宛てて配達されることが条件となるため、移転先の住所地に転送されないように「転送不可」の取扱いによる普通郵便によって送付される（規則71条1項1号）。

1119 保全管理人宛ての事前通知の取扱い

問 保全管理人宛てに事前通知を発出したところ破産管財人から申出があった場合には、どのようになるか。

結論 申出があったものとして取り扱われる。

説明 登記義務者である法人について、破産法の規定に基づき保全管理人が選任され、当該保全管理人から登記識別情報を提供することなく登記の申請がされた場合、事前通知は当該保全管理人に対してされる。

しかし、当該保全管理人が申し出る前に、当該法人について破産手続開始の決定がされ、破産管財人が選任されているときは、当該保全管理人はその任務が終了することとなり、申出をすることができないことから、当該破産管財人が、申出書に会社法人等番号を記載し、印鑑証明書を添付して申出をすれば、申出があったものと取り扱われる。

1120 遺贈を原因とする所有権の移転の登記における登記義務者の前住所への通知の要否

問 登記義務者の前住所への通知は、遺贈を原因とする所有権の移転

の登記の申請がされた場合においても必要となるか。

結論 必要となる。

説明 登記義務者の前住所地への通知（不登法23条2項）は、遺言執行者又は共同相続人全員が申請人となる遺贈を登記原因とする所有権の移転の登記の申請がされた場合においても、登記義務者と同姓同名の別人が住所移転を成りすます場合が考えられることから、行う必要がある。

1121 申請書等についての公証人による認証とは何か

問 申請書等についての公証人による認証とは何か。

結論 **公証人とは、法務大臣の任命により国の公証事務を担当する者であり、公証人の認証を受けたときは、その私署証書又は電磁的記録は、本人が作成したものであることが公に証明されることになり、かつ、登記官がその内容を相当と認めるときは事前通知することなく登記が実行される。**

説明 申請情報を記載し、又は記録した書面又は電磁的記録について申請人が登記義務者であることを確認するために必要な認証が公証人によってされており、かつ、登記官がその内容を相当と認めるときは、本人確認情報の提供の制度と同様に事前通知は省略される（不登法24条4項2号）。

なお、登記官が、公証人の認証の内容が相当であるかどうかを判断するには公証人の認証文の中に登記義務者を確認した事項について記載を要する。したがって、公証人は、申請人本人である嘱託人から申立てがあったときは、申請人本人の氏名を知り、かつ、面識があったときはその旨、印鑑及びこれに係る印鑑証明書の提出又は運転免許証等の提示により本人確認したときは、その旨をそれぞれ認証文の中に記載しなければならないとされるから（公証人法59条、36条4号・6号）、同記載がないときは事前通知を省略することはできないことになる（平17.2.25第457号通達第1の10）。

1122 通知の期間の計算方法

問 不動産登記法23条の通知の期間は、どのような計算方法による

か。

結論 民法に定める計算方法による。

説明 不動産登記法23条の通知の期間である2週間（登記義務者が外国に住所を有する場合は4週間。規則70条8項）の計算については、原則として民法に規定する計算方法（同法140条）によるべきであり、通知書の発送日は、期間に算入せず、発送の翌日から起算する（昭35.6.21第1469号回答、昭35.7.1第1579号通達）。最終日が休日に当たるときは、その翌日をもって期間の満了日として計算する（同法142条）。

1123 外国人が登記義務者の場合と不動産登記法23条適用の有無

問 外国人が登記義務者である場合にも、不動産登記法23条の期間が適用されるか。

結論 適用される。

説明 外国人であっても日本国内に不動産を所有し、これを第三者に売却して移転登記をすべき場合には不動産登記法が適用される。同法23条は、登記義務者が同法22条ただし書の規定により登記識別情報を提供することができないときは、所定の方法により、登記義務者に対し、当該申請があった旨及び当該申請の内容が真実であると思料するときは所定の期間内に申出すべき旨を通知しなければならないと定めている。ここにいう所定の期間とは、通常、2週間であるところ、登記義務者が外国に住所を有する場合には4週間とされている（規則70条8項）。

1124 外国人が登記義務者の場合の事前通知の送付先

問 外国に住所を有する登記義務者が登記識別情報を提供することができない場合には、事前通知はどこに送付されるか。

結論 当該住所に事前通知書を発送しても所定の期間内に申出ができない場合は、当該不動産の管理処分権限を包括的に授権している日本在住の代理人へ通知を求める申出に応じてもよい。

| 説明 | 外国に住所を有する登記義務者の住所に宛てて事前通知書を発送しても所定の申出期間内（規則70条8項ただし書）に申出ができない場合（住所が外国であっても所定の申出期間内（同項）に申出をすることが可能な場合を除く）において、当該不動産の管理処分権限を包括的に授権している日本在住の代理人が存在し、かつ、その授権を公正証書等権限ある官憲の作成に係る証書によって証明することができるときは、その代理人が自己宛てに通知の送付を求める申出に応じてもよい（昭35.6.16第1411号通達）。なお、この場合の登記の申請には、当該公正証書等及び自己宛てに通知書の発送を求める上申書（印鑑証明書付き）の提供を要し、その後の不動産登記法23条による申出書に押した印鑑と、当該上申書の印鑑とは符合していることを要する（昭41.11.24第1129号回答）。

1125　事前通知受領後、申出前に登記義務者が死亡した場合の措置

| 問 | 登記義務者が事前通知を受けた後、不動産登記法23条の申出をする以前に死亡した場合には、申出はどのようにすればよいか。

| 結論 | **登記義務者の相続人全員が、相続があったことを証する情報（戸籍謄本等）を提供するとともに、書面申請にあっては申出書に登記申請の内容が真実である旨を記載し、記名押印の上、印鑑証明書を添付して登記所に提出すればよい。**

| 説明 | 登記義務者が、登記所から事前通知（不登法23条1項）を受け、登記申請の内容が真実である旨の申出をする前に死亡している場合には、その相続人の全員から、相続があったことを証する情報を提供するとともに、オンライン申請にあっては当該申請人が受領した事前通知書に記載されている当該通知を識別するための記号その他の符号及び当該登記申請の内容が真実である旨の情報に電子署名を行った上、登記所に送信する。書面申請にあっては当該申請人が受領した事前通知に当該登記申請の内容が真実である旨を記載し、記名押印した上、印鑑証明書を添付して、登記所に提出する（準則46条1項）。なお、会社、法人等の代表者の変更があった場合も、同様に、法人の他の代表者から代表者の資格を証する情報（事前通知書に会社法人等番号を記載したときは不要）と印鑑証明書を添付し、法人の他の代表者から申出を

する取扱いが認められる（同条2項）。

第7項　第三者の許可、同意

1126　登記原因についての第三者の許可、同意又は承諾を証する情報を提供すべき場合

問　不動産登記令7条1項5号ハに掲げられた「登記原因について第三者の許可、同意又は承諾を要するときは、当該第三者が許可し、同意し、又は承諾したことを証する情報」は、どのような場合に提供すべきか。

結論　**第三者の許可等が権利変動（登記原因の発生）の効力要件である場合及び第三者の同意等がなければ取り消すことができるとされる法律行為を登記原因とする場合に提供すべきである。**

説明　「登記原因について第三者の許可、同意又は承諾」を要する場合というのは、許可等が登記原因の効力発生要件である場合を含む。第三者の許可等がなければ権利変動を生じない場合、登記の真正を保持するためには、第三者の許可等を証する情報を提供させて、無効な登記がいたずらにされることを防止するためである。

次に、第三者の許可等がないときにその法律行為を取り消すことができる場合、例えば無能力者の法律行為につき、その法定代理人、保佐人の同意を要する場合等を含むかどうかは問題である。この点について、取り消すことができる行為は、取り消さなければ有効なものであるから、同意情報を提供することができないために登記をすることができないとすれば、権利取得者の利益を害するし、また、登記官は形式的審査権を有するにすぎないから無能力者であるか否かを知り得ないこと等を理由として、第三者の同意等がなければ取り消すことができる法律行為による登記については、第三者の同意書等の提供を要しないものとする学説がある。しかし、同意情報を提供することができないために登記を受けられない場合には、登記権利者は、不動産登記法105条1号による仮登記をすることができ、権利保全の途があるから、さして利益を害することにもならないし、さらに、このような取り消すことができる法律行為による

場合に、第三者の同意書を求めることなくしてその登記を許した場合、後日、もし同意がないために取り消されたとすれば、当該法律行為は始めから無効となり（民法121条）、したがって、登記も無効となり、その登記に基づいてされた第三者の権利の登記も全て無効となるので、取引の安全を甚だしく害するおそれがある。やはり、第三者の同意等のない場合に取り消すことができる法律行為による登記についても、第三者の同意情報の提供を要するものと解するのが妥当であろう。

第三に、種々の政策目的から、権利変動について官庁公署その他の第三者の許可等を必要としている場合がある（許可等を得ない行為につき罰則の設けられているものもある）。この場合の登記についても、当該第三者の許可書等の提供が必要かどうかが問題とされるが、その許可等が権利変動の効力要件（例えば農地法3条）となっている場合には、これを提供するのは当然であるが、効力要件でないときは消極に解すべきであろう。これは、罰則の適用があるとしても、法律行為による権利変動は、有効に成立していることに変わりはないからである。

なお、提供を要しない場合としては、「申請を共同してしなければならない者の一方に登記手続をすべきことを命ずる確定判決による登記」（不登法63条、登記令7条1項5号ロ(1)）が挙げられるが、この判決による場合は、第三者の許可等のあったことが裁判において確定されているから、殊更に第三者の許可書等の提供を要求する必要がないことによる。

1127 未成年者所有不動産についての抵当権の設定の登記と親権者の同意情報の要否

問 未成年者がその所有する不動産について抵当権を設定しその登記を申請する場合には、申請情報に法定代理人（親権者）の同意情報の添付を要するか。

結論 親権者の同意を証する情報の添付を要する。

説明 不動産登記令7条1項5号ハの規定によれば、「登記原因について第三者の許可、同意又は承諾を要するときは、当該第三者が許可し、同意し、又は承諾したことを証する情報」を申請情報に添付するものとされており、ここで、「登記原因について第三者の許可、同意又は承諾」

を要する場合とは、許可等が登記原因の効力発生要件である場合はもちろん、その許可等がないときは、その法律行為を取り消すことができる場合も含まれる。

　未成年者が抵当権を設定するときは、その法定代理人の同意を受けることを要し、その同意がないときは、当該抵当権設定契約を取り消すことができるので（民法5条）、未成年者がその所有不動産に抵当権を設定し、その登記を申請する場合には、その登記の申請情報に法定代理人（親権者、未成年後見人等）の同意情報を添付しなければならない。この場合、例えば、未成年者の親権者が父及び母であるときは、これらの者が共同して親権を行うので、抵当権設定についての同意も、父及び母の同意を要するから、この同意情報には、父及び母の署名、捺印がされていなければならない（昭22.6.23第560号通達参照）。

1128 甲・乙両株式会社の代表取締役が同一人である場合の甲・乙間の不動産取引と会社法356条の適用

問　取締役会非設置会社である甲株式会社と乙株式会社の代表取締役が同一人である場合において、甲株式会社の不動産を乙株式会社と売買し、その売買による所有権の移転の登記を申請する場合には、申請情報に、第三者の承諾を証する情報として、どのような情報の添付を要するか。

結論　**本問の場合には、申請情報に、甲・乙両株式会社の会社法356条の規定による承認をしたことを証する株主総会議事録を添付することを要する。**

説明　会社法356条の規定の趣旨は、取締役がその地位を利用し、自己又は第三者の利益を図るために会社の利益を害するおそれがある行為を防止することを目的とすることにあり、したがって、「売買」は同条の取引に該当する。次に同条1項2号の「第三者のために」とは、第三者の名においてという意味であり、第三者の代理人又は代表者として取引する場合をいう。本問は同一人が甲・乙両株式会社を代表して取引をする場合であるので、第三者の承諾を証する情報として、両株式会社の同条の規定による株主総会の承認をしたことを証する株主総会議事録の添付が必要となる。

　なお、甲・乙両株式会社が取締役会設置会社（会社法2条7号）であった場

合には、株主総会に代えて、取締役会の承認をしたことを証する取締役会議事録を添付することとなる（同法356条、365条1項）。

1129 民事再生会社を売主とする場合の監査委員の同意の要否

問 民事再生会社を登記義務者とする売買による所有権の移転の登記の申請には、監査委員が同意したことを証する情報を提供する必要があるか。

結論 **民事再生会社の登記記録に民事再生法54条1項の監督命令の登記がされており、登記された監督委員の同意を得なければならない事項に不動産の処分が含まれる場合には、監督委員が同意したことを証する情報の提供が必要となる。**

説明
(1) **監督委員**
　　民事再生手続が開始された場合には、裁判所による監督が行われる（民事再生法41条、42条、125条）が、再生債務者は、管財人が選任された場合を除き、その後も業務を遂行し、又は財産を管理し、若しくは処分する権利を有するとされている（同法38条1項・3項）。他方、裁判所は、必要があると認めるときは、利害関係人の申立てにより又は職権で、監督命令を発し、再生債務者の行う一定の法律行為の相当性・適正性を判断し、当該法律行為を行うことについての同意権限を有する者（監督委員）を選任するとともに、監督委員の同意を得なければ再生債務者がすることができない行為を指定することとされている（同法54条1項・2項）。

(2) **再生債務者が法人である場合**
　法人である再生債務者について、再生手続開始決定があった場合には、裁判所書記官は、職権で、遅滞なく、再生手続開始の登記を再生債務者の本店又は主である事務所の所在地を管轄する登記所に嘱託しなければならないとされており（民事再生法11条1項）、これに加え、監督命令が発せられた場合には、その処分とともに、監督委員の氏名又は名称及び住所並びに監督委員の同意を要するものと指定された再生債務者の行為の登記を前記登記所に嘱託しなければならないこととされている（同条2項・3項）。

(3) 登記官の審査事項

　法人である再生債務者については、監督委員に関する事項が法人の登記事項とされていることから、登記官は、不動産登記令7条1項1号に規定され、添付情報として提供を要するものとされている会社法人等番号によって法人の登記記録を調査することによって監督委員の選任の事実及び監督委員の同意を要するものと指定された行為を確認することができるため、その申請に係る登記原因が具体的に監督委員の同意が必要とされる行為かどうか、必要とされる場合には監督委員の同意がされているかどうかを審査することになる。

　本問の場合には、不動産の処分が監督委員の同意を要する事項として登記されているのであれば、監督委員が同意したことを証する情報（登記令7条1項5号ハ）の提供は必要であり、不動産の処分に係る事項の記載がない場合又は同意を要する事項が全くない場合には同情報の提供は不要である。

1130 株主総会又は取締役会が承諾したことを証する情報を記載した書面への記名押印者

　問　利益相反取引について株主総会又は取締役会が承諾したことを証する情報を記載した書面に誰が記名押印しなければならないか。

　結論　**利益相反取引についての承認が取締役会の決議により行われたときは、取締役会に出席した取締役又は監査役が、それ以外のときはそれぞれの議事録の作成に係る職務を行った取締役が、記名押印しなければならない。**

　説明　取締役と株式会社が売買や債務保証などの利益相反取引をしようとするときは、取締役会設置会社では取締役会、取締役会設置会社でない株式会社では株主総会の承認を受けなければならない。そして、当該利益相反取引による権利の移転の登記を申請するときは、株主総会又は取締役会が承諾したことを証する情報を提供しなければならず、これらが書面に記載されているときは、これらの書面の作成者が記名押印しなければならない。また、当該記名押印した者の印鑑証明書をこれらの書面に添付しなければならない。

　ここでいう作成者とは、これらの書面を事実上作成した者ではなく、法令等に定められている作成名義人を意味するものと解される。具体的には、株主総

会が承諾したことを証する情報を提供する場合には、会社法施行規則72条3項6号又は4項2号ハに規定されている株主総会議事録の作成に係る職務を行った取締役がこの作成者に該当する。また、取締役会が承諾したことを証する情報を提供する場合には、取締役会の決議があったときにあっては、会社法369条3項の規定により出席した取締役又は監査役が取締役会議事録に同法上署名又は記名押印しなければならないとされていることから、出席した取締役及び監査役がこの作成者に該当する。さらに、同法370条の規定により、株主総会又は取締役の決議があったものとみなされた場合においては、同法施行規則101条4項2号ハに規定されている取締役会議事録の作成に係る職務を行った取締役がこの作成者に該当する。

1131 破産財団に属さない不動産に係る所有権の移転の登記と第三者の許可書の提供の要否

問 破産財団に属さない不動産に係る所有権の移転の登記には、第三者の許可書の提供は必要か。

結論 第三者の許可書として、裁判所が破産法78条1項12号に規定する権利の放棄を許可したことを証する情報の提供が必要となる。

説明
(1) 破産財団
　　破産者が破産手続開始の時において有する一切の財産（日本国内にあるかどうかを問わない）は、破産財団とする（破産法34条1項）とされており、破産財団に属する財産の管理及び処分をする権利は、裁判所が選任した破産管財人に専属する（同法78条1項）ため、破産財団に属する不動産の処分については、当該破産管財人が裁判所の許可を得て行うこととなる（同条2項1号）。

(2) 破産財団を構成しない財産
　破産手続開始後に破産者が取得した財産及び破産管財人が裁判所の許可を得て権利の放棄（破産法78条2項12号）を行った財産（いわゆる自由財産）については、破産財団に属していないため、破産者が任意に処分することが可能である。

(3) 自由財産である不動産を任意売却した場合の登記の申請
　破産者が個人の場合には破産者本人が、破産者が法人の場合には利害関係人

の申立てにより裁判所に選任された清算人（会社法478条2項）が登記義務者として登記の申請をすることとなるが、個人の場合（破産法258条3項）と異なり、破産者が法人の場合には、当該法人登記の登記記録には破産手続開始の登記等がされるものの、不動産登記の登記記録には何ら記録されず、登記の申請対象となる不動産について適正に権利の放棄がされたことを確認することができない。そのため、この場合には、申請人は、不動産登記令7条1項5号ハに規定する第三者がその許可をしたことを証する情報として、破産法78条2項に規定する裁判所の許可書の提供が必要となる。

1132 真正なる登記名義の回復を原因とする所有権移転の登記と農地法所定の許可書の提供の要否

問 農地を非農地とする地目変更がされる前の日付で所有権の移転があったことが登記原因証明情報から明らかな場合、真正な登記名義の回復を原因とする所有権の移転の登記の申請には、農地法所定の許可書の提供を要するか。

結論 農地法所定の許可書の提供を要する。

説明 (1) 農地法の許可

農地法においては、原則として、農地又は採草放牧地について所有権を移転し、又は地上権、永小作権、質権、使用貸借による権利、賃借権若しくはその他の使用及び収益を目的とする権利を設定し、若しくは移転する場合には、政令で定めるところにより、当事者が農業委員会の許可を受けなければならないとされており（同法3条）、また、農地を農地以外のものにするため又は採草放牧地を採草放牧地以外のもの（農地を除く）にするため、これらの土地について前記の権利を設定し、又は移転する場合には、当事者が都道府県知事等の許可を受けなければならず（同法5条）、これらの許可を受けないでした行為は、その効力を生じないとされている（同法3条7項、5条3項）。

(2) 登記原因証明情報と登記官の審査

登記原因証明情報とは、登記原因（登記の原因となる事実又は法律行為）を証する情報であり、登記官は、当該登記原因情報を審査し、登記すべきものかどうか判断をすることとなる。この点、登記官は、不動産の権利に関する登記に

ついて形式的審査権を有するにすぎないものの、不動産登記法25条13号において「前各号に掲げる場合のほか、登記すべきものでないときとして政令で定めるとき」は却下しなければならないとされ、これを受けた不動産登記令20条8号では「前各号に掲げるもののほか、申請に係る登記が民法その他の規定により無効とされることが申請情報若しくは添付情報又は登記記録から明らかであるとき」は登記すべきではないとされている。

したがって、登記官は、申請情報、添付情報及び登記記録の内容から登記申請の受否の判断をすることとなるため、本問のとおり農地を非農地とする地目変更がされる前の日付で所有権の移転があったことが登記原因証明情報から明らかな場合には、「登記原因について第三者の許可、同意又は承諾を要するときは、当該第三者が許可し、同意し、又は承諾したことを証する情報」（登記令7条1項5号ハ）としての農地法所定の許可書の提供がなければ、所有権者を認定することができないことから、登記をすることはできない。

1133 成年被後見人とその成年後見人が代表者である株式会社間における売買による所有権移転の登記

問 成年被後見人とその成年後見人が代表者である株式会社間における売買による所有権の移転の登記には、どのような添付情報を提供する必要があるか。

結論 登記原因証明情報、登記識別情報、買主である株式会社の会社法人等番号、申請情報が書面に記載されているときは当該書面に押印した印鑑証明書のほか、当該成年後見人に成年後見監督人が選任されている場合にあっては当該後見監督人の選任がされていることを証する登記事項証明書、特別代理人が選任されている場合にあっては裁判所の選任の審判があったことを証する情報、成年被後見人の居住用財産を成年後見人が代表取締役である株式会社に売却する場合にあっては民法859条の3の規定により裁判所の許可のあったことを証する情報を提供する必要がある。

説明 成年後見監督人が選任されているときは、民法851条4号に「後見人又はその代表する者と被後見人との利益が相反する行為について被後見人を代表すること」がその職務として掲げられており、本問

の場合には成年後見監督人が成年後見人を代表することとなり、成年後見監督人の選任を証する登記事項証明書が添付情報となる。

　また、成年後見監督人が選任されていないときに、仮に成年後見人が代表を務める株式会社と成年被後見人との利益が相反する行為について、特別代理人を選任せずに成年後見人が成年被後見人を代表して取引を行うことができるとすれば、成年後見人の権利の保護に欠け、成年後見監督人が選任されていた場合と比較して、不合理な事態を招来することになることから、民法860条の利益相反行為規律には、成年後見人が代表を務める法人と成年被後見人との利益相反行為も含まれると解されており、本問の場合には特別代理人が成年後見人を代理することとなり、裁判所の選任の審判があったことを証する情報が添付情報となる。

　したがって、本問の場合には、成年後見人が成年被後見人を代表することはなく、成年後見人が代表を務める株式会社との利益相反取引には当たらないので、株主総会又は取締役会の承認も不要であり、これらに関する情報は添付情報とならない。

　なお、成年被後見人の居住用財産を成年後見人が代表取締役である株式会社に売却する場合にあっては民法859条の3の規定により裁判所の許可のあったことを証する情報を提供しなければならない。

1134 株式会社の代表取締役が株式会社の財産を代表取締役である別の株式会社に現物出資した場合

問 A株式会社の代表取締役aがA株式会社の財産をaが代表取締役であるB株式会社に現物出資した場合における所有権の移転の登記の申請には、両会社の取締役会議事録の提供が必要か。

結論 A株式会社が取締役会設置会社であるときは取締役会議事録、取締役会設置会社でない株式会社にあるときは株主総会議事録の提供を要する。

説明　(1)　利益相反取引

　　　　取締役が自己若しくは第三者のために株式会社と取引をしようとするとき又は株式会社が取締役の債務を保証することその他取締役以外の者との間において株式会社と当該取締役との利益が相反する取引をしようとす

るときは、当該取締役は、取締役会設置会社であるときは取締役会、取締役会設置会社でない株式会社であるときは株主総会の承認をそれぞれ得なければならない（会社法356条、365条１項）とされている。

　これは、取締役がその地位を利用して私利のために会社の利益を害することを防止するために設けられた取締役の行為に対する制約の一つであり、この承認を欠く取引は無権代理行為とみなされており、この承認は登記原因の効力発生要件であることから、利益相反取引に係る登記の申請の際には、登記原因について第三者が許可し、同意し、又は承諾したことを証する情報（登記令７条１項５号ハ）として、取締役会設置会社であるときは取締役会の議事録、取締役会設置会社でない株式会社であるときは株主総会の議事録の提供が必要となる。

(2)　対象となる取引

　前記の「取引」については、実質的に会社と取締役との間に利益が相反するおそれのある間接取引も含まれる（会社法356条１項３号）が、会社に対する負担を伴わない贈与、履行行為、相殺、競売等による財産の取得行為などは含まれないものと解される。

　本問の取引の場合には、ａが代表取締役であるＡ株式会社がＢ株式会社の募集株式を引き受ける行為は、募集株式の発行価額が不当に高い場合等はＡ株式会社の利益を害することとなることから、当該行為は裁量によって会社を害するおそれがあるため、利益相反取引に該当し、不動産を現物出資し、これに係る不動産の登記の申請をする際には、併せて、これらを承認した取締役会設置会社であるときは取締役会の議事録、取締役会設置会社でない株式会社であるときは株主総会の議事録の提供を要する。一方、Ｂ株式会社については、現物出資を受け入れるに当たり、既に募集事項について株主総会の決議を経ており、別途、取締役会又は株主総会の承認は不要である。

1135　第三者のためにする売買、買主の地位の譲渡と利益相反行為

　問　　第三者のためにする売買、買主の地位の譲渡と利益相反取引との関係は、どのように考えればよいのか。

　結論　　買主が株式会社である場合は、買主と第三者の間に利益相反がな

く、買主から第三者に直接所有権を移転する登記申請であっても、買主と売主又は売主と第三者の間が利益相反となるときには、利益相反取引を取締役会等が承認したことを証する情報の提供が必要となる。

説明

(1) 利益相反取引

例えば、買主がA株式会社であり、売主がA株式会社の代表取締役ａであった場合には、買主と売主の売買契約は利益相反取引となり、取締役会設置会社であるときは取締役会、取締役会設置会社でない株式会社であるときは株主総会の承認をそれぞれ得なければならない（会社法356条、365条1項）。なお、この承認を欠く行為は無権代理行為とみなされており、この承認は登記原因の効力発生要件であることから、利益相反取引に係る登記申請の際には、登記原因について第三者が許可し、同意し、又は承諾したことを証する情報（登記令7条1項5号ハ）として、取締役会設置会社であるときは取締役会の議事録、取締役会設置会社でない株式会社であるときは株主総会の議事録の提供が必要となる。

(2) 所有権の移転の登記の添付情報

前記の売買契約において、「売買代金の支払が完了と同時に所有権が移転する」旨の特約が付されていた場合であって、売買代金の支払前にａが第三者ｂと買主の地位の譲渡の契約を締結した場合には、ｂはａの有していた所有権移転請求権及び売買代金支払債務を承継することから、売買代金の支払と同時に所有権はA株式会社からｂへと直接移転するため、登記の申請についても、A株式会社からｂへの所有権の移転の登記を申請することとなる。

この点、当該所有権の移転の登記の前提であるA株式会社とａの売買契約は利益相反取引となるところ、当該取引の際に取締役会又は株主総会の承認が行われていない場合には、当該売買契約は無権代理行為とみなされる。そのため、無効な登記の出現を防止するという不動産登記令7条1項5号ハの趣旨に照らし、当該譲渡契約の前提としてのA株式会社とａ間の売買契約の有効性を確認する必要があることから、所有権の移転の登記申請の添付情報としてA株式会社の取締役会又は株主総会の議事録の提供が必要となる。

第8項　登記上の利害関係人とその承諾

1136　登記官の過誤により抹消された登記の回復と利害関係人の承諾の要否

問　登記官の過誤により抹消された抵当権の登記を回復する場合において、当該抵当権の登記が抹消された後に登記の申請がされ、当該登記の申請により登記上の利害関係人が存することとなったときは、その者の承諾を証する情報を提出しなければ、回復することはできないか。

結論　**登記上の利害関係を有する第三者の承諾を証する情報の添付がなければ回復することはできない。**

説明　登記官が抹消すべきでなかった抵当権の登記を誤って職権で抹消したときは、不動産登記法71条の規定により、その抹消された抵当権の登記を職権で回復すべきであるが（同条の「抹消」には、抹消回復も含まれるものと解すべきである）、既に登記上の利害関係を有する第三者が生じている場合には、当該第三者の承諾を証する当該第三者の作成した情報の添付がない限り、職権による回復をすることはできない。

その理由は、申請に基づく回復の場合にも、不動産登記法72条並びに不動産登記令別表の二十七の項添付情報欄ロ及びハの規定により、登記上の利害関係を有する第三者の承諾を証する当該第三者が作成した情報又は当該第三者に対抗することができる裁判があったことを証する情報（当該第三者が抵当証券の所持人又は裏書人であるときは、当該抵当証券）の添付を要するとされており、また「登記官が権利に関する登記に錯誤又は遺漏があることを発見した」場合において、その「登記の錯誤又は遺漏が登記官の過誤によるものであるとき」の職権による登記の更正についても（不登法67条）、登記上の利害関係を有する第三者（当該登記の更正につき利害関係を有する抵当証券の所持人又は裏書人を含む）がある場合には、当該第三者の承諾が必要とされているので、本問の場合も、同様に解すべきである。

1137 登記上の利害関係人の承諾書と印鑑証明書の要否

問 登記上の利害関係人の承諾書を添付して登記を申請する場合には、当該利害関係人の印鑑証明書をも併せて提出する必要があるか。

結論 承諾書に押印したその作成者の印鑑に関する印鑑証明書の添付を必要とする。

説明 権利の変更の登記は、当該変更の登記をすることによって不利益を受ける登記上の利害関係を有する第三者があるときは、当該第三者の当該変更の登記をすることについての当該第三者の作成した承諾を証する情報を申請情報に添付すれば、付記登記でされるものとされている（不登法66条、登記令7条1項6号、別表の二十五の項添付情報欄ロ）。

なお、承諾を証する情報を記載した書面には、原則として、当該書面に記名押印した作成者の印鑑に関する印鑑証明書の添付を要するとされている（登記令19条2項）。これは、一般に承諾書の添付を要求しているのは、権利の変更の登記をすることによって不利益を被る者の権利を保護するためであり、それゆえに、その書面は形式的にも真実のものであることが登記官によって判断され得る程度のものでなければならないことによる。単に承諾を与えた者の記名押印があるのみでは、その押印が果たして承諾者の印であるか否かが明らかでなく、その承諾書自体が真正なものであることも、形式的に判断することはできないといってよい。

したがって、承諾を証する情報を記載した書面であることを形式的にも明らかにするためには、当該書面に押印された承諾者の印鑑が、本人の届出に係る印鑑の証明書のそれと符合するかどうかを確認する方法が必要となる。もちろん、この印鑑証明書は、その作成時における真正を担保すれば足り、所有権の登記名義人が登記義務者として登記を申請する場合に申請書に添付する印鑑証明書ではないから、その作成後3か月以内のものでなければならないという制限はない。

第9項　印鑑証明書

1138　印鑑証明書の有効期間の計算

問　抵当権の設定の登記の申請書に添付すべき登記義務者（設定者）の印鑑証明書は、その作成後3か月以内のものに限られるが、その期間の計算は、どのようにすべきか。

結論　**印鑑証明書の期間の計算方法については、法令上規定がないので、民法138条ないし143条の規定の期間計算の方法に準じて計算すべきである。**

説明　例えば、本年8月15日に作成された印鑑証明書であれば、その期間の計算は次のとおりである。

(イ)　起算点には、午前零時から始まるときを除き、初日を算入しない（民法140条）ため、作成日である8月15日は計算には算入されず、その翌日の8月16日から計算される。

(ロ)　期間の末日の終了をもって期間の満了とされるが（民法141条）、月の計算は、その大小にかかわらず暦に従って定められた期間、すなわち、3か月を数えればよく（同法143条1項）、期間の最後の月の起算日の応当日、すなわち11月16日の前日の終了をもって期間が満了することになる（同条2項）。したがって、8月15日に作成された印鑑証明書は、11月15日までは有効として取り扱われる。もし期間の最後の月の起算日に応当する日がない場合、例えば、11月31日、に当たる場合は、その月の末日の終了をもって期間の満了とされる（同項ただし書）。

なお、期間の末日が大祭日、日曜日その他休日に当たる場合は、1日延長してその翌日の終了をもって期間が満了するものと解される（同法142条）。したがって、前例で11月15日が日曜日の場合には、11月16日まで有効となる。

1139　印鑑証明書の提出を要する登記申請

問　申請書又は委任状に印鑑証明書の添付を要するのは、どのような場合か。

結論 所有権の登記名義人が登記義務者として登記を申請する場合、所有権以外の権利の登記名義人が登記識別情報を提供することなく登記義務者として権利に関する登記を申請する場合又は所有権の登記名義人が合筆の登記、合体の登記若しくは建物の合併の登記を申請する場合等に、当該登記名義人の印鑑証明書の提出を要する。

説明 書面により登記を申請する場合において、その登記の申請が登記名義人本人から申請された適正なものであることを担保するため、登記識別情報（不登法22条）のほか、一定の申請については、申請人等（申請人又はその代表者若しくは代理人をいう。以下同じ）に申請書又は委任状に作成者としての押印をさせた上で、その印影に係る印鑑証明書を提出させることにより、当該登記の申請が申請人等となるべき者本人からの申請であることの確認を書面上担保することとしており（登記令16条1項・2項、18条1項・2項）、以下の場合に印鑑証明書を添付する。

(イ) 例えば、申請人が所有権の登記名義人である場合には、①登記名義人が登記義務者となる権利に関する登記（担保権（根抵当権及び根質権を除く）の債務者に関する変更の登記及び更正の登記を除く）、②共有物分割禁止の定めに係る権利の変更の登記、③所有権の移転の登記がない場合における所有権の登記の抹消、④信託法3条3号に掲げる方法によってされた信託による権利の変更の登記、⑤仮登記の抹消、⑥合筆の登記、合体による登記等又は建物の合併の登記を申請する際には、その登記の重要性に鑑み、登記識別情報に加え、印鑑証明書の添付を要する（規則47条3号イ、48条1項4号、5号、49条2項4号）。

なお、①の括弧書きの登記については、不動産登記法22条ただし書の規定により登記識別情報を提供することなく申請された場合に印鑑証明書の添付を要する（規則47条3号ロ、48条1項5号、49条2項4号）。

(ロ) 所有権以外の権利の登記名義人が、登記義務者として不動産登記法22条ただし書の規定により登記識別情報を提出することなく登記を申請する場合には、印鑑証明書の添付を要する（規則47条3号ハ、48条1項5号、49条2項4号）。

(イ)及び(ロ)の印鑑証明書については、裁判所書記官が最高裁判所規則に基づき作成した印鑑証明書を除き、作成後3か月以内のものでなければならない（登

記令16条3項、18条3項)。作成後3か月以上を経過しているときは、当該申請は却下される(不登法25条9号)。

また、登記名義人の法定代理人が登記を代理申請する場合には、当該法定代理人についてのその住所地の市町村長又は区長の証明に係る印鑑証明書を提出し、本人である所有権の登記名義人の印鑑証明書の添付は要せず、破産管財人、遺言執行者等のように、法令により本人を代表又は代理して登記の申請等をする権限を有する者が、登記を申請する場合も同様である(昭30.8.16第1734号通達)。

次に登記名義人が法人又は外国会社であるときは、その法人又は外国会社の登記を受けた登記所の証明に係る当該法人又は外国会社の代表者の印鑑証明書を添付する。もっとも、その登記を申請する登記所が添付しなければならない印鑑証明書を作成する登記所と同一であって、法務大臣が指定した登記所以外のものであるときは、印鑑証明書の提出は要しない(規則48条1項1号、49条2項1号)し、破産法による保全管理人・破産管財人、民事再生法による管財人・保全管理人、会社更生法による管財人・保全管理人等が所有権の登記名義人である株式会社を代表又は代理して登記を申請する場合には、裁判所書記官が最高裁判所規則に基づき作成した印鑑証明書を添付することでも提出を不要とすることができる(規則48条1項3号、49条2項3号)。

なお、申請書又は委任状について、公証人又はこれに準ずる者の認証を受けたときについても、印鑑証明書の提出は要しないこととされている(規則48条1項2号、49条2項2号)。

1140 外国人が登記義務者となって登記の申請をする場合の印鑑証明書の要否

問 外国人又は外国会社が所有権の登記名義人である場合において、その外国人又は外国会社が登記義務者として登記の申請をするときは、申請情報を記載した書面に印鑑証明書の添付が必要か。

結論 印鑑証明書を提出することができるときは、印鑑証明書の添付が必要であるが、これができないときは、印鑑証明書に代えて申請情報を記載した書面の署名が本人のものである旨の当該外国官憲の証明書を添付する必要がある。

説明 所有権の登記名義人が登記義務者として登記を申請する場合は、申請情報を記載した書面にその住所地の市町村長(特別区の区長を含み、政令指定都市にあっては市長又は区長若しくは総合区長。以下同じ)又は登記官の作成した印鑑証明書を添付しなければならない。また、所有権以外の権利の登記名義人が申請情報に登記識別情報を添付することなく当該登記名義人が登記義務者となる権利に関する登記を申請する場合、又は所有権の登記名義人が不動産の合筆若しくは合併若しくは合体による建物の表示の登記を申請する場合等も同様である(登記令16条1項・2項、18条1項・2項、19条)。

ところで、外国人が登記義務者として登記を申請する場合、その外国人が住民基本台帳法に基づき市町村において住民票が作成されている者であって、かつ、印鑑の登録を受けている場合は、当該市町村長発行の印鑑証明書を申請情報を記載した書面に添付することとなる。

しかし、登記義務者たる外国人が、外国に住所を有するなどにより、印鑑証明書を添付することができない場合には、印鑑証明書に代えて申請情報を記載した書面の署名が本人のものである旨の当該外国官憲(在日公館、本国の官公署等)の証明書を添付する必要があるとされている(昭34.11.24第2542号回答、昭59.8.6第3992号依命通知)。また、この署名証明書には3か月の有効期間は適用されない。なお、登記義務者である米国人が委任状にした署名について、本人のものに相違ない旨の本国公証人の証明がある場合は、印鑑証明書の添付を便宜省略することができるものとされている(昭40.6.18第1096号通達)。

そのほか、外国会社については、当該外国会社が日本の登記所に登記をしており、かつ、同会社の日本における代表者が日本の登記所に印鑑を提出している場合には、申請情報を記載した書面に登記官が作成した印鑑証明書を添付すればよいが、印鑑を提出していない又は登記されていないことにより当該印鑑証明書を添付することができない場合には、外国人の場合と同様に、印鑑証明書に代えて申請情報を記載した書面の署名が当該会社の代表者のものである旨の当該外国官憲の証明書を添付する必要がある。

1141 破産管財人が登記義務者として登記を申請する場合の印鑑証明書の要否

問 破産管財人が不動産登記の申請をする場合にも、市町村長の作成

した印鑑証明書を添付しなければならないか。

|結 論| **破産管財人が不動産の任意売却を行う場合、市町村長が作成した印鑑証明書又は裁判所書記官が作成した印鑑証明書若しくは登記所の作成した印鑑証明書を添付する必要がある。**

|説 明| (1) **破産財団に属する不動産を任意売却する場合の登記の申請**

　破産者が破産手続開始の時において有する一切の財産は破産財団となり（破産法34条1項）、当該破産財団に属する財産の管理及び処分をする権利は、裁判所が選任した破産管財人に専属するとされている（同法78条1項）。そのため、破産財団に属する不動産を任意売却する場合の登記の申請は、破産管財人が登記義務者となり登記権利者と共同して行うこととなることから、書面を提出する方法により登記の申請をするときは、不動産登記令16条2項又は18条2項の規定により、破産管財人は、申請情報を記載した書面又は代理人の権限を証する情報を記載した書面に押印した印鑑に関する証明書を添付しなければならない。

　なお、破産管財人が不動産の任意売却を行う場合には、裁判所の許可を得なければならないものとされている（破産法78条2項1号）。

(2) **添付すべき印鑑証明書**

　破産者が個人の場合における破産管財人が申請情報を記載した書面又は代理人の権限を証する情報を記載した書面に押印した印鑑に関する証明書については、原則として、住所地の市町村長が作成した印鑑証明書を添付することとなるが、裁判所書記官は、破産管財人があらかじめその職務のために使用する印鑑を裁判所に提出した場合において、当該破産管財人が破産財団に属する不動産についての権利に関する登記を申請するために登記所に提出する印鑑の証明を請求したときは、当該破産管財人に係る破産管財人の選任を証する書面に、当該請求に係る印鑑が裁判所に提出された印鑑と相違ないことを証明する旨をも記載して、これを交付するとされていることから、当該書面を印鑑証明書として添付することでも差し支えない（登記令16条1項・2項、18条1項・2項、規則48条1項3号、49条2項3号、破産規則（平成16年最高裁判所規則第14号）23条4項）。

　また、破産者が法人の場合における破産管財人が申請情報を記載した書面又は代理人の権限を証する情報を記載した書面に押印した印鑑に関する証明書については、登記所が作成した印鑑証明書を添付することとなる（商業登記法20

条、商業登記規則9条1項5号、登記令16条2項、18条2項)。

なお、住所地の市町村長が作成した印鑑証明書及び登記所が作成した印鑑証明書については、作成後3か月以内のものでなければならない(登記令16条3項、18条3項)。

1142 委任契約に係る公正証書を代理人の権限を証する情報とする場合の印鑑証明書の提出の省略の可否

問 委任契約に係る公正証書を代理人の権限を証する情報とする場合には、登記義務者の印鑑証明書の提出を省略することができるか。

結論 省略することができる。

説明
(1) 印鑑証明書

　書面により登記を申請する場合において、その登記の申請が登記名義人本人から申請された適正なものであることを担保するため、登記識別情報(不登法22条)のほか、一定の申請については、本人申請にあっては申請人等(申請人又はその代表者若しくは代理人をいう。以下同じ)に申請書に、委任による代理人による申請にあっては申請人又はその代表者に委任状に作成者としての押印をさせた上で、その印影に係る印鑑証明書を提出させることにより、当該登記の申請が申請人等となるべき者本人からの申請であることの確認を書面上担保することとしている(登記令16条1項・2項、18条1項・2項)。

(2) 公証人の私署証書への認証

　公証人は、法務大臣の任命により、国の公証事務を担当する者であり、一般に、私人が作成した私署証書について、私人が公証人の面前で行った署名・記名押印について公証人が認証を付す権限が認められている(公証人法(明治41年法律第53号)1条2号、58条1項)。したがって、申請人等が代理人の権限を証する情報としての委任状を作成・署名し、これを公証人が認証した場合には、当該委任状の真正性を公証人が認めたことにほかならず、当該委任状は作成名義人である申請人等の意思に基づいて作成されたことが推定されることとなるため、このような場合には別途印鑑証明書の提出は不要とされている(規則49条2項2号)。

(3) 公正証書

　公証人が公証人法その他の法令に従って法律行為その他私権に関する事実につき作成した証書であり、この作成に当たっては、公証人は、公証人法28条の規定により嘱託人の本人確認をし、同法35条により公証人が聴取した内容等を録取した上で、同法39条の規定により列席者（証書作成の嘱託人等）にその内容を読み聞かせるとともに、その旨を証書に記載し（同条１項）、また、公証人及び列席者はその証書に署名押印する（同条３項）こととされていることから、代理人の権限を証する情報としての委任状が公正証書として作成された場合についても、作成権限を有する公証人が前記の手続にのっとって作成したものであるため、その内容の真実性は担保されていると考えられる。したがって、当該委任状についても、公証人が認証した委任契約に係る私署証書と同様に、申請人等の意思に基づいて作成されたものであることが推定されることから、不動産登記規則49条２項２号の趣旨に照らし、別途印鑑証明書の提出は要しないものと考えられる。

第10項　住所証明情報

1143　住所証明情報の添付を要する登記申請

問　登記の申請情報に住所証明情報の添付を要するのはどのような場合か。

結論　**土地又は建物の表示の登記を申請する場合、所有権の保存の登記を申請する場合、所有権の移転の登記を申請する場合等には、所有者又は登記権利者は住所を証する情報を添付しなければならない。**

説明　土地若しくは建物の表示の登記申請又は所有権の保存若しくは移転の登記申請をする場合には、所有者又は登記権利者の住所が実際の住所と食い違ったり、架空名義人の登記がされることを防止するために、申請情報に記録した住所を証する情報を添付しなければならないこととされている。

　ただし、所有権の移転の仮登記の申請には、仮登記権利者の住所を証する情

報の添付は必要でない（昭32.5.6第879号通達）。

この住所証明情報としては、所有者又は登記権利者が個人の場合には、市町村長又は区長の証明する住民票の写し又は戸籍の附票を添付することとなる。

また、国外移住者の場合は、その者の住所地を管轄する在外公館の証明を得た書面を提出すべきこととなっている（昭33.1.22第205号回答）。

なお、住所地の市町村長又は区長の証明に係る印鑑証明書は、登記権利者の住所を証する情報とすることができることとなっている（昭32.6.27第1220号回答）。

所有者又は登記権利者が会社等の法人の場合には、会社等の登記事項証明書が住所を証する情報となる。

住所を証する情報は、所有者又は登記権利者が個人の場合には住民票コードを、会社等の法人の場合には会社法人等番号を提供することにより、提供を省略することができることとされている（登記令9条、規則36条4項）。

1144 外国人登録制度の廃止による登記事務

問 外国人登録制度の廃止によって登記事務は、どのようになったか。

結論 **登記名義人等が日本に住所を有する外国人である場合の住所を証する情報は、住民票の写しであり、住所の変更を証する情報として外国人登録制度廃止前の転居の履歴等が必要なときは、法務省に保管されている外国人登録原票の写しが必要となった。**

説明

(1) 外国人登録制度

外国人登録法（昭和27年法律第125号。平成24年7月9日廃止）においては、日本に住所を有する外国人（以下「外国人住民」という）は市町村に備える外国人登録原票に登録することとされており（同法4条）、登記申請の添付情報として当該外国人住民の住所を証する情報又は住所の変更を証する情報が必要な場合には、市町村から発行される外国人登録原票記載事項証明書（同法4条の3）がこれらに該当するものとして取り扱われていた。

(2) 新たな在留管理制度

外国人登録法が平成24年7月9日に廃止され、新たに開始された在留管理制度においては、外国人登録原票の制度は廃止され、住民基本台帳法の一部を改

正する法律（平成21年法律第77号）による改正後の住民基本台帳法（昭和42年法律第81号）により、同日以降に中長期在留者及び特別永住者を含む一定の在留資格等を有する外国人住民について住民票が作成されることとなった。なお、外国人登録原票については、市町村から法務省に送付され、同省において保管することとされた。

(3) **登記申請の添付情報との関係**

　外国人住民の住民票には、平成24年7月9日以降の転居履歴は記載されるが、同月8日以前の転居履歴は記載されない。したがって、同日までに登記記録上の住所から転居を繰り返しているような場合には、住民票のみでは住所の変更を証する情報とはならないことから、これに加え、出入国在留管理庁に対して行政機関の保有する個人情報の保護に関する法律（平成15年法律第58号）に基づく開示請求を行い、外国人登録原票の写しを取得し、添付する必要がある。

　なお、一部の市町村においては、外国人登録法が廃止された日以後も、行政証明として、旧外国人登録原票の記載事項に関する証明書が発行されているところ、当該証明書に外国人登録原票の写しと同等の情報が記載されている場合には、当該外国人登録原票の写しに代えて、当該証明書を添付することができる。

第8節

法定相続情報証明制度

1145　法定相続情報証明制度の概要

問　法定相続情報証明制度とはどのような制度か。法定相続情報一覧図とはどのようなものか。

結論　法定相続情報証明制度とは、各種の相続手続に際して、被相続人及び相続人の戸除籍謄抄本の束の代わりとして利用することができるよう、被相続人及び相続人の情報を一覧にして記載した1枚又は数枚からなる書面を、登記官が確認し、その写しに認証文を付して交付する制度である。

　法定相続情報一覧図は、被相続人の氏名、生年月日、最後の住所及び死亡年月日並びに戸籍謄抄本の記載に基づく相続人の氏名、生年月日及び被相続人との続柄の情報を一覧にして記載した書面である。

説明　(1)　法定相続情報証明制度

　　法定相続情報とは、被相続人の氏名、生年月日、最後の住所及び死亡の年月日（規則247条1項1号）並びに相続開始の時における同順位の相続人の氏名、生年月日及び被相続人との続柄（同項2号）をいう（同項柱書）。これらの情報は、各種の相続手続を行うに当たって被相続人及び相続人を特定するために必要となる情報であり、原則として法定相続情報一覧図に必ず記載することとなるものである。これに加え、相続人の住所を記載することができる（同条4項）ほか、被相続人の最後の本籍も記載することができる（平30.3.29第166号通達）。これらの記載は、法定相続情報一覧図の保管及び一覧図の写しの交付の申出をする申出人の任意によるので、記載される場合と記

載されない場合とがある。

(2) 法定相続情報一覧図

　法定相続情報一覧図とは、法定相続情報を一覧にして記載した1枚又は数枚からなる書面である（規則247条1項柱書）。

　法定相続情報一覧図は、申出人（又は代理人）が作成するものであり、作成の年月日を記載し、申出人が記名をするとともに、作成者である申出人又は代理人が署名し、又は記名押印する必要がある（規則247条3項1号）。

　これらのほか、法定相続情報一覧図は、以下の要素を踏まえて作成されるものとなっている。

(イ) 被相続人と相続人を線で結ぶなどして、被相続人を起点として相続人との関係性が一見して明瞭な図による記載とされる。ただし、被相続人及び相続人を単に列挙する記載としても差し支えないとされる。

(ロ) 被相続人の氏名には、「被相続人」と併記される。

(ハ) 被相続人との続柄の表記については、戸籍に記載される続柄を記載することとされる。

(ニ) 被相続人の最後の住所に並べて、最後の本籍も記載することが推奨される。

(ホ) 申出人が相続人として記載される場合は、法定相続情報一覧図への申出人の記名は、当該相続人の氏名に「申出人」と併記することに代えることができるとされる。

(ヘ) 法定相続情報一覧図の作成者である申出人又は代理人の署名等には、住所が併記される。なお、作成者が戸籍法（昭和22年法律第224号）10条の2第3項に掲げる者である場合には、住所については事務所所在地とされ、併せてその資格の名称も記載される。

(ト) 相続人の住所が記載される場合は、当該相続人の氏名にその住所が併記される。

(チ) 推定相続人の廃除がある場合は、その廃除された推定相続人の氏名、生年月日及び被相続人との続柄は記載されない。

(リ) 代襲相続がある場合には、代襲した相続人の氏名に「代襲者」と併記される。この場合、被相続人と代襲者の間に被代襲者がいることが表されることとなるが、その表記は例えば「被代襲者（何年何月何日死亡)」とすることで足りるとされる。

(ヌ) 法定相続情報一覧図は、日本工業規格Ａ列４番の丈夫な紙をもって作成され、その記載に関しては明瞭に判読することができるものが求められる。

なお、数次相続が発生している場合、法定相続情報一覧図には、相続開始の時における同順位の相続人の氏名等が記載される。したがって、数次相続が生じている場合は、被相続人ごと（各次の相続ごと）に一つの法定相続情報一覧図が作成されることとなる。

1146 法定相続情報一覧図の記載内容に関する留意点

| 問 | 法定相続情報一覧図を利用するにあたって、どのような点に留意する必要があるか。

| 結論 | **法定相続情報一覧図は、戸除籍謄抄本の記載に基づくものであるため、相続放棄や遺産分割協議の結果についての情報は盛り込まれない点等に留意する必要がある。**

| 説明 | (1) 相続放棄・遺産分割協議に関する情報

被相続人の遺産に係る相続手続においては、相続人が誰であるかを確認することはもちろんのこと、最終的に当該財産が誰に帰属するのかについても確認する必要があり、例えば相続放棄がされている場合は相続放棄申述受理証明書、遺産分割協議がされていれば遺産分割協議書を当該手続に際して相続人から提出させるのが一般的である。この点、法定相続情報一覧図は、あくまで被相続人及び相続人の戸除籍謄抄本の記載に基づくものであり、相続放棄申述受理証明書や遺産分割協議書までをも代替するものではない。そのため、相続手続に際して法定相続情報一覧図の写しが利用される場合に、相続手続を処理する機関において相続放棄や遺産分割協議の結果について確認する必要があるときは、別途、相続放棄申述受理証明書や遺産分割協議書の提出を相続人に求める必要がある。

(2) 相続欠格・廃除に関する情報

(1)と同様の観点から、相続人について相続欠格事由がある場合についても、法定相続情報一覧図にその旨が記載されることはない。一方、推定相続人について廃除があった場合は、これが戸籍から判明する事実であることから、その情報を法定相続情報一覧図から分かるようにする必要があることとなる。この点、推定相続人の廃除は、推定相続人の相続権を剥奪するものであると解され

ていることから、相続人として法定相続情報一覧図にそもそも記載する必要がないばかりか、記載があった場合はむしろ法定相続人と誤認させるおそれもある。そのため、法定相続情報一覧図には廃除された推定相続人の氏名等は記載されないこととなる。ただし、推定相続人が廃除され、代襲相続が発生した場合には、被相続人と代襲相続人の間に被代襲者がいることを表す必要があるため、「被代襲者（何年何月何日廃除）」とだけ記載されることとなる。

(3) その他の留意事項

法定相続情報一覧図の記載に係るその他の主な留意事項は次のとおりである。

(イ) 相続人について、その法定相続分は記載されない。

(ロ) 被相続人及び相続人を単に列挙する記載の場合には、父母の一方のみを同じくする兄弟姉妹か父母の双方を同じくする兄弟姉妹かについて区別することができない場合がある。

(ハ) 戸籍に記載のある氏名の字が誤字又は俗字である場合は、法定相続情報一覧図への氏名の記載は、戸籍に記載のある字体でも、正字に引き直されたものでも、いずれも認められる。

(ニ) 相続人が被相続人の相続開始後に死亡して、数次相続が生じている場合には、当該被相続人についての法定相続情報一覧図のほか、死亡した相続人を被相続人とする法定相続情報一覧図が必要となる場合がある。

1147 交付の申出ができる者

問 法定相続情報一覧図の保管及び一覧図の写しの交付の申出をすることができる者は誰か。

結論 **相続が開始した場合におけるその相続人又は当該相続人の地位を相続により承継した者である。**

説明 表題部所有者、登記名義人又はその他の者について相続が開始した場合において、当該相続に起因する登記その他の手続のために必要があるときは、その相続人（戸除籍謄抄本の記載により確認することができる者に限る）又は当該相続人の地位を相続により承継した者は、法定相続情報一覧図の保管及び一覧図の写しの交付の申出をすることができる（規則247条1項）。

「表題部所有者」とは、不動産登記制度において、所有権の登記がない不動産の登記記録の表題部（不動産の物理的状況を公示する部分）に、所有者として記録されている者を指す。

　また、「登記名義人」とは、同じく不動産登記制度において、登記記録の権利部（不動産の動的な権利関係を公示する部分）に、登記することができる権利（所有権、地上権、永小作権、地役権、先取特権、質権、抵当権（根抵当権）、賃借権、配偶者居住権及び採石権）について権利者として記録されている者を指す。

　「その他の者」とは、表題部所有者及び登記名義人以外の者を広く指し、遺産に不動産を有しない被相続人についても、開始した相続に関して本制度を利用することができることを意味している。

　法定相続情報一覧図の保管及び一覧図の写しの交付の申出をすることができるのは、前記の者らの相続人（戸除籍謄抄本の記載により確認することができる者に限られる）又は当該相続人の地位を相続により承継した者（数次相続が生じた場合における相続人の相続人）である。

1148　代理人による申出

問　法定相続情報一覧図の保管及び一覧図の写しの交付の申出を代理人がすることは可能か。

結論　**法定相続情報一覧図の保管及び一覧図の写しの交付の申出を代理人がすることは可能である。なお、代理人となることができる者は、申出人の法定代理人のほか、委任による代理人にあってはその親族又は戸籍法（昭和22年法律第224号）10条の2第3項に掲げる者である。**

説明

(1) 申出の代理

　　相続人によっては、申出に際して必要となる添付書面の収集や、法定相続情報一覧図の作成をするための時間が容易にとれない者もいると思われ、そのような相続人においては、申出に係る手続一切を他の者に委任したいと考えることは、当然に想定されるものである。そのため、法定相続情報一覧図の保管及び一覧図の写しの交付の申出を申出人の代理人がすることが認められている。

(2) 代理人となることができる者

　申出人の代理人となることができる者は、申出人の法定代理人のほか、委任による代理人にあってはその親族又は戸籍法10条の２第３項に掲げる者である（規則247条２項２号）。特別代理人（民法826条等）も、申出人の代理人となることができると考えられる。

　ここでいう「親族」とは、民法725条に規定する親族である。具体的には、六親等内の血族、配偶者及び三親等内の姻族である。

　また、「戸籍法10条の２第３項に掲げる者」とは、具体的には、弁護士、司法書士、土地家屋調査士、税理士、社会保険労務士、弁理士、海事代理士及び行政書士である。また、これらの士業の各士業法の規定を根拠に設立される法人も含まれる。他方で、これら以外の法人（株式会社など）は、委任による代理人となることができない。

(3) 代理人によって申出をする場合の添付書面

　代理人によって申出をするときは、代理人の権限を証する書面を添付する必要がある（規則247条３項７号）。

(イ)　法定代理人の場合、代理人の権限を証する書面は、法定代理人それぞれの類型に応じ、次に掲げるものが該当する。
　(ⅰ)　親権者又は未成年後見人　未成年者に係る戸籍の謄抄本又は記載事項証明書
　(ⅱ)　成年後見人又は代理権付与の審判のある保佐人・補助人　成年被後見人又は被保佐人・被補助人に係る後見登記等ファイルの登記事項証明書（被保佐人・被補助人については、代理権目録付きのもの）
　(ⅲ)　不在者財産管理人・相続財産管理人　各管理人の選任に係る審判書

(ロ)　委任による代理人の場合、代理人の権限を証する書面は、委任状に加え、委任による代理人それぞれの類型に応じ、以下に掲げるものが該当する。
　(ⅰ)　親族　申出人との親族関係が分かる戸籍の謄抄本又は記載事項証明書
　(ⅱ)　戸籍法10条の２第３項に掲げられる者　資格者代理人団体所定の身分証明書の写し等。なお、代理人が各士業法の規定を根拠に設立される法人の場合は、当該法人の登記事項証明書。また、会社法人等番号の提供により、この添付を省略することはできない。

1149　手続の流れ

問　法定相続情報一覧図の保管及び一覧図の写しの交付の申出に係る一連の流れはどのようなものか。

結論　**申出人は、①申出に必要な戸除籍謄抄本等の添付書面を収集し、②法定相続情報一覧図を作成して、③申出書に必要事項を記載の上、添付書面とともに登記所（法務局）へ申出書を提供する、流れになる。**

説明

(1)　申出人が対応すべき内容

　　　法定相続情報一覧図の保管及び一覧図の写しの交付の申出をする申出人は、まず、被相続人及び相続人の戸除籍謄抄本その他必要となる添付書面を準備する必要がある。法定相続情報一覧図の内容を登記官が確認する際には、その前提として、申出人から必要な添付書面が適式に提供されていることが求められる。

　次に、申出人は、法定相続情報一覧図を作成する。法定相続情報一覧図は、被相続人の氏名、生年月日、最後の住所及び死亡年月日並びに相続人の氏名、生年月日及び被相続人との続柄の情報を一覧にして記載した書面（法定相続情報一覧図の詳細については問〔1145〕参照）であり、申出人が作成するものである。

　最後に、申出人は、所定の内容を記載した申出書とともに、法定相続情報一覧図を含む添付書面一式を登記所に提供して申出をする。

(2)　申出をする登記所

　登記所とは、不動産登記制度において、不動産登記に関する事務を担当する国の機関であり、全国には、416の登記所（その内訳は、法務局8、地方法務局42、支局261、出張所105である）が存在する（平成31年3月1日現在）。

　法定相続情報一覧図の保管及び一覧図の写しの交付の申出をする登記所は、①被相続人の本籍地、②被相続人の最後の住所地、③申出人の住所地、④被相続人を表題部所有者又は所有権の登記名義人とする不動産の所在地を管轄する登記所である（規則247条1項）。申出をする登記所について、その選択肢が複数設けられたのは、法定相続情報証明制度の趣旨に鑑み、相続人の利便性を高めて本制度が広く利用されることが企図されたからである。そのため、相続人

は、これらの登記所のうちいずれを選択することも可能であるが、当然のことながら、被相続人名義の不動産がない場合は、④の登記所を選択することはできない。

(3) 申出の方法

　法定相続情報一覧図の保管及び一覧図の写しの交付の申出書の提供は、登記所に出頭してするほか、郵送によってすることもできる。

1150　申出書の記載内容

問　法定相続情報一覧図の保管及び一覧図の写しの交付の申出に係る申出書にはどのような内容を記載するのか。

結論　**申出書には、①申出人の氏名、住所、連絡先及び被相続人との続柄、②申出を代理人によってする場合は当該代理人の氏名又は名称、住所及び連絡先、③利用目的、④交付を求める通数、⑤被相続人を表題部所有者又は所有権の登記名義人とする不動産があるときは、不動産所在事項又は不動産番号、⑥申出の年月日、⑦送付の方法により法定相続情報一覧図の写しの交付及び添付書面の返却を求めるときはその旨を記載する。**

説明

(1) 申出人の氏名、住所、連絡先及び被相続人との続柄

　申出書には、申出人の氏名、住所、連絡先及び被相続人との続柄を記載する（規則247条2項1号）。これらの申出人に関する情報は、法定相続情報一覧図の写しの再交付をする際に、登記所において確認をする必要がある情報であるため、正確に記載する必要がある。

(2) 代理人の氏名又は名称、住所及び連絡先

　法定相続情報一覧図の保管及び一覧図の写しの交付の申出を代理人によってする場合は、当該代理人の氏名又は名称、住所及び連絡先が記載される。また、代理人が法人であるときはその代表者の氏名を記載する（規則247条2項2号）。

(3) 利用目的・交付を求める通数

　申出書には、法定相続情報一覧図の写しの利用目的及び交付を求める通数を記載する（規則247条2項3号・4号）。この利用目的は、相続手続に係るものであって、かつ、その提出先が推認されるように記載する必要がある。また、そ

の利用目的に鑑みて交付を求める通数が合理的な範囲である必要がある。

(4) **不動産所在事項又は不動産番号**

申出書には、被相続人を表題部所有者又は所有権の登記名義人とする不動産があるときは、不動産所在事項又は不動産番号を記載する（規則247条2項5号）。被相続人を表題部所有者又は所有権の登記名義人とする不動産が複数ある場合には、そのうちの任意の一つの記載で足りるとされるが、被相続人を表題部所有者又は所有権の登記名義人とする不動産の所在地を管轄する登記所に申出をする場合には、当該登記所の管轄区域内の不動産所在事項又は不動産番号を記載する必要がある。

(5) **申出の年月日・送付による返却を希望する旨**

申出書には、申出の年月日を記載する（規則247条2項6号）。また、法定相続情報一覧図の写しの交付及び添付書面の返却は、送付の方法によることができるところ、申出人においてこの方法を希望するときは、その旨を記載する（同項7号）。

1151 添付書面

問 法定相続情報一覧図の保管及び一覧図の写しの交付の申出において必要となる添付書面としては、法定相続情報一覧図のほかに、どのようなものがあるか。

結論 ①被相続人の出生時から死亡時までの戸除籍謄本、②相続人の戸籍謄抄本、③被相続人の最後の住所を証する書面、④申出人が相続人の地位を相続により承継した者であるときは、これを証する書面、⑤申出書に記載されている申出人の氏名及び住所と同一の氏名及び住所が記載されている市町村長その他の公務員が職務上作成した証明書、⑥代理人によって申出をするときは、代理人の権限を証する書面、⑦法定相続情報一覧図に相続人の住所を記載したときは、その住所を証する書面である。

説明
(1) **被相続人及び相続人の戸除籍謄抄本**

申出書には、被相続人（代襲相続がある場合には、被代襲者を含む）の出生時から死亡時までの戸籍及び除かれた戸籍の謄本又は全部事項証明書を添付する必要がある（規則247条3項2号）。また、相続人の戸籍の謄本、

抄本又は記載事項証明書を添付する必要がある（同項4号）。

除籍又は改製原戸籍の一部が滅失等していることにより、その謄本を添付することができない場合には、当該謄本に代えて、「除籍等の謄本を交付することができない」旨の市町村長の証明書を添付することとなる。

これに対して、法定相続情報証明制度は、あくまで戸籍等がある又はあったことを前提とする制度であるため、そもそも戸籍等が存在しない場合は、本制度において一覧図の写しを交付することはできない。そのため、例えば被相続人が日本国籍を有しない場合や、相続人が日本国籍を有しない場合には、本制度を利用することができず、従来どおりの方法により相続手続を行うこととなる。

(2) **被相続人の最後の住所を証する書面**

申出書には、被相続人の最後の住所を証する書面を添付する必要がある（規則247条3項3号）。

具体的には、被相続人に係る住民票の除票や戸籍の附票がこれに該当する。これらの書面が市町村において廃棄されているため発行されないときは、申出書への添付を要しない。なお、この場合は、申出書及び法定相続情報一覧図には、被相続人について、最後の本籍を記載することとなる。

(3) **申出人が相続人の地位を相続により承継した者であるときは、これを証する書面**

申出書には、申出人が相続人の地位を相続により承継した者であるときは、これを証する書面を添付する必要がある（規則247条3項5号）。

具体的には、当該申出人の戸籍の謄抄本又は記載事項証明書が該当するが、被相続人及び相続人の戸除籍謄抄本により当該申出人が相続人の地位を相続により承継したことを確認することができるときは、添付を要しない。

(4) **申出書に記載されている申出人の氏名及び住所と同一の氏名及び住所が記載されている市町村長その他の公務員が職務上作成した証明書**

申出書には、申出書に記載されている申出人の氏名及び住所と同一の氏名及び住所が記載されている市町村長その他の公務員が職務上作成した証明書（当該申出人が原本と相違がない旨を記載した謄本を含む）を添付する必要がある（規則247条3項6号）。具体的には、例えば住民票の写しや運転免許証のコピー（申出人が原本と相違がない旨を記載したもの。なお、この場合には、申出人の署名又は記名押印を要する）が該当する。

(5) 代理人の権限を証する書面

　代理人によって申出をするときは、代理人の権限を証する書面を添付する必要がある（規則247条3項7号）。

(6) 相続人の住所を証する書面

　法定相続情報一覧図に相続人の住所を記載したときは、申出書にその住所を証する書面を添付する必要がある（規則247条4項）。相続人の住所は、法定相続情報一覧図の任意的記載事項である。したがって、相続人の住所が記載されない場合は、相続人の住所を証する書面の添付は要しない。

1152　登記所での取扱いに係る流れ

　問　　法定相続情報一覧図の保管及び一覧図の写しの交付の申出があったときの登記所での取扱いに係る一連の流れはどのようなものか。

　結論　**登記官は、申出を受領したのち、提供された被相続人及び相続人の戸除籍謄抄本等と法定相続情報一覧図の内容を確認して、その内容が正しいときは、認証文を付した法定相続情報一覧図の写しを交付する。**

　説明　(1)　法定相続情報一覧図の内容の確認

　　　登記所に対して、法定相続情報一覧図の保管及び一覧図の写しの交付の申出がされたときは、登記官は、速やかに法定相続情報一覧図の内容を確認する。この内容の確認に当たっては、法定相続情報一覧図以外の添付書面が適式に提出されているかどうかも確認することとなる。

　したがって、被相続人の出生時から死亡時までの戸除籍謄本が、例えば、①除籍謄本、②改製原戸籍謄本A、③改製原戸籍謄本B、④戸籍謄本（死亡の記載あり）と4通連続しているべきであるのに、このうち③が添付されていなかったというような場合には、登記官は、申出に不備があるとして当該謄本の補完を申出人に求めることとなる。

　また、法定相続情報一覧図について、被相続人及び相続人の戸除籍謄抄本から確認することができた法定相続情報の内容と合致していないなどの誤りや遺漏がある場合は、登記官は、やはり申出に不備があるとして正しい法定相続情報一覧図の補完を求めることとなる。

そして、登記官の求めに応じず、これらの不備が補完されない場合は、法定相続情報一覧図の保管及び一覧図の写しの交付をすることができないため、登記官は、申出人に申出書及び添付書面を返戻することとなる。また、申出人が返戻にすら応じない場合には、申出があった日から起算して3か月を経過した後、申出書及び添付書面を廃棄して差し支えないこととされている。

(2) 法定相続情報一覧図の写しの交付

登記官は、提供された被相続人及び相続人の戸除籍謄抄本等と法定相続情報一覧図の内容を確認して、その内容が正しいときは、法定相続情報一覧図の写しを交付することとなる。

法定相続情報一覧図の写しは、具体的には、提供された法定相続情報一覧図をスキャナで読み取り、不動産の登記事項証明書にも使用されている、偽造防止措置が施された専用紙に印刷する方法で作成される。この印刷時には、法定相続情報一覧図の写しに、「これは、平成何年何月何日に申出のあった当局保管に係る法定相続情報一覧図の写しである。」という認証文とともに、発行の日付、登記官の職氏名が付され、職印が押印される。さらに、「本書面は、提出された戸除籍謄本等の記載に基づくものである。相続放棄に関しては、本書面に記載されない。また、相続手続以外に利用することはできない。」との注意書きが付される。

なお、法定相続情報一覧図の写し自体には、発行からの有効期間はない。

(3) 添付書面の返却

法定相続情報一覧図の写しの交付の際には、被相続人及び相続人の戸除籍謄抄本、被相続人の最後の住所を証する書面等が申出人に返却される（規則247条6項）。

1153 再 交 付

問 法定相続情報一覧図の写しの再交付を受けることはできるか。

結論 **法定相続情報一覧図の保管及び一覧図の写しの交付の申出をした申出人は、法定相続情報一覧図つづり込み帳の保存期間中は、法定相続情報一覧図の写しの再交付の申出をして、その再交付を受けることができる。**

説 明

(1) 法定相続情報一覧図の保存期間

　　　登記官の確認を了した法定相続情報一覧図及びその保管の申出に関する書類は、法定相続情報一覧図つづり込み帳につづり込まれる（規則18条35号、27条の6）。

　また、法定相続情報一覧図つづり込み帳は、作成の年の翌年から5年間保存される（規則28条の2第6号）。

　法定相続情報証明制度を利用することで、相続登記が促進され、相続発生から相続登記が申請されるまでの期間がこれまでよりも短縮されることが期待される。そのため、法定相続情報一覧図つづり込み帳は、5年間という比較的短期の保存期間とされている。

(2) 法定相続情報一覧図の写しの再交付

　例えば、当初は判明していなかった被相続人名義の不動産や預貯金等について、後にそれが判明したため、改めて相続手続を執る必要があるときは、相続人において法定相続情報一覧図の写しの交付を追加で受けたいと考える場合があり得る。

　そのため、法定相続情報一覧図つづり込み帳が保存されている期間中であれば、当初に法定相続情報一覧図の保管及び一覧図の写しの交付の申出をした申出人は、法定相続情報一覧図の写しの再交付の申出をすることができる（規則247条2項、7項）。

　再交付の申出は、再交付申出書に利用目的等所要の事項を記載するとともに、再交付申出書に記載されている申出人の氏名及び住所と同一の氏名及び住所が記載されている市町村長その他の公務員が職務上作成した証明書を添付する。また、代理人によって申出をするときは、代理人の権限を証する書面を添付する。

　なお、再交付の申出をすることができるのは、当初に法定相続情報一覧図の保管及び一覧図の写しの交付の申出をした申出人である。したがって、その申出人以外の相続人が同じ被相続人に係る法定相続情報一覧図の写しを利用して相続手続を執りたい場合は、当該申出人に法定相続情報一覧図の写しの再交付の申出をしてもらうか、その申出人以外の相続人自らが法定相続情報一覧図を作成の上、法定相続情報一覧図の保管及び一覧図の写しの交付の申出をすることとなる。

1154 戸籍の記載に変更があった場合

問 法定相続情報一覧図つづり込み帳の保存期間中に戸籍の記載に変更があり、法定相続情報に変更が生じた場合の取扱いはどのようなものか。

結論 法定相続情報一覧図の保管及び一覧図の写しの交付の申出をした申出人は、法定相続情報一覧図つづり込み帳の保存期間中は、法定相続情報一覧図の写しの再交付の申出をして、その再交付を受けることができる。

説明

(1) 法定相続情報一覧図の保存期間

登記官の確認を了した法定相続情報一覧図及びその保管の申出に関する書類は、法定相続情報一覧図つづり込み帳につづり込まれる（規則18条35号、27条の6）。

また、法定相続情報一覧図つづり込み帳は、作成の年の翌年から5年間保存される（規則28条の2第6号）。

法定相続情報証明制度を利用することで、相続登記が促進され、相続発生から相続登記が申請されるまでの期間がこれまでよりも短縮されることが期待される。そのため、法定相続情報一覧図つづり込み帳は、5年間という比較的短期の保存期間とされている。

(2) 法定相続情報一覧図の写しの再交付

例えば、当初は判明していなかった被相続人名義の不動産や預貯金等について、後にそれが判明したため、改めて相続手続を執る必要があるときは、相続人において法定相続情報一覧図の写しの交付を追加で受けたいと考える場合があり得る。

そのため、法定相続情報一覧図つづり込み帳が保存されている期間中であれば、当初に法定相続情報一覧図の保管及び一覧図の写しの交付の申出をした申出人は、法定相続情報一覧図の写しの再交付の申出をすることができる（規則247条7項）。

再交付の申出は、再交付申出書に利用目的等所要の事項を記載するとともに、再交付申出書に記載されている申出人の氏名及び住所と同一の氏名及び住所が記載されている市町村長その他の公務員が職務上作成した証明書を添付す

る。また、代理人によって申出をするときは、代理人の権限を証する書面を添付する。

　なお、再交付の申出をすることができるのは、あくまで当初に法定相続情報一覧図の保管及び一覧図の写しの交付の申出をした申出人である。したがって、その申出人以外の相続人が同じ被相続人に係る法定相続情報一覧図の写しを利用して相続手続を執りたい場合は、当該申出人に法定相続情報一覧図の写しの再交付の申出をしてもらうか、その申出人以外の相続人自らが法定相続情報一覧図を作成の上、法定相続情報一覧図の保管及び一覧図の写しの交付の申出をすることとなる。

第 2 章

不動産の表示に関する登記

第1節 表示の登記

第1款 土　地

2001　一筆の土地の意義

問　一筆の土地とは何か。
結論　**一筆の土地とは、私権の客体となり得る陸地であって、登記によって区画された1個の土地の広がりをいう。**

説明　民法又は不動産登記法にいう「土地」とは、日本の領土内の陸地を人為的に区分した一定の限定された広がりをいい、その人為的に区分した土地を一筆の土地という。

一筆の土地は、筆界によって区画される。

土地は、もともと広がりをもって公有水面によって限定遮断されるまで一体となっているものであるから、これを1個の不動産として私権の客体とし、公示するためには、その広がりを人為的に区画しなければならない。

換言すれば、土地は、その物理的な形状によって一個性が生じるのではなく、法律的人為的に区画することによって初めて独立した1個の物となるのである。

そして、不動産登記法は、土地の個数は土地の登記記録を基準とするとしており（同法2条5号）、一筆の土地として一登記記録を設け、土地登記記録の表題部に登記されて初めて一筆の土地となるのである。したがって、一筆の土地として登記された後においては、実際に一つの土地を区分してその一部を取引の対象としたとしても、その一部について分筆の登記を経ない限り、当該部分についての所有権の移転の登記をすることができない。

このように一筆の土地は、登記によって区画された土地の広がりであり、言い換えれば、土地の表題の登記がされているということは、その登記によって、現地における土地の広がりが区画されていることになる。
　そこで不動産登記法は、この土地を区画する機能を果たすために次のような規定を設けている。まず土地の表示に関する登記として、その一筆の土地が、日本国内のどこに存在するかを明らかにするため、その所在する市、区、郡、町、村及び字を登記することとしている（同法34条1項1号）。次に、その土地を特定するため、地番、地目、地積を登記事項としている（同項2号）。
　しかし、これらの登記事項だけでは、土地の位置、区画を明らかにすることはできないため、不動産登記法は当該土地の区画を明確にするため地図を備え付けるものとし（同法14条）、土地登記記録とあいまって、登記されている土地の位置及び区画を特定して明確にするよう定めている。

2002 河川区域内の土地の登記能力

問　河川区域内の土地は登記の対象となるか。
結論　河川法の適用又は準用される河川区域内の土地は、原則として登記の対象となるが、恒常的に河川の流水下にあって、私人の支配可能性が存しない状況にある土地の部分については、私権の客体とはなり得ず、登記の対象とはならないと解される。

説明　不動産登記制度は、不動産である土地及び建物についての権利関係等を公示することによって、取引の安全を図ろうとするものであるから、登記の対象となる土地は、私権の目的となり得るものでなければならない。したがって、日本領土内の陸地部分に限らず、私人の支配可能性のある池沼、ため池のような水面下の土地についても登記能力がある（規則99条）。
　河川法（昭和39年法律第167号）の適用又は準用される河川（同法3条1項、100条）の区域内の土地についても、流水下の部分でない限り原則として私権の目的となり得る（同法2条2項）ので、土地の表題の登記をすることができる。つまり、恒常的に流水下にあって、私人の支配可能性が存在しない状況にある土地の部分は、私権の目的とはならず、したがって登記の対象とはならないと解される（不登法43条3項から同条6項まで）。

すなわち、河川法は2条2項において、河川の流水は私権の目的とならない旨を規定しており、この流水下の土地の部分以外の河川区域内の土地にあっては、同法による公用制限に服する（同法24条～27条等）ものの、私権の目的となり得ると解すべきである。

しかして、登記されている土地又はその一部が河川法の適用又は準用される河川区域内のものとなったときは、河川管理者は、その旨の登記を嘱託し（不登法43条2項）、その土地が河川区域内のものであって河川法の公用制限が課せられている旨を明らかにすることとされている。

なお、河川法の適用又は準用される河川以外の、いわゆる普通河川については、私権の目的となり得ないことはないと考えられる。

2003 海面下の土地の登記能力

問 海面下の土地は、登記の対象となるか。

結論 **私人の支配可能性のない海面下の土地の部分は、私権の客体とはなり得ないため、登記の対象にはならない。なお、陸地と海面との境界は、潮の干満の差のある水面にあっては春分、秋分における満潮位を標準にして定める、とするのが登記実務の取扱いである。**

説明 不動産登記制度は、取引の安全と円滑を図るため、当該不動産に関する権利関係を公示するものであるから、登記の対象となる土地、すなわち、不動産登記法による登記能力を有する土地は、私権の客体となり得るものでなければならない。また、私権の客体となり得るためには、支配可能性があることが必要となるが、必ずしも陸地部分に限られるものではなく、表面が水によって覆われていても、例えば、池沼、ため池も一般に私権の客体となり得るし、河川法の適用又は準用される河川内の土地についても、原則として私権の対象となり登記能力を有するが、恒常的に河川の流水下にあって支配可能性の存しない土地の部分については私権の対象にはなり得ないのである。しかし、海面下の土地の部分は、海面が公共の用に供され、国家の公法上の支配権に服するものであるから私人の所有権の目的となり得ないものと解されている（大判大4.12.28民録12輯2274頁、最判昭61.12.16民集40巻7号1236頁（注））。そこで陸地と海面との境界が問題となるが、登記実務上は、「潮の

干満の差のある水面にあっては、春分、秋分における満潮位を（中略）標準にして定めるべきもの」とされている（昭31.11.10第2612号回答。同旨の通達等として昭33.4.11第203号通知、昭34.6.26第1287号通達がある）。もっとも、海面下に没する土地であっても、当該土地が海面下に没するに至った経緯が天災等によるものであり、かつ、その状態が一時的なものである場合には、私人の所有権は消滅しないものとされている（昭36.11.9第2801号回答）。

なお、公有水面について、埋立ての免許（公有水面埋立法2条）を受けた者が、公有水面を埋め立て、その竣功認可を受ければその竣功認可の告示の日から埋立地の所有権を原始的に取得するとされている（同法24条1項）。

　　（注）　最判昭61.12.16：海は、社会通念上、海水の表面が最高高潮面に達した時の水際線をもって陸地から区別されている。そして、海は、古来より自然の状態のままで一般公衆の共同使用に供されてきたところのいわゆる公共用物であって、国の直接の公法的支配管理に服し、特定人による排他的支配の許されないものであるから、そのままの状態においては、所有権の客体たる土地に当たらないというべきである。

　　　　しかし、海も、およそ人の支配の及ばない深海を除き、その性質上当然に私法上の所有権の客体となりえないというものではなく、国が行政行為などによって一定範囲を区画し、他の海面から区別してこれに対する排他的支配を可能にした上で、その公用を廃止して私人の所有に帰属させることが不可能であるということはできず、そうするかどうかは立法政策の問題であって、かかる措置をとった場合の当該区画部分は所有権の客体たる土地に当たると解することができる。

　　　　そこで、現行法をみるに、海の一定範囲を区画しこれを私人の所有に帰属させることを認めた法律はなく、かえって、公有水面埋立法が、公有水面の埋立てをしようとする者に対しては埋立ての免許を与え、埋立工事の竣工認可によって埋立地を右の者の所有に帰属させることとしていることに照らせば、現行法は、海について、海水に覆われたままの状態で一定範囲を区画しこれを私人の所有に帰属させるという制度は採用していないことが明らかである。

　　　　しかしながら、過去において、国が海の一定範囲を区画してこれを私人の所有に帰属させたことがあったとしたならば、現行法が海をそのままの状態で私人の所有に帰属させるという制度を採用していないからといって、その所有権客体性が当然に消滅するものではなく、当該区画部分は今日でも所有権の客体たる土地としての性格を保持しているものと解すべきである。

2004 土地の地番の付番方法

問 土地の地番は、どのようにして付けられるか。

結論 土地の地番は、登記所が定めた地番区域を基準として、その土地の位置が分かりやすいように、一筆の土地ごとに付されるものである。

説明 　地番は、権利の客体となる土地を特定するものとして、一筆の土地ごとに登記所が定めた番号であり（不登法2条17号）、土地の所在とともに、その土地の位置を示し、特定するものであって、土地の表示に関する登記事項の一つである（同法34条1項2号）。

　この地番は、登記所が地番区域を定めて、その地番区域ごとに起番して、土地の位置が分かりやすいように一筆の土地ごとに、整然と定めなければならないこととされている（不登法35条、規則98条、準則67条）。

　地番区域は、市、区、町、村、字又はこれに準じる地域をもって定められ（規則97条）、地番の定め方については、準則67条に具体的に定められている。

　なお、地番の付し方について、明治8年頃のものは、例えば、次のように定められていたものがある。

（4回分割された例）

$$4 \begin{cases} 4ノ1 \\ 4ノ2 \end{cases} \begin{cases} 4ノ1ノ1 \\ 4ノ1ノ2 \end{cases} \begin{cases} 4ノ1ノ1ノ1 \\ 4ノ1ノ1ノ2 \end{cases} \begin{cases} 4ノ1ノ1ノ1ノ1 \\ 4ノ1ノ1ノ1ノ2 \end{cases}$$

　その後、昭和35年のいわゆる一元化の時に、可能な限り、現行のような形に地番を変更することとされたので、現在、このような地番を用いているものは、ごくわずかであるといわれている。

　ところで、「地番」とよく似た用語に「番地」があるが、「番地」は、既に各土地に地番が付せられた後の土地の場所を表す場合に使われるものであって、言外に「所在する」という意味が含まれている。

　また、「地番」と似たものに「住居表示番号」（「住居表示に関する法律（昭和37年第119号）」参照）があるが、これは、「番地」と同様に所在を表すものであるが、土地の所在を指すものではなく、市街地にある住所、居所又は事務所等の所在する場所を表示するものであり、建物や工作物に付される番号である。

このように、地番と住居表示番号とは何の関係もないものであるので、住居表示が施行されている地域については留意する必要がある。

2005　地震に伴う地殻変動と筆界

問　地震による地殻変動に伴い広範囲にわたって地表面が水平移動した場合には、土地の筆界はどうなるのか。

結論　**地表面の水平移動に伴い、土地の筆界も相対的に移動したものとして取り扱われる。**

説明　平成7年1月17日に発生した阪神・淡路大震災、平成16年10月23日に発生した新潟県中越地震、平成23年3月11日に発生した東日本大震災、平成28年4月14日に発生した平成28年熊本地震などの巨大地震及びその余震によって多くの人命が失われたが、これらの多くは地殻変動による建物等の倒壊や津波による流出、火災による焼失等によるものである。

このうち、地殻変動については、地滑り、広範囲に及ぶ地表面の水平移動、隆起・陥没、水没地等が出現することとなるが、特に地殻変動により地表面が広範囲に移動した場合の土地の筆界及び登記所備付地図との関係は、被災地のほぼ全域での被災後の土地利用に大きな影響を与えるものである。

ところで、不動産登記実務の伝統的な考え方によれば、筆界及び筆界点には、地球上の絶対的な位置が付与されているのであって、土地は正に「不動の産」であると考えられる。したがって、地殻変動により地表がずれたとしても、土地そのものが移動することはなく、ずれた地表に不動の筆界点を再現することにより、地上の建物を削り取ったり、移築しなければならないこととなる。この場合、基本三角点等と連動した座標値を有する測量がされた土地については、技術的な手法を用いてその復元が可能であるとしても、座標値を有しない土地についてこれを復元することは極めて困難であり、このような従来からの伝統的な考え方では、技術的に破綻してしまうことになる。また、この考え方が社会的、経済的にも受け入れ難いものであることは、明らかである。

そこで、平成7年の阪神・淡路大震災における地殻変動と土地の筆界については、地震による地殻の変動に伴い広範囲にわたって地表面が水平移動した場合には、土地の筆界も相対的に移動したものとして取り扱い、局部的な地表面の土砂の移動（崖崩れ等）の場合には、土地に筆界は移動しないものとして取

り扱うこととされた（平7．3．29第2589号回答）。

　なお、地殻変動においては、一般に水平移動と垂直移動が同時に発生することになるが、不動産登記実務においては、土地の求積は水平投影面積による（規則100条）のであって、垂直移動の情報すなわち地盤の高低については、海面下に没した土地の判断以外に用いられないからである。

　東日本大震災や平成28年熊本地震及びその余の余震では、基準点測量成果の公表が停止されたところ、当該地域において提出された地積測量図について、それが当該地震等の前の測量成果に基づき作成されたものであるときは、地震後に当該成果について、点検が行われ、その点検結果において相対的位置に変動がない（公差の範囲内）と確認された場合には、当該地積測量図を添付情報とする登記の申請及び嘱託が認められた（平23．3．18第695号通知ほか）。なお、この場合における地積測量図に記録された筆界点座標値は、近傍の恒久的地物に基づく測量成果として取り扱われる。

　もっとも、地域によっては、崖崩れ、地滑り等によって必ずしも水平に移動していない場合も想定されるので、留意しなければならない。

　これらの土地の水平地殻変動については、国土地理院が基準点の改測量を実施し、その成果に基づき、登記所備付地図の座標値について、パラメータ変換作業が行われることになる。

2006　宅地造成中の土地の地目

問　宅地造成中の土地の地目は何か。

結論　**宅地造成中の土地の地目は、通常は、造成工事がされる以前の土地の地目である。**

説明　地目は、権利の客体となる土地を特定するものとして、土地の用途により分類されるものであり（不登法2条18号）、土地の表示に関する登記事項の一つである（同法34条1項3号）。

　この地目は、土地の主たる用途により、田、畑、宅地、学校用地、鉄道用地、塩田、鉱泉地、池沼、山林、牧場、原野、墓地、境内地、運河用地、水道用地、用悪水路、ため池、堤、井溝、保安林、公衆用道路、公園及び雑種地の23種に区分されている（規則99条）。

　ある地目（例えば「田」）を宅地に変更した場合には、土地の所有者は、1月

以内に地目の変更の登記を申請しなければならない（不登法37条1項）が、これは、土地の現状（利用状況又は物理的状況）を速やかに登記簿上に公示することにより、当該土地について取引しようとする人が、登記簿上の地目と、現地の利用状況を比較して自己の取引の対象である土地を容易に特定することができるようにしようという考えに基づくものである。

　ここで、地目の変更とは、従前の地目（田）が新たな地目（宅地）になったことをいうのであって、田として利用することができなくなったことをいうものではない。

　すなわち、田が他の地目に変更されて初めて異なる地目に変更した旨の登記がされることになるのであって、地目が変更される過程で異なる地目となる（いわゆる中間地目）ということはない。ここで、中間地目として、「雑種地」として登記することはできないかという考えもあるが、「雑種地」という地目は、定められている種類の地目に認定することができない土地の地目をいうのではなく、何かの用途に供されている（利用状況が固定化している状態）土地であって、雑種地以外の22種類のいずれの地目にも該当しない土地について、その地目を雑種地として登記するものなのである。

　地目は、土地の状況を表すものであるから、例えばゴルフ場について、ゴルフ場という地目を付してもよいのではないかということも考えられるが、そうなると、地目の種類は、時代とともに無限に増加することが予想され、登記の上でも、また、他の土地行政の面においても、かえって、事務取扱上煩雑になるおそれがあり、現在の取扱いが妥当であると考えられる。

　以上のことから、法律から委任された省令により、土地の地目は、前記の23種類と限定されているのであり、宅地造成中の土地にあっては、宅地として認定することができる時点において初めて地目の変更の登記をすべきである。もっとも、その宅造事業が中止になって、相応の期間同じ状況にあって、もはや従前の地目（田）に復元することが困難である場合には、例えば、原野、雑種地に地目が変更したものと認められることはあり得ると考えられる。

2007　ゴルフ用地の一部が建物の敷地となっている場合の当該敷地の地目

問　一団としてゴルフ用地に利用されている数十筆の土地の一部が、

建物の敷地となっている場合の地目は何か。

| 結論 | **建物の敷地となっている土地の筆界を判然区分することができ、かつ、当該建物が登記上の建物と認定することができる場合には、宅地として差し支えないが、それ以外の場合は、雑種地とすべきである。**

| 説明 | 土地の地目は、各筆の土地を特定するためのものであるが、数十筆の土地が一団としてゴルフ場として利用されている場合には、その中の一部の土地上に建物があったとしても、その建物はゴルフ場の付随的な工作物にすぎないと考えられるので、当該工作物の敷地を含めて、その全部を一団として「雑種地」とするのが相当である。この場合の「雑種地」という地目には、「ゴルフ場用地」であることを包含していると見るべきであり、当該建物の敷地となっている土地についても、ゴルフ場内の土地である旨、つまり「雑種地」として公示することで足りると考えられる。

もっとも、当該建物が登記上の建物と認定することができ、その建物の敷地となっている土地の面積が建物敷地として相応であって、その土地の筆界が、境界標や地物、道路又は溝渠等により他の土地と判然区別することができる状況である場合には、その部分についての地目を、「宅地」と定めて差し支えないとされている（準則69条7号ただし書）が、それらの一団の土地が、ゴルフ場として利用されている状況にあれば、当該建物敷地の部分についてのみ他の部分と区別した地目を定める取引社会通念上の必要性は低いと考えられる。

2008 温室の敷地の地目

| 問 | 建物として登記されている温室の敷地の地目は何か。
| 結論 | **温室の内部が、土地を耕作して根菜等を栽培している場合には「畑」とし、その他の場合には「宅地」とする。**

| 説明 | 通常、温室といわれるものを大別すると、園芸用と農耕用があり、このような温床施設であっても半永久的な建造物と認められるものについては、建物として登記される（準則77条(1)オ）。

そこで、その敷地の地目を認定するに際して「宅地」とすべきか「畑」とすべきかが問題となる。一般的にいえば、建物の敷地の地目は「宅地」となるが、それは、その敷地である土地の主たる利用目的がいわば建物の効用を補助

するためのものだからである(建物の効用は、もともと人間が居住し、又は、物資を貯蔵することであると考えられている)。

しかし、大規模な農耕用の温室のように温室内部の土地を直接耕作して野菜や苗木の栽培に利用している場合であって、あたかも畑の効用を高めるために温室が設置された状態にあると認められるものについては、その敷地の土地の地目は「畑」とされるべきである。

また、農業委員会に届け出て農作物栽培高度化施設(農地法施行規則43条2項)の底面とするために農地をコンクリートその他のこれに類するもので覆う場合における当該農地については、引き続き農地法上の農地として取り扱われることになるため(同法43条1項)、当該農地の土地地目を「宅地」に変更する必要がないことに留意する必要がある(平30.11.16第613号通達)。

2009 地積の意義と傾斜地の地積の求め方

問 地積とは何か。また、土地が傾斜している場合の地積はどのようにして求めるのか。

結論 「地積」というのは、一筆の土地の面積のことであり、水平投影面積により、平方メートルを単位として定められる。なお、地積の算定方法には、直接法と図上法(座標法、プラニメーター法等種類が多い)とがある。

また、傾斜地の地積は、斜面に沿う表面積ではなく、その土地の境界線をある水平面上に投影したときの水平投影面積によって求める。

説明

(1) 地積の意義

地積とは、一筆の土地の面積であって、不動産登記規則等で定められるものである(不登法2条19号)が、一般には、文字どおり一筆の土地の広さ、すなわち土地の面積のことである。これが表示に関する登記の登記事項とされている(同法34条1項4号)のは、所在、地番、地目とともに当該土地を特定するための一要素を成すからであり、さらに、地目とともに、取引の対象としての土地の内容(地目がいわば質的内容であるのに対し、地積は量的内容)として、これを公示しておくことが取引上要請されるからである(単に土地を特定するためならば、所在及び地番のみによることも可能であろう)。

(2) 地積の定め方

　土地の面積は、その土地の境界線をある水平面上に投影したときの投影図の面積（水平投影面積）によって、平方メートルを単位として定めることとされており、1平方メートルの100分の1未満（宅地及び鉱泉地以外の土地で10平方メートルを超えるものについては、1平方メートル未満）の端数は切り捨てる（規則100条）。例えば、実測123.456平方メートルの宅地、実測9.909平方メートルの畑、実測10.999平方メートルの田の地積の表示は、それぞれ123.45平方メートル、9.90平方メートル、10平方メートルとなる。

(3) 地積の求め方

　実際に土地を測量して、その面積を算定する方法は、直接算定法や図上算定法等があるが、現在では、座標法によって筆界点の座標値から面積を算定するのが一般的になっている。不動産登記法は、測量の方法を直接的に規定していないので、どのような方法によるかは、申請人の選択に委ねられている。しかし、地積測量図を作成するに当たり、誤差の限度が定められている（規則77条4項、10条4項）ことなどから、少なくとも対象となる土地について作成された地図の測量精度を低下させるような測量の方法を採ることは適当ではないと解されている。

　現在、土地の求積方法として広く利用されている方法としては、多角形の土地の図形の各測点（多角形の各頂点）のＸＹ座標上におけるｘ、ｙの座標値から面積を計算する座標法がある。

　座標には、公共座標と局地（任意）座標があり、前者は国土調査法施行令2条1項に規定する平面直角座標系を、後者は近傍の恒久的地物に基づく局地的な任意の直角座標系を用いるものである。不動産登記法の登記所備付地図が整備されている地域（数値地区、図解地区、基準点地区及び街区点地区）における筆界点の位置は、前者の公共座標により表示されることを原則としている。

　公共座標による場合、筆界点の辺長は、理論上は実測辺長に投影補正を行って準拠楕円体面の球面距離に換算した後、縮尺補正をしなければならないが、実際には平面直角座標系の座標値から三平方の定理を用いて計算すれば足りる。土地の地積の求積においても、同様に、座標値をそのまま用いて数値計算をすれば足りる。

　なお、平成14年4月1日、日本の座標系が日本測地系から世界測地系に移行したことを受け、日本測地系の座標を世界測地系に座標値変換をする必要が生

じるが、この場合の変換後の位置誤差、辺長誤差、地積誤差は、不動産登記規則10条4項の誤差の限度内であり、既測成果等とも整合していなければならない。

(4) **傾斜地の地積の求め方**

　傾斜地を測量する場合には、その傾斜している表面積を求めるのではなく、一定の水平面に換算し直した面積を求めることとされている。したがって、次の図の場合、現実はA・Bの各点を結んだ表面になっているわけだが、この土地の地積は、このA・Bという面に沿った面積ではなく、A´、B´、という水平面におろしたときの面積であって、表面積よりは水平面積の方が若干少なくなる。

　傾斜距離と水平距離との差は、傾斜距離50メートルで1メートルの高低差があるとすると1センチ差になる。

　傾斜補正を行う方法としては、高さを求めて補正するのが一般的である。

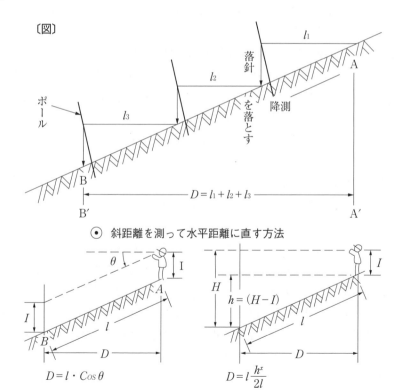

〔図〕

$D = l_1 + l_2 + l_3$

⊙ 斜距離を測って水平距離に直す方法

$D = l \cdot \cos\theta$

$D = l \dfrac{h^x}{2l}$

(5) 許容誤差

　地積測量における許容差に関して、土地の表示に関する登記の申請情報の内容及び添付情報（地積測量図）に記録した地積と登記官の実地調査の結果による地積の差が、申請情報の内容として提出された地積を基準にして、市街地地域及びその周辺の地域については国土調査法施行令（昭和27年政令第59号）別表第4に掲げる精度区分甲2まで、村落・農耕地域及びその周辺の地域については精度区分乙1まで、山林原野地域及びその周辺の地域については精度区分乙3までであるときは、申請情報の内容として記録した地積を相当と認めて差し支えないこととされている（規則10条4項、77条5項）。

2010　共有土地の表示に関する登記申請を共有者の一人からすることの可否

問　共有土地の表示に関する登記は、共有者の一人から申請することができるか。

結論　**分筆・合筆のような創設的登記についてはできないが、それ以外のいわゆる報告的登記については、共有者一人から申請できる。**

説明　不動産の表示に関する登記は、権利の客体である土地を特定しその物理的現況を明確にするためになされるものである。
　したがってその登記には、既に物理的に発生・変更しているものを登記記録に適合させるためのものと、原則として登記申請を行うことにより不動産の変更の効果が生じるものとがある。

(1)　新たに土地を生じたときにされる表題登記（不登法36条）、土地の滅失の登記（同法42条）、地目・地積の変更登記、又は更正の登記（同法37条、38条）などは現に物理的に変更が生じているものを登記記録に適合させるために行う登記であり、これらは、原則的には登記官が職権で登記することができる。
　したがって、これらの登記は、申請内容と土地の現況が適合している限りにおいては共有者全員から申請がされる必要はない。またこれらの登記には、所有者に申請義務が課せられており、申請者の便宜のためにも共有者の一人から単独で申請することができると解される。

(2)　土地の分筆・合筆の登記（不登法39条）は、その登記をすることによりその効果が生じる。すなわち土地の分筆・合筆は、原則としてその土地の所有者

の意思によってのみ申請されるものであり、例外的な場合に限り、登記官の職権によることが認められている（同条3項）。

　したがって、この登記はその性質上、共有者全員の合意によりされる必要があり、共有者全員が申請しなければならないと解される。

(3)　建物の区分所有等に関する法律（昭和37年法律第69号）の適用がある建物の敷地の分筆の登記については、同法21条において準用する同法17条の規定によれば、建物の敷地の変更は、区分所有者及び議決権の各4分の3以上の多数による集会の決議で決するとされていることを踏まえ、当該要件を満たした場合には、共有者の一部から申請することができる（平29.3.23民二171通知）。

(4)　その他、表題部の所有者に関する登記で共有者の持分についての更正の登記は、当該共有者以外の者は、申請することができない（不登法33条3項）。この場合には、当該更正の登記によってその持分を更正することとなる他の共有者の承諾があるときでなければ、申請することができない（同条4項）。

2011　公有水面埋立によって生じた土地の表題登記

問　公有水面埋立によって生じた土地の表題登記はどうするのか。

結論　**公有水面埋立法22条による竣功認可により新たに土地が生じたときは、当該認可を受けた者から当該認可の日から1月以内に土地の表題登記を申請しなければならない。**

説明　公有水面とは、河、海、湖、沼その他公共の用に供する水流又は水面で、国の所有に属するものをいう。公有水面については、公有水面埋立法（大正10年法律第57号）により埋立ての免許を受ければ、適法に埋め立てることができる。

　埋め立てようとする者は、埋立てに関する都道府県知事の免許を受け（公有水面埋立法2条1項）、埋立工事が竣功したときは、遅滞なく都道府県知事に竣功認可の申請をしなければならない（同法22条1項）。知事がこの竣功を認可したときはその旨を告示し（同条2項）、埋立の免許を受けた者は、その竣功認可の告示の日に当該埋立地の所有権を取得することになる（同法24条1項）。

　免許を受けた者は、その所有権の取得の日から1月以内に土地の表題登記を申請しなければならない（不登法36条）。一方、このような手続によらず、不法に埋め立てられた場合には、たとえ事実上土地が生じたとしても、当該埋立者

は、適法に所有権を取得することができないので、土地の表題登記の申請適格がない。

なお、公有水面の埋立地は、所属する市町村が未定であり（地方自治法7条の2第1項）、当該土地が所属する市町村及び町字が決まらない限り、管轄登記所も定まらないことから土地の表題登記を申請することもできない。

この登記の申請情報には、地積測量図、土地所在図、表題部所有者の住所を証する情報のほかに所有権を証する情報を添付する必要があるが（登記令別表の四の項添付情報欄）、この場合の所有権を証する情報は、公有水面埋立法22条の規定による竣功認可書を添付する必要がある（準則71条1項）。

2012 私人が未登記の国有地を時効取得した場合の表題登記

問 私人が未登記の国有地を時効取得した場合、どのような手続で表題登記をするのか。

結論 所有権を証する情報として、財務局長等からの取得時効の確認通知を添付して申請しなければならない。

説明 新たに生じた土地又は表題部の所有権を取得した者は、その所有権の取得の日から1月以内に、表題登記を申請しなければならない（不登法36条）。その土地が国有地の場合には、市町村は国に対して固定資産税を課することができず（地方税法348条）、このような土地にあっては、不動産登記法36条が適用されず（不動産登記法の一部を改正する等の法律（昭和35年法律第14号）附則5条1項、不登法附則9条）、国は土地の表題登記の申請義務を負わない。このような理由から、国有地については、土地の表題登記がされず、未登記であることが多い。

ところで、土地の所有権は取得時効の対象とされており（民法162条）、国有地であっても公用廃止処分がされる等、民法の要件を満たせば、時効により所有権を取得することが認められる。時効により取得した国有地が未登記であった場合、時効取得者は、土地表題登記の申請義務を負うこととなるのであるが、具体的な登記申請手続が問題となる。

国有財産の所有権を取得時効するには、取得時効の援用をしなければならない。「取得時効事務取扱要領」（平成13年3月30日財理第1268号）によれば、取得時効の援用をしようとする者は、当該財産の所在地を管轄する財務局等に国有

財産時効取得確認申請書及び必要な添付資料を提出しなければならない。提出書類を受け付けた財務局長等は、提出書類の審査及び現地の調査等を行い取得時効の成否を審査し、更に取得時効の成否について国有財産時効確認連絡会に付議し、意見を求めた上で、成否を認定することとされている。

認定の成否は、申請者に通知され、国名義で所有権保存の登記がされている財産については、国が時効取得者名義への所有権移転の登記の嘱託をすることとなる。また、国名義で表題登記のみがされている財産については、国名義で所有権保存の登記を了した後、国が時効取得者名義への所有権移転の登記の嘱託をすることとなる。しかしながら、当該財産につき表題登記がされていない場合には、既述したとおり、時効取得者が自ら土地の表題登記の申請をしなければならない。

この登記の申請情報には、地積測量図、土地所在図、表題部所有者の住所を証する情報のほかに所有権を証する情報を添付する必要があるが（登記令別表の四の項添付情報欄）、この場合の所有権を証する情報には、国有財産に係る時効取得の確認通知（「取得時効事務取扱要領」（平成13年3月30日財理第1268号）の別紙第5号様式（その2））が該当する。

なお、国有地の所有権を時効取得によって取得したことを確認することができる判決に基づき、時効取得者が自ら土地の表題登記の申請をする場合の所有権を証する情報は、当該判決謄本が該当するものと考えられる。

2013 未登記の市所有道路の用途を廃止後、私人が当該土地の払下げを受ける場合の登記手続

問 未登記の市所有道路の用途を廃止後、私人が当該土地の払下げを受ける場合の登記手続はどのようにするのか。

結論 未登記の市所有道路の払下げを受け、当該土地の所有権を取得した者は、その所有権の取得の日から1月以内に、土地の表題登記を申請しなければならない。この登記の申請情報には、地積測量図、土地所在図、表題部所有者の住所を証する情報のほかに所有権を証する情報（登記令別表の四の項添付情報欄）として、当該払下げを受けたことを証する情報を添付する必要がある（準則71条1項）。

説明 　道路法（昭和27年法律第180号）の適用を受けない道路（市道認定がされていない法定外道路）は、法定外公共物とされ、公共の用に供される行政財産であるが、これらの中には道路としての用途目的を失っているものや、将来にわたって公共の用に供する必要がないものがある。このような市所有の道路について、市が当該財産を道路の用に供する必要がないと認めたものについては、道路としての利用目的をなくす用途廃止の手続をすることによって、市の普通財産として、私人に譲渡することが認められている。

　新たに生じた土地又は表題部の所有権を取得した者は、その所有権の取得の日から1月以内に、表題登記を申請しなければならない（不登法36条）こととされているが、法定外公共物の場合、市町村は当該道路を所有する市に対して固定資産税を課することができず（地方税法348条）、このような土地にあっては、不動産登記法36条が適用されず（不動産登記法の一部を改正する等の法律（昭和35年法律第14号）附則5条1項、不登法附則9条）、市は土地の表題登記の申請義務を負わない。したがって、法定公共物にあっては、土地の表題登記がされず、未登記のままの市所有の道路が存在することがあり得る。

　本問のように、市が所有する道路の用途を廃止して、これを私人が譲り受けた場合において、当該土地が未登記であれば、払下げを受けた私人は、土地の表題登記の申請義務を負うこととなる。

　この登記の申請情報には、地積測量図、土地所在図、表題部所有者の住所を証する情報のほかに所有権を証する情報を添付する必要があるが（登記令別表の四の項添付情報欄）、この場合の所有権を証する情報は、当該払下げを受けたことを証する情報を添付する必要がある（準則71条1項）。

2014 土地の表題登記の申請において添付すべき土地所在図及び地積測量図の記録事項

問 　土地の表題登記の申請において添付すべき土地所在図及び地積測量図には、どのような事項を記録するのか。また、どのような点に留意して作成するのか。

結論 　土地所在図には、方位、縮尺、土地の形状及び隣地の地番（規則76条）及び作成の年月日、申請人の氏名等（規則73条2項）を記録しなければならない。

土地所在図は、規則73条、74条、75条1項及び76条並びに準則51条等の規定に基づき、地積測量図は規則73条、74条、75条及び77条並びに準則50条及び51条等の規定に基づき、それぞれ作成しなければならない。

説明

(1)　土地所在図は、土地の表題登記を申請するときに、登記官にその土地の位置及び形状を確認させ、地図に必要な事項を書き入れさせるために申請者が提供しなければならない図面である（登記令2条2号）。

書面申請による土地所在図は、一筆の土地ごとに作成しなければならず（規則75条）、電子申請（規則1条3号）による場合の土地所在図は、法務大臣の定める方式に従って作成し（規則73条）、電磁的記録として送信され、その情報が電磁的記録に記録として保存されることとなる（規則20条2項）。

書面で提出された土地所在図については、登記官が電子化して、電磁的記録に記録して保存する（規則20条2項）。なお、登録後に提出された図面は、他の添付情報と同様、申請書とともに申請書類つづり込み帳につづり込まれる（同条3項）。

土地所在図には、方位、縮尺、土地の形状及び隣地の地番（規則76条1項）及び作成の年月日、申請人の氏名等（規則73条2項）を記録しなければならない。

電子申請において送信する土地所在図には、申請人の氏名を記録するとともに、作成者の電子署名（登記令12条2項）に併せて電子証明書を送信する（同令14条、15条後段）。書面申請において電磁的記録に記録して土地所在図を提出する場合も同様である（規則73条1項後段）。

土地所在図は、地図に書入れを行うためのものなので、縮尺は、近傍類似の土地の地図と同一の縮尺により作成しなければならない（規則76条2項）。土地所在図で許される誤差の限度は、地図の場合と同じである（同条3項）。

土地所在図の様式及び規格は統一されており（規則74条3項）、強靱な材質で伸縮率の小さな紙質のものが望ましい。

電子申請において送信する地積測量図は、土地所在図を兼ねることができる（規則73条1項、準則51条2項）。書面申請において、同時に提出する地積測量図の縮尺がその土地について作成する土地所在図の縮尺と同一であって、地積測量図によって土地所在図を明確に表示することができるときは、図面の標記を

「地積測量図兼土地所在図」として、地積測量図をもって土地所在図を兼ねる取扱いが便宜認められている（準則51条4項）。また、地積測量図の余白を用いて、土地所在図を作成することができる場合には、図面の標記に土地所在図と追記して、便宜、土地所在図を作成しても差し支えない。土地所在図が1枚の紙に収まらない場合には、土地所在図の余白の適宜の箇所にその総枚数とその用紙が何枚目なのかを記載する（同条5項）。

土地所在図が書面の場合には、0.2ミリメートル以下の細線で、図形を鮮明に表示して作成しなければならない（規則74条1項）。

(2) 地積測量図は、土地の表題登記等を申請するときに、申請の対象となった土地の面積と計算方法を明らかにするために申請者が提供しなければならない図面である（登記令2条3項）。

地積測量図は、現地を実測した結果に基づいて作成するもので、測量の方法は規定されていないが、少なくとも当該土地について地図が作成された際の測量精度を低下させるような測量方法をとることは適当ではないことから、地積測量図の誤差の限度は、地図を作成するための一筆地測量及び地積測定における誤差の限度を基準とするものとされている（規則77条4項、10条4項）。

電子申請（規則1条3号）による場合の地積測量図は、法務大臣の定める方式に従って作成し（規則73条）、電磁的記録として送信され、その情報が電磁的記録に記録として保存されることとなる（規則20条2項）。

書面で提出された地積測量図については、登記所の管理する電磁的記録に記録して保存する（規則20条2項）。なお、当該登録後、地積測量図として提出された書面は、他の添付情報と同様、申請書とともに申請書類つづり込み帳につづり込まれる（同条3項）。

書面により提出する地積測量図は、一筆の土地ごとに1用紙を用いて作成しなければならず（規則75条1項）、分筆の登記を申請する場合の分筆後の地積測量図は、分筆前の土地ごとに作成しなければならない（同条2項）。なお、広大な一筆の土地を分筆する登記を申請する場合には数葉の用紙を用いて差し支えない（準則51条5項）。地積測量図は、電磁的記録に記録して提出することができる（規則73条）。

地積測量図の縮尺は、原則として250分の1によるが、この縮尺によることが適当でない場合には適宜の縮尺によることができる（規則77条）。地積測量図の誤差の限度は、地図の場合と同じである（同条、10条4項）。土地の形状

は、測量の成果に基づき、実線で正確に描写する。

　地積測量図には、①地番区域の名称、②方位、③縮尺、④地番（隣接地の地番を含む）、⑤地積及びその求積方法、⑥筆界点間の距離、⑦基本三角点等に基づく測量の成果による筆界点の座標値（⑧近傍に基本三角点等が存しない場合その他の基本三角点等に基づく測量ができない特別な事情がある場合にあっては、近傍の恒久的地物に基づく測量の成果による筆界点の座標値）（規則77条）、⑨境界標（筆界点にある永続性のある石杭又は金属標その他これに類する標識をいう）があるときは、当該標識の表示及び⑩作成の年月日、⑪申請人の氏名等（規則73条2項）を記録しなければならない。

　⑦の基本三角点等とは、測量法（昭和24年法律第188号）2章の規定による基本測量の成果である三角点及び電子基準点、国土調査法（昭和26年法律第180号）19条2項の規定により認証され若しくは同条5項の規定により指定された基準点又はこれと同等以上の精度を有すると認められる基準点をいう。記録方法は、当該基本三角点等に符号を付した上、地積測量図の適宜の箇所に、その符号、基本三角点等の名称及びその座標を記録する。

　⑧の近傍に基本三角点等が存しない場合その他の基本三角点等に基づく測量ができない特別な事情がある場合にあっては、近傍の恒久的地物に基づく測量の成果による筆界点の座標値を記録する場合には、当該建物の存する地点に符号を付した上で、地積測量図の適宜の箇所にその符号、地物の名称、概略図及びその座標値を記録する。

　⑨の境界標とは、筆界点にある永続性のある石杭又は金属標その他これに類する標識をいう。一般に、木杭やプラスチック製杭、マーカーによる印、刻み印などは、境界標には該当しない。地積測量図に境界標を記録する場合には、境界標の存する筆界点に符号を付し、適宜の場所にその符号及び境界標の種類を記録する方法その他これに準ずる方法によりこれらの境界標も記録しなければならない。

　分筆の登記を申請する場合には、分筆後の土地の地積測量図を提供しなければならない。この場合の地積測量図は、分筆前の土地ごとに作成しなければならず（規則75条2項）、このときの表示は、分筆前の土地を図示し、分筆線を明らかにして、分筆後の各土地を表示してこれに①②③、(イ)(ロ)(ハ)、ABC等の符号を付さなければならない（規則78条、準則51条）。

　分筆前の広大な土地であって、分筆後の土地の一方がわずかであるなど特別

な事情があるときに限り、分筆後の土地のうち一筆の土地について、地積及びその求積方法、筆界点の距離、国土調査法施行令2条1号に規定する平面直角座標系の番号又は記号の記録を便宜省略して差し支えない（準則72条2項）。

なお、分筆の登記を申請する場合において、分筆前の地積と分筆後の地積の差が、分筆前の地積を基準にして不動産登記法77条5項の規定による地積測量図の誤差の限度内であるときは、地積の更正の登記の申請をする必要はない（準則72条1項）。

第2款　建　物

2015　建物の要件

問　登記能力を有する建物とは何か。

結論　**建物であるかどうかは最終的には社会通念によって判定されるが、登記実務上は、㈠屋根及び周壁又はこれに類するものを有し、㈪土地に定着した建造物であって、㈫その目的とする用途に供し得る状態にあるもの、という定義がされている。**

説明　民法86条1項は「土地及びその定着物は、不動産とする」と規定し、土地の定着物は、敷地たる土地とは別個・独立の不動産とされ、独立に登記の対象となるが、土地の定着物であっても建物でないものは、特別法による例外（立木法による立木）を除き、独立して登記の対象とはならない（例えば、橋梁、テレビの鉄塔）。

建物であるか、それ以外の工作物であるかの判定は、最終的には社会通念によることになるが、建物であるための一応の定義としては、「屋根及び周壁又はこれらに類するものを有し、土地に定着した建造物であって、その目的とする用途に供し得る状態にあるもの」をいう（規則111条）。

ある建造物が建物と認定されることによってもたらされる結果としては、抵当権の目的とすることができ、金融の手段となり得ること、その所有を目的とする借地権に借地借家法が適用されるようになること（京都地裁昭60.10.11金融商事判例745号41頁）等である。

そこでまず構造上の要件として建物といえるためには、屋根及び周壁を有す

ることが必要である。どの程度の規模、構造の屋根・周壁が当該要件を満たすかは、当該建物の用途性をも考慮して総合的に判断すべきであるが、法務省の先例は、アーケード付街路（公衆用道路上に屋根覆いを施した部分）（準則77条2号エ）、ガソリンスタンドに付随し給油の目的をもって駐車に利用する「きのこ型」の建造物（昭36.9.12第2208号回答、先例集追Ⅲ613）は、いずれも建物ではないとしている。また、建築の過程の建物がいつ成立するかについて、従来の裁判例には、次のようなものがある。

(イ) 建物として認定されなかったもの

① 大判大15.2.22判決（民集5巻2号99頁）

【判決要旨】 建築中の建物が、木材を組み立て、その上に屋根を葺き上げたのみでは法律上の建物とはいえない。

② 大判昭8.3.24判決（民集12巻5号490頁）

【判決要旨】 新築工事中の建物で単に切組を済まし、降雨をしのぐことができる程度に土居葺を終わったにとどまる状態にあるものは、まだ不動産としての建物と認めることができない。

(ロ) 建物として認定されたもの

① 大判昭10.10.1判決（民集14巻18号1671頁）

【判決要旨】 工事中の建物が屋根及び周壁を有し、土地に定着する1個の建造物として存在するに至ったときは床及び天井を備えていなくても、建物として登記することができる。

② 札幌地裁昭33.8.28判決（下民集9巻8号1686頁）

【判決要旨】 屋根を上げて柾を葺き、周囲の壁は木舞を打って建築紙を張りその上に金網を張り、内部は天井は桟の打付が終わり一部を残して板が張られ、床は全部張り終え壁も木舞が張り付けられ電気の配線を完了し既に七分どおり竣工しており壁の上塗り、便所湯殿の設備をすればほとんど完成の程度に達した場合は動産の域を脱して不動産となったと見るのが相当である。

③ 東京地裁昭34.2.17判決（下民集10巻2号296頁）

【判決要旨】 建造物の内部及び外部は壁を塗る下地を完成し、屋根は下地を全部完成して半側の半分以上は鉄板を葺き終わり、床、廊下、階段の大部分及び天井も壁を塗るだけに完成し、2階の配線工事も終わった状態の未完成建物は建物として登記し得る。

④ 東京地裁昭34.12.24判決（下民集10巻12号2719頁）

【判決要旨】 鉄筋コンクリート造り建物において、鉄筋工事、コンクリート工事、防水工事、建物工事のほとんどを終え、ブロック工事、衛生工事、電気工事の半分程度を仕上げ、左官工事、硝子工事を残すまで出来上がった場合、この建造物は独立して所有権の客体たり得る。

次に土地に定着した建造物であることが要件となるが、定着性の有無は、単に物理的な固着の度合いのみによって判断すべきでなく、「土地に附着せしめられ、且つ、その土地に永続的に附着せしめられた状態において使用せしめられることがその物の取引上の性質」（大判昭4.10.19新聞3081号15頁、最判昭37.3.29民集16巻3号643頁）であるかどうかによって判断すべきである。したがって不動産である建物は永続性のある建造物でなければならない。屋根及び壁の仕上げが耐用年数1年程度のビニール張りであるいわゆるビニールハウスはこの意味から建物ではない（昭36.11.16第1023号回答、先例集追Ⅲ721）とされているが、国土交通省基準（国土交通省告示平成14年667号、平成23年430号及び平成19年613号）を満たしたテント倉庫用膜材料等（厚さ0.45ミリメートル以上、質量550平方メートル以上、引張強さ200N/cm以上）であれば、周壁の永続性が認められるものと考える。

また、建物は、土地と異なり、建造の当初から一定の利用目的をもって造り出されるものであるから、その用途に供し得る状態になければならない。このような要件を「用途性」といい、建物は、用途性を充足してこそ経済上の効用があり、取引の客体となることができるものである。

以上のほかに、登記能力を有する建物の要件として「取引性を有すること」が必要であるとする考えもある。つまり、それ自体独立して不動産としての取引性の認められるものでなければ建物として認められないとするものである。

以下登記実務上の取扱例を掲げるが、建築技術及び建築資材の進歩、発展等により建物かどうかの判定は非常に困難な場合もある。

(イ) 建物として取り扱うものとしては、停車場の乗降場又は荷物積卸場で上屋を有する部分、野球場又は競馬場の観覧席で屋根を有する部分、ガード下を利用して築造した店舗、倉庫等の建造物、地下停車場、地下駐車場及び地下街の建造物、半永久的な園芸又は農耕用の温床施設（以上、準則77条1号）、出入口等のない全閉構造で、柱もなく、円筒型側壁、ドーム型天蓋を持つ鉄筋コンクリート造りのセメント貯蔵用サイロ（昭37.6.12第1487号回答）、プレハブ工法により設置された地下室（昭55.11.18第6712号回答等）がある。

(ロ) 建物として取り扱わないものとしては、ガスタンク、石油タンク、給水タンク、機械上に建設した建造物（地上に基脚を有し、又は支柱を施したものを除く）、容易に運搬することができる切符売場又は入場券売場等（以上、準則77条2号）等がある。

2016　建物の個数の認定

問　所有者が同じで同一敷地内に二棟の建物が隣接している場合に1個の建物として登記することができないか。

結論　原則として、一棟の建物を1個として登記すべきであるが、二棟の建物が効用上一体として利用される状態にあれば、1個の建物として登記し得る場合がある。

説明　建物の個数、すなわちいかなる範囲のものを1個の建物として取り扱うかということに関しては、通常は一棟の建物をもって1個の建物とするのが原則であるが、附属建物のように、表題登記のある建物に附属する建物であって、当該表題登記がある建物と一体のものとして1個の建物として登記されるものもある（不登法2条23号）。すなわち、その例外として数棟の建物が効用上一体として利用されている場合には、これを1個の取引単位として登記記録上1個の建物として取り扱うことができ、また、区分建物である要件を備えている一棟の建物について区分建物の登記がされたような場合には、一棟の建物の部分をもって1個の建物として取り扱うこととされている（準則78条1項・2項）。つまり、後者にあっては物理的又は構造上の一体性によって建物の個数を決め、前者にあっては物理的（事実上）には数棟の建物でありながらも、それらの建物としての利用上あるいは機能上の一体性によって建物の個数を決定するということができるが、この場合には特に当該建物の所有者の意思も個数を決定するときの重要な要素となる。準則78条1項・2項がいずれも「所有者の意思に反しない限り」と規定しているのはそのためである。

しかし、この規定の趣旨はいかなる場合においても所有者の意思によって建物の個数が決定されるというものではなく、所有者の意思が重要とはいえ、その前提としては、やはり建物としての効用上の一体性というものが客観的に認められることを要するのである。したがって、その点では所有者の意思そのも

のは決して絶対的なものではないと考えることができる。

　ところで、建物の個数の判断基準については「ある部分が建物の一部か或は独立した一個の建物であるかどうかの建物の個数を決める標準に、建物の構造その他一切の事情に即して取引上経済上の一般通念に従って客観的に決定させられるところであり、当事者の意思もまたその標準の一として考慮の外におき得ない価値を有する」としながらも、所有者の意思は補足的なものにすぎないとする判例（福岡高判昭28．8．19高民集6巻9号514頁）や、増築に関して「築造部分が従前の建物と一体となって全体として一個の建物を構成するか、あるいは別個独立の建物となるかは建物の物理的構造のみからこれを決すべきではなく、取引又は利用の対象として観察した建物の状況も勘案しなければならない」とするもの（最高判昭39．1．30民集18巻1号196頁）や、同じように建物の増築に関する事案につき建物の利用上、取引上の一体性を判断基準にしている判例（最高判昭43．6．13民集22巻6号1183頁）もある。

　学説等も表現は異なるもののその判断基準とするところはほぼ同じようにも考えられるが、つまるところは建物としての物理的な構造上の一体性や利用上の一体性、更には所有者の意思や取引などをも考慮しながら一般社会通念により決するほかないものと思われる。

　本問の事例の場合でも、同一敷地内に二棟の建物が隣接しており、しかも所有者が同じであるならば、仮にそれぞれの建物を親子夫婦が居宅として利用しているときは、所有者の意思により1個の建物として登記することができるようにも考えられるが、やはりそれぞれ居宅として利用されている建物間の効用上の一体性という点では疑問があり、さらに居宅としての利用形態をより客観的に判断すべきであると考えられる。次に、実務上においてもしばしば問題となる事案として増改築した場合がある。つまり、増築といい得るためには、既存建物と増築後の建物とが規模、構造等から見て客観的に同一性があると認められることを要するとされているが、例えば既存の小さなビルに隣接して超高層の巨大なビルが建てられた場合に、これを既存建物の増築として表題部の変更の登記の申請をすることができるかどうかは疑問である。そこで、いわゆる増築部分を既存部分とは別個独立の建物と判断すべきかどうかは、当該増築部分が物理的な構造及び利用上の独立性を有しているか、あるいは既存部分に付合したものであると認め得るかにより決せられるものと思われる。したがって、この点から判断すると前記のような場合は、既存の建物とは別個に新たな

建物の表題登記をするのが妥当であると考えられる。

　次に、建物の個数に関する先例としては、①高速道路下の空間に幾筋もの道路を挟んで建築されているビルに関するもの（昭45.3.24第267号回答）、②１階13個、２階13個から構成されているいわゆるカプセルハウスについて、これらは全体として１個の建物とはならないが、各階の個々のカプセルハウスを１個の建物として登記することが可能であるとされた事例（昭50.2.13第834号回答）、③臨海埋立地に建設された流通団地の集団的賃貸倉庫につき既存の倉庫の附属建物（新築）とする登記申請があった事案につき、既登記建物と効用上の一体性が認められないので別に１個の建物として登記すべきであるとされたもの（昭52.10.5第5113号回答）などがある。

　このうち特に②及び③については、各建物としての利用目的というものは同一であろうと解され、しかも所有者が同一である場合には、これら各建物を１個とした旨の所有者の意思を考慮すべきではないかということも考えられるが、やはり当該建物の構造及び利用形態から判断される効用上の一体性というものは認め難いものと解される。

2017　建物の種類の認定

問　建物の種類とは何か。

結論　**建物の種類とは、一棟の建物ごとに建物の主たる利用目的から見た種別を示す用途区分であり、建物を特定するための要素の一つとして、登記されるものである。**

説明　建物の種類は、一棟の建物ごとの主たる利用目的により、居宅、店舗、寄宿舎、共同住宅、事務所、旅館、料理店、工場、倉庫、車庫、発電所及び変電所に区分して定められ、これらの区分に該当しない建物については、これに準じてに定める（規則113条１項）こととされているところから、法定の種類に該当しない建物については、その用途により校舎、講堂、研究所、病院、診療所、集会所、公会堂、停車場、劇場、映画館、遊技場、競技場、野球場、競馬場、公衆浴場、火葬場、守衛所、茶室、温室、蚕室、物置、便所、鶏舎、酪農舎、給油所などのように区分して定めるものとされ、これにより難い場合には、建物の用途により適当とされるものを定めるものとされている（準則80条１項）ことから、規則及び準則に定められた以外に、

当該建物を特定する上において、社会通念化した適当な表示方法が存すれば、その用語で表示して差し支えないと考えられる。

次に、種類の区分について若干説明する。

「寄宿舎」と「共同住宅」の違いは、居住単位の区画内で独立した生活が営むことができるかどうかの点と、そこに住む者の対象範囲が異なる点にある。すなわち、寄宿舎というのは、学生や社員のように特定の者を対象とし、共同住宅というのは不特定多数の人を対象としている。「店舗」については、登記実務上商品を陳列して販売するための場所、あるいは飲食物を提供する場所を店舗として表示しているが、店舗の範疇に属するものが非常に広く、常識的に実態と異なるものも見られることから、具体的に建物の種類を表示するに社会通念上適当な表示方法があれば認めて差し支えないものと考える。

多数の者が分業形態で物品の製造、加工等行う建物は「工場」であるが、単なる仕事場は「作業場」と表示して「工場」と区別する。

旅館、ホテル、ユースホステル等の建物は「旅館」とするが、ホテル（旅館業法２条２項参照）の建物は「ホテル」と表示することもできる。

なお、前記のとおり、建物の種類はその建物の主たる用途により定めればよいのであるから、一棟の建物において部分的に利用目的の異なる部分が存する建物について、その異なる部分の種類を全部列挙する必要はない。例えば、店舗部分が主たる用途を占めている建物においては「店舗」と表示するのみで差し支えないのである。

もっとも、主たる用途が二つ以上ある建物も存するので、そのような建物については、例えば「居宅・店舗」のように種類を定める（準則80条２項）。

2018 建物の床面積の定め方

問 建物の床面積はどのようにして定めるのか。

結論 **建物の床面積は、各階ごとに壁その他の区画の中心線（区分建物にあっては、壁その他の区画の内側線）で囲まれた部分の水平投影面積により、平方メートルを単位として定め、１平方メートルの100分の１未満の端数は切り捨てる（規則115条）。**

説明 床面積とは、建物の面積であり、一棟の建物を広さの面から特定するために登記されるものである。

床面積を算出する際の基準となる「区画の中心線」は、各種の建物ごとに一様でなく、床面積に算入すべき部分とそうでない部分との限界は判断が困難である。そこで登記実務上は、次のような取扱基準によって床面積を計算することとされている（昭46.4.16第1527号回答）。なお、区分建物にあっては、壁その他の区画の内側線で囲まれた部分の水平投影面積によるものとされている（規則115条）。

(1) **木造の建物**

　一般に柱間の壁は直線であるから、壁の厚さ、形状にかかわらず、柱の中心線で囲まれた部分の水平投影面積により算出する。

(2) **鉄骨造の建物**

(イ) 柱の外側が被覆されている場合は、柱の外面を結ぶ線で囲まれた部分の水平投影面積による。

(ロ) 柱の両側が被覆されている場合は、柱の中心線で囲まれた部分の水平投影面積による。

(ハ) 柱の外側に壁がある場合には、壁の中心線で囲まれた部分の水平投影面積による。

(ニ) 壁がない場合で床面積を算出すべきときは、柱の中心線で囲まれた部分の水平投影面積による。

(3) **鉄筋コンクリート造（鉄骨コンクリート造及びコンクリートブロック造を含む）の建物**

(イ) 壁構造の場合は、壁（又はサッシュ）の中心線で囲まれた部分の水平投影面積による。

(ロ) 壁がない場合で床面積を算出すべきときは、柱の中心線で囲まれた部分の水平投影面積による。

(ハ) 壁構造の場合で、各階の壁の厚さが異なるときは、各階ごとの壁の中心線で囲まれた水平投影面積による。

(4) **注 意 点**

　その他床面積算出上留意すべき事項は次のとおりである（準則82条）。

(イ) 天井の高さが1.5メートル未満の地階、屋階（特殊階）は、床面積に算入しない。ただし、一室の一部が天井の高さ1.5メートル未満であっても、その部分は当該一室の面積に算入する。

(ロ) 停車場の上屋を有する乗降場及び荷物積卸場の床面積は、その上屋の占め

る部分の乗降場及び荷物積卸場の面積により計算する。
(ハ) 野球場、競馬場又はこれに類する施設の観覧席は、屋根の設備のある部分の面積を床面積とする。
(ニ) 地下停車場、地下駐車場及び地下街の建物の床面積は、壁又は柱等により区画された部分の面積により定める。ただし、常時一般に開放されている通路及び階段の部分を除く。
(ホ) 停車場の地下道設備（地下停車場のものを含む。）は、床面積に算入しない。
(ヘ) 階段室、エレベーター室又はこれに準ずるものは、床を有するものとみなして各階の床面積に算入する。
(ト) 建物に附属する屋外の階段は、床面積に算入しない。
(チ) 建物の一部が上階まで吹抜けになっている場合には、その吹抜けの部分は、上階の床面積に算入しない。
(リ) 柱又は壁が傾斜している場合の床面積は、各階の床面の接着する壁その他の区画の中心線で囲まれた部分による。
(ヌ) 建物の内部に煙突又はダストシュートがある場合（その一部が外側に及んでいるものを含む。）には、その部分は各階の床面積に算入し、外側にあるときは算入しない。
(ル) 出窓は、その高さ1.5メートル以上のもので、その下部が床面と同一の高さにあるものに限り、床面積に算入する。

2019 建築中の建造物の登記能力取得時期

問 建築中の建造物は、登記の対象となるか。

結論 **建築中の建造物は、取引又は利用の目的物としての建物たる要件を有するに至ったときには、登記の対象となる。**

なお、建物かどうかの判断は、その物理的構造のみによって画一的になすべきではなく、当該建物の主たる利用目的をも勘案の上、社会通念に基づいて決すべきである。

説明 建物は土地の定着物であるが、その敷地たる土地とは独立した不動産として登記の対象となる（不登法2条1号）。

建物についての具体的な基準については、民法その他の法令上必ずしも明確ではなく、結局は社会通念により判断することとなるが、登記においては、

「建物は、屋根及び周壁又はこれらに類するものを有し、土地に定着した建造物であって、その目的とする用途に供し得る状態にあるものでなければならない」（規則111条）としている。

したがって、このような要件を具備する建造物については、たとえ、それが完成していない場合であっても、建物として登記の対象となり得るといえる。

建築中の建造物は、いかなる状態に達すれば登記能力を備えた建物と見ることができるかは、単に物理的構造のみを標準として判断すべきでなく、当該建造物の主たる用途を判定基準として、その効用を有しているかどうかをも勘案すべきである。ちなみに、判例は、木材を組み立て屋根を葺き上げただけではまだ建物とはいえない（大判大15．2．22民集5巻2号99頁）が、屋根が葺かれ周壁として荒壁が塗られて土地に定着した1個の建造物として存在する状態に至れば建物といえる（大判昭10.10.1民集14巻18号1671頁）などと判断しているが、結局は、建物かどうかの判断基準は具体的事案における当該建造物の建物としての使用目的によって異なるものといえる。例えば、使用目的が「工場」「倉庫」等である場合には、床や天井がなくとも建物として取り扱うことは差し支えないが、「居宅」等である場合には、単に風雨をしのぐ程度では足りず、少なくとも人が寝食し得るような状態にまで完成していることが必要である。また、「旅館」「料理店」等にあっては、さらに、その目的とする営業の用に供することができるために十分な構造に達していることが必要である（言わば、建物の表示の登記における登記事項たる建物の「種類」を特定し得る状態にあることが必要ともいえる）。

建築中の建造物がいつ建物として登記することができるかということは、それを目的とする金融取引等においても影響を与えることになるので、前記の事項を参考にして総合的かつ客観的に判断すべきであると考える。

2020　移動可能な建築物の登記能力

問　容易に移動させることができる建築物は建物として登記することができるか。

結論　**容易に移動させることが可能であって、かつ、移動させて利用することがその物の本来の性質である建築物は、通常は、登記の対象となる建物とは認められない。**

説明　建物は土地とは別個独立の不動産として登記の対象とされる（不登法2条1号）が、その前提として土地の定着物でなければならない（民法86条1項）。

　ここでいう土地の定着物とは、土地に固定的に付着して容易に移動することができない物であって、取引観念上継続的にその土地に付着せしめた状態で使用されると認められる物と解されており、判例も土地の定着物であるためには、単に物理的な固着があるだけでなく継続的にある一定の土地に付着して使用せられることがその物の取引上の性質であることが必要であるとしている（大判昭4.10.19法律新聞3081号15頁）。

　したがって、建物として認められるためには、まず、土地への定着性が認められなければならないことになる。

　ところで、登記実務においては、建物として取り扱わないものとして、「容易に運搬することができる切符売場又は入場券売場」又は固定していない「浮船を利用したもの」等を例示している（準則77条2号）が、その理由は、いずれも土地への定着性の脆弱さにあると解される。

　一方、人工地盤上に建てられた建物は、人工地盤を介して土地に定着しているものといえることから、建物として取り扱うこととされている。

　本問における問題点は、正に当該建築物の土地への定着性の有無であり（もっとも、建物としての他の要件である「屋根及び周壁又はこれに類するものを有すること」及び「目的とする用途に供し得る状態にあること」を充足していなければならないことは当然である。）、この定着性についての判断をするには、前記のとおり、単に物理的に土地と結合しているかどうかということだけでなく、その利用状況及び近接建物との関係など四囲の状況により、その敷地において永続的に目的とする用途に供し得る状態にあることが、その物の本来の性質であるかどうかをも十分考慮に入れるべきである。

　いずれにしても、当該建築物について建物の要件で見る定着性の有無を判断する場合には、結局は現実に存在する個々のものについて、それが、不動産である建物として取引社会において妥当するかどうかを客観的に判断することになろう。

2021 地下街の建物を建造物として登記することの可否

問 地下街の建造物は建物として登記することができるか。
結論 **一般的には建物と認定され、登記することができる。**

説明 　　地下街とは、通常、地下部分に鉄筋コンクリート等により区画された空間を店舗・住居等に使用し、全体として一つの街の形態を取っているものであり、地下街の建造物とは、鉄筋コンクリート等によって作られているそれらの「ワク」をいう。本問は、この建造物が建物として登記することができるかどうかが問題となるわけである。

ところで、建物の要件として、不動産登記規則111条は、「建物は、屋根及び周壁又はこれらに類するものを有し、土地に定着した建造物であって、その目的とする用途に供し得る状態にあるものでなければならない」と規定している。すなわち建物の要件として、定着性、外気分断性、用途性の三つの条件を建物であるための要件としている。以上のほかに、建物の要件としては、取引性も必要であるといった考え方もある。つまり、建物とは、そもそも人間がそこで生活するためのものであり、そのためには生活するための空間が必要となり、その空間が外気と分断され、かつ人間がその空間内で継続して滞留することができるものでなければならない。

ここで、地下街の建造物を当該基準に照らしてみると、一般的には、これを建物として登記しても差し支えないと考えられる。

地下街の建造物は、通常、全体的につながり合っていることから、どの範囲で1個の建物とするかについては、区分建物の専有部分の場合に準じて、利用上、構造上の独立性を持つ一つの空間をもって1個の建物とすべきであると考える。例えば、店舗と店舗、店舗と通路との間が障壁、シャッター等で仕切られている場合は、その当該各店舗は一般に1個の建物と考えて差し支えないものと考えられる。この場合に、本来別々の建物として取り扱うことができる場合でも、効用上一体として利用される状態にあって、互いに隣接し、かつ、所有者が同一人である限り、全体として1個の建物とすることも可能であり、その選択は所有者の意思によるものと考えられる（準則78条1項）。なお、地下街の建造物の場合は、全体として一棟の建物であると考える必要はなく、各個の建物を独立した1個の建物として取り扱っても差し支えない。

地下街の建物の階数による区分は、地下何階建とする（準則81条1項3号ア）。また、床面積は、常時一般に開放されている通路及び階段の部分を除き、壁又は柱により区画された部分の床面積により定め、停車場等の地下道設備は、床面積に算入しない。

2022 中二階や塔屋の登記手続

問 中二階や塔屋の登記手続はどのようになるのか。

結論 **天井の高さが1.5メートル以上あるものについては、原則として独立の階層として登記をする。**

説明 建物の構造又は床面積を定める場合において、「中二階」及び「塔屋」について、どのように取り扱うかの基準として、天井の高さが1.5メートル未満の地階及び屋階等（特殊階）は階数に算入しないものとされ（準則81条4項）、また、床面積にも算入しないとされている（準則82条1号本文）。ただし、一室の一部分が天井の高さ1.5メートル未満であっても、その部分は当該一室の床面積に算入する（同号ただし書）。

そこで、いわゆる「中二階」については、天井の高さが1.5メートル以上の場合は独立の階数として算入し、かつ、床面積にも算入することになる。この場合の階数の表示方法は、登記実務上は中二階として表示しなければならないとする規定は存しないので、単に二階と表示される（昭37.12.15第3600号通達参照）。したがって、中二階の上の階層は「二階」ではなく「三階」と表示されることになる。

次に「塔屋」部分についてであるが、一般的に塔屋とは、屋上にある事務室、機械室、展望室又は屋上に出るための屋根及び周壁を設けた施設等を指して塔屋といわれている。そこで、当該基準によれば、塔屋部分についても、天井の高さが1.5メートル未満の場合には、階数及び床面積として算入されないが、天井の高さが1.5メートル以上ある場合には、独立の階層として、階数及び床面積に算入されることになる。

ただし、ビルの屋上に設置されたエレベーターの機械室のように、たとえ、天井の高さが1.5メートル以上あったとしても、それは単に機械室の覆いであるにすぎないようなものもあることから、天井の高さが1.5メートル以上あれば、全て階数及び床面積に算入されると考えるべきではない。もっとも、当該

機械室の内部に、又は隣接して、事務室や倉庫等が設置され、その空間内で人間が恒常的に仕事をし、生活することができる場合には、階数及び床面積に算入することになる。

2023 建物を甲・乙両登記所の管轄にまたがって新築した場合の登記手続

問 建物を甲・乙両登記所の管轄にまたがって新築した場合には、いずれの登記所に登記申請をすればよいのか。また、いずれの登記所が管轄登記所となるのか。

結論 **登記申請については、甲・乙いずれの登記所に申請してもよく（不登法6条3項）、管轄登記所については、関係登記所が同一の法務局又は地方法務局に属するときはその法務局又は地方法務局の長が、また同一の法務局の管轄区域内の数個の地方法務局の管轄区域に属するときはその法務局の長が、数個の法務局の管轄区域に属するときは法務大臣が管轄登記所を指定することとされている（同条2項、管轄指定省令1条）。**

説明 登記の事務は、不動産の所在を管轄する法務局若しくは地方法務局若しくはこれらの支局又はこれらの出張所（以下単に「登記所」という）がつかさどるとされている（不登法6条1項）。そして、各登記所の管轄区域は、行政区画を基準として、別に法務大臣がこれを定めている（設置規則）。したがって、建物を新築した場合には、その所在地を管轄する登記所に登記申請手続をすることになる。

ところが、たまたま建物の所在が数個の登記所（甲・乙登記所）の管轄にまたがる場合には、いずれの登記所に登記申請手続をすればよいのか、また、いずれの登記所が管轄登記所になるのか問題となる。

(1) 登記申請

不動産登記法6条3項は、同条2項の規定により、管轄登記所が指定されるまでの間、登記の申請は、該当する二以上の登記所のうち、一の登記所にすることができる旨規定しており、申請人は、当該建物の表示に関する登記の申請を関係登記所中いずれか任意の登記所にすればよいことになる。

(2) **管轄登記所**

　不動産登記法6条2項の規定によれば、「不動産が二以上の登記所の管轄区域にまたがる場合は、法務省令で定めるところにより、法務大臣又は法務局若しくは地方法務局の長が、当該不動産に関する登記の事務をつかさどる登記所を指定する」とされており、具体的には、次のような方法で決定される。

(イ)　数個の登記所が同一の法務局又は地方法務局管内の登記所であるときは、当該法務局又は地方法務局の長が管轄登記所を指定する（管轄指定省令1条1号）。

(ロ)　(イ)の場合を除き、当該数個の登記所が同一の法務局の管轄区域（全国8ブロックの各管区法務局）内の登記所であるときは、当該法務局の長が指定する（同令1条2号）。

(ハ)　前記の(イ)及び(ロ)以外の場合、すなわち、数個の登記所が全国8つの管区法務局の管轄区域を異にするときは、法務大臣が指定する（同令1条本文）。

(3) **具体的手続**

　申請人が当該建物の表示に関する登記の申請を関係登記所中いずれか任意の一の登記所に対し行う。当該申請を受けた登記所は、他の登記所と協議の上、管轄登記所の指定を法務局若しくは地方法務局の長又は法務大臣に請求し（準則2条）、これに基づいて、法務局若しくは地方法務局の長又は法務大臣は、関係登記所の中からいずれか一つの登記所を管轄登記所として指定する（不登法6条2項）。

　この場合において、指定登記所が登記申請を受けた登記所であれば、そのまま登記の実行手続に移ればよいが、他の登記所である場合には、登記申請を受けた登記所は、指定登記所に当該申請に係る事件を移送することになる（規則40条1項）。この移送は、所定の様式による移送書（準則11条1項、別記第10号様式）により、配達証明付書留郵便によってしなければならない（準則11条2項）。移送した場合には、その旨を申請人に通知する（規則40条2項）。

2024　仮換地上の建物の所在の表示方法

問　土地区画整理法の規定により仮換地と指定された土地の上に建築された建物について建物の表題登記を申請する場合には、建物の所在はどのように記録すべきか。また、この登記申請の添付情報

である建物図面に建物の敷地はどのように表示すべきか。

結論 　**建物の所在としては、当該建物のある仮換地の底地の所在及び地番を表示し、換地に予定地番が付されている場合は、これをも併記する。建物図面に建物の敷地を表示するには、仮換地の形状及び建物の位置を実線で図示して差し支えない。**

説明
(1) **建物の所在の意義**

　　建物の表題登記とは、未登記の建物について、登記の表題部に初めてされる建物の登記であり、これは、主として、建物が新築されたときにされる。

　建物を新築した場合は、当該建物の所有権を取得した者は、当該取得の日から1月以内に建物の表題登記を申請しなければならない（不登法47条1項）。そして、申請情報には、不動産登記令3条及び別表の十二の項申請情報欄に掲げられている事項をその内容とした上、建物図面、各階平面図及び表題部所有者となる者が所有権を有することを証する情報等を添付情報として、当該申請情報と併せて提供しなければならない（同令7条1項）。

　ところで、建物は、その所在、種類、構造、床面積、所有者等が登記記録に記録され、これが公示されるのであるが、建物を特定するに当たっては、所在が最も重要な役割を果たすものといえよう。建物の所在とは、建物が定着している土地すなわち敷地を示すものであり、郡、市、区、町、村、字及び地番で表示されるのであるが、建物は、まず、これによって特定されるということができ、同一地番に2個以上の建物が存在する場合に、初めて構造、床面積等が建物を特定する機能を果たすことになるということができる。

　しかし、所在は、地番まで表示されるにすぎないので、同一地番に2個以上の類似の建物が存在する場合は、所在はこれら相互間においては特定の機能を果たすことができない。

　これを明らかにするのは、建物図面である。建物図面は、建物の敷地並びにその1階（区分建物にあっては、その地上の最低階）の位置及びその形状を明確にするものでなければならないとされている（規則82条1項）。そして、これは、登記所に永久保存される（規則28条3号）。

(2) **土地区画整理法による仮換地**

　人家の密集する市街地に1本の幅広い道路を貫通させようとする場合に、通常の方法によれば、当然道路となる部分を、その所有者から買収しなければな

らないのであるが、そのためには、分筆登記等を経由する必要もある。

　しかし、一定の区域内にある土地について、その各々の土地の境界を一旦更の状態に戻して、新たに土地の区画を作定し、新たに作られた土地を従前の土地の所有者に割り付けることができれば、通常の方法による場合に比較し、極めて能率的、合理的に一定の事業を行うことができる場合がある。

　このような効果を発生させるものの一つとして、土地区画整理法による換地処分がある。

　換地処分が行われれば、土地区画整理法103条4項の規定による公告の日の翌日において、土地区画整理事業により新たに区画された土地（換地）は、従前の土地とみなされることとなる（同法104条参照）。つまり、換地処分により、従前の土地が消滅して、換地が新たに生じるのである。

　ところで、換地処分は、土地区画整理事業が開始されれば、直ちにこれが行われるのではなく、同事業開始後、相当の期間後に行われているのが通例のようであり、また、換地処分を待たずして土地区画整理事業の工事が行われ、従前の区画が事実上変更されるのが通例である。

　そこで、「施行者は、換地処分を行う前において、土地の区画形質の変更若しくは公共施設の新設若しくは変更に係る工事のため必要がある場合又は換地計画に基づき換地処分を行うため必要がある場合においては、施行地区内の宅地については仮換地を指定することができる」こととされている（土地区画整理法98条1項本文）。

　仮換地の指定があっても、その部分が新たな土地として区画されることにならないのはいうまでもないが、仮換地の指定があれば、仮換地に対応する従前の土地について権原に基づき使用、収益をすることができた者は、換地処分の効果が発生するまでの間、当該仮換地と指定された部分の土地を使用、収益する権限を取得するのである（土地区画整理法99条）。すなわち、土地区画整理事業区域内にあるA区A町A番地の土地の仮換地として、A区B町B番地の土地が指定されても、A区B町B番地の土地が消滅して指定のあった仮換地という土地が発生するのではなく、換地処分の効果が発生するまでの間においては、両土地の法律上の性格には、何らの変更もなく、従前の状態のままで存在するのであるが、仮換地の指定により、A区A町A番地の土地の所有者は、仮換地として指定を受けたA区B町B番地の土地に対する使用、収益の権限を取得するのである。

(3) 仮換地上の建物の表示方法

　仮換地の性格が前記のとおりであるとすれば、仮換地の指定があったからといって、通常の場合と異なる取扱いをすべき理由もなく、建物の所在も、現在、当該建物の存在する土地を表示すれば足りるはずである。

　ところが、土地区画整理事業による工事が先行し、従前の土地の換地として予定されている土地の上に建物が建築される状態になるほど工事が完成し、工事前の土地の状態がどのようなものであったか分からなくなってしまっても換地処分が行われない場合がままあり、このような場合における当該建物の所在の表示には種々の問題がある。

　先例は、建物の所在は、「何区何町何丁目何番地の仮換地　換地何区何町何丁目予定地番何番」と記録し、建物図面に建物の敷地を表示するには、仮換地の形状及び建物の位置を実線で図示して差し支えないとした（昭40.4.10第837号回答）。

　ところで、建物の所在で当該先例のいう「何区何町何丁目何番地の仮換地」の何番地というのはどの土地を指すのであろうか。

　先ほどの例でいえば、A区A町A番地の土地の仮換地としてA区B町B番地が指定されたときは、前者（元地）であるか、あるいは、後者（底地）であるかが疑問になる。

　この疑問に対し、先例は、底地である旨を明らかにした（昭43.2.14第170号回答）。

　したがって、仮換地上の建物の所在は、仮換地の指定の有無にかかわらず、その建物がある現在の土地（底地）の地番を表示すべきであり、さらに、換地に予定地番がある場合は、これを併記すべきである。

　そして、換地処分の効果が発生した場合は、当然、当該建物の所在に変更を生じるが、この変更の登記の申請は、土地区画整理事業の施行者が、これを行うべきものとされている（土地区画整理登記令20条）。

2025　未登記の建物について所有権の処分の制限の登記をする場合の登記手続

問　未登記の建物について、嘱託により所有権の処分の制限の登記をする場合における登記手続はどのようにするか。

|結論| 登記官が、職権により、登記記録の表題部に、不動産に関する表示のうち法務省令で定めるものを記録するとともに、所有権の保存の登記をした上で、嘱託により所有権の処分の制限の登記をする。

|説明| 表題登記のない建物（未登記の建物）について、嘱託により所有権の処分の制限の登記をする場合は、まず、所有権の保存の登記をする前提として、その目的となる建物を特定する必要があり、登記官が、表題部に、不動産に関する表示のうち法務省令で定めるものを記録するとされている（不登法76条3項、75条）。この法務省令で定めるものは、表示に関する事項のうち、①表題部所有者に関する事項、②登記原因及びその日付、③敷地権の登記原因及びその日付以外のものとされている（規則157条1項）。

次に、嘱託による所有権の処分の制限の登記をする前提として、登記官が、職権により、所有権の保存の登記をするとされている（不登法76条2項）。

本問の場合においては、対象となる建物が敷地権のある区分建物であるときは、嘱託情報の内容として、①敷地権の目的となる土地の所在、地番、地目及び地積及び②敷地権の種類及び割合を登記所に提供しなければならない（登記令3条13号、別表の三十二の項申請情報欄）。また、添付情報として、登記原因を証する情報のほか、以下の情報をも登記所に提供しなければならない（同令7条1項6号、別表の三十二の項添付情報欄）。

ア 当該建物についての建物図面及び各階平面図

イ 当該建物が区分建物である場合において、当該区分建物が属する一棟の建物の敷地について登記された所有権、地上権又は賃借権の登記名義人が当該区分建物の所有者であり、かつ、建物の区分所有等に関する法律22条1項ただし書の規約における別段の定めがあることその他の事由により当該権利が当該区分建物の敷地とならないときは、当該事由を証する情報

ウ 当該建物が敷地権のある区分建物であるときは、次に掲げる情報

　(ア) 敷地権の目的である土地が建物の区分所有等に関する法律5条1項の規約により建物の敷地となった土地であるときは、同法22条1項ただし書の当該規約を設定したことを証する情報

　(イ) 敷地権が規約で定められている割合によるものであるときは、当該規約を設定したことを証する情報

　(ウ) 敷地権の目的である土地が他の登記所の管轄区域内にあるときは、当該

土地の登記事項証明書

2026 ビニールハウスの建物の成否

問 屋根及び周壁がビニール張りとした建造物は、建物と認定することができるか。

結論 **屋根及び周壁がビニール張りで仕上げられている建造物については、外気を分断する周壁の耐久性に乏しく、建物と認定することができない。**

説明 建物は、屋根及び周壁又はこれらに類するものを有し、土地に定着した建造物であって、その目的とする用途に供し得る状態にあるものでなければならないとされている（規則111条）。このように、①屋根及び周壁などの外気を分断するものを有すること、②土地に定着したものであること、③その目的とする用途に供し得る状態にあることが最小限必要とされている。

いわゆるビニールハウスについては、一般的に、骨組みの部分については鉄材が使用され、頑丈ではあるが、屋根及び周辺に当たる部分は、耐久年数が1、2年と短いビニールで覆われているにすぎず、その都度、張り替えを行わなければならず、外気を分断する屋根及び周壁の耐久性に乏しいため、前記①の要件を欠いているため、建物と認定することができない（昭36.11.16第2868号回答、昭36.11.16第1023号回答）。

なお、屋根及び周壁の部分に、ガラス又はガラス質の板がはめ込まれている農芸又は農耕用の温床施設は、前記のビニールと比べて、ガラスという材質から耐久性があり、前記①の要件をも満たすものであり、建物として認定することができる（準則77条1号オ）。

2027 新築建物の原因及びその日付

問 新築建物について表題登記の申請をしようとする場合における登記原因及びその日付は、いつになるか。

結論 **登記原因については、「新築」と記録し、当該建物が完成した日を登記原因の日付として記録する。**

説明 表題登記を含む登記の申請をする場合においては、登記原因及びその日付を当該申請情報の内容とする必要がある（登記令3条6号）。建物の登記記録の表題部に「原因及びその日付」欄が設けられ（規則4条2項、別表二・三）、当該内容が公示される。

新築建物について表題登記をする場合の登記原因は「新築」であり（登記記録例83）、また、その日付は、当該建物が完成した日を記録することとなる。

当該完成した日は、いつとするかが問題となるが、建物は、「屋根及び周壁又はこれらに類するものを有し、土地に定着した建造物であって、その目的とする用途に供し得る状態にあるものでなければならない」（規則111条）とされており、当該要件を満たした日が当該完成した日であると考える。なお、当該日付が不明であるときは、「年月日不詳」とする取扱いがされている。

建物の新築とは、新たに建物が建築されることであるが、既存の建物全部を取り壊し、その材料を用いて建物を建築した場合や建物を解体移転した場合も含むとされている（準則83条、85条1項）。

2028 死亡した者を所有者とする建物の表題登記の申請

問 建物を新築した者が、表題登記をせずに死亡した場合の申請手続はどのようにすべきか。

結論 当該被相続人の相続人から自己を表題部所有者とする建物の表題登記を申請する。

説明 建物が新築されたときは、当該建物を速やかに登記し、もって建物の物理的状態を公示するという表示に関する登記の趣旨を踏まえ、新築した建物の所有権を取得した者は、その所有権の取得の日から1月以内に表題登記をしなければならないとされている（不登法47条1項）。

他方、建物の登記記録の表題部には、所有者の氏名又は名称及び住所並びに所有者が二人以上であるときは所有者ごとのその持分を登記事項として記録する（不登法27条3号）とされており、その現在の状況を登記記録に記録する必要がある。

そのため、建物を新築した者が当該建物の表題登記を申請しないまま、死亡した場合には、その相続人から、被相続人の所有権を証する情報及び当該相続を証する情報をも添付情報として、当該建物の表題登記を申請すべきであると

考える。

　なお、実務の取扱いとして、委任者が死亡したことを知らずに、当該申請の代理人からされた建物の表題登記の申請に基づいて、当該死亡者を表題部所有者とする登記であっても、そのことをもって当該登記が無効ではないとされている。この場合において、当該死亡者の相続人は、自己名義の所有権の保存の登記を申請することができる（不登法74条1項2号）。

2029 筆界未定とされた土地に建築された建物の表題登記の申請

問 地籍調査によって筆界未定とされた土地上に、建物を建築した場合、当該建物の表題登記の申請をすることができるか。

結論 筆界未定を解消しなくても、建物の表題登記を申請することができる。

説明　地籍調査において、土地の所有者等の所在が明らかな場合であって、筆界案について、当該所有者等の確認を得ることができない場合や当該所有者等の立会いを求めることができず、かつ、筆界を明らかにする客観的な資料がないため、筆界の調査をすることができない場合には、当該土地は、筆界未定として取り扱われることになる（地籍調査作業規程準則（昭和32年総理府令第71号）30条4項）。

　建物の表示に関する登記の登記事項には、建物の所在する土地の地番がある（不登法44条1項1号）ところ、筆界未定とされた土地に建築された建物について、その所在地番を特定することが困難である。

　本問の場合、建物の所在が全く分からないというものではなく、一般的には、少なくとも黙示的に隣地所有者から当該建物所有者の敷地として認めた一定の範囲で建物を新築するものであり、当該所有者が当該建物の敷地を表した建物図面を提供して、建物の表題登記が申請された場合には、当該敷地を当該建物の所在地番とすることが可能であると考えられる（参考：「登記研究」389号122頁質疑応答5772）。

2030 吹抜部分がある建物についての床面積について

問 吹抜部分がある建物について表題登記の申請をしようとする場合において、当該吹抜部分の床面積はどのようになるか。

結論 **建物の一部が上階まで吹抜部分になっている場合には、当該吹抜部分は、上階の床面積には、参入されない。**

説明 建物の床面積は、各階ごとに壁その他の区画の中心線（区分建物については、壁その他の当該区画の内側線）で囲まれた部分が参入される（規則115条）。

前記のとおり、床面積は、各階ごとに計算されるものであるが、建物一部が上階まで吹抜部分になっている場合には、当該階には、床がないため、当該吹抜部分について面積として算入することができない。

そのため、建物の一部が上階まで吹抜部分になっている場合には、当該吹抜部分は、上階の床面積には、参入しないとされている（準則82条8号）。

2031 未登記の建物について附属建物を建築した場合における表題登記の申請の手続

問 未登記の建物について、新たに附属建物を建築した場合、どのような申請手続をすべきか。

結論 **未登記の建物について、建物の表題登記を申請し、新たに建築した建物を附属建物として、その所在、種類、構造及び床面積をも申請情報の内容とする。**

説明 附属建物は、「表題登記がある建物に附属する建物であって、当該表題登記がある建物と一体のものとして一個の建物として登記されるもの」と定義されている（不登法2条23号）。

そのため、新たに建築した建物に関し、主である建物に当たる未登記の建物について、建物の表題登記を申請する必要がある（不登法47条1項）。

表題登記を申請するに当たっては、附属建物があるときは、その所在、種類及び床面積も申請情報の内容とする必要がある（登記令3条8号ホ）。

2032 内装が完成されていない建物の表題登記の申請の可否

問 屋根及び外壁は完成しているものの、内装が未完成である建物について表題登記の申請をすることができるか。

結論 **内装が完成していなくとも、屋根及び周壁を有し、土地に定着した1個の建造物であって、その目的とする使用に適当な構成部分を具備していれば、建物の表題登記の申請をすることができる。**

説明 建物は、「屋根及び周壁又はこれらに類するものを有し、土地に定着した建造物であって、その目的とする用途に供し得る状態にあるものでなければならない」とされている（規則111条）。

具体的には、①屋根及び周壁などの外気を分断するものを有すること（外気分断性）、②土地に定着したものであること（定着性）、③その目的とする用途に供し得る状態にあること（用途性）が最小限必要となる。

本問については、前記①の外気分断性及び②の定着性の2要件を満たしているところ、③の用途性を満たしているかどうかが問題となっている。

内装が未完成であっても、屋根及び周壁を有し土地に定着した1個の建築物であって、その目的とする用途に供し得るものであれば、建物として認定することができるものであり、具体的には、当該使用に適当な構成部分を具備しているかどうかで判断することになる（昭24.2.22第240号回答）。

また、購入者が分譲業者からスケルトン（駆体等）を購入し、内装業者等にインフィル（住戸内の内装・設備）を注文等して完成させるスケルトン・インフィル分譲住宅に関し、インフィルが未完成の住戸であっても、建物自体の構造、他の住戸部分等の現況及び添付情報（建築確認申請書及び通知書、仮使用承認書、仮使用承認通知書並びに工事完了引渡証明書）等によりスケルトン状態の住戸であることを証されているものについては、建物と認定することができ、建物の種類は、「居宅（未内装）」となる（平14.10.18第2473号回答）。

2033 既存の建物の材料を用いた建物の再築の登記手続

問 既存の建物の全部を取り壊して、その材料を用いて建物を再築した場合の登記手続はどのようになるか。

結論 既存の建物の滅失の登記及び新築による建物の表題登記を申請しなければならない。

説明 既存の建物全部を取り壊し、その材料を用いて建物を建築した場合には、既存の建物が取り壊された時点で、不動産登記規則111条に定める建物としての要件を満たさなくなるため、当該既存の建物が滅失し、新たな建物を建築されたものとして取り扱うものとされている（準則83条）。

　また、建物を一旦解体し、その解体した材料を用いて他の土地に再築する方法により移転することは、解体移転といわれ、この場合においても、既存の建物が滅失し、新たな建物が建築されたものとして取り扱うものとされている（準則85条1項）。

2034 建物の表題登記における所有権を証する情報

問 建物の表題登記の申請に添付すべき所有権を証する情報には、どのようなものがあるか。

結論 **建築基準法（昭和25年法律第201号）6条の確認及び7条の検査のあったことを証する情報、建築請負人又は敷地所有者の証明情報、国有建物の払下げの契約に係る情報、固定資産税の納付証明に係る情報がある。**

説明 建物の表題登記の申請をする場合における表題部所有者となる者が所有権を有することを証する情報（登記令別表の十二の項添付情報欄ハ、十三の項添付情報欄ハ及び二十一の項添付情報欄ロ）については、建築基準法（昭和25年法律第201号）6条の確認及び7条の検査のあったことを証する情報、建築請負人又は敷地所有者の証明情報、国有建物の払下げの契約に係る情報、固定資産税の納付証明に係る情報とされている（準則87条1項）。

　また、前記のほか、その他申請人の所有権の取得を証するに足る情報も所有権を証する情報に該当するとされている（準則87条1項）。

　この「その他申請人の所有権の取得を証するに足る情報」は、提供された情報により、登記官において申請人が真にその建物の所有者であることの心証を得ることができる場合（例えば、借地に建物を新築した場合の敷地所有者の証明や工事代金の領収書等の複数の私文書が想定される。）には、当該情報をもって申請

人の所有権の取得を証するに足る情報となるものと考えられる。

　これらの前記の情報には証明力に強弱があると考えられ、これらの情報のうちの一つが提供されれば所有権を認定するに足りるものであると必ずしもいえるものではないことに留意する必要がある。

　なお、これらの情報が記載された書面が私人によって作成されているときは、その真正を担保するため、作成者の印鑑に関する証明情報を添付する必要がある。また、法人の代表者など一定の資格を有する者が作成者であるときは、その資格を証する情報も併せて添付する必要がある。

　官庁又は公署が建物の表題登記を嘱託する場合には、所有権を証する情報の提供を便宜省略して差し支えないとされている（準則87条3項）。これは、国又は地方公共団体の所有する建物について、官庁又は公署が建物の表題登記を嘱託する場合には、所有権に関する利害の対立が生じていることは想定し難く、また、不正な嘱託がされるおそれもないからである。

2035　二筆以上の土地にまたがって建築された建物の表題登記における所在欄

問　二筆以上の土地にまたがって建築された建物の表題登記の申請をする場合における所在欄の記録で留意すべき点はどのようなものがあるか。

結論　**床面積の多い部分又は主たる建物の所在する土地の地番を先にして、他の土地の地番はその後にすることに留意する。**

説明　1個の建物が二筆以上の土地にまたがって建築された場合において、建物の不動産所在事項を記録するときは、当該複数の敷地のうち、床面積の多い部分又は主たる建物が所在する土地の地番を先に記録し、他の土地の地番は後に記録するものとされている（準則88条2項）。

　前記により、先頭の地番が決まった後は、残りの地番は、首位の地番から順に記録するのが相当であると考えられる。

　なお、主たる建物と附属建物とがそれぞれ別の地番の土地を敷地として建築された場合においても同様に記録することになると考える。

2036 建物の表示に関する登記の申請において、添付する建物図面及び各階平面図の記録事項

問 建物の表示に関する登記の申請において添付すべき建物図面及び各階平面図には、どのような事項を記録するか。また、どのような点に留意して作成するか。

結論 **作成の年月日並びに申請人及び作成者の氏名又は名称のほか、建物図面については、方位、縮尺、敷地の地番及びその形状、隣接地の地番並びに附属建物があるときは主である建物又は附属建物の別及び附属建物の符号を、各階平面図については、縮尺、各階の別、各階の平面の形状、1階の位置、各階ごとの建物の周囲の長さ、床面積及びその求積方法並びに附属建物があるときは主である建物又は附属建物の別及び附属建物の符号を記録する。**

建物図面の作成に当たっては、建物の敷地並びにその1階（区分建物にあっては、その地上の最低階）の位置及び形状を明確にすることに留意する必要がある。

説明 (1) 建物図面

建物の敷地並びにその1階（区分建物にあっては、その地上の最低階）の位置及び形状を明確にするものでなければならず（規則82条1項）、作成の年月日並びに申請人及び作成者の氏名又は名称（規則73条2項）のほか、方位、縮尺、敷地の地番及びその形状、隣接地の地番並びに附属建物があるときは主である建物又は附属建物の別及び附属建物の符号（規則82条2項）を記録する。

作成に当たっては、以下の点に留意する必要がある。

(イ) 建物の敷地及び建物の1階の位置を明確にするため、敷地の筆界からの距離（少なくとも2箇所以上）を記録する。

(ロ) 建物が地下のみの場合には、地下1階の形状を朱書する（準則52条1項）。なお、地図情報システムに登録するための法務大臣が定める方式であるデータ（XML形式）においては、朱書ではなく、2点鎖点で表示することとされている。

(ハ) 建物が区分建物である場合には、点線をもってその建物が属する一棟の建

物1階の形状も明確にする（準則52条2項前段）。この場合において、その建物が1階以外の部分に存するときは、その存する階層を、例えば「建物の存する部分三階」「建物の存する部分四階、五階」のように記録する（同項後段）。

(2) **各階平面図**

　作成の年月日並びに申請人及び作成者の氏名又は名称（規則73条2項）のほか、縮尺、各階の別、各階の平面の形状、1階の位置、各階ごとの建物の周囲の長さ、床面積及びその求積方法並びに附属建物があるときは主である建物又は附属建物の別及び附属建物の符号を記録する（規則83条1項）。

　作成に当たっては、以下の点に留意する必要がある。

(イ)　1階以外の階層を表示するときは、1階の位置を点線をもって表示する（準則53条1項後段）。

(ロ)　各階が同じ形状のものであるときは、一つの階の形状のみを図示し、各階の表示を併記し、その下に「（各階同型）」と表示する（準則53条2項）。

(ハ)　床面積は、各階ごとに壁その他の区画の中心線（区分建物にあっては、壁その他の区画の内側線）で囲まれた部分の水平投影面積により、平方メートルを単位とし、1平方メートルの100分の1未満の端数を切り捨てたものを表示する（規則115条）。

第 2 節 表示の変更又は更正の登記

第1款　土　地

2037　土地の所在変更の登記

問　土地の所在が変更する場合とは、どのようなことが考えられるか。

結論　**土地の所在の基準である行政区画又は行政区画内の字の範囲が変更し、又はこれらの名称が変更した場合（地方自治法7条、259条、260条及び281条の4など）が考えられる。**

説明　土地の表示に関する登記事項として、「土地の所在する市、区、郡、町、村及び字」（不登法34条1項1号）があり、これが土地の所在であり、地番とあいまって、その土地の位置を示すものである。

　この土地の所在の基準である行政区画又は行政区画内の字の範囲が変更し、又はこれらの名称が変更する場合（地方自治法7条、259条、260条及び281条の4など）があり、このような場合が土地の所在が変更する場合と考えられる。

　行政区画若しくは字又はこれらの名称に変更があった場合には、登記記録に記録した行政区画若しくは字又はこれらの名称について変更の登記があったとみなされ（規則92条1項）、登記官は、表題部に記録した当該行政区画若しくは字又はこれらの名称を変更しなければならないとされている（同条2項）。

2038　地番の更正の登記の申請の可否

問　隣接地所有者間で地番を入れ替える登記の申請をすることができ

るか。

結論 地番は、登記所が付すものであることから、隣接地所有者間で地番を入れ替えるような表題部の変更又は更正の登記をすることはできない。

説明 登記所は、法務省令の定めるところにより、一筆の土地ごとに地番を付さなければならないとされている（不登法35条）。法務省令においては、地番は、地番区域ごとに起番するとともに、土地の位置が分かりやすいものとなるよう、定めるものとされている（規則98条）。

前記のとおり、地番は、登記所が付すものであり、当事者の合意によって定めるものではないため、本問のような登記を申請することはできない。

先例において、甲及び乙が丙の所有する土地を分筆した上で、甲及び乙がそれぞれ買い受けることとし、その後、丙が分筆登記の申請をしたところ、登記所における地番の付番が当該売買契約書上の付番が異なっていたが、甲及び乙は、それぞれ契約書上の地番に基づいて所有権の移転の登記を受けた事案につき、甲乙双方がそれぞれに対し錯誤を原因としてその所有する土地の地番を当該売買契約書上の地番に更正する登記の手続をする旨の調停が成立したとしても、登記記録に記録された地番自体には、錯誤はないので、当該登記の申請はすることができないとしている（平4.12.10第6951号回答）。

この場合の解決方法としては、甲乙それぞれへの所有権の移転の登記を一旦抹消した上で、登記記録上の地番を踏まえた所有権の移転の登記をするのが相当であると考えられる。

2039 農地の地目の変更の登記

問 土地の地目を畑から雑種地とする変更登記の申請は、農地法4条の規定による都道府県知事の農地転用許可証明書を添付しない限り受理されないか。

結論 その土地の現状が、客観的に見て非農地に転化している場合には、農地転用許可証明書の添付がなくても受理される場合もある。

説明 (1) 地目の変更の登記

不動産登記法は、権利の客体である土地自体の現況を特定・

明示して、もって取引の安全と円滑を図るため、土地登記簿の表題部に、土地の表示に関する登記をすることとしているのであるが（同法1条、2条2号・3号・5号・7号）、土地の現況を特定・明示する方法の一つとして地目を登記事項と定めている（同法34条1項3号）。

そして、土地の表示に関する登記がされている土地について、その地目が、土地の利用方法の変化や自然的変化等により、法定されている他の地目（規則99条、準則68条）への変更があったときは、所有権の登記がされていない場合には表題部所有者が、所有権の登記がされている場合には所有権の登記名義人が、その地目の変更があった日から1月以内に地目変更の登記を申請しなければならないのであり（不登法37条1項）、この申請義務を懈怠したときは、10万円以下の過料に処せられることとなっている（同法164条）。

(2) 農地の地目変更とその登記

ところで、農地を農地以外の土地に地目変更しようとするときは、原則として都道府県知事又は農林大臣の許可を受ける必要があり（農地法4条1項本文）、この規定に違反した場合は、3年以下の懲役又は300万円以下の罰金に処せられる（同法64条）ほか、原状回復や転用工事中止等の必要な行政命令が出されることがある（同法51条）。

そこで、農地を農地以外の地目に変更する登記手続も、通常の土地の地目変更の登記手続とは、おのずと異なった取扱いがなされるのではないかとの疑念が生じるところである。

しかし、農地を農地以外の地目に変更する登記手続も、その他の土地の地目変更のそれと異なるものではない。不動産の現況を如実に、かつ、速やかに登記簿に反映せしめようとする不動産登記制度の趣旨からすれば、それが自然現象によるものであれ、人為に基づくものであれ、現況が既に農地でなくなっている場合には、その地目変更につき都道府県知事等の許可がなく、罰則の適用があったとしても、所有者は、地目変更による土地の表示に関する変更の登記を申請する義務があり、登記官も職権で地目の変更の登記をすることができる（不登法28条）。

(3) 地目の認定

ところで、農地とは、「耕作の目的に供される土地」をいうのであるが（農地法2条1項）、登記官が農地かどうかを認定する場合には、所有者の主観的意図などによることなく、その土地の客観的な事実状態に基づいて「耕作の目的

に供される土地」かどうかを認定すべきであり（最判昭44.10.31民集23巻10号1932頁他多数）、農地法の精神からして、その認定は慎重でなければならないところである。したがって、農地が休閑地又は不耕作地として放置されていても、現況に特段の変更を加えたものでもなく、正常な状態であれば耕作されているはずであり、耕作しようとすればいつでも耕作し得る状態にある場合には、これを非農地と認定してはならないのであり、登記実務では、もし、休閑地又は耕作放棄地等で、農地、非農地の区別が判然としない場合には、登記官は、地目特定上の参考とするため、関係農業委員会の意見を徴するものとされている（昭38.6.9第1740号通達、昭48.12.21第9199号通達）。

(4) 農地転用許可証明書の添付の要否

　次に、農地を農地以外の地目とする地目の変更の登記の申請情報には、農地法4条の都道府県知事等の許可があったことを証する情報を添付すべきかどうかが議論されるところであるが、不動産登記法が第三者の許可等のあったことを証する情報を添付情報として提供することとしているのは、第三者の許可等がなければ権利変動が生じないか、又はその権利変動が取り消し得るものであって、将来取り消されることによって無効となる場合に、そのような無効、又は将来において無効となるかもしれない不安定な登記の出現を防止して、取引の安全を図るためである。

　ところが、土地の地目変更は、事実行為であって法律行為であるはずがなく、土地の地目が現在何であるかは、専らその土地の現況によって判断されるものである。例えば、従来農地であったものが現況において雑種地に転化しているときは、地目の変更があったことになるのであり、農地法4条にいう許可がないからといって地目変更がないことになるものではない。

　したがって、登記法理論からは、農地の地目に関する変更の登記の申請情報に農地法4条の許可があったことを証する情報が添付されていなくとも、それだけの理由でこれを却下することはできないのである（昭36.8.24第1778号回答）。

　しかし、登記実務上は、農地法と不動産登記法の調和及び適正・円滑な運用を図るために、農地を農地以外の地目に変更する地目の変更の登記の申請情報に転用許可があったことを証する情報など、転用行為が農地法上適法に行われたことを証明する情報が添付されていないときは、登記官は、転用許可の有無その他の転用に関する事実について、関係農業委員会に照会し、農業委員会の

回答を受けた上で事件の受否を決定することとされている。

　そして、転用許可を受けずに非農地とした場合には、農地法上原状回復命令、すなわち元の農地の状態に回復させるべき旨の命令が発せられることもあり、この場合には、登記官は、転用行為によって現況が非農地になっていても、原状回復命令が発せられている場合は、いまだ地目の変更があったものとは認定しないこととされている（昭56．8．28第5402号通達、昭56．8．28第5403号依命通知）。

2040　相続人が行う地目変更の登記の申請

問　被相続人名義となっている土地について、地目の変更の登記の申請はどのようにするか。

結論　**相続があったことを証する市町村長、登記官その他の公務員が職務上作成した情報を提供して、当該相続人が地目に関する変更の登記を申請する。**

説明　地目について変更があったときは、①表題部所有者又は所有権の登記名義人は、その変更があった日から1月以内に、②地目について変更があった後に表題部所有者又は所有権の登記名義人となった者は、その者に係る表題部所有者についての更正の登記又は所有権の登記があった日から1月以内に、当該地目に関する変更の登記を申請しなければならないとされている（不登法37条）。

　表題部所有者又は所有権の登記名義人が表示に関する登記の申請人となることができる場合において、当該表題部所有者又は登記名義人について相続その他の一般承継があったときは、相続その他の一般承継人は、当該表示に関する登記を申請することができるとされている（不登法30条）。

　不動産登記法30条の規定により表示に関する登記を申請するときは、その申請情報と併せて、相続その他の一般承継があったことを証する市町村長、登記官その他の公務員が職務上作成した情報を提供しなければならないとされている（登記令7条1項4号）。

2041 土地の一部を取得した者が行う地目の変更の登記の申請

問 土地の一部を売買等により取得した場合において、その取得者が当該土地の地目の変更の登記の申請をする場合、どのような手続で行うことになるか。

結論 **本件取得者は、最初に、当該土地の所有権の登記名義人に代位して、分筆の登記の申請を行った上で、さらに、分筆後の当該取得部分に係る土地の所有権の移転の登記の申請を行い、当該土地の所有権の登記名義人となった上で、当該土地の地目の変更の登記を申請する。**

説明 地目に関する変更の登記の申請は、表題部所有者又は所有権の登記名義人が行うものとされている（不登法37条1項）。そのため、本件取得者は、当該取得部分の土地の所有権登記名義人とならなければ、当該土地の地目の変更の登記を申請することができない。

土地の一部を売買等により取得した者については、当該取得部分の土地の所有権の移転の登記を申請する場合には、その前提として、当該土地の所有権の登記名義人に代位して、分筆の登記を申請することができる（登記令3条4号、民法423条）。この場合においては、代位原因を証する情報として、売買契約書等を申請情報と併せて提供する必要がある（登記令7条1項3号）。

前記の分筆の登記がされた後、分筆後の当該取得部分の土地の所有権の移転の登記を申請し、当該土地の所有権の登記名義人となった上で、当該土地の地目の変更の登記を申請することになる（参考：「登記研究」445号109頁　質疑応答6522）。

2042 保安林とされている土地の地目の変更の登記の申請

問 地目が保安林である土地について、地目の変更の登記の申請をしようとする場合、どのような登記手続が必要となるか。

結論 **地目が保安林である土地について、他の地目に変更する地目の変更の登記の申請に当たっては、申請情報と併せて、森林法33条1**

項に規定する保安林の解除の告示が掲載された都道府県の公報又は同条3項に規定する当該保安林の所在場所、保安林として指定された目的及び当該解除の理由の通知を提供する必要がある。

説明　地目の「保安林」は、「森林法（昭和26年法律第249号）に基づき農林水産大臣が保安林として指定した土地」である（準則68条20号）。「保安林」は、水源のかん養、土砂の流失防備などの目的をもって指定されるところ（森林法25条1項）、森林法の規制を受ける土地であることを公示する必要から、土地の地目の一つとされたものであり、他の地目のように現況によって判断されるものではなく、いわゆる行政地目と呼ばれるものである。

そのため、地目が保安林である土地について、他の地目に変更する地目の変更の登記は、保安林の指定が解除されない限り、することができない（昭51.12.25第6529号回答）。保安林の解除は、森林法33条1項の告示によってその効力が生じる（同条2項）。また、当該解除が同法27条1項に基づく保安林の指定の解除の申請に係る場合においては、都道府県知事は、その処分内容をその申請者に通知する必要がある（同法33条3項）。

以上から、地目が保安林である土地について、他の地目に変更する地目の変更の登記の申請に当たっては、申請情報と併せて、森林法33条1項に規定する保安林の解除の告示が掲載された都道府県の公報（参考：「登記研究」461号117頁　質疑応答6725）又は同条3項に規定する保安林として指定された目的及び当該解除の理由の通知を提供する必要がある。

2043　農地について非農地証明を添付してする地目の変更の登記の申請

問　登記記録上地目が農地であるところ、現況が宅地である土地について、非農地証明を添付して地目の変更の登記の申請をすることができるか。

結論　本問の場合においては、申請情報と併せて、農地に該当しない旨の都道府県知事又は農業委員会の証明書又は転用許可があったことを証する書面が提供されれば、地目の変更の登記を申請することができる。

説明 登記記録上の地目が農地である土地について、農地以外の地目へ地目の変更の登記の申請があった場合には、当該地目の変更の日付の認定を厳正に行うと同時に、できる限り農地行政や都市計画行政の運営との調和にも配意することが望ましいとして、申請情報と併せて、農地に該当しない旨の都道府県知事又は農業委員会の証明書又は転用許可があったことを証する書面のいずれかが提供されない場合には、登記官は、関係農業委員会に対し、当該申請に係る土地についての農地法4条若しくは5条の許可(同法4条及び5条の届出を含む)又は同法73条の許可(転用を目的とする権利の設定又は移転に係るものに限る)の有無、対象土地の現況その他の農地の転用に関する事実に照会するものとされている(昭56.8.28第5402号通達)。

農地に該当しない旨の都道府県知事又は農業委員会の証明書としては、非農地証明書、(非農地である旨の)現況証明書、(非農地である旨の)現地目証明書及び転用事実確認証明書がある。

宅地に地目が変更した認定をするに当たっては、宅地に造成するための工事が既に完了している場合であっても、当該土地が現に建物の敷地(その維持又は効用を果たすために必要な土地を含む)に供されているとき、又は近い将来それに供されることが確実に見込まれるときでなければならないとされている(昭56.8.28第5402号通達)。「近い将来それに供されることが確実に見込まれるとき」とは、①建物の基礎工事が完了しているとき、②建物の敷地等とする建物の建築について建築基準法6条1項の規定による確認がされているとき、③建物の敷地等とするための開発行為に関する都市計画法29条の規定による都道府県知事の許可がされているとき、④建物の敷地等とする建物の建築について同法43条1項の規定による都道府県知事の許可がされているときのいずれかとされている(昭56.8.28第5403号通知)。

2044 地積更正の登記を再度申請することの可否

問 地積の更正の登記がなされている土地について、更に地積の更正の登記を申請することができるか。

結論 **先になされた登記の地積に誤りのあることが明らかな場合には、更に地積の更正の登記を申請することができる。**

説明 地積の更正の登記とは、土地の登記記録の表題部に記録された地積が、実際の地積と異なっている場合に、登記されている地積を正しい地積に更正するための登記である（登記記録に地積の記録が遺漏している場合も含むが、ここでは除外する）。この登記には地積の変更の登記のような申請期間（不登法37条1項）は定められていないが、登記された地積に誤りがあることを発見したときは、土地の所有者は速やかにその登記を申請すべきであろう。なぜなら、この地積は、土地を特定する要素の一つであるとともに、土地の取引に際して重要な役割を果たしているからである。

　この地積の更正の登記は、前記のとおり、登記された地積に誤りがある場合にのみ認められるものであるので、登記官は、地積の更正の登記の申請がなされたときは、登記された地積が誤っていること及び申請情報の内容である更正後の地積が正しいことを確認しない限りその申請を受理してはならない。

　ところで、登記された地積に誤りが生じる原因としては、通常、①筆界の誤認、②測量の誤り、③求積の誤り、④申請情報の記載誤り、⑤登記の記入誤り等が考えられるが、これらはいずれも人為的作業が伴うものであって絶対に避けられるというものではない。そして、この誤りは、地積の更正の登記を行う場合においても同様であると考える（もっとも、誤りが生じる確率は僅少ではある）。

　したがって、以上のような原因によって、誤った地積が登記されていることが確認されたときには、以前に一度地積が更正されていたとしても再度それを更正する登記は当然になし得るものといわなければならない。

　なお、先に更正された地積が、低い精度の測量に基づくものである場合において、従前のものより高い精度による測量に基づいて求めた地積に再度更正することができるかどうかについては若干問題があるが、登記された地積はできるだけ正確であるのが望ましいことから、それらの事例が明らかであればその更正の登記を認めざるを得ないと考える。

2045　地積の更正の登記申請と隣地所有者の承諾

問　地積の更正の登記の申請は、隣地所有者の承諾を得ない限り受理されないか。

結論　地積の更正の登記を申請する場合に、隣地所有者の承諾が得られ

ないときは、実務上、その理由及び各種の人証を記載した情報や物証を提供し、それらに基づき、登記官が実地調査を行い、その結果、当該申請の受否が決められることになる。

(1) 隣接地所有者の承諾の意義

説明　既登記の土地の地積の表示に誤りがある場合に行う地積の更正の登記の申請情報には、現地の筆界を確認の上、一定の測量結果に基づいて作成した地積測量図を併せて提供することとされている（登記令別表の六の項添付情報欄）。

　この筆界がどこにあるのかということを確認する場合には、各種の資料のほか当該筆界に接している土地の所有者の証言が有力な証拠になることから、通常は隣地所有者の立会いを求めて行っている。したがって、これらの結果に基づいて地積の更正の登記を申請する場合には、あらかじめ関係人の立会いを得て確実に境界の確認をしたことを証するものとして、当該登記の申請に係る境界について、隣地所有者の承諾があったことを証する情報を提供するのが一般的である。

　つまり、登記実務上は、隣接地所有者等事実上利害関係のある者から、あらかじめ、当該登記申請に係る境界について同意する旨の承諾に関する情報が添付されていれば、少なくとも隣接地を取り込んでの測量の結果による地積の更正でないことが一定程度担保することができ、また、後日の境界紛争を防止する重要な資料にもなり、更に登記官が現地調査をする際に隣接地所有者の立会いを省略することもできる場合もあることなどから当該承諾があったことを証する情報の提供を求めるものが一般的である。

　この承諾に関する情報の内容は、境界確認書又は境界証明書といった性格のものであるところ、旧土地台帳法当時の取扱いを踏襲して承諾書という文言を使用しているものである（旧土地台帳事務取扱要領71）。現行の不動産登記関係法令等において、このような規定は存在しないが、一般的に地積の更正の登記を申請するには、地積の増減のいかんにかかわらず境界の確認行為は必要であり、そのためには隣接地所有者の立会いが不可欠であることから、現在も実務上の取扱いとしては、当該承諾があったことを証する情報の提出を要するものとされているのである。

　なお、当該情報には、印鑑証明書の添付を要するとされる場合もある。

(2) 承諾が得られない場合の取扱い

　承諾が得られない場合としては、第一に、境界自体に問題（紛争）がある場合、第二に、境界自体には問題はないが印鑑証明書が得られない場合、第三に、立会いそのものが得られない場合等がある。

　承諾を得られない場合は、実務上は、境界確認の方法及び承諾を得ることができない事情等を具体的に記載した情報を提供する扱いである。このような場合、当該登記の申請の受否は、実地調査を含む登記官の調査の結果によって決せられることとなる。すなわち、登記官が、申請人が提供した資料及び登記所保管の資料等によって明確に境界を認定することができる場合は当該申請は受理され、逆に、登記官の実地調査によっても境界の確認をすることができない場合は、当該申請は不動産登記法25条11号によって却下されることとなる（昭38.1.21第129号回答）。

2046　境界に争いのある土地の地積の更正の登記の申請の受否

　問　　地積の更正の登記の申請について登記官が現地調査をしたところ、当該土地所有者と隣接所有者の主張する境界線が相違する場合は、当該登記申請はどのように処理すればよいか。

　結論　　**登記官の調査の結果により筆界を確認することができ、これに基づいて正確な地積測量図が作成されている場合は、当該申請を受理すべきであるが、筆界を確認することができない場合は、不動産登記法25条11号の規定により当該申請を却下すべきである。**

　説明　(1) 地積の更正の登記手続

　　　地積の更正の登記は、ある土地の面積（地積）が登記記録の表題部に誤って記録されている場合に、これを真実のものに訂正する登記である。この登記は、原則として表題部所有者又は所有権の登記名義人の申請に基づきされるのであるが、当該申請の申請情報と併せて、地積測量図を提供することが要求されている（登記令別表の六の項添付情報欄）。

　地積の更正の登記申請があれば、登記官は、他の不動産の表示に関する登記申請の場合と同様に、原則として、実地調査を行い、当該申請が正確なものであるかどうかを確認しなければならないのであるが（不登法29条1項、規則93

条、準則60条）、この実地調査の対象は、地積の更正の登記の場合は、提供された地積測量図が正確かどうかということである。

　地積測量図が正確であるためには、原則として一筆の土地の全部にわたって測量が正確に行われることが必要であり、その前提として、一筆の土地の範囲が明白であること、換言すれば、その土地と隣接する土地との筆界が明白でなければならない。

　このように、地積の更正の登記をするに当たっては、隣地との筆界が明白であり、当該筆界によって囲まれた部分が全部正確に測量され、その結果が正確に地積測量図に反映されていることを登記官によって確認されることが必要であるが、この確認を容易にさせる資料の一つとして、実務上は、隣地所有者の承諾があったことを証する情報（印鑑証明書の添付を求められることもある）が提供されている。

　いわゆる登記簿台帳一元化作業が完了する以前の土地台帳制度の下においては、「地積の訂正の申告書には、地積の測量図を添付させるほか、当該土地が他人の所有地に隣接するときは、接続地所有者の連署を受けさせるか、又はその者の承諾書を添付させ、もし接続地所有者の連署又は承諾書が得られないときは、その理由を記載した書面を添付させるものとする」とされていたが（土地台帳事務取扱要領71）、現行不動産登記関係法令には、このような趣旨の規定はない。したがって、地積の更正の登記の申請に前記の隣接地所有者の承諾があったことを証する情報の提供を要求すべき法的根拠は存在しないのであるが、土地の境界は、隣接する土地の所有者の協力なしに確認することは極めて困難であるため、当該承諾を証する情報の提供があれば、地積の測量は、境界を確認した上で適正に行われたものであると一応推認することができ、また、後日、境界をめぐる紛争が発生することを未然に防ぐ機能をも果たすものと考えられる。

(2)　境界に争いのある場合の措置

　ところで、本問の場合は、地積の更正の登記の申請があったので、登記官が、当該申請の適否を判断するために現地調査を行ったところ、隣地の所有者が境界であると主張する地点と当該申請人の主張する地点が一致しないというのである。

　前記からも明らかなとおり、地積の更正の登記は、当該土地の面積は、何平方メートルであるかが登記官に確認された場合にのみ行われるべきものであ

り、その前提として土地の筆界が登記官に確認されることが必要である。

そして、隣地の所有者が申請人が主張する境界について異議を唱えたとしても、これによって筆界そのものに異動を生じるものではないので、登記官が他の資料によって筆界を確認することができ、これと申請人の主張するところが一致する場合であれば、これを基礎として、申請情報の内容及び地積測量図の適否を調査の上、当該登記申請を受理すべきものと考えられる。

これに反し、登記官において筆界を確認することができない場合は問題である。不動産登記法25条11号によれば、「表示に関する登記の申請に係る不動産の表示が第29条の規定による登記官の調査の結果と合致しないとき」は、当該登記申請は、却下しなければならないとされている。申請情報の内容が誤りである旨を登記官が認定した場合は、当該規定により却下すべきことは疑問の余地はないが、登記官において申請情報の内容が真実かどうかの見分けがつかない場合においては、申請どおりの登記をすることができないのは、いうまでもないばかりでなく、この状態のままでは、申請事項が「登記官の調査の結果と合致」することはあり得ないのであるから、当該規定により却下すべきであろう。同様の事案について、先例は、このように解している（昭38．1．21第129号回答）。

なお、先例は、同一建物について所有者の異なる申請人からそれぞれ所有権を証する情報を提供して相前後して建物の表題登記の申請があったので、登記官が実地調査をしたところ、所有者を確認することができなかった場合においても、不登法25条11号により、当該登記申請を却下すべきものとしている（昭39．5．27第444号回答）。

次に、境界に争いがあり、登記官にもこの認定をすることができない場合で、地積の更正の登記をするための方法としては、筆界確定の判決を得て、その上で当該土地を測量し、その結果により地積の更正の登記申請をするという方法がある。

2047　寄洲の登記の手続

問　既登記の海岸に砂が堆積して土地が生じた、いわゆる寄洲の登記は、どのような申請をすべきか。

結論　既存の土地がいわゆる寄洲によって生じた地続きの土地の部分だ

けその範囲が広がったものであり、当該範囲の面積分を増加させる地積の変更の登記の申請をする。

説明　判例（大判明37.7.8民録10輯1061頁）は、民有地に接続して寄洲が生じても、民法の付合の法則を適用すべきでなく、新たに生じた土地の所有権は国家に帰属すると判示している。

しかし、いわゆる寄洲は、土砂という動産が不動産に付合する（民法242条）ものであるため、当該寄洲は、付合された土地の一部である。当該土地は、当該寄洲によって生じた地続きの土地の部分だけ、その範囲が広がったものであり、当該範囲の面積分を増加させる地積の更正の登記を申請することになる（昭36.6.6第459号回答）。

第2款　建　物

2048　所在地番の更正の登記が認められる事例

問　誤った所在地番で登記されている建物について、これを正しい所在地番に是正するための建物の表題部の更正の登記は、認められるか。

結論　**更正の登記の可否については、事案により個別に判断されることとなるが、社会通念上、客観的に更正前の建物の表示が現存する建物と同一性があると認められる場合には、建物の所在地番の更正の登記が認められる。**

説明　更正の登記とは、既にされている登記事項に当初から錯誤または遺漏がある場合に、これを実体関係に合致させるためにする是正の登記であるが、それは、いうまでもなく既にされている登記が有効であることを前提として、かつ、更正前の登記と更正後の登記との間に同一性が認められる場合に限って認容されるものであるとされている。

ところで、建物の表示に関する登記は、登記記録に建物の物理的状況を明確にするという目的のほかに、登記された建物を特定する機能をも持たせるということから、表題部に建物の所在地番等を登記事項としている（不登法44条1項）が、これら建物の表示に関する登記事項に誤りがある場合、いわゆる建物

の物理的状況に関する建物の種類、構造および床面積等が事実と符合していないときの事実認定（同一性の判断）は、比較的容易であるといえる。

しかし、建物の所在地番が事実と符合していない場合には、果たして、それが更正の登記の対象となり得るのかどうか、また、登記記録上の所在地番と建物が現存する実際の状況とどの程度合致していれば、建物の同一性が認められるのか等その判断は容易でないが、事案により個別に判断するほかなく、結局は更正前の登記が社会通念上、更正後の現実の建物を表示していると認められるかどうかによるものといえる。そこで、例えば、①現実に建物の存する地番区域が登記記録上の地番区域と隣接し、かつ、当該地番も隣接している、②登記記録上の所在地番に建物が存在せず、近隣にも類似の建物が存在しない、③現地において地番区域の境界が明確でなく、当初の建物の表示登記をする際に、既に建物の所在地番を誤認しやすい事情が存在する、などの事実関係が、添付情報や登記官の実地調査等で確認される場合であるならば、仮に地番区域が異なっているとしても、全体的には建物の同一性は認められるといえよう。

したがって、このように種々の状況等から判断し、社会通念上客観的に更正前の建物と更正後の建物の表示に同一性があるとの認識が得られるならば、建物に関する所在地番の更正登記は可能であるといえよう。実務上の先例（昭43．9．26第3083号回答）も、これと同様の事実関係が認められる場合には、建物の所在地番の更正登記ができるとしている。

なお、実際と異なる所在地番で登記された建物の表示に関する登記の効力について、判例（最判昭40．3．17民集19巻2号453頁）は、錯誤又は遺漏により建物の所在地番の表示において実際と多少相違していても、建物の物理的状況等の記載事項とあいまって、その登記の表示全体から当該建物の同一性を認識し得る程度の軽微な誤りである場合には、当該登記は有効であるとしている。

2049　建物の移転による登記

問　既存の建物を隣接敷地に移転したが、この場合には、どのような登記の申請をすればよいか。

結論　**建物の解体移転の場合は、建物の滅失の登記と新築に伴う表題登記をしなければならないが、建物の曳行移転の場合は、建物の所在の変更の登記をすれば足りる。**

説 明

(1) 建物の移転

　　　建物は不動産ではあるものの、土地とは異なり、従前の敷地から他の敷地に人為的に移転することは可能である。そして、建物を移転する方法としては、通常、建物を一旦取り壊して、他の敷地に再建築する「解体移転」と、建物を取り壊すことなく、機械器具を用いて他の敷地に移転する「曳行移転」とがある。

(2) 解体移転とその登記

　建物の解体移転の場合には、解体によって建物は建物としての機能を喪失するので、その段階において建物の滅失の登記が必要となり、表題部所有者又は所有権の登記名義人は、その滅失の日から1か月以内に、取壊しを登記原因として建物の滅失の登記を申請しなければならず（不登法57条）、この場合には、その登記記録は、閉鎖される（規則144条）。

　次に、他の敷地に建物を再築した場合には、建物としての機能を再び備えることとなったのであるから、建物の表題登記が必要となり、所有者は、その所有権の取得の日から1か月以内に、建物図面、各階平面図、所有権証明情報及び所有者の住所を証する情報を添付して、新築を登記原因とする建物の表題登記の申請をしなければならない（不登法47条1項、登記令別表の十二の項添付情報欄）。

　このように、解体移転の場合には、建物の滅失の登記と表題登記がされるが、解体前の建物の上に設定されていた抵当権は、その目的となっている建物の解体によって消滅すると解すべきであり、抵当権者は、再築した建物について改めて抵当権設定契約を締結した上で、その登記をしなければ、その建物の抵当権を第三者に対抗できないこととなる。

(3) 曳行移転とその登記

　解体移転の場合とは異なり、曳行移転の場合には、建物自体には物理的に何らの変更も生じていないのであって、単に建物の所在が甲地から乙地に変更したにすぎないのである。したがって、この場合には、表題部に記載した所有者又は所有権の登記名義人は、移転後1か月以内に、建物の表題部の変更の登記を申請しなければならないのであって、その申請情報には、移転後の建物を記載した建物図面を添付することとなる（不登法51条、登記令別表の十四の項添付情報欄イ）。もっとも、同一敷地内の他の場所に曳行移転した場合には、建物の所在の変更の登記をする必要はないが、移転後の建物所在図を提出しなけれ

ばならない（昭37. 7 .21第2076号通達）。

なお、建物の曳行移転をしたにもかかわらず、建物の表題部の変更の登記をすることなく、曳行移転後の建物につき新たに建物の表題登記をした場合には、その登記は、重複登記として、抹消すべき運命にある（不登法2条5号）。

(4) **解体移転と曳行移転の差異**

ところで、曳行移転とはいっても、現実には、曳行の便宜のため、建物の一部の取壊しがされることが多く、一方、解体移転の場合でも、必ずしも建物の全部の取壊しが行われるとは限らない。そこで、移転前の建物につき権利を有する者の利益との関係から、建物の移転が解体移転かそれとも曳行移転かが問題とされることが少なくない。

理屈からすれば、建物が、一般取引の通念からして、独立した不動産として取引の対象になり得ない状態にまで取り壊されたとき、換言すれば、残存部分だけでは、独立した建物として取引の客体になり得ない程度まで解体して移転した場合が解体移転であり、取壊しがその程度に至らない状態で移転が行われた場合が曳行移転であるといえよう。

しかし、具体的事案に即したとき、その判断が極めて微妙な場合があるが、この点に関する参考的判例を示せば、①解体移転とするものに東京高判昭30. 1 .21及び②曳行移転とするものに大阪高判昭29. 3 .25がある。

2050 建物の敷地が分筆された場合における建物の所在変更の登記申請における添付情報

問 建物の敷地が分筆され、所在地番が変わった場合において、当該建物の所在変更の登記申請の添付情報はどのようになるか。

結論 **建物の敷地の分筆後の建物と敷地の位置関係を示した建物図面を添付する必要がある。**

説明 建物の表題部に登記されている登記事項に変更が生じた場合は、表題部所有者又は所有権の登記名義人は、その変更があった日から1か月以内に、当該登記事項に関する変更の登記を申請しなければならない（不登法51条1項）。当該変更の登記がされない間に、当該変更後に当該建物の表題部所有者又は所有権の登記名義人となった者も、その者に係る表題部所有者についての更正の登記又は所有権の登記があった日から1か月以内

に、当該変更の登記を申請しなければならない（同条2項）。

　建物の所在について、市、区、郡、町、村、字及び土地の地番が登記事項とされている（不登法44条1項1号）。

　したがって、建物の敷地が分筆され、建物の所在の地番が変更される場合は、建物の表題部の変更の登記の申請をしなければならない。建物の敷地の分筆により、建物図面における建物と敷地を示す位置関係に変更が生じるため、その申請における添付情報は、建物図面である（登記令2条5号、別表の十四の項添付情報欄イ）。

　ところで、添付情報の建物図面について、電子申請において送信する場合の様式は、不動産登記規則73条1項の規定により法務大臣が定める土地所在図等の作成方式により作成しなければならない。この方式については、法務省ホームページに示されている。

　この方式については、図面署名ファイルと図面情報ファイルから構成されているが、図面署名ファイルは、XML形式で、その署名形式は、XML－DSIG形式であり、図面情報ファイルは、図面XML形式として定義されている。実務上は、市販のソフトウェアにより図面を作成し、この形式にフォーマットされ提出されることとなるが、その利用割合は多くなく（ほとんどtif形式のものが提出されている）、利用の拡大が期待されている。

2051　増築による床面積の変更の登記申請手続

問　増築による床面積の変更の登記における登記の申請手続はどのようにするか。

結論　**建物の表題部所有者又は所有権の登記名義人が増築により建物の床面積について変更があったときから1か月以内に、申請情報（建物の表題部の変更の登記）及び添付情報（建物図面、各階平面図、増築部分に係る所有権証明書等）を作成し、申請する。**

説明　既存の建物に工事を行い、床面積を増加させた場合は、当該建物の登記を現況と一致させるため、建物の表題部の変更の登記をしなければならない。そして、この登記の申請は、1か月以内にすることが義務付けられている（不登法51条1項）。

　申請人は、建物の表題部所有者又は所有権の登記名義人であるが、増築がさ

れた後、表題部の変更の登記がされない間に、当該建物の表題部所有者又は所有権の登記名義人となった者も、その者に係る表題部所有者についての更正の登記又は所有権の登記があった日から1か月以内に、当該変更の登記を申請することを義務付けられている（不登法51条2項）。

　申請情報の内容は、登記の目的として、「建物床面積変更登記」と記載する。増築により、構造にも変更があった場合は、「建物構造・床面積変更登記」と記載する（登記令3条5号）。

　添付情報は、増築による床面積変更後の建物図面及び各階平面図（登記令別表の十四の項添付情報欄ロ(1)）、増築部分の所有権証明書であるが、代理人が申請する場合は、代理権限証書も必要となる。

　所有権証明書については、建築基準法6条の確認及び同法7条の検査のあったことを証する情報、建築請負人又は敷地所有者の証明情報、固定資産税の納付証明に係る情報その他申請人の所有権の取得を証するに足る情報である。

　申請を行う年月日と登記所の名称を記載する（規則34条1項7号・8号）。

　申請人として、表題部所有者若しくは所有権の登記名義人の氏名又は名称及び住所を記載する（登記令3条1項1号・2号）。

　建物の表示は、建物の所在（市、区、郡、町、村、字）及び地番、家屋番号、建物の種類、構造及び床面積を記載する（登記令3条8号）。不動産番号を記載すると建物の表示を省略することができる（同令6条1項2号）。

　建物の表示に加えて、増築による変更後の床面積を記載する（登記令別表の十四の項申請情報欄イ）。

　登記原因及びその日付は、「③平成○年○月○日増築」と記載する（登記令3条6号）。構造に変更がある場合は、「②③平成○年○月○日増築」と記載する。

　「増築」について、その前後で、独立した建物としての機能を失わず、増築後の建物の主たる部分を構成していれば、増築部分は既存の建物に付合した（民法242条）となるので、既存の建物と増築後の建物の同一性が必要となる。その同一性に疑義があると、建物の表題部の変更の登記が認められず、二以上の建物が合体して1個の建物となったとして、合体後の建物についての建物の表題登記及び合体前の建物についての建物の表題部の登記の抹消、すなわち合体による登記等（不登法49条1項）を申請すべき場合がある。

　極端な例で示すと、小屋のような建物について、増築を行い、巨大なビルを

建設したような場合である。

2052 建物の構造の変更と増築を別個に行った場合の登記申請手続

問 建物の表題部の変更の登記について、構造の変更と増築それぞれの登記原因の日付が異なっている場合、同一の申請情報で申請することができるか。

結論 **同一の不動産について申請する二以上の登記がいずれも不動産の表題部の登記事項に関する変更の登記であるときは、同一の申請情報によって申請することができる。**

説明 申請情報は、登記の目的及び登記原因に応じ、一の不動産ごとに作成して提供しなければならない（登記令4条）。これは、登記の申請の内容を明確にするとともに、登記手続における過誤が生じないように設けられたものであり、申請の内容が不明確となったり、過誤が生じたりするおそれがない場合は、申請人の負担軽減と登記所の事務処理の煩雑を避けるために、この原則が一部緩和されており、一の申請情報によって申請することができる類型は、不動産登記規則35条各号に列挙されている。

表示に関する登記は、特定の不動産の物理的状況を公示するものであり、土地及び建物の登記事項について、それぞれの登記原因及びその日付を記録することとなっている（不登法27条1号）。

権利に関する登記においては、その順位や効力が重要となるが、表示に関する登記においては、問題とならないため（ただし、変更の登記については、変更のあった日等から1か月以内の申請義務はある）、一つの建物の表題部の登記事項の複数の変更について、まとめて申請することを認めることとしても、特に問題は生じないと考えられていた（昭20.5.21第100号回答）。

また、建物の表題部の登記事項の変更が生じる場合は、何らかの工事を行うことによることが多いため、複数の登記事項に影響が及ぶことが多いと考えられる。さらに、工事の手順として、建物を損壊させることなく増改築を行う場合に複数の段階と相当の期間を経て完成することもあると思われる。このような場合に、工事の進捗に沿って、逐一表題部の変更の登記をすることも効率的ではなく、一連の工事が完了した後に、登記をすることとなる。

このようなことも背景として、本問の場合も、不動産登記規則35条6号の規定により一つの申請情報で申請することができるとされている。

2053 数次に取壊し及び増改築を加えた登記手続

問 建物を数次にわたって取壊し及び増改築を加えた場合、どのような登記申請をする必要があるか。

結論 **建物の一部取壊しと増改築がされても、その前後で建物の同一性が認められるのであれば、建物の登記の表題部に変更が生じた事項（種類、構造、床面積等）について、変更の登記の申請をする必要がある。**

説明 登記されている建物について、一部取壊し及び増改築がされ、表題部の登記事項に変更が生じたときは、表題部所有者又は所有権の登記名義人は、その変更があった日から1か月以内に、建物の表題部の変更の登記の申請をしなければならない（不登法51条1項）。

本問において、論点となるのは、建物が数次にわたって取り壊されたり、増改築をされているため、その前後で建物の同一性が認められるのか、ということと、登記の申請を変更が生じた過程に応じて行わなければならないのか、ということである。

建物の同一性については、判例によれば、増改築の前後で、建物の材料、構造、規模等の異同に基づき社会通念に照らして判断することとされており（最二小判昭50.7.14判時791号74頁参照）、建物の用途、用法及び取引上の価値等も含めた総合的な判断である（東京地判昭60.9.25判時1172号48頁参照）など、その事案に応じた認定が必要である。

取壊し及び増改築の工事以前の建物とその後の建物の変更点以外にも、増築された部分が構造上一体となっているか、完全に別個に利用されていないか、などの点についての認定も必要となる。

それらの総合的な判断により、同一性が認められるのであれば、建物の表題部の変更の登記を申請する必要があり、同一性が認められないとすれば、登記されている建物の滅失の登記を申請し、増改築後の建物についての表題登記の申請をする必要がある。

また、建物の表題部の変更の登記の申請については、不動産登記法51条1項

のとおり、表題部の登記事項に変更が生じた際に、その都度、申請をすべきであるが、工事が断続的に行われていたり、最終的な増改築工事の完了後にその建物の所有権を取得した場合などは、工事完了後の最終的な状態において、まとめて申請すれば足りる。その場合において、複数の事項について、複数の変更を経ているときは、どの変更がどの時点で行われたかについても、登記原因及びその日付（登記令3条6号）として、申請情報の内容とすべきである。その申請における添付情報の建物図面及び各階平面図は、最終的な状態を示しておけば足りる。

2054 床面積の更正登記の申請における添付情報

問 床面積の更正登記によって、当該床面積が増加する場合、当該増加する部分につき、所有権を証する情報を要するか。

結論 **所有権を証する情報を添付する必要がある。**

説明 既に登記されている建物について、床面積の更正の登記を申請する場合において、その床面積が増加するときは、床面積が増加した部分について、表題部所有者又は所有権の登記名義人が所有権を有することを証する情報を添付する必要がある（登記令別表の十四の項添付情報欄ロ(2)）。

登記記録に記録されている床面積よりも、実際の床面積が広い場合として想定されるのが、前所有者が増築をしていて、当該増築に係る表題部の変更を登記していないとき、床面積を登記する際の測量が誤っていたとき、建築関係書類から表題登記の申請情報等を作成する際に計算を誤っていた（単なる計算誤りや床面積に算入する部分を誤って計算したときなど）とき、市区町村の固定資産税担当職員による調査における測量の結果誤りを指摘されたときなどである。

所有権を証する情報として考えられるのは、一般的には、建築基準法（昭和25年法律第201号）6条の確認通知書や同法7条の検査済証であるが、それに代わるものとしては、建築主事の作成した証明書、工事完了証明書、敷地の所有者である証明書、固定資産課税台帳登録事項証明書、建築工事請負契約書と工事代金領収書、固定資産税の納付証明書等である。前所有者からの引継書類が少ない場合、紛失してしまった場合などは、税関係の証明書等、申請する時点

で入手可能なものを組み合わせて証明することなども考えられる。

2055　建物の一部取壊し及び増築における登記申請手続

問　既登記の建物について、一部取壊しと増築を同時に行った結果、床面積に変動を生じなかった場合、当該建物について表題部の変更の登記の申請を要するか。

結論　**登記されている床面積に変更がなければ、当該建物について表題部の変更の登記の申請をする必要はない。ただし、建物図面（登記令2条5号）及び各階平面図（同条6号）の内容に変更が生じた場合は、同図面の変更に係る訂正の申出をすることができる。**

**　　また、建物の種類又は構造といった床面積以外の表題部の登記事項に変更が生じた場合は、当該変更部分に係る表題部の変更の登記の申請をする必要がある。**

説明　表題部の変更の登記の申請に当たっては、その変更前と後において、建物の同一性があることが必要となる。建物既登記の建物について、増築等の工事を行った場合、当該工事の過程で社会通念上の独立した建物としての機能を失わず、当該工事後の建物の主たる部分を構成している限り、増築部分が公示前の建物に付合したとみなされ、建物の同一性が認められる。

既に登記されている建物について、増築等の工事を行い、表題部の登記事項（不登法44条1項各号（2号及び6号を除く））に変更があった場合は、当該変更があった日から1か月以内に、当該登記事項の変更の登記を申請しなければならない（同法51条1項）が、当該工事の結果、表題部の登記事項に変更がなければ、当然のことながら、当該変更の登記の申請をする必要はない。

具体的な事例としては、湿気などで腐食した建物の台所部分を取り壊し、同じ位置に同じ広さで台所を建築した場合などが想定される。

ただし、当該工事により、床面積が変わらなかったとしても、建物図面における建物の形状（建物を水平投影した図の形状）に変更があれば、登記所に備え付けられている建物図面及び各階平面図に誤りが生じたと見ることができる。そのため、土地所在図の訂正等について定めた不動産登記規則88条1項に基づき、変更後の建物図面及び各階平面図を提供して、登記官に建物図面及び各階

平面図の訂正の申出をすることができるものと考えられる。

申出の手続については、建物の表題部所有者若しくは所有権の登記名義人又はこれらの相続人その他の一般承継人が申出人の氏名又は名称及び住所、申出人が法人であるときは、その代表者の氏名、代理人による申出であれば、代理人の住所氏名等、一般承継人であるときは、その旨等、加えて申出に係る変更内容を申出情報に記録し、変更後の建物図面及び各階平面図とともに管轄登記所に提供する（規則88条3項、16条3項）。

また、工事により、床面積が変わらなかったものの、建物の種類又は構造に変更が生じた場合は、不動産登記法51条1項に基づき、その変更の登記を申請する必要がある。例えば、工事をして、種類を居宅から事務所に変更した場合や屋根を瓦葺からスレート葺に変更した場合などである。

2056 主である建物の増築と同時に附属建物を新築した場合の登記手続

問 既に登記がされている居宅の増築と同時に附属建物として車庫を新築した場合の登記手続はどうなるか。

結論 **既に登記されている居宅について増築による表題部の変更の登記及び附属建物の新築による表題部の変更の登記の申請を同一の申請情報によってする。**

説明 既に登記がされている主である建物を増築すると同時に附属建物を新築した場合の登記の申請手続は、次のとおりである。

まず、主である建物については、増築による床面積の変更の登記の申請をすることとされているが（不登法51条1項）、新築された附属建物については、例えば、浴室、便所などのように附属建物としかなり得ない従属附属建物を除き、物理的に独立した建物であるから、主である建物とは別個の建物として表題登記（同法47条）をすることも可能である。しかし、効用上一体として利用される状態にある数棟の建物は、所有者の意思に反しない限り、登記上1個の建物として取り扱われる（準則78条1項）から、所有者は主である建物の附属建物として登記の申請をすることができる。この場合には、1個の建物についての表題部の変更の登記として、既に登記がされている居宅についての増築による表題部の変更の登記及び附属建物の新築による建物の表題部の変更の登記

第2節　表示の変更又は更正の登記　247

を同一の申請情報によって申請すれば足りる（不登法51条1項）。

(1) **登記申請義務**

主である建物の増築及び附属建物の新築の時から1か月以内に、表題部に記録された所有者又は所有権の登記名義人が申請しなければならない（不登法51条1項）。当該登記をしないうちに建物の所有者に変更があった場合には、新所有者は既登記の建物（増築に係る建物）の表題部所有者についての更正の登記又は所有権の取得の登記のあった日から1か月以内に、当該変更の登記を申請しなければならない（同条2項）。

(2) **申請情報の記載**

(イ) 申請情報の記載

一般的必要事項（不登法18条、登記令3条8号）を記載するほか、増築後の主である建物の床面積及び新築した附属建物の種類、構造、床面積を記載する（登記令別表の十四の項申請情報欄）。

(ロ) 登記の目的

「床面積変更」「附属建物新築」と併記する（規則35条6号）。

(ハ) 登記原因及びその日付

主である建物については、平成〇年〇月〇日増築、附属建物については、平成〇年〇月〇日新築と記載する。

(3) **申請情報の添付書面、図面**

(イ) 建物図面及び各階平面図

増築後の建物及び附属建物の所在、位置及び形状を明らかにした建物図面（登記令2条5号）と、各階ごとの平面の形状と両者の床面積の求積を明らかにした各階平面図（同条6号）を添付する（同令別表の十四の項添付情報欄イ、ロ）。

(ロ) 所有権を証する情報

主である建物の増築部分及び新築した附属建物について、申請人がその所有権を有する者であることの証明情報（工事施行者の証明書等）を添付する（登記令別表の十四の項添付情報欄ロ）。

2057 附属建物のみを新築した場合の登記申請手続

問 附属建物のみを新築した場合において、当該建物に係る申請情報に添付する建物図面及び各階平面図は、どのようなものが必要

か。

結論 既登記の主である建物と新築された附属建物のそれぞれを記録した建物図面及び各階平面図を作成する必要がある。

説明 附属建物とは、表題登記がある建物に附属する建物であって、当該表題登記がある建物と一体のものとして1個の建物として登記されるものをいうと規定されている（不登法2条23号）。

新築された建物を既登記の建物の附属建物とするかどうかについては、所有者の意思に委ねられ（準則78条1項）、別個の建物とすることもできる場合があるが、主である建物と効用上一体として利用され、所有者が登記の目的を附属建物新築として登記の申請をすれば、主である建物の登記記録の一部（附属建物）として登記される。

附属建物を新築した場合は、建物の表題部の変更の登記であるから、申請人となるのは、表題部所有者又は所有権の登記名義人である（不登法51条1項）。附属建物を新築した日から、1か月以内に申請しなければならない（同項）。

本問の例で、附属建物のみを新築した場合の登記の申請においては、申請情報のほか、建物図面、各階平面図及び所有権証明情報が必要となる（登記令別表の十四の項添付情報欄ハ）。

申請情報の内容については、登記の目的（登記令3条5項）、登記の原因及びその日付（同条6項）、申請人等の表示（同条1項）、添付情報の表示（規則34条1項6号）、申請年月日（同項7号）、登記所の表示（同項8号）、これに加え、不動産の所在事項（規則1条9号）又は不動産番号（同条8号）と新築された附属建物の表題部の登記事項（不登法44条1項5号、登記令別表の十四の項申請情報欄イ）である。

ところで、添付情報の建物図面については、敷地における主である建物と附属建物の位置関係を表示する必要があるため、主である建物の表題登記（又はその後の変更登記等）の際に提供された建物図面と内容が変わることから、新たな建物図面を提供しなければならない。

同じく添付情報の各階平面図について、主である建物の各階平面図については、変更がないため、附属建物の各階平面図を追加的に提供すれば足りるのではないかとも考えられる。しかし、各階平面図には、主である建物又は附属建物の別及び附属建物の符号を記録する必要がある（規則83条1項）ため、主である建物の各階平面図を含めて、添付情報として提供しなければならない。

2058 ２個の既登記建物同士を渡り廊下でつないだ場合の登記申請手続

問 ２個の既登記の建物同士を結ぶため、渡り廊下を設置した場合、当該渡り廊下に関する登記の申請手続はどうなるか。

結論 渡り廊下部分が建物としての要件を備えている場合は、いずれかの建物の附属建物の新築として表題部の変更の登記の申請をする。又は、渡り廊下部分がいずれかの建物の一部と認められる場合には、その建物の増築による床面積の変更の登記の申請をする。

なお、後者の場合において、構造上１個の建物になったと認められるときには、建物の合体の登記（合体後の建物の表題登記と合体前の建物の表題登記抹消の登記）を申請する。

説明 渡り廊下は、建物の間を結ぶ廊下であるが、屋根や柱があるものの、壁がなく、外気分断性がないものもある。そのようなものは、そもそも登記上の建物としての要件を欠いているため、登記の対象とならない。

一方で、壁があり、外気分断性、用途性などの建物の要件を備えているものについては、登記の対象となる可能性がある。登記をすることが可能と認められる場合には、その物理的状況によって、いくつかのケースが考えられる。

(1) 渡り廊下が２個の建物のいずれかの附属建物と認められる場合

２個の既登記の建物のいずれかとの主従の関係が認められる場合（所有者、構造などから）は、渡り廊下を附属建物として、その新築の登記をすべきである。

(2) 渡り廊下が２個の建物のいずれかの一部と認められる場合

２個の既登記の建物のいずれかとの間の構造（隔壁、扉など）により、渡り廊下部分がその建物の一部であると認められる場合は、その建物の増築による床面積の変更の登記を申請することも考えられる。

このほか、２個の建物が一部増築された部分によって、隔壁が除去され、構造上１個の建物となったと認めることができる場合には、合体したとして、建物の合体の登記（合体後の建物の表題登記と合体前の建物の表題登記抹消の登記）

を申請することになるが、一般的には、渡り廊下と表現されるような、2個の建物の独立性が失われず、建物の間の通行のための建物が増築されたという状況では、合体したと認められる場合は少ないものと考えられる。

2059 附属建物を有する主である建物が滅失した場合の登記申請

問 附属建物を有する建物のうち、主である建物のみが滅失した場合、どのような申請手続をするか。

結論 主である建物の滅失と附属建物を主である建物に変更する表題部の変更の登記の申請をする必要がある。

説明 法律上1個の建物として登記された物理的に数棟の建物のうち、主である建物のみ滅失した場合には、附属建物が存在する以上、1個の建物が滅失した場合に当たらないため、附属建物を主である建物とする表題部の変更の登記を申請することになり、主である建物の表示欄の原因及びその日付欄に滅失の登記原因及びその日付を記録し、その表示欄に主である建物となるべき附属建物に関する種類、構造及び床面積を記録し、その原因及びその日付欄に「平成○年○月○日主たる建物に変更」と記録されることになる（準則102条）。

なお、附属建物が主である建物となり得るかどうかについて、問題がある。附属建物とは、表題登記がある建物に附属する建物であって、当該表題登記がある建物と一体のものとして1個の建物として登記されるものである（不登法2条23号）。附属建物として登記の申請をするかについては、所有者の意思による部分がある（独立して別の建物として登記することが可能な規模の大きな建物も附属建物として登記されることがある）。しかし、その構造及び価額面等において主である建物と比較にならないほど小規模なものについては、当該建物だけで取引性を有しているか、主である建物と一体として利用されているかなどの調査により、単体では、用途性が否定され、取引性も単体では非常に限定的ということになれば、主である建物となり得ないものもあると考えられる（母屋に対する別棟の便所、小さな物置等のいわゆる従属的附属建物）。この場合においては、建物滅失の登記を申請することになり、当該建物の登記記録が閉鎖されることになる。

しかし、建物の規模が小さく、用途も限られているとしても、その附属建物は、登記上の建物として認定されているものであり、主である建物を取り壊し、その跡地に建物を新築した場合において、再度、当該附属建物を新築した建物の附属建物とするときは、結論のとおりの申請を行い、当該新築した建物の表題登記を行った上で、当該結論の申請に基づき主である建物となっている当該附属建物を当該新築した建物の附属建物とする合併の登記をすることになると思われる。

2060 附属建物のみが滅失した場合の登記申請手続

問 附属建物のみが滅失した場合、どのような登記申請手続をするか。

結論 **附属建物が滅失したことによる表題部の変更の登記の申請をする必要がある。**

説明 附属建物が取壊し等により滅失し、主である建物が存続している場合は、附属建物の滅失について、登記の申請が必要であるが、主である建物については、変更がないため、附属建物についての表題部の変更の登記を申請することとなる（不登法51条1項）。

申請人は、表題部所有者又は所有権の登記名義人であり、附属建物が滅失した日から1か月以内にその変更の登記を申請しなければならない（不登法51条1項）。

登記の申請情報には、附属建物の登記記録を記載し、原因及びその日付欄に附属建物が滅失した旨とその年月日を記載する（登記令別表の十四の項申請情報欄イ）。

その添付情報として、附属建物が滅失した内容の建物図面を提供する必要はない。登記官が審査し、登記所に備え付けられている建物図面に附属建物が滅失した旨を当該図面の記録に記録し、当該図面が記録された情報の内容を証明した書面（以下「図面証明書」という）において、その旨が表示されるように処理を行う（準則56条1項）。建物図面が書面であった時期においては、滅失した附属建物が表示された部分に朱線を引く処理が行われていたが、現在は、建物図面は電磁的記録に記録されており、滅失した附属建物が表示された部分に斜線等が表示されることはなく、図面証明書の補記事項に附属建物が滅失した旨

が文章で表示されることとなっている。
　また、附属建物が複数あり、その全部又は一部が滅失した場合であっても、申請手続は前記と同様である。図面証明書には、滅失した附属建物について、前記と同様に、補記事項に表示される。

第3節 分筆、分割又は合併の登記

第1款 土　地

2061　土地の分筆の登記の意義

問　土地の分筆の登記とはどのような登記をいうのか。
結論　**登記された一筆の土地を分割し、新たに二筆以上の土地の登記記録を創設するものである。**

説明　登記されている一筆の土地について、一部を分割して譲渡する場合、一部を現在の用途（登記されている地目）とは異なる用途で使用する場合、共有状態を解消するため単独で所有するような形にしたい場合など、分割が必要な状況が生じたときに、実際の利用状況だけでなく、第三者に対する対抗力を備えるために、登記も実情に合った内容に変更する必要がある。そのようなときに、登記についても、土地を分割し、分筆により新たに生じる土地の登記記録を作成することとなる。一筆として登記された土地が二筆以上の土地として登記されることにより、それぞれの土地について、用途（地目）、所有者、担保権の設定などを異なることとすることが可能となり、より自由に、より効果的に利用することができるようになる。

　この分筆の登記の申請は、原則として、所有者の意思に委ねられており、その申請を受けて、登記を実行することによって、法律上、土地の個数に変動が生じ、一筆の土地が数筆の土地となるものであり、分筆の登記は、形成的な登記である。土地の表題登記、地目又は地積の変更・更正の登記に申請義務が課され（不登法36条、37条）、報告的な登記と分類されるものとの対照である。

　また、分筆の登記について、申請が所有者の意思に委ねられているとするこ

との例外として、一筆の土地の一部が別の地目となった場合や地番区域が異なることとなった場合に、登記官が所有者の申請を待たずに、職権で、土地の分筆の登記を行うことが規定されている（不登法39条2項）。これは、一筆の土地についての要件として、地目や地番区域は、同一であることが求められるのに対し、それが困難な状況となった場合に、所有者の申請に委ねることとすると、登記の公示が不適切な状況となることから、表示に関する登記の登記官の職権発動（同法28条）を具体的に可能とし、不適切な状況の解消を図るものである。

しかし、この登記官の職権発動は最終的なものであり、一筆の土地の中で一部を異なる用途で利用するのは、土地の所有者又は利用権限のある者であることから、一義的には、所有者に地目が異なる部分についての地目の変更の登記の申請義務が生じており（不登法37条）、その地目の変更に先立つ分筆の登記についても事実上、申請義務が生じていると考えられる。なお、登記官は、不動産登記法14条1項の地図を作成するため必要があると認めるときは、当該土地の表題部所有者又は所有権の登記名義人の異議がないときに限り、職権で、分筆の登記をすることができる（同法39条3項）とされているところ、この場合において、登記官は、当該表題部所有者等の承諾を得た上で、積極的に職権で分筆の登記を行っている。

分筆の登記は形成的な登記であり、登記官がする登記によって、その効果が生じるので、実体と登記との間に不一致が生じることはあり得ず、その申請者の錯誤による抹消の登記は許されないかという問題はあるが、実務上、分筆錯誤を原因とする分筆の登記の抹消は認められている（昭38.12.28第3374号通達）。

2062　地積測量図の記録事項

問　分筆の登記の申請に提供する地積測量図には、何を記録するか。
結論　**不動産登記規則73条、74条、75条、77条及び78条並びに準則50条及び51条等に示された内容を記録する。**

説明　分筆の登記の申請においては、その土地をどのような位置で分割するのかを具体的に示し、登記記録に記録する、測量の成果に基づく地積を示すとともに、登記所備付地図に分筆後の土地の区画を示すため、地積測量図を提供する必要がある（登記令別表の八の項添付情報欄イ）。

地積測量図に記録する事項は、次のとおりである。

(1) **土地の図形**

測量の成果に基づき、筆界点の座標値を用いて、それを正確にプロットして、0.2ミリメートル以下の細線により鮮明に描画し（規則74条1項）、電子申請における場合（書面申請において電磁的記録に記録して提出する場合も含む）は、不動産登記規則73条1項に規定する法務大臣の定める「図面情報ファイルの仕様（http://www.moj.go.jp/MINJI/minji101.html）」に基づくことになる。

分筆登記の申請において提供する分筆後の地積測量図については、分筆前の土地も図示し、分筆線を明らかにして分筆後の各土地を表示し、これに符号（①②③、(イ)(ロ)(ハ)、ABCなど）を付す必要がある（規則78条、準則51条1項）。

(2) **地番区域の名称**

規則別記様式第1号の様式の土地の所在欄に地番区域の名称を記録する（規則77条1項1号）。

(3) **方　　位**

適宜の箇所に方位を示す記号を記録する（規則77条1項2号）。

(4) **縮　　尺**

原則として250分の1の縮尺で作成するため、それを記録する（規則77条1項3号）。ただし、土地の状況その他の事情により当該縮尺によることが適当でないときは、適宜の縮尺でもよい（同条4項）。

(5) **地番（隣接地の地番を含む）**

分筆後に新たに生じる土地の地番については、登記官において付すこととなるが、申請前に確認する。

(6) **地積及びその求積方法**

測量の成果に基づき、記録する（規則77条1項5号）。

(7) **筆界点間の距離**

測量の成果に基づき、記録する（規則77条1項6号）。

(8) 国土調査法施行令第2条第1項第1号に規定する平面直角座標系の番号又は番号（規則77条1項7号）

(9) **基本三角点等に基づく測量の成果による筆界点の座標値**

基本三角点等については、規則10条3項に規定されているとおり、三角点、電子基準点、国土調査法所定の基準点であり、基本三角点等に基づく測量による座標値を記録する（規則77条1項8号）。その具体的な記録方法は、基本三角

点等に符号を付した上、当該基本三角点等の名称及びその座標値を記録する（準則50条1項）。ただし、近傍に基本三角点等が存在しない場合等、基本三角点等に基づく測量をすることができない特別の事情がある場合は、近傍の恒久的地物に基づく測量の成果による筆界点の座標値を記録する（規則77条2項）。その具体的な記録方法は、当該地物の存する地点に符号を付した上、当該地物の名称、概略図及びその座標値を記録する（準則50条2項）。

(10) 境界標

筆界点にある永続性のある石杭、金属標等が設置されている場合は、これを記録する（規則77条1項9号）。境界標のある筆界点に符号を付し、適宜の箇所にその符号及び境界標の種類を記録する等の方法により記録する（同条3項）。

(11) 測量の年月日（規則77条1項10号）

(12) 作成の年月日、申請人及び作成者の氏名又は名称等（規則73条2項、74条2項）

2063　いわゆる残地分筆の許容範囲

問　いわゆる残地分筆は、どのような場合に許容されるのか。不動産登記事務取扱手続準則72条2項の「特別な事情があるとき」とはどのような場合か。

結論　**分筆前の土地が広大であって、分筆後の土地の一方がわずかであるとき、地図又は座標値が記録されている地積測量図が登記所に備え付けられており、分筆前の地積と分筆後の地積の差が誤差の限度内であるときなどである。**

説明　平成16年の不動産登記法の改正前は、分筆後の土地の全てについて、調査・測量を行うことを原則としながらも、その原則を示した旧不動産登記事務取扱手続準則123条のただし書において、「分割後の土地の1筆については、必ずしも求積及びその方法を明らかにすることを要しない。」とされ、先例（昭53.3.14第1479号回答）において、地積測量図上に表示する分筆後の土地のうちの一筆（いわゆる残地）については、概測であってもよいとされていた。そこで、平成16年の不動産登記法改正により、分筆後の土地の全てについて、調査・測量を行うこととする原則を再度明らかにし（規則77条1項）、「分筆前の土地が広大な土地であって、分筆後の土地の一方がわず

かであるなど特別の事情があるとき」に限って、いわゆる残地分筆を認めることとした（準則72条2項）。

その特別な事情とは、次のような場合である。

(1) **分筆前の土地が広大であり、分筆後の土地の一方がわずかであるとき**

広大な土地の一部のごくわずかな部分について、売り渡したり、通路用地等として買収するために分筆するような事例である。申請人に過大な負担を強いることを避けるためである。

(2) **地図（不登法14条1項）が備え付けられている地域であって、分筆前の地積と分筆後の地積の差が誤差の限度内であるとき**

地図が備え付けられている地域において、分筆前の地積と分筆後の地積の差が誤差の限度内にあるときには、地積測量図上に表示する分筆後の土地のうちの一筆について概測して地積を求めても、その地積が正確なものと推定することができるためである。なお、当然のことながら、現地における筆界と、地図及び提供された地積測量図上の筆界は一致していなければならない。

(3) **座標値が記録されている地積測量図など既存の資料により、分筆前の地積と分筆後の地積の差が誤差の限度内であるとき**

(2)と同様に、既存の資料により地積測量図上に表示する分筆後の土地のうちの一筆について概則として地積を求めても、その地積が正確なものと推定することができるためである。

(4) **道路買収などの公共事業に基づく登記の嘱託が大量に一括でされた場合であって、かつ、分筆前の地積と分筆後の地積の差が誤差の限度内であるとき**

道路買収などの公共事業に基づく分筆の登記の嘱託を実施する国や地方公共団体の予算的な負担を考慮したものであるが、提出される図面、資料等により、登記官が実地調査により、正確性を確認することができる場合に限られるものと考えられる。

このほか、登記官において分筆前の土地の筆界を確認することができる場合であって、かつ、分筆後の土地の一方が公有地に接しており、境界確認のための協議や境界明示に長期間を要する場合、隣接する土地の所有者等が行方不明で正当な理由なく筆界確認のための立会いができない場合も、「特別の事情がある」として認められる場合も考えられるが、極めて限定的な取扱いである。

2064 地役権の登記のある土地の分筆登記の申請手続

問 一筆の土地に承役地として地役権の設定がされている場合、当該土地の分筆の登記の申請手続はどのようにするのか。

結論 分筆後の土地の一部に地役権設定の範囲が及ぶ場合は、分筆の登記の申請に必要な添付情報とされる分筆後の土地の地積測量図のほかに、当該地役権設定の範囲を証する当該地役権者が作成した情報又は当該地役権者に対抗することができる裁判があったことを証する情報及び地役権図面を提供する必要がある。

説明 地役権の登記がされている承役地を分筆し、分筆後の土地に地役権が存続する場合について、分筆後の土地の一部に地役権が存続する場合と分筆後の土地の全部に地役権が存続する場合の二つが考えられる。

(1) **分筆後の土地の一部に地役権が存続する場合**

例えば、一筆の土地の一部に地役権が設定されており、その土地を二つに分筆する場合において、分筆後の二筆の土地双方の一部に地役権が存続する場合は、それぞれの土地ごとに当該地役権の設定範囲を証する地役権者が作成した情報又は当該地役権者に対抗することができる裁判があったことを証する情報及び地役権図面を申請情報に併せて提供する必要がある(登記令別表の八の項添付情報欄ロ)。

また、この例で、二筆のうち一筆の一部に地役権が存続する場合は、地役権が存続する土地のみに、前記情報及び図面を申請情報に併せて提供する必要がある。

(2) **分筆後の土地の全部に地役権が存続する場合**

例えば、一筆の土地の一部に地役権が設定されており、その土地を二つに分筆する場合において、分筆後の二筆の土地のうち一筆の全部に地役権が存続する場合は、地役権の設定範囲が全部で、特に図面により位置を特定する必要がないことから、地役権図面を申請情報に併せて提供する必要はない。

このほか、一筆の土地の全部に地役権が設定されており、この土地を二つに分筆する場合において、地役権の設定範囲が変わらないときは、二筆の全部に地役権が存続するので、当然のことながら、地役権図面を申請情報に併せて提

供する必要はない。

2065 要役地についてする分筆の登記の申請手続

問 要役地についてする地役権の登記がある土地について分筆の登記をし、その一方の当該地役権を消滅させようとする場合の登記申請手続はどのようにするのか。

結論 **分筆の登記の申請に必要な添付情報のほかに、地役権者が作成した、分筆後のいずれかの土地について当該地役権を消滅させることを証する情報も申請情報に併せて提供する必要がある。**

説明 要役地についてする地役権の登記がある土地について分筆の登記をする場合において、分筆後のいずれか一方の土地について当該地役権を消滅させようとするとき、例えば、送電設備、変電所などの敷地の一部を分筆して、それらの設備と無関係な用途に使用する者に譲渡するような事例においては、当該譲渡の対象となる土地について当該地役権を存続させる必要がなくなるので、当該地役権を消滅させる必要がある。

そのような場合は、分筆の登記の申請について、それを示す情報を提供する必要がある。その情報は、地役権者が作成するものであって、かつ、分筆後のいずれかの土地について当該地役権を消滅させることを証する内容でなければならない（規則104条6項。当該土地を目的とする第三者の権利に関する登記がある場合にあっては、当該第三者が承諾したことを証する情報が併せて提供されたときに限る）。この地役権を消滅させることを証する情報については、書面申請においては、地役権者の記名押印が必要であり、当該情報に当該押印者の印鑑証明書（作成後3か月以内であることを要しない）を添付することを要し（同令19条）、電子申請においては、印鑑証明書ではなく、作成者である当該地役権者が当該情報（電磁的記録）に電子署名を行い、電子証明書を併せて提供することを要する（同令12条2項及び14条）。

このような申請がされたときは、登記官は、当該土地について当該地役権が消滅した旨を登記しなければならない（同条6項）。逆に、当該地役権が消滅した土地については、電線が設置されているような例では膨大な数となっている要役地地役権については、転写する必要がない（同条2項後段及び6項）。

2066 共有土地の分筆の登記の申請手続

問 共有の土地について、当該共有者の1名からでも分筆の登記の申請手続をすることができるか。

結論 **共有者の1名から、分筆の登記の申請をすることはできない。**

説明 もともと共有であった土地である場合や被相続人の死亡により相続人が複数となり、共有となった場合が考えられるが、共有者の一部の所在が不明であったり、全員の意思が調わず、共有者の一部から分筆の登記の申請をする必要があるといったことが考えられる。

土地又は建物の物理的な変更に伴い、報告的に申請される、表題登記又は表題部の変更・更正登記は、所有者に申請義務が課されており、共有者の一人から申請されても、物理的な状況を登記官が認定して、登記されることとなるが、土地の分筆登記は、所有者の意思に委ねられる創設的な登記であり、共有者全員の同意が必要なため、共有者の一部からの申請は、認められない。なお、区分建物の敷地の分筆は、建物の区分所有等に関する法律17条1項に規定する共用部分の変更に該当すると解することができ、同項に規定する集会の決議の要件を満たす場合は、共有者の一部からの申請が認められている（平29．3．23第171号通知）。また、被相続人が死亡し、法定相続人の間で、遺産分割協議がされ、その結果、相続する土地の一部を相続人のうちの特定の者が取得するといったことが決定された場合には、その遺産分割の結果の実現のために、自己が相続する部分の土地を分筆し、その部分について、相続による所有権の移転の登記を申請する必要があるが、当該分筆の登記の申請については、相続人の一人から行うことが認められていると解されている（昭19.11.10第730号通達）。これは、相続人が被相続人の地位を承継して、自己の所有する土地の管理等の実現のために、分筆する権限も引き継いだものと考えられるためである。そして、相続人が三人以上の場合などで、そのうちの二人からの申請であっても、同様に解されている。

この場合、通常の分筆の登記の申請の添付情報に加えて、相続を証する情報として、戸籍・除籍の謄本、遺産分割協議書、特別受益証明書等が必要となり、分筆する土地が相続人が取得すべきものであるのかどうかについて、登記官が判断することができる資料でなければならない。したがって、相続人が自

己が取得する部分以外の土地について、分筆の登記の申請をすることはできない。

2067 抵当権のある土地についてする分筆登記の申請手続

　問　　抵当権が設定されている土地について分筆の登記をし、その一方の抵当権を消滅させようとする場合の登記申請手続はどのようにするか。

　結論　**分筆の登記の申請に必要な添付情報のほかに、分筆後のいずれかの土地について、抵当権の登記名義人（抵当証券が発行されているときは、当該抵当証券の所持人又は裏書人を含む。以下同じ）が当該抵当権を消滅させることを承諾したことを証する情報も申請情報に併せて提供する必要がある。**

　説明　抵当権が設定されている土地について、分筆の登記の申請をすると、分筆後の各土地にその抵当権の効力が及ぶため、抵当権の登記が転写される（規則102条1項）。

　しかし、抵当権者が分筆後の土地の一方、例えば、二筆に分筆する場合において、分筆後の一筆について、当該抵当権の登記名義人がその消滅を承諾したときは、当該抵当権の効力は、当該土地には及ばないため、当該抵当権の設定の登記を転写する必要がなく、抵当権が引き続き設定されている土地の登記記録に付記登記によって分筆後の他方の土地について、当該抵当権が消滅した旨が記録される（不登法40条、規則104条2項）。

　分筆の登記の申請に当たっては、当該申請に必要な添付情報のほかに、抵当権の登記名義人が当該権利を消滅させることを承諾したことを証する当該登記名義人が作成した情報又は当該登記名義人に対抗することができる裁判があったことを証する情報（規則104条1項1号）も提供する必要がある。なお、当該登記名義人が作成した情報については、書面申請においては、当該登記名義人の記名押印が必要であり、当該情報に当該押印者の印鑑証明書（作成後3か月以内であることは要しない）を添付することを要し（同令19条）、電子申請においては、印鑑証明書ではなく、作成者である当該登記名義人が当該情報（電磁的記録）に電子署名を行い、電子証明書を併せて提供することを要する（同令12条2項、14条）。

また、分筆の登記により、新たに地番が付される土地については、抵当権の登記名義人がその土地についての抵当権の消滅の承諾をするときに、地番による土地の特定をすることができないことがあることから、当該抵当権を消滅させることを承諾したことを証する情報として地積測量図も添付し、その図面に当該抵当権を消滅させる部分を示すこともできると考えられる。この図面については、当該抵当権を消滅させることを承諾したことを証する情報の一部として取り扱われる。

2068 時効取得で認められた土地の分筆の登記の申請の可否

問 土地の一部を時効によって所有権を取得した者が、元の所有者を被告として、訴えを提起し勝訴判決を得て、判決又は理由中に、当該土地の範囲が明確になっている場合、当該分筆の登記の申請をすることができるか。

結論 **判決が確定していれば、後々、筆界に係る紛争が生じるおそれは少ないものと考えられることから、分筆の登記の申請をすることができる。**

説明 他人の所有する一筆の土地の一部を平穏かつ公然と所有の意思を持って占有していれば（その占有の開始の時に、善意かつ無過失であるときは、10年、そうでないときは、20年）、その部分について、取得時効が完成する（民法162条）。その場合に、当該土地の所有者の承諾が得られれば、当該取得時効が完成した範囲を特定した上で、当該所有者から分筆の登記を申請してもらい、取得時効が完成した部分の分筆後の土地について、所有権の移転の登記を当該土地の所有者とともに共同で申請することができる。

しかし、当該所有者が協力しない場合は、当該所有者を被告として、時効の完成により当該土地の一部の範囲の所有権を取得したとして、訴えを提起する必要がある。勝訴の確定判決を得た上で、当該確定判決の謄本を代位原因を証する情報（登記令7条1項3号）として申請情報と併せて提供した上で、当該土地の表題部所有者又は所有権の登記名義人に代位して、分筆の登記を申請することになる。

なお、この場合に、判決において、土地の一部の範囲（位置、形状及び面積等）が具体的に記録したものである必要がある。そして、このように、土地の

一部の範囲が明確に特定されているときは、後々の筆界に係る紛争が生じるおそれは少ないものと考えられることから、例外的に準則72条2項の「特別の事情」に該当し、時効の完成により取得する部分のみを測量した地積測量図を分筆の登記の申請情報に併せて提供することにして、分筆の登記の申請をすることができるものと考えられる。

2069 表題部所有者等の住所の変更又は更正の登記がされていない土地の分筆の登記の申請の可否

問 表題部所有者又は所有権の登記名義人（以下「表題部所有者等」という）の住所が変更、又は誤りがあるにもかかわらず、当該変更又は更正の登記がされていない場合において、分筆の登記の申請をすることができるか。

結論 **表題部所有者等の住所の変更又は更正の登記がされていない場合は、分筆の登記の申請をすることができない。当該変更又は更正の登記を申請した後、分筆の登記の申請をすることになる。**

説明 表題部所有者等の住所の変更又は更正の登記の申請については、当該表題部所有者等の意思に委ねられているが、権利に関する登記の申請（ただし、不登法25条7号の規定に該当する場合に限る）をする際に、当該申請情報の内容である登記義務者又は登記名義人の氏名又は名称及び住所は、登記記録と一致している必要があり、一致していない場合には、当該不一致に係る登記事項の変更又は更正の登記を行い、一致させておく必要がある。申請情報と登記記録が一致しない状態であれば、その申請は、却下されることになる（同号）。

表示に関する登記においては、1か月以内の申請義務が課されている地目又は地積の変更の登記（不登法37条）など、いわゆる報告的な登記は、不動産の物理的な状況の変更について、速やかに反映することを目的としているため、表題部所有者等の住所の変更又は更正の登記がされていない場合であっても、現在の住所を証する情報を提供することにより、表題部所有者等を確認することができるのであれば、当該変更又は更正の登記の申請がされなくても、いわゆる報告的な登記をする取扱いとなっている。

しかし、分筆の登記は土地の個数に変動をもたらすものであり、分筆により

新たに生じる土地については登記記録が作成されること、その申請は原則として、所有者の意思に委ねられていることを踏まえると、あらかじめ現在の住所に是正し、正しい登記記録を作成するとともに、申請適格を明確にする必要があると考えられるので、権利に関する登記と同様、表題部所有者等の住所の変更又は更正の登記をしなければ、分筆の登記の申請をすることができないものと考えられる。

2070 分合筆の登記の申請手続

問 土地一部を分筆して、同時にこれを他の土地に合筆しようとする場合の登記の申請はできるか。

結論 **分合筆の登記として、一の申請情報で申請することができる。**

説明 A土地を二筆に分筆し、分筆後の一筆を隣接するB土地に合筆する登記をいわゆる分合筆の登記という。
隣接地との筆界を変更するようなときに利用されるものと見られる。

通常は、登記の目的及び登記原因に応じ、一の不動産ごとに申請情報を作成しなければならない（登記令4条本文）が、本問のような場合において、分筆の登記と合筆の登記を別の申請としたときは、分筆より新たに一筆の登記記録を作成し、A土地の登記記録に記録された登記のうち、必要な事項を転写するなどの処理を行った後、B土地との合筆により、当該登記記録を閉鎖するという処理を行うこととなる。

このような処理は、申請人にとって、手間がかかるだけではなく、登記の完了までに2回の申請の処理に必要な時間を要することになる上、登記所の事務処理において非効率であり、不合理であることから、一の申請情報により申請することができるとされている（登記令4条ただし書、規則35条1号）。

申請に当たっての留意点は、次のとおりである。

(1) **申請人**

分合筆の対象となる二筆の土地の所有者（表題部所有者又は所有権の登記名義人）は、同一でなければならない（不登法41条3号）。

(2) **登記の目的**

申請情報には、分合筆の登記と記載する。

(3) 登記原因及びその日付

分筆する土地、上の事例でいえば、A土地については、「B土地に一部合併」、合筆するB土地については、「A土地から一部合併」の旨を記載する。

(4) 登録免許税

不動産を二個として徴収することになるので、2,000円となる（税法9条、別表第一の一の（十三）ロ、昭42.7.22第2121号通達第一の一(五)）。

(5) 土地の表示

分筆する土地については、分筆後の二筆について、「（イ）（ロ）」などと分けて記載し、地積をそれぞれ記載する。合筆する土地については、合筆後の地積等を記載する。

(6) 添付する地積測量図

分筆（分合筆）後の状態を示す地積測量図を添付情報とする（登記令別表の八の項添付情報欄イ）。

このほか、申請人のところで触れたように、合筆の登記をするため、合筆の登記の制限が適用される（不登法41条）。

2071 地目変更の登記と同時に分筆の登記をする場合における申請手続

問 ある土地について地目変更の登記と同時に分筆を行うことはできるか。

結論 地目変更の登記の申請と分筆の登記の申請の一の申請情報で申請することができる。

説明 一筆の土地の一部が別地目となった場合に地目変更の登記と分筆の登記を一の申請情報で申請することができる（規則35条7号）が、本問では、一筆の土地の全体の地目が登記の内容と現状で変更が生じている例である。

登記されている地目と変更が生じている土地を分筆し、その登記後、分譲しようとするときなどに、地目変更の登記と分筆の登記を同時に申請するという場合である。このような場合も、一の申請情報により申請することができる（規則35条7号）。これは、このような場合においても、一の申請情報申請を認めても手続上特段の問題が生じることなく、申請人及び登記事務上の負担軽減

にもつながることが考慮されたものと考えられる。

　登記の目的は、地目変更・分筆と記載し、登記原因及びその日付として、地目変更と分筆の旨をそれぞれ記載する。土地の表示については、変更後の地目と分筆後の地積をそれぞれ記載する。

2072　極小な土地の分筆登記の申請の可否

問　　1平方メートルの100分の1未満の土地に分筆することができるか。

結論　**1平方メートルの100分の1未満の土地に分筆する登記については、申請することができない。**

説明　　地積は、水平投影面積により、平方メートルを単位として定めるものとされ、その100分の1である0.01平方メートル未満（地目が宅地及び鉱泉地以外の土地で10平方メートルを超えるものは、1平方メートル未満）の端数は、切り捨てる（規則100条）とされている。

　そうすると、0.01平方メートル未満の土地に分筆する登記の申請は、できないものと考えられるが、登記記録の記録上の制限との理由で、分割された土地の登記ができないとすることへの疑義も予想される。

　しかし、0.01平方メートル未満の土地は、正方形とすると、1辺が10センチメートルとなる。筆界点の座標値を求めるために測量をする場合において、地図の精度区分に甲、乙があり、さらに3段階に分けられている（国土調査法施行令（昭和27年政令第59号）別表四に掲げる精度区分）が、最も精度の高い測量を求められる甲一の精度区分を有する地図が備え付けられている地域であっても、測量における誤差が数センチメートルは認められている。そのため、例えば、10センチメートルのうちの数センチメートルがずれる可能性があるとすると、当該土地の特定が非常に困難である。測量機器の性能は、向上しているものの、認められる誤差があることに変わりはないため、現在のところ、0.01平方メートル未満の地積を登記することの必要性が低いものと考えられる。

　したがって、0.01平方メートル未満の土地に分筆する登記を申請することはできない。

2073 土地区画整理事業施行地域内の土地の分筆の登記の可否

問 土地区画整理事業施行中の地域内に存する土地の分筆の登記はできるか。

結論 **土地区画整理事業施行中の地域内に存する土地（換地前の土地）については、当該土地の区画が現地において明らかな場合に限って、分筆の登記をすることができる。**

説明 土地の分筆の登記は、一筆の土地を分割してこれを二筆以上の土地とする登記であり（規則101条、102条）、当該土地の表題部所有者、所有権の登記名義人又はそれらの者の相続人若しくは債権者の（代位）申請によってされるものである（不登法39条1項、59条7号）。この登記の申請情報には、分割後の土地の地積等を記載するとともに、地積測量図を添付するものとされている（登記令別表の八の項添付情報欄イ）が、地積測量図は、申請情報に記載された分割後の土地を具体的に特定明示（その位置、区画等（測量の成果に基づく座標値等により）を図示するもの）させるためのものである（規則77条1項）。地積測量図は、測量の成果に基づいて作成されるが、測量を行うためには、あらかじめ分筆後の土地の筆界を確認することが必要である。

土地区画整理事業施行中の地域内の土地にあっては、既に造成工事が進行しているため、現地における各土地の境界が不明となっている場合がある。そのような状態の土地に分筆の登記をする場合でも、通常の分筆の登記と何ら異なる取扱いをすべきではない。現地における土地の筆界の確認及び測量といった各作業手順の伴わない分筆の登記の申請は、認められない。

もっとも、筆界が不明な状況にある土地であっても、各種資料によって、当該土地の位置、区画を現地に復元したものについては、通常の分筆の登記の申請の場合と同様であるので、それに基づく分筆の登記の申請が認められる。

2074 誤った分筆登記の是正方法

問 誤った分筆の登記の申請に基づいてされた場合、登記はどのように是正するか。

結 論 分筆後の各土地を合筆して、分筆前の状態に戻した後、改めて正しい分筆の登記の申請をする、又は「錯誤」を原因として、当該分筆の登記の抹消をした後、改めて正しい分筆の登記の申請をすることもできる。

説 明 所有者の申請に基づく分筆の登記が、当該所有者の意図した結果と異なる場合において、その原因が申請の錯誤（誤り）に基因するものであるときは、どのようにしてそれを是正することができるか。例えば、ある土地を東西の各部分に2分割するところを、誤って南北の各部分に2分割する登記の申請を行い、申請のとおり登記が完了した場合、この登記を所有者の意図したとおりのものに是正する方法としては、①分筆後の二筆の土地を合筆した上で、再度分筆の登記をやり直す方法、②分筆後の各土地について、本来分割しようとした分割線でもってそれぞれ分割した上で、南北に分割されている部分の土地を各々合筆する方法、③錯誤を原因として分筆の登記を抹消した上で、再度分筆する方法が考えられる。

まず、①の方法は、分筆後の各土地に所有権以外の権利の登記がない場合又は所有権の登記がないときには可能であるが、当該土地に抵当権の登記が存するなど（ただし、抵当権等の登記の登記原因、日付、登記の目的及び受付番号が同一であるもののみがある場合を除く）いわゆる合併禁止の規定（不登法41条）に抵触する場合には許されないことになる。したがって、そのような場合には、合筆の登記を申請する前提として、まず抵当権の抹消の登記を申請するなどの手続が必要である。このことは、②の方法の合筆の登記についても同様である。

③の方法については、申請人に申請の錯誤があったため分筆の効力が生じなかったものとして、当該分筆の登記を抹消するものであるが、分筆の登記申請という私人の公法行為（登記官に対する登記法上の創設的効果を求める申請行為）についての錯誤の主張が認められるかについては若干の問題がある。

私人の一般的な公法行為において、「錯誤」等の意思の不存在については、別段の規定のない限り民法の規定を類推適用すべきであるとの考えが有力であり、判例にもこの見解と同様の考え方を示したものがある（最判昭39.10.22民集18巻8号1762頁）が、分筆の登記申請の錯誤が認められるかどうかについては、不動産登記行政の安定と私人の不利益を比較衡量した上で一定の制限の下に認めるのが相当である。全ての場合に認めるとすると、その分筆の登記の後

に各種の取引による権利の変動が生じているときであっても、分筆の登記が無効であるため、その登記に基づいてされたそれらの取引による権利変動も無効であるということになり、不動産登記制度の目的の一つである取引の安全を損なう場合がある。一方、申請の錯誤による分筆の登記の抹消を全ての場合に認めないとするのも、登記経済上及び所有者の真意の保護という観点から必ずしも妥当とはいえないものと思われる。

したがって、分筆の登記後に第三者の権利の登記がないときには、その抹消の登記を認めても差し支えない。先例は、抵当権設定の登記のある土地についてした分筆の登記について、錯誤を原因とする分筆の登記の抹消を認めている（昭38.12.28第3374号通達）。

なお、本問のような事案について、地図訂正の方法によることができないかということが考えられるが、先の例示の場合における分筆後の土地は、申請どおり、南北の各部分に各々別個のものとして登記記録上特定されていることが明らかであるので、分割後の土地が東西に存するように訂正するということはあり得ない。つまり、登記された土地は、登記によって現地を特定していることになり、地図がその土地の位置、形状を申請どおり正しく表示している限り、地図訂正の方法によることはできない。

2075 敷地権の目的となっている土地の分筆の登記

問 敷地権の目的となっている土地を分筆する場合の登記手続はどうなるか。

結論 **敷地権が所有権である場合は、区分建物の所有者全員が、敷地権が地上権又は賃借権である場合は、所有権の登記名義人が申請人となって、申請を行う。**

説明 土地の分筆の登記は、一筆の土地を分割してこれを二筆以上の土地とする登記であり（規則101条、102条）、敷地権の目的となっている土地を分筆する場合の登記手続も、通常の土地を分筆する場合の手続と基本的には同じである。

ただし、法定敷地を分筆し、分筆後の一部が法定敷地でなくなった場合は、その部分は規約敷地とみなされる（区分所有法5条2項）。この場合の分筆は、〔2066〕のとおり、建物の区分所有等に関する法律17条1項に規定する共用部

分の変更に該当し、同項に規定する集会の決議の要件を満たす場合には、共有者の一部からの申請が認められている。

(1) **登記申請手続**

　(イ)　申　請　人

　分筆の登記の申請人は、敷地権が所有権である場合は、区分建物の所有者全員であり、敷地権が地上権又は賃借権である場合は、当該土地の表題部に記載された所有者又は所有権の登記名義人である（不登法39条1項）。なお、それらの者の相続人あるいは債権者代位（民法423条）による債権者も申請することができる。

　(ロ)　申請書の記載事項

(i)　登記の目的（登記令3条5号）　　「土地分筆」と記載する。

(ii)　添付情報の表示（規則34条1項6号）　　地積測量図、代理人による申請の場合に添付すべき代理権限証明情報のほか、後記の地役権図面、地役権者の作成した証明情報及び権利消滅承諾情報等を添付した場合には、その旨を記載する。

(iii)　申請年月日、登記所の名称（規則34条1項7号・8号）　　申請情報を提出した日及び提出先の登記所の名称を記載する。

(iv)　申請人及び代理人（登記令3条1号・2号・3号）

(v)　登録免許税　　所有権の登記のある土地を分筆する場合には、分筆後の土地1個につき1,000円の登録免許税を納付する（税法別表第一の一の（十三）イ）こととなるから、その税額を記載する。

(vi)　土地の表示　　「所在」欄に分筆する土地の所在の郡、市、区、町、村、字を記載し、分筆前後の土地の地番、地目（分筆前の土地についてのみ）及び地積を記載する（登記令3条7号）。分筆前の土地の地目、地積は、登記記録と一致していなければならない。

　分筆後の土地の地番（の支号）は、本来登記官が定める（規則98条）ものであるが、予定地番を示された場合には、あらかじめ申請人が記載して差し支えない。なお、分筆後の各筆の地番には、地積測量図において付された符号（たとえば(イ)(ロ)）を冠記する（規則34条1項2号、78条)）。

　分筆前の土地の地積は、登記記録上の地積と一致していることを要し、分筆後の土地の地積は、地積測量図に基づいて記載する。

(vii)　登記原因及びその日付　　申請情報の登記原因及びその日付欄に分筆の内

容を明らかにするため、元地については何番と何番の土地に分筆する旨、分筆元地以外の土地については、何番の土地から分筆した旨を記載する。

(2) **添付情報**

(イ) 地積測量図

分筆登記申請書には、分筆前の土地を図示し、分割線、求積及びその方法を明らかにした分筆後の土地の地積測量図を添付する（登記令別表の八の項添付情報欄イ）。

地積測量図には、分筆後の各土地の部分に①②③（あるいはⒶⒷⒸ等）の符号を付する（規則78条、準則51条1項）。

また、地積測量図には、土地の筆界に境界標があるときはこれを記載しなければならない（規則77条1項9号）。

地積測量図の縮尺は、原則として250分の1によることとされているが、土地の状況その他の事情により当該縮尺によることが適当でないときは、適宜の縮尺による（規則77条4項）。

(ロ) 地役権図面

一筆の土地の一部に承役地地役権の登記がある土地について分筆の登記を申請する場合において、分割後の土地の一部に地役権が存続するときは、申請情報にその部分を記載し、この範囲を証する地役権者が作成した情報及びその部分を示した図面を添付しなければならない（登記令別表の八の項添付情報欄ロ）。

(ハ) 権利の消滅の承諾書

先取特権、質権又は抵当権等の登記のある土地を分筆する場合において、分割された土地のうち、一筆又は数筆についてそれらの権利が存続しないときは、いずれの土地について権利が消滅したかを明らかにした権利者の承諾情報（印鑑証明書付き）を添付しなければならない（不登法40条、登記令19条、規則104条1項1号）。

2076 分筆後の土地の一方のみに、当該分筆後の所有権の移転の登記がある場合における分筆の登記の抹消の可否

問 分筆の登記がされた土地の一つのみについて、当該分筆後に所有権の移転の登記がされている場合、分筆錯誤を理由として、当該分筆の登記の抹消をすることができるか。

結論 分筆の登記がされた土地の一方のみに、当該分筆後に所有権の移転の登記がされている場合は、当該所有権の移転の登記について抹消した後に、錯誤を原因として当該分筆の登記の抹消をすることができる。

説明 錯誤による分筆の登記の抹消については、明文の規定がなく、実務上の取扱いとして、分筆の登記後に第三者の権利の登記がないときに当該抹消が認められている（昭38.12.28第3374号通達）ものであるが、分筆の登記がされた後に、分筆した筆界の位置に誤り、事実誤認などがあったときに分筆前の状態に戻す手続である。分筆の登記の法的性質についての考え方により認められないとの説もあるが、所有者の申請により分筆したものについて、誤りがあった場合の是正方法として、認められているものと考えられる。

分筆の登記を錯誤により抹消する旨の申請情報（分筆前の土地の表示を記載し、登記原因及びその日付として「分筆錯誤」を記載する）を提供することにより、登記官が審査をし、登記を実行する場合は、分筆により新たに作成された登記記録の表題部の原因及びその日付に「分筆錯誤」の旨を記録し、登記の日付として、「平成〇年〇月〇日閉鎖」を記録して登記記録を閉鎖する。元の状態に登記記録を修正する土地については、表題部の登記記録を分筆前の内容で記録し、分筆後の内容の登記記録を抹消する。

しかし、分筆後に第三者に所有権の移転の登記がされている場合は、錯誤により分筆の登記が容易に抹消されることを認めることとすると、所有権の登記名義人の立場を著しく不安定なものとすることになり、取引の安全を損なうことにもなることから、当該分筆の登記の抹消は認められない。ただし、所有権の登記名義人が当該所有権の移転の登記の抹消に応じるときは、その抹消の手続を行った後に、当該分筆の登記を抹消することは、可能であるものと考えられる。

第2款 建　　物

2077　建物の分割の登記の意義

問　建物の分割の登記とは、どのような登記をいうのか。

結論　**表題登記がある建物の附属建物を当該表題登記がある建物の登記記録から分割して登記記録上別の一個の建物とする登記をいう。**

説明　建物の分割の登記とは、表題登記がある建物の附属建物を当該表題登記がある建物の登記記録から分割して登記記録上別の一個の建物とする登記をいう（不登法54条1項1号）。

　建物に構造等の変更を伴う工事をすることなく、物理的な変更は行わず、現状のままで、登記記録上、附属建物を別の一個の建物とするものであり、当該附属建物は、建物の分割登記後、主である建物との関連なく、独立した建物として処分が可能となる。主である建物、例えば、住宅の母屋に対し、いわゆる「はなれ」として附属建物として登記していたものを「はなれ」としてではなく、1個の住宅として処分するような事例で、附属建物のみで取引の対象となるようなものであるときに、これを譲渡するなどの処分をするときに分割の登記を行う。

　建物の分割の登記については、次のようなケースが想定される。

(イ)　附属建物が1個であり、それを分割する。

(ロ)　附属建物が2個あり、それをそれぞれ1個ずつ分割する、又は、1個のみ分割する。

(ハ)　附属建物が2個あり、それを分割し、そのうち1個を主である建物とし、もう1個の附属建物をその附属建物とする。

　建物の分割の登記は、所有者の意思に基づく申請により登記されるものであり、いわゆる形成的な効力を有するものと考えられている。

　また、主である建物が滅失し、附属建物を主である建物に変更することは附属建物の用途性などの問題はあり、分割の登記により、主である建物となり得る建物であるかの認定について、困難なものもあるものと思われる。

2078 甲建物の附属建物を分割して乙建物に合併する場合の登記手続

問 甲建物の附属建物として登記されている建物を甲建物から分割し、これを別個に登記されている乙建物に合併してその附属建物とする場合の登記の申請手続はどうすればよいか。

結論 甲建物の附属建物を分割し、乙建物に合併する建物の分割・合併の登記をする。

説明 甲建物から附属建物を分割する登記（不登法54条1項1号）とその分割した附属建物を乙建物の附属建物とする合併の登記（同項3号）とは、本来であれば各別に申請すべきであるが、登記手続の簡略化を図る意味で、この二つの登記を同一の申請によりすることができるものとされている（規則35条2号）。なお、甲建物から分割する附属建物は1個に限られず、また、乙建物に既に附属建物がある場合でも差し支えない。

以下、その申請手続の主要な事項について説明する。

(1) **申請人**

甲・乙両建物の表題部所有者又は両建物の所有権の登記名義人であり、いずれの場合においても同一人でなければならない（不登法56条2号）。

(2) **申請情報の記載事項**

(イ) 登記の目的

「建物分割・合併」と記載する。

(ロ) 建物の表示

分割・合併前の甲建物及び乙建物の表示に関する事項と、甲建物の附属建物を合併した後の乙建物の表示に関する事項を記載する。なお、分割・合併の経緯を明らかにするために、甲建物の表示中、分割する附属建物について「何番（注：乙建物の家屋番号）に合併」の旨を、また分割・合併後の乙建物について「何番（注：甲建物の家屋番号）から合併」の旨をそれぞれ記載する（準則100条）。

(3) **登録免許税**

甲・乙建物ともに所有権の登記のある建物である場合に、本件登記申請をする場合には、登録免許税法別表第一の一の（十三）の規定により分割・合併後

の建物1個につき1,000円の登録免許税を納付しなければならないため、その税額は、金2,000円である。

(4) 添付情報

(イ) 建物図面（登記令2条5号）及び各階平面図（同条6号）

本件登記の後の甲・乙両建物の位置、形状等を示す建物図面及び各階別の形状、床面積を記載した各階平面図を添付する（登記令別表の十六の項添付情報欄イ）。

(ロ) 所有権の登記名義人の登記識別情報

甲・乙両建物が所有権の登記のある建物である場合には、合併前の甲・乙いずれか一方の建物の登記識別情報を提供して、申請人が両建物の所有権を有していることを示す（登記令8条1項3号）。

(ハ) 甲・乙建物が所有権の登記のある建物である場合には、申請人の電子証明書（書面申請の場合は、印鑑証明書）

印鑑証明書については、作成後3か月以内のものを提供しなければならない（登記令14条、16条3項、18条3項）。

2079 建物の一部を取り壊して二棟の建物にした場合の登記手続

問 一棟の建物として登記されている居宅の一部を取り壊して、二棟の建物にした場合の登記手続はどうなるか。

結論 **分棟後の二棟の建物のうち、いずれか一棟の建物を他の建物の附属建物とする登記をすることも、あるいは、二棟の建物を各別に2個の建物として登記をすることもできる。**

説明 不動産登記法は、1個の建物ごとに一登記記録を備えて、その建物の現況を公示すべきものとしている（不登法2条5号。一不動産一登記記録主義）。

ところで、ここにいう1個の建物とは、原則として、構造上いわゆる外気分断性を有し、用途性、人貨滞留性などの建物としての要件を備えた、一棟の建物（居宅、事務所など）を指している。しかし、物理的には数棟の建物であっても、例えば本屋（母屋）と別棟の物置、浴室、便所、あるいは店舗と倉庫などのように一群の建物が効用上一体となっており、しかも通常の取引通念から

すればその全体が一取引単位を成すと考えられる建物群については、所有者の意思に反しない限り、原則として１個の登記記録の建物として取り扱うべきものとされる（準則78条１項）。そして、この場合には、当該数棟の建物のうち中心的存在である一棟を登記上「主である建物」、その他のものを「附属建物」と称している。

　ところで、本問は、前記の原則的な場合である一棟１個の登記がされている建物の中間部分を取り壊し、そこに二面の障壁を施して空間を設け、物理的に二棟の建物とした場合において、このような事実状態を登記に反映させるための登記の申請手続はどうすべきかという問題である。

　本問の事例のように、一棟の建物に対する工事により生じた複数棟化の現象を登記実務上「分棟」と呼称しているが、分棟の結果、当該一棟の建物は事実上二棟（又は数棟）の建物となるため、その段階において、分棟前の建物の表題部の登記の内容は、事実に合致しないものとなったのであるから、これを事実と合致させるために登記手続が必要となる。

　この点に関しては、従来、次のような二つの見解がある。

(イ)　一棟＝１個の建物が「分棟」により二棟化した場合には、分棟前の建物の登記は、分棟後の二棟のうちのいずれの建物を表示しているのか判断することが不可能である（又は、分棟前の建物と分棟後の建物は同一性を喪失している）から、結局、分棟により当該建物は法律上滅失し、新たに分棟後の二棟の建物が生じたものとして、分棟前の建物については「建物の滅失の登記」を、分棟後の二棟の建物については、各別に「建物の表題登記」をすべきであるとする見解

(ロ)　分棟後の二棟の建物は、分棟前の建物との同一性は失ってはいないが、各別に１個の建物として登記されるべきであるにもかかわらず、一登記記録に登記されているのは一不動産一登記記録主義に違反する。したがって、是正措置を必要とするが、その方法としては、数棟１個の建物を２個の建物とする登記手続としての、建物の分割の登記（不登法54条１項１号）の手続に準じて、分棟後の二棟の建物を登記上２個の建物とすることによって、その目的を達することができるから、当該方法によるのを相当とする見解

　前記の見解は、いずれも、一棟＝１個の建物を二棟に分棟した場合には、当然に２個の建物とすべきであるという考え方を前提としているものと考えられる。

しかし、建物の一個性（個数）は一棟又は数棟の建物が一登記記録に登記されることによって登記上初めて定まるものであり、1個の建物の棟数の変動は、現実の建物の物理的変動（棟数の増減）に直結して生じるものではなく、例えば、1個の建物として登記されている数棟の建物のうちある一棟（あるいは数棟）を分割して、これを他の一登記記録に登記することによって生じるものであるというべきである。したがって、分棟が行われたといっても、それが直ちに当該建物の一個性に消長を来すことにはならないのであり、逆にいえば、分棟後といえども、当該分棟に係る建物の一個性は依然として保たれているといわなければならない。

　そして、むしろ分棟の結果に着目すれば、あたかも既登記の一棟＝1個の建物に附属建物が新築された場合と異ならない事実状態を現出しているものということができるものと考える（分棟後の二棟の建物のうち、いずれが主である建物であり、また附属建物であるかは、両者の規模や利用関係によるが、分棟後、二棟の建物は1個の建物であることに変わりはないのであるから、いずれにしても相互に前記の関係に立つと言わざるを得ない）。

　以上のとおりだとすれば、分棟の場合には、当該建物の所有者が分棟後の二棟の建物を各別に1個の建物として（つまり別個の取引単位として）機能させようとする意思を持たない限りにおいては、分棟前の一棟＝1個の建物の物理的変動（数棟1個化）を公示するために、当該建物の表題部の変更の登記として、「分棟」を登記原因とする分棟前の建物の床面積の減少変更の登記及び分棟後のいずれかの一棟を附属建物とする登記を一の申請情報によって申請すべきであるということになる。

　なお、もし所有者が分棟後の二棟の建物を登記上各別個の建物とする（別個の取引単位とする）意思を有する場合には、原則として前記の建物の表題部の変更の登記をした後、建物の分割の登記の申請手続を執るほかないといえるが、登記実務上は直接分割の登記申請をしてもよい。

2080　数個ある附属建物をそれぞれ分割する場合の登記申請手続

問　附属建物が数個ある場合において、これらについて全て分割の登記をしようとするときは、どのような登記申請をすることになる

か。

結論 数個の附属建物がある建物の表題部所有者又は所有権の登記名義人が申請情報の内容として、分割後の建物について、不動産所在事項（家屋番号を除く）、建物の種類、構造及び床面積並びに建物の名称があるときは、その名称を提供するとともに、当該分割後の建物図面及び各階平面図を添付して申請する。

説明 本問の事例は、例えば、附属建物が３個あった場合に、これを分割し、それぞれ３個の独立した建物とする登記を申請しようとするものと考えられ、〔2077〕の説明のとおり、このような分割の登記は可能であり、１個の建物（不動産）を分割する申請であるため、当然のことながら、これは一の申請情報で申請することができる（登記令４条本文）。

(1) **申請人**

建物の表題部所有者又は所有権の登記名義人である（不登法54条１項１号）。

もし、共有であれば、共有者全員からの申請でなければならない（昭37.3.13第214号回答）。報告的な登記ではなく、形成的な登記であることから、共有者全員の意思によることが必要であるものと考えられる。

(2) **申請情報の留意点**

(イ) 登記の目的は、「建物の分割」であり、分割後に建物の所在が変わることとなる場合は、その旨も併記する。複数の土地の上に所在する建物であれば、附属建物を分割する場合に、その建物ごとに敷地を確認する必要がある。

(ロ) 登記原因及びその日付は、本事例では、主である建物の登記記録の附属建物については「何番の何に分割」とし、分割後の建物については「何番から分割」のように記載する（準則96条）。

(ハ) 登録免許税の額は、分割後の建物の個数に応じ、１個につき1,000円である（税法別表第一の一の（十三）イ）。

(3) **添付情報の留意点**

(イ) 建物図面及び各階平面図は、分割後の各建物を表示し、これに符号を付さなければならない（規則84条）。なお、この場合の符号は、①②③、(イ)(ロ)(ハ)、ABC等適宜の符号を用いてもよい（準則54条１項）。

(ロ) 抵当権等、所有権以外の権利が設定されている場合において、分割後の建物のうち一部について、権利を消滅させるときは、当該権利の登記名義人が

その建物について権利を消滅させることを承諾したことを証する情報を添付する（不登法54条3項及び40条）。

2081 附属建物のみの所有権を取得した者による登記の申請手続

問 附属建物のみについて、判決（給付判決）によって所有権を取得した者は、所有権の移転の登記の申請をする前提として、どのような登記手続をすることになるか。

結論 **附属建物を有する建物の表題部所有者又は所有権の登記名義人が協力しないときは、その者に代位し、その附属建物を登記記録上独立した建物とする、分割の登記の申請を行う。**

説明 本問の事例は、附属建物を有する建物の表題登記がされており、当然のことながら、主である建物と附属建物の表題部所有者又は所有権の登記名義人は、同一人（以下「甲」とする）であったところ、何らかの原因（附属建物のみの所有権のみ譲渡された、債権の担保とされていた附属建物について担保権が実行されたなど）により、附属建物のみの所有権が甲とは別の者（以下「乙」とする）に移転したものである。

そして、本問の事例では、附属建物のみの所有権について、裁判が行われ、乙が給付判決を取得（判決は確定とする）しているというものである。登記記録が別であれば、「（所在・家屋番号）の建物について、乙に所有権の移転の登記をせよ。」という判決に基づき、乙は、単独で所有権の移転の登記を申請することができる（不登法63条1項）。

しかし、本問の事例では、主である建物と一体となった登記記録である附属建物のみの所有権についての給付判決であるので、登記記録上、所有権を取得した対象が附属建物となっている状態では、所有権の移転の登記の申請をすることができない。

そこで、附属建物のみについて、当該所有権の移転の登記が可能となるように、建物の分割の登記の申請をする必要がある。

建物の分割の登記の申請人は、その建物の表題部所有者又は所有権の登記名義人である（不登法54条1項1号）ので、甲であり、甲が建物の分割の登記の申請をすれば問題はないが、所有権について、乙は、甲と裁判により争ってい

ることから、協力が得られる見込みがほとんどない。この場合において、乙が当該附属建物の所有権の移転の登記を申請するためには、その前提となる、当該建物の分割の登記を甲に代位して申請するほかない。

　この点について、所有者の意思に委ねられる土地の分筆の登記の申請について、一筆の土地のうちの一部を取得した者が所有者に代位することを認めている（昭44．6．4第590号回答）。建物の分割の登記の申請についても、同様に考えられており、この事例では、乙が甲に代位して、当該建物の分割の登記を申請することができるものと考えられる。

第4節 合筆又は合併の登記

第1款 土　地

2082 土地の合筆の登記の意義

|問| 土地の合筆の登記とはどのような登記をいうか。
|結論| **土地の合筆の登記とは、当該土地の表題部所有者又は所有権の登記名義人の申請に基づき、二筆以上の土地を一筆の土地とする登記手続である。**

|説明| 土地の合筆の登記は、表題部所有者又は所有権の登記名義人（以下「表題部所有者等」という）が自己の所有する二筆以上の土地を一筆の土地とするために申請するものであり、表題部所有者等の自由な意思に委ねられ、報告的な登記と異なり義務ではなく、申請に基づいて登記官が登記を実行する、形成的な登記である。

二筆以上の土地の登記記録を一筆の土地の登記記録にするものであるため、〔2084〕に詳述するように、合筆する土地の登記記録は、基本的に同一の権利関係でなければならないとか、一筆とするのであるから隣接し合筆後は、一体となるようなものでなければならないなどの制限事項がある。

また、分筆の登記は、一筆の土地を分割するものであるため、隣接する土地との筆界の確認や新たに形成する筆界線などを詳細に確認し、測量した上で、新たな地積測量図を作成し、申請情報に添付するなどのことが必要となるが、合筆の登記については、既存の土地を合わせるものであるため、隣接する土地との筆界の確認、測量及び地積測量図の作成等は必要ない。

土地の登記記録については、一筆を存続させ、その他の土地の登記記録は、

閉鎖される（規則106条2項）。存続する土地は、表題部の地積を合筆後の内容に変更し、登記原因及びその日付欄に「何番を合筆」のように記録し、合併による所有権の登記をするなどの所要の記録を行い、閉鎖される土地の登記記録については、表題部の登記原因及びその日付欄に「何番に合筆」のように記録し、表題部の登記事項を抹消する記号を記録した上で、閉鎖する（同条）。

　登記所備付地図については、合筆の対象となる土地の間の筆界線を消去することとなる。

　冒頭に説明したとおり、合筆の登記は、表題部所有者等の申請に基づくものであるが、例外的に、不動産登記法14条1項に規定する地図を作成するため必要があるときは、登記官が表題部所有者等に異議がないことを確認の上、職権で合筆の登記が行われたり（同法39条3項）、地籍調査を行うために土地の合併があったものとして調査を行う必要がある場合において、当該土地の所有者がこれに同意するときは、当該合併があったものとして調査を行うことができ（国調法32条）、当該調査が行われたときは、登記所は、その成果に基づいて、合筆の登記を行う（同法20条3項）。

2083　土地の合筆の登記手続

問　土地の合筆の登記手続は、どうするのか。

結論　**合筆の登記とは、土地の登記記録上各一筆の土地として登記されている二筆以上の土地を、一筆の土地とすることをいい、従前の一筆の登記記録は、地積等の増加等の変更を記録して存続し、他の土地の登記記録は、閉鎖される。**

説明　(1)　合筆の登記の態様

　　不動産登記法上、土地の合筆の態様としては、次のようなものがある（規則106条、108条）。二筆の土地として登記されているものを、いずれか一方の土地に合筆する方法、数筆の土地として登記されているものをそのうちの一筆の土地に合筆する方法、甲地の一部を乙地に合筆するために甲地の一部を分筆して乙地に合筆する方法、甲地及び丙地の各一部を乙地に合併するために、甲地及び丙地の各一部をそれぞれ分筆して乙地に合筆する方法等である。

(2) **申請人**

　合筆の登記は、土地の表題部所有者又は所有権の登記名義人の申請によってされる（不登法39条1項）。この登記は、申請に基づき登記官がその登記をすることによって合併の効果が生じる、いわば形成的な登記であるから、その性質上、当該土地の所有者の申請によってのみすることができるものであり、また、土地が共有である場合には、その全員で申請すべきであって、一部の者のみで申請することはできないのである。

　なお、例外として、法務局が地図を作成する場合において必要があるときは、土地の表題部所有者又は所有権の登記名義人からの申請がない場合であっても、その者に異議がないときは、登記官は職権で合筆の登記をすることができる（不登法39条3項）。

(3) **合筆の登記の制限**

　次問参照。

(4) **申請情報の記載事項**

　申請書には、合筆後の土地を表示することを要する（登記令別表の九の項申請情報欄イ）。登記の目的としては、「土地合筆」と記載するが、合筆は、その登記により効力を生じるのであるから、登記原因の記載は要しない。ただ、申請情報の該当欄に合筆の内容を明らかにするため、合筆後の土地については何番を合筆する旨、合筆後閉鎖される土地については、何番の土地に合筆した旨を記載する（規則106条）。

　なお、所有権の登記のある土地の合筆登記の申請には、合筆後の一筆につき登録免許税1,000円の納付が必要である（税法別表第一の一の（十三）ロ）。

(5) **添付情報**

　(イ)　登記識別情報及び所有権の登記名義人の電子証明書（書面申請の場合は、印鑑証明書）

　所有権の登記のある土地の合筆の登記を申請するときには、合筆前のいずれか一筆の土地の所有権に係る登記識別情報を提供しなければならない（登記令8条1項1号）。また、所有権の登記名義人の電子証明書も併せて提供する（同令12条1項、14条。書面申請の場合は、印鑑証明書（同令16条2項））。

　(ロ)　地役権図面

　合筆後の土地の一部に承役地地役権が存続するときは、申請情報にその部分を記載し、これを証する地役権者が作成した情報及びその部分を示した図面を

併せて提供しなければならない（登記令別表の九の項添付情報欄）。

2084 土地の合筆の制限

問 土地の合筆の登記をする場合には、どのような制限があるか。
結論 **相互に接続していなければならないなど不動産登記法41条各号に列挙された事由に該当する場合には、合筆の登記をすることができない。**

説明 土地の合筆の登記は、表題部所有者又は所有権の登記名義人が自己の所有する二筆以上の土地を一筆の土地とするために申請するものであり、表題部所有者又は所有権の登記名義人の自由な意思に委ねられているが、形成的な登記であることから、共有である場合は、共有者全員で申請すべきこととされ、一部の者からの申請は認められていない（昭37.3.13第214号回答）。なお、例外として、職権等で合筆の登記がされる場合もある（前問参照）。

そして、二筆以上の土地を一体のものとする位置的な制限、登記記録を一筆にまとめることとなるため権利関係などの制限など、不動産登記法41条に規定されており、その内容は次のとおりである。

(1) **相互に接続していない土地**（不登法41条1号）

二筆以上の土地を一筆にすることから、接続している必要がある。めがね地、飛び地などの例外は認められない。

(2) **地目又は地番区域が相互に異なる土地**（不登法41条2号）

地目及び地番区域は、同じでなければならず、逆に、一筆の土地の中で、地目又は地番区域が異なる状況となったときは、表題部所有者若しくは所有権の登記名義人の申請がない場合であっても、登記官は、職権で分筆しなければならないこととなっている（不登法39条2項）。

(3) **表題部所有者又は所有権の登記名義人が相互に異なる土地**（不登法41条3号）

所有者の異なる土地の合筆を認めると、登記記録上、合筆後の土地の各部分にそれぞれ所有者を異にする別個の所有権が成立することを認めることとなり、一物一権主義、物権の排他性からして、認められない。

(4) 表題部所有者又は所有権の登記名義人が相互に持分を異にする土地（不登法41条4号）

前記(3)と同様、合筆後の一筆の土地の一部のみを対象とする持分権の成立を求める結果となり、公示に混乱が生じるからである。

(5) 所有権の登記がない土地と所有権の登記がある土地（不登法41条5号）

一筆の土地ごとに登記記録を編成し、権利関係を公示するという原則（不登法2条5号）を踏まえると、一筆の土地の一部のみに所有権が公示されることは望ましくないためである。

(6) 所有権の登記以外の権利に関する登記のある土地の合筆の登記（不登法41条6号）

これも、合筆後の土地の一部に所有権以外の権利が設定された状態となることは、公示上望ましくないために定められたものであるが、例外として、承役地についてする地役権の登記（地役権は土地の一部に設定可能）、担保権の登記であって、登記の目的、申請の受付の年月日及び受付番号並びに登記原因及びその日付が同一のもの（一筆全部に同じ権利が及ぶ）、鉱害賠償登録令（昭和30年政令第27号）26条に規定する鉱害賠償登録に関する登記であって、鉱害賠償登録規則（昭和30年法務省第47号）2条に規定する登録番号が同一のものについては、合筆の登記が認められている（規則105条）。

2085 土地の合筆の登記の抹消の登記手続

問 合筆の登記がされた土地について、当該合筆の登記を抹消する場合の登記申請手続は、どのようにするか。

結論 **合筆の登記の抹消の申請情報を作成し、申請をすることとなる。**

説明 合筆の登記の抹消の登記手続についても、法令上の根拠はなく、錯誤があった場合の是正のため、実務上認められているものである。

土地の合筆の登記については、制限事項があり、物理的に接続していないこと、一筆の土地の登記の中に併存することができない権利関係があることなどであるが、これらの事項に該当したにもかかわらず、合筆の登記がされてしまったものについて、是正のため、合筆の登記を抹消することが考えられる。制限事項に反するものについて合筆の登記をした場合は、登記官が職権で抹消す

ることも可能とされている（昭37．9．27第811号回答、昭54．6．8第3310号回答）。

　本問の場合は、合筆の登記の抹消について、申請をするということであるので、合筆の登記の制限事項に当たるものではなく、対象の土地を誤ったなどの、申請人側の錯誤によるものの是正の方法が問題となっているものと思われる。

　この場合、申請情報には、土地の表示欄には、現在の表題部の登記記録と同内容を記載し、その下に、合筆の登記の抹消後の合筆前の登記記録の内容を記載する。登記原因及びその日付欄に合筆錯誤の旨を記載する。

　添付情報は、特に必要ないものと考えられる。

　登記の事務処理としては、当該合筆の登記後も、存続していた土地の登記記録については、表題部の合筆後の記録事項を抹消し、合筆前の状態の記録を再度記録した上で、原因及びその日付欄に合筆錯誤の旨を記録する。また、権利部甲区欄に記録された合併による所有権の登記を抹消し、その直前の所有権の登記を再び記録する。合筆により閉鎖されていた土地の登記記録については、回復し、表題部に閉鎖前の記録を再度記録し、原因及びその日付欄に合筆錯誤の旨を記録し、登記記録を回復した旨も記録する。権利部についても、閉鎖前の登記記録を回復させる。

第2款　建　物

2086　建物の合併の登記の意義

問　建物の合併の登記とはどのような登記をいうか。
結論　**登記された2個以上の建物を1個の建物とする登記である。**

説明　建物の合併の登記とは、表題登記がある建物を登記記録上他の表題登記がある建物の附属建物とする登記又は表題登記がある区分建物を登記記録上これと接続する他の区分建物である表題登記がある建物若しくは附属建物に合併して1個の建物とする登記をいう（不登法54条1項3号）。

　不動産登記法54条1項3号において、二つの形態の合併について定められているが、手続上、前段は、附属合併（規則132条1項）、後段は、区分合併（規

則133条1項）と分類されている。

　建物の分割の登記と同様に、建物に工事等の物理的な変更を加えずに、登記記録上の構成を変更するものであり、その建物の分割や土地でいえば合筆などと同様に、所有者の意思に基づく形成的な登記であるとされている。形成的な登記であることから、建物が共有である場合は、共有者全員からの申請でなければならないとされている（民法251条、昭37．3．13第214号回答）。

　附属合併にあっては、別個に独立して登記されている建物を附属建物とするので、主である建物との間に主従の関係が生じ、効用上、一体として利用されるものでなければならないため、附属建物を有する建物の表題登記の際と同様、建物が離れていて、一体的に利用し得るものとは見られないような位置関係であるような場合は、当該合併は認められない（準則86条1号）。

　また、区分合併にあっては、区分された建物が互いに接続していない場合は当該合併は認められない（準則86条2号）。

2087　建物の合併の登記手続

問　既に登記されている物置（A）を新築の居宅（B）（未登記）の附属建物とする場合の変更の登記の手続はどのようにすればよいか。

結論　**居宅（B）につき建物の表題登記を申請した後に、物置（A）を合併させる登記を申請する。なお、物置（A）につき所有権の登記がされている場合には、あらかじめ居宅（B）について所有権の保存の登記を申請する必要がある。**

説明　建物の合併の登記とは、建物の物理的現況には何らの変更を加えずに、所定の登記手続により建物の属する登記記録を変える（通常は各々別個の建物として登記されていた建物の登記記録を1個の建物の登記記録として変更する）一種の形成的登記であるといえる（不登法54条1項3号）から、その申請も当該建物の表題部所有者又は所有者のみがすることができる。

　そこで、本問のような場合に建物の表題部の変更の登記をするにはどのような手続によるべきか、この場合にも1個の建物として既登記の物置を居宅の附属建物とするには、原則どおりの合併の登記手続によらざるを得ないことになろう。つまり、仮に合併の制限事項の問題がないとしても、主である建物とな

るべき居宅が未登記である以上建物の合併の登記の申請ができないことはもちろんである。

したがって、登記手続としては、まず新築の居宅について、建物の表題登記をし、もし、物置につき所有権の登記がされている場合には、さらに所有権の保存の登記をした後に、物置を居宅の附属建物とする旨の建物の合併の登記申請をすべきこととなろう。この場合の申請情報の登記の目的は「建物合併」と記載し、登記原因については合併の登記の性質上記載することを要しない。ただ、合併の内容を明らかにするため、申請情報の該当欄に、何番に合併した旨（合併前の物置）及び何番を合併する旨（合併により附属建物となる物置）を記載する。その他、建物の合併の登記の申請をする場合における添付情報等については、不動産登記令別表の十六の項に規定されているので問題はないものと思われるが、最も問題になるのは、合併しようとする建物が主である建物と附属建物としての関係にあるかどうかということであろう。

これについて明確な基準が設けられているわけではないが、主である建物となるべき建物との間に効用上一体となる位置関係と附属建物としての機能性などを有すべきことは当然のことであろうと考える。つまり、主である建物の利用状況等を見た場合にその効用をさらに高め、附属建物としての補助的な機能（効用）を果たすようなものであることを要し、単に両建物の位置が近接しているというだけでは主従の関係とは認め難い。また、単に建物の床面積の大小のみによってこの効用上の一体関係が左右されるものでない。

例えば、小規模の工場に数棟の建物がある場合に、建物の規模からいえば一番小さい建物であったとしても、そこが工場の中枢的な機能を有する建物であれば、当該建物を主である建物として他の建物を附属建物とすることは可能であろうし、効用上の一体性が認められる場合もある。

合併の禁止規定等に抵触する建物の合併の登記申請は、不動産登記法25条13号及び不動産登記令20条3号に該当するものとして却下されることになるが、仮に当該申請が誤って受理・登記されてもその登記は無効であるから、後日登記官の職権をもって抹消される（不登法28条）。

2088　建物の合併の制限

問　建物の合併の登記をする場合には、どのような制限があるか。

結論 建物の所有者が異なる場合など一定の事由に該当する場合には、建物の合併の登記をすることができない。

説明 建物の合併の登記は、所有者の意思に委ねられているところであるが、土地において合筆の登記をする際に制限があるように、建物の合併の登記についても、制限が定められ、公示が適切なものとなるよう、図られている。具体的に、不動産登記法56条、不動産登記規則131条及び不動産登記事務取扱手続準則86条に規定されている。

建物の合併の登記をすることができないとされているのは、次のとおりである。

(イ) 共用部分である旨の登記又は団地共用部分である旨の登記がある建物である場合（不登法56条1号）

(ロ) 表題部所有者又は所有権の登記名義人が相互に異なる建物である場合（不登法56条2号）

(ハ) 表題部所有者又は所有権の登記名義人が相互に持分を異にする場合（不登法56条3号）

(ニ) 所有権の登記がない建物と所有権の登記がある建物である場合（不登法56条4号）

(ホ) 所有権等の登記以外の権利に関する登記がある建物（権利に関する登記であって、合併後の建物の登記記録に記録することができるものとして法務省令で定めるものがある建物を除く）である場合（不登法56条5号）

この法務省令で定めるものとは、次のとおりである（規則131条）。

(i) 担保権の登記であって、登記の目的、申請の受付年月日及び受付番号並びに登記原因及びその日付が同一のもの（規則131条1号）

(ii) 信託の登記であって、不動産登記法97条1項各号に掲げる登記事項が同一のもの（規則131条2号）

(ヘ) 附属合併（規則132条1項）において、合併しようとする建物が主である建物と附属建物の関係にないとき（準則86条1号）

(ト) 区分合併（規則133条1項）において、区分された建物が互いに接続していないとき（準則86条2号）

このほか、先例において、次のような場合は、建物の合併の登記をすることができないとされている。

(チ) 所有権に関する仮登記があるとき（昭35.7.4第1594号通達）

(リ)　財団に属した旨の登記があるとき（同通達）

2089　敷地権のある区分建物の合併の登記手続

問　敷地権のある区分建物について、合併をしようとする場合には、どのような申請手続をすることになるか。

結論　**区分建物の表題部所有者又は所有権の登記名義人が申請情報の内容として合併後の一棟の建物及び区分建物について、不動産所在事項（家屋番号を除く）、建物の種類、構造及び床面積、当該一棟の建物の名称があるときは、その名称並びに敷地権の目的となる土地の不動産所在事項、敷地権の種類、割合、登記原因及びその日付を提供するとともに、合併後の建物図面及び各階平面図、登記識別情報（所有権の登記がある場合）を添付して申請する。**

説明　敷地権のある区分建物について合併する場合は、登記記録上2個以上の区分建物が1個の区分建物となるものである。

　所有者の意思により、接続した区分建物を合併することになる。

　申請情報に加えて、合併後の建物図面及び各階平面図、登記識別情報（所有権の登記がある場合）、申請人の電子証明書（書面申請の場合は印鑑証明書）を添付して申請する（登記令別表の十六の項添付情報欄イ、8条1項3号、14条、16条2項及び3項）。

　申請情報及び添付情報についての留意点は次のとおりである。

(1)　**申請情報**

　一棟の建物の表示、敷地権の目的となっている土地の表示を記載した後、存続する区分建物の表示を記載するが、床面積については、合併後の面積を記載し、登記原因及びその日付欄に「③何番何を合併」と記載する。また、その区分建物の敷地権の表示について、合併後の敷地権の割合を記載し、登記原因及びその日付欄に「③平成○年○月○日変更」と記載する。さらに、合併により閉鎖される区分建物の表示について記載し、登記原因及びその日付欄に「何番何に合併」と記載する。敷地権の表示については、従前の割合を記載しておく。

　不動産番号を記載すると、建物の所在及び地番、家屋番号、建物の種類、構造及び床面積の記載を省略することができる（登記令6条1項2号）。

(2) **建物図面及び各階平面図**

合併後の状況を表示したものとする（登記令別表の十六の項添付情報欄イ）。

(3) **所有権の登記がある区分建物を合併するとき**

合併前の複数の区分建物のいずれかの所有権の移転（又は保存）の登記の際の登記識別情報（又は登記済証）を添付する（登記令8条1項3号）。

(4) **電子申請**

電子署名し、電子証明書を添付する。書面申請の場合は、印鑑証明書（作成後3か月以内のもの）を添付する（登記令14条、16条）。

(5) **登録免許税**

合併後の区分建物1個につき1,000円である（税法別表第一の一の（十三）ロ）。

第5節 区分建物

第1項 総論

2090 区分建物の意義

問 区分建物とは、どのような建物か。

結論 区分建物とは、一棟の建物の構造上区分された部分で独立して住居、店舗、事務所又は倉庫その他建物としての用途に供することができるものであって、専有部分であるもの（規約共用部分を含む）をいう。

説明 (1) 区分建物の意義

　　　　区分建物とは、一棟の建物の構造上区分された部分で独立して住居、店舗、事務所又は倉庫その他建物としての用途に供することができるものであって、建物の区分所有等に関する法律2条3項に規定する専有部分であるもの（規約共用部分であるものを含む。）をいう（不登法2条22号）。このように、不動産登記法上の区分建物の概念は、規約共用部分を含むため、建物の区分所有等に関する法律上の専有部分の概念（同法2条1項・3項）と完全に一致するわけではない。区分建物の具体例は、二戸建ての棟割長屋の各戸、マンションやビルディングの各室などである。

　従来、どのような建物の部分が区分所有権の目的となるかについては、民法に規定がなく、専ら解釈に委ねられていたが、建物の区分所有等に関する法律が制定され、判例で示されていた基準に従って、区分所有権の目的とすることができる建物の部分の要件が規定されている（同法1条）。不動産登記法においても、結論に記載のとおり、同様の要件に基づき区分建物を定義している

（不登法2条22号）。それによると、区分所有権の目的とすることができる建物の部分は、構造上の独立性と利用上の独立性という二つの要件を備えていなければならない。構造上の独立性については、その建物の部分が仕切り壁（隔壁）、床及び天井等によって他の部分と構造上はっきり区分されていなければならない。利用上の独立性については、その建物の部分だけで住居、店舗、事務所又は倉庫その他建物としての用途に供し得るものでなければならない。

したがって、日本式木造家屋の一部は、棟割長屋の各戸のようなものは別として、概して構造上の独立性を欠くことになる。隣室や廊下との境に襖や障子しかない一部屋のようなものは、他の部分と構造上区分されているとは到底いえず、また、1階と2階とが天井で遮断されていても、2階に通じる階段の部分が1階の部屋と襖や障子などで仕切られているような場合は、1階と2階が構造上区分されているとはいえない。

一方、隣室との間が壁や天井で遮断されているマンションの一室やビルディング内の一部屋は、原則として、この二つの要件を具備しているといえる。

なお、登記実務上は、既存の建物に接続して建物を新築し、当該接続部分に木製の扉が設けられている場合の新築部分（昭41.12.7第3317号回答）、既存のA建物（店舗）に接続して屋根が共通のB建物（店舗）を新築し、接続部分が鉄製シャッターで仕切られている場合のB建物、及びビル内の地下において二方又は三方を鉄製シャッターで仕切った店舗部分で、開店中はシャッターが開扉され、閉店後はシャッターが閉扉されている場合（昭42.9.25第2454号回答）は、いずれも区分所有権の目的となり得るものとして取り扱われている。

また、マンションの各室に通じる廊下や階段室は、それ自体建物としての用途に供されるものではないので、利用上の独立性を欠き、その部分のみを単独で区分所有権の目的とすることができず（区分所有法4条1項）、共用部分として、原則的には区分所有者全員の共有に属する部分となる（同法11条）。

(2) **区分所有の成立と解消**

　(イ) 区分所有の成立

建物の区分所有が成立し、区分所有権が発生する場合については、建物の区分所有等に関する法律所定の二つの要件を備えているだけでは足りず、解釈上、区分建物とする建物所有者の意思が必要とされており、次のとおりであると考えられる。

(i) 登記による区分　建物の所有者が登記上でその建物を区分すれば、これに

よって区分所有が成立する。そのような登記としては、区分建物の表題登記（不登法47条、48条）及び建物の区分の登記（同法54条1項2号）がある。

(ii) **処分による区分** 建物の所有者は、その建物が登記上で区分されていないときでも、その一部を他人に譲渡することができるが、このような譲渡がされると、区分所有が成立する（大判昭4.2.15民集8巻124頁）。

(iii) **その他** 数人が共同して当初から区分所有の状態にある建物を建築する場合や、他人の所有する建物に区分所有の可能な部分を増築することによって、区分所有が生じる場合も考えられる。

(ロ) **区分所有の解消**

区分所有は、建物の区分をなくすことによって解消するが、その原因としては、次のものが考えられる。

(i) **区分合併の登記** 同一の所有者に属する複数の区分建物が互いに接続している場合に、物理的な変更を加えることなく、登記記録上1個の建物とする区分合併の登記がされると、区分所有は解消する（不登法54条1項3号、規則133条1項）。

(ii) **隔壁の除去** 区分建物の間にある隔壁を除去すると、その各部分はともに区分建物の要件を欠くことになり、区分所有は解消する。

(iii) **その他** 区分所有は、区分建物の全部が滅失した場合に解消することはもちろん、その一部の滅失によっても解消することがある。

2091　区分建物の登記記録の仕組み

問　区分建物の登記記録は、どのような仕組みになっているか。
結論　**区分建物の登記記録は、区分建物ごとに、①一棟の建物の表題部、②区分建物の表題部、③権利部（甲区、乙区）が設けられている。**

説明　(1) **区分建物の登記記録**

区分建物は、所有者の意思により、それぞれ1個の建物として登記をすることが認められているが、物理的には一棟の建物の一部分であるから、この区分建物の登記記録については、通常の建物の登記記録とは内容が異なっている。

平成16年法律第123号による改正前の不動産登記法は、1個の建物について

一用紙を備えるという一不動産一登記用紙の原則の例外として、区分建物の登記簿は、区分建物ごとではなく、一棟の建物に属する区分建物の全部について一登記用紙を備えるものとされていた（同法15条ただし書）。編成は、最初に一棟の建物の表題部が設けられ、その後ろに各区分建物（専有部分）の表題部、甲区及び乙区を設けることとされていた（旧不登法16条ノ2、旧細則2条2項ただし書、4条ただし書）。これは、紙の登記簿による処理を前提とすると、各区分建物で同一の内容となる一棟の建物の表題部に関する事項について、全ての区分建物に記入するのは煩雑である上、公示上の一覧性にも欠けるため、最初に共通の表題部を設けることにしたものである。

しかしながら、平成16年法律第123号による改正後の不動産登記法では、コンピュータ化された登記簿が前提となっており、区分建物について一不動産一登記記録の原則を維持しても支障がないことから、例外規定は設けられず、1個の建物ごとに一登記記録を設けることとされている（同法2条5号）。これに伴い、区分建物の表題部中の一棟の建物に関する登記事項の変更の登記又は更正の登記がされた場合には、同じ一棟の建物に属する他の区分建物についてされた登記としての効力を有することとされ（同法51条5項、53条2項）、登記官が職権で当該他の区分建物について当該変更の登記又は更正の登記をすべき旨の規定が新設されている（同法51条6項、53条2項）。

(2) 登記記録の編成

(イ) 一棟の建物の表題部

一棟の建物の表題部は、一棟の建物全体の物理的状況が記録され、「一棟の建物の表示欄」及び「敷地権の目的である土地の表示欄」に区分される（規則4条3項、別表三）。

「一棟の建物の表示欄」には、①一棟の建物の所在、②一棟の建物の名称、③一棟の建物の構造・床面積、④一棟の建物に係る登記の登記原因及びその日付、⑤一棟の建物に係る登記の年月日等を記録する。

「敷地権の目的である土地の表示欄」には、①敷地権の目的である土地の符号、②敷地権の目的である土地の所在及び地番、③敷地権の目的である土地の地目・地積、④敷地権に係る登記の年月日等を記録する。

(ロ) 区分建物の表題部

区分建物の表題部は、各区分建物の物理的状況が記録され、「専有部分の建物の表示欄」「附属建物の表示欄」「敷地権の表示欄」及び「所有者欄」に区分

される（規則4条3項、別表三）。

「専有部分の建物の表示欄」には、非区分建物の表題部と異なり、所在は記録されないが、①不動産番号、②区分建物の家屋番号、③区分建物の名称、④区分建物の種類・構造・床面積、⑤区分建物に係る登記の登記原因及びその日付、⑥区分建物に係る登記の年月日等を記録する。なお、共用部分である旨の登記又は団地共用部分である旨の登記は、⑤「原因及びその日付欄」に記録することになる（準則103条1項）が、当該登記をする場合、登記官は職権で表題部所有者の登記又は権利に関する登記を抹消する（不登法58条4項、規則141条）ため、区分建物の表題部は表題部所有者が記録されていない状態で存在することになる。

「附属建物の表示欄」は、非区分建物の表題部と同様の内容である。

「敷地権の表示欄」には、①敷地権の目的である土地の符号、②敷地権の種類、③敷地権の割合、④敷地権に係る登記の登記原因及びその日付、⑤敷地権に係る登記の年月日等を記録する。

「所有者欄」には、所有者及びその持分を記録する。

(ハ) 権 利 部

権利部は、区分建物ごとに、必要に応じ甲区及び乙区が設けられ、その記録内容は、非区分建物と同一である。

2092 敷地利用権と一体性の原則

問 専有部分と敷地利用権の一体性の原則とは何か。

結論 敷地利用権が数人で有する所有権その他の権利である場合に、区分所有者は、その有する専有部分とその専有部分に係る敷地利用権とを分離して処分することができないこととされており、これを一体性の原則という。一体性の原則は、専有部分の全部を所有する者の敷地利用権が単独で有する所有権その他の権利である場合にも適用される。

説明

(1) 敷地利用権の意義

敷地利用権とは、区分所有者が専有部分を所有するために建物の敷地に関して有する権利であって（区分所有法2条6項）、その対象となる建物の敷地には、建物が所在する土地（法定敷地）以外に、通路、庭、附属施

設の敷地などのように、専有部分及び法定敷地と一体として管理又は使用されており、規約により建物の敷地とされた土地（規約敷地、同法5条1項）も含まれる（同法2条5項）。

敷地利用権は、具体的には、敷地を使用するための所有権、地上権、賃借権、使用借権等である。これらの権利は、区分所有者が複数人であるときは、建物の敷地全体を区分所有者全員で共有（準共有）する場合がほとんどであるが、建物の敷地を専有部分ごとに分筆し、各筆の敷地利用権が各区分所有者の単有となっている場合（分有形式）もある。

(2) **一体性の原則**

一体性の原則とは、敷地利用権が数人で有する所有権その他の権利（地上権、賃借権等）である場合に、区分所有者は、その有する専有部分とその専有部分に係る敷地利用権とを分離して処分することができないことをいう（区分所有法22条1項）。このように、一体性の原則が共有形態の権利に限定して適用されるのは、マンション等の大規模な区分所有建物の敷地利用権は、共有形態を取るものが大部分であり、この場合には、敷地利用権の専有部分に対する従属性が極めて強く、これらを一体として処分するのが取引の実態であることなどの理由による。

したがって、そのような取引実態ではない場合、例えば、敷地利用権が単有となっている分有形式の場合には、一体性の原則は適用されない。また、棟割長屋のように小規模な区分所有建物の場合に、専有部分とその専有部分に係る敷地利用権が一体的に取引されることを望まないこともあり得るため、分離処分可能規約を設定することにより、一体性を排除することが認められている（区分所有法22条1項ただし書）。

一方、一棟の建物の専有部分の全部を所有する者の敷地利用権が単独で有する所有権その他の権利である場合は、分離処分が禁止されている（区分所有法22条3項・1項）。この場合には、敷地利用権は、いまだ共有形態の権利とはなっていないが、各専有部分に割合的に分属させているものと考えることができ、実質的に共有形態の権利と変わらないからである。

この一体性の原則が適用される敷地利用権が登記された所有権、地上権又は賃借権であるときは、区分建物の表題部に敷地権として登記される（不登法44条1項9号）。これ以降、専有部分とその敷地権について一体的に生じる権利変動は、区分建物の登記記録を通じて公示されることになる（同法73条）。

(3) 分離処分の内容

　分離してすることができない処分は、法律行為としての処分であり、土地収用、時効取得等のように、公権力の行使や一定の事実に基づいて生じる権利変動は、ここでいう処分には含まれない。

　また、その処分は、専有部分と敷地利用権とを一体としてすることができる処分でなければならない。専有部分又は敷地利用権のみを譲渡することや、その一方のみを目的として抵当権又は質権を設定すること等がこれに当たる。これに対して、性質上、両者を一体として処分することができない場合、例えば、専有部分のみを目的とする賃借権の設定、敷地のみを目的とする地上権、賃借権、地役権等の設定、一体性の原則の適用前に専有部分又は敷地のみを目的として設定された抵当権の実行としての差押え、専有部分又は敷地のみを目的とする処分禁止の仮処分等は、分離処分には含まれない。

2093　公正証書による規約の設定

問　公正証書による規約の設定は、どのような場合に認められるのか。

結論　**最初に建物の専有部分の全部を所有する者は、①共用部分を定める規約、②建物が所在する土地以外の土地を建物の敷地とする規約、③専有部分と敷地利用権とを分離して処分することができる旨を定める規約、④敷地利用権の割合を専有部分の床面積の割合と異なる割合に定める規約という四つの場合に限って、公正証書により単独で規約を設定することが認められている。**

説明

(1) 公正証書による規約の設定の制度趣旨

　　昭和58年の建物の区分所有等に関する法律の一部改正により、分譲業者など、最初に建物の専有部分の全部を所有する者は、規約共用部分と敷地の権利関係に関する事項について、公正証書により単独で規約を設定することが認められた（同法32条）。

　この法改正においては、専有部分と敷地利用権の一体性の原則が制度化され、これに伴い、新しい形態の規約、すなわち、①建物が所在する土地以外の土地を建物の敷地とする規約（区分所有法5条2項）、②専有部分と敷地利用権とを分離して処分することができる旨を定める規約（同法22条1項ただし書・

3項)、③敷地利用権の割合を専有部分の床面積の割合と異なる割合に定める規約（同条2項ただし書・3項）が導入された。

　建物の区分所有等に関する法律上の規約は、区分所有者相互間の事項を定める自治規範であるから、本来、複数の区分所有者による区分所有関係が生じた後に設定されるべきものであり、規約の設定は、原則として、区分所有者の集会の決議によって行うものとされている（同法31条1項）。ところが、区分所有者が複数人となった後でなければ、これらの規約を設定することができないとすると、分譲する段階になっても専有部分と敷地利用権の一体化に関する事項を確定することができず、実際の取引に当たっては極めて不便なこととなる。むしろ、分譲業者が単独で全ての専有部分を所有しているうちに、画一的に規約を定め、これを前提に分譲する方が買受人にとっても望ましい。

　登記手続についても、専有部分と敷地利用権の一体化の原則の導入に伴い、所要の改正がされた。区分建物の表題登記は、原始取得者から全専有部分について一括して申請しなければならないこととされ（不登法47条1項、48条1項）、敷地権（登記された敷地利用権で、専有部分と一体化されたもの）がある場合は、その敷地権を登記することとされている（同法44条1項9号）。したがって、区分建物の原始取得者が表題登記の申請をする段階で、これらの規約が確定されていなければ、円滑に登記手続を進めることができない。

　さらに、この法改正前には、規約共用部分の制度についてほとんど利用されておらず、例えば、集会所等のように規約で共用部分とするのが適当な専有部分についても、区分所有者全員の共有の登記がされ、区分建物の登記記録が膨大かつ複雑なものとなっていたため、分譲業者が単独で規約共用部分を定める規約を設定することを認めることにより、その弊害を解消する必要があった。

　そこで、このような問題を解決するため、建物の全専有部分を所有する者に、単独で規約の設定ができる権限を与えることとされた。なお、これらの規約は、専有部分の分譲後に多数の区分所有者を拘束することになるが、相手方のない単独行為によって設定されるので、その内容が後日争われることのないよう客観的に明確なものとするため、公正証書により作成されるべきものとされている。

(2)　公正証書による規約の設定が認められる場合

　最初に建物の専有部分の全部を所有する者が単独で公正証書により設定することができる規約は、①共用部分を定める規約（区分所有法4条2項）、②建物

が所在する土地以外の土地を建物の敷地とする規約（同法5条1項）、③専有部分と敷地利用権とを分離して処分することができる旨を定める規約（同法22条1項ただし書・3項）、④敷地利用権の割合を専有部分の床面積の割合と異なる割合に定める規約（同条2項ただし書・3項）の四つに限定されている。なお、団地の場合には、一団地内の数棟の建物の全部を所有する者が、団地共用部分を定める規約を公正証書により設定することができる（同法67条2項）。

「最初に建物の専有部分の全部を所有する者」とは、例えば、分譲用のマンションを建築した後、分譲開始前の段階で、その専有部分の全部を所有している分譲業者等がこれに該当する。しかしながら、分譲マンションの専有部分を一戸でも分譲（所有権移転）した場合には、「専有部分の全部」を所有する者とはいえないので、分譲業者が単独で規約を設定することはできない。また、マンションが分譲された後、最終的に専有部分の全部を一人の者が所有することになったとしても、その者は、「最初に」建物の専有部分の全部を所有する者には該当しないので、単独で規約を設定することはできない。

また、公正証書により規約を設定することができるのは専有部分を「所有」する者であるから、所有権の対象となる建物が完成していることを要するが、例えば、マンション建築が途中であっても、分譲業者がマンション完成時にその所有権を取得することを前提として、あらかじめ公正証書により規約を作成することは許されるものと考えられる。なお、この場合は、建物の完成により分譲業者がその所有権を取得した時点で、当該規約がその効力を生じることとなる。

(3) 公正証書により規約を設定する場合の手続及び留意点

公正証書の作成は、法務大臣の任命する公証人が行う（公証人法1条1号）。公証人は法務局又は地方法務局に所属し（同法10条1項）、法務大臣の指定する地に公証役場を設けて、その職務を行うこととされている（同法18条）。したがって、規約設定公正証書を作成する場合には、必要な書類（本人確認のための印鑑証明書、公正証書作成のための建物設計図、土地の登記事項証明書等の資料）を公証役場に持参して、公正証書の作成を嘱託することが必要である。

2094　敷地権の意義

問　敷地権とは何か。

結論 敷地権とは、区分建物について登記された敷地利用権であって、区分所有者の有する専有部分と分離して処分することができないものをいう。

説明

(1) 敷地権の意義

　敷地利用権とは、専有部分を所有するための建物の敷地に関する権利であり（区分所有法2条6項）、具体的には、区分所有者が敷地を使用するための所有権、地上権、賃借権等である。この敷地利用権が、数人で有する所有権その他の権利、すなわち共有形態の権利である場合には、規約に別段の定めがない限り、専有部分と分離して処分することができないとされている（同法22条1項）。また、一棟の建物に属する専有部分の全部を所有する者の敷地利用権が単独で有する所有権その他の権利である場合も、同様に分離処分が禁止されている（同条3項）。

　このように、建物の区分所有等に関する法律で一体性の原則が採用されていることを受けて、不動産登記法では、登記された敷地利用権であって、区分所有者の有する専有部分と分離して処分することができないものを敷地権として、建物の表示に関する登記の登記事項として登記すべきとされている（同法44条1項9号）。すなわち、敷地権とは、不動産登記法上の概念であり、専有部分と分離して処分することができない敷地利用権のうち、登記がされているものをいう。敷地権として公示するためには、その権利が登記された敷地利用権でなければならないので、使用賃借上の権利のように登記することができないもの（同法3条）は含まれず、結局、敷地権は、登記された所有権、地上権及び賃借権に限定されることになる。

　なお、区分所有者が建物及び建物が所在する土地（法定敷地）と一体として管理又は使用をする庭、通路、その他の土地は、規約により建物の敷地とすることができる（区分所有法5条1項）ので、法定敷地以外の土地を規約により建物の敷地とした場合には、これらの土地の上に存する登記された敷地利用権も敷地権となる。建物及び法定敷地と一体的に管理又は使用する土地であれば、必ずしも法定敷地と隣接している必要はなく、また、登記所の管轄が異なっても差し支えないとされている。

(2) 敷地権の公示の仕組み

　区分建物の表題部に敷地権の登記をするときは、登記官は、職権で敷地権の目的である土地の登記記録に、所有権、地上権又は賃借権が敷地権である旨の

登記をしなければならない（不登法46条）。

　当該登記がされた後は、区分建物についてされた所有権又は担保権に係る権利に関する登記は、原則として敷地権である旨の登記をした土地の敷地権についてされた登記としての効力を有することになる（不登法73条1項本文）。例えば、敷地権付き区分建物にされた売買による所有権の移転の登記は、同一の登記原因及び日付による敷地権の移転の登記としての効力が認められる。また、敷地権である旨の登記をした土地には、原則として敷地権の移転の登記又は敷地権を目的とする担保権に係る権利に関する登記をすることが認められていない（同条2項本文）。

　このように、敷地権に関する権利関係については、土地の登記記録ではなく、区分建物の登記記録を通じて公示することとされ、区分建物の敷地の登記記録の簡明化が図られている。

第2項　表題登記

2095　区分建物の表題登記の申請人

問　区分建物の表題登記の申請人は誰か。
結論　**区分建物の表題登記については、区分建物の所有権を原始的に取得した者が申請義務を負い、原始取得者から所有権を取得した者が申請をすることはできない。**

説明　新築した建物の所有権を取得した者は、その所有権の取得の日から1月以内に、建物の表題登記を申請しなければならないとされている（不登法47条1項）。また、区分建物以外の表題登記がない建物の所有権を取得した者は、その所有権の取得の日から1月以内に、建物の表題登記を申請しなければならないとされている（同項）。

　そのため、非区分建物については、建物の表題登記を申請するまでの間に所有者に変更があった場合、新所有者が建物の表題登記を申請することになる。これに対して、区分建物の表題登記については、敷地権の有無にかかわらず、区分建物の所有権を原始的に取得した者（以下本問において「原始取得者」という）が常に申請人となり、表題登記を申請するまでの間に所有者に変更があっ

た場合でも、新所有者から表題登記の申請をすることはできない。

　このように、区分建物の表題登記について、原始取得者のみが申請義務を負うとされている主な理由は、次のとおりである。

(イ)　区分建物に敷地権があるときは、一体性の原則に反する処分の登記を防止することや、その敷地の登記記録の簡明化を図るためにも、できる限り早期に表題登記の申請をさせ、敷地権を公示させることが望ましく、原始取得者から所有権を取得した者の申請を認めるべきではないからである。

(ロ)　また、区分建物の表題登記の申請は、その一棟の建物に属する全部の区分建物について一括して申請すべきものとされている（不登法48条1項）ところ、各区分建物の物理的状態を最もよく知っている原始取得者に申請させることにより、正確な登記を期待することができるからである。

　以上のように、区分建物の表題登記については、原始取得者から所有権を取得した者は申請適格を有しないが、原始取得者が区分建物の表題登記の申請をしない場合には、新所有者は、原始取得者に代位（一般の債権者代位）して区分建物の表題登記を申請することができる（昭58.11.10第6400号通達第二の三1）。

　なお、原始取得者が区分建物の表題登記を申請する前に死亡した場合には、その相続人から、原始取得者を表題部所有者とする区分建物の表題登記を申請することができる（不登法47条2項）。

2096　区分建物の表題登記の一括申請

問　区分建物の表題登記の一括申請とはどういうことか。

結論　**区分建物の表題登記の申請は、その一棟の建物に属する他の区分建物の表題登記の申請とともにしなければならないということである。**

説明　区分建物が属する一棟の建物が新築された場合、当該区分建物の表題登記の申請は、その一棟の建物に属する他の区分建物についての表題登記の申請と併せてしなければならないとされている（不登法48条1項）。すなわち、区分建物の表題登記は、その一棟の建物に属する区分建物の全部について同時に申請しなければならず、これを区分建物の表題登記の一括申請という。

一括申請は、一棟の建物に属する区分建物の全部について同一の申請情報をもって申請するのが原則であるが、一棟の建物に属する区分建物の全部について表題登記の申請がされれば、各別の申請情報をもって申請しても差し支えないものとされている（昭58.11.10第6400号通達（以下本問において「昭和58年通達」という）第二の一2）。これは、区分建物の表題登記の申請について、同一の申請情報により申請することができないときは、一棟の建物に属する全部の区分建物について同一の機会に申請すればよいという趣旨であり、区分建物ごとに申請情報を作成して申請する場合には、登記官が当該申請の受否を決定するときまでに、一棟の建物に属する全部の区分建物について登記の申請がされなければならない。たとえ1個の区分建物でも申請されていないものがあるときは、その一棟の建物に属する区分建物の全部についての申請が却下されることになる（不登法25条5号、昭和58年通達第二の一3）。

　このように、区分建物について一括申請の方式が採られている理由は、次のとおりである。

(イ)　区分建物に関して敷地権の表示が登記事項とされている（不登法44条1項9号）ため、登記官は、表題登記をする際に、敷地権の有無、敷地権があるときはその種類及び割合、又は規約の有効性等を調査しなければならず、一棟の建物に属する区分建物の全部について、その所有者及び床面積等を確認する必要がある。しかしながら、各区分建物について別々に表題登記の申請がされたのでは、それぞれ別個に該当事項を調査しなければならないのでロスが多く、また、区分建物の全部について一体的な調査をすることも困難となり、その結果、正確な登記を期待することができなくなるおそれがある。したがって、区分建物の表題登記の申請について一括申請の制度を導入し、登記官が敷地権に関する調査を迅速かつ的確に行うことができるようにしたのである。

(ロ)　区分建物については、その物理的一体性等を考えた場合には、その全体の構成をできる限り早期に登記記録に反映させることが望ましく、従来の手続（一括申請の規定がなかったので、区分建物ごとに表題登記の申請が行われていた）のように、一棟の建物に属する区分建物が、いわゆる歯抜けの状態で登記されることは、公示上好ましくないと考えられたからである。

　なお、区分建物が属する一棟の建物が新築された場合において、当該区分建物の所有者は、他の区分建物の所有者に代わって、当該区分建物についての表

題登記を申請することができるとされている（不登法48条2項）。例えば、AとBが共同して区分建物を新築したが、Bが区分建物の表題登記を申請しないような場合には、Aは、自己の有する区分建物の表題登記を申請するとともに、Bに代わって、Bの有する区分建物の表題登記を申請することができる。

2097 区分建物の表題登記の申請手続

問 区分建物の表題登記の申請手続はどのようにするか。

結論 **区分建物の所有権を原始的に取得した者は、建物図面、各階平面図、所有権証明情報、住所証明情報等を提供して、一棟の建物に属する区分建物の全部について、同一の機会に、区分建物の表題登記を申請する。**

説明 一棟の建物が新築され、その建物の部分が区分所有権の対象となる場合には、区分建物（専有部分）ごとに1個の建物として、区分建物の表題登記を申請することができる。区分建物の表題登記の申請も、建物の表題登記の申請の一種であるから、非区分建物の表題登記の申請と基本的に同様であるが、次の点に留意しなければならない。

(1) 登記申請手続

　(イ) 申請情報

(i) 登記の目的　登記の目的として、「区分建物表題」と記録する。

(ii) 登記原因及びその日付　登記原因及びその日付として、区分建物が完成した日付と新築の旨を「平成○年○月○日新築」のように記録する。

(iii) 申請人等の表示

(iv) 添付情報の表示、申請年月日及び登記所の表示

(v) 一棟の建物の表示　一棟の建物の表示として、一棟の建物の所在する市、区、郡、町、村、字及び地番並びに構造及び床面積を記録し、一棟の建物の名称があるときはその名称も記録する（登記令3条8号イ、ヘ、ト）。なお、一棟の建物の床面積の算定方法は、非区分建物と同様、壁その他の区画の中心線で囲まれた部分の水平投影面積による（規則115条）。

(vi) 敷地権の目的である土地の表示　区分建物又は附属建物と分離して処分することができない登記された敷地利用権（敷地権）があるときは、敷地権の目的となる土地の表示（土地の符号、所在及び地番、地目、地積）を記録する

（登記令別表の十二の項申請情報欄イ(1)、規則34条1項5号）。

(vii) 専有部分の建物の表示　区分建物の種類、構造及び床面積を記録し、建物の名称があるときはその名称も記録する（登記令3条8号ハ、ニ）。専有部分が3階部分のみにある場合には、構造は「1階建」と記録し、3階と4階にまたがる場合には「2階建」と記録する。また、階層的区分建物の構造について、屋根の種類の記録は不要である（準則81条3項）。なお、区分建物の床面積の算定方法は、一棟の建物とは異なり、壁その他の区画の内側線で囲まれた部分の水平投影面積による（規則115条）。

(viii) 敷地権の表示　敷地権があるときは、その表示（敷地権の目的である土地の符号、敷地権の種類及び割合、敷地権の登記原因及びその日付）を記録する（登記令別表の十二の項申請情報欄イ(2)(3)、規則34条1項5号）。なお、敷地権の登記原因及びその日付については、「平成○年○月○日敷地権」のように記録する。この場合の登記原因の日付は、建物の新築、建物の区分等により区分建物が生じた日の前から建物の敷地について登記された所有権、地上権又は賃借権を有していたときは、その区分建物が生じた日である。また、区分建物が生じた後に、その建物の敷地について登記された所有権、地上権又は賃借権を取得したときは、その取得の登記の日である。

(ix) 附属建物の表示　附属建物があるときは、その所在（附属建物が区分建物である場合、その附属建物が属する一棟の建物の所在）並びに種類、構造及び床面積を記録する（登記令3条8号ホ）。附属建物が区分建物である場合には、当該附属建物が属する一棟の建物の構造及び床面積を記録する（同号ヘ）。なお、一棟の建物の名称を申請情報の内容とした場合には、当該一棟の建物の構造及び床面積の記録は不要である（同号ヘ括弧書き）。また、附属建物が主である建物と同一の一棟の建物に属する区分建物である場合には、当該一棟の建物の所在、構造及び床面積の記録を要しない（昭38．9．30第2661号回答）。

(ロ)　添付情報

(i)　建物図面　区分建物についての建物図面を提供する（登記令別表の十二の項添付情報欄イ）。建物図面は、原則として、500分の1の縮尺により作成しなければならない（規則82条3項）。その作成方式は図面共通で定められている（規則73条、74条）が、建物図面は、一棟の建物の敷地並びにその1階（区分建物にあっては、その地上の最低階）の位置及び形状を明確にするものでな

ければならない（規則82条1項）。なお、建物が地下のみの建物である場合には、地下1階の形状を朱書しなければならない（準則52条1項）。

　建物が区分建物である場合は、点線をもって一棟の建物の1階の形状を明確にしなければならない（準則52条2項前段）。この場合において、区分建物が1階以外の部分に存するときは、その存する階層を、例えば「建物の存する部分3階」又は「建物の存する部分4階、5階」等のように記録し（準則52条2項後段）、区分建物（区分建物が2階以上である場合には、その1階）の存する階層の形状が一棟の建物の1階の形状と異なるときは、一点鎖線をもってその階層の形状も明確にしなければならない（準則52条3項）。

(ⅱ)　各階平面図　区分建物についての各階平面図を提供する（登記令別表の十二の項添付情報欄ロ）。また、区分建物について各階平面図を作成する場合でも、各階の形状及び床面積が同型で同位置にあるときには、非区分建物の場合と同様に、一つの階の形状を図示した上で、「1階　2階（各階同型）」である旨を記録すれば足りる（準則53条2項）。

(ⅲ)　所有権証明情報　区分建物（専有部分）について、表題部所有者となる者が所有権を有することを証する情報を提供する（登記令別表の十二の項添付情報欄ハ）。この場合、申請に係る区分建物の所有権証明情報を提供すれば足り、一棟の建物（全体部分）の所有権関係を証明する必要はない。

(ⅳ)　住所証明情報　区分建物の表題部所有者となる者の住所について、市区町村長、登記官その他の公務員が職務上作成した情報又はこれに代わるべき情報を提供する（登記令別表の十二の項添付情報欄ニ）。

(ⅴ)　規約証明情報　敷地権の目的である土地が規約敷地であるとき、又は敷地権の割合が規約割合であるときは、その規約を設定したことを証する情報を提供する（登記令別表の十二の項添付情報欄ヘ(1)(2)）。また、区分建物の所有者が建物の敷地について登記された所有権、地上権又は賃借権を有する場合において、これらの権利が敷地権とならないときは、分離処分可能規約を設定したことを証する情報など、当該事由を証する情報を提供する（同欄ホ）。なお、これらの規約証明情報は、規約を設定した公正証書（区分所有法32条）の謄本、規約の設定を決議した集会の議事録（同法42条）又は区分所有者全員の合意により規約を設定した合意書（同法45条）であり、議事録又は合意書には、公証人の認証がある場合を除き、議事録又は合意書に署名押印した者の印鑑証明書を添付する必要がある（昭58.11.10第6400号通達第二の五4）。

(vi) 登記事項証明書　敷地権の目的である土地が他の登記所の管轄に属するものであるときは、当該土地の登記事項証明書を添付する（登記令別表の十二の項添付情報欄ヘ(3)）。電子申請の場合は、登記事項証明書に代えて、登記情報提供サービスで取得した照会番号を提供する（同令11条）。

2098　遺言執行者からの建物の区分の登記の申請

問　非区分建物として登記された建物のうち、区分建物の専有部分としての要件を満たす部分を遺贈の目的とした場合、所有権の移転の登記の前提として、遺言執行者から建物の区分の登記を申請することができるか。

結論　**遺言執行者は、遺贈による所有権の移転の登記を行う前提として、建物の区分の登記を申請することができる。**

説明
(1)　遺言執行者の地位

遺言執行者は、相続人の代理人とみなされる（民法1015条）が、これは、遺言執行者の行為の効果が相続人に帰属することを明らかにしたものであり、遺言者に代わって遺言の内容を実現させるという意味では、遺言者の代理人としての実質を有する。また、遺言執行者がある場合には、相続人は、遺言に関係する相続財産について処分の権能を失い（同法1013条）、遺言執行者のみが遺言の執行に必要な一切の行為をする権利義務を有することになる（同法1012条1項）。これらの規定は、遺言者の意思を尊重すべきものとし、遺言執行者をして遺言の公正な実現を図らせる目的に出たものである。例えば、遺贈の目的物が不動産である場合、遺言執行者は、受遺者に対し、遺言の執行として、遺贈の目的物の引渡しや所有権の移転の登記手続を行う権利義務を有する。

遺贈は、遺言者の死亡の時からその効力が生じる（民法985条1項）ため、特定の具体的な財産を目的物とする場合には、遺言者の死亡により受遺者にその所有権が移転することになる。しかしながら、本問のように、建物の一部が遺贈の目的物とされている場合には、遺言者の死亡によって当然に遺贈部分が登記記録上別個の建物となるわけではなく、所有権の移転の登記をするためには、その前提として、建物の区分の登記が必要となる。

(2) 建物の区分の登記の申請人

　建物の区分の登記は、登記された建物又は附属建物の部分であって区分建物に該当するものを登記記録上区分建物とする形成的登記であり、表題部所有者又は所有権の登記名義人のみが申請人として定められている（不登法54条1項2号）が、これを形式的に解釈する必要はない。分筆の登記についても、表題部所有者又は所有権の登記名義人のみが申請人と定められている（同法39条1項）が、土地数筆のうちの一定面積を遺贈する旨の遺言があった場合に、遺言執行者から分筆の登記を申請することができるとされている（昭45.5.30第435号回答）。

　そのため、非区分建物として登記された建物のうち、区分建物の専有部分としての要件を満たす部分が遺贈の目的物とされている場合、遺言執行者は、遺言執行の一環として、遺贈部分を登記記録上別個の建物とするため、建物の区分の登記を申請することができると考えられる。この場合、申請情報における申請人等の表示としては、「被相続人　何某　遺言執行者　何某」と記録することになる。

　なお、建物の区分の登記を行った後、遺贈による受遺者への所有権の移転の登記は、受遺者と遺言執行者の共同申請により行う。

2099　等価交換方式による場合の区分建物の表題登記の申請手続

問　等価交換方式による場合の区分建物の表題登記の申請手続はどのようにするか。

結論　**敷地共有者が共同で建物を建築する場合には、当初から敷地権付き区分建物として表題登記を申請する。敷地を所有していない者が建築する場合には、敷地権がない区分建物として表題登記を申請した後、敷地権が発生した段階で、区分建物の表題部の変更の登記を申請し、敷地権の登記をする。**

説明　一般的に等価交換方式とは、区分建物を建てる場合に、敷地の権利者がその権利の一部を建築者に譲渡する代金と、建築者がある特定の専有部分を敷地の権利者に譲渡する代金を等価で交換する方式を指している。等価交換方式には、様々なケースが考えられるが、ここでは、典型

的な二つのパターンについて説明する。

(1) **敷地共有者が共同で建物を建築する場合**

　例えば、Aが所有する土地について、その土地の所有権の一部をBが譲り受け、所有権の一部の移転の登記を経た後、AとBが共同で区分建物を建てた場合には、AとBがそれぞれ区分建物の所有権を原始的に取得することになる。この場合、区分所有者のAとBが敷地を共有しているので、それぞれの土地の所有権と各専有部分は一体化し（区分所有法22条1項）、敷地権が発生している。そのため、AとBは、全ての専有部分について敷地権付き区分建物として表題登記を申請することになる。なお、このパターンでは、Aが工事請負人に対して支払うべき代金をBが支払うことにより、敷地の所有権の一部を譲渡した代金との等価交換となっている。

(2) **敷地を所有していない者が建物を建築する場合**

　等価交換のパターンとしては、区分建物の建築が敷地に関する権利の一部を移転する前になる場合もある。例えば、Aが所有する土地にBが区分建物を建てた場合、敷地はAが単独で所有し、専有部分はBが全部所有しているため、一体性の原則が働かず、Bが区分建物の表題登記を申請する段階では敷地権の登記をすることができない。その後、建物が完成した段階で、BからAに専有部分を譲渡して、それと引き換えに、AからBに敷地の所有権の一部を譲渡することで、等価交換が行われることになる。

　これを受けて、Aは、Bから取得した専有部分について、自己のために所有権の保存の登記を申請し（不登法74条2項）、敷地については、AからB名義に所有権の一部の移転の登記を申請するが、当該移転の登記が行われた段階で敷地権が発生するため、AとBは、それぞれ区分建物の表題部の変更の登記を申請し、敷地権の登記をすることになる（同法51条1項）。

第3項　表示の変更又は更正

2100　区分建物の表題部に変更があった場合の登記申請手続

問　区分建物の表題部の変更があった場合の登記申請手続はどのようにするか。

> **結論** 区分建物の表題部所有者又は所有権の登記名義人は、区分建物の表題部の変更の登記を申請する。床面積の変更又は附属建物の新築の場合は、建物図面、各階平面図及び所有権証明情報を提供する必要がある（床面積の減少の場合、所有権証明情報の提供は必要ない）。

説明

(1) 登記の意義

　　区分建物（専有部分又は規約共用部分）の表題部に記録されている登記事項のうち、①建物の種類、構造及び床面積、②建物の名称、③附属建物の種類、構造及び床面積、④敷地権について変更があったときは、表題部所有者又は所有権の登記名義人（共用部分である旨又は団地共用部分である旨の登記がある建物の場合は、その所有者）は、区分建物の表題部の変更の登記を申請しなければならない（不登法51条1項）。

　これらの登記事項に変更が生じたときは、非区分建物の場合と同様に、当該変更があった日から1月以内に申請をしなければならない（不登法51条1項）が、この登記の申請をしないうちに、当該建物の表題部所有者又は所有権の登記名義人に変更があった場合や、共用部分である旨又は団地共用部分である旨の登記があった場合には、それらの登記がされた日から1月以内に、区分建物の表題部の変更の登記の申請をしなければならない（同条2項・3項）。

　例えば、A区分建物について増築をしたときは、当然に一棟の建物の床面積等も変更されるため、A区分建物の表題部所有者又は所有権の登記名義人は、区分建物の表題部の変更の登記に併せて、当該区分建物が属する一棟の建物の表題部の変更の登記を申請することになる。この変更の登記がされた場合は、同じ一棟の建物に属するB区分建物についても同一の効力を有することになり（不登法51条5項）、登記官は、職権で、当該一棟の建物に属するB区分建物について、当該登記事項に関する変更の登記をしなければならない（同条6項）。また、敷地権の種類について変更の登記がされた場合も、同様に取り扱われる（同条5項・6項、規則122条1項2号）。

(2) 登記申請手続

　(イ) 申請情報

(i) 登記の目的　登記の目的としては、「区分建物表題部変更」と記録する。

(ii) 登記原因及びその日付　登記原因及びその日付として、種類変更の場合は「①平成〇年〇月〇日変更」、構造変更の場合は「②平成〇年〇月〇日変更」、

増築による床面積変更の場合は「③平成〇年〇月〇日増築」、附属建物新築の場合は「平成〇年〇月〇日新築」等のように記録する。

(ⅲ) 申請人等の表示
(ⅳ) 添付情報の表示、申請年月日及び登記所の表示
(ⅴ) 不動産の表示
(ⅵ) 変更後の登記事項　変更後の区分建物の種類、構造及び床面積等を記録する（登記令別表の十四の項申請情報欄イ）。

　(ロ)　添付情報
(ⅰ) 建物図面及び各階平面図　床面積の変更又は附属建物の新築の場合には、変更後の建物図面及び各階平面図を提供する（登記令別表の十四の項添付情報欄ロ(1)ハ）。ただし、各階平面図は、変更の登記を申請する当該区分建物についてのみ作成すればよく、一棟の建物について作成する必要はない（昭39.8.7第2728号回答）。
(ⅱ) 所有権証明情報　床面積の増加の場合は床面積が増加した部分について、また、附属建物の新築の場合は附属建物について、それぞれ申請人が所有権を有することを証する情報を提供する（登記令別表の十四の項添付情報欄ロ(2)ハ）。

2101　区分建物の表題部に誤りがある場合のその訂正の登記申請手続

問　区分建物の表題部に誤りがある場合のその訂正の登記申請手続はどのようにするか。

結論　**区分建物の表題部所有者又は所有権の登記名義人は、区分建物の表題部の更正の登記を申請する。床面積の更正の場合は、建物図面、各階平面図及び所有権証明情報を提供する必要がある（床面積の減少の場合、所有権証明情報の提供は必要ない）。**

説明　　(1)　登記の意義
　　　　区分建物の表題部に記録されている登記事項に当初から誤りがある場合には、表題部所有者又は所有権の登記名義人は、これを訂正するために区分建物の表題部の更正の登記を申請することができる（不登法53条1項）。区分建物の表題部の更正の登記は、次のような場合に申請する。

(イ)　区分建物の登記事項
(i)　種類、構造及び床面積に登記の当初から誤りがある場合
(ii)　建物の名称に登記の当初から誤りがある場合
　(ロ)　附属建物の登記事項
(i)　附属建物の所在の更正　区分建物に附属建物がある場合において、主である建物が区分建物であり、附属建物が別棟の一棟の建物であるときは、当該附属建物の所在を、附属建物が別棟の一棟の建物に属する区分建物であるときは、当該附属建物が属する一棟の建物の所在を登記する必要があるところ、この所在に登記の当初から誤りがあるとき
(ii)　附属建物の種類、構造及び床面積等の更正
(iii)　附属建物（区分建物）が属する一棟の建物の構造、床面積等の更正　区分建物に附属建物がある場合において、附属建物が区分建物であるときは、その附属建物の属する一棟の建物の所在、構造、床面積及び名称が表題部の「附属建物の表示欄」中「構造欄」に記録される（規則4条3項、別表三）ところ、附属建物自体の種類、構造及び床面積等に誤りはないが、その属する一棟の建物の構造又は床面積等に登記の当初から誤りがあるとき
　(ハ)　敷地権に関する登記事項
(i)　更正により敷地権の登記をする場合　敷地権があるのにその登記をしないで建物の表題登記がされたとき
(ii)　更正により敷地権の登記を抹消する場合　敷地権として登記した権利が敷地権でなかったとき
(iii)　敷地権の種類、敷地権の登記原因及びその日付を更正する場合　この場合、更正の登記がされたときは、同じ一棟の建物に属する他の区分建物についても同一の効力を有することになり（不登法53条2項、51条5項、規則122条2項）、登記官は、職権で、当該一棟の建物に属する他の区分建物について、当該登記事項に関する変更の登記をしなければならない（不登法53条2項、51条6項）。

(2)　**登記申請手続**

　区分建物の表題部の更正の登記については、変更の登記の場合と異なり、その申請期間は法定されていないが、表示に関する登記制度の趣旨からして、登記の誤りを発見した場合には、速やかに更正の登記を申請すべきである。なお、区分建物が共有である場合に、保存行為（民法252条ただし書）として、共

有者の一人から区分建物の表題部の更正の登記を申請することもできる。

　(イ)　申請情報
(i)　登記の目的　登記の目的としては、「区分建物表題部更正」と記録するが、敷地権を登記する場合は「区分建物表題部更正（敷地権表示）」と、敷地権の登記を抹消する場合は「区分建物表題部更正（敷地権抹消）」と記録するのが相当である。
(ii)　登記原因及びその日付　登記原因としては、単に「錯誤」と記録すれば足りるが、敷地権を登記する場合には、「錯誤　平成○年○月○日敷地権」のように記録する（昭58.11.10第6400号通達第八の一2）。
(iii)　申請人等の表示
(iv)　添付情報の表示
(v)　登記所の表示及び申請の年月日
(vi)　建物の表示　建物の表示としては、更正前の建物の表示を記録する。
(vii)　更正後の登記事項　更正後の区分建物の種類、構造及び床面積等の登記事項を記録する。
(viii)　更正前の敷地権の表示　更正の登記が敷地権に関するもの（敷地権の存在又は不存在を原因とするものを除く）であるときは、更正前の登記事項として、①敷地権の目的となる土地の所在、地番、地目及び地積、②敷地権の種類及び割合、③敷地権の登記原因及びその日付を記録する（登記令別表の十四の項申請情報欄ロ）。
(ix)　敷地権に関する表示　更正の登記が敷地権の存在又は不存在を原因とするものであるときは、①敷地権の目的となる土地の所在、地番、地目及び地積、②敷地権の種類及び割合、③敷地権の登記原因及びその日付を記録する（登記令別表の十五の項申請情報欄）。

　(ロ)　添付情報
(i)　建物図面及び各階平面図　区分建物の表題部の更正の登記のうち、床面積の更正の場合には、更正後の建物図面及び各階平面図を提供する（登記令別表の十四の項添付情報欄ロ(1)）。ただし、各階平面図は、申請に係る区分建物についてのみ作成すればよく、一棟の建物について作成する必要はない（昭39.8.7第2728号回答）。
(ii)　所有権証明情報　床面積の増加の場合は、床面積が増加した部分について、申請人が所有権を有することを証する情報を提供する（登記令別表の

十四の項添付情報欄ロ(2))。

(iii) 規約証明情報　規約証明情報とは、規約を設定（廃止）した公正証書の謄本、規約の設定（廃止）を決議した集会の議事録（区分所有法42条）又は区分所有者全員の合意により規約を設定（廃止）した合意書（同法45条）であり、議事録又は合意書には、公証人の認証がある場合を除き、議事録又は合意書に署名押印した者の印鑑証明書を添付する（昭58.11.10第6400号通達第八の一1、第五の一5、第二の五4）。

① 敷地権の表示を登記する場合　規約敷地を定める規約の設定により敷地権が生じていたときは、当該規約を設定したことを証する情報（登記令別表の十五の項添付情報欄イ）、敷地権として登記されていなかった権利が分離処分可能規約の変更その他の事由により敷地権となっていたときは、当該事由を証する情報（同欄ニ）を提供する。この場合に、敷地権が規約割合によるものであったときは、当該規約を設定したことを証する情報を提供する（同欄ホ(1)）。

② 敷地権の表示の登記を抹消する場合　規約敷地を定めた規約の廃止により分離処分が可能となっていたときは、当該規約を廃止したことを証する情報（登記令別表の十五の項添付情報欄ロ）、分離処分可能規約の設定その他の事由により分離処分が可能となっていたときは、当該事由を証する情報（同欄ハ）を提供する。

(iv) 登記事項証明書　敷地権の目的である土地が他の登記所の管轄に属するものであるときは、当該土地の登記事項証明書を添付する（登記令別表の十五の項添付情報欄ホ(2)）。電子申請の場合は、登記事項証明書に代えて、登記情報提供サービスで取得した照会番号を提供する（同令11条）。

2102　一棟の建物の表題部に変更（更正）が生じた場合の登記申請手続

問　区分建物が属する一棟の建物の表題部について変更（更正）が生じた場合の登記申請手続はどのようにするか。

結論　全ての区分建物の表題部所有者又は所有権の登記名義人は、区分建物の表題部の変更（更正）の登記を申請する義務を負うことになるが、このうちの一人が登記を申請すれば、他の者が申請する

必要はない。

説明

(1) 登記の意義

　区分建物が属する一棟の建物の表題部に記録されている登記事項のうち、①一棟の建物の所在、②一棟の建物の構造及び床面積、③一棟の建物の名称、④敷地権について変更を生じ、登記記録が建物の現況と合致しなくなった場合、区分建物の表題部所有者又は所有権の登記名義人は、当該変更があった日から1月以内に、区分建物の表題部の変更の登記を申請しなければならない（不登法51条1項）。

　また、区分建物が属する一棟の建物の表題部に記録されている登記事項のうち、前記①から④に加え、⑤登記原因及びその日付、⑥登記の年月日について登記の当初から誤りがある場合、区分建物の表題部所有者又は所有権の登記名義人は、区分建物の表題部の更正の登記を申請することができる（不登法53条1項）。区分建物の表題部の更正の登記については、変更の登記の場合と異なり、申請期間の定めはないが、登記事項に誤りがあることを発見した場合には、速やかに更正の登記を申請すべきである。

　このうち、①一棟の建物の所在、②一棟の建物の構造及び床面積、③一棟の建物の名称、④敷地権の目的となる土地の所在、地番、地目及び地積に関する変更（更正）の登記は、同じ一棟の建物に属する他の区分建物についてされた変更（更正）の登記としての効力を有する（不登法51条5項、53条2項、規則122条1項1号）。これらの変更（更正）の登記がされたときは、登記官は、職権で、当該一棟の建物に属する他の区分建物について、当該登記事項に関する変更（更正）の登記をしなければならない（不登法51条6項、53条2項）。

(2) 一棟の建物の表題部の変更

　区分建物が属する一棟の建物の表題部の変更の登記は、次のような場合に申請する。

(イ) 一棟の建物の所在の変更　一棟の建物の所在する市、区、郡、町、村、字について、行政区画又はその名称の変更があった場合には、変更の登記があったものとみなされる（規則92条1項）ため、変更の登記を申請する必要はない。

　一棟の建物の所在に変更が生じた場合としては、区分建物を他の土地にまたがるように増築した場合や、建物の敷地である土地の分筆又は合筆の登記をした場合等がある。一方、一棟の建物の物理的な位置に変更を加えるもの

として、建物を他の土地にえい行して移転した場合も、一棟の建物の所在に変更を生じることになる。
(ロ) 構造の変更　構造に変更が生じた場合としては、一棟の建物の増築、取壊し等により、構成材料、屋根の種類、階数による区分のいずれかに変更があった場合である。
(ハ) 床面積の変更　床面積に変更が生じた場合としては、一棟の建物の増築又は一部取壊しにより、床面積が増加又は減少した場合である。
(ニ) 建物の名称の変更　一棟の建物の名称に変更が生じた場合としては、登記された建物の名称を変更した場合や、建物の名称を新たに付した場合である。

(3) 登記申請手続

(イ)　申　請　人

　一棟の建物の表題部に記録されている登記事項は、その一棟の建物に属する全部の区分建物に共通するものであるから、当該登記事項に変更が生じた場合、その区分建物の表題部所有者又は所有権の登記名義人の全員がそれぞれ申請義務を負うことになる（不登法51条1項）。このうちの一人が区分建物の表題部の変更の登記を申請し、その登記がされれば、登記官が職権で変更の登記を行う（同条6項）ため、他の区分建物の所有者が申請する必要はなく、区分建物の所有者全員が共同して申請しなければならないものではない。

(ロ)　申請情報

(i) 登記の目的　登記の目的としては、「区分建物表題部変更（更正）」と記録する。

(ii) 登記原因及びその日付　変更の登記では、登記原因及びその日付として、所在や建物の名称の変更の場合は「平成○年○月○日変更」、建物のえい行移転の場合は「平成○年○月○日えい行移転」、構造変更の場合は「①平成○年○月○日変更」、増築による床面積変更の場合は「②平成○年○月○日増築」等のように記録する。

　更正の登記の場合、登記原因及びその日付としては、単に「錯誤」と記録すれば足り、登記原因の日付を記録する必要はない。

(iii) 申請人等の表示

(iv) 添付情報の表示

(v) 登記所の表示及び申請の年月日

(vi) 建物の表示
(vii) 変更(更正)後の登記事項　変更(更正)後の一棟の建物の所在、構造及び床面積等を記録する(登記令別表の十四の項申請情報欄イ)。

(ハ) 添付情報
(i) 建物図面及び各階平面図　所在の変更(更正)の場合は、変更(更正)後の建物図面を提供する(登記令別表の十四の項添付情報欄イ)。
床面積の変更(更正)の場合は、変更(更正)後の建物図面及び各階平面図を提供する(同ロ(1))。ただし、各階平面図は、申請に係る区分建物についてのみ作成すればよく、一棟の建物について作成する必要はない(昭39.8.7第2728号回答)。
(ii) 所有権証明情報　床面積の増加の場合は、床面積が増加した部分について、申請人が所有権を有することを証する情報を提供する(登記令別表の十四の項添付情報欄ロ(2))。

2103 既登記の非区分建物の増築部分を区分建物とする場合の登記申請手続

問　既登記の非区分建物に増築し、増築した部分を区分建物とする場合で、各建物の所有者が異なるときの登記申請手続はどのようにするか。

結論　**既登記の非区分建物の表題部所有者又は所有権の登記名義人は、建物の表題部の変更の登記を申請し、新築された区分建物の原始取得者は、区分建物の表題登記を申請することになるが、これらの登記申請は併せてしなければならない。**

説明　(1) 登記の意義
既登記の非区分建物に増築がされると、既登記建物の床面積が増加し、建物の表題部の登記事項に変更が生じるので、表題部所有者又は所有権の登記名義人は、当該変更があった日から1月以内に、建物の表題部の変更の登記を申請しなければならない(不登法51条1項)が、増築部分が構造上の独立性と利用上の独立性を有し、区分所有権の目的となるときは、増築部分の所有者は、これを独立の建物(区分建物)として表題登記を申請することができる(同法47条1項)。

このように、増築部分を区分建物とする場合には、既存の非区分建物も区分建物となるため、建物の表題部の変更の登記を申請しなければならないことになる（不登法51条1項）。既登記の非区分建物に接続して区分建物が新築された場合、その区分建物の表題登記の申請は、既登記建物についての表題部の変更の登記の申請とともにしなければならないとされている（同法48条3項）。この一括申請を手続的に担保するため、区分建物の表題登記の申請人は、既登記建物の所有者が協力しないときは、建物の表題部の変更の登記を代位して申請することが認められている（同条4項）。

　不動産登記法48条3項及び4項の規定が区分建物の表題登記を申請する側から規定しているのに対して、建物の表題部の変更の登記を申請する側からも規定が設けられている。すなわち、既登記の非区分建物に接続して区分建物が新築されて一棟の建物となった場合に、非区分建物が区分建物となったことによる建物の表題部の変更の登記の申請は、区分建物の表題登記の申請と併せてしなければならない（同法52条1項）。また、非区分建物の表題部の変更の登記の申請人は、新築された区分建物の所有者が協力しないときは、区分建物の表題登記を代位して申請することが認められている（同条2項）。

　非区分建物が区分建物となったことによる建物の表題部の変更の登記に当たって、登記官は、非区分建物について、新たに区分建物の登記記録を作成し、当該登記記録の権利部の相当区に、変更前の非区分建物の登記記録から権利に関する登記を移記するとともに、従前の非区分建物の表題部の登記事項を抹消し、当該登記記録を閉鎖しなければならない（規則140条1項〜3項）。

(2)　**登記申請手続**

　既存の非区分建物が区分建物となったことによる表題部の変更の登記の申請手続については、次のとおりである。

　　(イ)　申請情報
(i)　登記の目的　登記の目的としては、「建物表題部変更」と記録する。
(ii)　登記原因及びその日付　登記原因及びその日付として、「平成○年○月○日区分建物増築」のように記録する。
(iii)　申請人等の表示
(iv)　添付情報の表示
(v)　登記所の表示及び申請年月日
(vi)　一棟の建物の表示　一棟の建物の表示として、変更前の非区分建物の表示

を記録するが、その内容は、登記記録と合致していることを要する。

(vii) 変更後の登記事項　一棟の建物の表示として、変更後の一棟の建物の所在、構造及び床面積等を記録するとともに、専有部分の建物の表示として、区分建物となった建物の種類、構造及び床面積等を記録する（登記令別表の十四の項申請情報欄イ）。

(viii) 代位登記に関する事項　新築された区分建物の所有者が既登記建物の所有者に代位して建物の表題部の変更の登記を申請する場合は、申請人が代位者である旨、被代位者（既登記建物の所有者）の氏名又は名称及び住所並びに代位原因を記録する（登記令3条4号）。

(ロ) 添付情報

(i) 建物図面及び各階平面図　区分建物となった後の建物の位置及び形状を明確にした建物図面、各階の形状及び床面積等を記録した各階平面図を提供する（登記令別表の十四の項添付情報欄イ）。

(ii) 代位原因証明情報　新築された区分建物の所有者が代位して建物の表題部の変更の登記を申請する場合は、代位原因を証する情報を提供することになる（登記令7条1項3号）が、一括申請する区分建物の表題登記の添付情報である所有権証明情報を援用することができるので、省略して差し支えない。

2104 新築した区分建物を別棟の既登記の区分建物の附属建物とすることの可否

問　数個の区分建物から成る一棟の建物を新築し、これらの区分建物を別棟の既登記の区分建物の附属建物とすることはできるか。

結論　新築した一棟の建物が既登記の区分建物と効用上一体として利用される状態にあれば、既登記の区分建物の附属建物とすることができる。新築した一棟の建物が未登記の場合、既登記の区分建物の表題部所有者又は所有権の登記名義人は、附属建物の新築による区分建物の表題部の変更の登記を申請する。

説明　(1) 附属建物の意義

建物は、一棟ごとに1個の建物として登記されるのが原則であるが、効用上一体として利用される状態にある数棟の建物は、所有者の意思

に反しない限り、1個の建物として取り扱われる（準則78条1項）。例えば、母屋と別棟の物置や車庫は、母屋と一体として利用されている場合には、母屋の法的運命に従う（民法87条1項）ことから、その全体を1個の建物として登記することができる。この場合、母屋が主である建物となり、物置や車庫が附属建物となる。一方、集団的賃貸倉庫のように、同一の目的に供されており、効用上一体として利用される状態にない数棟の建物は、主である建物と附属建物という形で登記することはできないとされている（昭52.10.5 第5113号回答）。

このように、附属建物とは、表題登記がある建物に附属する建物であって、当該表題登記がある建物と一体のものとして1個の建物として登記されるものをいう（不登法2条23号）。すなわち、附属建物は、独立性を有する建物とは認められず、主である建物の一部として取り扱われる。

(2) 登記の意義

既登記の区分建物に附属建物が新築されると、附属建物の表示により、区分建物の表題部の登記事項に変更が生じるので、表題部所有者又は所有権の登記名義人は、当該変更があった日から1月以内に、区分建物の表題部の変更の登記を申請しなければならない（不登法51条1項）。この場合、当然に一棟の建物の床面積等も変更されるため、区分建物の表題部所有者又は所有権の登記名義人は、区分建物の表題部の変更の登記に併せて、区分建物が属する一棟の建物の表題部の変更の登記を申請することになる。

なお、新築した一棟の建物が未登記の場合には、区分建物の表題部の変更の登記を申請することになるが、当該建物が既に1個の建物として表題登記がされていた場合には、当該建物を既登記の区分建物の附属建物とするため、建物の合併の登記を申請することになる（不登法54条1項3号）。

A建物をB建物の附属建物とする建物の合併を附属合併という（規則132条1項）が、附属合併については、非区分建物に限定されるものではないため、区分建物をこれと接続していない区分建物の附属建物とすることも認められる。ただし、合併しようとする建物が主である建物と附属建物の関係にないときは、合併することができない（準則86条1項）ため、合併する建物同士は、効用上一体として利用される状態にあるものでなければならない（準則78条1項）。また、建物の合併の登記には、一定の制限が設けられている（不登法56条）。

第4項　敷地権

2105　敷地権が生じた場合の登記申請手続

問　敷地権が生じた場合の登記申請手続はどのようにするか。

結論　**区分建物の表題登記後に敷地権が生じた場合、区分建物の表題部所有者又は所有権の登記名義人は、敷地権の登記をするため、区分建物の表題部の変更の登記を申請する。**

説明
(1) 登記の意義

　　区分建物の表題登記後に敷地権が発生する場合としては、①区分所有者が敷地利用権である所有権、地上権又は賃借権の登記名義を取得した場合、②専有部分と敷地利用権の一体性の原則の適用を除外する分離処分可能規約（区分所有法22条1項ただし書）が廃止された場合、③建物の敷地でなかった土地について規約（同法5条1項）により建物の敷地としたことに伴い、その土地に関する登記された敷地利用権が敷地権となる場合等がある。

　このように、区分建物又は附属建物に敷地権が生じた場合、区分建物の表題部所有者又は所有権の登記名義人は、当該変更があった日から1月以内に、区分建物の表題部の変更の登記を申請し、敷地権の登記をしなければならない（不登法51条1項）。

(2) 登記申請手続

　(イ)　申請情報

(i)　登記の目的　登記の目的として、「区分建物表題部変更（敷地権表示）」と記録する。

(ii)　登記原因及びその日付　登記原因及びその日付として、「平成○年○月○日敷地権」のように記録する（昭58.11.10第6400号通達第五の二）。主である建物及び附属建物がともに区分建物である場合、主である建物に係る敷地権と附属建物に係る敷地権とを区別して、附属建物に係る敷地権については、「平成○年○月○日符号何の附属建物の敷地権」のように記録する。登記原因の日付は、区分建物が新築された後に、その建物の敷地について登記された敷地利用権を取得したときは、その取得の登記の日である。

(iii)　申請人等の表示

(ⅳ) 添付情報の表示、申請年月日及び登記所の表示
(ⅴ) 一棟の建物の表示　一棟の建物の表示として、一棟の建物の所在、構造及び床面積を記録し、一棟の建物の名称があるときはその名称も記録する（登記令3条8号イ、ヘ、ト）。
(ⅵ) 敷地権の目的である土地の表示　敷地権の目的となる土地の符号、所在、地番、地目及び地積を記録する（登記令別表の十五の項申請情報欄イ、規則34条1項5号）。
(ⅶ) 専有部分の建物の表示　区分建物の種類、構造及び床面積を記録し、建物の名称があるときはその名称も記録する（登記令3条8号ハ、ニ）。
(ⅷ) 敷地権の表示　敷地権の種類及び割合、敷地権の登記原因及びその日付を記録する（登記令別表の十五の項申請情報欄ロハ）。

(ロ)　添付情報

(ⅰ) 規約証明情報　規約証明情報とは、規約を設定（廃止）した公正証書の謄本、規約の設定（廃止）を決議した集会の議事録（区分所有法42条）又は区分所有者全員の合意により規約を設定（廃止）した合意書（同法45条）であり、議事録又は合意書には、公証人の認証がある場合を除き、議事録又は合意書に署名押印した者の印鑑証明書を添付する（昭58.11.10第6400号通達第五の一5、第二の五4）。

　　規約敷地を定める規約の設定（区分所有法5条1項）により敷地権が生じていたときは、当該規約を設定したことを証する情報を提供し（登記令別表の十五の項添付情報欄イ）、敷地権として登記されていなかった権利が分離処分可能規約の変更その他の事由により敷地権となったときは、当該事由を証する情報を提供する（同欄ニ）。この場合に、敷地権の割合が規約で定められているときは、当該規約を設定したことを証する情報を提供する（同欄ホ(1)）。

(ⅱ) 登記事項証明書　敷地権の目的である土地が他の登記所の管轄に属するものであるときは、当該土地の登記事項証明書を添付する（登記令別表の十五の項添付情報欄ホ(2)）。電子申請の場合は、登記事項証明書に代えて、登記情報提供サービスで取得した照会番号を提供する（登記令11条）。

2106 敷地権が敷地権でないものとなった場合の登記申請手続

問 敷地権が敷地権でないものとなった場合の登記申請手続はどのようにするか。

結論 敷地権が敷地権でない権利となった場合、又は敷地権が消滅した場合、区分建物の表題部所有者又は所有権の登記名義人は、敷地権の登記を抹消するため、区分建物の表題部の変更の登記を申請する。

説明

(1) 登記の意義

区分建物又は附属建物について、敷地権が敷地権でない権利となった場合、又は敷地権が消滅した場合、区分建物の表題部所有者又は所有権の登記名義人は、当該変更があった日から1月以内に、区分建物の表題部の変更の登記を申請し、敷地権の登記を抹消しなければならない（不登法51条1項）。

敷地権が敷地権でない権利となった場合としては、例えば、①敷地権となっていた権利について分離処分可能規約が設定された場合（区分所有法22条1項ただし書）、②規約敷地を定める規約（同法5条1項）が廃止された場合等が該当する。また、敷地権が消滅した場合としては、例えば、①敷地権である地上権の放棄により、地上権の登記が抹消された場合、②敷地権である賃借権の存続期間の満了により、賃借権の登記が抹消された場合等が該当する。

(2) 登記申請手続

(イ) 申請情報

(i) 登記の目的　登記の目的として、「区分建物表題部変更（敷地権抹消）」と記録する。

(ii) 登記原因及びその日付　登記原因及びその日付として、敷地権が敷地権でない権利となった場合は「平成○年○月○日非敷地権」、敷地権が消滅した場合は「平成○年○月○日敷地権消滅」のように記録する（昭58.11.10第6400号通達第六の二1）。

(iii) 申請人等の表示

(iv) 添付情報の表示、申請年月日及び登記所の表示

(v) 一棟の建物の表示　一棟の建物の表示として、一棟の建物の所在、構造及び床面積を記録し、一棟の建物の名称があるときはその名称も記録する（登記令3条8号イヘト）。

(vi) 敷地権の目的である土地の表示　敷地権の目的となる土地の符号、所在、地番、地目及び地積を記録する（登記令別表の十五の項申請情報欄イ、規則34条1項5号）。

(vii) 専有部分の建物の表示　区分建物の種類、構造及び床面積を記録し、建物の名称があるときはその名称も記録する（登記令3条8号ハニ）。

(viii) 敷地権の表示　敷地権の種類及び割合、敷地権の登記原因及びその日付を記録する（登記令別表の十五の項申請情報欄ロハ）。

　(ロ)　添付情報

(i) 規約証明情報　規約証明情報とは、規約を設定（廃止）した公正証書の謄本、規約の設定（廃止）を決議した集会の議事録（区分所有法42条）又は区分所有者全員の合意により規約を設定（廃止）した合意書（同法45条）であり、議事録又は合意書には、公証人の認証がある場合を除き、議事録又は合意書に署名押印した者の印鑑証明書を添付する（昭58.11.10第6400号通達第六の一4、第二の五4）。

　　敷地権が敷地権でない権利となった原因が、①分離処分可能規約の設定による場合には、当該規約を設定したことを証する情報を提供し（登記令別表の十五の項添付情報欄ハ）、②規約敷地を定める規約を廃止したことによる場合には、当該規約を廃止したことを証する情報を提供する（同欄ロ）。

　　また、収用裁決により起業者に所有権が移転した場合や、執行裁判所の売却許可により買受人に所有権が移転した場合など、その他の事由により分離処分が可能となったときは、当該事由を証する情報を提供する（同欄ハ）。

(ii) 敷地権消滅証明情報　敷地権が消滅した場合には、敷地権が消滅していることは土地の登記記録から明らかとなるため、敷地権が消滅したことを証する情報の提供は求められていない。したがって、敷地権の消滅による区分建物の表題部の変更の登記の申請は、敷地権である地上権又は賃借権の消滅による抹消の登記を経由した上で申請する必要がある。

2107 敷地権の目的である土地の表示に変更（更正）があった場合の登記申請手続

問 敷地権の目的である土地の表示に変更（更正）があった場合の登記申請手続はどのようにするか。

結論 区分建物の表題部所有者又は所有権の登記名義人は、敷地権の目的である土地の表示を変更（更正）するため、区分建物の表題部の変更（更正）の登記を申請する。

説明

(1) 登記の意義

　　敷地権付き区分建物について、敷地権の目的である土地の表示に変更があった場合には、一棟の建物の表題部の「敷地権の目的である土地の表示欄」に記録されている登記事項にも変更が生じるため、区分建物の表題部所有者又は所有権の登記名義人は、当該変更があった日から1月以内に、区分建物の表題部の変更の登記を申請しなければならない（不登法51条1項）。

　また、敷地権の目的である土地の表示に更正があった場合には、「敷地権の目的である土地の表示欄」の登記事項を訂正するため、区分建物の表題部所有者又は所有権の登記名義人は、区分建物の表題部の更正の登記を申請することができる（不登法53条1項）。区分建物の表題部の更正の登記については、変更の登記の場合と異なり、申請期間の定めはないが、登記事項に誤りがあることを発見した場合には、速やかに更正の登記を申請すべきである。

　敷地権の目的である土地の表示に変更（更正）があった場合としては、例えば、その土地について所在や地目の変更の登記があった場合、分筆や合筆の登記がされた場合、地積の更正の登記があった場合等が該当する。

(2) 登記申請手続

(イ) 申請人

一棟の建物の表題部の「敷地権の目的である土地の表示欄」に記録されている登記事項は、一棟の建物に属する敷地権のある区分建物に共通するものであるから、当該登記事項に変更が生じた場合、その表題部所有者又は所有権の登記名義人（附属建物のみに敷地権がある場合には、敷地権の存する附属建物の所有者又は所有権の登記名義人）が登記申請義務を負うことになるが、このうちの一人が登記を申請すれば、他の者が申請する必要はない。

(ロ) 申請情報
(ⅰ) 登記の目的　登記の目的としては、「区分建物表題部変更（更正）」と記録するが、具体的に括弧書きで「敷地権の目的である土地の表示の変更（更正）」「敷地分筆」等と記録するのが相当である。
(ⅱ) 登記原因及びその日付　変更の登記では、登記原因及びその日付として、その変更の事由に応じて、例えば、「平成○年○月○日地番変更」「平成○年○月○日地目変更」「平成○年○月○日何番を分筆」等、具体的に記録する。
　更正の登記の場合、登記原因及びその日付としては、単に「錯誤」と記録すれば足り、登記原因の日付を記録する必要はない。
(ⅲ) 申請人等の表示
(ⅳ) 添付情報の表示、申請年月日及び登記所の表示
(ⅴ) 不動産の表示
(ⅵ) 変更（更正）後の登記事項　変更（更正）後の一棟の建物の所在、敷地権の目的となる土地の所在、地番、地目及び地積等を記録する（登記令別表の十四の項申請情報欄イ）。
(ⅶ) 変更（更正）前の敷地権の表示　変更（更正）前の登記事項として、①敷地権の目的となる土地の所在、地番、地目及び地積、②敷地権の種類及び割合、③敷地権の登記原因及びその日付を記録する（登記令別表の十四の項申請情報欄ロ）。

(ハ) 添付情報
(ⅰ) 建物図面　所在、地番の変更（更正）の場合は、変更（更正）後の建物図面を提供する（登記令別表の十四の項添付情報欄イ）。
(ⅱ) 登記事項証明書　敷地権の目的である土地の表示に変更（更正）があったことは、その土地の登記記録から明らかとなるため、変更（更正）を証する情報の提供は求められていない。したがって、区分建物の表題部の変更（更正）の登記の申請により敷地権の目的である土地の表示の変更（更正）の登記をするときは、その前提として、当該土地の表題部の変更（更正）等の登記がされていることを要する。電子申請の場合は、登記事項証明書に代えて、登記情報提供サービスで取得した照会番号を提供する（登記令11条）。
　なお、敷地権の目的である土地が他の登記所の管轄に属するものであるときは、実務の慣行として、当該土地の登記事項証明書を添付する取扱いとなっているが、これは法定の添付情報ではないため、その不備をもって不動産

登記法25条9号の規定により却下することはできない。

2108 敷地権の割合を「０」とすることの可否

問 一棟の建物に属する全ての専有部分につき、敷地利用権の割合が「０」と規約で定められている場合に、敷地権の割合を「０」として登記することができるか。

結論 この場合には、一棟の建物に属する区分建物の全部について敷地利用権が存在せず、敷地権が発生しないため、敷地権の割合を「０」として登記することはできない。

説明
(1) 敷地権の意義

　　敷地権とは、区分建物について登記された敷地利用権であって、区分所有者の有する専有部分と分離して処分することができないものをいう（不登法44条1項9号）。敷地利用権を数人で有する場合には、分離処分可能規約を定めない限り、専有部分と分離して処分することはできないとされる（区分所有法22条1項）。また、敷地利用権を単独で有する者が専有部分の全部を所有する場合も、同様に分離処分が禁止されている（同条3項）。

　このように、専有部分と一体化している敷地利用権のうち、土地の登記記録に登記されている所有権、地上権又は賃借権が敷地権となる。

(2) 敷地権が発生しない場合

　本問のように、一棟の建物に属する全ての専有部分について、敷地利用権の割合を「０」とする規約が定められる場合としては、次のような事案が考えられる。例えば、登記された所有権を敷地権とする一棟の建物（A棟）を建築し、A棟に属する全ての区分建物に対して、その敷地権の全部を割り当て、表題登記を行った後、同じ敷地上に、1階を駐車場、2階を集会室とする一棟の建物（B棟）を建築し、規約により敷地利用権の割合を「０」と定めたという場合である。

　この場合には、A棟に敷地権の全部が割り当てられ、敷地の所有権の全部が敷地権として登記されているので、B棟の各専有部分について、敷地権として登記することができる権利は存在しない。このように、B棟の敷地である土地には、B棟の各専有部分の敷地利用権として登記されている権利がない以上、敷地権も発生しない。そのため、B棟の区分建物について敷地権の割合を

「0」とする登記をすることはできない。

　この事案において、A棟よりも先にB棟を建築して、表題登記を申請した場合であったとしても、一棟の建物に属する区分建物の全部について敷地利用権が存在せず、敷地権が発生しないことに変わりはなく、同様に、敷地権の割合を「0」とする登記をすることはできない。

(3) **敷地権の割合を「0」とする登記**

　敷地利用権の割合を「0」とする規約は、一棟の建物に属する区分建物の全部についてではなく、そのうちの一部について定められる場合もある。例えば、A棟の1階の管理人室について、規約により共用部分とし、敷地利用権の割合を「0」と定めたという場合である。

　事業者が分譲用のマンションを建築した場合のように、数個の専有部分を同一人が所有している場合を前提とすると、各専有部分に係る敷地利用権の割合は、専有部分の床面積の割合によることになる（区分所有法22条2項、14条1項）が、規約により異なる割合とすることも認められている（同法22条2項ただし書）。そのため、一棟の建物のうち、管理人室や集会室などの共用部分について、規約により敷地利用権の割合を「0」とすることは可能である（昭58.10.21第6085号通達）。

　この場合には、一棟の建物に属する他の区分建物が敷地利用権と一体化しているため、敷地利用権の割合を「0」とした区分建物も含めて、専有部分ごとに敷地権の割合を公示する必要がある。そのため、A棟の管理人室については、敷地権の割合を「0」として登記すべきである。

　一方で、敷地利用権の割合を「0」とした区分建物については、敷地利用権が存在しないのであり、敷地権の登記をする必要がないとして、「敷地権の目的である土地の表示欄」及び「敷地権の表示欄」に何も記録しないという公示方法も考えられそうである。しかしながら、それでは、建物の登記記録上は、分離処分可能規約によって敷地権が登記されていない場合と同じ状態になるが、分離処分可能規約が設定されている場合には、敷地利用権が存在することを前提としつつ、専有部分と一体化せず、別個に処分が可能であることを示しており、敷地利用権の割合が「0」で敷地利用権が存在しない場合とは異なるため、公示方法として非常に紛らわしい。

　敷地権の目的となる土地の登記記録において、敷地権と一体化していない区分建物を確認すれば、両者を区別することは可能であるが、敷地利用権の割合

を「0」とした区分建物については、土地の登記記録上は敷地権と一体化していることが公示されるにもかかわらず、建物の登記記録上は敷地権の登記が何も記録されないことになり、登記を遺漏しているようにも見えかねない。そこで、一棟の建物に属する区分建物の一部について敷地利用権の割合を「0」とした場合には、積極的に敷地権が存在しないことを公示するため、敷地権の割合を「0」として登記することになる。

第5項　共用部分又は団地共用部分

2109　共用部分の意義

問　共用部分とは何か。
結論　**共用部分とは、区分建物の所有者の共用に供されるものであり、①専有部分以外の建物の部分、②専有部分に属しない建物の附属物、③規約により共用部分とされた附属の建物をいう。**

説明　共用部分とは、区分所有者の共用に供されるものであるが、建物の区分所有等に関する法律2条4項の規定で定義されているように、次の三つのものがある。

(1) **専有部分以外の建物の部分**
　一棟の建物のうち、区分所有権の目的である専有部分以外の建物の部分は、全て共用部分であり、法律上当然に共用部分となるもの（法定共用部分）と、区分所有者の定める規約により共用部分となるもの（規約共用部分）がある。
　(イ) 法定共用部分
　建物の構造上、区分所有者の全員又はその一部の共用に供されるべき建物の部分は、区分所有権の目的とならず（区分所有法4条1項）、専有部分ではないから、法律上当然に共用部分とされる。例えば、マンションの各部屋に通じる廊下、階段、エレベーター室、玄関ホール等である。
　(ロ) 規約共用部分
　区分所有権の目的とすることができる建物の部分（専有部分）であっても、区分所有者の定める規約により共用部分とすることができる（区分所有法4条2項）。利用形態から区分所有者全員の共用とすべきものとして、集会室、倉

庫、機械室等を規約で共用部分と定めておく場合がその例である。

(2) 専有部分に属しない建物の附属物

建物の附属物とは、建物に附属し、建物と一体として利用されるものをいい、例えば、電気の配線、ガス・水道の配管、冷暖房設備、消防設備、エレベーター設備などが該当する。このような建物の附属物のうち、専有部分に属しないものは、法律上当然に共用部分となる（例えば、マンション標準管理規約では、給水管について、本管から各住戸のメーターまでは共用部分とするが、メーターから水道蛇口までの枝管は専有部分としている）。

(3) 規約により共用部分とされた附属の建物

附属の建物とは、区分所有されている建物に対して従物的な関係にある別個の建物（例えば、倉庫、車庫、集会所）であって、建物の附属物とは異なり、法律上当然には共用部分とならないが、区分所有者の定める規約により共用部分とすることが認められている（区分所有法4条2項）。

2110 共用部分である旨の定めをした場合の登記申請手続

問 共用部分である旨の定めをした場合の登記申請手続はどのようにするか。

結論 **共用部分とされた建物の表題部所有者又は所有権の登記名義人は、規約証明情報を提供して、共用部分である旨の登記を申請する。**

説明

(1) 登記の意義

区分所有権の目的となる建物（専有部分）又は附属の建物は、区分所有者の定める規約によって共用部分とすることができる（区分所有法4条2項前段）。規約共用部分には、民法177条の規定が適用されないことになる（区分所有法11条3項）が、共用部分となったことを第三者に対抗するためには、共用部分である旨の登記をしなければならない（同法4条2項後段）。

共用部分である旨の登記は、区分建物の表題部の「専有部分の建物の表示欄」のうち、「原因及びその日付」欄に記録される（規則4条3項、別表三）が、実質的には権利に関する登記の性質を有し、共用部分であることを第三者に対抗するための一種の特別の登記であり、本来の建物の表示に関する登記とはいえないことから、登記官の職権主義（不登法28条）や実地調査（同法29条）

等に関する規定の適用はないものと解されている。

　共用部分である旨の登記をする場合、登記官は、所有権の登記がない建物については表題部所有者に関する登記事項を抹消し、所有権の登記がある建物については権利に関する登記を抹消しなければならない（不登法58条4項、規則141条）。

(2)　**登記申請手続**

　(イ)　申　請　人

　共用部分である旨の登記は、共用部分である旨を第三者に対抗するための登記であるから、その目的となる建物は既登記でなければならない。そのため、共用部分である旨の登記の申請人は、その共用部分とされた建物の表題部所有者又は所有権の登記名義人と定められている（不登法58条2項）。

　(ロ)　申請情報

(i)　登記の目的　登記の目的として、「共用部分である旨の登記」と記録する。

(ii)　登記原因及びその日付　登記原因は、当該建物を共用部分と定めた規約の設定であり、登記原因の日付は、規約の成立した日である。したがって、登記原因及びその日付として、「平成○年○月○日規約設定」及び「共用部分」のように記録する。

(iii)　申請人等の表示

(iv)　添付情報の表示

(v)　登記所の表示及び申請年月日

(vi)　建物の表示

(vii)　他の建物の家屋番号　共用部分である旨の登記をする建物が、当該建物の属する一棟の建物以外の一棟の建物に属する建物の区分所有者の共用に供されるものである場合、当該区分所有者が所有する建物の家屋番号を記録する（登記令別表の十八の項申請情報欄）。この場合、その建物の家屋番号は、登記原因及びその日付に併記して、「平成○年○月○日規約設定」及び「家屋番号何番、何番の共用部分」のように記録する（準則103条1項ただし書）。

　(ハ)　添付情報

(i)　規約証明情報　共用部分である旨を定めた規約を設定したことを証する情報を提供する（登記令別表の十八の項添付情報欄イ）。具体的には、規約を設定した公正証書の謄本、規約の設定を決議した集会の議事録（区分所有法42条）又は区分所有者全員の合意により規約を設定した合意書（同法45条）で

あり、議事録又は合意書には、公証人の認証がある場合を除き、議事録又は合意書に署名押印した者の印鑑証明書を添付する。

(ⅱ) 承諾証明情報　共用部分である旨の登記をするときは、所有権の登記がある建物について権利に関する登記を抹消することとされているため（不登法58条4項）、所有権の登記以外の権利に関する登記名義人の承諾がなければ、申請することができない（同条3項）。なお、表題部所有者又は所有権の登記名義人は申請人であるから、その承諾は要しない。

そのため、所有権以外の権利に関する登記に係る権利の登記名義人の承諾を証する情報又は当該登記名義人に対抗することができる裁判があったことを証する情報を提供する（登記令別表の十八の項添付情報欄ロ）。また、当該権利に関する登記に係る権利が抵当証券の発行されている抵当権であるときは、抵当証券の所持人若しくは裏書人の承諾を証する情報又はこれらの者に対抗することができる裁判があったことを証する情報とともに、当該抵当証券を提供する（同欄ロニ）。

なお、承諾を証する情報を記載した書面には、作成者の印鑑証明書を添付する（登記令19条2項）。

2111 団地共用部分である旨の定めをした場合の登記申請手続

問　団地共用部分である旨の定めをした場合の登記申請手続はどのようにするか。

結論　**団地共用部分とされた建物の表題部所有者又は所有権の登記名義人は、規約証明情報を提供して、団地共用部分である旨の登記を申請する。**

説明

(1) 団地共用部分の意義

団地共用部分とは、一団地内の附属施設である建物であって、規約により団地共用部分と定められたものをいい、非区分建物であっても、当該団地内の区分所有建物の専有部分であってもよい（区分所有法67条1項）。具体的には、団地内にある管理事務棟、集会所（室）、車庫、倉庫等について、団地建物所有者全員の共用に供するために利用されるものとして、団地の規約で団地共用部分と定めたものである。また、一団地内の数棟の建物の全

部を所有する者は、公正証書により団地共用部分を定める規約を設定することができる(同条2項)。

建物の区分所有等に関する法律が規定する団地は、数棟の建物にまたがる共有物を核として形成されるものであり、いわゆる一般的な「団地」とは意味が異なることに留意する必要がある。すなわち、一区画内の土地に数棟の建物があっても、その土地又は附属施設がそれらの建物の所有者の共有に属しなければ、この一区画内の土地を同法上の団地ということはできない。

団地の規約により団地共用部分とされた建物については、共用部分に関する規定が準用され(区分所有法67条3項)、団地建物所有者の全員の共有に属し(同法11条1項)、各共有者の持分は、専有部分の床面積の割合によるが、規約で別段の定めをすることも認められ(同法14条)、専有部分と分離して持分を処分することはできないものとされている(同法15条2項)。また、団地共用部分とされた建物については、民法177条の規定は適用されない(区分所有法67条3項、11条3項)が、団地共用部分となったことを第三者に対抗するためには、団地共用部分である旨の登記をしなければならない(同法67条1項後段)。

(2) 登記の意義

団地共用部分である旨の登記は、区分建物の表題部の「専有部分の建物の表示欄」のうち、「原因及びその日付欄」に記録される(規則4条3項、別表三)が、実質的には権利に関する登記の性質を有し、団地共用部分であることを第三者に対抗するための一種の特別な登記であり、本来の建物の表示に関する登記とはいえないことから、登記官の職権主義(不登法28条)や実地調査(同法29条)等に関する規定の適用はないものと解されている。

団地共用部分である旨の登記をする場合、登記官は、所有権の登記がない建物については表題部所有者に関する登記事項を抹消し、所有権の登記がある建物については権利に関する登記を抹消しなければならない(不登法58条4項、規則141条)。

(3) 登記申請手続

(イ) 申請人

団地共用部分である旨の登記は、団地共用部分である旨を第三者に対抗するための登記であるから、その目的となる建物は既登記でなければならない。そのため、団地共用部分である旨の登記の申請人は、その団地共用部分とされた建物の表題部所有者又は所有権の登記名義人と定められている(不登法58条2

(ロ)　申請情報
(i)　登記の目的　登記の目的として、「団地共用部分である旨の登記」と記録する。
(ii)　登記原因及びその日付　登記原因は、当該建物を団地共用部分と定めた規約の設定であり、登記原因の日付は、当該規約の成立した日である。したがって、登記原因及びその日付として、「平成○年○月○日団地規約設定」及び「団地共用部分」のように記録する（準則103条2項）。
(iii)　申請人等の表示
(iv)　添付情報の表示
(v)　登記所の表示及び申請年月日
(vi)　建物の表示
(vii)　団地共用部分を共用すべき者の建物の所在等　団地共用部分を共用すべき者の所有する建物が非区分建物である場合、当該建物の所在及び家屋番号を記録する（登記令別表の十九の項申請情報欄イ）。また、当該建物が区分建物である場合、その建物が属する一棟の建物の所在及びその名称（その名称がないときは、構造及び床面積）を記録する（同欄ロ）。この場合、当該建物の所在等は、登記原因及びその日付に併記して、例えば、「平成○年○月○日団地規約設定」及び「団地建物の表示甲市乙町何番地一棟の建物の名称何、同所何番地鉄筋コンクリート造陸屋根3階建床面積1階何・何平方メートル2階何・何平方メートル3階何・何平方メートル、同所何番地家屋番号何番何の団地共用部分」のように記録する。

　　(ハ)　添付情報
(i)　規約証明情報　団地共用部分である旨を定めた規約を設定したことを証する情報を提供する（登記令別表の十九の項添付情報欄イ）。具体的には、規約を設定した公正証書の謄本、規約の設定を決議した集会の議事録（区分所有法42条）又は区分所有者全員の合意により規約を設定した合意書（同法45条）であり、議事録又は合意書には、公証人の認証がある場合を除き、議事録又は合意書に署名押印した者の印鑑証明書を添付する。
(ii)　承諾証明情報　団地共用部分である旨の登記をするときは、所有権の登記がある建物について権利に関する登記を抹消することとされているため（不登法58条4項）、所有権の登記以外の権利に関する登記名義人の承諾がなけれ

ば、申請することができない（同条3項）。なお、表題部所有者又は所有権の登記名義人は申請人であるから、その承諾は要しない。

そのため、所有権以外の権利に関する登記に係る権利の登記名義人の承諾を証する情報又は当該登記名義人に対抗することができる裁判があったことを証する情報を提供する（登記令別表の十九の項添付情報欄ロ）。また、当該権利に関する登記に係る権利が抵当証券の発行されている抵当権であるときは、抵当証券の所持人若しくは裏書人の承諾を証する情報又はこれらの者に対抗することができる裁判があったことを証する情報とともに、当該抵当証券を提供する（同欄ロニ）。

なお、承諾を証する情報を記載した書面には、作成者の印鑑証明書を添付する（登記令19条2項）。

2112 共用部分である旨の登記等がある建物の表題部の変更の登記申請手続

問 共用部分である旨又は団地共用部分である旨の登記がある建物の表題部の変更の登記申請手続はどのようにするか。

結論 **共用部分である旨又は団地共用部分である旨の登記がある建物の所有者は、建物所有者証明情報を提供して、区分建物の表題部の変更の登記を申請する。**

説明 (1) 登記の意義

共用部分である旨又は団地共用部分である旨の登記がある建物は、区分所有権の目的である建物（専有部分）又は附属の建物を規約によって共用部分又は団地共用部分としたものである。したがって、共用部分である旨又は団地共用部分である旨の登記がある建物について表題部の登記事項に変更を生じた場合には、区分建物の表題部に変更を生じた場合と同様に、その表題部の変更の登記をしなければならない。

しかしながら、共用部分である旨又は団地共用部分である旨の登記がある場合、所有権の登記がない建物については表題部所有者に関する登記事項が抹消され、所有権の登記がある建物については権利に関する登記が抹消されている（不登法58条4項、規則141条）。そのため、共用部分である旨又は団地共用部分である旨の登記がある建物の表題部の登記事項に変更があった場合には、その

申請適格者が明らかでないことから、当該建物の実体上の所有者は、当該変更があった日から1月以内に、区分建物の表題部の変更の登記を申請しなければならない（不登法51条1項）。

なお、表題部の登記事項に変更が生じた後に、共用部分である旨又は団地共用部分である旨の登記がされたときは、当該建物の実体上の所有者は、当該登記がされた日から1月以内に、区分建物の表題部の変更の登記を申請しなければならない（不登法51条3項）。また、当該建物について、表題部の登記事項に変更が生じた後に、実体上の所有者から所有権を取得した者は、その所有権の取得の日から1月以内に、区分建物の表題部の変更の登記を申請しなければならない（同条4項）。

(2) 登記申請手続

共用部分である旨又は団地共用部分である旨の登記がある建物の表題部の変更の登記申請手続については、区分建物の表題部の変更の登記申請手続と同様である。

ただし、共用部分である旨又は団地共用部分である旨の登記がある建物について、区分建物の表題部の変更の登記を申請するときは、当該建物の所有者を証する情報を提供する必要がある（登記令別表の十四の項添付情報欄ニ）。この建物所有者証明情報は、共用部分若しくは団地共用部分である旨を定めた規約を設定したことを証する情報、又は登記した他の区分所有者の全部若しくは一部の者が証明する情報である（準則87条2項）。

2113 共用部分である旨の登記等の抹消の登記申請手続

問 共用部分である旨又は団地共用部分である旨を定めた規約を廃止した場合の登記申請手続はどのようにするか。

結論 **共用部分である旨又は団地共用部分である旨の登記がある建物の所有者は、当該登記を抹消するとともに、通常の建物の表題部として表題部所有者に関する事項を記録するため、区分建物の表題登記を申請する。**

説明 (1) 登記の意義

共用部分である旨又は団地共用部分である旨の登記がされている建物は、民法177条の規定が適用されない（区分所有法11条3項、67条3項）

が、その共用部分又は団地共用部分である旨を定めた規約が廃止されると、当該建物は民法177条の規定が適用される通常の建物となる。したがって、共用部分である旨又は団地共用部分である旨の登記を抹消するとともに、通常の建物の表題部として表題部所有者に関する事項を記録するため、当該規約の廃止の日から1月以内に、当該建物の表題登記を申請しなければならない（不登法58条6項、規則143条）。

(2) **登記申請手続**

(イ) 申請人

共用部分である旨又は団地共用部分である旨の登記がある場合、所有権の登記がない建物については表題部所有者に関する登記事項が抹消され、所有権の登記がある建物については権利に関する登記が抹消されている（不登法58条4項、規則141条）。そのため、共用部分又は団地共用部分である旨を定めた規約が廃止された場合には、その申請適格者が登記記録上明らかでないことから、当該建物の実体上の所有者が申請人となる（不登法58条6項）。当該規約を廃止した後に当該建物の所有権を取得した者は、その所有権の取得の日から1月以内に、当該建物の表題登記を申請しなければならない（同条7項）。

(ロ) 申請情報

(i) 登記の目的　登記の目的として、「区分建物表題」と記録するが、具体的に括弧書きで「共用部分廃止」又は「団地共用部分廃止」と記録するのが相当である。

(ii) 登記原因及びその日付　登記原因は、共用部分又は団地共用部分である旨を定めた規約の廃止であり、その定めを廃止する規約の成立の日が登記原因の日付となる。したがって、登記原因及びその日付として、「平成○年○月○日共用部分（団地共用部分）の規約廃止」のように記録する（準則103条4項）。

(iii) 申請人等の表示

(iv) 添付情報の表示

(v) 登記所の表示及び申請年月日

(vi) 建物の表示　建物の表示としては、登記記録の表題部に記録された内容を記録する。共用部分である旨又は団地共用部分である旨を定めた規約を廃止した場合の登記の申請は、建物の表題登記として行われるが、建物の新築により建物が新たに生じた場合とは異なり、既に表題登記のある建物に対する

ものであるから、建物の表示は登記記録と合致していることを要する（不登法25条6号）。

　なお、建物が増築等により変更され、建物の現況と登記記録の内容が合致していない場合、表題登記の申請情報には登記記録上の建物の表示を記録した上で、当該変更の日から1月以内に、建物の表題部の変更の登記を申請することが適当である。

　(ハ)　添付情報

(i)　規約証明情報　共用部分である旨又は団地共用部分である旨を定めた規約を廃止したことを証する情報を提供する（登記令別表の二十一の項添付情報欄イ）。具体的には、規約を廃止した公正証書の謄本、規約の廃止を決議した集会の議事録（区分所有法42条）又は区分所有者全員の合意により規約を廃止した合意書（同法45条）であり、議事録又は合意書には、公証人の認証がある場合を除き、議事録又は合意書に署名押印した者の印鑑証明書を添付する。

(ii)　所有権証明情報　当該建物の表題部所有者となる者が所有権を有することを証する情報を提供する（登記令別表の二十一の項添付情報欄ロ）。

(iii)　住所証明情報　区分建物の表題部所有者となる者の住所について、市区町村長、登記官その他の公務員が職務上作成した情報又はこれに代わるべき情報を提供する（登記令別表の二十一の項添付情報欄ハ）。

(iv)　建物図面及び各階平面図　建物図面及び各階平面図は、当初の建物表題登記の申請の際に提供されたものがあるので、提供を求められていない。

第6節 建物合体の登記

2114 建物の合体による登記

問 2棟の建物を合体して一棟の建物とした場合、どのような登記の申請をすればよいか。

結論 **合体後の建物の表題登記を、合体前の建物の表題登記の抹消と併せて申請する。所有権の登記がある建物と所有権の登記がない建物を合体した場合には、合体後の建物について所有権の保存の登記を併せて申請する。**

説明

(1) 建物の合体の意義

　建物の合体とは、2個以上の建物が増築等の工事により構造上1個の建物となることをいう（不登法49条1項）。2個以上の区分建物が隔壁除去等の工事によりその区分性を失った場合も、建物の合体となる（平5.7.30第5320号通達第五の一）。具体的には、建物のえい行移転又は増築工事により建物同士を接着させてその間の壁を除去したり、あるいは相接する区分建物と区分建物との間の隔壁を除去したりして、構造上これらを1個の建物とした場合である。

(2) 合体による登記等の意義

　不動産登記法の一部を改正する法律（平成5年法律第22号。以下「平成5年一部改正法」という）施行前の登記手続では、建物の合体があった場合に、合体前の各建物について建物の滅失の登記をすることとされており（昭38.9.28第2658号通達、昭39.3.6第557号回答）、合体前の建物に抵当権等に関する登記があったとしても、合体後の建物の登記に移記する手段がなかったため、いわゆる「抵当権とばし」が行われるなど、抵当権等の権利者の保護に欠ける取扱い

となっていた。そこで、平成5年一部改正法では、建物が合体した場合には、動産の付合に関する民法244条、247条2項と同様、不動産同士の付合によって合体前の建物における権利関係が合体後の建物の持分上に存続するという実体法上の解釈を前提として、合体による登記等の手続が設けられ、合体前の建物の登記記録に記録されている権利関係を合体後の建物の登記記録に移記することとされた。

合体による登記等の対象とされているのは、①表題登記がない建物と表題登記のみの建物の合体、②表題登記がない建物と所有権の登記がある建物の合体、③表題登記のみの建物同士の合体、④表題登記のみの建物と所有権の登記がある建物の合体、⑤所有権の登記がある建物同士の合体、⑥表題登記がない建物と表題登記のみの建物と所有権の登記がある建物の合体である（不登法49条1項）。

(3) 登記申請手続

(イ) 申請人

表題登記がない建物についてはその所有者から、表題登記のみの建物についてはその表題部所有者から、所有権の登記がある建物についてはその所有権の登記名義人から、建物の合体の日から1月以内に、合体後の建物の表題登記及び合体前の建物の表題登記の抹消（合体による登記等）の申請を行わなければならない（不登法49条1項）。

合体前の建物の所有者等が異なる場合には、そのいずれかの者から合体による登記等を申請することもできる（平5．7．30第5320号通達第六の二(1)）。これは、所有者の異なる2個以上の建物が合体して1個の建物となった場合には、合体前の各建物の所有者が合体後の建物を共有することになるため、合体後の建物の共有者全員が申請人となるが、建物の合体による登記等のような報告的登記については、共有物に係る保存行為として、共有者の一人からでも申請することが認められている（民法252条ただし書）。

(ロ) 同一の申請情報による申請

合体による建物の表題登記及び合体前の建物の表題登記の抹消の申請は、同一の申請情報をもって行うことを要する（登記令5条1項前段）。これは、合体後の建物を1個の建物として登記記録を作成するとともに、建物としての一個性を失った合体前の建物については、建物の表題登記を抹消して、その登記記録を閉鎖する必要があるためである。

前記(2)の②、④及び⑥の場合は、所有権の登記がある建物と所有権の登記がない建物の合体であり、合体後の建物の一部にのみ所有権の登記がされている状態となることから、合体による登記等の申請人は、表題登記がない建物の所有者又は表題部所有者のために、所有権の保存の登記の申請についても、同一の申請情報で行わなければならない（不登法49条1項後段、登記令5条1項後段）。

　(ハ)　申請情報
(i)　登記の目的として、「合体による建物の表題登記及び合体前の建物の表題登記の抹消」又は「合体による建物の表題登記及び合体前の建物の表題登記の抹消並びに所有権の保存」と記録する。
(ii)　登記原因及びその日付　登記原因及びその日付として、合体前の各建物については「平成○年○月○日何番と合体」、合体後の建物については「平成○年○月○日何番、何番を合体」のように記録する（平5.7.30第5320号通達第六の三(1)、平5.9.29第6363号通達）。表題登記がない建物を合体した場合には、その建築年月日で特定し、既登記の合体前の建物については「平成○年○月○日新築の建物と平成○年○月○日合体」、合体後の建物については「平成○年○月○日何番、平成○年○月○日新築の建物を合体」のように記録する（平5.9.29第6363号通達）。なお、登記原因の日付は、建物が合体した日である。
(iii)　申請人等の表示
(iv)　添付情報の表示、申請年月日及び登記所の表示
(v)　不動産の表示
(vi)　持分　合体前の各建物の所有者が異なるときは、合体後の建物について表題部所有者又は登記名義人となる者が二人以上になるため、それぞれの持分を記録する（登記令3条9号）。

　なお、合体前の各建物の所有者が同一の場合であっても、合体前の建物に所有権の登記以外の所有権に関する登記又は先取特権、質権若しくは抵当権に関する登記（以下「抵当権等に関する登記」という）があり、合体後の建物の持分上に存続するときは、合体後の建物についてその登記に係る権利の目的を明らかにするため、所有者が同一でないものとみなした場合の持分を記録する（登記令別表の十三の項申請情報欄ニ）。この場合における持分の記録は、申請人の表示に符号を付して、「持分3分の2　甲某〔あ〕、3分の1　甲某〔い〕」のようにする（平5.7.30第5320号通達第六の三(2)後段）。ただ

し、合体後の建物に存続する登記が二つ以上ある場合において、登記の目的、申請の受付年月日及び受付番号、登記原因及びその日付並びに登記名義人がいずれも同一であるときは、合体後の建物全部を目的とすることになるため、持分を記録する必要はない（登記令別表の十三の項申請情報欄ニ）。

(vii) 合体前の建物の所有権の登記に関する事項　合体前の建物に所有権の登記があるときは、当該建物の家屋番号、当該所有権の登記の申請の受付年月日及び受付番号、順位番号並びに登記名義人の氏名又は名称を記録する（登記令別表の十三の項申請情報欄ロ）。なお、所有権の登記名義人を同一でないものとみなした場合の持分があるときは、その登記名義人の氏名又は名称は、「甲某〔あ〕、甲某〔い〕」のように記録する。

(viii) 合体後の建物の存続登記に関する事項　合体前の建物に抵当権等に関する登記で合体後の建物に存続するもの（以下「存続登記」という）があるときは、①合体前の建物の家屋番号、②存続登記の目的、申請の受付年月日及び受付番号、順位番号並びに登記名義人の氏名又は名称、③存続登記の目的となる権利を記録する（登記令別表の十三の項申請情報欄ハ）。存続登記の目的となる権利の記録は、合体後の建物を基準として、「甲某持分」のようにし、目的となる権利が所有権の登記名義人を同一でないものとみなした場合の持分であるときは、「甲某〔あ〕持分」のようにする。

　㈡　添付情報

(i) 建物図面及び各階平面図　合体後の建物についての建物図面及び各階平面図を提供する（登記令別表の十三の項添付情報欄イロ）。

(ii) 登記識別情報（又は登記済証）　所有権の登記がある建物を合体するときは、その登記名義人の登記識別情報を提供する（不登法22条、登記令8条1項2号）。なお、所有権の登記名義人が所有権の取得又は保存の登記の際に登記済証を交付されていた場合には、その登記済証の原本を提出する（不登法附則7条）。

(iii) 印鑑証明書　所有権の登記がある建物の合体について書面申請するときは、申請人の作成後3月以内の印鑑証明書を添付する（登記令16条2項・3項、規則48条1項5号）。

(iv) 所有権証明情報　表題部所有者となる者が所有権を有することを証する情報を提供しなければならない（登記令別表の十三の項添付情報欄ハ）。合体後の建物が共有となるときは、その持分の割合を証する情報を提供するととも

に、作成者の印鑑証明書を添付する。ただし、所有者全員が申請人である場合には、その申請情報に各自の持分が記録され、当該記録が持分の割合を証する情報を兼ねるので、申請情報に印鑑証明書を添付すれば足りる（平5．7．30第5320号通達第六の四(4)）。

(v) 住所証明情報　合体後の建物の所有者の住所について、市区町村長、登記官その他の公務員が職務上作成した情報又はこれに代わるべき情報を提供する（登記令別表の十三の項添付情報欄ニリ）。

(vi) 承諾証明情報　合体後の建物の持分に存続登記と同一の登記をするときは、当該存続登記に係る権利の登記名義人が当該登記を承諾したことを証する情報又は当該登記名義人に対抗することができる裁判があったことを証する情報を提供する（登記令別表の十三の項添付情報欄ト）。また、存続登記に係る権利が抵当証券の発行されている抵当権であるときは、抵当証券の所持人若しくは裏書人が当該登記を承諾したことを証する情報又はこれらの者に対抗することができる裁判があったことを証する情報とともに、当該抵当証券を提供する（同欄トチ）。

なお、承諾を証する情報を記載した書面には、作成者の印鑑証明書を添付する（登記令19条2項）。

(vii) 消滅承諾証明情報　合体前の建物にされた抵当権等に関する登記を合体後の建物に存続させずに消滅させるときは、当該登記に係る権利の登記名義人が権利の消滅を承諾したことを証する情報又は当該登記名義人に対抗することができる裁判があったことを証する情報を提供する（規則120条5項1号）。また、消滅させる権利が抵当証券の発行されている抵当権であるときは、抵当証券の所持人若しくは裏書人が権利の消滅を承諾したことを証する情報又はこれらの者に対抗することができる裁判があったことを証する情報とともに、当該抵当証券を提供する（同項1号・3号）。

なお、権利消滅の承諾を証する情報を記載した書面には、作成者の印鑑証明書を添付する（登記令19条2項）。

2115　主である建物と附属建物を合体する場合の登記手続

問　主である建物と附属建物を工事によって合体させた場合、その登記の申請はどのようにするか。

結論 建物の合体による登記等は、合体前の建物がそれぞれ1個の建物として独立性を有していることを前提としているため、附属建物の合体については、建物の表題部の変更の登記を申請する。

説明

(1) 建物の合体

2個以上の建物が合体して1個の建物となった場合には、合体後の建物についての建物の表題登記及び合体前の建物についての建物の表題部の登記の抹消を申請しなければならず、これらを総称して建物の合体による登記等という（不登法49条1項前段）。

建物の合体は、2個以上の「建物」が合体するものであり、合体前の建物がそれぞれ1個の建物として独立性を有していることを前提としている。そのため、1個の建物として独立性を有しない物が既存建物と物理的に接続し合体したとしても、建物の合体とはならず、建物の増築となる。

附属建物は、主である建物と物理的には別棟の建物であるが、主である建物と効用上一体として利用される状態にあり、主である建物の法的運命に従う（民法87条1項）ことから、主である建物と合わせて1個の建物として登記される（不登法2条23号、準則78条1項）。このように、主である建物と同一の登記記録に記録されている附属建物は独立性を有しないため、主である建物と附属建物を工事によって合体させた場合には、建物の合体による登記等ではなく、建物の表題部の変更の登記を申請することになる（不登法51条1項）。具体的には、主である建物の床面積の変更と、附属建物の表題部の抹消を行う（準則95条）。

なお、A建物の附属建物とB建物が合体した場合、A建物の附属建物は、そのままでは独立性を有する建物とは認められないため、建物の分割の登記（不登法54条1項1号）をした後、建物の合体による登記等を申請することになる。

(2) **登記申請手続**

(イ) 申請情報

(i) 登記の目的 登記の目的は、概括的に「建物表題部変更」とすることも可能であるが、実務においては、どのような登記事項の変更の登記の申請であるかを明らかにするため、「附属建物合体」又は「建物床面積変更・附属建物合体」と具体的に記録する。

(ii) 登記原因及びその日付 登記原因及びその日付として、主である建物については「③平成〇年〇月〇日附属建物合体」又は「③平成〇年〇月〇日増築

及び附属建物合体」、附属建物については「平成〇年〇月〇日主たる建物に合体」のように記録する（準則95条）。
(iii) 申請人等の表示
(iv) 添付情報の表示、申請年月日及び登記所の表示
(v) 不動産の表示
(vi) 変更後の登記事項　変更後の建物の床面積等を記録する（登記令別表の十四の項申請情報欄イ）。

(ロ)　添付情報
(i) 建物図面、各階平面図　変更後の建物図面及び各階平面図を提供する（登記令別表の十四の項添付情報欄ロ(1)）。
(ii) 所有権証明情報　合体工事に伴う増築部分等について申請人が所有権を有することを証する情報を提供する（登記令別表の十四の項添付情報欄ロ(2)）。

2116　合体前に相続が開始している場合の登記手続

問　建物の合体前に相続が開始している場合において、登記記録上、被相続人名義のままであるときには、どのような申請をするか。

結論　**合体前の建物について表題部所有者又は所有権の登記名義人に相続が開始したときは、保存行為として、被相続人名義のままで、その相続人のうちの一人から合体による登記等を申請することができる。**

説明　(1)　登記の意義

　　建物が合体した場合、合体の態様に応じて、表題登記がない建物の所有者、表題登記のみの建物の表題部所有者又は所有権の登記がある建物の所有権の登記名義人は、合体の日から1月以内に、合体後の建物についての建物の表題登記及び合体前の建物についての建物の表題登記の抹消（合体による登記等）の申請を、同一の申請情報で行わなければならない（不登法49条1項、登記令5条1項前段）。このように、建物の合体による登記等は、表示に関する登記のうち、不動産の物理的状況の変化に応じてする報告的登記であり、建物の所有者等に申請義務が課されている。

　被相続人の死亡により相続が開始し、相続人が建物の所有権を取得した後、被相続人名義のままで当該建物を合体した場合に、相続による所有権の移転の

登記を申請しなければならないという法的義務はない。そのため、実体上は相続人が合体した建物の所有者であったとしても、相続による所有権の移転の登記が申請されなければ、建物の合体による登記等の申請義務は、合体前の建物の表題部所有者又は所有権の登記名義人である被相続人が負うことになる。しかし、被相続人は既に死亡していて登記を申請することができないため、不動産登記法30条の規定に基づき、その相続人は、被相続人名義のままで建物の合体による登記等を申請することができると考えられる。

なお、えい行移転により建物を接続し、増築せずに合体した場合には、被相続人の単独所有のままであるが、合体工事に伴う増築部分等について、相続人が所有権を有することになった場合には、被相続人と相続人の共有名義になると考えられる。

(2) **登記申請手続**

(イ) 申請人

相続人が複数である場合には、共同相続人全員が申請人となるが、建物の合体による登記等のような報告的登記については、保存行為として、共同相続人の一人からでも申請することができる（民法252条ただし書）。

(ロ) 申請情報

(i) 登記の目的　表題登記のみの建物同士の合体の場合や、所有権の登記がある建物同士の合体の場合、登記の目的として、「合体による建物の表題登記及び合体前の建物の表題登記の抹消」と記録する。

(ii) 登記原因及びその日付　登記原因及びその日付として、合体前の各建物については「平成○年○月○日何番と合体」、合体後の建物については「平成○年○月○日何番、何番を合体」のように記録する。

(iii) 申請人等の表示

(iv) 添付情報の表示、申請年月日及び登記所の表示

(v) 不動産の表示

(vi) 持分　表題部所有者又は登記名義人となる者が二人以上であるときは、それぞれの持分を記録する（登記令3条9号）。

(vii) 合体前の建物の所有権の登記に関する事項　合体前の建物に所有権の登記があるときは、当該建物の家屋番号、当該所有権の登記の申請の受付年月日及び受付番号、順位番号並びに登記名義人の氏名又は名称を記録する（登記令別表の十三の項申請情報欄ロ）。

(ⅷ) 申請人が一般承継人である旨　申請人が表題部所有者又は所有権の登記名義人の相続人その他の一般承継人である旨を記録する（登記令3条10号）。

　(ハ) 添付情報
(ⅰ) 建物図面、各階平面図　合体後の建物についての建物図面及び各階平面図を提供する（登記令別表の十三の項添付情報欄イロ）。
(ⅱ) 登記識別情報（又は登記済証）　所有権の登記がある建物を合体するときは、その登記名義人の登記識別情報を提供する（不登法22条、登記令8条1項2号）。なお、所有権の登記名義人が所有権の取得又は保存の登記の際に登記済証を交付されていた場合には、その登記済証の原本を提出する（不登法附則7条）。
(ⅲ) 印鑑証明書　所有権の登記がある建物の合体について書面申請するときは、申請人の作成後3月以内の印鑑証明書を添付する（登記令16条2項・3項、規則48条1項5号）。
(ⅳ) 所有権証明情報　合体前に登記されていた部分について所有権証明情報の提供は不要であるが、合体工事に伴う増築部分等については所有権を有することを証する情報を提供する（登記令別表の十三の項添付情報欄ハ）。
　　合体後の建物が共有となるときは、その持分の割合を証する情報を提供するとともに、作成者の印鑑証明書を添付する（平5．7．30第5320号通達第六の四(4)）。なお、被相続人名義のままで相続人から申請する場合、被相続人の持分の割合を証する書面には、相続人全員の印鑑証明書を添付する必要がある。
(ⅴ) 住所証明情報　表題部所有者又は所有権の登記名義人となる者の住所について、市区町村長、登記官その他の公務員が職務上作成した情報又はこれに代わるべき情報を提供する（登記令別表の十三の項添付情報欄ニリ）。被相続人名義で登記を申請しているため、同人の死亡により除かれた住民票の写し等を添付することになる。
(ⅵ) 相続証明情報　相続その他の一般承継があったことを証する情報として、市区町村長、登記官その他の公務員が職務上作成した情報又はこれに代わるべき情報を提供する（登記令7条1項4号）。なお、相続証明情報の提供に代えて、法定相続情報一覧図の写しを提供することができる（規則37条の3）。

2117 合体錯誤の場合の登記手続

問 建物の合体自体が錯誤であった場合、その登記の申請はどのようにするか。

結論 **表題部所有者又は所有権の登記名義人は、合体錯誤を原因として合体による登記等の抹消を申請する。この合体による登記等の抹消によって、閉鎖された合体前の建物の登記記録を回復するとともに、合体後の建物の登記記録を閉鎖することができる。**

説明

(1) 登記の意義

　　合体による登記等が申請されると、登記官は、その内容を審査した上で、合体後の建物について建物の表題登記を行い、合体前の建物について建物の表題部の登記の抹消をする。この場合、合体前の建物の登記記録の表題部の登記事項を抹消し、当該登記記録を閉鎖することになる（規則120条9項、144条）。そのため、合体による登記等を行ったが、実際には建物が合体しておらず、合体による登記等が錯誤であったことが判明した場合には、当該建物の登記記録が誤って閉鎖されていることになるが、その回復登記を許す旨の規定が不動産登記法には存在しない。

　権利に関する登記については、抹消回復の登記が認められている（不登法72条）が、表示に関する登記については、登記の順位を維持するという抹消回復の必要性がないため、抹消回復の登記は認められておらず、不動産の現況を登記すれば足りるとされている。そのため、合体による登記等が錯誤であった場合には、分棟による建物の表題部の変更の登記に併せて、建物の分割の登記を申請するしかないとも考えられる。

　しかしながら、登記の実務においては、建物が合体していないのに誤って合体による登記等を行い、合体前の建物の登記記録が閉鎖された場合、当該登記記録を回復するため、合体による登記等の抹消を申請することが認められている。これは、合体による登記等を抹消する結果として、閉鎖された登記記録を回復するものであって、不動産登記法72条が規定する「抹消された登記の回復」ではないと解されているからである。

(2) 登記申請手続

　(イ) 申請情報

(i) 登記の目的　登記の目的として、「合体による登記等の抹消」と記録する。
(ii) 登記原因及びその日付　登記原因及びその日付としては、「合体錯誤」のように記録すれば足り、日付の記録は要しない。
(iii) 申請人等の表示
(iv) 添付情報の表示、申請年月日及び登記所の表示
(v) 不動産の表示

(ロ)　添付情報
(i) 登記識別情報　所有権の登記名義人が申請するときは、合体による登記等を申請する場合における不動産登記令8条1項2号の規定に準じて、その登記名義人の登記識別情報を提供する必要があると考えられる。
(ii) 建物図面、各階平面図　添付情報として法定されていないため、建物図面及び各階平面図を提供する必要はない。

2118　未登記同士の建物が合体した場合の登記手続

問　未登記同士の建物を工事によって合体させた場合、その登記の申請はどのようにするか。

結論　**合体後の建物の所有者は、建物の合体による登記等ではなく、合体後の建物の表題登記を申請する。**

説明

(1)　登記の意義

　建物の合体による登記等は、表題登記がない建物と登記された建物が合体した場合と、登記された建物同士が合体した場合を対象としており、表題登記がない建物同士が合体した場合を対象としていない（不登法49条1項）。

　表題登記がない建物同士が合体した場合において、合体時の建物の所有者は、その所有権の取得の日から1月以内に、合体後の建物の表題登記を申請しなければならない（不登法49条2項、47条1項）。合体後の建物が非区分建物の場合には、合体時の所有者から所有権を取得した者についても、所有権の取得の日から1月以内に、建物の表題登記を申請する義務を負う（同法49条2項、47条1項）。

　なお、合体前の建物の所有者が異なる場合、各所有者は合体後の建物を共有することになるが、保存行為（民法252条ただし書）として、共有者の一人から

表題登記を申請することができる（大8.8.1第2926号回答）。

(2) 登記申請手続

(イ) 申請情報

(i) 登記の目的　登記の目的として、「建物表題」と記録する。

(ii) 登記原因及びその日付　登記原因及びその日付として、合体前の各建物の新築年月日を「平成○年○月○日新築」「平成○年○月○日新築」のようにそれぞれ併記するとともに、合体年月日を「平成○年○月○日合体」のように記録する。

(iii) 申請人等の表示

(iv) 添付情報の表示、申請年月日及び登記所の表示

(v) 不動産の表示

(vi) 持分　表題部所有者となる者が二人以上であるときは、それぞれの持分を記録する（登記令3条9号）。

(ロ) 添付情報

(i) 建物図面、各階平面図　合体後の建物についての建物図面及び各階平面図を提供する（登記令別表の十二の項添付情報欄イロ）。

(ii) 所有権証明情報　合体後の建物について所有権を有することを証する情報を提供する（登記令別表の十二の項添付情報欄ハ）。

合体後の建物が共有となるときは、その持分の割合を証する情報を提供するとともに、作成者の印鑑証明書を添付する。ただし、所有者全員が申請人である場合には、その申請書が持分の割合を証する情報を兼ねるので、申請書に印鑑証明書を添付すれば足りる。

(iii) 住所証明情報　合体後の建物の所有者の住所について、市区町村長、登記官その他の公務員が職務上作成した情報又はこれに代わるべき情報を提供する（登記令別表の十二の項添付情報欄ニ）。

2119　合体による登記申請における所有権を証する情報の提供の要否

問　合体による建物の登記の申請をする場合において、増築部分については、所有権を証する情報の提供を必要とするか。

結論　**合体前の増築により建物の床面積が増加している場合や、双方の**

建物の中間への増築工事によって合体した場合は、増築部分について所有権を証する情報の提供を必要とする。

説明

(1) **所有権証明情報の必要性**

　　２個以上の建物が合体して１個の建物となった場合、合体後の建物の表題登記の申請を、合体前の建物の表題部の登記の抹消の申請と併せて行うことになる（不登法49条１項）。このように、合体による登記等は、合体後の建物について建物が新築された場合と同様の登記を行うものであるため、その申請に当たっては、表題部所有者となる者が所有権を有することを証する情報（所有権証明情報）を添付情報としなければならない（登記令別表の十三の項添付情報欄ハ）。

　表題部所有者として登記された者は、自己名義の所有権の保存の登記を申請することができる地位を取得する（不登法74条１項１号）ため、表題登記の申請に当たっては、申請人本人が真の所有者であることを証明するに足る情報の提供が必要とされるのである。

(2) **所有権証明情報の提供の要否**

　所有権証明情報については、「表題部所有者となる者」が所有権を有することを証する情報と規定されている（登記令別表の十三の項添付情報欄ハ）ことから、その典型的な例は、表題登記がない建物と表題登記のみの建物を合体したときに、表題登記がない建物の部分について提供する場合である。

　なお、表題登記がない建物を合体した場合であっても、合体前の建物に所有権の登記がある建物が含まれているときは、表題登記がない建物の部分について、申請人が実際に表題部所有者として記録されることはない（規則120条１項）が、観念的には表題部所有者となるものとして、所有権証明情報を提供する必要がある。

　一方、表題登記のみの建物又は所有権の登記がある建物を合体した場合は、その登記記録の内容から、当該合体前の建物の表題部所有者又は所有権の登記名義人を所有者として認定することが可能であるため、合体前に登記されていた部分について所有権証明情報を提供する必要はない。しかしながら、表題登記のみの建物又は所有権の登記がある建物を合体した場合であっても、合体前の増築により建物の床面積が増加している場合や、双方の建物の中間への増築工事によって合体した場合は、申請人が増築部分の所有権を有していることを確認する必要があるため、増築部分について所有権証明情報を提供しなければ

ならない（登記令別表の十三の項添付情報欄ハ）。

　なお、所有権証明情報は、表題登記の申請の際に提供すべきものと同様であり、建築基準法6条の規定による建築確認書、同法7条の規定による検査済証、建築請負人の証明書又は借地上に建築した場合における敷地所有者の証明書、固定資産税の納付証明書その他申請人の所有権の取得を証するに足る情報である（準則87条1項）。

第7節 表示の抹消の登記

第1款 土地

2120 土地の一部が河川の流水下に没した場合の登記手続

問 土地の一部が河川の流水下に没した場合、どのような登記の申請を行うことになるか。

結論 **土地の一部が河川の流水下に没したことにより登記能力を失い、当該土地の地積が減少しているため、河川管理者は、地積測量図を提供して、地積の変更の登記を嘱託する。**

説明 (1) 登記の意義

　　河川の流水は私権の目的とすることができない（河川法2条2項）ため、継続して流水下に存在する川底の土地は、所有権の客体となり得ず、登記能力が認められていない。そのため、河川区域（同法6条1項）内において一筆の土地の全部が常時流水下に没する状態となった場合には、当該土地は登記能力を喪失するので、河川管理者は、当該土地の滅失の登記を嘱託しなければならない（不登法43条5項）。ただし、土地が流水下に没した場合であっても、台風等の天災によるもので、かつ、その状態が一時的なものであるときは、当該土地は登記能力を失わないとされている（昭36.11.9第2801号回答）。

　また、一筆の土地の一部が河川の流水下に没した場合には、水没した部分が登記能力を失い、当該土地の地積が減少しているため、河川管理者は、地積の変更の登記を嘱託しなければならない（不登法43条6項）。この場合に、水没した部分を分筆した上で、当該部分について土地の滅失の登記を行うことも考えられるが、一時的にせよ登記能力が認められない土地を創設することになり、

分筆の本質に反する上、一筆の土地の一部が水没したという実態とも合わないため、地積の変更の登記を嘱託することとされている。河川管理者は、河川区域内（外）の土地である旨の登記を嘱託する際、土地所有者等に代位して、分筆の登記を嘱託することが認められている（同条4項）が、土地の減失の登記を嘱託する前提として、分筆の登記を嘱託することは認められていない。

なお、これらの登記に関して河川管理者に嘱託義務が課されているのは、河川区域内にある土地の物理的状況については、土地所有者よりも河川管理者の方が正確に把握することができる立場にあることを踏まえたものであり、当該土地の表題部所有者又は所有権の登記名義人には申請義務がないと解されている。

(2) 登記嘱託手続

(イ) 嘱託情報

(i) 登記の目的　登記の目的として、「地積変更」と記録する。

(ii) 登記原因及びその日付　登記原因及びその日付として、「平成○年○月○日河川の流水下の土地となり一部滅失」のように記録する。

(iii) 嘱託者の表示

(iv) 添付情報の表示、嘱託年月日及び登記所の表示

(v) 不動産の表示

(vi) 登記嘱託の根拠　不動産登記法43条6項の規定により登記の嘱託をする旨を記録する（登記令別表の十一の項申請情報欄イ）。

(vii) 変更後の地積　変更後の地積を記録する（登記令別表の十一の項申請情報欄ロ）。なお、地積は、平方メートルを単位として、小数第2位まで表示するが、宅地及び鉱泉地以外の土地で、10平方メートルを超える場合は、小数点以下の端数は表示しない（規則100条）。

(ロ) 添付情報

(i) 地積測量図　変更後の土地について地積測量図を提供する（登記令別表の十一の項添付情報欄）。

(ii) 滅失証明情報　実務の慣行としては、土地の一部滅失を証する情報を提供する取扱いとなっているが、これは法定の添付情報ではないため、その不備をもって不動産登記法25条9号の規定により却下することはできない。

2121 一時的に土地が海面に没した場合の滅失登記の可否

問 土地が天災等によって海面下に没した場合であって、それが一時的なものである場合、当該土地の滅失登記をする必要があるか。

結論 天災等による海没が一時的なものであり、陸地に戻る可能性がある場合は、土地の滅失には該当せず、土地の滅失の登記をする必要はない。

説明

(1) 海面下の土地

登記の対象となる土地は、日本領土内の陸地部分であるところ、陸地の表面が水によって覆われていても、それだけで登記能力を喪失することにはならない。これは、地目として、池沼、運河用地、水道用地、用悪水路、ため池等が認められている（規則99条）ことからも明らかである。

しかしながら、海面下の土地については、「いわゆる公共用物であって、国の直接の公法的支配管理に服し、特定人による排他的支配の許されないものであるから、そのままの状態においては、所有権の客体たる土地に当たらない」とされており（最判昭61.12.16民集40巻7号1236頁）、登記能力は認められていない。

このように、登記能力が認められるかどうかは、陸地と海面下の土地のいずれに該当するかによって異なるため、どのような基準で両者を区別するかが重要となる。登記先例は、陸地と公有水面との境界について、潮の干満の差がある水面では春分及び秋分における満潮位を、その他の水流水面では高水位を、それぞれ標準として定めるものとしている（昭31.11.10第2612号回答）。

そのため、春分及び秋分の満潮時において海面下に没する土地については、私人の所有権は認められず、その土地の所有権の登記名義人は、土地の滅失の登記又は地積減少による土地の表題部の変更の登記を申請すべきこととなる（昭33.4.11第203号通知）。

(2) 自然海没地

従前は陸地であったものが地震、津波、地盤沈下等の自然現象により海面下に没した場合についても、春分及び秋分の満潮時を標準として登記能力を判断し、一筆の土地の全部が海面下に没するときは、原則として、土地の滅失の登記を行うことになる。ただし、土地が海面下に没するに至った経緯が天災等に

よるものであり、かつ、その状態が一時的なものである場合には、私人の所有権は消滅しないものとされている（昭36.11.9第2801号回答）。

そのため、所有権の対象となっていた土地が天災等によって海面下に没したが、一時的なものであり、陸地に戻る可能性がある場合は、土地の滅失には該当せず、土地の滅失の登記をする必要はないことになる。

なお、前記最高裁判決は、「私有の陸地が自然現象により海没した場合についても、当該海没地の所有権が当然に消滅する旨の法令は現行法上存しないから、当該海没地は、人による支配利用が可能であり、かつ、他の海面と区別しての認識が可能である限り、所有権の客体たる土地としての性格を失わないものと解するのが相当である。」としており、自然海没地が登記能力を失わないための要件として、陸地に戻る可能性を必須の条件とはしていない。しかしながら、登記実務においては、客観的、一義的に明確な外形事実に基づいて土地の登記能力を判断するため、当該条件を求めているものである。

第2款　建　物

2122　相続が開始した建物についての登記手続

問　被相続人名義の建物について、相続が開始する前に当該建物が滅失していた場合、どのような登記の申請をすることになるか。

結論　**相続人は、被相続人名義のままで、相続証明情報を提供して、建物の滅失の登記を申請する。相続人が複数である場合、共同相続人の一人から申請することができる。**

説明　(1)　登記の意義

建物が滅失したときは、表題部所有者又は所有権の登記名義人は、その滅失の日から1月以内に、当該建物の滅失の登記を申請しなければならない（不登法57条）。

本問のように、建物が滅失したにもかかわらず、表題部所有者又は所有権の登記名義人が当該建物の滅失の登記をしないまま死亡した場合は、相続開始前に建物が物理的に滅失しているため、相続人が建物の所有権を相続によって取得することはない。しかし、相続人は、相続によって被相続人の地位を承継す

ることになるので、滅失の登記申請義務を承継することになる。

このように、表題部所有者又は所有権の登記名義人が表示に関する登記の申請人となる場合において、当該表題部所有者又は所有権の登記名義人について相続その他の一般承継が生じたときは、その相続人その他の一般承継人は、当該表示に関する登記を申請することができるとされている（不登法30条）。

そのため、被相続人が死亡する前に建物は滅失していたが、当該建物の滅失の登記が未了であった場合、相続人は、相続による所有権の移転の登記を申請することなく、建物の滅失の登記を申請することができる。

(2) 登記申請手続

(イ) 申請人

相続人が複数である場合には、共同相続人全員が申請人となるが、建物の滅失の登記のような報告的登記については、保存行為として、共同相続人の一人からでも申請することができる（民法252条ただし書）。

(ロ) 申請情報

(i) 登記の目的　登記の目的として、「建物滅失」と記録する。

(ii) 登記原因及びその日付　登記原因は「焼失」、「取壊し」等であり、その事由の発生した日を登記原因の日付として記録する。

(iii) 申請人等の表示

(iv) 添付情報の表示、申請年月日及び登記所の表示

(v) 不動産の表示

(vi) 申請人が一般承継人である旨　申請人が表題部所有者又は所有権の登記名義人の相続人その他の一般承継人である旨を記録する（登記令3条10号）。

(ハ) 添付情報

(i) 相続証明情報　相続その他の一般承継があったことを証する情報として、市区町村長、登記官その他の公務員が職務上作成した情報又はこれに代わるべき情報を提供する（登記令7条1項4号）。なお、相続証明情報の提供に代えて、法定相続情報一覧図の写しを提供することもできる（規則37条の3）。

(ii) 滅失証明情報　実務の慣行としては、建物の滅失を証する情報を提供する取扱いとなっているが、これは法定の添付情報ではないため、その不備をもって不動産登記法25条9号の規定により却下することはできない。

2123 滅失登記が錯誤である場合の登記手続

問 建物の滅失登記自体が錯誤であった場合、どのような登記の申請をすることになるか。

結論 **表題部所有者又は所有権の登記名義人であった者は、滅失登記錯誤を原因として建物の滅失の登記の抹消を申請する。この滅失登記の抹消によって、閉鎖された滅失前の建物の登記記録を回復することができる。**

説明

(1) 登記の意義

　登記官は、建物の滅失の登記をしたときは、当該建物の登記記録の表題部の登記事項を抹消し、当該登記記録を閉鎖することになる（規則144条1項）。そのため、建物の滅失の登記を行ったが、実際には建物が現存しており、建物の滅失の登記が錯誤であったことが判明した場合には、当該建物の登記記録が誤って閉鎖されていることになるが、その回復登記を許す旨の規定が不動産登記法には存在しない。

　権利に関する登記については、抹消回復の登記が認められている（不登法72条）が、表示に関する登記については、登記の順位を維持するという抹消回復の必要性がないため、抹消回復の登記は認められておらず、不動産の現況を登記すれば足りるとされている。そのため、建物の滅失の登記が錯誤であった場合には、新たに建物の表題登記を申請するしかないとも考えられる。

　しかしながら、登記の実務においては、不動産が滅失していないのに誤って滅失の登記を行い、登記記録が閉鎖された場合、当該登記記録を回復するため、滅失の登記の抹消を申請することが認められている（昭37．3．13第647号回答）。これは、滅失の登記を抹消する結果として、閉鎖された登記記録を回復するものであって、不動産登記法72条の規定する「抹消された登記の回復」ではないと解されているからである。

　なお、滅失の錯誤を理由として、不動産の滅失の登記を抹消して閉鎖した登記記録を回復する場合に、当該不動産について既に第三者名義で表題登記がされているときは、これを抹消して登記記録を閉鎖しない限り、滅失前の建物の登記記録を回復することができないとされている（昭37．2．8第270号回答、昭37．11．1第3172号回答）。

(2) 登記申請手続
　(イ) 申請情報
(i) 登記の目的　登記の目的として、「建物滅失登記抹消」と記録する。
(ii) 登記原因及びその日付　登記原因及びその日付としては、「滅失登記錯誤」のように記録すれば足り、日付の記録は要しない。
(iii) 申請人等の表示
(iv) 添付情報の表示、申請年月日及び登記所の表示
(v) 不動産の表示
　(ロ) 添付情報
(i) 建物図面、各階平面図　添付情報として法定されていないため、建物図面及び各階平面図を提供する必要はない。

2124　区分建物の滅失の登記申請手続

問　区分建物の滅失の登記申請手続はどのようにするか。

結論　一棟の建物に属する全ての区分建物が滅失した場合には、区分建物の表題部所有者又は所有権の登記名義人の一人から一棟の建物の滅失の登記を申請すれば足りる。また、一棟の建物の一部の区分建物のみが滅失した場合には、滅失した区分建物の表題部所有者又は所有権の登記名義人は、区分建物の滅失の登記の申請に併せて、一棟の建物の床面積の減少による区分建物の表題部の変更の登記を申請する。

説明
　(1) 登記の意義
　　区分建物の滅失の登記とは、登記されている区分建物の全部が取壊し、焼失、倒壊等により社会通念上建物としての効用を有しない状態となった場合に、当該建物が滅失したことを登記記録上明らかにして、その登記記録を閉鎖するためにされる登記である。
　区分建物が属する一棟の建物の全部が滅失した場合には、一棟の建物の滅失の登記をすれば足り、当該申請により、全ての区分建物の登記記録が閉鎖される。一方、区分建物が滅失しても、その属する一棟の建物が滅失しない場合、すなわち、一棟の建物の一部の区分建物のみが滅失した場合には、区分建物の滅失の登記の申請に併せて、床面積の減少による一棟の建物の表題部の変更の

登記を申請すべきである。

なお、登記されている区分建物が当初から不存在の場合には、滅失の登記に準じて登記を申請し、その登記記録を閉鎖することになる。

(2) 登記申請手続

(イ) 申請人

建物が滅失したときは、表題部所有者又は所有権の登記名義人は、その滅失の日から1月以内に、建物の滅失の登記を申請しなければならない（不登法57条）。

したがって、一棟の建物の全部が滅失した場合は、全ての区分建物の表題部所有者又は所有権の登記名義人が一棟の建物の滅失の登記を申請する義務を負うことになるが、このうちの一人が登記を申請すれば、他の者が申請する必要はない（昭38.8.1第426号通知）。

一棟の建物の一部の区分建物のみが滅失した場合は、区分建物が属する一棟の建物の表題部に記録されている登記事項（構造、床面積等）に変更を生じることになるので、滅失した区分建物の表題部所有者又は所有権の登記名義人は、区分建物の滅失の登記に併せて、一棟の建物の表題部の変更の登記を申請しなければならないが、残存する他の区分建物の所有者についても、当該変更があった日から1月以内に、当該変更の登記を申請しなければならないことになる。

なお、共用部分である旨又は団地共用部分である旨の登記がある建物の場合は、表題部所有者が記録されておらず、所有権の登記もされていないため、その建物の滅失の登記の申請義務者は、その建物の実質上の所有者である（不登法57条）。

(ロ) 申請情報

(i) 登記の目的　登記の目的として、「区分建物滅失」と記録する。

なお、区分建物が属する一棟の建物の全部が滅失し、一棟の建物の滅失の登記のみを申請する場合は「一棟の建物・区分建物滅失」、一棟の建物の一部の区分建物のみが滅失し、一棟の建物の床面積が減少した場合は「一棟の建物の床面積減少・区分建物の滅失」と記録する。

(ii) 登記原因及びその日付　登記原因は「焼失」、「取壊し」等であり、その事由が発生した日を登記原因の日付として記録する。

(iii) 申請人等の表示

(ⅳ) 添付情報の表示
(ⅴ) 登記所の表示及び申請年月日
(ⅵ) 建物の表示　建物の表示としては、登記記録の表題部に記録された一棟の建物の表示及び専有部分の建物の表示を記録する。
　(ハ)　添付情報
(ⅰ) 滅失証明情報　実務の慣行としては、滅失証明情報を提供する取扱いとなっているが、これは法定の添付情報ではないため、その不備をもって不動産登記法25条9号の規定により却下することはできない。
(ⅱ) 建物所有者証明情報　共用部分である旨又は団地共用部分である旨の登記がある建物について申請するときは、当該建物の所有者を証する情報を提供する（登記令別表の十七の項添付情報欄）。建物所有者証明情報は、共用部分若しくは団地共用部分である旨を定めた規約を設定したことを証する情報、又は登記した他の区分所有者の全部若しくは一部の者が証明する情報である（準則87条2項）。

2125　所有権の保存の登記の抹消と登記記録の閉鎖

問　甲所有の建物について、誤って乙が表題登記及び所有権の保存の登記をした場合、どのような登記をすればよいか。

結論　**①乙が所有権の保存の登記を抹消した後に、甲が表題登記及び所有権の保存の登記をする方法や、②甲が乙名義の所有権の保存の登記の抹消を申請すると同時に、所有権確認の確定判決等を提供して甲名義の所有権の保存の登記を申請する方法によることが原則であるが、③真正な登記名義の回復を登記原因として、乙から甲への所有権の移転の登記を申請することも認められている。**

説明　(1)　所有権の保存の登記の抹消

　　甲所有の不動産について、所有権を一度も取得したことのない乙名義で所有権の保存の登記がされることは、決してまれではない。本問のように、乙の故意又は過失に基づく場合のほか、不動産登記法の一部を改正する等の法律（昭和35年法律第14号）による登記簿・台帳一元化作業で、未登記の土地について表題部を新設する際に、土地台帳の記載から所有者を甲と認定しながら乙と誤記した後に乙の申請により所有権の保存の登記がされた場合

や、また、表題登記又は所有権の登記がない不動産に対する差押え、仮差押え又は仮処分の登記の嘱託において、嘱託官公署が所有者の認定を誤ったため、無権利者の名義で職権による所有権の保存の登記がされた場合（不登法76条2項・3項。この場合、差押え等は無効であり、その登記は嘱託で抹消されるが、所有権の保存の登記はそのまま存置される）等がある。

　これらの誤ってされた所有権の保存の登記は、真実の権利関係と適合しておらず、無効である。しかしながら、甲が乙名義の所有権の保存の登記を放置したまま、自己の名義で甲所有の建物の表題登記及び所有権の保存の登記を申請したとしても、既に同一の不動産が登記されているため、一不動産一登記記録の原則（不登法2条5号）に抵触することとなり、その申請は、「申請に係る登記が既に登記されているとき」に該当するものとして却下される（同法25条3号）。

　したがって、甲が所有権の登記名義を得るためには、まず、乙に対して、錯誤を登記原因とする所有権の保存の登記の抹消の申請を求めることになる（不登法77条）。乙がこれに応じない場合には、甲は、乙を相手方として、所有権確認の訴え及び所有権保存登記抹消請求の訴えを提起する必要がある。乙に抹消登記申請を求める確定判決がされれば、甲は、当該判決に基づき、乙名義の所有権の保存の登記の抹消を単独で申請することができる。

(2) **登記記録の閉鎖**

　錯誤による所有権の保存の登記の抹消の申請があった場合、登記実務上は、登記記録の権利部の甲区にされている所有権の保存の登記を抹消するとともに、表題部の「原因及びその日付」欄に「所有権登記抹消」と記録して、登記記録を閉鎖することが原則である（昭36．9．2第2163号回答）。ただし、①不動産登記法74条1項1号の規定により表題部所有者の相続人名義でされた所有権の保存の登記を抹消する場合、②同法74条2項の規定により区分建物の表題部所有者からの転得者名義でされた所有権の保存の登記を抹消する場合、③新住宅市街地開発法等による不動産登記に関する政令9条2項（11条～13条において準用する場合を含む）の規定により表題部所有者からの譲受人名義でされた所有権の保存の登記を抹消する場合には、登記記録を閉鎖せず、表題部所有者の記録を回復することとされている（昭59．2．25第1084号回答）。

　昭和36年の先例の考え方は、不動産が現存することが確認されたとしても、表題部所有者の記録がなく、法定の要件を満たさない登記記録を存置すること

はできないため、原則として閉鎖するということである。すなわち、所有権の登記がない不動産については、所有者の氏名及び住所等を表題部に記録することとされている（不登法27条3号）ので、法定の要件を満たすためには、所有権の保存の登記の抹消に当たって、所有権の保存の登記の際に規則158条の規定により抹消された表題部所有者の氏名及び住所等を回復させることが前提となるが、真実の所有者でないことを理由として所有権の保存の登記を抹消したにもかかわらず、再度、その無権利者を表題部所有者として記録することは相当でないと考えられるためである。

　これに対して、昭和59年の先例は、いずれの場合も、表題部所有者から直接所有権を取得した者又は相続した者に所有権の保存の登記がされている場合であり、いわゆる冒頭省略による所有権の保存の登記がされている。このような場合に、所有権の保存の登記が抹消されたとしても、それは、表題部所有者からの譲受人又は相続人の所有権が否定されたということであり、必ずしも所有権の保存の登記によって抹消された表題部所有者が所有者であることまで否定するものではない。むしろ、これらの場合には、不動産の表示に関する登記の本質からしても、不動産が現存する限り登記記録を閉鎖する取扱いとすることは相当でなく、抹消された表題部所有者の記録を回復するのが相当であると考えられる。この場合の表題部の所有者欄については、形式的に表題部所有者の氏名及び住所等を回復するものであるので、抹消された所有者の氏名及び住所等を記録し、「平成○年○月○日所有権保存登記抹消により回復」のように記録する。

　したがって、本問においても、乙名義の所有権の保存の登記が抹消された場合には、当該登記記録が閉鎖されるため、甲は、改めて自己所有の建物について、表題登記と所有権の保存の登記の申請をすべきこととなる。

　ただし、所有権の保存の登記の抹消に併せて登記官が所有者を認定するに足る客観的資料があるときは、登記記録を閉鎖することなく、その表題部の所有者欄に、登記官が所有者と認定した者を記録すべきとされている（昭44.11.20第2530号回答）。そのため、乙名義の所有権の保存の登記の抹消申請と同時に、甲の当該建物に対する所有権確認の確定判決等、登記官が所有者を甲と認定するに足る確実な資料を提供して、甲名義の所有権の保存の登記を申請する場合には、表題登記を経ることなく、直ちに所有権の保存の登記が許されることになる。

(3) 所有権の移転の登記の可否

　本問のように、甲所有の不動産について全く所有権を有しなかった乙名義で所有権の保存の登記がされている場合、乙の所有権の保存の登記を抹消せず、乙から甲への所有権の移転の登記が許されるかどうかは議論のあるところである。

　判例は、真実の権利者が登記記録上の表見的権利者に対して、実体上の権利関係と登記記録を一致させるため、現在の権利状態と合致する限り、物権変動の過程と合致しない所有権の移転の登記を請求することも認めている（最判昭32.5.30ほか多数）が、学説の多くは、登記においては、物権変動のたどった過程を忠実に反映することが制度本来の趣旨として要求されているのであり、表見的権利者から真実の権利者への直接の移転の登記請求権は当然には発生しないとしている。

　登記実務では、判例の立場に従って、本問のような場合には、「真正なる登記名義の回復」を登記原因として所有権の移転の登記を申請することを認めている（昭39.4.9第1505号回答）。

2126　二重登記の処理

問　表題登記がない建物について、所有権の処分の制限の登記が嘱託されたところ、嘱託情報と併せて提供された建物図面及び各階平面図によれば、既に所有権の保存の登記がされている他人所有の建物と、構造、床面積に若干の相違はあるが、同一建物であることが確認できる場合、この登記嘱託を却下してよいか。

結論　**実地調査をするまでもなく二重登記となることが明らかであるときは、登記嘱託を却下することができるが、そうでないときは、ひとまず所有権の処分の制限の登記を行い、事後に実地調査を実施し、二重登記であることが明らかになった場合、嘱託に係る登記を職権で抹消することになる。**

説明　(1) 二重登記

　同一の不動産について二つ以上の登記記録が設けられ、二重登記が生じた場合には、公示の明確性が阻害され、不動産の権利関係が混乱するため、不動産取引の安全と円滑を図るという不動産登記制度の目的を損なう

結果となる。そこで、不動産登記法は、一不動産一登記記録の原則（同法2条5号）を採っており、既に登記されている同一の不動産について表題登記の申請があった場合には、その登記の申請は、「申請に係る登記が既に登記されているとき」に該当するものとして却下されることになる（同法25条3号）。

しかし、何らかの理由により、1個の不動産について二つ以上の登記記録が設けられた場合、これを解消するための処理方法について、登記先例では、原則として、後にされた表題登記を一不動産一登記記録の原則に反する無効な登記として、職権で抹消しなければならないとしている（昭37.10.4第2820号通達）。

この取扱いは、二重登記が登記申請から生じた場合だけでなく、裁判所からの所有権の処分の制限の登記の嘱託に基づき、職権で表題登記が行われたために生じた場合も同様である（昭42.3.14第139号回答）。

(2) 嘱託登記

表題登記がされていない不動産について、差押え、仮差押え、仮処分等の所有権の処分の制限の登記を嘱託する場合には、嘱託情報に併せて、土地については土地所在図及び地積測量図を提供し（登記令別表の三十一の項添付情報欄ロ）、建物については建物図面及び各階平面図を提供しなければならない（同令別表の三十二の項添付情報欄ロ）。

このような嘱託があった場合、登記官は、まず、所有権の保存の登記の前提として、当該不動産について表題登記を行い（不登法76条3項、75条）、表示に関する登記事項を記録することになるが、そのうち、①表題部所有者に関する事項、②登記原因及びその日付、③敷地権の登記原因及びその日付は記録しないこととされている（規則157条1項）。

次に、登記官は、嘱託された所有権の処分の制限の登記の前提として、職権で、所有権の保存の登記をしなければならない（不登法76条2項）。この場合、登記記録の甲区に、所有者の氏名及び住所等と、処分の制限の登記の嘱託によって所有権の登記をする旨を記録し（規則157条3項）、最後に、同じく甲区に、当該所有権の処分の制限の登記をする。

(3) 嘱託登記と二重登記

表題登記がされていない不動産について所有権の処分の制限の登記が嘱託された場合、実地調査をするまでもなく、二重登記になることが明らかであるときは、当該嘱託を不動産登記法25条3号の規定により却下して差し支えないと

考えるが、仮に二重登記の疑いがあるときでも、嘱託に基づく表題登記に当たって実地調査まで行う必要はなく、速やかに嘱託に基づき所有権の処分の制限の登記を行うことになる。

　しかし、登記官は、表示に関する登記を職権ですることができる（不登法28条）ため、所有権の処分の制限の登記の嘱託に基づき表題登記をしたときには、必要に応じ、実地調査を実施し、登記された事項が現況と合致しているかどうか等を調査すべきである。その結果、登記事項に誤りがあれば、職権により更正の登記をし、当該不動産が存在しないものであった場合や、既に登記されているもの（二重登記）であることが明らかとなった場合には、嘱託に基づく表題登記を職権で抹消することになる。

　所有権の処分の制限の登記が嘱託された場合において、仮に二重登記の疑いがあるときでも、そのまま登記をするという取扱いは、本来の表示に関する登記の手続からすると、全く問題がないわけではないと思われる。しかし、この場合には、登記の嘱託がされる前提として、嘱託官公署において事実関係が審査されていることに加え、当該処分の制限の目的となっている不動産の権利について、その旨を速やかに登記することにより、取引関係に入ろうとする第三者を保護するとともに、その債権者の利益を保護するという目的を踏まえると、やむを得ない措置であると考えられる。

第8節 表題部所有者に関する登記

2127 表題部所有者の変更の登記の申請の可否

問 建物について表題部所有者が売買により変更となった場合、その登記の申請手続はどのようにするか。

結論 表示に関する登記の手続として表題部所有者の変更の登記をすることは認められず、表題部所有者は、自己名義で所有権の保存の登記を申請した後、変更後の所有者に係る所有権の移転の登記を申請する。

説明 所有権の登記がない不動産については、所有者の氏名又は名称及び住所を表題部に記録することとされ（不登法27条3号）、この記録された者を表題部所有者という（同法2条10号）。表題部所有者は、表示に関する登記の登記事項の一つとして、他の登記事項とあいまって、不動産を特定する機能を有するが、沿革的には土地台帳又は家屋台帳における所有者の登録に由来するものであり、所有権の保存の登記の申請適格を認められている（同法74条1項1号）。

表題部所有者について所有権の全部又は一部が移転し、所有者そのものに変更が生じた場合、表題部所有者は、自己名義で所有権の保存の登記を申請した後、変更後の所有者に対する所有権の移転の登記を申請するのでなければ、登記することができないとされている（不登法32条）。例えば、表題部所有者がAと登記された不動産について、その所有権の全部が売買でBに移転した場合、Aは、A名義で所有権の保存の登記を申請した後、A及びBの共同申請により（同法60条）、AからBへの所有権の移転の登記を申請しなければならない。

このように、表題部所有者の変更については、不動産に関する権利関係の変

動を伴うことから、権利に関する登記として権利部の甲区に記録すべきものとされ、表示に関する登記の手続として表題部所有者の変更の登記をすることは認められていない。仮に、表題部所有者の変更の登記を申請したとしても、そのような登記は不動産登記法が認めていないため、当該申請は却下されることになる（同法25条13号、登記令20条3号）。

なお、表題部所有者の氏名若しくは名称又は住所に変更が生じた場合には、変更の前後で所有者の同一性が失われていないため、表示に関する登記の手続として、表題部所有者の氏名等の変更の登記を行うことになる（不登法31条）。また、表題部所有者が登記の当初から誤って記録されていた場合には、権利関係に変動が生じたわけではないため、表示に関する登記の手続として、表題部所有者の更正の登記を行うことになる（同法33条）。

2128 表題部所有者の住所の変更があった場合の申請手続

問 建物の表題部所有者について住所変更があった場合における申請手続はどのようにするか。

結論 表題部所有者は、住所変更証明情報を提供して、表題部所有者の住所の変更の登記を申請する。

説明 (1) 登記の意義

所有権の登記がない不動産については、所有者の氏名又は名称及び住所を表題部に記録することとされ（不登法27条3号）、この記録された者を表題部所有者という（同法2条10号）。表題部所有者は、表示に関する登記の登記事項の一つとして、他の登記事項とあいまって、不動産を特定する機能を有する。

表題部に記録された所有者の住所について、住所移転（会社の場合は本店移転）、行政区画の変更や住居表示の実施等により変更が生じた場合、表題部所有者は、表題部所有者の住所の変更の登記を申請することができる（不登法31条）。表題部所有者の住所の変更の登記については、申請期間に関する規定が存在せず、申請義務も課されていないが、登記事項に変更があった場合には、速やかに変更の登記を申請すべきである。

なお、実務上の取扱いとしては、表題部所有者が転居した後に、自己名義で所有権の保存の登記を申請する場合、表題部所有者の住所の変更の登記を申請

しなくても、住所変更証明情報を提供すれば、変更後の住所で所有権の保存の登記を申請することが認められている。

(2) 登記申請手続

(イ) 申請情報

(ⅰ) 登記の目的　登記の目的として、「表題部所有者の住所変更」と記録する。

(ⅱ) 登記原因及びその日付　登記原因及びその日付として、「平成何年何月何日住所移転」のように記録する。

(ⅲ) 申請人等の表示

(ⅳ) 添付情報の表示、申請年月日及び登記所の表示

(ⅴ) 不動産の表示

(ⅵ) 変更後の住所　変更後の表題部所有者の住所を記録する（登記令別表の一の項申請情報欄）。

(ロ) 添付情報

(ⅰ) 住所変更証明情報　表題部所有者の住所に変更があったことを証する情報として、市区町村長、登記官その他の公務員が職務上作成した情報又はこれに代わるべき情報を提供する（登記令別表の一の項添付情報欄）。なお、住民票コードの提供をもって、これに代えることができる（登記令9条、規則36条4項）。

2129　表題部所有者に誤りがあった場合の登記手続

問　土地の表題部所有者に誤りがあった場合、どのような申請をするか。

結論　**真正な所有者として表題部所有者となる者は、所有権証明情報及び住所証明情報とともに、誤って登記された表題部所有者の承諾証明情報を提供して、表題部所有者の更正の登記申請をする。**

説明　(1) 登記の意義

所有権の登記がない不動産については、所有者の氏名又は名称及び住所を表題部に記録することとされ（不登法27条3号）、この記録された者を表題部所有者という（同法2条10号）。表題部所有者は、表示に関する登記の登記事項の一つとして、他の登記事項とあいまって、不動産を特定する機能を有するが、それだけではなく、所有権の保存の登記の申請適格者を明らかに

する（同法74条1項1号）とともに、表示に関する登記の申請人と定められており（同法37条、38条、39条、42条等）、そのうち報告的登記については申請義務が課されている（同法37条、42条等）。

このような表題部所有者について、例えば、真実の所有者がAであるにもかかわらず、登記記録上は誤ってBとされていると、Aは、確定判決による以外に自己名義で所有権の保存の登記を申請することができず（不登法74条1項2号）、分筆、合筆などの表示に関する登記の申請をすることができないことになる。

そこで、表題部所有者が登記の当初から誤って記録されている場合、不動産の真正な所有者は、表題部所有者の更正の登記を申請することが認められている（不登法33条1項）。この登記申請に当たっては、表題部所有者として誤って登記されている者の承諾が必要となる（同条2項）。表題部所有者の更正の登記については、申請期間に関する規定が存在せず、申請義務も課されていないが、登記事項に誤りがあることを発見した場合には、速やかに更正の登記を申請すべきである。

(2) 登記申請手続

(イ) 申請情報

(i) 登記の目的　登記の目的として、「表題部所有者更正」と記録する。

(ii) 登記原因及びその日付　登記原因及びその日付としては、「所有者錯誤」のように記録すれば足り、日付の記録は要しない。

(iii) 申請人等の表示

(iv) 添付情報の表示、申請年月日及び登記所の表示

(v) 不動産の表示

(vi) 更正後の表題部所有者に関する事項　更正の登記によって表題部所有者となる者の氏名又は名称及び住所、並びに表題部所有者となる者が二人以上であるときは当該表題部所有者となる者ごとの持分を記録する（登記令別表の二の項申請情報欄）。

(ロ) 添付情報

(i) 所有権証明情報　真正な所有者として表題部所有者となる者が所有権を有することを証する情報を提供する（登記令別表の二の項添付情報欄イ）。

(ii) 住所証明情報　表題部所有者となる者の住所について、市区町村長、登記官その他の公務員が職務上作成した情報又はこれに代わるべき情報を提供す

る（登記令別表の二の項添付情報欄ロ）。なお、住民票コードの提供をもって、これに代えることができる（登記令9条、規則36条4項）。

(iii) 承諾証明情報　表題部所有者として誤って登記されている者の承諾を証する情報又は当該表題部所有者に対抗することができる裁判があったことを証する情報を提供する（登記令別表の二の項添付情報欄ハ）。また、承諾を証する情報を記載した書面には、作成者の印鑑証明書を添付する（登記令19条2項）。

なお、誤って登記されている表題部所有者が実在しない場合には、承諾証明情報を提供することができないため、表題部所有者として登記された者が当該住所に存在しない旨を市区町村長が証明した情報（いわゆる不在住・不在籍証明書）を提供する取扱いとされている。

2130　表題部所有者が共有である場合の持分の更正の登記手続

問　土地の表題部所有者が共有であり、その持分に誤りがあった場合、どのような申請をするか。

結論　**持分に誤りがある表題部所有者は、持分を更正することとなる共有者の承諾証明情報を提供して、表題部所有者の持分の更正の登記申請をする。**

説明

(1) 登記の意義

所有権の登記がない不動産については、所有者の氏名又は名称及び住所を表題部に記録することとされ（不登法27条3号）、この記録された者を表題部所有者という（同法2条10号）。表題部所有者が二人以上であるときは、共有者ごとの持分を表題部に記録することとされている（同法27条3号）。

表題部に記録された共有者の持分について登記の当初から誤りがあるときは、当該共有者は、表題部所有者の持分の更正の登記を申請することができる（不登法33条3項）。この登記申請に当たって、一部の共有者が申請する場合、持分を更正することとなる他の共有者の承諾が必要となる（同条4項）。例えば、AとBの真正な持分はそれぞれ2分の1であるにもかかわらず、誤ってAの持分3分の1及びBの持分3分の2と登記されている場合、Aは、Bの承諾を得た上で、表題部所有者の持分の更正の登記を申請することができる。

表題部所有者の持分の更正の登記については、申請期間に関する規定が存在

せず、申請義務も課されていないが、登記事項に誤りがあることを発見した場合には、速やかに更正の登記を申請すべきである。

(2) **登記申請手続**

(イ) 申請人

持分を更正する共有者のみが申請人と定められており（不登法33条3項）、例えば、A、B、Cの三人が共有する不動産についてBとCの持分が誤っている場合、持分に誤りがないAは、申請人となることができない。この場合、持分に誤りがあるB及びCが申請人となるが、表題部所有者の持分の更正の登記は報告的登記であり、保存行為として、B又はCが単独で申請することもできる。

(ロ) 申請情報

(i) 登記の目的　登記の目的として、「表題部所有者持分更正」と記録する。

(ii) 登記原因及びその日付　登記原因及びその日付としては、「錯誤」と記録すれば足り、日付の記録は要しない。

(iii) 申請人等の表示

(iv) 添付情報の表示、申請年月日及び登記所の表示

(v) 不動産の表示

(vi) 更正後の共有者ごとの持分　更正後の共有者ごとの持分を記録する（登記令別表の三の項申請情報欄）。

(ハ) 添付情報

(i) 承諾証明情報　持分を更正することとなる他の共有者の承諾を証する情報又は当該他の共有者に対抗することができる裁判があったことを証する情報を提供する（登記令別表の三の項添付情報欄）。また、承諾を証する情報を記載した書面には、作成者の印鑑証明書を添付する（登記令19条2項）。

なお、他の共有者とは、申請人となっていない共有者という意味であり、持分を更正することとなる共有者全員が申請人である場合には、承諾証明情報の提供は不要である。

2131 表題部所有者が共有である場合の所有者の更正の登記手続

　問　　土地の表題部所有者が2名の共有であったところ、錯誤により1

名に更正する場合、持分の更正の登記を申請することができるか。

結論 共有を単独所有に更正する場合には、共有の主体に変動が生じているため、単独で表題部所有者となる者は、表題部所有者の持分の更正の登記ではなく、表題部所有者の更正の登記を申請する。

説明 (1) 登記の意義

　　　所有権の登記がない不動産については、所有者の氏名又は名称及び住所を表題部に記録することとされ（不登法27条3号）、この記録された者を表題部所有者という（同法2条10号）。表題部所有者が二人以上であるときは、共有者ごとの持分を表題部に記録することとされている（同法27条3号）。

　表題部に記録された共有者の持分について登記の当初から誤りがあるときは、当該共有者は、表題部所有者の持分の更正の登記を申請することができる（不登法33条3項）。しかしながら、共有を単独所有に更正する場合や、三人の共有を二人の共有に更正する場合のように、共有の主体に変動が生じるときは、表題部所有者の持分の更正の登記ではなく、表題部所有者の更正の登記を申請することになる（同条1項）。

　この登記申請に当たっては、表題部所有者として誤って登記されている者の承諾が必要となる（不登法33条2項）。表題部所有者の更正の登記については、申請期間に関する規定が存在せず、申請義務も課されていないが、登記事項に誤りがあることを発見した場合には、速やかに更正の登記を申請すべきである。

(2) 登記申請手続

　(イ) 申請情報

(i) 登記の目的　登記の目的として、「表題部所有者更正」と記録する。

(ii) 登記原因及びその日付　登記原因及びその日付としては、「所有者錯誤」のように記録すれば足り、日付の記録は要しない。

(iii) 申請人等の表示

(iv) 添付情報の表示、申請年月日及び登記所の表示

(v) 不動産の表示

(vi) 更正後の表題部所有者に関する事項　更正の登記によって表題部所有者となる者の氏名又は名称及び住所を記録する（登記令別表の二の項申請情報欄）。

　(ロ) 添付情報

(ⅰ) 所有権証明情報　表題部所有者となる者が所有権を有することを証する情報を提供する（登記令別表の二の項添付情報欄イ）。所有権証明情報は、単独所有であることを証する情報を提供する必要がある。

(ⅱ) 住所証明情報　表題部所有者となる者の住所について、市区町村長、登記官その他の公務員が職務上作成した情報又はこれに代わるべき情報を提供する（登記令別表の二の項添付情報欄ロ）。なお、住民票コードの提供をもって、これに代えることができる（登記令9条規則36条4項）。

(ⅲ) 承諾証明情報　表題部所有者として誤って登記されている者の承諾を証する情報又は当該表題部所有者に対抗することができる裁判があったことを証する情報を提供する（不登令別表の二の項添付情報欄ハ）。また、承諾を証する情報を記載した書面には、作成者の印鑑証明書を添付する（同令19条2項）。

　なお、誤って登記されている表題部所有者が実在しない場合には、承諾証明情報を提供することができないため、表題部所有者として登記された者が当該住所に存在しない旨を市区町村長が証明した情報（いわゆる不在住・不在籍証明書）を提供する取扱いとされている。

第 9 節 地図等の訂正の申出

2132 土地の所有者からの地図訂正の申出の手続

問 土地の表題部所有者又は所有権の登記名義人から申出をされる地図又は地図に準ずる図面の訂正の申出の手続はどのようになるか。

結論 **地図又は地図に準ずる図面に表示された土地の区画（地図に準ずる図面にあっては、土地の位置又は形状）又は地番に誤りがある場合において、当該土地の表題部所有者若しくは所有権の登記名義人又はこれらの相続人その他の一般承継人は、当該誤りがあることを証する情報などを提供して、当該誤りの訂正の申出を行う。**

説明 (1) 申出人

　申出に係る地図等が表題登記のみがされている土地に係るときは表題部所有者、所有権の登記がある土地に係るときは所有権の登記名義人、これらの者に相続その他の一般承継を生じているときはこれらの相続人その他の一般承継人が申出人となる（規則16条1項）。なお、それぞれに該当する者が二人以上ある場合は、そのうちの一人からすることができる（平17.2.25第457号通達）。

(2) 申出の方法

　申出は、①申出人の氏名又は名称及び住所、②申出人が法人であるときは、その代表者の氏名、③代理人によって申出をするときは、当該代理人の氏名又は名称及び住所並びに法人であるときはその代表者の氏名、④申出人が表題部所有者又は所有権の登記名義人の相続人その他の一般承継人であるときは、その旨、⑤申出に係る訂正の内容、に係る事項を内容とする情報（以下「地図訂

正申出情報」という）を電子情報処理組織を使用して登記所に提供する方法と、地図訂正申出情報を記載した書面を登記所に提供する方法のいずれかによるものとされているところ（規則16条4項）、電子情報組織を使用して登記所に提供する方法は、土地の登記記録の地積に錯誤があるときにおける地積に関する更正の登記の申請と同時にする場合に限られている（規則16条4項1号に規定する法務大臣の定め）。

(3) **添付情報**

地図訂正申出情報と併せて提供すべき添付情報は、①地図又は地図に準ずる図面に表示された土地の区画若しくは位置若しくは形状又は地番に誤りがあることを証する情報、②地図又は地図に準ずる図面に表示された土地の区画又は位置若しくは形状に誤りがあるときに提供する土地所在図又は地積測量図、③表題部所有者又は所有権の登記名義人の相続人その他の一般承継人が申出をするときに提供する相続その他の一般承継があったことを証する市町村長、登記官その他の公務員が職務上作成した情報、である。

(4) **申出の処理**

登記官は、地図訂正申出に係る事項を調査した結果、地図又は地図に準ずる図面を訂正する必要があると認めるときは、当該地図等を訂正しなければならない（規則16条12項）。

2133 地図訂正申出情報に添付される誤りがあることを証する情報

問 土地の所有権登記名義人等から申出をされる地図又は地図に準ずる図面の訂正申出に添付される当該土地の区画若しくは位置若しくは形状又は地番に誤りがあることを証する情報とは、どのようなものがあるか。

結論 官庁又は公署が保管する資料や隣接地の所有者の立会確認書等が該当するものと考えられる。

説明 (1) 申出に係る誤りがあることを証する情報

地図又は地図に準ずる図面の訂正の要否を判断するに当たっては、現地の実態や隣接地等の関係土地の境界標識のほか、官庁又は公署が保管する資料や隣接地の所有者の立会確認書等がその材料になるため、これらが

訂正申出に添付される当該土地の区画若しくは位置若しくは形状又は地番に誤りがあることを証する情報に該当するものになると考えられる。

(2) 官庁又は公署が保管する資料

官庁又は公署が保管する資料としては、筆界特定書（図面を含む）、地引絵図や一筆限図等の地租改正事業に関する資料、その他図面（図面作成の経緯、隣接の地図との接合関係により、当該地域における既登記の土地の位置を特定し形状を明らかにするに足りるもの）が考えられる。その他のものとしては、土地及びその境界に係る土地の実測図（測量年月日、精度、作成者や境界の立会いの有無等を確認することができるもの）も考えられる。

なお、地図又は地図に準ずる図面の訂正の申出に係る誤りが、登記官において、登記所に備え付けられている土地所在図、地積測量図又は閉鎖された地図若しくは地図に準ずる図面により確認することができる場合には、当該図面を特定する情報を提供すれば足りるとされている（平17.2.25第457号通達）。

(3) 立会確認書等

隣接地の所有者の立会確認書等を提供する場合において、登記官が関係資料、その他の利害関係人の証言や物証等から、地図又は地図に準ずる図面の訂正の申出に係る誤りを確認することができるときには、必ずしも当該利害関係人全員の同意を要しないものと考えられる（昭52.12.7第5936号回答）。

2134 相続その他の一般承継があった土地についての地図訂正の申出

問 被相続人名義の土地について、相続その他の一般承継があった場合において、当該土地に係る地図訂正の申出を行うときには、どのような申出手続が必要か。

結論 **地図訂正申出情報につき、申出人が表題部所有者又は所有権の登記名義人の相続人その他の一般承継人である旨をもその内容とするとともに、当該相続その他の一般承継があったことを証する市町村長、登記官その他の公務員が職務上作成した情報を添付して、地図訂正の申出を行う。なお、相続人が複数いる場合には、そのうちの一人からすることができる。**

説 明　(1) 地図訂正申出情報の内容

　申出人が表題部所有者又は所有権の登記名義人の相続人その他の一般承継人であるときは、その旨を地図等訂正情報の内容としなければならない（規則16条3項5号）。具体的には、「申出人（相続人）○市○町○番地○○○○」等とする。

(2) 添付情報

　表題部所有者又は所有権の登記名義人の相続人その他の一般承継人が申出をするときは、相続その他の一般承継があったことを証する市町村長、登記官その他の公務員が職務上作成した情報（公務員が職務上作成した情報がない場合にあっては、これに代わるべき情報）を地図訂正申出情報と併せて提供しなければならない（規則16条5項3号）。

　具体的には、①市町村長が職務上作成した情報として、戸籍謄本及び除籍謄本等が、②登記官が職務上作成した情報として、法定相続情報一覧図の写し（規則37条の3）や会社合併の場合等における登記事項証明書が、③その他公務員が職務上作成した情報として、登記を必要としない法人について所管官庁が作成する証明書が、④公務員が職務上作成した情報がない場合にあっては、これに代わるべき情報として、外国人が死亡した場合における当該外国官憲が作成する証明書等がこれに該当するものと思われる。

(3) その他

　相続人が二人以上ある場合は、そのうちの一人からすることができる（平17.2.25第457号通達）。

2135　利害関係人からの地図訂正の申出

問　利害関係人からの地図訂正の申出はどのように行うか。

結論　**利害関係人は、不動産登記規則16条1項の規定に基づく地図訂正の申出は認められていないため、同条15項の規定に基づく地図訂正についての登記官の職権発動を促す申出を行う。**

説 明　(1) 不動産登記規則16条15項の規定に基づく地図訂正

　表示に関する登記は、登記官が、職権ですることができ（不登法28条）、その職務権限に鑑み、登記官は、地図等に誤りがあると認めるときは、職権でその訂正をすることができるとされている（規則16条15項）。不動

産登記規則16条1項の規定に基づく地図訂正の申出は、表題部所有者若しくは所有権の登記名義人又はこれらの相続人その他一般承継人に限られているので、利害関係人は、同項の規定に基づく地図訂正の申出を行うことはできないため、利害関係人からの地図訂正の申出は、同条15項に基づく地図訂正についての登記官の職権発動を促す申出として取り扱われることになる（平17.2.25第457号通達）。

(2)　利害関係人の範囲

　不動産登記規則16条15項に基づく地図訂正についての登記官の職権発動を促す申出をすることができる利害関係人の範囲については、特に制限は課されていない。

(3)　申出の方法及び添付情報等

　不動産登記規則16条1項の規定に基づく地図訂正の申出による場合と同様、具体的には、同条3項から11項までの規定に準じた方法等によることが相当であると考える。

(4)　申出への応答

　不動産登記規則16条15項の規定に基づく地図訂正の申出は、登記官の職権発動の契機にすぎないことから、同条1項の規定に基づく地図訂正の申出のように、登記官には応答義務は課されていないため、登記官は、調査の結果、申出に係る誤りを発見することができなかったり、当該誤りを発見したとしても、通常の地図訂正の手続（準則16条、60条及び65条）では是正することができなかったりしたときは、単にそれ以降の処理を中止するだけである。

第10節

その他

2136 所有権を証する情報

問 所有権を証する情報とはどのようなものか。
結論 **登記官が当該不動産の所有者であることの心証を形成することができる情報である。**

説明 不動産の表示に関する登記について、所有者の氏名、住所、所有者が二名以上のときはその持分が、その登記事項とされている（不登法27条3号）。この表題部に所有者に関する事項を登記するのは、所有権の保存の登記の申請適格者であることを明確にするためである（同法74条1項1号）。したがって、権利に関する登記が正確かつ円滑に実現されるためには、当該不動産の真実の所有者であることを確認する必要があり、そのためには登記官が当該不動産の所有者であることの心証を得るための情報が必要となる（登記令7条1項6号、同令別表の四、十二、十三の項添付情報欄ハ、同令別表の十四の項添付情報欄ロ(2)、ハ、同令別表の十六、二十、二十一の項添付情報欄ロ、同令別表の十七の項添付情報欄）。

では、どのような情報が必要とされるか具体的に見ると、①土地の表題登記を申請する場合、例えば、公有水面の埋立、海底の隆起又は河川法の適用を受けていた土地が同法の適用を受けなくなったときは、公有水面埋立法22条の規定による竣功認可書であり（準則71条1項）、この情報がない場合又は海底隆起、河口に土砂が堆積するなどにより新たに土地が生じた場合等においては、官公署が発行したものであって、申請人が所有権者であることを証明することができる情報、その他申請人の所有権を推認するに足るべき情報（例えば、未登記不動産を譲り受けた場合における前所有者の所有権を証する情報となったで

あろう書面と売渡証書又は贈与証書等）になるものと考えられる。②建物の表題登記を申請する場合においては、建築基準法6条の規定による建築確認及び同法7条の規定による検査のあったことを証する情報、建築請負人又は敷地所有者の証明情報、国有建物の払下げの契約に係る情報、固定資産税の納付証明に係る情報その他申請人の所有権の取得を証するに足る情報である（準則87条1項）。③共有部分又は団地共用部分である建物については、共用部分若しくは団地共用部分である旨を定めた規約を設定したことを証する書面又は登記した他の区分所有者若しくは建物の所有者の全部若しくは一部の者が証明する情報（準則87条2項）が所有権を証する情報となる。なお、これらの情報で私人の作成に係るものであるときは、その者の印鑑証明書を、法定代理人又はその他一定の資格を有する者の証明に係るものについては、その資格を証する情報をも併せて添付する必要がある。

　国又は地方公共団体の所有する土地・建物については、これらの者が表示の登記を嘱託する場合には、所有権を証する情報の添付を便宜省略して差し支えない（準則71条2項、87条3項）。

2137　オンライン申請における添付情報

問　オンライン申請により、表示に関する登記の申請をする場合、添付情報はどのような手続で登記所に提供するか。

結論　**登記申請後に、申請人がその原本を提示することを前提に、書面に記載された添付情報を電磁的記録に記録したものを添付情報として提供することができる。**

説明　(1)　添付情報の提供方法

　　　　申請人又はその代表者若しくは代理人が原本を書面で作成している場合並びに土地所在図、地積測量図、地役権図面、建物図面及び各階平面図以外の添付情報が書面に記載されている場合には、当該書面に記載された情報を電磁的記録に記録したものを添付情報とすることができる（登記令13条1項前段）。この場合、当該電磁的記録は、これを作成した者による電子署名が付されていなければならない（同項後段）。また、このとき、作成する電磁的記録は、当該書面の全部とする必要はなく、その書面のうち不動産登記令で定められた添付情報として必要な部分のみを記録したもので差し支えない（平

17.2.25第457号通達)。さらに、当該電磁的記録を作成した者による電子署名が行われていなければならない(登記令13条1項後段)。当該電子署名を行う者は、あくまでも当該電磁的記録を作成した者であり、例えば、電磁的記録を作成した者が登記申請の代理人である場合には、当該代理人による署名が必要となる。

(2) 原本の提示

申請人は、前記(1)の電磁的記録を添付情報として提供した場合には、登記官が定めた相当の期間内に、当該添付情報の原本である書面を登記官に提示しなければならない(登記令13条2項)。この場合において、提示の方法としては、登記所に持参若しくは郵送の方法により提出し、又は実地調査の際に登記官に提示することのいずれによることもでき、相当の期間は、登記官が実地調査を実施するまでの期間が目安とされている(平17.2.25第457号通達)。なお、登記官が定めた相当の期間内に原本が提示されないときは、適正な添付情報の提供がないとして、その申請は却下されることになる(登記法25条9号)。

2138 土地家屋調査士が代理して申請する場合における調査報告書

問 土地家屋調査士又は土地家屋調査士法人が代理によって表示に関する登記の申請をする場合の当該土地家屋調査士等が作成した調査報告とは、どのようなものか。

結論 **土地家屋調査士又は土地家屋調査士法人自らが現地に赴き調査を実施して現況を確認した上、その調査結果に基づく測量によって作成された現地調査書その他情報である。**

説明 (1) 表示に関する登記の申請に係る不動産の調査に関する報告

土地家屋調査士又は土地調査士法人(以下「土地家屋調査士等」という)が代理人として登記を申請する場合において、土地家屋調査士等が作成した標記報告が提供されたときは、登記官は、当該報告等を調査した結果、実地調査をする必要がないと認めたときは、不動産登記法39条の規定による調査を行うことを省略することができる(規則93条)。これは、土地家屋調査士等は、他人の依頼を受けて、表示に関する登記について必要な土地又は家屋に関する調査又は測量を業務としており(土地家屋調査士法3条1項1号)、

常に品位を保持し、業務に関する法令及び業務に精通して、公正かつ誠実にその業務を行う責務を有しており（同法2条）、その業務に関して虚偽の調査又は測量を行った調査士等に対しては、懲戒処分（同法42条、43条）のほか、1年以下又は100万円以下の罰金（同法23条、71条）の規定が設けられており、このように、土地家屋調査士等を代理としてする表示に関する登記の申請については正確性が高いものとして取り扱うことができることを前提にしたものである。当然のことながら、当該報告は、土地家屋調査士等自らが現地に赴き調査を実施して現況を確認した上、その調査結果に基づく測量によって作成されたものである必要がある。

(2) 提供方法

オンライン申請であれば、これを電磁的記録に記録し、これに作成した土地家屋調査士等の電子署名を付した上で、申請情報と併せて送信する必要がある（登記令10条、12条、14条）。書面申請であれば、これを書面で作成し、作成した土地家屋調査士等が記名及び押印したものを申請情報と併せて提供する必要がある。

2139 土地の実地調査の方法

問 土地の地積に関する更正登記の申請がなされた場合における登記官の実地調査の方法はどうするか。

結論 **関係書類等によって十分調査するほか現地に赴いて土地の境界を確認するとともに、必要に応じて申請情報に添付された地積測量図の正確さを確認するため当該図面に記録された境界標が同じく記録された筆界点の座標値（規則77条1項8号）の現地における位置にあるかどうかを点検し、また場合によっては、求積した地積が申請情報に記載された更正後の地積が許容誤差（規則10条4項各号）の範囲内にあるかどうかを点検する。**

説明 不動産の表示に関する登記は、権利の客体たる土地又は建物の物理的現況を公示して取引の安全を図るためのものであるので、その登記の正確性を期すため登記官に実地調査権が付与されている。

実地調査は、登記官が職権で登記をする場合のほか、土地又は建物の表示に関する登記の申請があったときにその申請情報に記載された登記すべき事項が

正確であるか否かを調査、点検するために現地に出向いて行うものであり、所有者その他の利害関係人又は管理人の立会いを求め、なお必要があると認めるときは、隣地の所有者又は利害関係人等の立会いを求めるものとされている（準則61条2項）。この場合において必要があるときは、所有者その他の関係人に対して文書又は電磁的記録に記録された事項（以下「文書等」という）の提示を求めたり、質問をすることができることとされている（不登法29条2項）。登記官の質問検査権は非常に強力な権限であって、正当な理由なく文書等の提示要請若しくは質問検査に応じない者又は虚偽の文書等の提示若しくは陳述をした者には刑事罰（30万円以下の罰金）が科されることになっている（同法162条2項）が、登記官は、みだりにこの権限を強行することなく実地調査を行う場合には、あらかじめ所有者その他利害関係人にその旨を通知する等諸般の手配をしなければならない（準則61条1項）。

　土地の地積に関する更正の登記の申請は、登記簿の表題部に記載された土地の地積の表示が誤っている場合に、これを正しい地積に更正するためになされるが、もともと登記簿上の地積は、当該土地を特定するための重要な要素の一つであり、土地の取引上重要な役割を果たしているので、当該申請の調査に当たっては、十分その正確さを確認することが必要である。

　そのためには、関係書類等によって十分調査するほか現地に赴いて土地の境界を確認するとともに、必要に応じて申請情報に添付された地積測量図の正確さを確認するため当該図面に記録された境界標が同じく記録された筆界点の座標値（規則77条1項8号）の現地における位置にあるかどうかを点検し、また場合によっては、求積した地積が申請情報に記載された更正後の地積が許容誤差（規則10条4項各号）の範囲内にあるかどうかを点検することも必要となろう。

　もっとも、土地家屋調査士又は土地家屋調査士法人が代理人として申請する場合においては、登記官が、当該申請に併せて提供された、当該土地家屋調査士等が作成した不動産登記規則93条に規定する報告書の内容が適切であると判断した場合には、実地調査を行わなくてもよいとされている（規則93条）。

　登記官の実地調査は、当該申請の不正を防止するためにのみ必要ではなく、その基礎となった申請人（又は代理人）の行った調査、測量の過失も防止することに意義がある。

　特に、土地の地積に変動の生じる地積に関する更正の登記又は分筆の登記等

の申請においては、登記された土地の現地における特定の困難性に鑑み、十分な実地調査を励行すべきであろう。

第 3 章

所有権の登記

第 1 節

総 論

3001　字名による所有権の登記の可否

問　表題部の所有者欄が大字又は字等の名称になっている場合に、所有権保存登記の所有者（登記名義人）として、申請情報に記録すべき者は誰か。

結論　**当該不動産の実体上の所有関係に従うことになる。いわゆる町内会、部落会又はその連合会の所有であった場合は市区町村等が登記名義人となるが、財産区が所有している場合は当該財産区が、いわゆる入会地の場合は入会権者全員が、それぞれ登記名義人となる。**

説明　表題部の所有者欄が大字名や字名等の名称になっている場合に、誰が登記名義人となるかは、当該土地の実体上の所有関係によるのであって、単に表題部の所有者欄の表示のみによっては判断することができない。

　実体上の所有関係として考えられるのは、おおむね次の三形態である。

　まず、昭和18年法律第81号（町村制中改正法律）により制定された町内会、部落会又はその連合会（以下「町内会等」という）が所有していた場合には、昭和22年政令第15号 2条 1項及び 2項の規定に基づき、町内会等に属する財産は、同政令施行後 2か月以内に、その構成員の決議するところにより処分しなければならず、もし上記期間内に処分がされない場合には、当該町内会等の区域の属する市区町村に帰属するものとされている。

　そこで、昭和22年政令第15号 2条 1項による処分がされた場合には、まず町内会等名義で所有権保存の登記をし、次いで被処分者名義の所有権移転の登記

をすべきである（不登法32条）。なお、この場合における登記申請は、町内会等の構成員の決議により定めた代表者若しくは従前町内会等の長にあった者が町内会等を代表して行うこととなろう（昭22.6.18第550号通達参照）。

次に、昭和22年政令第15号2条2項により市区町村に帰属した場合は、一種の一般承継であるので、直接市区町村名義で所有権保存登記をすることができる。また、財産区が所有している場合には、財産区は、現行地方自治法上、特別地方公共団体として法人格が認められている（同法1の3条3号、2条1項1号）。財産区そのものは、明治時代から認められ、独立の法人格を有していたものであり、前記の町内会等とは別の独立した法人であって、財産区の所有財産については同政令の適用はない。したがって、当該財産区名義で所有権保存の登記ができるのは当然である。財産区の名称は、必ずしも「財産区」の用語を使用する必要はないが、字等の名称が財産区の名称であることが分かりにくいとの理由で、「○○財産区」の振り合いにより登記がされることがあるが、字等の名称をそのまま財産区の名称とすべきである（地方自治法3条1項参照）。

また、集落民の共有（入会地を含む）である場合は、字名等の表示がなされている不動産であっても、その実体が集落民の共有であれば、町内会等の所有財産とは別のものであるから、昭和22年政令第15号の適用はない。したがって、この場合には、共有者が所有を有することを証する情報を添付して、表題部の所有者欄を共有者の名義に更正した上で、当該共有者名義での所有権保存の登記をすべきである（昭32.2.25第372号回答、昭23.10.2第3210号及び第3211号回答参照）。

最後に、実体がいわゆる法人格なき社団の場合もあり得る。この場合には、町内会等の場合と同様に、各構成員全員の名義に所有者を更正した上で所有権保存の登記をするか、又は構成員の代表者個人名義にすることになる。

3002　一筆の土地の一部についての所有権の登記の可否

問　一筆の土地の一部について所有権の登記ができるか。
結論　**一筆の土地を分筆しない限り、所有権の登記はできない。**

説明　我が国では、1個の物の上には、内容の相いれない物権は1個しか存在することができない。逆に、1個の物権の客体は1個の独立した物でなければならない（いわゆる一物一権主義）。したがって、前記

一物一権主義の建前からすれば、一筆の土地の一部について所有権を取得することはできないことになる。

ところで、土地の個数は、連続した陸地に人為的に境界線を画して登記記録（不登法2条9号）に記録して定められる。そこで、判例も当初は、土地の個数は、手続法上はもちろん実体法上の関係においても、専ら登記記録の個数によるべきものと解し、一筆の土地の一部についての所有権の成立を否定していた（大判大3.12.11民録20輯1085頁参照）。ところがその後、土地の個数は、実体法上は必ずしも登記記録上の個数によって定めることを要せず、所有者が一筆の土地内に一線を画し、あるいは標識を設ける等によって任意に数個に分割すれば、その結果を登記記録に反映（分筆登記）しなくてもその各個について所有権を譲渡することができると判示された（大連判大13.10.7民集3巻476頁）、この考え方は今日も踏襲されている。

一方、不動産登記法上は、公示の混乱、不明確を避けるために、いわゆる一不動産一登記記録の原則が採られ（同法2条5号）、その結果、数個の不動産を一登記記録に登記すること、1個の不動産の一部を一登記記録に登記すること、及び1個の不動産について二以上の登記記録を設けることは、いずれも許されないことになる。そして、ここにいう一不動産とは、少なくとも登記手続上は、登記記録の表題部の数によって決定された1個の不動産をいうのであって、一旦登記記録の表題部に登記された後は、この表題部の数が不動産の個数を決定すると解されている。

そこで、仮に実体法上、一登記記録に記録された一筆の土地の一部を特定区分して、その一部につき所有権を譲渡したとしても、その結果を一登記記録の中に記録することは許されないことになる。この場合は、当該特定区分された一部につき分筆の登記を経て数筆の土地として別個の登記記録とした上で、該当部分につき所有権の登記をすべきこととなる（なお、明33.12.22先例集上203頁回答参照）。

3003 法人格なき社団の登記能力

問 法人格なき社団を所有権の登記名義人とすることができるか。

結論 法人格なき社団の所有する不動産につき所有権の登記を受ける場合は、社団代表者個人名義若しくは社団構成員全員の共有名義で

登記するほかなく、社団名義の登記はできない。

説明　いわゆる法人格なき社団（権利能力なき社団）が実体上の所有権の主体になることができるかについては争いがあり、学説では積極に解する説が有力とされるが、判例では、法人格なき社団の財産は構成員に総有的に帰属するとし、社団自体が所有権の主体になることについて否定されている（最判昭39.10.15民集18巻8号1671頁）。

　法人格なき社団が所有権の登記名義人となり得るかという問題についても、実体上の権利の主体になれるとの説の根拠の一つとして、民事訴訟法29条、国税徴収法3条等が法人格なき社団に一定の権利主体たる資格を認めている点が挙げられる。しかしながら、登記実務では、法人格なき社団が所有権の登記名義人となることが認められておらず、また、登記記録に社団代表者である旨の肩書を付すことも否定されている（昭28.12.24第2523号回答、昭36.7.21第625号回答）。

　その理由としては、次の2点が考えられる。まず、不動産登記令3条1号は、申請情報に申請人の氏名又は名称及び住所を、同条2号は、申請人が法人であるときは、その代表者の氏名を記録すべき旨が規定されているが、法人格なき社団についての規定は存在しないので、法人格なき社団に登記申請人たる資格を認めていないと解される。また、法人格なき社団は、団体性は認められるとしても、私法的権利能力を持たないと解されるところから、不動産登記法に、民事訴訟法29条や国税徴収法3条のような法人格なき社団を権利能力ある法人と同様に取り扱うべき旨の特別規定が存在しないのは、当然であると考えられるからである。

　次に、法人が登記を申請する場合には、法人（商業）の登記事項証明書又は主務官庁の証明情報によって法人の存在が公証され、その代表者の代表権限の有無を認定することが可能である。しかし、法人格なき社団の場合には、原則として、団体の存在又は代表者の代表権限の有無を公証する情報が存在しないために、書面審査権しか有しない登記官はこれらを審査することが不可能となり、虚偽登記を阻止できないと考えられる。そして、申請情報に社団名義を記録した場合は、代表権限を証する情報の提供がないことを理由に不動産登記法25条9号の規定により、また、申請情報に代表者の肩書を記録した場合は、方式に適合せざることを理由に同条5号の規定により、いずれも却下されるものと解されている。

したがって、法人格なき社団（団体）が所有する不動産については、代表者の個人名義で登記するか、社団の構成員全員の共有名義で登記するほかないことになる。こうした登記実務上の取扱いは、判例でも認められており、法人格なき社団においては、その実質的権利者たる構成員全部の名で登記できない結果として、その代表者個人名義で登記せざるを得ないと判示されている（最判昭39.10.15民集18巻8号1671頁）。

　もっとも、平成3年の地方自治法の改正によって従来は法人格なき社団とされてきた地縁団体（町又は字の区域その他市町村内の一定の区域に住所を有する地縁に基づいて形成された団体）のうち地方自治法260条の2第1項の規定により認可を受けた地縁団体（認可地縁団体）については、特例として、その団体名義での登記の申請が認められた（平3.4.2第2246号通達）。平3.4.2第2246号通達には、添付情報として提供すべき当該団体の住所を証する情報及び代表者の資格を証する情報についての様式等が示されており、登記名義人である認可を受ける前の地縁団体の代表者から認可地縁団体への所有権移転登記の原因は、「委任の終了」、その日付は、地方自治法260条の2第1項の市町村長の認可の日とすることが認められている。

　さらに、認可地縁団体が所有する一定の要件を満たした不動産について、当該認可地縁団体が自己を登記名義人とする当該不動産の所有権の移転の登記をしようとするときは、当該認可地縁団体は、当該登記をすることについて異議のある当該不動産の所有権の登記名義人若しくはこれらの相続人又は当該不動産の所有権を有することを疎明する者（登記関係者等）は市町村長（地方自治法施行規則22条の2第1項）に対し異議を述べるべき旨の公告を求める旨を市町村長に申請することができる（地方自治法260条の38第1項）。

　そして、当該市町村長が当該公告を行い、登記関係者等が地方自治法260条の38第2項の期間内に異議を述べなかった場合には、当該市町村長は、当該公告をしたこと及び登記関係者等が期間内に異議を述べなかったことを証する情報（「証する情報」）を当該認可地縁団体に提供しなければならない（同条4項）。

　認可地縁団体は、自己を登記名義人とする当該不動産の所有権の移転の登記の申請情報と併せて前記の証する情報を登記所に提供すれば、不動産登記法60条の規定にかかわらず、単独で当該登記を申請することができる（地方自治法260条の39第2項）。

　これらの取扱いについては、「証する情報」の様式が定められ（地方自治法施

行規則別記情報提供様式（22条の4関係））、当該登記原因は、「委任の終了」、その日付は、地方自治法260条の2第1項の市町村長の認可日とされている（平27．2．26第124号通達）。

3004　投資事業有限責任組合の登記能力

問　投資事業有限責任組合が所有する不動産は、誰の名義で登記をするのか。

結論　**民法上の組合の場合と同様に組合員全員の共有になるものと解されるので、権利能力なき社団の財産とは異なり、全ての組合員の共有名義として登記をすべきである。**

説明　投資事業有限責任組合（LPS、limited partnership）とは、いわゆるベンチャービジネス（冒険的事業への専門的・支援的投資）を活発にする目的で、民法の第2章第十二節「組合」の規定を準用した特例法である「投資事業有限責任組合契約に関する法律」（旧称「中小企業等投資事業有限責任組合契約に関する法律」。平成10年法律第90号。以下「法」という）を根拠とする組合の一種である。投資事業有限責任組合は、共同でその事業の全部又は一部を営むことを約す投資事業有限責任組合契約によって成立し、組合の債務に対して無限の責任を負って業務執行を行う無限責任組合員と、自らの出資の範囲内でのみ責任を負う有限責任組合員とから成る（法2条2項）。組合契約が効力を生じたときは、2週間以内に登記をすべき旨が定められている（同法17条）。

ところで、民法上の組合における共有には、財産の分割請求権や持分権の処分の自由が制限されているなど、本来の意味の共有概念とは異なっており、講学上は、「合有」と解されており、この点は、投資事業有限責任組合も同様と解されている。また、民法上の組合には、法人格が付与されておらず、権利義務の主体とは認められていないが、投資事業有限責任組合もこの点は同様である。そのため、投資事業有限責任組合の名義で、不動産の登記をすることはできず、当該組合の組合員である旨の肩書を付した個人の名義の登記も認められない。

一方で、いわゆる法人格なき社団が所有する財産については、代表者個人の名義で登記するべきこととされているが、その理由は「法人格なき社団の資産

は社団構成員全員に総有的に帰属しているのであって、(中略)構成員の総有に属する不動産は、右構成員全員のために信託的に社団代表者個人の所有とされるものであるから、代表者は右の趣旨における受託者たるの地位において右不動産につき自己の名義をもって登記することができるものと解されている」ことによる（最判昭47．6．2民集26巻5号957頁）。投資事業有限責任組合が所有する財産にあっては、総社員の総有的に帰属するものではないので、代表者個人の名義で登記することも認められない。

　さらに、もう一つの民法上の組合の特例とされている有限責任事業組合（「有限責任事業組合契約に関する法律（平成17年法律第40号）」）の財産の所有形態については、民法上の組合と同様、組合員の共有とされている（同法56条、民法668条）ところ、有限責任事業組合の財産である不動産の登記に関しては、民法上の組合の場合と同様に、組合員の共有名義ですべきとされている（平17．7．26第1665号通達）。

　このように、投資事業有限責任組合と有限責任事業組合の法的性質が同じであるところ、両者の取扱いを異にする理由もないことから、投資事業有限責任組合の財産は、全組合員の共有に属するものと解されるべきであり、投資事業有限責任組合が所有する不動産については、組合員全員の共有として登記すべきである。

　一方で、投資事業有限責任組合の所有する財産について判例は、民法668条及び676条（法16条）の組合の財産の共有について「組合財産が理論上合有であるとしても、民法の法条そのものはこれを共有とする建前で規定されており、組合所有の不動産の如きも共有の登記をするほかはない。（中略）組合財産については、民法667条以下において特別の規定のなされていない限り、民法249条以下の共有の規定が適用されることになる（最判昭33．7．22民集12巻12号1805頁）。」としている。

3005　外国法により設立されたLLCの登記能力

問　外国法により設立されたLLCを不動産の登記名義人として申請することができるか。

結論　**我が国の商事会社と認められるものであれば、登記名義人として申請することができる。**

| 説明 | LLCとはLimited Liability Companyの略で、有限責任会社あるいは合同会社とも訳される外国会社の一類型である。主に米国において課税上のメリットとあいまって、ベンチャー企業やIT産業、保険やリース業など多様な業種で利用されているようである。

外国法人が我が国において私権を享有するための要件は、民法36条で、①国、国の行政区画、②外国会社、③法律又は条約の規定によって認許された外国法人、という3類型が掲げられている。このうち、①及び②については、我が国の所管省庁が特段の措置をすることなくして認許される（一般的認許主義）。なお、②でいう外国会社とは、会社法2条2号で定義される会社に限られており、外国の法令に準拠して設立されたものであっても、我が国の会社概念（同条1項）に属さない民事会社や公益法人と同種のものは、この中には含まれない。②に該当しない外国の法令に準拠して設立された法人にあっては、別途、③の特別法又は条約の規定によって認許された外国法人に該当するかどうかが問題となる。

そこで、例えば米国デラウェア州法により設立されたLLCは、①我が国の合同会社の形態に酷似しており、会社と同種のもの、あるいは会社に酷似するものと考えられること、②設立準拠法に行為能力・権利能力を有する独立の法主体であり、訴訟における当事者適格を有することなど法人格を有していることが明らかであることなどから、我が国における外国会社と認められるものと解される。

このように、本問のLLCが、その設立国の法律によって設立された法人格を有するものであり、我が国の会社概念に合致するものであれば、我が国においても権利能力を有するものとして取り扱うことができるので、登記名義人として、所有権移転登記の申請をすることができる。

3006 所有権の放棄と登記

| 問 | 土地の一部が崖地で、崖くずれ防止のための補修に多額の費用を要するとして、当該土地の所有権を放棄し、国名義に所有権移転の登記をすることができるか。 |
| 結論 | **所有権の放棄が権利の濫用と認められる場合には、所有権移転の登記をすることができない。** |

説明 　一般に、不動産の所有権は、他の所有権と同様、所有者の放棄の意思表示によって放棄することができ、その意思表示は特定の者に対することを要しないが、第三者に対しては、所有権の登記を抹消しなければ対抗できないと解されている。

　したがって、所有権を放棄された不動産は無主物となり、国庫に帰属することとなる（民法239条2項）。とはいえ、共同所有者の1名が他の共有者に対してその持分の放棄を原因として所有権登記の名義人を失うことが可能となるのに対して、単独所有の場合には、これを放棄すれば、観念上は、国庫に帰属するものの、登記の申請手続は、登記権利者を国とする共同申請になることから、国が登記申請手続に応じない場合には、現実問題としては、所有権移転の登記をすることが困難となる。このような現状においては、民法上、その所有権を放棄することができるにせよ、登記記録上、当該者が権利者であることが推定され、当該者が死亡した場合はその相続人が所有権に伴う権利・義務を継続により承継し、その相続人が途絶するまで、国庫に帰属する手続が進行しないということにもなり、問題が残ると言えよう。

　ところで、私権は、公共の福祉に従うことを要し、権利の濫用は許されない（民法1条1項・3項）。権利の行使が濫用と認められる場合は、当該権利の行使は法律上無効と解される。本問の場合には、所有権の放棄が専ら所有者の負う義務である崖くずれ防止の補修費用の負担を免れる目的をもってされるものであり、所有者の正当な権利の行使とは認められず、権利の濫用と解されるものであろう。先例においても、同種の事案での所有権の放棄を原因とする国名義の所有権移転の登記は否定されている（昭41.8.27第1953号回答）。

3007 登記義務者である外国人の署名証明書を原本還付することの可否

問 　登記義務者である外国人の署名証明書は、原本還付を受けることができるか。

結論 　できない。

説明 　不動産の登記の書面申請（不登法18条2号）にあって、申請人又はその代表者若しくは代理人は、法務省令で定める場合（規則47条）を除き、申請情報を記載した書面に記名押印しなければならない。申

請情報を記載した書面には、法務省令で定める場合（規則48条）を除き、記名押印した者（委任による代理人を除く）の印鑑に関する証明書（作成後３月以内）を添付しなければならない（不登令16条）。

　自然人の場合、この印鑑の登録とその証明は、居住地の市区町村の条例（地方自治法14条、２条２項「その他の事務で法律又はこれに基づく政令により処理することとされるものを処理する」）等で定められる。

　外交使節団の在外公館では印鑑証明の扱いはなく、代わりに登記の申請者の署名及び拇印が確かに領事官の面前でなされたことを証する署名証明の発給を受けることができる（日本政府在外事務所設置法３条１項10号）。

　前記の印鑑に関する証明書の還付の請求は、認められていない（規則55条）。この印鑑に関する証明は、登記義務者等の本人確認に利用されるものであって、登記の審査の中核となる最も重要な添付書類の一つであることから、所有権そのものを形式上喪失する登記申請行為を所有権者自らがする場合には、当該印鑑の証明書の原本を登記所に提供しなければならないとする趣旨である。

　ところで、登記義務者が外国人であっても、この取扱いに変わりがない。ただし、提供される証明書については、印鑑登録証明制度が当該人の本国に存在するとは限らず、多くの国では署名証明によって文書等の信憑性を確認しているものと考えられることから検討が必要となる。

　まず、滞在資格等の要件を満たして日本国内に住所を有する外国人の場合、住所地の市区町村に住民登録をすることができ、また印鑑の登録をもすることができる。当該外国人がその所有する不動産の所有権の移転の登記を申請する場合、在住日本人と同様に印鑑の登録をした上で、その証明書の交付を受け、これを当該登記の添付情報として提供することが手続上最も簡便であると考えられる。ただし、その国籍国の官憲又は日本における在外公館又は事務所等で後記の署名証明書を得て、当該証明に係る翻訳文を作成したものを併せて提供することもできる。

　次に、外国に在住する外国人（日本国籍を喪失して外国籍を取得した者を含む）の場合、本人又は本人の意思を確認するための証明は、当該人の本国における管轄当局が発行すべきものであるところ、外国の多くは印鑑による登録証明制度がなく、法律文書に対する署名者について、あるいはその法律行為又は事実に関する宣誓供述について、管轄当局がその行為をした者を証明する方式（署名証明書）が採られている。こうした署名証明書を登記の添付情報として提供

することも認められている。なお、本国でない出身国又は第三国の公館から発給された署名証明書は、原則として署名証明書としての適格性を有しないものと解されている。

　以上のような署名証明書は、印鑑に関する証明書に類する添付書面であるので、原本還付を認めることができない（規則55条1項）。

第2節 所有権保存

3008 共有者の一人からする所有権保存の登記

問 共有者中の一人から所有権保存の登記を申請することができるか。

結論 **共有者中の一部の者の申請によって共有者全員名義で所有権の保存登記を申請することができるが、共有者の一人が自己の持分のみについての所有権保存の登記をすることはできない。**

説明 不動産登記法は、物権の客体である不動産の状況を公示する表示に関する登記を基礎に、その不動産上に存在する権利関係を公示する権利に関する登記をすることとし、権利に関する登記は、物権の中心である所有権を基礎とし、所有権の登記をしなければ、他の権利（用益物権、担保物権等）に関する登記をすることが認められていない。

すなわち、物権の基本原理である一物一権主義の下にあっては、一不動産につき1個存在する所有権を、単有であれば単有で、共有であれば共有の形で、完全な所有権として、登記（所有権保存登記）しなければ、他の権利の登記をすることが認められていない。つまり所有権保存の登記は1個の登記であって、共有であれば、共有者を登記記録上明らかにしなければ、不動産登記法の趣旨に合致しないと考えられる。

したがって、共有者の一人が自己の持分のみについて保存の登記をすることはできず、そのような申請は、不動産登記法25条2号によって却下されることとなる（明33.12.18第1661号回答、昭30.10.15第2216号回答、昭40．9．2第1939号回答参照）。

実体法上は、共有権を1個の所有権が分量的に分割されて数人に帰属すると

解するか、あるいは一物の上に数人が制限された1個ずつの所有権の総和が1個の所有権になると解するかにかかわらず、所有権の一態様としての持分権を有し、その持分権には持分に応じた使用、収益、処分権能があるので、その持分だけの登記も理論上は不可能ではないと考えられる。しかしながら、初めてする所有権保存の登記について各自の持分権だけを独立に登記し、当然存在し得る他の持分権を登記しないということは、不動産登記制度の在り方から見て望ましくないと言える。

　共有者中の一人が、自己の持分のみでなく、共有者全員の名義で保存の登記を申請するのであれば共有者全員名義で登記がされることになるので、前記の登記制度の趣旨に合致する。問題は、共有者中の一人から共有者全員のために登記の申請をすることができるかという点であるが、これについては、所有権保存の登記は民法252条ただし書に規定する保存行為であると解して差し支えないであろう（明33.12.18第1661号回答）。

　なお、共同相続人の一人の持分のみについての相続の登記についても、認められていない（昭30.10.15第2216号回答）が、同様に共同相続人の一人から他の共同相続人全員のために相続の登記を申請することができる。相続は、権利・義務の包括承継であり、相続の登記もその包括的な承継登記がされるべきであり、共同相続人の一部の者のみの相続の登記は、当該者と被相続人との共有状態の外観を作出することになり許されない。

3009　未登記建物の譲渡人名義の所有権保存の登記

問　未登記建物を他人に譲渡した場合に、譲渡人名義で所有権の保存の登記ができるか。

結論　譲渡人名義の所有権保存の登記はできると考える。

説明　未登記建物については、まず所有者から表題登記（不登法47条）をした後、当該所有者名義で保存の登記（同法74条1項）をするのが一般的であり、表題登記完了後、所有権保存の登記前に当該建物を譲り受けた者は、直接自己名義で保存の登記を受けることはできず（同法32条、74条）、まず、譲渡人名義の保存の登記を経た後、所有権移転の登記を受けなければならない。しかしながら、いまだ表題登記のされていない未登記建物を譲り受けた者は、譲受人自ら表題登記（同法47条1項）をした後、自己名

義の保存の登記を受けることとなる。

　本問は、未登記建物を他に譲渡した譲渡人が、自ら表題登記をし、自己名義の保存の登記を申請することができるかを問うものである。通常は、前記のように譲受人から表題登記及び所有権保存の登記を申請すれば足りるのであるが、例えば、未登記建物につき、譲渡人が譲渡前に当該建物に抵当権を設定したような場合は、所有権保存の登記が譲受人名義でされてしまうと、抵当権者はもはや譲渡人に対して登記請求権を行使することができない結果となって不都合を生じることとなる。つまり、このような場合には、譲渡人名義で所有権の保存の登記をした後（この登記は抵当権者から代位申請されることが多いであろう）に抵当権設定の登記をし、その後に譲受人名義に所有権移転の登記をすることになろう。

　したがって、本問の場合は、積極に解される（大判昭17.12.18民集21巻23号1199頁、東京高判昭29.4.28民集10巻5号561頁参照）と考える。

3010 建物工事費用の先取特権保存の登記と建物の所有権保存の登記の関係

問　不動産工事の先取特権の保存の登記がされている建物についての所有権の保存の登記手続はどうなるか。

結論　**建物の建築が完了したとき、先取特権の保存のために設けられた登記記録に表示されている先取特権の登記義務者が所有権保存の登記を申請し、登記官は当該登記記録に表題登記及び所有権保存の登記をする。**

説明　不動産工事の先取特権は、工匠、技師及び請負人が債務者の不動産に関してされた工事の費用につき、その不動産の上に存在する（民法327条1項）ものであるが、その効力を保存するためには、不動産の工事を始める前に、あらかじめその費用の予算額を登記しなければならない（同法338条）。

　建物を新築する場合における不動産工事の先取特権の保存の登記は、登記記録中表題部に新築すべき建物の表示がされ、かつ、設計書による建物の種類、構造及び床面積が記録され、登記記録の甲区に登記義務者の氏名又は名称及び住所並びに不動産工事の先取特権の保存の登記をすることにより登記をする旨

が記録され（不登法86条2項、規則161条）た上で、乙区に不動産工事の先取特権の保存の登記がされる。

　その後に、建物の建築が完了したことによる表題登記をするときは、前記の登記をした登記記録の表題部に表題登記をし、新築する建物並びに当該建物の種類・構造及び床面積は設計書による旨を抹消する記号を記録する（規則162条1項）。また、建物の建築が完了したときは、当該建物の所有者は、遅滞なく所有権の保存の登記を申請することを要する（不登法87条1項）。登記官は、この登記をするときは、当該先取特権の保存の登記により記録した登記事項に抹消記号を記録しなければならない（規則162条2項）。

　なお、不動産工事の先取特権の保存登記のされている建物についての所有権保存の登記は、常に当該先取特権保存の登記のある登記記録にされなければならず、これと異なった登記記録にされた所有権保存の登記（建物の表示登記を含む）は、二重登記として無効となる。

3011　共有者が全員死亡した場合の所有権保存の登記申請

問　表題部の所有者欄に記録されている共有者が全員死亡している場合に、所有権保存の登記を申請するにはどうすればよいか。

結論　**共有者の相続人全員名義での所有権保存の登記をすることができるほか、死亡者全員を登記名義人とする所有権保存の登記又は共有者中の死亡者一人についての相続人と他の死亡者を共に登記名義人とする所有権保存の登記を、前記の相続人全員又はその一部の者から申請することができる。**

説明　表題部に所有者として記録された者の相続人から自己名義の所有権保存の登記を申請することができる（不登法74条1項1号）が、被相続人名義で所有権保存の登記を申請することも可能である（昭32.10.18第1953号通達）。被相続人が生前に当該不動産を売却していたような場合に、その実体上の権利変動を登記記録に反映させるために、被相続人から買主に所有権移転登記をする必要があるからである。

　共有者全員が死亡している場合も同様に、その必要に応じて死亡した共有者全員名義の所有権保存の登記や、共有者中の一部の死亡者の相続人と他の死亡者を共有とする所有権保存の登記も可能と解される。これにより、共有者中の

一部の者のみの所有権保存の登記が認められないために、所有権保存の登記を必要とする共有者（相続人）が他の死亡した共有者の相続を証する情報をも準備しなければならないという労苦を取り除くことができる。

前記の所有権保存の登記の申請は、所有権保存の登記申請がいわゆる保存行為と考えられるところから、必ずしも相続人全員からである必要はなく、相続人の一部からでも可能である（以上につき昭36．9．18第2323号回答参照）。

なお、前記の取扱いにおいて、申請情報に記録すべき死亡者の住所は、死亡者の最後の住所地とするのが相当であり、また、不動産登記令別表の二十八の項添付情報欄ニで要求されている所有者の住所証明情報については、死亡者にあっては、住民票除票、住民票、戸籍の附票又は附票の除票の写しで差し支えない（昭41．2．12第369号回答）。

3012 未登記不動産を買受人名義で所有権保存の登記をすることの可否

問 被相続人が生前に売却した未登記不動産について、買受人名義で直接、所有権の保存の登記をできるか。

結論 買受人を所有者とする土地（建物）の表題登記をした後、買受人名義で直接、所有権の保存の登記をすることができる。

説明 所有権保存の登記は、原則として、表題部に自己が所有者として記録された者から申請するものとされている（不登法74条）ので、未登記不動産の買受人が自己の名義で所有権保存の登記をするためには、その前提として自己を所有者として当該不動産につき土地（又は建物）の表題の登記をする必要がある。ところで、土地（建物）の表題登記は、その所有権を取得した者が、土地（又は建物）所有権を取得した日から1か月以内に申請すべきものとされている（同法36条、47条1項）が、その申請前に所有者が変更した場合には、新所有者が自己の所有権を証明して、その申請をすることができると解されている。したがって、本問の買受人は、自己を所有者とする土地（建物）の表題登記を申請し、その後に、自己名義の所有権保存の登記を申請することができる。

なお、本問の場合において、売渡人が既に自己を所有者とする土地（建物）の表題登記を受けている場合には、買受人は、当該表題登記の所有者を自己に

変更することはできない（不登法32条）ので、この場合は、一旦売渡人名義の所有権保存の登記をした後に、買受人名義の所有権移転の登記をすることになる。

3013 死者名義の所有権保存の登記の可否

問 表題部に所有者として記録されている者が死亡している場合、この者のために所有権保存の登記をすることができるか。これができるとすれば、住所をどのように記録したらよいか。また、住所を証する情報としては何を提供したらよいか。

結論 **死者名義の所有権保存の登記をすることができる。この場合の住所は、死者の最後の住所を記録し、また、住所を証する情報としては、最後の住所の記録されている住民票又は戸籍の附票の写しを提供すればよい。また、最後の住所を証する情報を提供することができない場合は、戸籍の附票に住所の記録のない旨の証明情報を提供してその者の本籍を住所として記録することができる。**

説明 (1) 所有権保存の登記の申請適格者

　初めてする所有権の登記である所有権保存の登記の申請は「表題部所有者又はその相続人その他の一般承継人」がするのであるが、例外として、「所有権を有することが確定判決によって確認された者」及び「収用によって所有権を取得した者」もこれを行うことができる（不登法74条）。

　これは、所有者でない者のために所有権保存の登記がされることを防止するためであると考えられる。建物表題の登記がされるに当たっては、登記官が所有権の存否を実質的に審査することになっているので（不登法29条1項）、表題部に所有者と記録されている者のために所有権保存の登記がされれば、一応、真実の所有者のために前記の登記がされていると考えて差し支えなく、また、その相続人については、戸籍謄本等により容易にこれを認定することができるので、相続人のために前記の登記がされる場合も、これと同様に考えることができる。

　これらの者以外の者で、前記の例外の場合に申請適格が認められているのは、表題部に所有者と記録されている者、又はその相続人以外の者が真実の所有者であることが明らかである場合には、当該真実の所有者が直接所有権保存

の登記をすることができるとしたものと考えられる。

　表題部に所有者と記録されている者から売買等によって当該不動産を取得した者は、表題部の所有者の変更は許されないので（不登法32条）、原則として、前主がまず所有権保存の登記をし、次いで、取得者のために所有権移転の登記の手続をすることが必要となる。

(2) **死者のためにする登記の可否**

　その者のために登記がされるためには、その者が生存している必要があり、死者は権利能力を喪失するので、死者は登記の主体とはなり得ないのではないかという疑問が生じる。特に、所有権保存の登記というのは、現在、所有権を有している者が、その事実を登記記録に登記するものであり、現存しない者のためには所有権保存の登記をすることは許されないとの考え方もあろう。さらに、不動産登記令別表の二十八の項添付情報欄ニ、二十九の項添付情報欄ハ、三十の項添付情報欄ロの規定によれば、所有権の保存又は移転の登記を申請するときは登記権利者の住所を証する情報の提供が必要とされているので、死者名義に所有権保存の登記がされることは、登記手続上も不可能ではないかとの考えもあろう。

　これについて、かつては、死者名義の登記を消極に解する考え方が大勢を占めており、現在も一部にこのように解する考え方が存するが、登記実務上は、死者名義の登記が積極に解されている。

　かつての先例（明33.8.2第798号回答）は、所有権保存の登記がされていない不動産を遺言によって取得した場合は、遺言執行者の申請により相続人のために所有権保存の登記を経由した上で、遺贈の登記をすべきであるとしている。これは、前記の消極説を前提とするものと考えられる。

　しかしながら、本来、登記は、権利の変動した過程及び態様をできるだけ忠実に反映させるべきものであり、死者のためには登記をすることができないとすれば、権利変動の過程に応じた登記をすることができないという結果を生じる。例えば、甲が乙に不動産を売却したが、これを未登記のまま放置している間に売主甲が死亡した場合に、甲は既に死亡しているので、甲のために所有権保存の登記をすることは許されず、その相続人のAのために所有権保存の登記をし、次いで、Aから乙への所有権移転の登記をすれば、実体的には、所有権は、甲から乙へと移転しているにもかかわらず、登記の上では、Aから乙へと所有権が移転したと表示されることになる。

我が国の不動産登記には公信力がないので、登記の記録どおりに物権の変動があったか否かを調査することを容易にするためにも、登記には、物権変動の過程と態様を忠実に反映させるべきであるとすれば、実体どおりに甲から乙へと登記されるべきである。ここに死者名義に登記をする実益ないし必要性があると考えられる。

　不動産登記法62条には、登記権利者、登記義務者又は登記名義人について相続その他の一般承継があったときは、相続人その他の一般承継人は、当該権利に関する登記を申請できる旨が定められており、不動産登記令3条11号ロハにより、不動産登記法62条による申請の場合、申請人が相続人その他の一般承継人である旨、及び同条の規定の対象者が登記名義人たる登記権利者である場合には、登記権利者の氏名又は名称及び一般承継の時における住所を申請情報とすることが規定されている。不動産登記令3条11号ロハの規定は、相続人が被相続人すなわち死者のためにする登記の申請手続を定めたもので、死者のためにする登記が可能であることを前提とするものと解される。

　さらに、先例によれば、表題部に数名の者が共有者として記録されており、そのうちの一部の者がその持分を処分し、持分移転の登記を経由する場合は、まず、所有権保存の登記をした後に当該持分移転の登記をすべきであるが、その者の持分のみについて所有権保存の登記申請をすることは許されず、共有物全部について申請すべきである（民法252条ただし書の規定により共有者の一部から申請できる）とされている（明33.12.18第1661号回答）が、他の共有者の中に死亡した者がある場合には、この相続人のためにしか所有権保存の登記をすることができないとすれば、当該不動産については、事実上登記することが不可能となってしまうことになる。

　その後、先例も、国から払下げを受けた者が当該所有権移転の登記の前に死亡した場合は、当該払下げを受けた者のために登記がされるべきで、その相続人のために登記がされるべきでない、として死者名義に登記をするとされた（昭30.9.16第1978号通達）。

　さらにその後、不動産登記法施行細則が改正され、所有権の保存又は移転の登記の申請には、住所を証する情報の添付が必須とされた後も、所有権保存の登記未了の土地について被相続人が生前既に第三者に売却し登記未了の間に、相続人から被相続人のために所有権保存の登記をすることができるとされた（昭32.10.18第1953号通達）。

また、表題部にＡ、Ｂ、Ｃの３名が共有者として記録されているが、全員が死亡し、各々の相続人ａ、ｂ、ｃがいる場合、ａ、ｂ、ｃからのＡ、Ｂ、Ｃのための所有権保存の登記申請又はａからのＡ、Ｂ、Ｃのための同申請のいずれもすることができるとされている（昭36．9．18第2323号回答）。

　このように、死者名義にも登記をすることができ、また、実体が死者を経由して所有権移転があった場合は、一旦死者名義に登記をすることが原則であるが、誤って相続人名義の登記がされてしまった場合は、あえてこの登記を抹消するまでもなく、被相続人が処分した結果の登記は、これを行うことができると考えられる。

　判例（大判大15．4．30民集５巻344頁）も、甲会社の代表者Ａが、その所有不動産を甲会社に現物出資したが、この登記を未了の間に死亡し、相続人ａが相続登記を経由した事案について、Ａは生前甲会社に現物出資をしたのであるから、ａのための相続の登記を抹消し、登記名義人をＡとして、甲会社とＡの相続人とで現物出資による所有権移転登記をするのが原則であるが、既に相続の登記がされている場合は、これを抹消することなく相続人ａの名義のままで甲会社への所有権移転登記をすることができる旨が判示されている。

　登記実務も前記の判例と同様の取扱いがされている（昭33.10.17第581号回答、昭37．3．8第638号回答）。

　この取扱いによれば、登記原因の日付（大判大15．4．30の事案でいえば、現物出資の日付）が誤ってなされた相続の登記中の登記原因の日付より先であるので一見奇異に思われるが、逆に、このような記録がされている登記は、誤ってなされた相続の登記の抹消が省略されているものと考えて差し支えない。

(3) **住所を証する情報**

　不動産登記法74条１項による所有権保存の登記申請には、「登記名義人となる者の住所を証する市町村長、登記官その他の公務員が職務上作成した情報」を提出する旨が定められている（登記令別表の二十八の項添付情報欄ニ）。

　死者には住所がないのでこれを証する情報もあり得ない。しかし、前記のとおり、死者のためにも登記をすることは可能であり、他方、虚無人名義にする登記を防止する要請をも考慮すれば、死者の住所としては、その最後の住所を表示し（登記令３条11号ハ）、これを証する情報を提出すべきであり、登記実務上もこのように取り扱われている（昭32．6．28第1218号回答）。具体的には、住民票、住民票除票、戸籍の附票、その除票等がある（昭41．2．12第369号回答）。

なお、通常、住所を証する情報として戸籍謄抄本を提供することは認められないが（昭32. 5.10第916号回答）、住民票などの情報が提供できない場合において、戸籍の附票に住所の記録がない旨の証明書及び戸籍謄抄本を提出して、本籍の記録をもって住所と表示することができる（昭32. 6.27第1230号回答）。

3014 敷地権付区分建物の所有権保存の登記

問 区分建物の表題部に所有者として記録された者から当該区分建物の所有権を直接取得した者の所有権取得の登記手続はどのようにするか。

結論 **所得者に所有権があることを証する情報とともに、敷地権の登記名義人の承諾を証する情報をも提供してする。**

説明 かつては、表題部の所有者欄に所有者として記録された者は、当該不動産の所有権保存の登記の申請適格者とされ、その者からの申請によらなければ所有権保存の登記の申請を受理しない扱いとされていた。その後、昭和58年法律第51号による不動産登記法の改正により、区分建物に関しての表題登記は、区分建物の所有権を原始的に取得した者からのみ申請することとされ、表題登記を申請するまでの間に生じた転得者からその申請をすることはできないものとされた（不登法48条1項・2項）。

したがって、区分建物については、必ずその所有権の原始取得者による表題登記の申請がされ（もっとも、転得者は、債権者代位により原始取得者に代わって表題登記の申請をすることができる）、区分建物の転得者は、原始取得者が一旦所有権保存の登記をした上でなければ、自己名義への移転の登記は受けられないこととなった。

しかしながら、前記改正前の取扱いでは、転得者は、区分建物について直接自己の名をもって表題登記を受け（昭和58年法律第51号による改正前の不登法93条3項）、所有権保存の登記を受けることができていたのであるが、改正後にその取扱いができないというのでは、転得者等に余分な負担を強いることになる。そこで、所有権保存の登記の申請の特則として、区分建物の表題部に所有者として記録されている者からの証明を受け、その者から区分建物の所有権を取得したことを証する者も、自己の名をもって直接所有権保存の登記を申請する（「冒頭省略による所有権保存の登記」と呼ばれる）ことができることとされた

(不登法47条2項)。

　したがって、転得者は、原始取得者が所有権保存の登記をした後、自己名義への所有権移転の登記を受けるという方法によることもできるが、原始取得者から証明を受け、それを所有権保存の登記の申請情報に添付して、直接自己名義への登記を受けることができる。

　なお、このような取扱いは、新住宅市街地開発法による不動産登記に関する政令等において、昭和58年法律第51号による改正前からも行われていたものである。

　区分建物が敷地権の表題登記をしている場合に、この所有権保存の登記を受けるための手続は、次のようになる。

(1) **申請情報の記録事項**
　(イ)　「法第74条第2項により登記を申請する」旨を記録する（登記令別表の二十九の項申請情報欄）。
　(ロ)　不動産の表示として、区分建物のほか敷地権の表示も記録する（登記令3条11号ヘ）。
　(ハ)　登記原因及びその日付を記録する（登記令3条6号）。

　所有権保存の登記は、初めてする所有権の登記であり、登記原因は存在しないが、区分建物が敷地権の表示を登記したものである場合における冒頭省略による所有権保存の登記は、実質的には区分建物の移転の登記であるとともに、敷地権の移転の登記たる効力を持つ（不登法73条1項）ことから、登記すべき実体法上の原因が必ず存在しているので、それを記録するということになる。

(2) **申請情報の添付情報**
　(イ)　表題部に所有者として記録されている者の承諾を証する情報を添付する（不登法74条2項、登記令別表の二十九の項添付情報欄イ）。これは、実質的な移転登記の義務者である所有者の利益を保護するために、必要とされているものである。
　(ロ)　登記原因を証する情報及び敷地権の登記名義人の承諾を証する情報を添付する（登記令別表の二十九の項添付情報欄ロ）。冒頭省略による所有権保存の登記は、敷地権についても移転の登記たる効力を持つので（不登法73条1項）、その登記によって敷地権の登記名義人は権利を失うわけであり、登記の形式は権利の譲受人からの単独申請によるのであるが、実質的には共同申請による手続に近づけて、その登記が真正なものであることを敷地

権の登記名義人の承諾を証する情報を添付することにより担保されるものである。また、区分建物及び敷地権の移転の登記である当該保存の登記には必ず実体的な移転の登記原因が存在するのであり、それを証する情報が添付される（登記令7条3項1号括弧書きにより2項5号ロの規定が適用される）。

(ハ)　登記名義人となる者の住所を証する市町村長、登記官その他の公務員が職務上作成した情報を添付する（登記令別表の二十九の項添付情報欄ハ）。

(ニ)　敷地権を移転すべき原因について第三者の許可、同意又は承諾を要するときは、その許可を証する情報を添付する（登記令7条5項ハ）。

3015　判決による所有権保存の登記

問　判決に基づいて表題部に記録された所有者又はその相続人以外の者がその者を所有者とする所有権保存の登記をすることができるか。

結論　できる。

説明　判決により自己の所有権を証する者は、直接、その者の名義で所有権保存の登記を申請することができるとされている（不登法74条1項2号）。これは、その者が所有者であることの確実性が高いことによるもので、表題登記の有無を問わない（同法75条）。

前記の判決とは、その不動産が申請人の所有に属することを明らかにするものであれば、確認判決であると給付判決（所有権移転登記手続を命ずる判決）であると形成判決（境界確認の判決）であるとを問わない（いずれも確定していることを要する）。また、そのことが判決の主文で明らかにされているか理由中において明らかにされているかは問わない。また、確定判決と同一の効力を有する訴訟上の和解調書、認諾調書、調停調書及び審判も含まれる。

問題となるのは、前記判決の被告適格についてである。これについては、被告は表題部所有者全員でなければならないとする「消極説」、表題部の所有者を相手にしたものに限られず、表題部の所有者以外の者を相手としたものであっても差し支えないとする「積極説」、判決の理由中で表題部所有者全員に所有権がないことが確認されていれば、表題部所有者全員を被告としなくてもよいとする「折衷説」の考え方がある。

このうち積極説と折衷説は、原告と特定の被告若しくは登記記録上には登場しない相手を被告としてのなれ合い訴訟による判決により、表題部所有者の知らぬ間に第三者名義で保存の登記がされかねず、登記実務としては、平10．3．20第552号通知により、基本的には従来からの考え方である消極説を採ることが確認されている。さらに表題登記のされていない不動産については形式的な基準は存しない。結局、その判決が申請人の所有権を証するに足るものか否かという個別的な判断になると思われる。

なお、昭55．2．25第6757号回答は、無籍地又は国有脱落地（表題の登記のない土地）を所有の意思をもって占有使用している者が国を相手として所有権移転登記手続請求訴訟に勝訴したときは、その判決に基づき直接その者名義で所有権保存の登記を申請することができるとしている。

表題登記のない不動産につき判決により所有権保存の登記を申請するときは、申請情報に、土地については地積の測量図及び土地の所在図を、建物については建物の図面及び各階平面図を添付しなければならない（登記令別表の二十八の項添付情報欄ホヘ）。

3016 記名共有地の所有権保存登記

問 いわゆる記名共有地につき、被告である相続人の一部が口頭弁論の期日に出頭していなかったとしても、不動産登記法74条1項2号の判決による所有権保存の登記を申請することができるか。

結論 **記名共有地につき、①所有者欄の記名者全員を被告とし、②原告の所有権を確認する内容であり、③判決の理由中において登記記録の表題部の記録にかかわらず、原告の所有に属することが証拠に基づいて認定されている判決であれば、申請することができる。**

説明 いわゆる記名共有地とは、表題部のみからなる登記記録であって、その所有者欄に「A外何名」といった記録があるが、共同人名票が存在せず、A以外の所有者を確定できない土地を指す。

こうした土地は利用面からすれば墳墓地、用水路、溜池など一定の集落居住者の共同利用地（入会地）と推測されるものが多いと考えられるが、民法上の単純共有の場合もあり得る。所有権の登記がされていないので、当事者を含め

て実態的な調査を経なければ、どのような承継関係が生じているかを判断することは困難である。なお、表題部所有者欄に「共有惣（総）代B外何名」と記録されている土地は、登記記録の記録から法人格（権利能力）なき社団に属し、Bはその代表者と解されるので、当該土地はいわゆる記名共有地には該当せず、不動産登記法74条1項2号の判決による所有権保存の登記を申請することは認められない。

　不動産登記法74条1項2号の判決による所有権の保存の登記を申請する場合の要件とされる「所有権を有することが確定判決によって確認された者」とは、当該地表題部の所有者欄に記名されている者、その相続人、買受人、第三者など類型があり得るところ、いわゆる記名共有地を解消するための同号の判決の要件については、平成10年の登記先例で、①当該土地が記名共有地であること（表題部又は共同人名票から共有者が明らかであるものは対象外）、②所有者欄の記名者（又はその相続人）全員を被告とすること、③原告の所有権を確認する判決（和解調書、調停調書によるものを除く）であること、④判決の理由中において、登記記録の表題部の記録にかかわらず、当該土地が原告の所有に属することが証拠に基づいて認定されていること（自白判決、欠席裁判、認諾調書によるものを除く）の、四つの要件を満たす必要があるとされている（平10．3．20第552号通知）。

　この先例が発出された背景には、当時、記名共有地の解消には、抜本的な制度改正が必要であると考えられていたところ、現行の不動産登記法74条1項2号の解釈変更によって一部の記名共有地の解消が可能となるのではないかとの見解もあったものの、同号の一般的な解釈そのものを変更してしまうと、なれ合い訴訟等によって表題部所有者以外の者が容易に所有権保存の登記の登記名義人となることが可能となってしまい、不動産登記制度の安定が害されるおそれがあるとの危惧があった。そこで、記名共有地の解消のための一助として、適用場面が限定された便宜先例が発出されたものと解される。

　したがって、不動産登記法74条1項2号の「判決」の一般的な解釈を基準にこの先例をひもとけば、理論的一貫性に欠ける部分があることは否めない。また、近年、所有者不明土地問題がクローズアップされ、記名共有地の解消の必要性が再認識される中、決して、この先例のみで記名共有地問題が全て解消されるものではなく、この先例の定める要件を更に拡大し、より多くの記名共有地の解消を可能にさせようとする考え方があることも忘れてはならない。

3017 債権者代位による所有権保存の登記

問 所有権の登記のない土地を目的として抵当権を設定したが、その土地の所有者が所有権の保存の登記を申請しない場合、抵当権者は、所有者に代位して所有権の保存の登記の申請をすることができるか。

結論 できる。

説明 (1) 所有権の登記のない土地の所有権を譲り受け、又は本問のように抵当権等の所有権以外の権利を取得した者が、自己の取得した権利の登記、すなわち所有権移転の登記又は抵当権設定の登記を受けるには、前所有者又は抵当権設定者が所有権の保存の登記を受けていることが必要となる。にもかかわらず、前所有者又は抵当権設定者が所有権保存の登記の申請をしない場合には、所有権者又は抵当権者は、自己の所有権移転又は抵当権設定の登記請求権を保全するため、前所有者又は抵当権設定者に代位して所有権保存の登記申請をすることができる（改正後民法423条の7、不登法59条7号）。

なお、抵当権設定の登記手続を命ずる確定した給付判決を得た場合も、表題部に設定者が所有者として記録されていれば、債権者代位により、まず所有者名義での所有権保存の登記を申請した上で抵当権設定の登記を申請することになる。

(2) 債権者が債務者の所有権の登記のない土地又は建物について、仮差押え又は仮処分を申し立てる場合は、特に債権者代位により債務者の名義に所有権保存の登記をする必要はない。

すなわち、このような土地又は建物について、仮差押え又は仮処分命令がされた場合は、裁判所からそれによる仮差押え又は仮処分の登記の嘱託がされ、この場合、登記官は、職権で債務者名義に所有権保存の登記をした上で（不登法76条2項）、仮差押え又は仮処分の登記がされることになる。

第3節 所有権移転

第1款 総説（売買登記を含む）

3018 実体に合致しない登記原因の効力

問 実体上「贈与」であるのに登記記録上「売買」を登記原因としてなされた所有権移転登記は有効か。

結論 **有効であると解されている。**

説明 登記が有効であるためには、登記の記録内容に符合した実体法上の権利関係が存在すること（実質的有効要件）が必要であると同時に、その登記が不動産登記法に定められた手続に従って登記されたものであること（形式的有効要件）が必要である。

このうちの実質的有効要件としては、①登記に符合した不動産が存在すること、②登記名義人が虚無人でないこと、③登記どおりの実体的権利変動が存在すること等が必要であると考えられるのであるが、これらについて、登記と実体が完全に一致していなければその登記は無効であるとすると、現実になされる登記が多少なりとも実体と異なる場合もあることから、不動産の取引が少なからず混乱に陥る危険性がある。そこで、登記と実体の一致の程度が問題となるが、本問については、一般には、当該所有権移転の登記は有効であると解されている（大判大９.７.23民録26輯1171頁）。

我が国の登記には公信力がないので、不動産の取引をする者は登記記録の内容をそのまま信じることなく、その記録が真実に合致するか否かの調査をしなければならない。そのためには、登記原因の記録が必要とされるが、登記は、不動産に関する現在の真実の権利状態（所有権の登記であれば、登記記録上の所

有権の登記名義人と現実の真の所有者が一致すること）を公示していれば、そこに至るまでの過程や態様を必ずしも如実に反映しなくても（例えば売買によって所有権を取得したにもかかわらず、贈与によって取得したものとして登記したとしても）、最小限の制度の目的を達するものであり、登記原因が実体と符合していないからといって、無効な登記には該当しないと考えられる。

ただし、これは、既になされた登記の有効・無効の問題であり、実体を反映しない登記原因による登記をすることが許されるというわけではない。それが登記申請の審査の段階で、明らかになった場合には、当該登記の申請は、不動産登記法25条8号の規定により却下されることとなる。

3019　中間省略登記

問　甲名義の不動産を買い受けた乙が、自己名義の登記を受けることなく、更に丙に転売した場合において、甲から丙への所有権移転の登記（中間省略登記）をすることができるか。

結論　**判決による登記を除き、申請情報及びその添付情報により中間省略登記であることが明らかである場合は、当該登記の申請はすることができない。**

説明　判例によれば、中間省略登記には登記の効力が認められ、中間者の同意を条件として、登記請求権も認められている（大判大9．7．23民録26輯1171頁、最判昭40．9．21民集19巻6号1560頁等）。一方、中間者の同意を欠く中間省略登記であっても、中間者が、既に代金を得ているなど、登記の無効を主張するに正当な利益を有しないときは、その無効を主張することができないとされている（最判昭35．4．21民集14巻6号946頁）。

しかしながら、登記手続の面においては、中間省略登記を無条件に認めることはできないであろう。なぜなら、登記制度の本来の目的が不動産に関する権利の得喪変更の過程を如実に登記記録に反映させることにあると考えられるほかに、例えば、本問の場合において、甲から乙への売買契約書及び乙から丙への売買契約書を添付して甲から丙への所有権移転登記が申請された場合には、申請情報に掲げた事項が登記原因を証する情報と符合しないこととなるので、不動産登記法25条8号により却下されることとなる。

3020　第三者のためにする売買契約

問　第三者のためにする売買契約による所有権移転登記の登記原因証明情報は、どのようなものを提供すべきか。

結論　**所有権が、登記名義人から中間者による取得を経ることなく、第三者へ直接に移転したことが明らかにされたものである必要がある。**

説明　契約により当事者の一方が第三者に対してある給付をすることを約したときは、その第三者は、債務者に対して直接にその給付を請求する権利を有することとされている（民法537条1項）。これは、第三者のためにする契約と呼ばれ、契約の成立時に第三者が現存しない場合又は第三者が特定しない場合であっても、効力を有する（改正後の民法同条2項）。また、第三者の権利は、その第三者が債務者に対して当該契約の利益を享受する意思を表示したときに発生する（同条2項）。

判例・通説によれば、この第三者のためにする契約によって第三者が取得する権利は、債権に限られず、第三者に直ちに物権を取得させる契約も有効であると解されていることから、第三者のためにする売買契約が民法537条の要件を満たすものであれば、売買契約の売主が有する所有権が直接第三者へ移転することとなる。

したがって、登記原因証明情報に記録される登記原因となる法律行為の内容としては、実体法上、第三者のためにする売買契約により、その売主から第三者へ直接所有権が移転していることが認められなければならない。また、当該売買契約には、買主の指定する第三者に対し、買主からの指定及び売買代金全額の支払を条件に売主から所有権が直接に移転する旨の特約が付されることが多く、この場合、売買契約の買主は、売買代金の支払までに所有権の移転先となる第三者を指定する必要があり、指定された第三者が売主に対して民法537条2項に基づく受益の意思表示をして、かつ売主に対して売買代金全額を支払ったことが認められなければならない。

なお、通常、第三者と第三者のためにする売買契約の買主との間には、第三者が指定を受けるに当たって何らかの対価を支払う旨の契約が締結されていることが考えられるが、この契約は、物権変動とは直接関連のない契約であり、

登記原因証明情報としては必要ないものである。

　このような登記原因証明情報の作成者は、通常の売買契約によるものであれば登記義務者のみが作成名義人として署名又は記名押印することで足りるとされているが、本問のような登記義務者と登記権利者以外に関係者がいるような場合、それぞれの権利関係や法律行為についての認識が不十分であったり、そのために後日の紛争を生じたりしないとも限らないことから、登記義務者である甲のみならず、登記権利者である丙についても、当該情報に署名又は記名押印のあることが望ましいと考えられている（平19.1.12第52号通知）。

　また、売買契約の買主である乙は、登記申請の当事者ではないが、契約の当事者であり、売買契約の売主に対する売買代金の支払義務を負い、当該売買代金の対価である不動産の所有権を丙に移転させる義務を負うことになるので、登記原因の真正を担保する趣旨から、登記義務者に準じて、登記原因証明情報に記名押印をすべきであると解される。

　なお甲乙丙間の行為が利益相反行為（民法826条、会社法356条等）に該当するときは、当該行為について第三者の承諾を証する情報の提供を要する（登記令7条1項5号ハ）。この場合には、当該情報の作成者について、印鑑証明書、代理権限証明情報等が別途、必要とされる。

3021　買主の地位の譲渡

問　買主の地位を譲渡した場合における売主から買主の地位の譲受人への直接の所有権移転登記の申請はできるか。

結論　**実体上の権利変動の過程・態様が当初の買主についてはその地位の譲渡であって所有権の譲渡でない場合には、買主の地位の譲渡人へ直接の所有権の移転の登記を申請することができる。**

説明　買主の地位の譲渡とは、売買契約の当事者である買主が第三者との間で契約上の地位を譲渡する旨の合意をした場合において、売主がその譲渡を承諾したときは、買主の契約上の地位が第三者に移転することを言う（平成29年改正後の民法539条の2）。例えば、甲の所有する土地を乙に売買する契約を締結した後に、乙が買主の地位を丙に譲渡することである。買主の地位が譲渡されると、買主である乙が当該売買契約について有していた権利義務が全て譲受人である丙に承継されることとなる。売買契約上の地

位の譲渡の場合、売主の同意が必要である。

この場合の実体上の物権変動は、原則として、甲と乙が売買契約を締結した時に、甲から乙へ所有権が移転しており、その後に乙から丙に買主の地位を譲渡することによって、更に乙から丙へ移転することになる。

もっとも、甲と乙間の売買契約において、「売買代金の支払が完了した時に所有権が移転する」旨の特約が付与されている場合には、乙から甲への売買代金の支払が完了するまで甲に所有権が留保されることとなる（民法127条、135条）。したがって、乙から甲への売買代金の支払が完了する前に、乙丙間の買主の地位の譲渡契約が締結されていた場合には、丙は、乙が有していた所有権移転登記請求権と売買代金支払債務を承継することになり、丙が甲に対して売買代金を全額支払った時点で、所有権が甲から丙に直接移転することとなる。

このような法律行為又は事実に係る登記の原因証明情報には、「①甲は乙との間で本件物件を売り渡す旨の契約を締結した。②この契約には、乙の売買代金の支払完了時に甲から乙に所有権が移転する旨の特約がある。③乙は丙との間で①の売買契約における買主としての地位を売買により丙へ譲渡することを約し、甲はこれを承諾した。④丙は甲に対して①の売買代金全額を支払い、甲はこれを受領した」といった事実が記録されている必要がある。

また、前記の②③が、例えば、「この契約には、乙は売買代金全額の支払までに、本件不動産の移転先となる者を指定し、甲は乙の指定する者に対し、乙の指定及び売買代金全額の支払を条件として直接移転することとする旨の所有権の移転先及び移転時期に関する特約がある」「乙は本件不動産の移転先として丙を指定し、丙は甲に対し本件不動産の所有権の移転を受ける旨の意思表示をした」などと記録されているものでも差し支えない。

3022 換地処分前に保留地の買受人がその地位を譲渡した場合における施行者から譲受人への直接の所有権移転登記の申請の可否

問 換地処分前に保留地の買受人がその地位を譲渡した場合において、施行者から譲受人への直接の所有権移転登記の申請ができるか。

結論 原始取得者である施行者の名義で表題登記及び所有権保存の登記

をした上で、譲受人名義への直接の所有権移転の登記を申請することができる。

説明　土地区画整理事業の換地計画においては、その事業の施行の費用に充てるため等の目的で、施行区域内の一定の土地を換地として定めることなく、保留地とすることができる（土地区画整理法96条1項・2項）。保留地は、換地処分の公告があった日の翌日において事業施行者が取得するものである（同法104条11項）。

つまり、保留地は従前地に対応して定められる換地とは異なり、一定の目的のために新たに設けられた土地であり、一種の創設的換地であると言える。

そこで、例えば、事業施行者甲と乙との間で保留地の売買契約が締結され、その後、換地処分の公告前に乙が第三者丙との間で、当該売買契約における買主の地位を第三者丙に譲渡する旨の契約が締結された場合の法律関係が問題となる。

保留地の売買は、土地区画整理法上に明文規定はないものの、実務上はよく行われており、その法的性質は、「施行者の有する保留予定地の使用収益権を買主に譲渡する契約と将来換地処分公告がされることを停止条件として所有権の移転の効果を発生させる混合契約である」と解されている（判例、通説）。また、買主の地位の譲渡との関係については、換地公告前にあっては、保留地はまだ存在しておらず、乙が保留地の所有者になることはあり得ず、乙は、保留地の売買契約上の買主にすぎないことになるので、乙が換地公告前の時点で自己の権利を第三者に譲渡する行為は、保留地自体を売却するのではなく、保留地の買主として有している権利義務の全部を譲渡することになる。

したがって、乙が丙との間で買主としての地位の譲渡契約をして、その契約について甲の同意があれば、第三者丙は、契約当事者が有する債権、債務、解除・取消権等を全て一括して承継することとなり、甲乙間の売買契約の買主としての契約当事者となって、換地公告により保留地が生じたときに、丙は、甲が原始取得した保留地を甲から直接移転を受けることとなる。

この場合、まず、甲が表題部所有者として登記され、甲名義での所有権保存登記を経た上で、丙への所有権移転の登記がされなければならない。

この場合の登記原因証明情報は、例えば、「①甲は乙に平成28年3月25日○○土地区画整理事業の施行区域内の保留地である本件物件を売り渡す旨の契約を締結したこと、②この契約には、乙の権利（地位）を第三者に譲渡する場合

には、当該第三者（譲受人）とも連署して当該権利（地位）の譲渡について甲に申告し承認を得ること、及び譲受人は①の契約に係る乙の権利義務の全てを承継することを誓約すること、③乙は、丙との間で平成28年9月1日①の売買契約における買主としての地位を丙へ売買により譲渡することを約し、丙は乙の権利義務を承継することを約し、その旨を丙と連署して甲に申告し、甲は平成28年9月10日これを承諾したこと、④平成28年11月30日○○土地区画整理事業による換地処分の公告がされ、この公告の日の終了した同年12月1日甲は本件不動産の所有権を取得した。よって同日をもって本件不動産は、甲から丙に移転した」等の記録が必要とされる。

3023 土地区画整理の換地処分が行われた土地についてする所有権移転の登記の可否

問 土地区画整理の換地処分が行われた土地について、公告があった日の翌日より前の日を登記原因とする所有権移転の登記の申請はすることができるか。

結論 対象土地が換地である場合には、することができる。

説明 土地区画整理事業は、都市計画区域内の土地について、公共施設の整備改善及び他地区の利用促進を図るために行われるものであり（土地区画整理法2条1項）、事業計画の公告の後に、区域内の土地を新たに整備造成し、換地処分の公告がされる（同法103条4項）。換地計画において定められた換地は、その公告のあった日の翌日から従前の土地とみなされ、換地計画において換地を定めなかった従前の土地について存する権利は、その公告があった日が終了した時において消滅するものとされる（同法104条）。

　換地処分が行われた土地（従前地）の登記名義人であった甲が、当該換地処分によって換地について新たに所有権を取得したのであれば、当該換地処分の効力が生じた日以前の売買及びその日付を登記原因及びその日付として、甲から乙への所有権の移転の登記を申請することは、理論的にあり得ないのではないかとの疑問が生じる。

　ところで、従前地についてされた甲乙間の売買契約が有効に成立すれば、乙は実体的に従前地の所有権を取得することになる。もっとも、所有権の移転の登記がされない限り、乙は対抗力を備えることができないこととなる。そし

て、従前地の登記名義が甲のままの場合、甲を換地の所有者として土地区画整理法103条4項の規定による換地処分の公告がされると、その公告の翌日から、従前地について甲の登記名義人としての地位はもちろんのこと、実体上の所有者である乙の所有権も消滅することとなる。

一方、換地については、換地処分の効力が生じることにより、換地が所有権の対象となり、換地処分の登記の結果、甲がその登記名義人となっている。しかし、乙が有していた従前地に対する所有権は、土地区画整理法104条1項の規定により、それが未登記であっても、乙が実体的には換地の所有権を取得したものと考えられる。

このように、土地区画整理法103条4項の公告により従前地の権利関係が消滅する一方で、その権利関係が換地について存続するということは、従前地についての権利関係がそのまま換地に移行したことにほかならず、新たな権利関係が発生することとは異なっている。

すなわち、登記記録上、換地処分の効力が生じた日である土地区画整理法103条4項の公告の日の翌日が記録されているのは、必ずしも権利の変動を公示するものではないと見るべきであり、換地処分の効力が生じた日以前の従前地の売買契約日を登記原因日とする甲から乙へ所有権の移転が公示されたとしても、許容されるものと考えられる。

3024 売主が登記未了のまま死亡した場合の登記手続

問
(1) 被相続人が生前に第三者に売却したが所有権移転の登記が未了である不動産につき、当該移転の登記をするにはどうすればよいか。
(2) 当該移転の登記前に、遺産分割による共同相続人の一人のために相続の登記がされている場合はどうか。

結論
(1) **売主の共同相続人全員が申請義務者となって、買主（登記権利者）とともに被相続人名義から直接買主名義へ売買を原因とする所有権移転の登記を申請する。**
(2) **遺産分割に基づく相続の登記を錯誤を原因として抹消した上、(1)の方法によるべきであるが、相続の登記を抹消することなく、相続の登記の名義人から買主のために所有権移転の登記**

を申請することもできる。

説明 (1) 被相続人が生前に売却した不動産につき買主への所有権移転の登記が未了のままで、被相続人が死亡した場合は、相続人全員は、被相続人が売主として負っていた所有権移転登記申請義務を承継するので、相続人全員が当該移転の登記の申請義務者（形式的登記義務者は登記申請時の登記名義人である被相続人となる）となって、買主（登記権利者）と共同で申請することになる。この場合には、相続人は相続を証する情報を提供しなければならない（不登法62条、登記令7条5号イ）。

(2) 登記には、実体上の権利関係を登記記録に如実に反映することが期待されているので、本問の場合の実体関係（所有権が被相続人から買主へと変動）を登記記録に反映するには、被相続人から直接買主に所有権移転登記をすべきであって、その中間に相続の登記を介在させるべきではない。したがって、本問のように、遺産分割により共同相続人の一人のために相続の登記がされている場合には、当該相続の登記は実体に合わない無効な登記であり、錯誤により抹消された後に、(1)の方法により買主名義の登記をすべきである。

しかしながら、判例等では、この場合に、買主が相続登記名義人に対して、直接自己への所有権移転の登記手続を求めることができるものとされ（大判大15．4．30民集5巻344頁）、実質上の権利のない登記名義人は、実質上の所有者に対して移転の登記に協力する義務を有するものとされている（最判昭34．2．12民集13巻2号91頁、仙台高判昭28．9．16下民集4巻9号1287頁）。

これを受け、登記実務も、必ずしも相続の登記が抹消される必要はなく、相続の登記の名義人から、直接、買主への所有権移転の登記を申請することができるものとされている（昭37．3．8第638号回答）。

3025 法人格のない社団の代表者が更迭された場合の登記手続

問 法人格のない社団の所有する不動産が、代表者個人名義で登記されている場合において、その代表者が更迭されたときの登記はどのようにすべきか。

結論 旧代表者と新代表者との共同申請により、「委任の終了」を原因とする所有権移転の登記をするのが相当である。

説明 　法人格のない社団の所有する不動産につき代表者個人名義で登記されている場合の当該代表者は、一般的には、社団の構成員から代表者個人名義で登記を受けることの委任を受けていると観念することが可能であろう。したがって、法人格のない社団の代表者が更迭された場合は、登記名義人である旧代表者は、登記上その者の名義とすることの委任が終了し、新たな代表者がその委任を受けたものと解することができる。したがって、旧代表者は、新代表者にその登記名義を移転する義務が生じるものと解され（民法646条参照）、新旧代表者との共同申請によって所有権移転の登記をすることになり、その場合の登記原因は「委任の終了」とするのが相当である（昭41.4.18第1126号回答参照）。

　なお、代表者更迭の場合は、実体上は社団の内部の問題であって、何ら権利の主体の移動はないので、所有権移転の登記ではなく、登記名義人の表示の変更の登記によるべきであるとの考えもあり得ようが、登記手続としては、代表者個人名義の登記が旧代表者から別個の人格である新代表者に変わるのであるから、これを登記名義人の表示の変更と観念することは無理であろう。

3026　仮処分の登記のある不動産についてする所有権移転の登記の可否

問 　登記請求権を保全するための仮処分の登記のある不動産につき、売買による所有権移転の登記をすることができるか。

結論 　できる。

説明 　不動産に関する権利についての登記（仮登記を除く）を請求する権利（「登記請求権」）を保全するための処分禁止の仮処分命令が発せられたときは、当該不動産の登記記録に処分禁止の仮処分の登記がされる（民事保全法53条）。

　前記の処分禁止の登記の後にされた登記は、仮処分債権者に対抗することができないにすぎないので（民事保全法58条1項）、処分禁止の登記に抵触する登記もすることができる。

　ただし、これらの処分禁止の登記の後にされた登記は仮処分債権者に対抗できないので、仮処分債権者が自己のために所有権移転の登記を受けた場合は、仮処分債権者が所有権移転の登記の申請と同時に、仮処分債権者が単独で、処

分禁止の登記の後にされた前記の登記の抹消を申請することができる（民事保全法58条2項）。したがって、処分禁止の登記の後にされた第三者のためのそれらの登記は不安定な状態にあり、それらの登記が登記として真に意味を持つのは、当該処分禁止の登記が仮処分債権者の敗訴等により抹消されたときである。

3027 農地の所有権移転登記と農地法所定の許可書の要否

問 農地の所有権移転の登記を申請する場合には、第三者の許可を証する情報を提供する必要があるか。

結論 **農地法3条又は5条の許可書の添付を要する。**

説明 農地（又は採草放牧地、以下同じ）について所有権を移転する場合には都道府県知事や農業委員会の許可（一定の場合には農林水産大臣の許可、以下単に「農地法所定の許可」という）が必要とされ（農地法3条、5条）、前記の許可がないときは、所有権移転の効力が生じないと解されている。

前記の許可は、不動産登記令7条1項5号ハに規定する「登記原因について第三者の許可……を要するとき」に当たり、したがって、当該農地の所有権移転の登記の申請情報には、農地法所定の許可を証する情報を併せて提供することを要するのが実務の取扱いである。

なお、この場合、農地であるか否かの判断は、登記記録上の地目が農地（田、畑）とされているか否かによるものとされる。

ところで、農地についての所有権移転の登記の申請であれば、いかなる場合でも農地法所定の許可書が必要ということではない。そこで以下、①法令で除外されているもの、②先例で除外されているもの、③先例で除外されていないもの、④実務上、除外されていないもの、の四つの項に分けて、問題とされた主な例を掲げる。

① 法令で除外されているもの
  (イ) 農地法3条1項ただし書各号、同法5条1項ただし書各号の場合及び農地法施行規則15条に該当する場合
② 先例で除外されているもの
  (イ) 時効取得による農地の所有権移転（昭38.5.6第1285号回答）

(ロ)　市町村が道路敷として買収した農地の所有権移転の登記（昭35.11.21第2751号通達）
　(ハ)　市町村が農地として買収した農地の所有権移転の登記（昭34.10.15第980号回答）
　(ニ)　農地についての売買又は贈与契約を解除し、その所有権移転の登記を抹消する場合。ただし、合意解除の場合は除く（昭31.6.19第1247号通達）
　(ホ)　農地の共有者の持分放棄による所有権移転の登記（昭23.10.4第3018号通達）
　(ヘ)　相続人共有農地についての遺産分割の登記（昭23.8.4第471号通達）
　(ト)　所有権移転登記手続を命じた判決による場合（判決理由中で、既に農地法所定の許可を得ていると認定されている場合に限る、昭22.10.1第840号回答、平6.1.17第373号回答）
　なお、農地法所定の許可を条件に所有権移転の登記を命ずる判決による場合には、執行文が付与された判決正本を添付する必要がある（昭48.11.16第8527号回答）。
③　先例で除外されていないもの
　(イ)　農地の特定遺贈による所有権移転の登記（昭43.3.2第170号回答）。ただし、受遺者が相続人である場合は許可は不要（農地法3条1項16号、農地法施行規則15条5号、平24.12.24第3486号通達）
　(ロ)　共有農地の共有物分割による持分移転の登記（昭41.11.1第2979号回答）
　(ハ)　「真正な登記名義の回復」を原因とする農地の所有権移転の登記。ただし、従前所有者に回復する場合を除く（昭40.12.9第3435号通達）
　(ニ)　信託による農地の所有権移転の登記（昭29.12.23第2727号通達）
　(ホ)　農地に対する強制競売又は競売法による競落許可決定による所有権移転の登記（昭22.6.20第509号回答）
④　実務上、除外されていないもの
　(イ)　市街化区域内の農地について、農地法5条1項6号の規定による届出により、所有権を移転する登記の申請情報には、届出を証する書面として、知事の届出受理通知書を添付する（昭44.8.29第1760号通達）
　(ロ)　農地法所定の許可書が紛失した場合は、申請情報に再交付許可書又は許可があった旨の知事の証明書を添付する（昭40.12.4第849号回答）
　(ハ)　農地法所定の許可書に、一定期間内に転用しないときは許可を取り消す

旨の付款又は条件が付されている場合において、その期間経過後に登記を申請するときは、当該許可につき取消しがないことの知事（又は農業委員会）の証明書を添付する（昭40.4.26第854号通達）。なお、工事着手証明書でも可とされた事例（昭41.5.19第1220号回答）参照

(ニ) 農地の一部について知事の許可があった場合において、その一部が登記記録上の当該土地と同一性が判断できないときは、このような許可書を添付してする所有権移転の登記の申請は受理されない（昭34.9.16第2066号回答）

3028 敷地権付き区分建物の売買による所有権移転登記

問 敷地権の表示の登記がされた区分建物について売買による所有権移転の登記を申請するには、どのようにすればよいか。

結論 区分建物が敷地権の表示の登記がされたものであるときは、売買による所有権移転登記の申請情報には、敷地権の表示をその内容としなければならない。そして、敷地権付き区分建物の売買による所有権移転登記は区分建物の登記記録のみに登記される。

説明 (1) 一体性の原則

　区分建物は、敷地利用権が数人で有する所有権その他の権利である場合には、区分所有者は、その有する専有部分とその専有部分に係る敷地利用権とを分離して処分することができない（区分所有法22条1項）。専有部分と分離して処分することができない敷地利用権とは、数人で有する所有権その他の権利、すなわち共有形態の権利のことである。その他の権利には、地上権、賃借権がある。

　前記の規定を受けて不動産登記法では、区分建物と分離して処分することができない敷地利用権で登記されている権利（敷地権）があるときは、敷地権の表示を区分建物の表題部の登記記録に登記し、その区分建物が敷地権と分離して処分することができないことを公示するとともに、その登記をしたときは、敷地の登記記録にされている権利について敷地権たる旨の登記をして、その権利が区分建物と分離して処分することができないものであることを公示するものとされている。そして、敷地権の表示の登記をした区分建物の登記記録には、その建物のみの所有権の移転を登記原因とする所有権の登記はすることが

できず（不登法73条3項）、敷地権たる旨の登記をした土地の登記記録には、その権利の移転の登記はすることができない（同条2項）。

一方、敷地権の表示の登記をした後、区分建物についてされた所有権に関する登記は、敷地権につき同一の登記原因による相当の登記としての効力を有する（不登法73条1項）ものとされている。これは、これらの処分が一体性の原則に反する場合に、その登記をすることができないことは当然であるが、これらの処分が敷地権と一体としてされたのであれば、敷地権について登記としての効力を有する登記として公示すべきだからである。したがって、敷地権の表示を登記した区分建物について売買による所有権の移転があったときの登記は、区分建物の登記記録にのみされ、その登記は同時に敷地権についても売買による移転の登記としての効力を持つことになる。

(2) 敷地権付き区分建物の売買による所有権移転の登記申請

敷地権の表示が登記された区分建物について所有権に関する登記、一般の先取特権、質権又は抵当権に関する登記を申請する場合には、敷地権の表示をも申請情報に含まなければならない（登記令3条11号へ）。これは、当該申請が敷地権について効力を有する登記であることを明らかにする趣旨である。したがって、売買による所有権移転登記の申請情報には敷地権の表示を記録しなければならない（ただし、同令6条1項3号によりその一部を省略できる）。

次に、申請情報と併せて提供すべき登記原因を証する情報（不登法61条、登記令別表の三十の項添付情報欄イ）には、敷地権の表示が記録されていなければならない。すなわち、敷地権の処分と一体としてされた処分であることが明らかにされていなければならない。その他、不動産登記令7条各号により申請情報と併せて提供すべき情報にも敷地権の表示が記録されていなければならない。

3029 外国人を当事者とする所有権移転の登記手続

問 外国人が登記権利者あるいは登記義務者となって登記を行うときの登記手続はどのようにするか。

結論 **外国人が当事者となって登記を申請する場合であっても、原則的には、不動産登記法所定の情報を提供すれば足りる。**

説明 　外国人が日本の不動産を取得することについての特別な制度は存在しない。それは、現状、外国人土地法1条に基づく制限の措置は採られておらず、「外国人の財産取得に関する政令」も昭和55年12月1日に廃止されたことによる。

　外国人が当事者となって登記を申請する場合でも特別に要求されている情報はなく、不動産登記法所定の情報を提供すれば足りる。ただし、当該書類が外国文字で作成されている場合には、その訳文を記載した書面をも添付することとされ（昭33.8.27第1738号通達）、その訳文には翻訳者が訳文である旨を記載し、署名・押印しなければならない。

　申請情報及び添付情報に関する注意事項を掲げる。

(1) **申請情報**

　外国人が当事者となる場合にも申請情報は日本語で作成しなければならないと解されている。そしてこの申請情報には、外国人の国籍を記録しなければならない。もっとも、国籍証明書等の添付は要せず、登記記録にその記録をすることは要しない（昭23.9.16第3008号回答）。

　また、外国人は本国における氏名を使用しなければならないが、本国における氏名と日本で使用している氏名とが外国人住民票又は印鑑証明書に併記されている場合には、日本で使用している通称名で登記申請することができる。

(2) **代理権限を証する情報**

　代理人によって登記の申請をする場合には、代理権限を証する情報を添付しなければならないが、これも日本語で作成するのが原則である。代理権限を証する情報が外国文字で作成されている場合には、併せて訳文を提供しなければならない（昭30.2.3第227号回答）。

(3) **印鑑証明書**

　日本で住民登録をしている外国人又は自国に印鑑証明書制度がある外国人であれば、原則どおり印鑑証明書を添付することができる。それ以外の外国人が登記義務者として一定の種類の登記を申請するときは、申請情報を記載した書面（登記令16条2項）又は代理権限証明情報（同令18条2項）に記名押印に代えて署名をし、当該書面について公証人又はこれに準ずる者の認証を受ければ足りる（規則47条1号、49条1項1号）。先例は、署名が本人のものである旨の当該外国官憲（在日外国公館、本国の官公署）の署名証明書を添付すべきとしている。この署名証明書には3か月の有効期間（登記令16条3項）の適用はない（昭

48.11.17第8525号通知)。

(4) 住所を証する情報

日本に居住する外国人は、住民票などが住所を証する情報となり、外国に居住する外国人については、その国の官公署等の作成に係る住所を証する情報が必要である。

外国に居住する日本人の場合には、その住所地を管轄する在外日本公館の発行する在留証明書などがその者の住所を証明する情報となる。

第2款　遺贈による登記

3030　遺贈による所有権移転の登記の登記原因証明情報

問　遺言書は、遺贈による所有権移転の登記の登記原因証明情報となるか。

結論　登記原因証明情報の一部となる。

説明　登記原因証明情報には、旧法の登記原因証書又は申請書副本（旧不登法35条1項2号）のような、登記の完了を証する登記済証（同法60条）を作成するための機能がないので、必ずしも一つの完結した書面である必要がない。登記原因証明情報として提供されるべき情報とは、登記の原因となる事実又は法律行為の存在を証明する情報であり、登記官は、申請どおりの権利変動が適法に生じているか否か、あるいは申請情報に誤りがないかを形式的に審査して、不実ないし誤った登記の出現を未然に防止することができると考えられる。

したがって、登記原因証明情報には、申請された登記の目的である不動産の表示のみならず、登記権利者及び登記義務者並びに登記原因及びその日付等の全てが明らかにされている必要がある。

本問のように、遺贈を登記原因として甲不動産の所有権がAからBに移転したことを明らかにするためには、①遺言者Aが死亡し、遺言の効力が発生したこと、②遺言が民法の定める方式に従って行われ有効であること、このいずれが欠けても登記官はその申請の真正性を確認することができない。遺言は、要式行為とされ（同法960条）、その効力は遺言者の死亡の時から生じる（同法985

条）ことから、遺言書は②を明らかにする唯一の情報であり、遺贈を原因とする所有権の移転の登記の登記原因証明情報の一部となる。

　なお、遺言による登記は、遺言執行者が指定又は選任（民法1006条、1010条）されているときは、遺言執行者が遺言者の相続人に代わって（遺言執行者がいないときは遺言者の相続人が）登記申請義務者となり、受遺者が登記権利者となって申請するものとされている（昭43.8.3第1837号回答）が、遺言執行者の指定が遺言書の中でされている場合は、当該遺言書は遺言執行者の代理権限を証する情報（登記令7条2項）にもなる。なお、相続させる遺言により相続人に遺贈されたときは、相続人のみが登記の申請をし、遺言執行者は、指定又は選定されていても、登記の申請をすることができないとされていたが、平成30年の民法一部改正により、遺言執行者も登記の申請をすることができるとされた（民法1014条）。

　この遺言書は、民法で定められた要式を備えた適法なものであることを要することは当然であるが、特定遺贈の場合には、遺贈すべき物件（不動産）が特定（不動産の表示が必ずしも登記記録上の表示と完全に一致している必要はなく、その同一性が判断できれば足りると考えるべきであろう）し得るものでなければならない。また、日付の記載のないもの（昭26.8.31第1754号通達）や、日付の特定しないもの（例えば「昭和41年7月吉日」、最判昭54.5.31民集33巻4号445頁）は無効と判断される。なお、公正証書による遺言以外は家庭裁判所の検認を要することは言うまでもない（同法1004条）。ただし、平成32年7月10日から施行される法務局における遺言書の保管等に関する法律（平成30年法律73号）2条に規定する遺言書保管所に保管されている遺言については、同法11条の規定により、検認を要しない。

3031　遺贈の一部放棄と登記手続

問　受遺者が特定遺贈を受けた土地の一部を放棄することができるか。できるとした場合の登記手続はどうか。

結論　放棄することができる。この場合は、放棄した部分を分筆し、放棄しない土地について遺贈を原因とする所有権移転の登記をする。

説明 特定遺贈においては、受遺者は、遺言者の死亡後、いつでも遺贈の放棄をすることができ、その効力は遺言者の死亡の時に遡る（民法986条）。したがって、遺贈が放棄された財産は、遺言者の相続財産となり、その相続人に相続されることとなる。

ところで、本問のように、遺贈された土地の一部についてのみ放棄をすることは、判例通説が土地の一部についての所有権移転を認めていることからも、可能であると考えるべきであろう。

登記手続としては、一筆の土地の一部についての移転の登記は認められない（不登法2条1項5号参照）ので、遺贈が放棄された一筆の土地の一部につき分筆の登記（この登記は、遺言執行者が申請することができるが、遺言執行者がいない場合は、相続人又は相続人に代位して受遺者が申請することができると考えられる）をした上で、放棄されない残部分につき遺贈の登記をし、また放棄した部分については相続の登記をすることになる（昭40.7.31第1899号通達参照）。

3032 特定遺贈が放棄された場合に、包括受遺者が遺贈を原因として所有権移転の登記の申請をすることの可否

問 特定遺贈が放棄された場合に、包括受遺者が遺贈を原因として所有権移転の登記の申請をすることは、認められるか。

結論 **特定遺贈の放棄によって相続財産に復帰する当該特定物については、当該包括受遺者への包括財産へ組み入れることを妨げる別段の意思表示がない限り、包括受遺者が遺贈を原因として所有権移転の登記を申請することが認められる。**

説明 遺贈は、包括名義でする遺贈と特定名義でする遺贈に分けられる（民法964条）。包括遺贈は、遺産の全部（絶対包括）、遺産の〇分の1（一部包括）などの割合でされるもので、特定遺贈は、「甲不動産をAに遺贈する」のように、財産の個物又は種類が指定された一定の権利に限ってすることができる。

登記実務では、遺言に用いられた文言の範囲内で遺言者の意思を解釈し、包括遺贈なのか特定遺贈なのかが形式的に判断されており、例えば、遺言者Aが「甲不動産をBに遺贈し、その他一切の財産をCに遺贈する」旨の遺言をしている場合において、Bに対する遺贈は、遺言者Aの財産のうち、特定の具体的

な財産である甲不動産を目的とするものであることから、特定遺贈と解されている。また、Cに対する遺贈は、Aの財産のうち、甲不動産を除く「その他一切の財産」を目的としてするものであり、具体的な財産を特定するものではないと考えられ、特別の事情がない限り、遺言者Aの終局の意思は、積極財産・消極財産を問わず、甲不動産を除く遺産の全てをCに取得させる包括遺贈と解釈するのが相当であろう。

　ここでは、遺言者Aの死亡により相続が開始した後、特定遺贈の受遺者Bがその遺贈を放棄した場合に、Bが受けるべきであった甲不動産は包括受遺者Cに帰属するのか、甲不動産について相続人不存在の手続が開始されるのかが問題となる。

　遺贈は、相手方のない単独行為であり、受遺者の意思とは無関係に、遺言者の死亡の時からその効力が生じることとなる（民法985条1項）。しかし、受遺者の意思に反してまで、その遺贈を強制することはできず、受遺者は、遺言者の死亡後、いつでも、遺贈を放棄することができるとされている（同法986条）。

　ただし、包括遺贈については、相続と同様に取り扱われる（民法990条）ことから、包括受遺者が遺贈を放棄するためには、自己のために包括遺贈があったことを知った時から3月以内に家庭裁判所に放棄の申述をしなければならない（同法915条1項）。したがって、民法986条の規定は、特定遺贈についてのみ適用される。

　遺贈が無効又は放棄されたときは、受遺者が受けるべきであったものは相続人に帰属するが、遺言者がその遺言に別段の意思を表示したときは、その意思に従うものとされる（民法995条）。本問では、Bが遺贈を放棄したときにBが受けるべきであった甲不動産は、原則として相続人と同一の権利義務を有する包括受遺者Cに帰属するものと考えられる。また、遺言の内容からすると、遺言者Aはその財産の全てをB及びCに帰属させる意思であったと考えられ、Bが遺贈を放棄した後に、甲不動産がCに帰属したとしてもAの意思に反するとは考えられない。このように本問遺言には、C以外の者に甲不動産を帰属させる別段の意思も表示されないことから、甲不動産の所有権はCに帰属するものと考えられる。

　なお、民法995条は、包括遺贈にのみ適用されるとする有力説があり、これによれば、本問のように特定遺贈が放棄された場合には同条が適用されないこととなるが、この説によっても、同法990条によりBが受けるべきであった甲

不動産の所有権は、相続人と同一の権利義務を有する包括受遺者Cに帰属することになるので、前記結論に差異はない。

したがって、本問では、Cは甲不動産を自己の所有とする所有権移転の登記を申請することが可能であると考えられる。

なお、この場合の登記原因証明情報は、遺贈を原因として甲不動産の所有権がAからCに移転したことを明らかにするためには、①遺言が民法の定める方式に従っていること、②遺言者Aが死亡したこと、③Bが遺贈の放棄を行ったことなどが記録されていなければならない。

3033　全財産の2分の1につき包括遺贈がされた場合の登記

問　全財産の2分の1を甲・乙に均等に遺贈し、残りの財産を相続人に法定相続割合により相続させる旨の遺言があった場合の登記手続はどうするか。

結論　**2件の申請で、1件は遺贈を原因とした甲・乙各4分の1ずつの移転、1件は相続を原因とした法定相続人への移転として行う。**

説明　甲・乙は全財産の2分の1につき均等に包括遺贈を受けたものと解されるので、遺言者名義の各不動産につき、甲・乙各々4分の1の一部移転の登記（甲・乙共同でも、また甲・乙別々でも申請できる）をすることができる（昭34.4.6第658号回答）。また、残りの財産（2分の1）については、法定相続人が相続分に応じた相続の登記をすることになる。

なお、この場合の遺贈の登記と相続の登記は、登記の申請構造が異なるので、各別の申請情報によるべきである。すなわち、包括受遺者は、民法上は相続人と同一の権利義務を有するとされる（同法990条）けれども、登記手続においては、特定遺贈と同様、登記権利者を受遺者とし、登記義務者を遺贈者として受遺者と遺贈者の相続人の遺言執行者または相続人とする共同申請によってされているが、遺言執行者が選任されている場合には、遺言執行者が遺贈者の相続人を代理して申請する（昭33.4.28第779号通達）からである。

3034　相続の登記と遺贈の登記の区別

問　「遺言者は、後記受遺者（相続人のうちの一人）に後記不動産を遺

第3節　所有権移転

贈する」旨の記載のある遺言書に基づきする所有権移転の登記の申請は「相続」によるか、「遺贈」によるか。

結論 「遺贈」を登記原因として所有権移転の登記をすべきである。

説明 遺言者が、死後に自己の相続人に対して自己の財産を法定相続分の割合と異なって承継させる旨の遺言をするには、①当該相続人の相続分を定める（民法902条）、②遺産分割の方法を定める（同法908条）、③包括または特定の名義で遺贈する（同法964条）の各方法が考えられる。

そこで、本問の場合が、この①から③のいずれに該当するかであるが、遺言書の記載が「遺贈する」と明記している以上、③に該当すると言わざるを得ない。他方、遺言者の真意を推測して、特に遺言者が法律に必ずしも明るくないような場合は、相続人に「遺贈」すると表現したのは、単に相続人に財産を承継させることを意味するにすぎず、「相続」ではなく「遺贈」させるという明確な意思があるとは考えられないとして、この場合でも「相続」とすることを認めるべきであるとする意見もある（相続登記か遺贈登記かによって、登録免許税等の税負担に相異があること等による）。しかし、民法上、「相続」及びこれに伴う「相続分の指定」「遺産分割」の概念と「遺贈」の概念が明らかに区別されており、これらのいずれかの用語を明確に遺言書中において使用されている以上、書面審査権限のみしか有しない登記官としては、遺言者の意思は、その用語に含まれた法律状態、効果を求めることにあると判断するのが相当であると考えられ、登記実務は、この考え方により取り扱っている（昭48.12.11第8859号回答、昭47.8.21第3565号回答）。

3035 遺贈による所有権移転の登記の添付情報

問 遺贈による所有権移転の登記を遺言執行者と受遺者の共同で申請する場合、遺言者の死亡を証する情報の添付を要するか。

結論 **遺贈による登記を申請するときは、家庭裁判所が選任した遺言執行者が申請人となる場合を除き、遺言執行者の代理権限を証する情報として遺言者の死亡を証する情報の添付を要する。**

説明 遺贈による所有権移転の登記は、受遺者と遺言執行者（遺言執行者が選任されていない場合には、遺言者の相続人全員）の共同申請によってされる。この場合は添付情報として、相続人の法定代理人である遺

言執行者（民法1015条）としての代理権限を証する情報が必要となる。

遺贈による所有権移転登記を申請する場合における遺言者の死亡を証する情報（戸籍謄本等）の添付の要否については、次のとおりである。

(1) 遺言者の相続人が申請人となる場合は、相続人であることの証明情報の内容としては、相続人であることの前提として被相続人が死亡した事実も明らかでなければならない（不登法62条、登記令別表の二十二の項添付情報欄）ことから、遺言者の死亡事項の記載のある戸籍謄本等が必要である。

(2) 遺言者の相続人の代理人として遺言執行者が申請人となる場合で、遺言者が遺言で遺言執行者を指定しているときは、代理権限証明情報の内容の一つとして、遺言者の死亡の事実を証する情報の添付が必要である。遺言は、遺言者の死亡の時から効力を生じる（民法985条）ので、この時点で遺言執行者に代理権限が生じることになるからである。

(3) 家庭裁判所が選任した遺言執行者（民法1010条）が申請人となる場合は、家庭裁判所の審判の過程において遺言者の死亡の事実が確認されていると考えられ、その旨が審判調書において確認できることから、遺言者の死亡の事実を証する情報としての戸籍謄本等の添付を要しない。

以上のことから、遺贈による所有権移転の登記を申請する場合には、家庭裁判所の選任した遺言執行者が申請人となる場合を除き、遺言者の死亡を証する情報の添付が必要である（昭59．1．10第150号回答）。

3036 相続人を受遺者とする特定遺贈の登記と農地法3条1項の許可書の提供の要否

問 相続人に対する特定遺贈の登記の申請には、農地法3条1項の許可書を提供する必要があるか。

結論 必要はない。

説明 従来、特定遺贈により農地の所有権を移転するには、受遺者が相続人のうちの一人である場合においても、農地法3条の知事の許可を要するとされていた（昭43．3．2第170号回答、昭52.12.27第6278号回答）。これは、遺贈は相続とは異なり、遺贈者と特定の受遺者との間で、遺贈者の遺言という法律行為によって権利変動が生じるものであり、同法の規制対象とすべきとする考え方によるものと考えられる。

しかしながら、大阪高判平24.10.26（公刊物未登載）では、特定の遺産を特定の相続人に「相続させる」趣旨の遺言者の意思が表明されている場合には、被相続人の死亡時に直ちに当該遺産が当該相続人に相続により承継されるものと解すべきで、相続人に対する特定遺贈による農地の権利移転については、実質的に相続と変わらないことから、農地法3条1項の許可を要しないとされた。

これを受けて、農地法施行規則15条5号の規定が改正され、農地又は採草放牧地の権利移動の制限の対象の例外を定める農地法3条1項ただし書、同項16号に規定する農林水産省令で定める場合として、「相続人に対する特定遺贈」が加えられた。

この改正省令には経過規定がなく、相続人に対する特定遺贈が相続と変わらないことから、遺言により農地を相続人へ移転する特定遺贈の所有権の移転の登記原因の日付は、当該日が省令の改正以前の日付であっても農地法3条1項の許可を要せず、当該遺言の効力発生が生じた日をもってすることができることとされている（平24.12.14第3486号通達）。

3037 遺贈による登記と遺言書の提供の要否

問 遺贈を原因とする所有権移転の登記には、登記原因証明情報として遺言書を提供しなければならないか。

結論 遺言書の提供を必要とする。

説明 所有権移転の登記を申請する場合には、原則として登記原因証明情報を提供しなければならない（不登法61条）。このことは、遺贈を原因とする所有権の移転の登記を申請する場合であっても同じである。登記原因証明情報を提供する趣旨は、当事者等が登記の原因となる事実又は法律行為の存在を証明することによって、登記官が申請どおりの権利変動が適法に生じているか否かを形式的に確認し、あるいは申請情報の誤りを審査し、不実ないし誤った登記の出現を未然に防止しようとするものであると解されている。

ところで、旧不動産登記法においても、登記原因を証する書面は添付書類とされていたが、登記原因証書が当初から存在しない場合もあり、また、登記原因証書にはこれを利用して登記済証を作成する機能もあった。その結果、登記

原因の一部しか証明することができない内容の書面など、その書面のみでは完結的に登記原因を明らかにすることができないものについては、登記原因証書とは認められず、登記原因証書の提出の代替として、登記申請書の副本が提出されていた。したがって、同法では、遺贈を原因とする所有権移転の登記原因証書として、遺言書を提出しようとしても、遺言書に所有権移転の登記原因の日付（遺言の効力が発生した日）が記載されていないことなどから、登記原因証書の要件を満たすものではないものとして、登記申請書の副本が提出される取扱いがされていた（昭33.1.10第4号通達、昭34.9.9第1995号回答）。

　しかしながら、現行不動産登記法の登記原因証明情報では、登記原因を証明するために、複数の情報を組み合わせて提供することが認められており、本問の場合には、遺言書と死亡の日が明らかにされている登記名義人（遺言者）の死亡を証する情報である戸籍謄本等とを組み合わせて登記原因証明情報とすることになる。

　なお、遺贈を原因とする登記は、遺言執行者が指定又は選任されているとき（民法1006条、1010条）は、遺言執行者が遺言者の相続人に代わって（遺言執行者がいないときは遺言者の相続人が）登記義務者代理人となり、受遺者が登記権利者となって申請するものであるが（昭43.8.3第1837号回答）、遺言書において遺言執行者の指定がされている場合、当該遺言書は、遺言執行者の代理権限を証する情報（登記令7条1項2号）に該当することはもちろん、遺言書に遺言執行者の指定がなかった場合には、登記原因証明情報として提供された遺言書で、遺言執行者の指定がないこと等を確認する必要がある。

第3款　相続による登記

3038　特別受益証明書

問　特別受益証明書とはどのようなものか。
結論　**法定相続人の一人が被相続人の遺産に対して既に相続分がないことを証明したものである。**

説明　　共同相続人中に、被相続人から遺贈を受け、又は婚姻、養子縁組のため若しくは生計の資本として贈与を受けた者があるとき

は、被相続人が相続開始の時において有した財産の価額にその贈与の価額を加えたものを相続財産とみなし、相続分の中からその遺贈または贈与の価額を控除し、その残額をもってその者の相続分とする（民法903条1項）とされている。この場合の、被相続人から遺贈を受け、又は婚姻、養子縁組のため若しくは生計の資本として贈与を受けた者を「特別受益者」という。なお、平成30年の民法一部改正により、婚姻期間が20年以上の夫婦の一方である被相続人が、他の一方に対し、その居住の用に供する建物又は贈与について同条1項の規定を適用しない旨の意思表示（持戻し免除の意思表示）をしたものと推定するとされている（民法903条4項）。

　ところで、特別受益者が生前に受けた財産の価額が、受けるべき相続分を超える場合は、特別受益者には相続開始時に受けるべき相続財産は存在しないこととなる。この場合には、相続分がない旨の特別受益者が作成した証明書（特別受益証明書）を添付して、他の相続人から登記の申請ができる（昭28.8.1第1348号回答）。なお、この証明書には、作成者の印鑑証明書の添付を要するのが実務上の扱いである。

　前記証明書は、一種の事実証明であるから、未成年者（満17歳以下）が自ら作成したものでも、その者の印鑑証明書が添付されていれば適正なものとして取り扱われている（昭40.9.21第2821号回答）。また、共同相続人の一人である親権者母が他の共同相続人である未成年の子につき特別受益証明することは、利益相反行為（民法826条）に該当しないとされている（昭23.12.18第95号回答参照）。さらには、共同相続人となるべき乙が、被相続人甲から相続分を超えて生前贈与を受け、乙が甲より先に死亡した場合には、乙の代襲相続人丙が作成した乙が甲から特別受益を受けた旨の証明書でも差し支えないものとされる（昭49.1.8第242号回答）。

3039　胎児の出生前に作成された特別受益証明書を添付してする相続登記の適否

問　胎児の出生前に作成された相続分が存在しない旨の特別受益証明書を添付情報として、相続を原因とする所有権移転の登記を申請することができるか。

結論　できる。

説明　共同相続人の中に被相続人から遺贈を受けたり、婚姻、養子縁組のため又は生計の資本として生前に贈与を受けたりした者（特別受益者）がいる場合には、相続人間の公平を図るため、その価額を遺産に含めて相続分が算定される。つまり、被相続人が相続開始時に有していた財産の価額に特別受益の価額を加えたものを相続財産とみなし、各共同相続人の相続分を算出して、この相続分から特別受益の価額を控除したものが、特別受益者の相続分とされる（民法903条1項）。

　その結果、特別受益者の受益額が相続分の価額と等しくなったり、これを超えたりする場合には、特別受益者は、その相続分を受けることができないので（民法903条2項）、この場合には、民法903条の規定により相続分がない旨の証明書（いわゆる特別受益証明書）を提供して、他の相続人のみで相続の登記の申請をすることが認められている（昭8．11．21第1314号回答、昭28．8．1第1348号回答）。なお、特別受益証明書には、特別受益者の印鑑証明書を添付しなければならない（登記令19条2項）。

　例えば、胎児の母が、胎児に相続分がない旨の特別受益証明書を添付して、自己の単独名義とする相続を原因とする所有権の移転の登記の申請がされる場合が考えられる。

　胎児は、相続については、既に生まれたものとみなされるが（民法965条、886条）、ここでは、胎児が権利能力を取得する時期が問題とされる。つまり、出生前の遺贈の時点で胎児が権利能力を有していれば、胎児の出生前に作成された特別受益証明書は有効なものと考えられ、胎児が出生しなければ権利能力を有しないのであれば、特別受益証明書は胎児の出生後に作成される必要があるということになるからである。

　この問題については、「胎児は、相続については、既に生まれたものとみなす」（民法886条1項）と規定するのみであり、学説は、停止条件説と解除条件説に分かれる。

　前者は、胎児である間は権利能力がなく、胎児が生きて生まれたときに、相続開始の時点に遡って権利能力を取得するという考え方で、後者は、胎児にも相続につき権利能力を認め、死んで生まれたときには、相続開始の時点に遡って権利能力を失うという考え方である。

　登記実務では、解除条件説に立ち、相続に関しては胎児を既生児として扱い、胎児名義での相続登記を行うことを認めている（明31．10．19第1406号回答、

昭29.6.15第1188号回答）。これは、停止条件説によると、胎児が生きて生まれてきた場合には相続関係を是正しなければならないが、解除条件説によれば、胎児が死んで生まれてきた場合に限り相続関係を是正すれば足りるからである。

したがって、出生前の胎児について作成された特別受益証明書は、登記実務上、有効なものと解される。

なお、胎児の出生前においては、相続関係が未確定の状態にあるので、胎児のために遺産分割その他の処分行為をすることはできない（昭29.6.15第1188号回答）が、特別受益証明は、単なる事実の証明であり、処分行為に該当するものではない。

特別受益証明書の作成者については、胎児のための相続の登記においては未成年者の法定代理の規定が類推され、胎児の母がその代理人となり、胎児のための特別受益証明書を作成することになる。その際、特別受益証明書は単なる事実の証明にすぎず、利益相反行為には当たらないとされ、共同相続人である胎児の親権者が特別受益証明書を作成することにつき特別代理人を選任する必要はないものと解されている（昭23.12.18第95号回答）。

3040 確定判決による登記を申請する場合における相続を証する情報の提供の要否

問 登記手続を命ずる判決の言渡しがされ、いわゆる調書判決（民事訴訟法254条1項）の正本を提供して原告が単独で所有権移転の登記を申請する場合において、当該調書に、請求原因事実として登記義務者である亡Ａの相続人が被告Ｙらのみである旨が記載され、被告Ｙらにおいて当該請求原因事実を争うことを明らかにしないものとして自白したものとみなす旨の記載がされているときは、当該調書のみを相続を証する情報とすることができるか。

結論 **当該調書のほか、被告Ｙら以外に亡Ａの相続人がいないことを証する情報（亡Ａの相続についての戸籍謄本等）を提供する必要がある。**

説明 共同申請を原則とする権利の登記にあっては、当事者の一方が登記申請に協力しない場合に、その登記手続をすべきことを命

ずる確定判決（民事訴訟法114条、115条）を得ることで、他方の者が単独で登記申請をすることができる（不登法60条、63条、民事執行法174条）。この登記手続を命ずる確定判決は、これを命じられた者が登記官に対してすべき登記申請の意思表示に代わるものであり、これにより、その確定の時に当事者が意思表示をしたものとみなされることになる。したがって、判決の内容には、どのような登記手続を命ずるものであるのかが明確にされていなければならない。

　次に、意思表示を求める給付の訴えにおいては、自己の給付請求権を主張する者が原告となり、原告によってその義務者と主張される者が被告となる。また、本問のような所有権の移転の登記手続を求める訴訟は、その相続人が数人ある場合であっても、必要的共同訴訟ではないと解されている（最判昭44．4．17民集23巻4号785頁）。したがって、相続人の一部の者が他の相続人を除外して、なれ合い訴訟に及ぶことも想定され、全くの他人を相手方として訴訟提起し、相手方の欠席等による擬制自白を悪用して、勝訴判決を得るような事例もないわけではない。

　このようなことから、本問のような事案において、民事訴訟法254条1項の規定により判決の言渡しがされた確定判決による登記の申請を認めるためには、判決理由中で、相続人の全員が争訟当事者（被告）となっていることが、戸籍等の証拠によって認定されていることが必要となる。登記実務も、判決書が戸籍に関する証明に基づいて、「Aの相続人はX、Yの2名である」と明示している場合、死亡者Aと相続人X及びYとの関係は確かな事実であると認めることができるため、この判決書を相続を証する情報として提供する場合、改めて戸籍に関する証明を提供する必要はないと解されている。

　本問の場合、調書に請求原因事実として、亡Aの相続人が被告Yらのみである旨が記載されていても、その理由中に、「被告Yらは、本件口頭弁論期日に出頭せず、答弁書その他の準備書面を提出しない。したがって、被告Yらにおいて請求原因事実を争うことを明らかにしないものとして、これを自白したものとみなす」などと記載されているのであれば、この記載は、相続関係についても、被告Yらの自白の成立を擬制しているにすぎないこととなる。

　このような場合には、調書判決の正本のみをもって、不動産登記令7条1項5号イに定める相続証明情報とすることは困難であり、別途、被告Yら以外に亡Aの相続人がいないことを証する情報として、戸籍謄本等を提供する必要がある。

3041　遺産分割による相続登記

問　遺産分割による相続登記とはどのようなものか。

結論　被相続人が遺産の処分について特段の意思を証書としなかった場合に、法定相続人間の協議によってその処分を決定してする相続登記である。

説明　共同相続人は、遺産に属する物又は権利の種類及び性質、各相続人の職業その他一切の事情を考慮して、いつでも協議で遺産の分割をすることができる。この協議が調わないときは、その分割を家庭裁判所に請求できる（民法906条、907条）。また、被相続人は、遺言で分割の方法を定めることができる（同法908条）。遺産分割がされると、その定めたとおりの内容の法律効果が相続開始の時に遡って生じることとなり（同法909条）、遺産分割をした相続人は、分割の内容（相続財産の分配）による相続財産を被相続人から直接に承継（相続）することになる。

そこで、遺産分割による登記は、通常、相続を登記原因とすることとなり、共同遺産相続の登記（法定相続分による）をすることなく、直ちに分割後における各単独所有（又は共有）名義に登記をすることができる（不登法62条、63条2項、昭19.10.19第692号通達、昭28.4.25第697号通達）。そして、この場合は、相続を証する情報（登記令7条1項5号イ）として、法定相続人であることの証明情報（戸籍謄抄本又は法定相続情報一覧図の写し等）及び遺産分割協議書（又は調停調書、審判書、遺言書等）を提供することになる。なお、遺産分割協議書には、登記申請人を除く他の協議者が協議書に押印した印鑑の証明書を提出することを要する（昭和30.4.23第742号通達）。

遺産分割の協議は、共同相続人全員が参加しなければ効力を生じないと解されているが、共同相続人中に特別受益者がいる場合は、特別受益証明書を添付して他の共同相続人間でされた協議書によることも差し支えないとするのが登記実務の扱いである。

また、数次にわたる相続の相続人間における遺産分割協議も有効と解され（昭29.5.22第1037号回答）、親権者とその親権に服する数人の未成年者である子との遺産分割の協議をするには、未成年者一人ごとに特別代理人の選任を要し（昭30.6.18第1264号通達）、遺産分割の協議において、共同相続人中の一人

が相続財産の分割を受けない旨の意思表示をすることも差し支えない（昭32．4．4第689号通達）。

　不在者の財産管理人は、家庭裁判所の許可を得て、不在者のための遺産分割の協議に加わることができる（昭39．8．7第597号回答）が、胎児の出生前においては、相続関係が未確定の状態にあるので、胎児のために遺産分割はできない（昭29．6．15第1188号回答）。相続分の譲渡（民法905条）を受けた者は遺産分割協議に参加できると解されている（昭40.12．7第3320号回答参照）。

　相続開始後、一旦共同相続登記がなされてから遺産分割協議による所有権移転の登記を申請する場合は、共同申請（不登法60条）によることとされている（昭28．8．10第1392号回答）。この場合は、相続を原因とする所有権移転の登記の手続と異なり、一般の所有権移転の登記と同じく、遺産分割登記によって当該不動産を承継することになった相続人が登記権利者、その他の相続人（相続登記の名義人）が登記義務者となり、登記義務者の権利に関する登記識別情報や、印鑑証明書を添付して申請することになる。

3042　相続人不存在の場合の登記

問　相続人がいない場合は、死者名義の登記はどうなるか。
結論　**相続財産法人名義に登記した後、特別縁故者名義、又は国名義に移転の登記をすることになる。**

説明　相続人のあることが明らかでないときは、相続財産は法人とされる（民法951条）。この相続財産法人は、解散後の清算法人に近いものと見られていて、相続財産管理人を置き（同法952条）、この管理人の下で相続財産の管理・清算（同法956条、957条）及び相続人捜索（同法958条）の両手続が行われる。そこで、相続人が明らかでなく、相続財産法人の相続財産管理人が家庭裁判所によって選任された場合には、死亡者名義の不動産につき、相続財産管理人から相続財産法人名義に変更の登記を申請する。

　この場合の相続財産法人名義の登記（「亡何某相続財産」と登記する）は付記登記（登記名義人氏名変更登記）によって行われる（昭10．1．14第39号通牒）。

　また、申請情報には、相続財産管理人の選任書を添付することを要し、もしこの選任書の記載によって、相続人不存在の場合の選任であること及び死亡者の死亡年月日が明らかでないときは、それらの事項を証する情報として戸籍

（除籍）の謄抄本を添付すべきものとされている（昭39.2.28第422号通達）。

次に、相続人捜索の公告（民法958条）によっても相続人である権利を主張する者がいないときは、家庭裁判所は、被相続人と生計を同じくしていた者、被相続人の療養看護に努めた者その他被相続人と特別の縁故があった者の請求によって、これらの者（特別縁故者）に、相続債権者及び受遺者に対する清算後残った相続財産の全部又は一部を与えることができる（同法958条の3）。

この場合の特別縁故者への移転の登記は、相続財産である不動産等を特別縁故者に分与した旨の家庭裁判所の審判書正本及びその確定証明書を添付して、特別縁故者単独で、「相続財産処分の審判」を登記原因として申請することができるものとされている（昭37.6.15第1606号通達）。

特別縁故者もいないときは、相続財産は国庫に帰属することになる（民法959条）ので、この場合は、相続財産管理人の引継書に基づいて所轄財務局長に引き渡され、死者名義の登記のある不動産につき、国名義への移転登記をすることになる。

もっとも、実務上は、財務局が国有不動産の管理に係る予算措置を講ずるのが困難である等の理由から、相続財産管理人において権限外行為許可審判を得ての売却により、家庭裁判所に現金を納入するという方法が採られており、不動産を国庫に引き継ぐ事例は、多くない。

3043 相続人の中に破産者がいる場合

問 相続人の一人が相続開始後に破産手続開始決定を受けた後、破産者である相続人に代わり破産管財人が遺産分割の協議を行った場合において、その遺産分割の協議の結果に基づく所有権の移転の登記を申請するときは、相続を証する情報として、どのような情報を提供すべきか。

結論 **戸籍謄本、遺産分割協議書（共同相続人（破産者である相続人を除く）のほか、破産管財人の署名押印がされているもの）等の一般的な相続を証する情報のほか、裁判所の許可があったことを証する情報を提供する。**

説明 破産者が破産手続開始の時において有する一切の財産は、破産財団となり、破産手続において破産管財人にその管理及び処分

権が専属することになる（破産法2条14項）。破産者である相続人が自由に遺産分割をすることができるかという問題については、破産法が遺産分割に関する明文の規定を欠いていることなどを理由に、遺産分割は身分権（相続権）に基づく一身専属的なものであり、破産管財人が遺産分割の協議に参加することができないとする見解がある。

　しかし、相続人が数人ある場合における相続開始から遺産分割までの間の共同相続人が取得する遺産の共有持分権は、実体上の権利である（最判平17.10.11）と考えられ、遺産分割協議は、詐害行為取消権の行使の対象になり（最判平11.6.11民集53巻5号898頁）、遺産分割後の不動産につき権利を取得した第三者に法定相続分を超える権利の取得を対抗するには登記が必要となる（最判昭46.1.26民集25巻1号90頁）。このように遺産分割協議が財産権を目的とする法律行為と解される以上、相続人が破産手続開始決定を受けた場合の共有持分権も破産財団を構成するものと解するべきであり、破産管財人は、破産財団の処分である遺産分割について当事者として遺産分割をすることができるものと考えられる。

　したがって、遺産分割事件において当事者適格を有するのは、破産者ではなく、破産管財人であり、遺産分割協議も破産管財人が参加することとなる。

　この場合の相続を証する情報としては、戸籍謄本その他の一般的な相続を証する情報のほか、遺産分割の調停又は審判の場合には、破産管財人が当事者として表示されている当該調停調書又は審判書の正本が必要となる。また、遺産分割協議の場合には、破産管財人及び共同相続人（破産者である相続人を除く）が作成した遺産分割協議書のほか、裁判所の許可（破産法78条2項）があったことを証する情報の提供を要する（平22.8.24第2078号通知）。

3044 差押えの登記のために、相続財産管理人を選任せず、相続財産法人に変更する代位の登記申請の可否

問　相続人が不分明の不動産につき相続財産管理人が選任されていない場合において、相続財産管理人の選任手続を経ることなく、その不動産の登記名義人（被相続人）の債権者が、競売申立受理証明書を代位原因を証明する情報として、相続財産法人名義に変更する代位の登記を申請することができるか。

| 結論 | 相続財産管理人を選任することなく、相続財産法人名義に変更する代位の登記を申請することができる。

| 説明 | 相続人の存否が不明の場合、その相続財産は何らの手続を要することなく、当然に法人として成立する（民法951条）。相続人不在の場合には、現にその財産が滅失したり破損したりするおそれがあることから、家庭裁判所は、利害関係人又は検察官の請求により、相続財産の管理人を選任しなければならない（同法952条１項）。相続財産管理人は、相続財産法人の代表者であり、相続財産の清算を主たる任務とし、不在者財産管理人と同様の権限を有する（同法953条）。

不動産の登記名義人が死亡し、その相続人の存在が明らかでない場合に、強制競売の開始決定に係る差押え等の登記の嘱託をするには、その前提として、利害関係人等の請求により選任された相続財産管理人から、当該不動産の登記名義を被相続人から相続財産法人とする登記名義人の氏名等の変更の登記をする必要がある（昭10.１.14第39号通牒）。この変更の登記は、通常、相続財産管理人によってされる。

そこで、相続財産法人が成立したものの、相続財産管理人が選任されていない状態のまま、相続財産に関する変更登記を債権者が代位によって申請することができるかが問題となる。

相続人不存在の場合に当然に相続財産法人が成立する趣旨は、相続人不存在により、相続財産が無主物となったり、直ちに国庫に帰属してしまう弊害を避けることと、相続財産管理人が相続財産法人の代理人として清算等の処理を行う権限を明確にするために、法技術的に相続財産自体に法人格が付与されたものと解される。

そうであれば、相続財産管理人が行う清算手続によらなければ、相続財産法人に属する権利を行使することができないとも考えられるところではあるが、判例は、「相続財産管理人は、相続財産法人の法定代理人であって、それ自体が相続財産の帰属主体となるものではないから、債権者が相続財産に属する権利を代位行使する場合には、権利行使時に相続財産法人が存在していれば足り、相続財産管理人の選任までは要しないものである。」と判示している（東京地判平７.４.26判タ920号230頁）。また、相続財産管理人は当該相続財産法人の代表者であって、相続財産の管理主体ではないことからも、債権者による権利の代位行使に当たり、相続財産管理人の選定が必須となるものではない。

したがって、相続財産管理人の選任手続を経ることなく、当該不動産の登記名義人である被相続人の債権者が、競売申立受理証明書を代位原因を証明する情報として、当該不動産の登記名義人を相続財産法人名義に変更する代位の登記を申請することができると考えられる。

3045 相続財産法人の登記の目的

問 相続人不存在により相続財産法人名義にする登記の目的は、どのように表示するか。

結論 登記名義人氏名変更とすべきである。

説明 登記名義人の死亡によって、その財産が相続財産法人となったときは、選任された相続財産管理人からの申請又は相続債権者等の利害関係人からの代位申請によって、当該事項が登記されることが多いと考えられる。この登記は、当初、所有権移転の登記によることとされていた（昭５.７.１第757号回答）が、その後、登記名義人の表示の変更に準じて付記登記によることとされた（昭10.１.14第39号通牒）。

その後、不動産登記法の改正により当該付記登記の目的については、「登記名義人ノ表示ノ変更ノ登記」という表現から「登記名義人の氏名若しくは名称又は住所についての変更」と改められた（旧不登法28条、不登法64条）。

したがって、本問の場合、申請情報に記録される登記の目的は、相続財産管理人の選任の有無にかかわらず、「○番登記名義人氏名変更」とするのが相当である。

3046 相続財産法人の登記の申請情報

問 相続人不存在を原因とする登記名義人の氏名変更の登記を申請する場合において、被相続人の死亡時の氏名住所が登記記録上のそれと異なるときは、申請情報には、どのような事項を記録すればよいか。

結論 登記名義人の氏名の変更の申請情報に、登記原因及びその日付として、氏名及び住所が変更された旨及びその日付を併記すべきである。

説明 　相続財産法人の登記は、登記名義人の氏名の変更の登記であり、当該変更に係る変更後の登記事項は「○市○町○番地亡何某相続財産」とされる。本問のように、被相続人の死亡時の氏名住所が登記記録の氏名住所と異なるときには、その変更も併せて申請されるべきであり、このことは、被相続人の死亡後に町名又は地番の変更や住居表示が実施された場合も同様である。

　これらの原因が複合する場合には、登記の目的は、例えば、「○番登記名義人住所、氏名変更」であり、登記の原因は、「平成○年○月○日氏名変更、平成○年○月○日住所移転、平成○年○月○日相続人不存在、平成○年○月○日住居表示実施」などの振り合いでなされる。

3047 共有者の一人が相続人なくして死亡した場合の権利の帰属とその登記

問 　共有者の一人が相続人なくして死亡し、その持分につき相続財産法人名義の登記がされている場合において、当該持分につき分与する旨の審判を受けた特別縁故者が自己のためにする持分移転の登記の申請はすることができるか。

結論 　することができる。

説明 　共有者の一人が相続人なくして死亡したときは、民法255条の規定によれば、その持分は、他の共有者に帰属することとなる。一方、同法958条の3の規定によれば、相続人捜索の公告によっても相続人が現れず相続人の不存在が確定したときは、家庭裁判所は、特別縁故者に相続財産を分与することができることとされている。そこで、共有者の一人が相続人なくして死亡したときは、同法255条が適用されるのか、それとも同法958条の3が優先適用されるのかが問題となる。

　登記実務では、かつては、民法255条が優先適用され、本問のケースについては却下を免れなかった（昭37.8.22第2359号通達）。

　しかし、最判平元.11.24（民集43巻10号1220頁）において、共有者の一人が相続人なくして死亡した場合の共有持分も民法958条の3の規定に基づく特別縁故者への相続財産の処分の対象になることが明らかにされたことを受けて、共有者の一人が相続人なくして死亡した場合において、民法958条の3の規定に

よる相続財産処分の審判に基づき当該共有持分の移転の登記の申請がされたときは、これを受理すべきであると取扱変更がされた（平元.11.30第913号通達）。

具体的には、民法958条の3第2項の期間内に特別縁故者からの財産分与の申立てがなかったとき又はその申立てを却下する旨の審判が確定したときの他の共有者への権利の帰属時期は、申立ての期間満了日または申立てを却下する旨の審判が確定した日の翌日であり、登記原因は「特別縁故者不存在確定」とするのが相当である（平3.4.12第2398号通達）。

3048 二重相続資格者の相続放棄

問 弟が兄の養子となった後に、兄が死亡して相続が開始した。被相続人には配偶者も養子以外の直系卑属も直系尊属もなく、養子となった弟と妹二人がいるだけである。弟は、養子としての相続権を放棄した場合に、改めて弟としての資格で相続を承認し、妹二人とともに相続不動産につき相続の登記の申請をすることができるか。

結論 **不動産登記実務上は、養子としての相続の放棄をしたが、弟としては相続の放棄をしていないことが明らかとなる情報を添付して、当該相続の登記の申請をすることができる。**

説明 相続人は、相続開始の時から、被相続人の一身に専属するものを除き、被相続人の財産に属した一切の権利義務を承継する（民法896条）。しかし、各種の事情により、遺産の相続を欲しない相続人は、自己のために相続の開始があったことを知った時から、原則として3か月以内に、相続を放棄することができる（同法915条1項）。

そして、この放棄は、家庭裁判所に対する申述によって行うのであり（民法938条）、この申述の受理の審判がされ、これが告知されると、放棄の効力が発生し（家事事件手続法201条1項（別表第一の九十五の項）、74条）、放棄をした者は、その相続に関しては、初めから相続人とならなかったものとみなされる（民法939条）。

ところで、相続人が、二重の相続資格を有する場合がある。例えば、本問のように弟が兄の養子となった後に、兄が死亡して相続が開始したが、被相続人には兄弟姉妹以外には相続人がいない場合には、弟は養子として第1順位の相

続権を持つ（民法887条、809条）とともに、弟として第2順位の相続権を持つ（同法889条1項）ことになる。また、甲の相続人として乙、丙、丁3名の子があって、乙が丁を養子とする縁組をした後に、まず乙が死亡し、次いで甲が死亡した場合には、甲の死亡により開始した相続に関しては、丁は甲の子としての相続資格（同法887条1項）と、乙の代襲相続人としての相続資格（同条2項本文）とを併せ持つこととなる。

そして、このように相続人が二重の相続資格を持つ場合に、先順位の相続権を放棄したときや、同順位の重複する一方の相続権を放棄したときは、その効果は、当然に次順位の相続権ないし同順位の他の一方の相続権にも及ぶものかどうかが問題となる。

具体的には、前の例で言えば、養子として相続権を放棄した弟は、改めて弟としての相続につき承認するか放棄するかの選択権を持つかどうかということであり、後の例で言えば、丁は、子としての相続権を放棄した後でも、代襲相続人として承認をなし得るかどうかということである。

学説はまちまちあるが、先例は、同一人が子としての相続資格と、代襲相続人としての相続資格を兼有する事案につき、提供された添付情報から、相続人の資格を併有する者が、どの相続人の資格で相続の放棄をしたのかが明らかとならない場合には、そのいずれの資格においても相続の放棄をしたものとして取り扱っている（昭41．2．21第172号回答）。

一方、相続の登記の添付情報として提供された家庭裁判所の相続の放棄の申述を受理したことを証する情報に、相続放棄申述受理証明書のほか、申請人が養子として相続を放棄したことを確認することができる相続放棄申述書の謄本及び弟としては相続の放棄をしていない旨が記載された印鑑証明書付きの申述書が提供されている場合には、当該相続の登記の申請は、することができるものと解される（平27．9．2第362号回答）。

3049　胎児の相続能力と胎児名義の相続登記

問　夫が死亡し、妊娠中の妻と夫の母とが残された。この場合、胎児にも夫の遺産を相続する権利は認められるか。もし、認められるとするならば、夫の遺産である不動産について、胎児名義の相続登記をすることは可能か。

結論 相続に関しては、胎児は既に生まれたものとみなされるので、夫の遺産相続権が認められており、共同相続をする場合に限り、胎児名義の相続の登記が許されている。

説明
(1) 胎児の相続能力

　　　相続は、被相続人の死亡の瞬間に、その者の財産に属していた一切の権利義務が相続人に移転するものである（民法896条）。相続人であるためには、被相続人の死亡の時に権利能力者でなければならない。しかし、「私権の享有は、出生に始まる。」（同法3条）とされているために、この原則を貫く限り、胎児はたとえ相続開始の翌日に生まれた場合でも、相続人としての資格が認められないことになる。

　しかし、相続開始の時点で権利能力がないものの、やがて出生することが予定されている胎児を無視して相続権がないとすることは、できるだけ近親者に相続させようとする法の精神に沿わない結果となることなどから、我が国では、欧州諸国の民法に倣って相続開始当時の胎児を既に生まれたものと擬制して（民法886条1項）、相続権が認められている。もっとも、胎児についてこのような相続の特例が認められるのは、胎児が生まれた場合に限るのであり、死んで生まれた場合には、初めから胎児がいなかったものとして取り扱われる（同法886条2項）。

(2) 「既に生まれたものとみなす」の意味

　胎児は、相続については、既に生まれたものとみなす（民法886条1項）とされているが、この文言の解釈について、従来から学説の分かれるところである。

　生きて生まれることを停止条件とする意味に解すれば、胎児である間は権利能力がなく、生きて生まれてきたときに、相続開始の時点に遡及して権利能力が認められるということになる（停止条件説・人格遡及説）。この説での擬制は、出生の事実の擬制ではなくて、相続権取得の時期であり、判例は、この見解によっている（大判大6.5.18民録23輯831頁、大判昭7.10.6民集11巻20号2023頁）。

　一方、死んで生まれることを解除条件とする意味に解すれば、胎児自身に相続の権利能力を認めることになり、死んで生まれた場合には相続開始時に遡及して権利能力を失うこととなる（解除条件説・制限人格説）。この説では、相続開始時に出生そのものが擬制されている。

第3節　所有権移転

本問の場合において、停止条件説を採るならば、まず、妻と夫の母が相続権を有し、胎児が生きて生まれてきた後に、胎児が相続権を回復することになる。解除条件説を採るならば、まず、妻と胎児が相続権を有し、胎児が死んで生まれてきたときに、相続関係を是正することとなる。

　登記の実務では、胎児は相続に関しては既生児として扱われ、胎児名義の相続の登記が許されている（明31.10.19第1406号回答）。もっとも、胎児の出生前においては、相続関係が未確定の状態にある（胎児は必ずしも一人とは限らず双生児などの場合もあり得るし、そのいずれであるかによって他の相続人に及ぼす影響は大である）ところから、胎児のために遺産分割その他の処分行為をすることはできないと解されている（昭29.6.15第1188号回答）ので、胎児名義の相続の登記が許されるのは、通常は他の相続人との共同相続の登記の場合に限られる。

(3) **胎児名義の相続の登記**

　胎児のための相続の登記は、胎児の母が代理人として申請する（昭29.6.15第1188号回答）。この場合には、未成年者の法定代理の規定が類推適用され、胎児の母が法定代理人となるものと解される。申請情報に記録すべき登記原因及びその日付（登記令3条6号）は、「平成○年○月○日相続」の振り合いによる。また、申請人の氏名（同条1号）及び申請人が登記権利者又は登記義務者でないとき（同条11号イ）として、胎児に関して「亡甲某妻乙某胎児」と記録する。

　申請情報に提供すべき相続を証する情報及びその他の登記原因を証する情報（登記令別表の二十二の項添付情報欄）としては、戸（除）籍謄抄本を添付すればよく、被相続人の妻が懐胎していることを証する医師の証明書を添付する必要はない。

　なお、本問の場合のように、被相続人の妻とその胎児との共同相続の登記の記録例は、次のとおりである。

```
（甲区）
 2  所有権移転
      平成○年○月○日受付
      第○号
      原因　平成○年○月○日相続
      共有者
```

```
○市○町○番地
    持分２分の１    乙    某
同所同番地
    ２分の１    亡甲某妻乙某胎児
```

　胎児名義の相続の登記がなされた後に、胎児が生きて生まれた場合には、その子の氏名・住所を登記記録に明示することが望ましい。出生子の法定代理人は、登記名義人の住所氏名の変更の登記を申請すべきである。

　この場合の登記原因は、「平成年月日出生」であり、添付情報には、代理人の権限を証する情報（登記令７条２号）及び登記名義人の氏名若しくは名称又は住所について変更又は錯誤若しくは遺漏があったことを証する市町村長、登記官その他の公務員が職務上作成した情報（公務員が職務上作成した情報がない場合にあっては、これに代わるべき情報）（登記令別表の二十三の項添付情報欄）として、関係戸籍謄本と住民票の写しとを添付することとなる。なお、この場合の変更登記の記録例は、次のとおりである。

```
（甲区）
２        ２番登記名義人住所、氏名変更
付記      平成○年○月○日受付
１号      第○号
          原因  平成○年○月○日出生
          共有者亡甲某妻乙某胎児の氏名住所
              ○市○町○番地
                  何    某
```

　なお、胎児名義の相続の登記をした後に、双児が生まれた場合には、既になされた相続の登記を更正し、胎児が死んで生まれた場合にも、既存の相続の登記を実体と符合させることが望ましい。

3050　同時死亡と相続登記

問　夫と長男が交通事故で死亡し、妻と夫の両親が取り残された。夫と長男のどちらが先に死亡したか不明である場合、夫の遺産は誰

が相続することになるか。

結論 夫と長男とは同時死亡と推定され、夫の遺産は、妻が3分の2、夫の両親がそれぞれ6分の1の割合で相続する。

説明 相続は、死亡によって開始する（民法88条）が、親子や夫婦が、飛行機、船、汽車、電車、自動車等の交通機関の事故に遭ったり、地震、火事等の災害によって相前後して死亡し、どちらが先に死亡したか明らかでない場合には、どちらが先に死亡したと見るかによって、相続順位や相続分に大きな違いが生じてくる。

例えば、本問の場合に、夫が先に死亡したとすると、夫の遺産は、まず妻が2分の1、長男が2分の1の割合で相続し（民法887条1項、890条、900条1号）、次いで長男の死亡により、長男の相続した2分の1の財産につき相続が開始することとなり、その全部を妻が相続する（同法889条1項）。つまり、この場合には、妻が夫の全財産を相続することになるのである。

これとは逆に、長男が先に死亡したとすると、長男は夫の財産を相続することなく死亡したことになり、夫の遺産は、妻が3分の2、夫の両親がそれぞれ6分の1の割合で相続することになる（民法889条1項、890条、900条2号・4号）。

我が国の民法には、従来このような場合の規定が設けられていなかったため、戸籍上死者の死亡日時が自己に有利に記載された場合には、その相続人はこれによって相続登記を行い、これと反対の主張をする者が、死亡の日時が戸籍上の記載と異なることを立証するのは容易でなかった。

このような不合理な結果を生じる事例が多発化したことを受け、昭和37年7月1日施行の民法の一部改正法（昭和37年法律第40号）により、同時死亡の推定規定（民法32条の2）が新設され、一人が他の者の死亡後になお生存していたことが明らかでないときは同時に死亡したものと推定され、それらの者の間には相続関係が生じないこととされた。

本問のように、夫と長男が交通事故で死亡し、夫と長男のどちらが先に死亡したか不明である場合、夫と長男とは同時死亡と推定されるので、夫と長男の間には相続関係が生じないことになるので、夫の法定相続人は、妻と夫の両親のみであり、夫の遺産は、妻が3分の2、夫の両親がそれぞれ6分の1の割合で相続することとなる。

なお、相続人となるべき複数の者の間の同時死亡の要件は、当該複数の相続

人が同時に死亡したか、又はその死亡の先後が明らかでない場合であり、登記の添付情報である戸籍の記録によって判断するほかない。例えば、夫は「某日午後10時死亡」、長男は「同日午後９時から11時の間に死亡」の旨が記録されている場合にも、登記官はこれを同時死亡として取り扱う（昭35．3．29第939号回答、昭36．9．11第2227号回答）ことから、時分でなく日で記録されていても同様の扱いがされるべきである。

　すなわち戸籍上の死亡の日が、推定相続人Ａについて「１日」、同Ｂについて「１日から10日までの間」とあるとき、あるいは同Ａについて「１日から10日までの間」、同Ｂについて「３日から７日までの間」とあるとき、あるいは同Ａについて「１日から５日までの間」、同Ｂについて「５日から10日までの間」とあるとき等、これらはいずれも一人が他の者の死亡後になお生存していたことが明らかでないときに該当すると言うべきであり、よって互いに相続人の地位に立つことがないとすべきであろう。

　なお、これらの判断は、相続を証する情報としての戸籍事項証明に基づき行われるべきものであり、例えば、死亡診断書や死体検案書が別途、提供されたとしても、このような情報は、相続を証する情報に該当しないことから、これらに基づき判断をすることは困難である。

3051　寄与分と相続登記

問　寄与分とは何か。また、その場合の相続の登記はどうすればよいか。

結論　**寄与分は、本来の相続分の拡張であり、寄与分のある相続人がいる場合の相続の登記は、通常の場合と基本的には異ならない。ただし、寄与分を定めた後の相続分による共同相続の登記を申請する場合及び法定相続分による共同相続の登記における相続分の表示を寄与分を定めた後の相続分に改めるための更正登記を申請する場合には、申請情報に相続を証する情報の一として、寄与分の定めを証する情報を提供しなければならない。**

説明　(1)　特別寄与分

　　　民法は、従前から、共同相続人の一人が被相続人から生前贈与を受けたような場合には、その生前贈与分を遺産の前渡しと見て、その者の

相続分をそれだけ減らす措置が講じられていた（同法903条）。一方、共同相続人の一人が被相続人の財産の維持・増加について特別な寄与をした場合（例えば、長男が父とともに専ら農業に従事していた場合、妻が夫の営む商工業を手伝っていた場合等）、その者の相続分を増やす旨の規定が設けられていなかった。

このため、前記のような共同相続人の一人の遺産形成に対する寄与を、相続分との関係でどのように評価すべきかについては積極・消極の両意見が対立していたが、昭和55年の民法の一部改正により現行民法904条の2の規定が設けられて、立法的解決が図られた。

民法904条の2の規定によれば、共同相続人中に、被相続人の事業に関する労務の提供又は財産上の給付、被相続人の療養看護その他の方法により被相続人の財産の維持又は増加について特別の寄与をした者があるときは、被相続人が相続開始の時において有していた財産の価額から共同相続人の協議により定めたその者の寄与分を控除したものを相続財産とみなした上で、同法900条から902条までの規定により算出した相続分に寄与分を加えた額がその者の相続分となる（同法904条の2第1項）。

共同相続人間にこの協議が調わないとき、又は協議をすることができないときは、寄与分を受ける資格のある相続人は家庭裁判所の審判を請求することができる。この請求があると、家庭裁判所は、その寄与の時期、方法及び程度、相続財産の額その他一切の事情を考慮して、寄与分を定める（民法904条の2第2項）。ただし、寄与分の額は、共同相続人の協議で定める場合も、家庭裁判所の審判による場合も、被相続人が相続開始の時において有した財産の価額から遺贈の価額を控除した額を超えることはできないという制限がある（同条3項）。

寄与分は、遺産分割の協議又は審判の際に、その前提として定められるのが通常であろうが、遺産分割の協議に先立って寄与分のみを定めることも、もとより差し支えない。寄与分が定められると、その相続人は、相続開始の時に法定相続分又は指定相続分に寄与分を含めた相続分により相続したことになる。

(2) **寄与分と相続登記**

前記のように、寄与分は、本来の相続分を拡張するものであって、相続分と離れて独立の存在意義を有するものではない（相続とは別に、寄与分のあることを原因として被相続人の財産が特定の共同相続人に移転するわけではない）。したがって、寄与分のある共同相続人がいる場合の相続の登記は、これがいない場合

と基本的に異なるところはないが、申請情報に添付すべき相続を証する情報の種類又はその記録事項については、若干の注意点がある。

まず、共同相続の登記をする場合、寄与分が定まっていれば、その定められた後の相続分による登記をすることは、差し支えない。この登記を申請するときは、相続を証する情報の一部として、寄与分の定めを証する情報を添付する必要がある。先に法定相続分による共同相続の登記がなされ、後に寄与分が定められたときは、その登記の相続分の表示が当初から誤っていたことになるので、前記の登記の更正をすることができる。その更正登記の登記原因は「錯誤」とすれば足りる。

次に、寄与分の定めを前提として遺産分割の協議（又は審判）が行われ、その結果寄与分を有する共同相続人に、特定の不動産が帰属した場合には、その者を相続人とする相続の登記をすることになるが、その申請情報に添付する遺産分割協議書中には寄与分の定めの記録がなくても差し支えない。遺産分割協議においては、当該共同相続人が寄与分を有していることを考慮して、同人にその不動産を帰属させることにしたのかもしれないが、それは協議の過程の問題にすぎないからである。

一旦法定相続分による共同相続の登記がなされた後に、寄与分の定めと遺産分割の協議（又は審判）に基づいて、寄与分を有する共同相続人に特定の不動産の権利移転の登記をする場合も、前段の更正登記によるべきである。

3052　数次相続と相続登記

問　複数の相続により不動産の所有権が順次移転したが、登記名義が変更していない場合、中間省略登記が認められないか。

結論　**中間省略登記が認められる場合がある。**

説明　不動産の所有権が数次の相続により順次移転したにもかかわらず、相続の登記がされないままの状態で推移し、最終の相続人から、数次を遡る相続の登記申請がされることがある。このような場合、本来であれば、まず不動産の所有名義人の相続人のための相続の登記をし、以下順次相続の登記を経由して、最終の相続人のための登記に至ることになるのであるが、手続上、中間の相続の登記を独立個別の登記として申請することを省略して、便宜、直接登記記録上の所有名義人から最終の相続人のための相続登記

をする取扱いが認められないかという問題がある。

　先例は、古くから、中間及び最後の相続人の各相続による所有権の取得が同一の原因によるものである場合には、前記のような中間省略による相続の登記を認めている（明32.3.7回答先例集上25頁）。例えば、①甲の死亡によりその所有に係る不動産を乙が相続したが、相続の登記を経ない間に乙が死亡し、更に丙が相続をした場合には、乙の相続の登記を省略して、直接甲から丙への相続の登記をすることができる。②前記の例で乙の死亡により丙丁戊の3名が不動産を相続した場合でも、この3名はいずれも乙の死亡という原因によって所有権（持分）を取得したのであるから、甲からこの3名への相続の登記をすることができる（これら①②の事例における丙または丙丁戊が乙名義の相続登記を申請することは妨げない）。これら①②に対し、③甲の死亡により開始された相続において、乙丙が不動産を共同相続したが、乙丙両名も相次いで死亡したため、乙の持分は丁が、丙の持分は戊がそれぞれ相続したような場合には、甲から丁戊への相続の登記をすることはできない。

　この場合、丁が不動産の持分を取得したのは乙の死亡による相続が原因であり、戊がその持分を取得したのは丙の死亡による相続が原因となるので、それぞれ持分取得の原因及びその日付を異にするからである。なお、この事例において丙又は戊が、甲から乙への相続登記を省略して、直接甲から戊への持分の相続の登記ができない（共同相続人の一人が自己の持分のみについて相続登記をすることはできないからである）。

　もっとも、④甲の死亡により同人が所有していた不動産を乙が相続し（第1相続）、次いで乙の死亡により丙丁がその持分を相続し（第2相続）、さらに丙の死亡により戊が丙の持分を（第3相続）、丁の死亡により乙が丁の持分を相続した（第4相続）というような場合（第3と第4の先後は問わない）には、第2の丙丁の相続登記の段階までは中間省略が許されるから、甲から丙丁への相続登記をし、ついで第3、第4の戊及び丁の相続登記を各別にすることになる。

　数次相続における相続登記につき中間の相続を独立の申請としてすることの省略が認められる場合、その登記申請情報には、登記原因として中間の各相続の経過を記録することを要する（前掲明治32年の先例）。相続による所有権移転の登記は、所有権の登記名義人から最終の相続人に対してするとしても、所有権移転の経過は登記上明らかにしておくことが望ましいからである。一方、こ

の公示の要請を満たすのは中間相続の経過が単純であるものに限られるのであって、相続関係が複雑である場合には登記記録への記録が錯雑になり（「原因　年月日乙相続、年月日丙丁相続、丙につき年月日相続、丁につき乙相続のうえ丙相続、年月日相続　所有者　戊」等）、公示の目的を果たし得ないことになる。

3053　外国人の相続の登記

問　外国人の相続の登記には、どのような法令が適用されるか。

結論　**原則として被相続人が外国人であるときは本人の本国法が、日本人であるときは日本の相続法がそれぞれ適用される。**

説明　外国人の相続の登記というのは、ここでは当事者である被相続人及び相続人が外国人である場合、あるいはそのいずれかが外国人である場合をいう。

　旧民法（昭和22年5月2日以前の日本の相続法）の下においては、同法964条において、家督相続開始原因の一つとして「戸主ノ……国籍喪失」を掲げており、日本人でない者は戸主となることができず、外国人は家督相続をすることができなかった。家督相続においては、家の統率者である戸主の地位の承継を主体とし、戸主の財産の承継は、これに付随するものとする建前であったので、日本人のみしか相続人となることができなかった。もっとも、同法中においても外国人は遺産相続をすることはできた。遺産相続は財産の承継のみを対象とするからである。

　現行の相続法（昭和22年5月3日以降の相続法）においては、外国人が相続人となる場合であっても、日本人が相続人となる場合と全く差異はない。外国人が日本国内に住所を有するか否かも問わない。

　法の適用に関する通則法（以下「通則法」という）36条は、「相続は、被相続人の本国法による」と規定している。したがって、原則として相続については、被相続人が日本人であれば相続人の国籍いかんにかかわらず日本の法律が、被相続人が外国人であれば相続人が日本人であってもその外国の法律が適用される。

　具体的には、相続が開始しているか、誰が相続人であるか、相続人である者が相続能力を有するか、相続人に欠格事由はないか、相続人の排除はないか、相続人の順位はどうか、あるいは代襲相続は認められるか、相続財産が直接的

に相続人に移転するか（それとも一旦相続財団を構成し、管理清算が行われた後に相続人に移転するか）、さらには、相続の承認、放棄、相続分、寄与分及び遺留分、遺産分割の時期、方法、基準、効果、相続財産管理人や遺言執行者の任命、あるいは土地・建物が相続財産を構成するか否かといった、いわゆる相続財産が被相続人のいかなる権利義務によって構成されるかといった相続に関する問題は、被相続人の本国法の定めるところによる。

遺言がされている場合には、遺言の成立及び効力は、その成立の当時における遺言者の本国法による（通則法37条）ことになり、遺言の取消しは、その当時における遺言者の本国法による（同条2項）ことになる。したがって、遺言が有効に成立しているか否かの判断は、遺言者の本国法に従って行う。

遺言の方式については、「遺言の方式の準拠法に関する法律」（昭和39年6月10日法律第100号）によって定められる。したがって、遺言書の作成・署名・証人の立会等方式に関するものは、この法律に定めるところによる。なお、遺言の具体的な内容については、その法律的性質に準拠して決定されることになる。すなわち、遺言により、その財産をいかなる限度まで自由に処分し得るか（遺留分）、相続人やその相続分を指定し得るかなどといった諸問題は、相続の準拠法である被相続人（遺言者）の本国法により定められる。

外国人の相続の登記の場合でも、登記申請手続については、日本人の相続の登記の場合と異なるところはない。登記手続は、各国が制定する財産権に関する内国法が定める制度であり、国際私法の問題ではないので、我が国の不動産に関する権利の公示及び対抗要件の取得については、我が国の不動産登記法が適用される。

通則法13条は、動産及び不動産に関する物権、及び登記すべき権利すなわち日本民法における不動産の買戻権（民法579条）や不動産の賃借権（同法605条）のようなものについても目的物の所在地法によるべきものとしている。「物権及びその他の登記をすべき権利」がいかなるものを指すのかは、いわゆる法律関係の性質の決定の問題であるが、我が国における物権は、物を直接的に利用し、排他的に支配すべき権利と解することができ、その他登記すべき権利というのは、登記することによって物権と同等の効力を持つに至る権利という意味に解することができる。

目的物の所在地というのは、目的物たる有体物の自然的・物理的な存在場所を指す。そして、決定された物権準拠法は、物権に関する諸問題、例えば、物

権の得喪及び変動に関する諸問題、すなわち物権的法律行為の成立及び効力のいかん、物権的法律行為の無因性・有因性の問題、あるいはある事実が物権変動を生ぜしめるか否かといった問題、さらには、物権の内容及び効力の問題、例えば、地上権や永小作権がどのような内容及び効力を有するのか、相続によって承継されるか否か等は、この物権準拠法によって決定される。

　もっとも、所在地法によるのは個々の物権であって総括的な財産についてではない。総括的な財産については、例えば相続における相続財産等はそれを構成する個々の財産とは別に被相続人の本国法（通則法36条）によるべきである。しかし、個々の財産がこのような総括財産の構成部分たり得るか否かは、個々の財産の属性に関する問題であり、個々の財産の準拠法、それが物権であれば所在地法によることになる。結局、相続そのものと相続の結果として物権が移転する関係は区別して考える必要がある。

　物権変動と登記との関係において、登記が物権変動の効力要件であるか、あるいは対抗要件であるかという問題は物権行為の方式の問題であって、方式の本則である行為の効力の準拠法によるべきであり、物権行為の効力の準拠法である所在地法によらなければならない（通則法13条）。

3054　敷地権付区分所有建物についての相続による所有権移転の登記

問　敷地権付区分所有建物についての相続による所有権移転の登記手続はどのようにするか。

結論　**登記の目的である不動産について敷地権付きのものとして扱い、また申請情報等にもその敷地権の種類及び持分を記載してする。**

説明　専有部分と敷地利用権が一体化している場合には、その専有部分と敷地利用権とを分離して処分することができない（区分所有法22条1項本文）。

　ここで言う一体性の原則に反する「処分」とは、権利者の意思表示による権利変動を指し、例えば売買、贈与、担保権の設定等がこれに当たる。強制執行や滞納処分による換価も、裁判所や税務署長が債務者たる専有部分及び敷地利用権の権利者に代わってする売買であるから「処分」に当たる。しかし、土地収用法による収用や、取得時効の成立や、特別の先取特権の成立のように、権

利者の意思表示によらない法律の規定によって生じる権利変動は「処分」に当たらないと解され、相続も同様に解される。

そこで、敷地権付建物の所有者甲につき相続が発生し、甲の相続人であるA・Bが法定相続する場合には、A・B両名のために相続の開始があった時に、専有部分及び敷地利用権はA・Bの共有となる（民法898条）ので、遺言又相続による移転の登記をすることになる。その手続は、通常の相続による所有権移転登記の手続と同様である。

もっとも、前記の事例で、専有部分はA、敷地利用権はBが取得する旨の遺産分割協議が成立していたような場合に、それに基づく登記ができるか否かは疑問である。遺産分割の実質的な性質は、相続人A・Bの協議（合意）により、遺産の共有持分権を移転することであるから、それは意思表示による権利変動に当たると考えられるからである。

したがって、専有部分と敷地利用権が一体化している場合において、専有部分はA、敷地利用権はBが取得する旨の遺産分割の協議は、建物の区分所有等に関する法律22条1項本文が禁止する分離処分に当たると解される無効な法律行為であり、そのような登記申請は受理されないものと考えられる（不登法25条13号、登記令20条4号・8号）。

3055　相続分の譲渡による相続登記

問　相続人間で相続分の譲渡をした場合、相続登記はどうすればよいか。

結論　**相続人間で相続分の譲渡があった場合には、その譲渡後の権利関係に基づく相続登記または共同相続登記をすることができる。**

説明　(1)　相続人間における相続分の譲渡

共同相続人が遺産分割前にその相続分を第三者に譲り渡したときは、他の共同相続人は、その価格及び費用を償還して、その相続分を譲り受けることができる（民法905条）。相続分の譲渡に関する民法の規定は同条のみであって、その意義、性質は解釈に委ねられている。

ところで、各共同相続人が相続分を第三者に譲渡し得ることは、明文上明らかであるが、これを他の共同相続人に譲渡し得るか否かは必ずしも判然としない。他の共同相続人に対する相続分の譲渡は、事実上の遺産分割として又は遺

産分割の協議に関与する者の範囲をあらかじめ調整しておくことを目的として行われるのが実情であると思われるが、共同相続人が相続分の譲渡という方式により相続財産配分の調整を図ろうとすること自体については、格別の不都合はないから、前記のような相続分の譲渡も認められると解すべきである。

　相続分の譲渡は、相続財産を構成する個々の財産についての権利の譲渡ではなく、相続財産全体に対する包括的持分の譲渡にすぎないので、これによっては個々の財産についての権利の変動をもたらさず、その権利変動は遺産分割によって初めて生じるとする裁判例もある（東京高決昭28.9.4家月5巻11号35頁）。しかし、相続分の譲渡は、全相続財産の分数的割合を権利の客体として処分するものであって、相続財産を構成する個々の財産上の権利自体を処分の目的とするものではないが、もともと「相続分」とは、共同相続人が相続財産を構成する個々の財産に対して有する共有（又は準共有）持分を基礎として成立する権利または地位なのであって、これを離れて存立し得るものではないことから、相続分が譲渡されれば、その当然の法律効果として、相続財産を構成する個々の財産についての共有（又は準共有）持分も相手方に移転すると解すべきであろう。

(2)　共同相続人間における相続分の譲渡と相続の登記

　共同相続人間における相続分の譲渡が、事実上の遺産分割を目的として行われる典型例は、共同相続人の一人に対し他の相続人がそれぞれの相続分を譲渡するケースである。相続人の一部の者が民法903条の特別受益を得ているような場合に、このような譲渡が考えられる。

　この場合、前記のとおり、相続分の譲渡の効果として、相続財産を構成する個々の財産についての共有（又は準共有）持分は一人の相続人に移転、集中し、結局当該相続人が全財産の単独所有者となる。この帰結は、遺産分割により、一人の相続人に相続財産上の権利を集中させる場合と同じである。もっとも、遺産分割は、相続開始の時に遡ってその効力が生じる（民法909条本文）ので、相続財産は他の相続人に当初から帰属しなかったことになるが、相続分の譲渡は、特則がない以上、その譲渡時に効力を生じると解すべきである。この場合の相続財産の帰属は、被相続人→各共同相続人（共有）→特定の相続人という経路をたどる。

　つまり、相続分の譲渡による事実上の遺産分割がなされ、相続財産たる不動産が特定の相続人の単独所有に帰した場合において相続の登記をするときは、

これを登記に忠実に反映させようとするならば、まず、共同相続人全員のために法定相続分による共同相続の登記をし、次いで特定の相続人に対するその余の相続人の持分移転の登記をすべきことになる（この持分移転登記の登記原因を「相続分の譲渡」とすることができるか否かという問題もある）。また、不動産の単独所有者となった相続人が、前記の登記を省略して、直接被相続人から当該相続人に対する相続の登記をすることもできる。

前記の相続分の譲渡は、事実上の遺産分割と評価できるし、共同相続人全員の共有から持分移転という権利変動の過程（単独の相続人に持分が集中する過程）を必ずしも公示すべきものとする実益もない。先例も結論において同様の見解を示しており（昭59.10.15第5195号回答）、相続分を譲り受けた相続人が相続登記を申請するには、他の相続人の印鑑証明書付相続分譲渡証明書を添付しなければならないとしている。

次に、共同相続人間における相続分の譲渡が、遺産分割に関与する相続人の範囲をあらかじめ調整することを目的として行われるケースとは、例えば、共同相続人A、B、C、DのうちA、Bがその相続分をDに譲渡し、D、C間で遺産分割をするという場合である。

この場合、D、C間に、相続不動産はDが取得する旨の遺産分割協議が成立したときには、A、BのDに対する相続分の譲渡とD、Cの分割協議を全体としてA、B、C、D間の遺産分割協議と評価して、その不動産につきD一人を相続人とする相続の登記をすることが認められる。前記先例も、結論として前記相続の登記の申請を可とし、その申請情報には、A、Bの印鑑証明書付相続分譲渡証書及びD、C間の遺産分割協議書を添付すべきものとしている。

なお、前記の事例において、D、C間の遺産分割協議に先立って、D、Cが共同相続登記（Dの持分は、同人の本来の持分にA、Bの持分を合算した分数的割合であるとして）を申請することがあり得る。この場合の登記は、言わば最終的な遺産分割に至るまでの暫定的な権利関係を公示するものであるが、前記のとおりA、BのDに持分がDに集中する過程までも必ず公示すべきものとする実益は乏しいことから、前記の相続の登記の申請を認めて差し支えなかろう。先例（昭59.10.15第5196号回答）も同旨である（この場合、A、Bの印鑑証明書付相続分譲渡証書の添付を要することは、前記先例の趣旨から明らかであろう）。

3056 相続分の譲渡後に遺産分割協議がされた場合の登記手続

問 共同相続による所有権の移転の登記後に、相続人の一人が相続分を第三者に譲渡し、その後に当該譲渡を受けた第三者とその他の相続人との間で遺産分割協議を行い、当該譲渡を受けた第三者が単独で所有権を取得した場合には、相続分の譲渡による所有権の移転の登記をすることなく「相続分の譲渡による遺産分割」を原因として、直接、第三者への所有権の移転の登記をすることができるか。

結論 できない。

説明 相続分の譲渡に関する直接的な規定は設けられていないが、民法905条が「共同相続人の一人が遺産分割前にその相続分を第三者に譲り渡したときは、他の共同相続人が、その持分を取り戻すことができる」旨を規定していることから、相続分の譲渡は当然に認められるものと解されている。通説によれば、この場合の相続分とは、遺産全体に対して各共同相続人が有する包括的持分あるいは法律上の地位とされる。よって、相続分の譲渡により、譲受人は、相続人と同等の権利義務を有するものと解されている。

また、相続分の譲渡は、有償・無償を問わず、その方式も特に定められていないことから、相続分の譲渡を内容とする譲渡人と譲受人の意思の合致があれば足り、口頭又は書面のいずれによってもすることができる。

例えば、亡Xの相続人であるA、B及びCを登記名義人とする相続による所有権の移転が登記されている甲不動産について、まずCがその相続分をA及びBに譲渡し、その後AB間で甲不動産をAの単有とする旨の遺産分割協議が行われた場合には、Aが甲不動産を単独で取得することになる。

この場合には、相続分の譲渡と遺産分割という二つの権利変動の過程があり、これらは別の法律行為であるが、ABCがいずれもXの相続人であることから、当該相続分の譲渡を遺産分割協議の一環とみなし、相続分の譲渡による所有権移転の登記をすることなく、「遺産分割」を登記原因として、直接、B及びCの持分の全部をAに移転する所有権移転の登記をすることができる(昭40.12.7第3320号回答)。また、この場合は、相続分の譲渡を証する情報、及び

遺産分割協議書を登記原因証明情報とすることが相当である。

一方、本問のように相続分の譲受人が第三者である場合には、見解が分かれる。この場合であっても相続分の譲渡により相続人の地位を承継した者が遺産分割協議に参加し、権利を遡及的に取得したという事実に着目し、当該譲渡における相続人でない譲受人も相続人と同等の権利義務を有することをもって、「相続分の譲渡による遺産分割」あるいは、「遺産分割」を登記原因として、譲渡人を含む他の共同相続人から直接譲受人に所有権の移転の登記をすることができるとの考え方もある。

しかしながら、本問の場合、権利変動を生じさせる原因となる行為が、相続分の譲渡と遺産分割という二つの過程を経ていることから、このような登記を認めると中間省略登記を認めることになってしまい、相当ではないと考えるべきである。

また、登記実務では、死亡者名義のまま法定相続の登記がなく、法定相続人ABCのうちのAB間で相続分の譲渡がされたものの、BC間で遺産分割協議がされず、共有となった場合には、「年月日相続」を原因としてBC名義で直接登記することができるとされているが（昭59.10.15第5196号回答）、既に複数の法定相続人の名義で法定相続による登記がされている場合において、その後の遺産分割によりそのうちの一人が不動産を取得したときは、法定相続による登記を抹消するのではなく、当該法定相続の登記を前提とした移転登記がされる取扱いになっており、遺産分割の遡及効に着目しても、本問のように、第三者が相続分譲渡を受け、かつ、法定相続による所有権の移転の登記がされた後の登記について、相続分の譲渡と遺産分割という二つの過程の中間を省略することは困難であると言わざるを得ない。

したがって、本問の事例では、相続分の譲渡人である相続人の一人から譲受人である第三者への「相続分の売買」を登記原因とする持分全部移転の登記と、その他の相続人から第三者への「遺産分割」を原因とする持分全部移転の登記を順次行うことが相当である。

3057 相続分のない相続人を含めて相続の登記がされた場合の更正登記

問 相続開始当時、既に死亡し、又は相続権を喪失していた者を加え

て相続の登記がされた場合、相続による所有権移転の登記の更正が許されるか。

結論 死亡者又は相続権喪失者の相続による所有権の一部（相続持分）の取得の登記に関する部分は、実体関係と合致しない無効なものであるが、他の共有者（相続人）の相続による所有権の取得の登記に関する部分は有効であるから、相続による所有権移転の登記の更正が許される。

説明 所有権の更正の登記は、更正前の登記と更正後の登記との間に同一性がなければならないとされている。すなわち、権利の主体である登記名義人の同一性が部分的に確保されていれば、その範囲において更正登記が許される。なぜなら、実体上の権利関係と合致している部分の登記はその限りにおいて有効であり、他の部分が実体関係と合致しない無効な登記であるからといって、その登記自体を全部抹消して、新たに実体関係に合致した登記をすることは相当ではなく、実体関係と合致していない部分の登記について更正をすれば足りるからである。

本問では、誤って登記されている部分、すなわち、死亡者又は相続権喪失者の相続分の取得の登記の実質的な抹消と他の共有者（相続人）の相続持分を本来の相続持分に合致させる所有権移転登記の更正は、登記上の利害関係を有する第三者の登記がない場合、又は当該第三者の承諾があるときに限り（不登法68条）、許される。

なお、その更正登記の申請情報に記録すべき登記原因は「錯誤」とすれば足りるが、登記原因を証する情報を提供しなければならない（登記令別表の二十五の項添付情報欄イ）。

3058 相続登記後に相続の放棄がされた場合の更正登記

問 甲、乙及び丙の共同相続の登記後、丙が相続放棄をした場合、相続による所有権移転の更正が許されるか。

結論 甲及び乙を登記権利者、丙を登記義務者として、甲及び乙の相続持分の更正及び共有者丙の抹消を内容とする相続による所有権移転更正の登記が許される。

| 説明 | 相続人は、相続を放棄することができ、その効果は初めから相続人とならなかったものとみなされる（民法939条）。したがって、甲、乙及び丙の共同相続の所有権移転の登記後、丙が相続の放棄をした場合には、丙は初めから相続人でなかったものとみなされるため、当該相続についての相続人は、被相続人の死亡の時に遡って甲及び乙であったことになり、丙の所有権の一部（相続持分）の取得に関する部分の登記は、実体上の権利関係に合致しないものとなる。そこで、このような相続による所有権移転の登記を実体上の権利関係に合致させるために、甲及び乙を登記権利者、丙を登記義務者として、甲及び乙の相続持分の更正及び共有者丙の抹消を内容とする所有権移転の登記の更正をすることができる。

所有権移転の登記の更正登記は、登記上の利害関係を有する第三者の登記がない場合、又は当該第三者の承諾があるときに限り（不登法68条）、許される。

なお、その更正登記の申請情報に記録すべき登記原因は「錯誤」とすれば足り、登記原因を証する情報を提供しなければならない（登記令別表の二十五の項添付情報欄イ）。

3059 家督相続後の隠居者名義の不動産が留保された財産である場合に、当該不動産を処分したときにする登記

問 隠居による家督相続があった後の隠居者名義の不動産が留保された財産である場合に、当該不動産を処分したときにする登記には、どのような情報を添付すればよいか。

結論 留保財産であることの証明と、処分権者たる全相続人に係る相続を証する情報を添付する。

説明 旧民法における相続には、現行民法の相続に相当する「遺産相続」（旧民法992条以下、家族が固有財産を持つことにつき同法748条）と、現行民法には存在しない「家督相続」という制度があった。家督相続は、日本古来の「家」制度を前提としたもので、戸主の地位を承継する身分相続に財産相続を付随させるものであった。そのため、家督相続人は、戸主の地位を承継した者に限定され、その原因は、戸主の死亡や、戸主が高齢等を理由として自ら生前にその地位を相続人に承継させる隠居などを原因として生じることとされていた（旧民法964条、752条以下）。

このような家督相続制度の特殊性から、前戸主である隠居者がその後の生活等を考慮し、家督相続の前に自らが有していた財産の一部について、家督相続の対象とせず、自己の財産として留保することを認める留保財産の制度が設けられていた。

　ところで、家督相続において留保されなかった財産の相続については、原則として家督相続の時において、家督相続の対象として家督相続の規定が適用され、家督相続人にのみその財産が承継されるが（旧民法986条）、隠居者が死亡した場合の留保財産の相続については、遺産相続の対象となり、遺産相続の規定が適用されるので、家督相続人である直系卑属及びその他の直系卑属が第1順位の相続人となり（同法994条、970条1項）。また、旧民法の規定により生じた相続の効力は、現行民法下においてもその効力を有するものである（改正法附則4条ただし書）。

　旧民法下の登記実務では、同法988条の規定により隠居者が留保した財産が留保財産であるかどうかについては、裁判によって決定される事柄であって、登記官の審査権の範囲外であるとされ、同条に規定する確定日付のある証書の添付がなくても、登記の申請は受理されることとされていた（大2.6.30第132号回答）。

　旧不動産登記法では、相続によって権利を取得した場合には、登記原因を証する書面は初めから存在しないこととなるので、常に申請書副本を提出して登記をすることとされており、この場合には、別途、申請人が相続人であることを確認するために、申請書に相続を証する書面を添付しなければならないこととされていたが、前記先例のとおり、当該不動産が留保財産であることを証する書面は、登記原因を証する書面には該当しないことから、家督相続による隠居者名義の不動産に係る登記が申請された場合には、相続を証する書面からは当該申請に係る不動産が留保財産であるかどうかが明らかではなかった。

　しかしながら、現行不動産登記法にあって、登記原因の真実性を確保し、登記の正確性を向上させることを目的として、権利に関する登記を申請する場合には、法令に別段の定めのある場合を除き、登記原因証明情報を提供しなければならないこととされている（不登法61条）。また、相続等一般承継があった場合の登記の申請に提供すべき情報は「相続その他の一般承継があったことを証する市町村長、登記官その他の公務員が職務上作成した情報（公務員が職務上作成した情報がない場合にあっては、これに代わるべき情報）」と定められている

（登記令7条1項5号イ）。

以上のことから、留保財産を対象とする登記の申請には、戸籍謄本等に加え、旧民法988条に規定する確定日付のある文書、留保財産であることについての確定判決の判決書の正本、遺産相続人全員の合意書等などの当該不動産が留保財産であることを証する情報を登記原因証明情報として提供しなければならない。

3060 再転相続人が相続放棄をした場合における相続を原因とする所有権移転の登記申請人

問 再転相続人が相続放棄をした場合における相続を原因とする所有権移転の登記申請人は、誰になるか。

結論 **登記名義人の死亡後、当該相続の登記を申請するまでの間に生じた数次相続の相続人全員が当事者となるところ、放棄をした者の放棄の効果が、より上の相続に係る放棄である場合、当該放棄者を除いた相続人が、当該相続登記の申請人となる。**

説明 再転相続人とは、例えば、登記名義人Aが死亡し、Aの子Bが相続人となったものの、BがAの相続について承認又は放棄をする選択権を行使することなく、相続の承認又は放棄をすべき期間（熟慮期間）内にBが死亡したため、Bの相続人Cが、Aを被相続人とする相続（第1相続）と、Bを被相続人とする相続（第2相続）の双方を相続することをいう。この場合のCを再転相続人という。

再転相続人Cの選択権について判例は、Cは、Aを被相続人とする第1相続に関する選択を、Bを被相続人とする第2相続に関する選択よりも先に行うときには、Aを被相続人とする相続（第1相続）及びBを被相続人とする相続（第2相続）の双方の相続について、いずれも承認又は放棄をすることができるとされており、したがって、Aを被相続人とする相続（第1相続）を放棄して、Bを被相続人とする相続（第2相続）の承認をすることもできるとされている（最判昭63.6.21家月41巻9号101頁）。

また、通説によれば、Bを被相続人とする相続（第2相続）に関する選択を先に行うときは、Bを被相続人とする相続（第2相続）の承認をした場合にのみ、Aを被相続人とする相続（第1相続）に関する選択をすることができ、B

を被相続人とする相続（第2相続）の放棄をすれば、それによってBが有していたAを被相続人とする相続（第1相続）に関する相続選択権を失うことになるので、もはや、Aを被相続人とする相続（第1相続）の承認又は放棄をすることができないと解されている。

なお、再転相続人が第1の相続に関する相続選択権を行使することなく、第2の相続を放棄した場合における第1の相続の相続分は、次順位の相続人（当該相続人がいなければ、相続財産法人）に帰属することとなる。

3061 相続させる旨の遺言の受遺者が遺言者の死亡以前に死亡した場合の登記手続

問 相続させる旨の遺言の受遺者が遺言者の死亡以前に死亡した場合には、当該遺言書を提供して登記の申請をすることができるか。

結論 **当該遺言書に遺言者の死亡以前に受遺者が死亡したときについて特段の意思の表示がない限り、遺言は効力を生じない（民法994条）ので、このような登記の申請をすることはできない。**

説明 例えば、被相続人Aが死亡し、その相続財産である甲不動産につき、Aの遺言に従えば、Aの子であるBが相続することになるが、Aの死亡の前にBが死亡していた場合に、代襲相続人であるBの子であるCが当該不動産について相続を原因とする所有権移転の登記を申請することができるであろうか。

相続は、被相続人の死亡により開始される（民法882条）。被相続人は、遺言により、包括又は特定の名義で、遺言者である被相続人の財産の全部又は一部を遺贈することができる（同法964条）。そこで、遺産を特定の相続人に相続させる旨の遺言がされた場合、当該遺言の法的性質が遺産分割方法の指定なのか、遺贈なのかが問題となる。

この点、判例は、相続人に「相続させる」旨の遺言は、基本的に当該相続人への遺贈ではなく、遺産分割方法の定めであって、その分割は当該部分に関しては既に終了したものとして他の共同相続人をも拘束しつつ、相続により直ちに承継されたものとしたり（最判平3．4．19民集45巻4号477頁）、「相続させる」旨の遺言による権利の移転は、法定相続分又は指定相続分の相続の場合と本質的に異なるところはない。そして、法定相続分又は指定相続分の相続による不

動産の権利の取得については、登記なくしてその権利を第三者に対抗することができるとし、もし特定の財産が特定の相続人の法定相続分を超える場合には、相続分の指定を伴う遺産分割方法を定めたものであるなどとしている（最判平14.6.10家月55巻1号77頁）。

登記実務も、「相続させる」旨の遺言がされた場合、遺贈と解すべき特段の事情がない限り、当該遺言は、遺産分割方法の指定と解されている。

次に、被相続人が死亡する以前に遺言で相続させると指定された者が死亡した場合の当該遺言の効力は、どのように考えるべきであろうか。

遺贈の場合に、当該遺贈がその効力を生じないことは明白である（民法994条1項）が、遺言が遺産分割方法の指定である場合には、明文規定がないことから解釈上の疑義が生じる。

下級審判例は、被相続人が死亡する以前に遺言で相続させると指定された推定相続人が死亡した場合について、当該推定相続人の子に代襲相続を認めるなど（東京高判平18.6.29判時1949号34頁）、代襲相続を肯定する見解もある。

判例は、「「相続させる」旨の遺言は、当該遺言により遺産を相続させるものとされた推定相続人が遺言者の死亡以前に死亡した場合には、当該「相続させる」旨の遺言に係る条項と遺言書の他の記載との関係、遺言書作成当時の事情及び遺言者の置かれていた状況などから、遺言者が、上記の場合には、当該推定相続人代襲者その他に遺産を相続させる旨の意思を有していたと見るべき特段の事情のない限り、その効力を生ずることはないと解するのが相当である」（最判平23.2.22民集65巻2号699頁）とし、民法994条と同旨の解釈がされている。

登記実務も、遺言書中にAが先に死亡した場合にはAに代わってA′に相続させる旨の文言がない限り、民法994条1項を類推適用して、甲不動産は、遺言者の法定相続人全員に相続されると解するのが相当であり、その相続の登記をすべきとし（昭62.6.30第3411号通達）、遺言者が、その者の法定相続人中の一人であるAに対し、「甲不動産をAに相続させる」旨の遺言をして死亡したが、既にAが遺言者より先に死亡している場合には、Aの直系卑属A′がいる場合でも、甲不動産は、遺言者の法定相続人全員に相続されると解されている（平5.6.3第4308号回答）。

もっとも、遺言の後に取得すべき者の一部が死亡したような場合には、当該遺言の全部が直ちに失効又は無効となるものではない。このような場合には、

他の受遺者又は指定相続人及びその受けるべき部分が存在する限り、その遺言は有効であるものの、指定された者の死亡により、代襲相続人に相続されない部分についてのみ、相続財産に復帰して、相続人間の共有又は分割に処せられるべきであると解される。

3062 配偶者と子が共同相続した遺産の分割協議未了の間に配偶者が死亡した場合の、子一人による遺産分割

問 甲の死亡により配偶者乙と子丙が共同相続した甲名義の不動産について、遺産分割未了の間に乙が死亡した場合には、丙は乙の相続人として一人で遺産分割をして、甲から丙へ直ちに所有権を移転する登記の申請をすることができるか。

結論 乙の生存中に遺産分割がされたか、特別受益により乙の相続分がない場合を除き、乙丙への相続を原因とする所有権の移転の登記をした上で、乙の持分について丙への相続を原因とする所有権移転の登記をすべきである。

説明 本問では、甲の死亡により、その相続人である配偶者乙と甲の子丙が不動産を相続した場合において、乙が甲の不動産を相続した後に死亡しており、乙の相続人が丙だけというときに、相続を原因として、甲から直接丙への所有権移転の登記をすることができるかが問題となる。

一般に、二つの権利変動が生じている場合、中間省略登記は、原則として認められず、これらの登記の申請を1件ですることは認められない。このことは、相続の登記についても同様であるが、数次相続の事案において、中間の相続が単独相続である場合には、例外として中間省略登記が認められている。この場合には、中間の相続登記を省略しても、登記原因に中間相続の相続人と相続年月日を記録（例えば、年月日甲某相続、年月日相続）することにより、権利変動の過程と態様を最小限公示することができ、このような中間省略登記であれば、中間者の利益を害するおそれがないものと考えられている。

本問の場合には、甲の死亡による1次相続により、乙と丙が甲の不動産を取得し、その後に、乙の死亡による2次相続により、丙が乙の相続財産を取得しているので、中間の相続が単独相続であるとは言えない。したがって、中間省略登記は許されず、原則どおり、乙丙への相続を原因とする所有権の移転の登

記をした上で、乙の持分について丙への相続を原因とする移転の登記を申請することとなる。

　本問の事例で、乙と丙との間で丙を相続人とする遺産分割協議がされていた場合には、遺産分割の効果が相続開始に遡及するので、丙は、甲の死亡時に遡及して単独で相続財産を取得することとなる。したがって、この場合には、法定相続の登記を省略することができる（昭19.10.19第692号通達）。

　また、本問の事例で、乙が特別受益者であった場合には、1次相続の段階で、丙は相続財産を単独で取得していることとなるので、そもそも中間省略の問題は生じないこととなる。

　なお、本問では、丙が乙の相続人として一人で遺産分割をすることができるかという点も問題となる。子丙は乙の相続人でもあるため、甲相続人兼乙相続人として二つの身分を併有する。そして結局被相続人甲の遺産全部が一人っ子である丙一人に帰属するのであるから、当事者の登記経済の見地を考慮する必要があるとして、子丙は「遺産処分決定書又は遺産分割協議書」を作成することが可能であり、丙は乙の相続人として一人で遺産分割をして、甲から丙へ直ちに所有権を移転する登記申請手続が許されるなどとして、これを積極的に認めようとする考え方もあった。しかしながら、乙の地位を兼ねる丙と丙自身がそれぞれ別人格であると擬制して、協議による合意という法律効果を発生させようとすること自体、遺産分割協議の性質上、無理があり、このような取扱いは、登記実務では認められない。

　もっとも、これが配偶者乙と一人っ子丙との間で遺産の分割協議があり、子丙が遺産の全部を相続する旨の協議が調っていたにもかかわらず、遺産分割協議書の作成のみをしていなかったり、遺産分割協議書は作成したものの、印鑑証明を取得していなかったりする等、分割協議の事実があった場合には、乙死亡後に当該分割協議について、その内容を当時の協議の日付とともに明らかにし、これを甲の相続人兼甲の相続人乙の相続人丙が「遺産分割協議証明書」として作成し、丙の印鑑証明書とともに提供することができるのであれば、乙丙間に遺産分割の協議があった事実が証されることから、相続による所有権の移転の登記を直接することができる。

3063 特定の不動産を遺贈する旨の遺言書に相続させる旨の読替規定がある場合の相続人からの登記の申請

問 特定の不動産を遺贈する旨の遺言書に、「この遺言の効力発生時において前記受遺者が遺言書の相続人であるときは、前項中「遺贈する」とあるのは、「相続させる」と読み替える」旨の記載がある場合において、当該受遺者が遺言者の死亡時にその相続人となっているときの登記申請手続は、どのようにすればよいか。

結論 当該遺言書とともに、読替規定に係る相続人であることを証する戸籍事項証明の添付を必要とする。

説明 特定の不動産を「遺贈する」旨の遺言書に、「遺言者の死亡時に、当該受遺者が遺言者の相続人であるときは、前項の「遺贈する」とあるのは「相続させる」と読み替えるものとする」旨の記載がされることがある。

これは、遺言書を緊急に作成する必要があるものの、受遺者が推定相続人であるか否かを確認する時間的余裕がない場合や、推定相続人ではない孫に遺産を与えたいと考えて、孫を受遺者とし、仮に、子が遺言者より先に死亡して、その孫が代襲相続により推定相続人となった場合には、その孫に相続させることとしたい場合などに用いられている。

まず、本問のような記載のある遺言書が作成され、遺言の効力の発生時に、受遺者が推定相続人となっているときは、当該読替規定に従い、当該受益者に直接、相続を原因とする所有権移転の登記の申請ができるかどうかが問題となる。

遺言書の解釈について判例は、意思表示の内容は当事者の真意を合理的に探求し、できる限り適法有効なものとして解釈すべき旨を本旨としつつ、遺言についてもこれと異なる解釈を取るべき理由は認められない（最判昭30．5．10民集9巻6号657頁）としている。

また、民法上、遺言に条件を付すことは禁止されておらず、特定の条件を付した遺言も有効であると解されている。本問の事例は、遺言書の作成時には、推定相続人でない者又はそれが明らかでない者であっても、遺言の効力の発生時に、推定相続人である可能性のある者に、その者が遺言の効力発生時に推定

相続人であることを条件として遺産を「相続させる」とするものである。遺言者は、受遺者に遺産を与えたいが、遺言書の作成時に、受遺者が推定相続人であるかどうかが不明であり、又は推定相続人ではないことから、「遺贈する」旨の遺言をし、併せて「相続させる」旨の読替規定を設けているのであり、特定の受遺者に遺産を与えたという点で、遺言者の意思は明白であり、このような条件が付された読替規定は有効と解される。

登記申請手続においては、遺言者が死亡したときに、受遺者が推定相続人であるときは、当該受遺者は、遺言により遺産を相続することができるものと考えられる。また、遺産を相続することによって、遺産の中に不動産がある場合には、当該不動産の所有権も相続により承継される効果が生じることから、受遺者単独により相続を原因とする所有権移転の登記を申請することができる。

この場合には、遺言書とともに、申請人が相続人であることを証する情報として、戸籍謄本等も併せて提供する必要がある。

3064 遺言執行者が登記申請を代理する場合の代理権限を証する情報

問 特定の不動産を相続させる旨の遺言に基づき遺言執行者が登記申請を代理する場合の代理権限を証する情報は、遺言執行者であることを証する情報で足りるか。

結論 **相続させる旨の遺言に基づき、遺言執行者として相続の登記を申請するには、登記の申請を委任する代理権限を証する情報の提供をする必要がある。**

説明 一般に、遺言執行者は、相続人の代理人とみなされ（民法1015条）、遺言の内容を実現すべき任務を有し、その任務に従って遺言の執行をするものとされている。遺言執行者には、遺言として表明された遺言者の意思内容を実現するために、遺言の執行に必要な一切の行為をする権限が与えられている（同法1012条1項）。相続人は、遺言執行者がある場合には、相続財産の処分、その他遺言の執行を妨げるべき行為をすることができない（同法1013条）。

特定の不動産を「相続人Aに相続させる」旨の遺言の趣旨は、民法908条に規定する遺産の分割方法を定めた遺言であり、他の共同相続人もこの遺言に拘

束されるので、これと異なる遺産分割の協議等を行う余地もなく、何らの行為を要せずして、被相続人の死亡時に直ちに当該遺産が遺言で指定された相続人により承継されるものと解されている（最判平3．4．19民集45巻4号477頁）。この場合、相続人Aは、被相続人の死亡の時に相続により、遺言で指定された不動産の所有権を相続したのであり、このような場合には、相続人Aが単独で相続による所有権移転の登記申請手続をすることができるので、遺言執行者が遺言の執行としてこの登記申請の義務を負うことはないとされている（最判平7．1．24判時1523号81頁）。

　登記実務でも、特定の不動産を「相続人Aに相続させる」旨の遺言に基づいて行うAのための相続を原因とする所有権移転の登記申請は、遺言執行者からすることはできないとする前記判例と同様の取扱いがされていることから、遺言執行者が登記申請を代理するためには、登記申請の任意代理人として、申請情報に登記申請人から委任状等の代理権証明情報を添付する必要がある。

3065 債権者代位による嫡出でない子の相続分を嫡出である子の相続分と同等にするための更正の登記

問　国又は地方公共団体が有する租税債権を保全するために相続人に代位して行う嫡出でない子の相続分を嫡出である子の相続分と同等にするための相続の更正の登記はどのようにするか。

結論　**平成13年7月1日以後に開始した相続で、嫡出でない子の相続分を嫡出である子の相続分の2分の1として代位登記がされている場合、当該所有権の更正の登記をすることができる。この更正の登記は、当該代位登記を行った嘱託者が単独で嘱託することができる。この場合の添付情報として、登記原因を証する情報及び登記義務者の承諾を証する当該登記義務者が作成した情報又は嘱託者が対象登記について「合意等により確定的なものとなった法律関係」に当たらない旨を証する報告的な情報（登記令別表の七十三の項）の提供を要する。**

説明　最決平25．9．4（民集67巻6号1320頁）を受け、それまでの民法900条4号にあった「嫡出でない子の相続分は、嫡出である子の相続分の2分の1とし、」の部分が削除され（「民法の一部を改正する法律」

平成25年第94号、平成25年12月11日公布)、改正民法900条4号は平成25年9月5日以後に開始した相続について適用される（改正法附則2項）とともに、民法旧900条4号は、「遅くとも平成13年7月当時において、憲法14条1項に違反していたものというべきである」「憲法に違反する法律は原則として無効であり、その法律に基づいてされた行為の効力も否定されるべきものである」「既に関係者間において裁判、合意等により確定的なものとなったといえる法律関係までをも現時点で覆すことは相当ではないが、関係者間の法律関係がそのような段階に至っていない事案であれば、本決定により違憲無効とされた本件規定の適用を排除した上で法律関係を確定的なものとするのが相当である」と位置づけられた。

　これを受けて、登記事務の取扱いが明らかにされた（平25.12.11第781号通達）。

　まず、平成13年7月1日以後に開始した相続で、遺言や遺産分割等によることなく、被相続人の法定相続人となったこと自体に基づき、民法の規定に従って法定相続分に応じて不動産等を相続した場合、子について登記されるべき法定相続分は、新900条4号に従うこととなる。これにより、①平成25年12月11日以降に受付した登記の申請又は嘱託（代位によるもの及び同日現在において未完了である事件を含む）について、嫡出でない子の相続分は、嫡出である子の相続分と同等であるものとして事務を処理することとされた。嫡出でない子の持分を嫡出である子の半分とする内容の登記申請又は嘱託は、関係者間において裁判、合意等により確定したと分かる判決又は分割協議書の提供がない限り、申請することができないこととなった。

　次に、②平成25年12月11日以降に受付した登記の申請又は嘱託（代位によるもの及び同日現在において未完了である事件を含む）について、法定相続以外の遺言や遺産分割等に基づいて持分を定めてあれば、登記官は、その内容に従って事務を処理することとされた。

　また、③平成25年12月11日以降に受理した登記（代位によるものを含む）について、平成13年7月1日以後に開始した相続にあって、法定相続により表題部所有者又は登記名義人として持分を取得した者について、その法定持分の更正の登記を申請することができる。しかしながら、登記官としては、「遺産の分割の審判その他の裁判、遺産の分割の協議その他の合意等により確定的なものとなった法律関係」（以下「合意等により確定的なものとなった法律関係」とい

う）に基づくものであるかどうか等を判断し、その内容に従って事務を処理することとされている。

②③が「その内容に従って事務を処理する」とされたのは、当該「合意等により確定的なものとなった法律関係」の効力を否定することは法的安定性を害する程度が大きいことから、その内容を否定すべきでないとしたものであろう。

また、③の場合、既にされている登記事項が「合意等により確定的なものとなった法律関係」であるか否かは、登記記録のみから推断することが困難であるので、その該当するか否かの事実を当該更正登記の申請又は嘱託において、添付情報として提供される必要がある。

本問は、例えば、徴収機関によって甲土地にされた相続を原因とする所有権移転の代位登記及び差押えの登記に関して、前記最高裁大法廷の決定及び改正法の施行を受けて、所有権の更正の登記等を徴収機関が単独で嘱託することができるかどうかを問うものであり、これが認められる場合には、どのような添付情報を提供する必要があるかという点が問題となる。

まず、本問の事例が所有権の更正の対象となるかどうかは、遺産分割の協議等によって相続人間で解決済みのものになっていないこと、すなわち、「合意等により確定的なものとなった法律関係」に当たらないことが前提となっており、この前提が成立して初めて、嫡出でない子の相続分が嫡出である子の相続分と同等であるものとする所有権の更正の登記が認められることとなる。

次に、対象となる所有権の更正の登記は、相続分の増加する相続人を登記権利者、相続分の減少する相続人を登記義務者とする共同申請によるべきであり、徴収機関は、国が有する租税債権を保全するために、登記権利者である相続人に代位（民法423条1項）して、登記義務者と共同で嘱託する必要があると考えられるところ、このような場合に、不動産登記法の特例である嘱託による登記の規定（同法116条）の適用を認める先例がある（昭26.11.20第2229号通達）ことなどから、本事例についても、いまだ当該滞納処分が完了していないのであれば、当該嘱託者がその登記の更正を単独で嘱託することができるものと解して、差し支えないものと考えられる。

この場合、既にされている登記事項が「合意等により確定的なものとなった法律関係」であるか否かは、登記記録のみから推断することが困難であるので、前記通達③で述べたとおり、当該法律関係に該当しない旨の証明情報が提

供されなければならない。一般にこのような証明情報は、相続人全員により作成されるものであるが、本問のような債権者代位による嘱託の場合には、相続人の協力が得られないことが多く、例えば、国が税務調査の結果に基づき作成した「合意等により確定的なものとなった法律関係」に当たらない旨を証する報告書などをもって当該証明情報とすることが考えられる。

なお、所有権登記の更正の登記がされても、既にされている滞納処分の差押えの効力が当然に更正後の持分に及ぶわけではない。この場合には、更正の登記によって増加した持分については、「○番差押えの効力を何某持分全部に及ぼす変更」等の登記を、減少した場合については、「○番差押えの効力を何某持分とする変更」等の登記を、それぞれ嘱託する必要があると考えられる。

3066 債権者代位によってされた相続の登記につき、当該差押登記が抹消された後に、更正の登記をする場合の代位者の承諾の要否

問 差押債権者が差押えの登記をするために、債権者代位によってされた相続の登記につき、当該差押登記が抹消された後に、更正の登記をする場合には、代位者の承諾が必要か。

結論 代位による相続の登記に後続して、当該差押債権者によってされた差押えの登記が抹消された後に更正の登記をする場合には、当該代位者は登記上の利害関係を有する第三者には当たらず、更正登記の利害関係人には当たらないものと解される。

説明 共同相続人の一人に対して債権を有する債権者が、当該者に代位して共同相続人全員のための相続の登記を行った場合、代位債権者の氏名住所（不登法59条7号）が登記事項として記録される趣旨は、自己の権利について直接登記を受けた者でなく、また、差押えの登記等の登記名義人のように別個独立の登記を受けた者ではないが、当該相続の登記が債権者からの代位申請によること及びその登記名義人に対して債権者として自身が存在することを公示するためであると解されている。

例えば、債権者代位による相続の登記がされる以前に、共同相続人全員で持分を法定相続と異なる割合とする遺産分割の協議が成立しており、債権者代位により登記された持分が一部実体と相違していたことが判明したときには、登

記事項の一部について錯誤があったことになり、その更正の登記をすることができるものと解される。

しかしながら、債権者代位により相続の登記がされている場合の当該債権者は、その登記の抹消に関して、登記上直接の利害関係を有するものとする判例（大決大9.10.13民録26輯1475頁）があるように、債権者が相続人中の債務者の相続分について差押えの登記を行った後に、相続の登記が更正され、滞納者である相続人の持分が減少するような場合には、その差押えの対象が縮小することになるので、相続の登記の持分を更正する登記について、当該債権者が登記上の利害関係人に該当することは明らかであろう。

しかし、本問のように、債権者代位によりされた相続の登記を更正するに当たり、当該債権者による後続の差押えの登記が既に抹消されている場合には、どのように考えるべきであろうか。

この場合、相続の登記事項中の代位債権者の表示が抹消されないことをもって、形式的になお利害関係人であると考えたとしても、登記の連続性の中で、当該債権の行使が差押えの登記において終了しているのであれば、もはや、形式的にも利害関係を喪失したものと解するべきであろう。実体上も、当該代位債権者は、既にその債権行使を完了しており、これをもって対抗力が解消されたと考えるべきであり、当該債権者は、登記上の利害関係人には該当しないものと考えられる。

3067 遺言執行者の権限

問 特定の不動産を特定の相続人に相続させる旨の遺言がされた場合において、当該不動産につき他の相続人名義の登記が経由されるなど、遺言の実現が妨害される事態が生じているときは、遺言執行者は、当該登記の抹消登記を申請することができるか。

結論 できる。

説明 一般に、遺言執行者は、相続人の代理人とみなされ（民法1015条）、遺言の内容を実現すべき任務を有し、その任務に従って遺言の執行をする者とされている。遺言執行者には、遺言として表明された遺言者の意思内容を実現するために、遺言の執行に必要な一切の行為をする権限が与えられている（同法1012条1項）。相続人は、遺言執行者がある場合には、

相続財産の処分、その他遺言の執行を妨げるべき行為をすることができない（同法1013条）。

　特定の不動産を「相続人Ａに相続させる」旨の遺言の趣旨は、民法908条に規定する遺産の分割方法を定めた遺言であり、他の共同相続人もこの遺言に拘束されるので、これと異なる遺産分割の協議等を行う余地もなく、何らの行為を要せずして、被相続人の死亡時に直ちに当該遺産が遺言で指定された相続人により承継されるものと解されている（最判平３.４.19民集45巻４号477頁）。この場合、受益の相続人は、被相続人の死亡の時に相続により、遺言で指定された不動産の所有権の取得したものであるべきとして、このような場合には、受益の相続人が単独で相続による所有権移転の登記申請手続をすることができるので、遺言執行者は、遺言の執行としてこの登記の義務を負うことはないとされている（最判平７.１.24判時1523号81頁）。

　登記実務でも、特定の不動産を「相続人Ａに相続させる」旨の遺言に基づいて行うＡのための相続を原因とする所有権移転の登記申請は、遺言執行者からすることはできないと解されている。

　ところで、本問のように、相続人の一人又は第三者が遺言の対象となる不動産について、当該遺言の内容と抵触する登記がされている場合には、検討が必要である。

　判例は、相続させる旨の遺言がされた場合について、他の相続人が当該不動産につき自己名義の所有権移転の登記を経由したため、遺言の実現が妨害される状況が出現したようなときは、遺言執行者は、遺言執行の一環として、この妨害を排除するために、このような所有権移転の登記の抹消手続を求めることができるとしており、さらに、受益の相続人への真正な登記名義の回復を原因とする所有権移転の登記手続を求めることもできるとしている（最判平11.12.16民集53巻９号1989頁）。

　登記実務では、前記のとおり、従来から、相続させる遺言については、およそ遺言執行の余地がないものと解されており、遺言執行者の指定そのものが無効であると考えられてきたところ、前記判例は、相続させる遺言に即時権利移転効があるからといって、その遺言の内容を具体的に実現するための執行行為が当然に不要になるというものではないとした上で、当該不動産が被相続人名義である限りは、遺言執行の余地はなく、遺言執行者の権限は顕在化しないが、相続人の一人又は第三者が当該不動産につき不実の登記を経由するなど、

遺言の実行が妨害される事態が生じた場合には、遺言執行者はこの妨害を排除するために、遺言の執行として必要な登記手続を求めることができるとしている。

　判例の趣旨に鑑みれば、登記実務は、妨害を受けることなく、受益の相続人が単独申請により相続の登記をすることができた場合には、遺言執行者に遺言執行をする場面がなかったということであり、本問のような場合には、遺言執行者は、遺言の実現が妨害されている状態を是正するために、被相続人からの不実の所有権移転の登記の抹消手続を求めることができると解される。

　また、前記の抹消手続に代えて、受益の相続人への真正な登記名義の回復を登記原因とする所有権移転の登記手続を求めることも、遺言執行者の職務権限に含まれるものと解される。

　この場合には、遺言執行者は、当該登記の抹消手続又はこれに代わる所有権移転の登記手続を求める訴えを提起することができ、申請情報にこれを容認する判決書の正本を添付情報として提供して、所有権の登記の抹消又は所有権移転の登記を申請することができるものと考えられる。

3068　被相続人の同一性を証する書面の原本還付の可否

問　被相続人の同一性を証する書面の原本還付を請求する場合に、相続関係説明図を謄本とすることができるか。

結論　できない。

説明　日本国籍を有する者の相続には、戸籍若しくは除籍の謄抄本、遺産分割協議書（作成者の印鑑証明書含む）等がその添付すべき情報となるが、旧不動産登記法下の登記実務では、相続関係登記事件に添付した相続関係を証する書面（戸籍又は除籍の謄本等）の原本還付を請求する場合には、当該書面の謄本に代えて「相続関係説明図」を提出することが認められていた（昭39.11.21第3749号通達）。

　これは、これら複数の書面について、申請人がその原本を他日ほかの登記所に再使用する等の目的でその還付の請求をしようとする場合には、当該書類の全部について謄本の作成を要する（規則55条2項）が、相続関係は複雑であって、その相続又は身分を証する書面は多岐にわたりかつその数も多量となるのが通常であり、申請人の謄本作成に要する負担が少なくなく、他方、登記所に

おいても、提出された謄本と原本と対照してしなければならない調査確認等に要する手数が相当の負担となり、事務の効率的な処理の観点から許容されていたものであった。

現行不動産登記法においては、相続による権利の移転の登記等における添付書面の原本の還付を請求する場合において、いわゆる相続関係説明図が提出されたときは、登記原因証明情報のうち、戸籍謄本又は抄本及び除籍謄本に限り、当該相続関係説明図をこれらの書面の謄本として取り扱って差し支えない（平17．2．25第457号通達第一・七）とされ、旧法時代の取扱いが変更された。

これは、後日、相続関係について紛争が生じた場合、相続の登記申請を受理する管轄法務局にどのような書面が提供されていたか、真正な原本還付手続による謄本によって、確認することができることを意図したものと考えられる。さらに、その後の不動産登記規則の改正によって、戸籍謄本又は抄本及び除籍謄本については法定相続情報一覧図の写し（規則247条）によって代替することができるようになった（規則37条の3、平成29．4．17第292号通達第二・二）。これにより、関連する多量の戸籍事項証明を相続の登記の添付情報として直接提供される機会は減ることが期待されている。

なお、登記実務では、外国人が相続による権利の移転の登記を申請する場合において、登記原因証明情報として相続関係説明図が添付されていても、外国の官憲が作成し、又は外国が発行する戸籍謄本等については、それら謄本自身を謄写した書面が添付されない限り、原本を還付することはできないと解されている。

このような沿革を有する相続関係説明図であるが、登記所として、被相続人がすなわち登記名義人であることは、相続の登記の調査の開始点である一方、被相続人の登記記録上の氏名又は住所が死亡者のそれらと一致しない場合がある。その場合、登記官は個々の態様に応じた各様の情報の提供を求める必要がある。この目的で提供を求める情報は、「被相続人の同一性を証する情報」などと呼ばれ、戸籍謄本又は抄本及び除籍謄本には該当しないことから、相続関係説明図として原本還付の請求のために提供する謄本とする扱いはできず、別に謄本を作成する必要がある。

実務上、被相続人の同一性を証する情報としては、被相続人の最後の住所証明書（消除された住民票）、住居表示の変更に伴う証明書、戸籍の附票、不在籍証明書、不在住証明書、固定資産税納税者の氏名住所の明らかになる証明書、

登記名義を取得した際の登記済証又は登記識別情報（通知書ではなく、その中身であるアラビア数字その他の符号の組合せと、これの照合結果）等が認められている。

第4款　その他の原因による登記

3069　「真正な登記名義の回復」を登記原因とする所有権移転の登記

問　AからBへの所有権移転の登記がされたが、実体はAからCへ所有権が移転された場合の登記の是正はどうすればよいか。

結論　**B名義の所有権移転の登記を抹消した後、AからCへの所有権移転の登記をする。ただし、この抹消及び移転の登記に代えて、「真正な登記名義の回復」を原因とする、現在の登記名義人BからC名義への所有権移転の登記も許される。**

説明　実体上AからCへ所有権が移転したにもかかわらず、AからBへの所有権移転の登記がされている場合は、当該B名義の登記は、実体を伴わない無効な登記である。これを実体と合致させるためには、まず、B名義の登記を抹消し、次いでAからCへの所有権移転の登記をすべきである。これは、不動産に関する権利変動の過程と態様を如実に登記記録に反映させることを理想とする不動産登記制度に合致するものであり、また、本来、不動産登記法が予定している登記手続でもある。

しかるに、判例は、本問のような事例につき、Bは、真正な所有者であるCのために、登記申請の義務を負い、Cは、自己の所有権に基づきBに対して、その義務の履行として、直接自己名義にする所有権移転の登記を請求することができるものとし、そのことによって、不動産に関する真実の権利状態が公示されるのであれば、登記の立法上の目的は、最低限達することができるものと考えられている（大判昭16.6.20民集20巻888頁）。

そこで、登記実務においては、前記判例理論との調和を図るため、不実無効な所有権登記名義人に対して、真正な所有者への所有権移転の登記を命ずる判決がなされた場合には、その登記が認められており（昭36.10.27第2722号回

答)、さらに、これを判決による場合のみに限定する理由もないことから、共同申請による場合であっても、「真正な登記名義の回復」を登記原因とする所有権移転の登記が認められている（昭39.2.17第125号回答）。

しかしながら、この「真正な登記名義の回復登記」は、本来の不動産登記法の予定していない登記であることから、限られた場合にのみ許容されるものと解すべきであり、少なくとも、所有権登記以外には認めるべきではなかろう。登記実務でも、「真正な登記名義の回復」を原因とする抵当権移転の登記は受理すべきではないとし（昭40.7.13第1857号回答）、また、仮登記された停止条件付所有権につき、同様の原因による移転の登記も受理すべきでないとする（昭41.7.11第1850号回答）。

3070 所有権保存登記がされている建物における真正な登記名義の回復

問 所有権保存登記がされている建物について、真正な登記名義の回復を原因とする所有権の移転の登記は、することができるか。

結論 することができる。

説明 真正な登記名義の回復とは、真実の所有者が、登記記録上の所有者（現在の登記名義人）から自己の名義に登記名義を回復する場合に、実体上の権利変動の過程と合致する登記を行わずに、登記記録上の所有者から直接、真実の所有者へ、真正な登記名義の回復を原因として所有権の移転の登記をする方法を採ることをいう。

所有権の登記が実体を伴わない無効な登記である場合には、一般的に、真実の所有者が前登記名義人であれば、無効な登記である現所有権の登記を抹消するか、真実の所有者が前登記名義人でなければ、無効な所有権の登記を抹消し、真実の所有者のための所有権の移転の登記をしなければならない。

しかし、判例（大判昭16.6.20民集20巻888頁、最判昭30.7.5民集9巻9号1002頁）が真実の登記権利者が登記記録上の表見的な権利者から登記名義を取得するために登記請求権の行使先として、表見的な権利者から真実の権利者への所有権の移転の登記をすることを認めてきたこととの整合を図るために、登記実務では、真正な登記の回復とする登記原因が許容されてきた（昭36.10.27第2722号通達）。

なお、登記実務では、これを判決による登記に限定する必要がないとして、当事者双方からの真正な登記の回復を原因とする所有権の移転の登記申請についても認められている（昭39．2．17第125号回答）。

　このことは、本問のように所有権保存の登記がされている建物について、真実の所有者が真正な登記名義の回復を原因として自己名義への所有権の移転の登記をする場合であっても同様に考えることができる。

　先例も、甲名義に所有権の保存の登記がされている建物につき、甲、乙双方から、登記原因を「真正な登記名義の回復」として、乙のために所有権移転の登記の申請があった場合には、当該申請をすることができるとしている。また、当該申請情報には、登記原因の日付を記録させることを要しないとされている（昭32．4．9第1505号回答）。

　なお、登記原因証明情報の適格性に関しては、具体的な事案に即して、個別に検討する必要があろう。

3071 滞納処分による差押えを代位原因とする真正な登記名義の回復

問　滞納処分による差押えを代位原因として、真正な登記名義の回復を原因とする所有権移転の登記の嘱託をすることができるか。

結論　することができる。

説明　所有権の登記が実体を伴わない無効な登記である場合には、一般的に、真実の所有者が前登記名義人であれば、無効な登記である現所有権の登記を抹消するか、真実の所有者が前登記名義人でなければ、無効な所有権の登記を抹消し、真実の所有者のための所有権の移転の登記をしなければならない。しかしながら、無効な所有権の登記がされた後にその所有権を目的とする担保権などの登記がされている場合に、無効な登記を抹消するには、当該担保権者などの承諾を証する情報の提供が必要とされる（不登法68条）ことから、無効な登記を抹消することが事実上、困難な場合もある。この場合であっても、当該担保権者を相手に、抹消の承諾を求める訴えを提起して、当該勝訴判決を得ることも考えられるのであるが、登記実務上、「真正な登記名義の回復」を原因として、登記記録上の登記名義人から真実の所有者への所有権移転の登記がされることが行われてきた。

本問では、滞納者である真実の所有者Aに所有権の登記を回復した上で、滞納処分による差押えをする必要があるところ、Aが自己への所有権移転の登記手続に協力しないことから、徴収機関がAに代位して、真正な登記名義の回復を原因とする所有権移転の登記を嘱託することが可能かどうかが問題となる。

　真正な登記名義の回復を原因とする所有権移転の登記は、真実の所有者を登記権利者、現在の登記名義人を登記義務者とする共同申請によるべきであり、徴収機関は、国が有する租税債権を保全するために、登記権利者である真実の所有者に代位（民法423条1項）して、登記義務者と共同で嘱託する必要があると考えられるところ、このような場合に、不動産登記法の特例である嘱託による登記の規定（不登法116条）の適用を認める先例がある（昭26.11.20第2229号通達）ことなどから、本事例についても、当該嘱託者が現在の登記名義人の承諾を証する情報を添付して、単独で所有権移転の登記の嘱託をすることができるものと解して差し支えないものと考えられる。

　なお、登記原因証明情報の適格性に関しては、具体的な事案に即して、個別に検討する必要があるが、本問の場合には、少なくとも登記義務者となる登記名義人が登記原因の内容を確認した上で作成した当該登記原因の内容を記録した情報を登記原因証明情報として提供する必要があると考えられる。

3072　財産分与による登記

問　事実婚関係にあった後、内縁関係を解消したことに伴い、「財産分与」を原因とする所有権移転の登記ができるか。

結論　できる。

説明　離婚をした者の一方は、相手方に対して財産分与を請求することができ（民法768条、771条）、財産分与の対象が不動産である場合には、当該不動産の所有権が移転する。そして、財産分与の性質が婚姻関係にあった者の潜在的持分の清算、離婚後の扶養又は離婚の場合の慰謝料と一般に解されているところから、内縁離婚の場合にも財産分与の規定に準じて財産分与の請求ができるものとされる。

　登記実務も、内縁離婚の当事者の一方が他方に対して、「年月日財産分与を原因とする所有権移転の登記手続をせよ」との判決が下された場合には、登記原因を「財産分与」として登記することができる（昭47.10.20第559号回答）と

されているが、同様の考えによるものであろう。したがって、判決による登記に限らず内縁離婚当事者双方から、財産分与協議書等の登記原因証明情報を提供して本問の登記をすることができるものと考えられる。

3073 譲渡担保による登記

問 「譲渡担保」を登記原因とする所有権移転の登記は、することができるか。

結論 することができる。

説明 譲渡担保とは、物的担保の目的物の所有権を担保提供者から債権者に移転することによって債権担保の目的を達するため、判例によって認められた非典型担保権である（大判大3.11.2民録20輯865頁）。通常は、目的物の所有権が債権者に移転された後も、担保提供者が目的物を占有し、債務者が債務を弁済することによって、目的物の所有権が担保提供者に戻されるが、債務不履行の場合は、債権者は目的物を換価して債権の満足を得る（処分清算）か、自ら目的物を完全に取得する（帰属清算）こととなる。

したがって、譲渡担保によって目的物の所有権が一旦債権者に移転するとはいえ、当事者間においては、なお担保提供者に所有権が存すると解されるものの、担保提供者がそのことを第三者に主張することができない一方で、債権者が所有権を第三者に譲渡し、第三者が対抗要件（占有の引渡し、登記等）を具備した場合は、第三者は完全な所有権を取得するものと考えられている。もっとも、担保提供者保護の観点から、これと異なる考えを採る判例（最判昭41.4.28民集20巻4号900頁）、学説もある。

ところで、譲渡担保も担保物権の一種である以上、不動産を目的物とする譲渡担保を第三者に対抗するためには、民法177条による登記その他の公示による対抗力を具備する必要があるが、現行の不動産登記法は、権利としての「譲渡担保」の設定の登記を予定していない。すなわち、譲渡担保を担保権として捉える限り、抵当権、質権等の他の担保物権と同様に、被担保債権や債権額を公示することも考えられるところ、譲渡担保が目的物の所有権移転という形式を採って行われるところから、判例は、「譲渡担保」を登記原因とする所有権移転の登記ができると判示している（大阪高判昭27.12.27下民集3巻12号173頁、最判昭47.11.24金法673号24頁）。

登記実務もこれに従い、担保提供者から債権者に「年月日譲渡担保」を登記原因としてする所有権移転の登記が、他の売買等による所有権移転の登記と同様の手続により、登記記録に記録されることになり、債権額等は当然のことながら公示されない。

　次に、公示された譲渡担保の登記の法的性格が問題となる。つまり、担保権としての譲渡担保そのものと見るのか、単に所有権移転としてのみ評価するのかという問題である。これは実体上から見た登記の効力、評価の問題であるが、登記手続の面からすれば、所有権移転の登記そのものとしての評価しかできないであろう。

3074　譲渡担保権者が死亡した場合の登記

問　譲渡担保による所有権登記につき、譲渡担保債権者が死亡した場合の所有権移転の登記原因はどうすべきか。

結論　「相続」とするのが相当である。

説明　譲渡担保とは、債務（金銭債務に限らない）の担保として、債務者の財産を債権者に移転することによって、債権担保の目的を達するための方式である。一般に、目的物の所有権が債権者に移転した後も、担保提供者が目的物を占有し、債務不履行のときは、債権者がその財産を売却してその売却代金をもって債権（金銭債権以外のものにあっては、債務不履行による損害賠償請求権）の弁済に充てる（処分清算）か、債権者自らが目的物の所有権を完全に取得（帰属清算）することによって債権の満足を得ることとなる。また、債務者が債務を弁済したときは、その財産を債務者に返還するものである。言わば、担保の目的物を形式的に譲渡して、信用授受の目的を達する慣習法上の制度で、判例によって認められた担保物権（非典型担保）である。

　譲渡担保の法的性質は、通説によれば、信託的譲渡であり、当事者が経済上の目的（担保）を達する手段としてその目的を超える権利譲渡の形式を採る法律行為であるとする。譲渡担保には、担保権者が担保の実行をした結果、完全権としての所有権を取得している状態と、担保継続中として担保権者が所有権名義を取得している状態とがあるが、いずれの状態であっても債務者の財産権が債権者に移転する外観を呈していることに差異がない。

　判例によれば、譲渡担保の目的財産が不動産であるときは、譲渡担保は、目

的不動産の所有権を担保設定者から譲渡担保権者へ移転する登記によってされる。譲渡担保による債権者への所有権の移転は、その登記をしなければ第三者に対抗することができないとされている（大阪高判昭27.12.27下民集3巻12号173頁、最判昭47.11.24金法673号24頁）。

本問では、譲渡担保権者が担保権の実行をし、完全権としての所有権を有しているのか、いまだ担保継続中なのかといった実体的法律関係が判然としないが、いずれの場合であっても、登記記録上は、その別を表示することなく、所有権の登記名義人として公示されているだけにすぎない。

いずれの実体関係であったとしても、当該登記名義人に相続が発生したのであれば、相続人は、原則として被相続人の権利義務の一切を包括的に承継することとなるので、譲渡担保権の法的性質や、登記の公示手段の特殊性を考慮するまでもなく、当該登記名義人を被相続人として、相続を原因とする所有権の移転の登記をすれば足りることとなる。

3075　時効取得による登記

問　時効により不動産の所有権を取得した場合における登記申請手続はどのようにするか。

結論　**現在の所有権登記の名義人が登記義務者、時効取得者が登記権利者となってする。**

説明　20年間所有の意思を持って平穏かつ公然に他人の物を占有した者はその所有権を取得し、また、この占有が善意、無過失のときは10年間で所有権を取得するものとされている（民法162条）。時効により不動産所有権を取得した場合において、時効完成の時期における所有者以外の第三者に対して所有権を対抗するためには登記が必要とされる（大判大7.3.2民録24輯423頁）。そして、時効完成後に被取得者が当該土地の所有権を第三者に譲渡した場合における所有権の帰属は、あたかも二重売買と同様の関係に立ち、先に登記をした者が完全な所有権を取得するものとされる（最判昭36.7.20民集15巻7号1903頁）。

ところで、時効取得は、原始取得であるとされているが、登記手続としては、古くから移転登記によっている（明44.6.22第414号回答、大判昭2.10.10民集6巻558頁）。原始取得性を強調すれば、本来は移転登記ではなく、保存登記

によるべきものとも考えられるが、時効取得の対象となっている土地については、通常は、既に所有権の登記がされているので、登記手続としては既登記の所有権登記を抹消して登記用紙を一旦閉鎖し、新たに時効取得者のために所有権保存登記をすることは迂遠である。むしろ、所有者の交代である点に着目して、登記手続上は所有権の移転として捉え、被時効取得者（既登記名義人）から直接時効取得者に所有権移転の登記をするのが簡便であり、合理的でもあると考えられることから、時効取得の場合の登記手続は、通常の所有権移転の登記によることとされている。すなわち、現所有権登記名義人が登記義務者、時効取得者が登記権利者となって共同で登記申請をし（不登法60条）、この場合においては、登記義務者の権利に関する登記識別情報及び印鑑証明書の提出を要する（同法21条、登記令7条）。また、登記原因を証する情報を提供しなければならない（不登法61条）。なお、時効取得者は、登記を命ずる判決により単独で申請することができる（同法63条）。次に時効取得の効果は起算日（占有開始時）に遡り（民法144条）、時効取得者は占有開始時から所有者であったことになるので、物権の得喪変更の生じた原因日付を記録すべきものとされている登記原因日付としては、起算日をもってすることになる。

3076 契約解除による登記

問 契約解除による登記とは何か。

結論 **登記の目的である権利を成立させた法律行為が契約である場合に、この契約が解除されたことに伴って生じる権利関係を公示する登記である。**

説明 当事者の一方が、その債務を履行しないときは、相手方はその契約を解除することができる（民法541条）。不動産につき、権利変動を生じさせる契約が解除された場合、その不動産に関する権利変動は遡及的に復帰することとなる。

契約の解除が債務不履行（法定解除）による場合には、解除の遡及効果が制限されており（民法545条1項ただし書）、解除の時以前に生じた第三者の権利を害することができず、解除の時以後に生じた第三者に対してはその登記をしなければ対抗することができない。このことは、合意解除（解除契約）による場合であっても同様である。

ところで、この解除による物権変動の復帰の登記をどのような形式で行うかについては判例・通説は、移転又は抹消のいずれの登記でも差し支えないとしており、登記実務の取扱いも同様である。もっとも、抹消についての登記上の利害関係人の承諾が得られないときは、登記の抹消の登記はできない（不登法68条）ので、移転の登記によらざるを得ない。

3077 退職慰労金として給付された不動産についての登記

問 退職慰労金として給付された不動産についての所有権移転の登記の登記原因は、どのようにすべきか。

結論 「年月日退職慰労金の給付」とするのが相当である。

説明 　例えばA株式会社の株主総会において、退任する取締役Bに対して、この退職慰労金として、A株式会社が所有する甲不動産を与える旨の決議がされ、Bがこれを席上で受託した場合、当該給付に基づく甲不動産の所有権移転の登記が必要となる。

　退職慰労金とは、主として役員が退職するに当たり、その在職中における職務執行の対価として支給される報酬をいう（最判昭39.12.11民集18巻10号2143頁）。会社が退職慰労金を支給するためには、定款に定めがない限り、株主総会の普通決議を要する（会社法361条1項、387条1項）。

　なお、前記株主総会の決議は、明示的又は黙示的に退職慰労金の支給に関する基準が示されていれば足り、具体的な金額、支払方法、支払時期等については、支給対象者に応じて、取締役会又は監査役会の協議に委ねることが許されている（最判昭48.11.26金法709号36頁、最判昭58.2.22判時1076号140頁）。

　退職慰労金を金銭以外の財産をもって支給することができるかという点についても、会社法上、「取締役の報酬、賞与その他の職務執行の対価として株式会社から受ける財産上の権利（以下、「報酬等」）について、その額や具体的な算定方法、金銭でないものについてはその具体的な内容を……定める。」（同法361条1項3号）とあり、不動産を現物で支給することも許容されていることから、株主総会の決議等で具体的な不動産が特定され、給付を受ける者が受諾の意思表示をすれば、物権変動の効果が生じるものと解される。

　退職慰労金の支給が必ずしも金銭によるべきものでないのであれば、登記原因は、「代物弁済」とはならないことから、所有権の移転原因に即した登記原

因を記録すべきところ、退職慰労金の文言は、会社法425条４項にも規定されており、法令用語として一般に通用することから、登記事項として使用することについては、特段の疑義を生じるものではないので、例えば、「年月日退職慰労金の給付」とすることが相当であると考えられる。

3078 有限責任事業組合の組合員が脱退した場合の当該組合員の持分を他の組合員に移転するための登記手続

問 有限責任事業組合の組合員が脱退した場合の当該組合員の持分を他の組合員に移転するための登記手続は、どのようにすればよいか。

結論 「有限責任事業組合からの脱退」を登記原因として移転の登記をする。

説明 有限責任事業組合とは、民法の組合に関する節を準用して定められた有限責任事業組合契約に関する法律（平成17年法律第40号）に基づき設立された組合である。

　有限責任事業組合は、二人以上の者の契約により成立し、当該有限責任事業組合契約が効力を生じたときは２週間以内に組合の主たる事務所の所在地において登記をしなければならない（有限責任事業組合契約に関する法律57条）。もっとも、登記をしたからといって組合に法人格が付与されるわけではなく、組合の出資その他の財産は、総組合員の共有に属する（民法668条）。よって、当該組合を登記名義人とする不動産の所有権の登記をすることも、登記名義人に「甲有限責任事業組合員」等の肩書を付すことも認められず、組合員全員の共有名義で登記することとなる。

　例えば、有限責任事業組合の組合員がＡ、Ｂ及びＣである場合において、Ｃが当該組合を脱退したときは、Ｃの持分はＡ及びＢに帰属すると解される。このためＡ、Ｂ及びＣの持分各３分の１の共有名義で登記されている当該組合の財産である不動産について、「年月日有限責任事業組合からの脱退」を登記原因として、Ｃの持分３分の１をＡ及びＢへ各６分の１ずつ移転する登記をすることになる。

3079 会社が剰余金の配当として、自己の所有する不動産を株主に配当した場合の登記

問 会社が剰余金の配当として、自己の所有する不動産を株主に配当した場合の所有権移転の登記原因はどのようになるか。

結論 登記原因は、「年月日剰余金の配当」とするのが相当である。

説明 剰余金とは、会社の純資産から資本金及び資本準備金を控除した金額で、従来、利益配当などと呼ばれていた。剰余金の配当とは、会社が株主に対し、その有する株式数に応じて会社の財産である剰余金を分配する行為であり（会社法453条、454条2項・3項）、従来、配当可能利益などと呼ばれていた。

剰余金の配当は、株主に対する財産配分の方法として最も広く行われているものであるが、会社が剰余金の配当をするときは、原則として、株主総会の普通決議を要することとされている（会社法454条1項ないし4項）。また、取締役会設置会社は、一事業年度の途中において1回に限り、取締役会の決議によって剰余金の配当（配当財産は金銭に限られる）をすることができる旨を定款に定めることができる（同条5項）。この特則は、会計監査人設置会社等の一定の条件を満たす会社にも認められている（同法495条）。

配当財産の種類は、金銭に限られないが、金銭以外の財産を配当する場合には、株主に金銭分配請求権が与えられている場合（会社法454条1項、459条1項4号）を除き、株主総会の特別決議を要することとされている（同法309条2項10号）。金銭以外の財産の中には不動産も含まれる。

剰余金の配当が必ずしも金銭に限られるものでないのであれば、本問のように、株式会社が株主に剰余金の配当財産として、不動産を割り当てた場合の法律行為は、「代物弁済」とはならない。

したがって、所有権の移転原因に即した登記原因を記録すべきところ、剰余金の文言及び配当手続は、会社法453条以下に規定されており、法令用語として一般に通用することから、登記事項として使用することについては、同法上の法令用語をそのまま用いることが正確であることから、「年月日剰余金の配当」とすることが相当であると考えられる。

3080 遺産分割による代償譲渡を登記原因とする所有権移転の登記

問 遺産分割による代償譲渡を登記原因とする所有権移転の登記はすることができるか。

結論 「遺産分割による贈与（又は売買）」等の登記原因とすることが相当である。

説明 相続人は、相続開始の時から、被相続人の財産に属した一切の権利義務を承継する（民法896条）。相続人が数人あるときは、相続財産は、その共有に属することとなる（同法898条）。

被相続人は、遺言で、共同相続人の相続分を指定すること（民法902条）や、遺産の分割の方法を定めること（同法908条）又は包括又は特定の名義でその財産の全部又は一部を処分することができる（同法964条）が、これらの定めがなかった場合、共同相続人は、いつでも、その協議で、遺産の分割をすることができる（同法907条）。この遺産の分割は、相続開始の時に遡ってその効力を生じるが、第三者の権利を害することはできない（同法909条）。

遺産の分割は、遺産に属する物又は権利の種類及び性質、各相続人の年齢、職業、心身の状態及び生活の状況その他一切の事情を考慮してこれをする（民法906条）のであるが、相続人間の協議が調わない場合、家庭裁判所は、遺産の換価を命ずる裁判（家事事件手続法194条）のほかに、本問のように、遺産分割の方法として、共同相続人の一人又は数人に他の共同相続人に対する債務を負担させて、現物の分割に代えることが認められている（同法195条）。判例も、共同相続人Aが被相続人の遺産である甲土地を取得した代償として、他の共同相続人B及びCに対し、A所有の乙建物を持分2分の1ずつ譲渡する旨の遺産分割調停調書をもって登記原因証明情報とすることができるとされている（最判平20.12.11家月61巻4号82頁）。

前記の債務を負担させる方法による分割は、裁判外で、当事者共同相続人間の合意に基づき行うことも可能であり、この分割の場合には、遺産分割自体が合意解除を可能とする契約の一種と解される（大判大4.11.20民録21輯1871頁）。また、相続財産と固有財産とを交換的に得喪することも混合契約として可能であると考えられており、登記実務では、家庭裁判所の審判による場合と、当事

者の合意による場合のいずれの場合であっても、共同相続登記後、金銭に代わり遺産分割の方法として相続人中の一人の固有不動産を他の相続人に与えることを含めてされた遺産分割協議書を添付してした遺産分割による贈与の登記の申請が認められている（昭40.12.17第3433号回答）。

本問は、「遺産分割による代償譲渡」を登記原因とすることの可否を問うものであるが、前記のとおり、登記実務では、代償譲渡は、遺産分割そのものの内容ではなく、当該遺産分割の付加された別個の法律行為と解されていることから、例えば、譲渡行為の法的性質が贈与であれば「遺産分割による贈与」と、売買であれば「遺産分割による売買」とすべきであり、「遺産分割による代償譲渡」とすることは許されないものと解される。

なお、遺産分割による贈与又は売買を登記原因とする場合の登録免許税率は、登録免許税法2条別表第一の一の㈡ハの「その他の原因による移転の登記」の区分によるのであり、同イの「相続による移転の登記」の区分によるのではない。

3081 株式会社が株主から自己株式を取得するために株式会社の所有する不動産を株主に交付した場合の登記原因

問 株式会社が株主から自己株式を取得するために、株式会社の所有する不動産を株主に交付した場合の登記原因は、どのようにすべきか。

結論 株式会社と株主間で、互いに不動産と株式の所有権を移転する契約をする場合の登記原因は、「年月日交換」とすべきである。

説明 株式会社が株主との合意により当該株式会社の株式を有償で取得するには、あらかじめ、株主総会の決議によって、株式を取得するのと引換えに交付する金銭等（当該株式会社の株式等を除く）の内容及びその総額を定めなければならない（会社法156条1項2号）。このような株主総会の決議があった場合、株式会社は、当該株式会社の株式を取得することができる（同法155条3号）。

引換えに交付する金銭等とは、当事者双方が互いに対価的な意味を持つ給付を言い、本問のように、株式会社が自己の所有する不動産を株主に交付することも差し支えないものと解される。

この場合の不動産の所有権の移転は、会社法上の特別な物権変動が生じたわけではなく、法律行為の内容は、当事者が互いに金銭の所有権以外の財産権を移転することを約する「交換」（民法586条）であると解することができるので、本問の場合の登記原因及びその日付は、物権変動の日をもって「年月日交換」とするのが相当である。

3082 市町村合併による承継の登記の要否

問 合併前と合併後の名称を同じくする新設市町村合併があった場合には、合併の前後で名称が変更されないときであっても、合併前の市町村が有する不動産について、市町村合併による承継の登記をする必要があるか。

結論 合併前と合併後の名称を同じくする新設市町村合併による承継のうち、当該合併前後で名称の変わらない市町村間の承継については、その登記を便宜省略して差し支えない。

説明 法人に包括承継が生じた場合、この登記を省略することは、一般には認められない。市町村の法的性質には諸説あるが、地方自治法に定められた法人であると解すれば、登記の省略は認められるべきではない。

もっとも、市町村の承継の発生は公示されるので、その前後の事実関係は公知の事実であると考えたとしても、会社の承継も登記をもって公示されており、官報等に合併公告がされるという点において差異はないはずである。また、包括承継という法律関係の法主体としての同一性は保たれているという点に着目したところで、包括承継の登記全般を省略することができる理由にはならない。

ところで市町村の合併には、法主体の承継という側面のほかに、合併によって市町村自体が物理的に広がるという側面を持っている。先例は、この点に着目して、甲市と乙市とを廃し、その区域をもって新たに甲市を置く旨の新設合併の場合において、合併前の甲市が所有する不動産については、新設された甲市への承継の登記を便宜省略して差し支えないとしたものと思われる（平18.7.26第1722号通知）。

第5款　共有登記

3083　共有物分割の登記

問　甲・乙共有名義の不動産を共有物分割により甲単独名義にするにはどうすればよいか。

結論　「共有物分割」を登記原因とし、甲を登記権利者、乙を登記義務者として、乙持分全部の移転の登記をする。

説明　共有物については、共有者はいつでも共有物の分割を請求して共有関係を解消して単独所有とすることができる（民法256条1項）が、この登記手続は、持分移転の登記によるものとされている（昭36.1.17第106号回答）。

ところで、甲乙共有の不動産がAとBとあって、Aは甲がBは乙が各々単独所有する旨の分割協議がされた場合は、共有物分割を原因として、A物件については乙持分につき甲に移転の登記を、またB物件については甲持分につき乙に移転の登記をすることができる。一筆の不動産につきその部分を指定して各々単独所有権を取得する旨の共有物分割がされた場合は、当該部分につき分筆の登記をした後でなければ共有物分割による持分移転の登記はできない（明33.2.12第126号回答、最判昭42.8.25民集21巻7号1729頁）。

共有物の分割の方法は、本問の場合のように、共有者の双方が共有物の各部につきそれぞれ単独所有となる現物分割のほかに、共有者の一方が共有物全部を取得し、他の共有者に価格を賠償する価格賠償や、共有物を第三者に売却してその代金を共有者間で分配する代金分割がある。

価格賠償の登記手続は、共有物全部を取得する共有者のために他の共有者の持分移転の登記をすることになり、現物分割の場合と同様であるが、代金分割の登記手続は、共有者から第三者に対して売買を原因とする所有権移転の登記をすることになる。なお、分筆後の一筆の土地につき単有、他の土地につき元の持分と異なる持分で共有となる旨の共有地の分割協議がされた場合に、その登記原因を「共有物分割」とする移転の登記の申請が認められている（昭44.4.7第426号回答）。

3084 共有物不分割の特約とその登記

問 共有者名義で所有権移転登記後、共有者間で共有物不分割の合意がされた場合、その旨の登記はどうすればよいか。

結論 **共有者が共同申請人となって、何年間共有物を分割しない旨の所有権変更の登記を申請する。**

説明 共有物につき、各共有者は、5年を超えない範囲内で分割をしない旨の契約（共有物不分割の特約）をすることができる（民法256条1項ただし書）。この場合の登記手続は、登記に至った経緯によって異なるものである。すなわち、

① 不動産を共同で買い受け、その共有者間で共有物不分割の特約をした場合には、共有者名でする所有権移転の登記の特約事項として、当該申請情報に「何年間共有物不分割」の旨の事項を併せて記録し、登記することができる。

② 所有権の一部を買い受け、その際に共有者間で共有物不分割の特約をした場合には、当該所有権一部移転の申請情報に特約事項を記録してその旨の登記をすることができる（不登法59条、登記令3条1項11号ニ）。

③ 共有の登記（①又は②の場合）完了後において共有者間で共有物不分割の特約をした場合には、共有者全員が共同申請人（登記権利者兼登記義務者）となり、共有物不分割の特約の所有権変更の登記をすることができる。この場合には、共同申請人の権利に関する登記識別情報、印鑑証明書のほか利害関係人（共有登記後に各共有者の持分につき処分制限等の登記を受けた者）の承諾情報の提出を要する（昭50.1.10第16号通達）。

④ 共同相続人間で共有物不分割の特約をした場合には、相続の登記申請と別件で、③と同様の手続により、所有権変更の登記をすることができる（昭49.12.27第6686号回答）。

前記のいずれの場合においても、5年を超えて共有物の分割をしない旨の特約は無効であるから、その旨の登記はすることができない（昭30.6.10第1161号通達）。

ところで、共有物不分割の特約の法的性質について多数説は、一種の処分の制限であると考えているが、登記手続上においては、処分の制限の登記（不登法3条）とは、1個の独立した登記（例えば、仮差押えの登記、仮処分の登記、

強制競売開始決定に係る差押えの登記等）をいい、独立の登記の一内容、事項として登記されるものは、権利の変更の登記として考えられており、その意味において、共有物不分割の特約の登記は、所有権の変更の登記として取り扱われている。

3085 共有者の更正

問 甲所有名義の不動産につき、乙名義に所有権の更正の登記をすることができるか。
また、甲名義を甲・乙共有名義に、又は甲・乙名義を乙名義に更正することはどうか。

結論 **前段はできない。後段はできる。**

説明 更正の登記は、不動産登記法3条の「変更」の登記に含まれ、その登記手続は変更（狭義）の登記手続に準じて行われる（同法66条）。しかしながら、更正の登記は、本来、正しく登記すべきものを誤って登記した場合の是正の登記であり、更正の登記によって、実体と一致しない登記を実体に合致させることによって事後的に元の登記を是正する手続であり、更正前の登記と更正後の登記との間に同一性が認められるものでなければならない。

例えば、抵当権設定の登記を所有権移転の登記に更正することは認められない。なぜなら、登記と実体上の権利関係との間に同一性を欠けば、その登記は実体上の有効要件を欠く無効な登記であって、これを更正という方法によっては是正することができない。仮に、全く無効な登記を、更正の登記という方法によって有効な登記にすることができるとすれば、一種の登記の流用を認めることになると考えられるからである。

したがって、更正の登記が可能であるためには、その登記につき少なくとも一部については実体に合致した有効な部分が存しなければならないと考えられる。例えば、それが単なる表現上の違いまたは誤りにすぎず、その表現しようとする実体が社会通念上うかがい知ることができる場合（例えば登記名義人の住所や氏名の誤り等）には、更正が可能である。

本問の場合、所有権の登記名義人が実体上の所有者と全く異なる場合には、その登記は無効な登記と言わざるを得ず、更正の余地はないと考えられるの

で、前段については、更正の登記は許されない。これに対して、所有権の登記名義人が実体上の権利状態と少しでも（共有持分として）一致している場合には、少なくともその部分については（一部）有効な登記と考えられるので、他の無効な部分を更正の登記によって是正する余地が存することとなる（これを「同一性がある」と表現することもできる）。これは、仮に更正の登記が認められず、当該所有権の登記を抹消すべきものとすると、当該登記の有効な部分をも抹消する結果となって不当となるからである。

したがって、後段部分は、いずれも更正の登記が可能である。すなわち、実体上甲・乙共有であるのに甲単独所有の登記がされている場合は、当該登記につき、実体上の甲の持分部分については登記の効力が認められ、また、実体上甲単独所有であるのに甲・乙共有の登記がされている場合には、当該登記につき、少なくとも甲の持分として登記されている部分については有効な登記と認められることになるので、いずれも甲から甲・乙、又は甲・乙から乙とする更正の登記によって登記と実体を合致させることができる（昭36.10.14第2604号回答）。

なお、前記の更正の登記の登記義務者には、甲以外に前所有権登記名義人も含まれる（昭40.8.26第2429号回答）。

3086 共有持分の更正と利害関係人

問 甲・乙各2分の1の共有名義の不動産につき、甲持分につき丙のための抵当権設定の登記がされている場合において、甲・乙の持分をそれぞれ3分の1、3分の2に更正するときには、丙は登記上の利害関係人となるか。

また、丙の抵当権設定の登記が甲・乙を設定者としていた場合（当該不動産全体に設定していた場合）はどうか。

結論 **前段は、丙は利害関係人に該当する。したがって、甲・乙の持分の更正の登記をするには、丙の承諾を証する情報の添付を要する。後段は、丙は利害関係人に該当しない。**

説明 登記に実体関係と符合しない部分があっても、その登記の他の部分で実体関係と符合することにより、登記の全体としては無効とならない場合は、その登記を一旦抹消した上で改めて実体関係に符合した

登記をするのではなく、実体関係に符合しない部分を是正し又は追完する更正の登記をすることとなる。したがって、本問の場合においても、実体関係は甲が3分の1、乙が3分の2の持分を有していたのにかかわらず、登記記録上は甲・乙各々2分の1の持分となっていたのであるから、これを実体に合致させるための持分の更正の登記は可能である。

　ところで、権利に関する更正の登記については、一般には、不動産登記法66条に規定されているのであるが、所有権の共有持分の更正の登記は、実質的には所有権の共有持分の一部の抹消（及び抹消により減少した持分の他の共有者への帰属）の登記であるところから、同法68条の規定が適用されると解されている。したがって登記上利害を有する第三者（利害関係人）がいれば、その者の承諾を証する情報が常に必要となり、これを添付せず主登記で更正の登記をすることはできない。

　そこで、本問においては、抵当権者丙がこの利害関係人に該当するか否かが問題となるが、本問前段については、甲の持分が2分の1から3分の1に更正されることによって、登記記録上は丙の抵当権の及ぶ範囲が縮小される（丙の抵当権は甲持分全体を目的としていることに変わりはないが、その甲の持分自体が縮小されることにより、丙の抵当権の及ぶ範囲も縮小される）ことになるので、丙は当該持分の更正の登記の利害関係人に該当することとなり、丙の承諾を証する情報が提出されないと更正の登記ができないということになる（昭41.7.18第1879号回答参照）。

　本問後段については、丙の抵当権はもともと甲・乙双方が設定者であり、当該不動産全体を抵当権の目的としていたので、甲・乙の各持分につき個々に抵当権を設定したものと解すべきではない。したがって、仮に甲・乙の持分につき更正の登記をしたからといって、丙の抵当権の及ぶ範囲には影響しない（いずれにしても不動産全体に及ぶ）と考えられることから、丙は甲・乙の持分の更正の登記の利害関係人には該当しない（昭47.5.2第1765号回答）。

3087 有限責任事業組合の組合員の地位を第三者に譲渡した場合の持分移転の登記手続

問　有限責任事業組合の組合員の地位を第三者に譲渡した場合の持分移転の登記手続はどのように行うか。

| **結論** | 「組合員の地位の譲渡」を原因として、脱退者から加入者へ持分の移転の登記を一件ですることができる。 |

| **説明** | 有限責任事業組合の組合員がA、B及びCの3名である場合において、Cが当該組合を脱退したときは、Cの持分はA及びBに帰属する（有限責任事業組合契約に関する法律（以下「LLP法」という）56条で準用する民法668条）ので、A、B及びCの持分各3分の1の共有名義で登記されている当該組合の財産である不動産であれば、「年月日有限責任事業組合からの脱退」を登記原因として、Cの持分3分の1をA及びBへ各6分の1ずつ移転する登記をすることとなる。

本問は、前記の事例で、Cが有限責任事業組合の組合員の地位を第三者であるDに譲渡した場合の登記手続を問うものであるが、そもそも、組合員の地位を第三者に譲渡するという行為は、どのような法的性質を有するのであろうか。

LLP法には、組合員の加入又は脱退に関する規定があることから、組合員Cは、組合員の地位の譲渡によって組合員としての地位を失うことにより脱退し、Dは、組合員としての地位を取得することにより加入する行為が生じる。組合員の地位の譲渡をこの「脱退」と「加入」の二つの法律行為が複合したものと考えれば、Cの脱退により、まず組合員がA及びBとなり、その後にDが新たに加入することによって組合員がA、B及びDとなったものと考えられよう。

一方で、民法組合においては、明文規定はないものの、組合契約で許容されている場合や、他の組合員の同意がある場合には、解釈上、脱退と加入の手続を伴わずに、他の組合員の持分に増減が生じない形での組合員の地位の譲渡が認められている。

有限責任事業組合は、民法組合の特例であり、制度の多くの部分が民法の規定を準用しており、財産の所有形態についても、民法組合と同様に、組合員の共有とされていることなどからも、有限責任事業組合の組合員の地位の譲渡についても、組合契約で許容されている場合や、他の組合員の同意がある場合には、認められるものと解される。そして、この場合には、脱退及び加入の手続を伴うものではなく、他の組合員の持分にも増減が生じないことになるので、物権変動は、「組合員の地位の譲渡」を原因として、AからDへ直接、持分の移転の登記をすることができるものと考えられる。

この場合の添付情報としては、①組合員の地位の譲渡契約書、②組合員の地位の譲渡を許容することを証する書面（組合契約書や他の組合員の同意書、登記令7条1項5号ハ）、③有限責任事業組合契約の登記事項証明書（平成17年法律第40号の58条）、④当該不動産が組合財産に属することを証する書面、⑤申請情報を記載した書面等に記名押印した者の印鑑に関する証明書（登記令16条2項）等が必要になると考えられる。

第6款　買戻しの特約

3088　買戻しの特約の登記手続

問　買戻しの特約の登記手続はどのようにするか。
結論　**売買による所有権移転の登記と同時に申請してする。**

説明　(1)　不動産の売主は、売買契約と同時に買戻しの特約をすれば、買主が支払った代金（別段の合意をした場合にあっては、その合意により定めた金額）及び契約の費用を返還してその売買の解除をすることができる（平成29年改正後の民法579条）。そして、この特約は、売買契約による所有権移転登記と同時に買戻しの特約の登記をすることによって第三者に対抗することができる（改正後の同法581条）。買戻しの期間は10年を超えることができず、買戻しの期間を定めなかったときは5年以内とされる（同法580条）。

このように、買戻特約付売買は、所有権を完全に手放すのではなく、売買代金と契約費用を返還することによって売買契約を解除し所有権を取り戻すことができるとする契約である。

(2)　買戻しの特約の登記は、売買による所有権移転登記と同時にしなければならず、別個独立に登記することはできない。すなわち、売買による所有権移転登記と同時に、別の申請情報によって申請し、この申請は所有権移転登記と同一の受付番号をもって受け付け、その登記は、売買による所有権移転登記の付記登記としてなされる（昭35.3.31第712号通達、規則3条9号）。なお、不動産登記法23条1項、不動産登記規則70条の事前通知に対する申出と同時に買戻しの特約の登記の申請をすることができる（昭42.6.7第1752号回答）。

買戻しの特約の登記は、売買による所有権移転登記と同時に申請することが

できるものであり、代物弁済による所有権移転登記の申請と同時に同一当事者間での買戻しの特約の登記を申請することは許されず、この場合は、不動産登記法25条8号により却下される（昭37．1．10第1号回答）。

(3) 買戻しの特約の登記の記録事項は、買戻権者の表示、登記原因のほか、売買代金（別段の合意をした場合にあっては、その合意により定めた金額）、契約の費用及び買戻期間（定めがあるときのみ）である（不登法96条）。

買戻しの期間は、10年を超えることができず、10年以上の期間を定めたときは、当然に10年に短縮されるので、買戻期間を10年を超える期間とする登記はすることができない。また買戻期間は後日伸長することができないので、その旨の登記もすることができない。なお、買戻しの期間を定めなかったときは、買戻権の行使期間は5年以内とされるが、この場合には買戻期間の登記は要しない（不登法96条）。買戻期間の表示は、期間が特定され得るものでなければならず（通常は「○年○月○日から○年間」と表示）、売買代金の支払期間のいかんによって買戻期間が異なるとするような登記はできない（昭34．1．27第126号回答、昭34．3．18第519号回答）。

(4) 買戻権は、一種独立の権利としてこれを譲渡することができ、これを登記することによって対抗力を持つと解されている（大判昭8．9．12民集12巻21号2151頁）。したがって、買戻権の移転の登記に際し、買主の承諾を証する情報の添付（登記令7条1項5号ハ）は要しないものと解すべきである。なおこの場合、買戻権者の印鑑証明書を提出すべきものとされる（昭34．6．20第1131号回答）。

買戻権に対する処分の制限の登記は、一般的には可能と考えられる（仮差押登記につき昭41．4．16第326号回答、滞納処分による差押登記につき昭32．8．8第1431号通達参照）。

(5) 買戻権を行使した場合には、売主（前所有者）のために所有権移転登記をすべきであって、買主（現所有者）名義の登記を抹消すべきではないとするのが登記実務の取扱いである（明44．9．27第810号回答、大判大9．8．9民録26輯1354頁）。所有権の変動は、一旦売主から買主に移動した後に、買戻権の行使によって再度売主に移動するのであって、買主の所有権が遡って否定されるのではなく、この所有権の変動の関係は、あたかも再売買された場合と同様と考えられるからであろう。

なお、買戻権が合意解除されたような場合は、買戻しの特約の登記の抹消の

申請ができることは当然である。

3089 所有権保存登記の申請と同時にする買戻特約登記申請の可否

問 甲が乙の新築した建物を買戻しの特約付きで買い受け、甲名義で表示の登記がなされている建物について、甲の所有権保存の登記と同時に乙のための買戻しの特約の登記を申請することができるか。

結論 できる。

説明 売買契約と同時に買戻しの特約を登記したときは、買戻しは、第三者に対抗することができる（平成29年改正後の民法581条）。ここにいう「売買契約と同時に……登記」とは、売買を登記原因とする所有権移転の登記と同時に買戻しの特約の登記をすることを指すものと解されている。そこで、本問のように甲が乙から未登記建物を買戻特約付売買契約により所有権を取得し、甲名義の表題の登記をした（同法47条）後に所有権保存の登記と同時に買戻しの特約の登記をする場合に、「売買契約と同時に買戻しの特約を登記」することになるのかが問題となる。

登記実務では、このような登記の申請が認められている（昭38.8.29第2540号通達）。その理由は、①買戻しの特約と同じく「売買と同時に」登記することを要するとされている不動産売買の先取特権保存の登記（民法340条）について、当該不動産についての所有権の登記がなされておらず、しかも、登記記録の表題部に所有者として買受人の表示がされているときは、買受人のための所有権の保存の登記の申請と同時に申請できるとする先例（昭33.3.14第565号通達）を前提にすれば、売買の対象である不動産が未登記であるというだけで買戻しの特約の登記を否定することはできないこと。②未登記不動産について売買契約と同時に買戻しの特約がなされた場合の買戻権者についても対抗力付与の道を開くべきであり、民法581条の趣旨も当該買戻権者を排除するものではないと解すべきであること。③仮に所有権保存の登記と同時にする買戻しの特約の登記を否定するとすれば、買受人甲が所有者として記録されている当該建物の表題部を閉鎖して新たに乙名義の表題登記をし、又は表題部の所有者を甲から乙に更正した上で、一旦乙名義の所有権保存の登記をし、次に乙から甲へ

の所有権移転の登記を申請すると同時に乙のための買戻しの特約の登記を申請しなければならないこととなり、登記経済上も問題があり、未登記不動産の所有権を取得した者に表題登記義務を課している登記手続規定（不登法47条）と相いれない結果となること。④民法581条１項でいう「売買契約登記」とは、買主が自己の所有権を第三者に対抗することのできる所有権の登記を指すものと解すれば、必ずしも所有権移転の登記でなくても、所有権保存の登記であっても差し支えないと解されること等が考えられる。

　これらの見解に対しては、例えば、代物弁済を登記原因とする所有権移転の登記の申請と同時にする買戻しの特約の登記の申請は不動産登記法25条13号、不動産登記令20条８号により却下されるとする先例（昭37．1．10第１号回答）の考え方によれば、登記原因が記載されない所有権保存の登記の申請情報のみでは、当該所有権が果たして売買によって取得されたものか否か、また買戻しの特約の契約が売買契約と同時になされたものか否かが判明しないことから、所有権保存登記の申請と同時にする買戻しの特約の登記申請は認めるべきでない、とする意見もあり得る。

　しかしながら、代物弁済による所有権移転の登記の場合は、登記原因として積極的に登記記録上に公示されるのに対して、所有権保存登記の場合は、少なくとも登記記録の記録からは直接の矛盾は生じないという相違があるのであって、前記の買戻権者の利便、保護、登記経済等をも考慮すれば、本問のケースについては申請を認めるのが相当であろう。

3090 買戻しの特約の仮登記の可否

問　所有権移転（又は請求権）の仮登記に付随して買戻しの特約の仮登記をすることができるか。

結論　買戻しの特約の登記は、当該不動産の所有権移転の登記が仮登記の場合には、当該所有権移転（又はその請求権）の仮登記に付記して、仮登記をもってすることができる。
　なお、買戻しの特約の本登記は、所有権移転の本登記と同時に申請することを要するが、その買戻しの特約の仮登記は、必ずしも所有権移転（又はその請求権）の仮登記と同時に申請する必要はない。ただし、この場合には、利害関係人の承諾を証する情報の

提供を要する。

説明 買戻しの特約の登記は、売買による所有権移転の登記とは別個独立の登記であるが、その申請は所有権移転の登記の申請と同時にすべきものとされ、その登記は所有権移転の登記に付記してされる。そこで、売主が売買契約と同時に買戻しの特約をなしたが、所有権移転の登記が手続上の条件不備のために不動産登記法105条1号の仮登記を受ける場合に、売主の買戻しをあらかじめ保全できないかが問題となるのである。

登記実務では、この場合に、買戻しの特約の仮登記をすることが認められている（昭36.5.30第1257号通達）。

すなわち、買戻しの特約の仮登記は、所有権移転の仮登記に付記してすることができ、この場合の買戻しの特約の仮登記は、必ずしも所有権移転の仮登記と同時にする必要はなく、その後であってもできるものと解される。ただし、所有権移転の仮登記後、その仮登記された所有権について更に移転の仮登記又は処分禁止の仮処分の登記等がされ、その後に買戻しの特約の仮登記をなす場合には、それらの者の承諾を証する情報が提供されるべきである。なぜなら、買戻しの特約の仮登記は、所有権を制限し変更するものと考えられるので、不動産登記法66条の権利の変更の登記に該当すると解されるからである。もっとも、買戻しの特約の登記は常に所有権の登記に付記してなされるので、その仮登記を利害関係人の承諾を証する情報が添付されないことによって主登記でなすことはできない。

買戻しの特約の本登記は、民法581条により買売による所有権移転の登記と同時にすべきであるから、買戻しの特約の仮登記の本登記も所有権移転の仮登記の本登記と同時に申請しなければならない。

3091 所有権移転と買戻特約の登記原因日付が異なる場合の登記申請の方法

問 所有権移転と買戻特約の登記原因日付が異なる場合には、登記の申請はどのようにすればよいか。

結論 所有権の移転と買戻しの特約の各登記原因及びその日付を記録して、所有権の移転の登記と買戻しの特約の登記を同時に申請する。

説明 買戻しの特約の登記は、売買による所有権移転の登記と同時にしなければならず、別個独立に登記することはできない（民法581条1項）。ここにいう同時とは登記申請行為のみならず、登記の原因となる法律行為である買戻しの特約が売買契約と同時にされることを指し、売買契約の後に買戻しの特約をしても無効と解される。

買戻しの特約が売買契約と同時であれば、その後に民法上の制約を超えない範囲でこれを変更しても、その同一性を失うものではない（大判大11.5.5民集1巻240頁）。この場合、原始特約の内容が既に登記されているときは、買戻しの変更の登記なくして第三者に対抗することができないが、所有権の移転の登記及び買戻しの登記が未登記の状態で、特約を変更した後に、初めて所有権の移転と買戻しの特約の登記を申請するのであれば、登記申請時における特約の内容を申請内容として申請することができると考えられる。

また買戻しの特約がされている売買契約の特約として、売買代金の支払が完了したときに所有権が移転する旨が定められ、後日、その代金が完済された場合の所有権の移転の登記の原因の日付は、代金完済日となる。この場合の買戻しの特約の登記の原因の日付は当初の特約日であって、これらの日付を原因の日として所有権の移転の登記と買戻しの特約の登記を同時に申請することになると考えられる。

3092 買戻権の変更の登記

問 買戻特約の登記の売買代金を変更契約により増額する変更登記の申請をすることができるか。

結論 することはできない。

説明 債権の物的担保の用に供するものとしての買戻しについて、不動産の売主は、売買契約と同時に買戻しの特約をすることによって、買主が払った代金（別段の合意をした場合にあっては、その合意により定めた金額）と契約の費用を返還して売買契約を解除し、不動産の所有権を取り戻すことができる（改正後の民法579条）。売買による所有権移転の登記と同時に買戻しの特約を登記した場合には、買戻しは第三者に対抗することができる（改正後の同法581条）。

すなわち、買戻しの特約に強力な効力を認める代わりに、第三者の保護のた

め買戻しの特約の成立時期、内容、範囲について規定し、厳格な要件が課されている。この趣旨を受けて、申請情報の記録事項について、一般原則によるほか特則として売買代金（別段の合意をした場合にあっては、その合意により定めた金額）、契約費用及び買戻期間の定めがあるときはその買戻期間を記録しなければならない（不登法96条）。

ところで、これら民法の規定は、強行規定と解され、既に登記された買戻しの特約の内容を変更する場合は、買戻期間を短縮した場合又は若干問題はあるが買戻代金を減額した場合のように第三者の権利を害しない範囲でのみ可能であると解されている。しかし、本件の事後の特約により売買代金を増額する登記の可否については、同法の規定からは認める余地のないものであり、その登記は受理できないものと解される。

なお、売買代金の分割払の場合で、支払額○円、総代金○円と登記されているものについて、支払額の増額の変更登記をすることは可能であり、誤って現実に支払った金額を登記しているときは、これを支払額○円、総代金○円とする更正登記も可能である。また、既登記の売買代金に錯誤がある場合、例えば、売買代金が150万円であるのに100万円と登記されているとき、150万円とする更正登記は可能であるが、登記上の利害関係人の承諾が必要である。

3093　買戻しの特約の抹消

問　買戻しの特約の期間満了による抹消の登記に提供する登記原因証明情報は、省略することができるか。

結論　できない。

説明　権利に関する登記を申請する場合には、申請人は、法令に別段の定めがある場合を除き、その申請情報と併せて登記原因を証する情報を提供しなければならない（不登法61条、登記令7条1項5号ロ・3項、別表の二十六の項）。これは、登記原因の真実性を可能な限り確保し、登記の正確性を向上させる趣旨であり、登記原因及びその日付を登記することとされていない場合又は登記原因が申請情報及び登記記録から登記官が知り得る事実である場合など、不動産登記令7条3項各号にて登記原因を証する情報を提供することを要しない場合が限定列挙されている。

本問が不動産登記令7条3項各号のいずれにも該当しないことは明白である

が、買戻しの特約の登記については、買戻権が、民法580条で「買戻しの期間は、十年を超えることができない。また、特約でこれより長い期間を定めたときは、その期間は、十年とする。」と制限されていることから、その登記原因を証する情報が提供されなくても、その申請情報及び登記記録から登記官が登記原因となる事実又は法律行為があったことを判断することができるとする前記の趣旨を踏まえ、登記原因証明情報の提供を省略する余地があるのではないかとの疑問が生じる。

しかし、期間満了までの間に、買戻期間以外の事項について変更、承継、又は解除のあった場合には、買戻期間の満了のみを原因として直ちに抹消の登記をすることができるとは限らないのであり、これら事実は登記記録から登記官は知り得ることができない。また、登記の申請内容はその申請情報又は代理権限証明情報に「登記の目的」「原因」等その申請する登記の内容が明らかにされているけれども、これは申請人が登記を求める具体的な事項を記録することによって登記申請の意思を明らかにしているのであって、当該記録をもって、その記録の根拠となる法律行為又は法律事実を登記官に対して明らかにしているわけではない。そこで、申請をなす原因となった法律行為又は事実は、登記原因証明情報として別に提供されなければならない。

したがって、買戻しの期間の満了を原因とする買戻しの特約の登記の抹消を申請する場合には、登記原因を証する情報を提供する必要がある。

第4章 用益権

第1節 地上権

4001 地上権設定登記とは何か

問 一筆の土地の一部又は共有持分に地上権の設定の登記をすることができるか。また、既に地上権や賃借権の登記がされている土地に重ねて地上権の登記をすることができるか。

結論 一筆の土地の一部又は共有部分に地上権の設定の登記をすることはできない。なお、一筆の土地の一部に地上権を設定することはできるが、その登記を行うには、当該土地の分筆の登記をした上で、地上権の設定の登記をすることとなる。

また、既に地上権の登記がされている土地に重ねて地上権の設定の登記をすることはできない。ただし、区分地上権は、登記をすることができる場合がある。他方、既に賃借権の登記がされている土地に重ねて地上権の登記をすることができる。

説明 地上権は、他人の土地に工作物又は竹木を所有するためにその土地を使用する権利である（民法265条）。工作物とは、建物、橋梁、電柱、トンネル、地下街など地上及び地下の一切の設備である。竹木は、種類に制限はないが、茶、果樹など耕作の対象となるものは永小作権（同法270条）を設定すべきものであるので、地上権の対象とならない。

また、地上権は用益物権であるので、当該土地を排他的に使用することができる権利である。

まず、一筆の土地の一部に地上権の設定の登記をすることができるかであるが、一筆の土地の一部に地上権を設定することは、当事者間において有効に成立するが、地上権の設定の登記をすることについては、一筆の土地の一部が地

上権の範囲であることを一筆の土地の登記記録において示すことができないため、することができない。

　したがって、そのような登記をするためには、当該土地の分筆の登記をした上で、地上権の設定の登記をする必要がある。

　次に、共有持分に地上権の設定の登記をすることができるかについてであるが、地上権は、当該土地を排他的に使用できる権利であるので、その性質上することができない（昭37.3.26第844号通達）。

　同様に、地上権が設定されている土地に重ねて地上権を設定することはできないことから、その登記をすることもできない。つまり、不動産登記は、不動産に関する権利の得喪変更等を公示する方法であって、これによって第三者への対抗要件を得るものであるから、既存の登記と同一若しくは相いれない登記は許されない。したがって、地上権の登記がある土地に、更に地上権の設定の登記申請をすることは、既存の登記と両立することはできない登記申請であるため、地上権が設定されている土地に、更に地上権を設定することもその登記をすることもできないとする判例がある（大判明39.10.31民録12輯1366頁）。

　他方、賃借権の設定の登記がある土地に重ねて地上権の設定の登記をすることができるかについてであるが、賃借権の設定の登記がされている土地に賃借権を設定することは、賃借権は債権であるので可能であるとされている（昭30.5.21第972号通達）ので、賃借権の登記がある土地に地上権の設定の登記をすることができることとなる。

　なお、地上権又は賃借権が設定されている土地に区分地上権を設定することは、地上権又は賃借権を制限するものであるが、その権利者の承諾があれば設定することができる（民法269条の2第2項）ことから、地上権の設定の登記がされている土地に区分地上権の設定の登記をすることができる。

4002　地上権の準共有者の一人と土地所有者が共同して地上権設定の登記をすることの可否

問　A所有の土地にB及びCが持分2分の1とする地上権を設定した場合に、Aと登記権利者の一人であるBが共同して、地上権者をB及びCとする地上権設定の登記を申請することができるか。

結論　登記権利者の一人である地上権の準共有者Bは、保存行為とし

て、登記義務者である土地所有者Aと共同して、地上権者をB及びCとして、地上権の設定の登記を申請することができる。

説明　数人で所有権以外の財産権を所有することを準共有というが、本問においては、B及びCが地上権の権利を2分の1ずつ持っているので、B及びCは、地上権を準共有していることになる。

そこで、権利の登記の申請方法について見ると、原則として、登記権利者及び登記義務者が共同して申請を行う必要がある（不登法60条）。そうすると、地上権の準共有者であるB及びCが登記権利者となり、登記義務者である土地所有者Aと地上権の設定の登記を行うには、A、B及びCの3名で共同申請を行う必要があるが、法令に別段の定めがある場合は除くとされているところである（同条）。

準共有に関しては、民法249条から263条までが準用され（同法264条）、保存行為は、準共有者の一人でも行うことができるとなっているところ（同条、同法252条ただし書）、地上権の準共有者の一人が登記権利者の一人として登記義務者と登記申請を行うことは、保存行為に当たり、法令の別段の定めがある場合に該当する（所有権の保存の登記について、共有者のうちの一人又は数人からの登記申請をすることができるとする先例がある（明33.12.18第1661号回答））。

したがって、登記権利者の一人である地上権の準共有者Bは、保存行為として、登記義務者である土地所有者Aと共同して、地上権者をB及びCとして、地上権の設定の登記を申請することができる。

4003　地上権の目的は、どのように定められるか

問　地上権設定の目的をゴルフ場所有やスキー場所有とすることはできるか。

結論　地上権設定の目的として、ゴルフ場所有やスキー場所有とした登記はすることができる。

説明　地上権は、他人の土地において工作物又は竹木を所有するためにその土地を使用する権利である（民法265条）。そして、工作物とは、建物、橋梁、電柱、トンネル、地下街など地上又は地下の一切の設備であり、竹木とは、特に種類の制限はないが、果樹、茶などの耕作物は永小作権の目的物となることから、それら以外の主に植林の目的となるものと解され

る。

　地上権の設定の登記において、地上権の設定の目的は、必要な記録事項であり（不登法78条1項）、その登記を申請するときには当該事項を申請情報に記録して登記所に提供しなければならない（登記令3条13項、別表の三十三の項）。

　そして、登記するに当たっては、どのような工作物等の所有のためであるかを具体的に公示し、土地の利用の範囲を明確にして取引の安全を図る必要があることから、「工作物所有」や「竹木所有」など抽象的な表示とすべきでなく、具体的に、「建物所有」「橋梁所有」「杉所有」などとすべきであるとされている（昭58.8.17第4814号依命回答）。

　そこで、本問について見ると、地上権設定の目的として、「ゴルフ場」や「スキー場」の個別の工作物を列挙することなく、ゴルフ場やスキー場を構成する施設等を全体の一つの工作物として捉えて、地上権設定の目的としても、社会通念上、土地の利用範囲が具体的に表示されており、取引の安全を害するとは考えられないので、することができる（昭47.9.19第447号回答、昭58.8.17第4814号依命回答）。

4004　地上権の存続期間は、どのように定められるか

問　地上権の存続期間を無期限や永久とすることはできるか。

結論　**地上権の存続期間については、民法上定めがないので、当事者間の設定契約によって定めることができ、建物以外の工作物又は竹木の所有を目的とする地上権の存続期間については、無期限や永久と定めることもできる。**

建物の所有を目的とする地上権の存続期間については、借地借家法の適用があり、その規定による。

説明　地上権の存続期間については、建物以外の工作物又は竹木の所有を目的とする地上権と借地借家法の適用のある建物の所有を目的とする地上権においてその取扱いが異なる。

　建物以外の工作物又は竹木の所有を目的とする地上権については、民法において、存続期間に係る規定が存しないことから、当事者間において地上権の存続期間を定めなくても地上権は有効に成立する（民法268条において、存続期間を定めなかった場合を想定している）が、地上権の設定契約の当事者間において

存続期間を定めた場合は、登記事項となる（不登法78条3号）。
　このようなことから、存続期間を当事者間において、「無期限」や「永久」と設定することもできる。この点に関して、「地上権の存続期間について、登記簿上、「無期限」という記録がある場合には、反証がない限り、その地上権を存続期間の定めのない地上権と解するのが相当である。」とする判例がある（大判昭15.6.26民集19巻1033頁）。さらに、存続期間を永久とすることについては、地上権には上限を設けていないので、幾数百年又は永代というような無制限の存続期間を定めることが許されないものではないとして、存続期間が永久である地上権は認められるとした判例があり（大判明36.11.16民録9輯1244頁）、この点について永小作権と取扱いを異にする（民法278条参照）。
　次に、建物の所有を目的とする地上権についてであるが、この場合は、借地借家法の適用があり（同法1条）、当該地上権の存続期間については、最低30年とされ（同法3条）、これに満たない存続期間を定めた契約は無効である（同法9条）。他方、存続期間を「永久」とすることは、借地権者の権利を侵害することにならないが、「無期限」は前記判例の解釈のとおり、期限の定めがないこととなり、法的存続期間の30年と解されることになろう（同法3条）。
　なお、建物の所有を目的とする地上権である定期借地権、建物譲渡特約付借地権、事業用借地権及び一時使用目的の借地権については、借地借家法の規定から、存続期間を「永久」や「無期限」とすることはできない（同法22条～25条）。

4005 地上権の地代及び支払時期は、どのように定められるか

問　地上権の地代を無償とすることはできるか。また、地代の支払時期は、どのように登記するか。

結論　当事者間において地上権の地代を無償とする設定契約は有効であるが、地代を無償とする旨の登記をすることはできない。
　地代の支払時期については、定期払い、一時払いのいずれの方法でもよく、「支払期　毎年○月○日」や「支払期　毎年○月及び○月の各末日」などの例により登記される。

説明 　地上権の地代については、永小作権の小作料（民法270条）と異なり、必須の要素ではなく、当事者間の設定契約において決定されるものであるから、地上権においては、地代支払義務を当然に含むものではない。

　また、当事者間において、地上権の地代に関する約定がされなかった場合は、当事者の意思は、無償にて地上権を設定したものと解すべきとの判例がある（大判大6．9．19民録23輯1352頁）。

　他方、不動産登記法78条1項2号では、「地代又はその支払時期の定めがあるときは、その定め」を登記事項とするように定められている。以上のことから、当事者間において積極的に地代を無償として定めたものか、地代に関する約定がないものかを区別するため地代を無償とする約定について登記する利益があるのではないかと考えられるところ、前記のとおり地代に関する約定がないときは無償にて地上権を設定したものと取り扱われることから、これを登記事項として公示する実益はないということができる。

　以上のことから、このようなときは地代の定めがないものとして登記することを要しない。さらに、当事者間で地上権の地代を無償と約定することも当然に有効である。

　なお、地代については、登記時点で確定していないものでも登記することは可能であるとされており、「造林地の生産材（間伐材を含む）売払代金の100分の45」を地代とする登記は受理することができるとされている（昭39．9．22第580号電報回答）。

　また、地代の支払時期についても、任意に定めることができることから、当事者間で約定すれば、定期払い、一時払いいずれの方法でもよく、「支払期　毎年○月○日」や「支払期　毎年○月及び○月の各末日」などの例により登記される（不登法78条2号）。

4006　区分地上権とは何か

問 　区分地上権とは、どのようなものか。また、区分地上権において地下の上下の範囲はどのように定めるか。

結論 　**区分地上権とは、工作物を所有するために、地下又は空間の上下の範囲を定めた地上権のことである。なお、竹木の所有を目的と**

することは認められない。

区分地上権の地下の上下の範囲については、「範囲　東京湾平均海面の下10メートルから下20メートルの間」などと定められる。

説明　地上権は、他人の土地において工作物又は竹木を所有するために土地を排他的に使用できる権利である（民法265条）が、区分地上権は、他人の土地の地下又は空間の上下の範囲を定めた一定範囲に限り、排他的に使用することができる権利である（同法269条の2第1項）。当該土地所有者は、区分地上権の範囲以外の部分について排他的に使用することができるが、区分地上権の範囲以外の部分についても、当事者間の設定契約で、使用制限を設定することもでき、第三者に対抗するためにその旨を登記することができる（同条2項、不登法78条5号）。

また、区分地上権の範囲の定め方については、登記する地下又は空間の上下の範囲を平均海面又は地上権を設定しようとする土地の地表の特定の地点を含む水平面を基準として、上下の範囲を明らかにする方法が相当であるとされており、例えば、「範囲　東京湾平均海面の上100メートルから上30メートルの間」「範囲　標高100メートルから上30メートルの間」又は「範囲　東南隅の地点を含む水平面を基準として下20メートルから下30メートルの間」等と記載すべきとされている（昭41.11.14第1907号通達一）。

したがって、区分地上権の地下の上下の範囲については、「範囲　東京湾平均海面の下10メートルから下20メートルの間」などとすればよいこととなる。

なお、地役権の設定の登記を行う場合、承役地の一部の範囲に設定する場合は、地役権図面（登記令2条4号）を添付する必要がある（登記令7条1項6号、別表の三十五の項添付情報欄ロ）が、区分地上権の設定の登記をする場合は、その範囲については立体的に把握しているものであるので、その範囲を明らかにする図面の添付は必要ない（昭41.11.14第1907号通達二）。

以上のとおり、区分地上権は、立体的な土地を階層的に区分する方法によって定められた地下又は空間の上下の範囲を目的とするものであって、一筆の土地の平面的な一部分を対象とする地上権とは性質が異なるものである（一筆の土地の一部に対する地上権の設定については〔4001〕を参照のこと）。

なお、区分地上権は、工作物を所有するために設定されるものであるので、竹木の所有を目的とすることは認められない（民法269条の2第1項）。

4007 通常の地上権の登記を区分地上権の登記に変更することができるか

問 通常の地上権の登記を区分地上権の登記に変更することはできるか。また、区分地上権の登記を通常の地上権の登記に変更することはできるか。

結論 どちらの場合も変更の登記をすることができる。
登記上の利害を有する第三者が存在しない場合又は登記上利害関係を有する第三者が存在するがその者の承諾が得られている場合は、地上権の変更の登記を付記登記によりすることができ、登記上利害関係を有する第三者が存在し、かつ、その者の承諾が得られない場合は、地上権の変更の登記を主登記によりすることとなる。なお、登記の申請に当たっては、地上権の及ぶ範囲が拡大するか縮小するかによって登記義務者及び登記権利者が決せられる。

説明 通常の地上権の登記から区分地上権の登記に変更するには、当該土地の所有者と地上権者による地上権の変更契約に基づいてすることができる。

この場合は、一筆の土地の上下全部を排他的に使用する権限を地下又は空間の一部の範囲に限定するものであり、土地の使用範囲が縮減されるので、登記権利者は土地の所有者である所有権の登記名義人となり、登記義務者は地上権の登記名義人となる。

このとき、登記上の利害関係を有する第三者がいない場合又は登記上の利害を有する第三者の者の承諾がある場合は、当該地上権の変更の登記は、付記登記によりされ、登記上の利害関係を有する第三者が存在するがその者の承諾が得られないときは、その変更の登記は主登記によりされることとなる（不登法66条）。なお、この場合における「第三者」とは、当該地上権を目的とする抵当権者又は処分の制限の登記等の登記名義人である（昭41.11.14第1907号通達五）。

区分地上権の登記を通常の地上権に変更する登記には、前記と同様に、土地の所有者と地上権者による地上権の変更契約に基づいてすることができる。こ

の場合、一筆の土地の地下又は空間の一部の使用範囲に設定されているものを一筆の土地の上下全部を排他的に使用できるものに権限を拡大するものであるから、登記権利者は地上権の登記名義人となり、登記義務者は当該土地の所有者である所有権の登記名義人となる。

このとき、前記と同様に、第三者の承諾の有無により付記登記によるか、主登記によるかが決まってくる。

なお、当該土地に地上権が設定された後、その権利者の承諾を得て、区分地上権を設定している（民法269条の2第2項）ときは、地上権の設定がある土地に、重ねて、地上権の設定の登記をすることはできないことから、変更することができない（昭37．5．4第1262号回答）。

4008 法定地上権とは何か

問 法定地上権とは、どのようなものか。また、法定地上権はどのようにして登記するか。

結論 **法定地上権とは、当事者間の設定契約によることなく、法律の規定によって当然に成立する地上権である。具体的には、民法388条や民事執行法81条などに定める地上権である。**

法定地上権の設定の登記は、登記の目的を「地上権設定」、登記原因を「法定地上権設定」とし、原則どおり、土地の所有者（登記義務者）と地上権者（登記権利者）の共同申請でする必要がある。

説明 法定地上権とは、当事者間の設定契約によるのではなく、法律上の擬制によって設定されたとみなされる地上権であり、つまり、法律の規定によって当然に成立する地上権のことである。具体的には、民法388条、民事執行法81条、国税徴収法127条1項、立木法5条などに規定されている。

例えば、民法388条の法定地上権についてであるが、法定地上権が認められている理由としては、土地と建物は別々の不動産として把握されているところ、同一の者に所有権が属している場合、その一方又は両方に抵当権が設定されているときのように、将来、土地と建物の所有者が異なることが想定される場合に、そのような事態に備えて、自己借地権を設定しようとしても、そのよ

うなことは認められない。このため、仮に、競売によって土地と建物の所有権が別々の者に属することになったときは、建物の所有権を取得した者には当該建物の敷地となっている土地を利用する権限がなく、当該土地の所有者から建物収去を求められるなど、社会的不経済の不利益が想定されることから、これを防止するために法律上認められているものである。

また、民法388条の法定地上権の成立要件としては、①抵当権の設定時に、土地の上に建物が存在すること、②抵当権の設定時に、土地及び建物が同一の所有者に帰属していること、③土地又は建物に抵当権が設定されていること、④抵当権の実行により、土地と建物が別々の所有者に帰属することとなったこと、の４点である。

法定地上権の設定の登記を行う場合、登記の目的は、一般の地上権と何ら変わるところはないが、登記原因については、「法定地上権設定」となり、その日付は、当該事例の場合は、競売の買受人が代金を支払った日となる。

なお、登記の申請に当たっては、土地の所有者が登記義務者として、地上権者が登記権利者として、共同して申請する必要がある（不登法60条）。登記をするにおいて、他の要件について通常の地上権と異なるところはなく、土地の所有者と建物の所有者（地上権者）の間で、地代や存続期間を定めたときは登記事項となる。また、地代や存続期間の協議が調わない場合は、裁判所が決定することになる（民法388条）。

4009 存続期間が満了している地上権の移転の登記可否

問 登記上、存続期間が満了している地上権の登記について、相続又は売買を原因とする地上権の移転の登記は、することができるか。

結論 **地上権は、存続期間の満了によって当然に消滅する。したがって、登記記録上、存続期間後の登記原因の日付による相続又は売買を原因とする地上権の移転の登記はすることができない。**

なお、実体上、地上権の存続期間が延長されている場合は、存続期間を変更する地上権の変更の登記をした上でなければ、地上権の移転の登記をすることができない。

説明 　地上権の存続期間については、任意的記録事項であり、その定めがあるときに限って地上権の登記の登記事項とされている（不登法78条3号）。地上権の存続期間が定められているときは、その期間の満了によって、地上権は当然に消滅する。

　この点に関して、借地法施行前に設定された建物の所有を目的とする地上権について、登記上の存続期間経過後、登記原因の日付を存続期間経過後の日付として地上権の移転の登記の申請があった場合は、借地法17条1項ただし書の規定により登記官は当該地上権が消滅していることを形式上判断できるので、平成16年改正前の不動産登記法49条2号の規定（事件が登記すべきものにあらざるとき）により却下すべきとする先例がある（昭35.5.18第1132号通達）。

　本問について見ると、存続期間が満了している地上権について、相続又は売買の原因の日付が、登記上、存続期間経過後に申請された場合は、登記官は形式的審査権しか有しないところ、既に消滅している地上権を移転するものと解さざるを得ず、当該申請は、申請に係る登記が民法その他の法令の規定により無効とされることが、申請情報若しくは添付情報又は登記記録から明らかであるときに該当し、却下されることになる（不登法25条13号、登記令20条8号）。

　なお、実体上、地上権の存続期間が延長されているときは、存続期間を変更する地上権の変更の登記をした上で、相続又は売買を原因とする地上権の移転の登記を行うことになる。

4010　重複した地上権・賃借権の登記の可否

問 　既に地上権の登記がある場合、これと重複する地上権の登記は受理されるか。

結論 　**受理されない。**

説明 　地上権は、土地を直接、排他的に支配する物権であり、普通地上権と区分地上権の設定登記、同一土地でも異なった層を目的とする複数の区分地上権設定の登記などのように、同一土地においても2個以上の用益権が現実に並存し得ることが明らかな場合の登記を除いて、既存の登記と同一若しくは相いれない原因に基づく登記は、法律上、そのような権利が成立し得ないという理由から認められていない。さらに、既存の地上権設定登記の存続期間が既に満了しているときでも、既存の登記を抹消しない限り、

登記を認めないこととしている（昭37．5．4第1262号回答）。これは、そのような登記を認めた場合には、登記の形式上１個の不動産上に２個の地上権の登記が併存することとなり、後日仮に既存の地上権の存続期間の延長による変更（又は更正）の登記等がなされたときは、地上権が二重となり、登記簿上における権利関係が不明確となって、公示上適当でないということによるものである。

これに対して賃借権は、債権であり、対人的請求権であるから、債権が実現されるか否かは債務者の意思いかんにかかっており、同時に何個でも成立させることが可能であるという理由から、既存の債権であっても、これと重複する登記は認められている（昭30．5．21第972号通達）。

したがって、地上権と賃借権とが重複する設定登記については、先例は見当たらないが、前記の先例の立場からすると、既に地上権設定の登記がされている場合に、更に賃借権設定の登記をすることは認められないが、反対に賃借権設定登記のある場合には、なお地上権設定の登記をすることは認められるものと考えられる。

4011 存続期間が満了している地上権の登記に重ねて地上権設定の登記をすることの可否

問 存続期間が満了し、実体上消滅している地上権の登記がある土地について、重ねて地上権の設定の登記をすることができるか。

結論 **登記上、地上権の存続期間が満了している場合、当該地上権の登記を抹消することなく、同一の土地に、重ねて地上権を設定することはできないので、当該地上権の登記の抹消をした上で、地上権の登記を申請しなければならない。**

説明 地上権は、他人の土地において、工作物又は竹木を所有するためにその土地を使用する権利であり（民法265条）、当該土地の所有権を制限して排他的に使用する権利である。

そこで、地上権の設定の登記がされている土地に、更に、地上権の設定の登記をすることができるかどうかが問題となる。これについては、自己のために地上権の設定を受けている地上権者が、当該地上権は無効であるとして、その土地の所有者に対して、更に地上権の設定の登記を請求した訴訟において、登記は、不動産に関する権利の得喪変更等を公示する方法であって、これによっ

て第三者への対抗要件を得るものであることから、既存の登記と同一若しくは相いれない登記は許されず、このような申請は、登記すべきものにあらざるときに該当する（平成16年改正前の不登法49条2号、不登法25条13号、登記令20条7号）として、地上権が設定されている土地に、更に地上権を設定することもその登記をすることもできない、とする判例がある（大判明39.10.31民録12輯1366頁）。

しかしながら、本問においては、登記上、地上権の存続期間が満了しているので、地上権が消滅したものとみなして、地上権の設定の登記を抹消することなく、これに重ねて、地上権の設定の登記を申請することができるのではないかとも考えられるが、これを可とした場合、一筆の土地に、二つの地上権の登記が存在することになり、後日、既存の地上権の登記の存続期間の変更又は更正が行われた場合、権利関係が錯綜してしまい、登記が本来持つ権利の公示機能の役割が果たせなくなることがあり得ることから、そのような登記はすることができないとする先例がある（昭37.5.4第1262号回答）。

したがって、当該既存の地上権の登記の抹消をした上でなければ、地上権の登記を申請することはできない。

4012 地上権者がその目的地の所有権を取得した場合の登記手続

問 地上権者又はその相続人が地上権の目的物の所有権を取得した場合における、地上権の移転の登記及び地上権の登記の抹消の手続はどのようにするか。

結論 **地上権者が当該土地の所有権を取得した場合、原則、混同により地上権が消滅するので、当該土地の所有者となった元地上権者は、登記権利者兼登記義務者となって、混同を原因とする地上権の登記の抹消の申請をすることとなる。なお、地上権を目的とした第三者の権利があるときは、混同の例外として地上権は消滅しない。**

相続人が当該土地の所有権を取得した場合、当該土地の所有者となっている相続人は、相続を原因とする地上権の移転の登記後、登記権利者兼登記義務者となって、地上権の登記の抹消の申請を

行うこととなる。

説明 　同一物について所有権及び他の物権が同一人に帰属したときは、当該他の物権は、混同により消滅するが、その物又は当該他の物権が第三者の権利の目的となっているときは、消滅しない（民法179条1項）。

　この規定を踏まえて、本問を考察すると、地上権者が当該地上権の設定されている土地の所有権を取得した場合は、当該地上権は混同により消滅することになる。このとき、土地の所有者（元地上権者）は、地上権の登記の抹消の申請を行うことになるが、通常、権利に関する登記の申請を行う場合、登記権利者及び登記義務者の共同申請ですることになる（不登法60条）が、この場合は、登記権利者と登記義務者が同一人（土地の所有者であって地上権者）となるので、土地の所有者（元地上権者）は、単独で、登記権利者兼登記義務者として、混同を登記原因とする地上権の登記の抹消の申請をすることになる。このとき、例えば、地上権に抵当権が設定されているなど第三者の権利の目的となっている場合は、権利の混同の例外として当該地上権は消滅しないため、土地の所有者（元地上権者）は、地上権の登記の抹消の申請をすることはできない。

　なお、地上権者が、当該地上権が設定されている土地の所有権を取得し、その登記をする前に死亡した場合、その相続人は、亡き地上権者を登記権利者として、登記義務者である土地の所有者と所有権の移転の登記の後、相続を原因として、土地の所有権の移転の登記をし、さらに、登記権利者の相続人及び登記義務者亡地上権者の相続人として、単独で、混同を原因として、地上権の登記の抹消の申請をすることになる。

　次に、地上権者が死亡後、その相続の登記を行う前に、地上権者の相続人が当該地上権の設定されている土地の所有権を取得した場合、当該土地の所有者と地上権者は同一人となり、相続人が、混同により、地上権の登記の抹消をすることができるかが問題となる。

　この場合、実体上は、地上権者と土地の所有者が同一人となっているが、登記上は、土地の所有者は相続人、地上権者は被相続人となっているので、相続人が登記権利者兼登記義務者として地上権の登記の抹消の申請をしたときは、登記官は形式的審査権しかないため、当該申請は、登記義務者の氏名又は住所が登記記録と合致しないときに当たり、却下されることになる（不登法25条7号）。

したがって、当該相続人は、相続を原因とする地上権の移転の登記の申請をした後において、混同を登記原因として地上権の登記の抹消の申請をすることとなる。

4013 地上権者となる地位の地上権設定効力発生前の譲渡

問 地上権の設定の効力が生じる前に、地上権者の地位を譲渡した場合には、譲渡を受けた者を地上権者として地上権の設定の登記を申請することができるか。

結論 することができる。

説明 地上権は、物権であるところ、物権の得喪については、当事者の意思表示によって成立する（民法176条）が、本問においては、何らかの条件（例えば、金銭の支払が完了したことによって地上権が成立するなど）が付されており、当事者間で、その条件が成就し地上権が成立する前の段階で、土地の所有者の承諾の下、地上権者となる地位を有していた者が、地上権者の地位を譲渡した場合、土地の所有者と地上権者の地位の譲渡を受けた者が、地上権の設定の登記の申請をすることができるかどうかが問題となる。

その前提として、まず、当事者間において地上権が成立していたが、当該地上権の設定が未登記であった場合における地上権の登記の移転について考察すると、権利の登記については、実体上の権利関係を公示することを目的としているので、当事者間で有効に成立した地上権の設定の登記を省略することはできず、土地の所有者と当初に地上権の設定契約を締結した地上権者によって地上権の設定の登記をした上で、地上権者と新たな地上権者との間で、地上権の移転の登記をする必要がある。

しかしながら、本問においては、地上権の成立前に、その地位を譲渡しているので、前記の場合と事情を異にする。この点について、第三者のためにする売買契約の売主から当該第三者への直接の所有権の移転の登記の申請又は買主の地位を譲渡した場合における売主から買主の地位の譲受人への直接の所有権の移転の登記をすることができるとする先例がある（平19.1.12第52号通知）。これと同様に解し、土地の所有者と地上権者の地位の譲渡を受けた者において、地上権の設定の登記を申請することができると解される。なお、地上権の設定日は、条件が成就した日となる。

第2節

永小作権

4014 永小作権の意義と登記申請手続

問 永小作権とはどのような権利か。またどのように登記をするか。

結論 永小作権とは、小作料を支払って他人の土地において耕作又は牧畜をする権利である。永小作権の設定の登記をするときは、永小作権者と土地の所有者（永小作権設定者）との間の設定契約に基づき、永小作権者を登記権利者、永小作権設定者を登記義務者として共同して登記申請をすることを要する。なお、農地又は採草放牧地に永小作権を設定するとき又は永小作権を移転するときは、農業委員会又は都道府県知事の許可が必要となる。

説明 永小作権とは、小作料を支払って他人の土地において耕作又は牧畜をする権利である（民法270条）。「耕作」とは、穀物、野菜、果樹などを栽培することをいい、「牧畜」とは、牛、馬、羊、豚等を飼育することをいう。

永小作権は、これを取得しようとする者と土地の所有者との設定契約により成立する。このほか、遺言、時効取得等によっても成立するが、農地、採草放牧地について永小作権を設定するとき又は永小作権を移転するときは、農業委員会又は都道府県知事の許可が必要となり（農地法3条1項）、この許可がないときは、永小作権の設定又は永小作権の移転の効力は発生しない（同条7項）。

永小作権は、用益物権の一つであるところ、その取得については登記をしなければ対抗することができない（民法177条、不登法3条3号）。この点について、農地、採草放牧地に係る賃貸借については、登記がなくても目的地の引渡しのみで第三者に対抗することができるとする特例があるところ（農地法16

条)、永小作権にはこのような特例の定めはない。

　登記の申請については、永小作権者と土地の所有者（永小作権設定者）との間の設定契約に基づき、永小作権者を登記権利者、永小作権設定者を登記義務者として共同して登記申請をすることを要する。この際、農地、採草放牧地について永小作権を設定するとき又は永小作権を移転するときは、農業委員会又は都道府県知事の許可があったことを証する情報の提供が必要となる（農地法3条1項、登記令7条1項5号ハ）。

　なお、一筆の土地の一部に永小作権が成立するかについて、学説は分かれているが、いずれにしても、永小作権の登記をするためには当該土地の分筆の登記を行った上で、一筆の土地とする必要がある。

　永小作権の登記の登記事項は、不動産登記法59条各号に掲げられた権利に関する登記の通則的記録事項のほか、「小作料」、「存続期間又は小作料の支払時期の定めがあるときは、その定め」、「譲渡又は賃貸を禁止する定めがあるときは、その定め」及び「永小作人の権利又は義務に関する定めがあるときは、その定め」とされている（同法79条）。

　小作料を支払うことは、永小作権の設定に際して必ず約定されるものであることから、「小作料」は、必要的登記事項とされている（不登法79条1号）。

　「永小作権の存続期間又は小作料の支払時期」については、これらを定めたときに限って登記事項とされる（不登法79条2号）。

　存続期間は、20年以上50年以下（50年より長い期間を定めたときは50年）とされており（民法278条）、この範囲に収まらない期間が定められているときは、登記をすることができない。なお、設定契約において存続期間を定めていないときは、登記事項とはならないが、別段の定めがあるときを除き30年となる（同条3項）。また、「存続期間を永久又は永代として、その設定の登記の申請があったときは、永久又は永代の意味を当事者に確かめ、もしそれが永久又は50年より長い期間を定めた意味であるときは50年と、又50年より短い期間を定めた意味であるときはその期間を、更に期間を定めない意味であるときは期間の定めがなきものとして、その登記の申請をさせるべきである。」とする先例がある（昭5．4．22第405号回答）。

　永小作権者は、土地の所有者の承諾がなくても、この権利を第三者に自由に譲渡又は賃貸することができるところ、設定契約において、譲渡又は賃貸を禁止することができ（民法272条）、この定めを第三者に対抗するためには、登記

をすることを要する（不登法79条3号）。

　また、永小作人の権利又は義務に関する定めがあるときは、この定めを第三者に対抗するためには、登記をすることを要することとなる（不登法79条4号）が、例えば、民法273条において賃貸借に関する規定が準用されていることから、これに関する権利又は義務などを第三者に対抗するためには、登記をすることを要する（不登法79条3号）。

第3節 地役権

4015 地役権の意義

問 地役権とは何か。

結論 地役権とは、一定の目的に従って、他人の土地（承役地）を自己の土地（要役地）の便益に供する権利であり、賃借権等と比較した場合、地役権者の権利を害しない限度において、承役地の所有者も当該土地を共同利用できる点にその特色がある。

地役権は、その目的により、「用水地役権」「通行地役権」等に分類され、また、行使の形態により、「作為の地役権」「不作為の地役権」等に分類される。

説明

(1) 地役権の意義・機能

地役権は、一定の目的に従って、他人の土地（承役地）を自己の土地（要役地）の便益に供する権利である（民法280条）。

自己の土地の便益のために他人の土地を利用するには、賃貸借によっても、その目的を実現し得るが、賃貸借による権利（債権的権利）では、土地所有者の変動により使用権を主張し得なくなる場合がある。また、賃借した場合、賃借人がその土地を独占的に利用することができる半面、土地の所有者の占有は間接的となり、土地の所有者は、当該土地を賃借人と共同利用することはできない。

他方、地役権に基づく土地の利用権は、地役権の目的を達し得る一定の範囲に限定されるため、地役権者の権利を害しない限度において、承役地の所有者も当該土地を共同利用することが可能である。

このように、地役権は、最小限の制限を他人の土地に加えることによって目

的を実現し得るときに利用することができる用益物権であるから、他人の土地の利用という点においては、賃借権や他の用益権である地上権、永小作権等と異ならないが、地役権は、複数の土地利用権を調整する機能を持つところに特色がある。

(2) **地役権の種類**

地役権は、便益の目的及び行使の形態により、次のとおり分類される。

(イ) 目的による分類

地役権は、自分の土地の便益を高める目的で他人の土地を利用する権利であるが、強行法規に反しない限り、その便益の種類に制限はない。

民法285条の地役権は、水の利用という便益を得るもの（用水地役権）であるが、これと並んで、日常生活でよく見られるのが、徒歩や自動車等による通行という便益を得るものである（通行地役権）。

このほかに、日照や景観を害するような建物を建てない、特定の種類の工作物を設置しないという便益もある（眺望・日照地役権）。

また、登記実務上、しばしば見ることができる地役権としては、会社が送電線を保持するための地役権（電線路敷設のための地役権）で、この場合、承役地から遠く離れた場所にある発電所や変電所が所在する土地が要役地に当たる例が多い。

(ロ) 行使の形態による分類

(i) 作為の地役権・不作為の地役権

前者は、地役権者が一定の行為をするのを承役地所有者が認容する義務を負担するもの、後者は、承役地所有者が一定の利用をしない義務を負担するものである。用水地役権や通行地役権は、地役権者が用水又は通行という行為をするのを承役地所有者が受忍するものであるため、前者の例であり、眺望・日照地役権は、承役地所有者が一定の利用をしない義務を負担するものであるため、後者の例である。

(ii) 継続の地役権・不継続の地役権

前者は、地役権の行使が間断なく継続するもの、後者は、地役権の行使に間断があって継続しないものである。

地役権者が承役地に一定の設備を設ける場合や、前記(i)の不作為の地役権は、前者の例である。

一方、通行地役権は、生活上の必要があるときに通行する権利である

ため、一般的には後者に該当するが、地役権者自身が承役地に通路を開設し、これを通行の用に供しているときは、物理的施設としての通路が存続するため、前者に該当する。

(iii) 表現地役権・不表現地役権

前者は、地役権の行使が外部から認識される外形を伴っているもの、後者は、これを伴わないものである。

承役地の地表に管を設けて要役地に水を引く地役権や承役地に一定の設備を造作する地役権は、前者の例であり、前記(i)の不作為の地役権は、後者の例である。

(3) 地役権の成立

地役権は、要役地の所有者と承役地の所有者との間の設定契約により成立するのが通常であるが、相続や時効によって取得することもある。

地役権は、設定契約によって自由に締結することができ、また、当該契約は、諾成契約であることから、対価の有無、存続期間、費用負担等についても当事者の合意に基づくこととなる。

4016 一筆の土地の一部に地役権を設定する登記の可否

問 一筆の土地の一部を承役地とする地役権の設定の登記はすることができるか。また、一筆の土地の一部を要役地とする場合はどうか。

結論 **前段については、登記をすることができる。後段については、登記をすることができない。**

説明 (1) 一筆の土地の一部を承役地とする地役権の設定の登記の可否

土地の利用を内容とする権利である用益権は、一筆の土地の一部について成立するが、その登記をするときは、前提として、当該一部について土地の分筆の登記を経なければならないのが原則である（不登法25条13項、登記令20条4号）。

しかし、承役地についてする地役権の設定の登記については、不動産登記法80条1項2号において「地役権設定の目的及び範囲」を登記事項とする旨が定められており、一筆の土地の一部について設定されたものであっても、土地の

分筆の登記を経ることなく、登記をすることができることは明らかである。
　この点について、不動産登記規則160条にも、承役地の一部に地役権が設定された場合の登記手続についての定めが置かれている（なお、登記令20条4号は、登記の申請が1個の不動産の一部についての登記を目的とするときは当該申請を却下すべき旨を定めた規定であるが、同号においても、「承役地についてする地役権の登記」は除外されている）。
　このような取扱いが認められているのは、地役権は、所有権等とは異なり、目的地を全面的に支配する権利ではなく、設定行為で定められた目的に従った便益を承役地から得ようとするものであるため、その一部のみに設定することで足りる場合が多く、常にその部分について土地の分筆の登記を経なければならないとするのは、承役地所有者の負担が重いことなどが考慮されたことによるものであると考えられる。
　なお、当該登記の申請につき、地役権設定の範囲を明確にした地役権図面を添付しなければならない（登記令別表の三十五の項、規則79条）。

(2)　一筆の土地の一部を要役地とする地役権の設定の登記の可否
　前記の不動産登記令20条4号について、「要役地についてする地役権の登記」は除外されていない（承役地の場合と異なり、一筆の土地のうち、承役地からの便益を受ける部分を当該土地の一部として公示する実益に乏しい）。
　したがって、一筆の土地の一部を要役地とする地役権の設定の登記をすることはできない。

4017　既に用益権の登記がされている土地を承役地とする地役権設定の登記可否

問　地上権（区分地上権を含む）、永小作権、賃借権又は採石権の登記がされている土地を承役地とする地役権設定の登記をすることができるか。

結論　当該土地の所有者を地役権設定者とする地役権設定の登記は、原則として、することができない。
　当該土地を目的とした地上権の地上権者等を地役権設定者とする地役権設定の登記は、することができる。

説明 (1) 当該土地の所有者が地役権設定者として地役権を設定する場合

　地上権、永小作権及び賃借権（以下「地上権等」という）は、目的地を全面的に支配することを内容とする利用権である。他方、採石権は、その目的が採石に限定されているため、全面的にその土地を支配するものではない（採石法4条1項）。

　このため、地上権等の設定の登記がされている土地を承役地とするときは、当該承役地の所有者による地役権の設定は、当該地役権が当該土地の全体に及ぶものである場合はもとより、その一部にのみ及ぶものである場合でも、外形的には、当該土地の所有者が、地上権等と矛盾する権利を新たに設定したものと認められる。

　したがって、当該土地の所有者がする地役権設定登記の申請は、申請に係る登記が登記すべきものでないときに当たるとして、却下されることとなる（不登法25条13号、登記令20条7号）。

　ただし、区分地上権（民法269条の2）の設定の登記がされている土地を承役地とする地役権の設定は、当該地役権の設定された範囲が登記された区分地上権の範囲と重複しない場合には、地役権が登記された区分地上権と抵触するものではないため、登記することができる。

(2) 当該土地の地上権者等が地役権設定者として地役権を設定する場合

　地役権は、複数の土地の利用関係を調整するものであることから、所有権のみならず、地上権等の上にも成立が認められる。

　このため、当該土地の地上権者等は、自らの権限の行使として、その権利上に要役地の便益に供するための地役権を設定することが可能である。

　したがって、要役地の所有者（登記権利者）と承役地の地上権者等（登記義務者）の共同申請による地役権の設定の登記の申請は、不動産登記法25条に定める却下事由に該当せず、その余の部分に却下事由がなければ、当該申請は受理される。

4018 地上権者又は賃借権者が自己の権利のために地役権を設定する登記の可否

問 地上権者又は賃借権者が、その権利の便益に供するために、他人

の土地に地役権（承役地地役権）を設定し、その登記することはできるか。

結論 登記することができる。

説明 地役権は、一定の目的に従って、他人の土地（承役地）を自己の土地（要役地）の便益に供する権利である（民法280条）。

　すなわち、地役権は、要役地の利用価値を増進させるための権利であり、その設定契約は、その利用に関して最も強い利害関係を有している同地の所有者と承役地の所有者との間で締結されるのが通常である。

　一方、要役地の地上権者又は賃借権者が、自らの便益を増進するために承役地について地役権を設定することができるかということが問題となる。

　この点について、過去の判例では消極に解されていた（大判昭2.4.22民集6巻198頁（宅地賃借人の通行地役権の時効取得を否定したもの））が、その後の裁判例においては、相隣関係の規定が地上権に準用されていること（民法267条）を根拠の一つとして、地上権者も地役権を設定することができるとし（東京地判昭30.9.21下民集6巻9号2040頁、東京地判昭32.2.8新聞48号12頁）、さらに、最高裁も引渡しを受けた農地の賃借権者に対して民法213条の通行権（公道に通じない土地の通行権）を有することを認める（最判昭36.3.24民集15巻3号542頁）など、土地の利用の調整に関して、所有権以外の権利もその対象とされている。

　学説も、地役権は、要役地と承役地の利用の調整を図ることを目的とするものであるから、これらの者も、自己の利用権の範囲において地役権の設定が認められるとし、さらに、賃借権者も地役権者になり得るとするものが多数を占めるに至っている。

　このような判例及び学説の動向を受けて、登記の実務においても、要役地の地上権者は、その権利の存続期間の範囲内において地役権者となることができるとされ（昭36.9.15第2324号回答）、また、賃借権者についても同様であるとされている（昭39.7.31第2700号回答）。

　ただし、地上権者等が地役権の設定の登記を申請するには、当該地上権等が既に登記されているものであることを要する（昭36.9.15第2324号回答、不登法80条3項）。

4019　同一の承役地に重ねて地役権を設定する登記の可否

問　「日照・観望」を目的とする地役権が設定された承役地に、重ねて「通行・電線保持」を目的とする地役権を設定する登記は、することができるか。

結論　「日照・観望」を目的とする地役権を妨げない場合に限り、登記をすることができる。

説明　(1) 地役権は、最小限の制限を他人の土地に加えることによって目的を実現し得るときに設定され得る用益物権であり、地役権設定に基づく土地の使用は、地役権の目的を達し得る一定の範囲に限定される。

このため、同一の承役地に複数個の地役権が成立することもあり得る（民法285条2項参照）。

登記先例においても、「同一の土地を承役地として、別異の土地所有者のために重ねて数個の地役権を設定し、その登記をすることができる」とされている（昭38．2．12第390号回答）。

(2)　ただし、地役権も物権である以上、2個の地役権の内容が相互に全く相いれないものであれば、両者が有効に併存する余地はない。

したがって、登記官は、登記の申請がされた地役権の内容が、既に登記されている地役権の内容と相いれないものであることが明らかなときは、当該登記の申請を却下すべきであるが、そのことが明らかでないとき、すなわち既登記の地役権と申請に係る地役権とが併存できないと判断することができないときには、その申請を受理すべきものとされている（昭43.12.27第3671号回答）。

(3)　以上を踏まえ本問を検討すると、まず、前段について、既に「日照・観望」地役権が設定されている承役地について、更に「通行」地役権を設定しても、通常は、「日照・観望」地役権を妨げることにはならないため、その設定は可能と考えられる。

(4)　次に、後段についてであるが、「電線保持」を目的とする地役権について具体的に考えてみると、電線は、一定の高度、幅及び方向において、物理的に空間を占拠するものであるため、電線の規模や具体的な土地の状況にもよるが、一般的には、「日照・観望」地役権の妨げとなることが多いと考えられる。

しかしながら、申請情報及びその添付情報のみでは、当該「電線保持」を目的とする地役権が、先順位の「日照・観望」地役権を妨げるものかどうかを判断することができないときがあると考えられ、そのようなときは、却下することはできないものと考えられる。

4020 地役権設定契約で特約を定めた場合における、その特約の登記可否

問 地役権設定契約で、民法281条1項ただし書、285条1項ただし書、286条、その他の特約を定めた場合、これらの特約を登記することはできるか。

結論 **民法281条1項ただし書、285条1項ただし書、286条の定めについては、登記することができるが、その他の定めについては、登記することができない。**

説明 (1) 民法281条1項ただし書の別段の定め

　地役権は、1個の独立した権利であるが、実質的には、要役地の便益のために存在するものであるから、要役地所有権に従属する権利であると言える。したがって、要役地の所有権が移転したときは地役権も移転し、要役地に抵当権が設定されたときは地役権もその目的となる（民法281条1項本文、地役権の付従性）。

　もっとも、設定契約において当事者間で別段の定め（例えば、設定時の要役地所有者に限り地役権を行使できる旨の特約）があれば、これに従うことになる（民法281条1項ただし書）が、当該別段の定めにつき登記をしなければ第三者に対抗することができない（不登法80条1項3号）。

(2) 民法285条1項ただし書の別段の定め

　用水地役権が設定された承役地から供給される水の量が、要役地・承役地双方の需要に比べ不足する場合、その各土地の需要に応じて、まずこれを生活用に使用し、その残余を他の用途に使用するものとされている（民法285条1項本文）。

　ただし、水の使用方法及び使用量などにつき設定行為において別段の定め（例えば、要役地のために一定量の水を確保する旨の特約）があればこれに従うことになる（民法285条1項ただし書）が、当該定めにつき登記をしなければ第三

者に対抗することができない（不登法80条1項3号）。

(3) 民法286条の定め

地役権設定の当事者間で、承役地所有者が自己の費用で地役権の実現に必要な工作物を設け、又はその修繕をする義務を負担する旨の定めをすることができる（民法286条）。

そして、この義務は、承役地の特定承継人も負担するものとされているが、当該定めにつき登記をしなければ特定承継人に対抗することができない（不登法80条1項3号）。

(4) その他の定め

地役権に関する当事者間の特約のうち、登記事項とされているのは前記(1)から(3)までの定めのみであり（不登法80条1項3号）、それ以外の特約については、登記することができない（昭36.9.15第2324号回答）。

4021 地役権変更の登記又は地役権の登記の抹消における登記上の利害関係人

問 地役権変更の登記又は地役権の登記の抹消における登記上の利害関係人とは、どのような者をいうのか。

結論 **登記上の利害関係人とは、登記の実行又は登記の抹消により、登記記録の形式上、一般的に損害を受け、又は受けるおそれがあると認められる者をいう。**

地役権の変更の登記又は地役権の登記の抹消においては、要役地又は承役地の担保権者や利用権者がこれらの第三者に当たるかどうかについて、個別具体的に判断することを要する。

説明 (1) 地役権の変更の登記

権利の変更の登記は、登記上の利害関係を有する第三者の承諾がある場合及び当該第三者がない場合に限り、付記登記によってすることができる（不登法66条）。この場合の「登記上の利害関係を有する第三者」とは、登記が実行されることにより、登記記録の形式上、一般的に損害を受け、又は受けるおそれがあると認められる者をいうものとされている。

地役権の変更の登記についても、要役地又は承役地の担保権者や利用権者がこの第三者に当たるかどうかを個別に判断することとなる。

具体例として、甲所有のA土地を要役地とし、乙所有のB土地を承役地とする地役権の設定の登記がされた後、A土地に対して丙を抵当権者とする抵当権の設定の登記がされ、更にその後に地役権の設定の目的を「通行及び用水」から「通行」に変更する場合、当該変更によりA土地の担保価値は減少すると考えられることから、丙は、「登記上の利害関係を有する第三者」に該当することとなる。

また、前記地役権設定登記がされた後、B土地に対して丁を抵当権者とする抵当権設定登記がされ、更にその後に地役権設定の目的が「通行」から「通行及び用水」に変更された場合も、当該変更によりB土地の担保価値は減少すると考えられることから、丁は、「登記上の利害関係を有する第三者」に該当することとなる。

(2) 地役権の登記の抹消

権利に関する登記の抹消は、登記上の利害関係を有する第三者の承諾があるときに限りすることができる（不登法68条）。この場合の「登記上の利害関係を有する第三者」とは、登記の抹消により、登記記録の形式上、一般的に損害を受け、又は受けるおそれがあると認められる者をいうとされている。

「登記上の利害関係を有する第三者」の典型例としては、要役地に抵当権の設定の登記をした登記名義人（民法281条1項）が掲げられる（同項ただし書の別段の定めの登記がされている場合を除く）。

4022 承役地の所有者が要役地の所有権を取得した場合における、当該地役権の消滅

問 承役地の所有者が要役地の所有権を取得した場合には、当該地役権は消滅するか。

結論 **混同により消滅する。ただし、当該地役権が第三者の権利の目的となっているときは、消滅しない。**

説明 (1) 同一物について所有権及び他の物権が同一人に帰属したときは、当該他の物権は消滅するものとされている（民法179条1項本文、混同による消滅）。

地役権に関する混同の例として、甲所有のA土地を要役地とし、乙所有のB土地を承役地とする地役権の設定の登記がされた後、A土地の所有権が甲から

乙に移転した場合、地役権も、その付従性により甲から乙に移転する（民法281条1項本文）ことから、当該地役権は混同により消滅することとなる。

　もっとも、この例においては、地役権の付従性の例外として、甲と乙との間の設定契約で、B土地の地役権はA土地の所有権移転に随伴しない旨の特約を定めることができる（民法281条1項ただし書）。

　しかし、この場合、厳密な意味での混同は生じないが、乙は、所有権に基づき、A土地の便益に供するためにB土地を自由に使用することができるのであって、あえてB土地の地役権を存続させる実益が存しないため、混同に準ずる場合として、B土地の地役権は消滅するものと考えられる。

(2)　混同の例外として、その物又は他の物権が第三者の権利の目的であるときは、当該他の物権は消滅しない（民法179条1項ただし書）。

　例えば、前記(1)の例において、地役権の設定の登記がされた後、A土地に対して丙を抵当権者とする抵当権の設定の登記がされ、更にその後にA土地の所有権が甲から乙に移転した場合、当該地役権は、丙の抵当権の目的となっているため、消滅しないこととなる。

　ただし、この場合において、甲・乙間の地役権の設定契約で、B土地の地役権はA土地の処分に従わない旨の定めがされている場合（民法281条1項ただし書）は、丙の抵当権はB土地の地役権には及ばないため、A土地の所有権が甲から乙に移転することにより、同地役権は混同により消滅することとなる。

第 4 節

賃 借 権

4023 不動産の賃借権と地上権

問 不動産の賃借権とは何か。また、登記された賃借権と地上権とはどのような差異があるか。

結論 「**不動産の賃借権**」**とは、当事者の一方がある物の使用及び収益を相手方にさせることを約し、相手方がこれに対して賃料を支払うことを約する契約であり、その対象は土地に限られない。**
「**地上権**」**も、他人の不動産を利用する権利であるところ、地上権は登記請求権が認められるのに対し、賃借権には登記請求権が認められない。**

説明 賃借権は、当事者の一方がある物の使用及び収益を相手方にさせることを約し、相手方がこれに対して賃料を支払うことを約する契約（民法601条）であり、賃料を無償とする契約は、使用貸借契約（同法593条）となる。ほかに類似する他人の土地を全面的に使用できる用益権として、民法では、地上権（同法265条）及び永小作権（同法270条）が設けられている。

地上権は物権であり、登記義務者が登記申請に協力しないときは、これに対して協力するよう請求することができる（登記請求権）。また、目的の土地を直接に支配することができ、また、自由に処分することができるので、地上権を譲渡する場合において土地所有者の承諾は不要である。

一方、賃借権は物権ではないが、不動産の賃貸借はこれを登記しておけば、以後、その不動産について物権を取得した者に対抗することができる（民法605条）が、賃貸人は特約がない限り、登記に協力する義務を負わない（大判大

10.7.11民録27輯1378頁)。したがって、賃借権はあくまで賃料を支払いその土地を利用することを請求する権利であり、賃借権を譲渡する場合は、所有者の承諾を要することになる。

また、賃借権は賃料の支払が成立要件であるが、地上権は地代を無償と定めることもできる。地上権は対象となる不動産は土地に限られ、その目的も工作物又は竹木の所有と限定されている。一方、不動産の賃借権は、土地建物を問わず設定することができ、設定目的も民法上制限はない。ただし、地上権、賃借権ともに、建物所有を目的とする場合は、借地借家法の適用を受ける借地権となり、借地借家法が民法に優先する特別法であることから、登記の申請に当たっては、賃借権及び地上権のどちらも、借地借家法に反しないことが要件となる。

例えば、存続期間について、地上権は民法では期間の制限がなく、賃借権は20年を超えることができない(同法604条)と定められているが、借地借家法が適用されると建物の種類を問わず一律に30年となり、契約においてこれより長い期間を定めることもできるが、事業用定期借地権(同法24条)を除き、30年を下回る存続期間を定めることはできない(同法3条)。

4024 既に用益権又は賃借権の登記が設定されている土地に重ねて賃借権設定の登記をすることの可否

問 既に用益権又は賃借権の登記が設定されている土地に、重ねて賃借権設定の登記をすることができるか。

結論 **同一の土地に、用益権等の権利が衝突せず、両立し得る場合は、それらの登記をすることができるが、既にされている登記が地上権等の用益権であるときは、これに抵触する権利を登記することができない。ただし、既にされている登記が賃借権の設定の登記のときは重ねて賃借権の設定の登記をすることができる。**

説明 用益権には、民法に定めるものとしては地上権(区分地上権を含む)、永小作権及び地役権があり、その他の法律に基づくものとしては採石権(採石法4条1項)があるところ、これらはいずれも他人の土地を使用することができる権利である。そして、用益権と同様の権利として不動産の賃借権がある。用益権や不動産の賃借権が設定されている土地は、地

役権を除き使用部分の範囲を特定して登記することができないことから、土地全体に効力が及ぶこととなり、重ねて賃借権の登記をするということは、既に登記がされている用益権を侵害することとなり、できない。

　ただし、その用益権が区分地上権の場合は、その範囲が明確となることから、その権利と抵触しない権利について登記をすることができる。他方、賃借権は契約に基づき、使用及び収益ができる権利である（民法601条）ことから、双方の権利は衝突し、排斥し合う関係となる。仮に、登記上、地上権又は永小作権の存続期間が満了している場合であっても、重ねて賃借権の設定の登記をすることは許されず、当該登記を抹消した上でなければ、賃借権の登記をすることができない（昭37．5．4第1262号回答）。なお、用益権が地上権である場合は、実際に使用する部分が衝突しないのであれば、賃借権を設定する部分について土地の分筆の登記（分筆後のいずれかの土地について地上権を消滅させることの承諾を得る必要あり（不登法40条））を行うことで、賃借権を設定することができる。

　既に登記されている地上権が区分地上権であれば、区分地上権は当該土地又は空間について範囲を定めているものであるから、その範囲と重複しない限度で、別に賃借権を設定することは可能であり、用益権が地役権のときは、地役権は、設定行為で定めた目的に従い、他人の土地（承役地）を自己の土地（要役地）の便益に利用することができる権利（民法280条）であるところ、同様にこの地役権と衝突しない限りにおいて賃借権の設定の登記をすることができる。

　また、採石権は、その目的が採石に限定されるため、全面的にその土地を支配するものではないので賃借権と両立することができる。

　なお、既に登記された権利が賃借権のときは、地上権と同様に土地全体に効力が及ぶものであるので、重ねて賃借権を設定すると権利が衝突することとなるが、賃借権が債権契約であり、契約不履行の問題として損害賠償等により解決されるべき問題であると解されていることから、登記をすることができるとされている（昭30．5．21第972号通達）。

4025 地上権、永小作権又は不動産質権を目的とする賃借権の設定の登記可否

問 地上権、永小作権又は不動産質権を目的とする賃借権の設定の登記は、することができるか。

結論 **することができる。地上権、永小作権又は不動産質権を目的とする賃借権の設定の登記を申請する場合は、申請情報において登記の目的を「○番地上権の賃借権設定」のように、賃借権の目的となる権利を表示する必要がある。**

説明 永小作権については、その権利の存続期間において耕作又は牧畜のため土地を賃貸することができると規定がある（民法272条）が、永小作権の設定契約において、それを禁じられているときはこの限りでない（同条ただし書）。そのような定めは登記事項であることから、そのような定めがない永小作権を目的とする賃借権の設定の登記は受理されることとなる。

質権については、不動産質権者は目的不動産の用法に従い、その使用及び収益することができるとされており（民法350条、298条2項本文の準用）、債務者の承諾があるときはこれを賃貸することができることとされている。

地上権については、賃借することができるとする明文の規定はない。しかし、地上権は土地を直接的に支配し、譲渡も自由にできる物権であり、賃貸借できるとされている永小作権や質権と同様に、他人の土地を使用収益できる権利であることから、賃借権を設定することは認められると解される。

ただし、地上権、永小作権及び不動産質権のいずれも賃借権の設定をすることはできるが、その登記をするには、目的となる地上権、永小作権及び不動産質権が登記されている場合に限られる。

そして、土地所有者が設定した賃借権でないことを登記上明らかにする必要があることから、賃借権の目的となる権利を表示することを要し、「○番地上権の賃借権」のように登記をする必要がある。

また、その目的となる権利が消滅すると賃借権も消滅することになる。

4026 数筆の土地につき一括して賃料を定めた場合における、賃借権設定の賃料の登記

問 数筆の土地につき一括して賃料を定めた場合には、賃借権設定の賃料はどのように登記すればよいか。

結論 数筆の土地について一括して賃料を定めた場合であっても、賃料は賃借地ごとに登記をする必要がある。

説明 賃借権の設定の登記において、賃料は登記事項とされており（不登法81条）、賃借権の成立要素である賃料は必ず定める必要があるが、契約上、数筆の土地について一括して賃料を定めることもある。その場合、契約そのものは民法上有効であるが、賃貸借契約は、土地ごとに成立し、土地ごとに登記をする必要がある。また、賃借権の登記をすることによって、賃料についても対抗力が付与されることになるのであるから、賃料は明確に記録されなければならず、したがって、土地ごとにその賃借料を定める必要があることとなる。

このため、賃借権の設定の登記の申請では、数筆の土地の賃料を一括して定めた賃借権の設定の登記の申請は受理されないとされている（昭54.4.3電信回答民事月報34巻4号144頁）。

例えば、事業用借地権の設定契約において、「甲番の土地、乙番の土地合計〇円」というように公正証書により定めた場合に、契約そのものは有効であるが、登記の申請においては、「甲番〇円、乙番〇円」と定め、申請をする必要があり、各賃料を定めた情報も添付情報として提供する必要がある。この場合、賃料を一括して定めた公正証書は有効であり、作成し直す必要はないが、公正証書のみでは登記原因を証する情報とはならないので、合計金額が一致するよう各土地ごとに内訳を定めた報告的な登記原因を証する情報を提供する必要がある。

4027 賃借物の転貸の登記と、賃借権の移転の登記

問 賃借物の転貸の登記と、賃借権の移転の登記は、何が違うのか。

結論 賃借物の転貸は、賃借人が賃借物を第三者に更に賃貸させる（使

用・収益させる）ことをいい、賃借物の所有者と賃借人の関係は変わることがなく、賃借人から賃借する第三者は、賃借物の所有者との関係において転借権者となる。

また、賃借権の移転は、賃借人が相続、合併等の一般承継や譲渡契約等の特定承継により、賃借人の地位を移転させることである。

説明　転貸とは、賃借人が賃借物を第三者に民法601条による賃貸をすることを言い、転貸借契約が成立すると賃貸借関係が併存することになる。例えば、甲が建物を乙に賃貸している場合に、乙が丙に対して乙丙間の契約で乙の賃貸人の地位を移転した場合には、甲乙間の契約はそのまま続行し、丙は甲との関係で転借権者であるが、乙との関係では賃借人となる。

転貸は一般的に、乙が甲に賃料を支払い、丙が乙に賃料を支払う関係にあり、乙丙間の賃料は甲乙間の賃料の額においては何ら関係がなく自由に定めることができるが、転貸の効果として、賃借人が適法に賃借物を転貸したときは、転借人は、賃貸人に対し直接に義務を負うこと、賃料の前払をもって賃借人に対抗することができない（民法613条）ことから、賃貸人甲は、乙又は丙のどちらに対しても賃料の支払を請求することができ、仮に丙が乙に対し賃料を一括して前払をしていたときであっても、丙は甲からの請求に対して応じなければならない。ただし、甲乙間の賃料より乙丙間の賃料が低い場合、丙は乙丙間で定めた賃料を超えて甲に賃料を支払う必要はないものとされている。なお、仮に丙が乙に対し賃料を支払済みであったときは、乙に対し返還請求をすることができる。

転貸が賃借物の所有者と賃借人との関係が継続しているのに対し、賃借権の移転は、賃借権そのものを譲渡等により移転するので、当初の賃借物の所有者と賃貸人の関係は終了するが、賃借権そのものは、譲渡を受けた新たな賃借人と賃借物の所有者が当初の契約内容で継続される関係にある。例えば、甲と乙との賃貸借関係において、乙が丙に賃借権を譲渡した場合、乙は賃貸借関係から離脱し、賃借人は丙となるが、契約内容は継続しているので、存続期間等は引き継がれることとなる。

なお、賃借権の譲渡及び転貸については、どちらも賃貸人の承諾を要する（民法612条）。

第 5 節

借 地 権

4028 借地借家法の適用と地上権又は賃借権の登記

問 借地借家法の適用と地上権又は賃借権の登記は、どのような関係にあるか。

結論 地上権、賃借権ともに登記の有無にかかわらず、建物所有を目的とした借地権は、借地借家法が適用される。

借地権は、その目的とする所有建物の登記がされている場合は、当該土地の登記記録に賃借権や地上権の登記がされていなくても、借地権を第三者に対抗することができる。

説明 借地借家法2条1号に規定される「借地権」とは、建物所有を目的とする地上権又は土地の賃借権をいい、同法は、その存続期間、効力に関して、借家・借地権者の保護を目的とする特別法として一般法である民法の規定より優先される。また、地上権、賃借権の区別なく建物所有を目的とする契約であれば、登記の有無にかかわらず借地借家法が適用される。

登記されている地上権、賃借権の目的が建物所有となっていれば、借地借家法2条に規定される「借地権」となる。

また、借地借家法の適用を受ける借地権の対抗力については、登記がされていると対抗力を有するとされているが、その地上権、賃借権の登記がなくても、当該借地上に、借地権者が所有する建物が登記されている場合は、同法10条1項の規定により第三者に対抗することができる。

ただし、所有を目的とする建物の登記の有無は、対抗力の問題であり、借地借家法の適用要件である建物の所有については、未登記でも差し支えない。

また、「建物所有を目的とする」とは、建物所有が主たる目的であるという場合も含まれる。

例えば、店舗の敷地と一体の関係で利用することが目的とされ、また、実際に一体として利用された上で、土地の賃料が支払われていた駐車場に借地借家法の適用が認められた例（東京地判昭52.12.15判時916号60頁）や、自動車運転コースと自動車教習所の建物とが学校経営上の一体性を認め適用された例がある（最判昭58.9.9判時1092号59頁）。他方、借地契約を締結した土地の一部に建物が存在していても、ゴルフ練習場のように主たる目的が建物所有でない場合は適用対象外となる（最判昭42.12.5民集21巻10号2545頁）。

4029 一般定期借地権の登記

問 一般定期借地権とは何か。また、一般定期借地権である地上権の登記は、どのようにするか。

結論 **一般定期借地権とは、存続期間が50年以上で、存続期間の延長がなく、建物の買取請求をしないとの特約を公正証書等の書面で定めた借地権をいう。**

登記を申請するには、通常の地上権の登記事項に加え、「借地借家法第22条の特約」を登記することを要す。

説明 借地借家法施行（施行日：平成4年8月1日）後に設定された普通借地権は、存続期間は30年とされ、契約により、これより長い期間を定めることもできる。

また、契約の更新もすることができ、契約方法は書面に限られていない（借地借家法3条、4条）。契約の更新については、当事者の合意による更新のほかに、借地人からの更新請求と土地の使用継続（契約期間満了後も土地の使用を継続し、地主が正当事由をもって遅滞なく異議を申し述べない場合）による法定更新があり、借地契約の期間が満了し、借地上に建物が存在しているにもかかわらず、地主が正当事由により更新を拒絶した場合、借地権者は土地所有者に建物を時価で買い取るよう請求をすることができる等、借地借家法は比較的借地人を保護する取扱いがされている。地主側からすると、新たな契約を躊躇することになり、土地の有効活用の阻害要因ともなり得る。

そこで、地主及び借主にとって共に安心であり、また、土地を有効利用する

ことができることを目的とし、一般定期借地権が設けられている（借地借家法22条）。

一般定期借地権は、借地上の建物の種類については制限はない（居宅に限られない）が、存続期間は50年以上の確定期限で定める必要があり、登記の申請においては、存続期間が50年未満であったり、存続期間を定めない一般定期借地権は受理されない。契約の更新、建物の築造による存続期間の延長がない旨及び建物買取請求権をしない旨を全て定める必要があり、このうちの一つでも欠けた契約は普通借地権とされる。

また、更地にして土地を返還することが原則となるため（民法616条、598条、269条1項）、契約は必ず公正証書等の書面によって行われなければならない。

一般定期借地権である地上権の設定の登記をするとき、登記の目的を「地上権設定」とし、「一般定期借地権」であることを公示するため、特約として「借地借家法22条の特約」を記録することとされている。

また、「地上権の目的」は、借地借家法の適用のある建物の所有に限られるので「建物所有」で足りる。

4030　事業用借地権の登記

問　事業用借地権とは何か。また、事業用定期借地権である地上権の登記は、どのようにするのか。

結論　**事業用借地権とは、事業の用に供する建物を所有することを目的とした借地権であり、存続期間が30年以上50年未満で設定される事業用借地権と、存続期間が10年以上30年未満で設定される事業用借地権とがある。**
なお、当該借地権の設定を目的とする契約は、必ず公正証書によってしなければならない。

説明　事業用定期借地権は、専ら事業の用に供する建物（居住の用に供するものを除く）の所有を目的とし、かつ、存続期間を30年以上50年未満とし、また、契約の更新及び建物の築造による存続期間の延長がない借地権（借地権の存続期間の満了による建物買取請求をしないことを定めることができる。借地借家法23条1項）と、同条件において、存続期間を10年以上30年未満とする借地権（同条2項）とがある。

借地借家法23条2項の借地権も同条1項の借地権と同様に存続期間の延長はないが、同項の借地権が期間の延長等を特約で定めなければならないのに対し、同条2項の借地権は、同法3条から8条及び13条並びに18条を適用しないという法律構成を採っている。これらの借地権は、いずれも公正証書によって約定しなければならず、また、期間満了後は、建物買取請求権を有しないことから建物を収去し更地にして返還する必要がある（民法616条、598条、269条1項）。

事業用定期借地権は、専ら事業の用に供する建物を所有することに目的が限られているが、その事業は営利に限られず公共事業でもよいが、所有を目的とする建物の一部に居住用の部分が存在する場合や建物全部が賃貸事業である場合等は、事業用定期借地権を設定することはできない（借地借家法23条）。

借地借家法23条1項の借地権は、存続期間が30年以上であり、普通借地権と一見区別がつかないが、事業用建物の所有を目的とし、契約の更新、建物の再築による存続期間満了による延長がない旨及び同法13条の規定による借地権の存続期間の満了による建物買取請求をしないことを公正証書により約定することで、事業用借地権となる。

なお、事業用定期借地権である地上権の設定の登記を申請するときは、地上権の目的を「借地借家法第23条1項の建物所有」や「借地借家法第23条2項の建物所有」とし、借地借家法23条1項の借地権については加えて特約として「借地借家法第23条1項の特約」と記録することとされている。

4031 始期付事業用借地権の仮登記の申請時における公正証書の添付要否

問 始期付事業用借地権の仮登記の申請時に公正証書を添付する必要があるか。

結論 事業用借地権設定契約に係る公正証書を添付する必要がある。

説明 専ら事業の用に供する建物（居住の用に供するものを除く）の所有を目的とする借地権（借地借家法23条1項・2項）の設定は、公正証書によってしなければならないとされている（同条3項）。

借地権の存続期間が設定の日付より後の日を起算日とする契約をすることは可能であるが、存続期間の始期到来前に登記の申請をする場合には、始期付き

の賃借権と解し、仮登記によるほかないものと考えられる。

そして、その始期付事業用借地権の設定の仮登記の申請に際して、事業用借地権設定契約に係る公正証書の添付が必要かどうかが問題となるが、始期付きの契約とは、期限の到来により効力を発生させることを付款した契約であり不動産登記法105条2号に規定される仮登記といえども、仮登記の申請時には当該契約が有効に成立している必要があることから、成立要件となる当該公正証書の添付が必要と考えられる。

4032 賃借権の先順位抵当権に優先する旨の同意の登記

問 民法387条1項の賃借権の先順位抵当権に優先する旨の同意の登記とは何か。

結論 **賃借権の先順位抵当権に優先する同意の登記とは、抵当権の設定登記に後れて登記された賃借権に対抗力を付与させる登記であり、民法387条1項において先に登記をした抵当権を有する全ての者が当該賃借権が優先することについて同意し、その登記をすれば、同意をした抵当権者に対抗できると定められ、抵当不動産が競売により売却された場合であっても賃借権は存続する。**

説明 通常、抵当不動産が競売により売却された場合において、抵当権に後れる賃借権が存在するときは、賃貸人の地位を買受人は引き継ぐことはなく、競売によって賃借権は消滅する。賃借権の消滅は、賃料という収益を失うことでもあり、担保価値にも影響があることから、抵当権者が競売後もその賃借権を存続させることが、自己の債権回収に不利益にならないと判断した場合の賃借権の存続及び賃借権者の保護を目的として、民法387条が平成15年の民法改正時に創設された。

民法387条1項に、登記をした賃借権は、その登記の前に登記をした抵当権を有する全ての者が同意をし、かつ、その同意の登記があるときは、その同意をした抵当権者に対抗できると定められている。なお、借地借家法上の対抗要件を具備しただけの賃借権は、その対象とならず、賃借権の設定の登記がされているものに限られる。また、その登記された内容に対抗力を与えることについて先順位抵当権者全員が同意し、賃借権が抵当権に優先する同意の登記をすることで対抗力が付与される。同意の登記は登記が効力発生要件であるので、

その旨の登記がされないうちに抵当権が実行されれば、買受人に対し賃借権を対抗することはできない。登記がなされると、競売により売却された場合であっても賃借権は存続することとなる。この同意の登記は付記登記ではなく主登記でされる。

この同意の登記は、存続期間の長短を問わずすることができる。また、平成15年改正民法施行前に既に登記されている敷金の登記のない賃借権であってもすることができる。

4033 存続期間を30年未満と定めた借地権の登記の申請可否

問 建物の所有を目的とする地上権又は土地の賃借権の設定の登記について、存続期間を30年未満とする申請はすることができるか。

結論 **建物の所有を目的とする地上権又は土地の賃借権の設定の登記について、存続期間を30年未満とする申請はすることができない。**

説明 借地権とは、建物の所有を目的とする地上権又は土地の賃借権をいう（借地借家法2条1号）。

そして、借地権の存続期間については、借地借家法3条において「借地権の存続期間は、30年とする。ただし、契約でこれより長い期間を定めたときは、その期間とする。」と規定されている。

さらに、借地借家法9条は、「この節の規定に反する特約で借地権者に不利なものは、無効とする。」と定められていることから、30年より短い期間を定めた場合は、同条により無効とされ、その結果、期間を定めなかった契約となることから、存続期間は原則どおり30年となる。

借地権の存続期間については、借地法では、借地上に建てられている建築物が鉄筋コンクリート造のような堅固な建物であって、それの所有を目的とする場合には、当事者間で定めることができる期間は「30年以上」、設定契約に存続期間の定めがない場合は「60年」とされていた。また、木造のような非堅固な建物の所有を目的とする場合には、当事者間で定めることができる期間は「20年以上」であり、存続期間の定めがないときは「30年」とされ、堅固な建物と非堅固な建物と区分が設けられていた。その背景としては、建物の耐久期間に差があるためであったが、実際には、鉄筋コンクリート造の建物と木造の建物との間で経済的な耐久期間にそれほど差がないことから、借地借家法で

は、その建物が堅固かそうでないかを問わず、当事者が設定契約において定めることができる存続期間を「30年以上」とし、設定契約にそのような定めがないときは30年とされている。

以上のことから、建物の所有を目的とする地上権又は土地の賃借権の設定登記について、存続期間を30年未満とする賃借権の設定の登記はすることができない。

ただし、専ら事業の用に供する建物の所有を目的とし、かつ、存続期間を10年以上30年未満として借地権を設定することが認められている（事業用定期借地権、借地借家法23条2項）。

また、臨時設備の設置やその他に一時使用のため借地権を設定したことが明らかなとき（一時使用の目的の借地権）については、その存続期間は最低の期間及び期間更新の保障がない（借地借家法25条）。

これらのような借地権に係る賃借権の設定の登記の申請がされたときは、30年未満でも申請することができる場合があるため注意が必要である。

4034 存続期間についての特約を定めた借地権の登記の申請可否

問　「存続期間の満了前に建物が滅失したときは借地権は終了する」又は「存続期間が満了したときは契約を更新しない」旨の特約を定めた借地権の登記の申請は、することができるか。

結論　**「存続期間の満了前に建物が滅失したときは借地権は終了する」旨の特約を設けることはできず、また、「存続期間が満了したときは契約を更新しない」旨の特約も設けることができない。ただし、事業用定期借地権においては、この限りではない。**

説明　まず、「存続期間の満了前に建物が滅失したときは借地権は終了する」といった特約を定めることについてであるが、建物の滅失が当初の残存期間中であると契約の更新後であるとを問わず、残存期間を超えて存続すべき建物の再築によって借地権の存続期間が延長されるためには、原則として、再築についての借地権設定者の承諾が必要とされている。その承諾があったときは、建物の堅固又は非堅固を問わず、借地権設定者の承諾があった日又は建物が築造された日のいずれか早い日から原則20年間延長され

るとされている（借地借家法7条1項）。また、延長期間は当事者間において20年よりも長い期間を定めることもできる（同条ただし書）。

借地借家法は、借地の利用権についての契約が継続されることを基本としており、借地権者の保護を前提としている（同法9条及び16条において、同法3条～8条、10条、13条及び14条の規定に反する特約で借地権者に不利なものは無効とされている）。

この場合も、前記の説明と同様に、契約の更新をしない旨の特約を付することについては、借地権者に不利なことは明白であり、認められない、ということになる。

以上のことから、「存続期間の満了前に建物が滅失したときは借地権は終了する」旨の特約を設けることはできず、また、「存続期間が満了したときは契約を更新しない」旨の特約も設けることができない。

ただし、事業用借地権については、契約の更新及び建物の築造による存続期間の延長がない旨を定めることができ（借地借家法23条1項）、期限付建物賃貸借いわゆる定期建物賃貸借については建物を取り壊すこととなる時に賃貸借を終了することができる旨の特約を定めることができるとされているため、この限りではない（同法39条）。

4035 借地権の存続期間の更新に関する登記

問 借地権の存続期間の更新は、どのように登記をするか。
結論 **借地契約が更新された場合、賃借権の変更の登記を申請することとなる。**

説明 借地権の存続期間を更新する契約が締結されたときは、所有権の登記名義人が登記義務者となり賃借権者が登記権利者となって、共同で賃借権の変更の登記の申請をすることとなる（不登法60条）。

その申請に当たっての申請情報及び添付情報は次のとおりである。

まず、申請情報への記録事項であるが、登記の目的については、その借地権が賃借権のときは「○番賃借権変更」と、地上権であるときは「○番地上権変更」とする。

登記原因及びその日付は、当事者間で契約更新の合意があった日であり、「平成○年○月○日変更」とする。

変更後の事項は、更新後の賃借権又は地上権の存続期間の定めを表示する。

なお、更新後の期間は、借地借家法4条において、「更新の日から10年（借地権の設定後の最初の更新にあっては、20年）とされている。ただし、当事者がこれよりも長い期間を定めたときは、その期間とする。」と定められている。

したがって、これらの期間未満を存続期間とした賃借権の変更の登記の申請は受理することができない。

次に、添付情報であるが、不動産登記令7条、別表の二十五の項添付情報欄に規定されているところ、登記原因証明情報は、当事者間における契約の更新の合意を証する情報となる。

なお、登記上の利害関係を有する第三者がいる場合は、その第三者が承諾し作成した情報又は第三者に対抗することができる裁判があったことを証する情報を提供しなくてはならない。

4036 賃借権の変更登記

問 賃借権の賃料、その支払時期の定めの変更の登記を申請する場合の登記手続は、どのようにするか。

結論 **賃借権の賃料、その支払時期等の賃借権の変更については、原則、賃借権者（登記権利者）と賃借権設定者（登記義務者）の共同申請による必要がある。**

説明 賃借権に係る登記事項については、不動産登記法59条によるほか、賃借権の登記に特有な登記事項として同法81条に定められている。

具体的には、①賃料、②存続期間又は賃料の支払時期の定めがあるときは、その定め、③賃借権の譲渡又は賃借物の転貸を許す旨の定めがあるときは、その定め、④敷金があるときは、その旨、⑤賃貸人が財産の処分につき行為能力の制限を受けた者又は財産の処分の権限を有しない者であるときは、その旨、⑥土地の賃借権の設定の目的が建物の所有であるときは、その旨、⑦事業用定期借地権の建物（借地借家法23条1項又は2項）であるときは、その旨、⑧借地借家法22条前段、同法23条1項、同法38条1項前段若しくは同法39条1項又は高齢者の居住の安定確保に関する法律（平成13年法律第26号）56条の定めがあるときは、その定め、とされている。

前記①から⑧までの登記事項について、賃料であれば、増額又は減額、支払時期であればその賃料支払期の変更、特約であれば、その廃止等の変更の登記が考えられる。
　変更の登記申請に当たっては、不動産登記法60条において「権利に関する登記の申請は、法令に別段の定めがある場合を除き、登記権利者と登記義務者が共同してしなければならない。」とされていることから、借地権の変更の登記の申請は、原則として、賃借権者（登記権利者）と賃借権設定者（登記義務者）の共同申請によることとなる。ただし、確定判決による登記については、この限りでない。
　つまり、執行力のある確定判決の正本（執行力のある確定判決と同一の効力を有する情報の正本を含む）を登記原因を証する情報として提供の上、賃借権者が単独で登記の申請をすることができるとされている（不登法63条1項）。
　賃借権の変更の登記の申請に当たって提供することを要する添付情報は、次のとおりである。
① 　登記原因証明情報
　　変更の登記に係る事項、当事者、原因及びその日付が記録された情報
② 　登記識別情報又は登記済証
③ 　登記義務者の印鑑証明書
　　賃借権の目的が不動産の所有権であるとき（所有権の登記名義人が登記義務者として変更の登記をするとき）は、所有権の登記名義人の印鑑証明書（作成日から3か月以内のもの）の提供を要する。
④ 　申請人が法人であるときは、当該会社の会社法人番号
⑤ 　登記上の利害関係を有する第三者があるときは、当該第三者の承諾を証する当該第三者の作成した情報又は当該第三者に対抗することができる裁判があったことを証する情報
⑥ 　代理人によって登記を申請するときは、当該代理人の権限を証する情報

4037　所有権の一部に対する賃借権の登記の可否

| 問 | 所有権の一部（共有持分）について賃借権設定の登記をすることができるか。 |

| 結論 | することはできない。 |

説 明　一般に、共有持分に対する用益物権の設定については否定的に解されているところ、登記の先例も同様の立場に立っており、不動産の共有持分に対する採石権設定登記の申請の可否について、不動産の共有持分に対する採石権の設定の登記の申請は、他の共有者の同意書の添付の有無にかかわらず、平成16年改正前の不動産登記法49条2号の規定により却下すべきである（昭37．3．26第844号通達）とされている。この通達の趣旨は、用益物権は目的物の全面的・排他的な使用収益を内容とするものであるから、他の持分によって制約された所有権（持分権）の対象となるにすぎないものに対しては設定することができない、というものである。

　また、不動産賃借権についても、その性質は用益物権と変わるところがないため、共有持分に対する賃借権の設定はできない、とする考え方がある。

　他方で、不動産賃借権は用益物権と並んで不動産の利用権としての効用を果たしてはいるが、用益物権のように目的物を排他的に支配する権利（物権）ではなく、あくまで債権であるから、他の持分によって使用制限を受けている特定の持分に対しても賃借権を設定することができる、とする学説もある。

　しかし、登記の先例は前者の立場を採り、「共有持分に対する賃借権の設定の仮登記は受理すべきでない」とされている（昭48.10.13第7694号回答）。

　共有とは、物の一部について物理的に範囲を定めて排他的に支配（所有）する、ということではなく、一つの物について物理的な範囲を明確にせず複数の者で排他的に支配（所有）する、ということであるから、共有物を共有者のうちの一人が単独で他人に賃貸するということは想定されないこととなり、このようなことは、民法601条に違反するものと考えられる。

　したがって、共有持分に対して賃借権の設定の登記の申請がされたときは、不動産登記法25条13号の「登記すべきものでないときとして政令で定めるとき」に該当し、具体的には、不動産登記令20条8号「申請に係る登記が民法その他の法令の規定により無効とされることが申請情報若しくは添付情報又は登記記録から明らかであるとき」に該当するものとして、却下すべきことになる。

　このことは、たとえ、当該不動産の共有者全員が賃借人と賃借権の設定の契約を締結している場合（実体法上、適法に賃借権が成立している場合）において、当該不動産の共有者のうちの一人を登記義務者として登記の申請に及んだというような場合においても、結論を異にするものではない。

4038 借地借家法の適用と建物の賃借権の登記の関係

問 借地借家法の適用と建物の賃借権の登記は、どのような関係にあるか。

結論 借地権は、登記をしなければ第三者に対抗することができないが、建物を所有することを目的とする土地の賃借権については、その建物について登記をすれば、土地の賃借権の登記がされていなくても、第三者に対抗することができる。

説明 民法が定める賃借権の効力は、当事者（賃貸人及び賃借人）間の債権関係であり、他人の土地を利用する賃借人の権利に弱い面がある。

つまり、賃貸人が、その物を第三者に売却し、所有権を移転したときなどは、その新たな所有権者等に賃借権を主張することができない（対抗することができないとされている）。

しかし、建物の所有を目的とする土地の賃借権については、借地借家法の保護がある。すなわち、借地権については、土地についてその登記がされていない場合であっても、当該土地の上に存在する建物について、その所有者（借地権者）が登記をすることによって、借地権を第三者に対抗することができるとされている（借地借家法10条1項）。

また、借地上の建物が滅失した場合の借地権の対抗力について、建物の滅失があっても、借地権が、その建物を特定するために必要な事項、その滅失があった日及び建物を新たに築造する旨を土地の見やすい場所に掲示するときは、借地権はなお効力を有するとされている（借地借家法10条2項前段）。ただし、第三者に対して2年間だけ暫定的に対抗力維持の機能を付与するものであり、建物が滅失した場合、全てに等しく対抗力を与えようとするものではない。

なお、建物についてする登記は表題登記だけでもよく、当該建物に関する権利の登記（所有権に関する甲区の登記や賃借権の設定登記）は必ずしも要するものではないと解されている（最判昭50．2．13民集29巻2号83頁）。

さらに、借地権は、債権であるが、建物の所有を目的として、当該建物の敷地である土地の登記記録に賃借権の設定の登記をすることができる（不登法3条8項）。

そして、このような登記をするときは、特別な登記事項として、土地の賃借権の目的が「建物の所有」である旨を記録する必要がある（不登法81条6項）。この趣旨は、当該賃借権が借地借家法による土地の賃借権であり、同法の規定が適用されるものであることを公示し、第三者に対抗するためのものということができる。

では、建物の所有を目的とした賃借権の設定の登記をすることに、どのようなメリットが想定されるか。

まずは、前記のとおり、借地上の建物が滅失した場合、借地権は暫定的に対抗力を有するにとどまるものとなるところ、建物の所有を目的とした賃借権の設定の登記をしたときは、そのような制限はない。

次に、「一時使用のための建物」に係る賃借権についてであるが、このような建物には借地借家法第3章の規定の適用がない（同法40条）。

また、契約の更新のない「定期建物賃借権（借地借家法38条）」や「取壊し予定の建物の賃借権（同法39条）」等について、賃借権の登記を行うメリットが想定される。

なお、賃借権の対抗力が及ぶ範囲は、当該建物の敷地、つまり、建物が所在する土地のみであるところ、場合によっては、その隣接地を私道として利用することや駐車場として使用することなどが想定される。

このような建物の敷地の隣接地等は、敷地権が及ばないため、賃借権の登記をしなければ、その賃借権を第三者に対抗することができない（借地借家法の適用については、〔4028〕を参照のこと。）。

4039 借地権の設定登記後、借地権者を賃貸人とする賃借物についての事業用借地権の転貸の登記

問 建物所有を目的とする借地権の設定の登記をした後、事業用借地権として転貸の登記をすることができるか。

結論 することができる。

説明 借地権の転貸は、賃借人の承諾がなければすることができないとされている（民法612条1項）。

つまり、賃貸人の承諾があれば、転貸は可能ということであり、さらに、あらかじめ転貸を許す旨の特約をすることができ、この特約は登記することがで

きるとされている（不登法81条3号）。

次に、普通借地権について、事業用借地権として転貸することができるか、であるが、まず、普通借地権と事業用借地権とでは、存続期間、契約の更新、契約の方法及び返還のルールについて、次のとおりの違いがある。

	普通借地権	事業用借地権
存続期間	30年	10年以上50年未満
契約の更新	土地所有者に正当事由がなければ更新拒否不可	「更新はなし」という特約を締結すれば、更新なし
契約の方法	定めなし	公正証書による
返還のルール	定めなし	更地返還又は建物譲渡が必要

したがって、原賃貸借契約と転貸借契約の内容について、相いれない内容となる部分について、調整が必要となる場合がある。例えば、原契約の存続期間を超えた存続期間を定めた転貸のときなどがこれに当たる。

これについて、転貸借は、原契約を基礎として成立していることから、原契約が終了したときは、転貸借も同時に終了することとなるのが原則であるが、普通借地権の場合は、原賃貸人が原契約の更新を拒絶し又は期間満了後や解約申入れ後の賃借人・転借人による使用の継続に意義を述べるには正当な事由が必要であり、この事由の判断には転借人が土地の使用を必要とする事情も考慮されることとなる（借地借家法5条、6条）。

以上のことから、建物所有を目的とする借地権（普通借地権）の設定の登記をした後、事業用借地権として転貸の登記をすることができるものと解される。

なお、転貸の登記をするときは、賃貸人が譲渡、転貸を承諾したことを証する情報を提供することを要するが、「賃借権の譲渡又は賃借物の転貸を許す旨の定め」の特約の登記がされていれば、当該情報の提供は要しない（登記令7条、別表の三十九の項添付情報欄）。

4040　借地借家法一部改正前の事業用借地契約の存続期間を30年に変更する登記の申請可否

問　借地借家法の一部を改正する法律の施行前に存続期間を20年とし

て締結した事業用借地契約につき、同法施行後に存続期間を30年に変更する契約に基づく登記を申請することができるか。

結論 事業用借地契約について、改正前の借地借家法の下で締結した契約の更新（権利の存続に関する部分）は、改正後の法律の適用を受けることができないことから、存続期間を30年に変更する契約に基づく登記の申請はすることができない。

説明 借地借家法は、平成4年8月1日に施行され、同法の制定に伴う経過措置の原則として、同法附則4条において「この法律の規定は、この附則に特別の定めがある場合を除き、この法律の施行前に生じた事項にも適用する。ただし、附則第2条の規定による廃止前の建物保護に関する法律、借地法及び借家法の規定により生じた効力を妨げない。」と規定されている。

このように、借地借家法は、法律の施行前に生じた事項にも適用するという原則を掲げているが、同法附則には同法の施行前に設定された借地権の規律について、「なお従前の例による。」とする規定が相当数存在しており、存続期間については、改正前に成立している借地・借家関係について、改正後の借地借家法は適用されないこととされている。

これは、改正後の借地借家法を従前の借地関係にも適用することで借主が不利益を被るとの懸念から、改正後の法律を適用しても実質的に違いのないところは改正後の法律を適用することとし、実質的に違いが生じるところである借地契約の存続期間や契約の更新に係る規定などは、旧借地借家権をそのまま適用することとされたものである。

その後、平成20年1月1日に借地借家法の一部を改正する法律が施行され、それまで事業用借地権に係る存続期間は10年以上20年以下の期間でしか設定することができなかったところ、10年以上50年未満の期間で設定することができるようになった。

他方、平成4年の改正借地借家法施行時の経過措置と同様の考え方が平成19年の同法の一部を改正する法律においても維持されており、同法附則2条に「この法律の施行前に設定された借地権（転借地権を含む）については、なお従前の例による。」と規定されている。

したがって、事業用借地契約について、改正前の借地借家法の下で締結した契約の更新（権利の存続に関する部分）は、改正後の法律の適用を受けることが

できないことから、存続期間を30年に変更する契約に基づく登記の申請はすることができない。

第6節 配偶者居住権

4041 配偶者居住権の内容

問 配偶者居住権とはどのような権利か。

結論 **配偶者が、被相続人の財産に属した建物に相続開始時に居住していた場合に、遺産分割、遺贈又は死因贈与により、その建物の全部について無償で使用及び収益することができる権利である。**

説明 平成30年の民法一部改正により創設された配偶者居住権の制度は、被相続人の配偶者（以下、単に「配偶者」という）のために居住建物の使用収益権限のみが認められ、処分権限のない権利を創設することによって、遺産分割の際に、配偶者が居住建物の所有権を取得する場合よりも低廉な価額で居住権を確保することができるようにすること等を目的とするものである。

配偶者居住権の活用場面は遺産分割の場合に限られるものではなく、被相続人が遺言によって配偶者に配偶者居住権を取得させることもできることとしている。これによって、例えば、それぞれ子がいる高齢者同士が再婚した場合にも、自宅建物を所有する者は、遺言によって、その配偶者に配偶者居住権を取得させてその居住権を確保しつつ、自宅建物の所有権については自分の子に取得させることができることとなる。

配偶者居住権は、配偶者が、被相続人の財産に属した建物に相続開始の時に居住していた場合において、遺産分割、遺贈又は死因贈与により、その居住していた建物（以下「居住建物」という）の全部について無償で使用及び収益をすることができる権利である。

民法1028条1項の「配偶者」は、法律上被相続人と婚姻をしていた者をい

い、内縁の配偶者は含まれない。配偶者居住権は、基本的には、遺産分割等における選択肢を増やす趣旨で創設したものであるが、内縁の配偶者はそもそも相続権を有しておらず、内縁の配偶者を権利主体に含めることとすると、その該当性をめぐって紛争が複雑化、長期化するおそれがあること等が考慮されたものである。

居住建物は、相続開始の時点において、被相続人の財産に属した建物でなければならない。したがって、被相続人が賃借していた建物（借家）に配偶者が居住していた場合には、配偶者居住権は成立しない。

被相続人が建物の共有持分を有していたにすぎない場合には、原則として配偶者居住権を成立させることはできないこととしている（民法1028条1項ただし書）。配偶者居住権は、配偶者が建物使用の対価を支払うことなく排他的な利用権を取得することができるところにその存在意義があるが、被相続人が建物を第三者と共有していた場合には、被相続人やその占有補助者である配偶者等は、被相続人の生前ですら、共有持分に応じた利用権を有していたにすぎず、少なくとも、他の共有持分権者との関係では排他的な利用権は有していなかったのであるから、このような場合にまで配偶者居住権の成立を認めると、被相続人の死亡により他の共有持分権者の利益が不当に害されるおそれがあること等が考慮されたものである。もっとも、居住建物が夫婦の共有となっている場合には、配偶者居住権の成立を認める必要性があり、かつ、そのような場合に配偶者居住権の成立を認めたとしても、前記のような不利益を受ける者はいないことから、例外的に、配偶者居住権の成立を認めることとしている（民法1028条1項ただし書）。

民法1028条1項の「居住していた」とは、配偶者が当該建物を生活の本拠としていたことを意味するものである。したがって、例えば、配偶者が相続開始の時点では入院していたために、その時点では自宅である居住建物にいなかったような場合であっても、配偶者の家財道具がその建物に存在しており、退院後はそこに帰ることが予定されていた場合のように、その建物が配偶者の生活の本拠としての実態を失っていないと認められる場合には、配偶者はなおその建物に居住していたということができる。このような生活の本拠は通常1か所であることが多いと思われるが、一定の期間（例えば半年）ごとに生活の拠点を変えているような場合には、例外的に、生活の本拠が複数認められることもあり得るものと考えられ、このような場合でいずれも被相続人所有の建物に居

住していたときは、複数の建物について配偶者居住権が成立することもあり得ると考えられる。このほか、生活の本拠は1か所であるとしても、例えば、2棟の建物を一体として居住の用に供していた場合等については、2棟の建物について配偶者居住権が成立することもあり得るものと考えられる。

　配偶者が建物の全部を居住の用に供していたことは要件とされていない。したがって、配偶者が被相続人所有の建物を店舗兼住宅として使用していた場合であっても、配偶者が建物の一部を居住の用に供していたのであれば、「居住していた」という要件を満たすことになる。

　配偶者居住権は、配偶者の居住権を保護するために認められた法定の権利であるため、その発生原因となる法律行為についても法定することとし、これを遺産分割、遺贈又は死因贈与の三つに限定している。

　配偶者が遺産分割により配偶者居住権を取得する場合には、他の遺産を取得する場合と同様、自らの具体的相続分の中からこれを取得することになる。また、民法1028条1項1号の「遺産の分割」には遺産分割の審判も含まれるから、他の相続人が反対している場合であっても、審判によって配偶者に配偶者居住権を取得させることは可能である。もっとも、居住建物の所有者が配偶者居住権の設定に反対している場合に、審判により配偶者に配偶者居住権を取得させることとすると、遺産分割に関する紛争が解決した後も配偶者と居住建物の所有者との間で紛争が生じるおそれがある。そこで、遺産分割の請求を受けた家庭裁判所は、①共同相続人の間で、配偶者に配偶者居住権を取得させることについて合意が成立しているときか、②配偶者が家庭裁判所に対して配偶者居住権の取得を希望する旨を申し出た場合において、居住建物の所有者の受ける不利益の程度を考慮してもなお配偶者の生活を維持するために特に必要があると認めるときに限り、配偶者に配偶者居住権を取得させる旨の審判をすることができることとしている（民法1029条）。

　被相続人が遺言によって配偶者に配偶者居住権を取得させるためには、遺贈によることを要し、特定財産承継遺言（遺産分割方法の指定として遺産に属する特定の財産を共同相続人の一人又は数人に承継させる旨の遺言。民法1014条参照）によることはできないこととしている。これは、仮に特定財産承継遺言による取得を認めることとすると、配偶者が配偶者居住権の取得を希望しない場合にも、配偶者居住権の取得のみを拒絶することができずに、相続放棄をするほかないこととなり、かえって配偶者の利益を害するおそれがあること等が考慮さ

れたものである。

　被相続人は、その生前に配偶者との間で配偶者居住権を目的とする死因贈与契約を締結することもできる。民法1028条1項各号には死因贈与は挙げられていないが、死因贈与については、同法554条においてその性質に反しない限り遺贈に関する規定が準用されることから、同法1028条1項各号に列挙しなかったにすぎず、死因贈与による配偶者居住権の成立を否定する趣旨ではない。なお、被相続人が配偶者に配偶者居住権を取得させる旨の遺言をした場合に、その遺言によって配偶者の利益が害される事態が生じることを望んでいたとは考えにくい。このため、例えば、遺言により遺産の全部を対象として各遺産の帰属が決められ、その中で、「配偶者に配偶者居住権を相続させる」旨が記載されていた場合でも、少なくとも配偶者居住権に関する部分については、遺贈の趣旨であると解するのが被相続人の合理的意思に合致するものと考えられる。

　配偶者居住権は、配偶者の居住権を保護するために特に認められた権利であり、帰属上の一身専属権である。このため、配偶者居住権の帰属主体は配偶者に限定され、配偶者はこれを譲渡することができず（民法1032条2項）、配偶者が死亡した場合には当然に消滅して、相続の対象にもならない（同法1036条において準用する同法597条3項）。また、その法的性質については、規定上特に明確にしていないが、賃借権類似の法定の債権であると考えられる。もっとも、配偶者は、遺産分割においてこれを取得する場合でも、自己の具体的相続分において取得することになるから、その存続期間中賃料の支払義務を負わず、無償で使用することができるなど、賃借権とも異なる性質を有している。なお、配偶者居住権は、用益物権であるという考え方もあり得るように思われる。もっとも、用益物権はあくまで物に対する権利であり、建物の所有者から独立した権利であるから、本来その処分は自由であるはずであるが、配偶者居住権は譲渡することはできず、また、居住建物の所有者の同意を得なければ、これを他人に使用収益することができないこととしており、配偶者居住権が用益物権であるとすると、この点を合理的に説明することが困難になるものと考えられている。

　配偶者居住権は、原則として配偶者の終身の間存続することとしているが（民法1030条）、遺産分割、遺贈又は死因贈与の際に、存続期間を定めることもできる。配偶者居住権の存続期間が定められた場合には、その延長や更新をすることはできない。配偶者居住権は配偶者がその居住建物を無償で使用するこ

とができる権利であるから、その財産評価額は、基本的には、配偶者居住権の存続期間が長くなるに従って多額になると考えられるが、配偶者居住権の存続期間の延長や更新を認めることとすると、配偶者居住権の財産評価を適切に行うことが困難になるためである。なお、配偶者と所有者との間で、新たな使用貸借契約又は賃貸借契約を締結することは可能である。

配偶者居住権は、譲渡することができない（民法1032条2項）。配偶者居住権は、配偶者が相続開始後も従前の居住環境での生活を継続することを可能とするために創設したものであり、配偶者居住権の譲渡を認めることは、このような制度趣旨と整合性を欠くと考えられるからである。

4042 配偶者居住権の設定登記

問 配偶者居住権の設定の登記は、誰が申請するのか。

結論 **遺産分割の協議、遺贈又は死因贈与により、配偶者が配偶者居住権を取得したときは、当該配偶者が登記権利者として、居住建物の所有権の登記名義人が登記義務者として、共同して配偶者居住権の設定の登記を申請する。なお、遺贈又は死因贈与により配偶者居住権を取得したときにあっては、居住建物の所有権の登記名義人とともに遺言執行者も共同して申請することができる。遺産分割の調停又は審判によるときは、配偶者が単独で申請することができる。**

説明 被相続人の配偶者（以下、単に「配偶者」という）が配偶者居住権を第三者に対抗するためには、配偶者居住権の設定の登記をしなければならない。

この点については、建物の賃借権とは異なり、配偶者が居住していた建物（以下「居住建物」という）の引渡しを対抗要件とはしていない（借地借家法31条参照）。配偶者居住権は、無償で居住建物を使用することができる権利であるから、配偶者居住権が対抗要件を具備した後に居住建物の所有権を譲り受けた者や居住建物の差押えをした債権者等の第三者は、賃借権の場合とは異なり、その存続期間中は建物使用の対価すら取得することができないこととなるため、第三者に権利の内容を適切に公示すべき必要性が高い。しかし、配偶者居住権は、相続開始時に配偶者が居住建物に居住していたことがその成立要件と

されているため、居住建物の引渡しを対抗要件として認めたとしても、建物の外観上は何らの変化もないことになり、公示手段として極めて不十分なものになるものと考えられる。このため、居住建物の引渡しを対抗要件とすることとはされなかったものである。

　遺産分割の協議、遺贈又は死因贈与により、配偶者が配偶者居住権を取得したときは、当該配偶者が登記権利者として、居住建物の所有権の登記名義人を登記義務者として、共同して配偶者居住権の設定の登記を申請する。なお、遺贈又は死因贈与により、配偶者居住権を取得したときにあっては、居住建物の所有権の登記名義人とともに遺言執行者も共同して申請することができる。

　また、配偶者が遺産分割に関する審判や調停によって配偶者居住権を取得したときは、その審判書や調停調書には、配偶者が単独で配偶者居住権の登記手続をすることができるように所要の記載がされるものと考えられるから、配偶者は、その審判書や調停調書に基づき、単独で配偶者居住権の設定の登記の申請をすることができる（不登法63条1項）。

　このような審判書や調停調書がない場合において、居住建物の所有権の登記名義人が登記の申請に協力しない場合には、配偶者は、居住建物の所有者に対して登記義務の履行を求める訴えを提起することができ（民法1031条1項）、これを認容する判決が確定すれば、配偶者は、その判決に基づき、単独で登記の申請をすることができる（不登法63条1項）。

4043　配偶者居住権の登記の抹消

問　配偶者居住権の登記の抹消は、誰が申請するのか。
結論　**配偶者居住権の登記名義人の死亡により配偶者居住権が消滅したときは、居住建物の所有権の登記名義人が単独で配偶者居住権の登記の抹消を申請することができる。配偶者居住権の登記名義人の死亡以外の原因により配偶者居住権が消滅したときは、当該所有権の登記名義人が登記権利者として、配偶者居住権の登記名義人が登記義務者として、共同して申請する。**

説明　配偶者居住権の消滅原因としては、①存続期間の満了（民法1036条において準用する同法597条1項）、②居住建物の所有者による消滅請求（同法1032条4項）、③配偶者の死亡（同法1036条において準用する

同法597条3項）、④居住建物の全部の滅失その他の事由による使用及び収益の不能（同法1036条において準用する同法616条の2）、居住建物の所有権の登記名義人との合意解除等が挙げられる。

　なお、配偶者居住権の存続期間は、原則として配偶者の終身の間とされており（民法1030条本文）、遺産分割等において別段の定めをした場合でも、存続期間中に配偶者が死亡したときは、配偶者居住権は消滅する（同法1036条において準用する同法597条3項）。

　このため、配偶者居住権の登記の登記事項であるその存続期間について別段の定めがない場合には「存続期間　配偶者の死亡時まで」と、別段の定めがある場合には「存続期間　平成○年○月○日から○年（又は平成○年○月○日から平成○年○月○日まで）又は配偶者の死亡時までのうち、いずれか短い期間」と公示することが予定されている。

　不動産登記法69条では、権利が人の死亡によって消滅する旨が登記されている場合において、当該権利がその死亡によって消滅したときは、登記権利者が、単独で当該権利に係る権利に関する登記の抹消を申請することができることとされているが、前記のとおり、配偶者居住権の設定の登記においては、配偶者居住権の存続期間として、別段の定めの有無にかかわらず、「配偶者の死亡時」が終期として必ず登記記録に記録されることから、配偶者居住権が配偶者の死亡によって消滅する旨が登記されているものと理解することができる。

　したがって、配偶者の死亡によって配偶者居住権が消滅した場合には、登記権利者である居住建物の所有者は、不動産登記法69条に基づき、単独で、配偶者居住権の登記の抹消を申請することができる。

　配偶者の死亡以外の原因（居住建物の所有者との合意解除など）によって配偶者居住権が消滅した場合には、居住建物の所有権の登記名義人が登記権利者として、配偶者が登記義務者として、不動産登記法60条に基づき、共同して配偶者居住権の登記の抹消を申請することになる。

第 7 節

採石権

4044　採石権の意義と登記申請手続

問　採石権とはどのような権利か。また、どのように登記をするか。

結論　採石権とは、他人の土地において岩石及び砂利（砂及び玉石を含む）を採取する権利である。採石権者と土地の所有者（採石権設定者）との間の設定契約によって採石権が成立するときは、採石権者を登記権利者、採石権設定者を登記義務者として共同して登記申請をすることを要し、経済産業局長の決定により採石権が成立するときは、採石権者（登記権利者）が単独で申請することができる。

説明　採石権とは、他人の土地において岩石及び砂利（砂及び玉石を含む）を採取する権利である（採石法4条1項）。

　岩石及び砂利を採取する権利は、そもそもは土地の所有者に帰属するものであり、他人の所有する土地で岩石及び砂利を採取する権利は、これを取得しようとする者と土地の所有者との設定契約により成立するのが原則とされている。ただし、このような設定契約が調わない場合であっても、経済産業局長の関与の下に行われる協議（採石法9条1項）、又は、一定の手続を経て経済産業局長の採石権を設定すべき旨の決定がされたときにも成立する（同法12条、21条）。

　採石権は、用益物権の一つであり、地上権に関する規定が準用されている（採石法4条3項）ところ、その取得については登記をしなければ対抗することができない（民法177条、不登法3条9号）。また、採石権の内容が、その土地に設定された地上権又は永小作権による土地の利用を妨げないものに限って、こ

れらの権利の目的となっている土地にも設定することができる（採石法4条2項）が、不動産の共有持分に対して設定をすることはできない（昭37．3．26第844号通達）。

　採石権の設定の登記の申請は、当事者間の設定契約によって採石権が成立するときは、採石権者を登記権利者、採石権設定者を登記義務者として共同してすることを要し（不登法60条）、経済産業局長の決定により採石権が成立するときは、採石権者が単独ですることができる（採石法31条1項）。

　採石権の登記の登記事項は、不動産登記法59条各号に掲げられた権利に関する登記の通則的記録事項のほか、「存続期間」及び「採石権の内容又は採石料若しくはその支払時期の定めがあるときは、その定め」とされている（同法82条）。

　「存続期間」は、設定行為において必ず定めなければならず（採石法5条1項）、必要な登記事項とされているが、その期間は20年以内とされ、これより長い期間を定めても20年に短縮される（同条2項）。他方、「採石権の内容又は採石料若しくはその支払時期の定め」は、その定めがあるときに限り登記事項となる。また、「存続期間」については、採石法6条において、更新することができるとされている。

　登記の申請に当たっては、不動産登記令3条に掲げられた申請情報のほか、存続期間及び採石権の内容又は採石料若しくはその支払時期の定めがあるときは、その定めを申請情報とし（登記令別表の四十一の項）、添付情報として、不動産登記令7条1項1号から5号に掲げられた情報のほか、登記原因を証する情報（不登法61条、登記令別表の四十一の項）の提供を要する。

　また、経済産業局長の決定により採石権が成立する場合は、補償金又は対価（採石権の設定の登記については、補償金及び最初に支払うべき採石料）の受取を称する情報又は供託の受領を称する情報の提供を要する（採石法31条3項）。

　なお、当該土地に、地上権又は永小作権の設定の登記がされているときは、これらの権利の登記名義人の承諾を称する情報の提供を要する（採石法4条2項、登記令7条1項5号ハ）。

第 5 章

先取特権

5001 先取特権の順位

問 先取特権には、民法の認める先取特権と民法以外の法律による先取特権が多数存するが、①一般の先取特権相互の順位、②一般の先取特権と動産の特別の先取特権が競合した場合の順位、③一般の先取特権と不動産の特別の先取特権が競合した場合の順位は、それぞれどうなるか。

結論 **先取特権とは、法律の定める特殊の債権を有する者が、債務者の総財産又は特定の財産から他の債権者に優先して優先弁済を受けるべきことを認められた法定担保物権である。**

民法では、先取特権の相互間の順位、先取特権と他の担保物権との順位を決定し、民法以外の特別法により認められた先取特権はそれぞれの特別法でその順位が定められている。

説明 先取特権とは、法律の定める特殊の債権を有する者が、債務者の総財産又は特定の財産から他の債権者に優先して優先弁済を受けるべきことを認められた法定担保物権である。このような権利を保護するのは、①公平の観点、②社会的考慮、③当事者の意思の推測等に基づくとの観点からである。

同一の目的物に数個の先取特権があるときや先取特権と他の担保物権が併存するときは、排他性を本質とする物権の一般理論によれば、先に成立した権利が後に成立した権利に優先するが、各種の先取特権は、それぞれの認められた理由からすれば、権利の発生の前後によってその優劣を決するのは不合理と言わざるを得ない。そこで、民法では、先取特権（一般の先取特権及び特別の先取特権（動産の先取特権及び不動産の先取特権））の相互間の順位、先取特権と他の担保物権との順位を決定し、民法以外の特別法により認められた先取特権は、それぞれの特別法でその順位が定められている（民法329条～332条、国税徴収法8条、19条、20条、26条、地方税法14条、14条の13、14条の14等）。

(1) 一般の先取特権相互の順位

　第1順位　国税・地方税の法定納期限以前に登記した一般の先取特権
　第2順位　国税（国税徴収法8条）
　第3順位　地方税（地方税法14条）

第4順位　各種保険料（労働保険の保険料の徴収等に関する法律29条、厚生年金保険法88条、健康保険法182条）、土地改良法による徴収金（同法39条7項）
　第5順位　共益の費用（登記がされていない場合、民法306条1号）
　第6順位　雇人の給料（登記がされていない場合、民法306条2号）
　第7順位　葬式の費用（登記がされていない場合、民法306条3号）
　第8順位　日用品の供給（登記がされていない場合、民法306条4号）

(2)　一般の先取特権と動産の特別の先取特権とが競合した場合の順位
　第1順位　船舶債権者の先取特権（商法845条）
　第2順位　動産の保存（国税・地方税に優先する債権又は国税・地方税のためのもの）・共益の費用
　第3順位　国税・地方税の法定納期限以前にある不動産の賃貸・旅店の宿泊・運輸
　第4順位　国税
　第5順位　地方税
　第6順位　不動産の賃貸・旅店の宿泊・運輸（第3順位及び第9順位のものを除く）
　第7順位　動産の保存（第2順位のものを除く）
　第8順位　動産の売買・種苗肥料の供給・農工業の労役
　第9順位　不動産の賃貸・旅店の宿泊・運輸（先取特権者が第7順位、第8順位の先取特権のあることを知っている場合）
　第10順位　雇人の給料（登記がされていないもの）
　第11順位　葬式の費用（登記がされていないもの）
　第12順位　日用品の供給（登記がされていないもの）

(3)　一般の先取特権と不動産の特別の先取特権とが競合した場合の順位
　第1順位　不動産の保存
　第2順位　不動産の工事
　第3順位　国税・地方税の法定納期限以前にある不動産の売買・国税・地方税の法定納期限以前に登記した一般の先取特権
　第4順位　国税
　第5順位　地方税
　第6順位　不動産の売買（第3順位のものを除く）・登記した一般の先取特権（第3順位のものを除く）

第7順位　共益の費用（登記がされていないもの）
第8順位　雇人の給料（登記がされていないもの）
第9順位　葬式の費用（登記がされていないもの）
第10順位　日用品の供給（登記がされていないもの）

5002　不動産の売買の先取特権の保存の登記をすべき時期

問　民法340条による不動産の売買の先取特権の保存の登記は、いつ行うべきか。

結論　売買による所有権の移転の登記と同時に申請する必要がある。

説明　不動産の売買の先取特権は、不動産の売買代金及びその利息に関し、その不動産の上に認められる先取特権である（民法340条）。

　不動産の売主が代金の支払を受ける前に売買の目的物である不動産の所有権を引き渡した場合には、その目的物の上に先取特権を認めることが公平の観点から妥当であろう、との趣旨に基づくものである。

　不動産の売買の先取特権の登記については、民法340条に「不動産の売買の先取特権の効力を保存するためには、売買契約と同時に、不動産の代価又はその利息の弁済がされていない旨を登記しなければならない。」と規定されている。

　不動産の先取特権は、不動産に関する物権の一つであることから、第三者に対抗するためには登記が必要とされる（民法177条）ところ、登記の時期については一般の場合に比べて厳格に定められており、不動産の売買の先取特権は「売買契約と同時に」、不動産の保存の先取特権は「保存行為が完了した後直ちに」（同法337条）、不動産工事の先取特権は「工事を始める前に」（同法338条）それぞれ登記しなければならないとされている。

　これは、不動産の売買の先取特権には直接当てはまらないが、登記をした不動産の保存の先取特権及び不動産の工事の先取特権が「抵当権に先立って行使することができる」（民法339条）という強力な効力が認められているためと解される。

　いずれにしても、先取特権については、その立法趣旨からすれば、登記すべきものは早期に登記をし公示することで、取引の安全を確保するという趣旨と

考えられる。

　ところで、不動産の売買の先取特権の保存の登記は、当該不動産の売主が登記権利者、買主が登記義務者となり、共同して申請をする必要がある（不登法60条）。しかし、売買契約の締結の時点においては、当該不動産の所有権の登記名義人はいまだ売主のままであることから、民法340条の規定どおりの手続を行うことはできないこととなる。

　この点について、登記手続をするに当たっては、民法340条にいう「売買契約と同時に」とあるのを「売買による所有権の移転の登記と同時に」の意義に解し、売買による所有権移転の登記の申請と同時に申請すべきものと解するのが相当である（昭29.9.21第1931号通達）。

5003　不動産工事の先取特権の保存の登記

問　不動産工事費用の予算額の一部について、不動産工事の先取特権の保存の登記をすることができるか。

結論　することができる。

説明　先取特権の保存の登記を申請する場合には、申請情報に債権額を記録するものとされている（不登法83条）。債権額を登記する趣旨は、先取特権者の優先弁済を受ける被担保債権の範囲を第三者に対抗するためである。そして、不動産工事の先取特権の保存の登記においては、債権額として「工事費用の予算額」を登記事項とすることとされている（同法85条）。ところで、この債権額については必ず工事費用の予算額の全額としなければならないか、つまり、債権者が、工事費用の予算額の一部のみについて対抗力を有すれば足りるとした場合には、その額を債権額として先取特権保存の登記を申請することができるかが問題となる。

　この点について、抵当権については、債権額の一部について抵当権の設定の登記をすることができるとする先例がある（昭30.4.8第683号通達）が、先取特権は法定担保物権であり、法律上、当然に生じる担保物権である（これに対して、抵当権や質権は、約定担保物権である）ことから、抵当権と同様に解してよいかの検討を要する。

　この点については、先取特権は法定担保物権であるものの、登記をしなければ、第三者に対抗することができないとする不動産物件の一般原則（民法177

条)の適用があることからすれば、債権者が優先的に権利を行使したいと考える債権の範囲が、債権総額の一部でよいと考えているのであれば、それを拒む理由はないと考えられる。

　先取特権は、抵当権と同様、担保物権であるところ、担保物件の性質・意義は、債務者又は第三者に属する財産の上に、債権の履行の確保のために債権者が優先的に権利を行使することが法律上認められる物権とされていることからすれば、当該先例は先取特権にも同様に当てはまるものと解することができる。

　なお、この場合、申請情報には、一般の記録事項のほか、債権額としてその総額幾らの一部幾らである旨を記録するのが相当である。

5004 所有権の保存の登記と同時に先取特権の保存の登記を申請することの可否

　問　甲が建物を新築し、その表題登記をする前にその建物を乙に売買（代金未払）し、乙がその建物の表題登記をした上で、その建物の所有権の保存の登記を申請する場合に、この登記の申請と同時に甲及び乙の共同申請により、不動産の売買の先取特権の保存の登記の申請をすることができるか。

　結論　することができる。

　説明　不動産の売買の先取特権については、「不動産の売買の先取特権の効力を保存するためには、売買契約と同時に、不動産の代価又はその利息の弁済がされていない旨を登記しなければならない。」（民法340条）と規定されている。

　「効力を保存する」の意義は、登記をすれば、不動産物件の一般原則（民法177条）に従って第三者に対抗することができるという趣旨である。

　次に、「売買契約と同時」の意義についてであるが、これは売買による所有権の移転の登記の申請と同時に申請すべきものと解されている（昭29．9．21第1931号通達）。

　その趣旨は、不動産の売買の先取特権の保存の登記は、可及的速やかにされるのが望ましいとの趣旨であるところ、通常の場合（既に登記がされている不動産の売買の場合）は、その売買による所有権の移転の登記と同時に申請する必

要がある、ということになる。

　しかし、未登記の不動産の売買の場合で、さらに、乙（買主）が直接所有権保存の登記を受けることができるとき（不登法47条）において、売買代金及び利息の支払がされていないときは、当該不動産について先取特権が既に発生していても、表題登記も乙（買主）が登記名義人とされた所有権の登記もないことから、その売買による所有権の移転の登記と同時に不動産の売買の先取特権の保存の登記を申請することはできないこととなる。

　他方、民法340条が、不動産の売買の先取特権の保存の登記は、可及的速やかにされるのが望ましいとの趣旨であるのであれば、このような事例においては、登記義務者（買主）のための所有権の保存の登記の申請と同時に、不動産の売買の先取特権の保存の登記を申請することができると解したとしても当該趣旨に抵触するものではないと解される。

　さらに、売買による所有権の移転の登記を申請したときでなければ、不動産の売買の先取特権の保存の登記をすることができないとする理由もなく、また、登記義務者（買主）において、直接、所有権の保存の登記を申請することができるものとしている以上、その登記の申請と同時に不動産の売買の先取特権の保存の登記の申請をすることができるものとされている（昭33．3．14第565号通達）。

5005 建物工事の請負契約の承継又は債権譲渡を原因とする先取特権の移転の登記の可否

問　建物の新築工事の先取特権について、請負契約の承継又は債権譲渡を原因とする先取特権の移転の登記をすることができるか。

結論　することができる。

説明　建物を新築する場合における不動産工事の先取特権は、請負人等の行った不動産工事の費用を担保するものであるが、請負人等が債務者の不動産に関して行った工事の費用の予算額を、工事を始める前に登記したとき（不登法86条）に、当該先取特権を第三者に対抗することができる（民法338条、177条）。

　そこで、このように登記された建物の新築工事の先取特権について、債権譲渡又は請負契約の承継を原因としてその移転の登記をすることができるかどう

かが問題となる。この点について、先取特権の被担保債権が譲渡された場合（既に発生し確定している債権又は工事が完了した場合に請求できる工事費用の請求権の譲渡も含む）は、いわゆる被担保物権の随伴性（担保権が被担保債権の処分に従うこと）から、先取特権も反対の意思表示がない限り、当然に債権の譲受人に移転するものと解すべきである。また、請負契約の承継による場合、すなわち請負人の地位の移転による場合も、先取特権が移転するものと解すべきであることから、本問の先取特権の移転の登記の申請はすることができる（昭32.5.1第833号通達）。

なお、この場合の先取特権の移転の登記は、旧請負人（先取特権の登記名義人）と新請負人との共同申請によることとなる。

5006 船舶の先取特権と抵当権の優劣と実行手続

問 船舶の抵当権者がその抵当権を実行した場合に、当該船舶につき商法842条5号（雇用契約によって生じた船長その他の船員の債権）の先取特権を有する債権者が抵当権に優先して弁済を受けるには、具体的にどのような手続を執ればよいか。

結論 **配当要求の終期までに、配当要求申立書を執行裁判所に提出すれば、原則として、競売代金の中から抵当権者に優先して配当を受けることができる。**

説明 船舶先取特権と船舶の抵当権との優劣については、商法848条1項に「船舶の抵当権と船舶先取特権が競合する場合には、船舶先取特権は、船舶の抵当権に優先する」と規定されているところ、船舶の抵当権に優先するとは、船舶の先取特権の効力の発生が、抵当権の設定の前後を問わず抵当債権に優先して弁済を受けることができるという意味である。船舶先取特権については、不動産の先取特権のように対抗要件として登記を必要とする規定もないので、何ら対抗要件としての特別な手続を要せず、直接配当要求の申立てをすることによって、船舶の抵当権に優先して弁済を受けることができる。ただし、この船舶先取特権は、一般の先取特権の一般消滅原因によって消滅するほか、特別の消滅原因として、①債権発生後1年を経過したとき（商法846条）や②船舶所有者がその船舶を譲渡し、譲受人がその登記をした後、先取特権者に対し一定の期間内にその債権の申出をなすべき旨を公告した場

合に、その債権の申出をしないとき（同法845条2項）には消滅し、その結果として、船舶の抵当権に対抗することができなくなるので、注意が必要である。

したがって、債権が発生した後、1年を経過する前に、船舶の抵当権の実行を待つことなく、自ら競売の手続を執ることで抵当権に優先して弁済を受けることができることとなる。

執行裁判所は、強制競売開始決定の時の船舶の所在地を管轄する地方裁判所となっている（民事執行法113条）ほか、担保権の実行による競売（任意競売）については、船舶に対する強制執行の規定と不動産の任意競売の規定とが準用されている（同法189条）。

執行裁判所では、船舶先取特権者が存在するか否か知り得ないから、当該債権者が配当要求をしない限り、配当を受けることができない。

配当要求は、あらかじめ定められた配当要求の終期までにすることを要し（民事執行法87条1項2号の準用）、船舶先取特権者の債権について、債務者や他の債権者が争うときは、配当異議手続（同法89条以下）によって処理される。

5007 宅地造成の費用に関する不動産工事の先取特権の保存の登記の可否

問 宅地造成の費用につき、不動産工事の先取特権の保存の登記を申請することができるか。

結論 することができる。

説明 不動産工事の先取特権は、不動産の工事を行った工事施行者の工事費用債権について、その工事により当該不動産について増加した価値から優先的に弁済を受けることを認める物権（民法327条）であって、公平の原則に基づくものとされている。

この不動産の工事には、建物の新築や増築のほか、土地に係る工事も含まれており、不動産の工事の設計、施工又は管理する者に従事する者や技師（工事の設計、測量、監督等を行う者）等が行う宅地造成や埋立て等により、土地の価格が上昇するのであれば、その工事による先取特権も当然認められることとなる。

ところで、建物を新築する場合における不動産工事の先取特権の保存の登記については、登記事項として、権利に関する登記の一般的な登記事項（不登法

59条）及び担保権の登記に係る登記事項（同法83条）のほかに、「新築する建物並びに当該建物の種類、構造及び床面積は設計書による旨」を申請情報に記録することとされ、あわせて、新築する建物の設計書（図面を含む）の内容を証する情報を添付情報として提供する必要がある（登記令7条、別表の四十三・四十四の項）。このことは、所有権の登記がある建物の附属建物を新築する場合における不動産工事の先取特権の保存の登記について準用されており（不登法86条3項）、また、建物の増築の場合における不動産工事の先取特権の保存の登記についても同様である（昭42．8．23第666号回答）。

　他方、土地については、建物のように不動産登記法86条のような規定が存在しないが、宅地造成による不動産工事の場合には、建物の新築、増築の場合と異なり、当該工事により新たな土地が作出されるものではなく、また、造成後に係る部分のみが別個の不動産として、別途登記されるという余地も存しないため、同条等を準用ないし類推適用して、造成後の地目の表示をすることや、その工事の設計書及び図面を添付する必要はないものとされている（昭56．1．26第656号依命回答）。

第 6 章

質 権

6001 質権の設定の登記の登記原因と日付の記録例

問 不動産を目的とする質権の設定にあっては、その登記原因及びその日付としては、申請情報にどのように記録するのが相当か。

結論 「平成○年○月○日準消費貸借平成○年○月○日設定」の振り合いによる。

説明 権利に関する登記の登記事項については、不動産登記法59条によって規定されており、また、担保権の登記の登記事項については同法83条に、そして、質権の特有の登記の登記事項については、同法95条に規定されている。

それらの趣旨から、質権の被担保債権がどのようなものかを明らかにするため、その特定事項として、当該被担保債権の発生原因を記録し、これについての質権の設定である旨を記録する。これを具体的に表せば、例えば、被担保債権が準消費貸借に関わるものであるときは、「平成○年○月○日準消費貸借平成○年○月○日質権設定」の振り合いによるのが相当である。

なお、ここで注意すべきことは、不動産質権の設定は、質権者が使用収益をしない旨の別段の定めがない限り、目的不動産の引渡しによってその効力が生じる（要物性）ことから、登記原因の日付は当該不動産の引渡しのあった日となることである。

6002 質権の設定の登記がある不動産について重ねて質権の設定の登記をすることの可否

問 不動産質権は、質物の引渡しによって効力を生じるものとされているので、同一不動産上に二以上の質権が成立することは許されず、したがって、既に質権の設定の登記がある不動産上に重ねて質権の設定の登記をすることは許されないと考えてよいか。

結論 同一不動産上に数個の質権が成立することは法律上も可能であり、かつ、実益もあるので本問の登記は可能である。

説明 質権は、質物の引渡しを成立要件としており（民法344条）、この引渡しは、現実の引渡しに限られず、簡易の引渡し（同法

182条2項)、指図による占有移転(同法184条)でもよいとするのが通説となっている。

特に、不動産質権にあっては、その設定行為において質物の使用収益をしない旨の別段の定めをすることができるものとされており(民法359条)、このような質権は、質物の交換価値を把握するにすぎないものであるが、同一不動産上に複数の質権が成立することは、法律上、許容されており、また、その実益もある。

したがって、同一の不動産上に複数の質権を設定し、その登記をすることができるものと解される。もっとも、このような使用収益をしない不動産質権にあっては、民法356条の規定と異なった定めをしたものとして、申請情報に、その旨を記録して登記の申請をする必要がある(不登法83条及び95条)。

6003 転質の登記の登記原因の記録例

問 民法348条の規定による転質に関する登記の申請手続中、申請情報に記録すべき登記原因及びその日付は、どのような振り合いによるべきか。

結論 「平成○年○月○日金銭消費貸借平成○年○月○日設定」の振り合いによる。

説明 転質権の登記については、不動産登記法83条及び95条においてその申請情報に記録すべき事項が定められていて、これについては質権の設定の登記の場合と全く変わるところがない。

したがって、転質の場合においても、当該転質権によって担保されるべき債権が、いかなるものであるかを明らかにするため、これを特定する事項として、当該転質権の被担保債権の発生原因を申請情報に記録するが、これは「登記原因及びその日付」の一部として記録するものであって、具体的には、例えば転質権の被担保債権が金銭消費貸借に関わるものであるときの登記原因及びその日付の記録としては「平成○年○月○日金銭消費貸借平成○年○月○日設定」の振り合いによることになる。

そして、転質は質物の再度質入れにほかならないので、その効力は、質物の転質権者への引渡しによって生じるから、登記原因の日付は、当該不動産の引渡しのあった日付となる。

6004 土地賃借権の上の質権の設定の登記の可否

問 登記された賃借権につき、当該賃借権を目的とする質権を設定し、その登記をすることができるか。もし、可能だとすれば、その登記はいかなる形式によってされるのか。

結論 前段について、登記はすることができる。後段については、付記登記の形式によることになる。

説明 債権をもって質権の目的とすることができることは言うまでもない（このような質権は、権利質又は債権質と称される。民法362条以下参照）。したがって、賃借権をもって質権の目的とすることができることとなる。そして、当該賃借権につき設定の登記がされているときは、これを目的とする質権（債権質）の設定の登記をすることができるということになる（昭30.12.23第2747号通達）。

ただし、賃借権には、原則としてその譲渡（処分）につき制限が設けられている（民法612条）ので、賃貸人の承諾がなければ、これを目的とする質権の設定はすることができない。したがって、このような債権質に係る質権の設定の登記の申請情報には、賃貸人の承諾を証する情報を添付情報として提供することを要する（登記令7条1項5号ハ）。

もっとも、当該賃借権について、譲渡又は転貸をすることができる旨の特約が付され、その特約の登記があるときは、賃貸人の承諾を得る必要はない。

このような債権質に係る質権の設定の登記は、賃借権そのものの移転の登記が付記登記で行われる（規則3条5号）ことから、これと同様に付記登記の形式によってされることとなる（同条4号）。

6005 船舶上の抵当権付債権を質権の目的とする場合の登記

問 船舶抵当権の被担保債権を質権の目的とする旨の登記はすることができるか。

結論 することができる。

説明 本問は、船舶を目的とする抵当権の被担保債権について質権（債権質）が設定された事例であるが、このような抵当権の債

権の質入れの場合には、当該質権の効力は、いわゆる抵当権の随伴性（抵当権がその被担保債権の処分に従うとされる性質）により、法律上、当然に抵当権にも及ぶものとされ、いわば抵当権の上に質権が成立するものとしてその登記はすることができるということとなる。そして、この場合の登記手続は、「権利の変更の登記」として、抵当権に質権の効力を及ぼす旨の登記（質権の変更の登記）をすることとなろう。この場合の登記は、付記登記によりされ、この点は、不動産を目的とする抵当権であるときと、船舶を目的とする抵当権であるときとによって異なるところはない。

　なお、参考までに付言すれば、船舶を質権の目的とすることは許されず（商法850条）、また、抵当権自体を質権の目的とすることも法律上認められていない（民法175条、369条）ことから、船舶に関する登記の手続を規定する船舶登記規則においては、質権の設定等に関する不動産登記法の規定（同法83条及び95条）は準用されていない。

第7章

抵当権

第1節

総論

第1款 総説

7001 抵当権の法律的意義

問 抵当権とは何か。

結論 抵当権は、債権者が、債務者又は第三者が債務の担保に供した不動産を占有を移さずに設定者の使用又は収益に任せながら、債務の弁済がない場合にその不動産の交換価値から優先的に弁済を受けることができる担保物権である。

説明
(1) **目的物の交換価値を直接排他的に支配する権利（物権）であること**

抵当権は、目的物の交換価値を把握する権利であって、所有権のように目的物を全面的関係において支配するものでないことはもちろん、地上権等の用益物権のように目的物の物質的な使用収益という関係においてそれを支配するというものでもなく、その交換価値の把握という関係において目的物を直接排他的に支配する権利である。

(2) **目的物の占有を設定者にとどめ、登記又は登録により公示される権利であること**

抵当権は、目的物の占有を設定者の下にとどめて、設定者に使用収益させ、ただ、登記又は登録という帳簿上の表象によって、その存在が公示される権利である。もっとも、登記又は登録が対抗要件だから、公示を伴わない抵当権も存在するが、登記又は登録のような帳簿による表象の存在しない物又は権利についての抵当権は、許されない。

(3) 優先弁済権であることを本体とすること

　抵当権は、その被担保債権が任意に弁済されないときは、その把握している交換価値を競売による売却代金によって具体化し、その代金から優先的に自己の債権の弁済を受けることを本体とする権利である。もっとも代価弁済（民法378条）又は抵当権消滅請求（同法379条以下参照）の場合において例外的に競売によらない交換価値の具体化が存するし、また、流抵当（目的物をもって、直ちに弁済に充てること）の禁止規定はなく、有効と解されている。

(4) 約定担保物権であること

　抵当権は、当事者（すなわち債権者と目的物の所有者）の契約（抵当権設定契約）により成立するものであって、先取特権、留置権のように法律上当然に成立する法定担保権と異なる。なお、抵当権設定契約は、いわゆる諾成契約（当事者の意思表示のみで成立する契約）であり、質権のように目的物の引渡しにより成立するものではない。登記又は登録は、第三者対抗要件にすぎない。

7002　抵当権の対抗要件及び登記の意義

問　抵当権設定の対抗要件及びその登記の意義はどのようなものか。

結論　**抵当権設定の対抗要件は登記であり（民法177条）、対抗要件を備えなければ抵当権の設定を第三者に対抗することができない。**

説明　抵当権の設定は、意思表示すなわち抵当権の設定契約によりその効力を生じるのであって、その他の何らの行為を要しない（民法176条）。しかし、抵当権の設定を第三者に対抗するためには、その登記を必要とする（同法177条）。すなわち、抵当権が設定されても、その登記をしないうちに、目的物件が第三者に譲渡され所有権移転の登記がされると、第三者に対し抵当権の設定（すなわち第三者が抵当権付きの物件を取得したこと）を対抗（主張）することができない結果、当該第三者に対する関係では抵当権を取得しなかったことになるし、また、目的物件に、先に第三者のための抵当権の設定登記がされると、仮に第三者の抵当権の取得より先に抵当権の設定を受けていても、後順位とならざるを得ない。

また、目的物について差押え等の処分制限の登記がされると、その後に抵当権の設定登記を受けても、当該差押債権者等に対する関係では、抵当権の設定が無効となる。さらに、国税徴収法16条又は地方税法14条の10の規定により、国税又は地方税の法定納期限後に登記を受けた抵当権は、当該税債権に劣後する。したがって、抵当権が設定されたときは、可及的速やかにその登記をする必要がある。

第2款　抵当権の効力の及ぶ範囲

7003　付加一体物の意味

問　民法370条の「付加して一体となっている物」とは何か。また、それに従物が含まれるか。

結論　**付加一体物とは、まず、付合物（民法242条）が該当する。また従物（同法87条1項）については、それが含まれるかにつき争いがある。**

説明　付加物、すなわち抵当権の目的不動産に付合して不動産所有権の内容を構成している物（民法242条本文）は、抵当権設定当時付合しているものも、抵当権設定後付合したものも原則として抵当権の効力が及び、また、このために付加物自体につき抵当権の効力が及ぶことを公示しておく必要はない。付加物とは、その物の独立性を失う程度にその不動産に接合しているものをいうが、独立性を失っているか否かは、単に物理的観念によるべきものではなく、不動産の利用関係上これと不可分離的に一体をなし、取引上一体として取り扱われるものをいう。

　ところで、民法370条の「付加して一体となっている物」に従物が含まれるかにつき学説判例上争いがある。しかしながら、これを含まないとする説であっても、同法87条2項の規定により主物である不動産の処分、すなわち抵当権の設定に従い、抵当権の効力が及ぶとしており（最判昭44．3．28民集23巻3号699頁）、理論構成の差こそあれ抵当権の効力が及ぶことに異論はない。問題は、抵当権設定後に従物となったものであるが、判例の態度は必ずしも明確ではないが、従物は「付加一体物」に含まれないとして、抵当権の効力を否定し

ているようである。近時の学説が述べているように、抵当権はその目的不動産の占有を設定者の手元にとどめて使用収益させ、その交換価値を抵当権の実行に至るまで絶えずその時々の状態において把握するものだから、「付加一体物」とは経済的に不動産と一体をなしてその効用を受けるものをいい、当然従物が含まれ、抵当権設定後に従物となったものにも抵当権の効力が及ぶものと解すべきである。このように解すれば、抵当権の効用が増大し、取引の実情にも合致するし、目的不動産の社会的効用を維持することができる。

7004 付加一体物に抵当権の効力が及ばない場合

問 付加一体物であっても抵当権の効力が及ばない場合とはどのような場合か。

結論 例外的に他人が権限により附属させた付加物及び従物、設定行為で除外したもの並びに他の債権者を詐害する附属物である場合が該当する。

説明 民法370条により抵当権は目的不動産のみならずこれと付加して一体となった物(これには従物も含まれる)にもその効力が及ぶが、例外的に、他人が権限により附属させた付加物及び従物、設定行為で除外したもの並びに他の債権者を詐害する附属物については、その効力が及ばない。

(1) 他人が権限により附属させた付加物及び従物

他人が権限(例えば賃借権)によって附属させた付加物又は従物に抵当権の効力の及ばないことはいうまでもない。他人が権限なくして附属させた附属物は、当該不動産に帰属するから(民法242条)、当然抵当権の効力が及ぶけれども、従物については、他人が附属させたものであれば、その権限の有無に関せず抵当権の効力が及ばない。

(2) 設定行為で除外したもの

抵当権の設定契約又はその後の変更契約によって、付加一体物でも抵当権の効力を及ぼさないとしたものには、抵当権の効力が及ばない(民法370条ただし書)。ただ、この場合においては、その登記をしなければ、この特約を第三者に対抗することができない(不登法88条1項)。

(3) 他の債権者を詐害する附属物

　抵当権設定者が他の一般債権者を害することを知りながら抵当権の目的物件に他の物を附属させ、抵当権者もこの事情を知っていた場合には、一般債権者を保護するため、このような附属物には当然抵当権の効力が及ばない（民法370条ただし書）。

7005　付加物、従物の分離と抵当権の効力

　問　抵当権の効力の及ぶ付加物又は従物が目的物件から分離された場合、抵当権の効力が及ばなくなるか。

　結論　**正当な使用収益により分離された場合、及び分離により抵当権の効力が侵害されるような場合であっても、目的物が抵当不動産から場所的に離れてしまった場合は、抵当権の効力は及ばなくなる。**

　説明　抵当権の効力の及ぶ付加物又は従物が目的不動産から分離された場合において、この分離が不動産の通常の使用の結果生じるものであるとき、すなわち正当な使用収益の行使による正当な利用の結果によるものであるときは、抵当権の効力が分離物に及ばなくなることはいうまでもない。問題は、正当な使用収益権の行使に基づかない結果分離され、それにより抵当権の効力が侵害される場合である。このような場合でも、付加物及び従物が抵当不動産から搬出されるなどして、抵当不動産との経済的結合関係がなくなり、付加物又は従物でなくなったときは、その物には抵当権の効力が及ばなくなるものと解される。また、抵当権は登記を対抗要件とする権利であるから、結局、分離物が抵当不動産の上に存在し、登記により公示に含まれている限りにおいてだけ、その上の抵当権の効力を第三者に対抗することができ、そこから搬出されたときはもはや第三者に対抗し得なくなると解されるところから、分離された付加物又は従物は、目的不動産上に存在する限りは抵当権の効力に服し、搬出されたときは、抵当権が消滅するものと解される。

7006　従たる権利や果実に対する抵当権の効力

　問　従たる権利や天然果実、法定果実等に対しても抵当権の効力は及

ぶか。

結論 従たる権利や天然果実、法定果実等に対して抵当権の効力は及ばない。

説明 (1) 従たる権利

　　従たる権利、例えば建物の敷地の利用権（地上権又は賃借権）も、従物に準じて抵当権の効力に服するものと解される。もっとも、利用権が賃借権である場合には、あらかじめ当該賃借権の譲渡を許す旨の特約がない限りは、賃貸人たる土地の所有者の承諾（民法612条1項参照）又は賃貸人の承諾に代わる裁判所の許可（借地借家法20条1項、41条以下参照）を得なければ、競落人はその取得を主張し得ない。

(2) 果　実

抵当権を設定しても目的不動産の使用収益権は、その設定者に存するから、天然果実には抵当権の効力は及ばない。

法定果実に対しては抵当権の効力は及ばない。ただ、賃料については物上代位の規定が適用される（民法372条、304条）。

7007　建物の増築等と抵当権の効力

問 建物の増築部分、附属建物や区分建物の共用部分につき抵当権の効力が及ぶか。

結論 原則として効力は及ぶ。

説明 (1) 建物の増築部分

　　抵当権の目的となっている建物が増築された場合、抵当権の効力が増築後の建物の全部に及ぶことはいうまでもない。増築部分も当該建物の構成部分であり、増築後の建物と従前の建物は同一性を維持しているからである。

第三者が権限により抵当権の目的となっている建物に増築した場合において、当該増築部分が独立の所有権の客体（区分所有）となり得るものであるときは、その部分には抵当権の効力が及ばない。しかし、抵当権設定者が増築し、その部分を第三者に譲渡した場合は、抵当権の効力は当然増築部分にも及ぶ。もっとも、増築部分を区分建物として登記した場合は、当該増築部分の建物につき権利を取得した第三者には抵当権を対抗し得ない。

(2) 附属建物

　附属建物は、主である建物と併せて1個の建物と観念されるから、主である建物の抵当権は、その設定後に新築された附属建物にも当然その効力が及ぶ。ただ、この場合においても、当該附属建物が別個に登記され、第三者が権利を取得した場合には、抵当権を対抗することができない。

7008 建物の物理的移転と抵当権の効力

問　抵当権の目的となっているＡ番地上の建物が、土地区画整理事業の施行によってＢ番地に移転された場合、抵当権は当然に移転されたＢ番地上の建物に追随するものと解されるのはどのような場合か。

結論　**「解体移転」の場合であれば従前の建物は滅失し、抵当権は消滅するが、「曳行移転」の場合であれば、建物所在地番の変更であり、当該建物は依然として存在するので、抵当権は存続する。**

説明　移転前の建物と移転後の建物とが同一性を有するか否かの判定、換言すればＡ番地上の建物が滅失することなく、そのままＢ番地上に所在を変えたにすぎないか、それともＡ番地上の建物が滅失し、Ｂ番地上に新たな建物が建築されたものと解されるかによって決せられるべき問題である。すなわち、移転前の建物と移転後の建物が、法律的に同一性が認められる関係にあれば、抵当権は依然として移転後の建物の上に存続しているものと解してよいし、逆に同一性が認められない関係にあると判断されるものであれば、Ａ番地上の建物が滅失したことになるから、目的物の滅失により、当然に抵当権も消滅したことになり、Ｂ番地上の建物に抵当権の効力が及ぶことはない。

　そこで、建物の移転の意義であるが、建物の移転というのは建物を現在の場所から他の場所に移すことをいう。その方法としては、通常「解体移転」と「曳行移転」の二つがある。「解体移転」は、一旦現在の建物を物理的に解体（取毀）して他の場所に再現する方法であって、一般に「移築」と呼称され、「従前の材料を用いて他の場所に家屋を建築することをいう」と解されている。次に「曳行移転」とは「建物の現況を変更することなく、曳行機具を用いて他の場所に建物を移転せしめることをいう」と解されている。したがって、

前者の解体移転の場合は、従前の家屋が滅失（取毀）し、改めて建物が建築（移築）されたものとして、移転前の建物については滅失の登記をし、移転後の建物について新たに建物の表示の登記をする取扱いであるが、後者の場合については、建物自体には物理的に何らの変更も生じていないのだから、「建物の所在地番の変更」の登記をすることになる。

7009 虚偽の建物滅失の登記と抵当権の効力

問 抵当権設定の登記をした建物が滅失していないにもかかわらず滅失の登記がされて登記記録が閉鎖されている場合、抵当権の対抗力があるか。また、抵当権を保全する手続はどうすればよいか。

結論 **現存する建物につきされた滅失の登記は無効の登記であり、抵当権の対抗力は、滅失の登記がされなかった場合と同様その効力を持続する。抵当権を保全する手続としては、滅失登記がされた建物の登記の回復登記を申請すればよい。**

説明 抵当権の目的となっている建物が事実上滅失した場合には、抵当権は、その目的物を欠くに至る結果、当然消滅する。したがって、この場合には、抵当権の目的となっている建物について、滅失の登記がされるか否かにかかわらず、建物が現実に滅失している限り、物上代位権の生じる場合はともかくとして、その目的物を失った抵当権の行使ということはあり得ない。しかし、本問のように、建物が滅失していないのに誤って又は故意に滅失の登記がされた場合における抵当権の対抗力が問題となる。

およそ登記は、その登記された実体が存しない場合には、全て無効を原則とするので、現存する建物につきされた滅失の登記も当然無効である。したがって、滅失登記の無効を原因として（登記原因は錯誤）、滅失登記によって閉鎖された登記用紙を回復し、建物の登記を復活するものとされる。

建物の登記が回復されない間、又は回復された場合の既登記の抵当権の効力はどのようになるかについては、結論的に言えば、建物の登記は回復されなくても、滅失の登記がされなかったと同様に、その効力を持続しているものと解してよく、したがって抵当権の登記もなおその効力を持続し、その対抗力を有するものと解される（大判昭17.9.18）。

7010 山林抵当権と立木法の抵当権との立木に対する効力の差異

問 山林(土地)に抵当権を設定したときと、立木法により立木に抵当権を設定した場合とでは、伐採された樹木に対する抵当権の効果は異なるか。

結論 山林抵当権の場合は、伐木が第三者に譲渡されたり搬出されたときは抵当権の効力が及ばなくなるが、立木抵当権の場合は、善意の第三者がこれを取得しない限り原則として抵当権の効力が及ぶ。

説明 山林(土地)に抵当権を設定したときは、その抵当権の効力は土地と付加して一体をなした樹木にも及ぶが、この樹木が伐採されたときに、なお抵当権の効力を追及することができるか否かが問題となる。学説中には、物上代位の規定(民法372条、304条)により、伐採木材にも抵当権を行うことができるとするものもあるが、伐採して第三者に譲渡され、又は搬出されたときは、抵当権の効力が及ばないものと解すべきである(大判明36.11.13民録9輯1221頁は「一タビ伐採セラレタルトキハ不動産タル性質ヲ失ヒ動産ト為ルガ故ニ……抵当権者ハ之レニ対シ抵当権ノ直接ノ目的トシテ其権利ヲ行フコトヲ得ズ」としている)。もっとも、判例では、抵当権に基づく競売開始の後は抵当権の優先的効力も及ぶとし、さらに競売開始決定前においても伐採木材の搬出を禁止することができるとしている(大判昭7.4.20)。

一方、土地に生育する樹木の集団につき立木法により所有権保存の登記をした上で、その立木に抵当権を設定することができ、この場合は、同法4条の規定により、同法3条の規定による伐採の場合を除き、伐採により土地から分離した樹木についても抵当権を行うことができることとなっている(もっとも、立木の所有者の背信行為により樹木を伐採し善意の第三者が即時取得したときはこの限りでない=同条5項)。

なお、山林抵当権を設定するとともに、その土地に生育する樹木につき立木法による抵当権も設定することができ(この場合共同担保関係に立つ)、こうすることにより伐採樹木に対しても抵当権を行うことができる。

第3款　抵当権における優先弁済権の範囲

7011　抵当権の被担保債権の範囲

問　抵当権によって担保される債権の範囲はどのようなものか。

結論　抵当権によって担保されるのは、元本、最後の2年分の利息・損害金、特別の登記をした利息・損害金、抵当権実行の費用が担保される。

説明　抵当権により元本債権が担保されることはいうまでもない。

元本債権に対する利息や遅延損害金は、これを通じて「満期となった最後の2年分」についてのみ優先弁済を受けることができる(民法375条)。利息等について利率が登記されていても、延滞されている利息総額は登記からは推測することはできず、予想外に多額になっていることもあり得るので、これを2年分に制限することにより第三者の利益と調和させようとするのが立法趣旨であり、「最後の2年分」の起算点については、競売による配当の時から遡って2年分とするのが通説・判例である。なお、2年分を超える利息・損害金についても「満期後に特別の登記」をすれば、その登記の時より優先弁済を受けることができる(同条1項ただし書)。この特別の登記は、抵当権の変更の登記によってされ、不動産登記法66条の適用がある。

なお、抵当権実行の費用については、明文の規定はないが、抵当権によって担保されるとするのが通説・判例である(大判昭2.10.10)。

7012　抵当権設定者等に対する関係における利息・損害金の範囲

問　債務者又は物上保証人(抵当権設定者)や第三取得者に対する関係においても、利息・損害金は、最後の2年分しか競売代金から弁済を受けることができないか。

結論　抵当権設定者に対してはこの制限はないが、第三取得者に対する関係では制限がある。

説明

(1) 債務者又は物上保証人に対する関係

　民法375条1項の趣旨は、後順位抵当権者等が公示されない多額の延滞利息が存在することにより不測の損失を被ることを防止するために、優先弁済を受け得る利息を制限しようとするものであるが、債務者に対する関係においては、制限をする必要がなく、同項の規定の適用がない。すなわち、債務者所有の抵当目的物が競売された場合には、後順位の担保権者その他の配当を要求する無担保債権者がないときは、競売代金から延滞利息の全部の弁済を受けることができる。もっとも、後順位担保権者や無担保の債権者が存する場合でも、担保権、すなわち優先権を有する債権者が法定の優先額の配当を受けてなお競売代金に剰余があるときは、その剰余金から抵当権者は、弁済の受けられなかった残債権（2年分以上の利息債権又は延滞損害金）について、他の債権者と同順位すなわち債権額に按分比例して配当を受け得ることは言うまでもない（2年分以上の利息債権等については別に債務名義を必要としない）。

　物上保証人（債務者のためにその債務の担保として自己の所有物件に抵当権を設定した者）に対する関係においても、債務者と同様に解すべきである。物上保証人は、債務者の負うべき元本債務のみならず、その付随する利息債務の全てを担保するために抵当権を設定した者だからである。

(2) 第三取得者に対する関係

　抵当不動産の第三取得者（抵当権設定者より所有権の移転を受けた者で債務者又は物上保証人でないもの）は、抵当権設定者と同様に取り扱うものとする説が存するが、第三取得者の立場から見れば、延滞利息又は遅延損害金がいくら発生するかは予測し得ないので、多大の損失を被るおそれがあることは後順位抵当権者と同様であるから、第三取得者に対する関係では、民法375条の適用があると解するのが取引の安全及び円滑を図る意味から妥当である（したがって、第三取得者は、元本と最後の2年分の利息又は遅延利息を弁済すれば、抵当権を消滅させることができる）。

7013　重利や違約金についての抵当権の効力

問　抵当債権について重利の特約がある場合や違約金の定めがある場合には、それらについても優先弁済権を行使することができるか。

| 結論 | 重利の特約がある場合、その特約を登記して優先弁済権を主張できるかについては説が分かれる。また違約金については、その登記をした場合、抵当権により担保されるとするのが通説である。 |

| 説明 |

(1) 重　利

　　利息について重利の特約がある場合、その特約を登記して重利計算による優先弁済権を主張することができるかについては説が分かれており、特約の登記を認めた判例（大決大2.6.21民録19輯466頁）もあるが、登記の先例上は、元本に組み入れられる利息額が明らかでない以上、これに対する利息・損害金の額は2年分に制限されるとしても、その額はいくらになるかは予測することができないという理由で、登記を認めていない（昭34.11.26第2541号通達）。したがって、重利の計算による優先弁済権を主張するには、利息の元本組入れによる抵当権の債権額増額の登記をしなければならないことになる。

(2) 違約金

　違約金につき、その登記をした場合には、抵当権により担保されると解するのが通説であるが、民法374条2項の規定は「最後の2年分」のみが担保されるものとしているので、登記先例上は、違約金の定めを、債務不履行の場合に一定の利率により期間に応じて支払うべき損害金と、延滞期間にかかわらず一定金額を支払うものに分け、前者のみが登記することができ、担保されるとしている（昭34.7.25第1567号通達、昭34.10.24第999号依命通知）。

第4款　船舶抵当権の効力

7014　船舶の附属物と抵当権の効力

| 問 | 漁業用船舶に抵当権設定の登記をした後に、その船舶に備え付けられた方向探知機、無線電信機や冷凍機に抵当権の効力が及ぶか。 |

| 結論 | 方向探知機等の属具に対しては、抵当権設定の前後を問わず抵当権の効力が及ぶ。 |

説明 船舶の抵当権については商法847条3項により不動産の抵当権に関する規定が準用される結果、その効力の及ぶ目的物の範囲については民法370条の規定が準用され、原則として船舶に「付加して一体となっている物」に及び、また、商法847条2項の規定により、船舶の抵当権は、その属具に及ぶ。属具とは、船舶の構成部分である船体・機関等から独立したもので船舶の常用に供するため船舶に附属させたものをいい、いかり・救命用ボート等のほか、方向探知機、無線電信機や冷凍機もこれに該当するといえる。そして、属具であれば、それが抵当権設定当時既に備え付けられたものであるか、抵当権設定後に備え付けられたものであるかを問わず、また、属具目録（同法685条）に記録されているかを問わず、全て抵当権の効力が及ぶと解されるところである。

なお、規定により、ある機器、機具が属具目録に記載されているものは従物と推定されるが（同条）、民法370条の解釈で従物が付加一体物に含まれないと解する立場を採れば、商法847条2項は、民法370条の特別規定といえる。このように、従物であると否とを問わず属具である限り、抵当権設定の前後を問わず、全て船舶の抵当権の効力が及ぶのである。

7015 船舶の推進機関の取替えに伴う抵当権の効力

問 船舶に抵当権を設定し、その登記後、船舶所有者が推進機関を取り替えたときは、船舶登記令23条の規定により船舶の表題部の変更の登記を申請しなければならないが、これを怠っていた場合、抵当権は、取替え後の新しい推進機関に及ぶか。及ぶとした場合第三者に対抗し得るか。

結論 **船舶の表題部の変更の登記を要するが、船舶抵当権の効力は、表題部の変更の登記の有無にかかわらず、新しい推進機関に及ぶ。**

説明 船舶の推進機関は、船舶の属具又は従物的なものではなく、船舶そのものの構成部分であるから、抵当権の設定後に推進機関を取り替えたとしても、新しく備え付けられた推進機関には、当然抵当権の効力が及ぶものと解する。船舶登記令においては、推進機関の種類及び数は、船舶の表題部の登記事項とされているが（同令11条6号）、この規定の趣旨は、船舶を特定するためであって、換言すれば船舶の同一性を表す事項として、当該

船舶を構成している主要な部分の一つである推進機関を船舶を表示する事項としているのである。そして、これらの表題部の登記事項に変更があった場合には、当該船舶の表示を明確にするために、その表題部の変更の登記を嘱託すべきものとされている。しかし、船舶の特定事項の一事項である推進機関について、取り替えられた新しい推進機関の表示どおりに変更の登記がなされていないとしても、そのために抵当権の効力に消長を来すことはない。このことは、建物の屋根が改造されたり、柱が取り替えられたりした場合と全く同様に解すべきだからである。したがって、新しい推進機関に抵当権の効力の及ぶことを第三者に対抗するためには、何らの行為を要せず、前記の船舶の表題部の変更の登記がされなくても、抵当権の効力に服することを第三者に対抗することができる。

7016 製造中の船舶の抵当権の効力は完成後にも及ぶか

問 製造中の船舶に抵当権を設定して登記をした場合において船舶が完成したとき、そのままにしておいても、抵当権は保全されるか。

結論 **船舶の所有権の保存の登記がされなくても、抵当権は、完成した船舶の上に有効に存続する。**

説明 本問の場合、船舶の所有権の保存の登記がされなくても、抵当権は完成した船舶の上に有効に存続し、第三者にも対抗することができる。

なお、製造中の船舶を目的とする抵当権の設定の登記（船舶登記令28条以下）は、当該船舶の製造地を管轄する登記所において、抵当権者及び抵当権設定者の共同申請によりなされ、抵当権設定の登記事項自体は、既成船舶のそれと同一である。ただ、この場合、船舶はまだ完成していないから、船舶登記簿の甲区欄には船舶の所有権の登記がなされず（所有者となるべき者に関する登記の登記事項は登記される）、その乙区欄に船舶の抵当権の登記のみがされる。そして、船舶が完成した後、所有者が所有権の保存の登記をするには登記所にその申請をすることを要し、登記所は、この申請により抵当権の登記のされている登記記録に所有権の保存の登記を行う（この場合、完成後の船舶の表示がされ、従前の船舶の表示は抹消する記号が記録されるが、両者の表示には同一性が保たれ

ている必要がある）。その後、所有者が他の第三者のために抵当権を設定したときは、その抵当権は第2順位で登記され、製造中に設定された抵当権に対しては優先し得ない。

第2節 抵当権の設定

第1款 総説

第1項 目的

7017 共有持分の上の抵当権の設定登記手続

問 甲、乙の共有に係る不動産の共有持分の上に抵当権を設定し、その登記をすることができるか。

結論 **甲は乙の意思に関わりなく、自由に、自己の持分を目的として、抵当権を設定し、その登記をすることができる。**

説明 共有物を処分する場合には、共有者全員の同意を必要とする（民法251条）が、各共有者が自己の持分を処分することは自由である。共有持分権は、各共有者独自の権利であって、これを処分することは、共有物自体の処分ではないからである。持分権は、一種の所有権であるから、不動産の持分について抵当権の設定は可能である。したがって、不動産の共有者の一人は、他の共有者の同意なくして、自己の持分の上に抵当権を設定し、その登記をすることができる。この場合の設定者は、共有者として登記され、その持分もまた登記されているから（不登法59条）、登記記録上明らかにされている共有持分を目的とする抵当権の設定の登記をすることになる。

7018 土地の賃借権が工場財団の組成物件である場合の土地所有者の抵当権設定登記

問 賃借権を工場財団の組成物件としている場合において、当該賃借権の目的とされている土地の所有者（賃貸人）が、別途、その土地（所有権）の上に抵当権を設定することができるか。

結論 土地の賃借権が工場財団の組成物件とされても、土地所有権自体は、当該財団の抵当権によって直接拘束されるものではないから、土地所有者は、自由に自己の土地（所有権）の上に抵当権を設定することができる。

説明 工場財団に属するものは、これを譲渡し又は所有権以外の権利、差押え、仮差押え若しくは仮処分の目的とすることはできない（工場抵当法13条2項）。したがって、土地の賃借権をもって工場財団の組成物件としている場合は、当該賃借権を譲渡若しくは転貸し又は質権の目的にする等の処分をすることはできないことになる。しかしながら、この賃借権の目的とされている土地（所有権）自体について、制限が設けられているわけではない。したがって、賃貸人である土地所有者は、賃借権者すなわち工場の所有者とは関わりなく、自己の有する権利（土地所有権）を処分することを妨げられることはなく、自由に抵当権を設定することもできるわけである。

7019 農地を目的とする抵当権と農地法3条

問 農地を目的として抵当権を設定する場合には、農地法所定の都道府県知事の許可を受けなければならないか。

結論 農地に抵当権を設定する場合には、都道府県知事の許可を要しない。

説明 農地法は、農地についてその所有権を移転し、又は地上権、永小作権、質権、使用貸借による権利、賃借権若しくはその他の使用収益を目的とする権利を設定し、若しくは移転する場合には、都道府県知事等の許可を受けることを要し、その許可を受けなければ、この権利の設定又は移転はその効力を生じないものとされているが（同法3条、5条）、当該農地

について抵当権を設定することについては、同法上知事等の許可を受けることを要する旨の制限規定はないので、農地を抵当権の目的として、自由に融資を受けることができる。もっとも、抵当権者が当該抵当権を実行した場合には、その競売手続において、所有権を取得する者が農耕適格を有するか否かをめぐって、あらかじめ同法所定の許可要件の具備の有無が審査され、その要件を満たす者が所有権を取得することになる。

7020　処分禁止の仮処分登記のある不動産の抵当権設定登記

問　処分禁止の仮処分の登記がされている不動産について、抵当権を設定し、その登記をすることが許されるか。

結論　**処分禁止の仮処分の登記がされていても、抵当権の設定の登記のみならず、他の全ての登記をすることができる。**

説明　処分禁止の仮処分は、仮処分権利者の権利を保全するためのものだから、当該仮処分に抵触するような登記の申請を認めてもその権利保全の目的が害されることにはならない。つまり、仮処分権利者が後日、仮処分によって保全している権利について登記を経たときは、仮処分の登記後にした他の登記は、当該仮処分に抵触する範囲において、仮処分権利者の登記に対抗することができなくなるにすぎない（相対的効力）。また、仮処分の登記がされていても、その仮処分が取り消されるか、又は本案訴訟において仮処分権利者が敗訴することもあり、この場合に、他の第三者に対抗するためには、登記を受けておく必要があるわけである。

7021　差押えの登記のある不動産の抵当権設定登記

問　滞納処分による差押えの登記がされた不動産につき、抵当権を設定し、その登記をすることができるか。

結論　**差押えの登記があっても、抵当権の設定及びその登記をすることができるが、差押債権者に対抗することができない。**

説明　不動産につき滞納処分による差押えがされると、差押債務者は、当該不動産を第三者に譲渡したり、又は担保に供したりすることができなくなる。差押えは、処分禁止の効力を有するからである。した

がって、差押債権者は、差押えの登記をしておけば、処分禁止の効力を第三者に対抗することができる。もっとも、差押えは、差押債務者の処分を絶対的に禁止するものではなく、差押債務者からその不動産の譲渡を受けた譲受人又は抵当権を取得した抵当権者の地位が、差押えの登記によって差押債権者から否定されるにすぎない（相対的効力）。したがって、差押債務者は、第三者のために抵当権設定登記をすることができる。しかし、抵当権を取得した第三者は、差押債権者にその抵当権を対抗することができず、その結果、差押えによる公売処分によって所有権を取得した競落人にその抵当権を否定されることに注意しなければならない。

7022 強制競売による差押えの登記がされた不動産の抵当権設定登記

問 強制競売による差押えの登記がされている不動産について、抵当権を設定し、その登記をすることができるか。

結論 **強制競売による差押えの登記がされている不動産につき、抵当権を設定しその登記をすることはできるが、当該抵当権を、差押債権者に対抗することはできない。**

説明 差押えについては、絶対的効力を認める説と、相対的効力を有するにすぎないとする説とがある。前説によれば、当該債務者（所有者）は処分行為を絶対的にすることができず、何人も債務者の処分行為を認めることができないことから、差押えの登記後に抵当権設定行為を行おうとしても、抵当権者は絶対的に権利を取得することができないことになる。一方、後説によれば、差押えの登記がされた後においても、第三者は、抵当権取得の登記を受けてもその権利取得を差押債権者に対抗することはできないが、この者以外の者に対する関係では、有効なものとして、その権利を主張することができる。すなわち、差押え（競売開始決定）が取り消されるときは、全ての第三者に対してその権利の取得を対抗することができるのである。現在の判例及び通説は、相対的効力を認めている。すなわち、既に競売手続開始決定に基づく差押えの登記がされた不動産について抵当権等を設定しても、これらは契約当事者間では有効であるが、差押債権者に対しては無効であると解される。差押債権者に対して無効であることは、他の配当要求債権者にも対抗する

ことができない。したがって民事執行法上の差押えがある不動産に対し抵当権設定登記を行っても、これによって、優先的権利を取得することは考えられず、法律上の利益はない。ただ、開始決定の取消し又は競売申立ての取下げが予想されるならば、これの取消し又は取下げにより差押えが消滅したときは、差押登記後に登記した抵当権であっても、有効になるから、本問の抵当権設定は、これを絶対的無効とすることができないので、その登記をすることができる。しかし、競売手続が進行して、目的不動産が競売された場合には、抵当権者は、競売により所有権を取得した者に対抗することができない。

7023 製造中の船舶を目的とする抵当権設定の時期

問 製造中の船舶につき抵当権を設定することができるとされているが、その製造過程のいかなる時期において、抵当権の目的とすることができるのか。

結論 **ある程度の形態を備えるに至った時期、すなわち、竜骨を備えるべき船舶にあっては、竜骨の組立てが完成した時期と解すべきである。なお、竜骨を有しない船舶（ブロック建造等）にあっては、船台上において当該船舶の全長が異体的（物理的）に顕現されるに至った時期と解すべきであろう。**

説明 起工着手時において抵当権を設定することができるとする説もあるが、それでは当該船舶は、その全構造、組織が計画書において明らかにされているにすぎず、物理的にこれを特定し得ないので、抵当権の目的とするには、不適当といえよう。やはり、ある程度の船舶としての形態を備えるに至った時に、初めて当該船舶に「製造中のもの」としての特定性が与えられるといってよく、抵当権の目的とするためには、目的物が特定されていなければ、取引上不都合を生じるおそれがあるので、造船所の船台に、竜骨が備え付けられ、船体の基礎構造が形成された時期をもって相当とすべきであろう。

竜骨を備え付けない船舶にあっては（主としてブロック建造のもの）、船台上において、当該船舶の全長に相当する船体構造の形成をまって決すべきであろう。船舶登記令においては、製造中の船舶についての抵当権に関する登記の申請情報として、製造中の船舶の表示を規定している（同令26条2号）。

7024 所有権取得を条件とする抵当権の設定とその登記原因証明情報

問 甲所有名義の不動産について、乙が、これを買い受けることを条件として、債権者丙に対する債務を担保するため、あらかじめ丙との間に抵当権の設定契約をしたとき、登記原因証明情報として、抵当権設定契約書（その日付は、所有権取得前）は、その適格を有するかどうか。

結論 **抵当権設定契約書は登記原因証明情報にはならない。**

説明 本問の場合は、不動産所有権の取得を停止条件とする抵当権の設定契約であると解され、乙が所有権を取得すると同時に、抵当権が成立するという関係になるので、抵当権設定登記の原因の日付は、条件成就の日すなわち所有権取得の日と解すべきである。したがって抵当権設定契約書は、登記原因証明情報としての適格を有しないこととなり、一方、条件成就の事実を証する書面があったとしても、これも登記原因証明情報としての適格を有するものではない。

第2項 被担保債権

7025 2個の債務を目的として1個の抵当権を設定することの可否

問 数個の債権を合わせて担保するために1個の抵当権を設定することができるか。できるとすれば、その登記手続は、どのようにすればよいか。

結論 **申請書に、数個の債権の合計額を債権額として掲げ、かつ各債権の発生原因及びその内容等をも明らかにした上、1個の抵当権の登記として、申請することができる。**

説明 同一当事者間の債権であれば、それが複数であっても、これらを合わせたものを被担保債権とする抵当権を設定することが可

能である。ただし、既存の抵当権につき、その被担保債権とされたもの以外の他の債権で、同一当事者間に発生したものを、新たに被担保債権に付加することによって、複数の債権を担保させることは、抵当権の付従性ないし抵当権の流用無効からいって許されない。抵当権設定の当初においてのみ、複数の債権をもって被担保債権とすることができるのである。

　この場合の登記原因証明情報としては、数個の債権がいかなるものであるかを明らかにし、かつこれら数個の債権を担保するための抵当権の設定であることを証するものでなければならない。したがって、数個の債権契約に関する証書（例えば消費貸借契約証書等）と抵当権の設定契約証書とが該当することもあろうが、1個の抵当権設定契約証書において、数個の債権契約が明らかにされている場合は、当該抵当権設定契約証書のみをもって、登記原因証明情報とすることができる。

　申請書の記載事項に関しては、登記原因及びその日付として、数個の債権をそれぞれ特定するために、それらの発生原因（債権契約とその日付）を列記して、これらについての抵当権の設定契約である旨を記載すべきであり、また、各債権の履行条件（利息に関する定め、損害金に関する定め等）が異なるときは、それらの区別をも明らかにする。

7026　債権額の一部を担保する抵当権設定

問　債権額の一部、例えば1,000万円のうち500万円を担保するために、抵当権を設定しその登記をすることができるか。また、できるとした場合、その効力はどのようなものか。

結論　**元本の一部のみを被担保債権として抵当権を設定し、その登記をすることができる。この場合、担保される債権は弁済されていない元本の最後の部分である。**

説明　目的不動産の価格が債権額全部を担保するに足りる場合は、債権額の全部を担保する抵当権を設定するのが通例であるが、担保価値が十分でない場合や、債権保全上支障のない場合には、債権額の一部を担保する抵当権を設定し、その旨の登記をすることが認められている（昭30．4．8第683号通達）。そして、この場合の抵当権設定登記の登記原因及びその日付は「平成○年○月○日金銭消費貸借金○円のうち金○円の同日設定」の

ように、債権額は担保額をそれぞれ記録することとなる。

　このように債権の一部を担保した場合、本問の設例でいうと、担保額である500万円までは元本債権の範囲として優先弁済を受けることができるのはもちろんであるが、債務者が500万円を支払った場合どうなるかという問題がある。当事者間に特約があればそれに従うのは当然として、そのような特約がない場合当事者の意思をどのように解するかである。この点については、抵当権によって担保される債権は、全債権額の弁済されていない最後の部分であると解するのが通説であり、債務者が一部弁済をしてもそれは抵当権によって担保されない債権から充当されると考えられる。そこで、前記の例では、残債権500万円は全額抵当権によって担保されることとなる。

7027　主たる債権が特定している保証人の求償債権と抵当権

問　保証人の求償債権で具体的に保証契約が締結されているもの（主たる債権が特定している）を担保するのは普通抵当権によるべきか。

結論　**主たる債権が特定している保証人の求償債権は、抵当権により担保すべきであり、根抵当権を設定することはできない。**

説明　昭和46年民法改正前の登記実務の取扱いでは、保証委託契約があっても債権者との間に保証契約が締結されない限り、保証債務発生の法律上の可能性はなく、したがって求償債権もその発生可能性がなく求償権担保のための抵当権の設定をすることができず、求償権担保のためには根抵当権を設定すべきであるとしていた（昭26.11.22第2919号回答）。しかしながら、昭和46年民法改正後の新根抵当権は、根抵当権を不特定債権を担保するために設定するものであることを規定し（同法398条の2）、普通抵当権と根抵当権の区別の基準を、被担保債権の不特定性に求めることを明らかにしており、従来の登記実務は変更されたものと解される。すなわち、主たる債務が特定している保証人の求償債権は、その発生、金額において不確定ではあるが、保証債務の履行を停止条件として発生する、いわば特定の将来債権ということができるから、求償債権を担保するためには普通抵当権を設定すべきこととなる。

　これに対し、債務者が現在及び将来負担する債務についての保証につき委託

された場合において、その求償権を担保するのは根抵当権である。この場合は、保証人が保証債務を履行することによって将来取得する求償権は不特定な債権であるからである。

7028 求償権担保の被担保債権額の意義

問 保証人の求償権担保の抵当権の被担保債権額について、どのような点に留意すべきか。

結論 **この場合、担保すべき債権額が抵当権の設定当時においては不明である点に留意すべきである。**

説明 保証人の求償債権のための抵当権は、いわゆる将来の債権の抵当権であり、この抵当権の被担保債権額がいくらであるかが問題となる。すなわち、保証人の出捐額（保証債務の履行額）は抵当権の設定当時において不明であるため、抵当権の被担保債権をいくらにすればよいかが明らかでないにもかかわらず、抵当権の設定の登記の申請情報には債権額を表示しなければならない（不登法88条）。この場合には、債権額が抵当権の設定当時においては確定していないので、抵当権の設定の当事者間で、保証人の求償権の範囲等を参考にしながら、その数額を定めその予定額を表示しておかなければならない。

7029 求償権担保の抵当権により担保される債権の範囲

問 保証人の求償債権を抵当権により担保する場合において、当該抵当権により担保される債権の範囲について、保証を委託された場合と委託されない場合でどのような違いがあるか。

結論 **保証を委託された場合の求償債権の範囲は連帯債務の規定が準用され（民法459条2項、442条2項）、原則として弁済その他出捐した額、出捐額に対する出捐の日以後の法定利息及び「避けることができなかった費用」その他出捐のために受けた損害の合計である。他方、委託に基づかない場合の求償債権の範囲は、当該保証が債務者の意思に反するか否かで異なる。**

説明

(1) 委託による保証の場合

主たる債務者の委託を受けた保証人の求償債権の範囲は、連帯債務の規定が準用され（民法459条2項、442条2項）、原則として弁済その他出捐した額（保証債務の履行として、弁済、代物弁済その他主たる債務を消滅させるために支出した費用）、出捐額に対する出捐の日以後の法定利息及び「避けることができなかった費用」その他出捐のために受けた損害の合計である。債権の全てが求償債権として抵当権設定登記に記載された債権額を限度として担保されるが、このうち、出捐の日以降の法定利息は、通常の貸金債権の利息と同様のものだから、債権額の範囲を超えて原則として最後の2年分が抵当権により担保される（同法375条）。

(2) **委託を受けない保証の場合**

委託に基づかない保証人の求償権の範囲は、当該保証が債務者の意思に反する場合と反しない場合とで異なる。債務者の意思に反しない場合には、保証人の出捐当時における主たる債務者の利益を受けた限度、すなわち、弁済した債務の額及び弁済するために要した費用を限度として求償することができるだけで、その出捐額に対する利息は原則として求償することができない。保証が債務者の意思に反するときは、保証人の求償権の行使当時において現に当該債務者の利益を受ける限度においてのみ求償することができるにとどまる。そこで、それぞれの場合の債権が、求償債権として抵当権の設定の登記に記録された債権額を限度として当該抵当権により担保されるにとどまる。

7030 求償権担保の抵当権設定に際し、保証料をも被担保債権とすることの可否

問 求償権担保の設定登記の際、保証料をも被担保債権として登記することができるか。

結論 登記することができる。

説明 委託保証の場合、主債務者と保証人間で保証料契約をすることがあるが、この保証料債権は、保証契約に基づく求償債権とは全く別異のものであるから、この保証料債権をも合わせて担保しようとするときは、その保証料債権額を計算確定の上（例えば一定期間に限定する等して定める）、抵当権の設定契約において、保証料の支払契約（保証料債権を発生せしめ

る契約）から生じる保証料債権をも合わせ担保する旨約定し、抵当権の設定の登記における債権額として、求償債権と保証料債権の合計額を記載し、その内訳を記載する。

7031 求償権担保の抵当権と保証人の代位弁済による抵当権取得との関係

問 求償権担保の抵当権と、保証人の代位弁済による抵当権との関係はどのようなものか。

結論 **保証人が代位弁済したときには、債権者の有していた抵当権を取得し、その移転の登記を受けた場合には、その被担保債権は債権者の有していた債権と同一のものであり、債権額の重複する部分は併存せず、他方が消滅すれば一方も消滅する。**

説明 保証人が保証債務を履行した場合、当該債権者の債権が抵当権付きのものであるときは、民法501条の規定により、その求償債権の範囲内において、債権者の有していた債権及び抵当権が法律上当然に保証人（代位弁済者）に移転する。したがって、保証人の保証する主たる債務が抵当権によって担保されているときは、特に保証人の求償債権を担保するための抵当権を設定する必要がないようにも思われる。しかし、主たる債務のための抵当権は、原則として、その元本と利息又は遅延損害金を通じて最後の2年分であり、代位弁済により取得する抵当権も、この範囲の債権しか担保されないものであり、しかも、保証人の求償債権は、主たる債務の元本のほか、利息、遅延利息その他の付随債権をも含むのだから、保証に係る主たる債務が抵当権により担保されている場合も、別に将来の求償債権を担保する抵当権を設定することは、十分に実益がある。したがって、保証人の保証に係る主債務を担保する抵当権の設定されている不動産等はもちろん、他の不動産等について当該保証人の求償債権のための抵当権を設定し、その登記をすることができる。そして、将来保証人が代位弁済したとき（その保証債務を履行したのと同じである）には、債権者の有していた抵当権を取得し、その移転の登記（付記登記）を受けた場合は、法律的には、その被担保債権は、債権者の有していた債権と同一のものであり、求償債権とは異なるけれども、債権額の重複する部分は、併存する関係ではなく、他方が消滅すれば、一方も当然消滅するものと考

えられる。

7032 同一不動産に主債務担保と求償権担保の2個の抵当権の併存することの可否

問 債権者甲、債務者乙、保証人丙の関係で債権契約及び保証契約が成立し、甲は、債務者乙にその所有不動産上に抵当権を設定させ、その登記を受けているが、保証人丙においても、乙に対して有する求償権を担保するため、同一不動産上に抵当権を設定させて、その登記をすることができるか。

また、それが可能だとすれば、債務者乙は、丙に対して負担する求償債務の保証のため、更に丁に委託し、丁をして丙との間における保証契約に参加させ、乙の丙に対して負担する求償債務の保証人とした場合には、丁の有する求償債権のために、重ねてこれを担保するための抵当権を設定し、その登記をすることができるか。

結論 **主債務、保証人の求償権及び求償保証をする者の求償権の三者は、本来併存するものではないが、求償権についても、将来債権の抵当権としてその登記を認めていることから考えて、それらの三者についての抵当権を重ねて登記することができると考えられる。**

説明 債権者甲のために債務者乙所有不動産上に抵当権が設定され、その登記がされている場合において、さらに、当該抵当権の被担保債務の保証人丙のために、その求償権を担保するための抵当権を同一不動産上に設定し、その登記をすることができるか否かについては、積極に解すべきである。ただ、保証人が主債務を代わって弁済したときは、主債務担保の抵当権が代位により移転し、したがって保証人は求償債務担保の抵当権と同一不動産について持つことになるから、むしろ同一不動産であるなら、後者の抵当権を設定することをやめて、代位弁済による抵当権の移転の仮登記をしておくことが考えられる。もっとも、求償債権が主債務を担保する抵当権の被担保債権額より高額となることもあるので、後者の抵当権を設定することも無意味ではない。

ところで、求償債務について更にこれを保証することが、取引上往々にして行われており、この保証を求償保証と称しているようである。この場合も、求償保証をする者は、債務者に対して求償権を有することはいうまでもない。求償保証人の有する求償権のためにも、その担保として所有不動産上に抵当権を設定し、その登記をすることができる。

7033　分割貸付けや限度貸付けと抵当権設定

問　一定額を数回に分けて貸し付ける旨の契約が成立した場合、当初において債権の総額を担保するために抵当権を設定することができるか。

結論　**将来発生し得る債権の総額を一括して担保するために抵当権を設定することができ、この場合は根抵当権にはよらない。**

説明　債務者が一時に資金を要しない場合において、一定額（例えば1,000万円）を数回（例えば10回）に分割して貸し付ける契約がされることがある。このうち、貸出しの総額が確定しており、債権者が契約金額までの貸出義務を負うものを「分割貸付け」と称し、また、最終的に必要となる資金総額が不明である場合において、貸付額の上限として予想される金額を契約金額（限度額）と定めるものを「限度貸付け」と称している。そして、いずれの場合も貸付金を担保する抵当権は普通抵当権であり、根抵当権ではない。分割貸付けの場合は、分割貸付契約に基づく特定債権が被担保債権であり、限度貸付けの場合も、限度貸付契約に基づき将来発生する特定債権が被担保債権であるからである。また、いずれの場合も、「分割貸付契約」あるいは「限度貸付契約」として一つの抵当権により（予想される）債権総額を担保することが可能であり、実質がこのような場合であるのに、単に「金銭消費貸借」として登記されていても、その登記は有効である。分割貸付けや限度貸付けといえども金銭消費貸借（正確には予約）であって、当該契約により将来発生すべき債権を一つの抵当権により担保することができるのは当然であり、また、当該契約を表すものとして「金銭消費貸借」としたとしても、成立の年月日等から当該抵当権により担保される債権が特定できるならば、その抵当権は有効であると解される。

7034 外貨を支払う旨の特約のある債権の抵当権の設定

問 外国の通貨を支払う旨の特約のある債権を担保するため抵当権を設定する場合、その債権額をいかに表示すべきか。

結論 **外貨による債権額のほか、邦貨をもって表示した担保限度額を表示することとなる。**

説明 民法403条によれば、外国の通貨により債権額を指定したときは、債務者は履行地における為替相場により日本の通貨をもって弁済をすることができるとされ、外国の通貨を支払う特約がある債権についても日本通貨で支払っても差し支えず、この場合の為替相場の時期は、通説によれば、現実に履行するときの相場によるものとしている。しかしながら、本問のように外貨により支払う特約のある債権は外貨により支払うのを原則とし、外国通貨をもって債権の目的物と考えることができるので、このような債権を担保するためには、債務不履行の場合の金銭債権を抵当権の被担保債権とするほかはない（配当時において、競売代金を外国の通貨で支払うことはできない）。そこで、不動産登記法83条では、外貨表示の債権額のほか、日本の通貨に換算した担保限度額（当事者間で為替相場の変動を見越して自由に取り決めることができる）を登記事項として定めている（この場合、登録免許税は担保限度額について算定される）。

なお、この抵当権が実行されたときは、日本の金銭で配当されるが、担保限度額の範囲内で優先弁済を受けることができる。例えば、担保限度額が1億円で、そのときの外貨の換算額が1億2,000万円であれば1億円について、また、換算額が9,000万円であれば9,000万円について優先弁済を受けることができる。

第3項　設定契約

7035 停止条件付契約を含む抵当権設定契約

問 土地を目的とする抵当権設定契約の中で、後日その地上に家屋を

建築したときは、その家屋もこの抵当権の目的とする旨の契約（別に追加担保の契約をせずに自動的に抵当権が設定される趣旨）をすることは、停止条件付契約として有効か。

結論 無効である。ただし、**建物が現存するに至ったときに改めて設定契約をする旨の債権契約としては有効である。**

説明 抵当権の目的となっている家屋が現存しないときに、現存することを条件として一定の債権の担保として抵当権を設定する旨の契約は抵当権設定契約としては無効である。抵当権の設定契約において目的物件が現存することは抵当権設定（物権変動）の成立要件であり、本問の場合は条件付きであっても抵当権の成立する余地はないからである。しかし、家屋が現存するときに更に抵当権設定契約をする旨の、債権契約としての効力はある。

なお、本問の場合に、もし契約の趣旨が土地の上に設定された抵当権の効力を当然にその地上の家屋に及ぼすものであるときは（したがって別に家屋について抵当権が設定されない場合）、物権の法定性（法律によらなければ物権を創設し得ない。民法175条）から考えて有効とはいえない。民法の認める抵当権は、土地に設定された場合にその地上の家屋には及ばないから（同法370条）、契約をもって家屋にも及ぼさせることは、効力の異なる抵当権を創設することになるからである。

7036 抵当権設定契約と公正証書

問 抵当権設定契約が公正証書により作成され、設定者において抵当権設定の登記手続をなす旨の規定及び執行認諾の規定があるときは、執行文を得て債権者のみで抵当権設定の登記を申請することができるか。

結論 **公正証書によって、債権者が単独申請をすることはできない。**

説明 抵当権者（登記権利者）が単独で（すなわち抵当権設定者（登記義務者）との共同申請によらずして）、登記を申請することができるのは、判決（又は相続）による登記のみである（不登法63条）。裁判上の和解調書又は調停調書のように確定判決と同一の効力を有するものによる場合も、登記権利者のみの単独申請により登記することができるが、公正証書は判

決と同一の効力を有する旨の規定がなく、その効力を有しないため（一定の金額の支払等を目的とする請求について作成した公正証書は後記のとおり強制執行の債務名義となり得るが、しかしそれは確定判決と同一の効力を有するものではない）、抵当権者が単独で登記を申請することはできない。

執行認諾文言のある公正証書であっても、民事執行法22条5号により、一定の金額の支払又はその他の代替物若しくは有価証券の一定の数量の給付を目的とする請求についてのみ執行力があり、そもそも登記手続をすべき旨の意思表示については執行認諾の文言を付することはできないと考えられる。

第4項 利益相反

7037 親権者の債務の担保として未成年の子の所有不動産に抵当権を設定する場合

問 親権者の債務を担保するために、未成年者所有の不動産を抵当権の目的とするには、どのような手続によるべきか。

結論 **未成年者のために、特別代理人を選任し、その特別代理人によって抵当権の設定契約をすることを要する。**

説明 親権者が自己の債務を担保させるために、自らの親権に服する未成年の子の所有名義の不動産につき抵当権を設定させようとすることは、親権者と未成年者との間において利益が相反することとされ民法826条の規定の適用がある。この場合、親権者は、未成年者に代わって、債権者と抵当権設定契約を行うことは許されず、家庭裁判所に特別代理人の選任を申請し、当該特別代理人が未成年者に代わって抵当権設定契約を行うことになる。これを具体的に説明すれば、父母の共同親権に服する場合においては、そのいずれか一方が債権者であるときは、その者は親権を行うことはできず、他の親権者と特別代理人とが共同して、未成年者に代わって抵当権設定契約をするのであり（最判昭35．2．25民集14巻2号279頁、昭23．9．21第2952号回答）、父母の両者が連帯して債務を負っているとき及び単独親権の場合でその者が債務者であるときは、特別代理人のみが未成年者に代わって、契約を行うことになる。

次に、抵当権の設定の登記の申請は、登記義務者である未成年の子に代わって、設定契約を行った者（すなわち、債務者でない他の親権者と特別代理人又は特別代理人のみ）が抵当権者を含めて申請当事者となるわけだが、この場合は特別代理人の手を煩わすことなく、債務者である親権者又は未成年者（意思能力を有する場合に限る）自身が、登記の申請をすることができるものと考えられる。

7038 親権者及び未成年者の連帯債務の担保として未成年者所有の不動産に抵当権を設定する場合

問 親権者の債務につき未成年者（又は未成年者の債務につきその親権者）が連帯債務者の関係にあるときは、債務を担保するため、未成年者の所有不動産を目的として抵当権を設定するには、どのような手続によるべきか。

結論 特別代理人を選任し、その者によって抵当権の設定契約をすべきである。

説明 親権者とその親権に服する未成年者とが連帯して債務を負っている場合において、債務を担保するために、未成年者の所有不動産上に抵当権を設定することは、民法826条の利益相反行為に該当することになる。親権者が債務者であるときは、未成年者は連帯債務者であるとともに物上保証人であり、特別代理人の選任を要することに異論はないが、未成年者が債務者であり、親権者がその連帯債務者であるときでも、利益相反関係を生じるというのは、将来、親権者において債務を履行（代位弁済）したときは、抵当権者に代わってその権利を行うことになり、結局は、親権者が未成年者所有不動産につき抵当権を実行する可能性が見込まれ、そこに、利益相反関係を生じる余地があるからである。

7039 未成年者の物上保証と利益相反

問 第三者の債務について未成年者が物上保証をすることが利益相反行為に該当するのはどのような場合か。

結論 第三者の債務について親権者が保証をしている場合に親権者が未

成年者を代理して抵当権を設定する場合は利益相反行為となる。

説明 一般に、第三者の金銭債務について未成年者が物上保証をするにつき、親権者が未成年者を代理する場合は、たとえそれにより親権者が経済的な利益を受けたとしても、利益相反行為にならないとされている。例えば、代表取締役である父がその会社の債務のための担保としてその親権に服する未成年の子の所有の不動産について、抵当権の設定契約をすることは利益相反行為に該当しないとされ（昭36.5.10第1042号通達）、また、他人の債務について親権者とその親権に服する未成年者の子が共に物上保証人になったとしても、それは利益相反行為に該当しないとされている（昭37.10.9第2819号通達）。これは、一般に、利益相反行為となるためには、親権者と互いに相手方となってする行為だけに限らず、共に一方の当事者となって他人を相手方とする行為も含まれるとするものの、利益相反行為であるかどうかは、その行為の外形で判断すべきであって、親権者の意図やその行為の実質的な効果を問題にすべきでない（この二つの例は形式的には利益相反に当たらない）からである。しかしながら、第三者の債務について、親権者が自ら保証又は連帯保証をしている場合に、子の代理人として、未成年者の不動産について抵当権を設定するような場合には、前問に準じて当該抵当権設定行為は利益相反行為に当たると考えられる（なお最判昭43.10.8民集22巻10号2172頁参照）。

7040 利益相反関係にある場合にした親権者の行為の効力と登記

問 親権者の債務を担保するため、親権者が代理して未成年者所有の不動産につき抵当権を設定し、登記したような場合における当該抵当権及び登記の効力はどのようなものか。

結論 抵当権設定行為及び登記は無効である。

説明 親権者の債務を担保するため、当該親権者が未成年者の法定代理人として、当該未成年者の不動産について抵当権を設定することは、利益相反行為に当たるが、このように民法826条に違反してされた行為は、一般に無権代理人がした行為として無効であると考えられている（判例・通説）。そこで、実体的に抵当権は存在していないこととなり、当該抵当権設定登記の申請は、不動産登記法25条9号により却下される。これは、同法

61条の登記原因証明情報が提供されていない場合に該当するからである。しかし、一旦登記がされてしまえば職権抹消をすることができないから、一般の登記の抹消の申請手続により抹消するほかはない。本問の場合、特別代理人が当該親権者の行為を追認することができ、そうなれば、無効行為の転換として抵当権の登記も有効となり、抹消することができなくなる。

もし、本問において未成年者自らが抵当権を設定したが、それにつき利益が相反する親権者が同意をしていた場合には、同意をすることができない者が同意をしたこととなり、結局その同意は無効であって、当該未成年者の行為は、同意なくしてなされたものと考えることができる。そこで、民法120条の規定により取り消すまでは（この場合、当該親権者も取り消すことができる。この取消しは利益相反行為でないからである）、一応有効なものと考えることができ、取消しがされるまでは登記の抹消をすることができない。なお、特別代理人が未成年者の抵当権設定行為を追認することができ、この場合も当該抵当権設定登記を抹消することができなくなる。

7041 取締役会設置会社の取締役全員が連帯債務者となり会社所有不動産について抵当権を設定することの可否

問 取締役会設置会社の取締役全員が連帯債務者となり、当該債務を担保するため、会社所有不動産につき、抵当権を設定することができるか。

結論 取締役全員が会社との間に利害関係を有するので、取締役会において承認決議をすることができず、したがって抵当権を設定することができない。

説明 会社法356条では「取締役が株主総会において、当該取引につき、重要な事実を開示し、その承認を受けなければならない場合」として「取締役が自己又は第三者のために株式会社と取引をしようとするとき」を掲げている。そこで、本問のように、取締役全員が連帯して債務者となり、その債務を担保するために、債権者に対し、会社所有名義の不動産を担保として提供することは、正に同条に規定された場合に該当し、取締役会の承認を要する。ところが、その取締役会の構成員たる取締役の全員が連帯債務者であるということは、それら全員が、その相互間においても、また会社との関

係においても、全て利害関係を有することになる。このような利害関係を有する者は、承認決議に参加することが許されないから、結局、全員が承認決議に参加することが不可能となり、取締役会の承認を得られないのである。したがって、本問の場合には抵当権の設定をすることができないと考えられる。

7042 清算人一人の場合の当該清算人と株式会社との取引

問 一人の清算人によって清算中の会社の不動産を当該清算人が買い受けることができるか。また、そのためには、どのような手続をすればよいか。

結論 **清算人会設置会社でない株式会社においては、株主総会の承認を受けることによって、会社の不動産を譲り受けることができる。**

説明 清算中の会社の不動産を譲り受けようとするには、会社法356条の規定が清算人についても準用されるので(同法482条4項)、株主総会の承認を受けることを要する。なお、清算人会設置会社においては、清算人会の承認を受けなければならない(同法489条8項の準用する364条)。

第2款 抵当権の設定登記

第1項 総 説

7043 同一の不動産に対する同順位の二以上の抵当権設定の登記手続

問 同一の不動産を目的として二以上の抵当権が設定された場合に、その二以上の抵当権を当初から全て順位とするためには、どのような手続によるべきか。

結論 **当該不動産に関し、二以上の申請を同時に行い、同一の受付番号の下に同順位の登記を受けることができる。**

説明 不動産登記法19条3項は、「登記官は、申請の受付をしたときは、当該申請に受付番号を付さなければならない。この場合に

おいて、同一の不動産に関し同時に二以上の申請がされたとき……は、同一の受付番号を付するものとする。」としている。この規定が、本問の場合に適用されることになるわけであるが、そのためには、同時に二以上の抵当権設定の登記の申請が行われることを要する。これらの申請には、同一の受付番号が付され、抵当権の設定の登記には、いずれも同一の順位番号が付されることになり、登記上「優先劣後」の関係を生じない。抵当権の順位は、その設定の登記の前後によって定まるのであって、登記以前において、関係当事者間の契約によって定まるものではない。つまり、設定契約を同時に行う等の配慮をする必要はなく、設定契約の日付を異にしても、それらの登記を同時に申請すれば、その二以上の抵当権を当初から同順位とすることができる。

7044 被相続人の設定した抵当権の登記手続

問 被相続人が既登記の土地に抵当権設定者として抵当権を設定し、その設定の登記の前に死亡したときは、相続人から相続登記をしないまま直ちに抵当権の設定の登記をすることができるか。

結論 することができる。

説明 被相続人甲が抵当権設定者として乙と抵当権設定契約を締結した後、その登記前に死亡したときは、甲の相続人A、B、Cは、甲の登記申請義務を承継し、不動産登記法62条において、「……当該登記権利者、登記義務者又は登記名義人について相続その他の一般承継があったときは」と規定していることから、登記権利者乙、登記義務者甲とする抵当権の設定の登記の申請を乙及びA、B、Cの共同申請によってすることになる。

7045 被相続人取得に係る登記未了の抵当権設定の登記手続

問 甲は乙に金銭を貸し付け、乙所有不動産に抵当権を設定したが、その登記をする前に、抵当権者甲が死亡した。この場合、抵当権の設定の登記をするには、どうすればよいか。

結論 甲の相続人と乙との共同申請により、甲名義の抵当権の設定の登記を行う。そして、相続による当該抵当権の移転の登記をする。なお、会社合併等による一般承継の場合も同様である。

|説明| 本問のように、抵当権者甲が、いまだその抵当権の設定の登記を受けないまま死亡した場合には、その登記請求権はそのまま相続人に承継（民法896条）され、相続人が、登記を申請することができる（不登法62条参照）。この場合、相続人は、被相続人甲の有した登記請求権を直接乙に対して行使することができる。この登記請求権を承継した相続人としては、民法903条にいわゆる特別受益者や遺産分割協議で当該権利を取得しない他の相続人は包含されない。

この抵当権の設定の登記の申請は、抵当権設定者と抵当権者甲の相続人との共同申請によってすることになる。申請人は、登記権利者たる被相続人甲を冠記してその相続人たる資格を明らかにし、かつ、相続があったことを証する情報を提供しなければならないが、相続人が数人であるときはその一人の申請で足りる。注意すべきは、その登記名義人は、被相続人甲として設定当初の抵当権者を表示すべきことである。この登記を経由した後、相続による抵当権の移転の登記をすべきであって、直接、甲の相続人名義で設定の登記をすることは妥当でない。

7046 法人格なき社団を不動産登記法83条の債務者として登記することの可否

|問| 抵当権設定契約書及びその登記申請書に表示した債務者（抵当権設定者でない）が、社会通念上一般に法人格を有しないものと認められる場合（例えば青年団、婦人会、PTA等）には、その登記申請は、認められるか。

|結論| **法人格を有しない社団は、その社団名義をもって登記名義人となることはできないが、抵当権の債務者については、その社団を債務者として掲げる抵当権の設定の登記の申請は、認められる。**

|説明| 法人格なき社団、又は財団の法律的性質、換言すれば、法律上人格を認められない社団（祭祀、宗教、慈善、学術、技芸等に関して設立された人の集合団体で法人格を欠くもの）又は財団（一定の目的に捧げられた財産を中心として、これを運営する組織を有するもので、その実体が財団と同じであるにかかわらず、法人格を有しないもの）が、法律上、事実上社会生活の一単位として、権利義務の主体となり得るか否かの問題と、もし、積極に解す

るとすれば、その社団又は財団名義をもって、登記記録上債務者として表示して差し支えないか否かの問題である。

　抵当権について第三者対抗要件としての登記を申請することができる事項は、不動産登記法83条の規定するところであり、同条１項２号の債務者の表示は、単に当該抵当権をもって担保される被担保債権の債務者が誰であるかを登記記録上明らかにする趣旨以外には、別段の意義はないものと解される。したがって、申請情報に表示された債務者が、登記原因証明情報の債務者の表示と符合する以上、債務者の表示についてその者が果たして実在するか否か、また、行為能力を有する者であるかどうかについては、調査することは予定されていない。

　なお、法人格を有しない社団は、法律上人格を有しないから、社団名義をもって登記名義人となることができないが、本件の債務者は登記名義人ではなく、かつ、法人格なき社団といえども、その名において訴訟行為をすることができるものとして、民事訴訟法上当事者能力を認められている（同法29条）のだから、本問の抵当権設定契約も有効なものとして、その登記をすることができるとする（昭31.6.13第1317号回答）。

7047　同一債権の担保たる数個の不動産の一部についての抵当権設定登記の留保の可否

問　同一債権を担保するため、数個の不動産について抵当権を設定した場合において、当該目的不動産の一部（１個又は数個）についてその登記を申請することができるか。

結論　**登記の申請は、当事者の任意によって行われるべきものだから、共同抵当の場合でも、目的不動産の一部について登記留保の合意があったときは、それを除く不動産についてのみ、抵当権の設定の登記をすることができる。**

説明　不動産につき抵当権の設定があっても、必ずしもその登記をしなければならないとする法的根拠はない。けだし、登記は、効力要件ではなく、対抗要件にすぎないからである。債権者（抵当権者）としては、諸種の事情により、抵当権の設定の登記をすることにつき、抵当権設定者に猶予を与えることがあるが、これを一般には、登記留保と称している。この

ような登記留保は、かなり事例があるかに見受けられるが、その登記留保も、数個の不動産を目的とする共同抵当の場合には、その目的不動産中の一部について行われることもあり、例えば、担保価値の最も大きい不動産についてのみ抵当権の設定の登記をし、これだけである程度、債権が保全される見込みが存するときは、その他の目的不動産については、登記を留保することも考えられるのである。

7048 親権者による未成年者所有不動産の抵当権設定登記の可否

問 未成年者所有不動産につき、親権者が、未成年者に代わって抵当権を設定し、その登記をすることができるか。

結論 **一般の場合と同様の手続によって、抵当権の設定の登記をすることができる。**

説明 未成年者が融資を受け、その債務を担保するために、自己所有名義の不動産につき抵当権を設定する場合、親権を行う者が、当該未成年者に代わって、債権者とともに契約を行っても親権者、未成年者間において利益相反の事態を生じることはなく、民法826条の規定の適用はない。したがって、親権者が、未成年者に代わって抵当権を設定したことを証する登記原因証明情報を提供して、登記名義人（未成年者）の代理人として登記を申請することもできるし、また未成年者自らも、登記の申請をすることができる。

7049 会社解散後清算人による抵当権の設定登記の可否

問 会社等の法人が解散後、会社所有不動産について抵当権を設定し、その登記をすることができるか。

結論 **解散後であっても、抵当権の設定の登記をすることができる。**

説明 会社等の法人が解散し、その清算中においても、現存債務（存続中に発生したもの）を担保するために、会社所有名義の不動産について抵当権を設定し、その登記を申請することはもちろん、清算の目的の範囲内で、清算人において新たに融資を受け、当該債権を担保するための抵

当権を設定することも、可能である。

　この場合の手続としては、もちろん、清算人が当該会社を代表して、登記義務を履行するわけであるので、その資格を証する会社法人等番号及び清算人の印鑑証明書を提供するほかは、一般の場合と、何ら異なるところはない。

7050　製造中の船舶を目的とする抵当権設定の登記手続

問　製造中の船舶を目的として抵当権を設定した場合の登記手続は、どのようにすればよいか。

結論　製造中の船舶についてする抵当権の設定の登記の申請は、船舶登記令28条の規定に従い行う。

説明　当該船舶の製造地を管轄する登記所に、登記の申請をすることを要する（船舶登記令5条）。その際の申請情報は、船舶登記令12条1号から6号までの事項に加え（同令26条1号）、製造中の船舶の表示として、同令25条に規定される「船舶の種類」「船質」「計画における船舶の長さ、幅及び深さ」「計画における総トン数」「計画において推進機関があるときは、その種類及び数」「計画において推進器があるときは、その種類及び数」「製造番号があるときは、その番号」「製造地」「造船事業者の氏名又は名称及び住所」である。

7051　不動産抵当権について船舶を追加担保とした場合と共同担保表示の要否

問　不動産について抵当権の設定の登記をした後、同一の債権を担保するため船舶を追加担保としてこれに抵当権を設定した場合、「前の登記に係る事項」申請情報に不動産抵当権を表示する必要がないか。

結論　本問の場合には、民法392条の規定の適用又は準用がないから、既登記抵当権を表示する必要はない。

説明　ある不動産につき抵当権の設定登記を受けた後に、同一の債権を担保するために他の不動産に抵当権（いわゆる追加担保）を設定して、その登記を申請する場合には、その申請情報に、既にされている抵

当権の登記の表示をすべきものとしている。その趣旨は、民法392条の規定において、共同担保の関係を登記記録上明らかにするためである。

しかし、民法392条1項の規定によれば、「債権者が同一の債権の担保として数個の不動産につき抵当権を有する場合」において、その数個の不動産を競売し、その競売代金を同時に配当するときは、「その各不動産の価額に応じてその債権の負担を按分する」ものとしており、これは、不動産の共同担保の場合の法律関係を規制するもので、船舶などの動産についてこれを適用又は準用すべきでないと解される。

もっとも、工場財団、鉱業財団、漁業財団、港湾運送事業財団、道路交通事業財団及び立木法による立木は、法律上不動産とみなされるので、これらについては民法392条が適用される。

第2項　申請情報の記録事項

1　登記原因の記載

7052　登記原因の意義

問　抵当権の設定の登記の申請情報と併せて提供すべき登記原因証明情報とは、どのようなものか。

結論　**抵当権設定契約（物権契約）とその被担保債権の発生原因たる債権契約を併せたものを指す。**

説明　一般に、登記を申請する場合には、申請情報と併せて登記原因証明情報を提供しなければならない。したがって、申請情報には、必ず登記原因を記録しなければならず（登記令3条6号）、これが記録されていない登記申請は却下される（不登法25条5号）。登記の原因とは、登記すべき権利変動の原因である法律行為その他の法律事実をいうから、抵当権の設定の登記については、抵当権設定契約が登記の原因である。しかも、抵当権は被担保債権を担保する物権であるから、当該抵当権によって担保される債権を特定するに足る事項を記録し、その債権を担保するための抵当権の設定契約であることを明示しなければならない。例えば「平成○年○月○日金銭消費貸借の

同年○月○日設定」とか、「平成○年○月○日保証契約による求償債権の同日設定」の振り合いによる。

7053 債権額の一部のみを担保する抵当権の登記原因の記録方法

問 債権額1,000万円のうち、500万円について抵当権を設定した場合の抵当権の設定の登記を申請する場合の登記原因証明情報として提供すべき情報は、どのように表示すべきか。

結論 「平成○年○月○日金銭消費貸借金壱千万円のうち金五百万円の平成○年○月○日設定」の振り合いによる。

説明 抵当権は被担保債権を担保する物権だから、被担保債権を記録しなければ抵当権は特定せず、公示上も不完全であることから、抵当権の設定の登記の申請に当たっては、「登記原因及びその日付」として、いかなる債権を担保する抵当権設定契約であるかを明示する必要がある。本問の場合は債権の一部を担保するものだが、その債権を特定するためには、その発生原因たる債権契約とその元本の額及び担保額がその一部であることを明らかにするものとされている（昭30．4．8第683号通達参照）。

7054 設定契約後の債権額一部弁済の場合の抵当権設定登記の登記原因の記録

問 抵当権設定契約後に債権額の一部につき弁済が行われ、その後現存する債権額について抵当権の設定の登記を申請する場合における「登記原因及びその日付」に、一部弁済の旨を表示する必要があるか。

結論 **被担保債権の発生原因（債権契約とその成立年月日）並びに抵当権設定契約及びその成立の年月日を表示すれば足り、一部弁済の旨を表示する必要はない。**

説明 本問の場合の登記原因及びその日付は、当初抵当権設定契約が成立し、その旨の登記をしないうちに、債権額の一部が弁済され、その弁済後の残存債権額を「債権額」として掲げて抵当権の設定の登記を

するわけだから、抵当権設定契約のほかに、一部弁済の旨をも明らかにするのが公示上、望ましいと考えられなくもない。しかし、登記原因の表示としては、要するに、被担保債権を特定し、これを担保する抵当権の成立した旨をも明らかにすれば足りるのであり、一部弁済の旨までも表示する必要性はない。

2 債権額

7055 元利均等償還の債権担保の抵当権設定登記における債権額及び均等償還の定めの登記の可否

問 元利均等償還の債権を担保するため抵当権を設定し、その登記をする場合、均等償還額の合計を債権額として登記することができるか。

結論 元利均等償還額の合計を抵当権の被担保債権額として抵当権を設定した場合（いわゆるアド・オン方式の場合）であれば、その合計額を債権額として登記することができる。

説明 金銭消費貸借の元本と一定時期までの利息債権を併せて１個の抵当権で担保する設定契約は可能であり、この場合には、元本と利息の合計額をもって債権額とする。元利均等（又は不均等）償還の場合も、その各回の償還額の合計額を抵当権の被担保債権（抵当権の元本）の額とした場合には、その合計額を債権額として登記することができる。抵当権の債権額を元本額とするか、均等償還額の合計額とするかは、当事者が自由に契約することができるのであって、元本額を抵当権の債権額として登記したときは、優先弁済権の範囲は、元本のほか、利息又は遅延損害金の最後の２年分であるが、元利合計額を抵当権の債権額としたときは、元利合計額の全部について優先弁済を受けることができる（この場合も、最後の２年分の遅延損害金も、併せて優先弁済を受けることができる）点が異なる。したがって、抵当権設定契約において債権額を元利合計額としたときには、その合計額を債権額として登記することができ、この場合は、特に利息支払済みの旨を登記するものとされる（昭39.10.15第3395号通達）。

7056 債権額の一部を被担保債権とする抵当権設定の登記の債権額の表示

問 債権額10億円の一部5億円を担保するための抵当権設定登記の申請情報として、債権額をどのように表示すべきか。

結論 債権額は、5億円と表示すべきである。

説明 本問の抵当権の被担保債権額は債権額10億円の一部である5億円なのだから、申請情報に表示すべき債権額は、5億円である（昭30.4.8第683号通達）。

7057 設定契約後の債権額一部の弁済の場合の抵当権設定登記と債権額の表示

問 抵当権設定契約後に債権額の一部が弁済された場合、現存する債権額についての抵当権の設定の登記をするには、その被担保債権額をどのように表示すべきか。

結論 申請情報に、現存債権額を「債権額」として表示して、抵当権の設定の登記をすることができる。

説明 抵当権が設定され、その登記をしないうちにその被担保債権の一部が弁済された後において、その抵当権の設定の登記をする場合、一部弁済後の残存債権額を債権額として抵当権の設定の登記をすることができるか、それとも設定当初の債権額をもって抵当権の設定の登記をした後、改めて債権の一部弁済による抵当権の変更の登記（債権額の減少の登記）をすべきかが、実務上問題とされている。

抵当権が設定され、その被担保債権の一部が弁済された後に、当初の債権額を「債権額」として掲げて抵当権の設定の登記の申請があった場合には、仮に登記官がその一部弁済のあったことを形式的審査により知ることができたときでも、申請を受理し、当初の債権全額を債権額として抵当権の設定の登記がされる。

問題は、一部弁済後の残存債権額を債権額として抵当権の設定の登記をすることができるかどうかである。もっとも、その申請情報と併せて提供された登

記原因証明情報において、抵当権設定当時の債権額（一部弁済前の債権全額）を被担保債権額とするのみであって、一部弁済により債権額が申請情報のとおりに減少していることが明らかでないときには、当該申請は、債権額の表示が登記原因証明情報と付合しないことになり不動産登記法25条8号の規定により却下されることになろう。ここでは、申請情報に添付される登記原因証明情報においても、登記申請当時当初の債権額が一部弁済により申請情報に表示された債権額に減少していることが明らかな場合において、いわゆる中間省略の登記の一つとして減少後の債権額を掲げて抵当権の設定登記を受け得るか否かを問題とするものである。権利変動の過程を如実に登記しようとする登記法の要請からすれば中間省略の登記は認められないとの考え方もあろうが、この場合には抵当権の設定の登記において登記原因として当該被担保債権を特定するに足りる事項が提供されるから、仮に債権額として一部弁済後の債権額を登記したとしても、その抵当権の被担保債権が十分特定されるわけである。また、既に債権の一部が弁済により消滅しているから、弁済前の債権全額を債権額として抵当権の設定の登記をする実益は、少なくとも抵当権者及び抵当権設定者の側から見てもないわけであり、むしろ、債権額の減少の登記を後続してしなければならない手数、費用等の登記経済上の要請を考えればあえて面倒な手続を強いることもないのであり、一部弁済後の残存債権額を債権額とする抵当権の設定の登記が認められるものと考える。

7058 保証人の将来の求償権担保のための抵当権設定登記と債権額の表示

問 保証人が、将来保証債務を履行した場合に取得する求償権について、あらかじめ抵当権を設定し、その登記をするには、その債権額の数額をどのように表示すべきか。

結論 保証人において支払うべき額の予想額（元本利息及び相当の遅延利息の合計額）をもって被担保債権額と定めて登記するのが通例である。

説明 債権者と主たる債務者の間で一定の債務が発生し、それを保証人が保証した場合、その保証契約は債権者と保証人によってされるが、保証契約が成立すると、保証人は、将来債務者が債務を弁済しない場

合には、債務者に代わってその債務を弁済しなければならず、保証人が債務者に代わって弁済した場合は、法律上、保証人が主たる債務者に対して求償債権を取得するものとされる。本問は、保証契約の締結後、しかも債務者の履行遅滞の生じる以前に、将来債務者の債務不履行により取得することになる求償権につき、あらかじめ抵当権を設定するには、その債権額をいかに表示すべきかということである。保証人の将来の求償権の範囲は、保証委託があった場合と、そうでない場合とで異なるが、いずれにしても、支払うこととなるべき相当額を適宜算定の上（全面的債務不履行の場合を予想して）、これを被担保債権の範囲と定めて抵当権の設定を受けるのが通例である。

7059 外貨表示の債権担保の抵当権の債権額

問 元本、利息とも外貨で支払うべき約定のある債権を担保するために、抵当権を設定し、その登記をするについて注意すべき点は何か。

結論 **申請情報に外貨表示のほか、邦貨表示の担保限度額を掲げることに注意すべきである。**

説明 外貨表示の債権で、利息をも当該外貨で支払うべき約定のあるものについても、これを担保するために、抵当権を設定し、その登記をすることができる。この場合には、抵当権の被担保債権として、表示されるべき債権額としては、外貨表示とその数額のみでは、為替レートの変動に伴い、その担保すべき額、換言すれば優先弁済を受けるべき額が常に浮動する状態に置かれることになり一定しないことから、後順位抵当権者等の取引の安全を図ることができないことになる。そこで不動産登記法83条は、当該抵当権の担保限度額（邦貨表示）をも併せて登記事項とする。これによって被担保債権の範囲が特定され、抵当権実行の際の優先弁済を受けるべき額が明らかにされ、後順位抵当権者等にあっても、目的不動産の余剰担保価値の計算について支障がないことになる。ところで、担保限度額の数額は、登記申請時における為替レートによる換算額をもってするのが相当であることはもちろん、当事者間（抵当権者と抵当権設定者）で、あらかじめ将来の為替レートの変動を見越した上、一定の相当額を定め、これを担保限度額として申請情報とし、登記することも可能である。しかし、抵当権実行時において、為替レートの変動によ

り、外貨表示に係る債権の邦貨換算額が、この担保限度額を超えるときは担保限度額、担保限度額に満たないときはその邦貨換算額を限度として、優先弁済を受けるにすぎない。

3　約定利息

7060　「100円に付日歩2銭5厘以内」という利息の定めの登記の可否

問　抵当権の設定登記を申請する場合、利息に関する定めとして「100円に付日歩2銭5厘以内」という定めを登記することができるか。

結論　「100円に付日歩2銭5厘以内」という利息に関する定めは、抵当権設定登記において、登記することができない。

説明　「100円に付日歩2銭5厘以内」という約定がされた場合、その約定によっては、利息をいくらにするかが具体化されておらず、ただ利息を定める場合に日歩2銭5厘以内で約定するということが取り決められたにすぎないと見てよい。抵当権の設定の登記において、「利息に関する定め」を登記するのは、民法375条1項の規定による利息の「最後の2年分」についての優先弁済権を第三者に対抗するためである。したがって、その定めは、最後の2年分の利息がいくらになるかが明確なものであることを要する。つまり不動産登記法、具体的に88条1項1号のいわゆる「利息に関する定め」とは、将来利息を約定する場合の最高の定めの限度をいうのではなく、利息請求権としていくらの利息を請求することができるかの具体的な定めをいうのだから、利率を「日歩2銭5厘以内」というような、すなわち最高限のみを定めて、現実の利率がいくらであるかを明らかにし得ないものは、この「利息に関する定め」に該当しない。

7061 抵当権の利息の登記として「利息年○％、ただし将来の金融情勢に応じ債権者において適宜変更できる」旨の定めの登記の可否

問　「利息年○％、ただし将来の金融情勢に応じ債権者（又は当事者間）において適宜変更できる」旨の約定は、抵当権の利息に関する定めとして登記できるか。

結論　「利息年○％、ただし将来の金融情勢に応じ債権者において適宜変更できる」旨の約定のうち、ただし書の部分は、登記することができない。

説明　「利息年○％、ただし将来の金融情勢に応じ債権者において適宜変更できる」旨の利息に関する定めのうち、ただし書部分は、登記をしても第三者にその変更（例えば、利率の引上げ）を対抗することができないから、その登記すべき「利息に関する定め」としては無意味である。したがって、このような事項は、登記することができないものと解してよい。

7062 利率として年利と日歩の両者を登記する場合の記載方法

問　利息の徴求方法として年利による後取を原則とし、利息支払期間に満たない端数期間の利息計算についてのみ日歩を適用する場合に、利率を変更し、年利を９分３厘（従前は９分６厘）、日歩を２銭５厘５毛（従前は２銭６厘）とした事例において、年利９分３厘を日割にすると２銭５厘４毛７糸９……となることから、債権保全上支障を生じないよう年利と日歩の両者を登記しようとするには、登記原因証明情報及び申請情報の記録方法として、次のいずれが適当か。

（イ）　利率　年9.3％

　　　日歩２銭５厘５毛

　　利息支払方法及び時期

平成○年○月○日を第1回とし以後○月○日に前○か月分を後払いのこと。ただし、○か月に満たない場合は日割計算とする。

(ロ) 利率　年9.3%

ただし、○か月に満たないものについては、日歩2銭5厘5毛とする。

利息支払方法及び時期

平成○年○月○日を第1回とし以後○月○日に前○か月分を後払いのこと。

(ハ) 利率　年9.3%

利息支払時期

平成○年○月○日を第1回とし以後○月○日に前○か月分を後払いのこと。ただし、○か月に満たない場合は日割計算とし、日歩2銭5厘5毛とする。

| 結論 | (ロ)によるのを相当とする。

| 説明 | (イ)によるときは、全体の表示すなわち「日歩2銭5厘5毛」と「ただし、○か月に満たない場合は日割計算とする」とを総合して考えると、「○か月」に満たない端数期間の利息に関する定めは、「日歩2銭5厘5毛」であることが判明するけれども、「利率」として「年9.3%（9分3厘）日歩2銭5厘5毛」と併記することは、形式的にいずれによるのかが明確にならないので、最良の記録方法とは考えられない。

次に、(ハ)によるときは、この記載も全体と総合して判読すれば、その趣旨が分かるけれども、むしろ「ただし書」の記載部分を「利率」（すなわち「利息に関する定め」）の部分に記載するのがより適当であろう。したがって(ロ)が最も適確な表現と解される。

7063　利息の発生期の登記の可否

| 問 | 利息の発生期が登記原因の日付と異なるときは、その利息の発生期を登記することができるか。

| 結論 | 利息の発生期は、「利息に関する定め」に該当する。

|説 明| 不動産登記法88条には、利息の発生期について特段の定めがなく、登記事項でないように解される。しかし、利息の発生期というのは、いつから利息が発生するかということ、つまりその時までは利息は発生せず、無利息であるということを意味することから、やはり利息に関する定めに含まれると見てよい。

なお金銭消費貸借契約において利息の発生期の定めが特にないときは、当該債権が利息の生じるものである限り、その債権発生と同時に利息も発生するので、この場合には特に利息の発生期を登記する必要はない。

7064　無利息とする利息の特約の登記の可否

|問| 金銭消費貸借契約において、元本につき無利息とする定めがある場合、その定めを登記することができるか。

|結 論| **無利息の定めは、登記することができる。**

|説 明| 貸付金について無利息とする定めがされているときは、その特約すなわち無利息であることを登記しなければ、債務者は無利息であることを第三者に対抗することができない。もっとも、利息の定めを登記しないときは、利息を対抗することができないから、無利息の定めを登記したことと同じになる。

4　遅延損害金（遅延利息）

7065　債務不履行による賠償額の予定が利息制限法違反の定めある抵当権設定登記の可否

|問| 金銭を目的とする消費貸借上の債務の不履行による賠償額の予定（いわゆる遅延利息、損害金等の定めのほか、違約罰その他の違約金を含む）が、利息制限法１条所定の限度を超える場合において、これを抵当権の設定の登記の申請情報として、その登記を受けることができるか。

|結 論| **本問の登記は、受けることができない。ただし、限度内の年率に引き直せば、この限りでない。**

第2節　抵当権の設定　643

| 説 明 | 金銭を目的とする消費貸借上の債務不履行による賠償額の予定及び違約金は、元本が10万円未満の場合は年2割、元本が10万円以上100万円未満の場合は年1割8分、元本が100万円以上の場合は年1割5分を超えてはならない（利息制限法1条各号）。この限度を超過した部分は、利息の約定と同様無効である。原則として、不動産登記法上無効のものを登記することは許されず、登記申請全体を却下することになる（不登法25条13号）。

しかし、この限度を超えない場合は、無効ではないから、その限度内の年率に引き直したものを申請情報に記録すれば、便宜受理されることになる（昭29.7.13第1459号通達）。

7066　違約金の定めの登記の可否

| 問 | 違約金の定めを抵当権の設定の登記の申請情報に記録して、その登記を受けることができるか。
| 結 論 | **違約金に関する約定は、不動産登記法88条に掲げる事項に該当しないから、登記を受けることはできない。**
| 説 明 | 抵当権設定登記申請書に記載して、その登記を受ける事項は、不動産登記法59条、83条のほか88条に規定されている。88条は、質権に関する95条の規定と異なり、違約金の定めを挙げていないので、形式的には抵当権の登記事項とは解されない。したがって、債権額として単に元本を記載したにすぎない場合には、定期金的性質を有しない、いわゆる違約罰的な違約金は、申請情報に記録してその登記を受け得ないとする（昭34.7.25第1567号通達）。けだし、民法375条2項の規定によれば、「債務の不履行によって生じた損害の賠償」の「最後の2年分」が抵当権により担保され、しかも、「利息その他の定期金と通算して最後の2年分を超えること」ができないものとしているのだから、遅延損害金も定期的なもの（つまり、遅延損害金年何割のごとき定めがされたもの）のみが「最後の2年分」に限って担保されるというのであって、債務不履行があれば金何円を支払う旨の約定がされても、このような賠償金は抵当権によって当然担保されるものではないからである。しかし、当初から、元本債権と違約金の合計額を「債権額」として掲げ、これを担保する抵当権の設定契約をした場合は、この限りでない。

7067 定期金的性質を有する違約金又は違約損害金の定めとその登記の可否

問 抵当権設定の登記において、次に掲げる文言の定めを「債務の不履行によって生じた損害の賠償額の定め」として登記することができるか。

記

「債務不履行の場合は、100円に付日歩金○銭の割合による違約金（又は違約損害金）を支払うこと」

結論 違約金の字句を用いていても、その実質は定期金的性質を有する遅延損害金に関する定めと解されるので、これを登記することができる。

説明 設問の違約金は、債務不履行の場合において、一定の利率により期間に応じて支払うべき損害金であり、延滞期間のいかんにかかわらず支払うべき一定額を定めたものではない。違約金という字句を用いていてもその性質は、民法375条2項の規定により、抵当権によって担保されるべき定期金的性質を有する損害賠償金であるから、本問の定めは、抵当権設定の登記事項とすることができる。

5 重　利

7068 重利に対する抵当権の効力とその登記の可否

問 昭和34年11月26日付法務省民事甲2541号民事局長通達は、抵当権の設定の登記において元利金について遅延利息の定めがある場合に、利息に関する遅延損害金の定めの登記はできないものとされたが、登記手続に関する同通達は、抵当権の被担保債権の範囲すなわち利息に対する約定利息（いわゆる重利）又は遅延利息が、抵当権により担保されるか。

結論 重利の特約がされた場合、重利計算により増加する利息を第三者に公示する方法がないため、第三者に対して元本債権として優先

弁済を主張できず、単利計算で最後の2年分につき優先弁済を受けることができるが、この場合でも、重利を元本に組み入れてその登記をすれば、その登記の時から、それについても優先弁済を受けることが可能である。

また遅延損害金の特約がされた場合も、抵当権者が優先弁済を受けられるのは最後の2年分とされ、遅延損害金の特約もその登記をしなければ、抵当権者はこれについて優先弁済を主張できない。

説明　(1)　**抵当権の被担保債権の範囲**

抵当権によって、被担保債権とされる元本（基本債権）のほか、いかなる範囲の付随債権（利息、遅延損害金）が担保されるかについて、民法375条は、抵当権の被担保債権の範囲を制限し、被担保債権とされた元本額のほかは、「利息その他の定期金」については「満期となった最後の2年分」のみが担保され（同条1項）、また、「債務の不履行によって生じた損害の賠償」を請求することができるときは、「利息その他の定期金」と通算して「最後の2年分」しか担保されないものとする。このように、同条が抵当権の被担保債権の範囲を制限しているのは、当該抵当権の目的たる権利について後順位で抵当権の設定を受け、又はその目的となっている権利を取得する等の取引関係にある第三者の権利を保護し、抵当物件の取引の円滑を図るためである。すなわち、取引の対象である目的物件に抵当権が存する場合、その抵当権によって担保される債権の最大限の数額を予測することができないと、例えば余剰担保価値を計算して後順位で抵当権を取得することも困難になり、また、当該目的物件を抵当権付きのままで買い受けようとしても、売買代金の算定が不可能になる。また、先順位の抵当権者が元本額のみならずその利息又は遅延損害金等の付随債権の全部について優先するということになれば、後順位者は、不測の損害を受けることになる。したがって、被担保債権の範囲を制限する必要から抵当物件についての取引を円滑容易にし、取引関係にある第三者の権利を保護するためには、抵当権の公示方法（登記）とも関連して、抵当権によって担保されるべき債権の最大限の数額が容易に予測されるものとした。

このような抵当権の優先弁済権すなわち被担保債権の範囲を、第三者に対抗するためには、その登記を必要とする。不動産登記法は「債権額」を抵当権の絶対的に必要な登記事項としている（同法83条参照）。これは、抵当権の被担保

債権である元本債権は、それが将来の債権であっても、抵当権の設定当初に数額が定まり、抵当権の設定契約で明らかにされるので、抵当権の設定の登記において公示（登記）することができるからであり、この登記される債権額を限度として優先弁済が認められる。ところが、利息及び遅延損害金にあっては通常将来発生すべきものだから、抵当権の実行時においてどれほど発生しているかは予測することができないので、抵当権の設定の登記においては、付随債権は、元本の「債権額」のごとくその数額を登記することができないわけである。そこで、民法375条においては、付随債権としての利息その他の定期金又は遅延損害金について「最後の2年分」に制限するとともに、不動産登記法においても、抵当権の設定の登記において「利息に関する定め」として、約定利率又は遅延利息の利率を登記することとしている。このように、利率が登記されていれば（第三者対抗要件である）、優先権を行使される最大限としての2年分の約定利息又は遅延利息の数額を予測することができるからである。なお、民法375条1項ただし書の規定によって「特別の登記」をした利息は、第三者から見てその数額が登記上明確なので、「特別の登記」をした利息については、「最後の2年分」以外のものでも、抵当権によって担保され、第三者に優先弁済権を対抗することができることになる。

　ところで、一定期間、例えば弁済期までの利息債権すなわち将来の債権をいわば被担保債権の元本として、抵当権を設定し、その登記をしたときには、その登記した「債権額」を限度として、利息債権も全部（すなわち「最後の2年分」に制限されることなく）が抵当権によって担保されるものと解される。したがって、元本債権とそれに対する将来の債権としての利息債権を併せて、いわば元本として抵当権を設定し、その登記をした場合には、民法375条1項の趣旨は、利息債権を被担保債権（いわば元本）とする抵当権の設定を禁止するものではないと考えられ、同項の規定の適用がなくなり、元本とそれに対する利息も全部担保されるものと解すべきであろう。

(2)　**約定利息に対する利息又は約定利息の支払を怠った場合の約定利息に対する遅延利息が、抵当権によって担保されるか**

　約定利息に対する利息は、いわゆる重利であり、延滞された利息が元本に組み入れられ、その組み入れられた利息に相当する元本の増加分に対して約定利息が発生することになる。したがって、第三者は元本に組み入れられた利息に対する利息がいくらであるか、登記記録上明らかでなければならない。延滞利

息が元本に組み入れられ、それによる元本債権額の増額の登記（抵当権の変更の登記）がされて初めて、第三者は「最後の２年分」の利息の最大限の額を予測することができるのである。重利の特約の登記は元本組み入れ後の「最後の２年分」の利息の優先弁済権を対抗することができないことから認められていない（昭34.11.26第2541号通達）。そこで重利による約定利息の優先弁済権の増加（すなわち元本組入れ後の元本に対する「最後の２年分」の利息の優先弁済権）を第三者に対抗するためには、重利の特約（又はいわゆる法定重利）による元本債権額の増額の登記をしなければならない。

(3) 約定利息の支払を怠った場合の遅延損害金（遅延利息）が抵当権によって担保されるか

この問題も約定利息に対する利息が担保されるかどうかの問題と同じく、仮に約定利息の支払を怠った場合の遅延損害金の定め（利率）が登記されたとしても、その遅延損害金の発生の基礎となるべき延滞利息の額が登記上明らかにされないから、第三者が優先される延滞利息に対する遅延損害金の数額を予測することができないので、このような遅延損害金は、前記の民法375条の趣旨から考えて、やはり抵当権によって担保されないものと解すべきであろう。したがって、約定利息を延滞した場合の当該延滞利息に対する遅延損害金の定めは、登記することができないものとされている。同条の規定は、元本債権のほか、その元本債権に対する約定利息及び遅延損害金を通じて「最後の２年分」が担保されるものとしているのであって、元本債権に対する遅延損害金の「最後の２年分」のほか、更に約定利息に対する遅延損害金の「最後の２年分」をも併せて（もっとも約定利息と通じてであるが）担保されるものとしているわけではない。約定利息に対する遅延損害金は、抵当権によって担保されないものと解すべきである。

なお、将来の債権としての約定利息を、いわば元本債権として抵当権を設定し、この登記をした場合には、その元本たる約定利息に対する遅延損害金は、やはり、民法375条２項の規定によって、当該抵当権により担保されるものと解すべきだろうから、この場合には、約定利息に対する遅延損害金の定めも登記できるものと解してよい。

6 その他の特約

7069 弁済遅滞のときは利息を付する旨の特約の登記の可否

問 無利息の定めのある金銭消費貸借において弁済期限遅滞のときは、契約当初に遡って利息を支払う旨の特約がある場合にこれを抵当権設定登記において登記することができるか。

結論 抽象的に「利息を付する」旨を登記することはできないが、確定利率であれば登記することができる。

説明 抵当権設定の登記の利息に関する定めを登記するためには、確定利率を登記することを要する。これは登記記録上にその利率を掲げることによって、被担保債権の範囲たるべき最後の2年分の利息の額についての算定を容易にし、後順位抵当権者等においてする余剰担保価値の把握を可能にすることによって取引の安全を図ろうとするものである。本問の場合でも、契約当初に遡って徴収しようとする利息の額は、その利率を表示することによって把握することができ、その最後の2年分の額も明らかであるから、そのような内容を明確にした特約であれば、抵当権の登記事項として登記することができる。

7070 抵当権設定の登記と代物弁済の特約

問 債務者が期限に債務を履行しないときは、直ちに代物弁済を原因として抵当不動産の所有権を債権者に移転する旨の特約を、抵当権設定の登記事項とすることができるか。

結論 代物弁済の特約を、抵当権の設定の登記の登記事項として登記することはできない。

説明 民法177条は、「不動産登記法その他の登記に関する法律の定めるところに従い」登記をしなければ第三者に対抗することができない旨規定しており、不動産登記法等において定められた事項以外のものは、これを登記することは認められないものと考えられる。抵当権の設定の登記の登記事項は、原則として、不動産登記法88条所定の事項に限られている

が、そのほか債務者（設定者が債務者であるか否かを問わない）の表示（同法83条1項2号）、抵当権が共有の場合の持分（同法59条）が挙げられるにすぎない。本問の特約は、同法88条所定のいずれの事項にも該当しないので、これを抵当権の登記事項とすることはできない。

なお、本問の特約は、いわば停止条件付所有権移転の意思表示にほかならないので、この特約により、停止条件付所有権の移転の仮登記をすることができるが、この仮登記については、仮登記担保契約に関する法律の適用がある。

第3項　添付情報

1　登記原因証明情報

7071　抵当権の設定の登記の申請において提供する登記原因証明情報の要件

問　抵当権の設定の登記の申請において提供する登記原因証明情報とは、どのようなものか。

結論　**抵当権の設定の登記の申請時に要する登記原因証明情報は、被担保債権の発生原因である債権契約及びその日付、登記事項とする約定事項並びに目的不動産の表示のある抵当権設定契約証書であれば、必ずしも被担保債権の発生原因を証するものとして債権契約証書を添付する必要がない。**

説明　抵当権の設定の登記の申請において提供すべき登記原因証明情報は、少なくとも、いかなる不動産についていかなる債権を担保するために（すなわち、いかなる発生原因から生じた又は生じる債権を担保するかを明確にするため、その発生原因たる債権契約とその日付を記録する）、抵当権を設定したかが明確であれば足り、当該被担保債権の発生原因である債権契約の内容を証する必要はなく、またこのような債権契約証書を添付する必要もない。もっとも利息に関する定めや損害金の定め等の債権契約の内容を申請情報に表示して登記しようとするときは、登記原因証明情報としては、これらの事項を明らかにするものであることを要する（昭42.2.5第302号回答）。

7072 設定契約後の債権額一部弁済の場合の抵当権の設定の登記の登記原因を証する情報

問 抵当権設定契約後に債権額の一部弁済がされ、その後、現存する債権額について抵当権の設定の登記を申請する場合における「登記原因を証する情報」としては、次のいずれでも差し支えないか。

(イ) 抵当権設定契約書及び一部弁済証書。

(ロ) 抵当権設定契約書に「平成○年○月○日金○円弁済があったので、現存債権額は金○円である」旨の奥書をして、債権者が署名捺印したもの。

結論 **いずれも登記原因を証する情報とすることができる。**

説明 一部弁済後の債権額を債権額として抵当権の設定の登記を申請する場合の登記原因証明情報については、当初の債権額が一部弁済により申請情報に表示された債権額に減少していることが明らかなもので足りるので、例示のいずれの書面も登記原因証明情報となるものと考える。

7073 2個の債務を担保する抵当権の設定の登記と登記原因を証する情報

問 2個の債務について1個の抵当権を設定し、その登記を申請する場合の、登記原因証明情報としては、どのようなものを提供すべきか。

結論 **債権契約と抵当権設定契約（物権契約）とが各別の証書によって行われている場合は、それら2個の債権契約を証する書面と設定契約書が、登記原因証明情報となる。もっとも、設定契約において、2個の債権契約の内容が明らかにされていれば、当該抵当権設定契約書のみで足りる。**

説明 数個の債務を1個の抵当権で担保することは、民法上認められるものであり、実務上も認められている。

7074 取扱店の変更の登記を申請する場合の登記原因証明情報

| 問 | 取扱店の変更の登記を申請する場合、どのような登記原因証明情報の提供が必要か。

| 結論 | **登記原因証明情報として、抵当権者である申請人が、登記の原因となる事実（取扱店の変更）を記録した登記原因証明情報を提供する。**

| 説明 | 抵当権者である金融機関等の取扱店の表示は、いわば当該抵当権の登記名義人についての名称の一部として、便宜これを登記するものとしているにすぎず、その変更は、登記名義人の名称についての変更の一種と解されるので、当該抵当権登記名義人の単独申請によって行うものとされる。

2　その他の添付情報

7075 合筆登記をした不動産の抵当権設定登記の申請情報と併せて提供すべき登記義務者の権利に関する登記識別情報

| 問 | 合筆登記をした合筆後の土地について抵当権設定の登記を申請する場合に提供する登記識別情報は、その合筆の登記の際に通知を受けた登記識別情報でなければならないか。

| 結論 | **合筆の登記をした土地について、抵当権設定の登記を申請する場合には、原則として合筆の登記において通知された登記識別情報を提供すべきだが、合筆前の土地全部の所有権に関する登記識別情報でも差し支えない。**

| 説明 | 所有権の登記がされている土地の合筆登記をしたときは、登記官が職権で合筆後の土地につき合筆の登記の申請人の名義に所有権の登記をし、その所有権登記名義人に対して、当該登記に係る登記識別情報を通知するので、その登記識別情報を提出すべきである。しかし、便宜措置

として、合併前の不動産全部の従前の登記識別情報を提出することも許される（昭39.7.30第2702号通達）。

7076 ２つの抵当権の設定の登記を同一の代理人で申請する場合の委任状

問 抵当権者を異にする２つの抵当権の設定の登記を、同順位で登記を受けるため同一の代理人により申請する場合には、各別に委任状の提出を要するか。

結論 必ずしも、登記ごとに、委任状を作成する必要はない。

説明 代理人によって登記を申請する場合には、不動産登記令７条１項２号の規定により「代理人の権限を証する情報」の提供を必要とするが、本問の２つの抵当権の設定の登記を同一の代理人が申請する場合には、必ずしも申請情報それぞれに委任状を添付することは、必要でない。

１通の委任状によって、２つの登記申請を同時に申請する場合には、そのうちの一の申請情報に当該委任状を添付し、他の申請情報において、当該委任状を当該一の申請情報と併せて提供した旨を表示すればよいのであり（規則37条１号）、同時に２つの登記の申請をすることができない事情にある場合には、先に登記を受ける分については委任状の謄本（代理人が原本と相違ない旨を記載し記名押印したもの）を添付して原本とともに提出し、不動産登記規則55条１項の規定に基づき委任状の原本還付を受ける方法もあり、後に提出する申請情報にその原本を添付することもできる（昭28.5.14第810号通達参照）。

7077 抵当権設定登記の委任状の記録事項

問 抵当権の設定の登記の申請情報に添付する抵当権者又は抵当権設定者の委任状には、被担保債権の発生原因である債権契約及びその日付並びに抵当権設定契約及びその日付の記載を要するか。あるいは単に「登記原因証書たる平成○年○月○日付抵当権設定契約書記載のとおりの抵当権の設定の登記を申請する一切の権限を委任する」という記録のみで足りるか。

結論 登記原因証明情報として抵当権設定契約書を添付したときは、後

第２節　抵当権の設定　653

段の振り合いによる記録で差し支えない。

説明 　代理人によって登記を申請するときは、代理権限を証する情報として、申請人本人の委任状の提供を要する（登記令7条2号）。そして、委任状には、いかなる登記の申請についての権限が代理人に対し与えられているかが明らかにされていなければならない。代理人は委任状の記載に基づいて、その与えられた権限内で、登記を申請する。しかし、登記原因証明情報として抵当権設定契約書を提供する場合には、これによって登記すべき事項の内容が全部明らかであるから、委任状においてまで、登記すべき事項をことごとく網羅して記録する必要はなく、目的不動産の表示も不要とされる（昭39.8.24第2864号通達参照）。

7078　地上権を目的とする抵当権設定登記の申請と印鑑証明書の添付の要否

問　地上権を目的とする抵当権の設定の登記を申請する場合には、地上権者の印鑑証明書の添付を要するか。

結論　添付を要しない。

説明　書面を提出する方法による登記の申請において、不動産登記令16条1項は、「法務省令で定める場合」を除き、申請情報を記載した書面に記名押印しなければならないと規定しているが、その趣旨は、所有権の得喪変更のような重要な権利変動についての登記申請の真正を担保しようとすることにある。

　しかし、本問の場合には、地上権者が登記義務者として登記を申請する場合であり、申請書に記名押印を要しない場合として（規則47条3号ハ）この規定は適用されないから、地上権者の印鑑証明書を添付することを要しない。地上権者の権利に関する登記識別情報を添付することによって、登記義務者の真意によるものかどうかを確認することができるからである。

7079　設定者でない債務者が法人である場合の当該法人の会社法人等番号の提供の要否

問　抵当権の設定の登記を申請する場合において、設定者でない債務

者が会社等の法人であるときには、当該法人の会社法人等番号の提供を要するか。

結論 **債務者が会社等の法人であっても、その法人であることを証明する必要はなく、したがって、会社法人等番号の提供を要しない。**

説明 抵当権の設定の登記を申請する場合において、その申請情報に会社等の会社法人等番号を提供しなければならないのは、当該登記の申請人である抵当権者、抵当権設定者のいずれか一方又は両者が法人である場合である。このような場合には、当該法人の代表機関が申請代理人となるから、この代表者なる者が登記申請行為についての代理権限を証するために、会社法人等番号を提供することとしている（登記令7条1項1号）。しかし、設定者でない債務者については、そのような情報を提供する規定はない。

第 3 節

抵当権の変更（更正）

第1款　変更又は更正の登記の意義

7080　変更又は更正の登記の意義

問　抵当権の変更又は更正の登記とは、どのような登記か。
結論　**抵当権の変更の登記とは、抵当権の登記の登記事項に変更があった場合にされる登記をいい、更正の登記とは、抵当権の登記の登記事項に錯誤又は遺漏があった場合にされる登記をいう。**

説明　抵当権の変更の登記とは、抵当権の登記の登記事項に変更があった場合にされる登記に限られる（登記の形式上、抵当権の変更の登記でされる民法376条の規定による転抵当、抵当権の譲渡又は放棄、抵当権の順位の譲渡又は放棄の登記は、これに含まれない）。抵当権の登記事項に変更があった場合には、一部弁済等の被担保債権の一部消滅による債権額の減少等の2、3の例外を除き、原則としてその変更の登記をしなければ、その変更を第三者に対抗することができない。

次に、抵当権の更正の登記とは、抵当権の登記の登記事項に錯誤又は遺漏があった場合にされる登記であって、その更正後の登記事項を第三者に対抗するためにされるものである。

7081　債権額の減少の場合

問　どのような場合に債権額の減少による登記がされるのか。
結論　**債権の一部弁済等による債権の一部消滅及び変更契約による被担**

保債権額の減少の場合がある。

説明　登記した債権額が減少する場合としては、次が考えられる。

(1) **債権の一部の弁済、代物弁済、免除、放棄、相殺等による債権の一部消滅の場合**

　抵当権の被担保債権の一部につき、弁済、免除、放棄、相殺がされたために、その一部が消滅し、登記された債権額が減少した場合である。また、可分の共有債権を被担保債権とする抵当権において、当該共有債権者の一人の債権が弁済、免除等によって消滅した場合も、登記した債権額は減少する。この場合には、債権額の減少による変更の登記を行うものとされるが、それと併せて、当該共有債権者の抵当権の共有持分が他の抵当権の共有者（他の共有債権者）にその持分に応じて法律上当然に移転するものと解されるので、その持分の移転の登記をすることになる。

　なお、被担保債権の一部の消滅による債権額の減少すなわち抵当権の一部消滅は、絶対的にその効力が生じるので、その債権者の減少による変更の登記をしなくとも、これを第三者に対抗することができる。

(2) **抵当権の変更契約により被担保債権額を減少させた場合**

　通常抵当権の被担保債権額は、その債権の全額とされるが、その一部を被担保債権額とすることもできる。当初の抵当権設定契約においてその被担保債権額すなわち登記すべき「債権額」を債権の全額とし、その登記をした後に、当事者間の契約により、「債権額」を債権の一部とした場合には、「債権額」の減少として抵当権の変更の登記をすることになる。すなわち債権そのものは減少していないけれども、当該抵当権の被担保債権額（当該抵当権により担保されるべき債権の限度）が減少したのだから、この減少による抵当権の変更を第三者に対抗するためには、その登記を必要とする（例えば、変更の登記未了の間に被担保債権の全部が譲渡され、その譲受人への抵当権の移転の登記がされた場合、抵当権の目的不動産の所有者は、抵当権の被担保債権額の減少を当該譲受人に対抗することができない）。

7082　債権額の増額の場合

問　どのような場合に債権額の増加による変更の登記を行うことができるか。また、他の債権を追加することはできるか。

|結論| **変更契約による債権額の増加及び重利の場合の利息の元本組入れによる増加の場合がある。なお、他の債権の追加による変更の登記はできない。**

|説明|　債権額が増額する場合としては、次が考えられる。

(1)　**変更契約により、債権の一部担保の抵当権の債権額を増額した場合**

　債権の一部について抵当権を設定し、その登記をした後、当該抵当権につき被担保債権額を増額する旨の変更契約が行われた場合（例えば、債権金額100万円のうち50万円につき抵当権の設定及びその登記をした後、被担保債権額を80万円又は100万円に増額する場合）には、「債権額」の増額の変更の登記をしなければ、被担保債権額の増加を第三者に対抗することができない。なお、この被担保債権額の増額の変更契約は、抵当権者と抵当権の目的不動産の所有者との間でされる。

(2)　**利息の元本組入れによる債権額の増加の場合**

　重利の場合としては、当事者間の重利の特約又は特別一定の延滞利息を元本に組み入れる特約による場合（一定期間の延滞利息が生じた場合、当然に又は債権者の一方的意思表示により利息を元本に組み入れる場合）、特別法により、弁済期の到来した利息を元本に組み入れる場合及び民法405条の規定により、利息が1年分以上延滞し、債権者よりその履行を催告しても債務者が支払わないときにその延滞利息を元本に組み入れる旨の債権者の意思表示（債権者より債務者への一方的意思表示）により利息を元本に組み入れる場合の三つの場合がある（利息が元本に組み入れられて元本の一部となり、その部分にも当然利息が付されることになるので、重利といわれる）。いずれの場合でも、利息の元本への組入れにより、抵当権の被担保債権額が増加するわけだが、この債権額の増加を第三者に対抗するために、抵当権の債権額の増額の変更の登記を必要とする。利息債権は、抵当権の元本債権に付随するものだが、同法375条1項の規定により、抵当権により担保される利息債権の範囲は制限されている。しかし、元本に組み入れられた利息債権は、当該抵当権の被担保債権と同一性を有するものだから、抵当権の被担保債権が拡張された点において、実体法上の抵当権の変更を意味する。したがって、登記手続上も抵当権の変更の登記を行う。

　なお、重利の特約の登記がされることにより、その特約による利息の元本組入れを第三者に対抗することができるものとする説があるが、元本組入れによ

る抵当権の債権額の増加の変更の登記がされない限り、第三者にとっては、登記上いくらの利息が元本に組み入れられたかが明らかでなく、それにもかかわらず、元本組入れを第三者に対抗することができるものとすれば、取引の円滑ないし安全を阻害するし、そもそも民法375条の規定により利息又は遅延損害金の優先弁済権の範囲を制限した趣旨にも反するものと考えられ、元本組入れにより抵当権の債権額の増加の変更の登記をしない限り、元本組入れすなわち増加した部分の元本及び増加部分についての利息の最後の2年分の優先弁済権を第三者に対抗することができないものと解すべきである。

(3) 他の債権を追加することの可否

抵当権の被担保債権に他の別個の債権を追加すること、例えば甲債権を担保する抵当権を、乙債権をも合わせ担保するものとするために、抵当権の債権額の増加の契約をすること及びそれによる抵当権の債権額の増加の変更の登記をすることができるかどうかが問題となるが、いわゆる抵当権の付従性又は抵当権の流用の禁止から考えて、消極に解すべきである。

7083 利息又は遅延損害金の変更

問 利息又は遅延損害金の変更の登記は、どのような場合に行われるか。

結論 **契約変更による利率の変更、利息又は遅延損害金の定めを登記していないのを改めて登記する場合等がある。**

説明 利息又は遅延損害金に関して、抵当権の変更登記をする場合としては、次が考えられる。

(イ) 既に登記した利息又は遅延損害金に関する定めが、抵当権の被担保債権についての変更契約により変更された場合、すなわち利率の引上げ又は引下げがあった場合

(ロ) 登記された利息又は遅延損害金に関する定めを廃止し、無利息又は遅延損害金を徴収しない旨の定めがされた場合

(ハ) 従前定めた無利息又は遅延損害金を徴収しない旨の特約を廃止し、利息又は遅延損害金に関する定めをした場合

(ニ) 従前定めた利息又は遅延損害金に関する定めを登記しなかったのを新たに登記する場合

㈡の点に関しては、不動産登記法88条の規定の解釈として、抵当権の設定の登記においては、利息又は遅延損害金に関する定めがあれば、必ずその登記をしなければならないものとするならば、当初より利息又は遅延損害金に関する定めがあるにもかかわらず、それを登記しなかったのだから、変更の登記というよりはむしろ更正の登記によるべきものと解すべきだろうが、抵当権の設定の登記において実体上存在する利息又は遅延損害金に関する定めを登記するか否かは、申請人の自由である（すなわち、それらの定めの対抗要件を備える意思がなければ、登記しなくてもよいもの）とすれば、当初登記しなかったときは、改めて抵当権の変更の登記をすることとなるわけである。この場合の登記原因は、一種の変更契約すなわち利息又は遅延損害金に関する定めを登記しない旨の特約の廃止と考えるべきであろう。けだし、このような定めを登記しなかったのは、当事者間で登記しない旨を合意したものと見るべきだからである。

なお、重利の特約は、抵当権の登記事項でないと解される。

7084　利息又は遅延損害金の「特別の登記」の意義

問　民法375条1項ただし書にいう「特別の登記」は、既に登記されている抵当権の変更の登記として、付記登記又は主登記のいずれによるべきか。

結論　**抵当権の変更の登記として、後順位抵当権者等登記上の利害関係を有する第三者があり、当該第三者の承諾を証する当該第三者の作成した情報又は当該第三者に対抗することができる裁判があったことを証する情報を提供したとき又は当該第三者がないときは付記登記、当該第三者がある場合においてこれらを提供することができないときは主登記による。**

説明　民法375条1項本文の規定によれば、抵当権の被担保債権の範囲として、利息については「満期となった最後の2年分」に制限され、それ以上の延滞利息については優先弁済が受けられないのであるが、同項ただし書によれば「それ以前の定期金についても満期後に特別の登記をしたときは、その登記の時からその抵当権を行使することを妨げない」としているので「特別の登記」をした利息については、それが最後の2年分に含まれないものでも、当該抵当権により担保され、優先弁済を受けることができる。

しかし、この「特別の登記」は、遅延損害金（遅延利息）についてもすることができるかどうかは、民法375条2項の解釈上疑問がある。同項は、同条1項の規定を遅延損害金の「最後の2年分についても」適用する旨規定し、形式上同項本文の規定のみ適用する（すなわち遅延損害金の最後の2年分についてのみ抵当権を行うことができる）趣旨にも解され、同項ただし書の適用がないように思われるからである。遅延損害金については、このような債権の発生するときは抵当権の実行される場合も多く、また実際問題としてその「特別の登記」を申請することについて抵当権設定者の協力の得られないことが通常であるかもしれず、したがって、「特別の登記」を認める実益も少ないかもしれない。しかし、特に遅延損害金について「特別の登記」を認めないものとする必要もなく、同条2項の「最後の2年分についても適用する」趣旨は、「最後の2年分」は抵当権により担保されるけれども、それ以上のものは「特別の登記」をしなければ担保されない旨を規定したものとも解されるし、金融取引上は、むしろ遅延損害金についても「特別の登記」の認められる必要ないし需要が多いようだから、遅延損害金についても「特別の登記」を認めるのが妥当であろう。

　次に、この「特別の登記」の性質については、民法375条の規定が明確でなく、また不動産登記法上「特別の登記」に関し何ら明文がないので、説が分かれている。第一説は「不動産登記法第3条でいう保存の登記」だとするものであり、第二説は「抵当権の設定の登記として取り扱うべきもの」とする説であり、第三説は、「権利の変更の登記である」とする説である。

　第一の「保存登記説」は、その趣旨が必ずしも明確でなく、不動産登記法において抵当権の「保存登記」という形式の登記は存在しない。

　また、第二の「設定登記」説は、もし「特別の登記」をした利息についての優先弁済権を元本と同一順位で認めるものとすれば、後順位抵当権者の権利を害することを理由としているように思われる。しかし、第三の「変更登記」説を採ったとしても、その場合不動産登記法66条の規定が適用され、したがって、元本と同一順位すなわち当該抵当権の設定の登記の順位で利息の優先弁済を受けるために付記登記の形式で「特別の登記」をするためには、後順位抵当権者があるときは、その承諾を証する当該者の作成した情報又は当該者に対抗することができる裁判があったことを証する情報の提供を必要とするのである。もし当該情報が提供されないときには、主登記で「特別の登記」をするこ

とになるのだから、後順位抵当権者の保護のみを考慮する必要上から抵当権の「設定登記」によるべきものとすることは当たらない。

　第三説の「特別の登記」を抵当権の変更の登記によるものとする解釈が、民法375条1項ただし書が「特別の登記をしたときは……その抵当権を行使することを妨げない」としている点に適合するように思われる。すなわち「その抵当権を行使する」というのは、元本を担保する抵当権を行う意味であって、別個の抵当権を意味するのではない。そして、同項ただし書の「特別の登記」を元本のための抵当権の変更の登記すなわち元本と最後の2年分の利息等を担保する抵当権の被担保債権の範囲を拡張する意味において、抵当権の内容（効力）を変更する意味の抵当権の変更の登記によるものと解するのが妥当である（実際問題としても、後順位抵当権者等の承諾がある場合に、元本と同一の順位でもって利息等が担保されるような登記の形式による方が取引上もはるかに便利である）。したがって、「特別の登記」を不動産登記法66条の規定による権利（抵当権）の変更の登記と解するのが妥当である。このように解する場合は、後順位抵当権者等登記上の利害関係を有する第三者があり、当該第三者の承諾を証する当該第三者の作成した情報又は当該第三者に対抗することができる裁判があったことを証する情報を申請情報と併せて提供したとき又は当該第三者がないときは「特別の登記」が付記登記でされ、当該利息等は、元本と同一の順位で抵当権により担保されることになる。他方、当該第三者がある場合において、これらの情報の提供がないときは、「特別の登記」は主登記でされ、その主登記の順位で当該利息等が担保されるにとどまる。

7085　民法370条ただし書の定めの変更

問　民法370条ただし書の定めの変更の登記とはどのようなものか。
結論　**抵当権の目的不動産の付合物には、原則として抵当権の効力が及ぶが、特に効力を及ぼさないものとされたものには、抵当権の効力は及ばないところ、これを抵当権設定者が第三者に対抗するためには登記が必要であり、この定めを登記する又は廃止するためには、変更の登記にて行うこととなる。**

説明　付加物すなわち抵当権の目的不動産に付合して不動産所有権の内容を構成しているもの（民法242条本文）は、抵当権の設定当

時付合しているものも、抵当権の設定後に付合したものも、原則として抵当権の効力が及ぶのである。付合物とは、その物の独立性を失う程度にその不動産に接合しているものをいうが、独立性を失っているか否かは、単に物理的観念によるべきでなく、その不動産の利用関係上これと不可分離的に一体をなし、取引上一体として取り扱われるものであるかどうかによる。山林（土地）の抵当権はその上に成育する樹木に、土地の抵当権は接合した寄州に、宅地の抵当権は庭木・庭石・石灯篭に、建物の抵当権は雨戸・屋根瓦・入口の戸扉その他建物の内外を遮断する建具類に効力が及ぶのである。また、門、板塀等も有形的、物理的には、独立性を失っていないけれども、建物の利用関係上経済的に不可分離的になっているから、付加物として、建物の抵当権の効力が及ぶものと解される。目的となっている不動産その他の物件について抵当権の登記がされている限り、付加物に抵当権の効力の及ぶことを第三者に対抗することができることはいうまでもない。付加物は、それ自体公示されなくても、抵当権の目的となっている不動産その他の物件の公示に包摂されているものだから、特に公示する必要がない。

　抵当権の設定契約又はその後の変更契約によって、「付加して一体となっている物」でも、特に抵当権の効力を及ぼさないとされたものには、抵当権の効力が及ばない（民法370条ただし書）。

　もっとも、この特約で除外した物に抵当権の効力の及ばないことを設定者が第三者（例えば、抵当権の債権とともにする譲受人）に対抗するためには、この特約を登記しなければならない。

　したがって、抵当権の設定の登記をした後、抵当権の変更契約により民法370条ただし書の定めを廃止し又はその定めを新たにした場合には、その抵当権の変更の登記を行う必要がある（不登法66条参照）。

7086　その他の登記事項の変更

問　利息の「発生期若しくは支払時期の定め」「元本若しくは利息の支払場所の定め」その他債権に付された条件の変更された場合等、抵当権については多くの事項の変更が予想されるが、そのうち対抗要件として登記する必要のあるものは何か。

結論　民法370条ただし書の定め、債権に付された条件及び利息につい

ての発生期の定めについては、登記する必要があるが、それ以外についてはその必要がない。

説明 抵当権の登記事項としては、利息の発生期（元本、利息の支払期、支払場所は抵当証券発行の定めがある場合に限り登記する）、債権に付された条件や「民法370条ただし書の別段の定め」や「抵当証券発行の定め」があるが、これらの定め若しくは条件に変更を生じ、又はこれらの定め若しくは条件を廃止し、若しくは新設した場合にも、抵当権の変更の登記がされる。すなわち、①被担保債権についての変更契約により、既に存する利息の支払時期若しくは発生期の定めを変更し、又はこれらの定めを新設し若しくは廃止した場合、②同じく変更契約により元本若しくは利息の支払場所の定めを変更し、新設し又は廃止した場合、③抵当権の設定契約の変更契約により、民法370条ただし書の定めを廃止し、又はその定めを新たにした場合、④被担保債権についての既に付された条件を廃止して無条件とし、若しくは新たに債権に条件を付し、又は付された条件を変更した場合等には、抵当権の変更の登記をすることとなるが、これらの変更の登記には、いわゆる第三者対抗要件としての意義を有しないものもある。同法370条ただし書の定め、債権に付される条件及び利息に関するその発生期の定め以外の事項についての変更の登記は、対抗要件としての意義を有しない。

7087 共有持分上の抵当権を不動産全部の上の抵当権とする変更

問 共有持分について抵当権を設定した後、当該抵当権の設定者が他の共有持分の全部を取得して、単独所有者となった場合、その単有となった不動産の全部に当該抵当権の効力を及ぼす登記はどのような手続によるべきか。

結論 抵当権の変更の登記による。

説明 抵当権が不動産の共有者の持分の上に設定され、その登記をした後、当該抵当権の設定者が他の共有者の持分全部を取得し、その移転の登記を受け、当該不動産の単独所有者となった場合に、当該抵当権を不動産の全部の上の抵当権とするには、当事者の契約で従前の共有持分の上の抵当権の効力を不動産全部に変更（拡張）する契約をすることはできない。

従前の抵当権の設定されていた持分以外の持分の上にいわば共同抵当の形で抵当権の設定契約をしなければならない。しかし、既に当該不動産が単有になっているから、その一部に抵当権の設定の登記をすることが、実体法上は抵当権の設定であるけれども、登記手続上は従前の抵当権の変更の登記として従前の抵当権の変更契約により当該抵当権の効力を新たに取得した部分（すなわち不動産全部）に及ぼすこととされている（昭28．4．6第556号通達）。もっとも、この場合の登記原因及びその日付の記録例は、「年月日設定」である。

7088　元本が消滅し利息又は遅延損害金のみが残存する場合

問　抵当権の設定登記の際の債権額は元本のみであるが、元本が消滅し、利息が残存している場合に利息債権のみに変更する登記はどのようにされるか。

結論　**後順位抵当権者等の有無にかかわらず、付記登記でされる。**

説明　抵当権の被担保債権の全部すなわち元本のみならず利息及び遅延損害金の全部が弁済等により消滅した場合には、当該抵当権は当然に消滅し、その登記を抹消することになる。しかし、被担保債権のうち元本の全部が弁済等により消滅し、登記された債権額が皆無となったが、利息又は遅延損金が残存している場合には、少なくとも、抵当権者と抵当権設定者との関係においては、利息及び遅延損害金が当該抵当権によって担保されている。また、抵当権設定者以外の者に対する関係においても、最後の２年分の利息又は遅延損害金が当該抵当権により担保されており、抵当権の登記を抹消すれば、最後の２年分の利息又は遅延損害金が抵当権により担保されていることを第三者に対抗することができなくなり、元本が消滅しても、利息及び遅延損害金を担保するものとして、当該抵当権は消滅しないと考えられることから、抵当権の目的たる権利の登記名義人は、抵当権の登記の抹消を請求することができない（大判大４．９．15民録21輯1469頁）。

抵当権の登記は、原則として元本債権額が被担保債権額として登記される。しかし、利息及び遅延損害金に関する定めの登記により、又はその定めの登記のない場合でも、法律上法定利息を対抗することができることがあり、当該抵当権は、元本のみならず、最後の２年分の利息又は遅延損害金をも担保としていることを第三者に対抗することができる。したがって、そのうちの元本債権

だけ消滅した場合には、元本及び最後の2年分の利息又は遅延損害金の合計額のうち、元本額だけ減少したことになるのだから、合計額から元本を控除したものに被担保債権額を変更する意味において、抵当権の変更の登記として、債権額を、残存する利息又は遅延損害金のうち、最後の2年分の利息又は遅延損害金（残存する利息、または遅延損害金が2年分より少ないときはその額）に変更する登記をすることができる。この場合の債権額を最後の2年分の利息又は遅延損害金に変更する抵当権の変更の登記については、後順位抵当権者等の有無にかかわらず、付記登記でされる。

　もし、残存する利息又は遅延損害金が、最後の2年分以外になお存する場合においては、債権額を最後の2年分の利息又は遅延損害金に変更する登記と、それ以外のものについて「特別の登記」をすることとなるのか、それとも、債権額を残存する利息又は遅延損害金の全部に変更する登記ができるかが問題となる。「特別の登記」も、抵当権の債権額を変更する旨の抵当権の変更の登記に変わりがないから、最後の2年分については債権額の変更の登記を、それを超える部分については「特別の登記」というように、各別にする必要もないと考えられる。残存する利息又は遅延損害金の全部が、当該抵当権により担保されており、ただ最後の2年分を超えるものについては、第三者に対抗することができないとされるにすぎない。後順位抵当権者等の登記上の利害関係を有する第三者がない場合又はある場合において当該第三者の承諾を証する当該第三者の作成した情報若しくは当該第三者に対抗することができる裁判があったことを証する情報を提供することができるときは、債権額を、残存する利息又は遅延損害金の全部に変更する登記を付記登記ですることができ、これらの情報を提供することができないときは、主登記でされる。

　既に利息又は遅延損害金について「特別の登記」がされている場合に、その「特別の登記」をした以外に残存する利息又は遅延損害金が存在しているときは、その「特別の登記」をしたものを含めて債権額を全部の利息又は遅延損害金に変更する登記をすることができるものと解される。これは、変更の登記をしたときは「特別の登記」をも変更前の事項を抹消する記号を記録するが、それは、「特別の登記」も、抵当権の債権額の変更（増額）の登記であり、当該抵当権が登記した債権額及び最後の2年分の利息又は遅延損害金と「特別の登記」をした額との合計額を担保するものとして登記されていると見ることができるからである。なお、「特別の登記」が付記登記でされ、かつ、「特別の登

記」をした利息等以外の残存利息等が最後の2年分に含まれているときは、この変更の登記は、後順位抵当権者等の有無にかかわらず、付記登記であることができる。「特別の登記」が主登記でされ、又は「特別の登記」をした利息以外の残存利息等が最後の2年分に含まれない場合において、この変更の登記を付記登記でするためには、登記上の利害関係を有する第三者があるときは、当該第三者の承諾を証する当該第三者の作成した情報又は当該第三者に対抗することができる裁判があったことを証する情報の提供を要する。これらを提供することができないときは、主登記でされる。

第2款　債権額の変更・更正

7089　債権額増加の変更登記の可否

問　消費貸借による債権額の一部を被担保債権とする抵当権設定の登記がされている場合、例えば債権金額100万円のうち80万円について抵当権を設定し、その登記がされている場合において、抵当権設定契約の変更契約により被担保債権額を100万円全額に増額することとした場合には、抵当権の債権額の増額の変更の登記をすることができるか。

結論　本問の場合には、債権額の増額の変更の登記をすることができる。

説明　抵当権設定の登記において、その被担保債権額（不登法87条1項の「債権額」をいう）を消費貸借による債権の一部について登記した場合には、その抵当権は、当該登記された債権の一部を担保するものであり、当該抵当権者は、その債権の一部について優先弁済を受けるが、その債権額を超える部分については、優先弁済を受けることができない。しかし、この抵当権設定契約及びその登記がされた後に、当該消費貸借による債権の全額を担保するものとする旨の変更契約がされた場合には、当該抵当権は、当該変更契約により消費貸借による債権の全額を担保するものとなるが、その抵当権の変更は、登記しなければ第三者に対抗することができない。すなわち、抵当権の被担保債権の増額の変更登記をしなければ、増加された額について優先

弁済を受けることができない。

この変更の登記は、不動産登記法66条の規定が適用され、後順位抵当権者等の登記上の利害関係を有する第三者がある場合には、申請情報と併せてその承諾を証する当該第三者が作成した情報又は当該第三者に対抗することができる裁判があったことを証明する情報を提供するときは付記登記により、これらの情報を提供することができないときは主登記によってされる。

7090 追加貸付けによる債権額の変更登記の可否

問 抵当権設定の登記後、抵当権者が新たに追加貸付けをした場合、抵当権の債権額の増額の変更契約をし、その登記をすることができるか。

結論 **新たに追加貸付けをした分については、当該債権額を被担保債権額として抵当権の設定の登記をすべきであり、従前の抵当権の債権額の変更の登記をすることはできない。**

説明 抵当権は、その設定時における特定の債権を担保するものであるから、抵当権の設定契約の変更契約により、新たな債権を担保するものとすることはできない。すなわち、抵当権は、特定の債権の弁済を確保するために設定し、存続するものであり、新たな債権を包含させることは、抵当権の流用となり認められない。本問の場合には、新たな債権を被担保債権として、抵当権設定の登記をすべきである。

7091 貸付額を減額した場合の変更登記の方法

問 将来貸し付けるべき債権1,000万円のために不動産抵当権の設定登記をした後に、貸付額を700万円に減額した場合には、どのような登記をすればよいか。

結論 **本問の場合には、抵当権の被担保債権額1,000万円を700万円に減額する抵当額の変更の登記をすればよい。**

説明 将来の債権のために抵当権を設定し、その抵当権設定の登記をすることができる（昭26.3.8第463号通達）。そして、この抵当権の設定の登記をした後、貸付契約の変更契約により債権額を減額した場合

には、当該抵当権の被担保債権額が減少し、実体上抵当権に変更が生じるので、不動産登記法66条の規定により、抵当権の債権額の変更の登記をすることができる。この場合には、後順位抵当権者等が存在しても、当該変更の登記をすることによりこれらの者に不利益を与えるおそれがないから、登記上の利害関係を有する第三者がない場合に当たり、常に、付記登記により債権額の変更の登記をすることができる。

なお、本問の場合に、将来1,000万円を貸し付けるべき契約を変更して、700万円しか貸し付けないことになった場合には、債権の一部消滅の場合と同様に、債権額の減額による変更登記をしなくても、その減額を第三者に対抗することができるものと解される。

7092 変更契約による債権額減少の登記の可否

問 抵当権の設定の登記後、変更契約により抵当権の被担保債権額を債権の一部とする場合に、債権額の減少による変更の登記をすることができるか。

結論 変更契約によって被担保債権額を債権の一部に減額することは可能であり、債権額の減少による変更の登記をすることができる。

説明 抵当権の設定の登記における債権額は、当該抵当権者が、当該不動産から優先弁済を受ける額を第三者に対抗するために登記するものとされる。したがって、消費貸借による債権の全額について抵当権を設定し、その設定登記がされた後において、その債権額の一部を被担保債権とする抵当権設定契約の変更契約がされた場合、例えば100万円の債権の一部60万円を被担保債権とする変更契約がされた場合には、それだけ当該抵当権の被担保債権は縮小して、実体上抵当権に変更を生じる。その抵当権の変更は、その登記をしなければ第三者に対抗することができない。抵当権の被担保債権の弁済等による一部消滅の債権額の減少の場合には、その抵当権の債権額の減少の登記をしなくても第三者に対抗することができるが、本問の場合には、債権額の減少の登記をすることが第三者対抗要件となる。そして、本問の債権額の減額の登記がされることにより当該抵当権は、債権の一部を担保するための抵当権に変更したものとされる（昭30．4．8第683号通達参照）。

7093 抵当権の債権額の更正登記の可否

問 抵当権設定の登記において、債権額1,000万円であるものが100万円と登記されているとき、1,000万円に更正するにはどのような手続によるべきか。

結論 **本問の誤りが登記官のみの過誤に基づくものであって、しかも後順位抵当権者等の登記上の利害関係を有する第三者がないときは、不動産登記法67条の規定により、登記官の職権で債権額100万円を1,000万円とする更正の登記（付記登記）をすることができるが、本問の誤りが、登記上の利害関係を有する第三者があるとき、又は申請人の過誤に基づくものであるときは、同法66条の規定により、抵当権の債権額の更正の登記を申請しなければならない。**

説明 債権額100万円を1,000万円とする登記、つまり更正登記というのは、既に登記された登記事項の一部に錯誤又は遺漏があって、事実と相違する点がある場合には、これを是正するために認められる登記である。そして、更正の登記が許されるためには、更正前の登記と更正後の登記との間に同一性が認められることが必要とされる。例えば、抵当権を設定したのに誤って質権の設定の登記をしたような場合には、その間に登記の同一性が認められないから更正の登記によって是正することはできない。

そこで、債権額を誤って登記された抵当権の設定の登記においてその債権額の更正の登記が許されるかどうかであるが、この債権額は、抵当権の登記の絶対的必要登記事項であり、目的物に対する優先弁済権の関係において重要な意味を有することはいうまでもなく、また、被担保債権の同一性、抵当権の同一性の識別の上でも重要なものである。しかし、債権額が変わることが常に同一性を失うというものではなく、他の要素、すなわち、抵当権設定の日付、被担保債権の種類等と併せて、全体として同一性が認められる場合には、更正登記によって債権額の是正が可能というべきである。

この更正の登記の手続としては、本問の場合には、登記官のみの過誤であったとき、例えば、申請情報に1,000万円と記録されてあったのに、登記する時に誤って100万円と記録してしまったことが、当該申請情報により明らかとな

きは、登記官は、法務局長又は地方法務局長の許可を得て、職権で更正の登記をして、その旨を登記権利者（抵当権者）と登記義務者（抵当権設定者）に通知する（不登法67条参照）。この場合に、登記上の利害関係を有する第三者があるときは、この第三者（例えば、後順位抵当権者等）は、更正の登記をすることによって不利益を受けることになるので、職権で更正の登記をすることができない（同法66条参照）。したがって、この場合には、当事者から更正の登記の申請をしなければならない。そして、申請情報と併せて登記上の利害関係を有する第三者の当該第三者の作成したその承諾を証する情報又は当該第三者に対抗することができる裁判があったことを証する情報を提供したときは、付記登記で更正の登記をすることができ、当初から債権額1,000万円で抵当権の設定の登記をしたものと同じことになるが（同条参照）、これらの情報を提供することができないときは、主登記で更正の登記をすることになり、追加された900万円については、その主登記の順位でしか優先弁済権を行使することができないことになる。

　次に、申請情報の記録が100万円であったように、登記の錯誤が登記官のみの過誤によらない場合にも、1,000万円について抵当権設定の契約をし、申請情報の記録のみ間違った場合であれば、当事者（抵当権者及び抵当権設定者）の申請による更正の登記をすることができる。この場合の更正の登記は、登記上の利害関係を有する第三者があるときは、当該第三者の作成したその承諾を証する情報又は当該第三者に対抗することができる裁判があったことを証する情報が提供された場合は付記登記で、提供がないときは主登記で更正の登記がされる。

7094 債権の一部代位弁済による抵当権の一部移転の登記後、残債務を弁済した場合の登記

問　抵当権者甲、抵当権設定者（債務者）乙間において債権額100万円の抵当権の設定の登記をした後、保証人丙が債権の一部60万円を代位弁済し、抵当権の一部移転の登記をしたが、その後、債務者乙が抵当権者甲に残債務40万円を弁済したときは、抵当権の一部消滅の付記登記を申請すべきか。

結論　本問の場合には、抵当権設定の登記について、債権額100万円を

60万円とする債権額の変更（減少）の登記（付記登記）を申請すべきである。

説明 債権の一部の譲渡又は代位弁済による抵当権の一部移転の登記を申請する場合には、「譲渡又は代位弁済の目的である債権の額」を申請情報とすることを要し、その登記は、抵当権の設定の登記の付記登記で行われる。

　この抵当権の一部移転の登記がされた場合、それは抵当権の設定の登記と付記登記により抵当権の準共有の状態を公示するもので、この付記登記の登記事項である「譲渡又は代位弁済の目的である債権の額」の記録により、債権の一部の譲渡を受けた者又は代位弁済者の債権及び抵当権者の残存債権を担保している関係を明らかにする。本問の場合には、債権の一部60万円の代位弁済による抵当権の一部移転の付記登記により、当該抵当権は、甲の債権と丙の債権とをそれぞれ100分の40、100分の60の割合で担保するものであることを示す。このような場合に、抵当権者甲に対して債務者乙が残債務40万円の全部を弁済したときは、抵当権者甲の有する債権及び抵当権は消滅するが、抵当権の設定の登記は、抵当権の一部移転の付記登記があり、その一部移転の登記の登記事項である債権の一部を担保している関係を残しているので、これを抹消することはできないが、残債務の弁済によりそれだけ当該抵当権の被担保債権が減少したのであるから、債権額の減少の変更登記をすべきである。なお、この変更の登記後の当該抵当権が、甲の債権又は丙の債権のいずれを担保するものであるかどうかを明らかにする必要があるので、申請情報には、甲の債務全部の弁済である旨を登記原因として記録すべきである。

　なお、この変更の登記は、甲及び乙の共同申請による。丙は申請に関与しない。

7095 債権の一部を担保する抵当権の被担保債権額を増加する場合と同順位抵当権者の利害関係の有無

問 債権の一部を担保する抵当権（例えば、債権額100万円のうちの一部50万円を被担保債権とする抵当権）の被担保債権額を増加する場合における抵当権の変更の登記の申請については、申請情報と併せて、同順位の担保権の登記があるときは、その担保権者の承諾

を証する当該者の作成した情報をも提供する必要があるか。

結論 同順位の他の担保権者も登記上の利害関係を有する第三者に該当するので、その者の承諾を証する当該者の作成した情報又は当該第三者に対抗することができる裁判があったことを証する情報の提供があれば、本問の債権額変更の登記は、付記登記でされるが、その提供がなければ主登記でされる。

説明 同一の不動産に同一順位の数個の抵当権がある場合（数個の抵当権の設定登記の申請が同時にされ、その登記の受付番号が同一であるときは、その数個の抵当権は、同順位になる。不登法19条3項後段参照）には、当該抵当権により各抵当権者が目的物件の競売代金から受けることのできる額は、それぞれの債権額に按分して定められる。

債権の一部を担保する抵当権の被担保債権額を変更契約により増加した場合の抵当権の変更は、不動産登記法66条の規定によってするが、本問のように抵当権の被担保債権額を増加する場合には、当該抵当権の被担保債権額の増加によって、他の同順位の抵当権者の優先弁済を受けることができる額が減少することになる。すなわち、その債権額の増額の変更の登記を付記登記でするときは、変更後の債権額によって按分して優先弁済額を定めることになるから、他の同順位の抵当権者の受ける額は減少する。したがって、同順位の他の抵当権者は、同条の規定にいう「登記上利害の関係を有する第三者」に該当し、その者の承諾を証する当該者の作成した情報又は当該第三者に対抗することができる裁判があったことを証する情報を提供すれば、付記登記により、その情報を提供しなければ、主登記により抵当権の債権額の増額の登記をすることになる。

第3款　利息の変更、利息の特別登記

第1項　利息の変更

7096　利息の変更と後順位抵当権者の承諾の要否

問 抵当権設定登記後、後順位に登記された抵当権がある場合におい

て、約定利息の利率を引き下げ、その変更の登記後、再びこの利率を引き上げてその変更の登記をするには、申請情報に、後順位抵当権者の承諾を証する当該者の作成した情報を提供しなければならないか。

| 結論 | 本問については、後順位抵当権者の承諾を証する当該者の作成した情報又は当該者に対抗することができる裁判があったことを証する情報を提供した場合のみ付記登記によることとなり、そうでない場合は主登記によって登記されることとなる。

| 説明 | 本問の利害関係人の範囲の基準は、抵当権設定時の当初の利息ではなく、変更の登記の申請時の利息を基準として判断すべきであるから、後順位の抵当権者は、引下げによる変更の登記前に登記されたものと、その登記後に設定の登記がされたものとを問わず、全て登記上の利害関係を有する第三者に該当するものと解する。例えば、本問の場合に、当初年利14％の利息を一旦年利10％に引き下げた後、再び引き上げて、①年利12％とする場合と、②年利14％とする場合及び③年利16％とする場合が考えられるが、①及び②の場合は、設定当初の利息と同額又はそれ以下に変更するのであって、利率引下げの当時、既に後順位に登記されていた抵当権者の利害について何ら消長を来さないものとも考えられるが、全て登記上の利害関係を有する第三者に該当する。したがって、後順位抵当権者全部の承諾を証する当該者の作成した情報又は当該者に対抗することができる裁判があったことを証する情報を提供することができれば、本問の変更の登記は、付記登記によって行われるが、そうでない場合は主登記によって行われることとなって、今後登記される後順位者には対抗することができても、既存の後順位者には利率の増加を対抗することができない結果となる。

7097　民法375条1項ただし書の特別の登記の形式

| 問 | 民法375条1項ただし書にいう特別の登記は、既存抵当権の登記についての権利の変更の付記登記としてされるか。あるいは主登記によってされるか。

| 結論 | 「特別の登記」は、権利の変更の登記と解すべきであり、したがって、後順位抵当権者がある場合は、その承諾を証する当該後順

位抵当権者の作成した情報を申請情報又は当該者に対抗することができる裁判があったことを証する情報と併せて提供した場合は付記登記により、そうでないときは主登記によりされる。

説明 　民法375条1項ただし書の「特別の登記」とは、同条に規定する利息の最後の2年分の「それ以前の定期金についても満期後に特別の登記をしたときは、その登記の時からその抵当権を行使することを妨げない」と規定しているいわゆる「特別の登記」に関するものであり、この「その抵当権を行使すること」とは、当該抵当権により「特別の登記」をした利息も担保され、優先弁済を受けることができることを意味する。そこで、この「特別の登記」をしようとする場合、権利の変更の付記登記によるべきか、あるいは新たな順位の登記、すなわち、主登記によるべきかについての点だが、「特別の登記」の性質については従来から説が分かれており、不動産登記法3条でいう保存の登記とする説、抵当権の設定の登記として取り扱うべきとする説及び権利（抵当権）の変更の登記とする説などがあり、多数説及び大審院の判決は、抵当権者は、特別の登記をした順位により優先弁済を受けるので元本と同一の順位で優先権を行使することはできないとして、第二の説、すなわち「抵当権の設定」と解しているようである。しかし、「特別の登記」の性質については、第三の説にいう「権利の変更の登記」と解するのが妥当と考える。なぜなら、第一の「保存の登記」説は、その趣旨が必ずしも明確でない。また、第二の「抵当権設定の登記」説は、その理由としてもし付記登記によるものとして元本と同一順位で抵当権により担保されるとすれば、後順位担保権者の権利を害する点を挙げている。しかし、同法66条によれば、後順位担保権者がある場合は、その承諾がある場合に限り、付記登記でされ、そうでないときは本問後段の順位の登記、すなわち、主登記によるべきものであり、現行不動産登記法の解釈及び登記技術の面から「権利の変更の登記」と解するのが相当である。

7098 利息延滞と抵当権による保全

問 　貸付金の担保として債務者の所有する不動産に抵当権を設定し、その登記をしたが、利息が延滞した場合、延滞利息も抵当権によって担保されるか。また、担保されないときには、どのような手

続で債権保全をすればよいか。

結論 延滞利息は「満期となった最後の2年分」につき優先弁済を受けることができるので、抵当権の設定の登記においてその利率を登記する必要がある。

また、「最後の2年分」以上の利息について優先弁済を主張しようとする場合には、民法375条1項ただし書による「特別の登記」をしなければならない。

説明 本来、元本債権に付随する延滞利息は、無制限に抵当権によって担保されるべきものであるが、それでは後順位担保権者等に不測の損害を与えるおそれがあるので、民法は、第三者に対する関係では「満期となった最後の2年分」の利息しか担保しない（つまり優先弁済権を行使し得ない）という制限を設けている（同法375条1項本文）。

このように、後順位担保権者等に対する関係では、「最後の2年分」の利息に制限されているわけだが、この2年分の利息の優先弁済を受けることができるためには、更に被担保債権が利息を生じさせるべきものであること及びその利率を第三者に対抗する要件として、抵当権の設定登記において、その利率を登記することが必要である（不登法88条1項1号参照）。

ところで、この「最後の2年分」以上の利息について優先弁済を主張しようとする場合には、民法375条1項ただし書による「特別の登記」をしなければならない。すなわち、利息の最後の2年分「以前の定期金についても満期後に特別の登記をしたときは、その登記の時からその抵当権を行使することを妨げ」られないのであって、「特別の登記」をした利息も、当該抵当権により担保される。本問の場合は、この「特別の登記」を申請することができる。

「特別の登記」は、延滞した利息についてされるものだが、2年分の延滞利息の生じない以前であっても、弁済期到来後のものであれば、することができる。また、満期となった各利息について別々に登記を申請する必要はなく、数回の延滞利息を合して、半年分でも1年分でも更には3年分でも一時に登記することができる。

7099 重利の特約に基づき利息を元本に組み入れた場合の変更登記の可否

問 抵当権の被担保債権の貸付契約において「利息の支払を延期した場合には、支払を延期した利息に相当する金額は元金に加算して加算の日より利息を付する」旨の定めがある場合、抵当権設定の登記後に、この定めに基づき利息を元金に組み入れたときは、債権額の増額の登記をすることができるか。

結論 **不動産登記法66条の規定により、抵当権の債権額の増額の登記をすることができる。**

説明 利息の元本組入れにより抵当権の被担保債権の元本額が増加した場合には、その増額による抵当権の変更の登記をしなければ、その債権額の増額をもって第三者に対抗することができない。この場合には、不動産登記法66条の規定により「権利の変更の登記」として、抵当権の債権額の変更の登記を申請すべきであり後順位抵当権者等の登記上の利害関係を有する第三者があるときは、その承諾があれば、付記登記により、承諾がなければ、主登記によりこの変更の登記が行われる。

7100 割賦弁済金に含まれる利息の特別の登記の可否

問 貸付金の償還方法が元利均等償還である場合に、その割賦金に含まれる利息についても、民法375条1項ただし書の特別の登記ができるか。

結論 **割賦弁済金に含まれる利息についても、民法375条1項ただし書の規定による「特別の登記」をすることができる。**

説明 抵当権の設定登記において、貸付金（被担保債権）を債権額とし元利均等償還額の合計を債権額として登記をしていないときは、利息については民法375条1項本文の規定が適用され、いわゆる「最後の2年分」についてしか優先弁済を受けることができない。したがって、それ以上の利息についても優先弁済を受けようとするときには、同項ただし書による「特別の登記」をするほかはなく、それは当事者間の合意によって行われ得る。

7101 １個の契約でした債権額の減額と利息の増額の場合の変更登記を１件の申請情報で申請することの可否

問 抵当権の被担保債権の債権額の減額と利率の引上げに関する変更契約を１個の契約でした場合には、抵当権の変更の登記の申請は、１件の申請情報ですることができるか。もし、できるとすれば、この場合の登記権利者は誰か。

結論 １個の契約で抵当権の被担保債権の債権額の定めと利息の定めを変更した場合には、登記原因及び登記の目的が同じだから、１件の申請情報により抵当権の変更登記を申請することができる。そして、債権額の変更については抵当権設定者（目的物件の権利者）が登記権利者、利息の定めの変更については抵当権者が登記権利者の関係に立つ。

説明 １個の契約で抵当権設定の登記の登記事項である抵当権の被担保債権の債権額及び利息の定めを変更した場合には、その変更の登記の登記原因及び登記の目的が同一であるから、１件の申請情報により申請することができる（登記令４条参照）。

そして、債権額の減額は、抵当権設定者にとって有利であり、利息の利率引上げは、抵当権の被担保債権を増加することになるから、抵当権者にとって有利である。したがって、本問の場合には、抵当権者及び抵当権設定者（目的物件の権利者）は、それぞれ、登記権利者及び登記義務者として登記を申請することになる。したがって、その抵当権の変更の登記を申請するときは、抵当権者は、抵当権設定の登記の登記識別情報を、抵当権設定者は、その目的物件の権利取得の登記の登記識別情報を提供しなければならない。

7102 利息（利率）引上げの登記と他の同順位抵当権者の承諾の要否

問 甲銀行、乙銀行が共に同順位で抵当権設定の登記を受けている場合において、甲の抵当権の登記につき、利率引上げによる変更の登記をするには、乙の承諾を必要とするか。

結論 乙は、登記上の利害関係を有する第三者に該当するので、その承諾を要する。

説明 抵当権の被担保債権の一部として、その最後の２年分が担保されている利息の利率を引き上げると、この２年分に相当する利息の額が増大し、被担保債権の範囲が拡大される。被担保債権の範囲が、設定の当初よりも増大することは、当該抵当権と同順位の関係にある他の抵当権の利益を害するおそれがある。同順位抵当権者相互間にあっては、その債権額（被担保債権額）に応じて、按分比例により競売代価の配当が行われるからである。目的不動産の価格が両者の債権額の合計額よりも少ない場合に（多い場合は、問題にならないが）、一方が増加すると、他方の割合が減少するのである。本問の場合、甲の抵当権の登記について、利息の定めすなわち利率を引き上げることによる変更の登記を申請するには、乙の承諾を証する乙の作成した情報又は乙に対抗することができる裁判があったことを証する情報を提供すればこの変更の登記は付記登記でされるが、これらの情報の提供がないと、主登記でされるわけである。主登記でされるということは、その部分（利息の増加分）について、甲に対し、これと同順位であることを対抗することができないことを意味する。

7103 抵当権付債権の一部譲渡の登記後その譲渡債権の利息の変更登記手続

問 抵当権付債権の一部譲渡による抵当権の一部移転の登記をした後、その譲渡債権につき利息を変更した場合、その利息の変更の登記をすることができるか。

結論 することができる。

説明 抵当権付債権の一部が甲から乙に譲渡され、乙への抵当権の一部移転の登記がされた場合は、乙の取得したのは、甲の有していた債権の一部だから、その利息に関する定めが同一であることはいうまでもないが、その取得後において、乙と債務者との間でこの定めを変更する旨の契約は、有効に行われ得る。

そこで、利率について年７％を年８％に変更した場合、乙の抵当権の一部移転の登記においては、利息に関する定めが記録されていないけれども、それは

甲の抵当権の登記におけると同一の利息に関する定めが記録されているものと考えられ、この記録されているものと同視される利息に関する定めの変更登記をすることになる。いわば、乙の抵当権について利息に関する定めとして年8％と登記することになるわけである。しかし、この場合、甲、乙が抵当権を準共有している関係上、乙の抵当権付債権の利率が増加することは甲にとって利害関係がないとはいえないから、不動産登記法66条の規定により、甲の承諾があれば、付記登記により、そうでなければ主登記によって、この変更の登記がされることになる。なお、この変更の登記は、もちろん、乙が登記権利者となり、所有権の登記名義人が登記義務者の関係に立つ。

7104 順位の譲渡を受けた抵当権の債権額の増額の変更登記手続

問 抵当権の順位譲渡の登記をした後、その順位の譲渡を受けた後順位の抵当権者が、その債権額を増額しようとする場合、抵当権の債権額の増額の変更登記手続はどうすべきか。

結論 **債権額を増額しようとする抵当権の登記名義人（登記権利者）と所有権の登記名義人（登記義務者）の共同申請による。順位の譲渡を受けた抵当権者に後順位担保権者等がなければ、常に付記登記により登記される。**

説明 順位1番甲銀行（100万円）、順位2番乙銀行（50万円）、順位3番丙銀行（80万円）の3個の抵当権の登記がされている場合、甲が丙に対し順位を譲渡して、その登記を経由した後、その受益者たる丙の債権額（80万円）を増額して150万円とする場合には、甲、乙、丙三者間の利害関係はいかになるかが問題である。抵当権の債権額変更は、当初、債権の一部担保のための抵当権を設定し（例えば100万円の一部80万円を被担保債権とする抵当権設定の契約）、その担保部分を増額変更し又は全額担保とするための変更契約によって債権額が増額される場合や延滞利息の元本組入れによる増額の場合が考えられる。

順位の譲渡は、当事者間において、相対的にその効果を生じるにすぎない。すなわち、丙は、甲の順位を譲り受けても、それは、甲との関係で、甲の有する優先弁済の利益を享受することができるというにすぎず、乙に対する関係

は、あくまでも後順位にとどまるわけである。したがって、丙の債権額を増額変更しても、これによって乙が不利益を受けることはない（乙が不利益を被るのは、本来の先順位者甲の債権額とか利息の増額の場合である）。次に、丙のこの債権額の増額変更は、甲に対する関係においては、どうなるかであるが、甲は、丙に対して順位を譲渡した関係にあるが、たとえ丙の債権額が増大しても丙は、その譲渡契約時における債権額により順位譲渡の利益を享受することができるにすぎないと解すべきで、甲は順位譲渡の登記後、相手方（受益者）丙の債権額の増額が行われてもこれによって不利益を被ることはない。

したがって、受益者たる丙の抵当権の債権額の増額変更は、丙に後順位担保権者がなければ、常に付記登記により登記される。

第2項　元本のみの弁済の場合

7105　元本消滅後の残存利息に関する抵当権の変更登記

問　抵当権設定の登記をした後、その元金の全部が弁済されたが、利息が残っている場合には、抵当権の設定の登記の抹消を申請すべきか、それとも、抵当権の変更の登記を申請すべきか。

結論　**抵当権の一部の消滅、すなわち、被担保債権の範囲の変更（減少）による抵当権の変更の登記をすべきである。**

説明　元本債権が弁済により消滅したが、なお利息が残存する場合は、当該抵当権は、利息を担保する関係において存続しており、抵当権の全部が消滅したわけではないから、抵当権設定者は、抵当権者に対し、抵当権の設定の登記の抹消を請求することができず、この場合には、抵当権の一部の消滅―被担保債権の範囲の変更（減少）―による抵当権の変更の登記を申請すべきである。

7106　特別の登記をした後の元本債権消滅とその登記

問　抵当権設定の登記につき、延滞利息について民法375条1項ただし書の特別の登記をした後、元本全部の弁済があったときは、ど

のような登記をすべきか。

結論 抵当権の被担保債権の範囲の変更（減少）の登記を行う。この変更登記は、特別の登記が付記登記によってされる場合と主登記によってされる場合がある。

説明 延滞利息についての、いわゆる特別の登記（民法375条1項ただし書）は、不動産登記法66条の規定により、権利の変更の登記として登記するものとされており（昭27．4．8第396号通達参照）、したがって、その登記は、登記上の利害関係を有する第三者がある場合には、その承諾を証する当該第三者が作成した情報又は当該者に対抗することができる裁判があったことを証する情報を提供したときは付記登記によってされ、これらの情報を提供しないときは主登記によってされる（登記した延滞利息は、付記登記でされたときは抵当権設定の登記の順位で担保され、主登記でされたときは、その主登記の順位で担保される。不登法4条1項参照）。この特別の登記をした後に、元本債権が弁済により消滅した場合には、抵当権の被担保債権の範囲に変更（減少）を生じたわけだから、その旨の登記を必要とする。

そして、特別の登記が付記登記によってされている場合には、延滞利息は、抵当権設定登記の順位で担保されており、結局設定登記においては最後の2年分の利息と延滞利息を担保しているので、弁済により元本債権が消滅した場合には、債権額を2年分の利息及び特別の登記をした延滞利息とする旨の変更登記をする。もっとも残存する利息が、特別の登記をした延滞利息だけのときはその延滞利息に変更する登記をし、また、特別の登記をした利息と2年分以下の利息のときは、その各利息に変更する登記をする。なお、特別の登記をした延滞利息と2年分以上の利息があるときは、後順位抵当権者等の承諾を証する当該者の作成した情報又は当該者に対抗することができる裁判があったことを証する情報を提供することができる場合には、特別の登記をした延滞利息と2年分以上の利息全額に変更する登記をし、これらを提供することができない場合には、2年分を超える延滞利息について特別の登記（主登記）をし、2年分の利息と第一の特別の登記（付記登記）をした延滞利息に変更する登記をする。

特別の登記が主登記によってされている場合には、特別の登記をした延滞利息は、当該主登記の順位で担保され、抵当権設定登記の順位で担保されていない。すなわち、この延滞利息と最後の2年分の利息は、別異の順位で担保されているのである。したがって、弁済等による元本債権に対する抵当権の消滅の

場合には、抵当権設定登記の登記事項（被担保債権の範囲）だけが変更したのだから、債権額を２年分の利息に変更する登記をする。もっとも、残存する利息（特別の登記をした延滞利息のほか）が、２年分以下のときは、その２年分以下の利息に変更する旨の登記をするが、もし、その利息が２年分以上存するときは、後順位抵当権者等の承諾を証する情報が得られるときは、その延滞利息全額にする変更の登記（付記登記）をし、それが得られないときは、２年分を超える利息については、特別の登記をし、２年分の利息については、これに変更する登記をする。

第４款　債務者の変更

7107　債務引受又は一般承継による債務者の変更

問　抵当権付債務の債務引受又は一般承継により債務者を変更する場合、その抵当権の設定者と引受人又は債務者が同一の場合と異なる場合（いわゆる物上保証の場合）で取扱いは異なるか。

結論　**免責的債務引受による場合において、設定者と引受人が異なるときは、設定者の承諾を得なければ、抵当権を移すことができない。また、一般承継による場合において、設定者と債務者が同一のときは、抵当権の債務者の変更の登記をする前に、抵当権を設定した権利の移転の登記をしなければならない。**

説明　抵当権の設定の登記においては、常に債務者を表示する必要がある（不登法83条）。

抵当権の被担保債権の債務者に変更を生じる場合としては、債務引受がされた場合と債務者について相続の開始その他一般承継の生じた場合の二つが考えられる。

債務引受には、併存的債務引受と免責的債務引受の二つがある。併存的債務引受の引受人は、債務者と連帯して、債務者が債権者に対して負担する債務と同一の内容の債務を負担する。免責的債務引受の引受人は債務者が債権者に対して負担する債務と同一の内容の債務を負担し、債務者は自己の債務を免れる。

債務引受は、通常、債権者（抵当権者）、債務者及び引受人となる者間の三面契約によるところ、併存的債務引受においては、債権者又は債務者と引受人となる者との契約によっても債務引受をすることができるが、債務者と引受人となる者との契約によって併存的債務引受をするときは、債権者が引受人となる者に対して承諾をした時にその効力を生じる。免責的債務引受においても、債権者又は債務者と引受人となる者との契約によっても債務引受をすることができるが、債権者と引受人となる者との契約によって免責的債務引受をするときは、債権者が債務者に対してその契約をした旨を通知した時にその効力を生じ、債務者と引受人となる者との契約によって免責的債務引受をするときは、債権者が引受人となる者に対して承諾をする必要がある。

　併存的債務引受の場合は、連帯債務者とする抵当権の債務者の変更の登記をすることができる。免責的債務引受の場合は、債務が同一性を失わずに引受人となる者に移り、したがって、当該抵当権も当然新債務者の債務を担保する。ただし、設定者と引受人が異なるときは、設定者の承諾を得なければ、抵当権を移すことはできない。

　次に、抵当権の債務者に相続その他の一般承継が生じた場合にも、相続人その他の一般承継人が当該債務を当然引き受けることになり、設定者と債務者が同一のときは、抵当権の債務者の変更の登記をする前に、抵当権を設定した権利の移転の登記をしなければならない。

7108　債務者の死亡による債務の承継に関する登記手続

問　債権者甲、債務者乙間の債務のため、乙の物上保証人丙の不動産に抵当権を設定し、その登記がされている場合において、債務者乙の死亡による債務者の変更の登記を申請するときは、相続を証する情報を提供しなければならないか。

結論　**相続を証する情報の提供を要しない。**

説明　相続が開始したときは、原則として、相続人は、被相続人の財産に属した一切の権利義務を承継するのであり、積極財産のみならず消極財産（本問の甲、乙間の債務）も承継する（民法896条本文参照）。したがって、本問の丁は、乙の死亡による相続について、相続の放棄（同法915条）をしていないときは、民法903条2項の規定により相続分を受けることが

できないときでも、相続人でなくなるわけではないから、本問の債務者の変更の登記における申請情報は、登記原因及びその日付を「平成○年○月○日（乙の死亡の年月日）相続」とし、乙の相続人を新債務者として、申請すべきである。なお、この登記の申請において、登記原因証明情報には、債務者乙の死亡及び相続という事実を記録することになるが、相続を証する情報を提供することまでは要しない。これは、抵当権の変更の登記の登記義務者の申請により、その真正が担保されていると考えられるからである。

7109 抵当権設定者の死亡と変更登記の要否

問 抵当権設定者（兼債務者）が死亡した場合、債務者をその相続人名義に変更しなくても抵当権を実行することができるか。また、その登記の手続はどうすべきか。

結論 **本問の場合には、相続人名義に所有権の移転の登記を要するが、必ずしも抵当権の変更の登記を申請しなくても、競売の申立てをすることができる。**

説明 抵当権は、不動産そのものに対する制限物権であって、当該不動産の所有権の移転がされても、抵当権の登記について何らの変更の登記を必要とせず、抵当権を実行することができることはいうまでもない。このことは、所有権の移転が相続による場合も全く同様である。ただし、相続人が数人あって、相続の放棄又は遺産分割等により、当該不動産の所有権が相続人全員に帰属せず、そのうちの一人又は数人に帰属した場合であって、しかも当該抵当債権の債務を、相続によりその不動産を取得した者全員が引き受けず、そのうちのある者又は相続人以外の者によって引き受けられる契約がされた場合には、債務引受による抵当権の変更の登記として、当該抵当権の債務者としてその者を登記する場合がある。それは、抵当権者と当該不動産の所有者との共同申請によって行われる（この場合、債務を引き受けた者は申請人にならない）。

この登記は、抵当権の変更の登記であるが、一般の登記と同様、飽くまでも当事者の任意の申請により、競売の申立てをするときであっても、必ず登記しなければならないというものではない。

7110　更改後の債務への抵当権の移転

問　更改前の債務の担保として設定された抵当権を更改後の債務に移すことができるか。

結論　**債権者（債権者の交替による更改にあっては、更改前の債権者）は、あらかじめ又は同時に更改の相手方（債権者の交替による更改にあっては、債務者）に対する意思表示によってすることができる。**

説明　抵当権の被担保債権の債権者と債務者又は第三者との間において、従前の債務に代えて、新たな債務であって、従前の給付の内容について重要な変更をするもの、債務者が第三者と交替するもの又は債権者が第三者と交替するものを発生させる契約をした場合には、従前の債務は消滅することになる。この更改のうち、債務者の交替の場合の契約は、債権者と更改後に債務者となる者との間ですることができるが、更改は、債権者が更改前の債務者に対してその契約をした旨を通知した時に効力を生じるとされている（平成29年改正前の民法514条においては、「更改前の債務者の意思に反するときは、この限りでない」と規定されている）。債権者の交替の場合の更改は、更改前の債権者、更改後に債権者となる者及び債務者との三面契約ですることができる。従前の給付の内容について重要な変更をする場合の契約は、もちろん債権者と債務者間で行う。

　いずれの場合でも、更改前の債務の担保として抵当権が設定されているときには、その被担保債権の消滅により抵当権が消滅するのが原則である。しかし、民法518条2項（平成29年改正前の民法は規定がない）は、この被担保債権の消滅による抵当権の付従性の問題の抵触を回避するため、債権者（債権者の交替による更改にあっては、更改前の債権者）は、あらかじめ又は同時に更改の相手方（債権者の交替による更改にあっては、債務者）に対する意思表示によって、更改前の債務の担保に供した抵当権を更改後の債務に移すことができるものとしている。もっとも、更改前の債務のための抵当権を更改後の債務に移すとしても、それは更改前の債務の目的の限度においてであって、被担保債権額は、更改前の抵当権の被担保債権額を超えることができない。

　なお、更改前の債務のための抵当権を更改の当事者以外の第三者（債務者の交替による更改にあっては、従前の債務者を含む）が設定したときには、その第

三者の承諾を得なければ、更改後の債務に抵当権を移すことはできない。すなわち、更改前の債務のための抵当権の目的となっている権利（不動産の所有権その他の権利）の登記名義人が更改の当事者以外の第三者であるときには、抵当権を更改後の債務に移すためには、その第三者の承諾を要する。民法518条１項ただし書（平成29年改正前の民法518条ただし書）は、「第三者がこれを設定した場合」と規定しているが、更改前の債務のための抵当権を更改後の債務に移す意思表示をする更改の相手方以外の第三者のものである場合をいう。したがって、債権者の交替による更改の場合には、更改前の債務のための抵当権がその債務者の不動産に設定されているときは、その債務者の承諾を要する。債務者の交替による更改の場合には、更改契約の当事者は、債権者と更改後の債務者であるが、更改前後の両債務者以外の者の不動産に設定されているときはもちろん当該抵当権が更改前の債務者の不動産に設定されているときも、第三者又は更改前の債務者の承諾を要する。従前の給付の内容について重要な変更をする更改の場合には、抵当権の目的物が、債務者以外の第三者の者の不動産に設定されているときは、その者の承諾を要する。この第三者の承諾が得られない場合には、抵当権は消滅することになる。

7111 債務者交替による更改と旧債務者の承諾の要否

問 債務者交替による更改における変更の登記の申請情報と併せて提供する登記原因証明情報には、旧債務者が承諾した旨記録されている必要があるか。

結論 **本問の登記原因証明情報には債務者交替について旧債務者が承諾をした旨が記録されている必要はないが、旧債務者に債権者が契約をした旨を通知した旨が記録されている必要がある。**

説明 債務者の交替による更改については、債権者と更改後に債務者となる者との契約によってすることができ（民法514条１項）、旧債務者は契約の当事者とはならない。また、平成29年改正前の民法514条ただし書の規定が削除され、更改前の債務者の意思に反するときでも、することができることとなったため、債務者の交替による更改のための契約について債務者の承諾は不要である。しかし、当該更改は、債権者が更改前の債務者に対してその契約をした旨を通知した時に、その効力を生じる（同項後段）とされ

たため、登記原因証明情報には、当該通知がされた旨が記録されている必要がある。

7112 債務者を追加する抵当権の変更登記と取締役会の承認書の要否

問 株式会社の代表取締役が自己の債務のためその所有の不動産について抵当権を設定しその登記をした後、当該株式会社が免責的債務引受をなし、債務者を変更する旨の抵当権の変更登記を申請する場合には、申請情報と併せて、会社法356条の規定による株主総会（取締役会設置会社においては取締役会）の承認のあったことを証する情報を提供することを要するか。

結論 本問の場合には、申請情報と併せて株主総会（取締役会設置会社においては取締役会）の承認のあったことを証する情報の提供を要する。

説明 免責的債務引受は、債権者と引受人となる者（新債務者―株式会社）との契約によってすることができ、債権者が債務者に対してその契約をした旨を通知した時に、その効力を生じる（民法472条2項）。また、債務者と引受人となる者が契約をし、債権者が引受人となる者に対して承諾をすることによってもすることができる（同条3項）。本問の抵当権については、抵当権設定者の承諾を得て、債権者があらかじめ又は同時に引受人に対して意思表示によって引受人が負担する債務に移すことができる（同法472条の4第2項・3項）。当該債務引受については、会社と取締役との間に利害の対立を来し取締役に有利であって会社に不利益を及ぼすものと認められるので、会社等を保護するために株主総会（取締役会設置会社においては取締役会）の承認を要するものとされる（大判昭9.2.28）。会社法356条の規定により株主総会（取締役会設置会社においては取締役会）の承認を要するものと解される（同条参照）。

登記を申請する場合に、登記原因につき第三者の許可、同意又は承諾を要するときは、その許可等を証する情報を申請情報と併せて提供することを要し（登記令7条1項5号ハ）、本問の抵当権の変更の登記の登記原因は「債務引受」であり、その債務引受について株主総会（取締役会設置会社においては取締役

会）の承認を要するから、申請情報と併せて株主総会（取締役会設置会社においては取締役会）の承認のあったことを証する情報を提供すべきである。

第5款　共有持分の抵当権の変更

7113 共有持分の抵当権を設定者の単独所有となった不動産の全部に及ぼす旨の登記の方法

問　共有者の一人の持分上に抵当権を設定し、その登記をしたが、その不動産がその共有者の単独所有となった場合、抵当権を不動産全部に及ぼすことができるか。また、その場合の登記の方法はどうか。

結論　前段は、積極に解すべきであり、後段は、「抵当権設定契約」を原因として不動産登記法66条の規定による抵当権の変更の登記を申請すべきである。

説明　不動産の共有者が自己の持分上に抵当権を設定し、その登記を受けた後、当該不動産が共有物の分割や持分の売買等によって、その共有者の単独所有となった場合、共有持分に対しされた抵当権を単独所有となった不動産の全部に及ぼすことができるかどうかという点については、債権者と債務者間の抵当権設定の変更契約を結ぶことにより当然可能とされている。しかしながら、この変更契約—共有持分を目的とする抵当権を単独所有になったことにより、その範囲を不動産の全部に及ぼすこととする変更契約—については、その設定登記に関連し、新たな抵当権の設定契約と見るべきか、又は既存の抵当権設定契約の変更契約と見るべきかが問題となる。

この点については、先に設定された持分に対する抵当権はそのまま存続するのであって、単独所有になったことにより、当然不動産の全部に拡張することとはならずこれを拡張するためには、前記の変更契約を必要とする。その行為は、残余持分をも抵当権の目的中に加える行為と見るべきものであり、その性質は一応抵当権の設定行為ということができるが、この設定行為は、先にされた抵当権と合わせ、更に残余持分に対する抵当権を設定するものではなく、1個の抵当権をしてその範囲を拡張させるにすぎず、共有持分を有していた者が

単独所有者となった以上、既に持分という観念は存在し得ないとも解される。

そこで、当初持分の上に抵当権を設定し、その後単独所有となった不動産の全部にその抵当権を及ぼすことは可能であり、その登記は不動産登記法66条に規定する抵当権の変更の登記によるべきものとされる（このような変更登記に際し、後順位担保権者等がある場合は、この承諾を証する当該者の作成した情報又は当該者に対抗することができる裁判があったことを証する情報を提供する場合は付記登記により、そうでない場合は主登記により登記がされる）。

7114 同一の共有持分を目的とする数個の抵当権の効力を目的不動産全部に及ぼす場合の利害関係の有無

問 甲、乙共有の不動産につき、甲が、債権者Ａ銀行、Ｂ銀行のために、その持分上に抵当権を設定し、順位１番Ａ銀行、順位２番Ｂ銀行としてその登記を経由した後、乙の持分を譲り受けて単独所有者となった場合に、Ａ、Ｂ各銀行の抵当権の効力を不動産全部（甲の単独所有権）に及ぼそうとするときは各その旨の登記をするにつき、Ａ、Ｂ両者間において利害関係を生じるか。

結論 **Ａ銀行の１番抵当権につき、先に不動産全部にその効力を及ぼす旨の変更の登記をする場合には、Ｂ銀行は、登記上利害の関係を有するものに該当しないが、Ｂ銀行の２番抵当権が先にこの変更登記をした後においては、Ａ銀行の抵当権についての変更は、Ｂ銀行にとっては利害関係があるものと解される。**

説明 Ａ銀行、Ｂ銀行とも、いずれも甲、乙共有当時の甲の持分のみを目的とする抵当権を取得し、Ａ１番、Ｂ２番の順位で登記されているのだから、たとえ、設定者甲が単独所有者となった後、Ａの抵当権の効力を不動産全部に及ぼそうとしてもこれによってＢの利益が害されるいわれはない。これに反し、Ｂのために抵当権の変更の登記が先に行われているときは、Ａがこれに後れて抵当権を変更しようとすれば、当然に、Ｂの有する権利（既に不動産全部に効力を及ぼしている抵当権）を侵すことになる。この場合には、Ｂは、甲の新規取得持分上にＡよりも先に（言わばこの部分に関しては先順位で）登記を受けているわけで、この点に関しては、ＡはＢに対抗することができないのである。Ａが、Ｂに関わりなく変更登記をすることができるとすれ

ば、変更後の不動産全部に及ぶべき抵当権は、本来の順位1番で保全され、Bの既得権利を侵害することになって、不都合である。Bの承諾を得た場合は、Aの変更は付記登記によってされ、したがって、Aは、不動産全部につき、Bに優先するけれども、その承諾が得られない場合は、主登記でされ、甲の新規取得持分に関しては、Bよりも後順位の関係に立つことになる。

第6款　順位の変更

7115　抵当権の順位変更の意義

問　抵当権の順位変更の規定が設けられた理由は何か。
結論　担保権相互間における優先弁済の順位を絶対的に入れ替えるという抵当権の順位の変更が持つ効果を、簡潔明瞭に公示するためである。

説明　民法の一部を改正する法律（昭和46年法律第99号）施行前における民法373条は、抵当権の順位（不登法4条による登記の順位ではなく実質的優先弁済の順位）は登記の前後による旨のみを定めており、抵当権者相互間における優先弁済の順位の入替えは民法376条1項に規定される順位の譲渡又は順位の放棄によって実現されてきたが、この順位の譲渡又は放棄は、当事者間においてのみ効力を有する（相対的効力説…多数説）とされているところから、同一不動産上の多数の抵当権者間において絶対的効力に等しい効果を生じさせるためには、関係担保権者相互間において数次にわたる順位譲渡若しくは順位放棄の手続を繰り返さなければならないこととされている。

例えば、優先弁済の順位が1番甲、2番乙、3番丙、4番丁となっている抵当権について、優先弁済の順位を1番丁、2番丙、3番乙、4番甲とするためには、甲と乙・丙・丁間において各1回の計3回、乙と丙・丁間において各1回の計2回、丙と丁間において1回の都合6回にわたる順位譲渡の手続が繰り返し行われなければならない結果、登記自体が輻輳し、公示の一覧性を欠くこととなること、また、根抵当権の立法に際して、確定前の根抵当権について民法376条1項の処分（ただし、転抵当権を除く）を禁じたこと等から、一定要件の下に、簡潔明瞭に初期の目的を達成することができるよう、新たに順位変更

の規定が設けられたものである（同法374条1項（民法の一部を改正する法律（昭和46年法律第99号）施行時373条2項））。

　順位の変更は、関係抵当権者全員の合意により、抵当権相互間の優先弁済の順位を絶対的に入れ替え、あたかも当初から変更後の順位において抵当権の設定がされたと同じ効果を生じさせるものである。

　順位変更の態様としては、従前の順位を逆転させるもの、同順位とするもの等種々考えられる。また、この順位変更は、抵当権相互間のみならず、根抵当権はもちろんのこと、不動産質権、不動産先取特権等の担保権相互間においても妥当するものであると解されている。

　このように、抵当権の順位の変更は、担保権相互間における優先弁済の順位を絶対的に入れ替えるという効果を持つものであるから、担保権と担保権以外の用益権又は所有権に関する権利との間における順位変更は許されないことは論を待たない。

7116　抵当権の順位変更の有効要件

　問　　抵当権の順位変更が有効に成立し、効果を発生させるための要件は何か。

　結論　関係各抵当権者の合意と利害関係人の承諾及び順位変更の登記である。

　説明　抵当権の順位変更を有効に成立させるためには、まず関係各抵当権者の合意が必要である。合意を必要とする抵当権者は、順位変更前の最先順位者と最後順位者及び前両者の中間順位にある全ての抵当権者である。

　具体的に見るならば、例えば、順位1番甲、2番乙、3番丙、4番丁と設定されている抵当権の優先順位を1番丁、2番乙、3番丙、4番甲とする場合の順位変更の合意の当事者は、甲（変更前の最先順位者）、丁（変更前の最後順位者）及び乙・丙（甲・丁の中間順位者）である。甲は優先順位が1番から4番に変更し、丁の優先順位は4番から1番に変更するので、この両者が合意の当事者となることについては疑問の余地はないが、順位変更の前後を通じて、2番・3番という順位が変わらない乙・丙が合意の当事者となる理由は、この両者の持つ優先弁済権の順位が、順位変更前と変更後で異なる（例えば、順位変

更前における乙の優先弁済権の順位は、甲に劣後するが、丙・丁に優先するというものであったが、順位変更後は、丁に劣後するが、丙・甲に優先することに変更されたことになる）地位となるためである。

　次に、順位変更に当たって、利害の関係を有する者が存在する場合は、その者の承諾を得なければならないこととされる（民法374条1項ただし書）。

　利害関係人の例としては、当該順位の変更に係る抵当権を目的とする権利を有する者（転抵当権者、被担保債権の差押債権者及び同質権者、当該抵当権又は順位の譲渡・放棄を受けている者等）であるが、順位変更の結果、これらの者が、変更前より利益を受けることとなる場合には、承諾を要する利害関係を有する第三者とはならない。このことは、単に順位が有利になったことのみならず、自己の抵当権に優先する抵当権の被担保債権額等の考量において利益を有すると判断されるものであることを要する。

　抵当権設定者及び債務者は、利害関係を有する第三者には該当しない。

　なお、以上のように、関係各抵当権者の合意があり、かつ、利害関係を有する第三者の承諾を得たとしても、それのみでは、抵当権の順位変更の効力は有効に生じず、その旨の登記をすることが効力発生要件とされていることに留意すべきである（民法374条2項）。

7117　順位変更の効力の及ぶ範囲

問　抵当権の順位変更は、合意の当事者でない他の担保権者、用益権者、不動産の差押債権者、所有権の仮登記権利者等に対しても絶対的効力を有するのか。

結論　**抵当権の順位変更の合意の当事者、利害関係人及び合意の当事者以外の担保権者に対する関係では絶対的効力を有するが、用益権者、不動産の差押債権者及び所有権の仮登記権利者などに対する関係では効力は生じない。**

説明　抵当権の順位変更の当事者及びその利害関係を有する第三者に対する関係においては、順位変更が有効に成立するための合意の当事者であり承諾権者であるところから、あたかも当初から順位変更後の順位において抵当権が設定されたと同様の法律関係（効果）が生じることとなる。当該順位の変更につき合意の当事者とならなかった他の抵当権者に対する

関係については、民法373条の規定が、いわゆる抵当権相互間における優先弁済順位を最終的に確定させる効果を持つものであるから、合意の当事者とならない抵当権者（根抵当権者はもとより、他の全ての担保権者が含まれると解される）の全てについて、変更後の順位で抵当権が設定されたと同じ効果が生じることとなる。

用益権者、不動産の差押債権者又は所有権の仮登記権利者等に対する関係については、不動産登記法4条において、「同一の不動産について登記した権利の順位は、法令に別段の定めがある場合を除き、登記の前後による。」、また、不動産登記規則2条において、「登記の前後は、登記記録の同一区（甲区、乙区）にした登記相互間については順位番号、別の区にした登記相互間については受付番号による」と規定される以外、抵当権の場合のように「法令に別段の定め」（民法373条、374条は、この別段の定めの一つに当たる）が存在しないところから、原則どおり、不動産登記法4条及び不動産登記規則2条によって、効力の優先劣後が論じられることになる。

したがって、用益権者、不動産の差押債権者又は所有権の仮登記権利者等に対する関係では、当初（順位変更前）の登記の順位又は受付年月日・受付番号の順序によって優先劣後が確定することとなるので、順位変更の効力は及ばないこととなる。

租税債権と抵当権との関係については、この規定のみでは優先劣後は律せられず、更に租税債権の法定納期限と抵当権設定登記の先後によって決せられるものであるから（国税徴収法16条～18条、地方税法14条の10～14条の12）、抵当権の順位の変更の効力は及ばないといえよう。

7118　1番A、2番B、3番Cの3個の抵当権の順位を1番C、2番B、3番Aと変更する場合の手続

問　同一不動産上に1番A、2番B及び3番Cの3個の抵当権が登記されている場合に、その順位を逆にして1番C、2番B、3番Aの順位に変更するには、どうすればよいか。

結論　昭和46年法律99号による改正後の民法373条2項（現行民法374条1項）の規定により、A、B及びCの三者の合意によって、本問のような順位の変更を行い、その旨の登記をすることを要する。

説明 　1番A、2番B、3番Cの3個の抵当権につき、その三者間でCを最も優先させ、その反対にAを最後順位とする場合には、従来、Aの順位をCに譲渡して、その旨の登記をするという方法が採られてきたが、それは、民法376条に規定する順位の譲渡として行われるもので、AとCとの二者間においてのみ相対的に順位転換の効果を生じるにすぎず、中間のBに対する関係ではその順位の譲渡がなかったものとされる。したがって、もしこの順位の譲渡の後に、Cの承諾の下にAの債権が弁済等によって消滅してAの抵当権も消滅すると、Cとしては、もはや順位1番であり得ず、Bとの関係では、本来の順位関係によって律せられ、Bに劣後するのは当然である。したがって、Cとしては、あくまでも順位1番を確保したいというのであれば、Bからもその順位の譲渡を受けておかなければならぬ、ということになり、その旨の登記を必要とするわけだが、Bとの関係において相対的にそのようになるにすぎない。

　そこで、A、B及びCの三者間において、絶対的に、1番C、2番B、3番Aとする法的措置が講ぜられれば、それこそ実際の経済（金融）取引の要請に応えるものといえる。昭和46年法律第99号による改正後の民法373条2項の規定は、この絶対的な順位の変更についての途を開いたものである。それは、関係抵当権者の全員の合意を必要とし、しかもその旨の登記をしなければ効力を生じないとする（同条3項（現行民法374条2項））。この関係抵当権者の全員とは、順位の変更に関わりのある抵当権者全員ということで、つまり変更前の最優先順位者と変更前の最後順位者及びこの二者の中間の順位者の全員ということを意味する。したがって、本問の場合には、A、B及びCの三者全員の合意を必要とするのである。Bは、変更後も2番で、変更前の地位と変わりがなく、何ら関係がないようにも解されようが、しかし、この点が従前行っている民法376条の順位の譲渡と趣を異にするもので、A、B及びCの三者間で絶対的に順位を変更するということになれば、変更前の2番と変更後の2番とでは、法律的には同質のものとは言い得ず、Bの関与なしには、このような絶対的な順位の変更というものは、行われない。

　抵当権の順位の変更は、その順位の譲渡（又は放棄）の場合と違って、その旨の登記をしなければ、その効力を生じない。そして、その登記の申請は、関係当事者全員において行うことを要する、本問の場合は、A、B及びCの三者が、それぞれの抵当権の登記識別情報を提供して、一挙にその順位変更の登記

を申請することを要する。

7119 1番A、2番B、3番C、4番D、5番Eの5個の抵当権の順位を1番B、2番A、3番E、4番D、5番Cと変更する場合の手続

問 同一不動産の上に、1番A、2番B、3番C、4番D、5番Eの5個の抵当権の登記が行われている場合において、1番B、2番A、3番E、4番D、5番Cの順序にそれらの順位の変更をするには、どうすればよいか。

結論 A及びBの順位の変更の合意と、別にC、D及びEの三者間の合意とを必要とする。前者の合意により1番B、2番Aとし、後者の合意によって3番E、4番D、5番Cとして、それぞれ各別にその順位変更の登記を行うことを要する。

説明 本問の場合は、A及びBのグループと、C、D及びEのグループに分けて、その順位の変更が行われると見てよい。すなわち、AとBとの間での順位変更の合意と、C、D及びEの三者間での順位変更の合意とによって、本問の順位の変更を行うことができる。しかし、前者のグループの合意と後者のグループの合意とが同時にされなければならないかといえば、必ずしもその必要はないものと解する。時を異にして、この二つの合意がされ、その旨の順位の変更の登記が各別に行われても、本問の効果を上げることができることに変わりがない。もし、本問が、1番B、2番C、3番E、4番A、5番Dという順序の順位の変更を求めるというのであれば、その全員が等しく関係当事者として、一挙に順位の変更をする旨の合意をしなければならない（この場合には、A、B、C、D及びEの五者による1個の登記申請で、順位変更の登記を求めることができる）。

本問の場合は、A及びBの申請によって1番B、2番Aとする順位変更の登記を行い、さらにC、D及びEの三者の共同申請によって3番E、4番D、5番Cとする順位変更の登記を行うことを要する。そして、この二つの登記の申請は、必ずしも同時に行う必要はない。しかし、同時に申請することはもちろん差し支えないが、同一の申請によってすることはできない。それは、A、Bのグループの合意と、C、D及びEのグループの合意とは、別異のものだけ

に、登記原因が同一だと見るわけにはいかないからである。

7120 数個の抵当権の中間順位に地上権の登記がある場合の順位の変更の手続

問 1番A、2番B（地上権）、3番C、4番Dという順序で、Bの地上権の登記を挟んで、A、C及びDの3個の抵当権の登記がされている場合において、その抵当権の順位を逆にD、C、Aの順位に変更するには、どうすればよいか。Bの合意を必要とするか。

結論 **A、C及びDの三者の合意により順位の変更を行い、その旨の登記をすればよい。B（地上権者）は、その三者の合意に参加することはできないが、Bにとっては、順位の変更がなかったものとして取り扱われる。**

説明 民法374条1項の規定は、抵当権の順位すなわち優先弁済権の順位の変更を規制するもので、したがって、抵当権の効力に関する規定が準用されるところの、不動産質権や登記された先取特権についても、その順位の変更（それは、抵当権を含む数個の担保権間の順位の変更として）が認められるが、担保権以外の用益権や処分の制限あるいは仮登記上の権利といったようなものを含めての順位の変更までも認めているわけではない。したがって、本問の場合に、A、B、C及びDの四者間の合意ということは考えられず、仮にそのような合意をして、2番Bの地上権を4番の最後順位にしようとしても、そのことは法律的に見て無意味なことである（無効といってよい）。抵当権者であるA、C及びDのみが合意の当事者となることができる。そして、この三者の合意が成立して、本問の順位の変更の登記を行うと、その登記によって順位変更の効力が生じるが、しかし、その効力は、A、CおよびDの三者間においてこそ絶対的に発生するものだが、合意の当事者以外のB（地上権）を拘束するものではない。Bにとっては、順位の変更がなかったものとして取り扱われる。そのことは、当初の設定登記の順位に従って、地上権との優劣が決せられるということである。なお、本問の順位の変更の登記については、Bは、利害関係を有する第三者に該当しないので、その承諾を証する当該者の作成した情報又は当該者に対抗することができる裁判があったことを証す

る情報を提供する必要はない。

7121 順位の変更とその利害関係を有する者

問 抵当権の順位の変更には利害関係を有する者の承諾を要するというが、その利害関係を有する者とは、どのような者か。

結論 **順位変更に関係の抵当権を目的とする権利（例：転抵当権）を有する者が典型とされる。ただし、順位変更によって利益を受けるといったような場合は、利害関係を有する者とならない。**

説明 抵当権の順位の変更は、これにつき、利害関係を有する者があるときは、その承諾を得なければ、これをすることができない。その利害関係を有する者としては、転抵当権者のほかに、当該抵当権の被担保債権が質入れされた場合の債権質の権利者、当該抵当権に対して処分をしている先順位の抵当権者（例：順位変更をしようとする抵当権者に対して、順位譲渡をしている先順位の抵当権者）。ただし、順位の変更が、これらの権利者にとって有利になるといったような場合には、これらを利害関係を有する者と考える必要はない。例えば、順位3番の抵当権の上に転抵当権が登記されている場合に、その原抵当権の順位が変更されて順位1番となるようなときには、転抵当権者の承諾は必要ない。なお、設定者や債権者も利害関係を有する者ではない。

第7款 その他

7122 目的物件でない土地にされた抵当権設定登記の更正の可否

問 甲土地について抵当権設定の契約をし、当該土地に抵当権の設定の登記をすべきを、誤って乙土地につき登記を申請し、その登記を完了したことを発見した場合に、この登記につき甲土地についての抵当権の設定の登記とする更正の登記を申請することができるか。

| 結論 | 本問のような更正登記をすることはできない。

| 説明 | 一般に、更正の登記をすることができるのは、完了した登記につき存する錯誤又は遺漏がある場合に、その更正により、その更正前の登記と更正後の登記の同一性を害しない場合のみに限られ、原則として、錯誤又は遺漏の程度が軽微であって、更正しなくても当該登記事項全体から見て実質関係との同一性を表すものと認められることを要する。つまり、更正しなくても実質関係についての有効な登記として取り扱われる場合である。本問の乙土地にされた登記は、実質関係と全く対応しないために、もとより無効な登記であり、これについての更正登記は許されない。この場合には、まず、錯誤を原因として乙の土地にされた登記を抹消し、改めて、甲の土地につき抵当権の設定の登記を申請するほかはない。

7123 抵当権の変更登記の申請をする場合に提供する登記識別情報

| 問 | 抵当権の変更登記を申請する場合、申請情報と併せて提供する「登記義務者の登記識別情報」は、抵当権設定者のものか、抵当権者のものか。

| 結論 | **抵当権の変更登記は、抵当権者と抵当権設定者（目的物件の権利者）の共同申請によるが、当該変更の登記により利益を受ける者が登記権利者となり、反対に不利益を受ける者が登記義務者となって申請するものだから、抵当権者に有利なときは抵当権設定者の登記識別情報、抵当権設定者に有利なときは抵当権者の登記識別情報をそれぞれ提供する。**

| 説明 | 不動産登記規則22条の規定により、登記の申請情報に併せて「登記義務者の登記識別情報」を提供させる趣旨は、その登記をすることにより直接不利益を受ける者（登記義務者）が当該登記を真実申請しているかどうかを担保するためである。つまり、登記識別情報を所持している者は通常その登記を受けた者本人であり、登記義務者の登記識別情報の提供がある限り、形式的には、その者が真実登記を申請する意思があるものと認定されてよい。そこで、抵当権の変更の登記の申請の場合について考えるに、その変更登記をすることによって直接不利益を受ける者（すなわち登記義務者）

が抵当権者である場合には、先にされた当該抵当権の設定の登記の登記識別情報を提供すべきであり、またそれが抵当権設定者であるときは、抵当権設定者（当該抵当権の目的の所有者）の所有権の登記（保存登記又は移転登記）の登記識別情報を提供する。例えば、債権額の減少、利率又は遅延損害金の低減等の場合は、抵当権者に登記記録上不利益となる変更の登記であるから、抵当権者の登記識別情報を提供すべきであり、これと逆に利率の増加、利息の元本組入れ等の場合は、抵当権設定者の登記識別情報を提供すべきことになる。

7124　抵当権の設定登記後に期限利益の喪失約款及び遅延損害金の定めを追加することの可否

　問　　抵当権の設定登記後、その登記に期限の利益の喪失約款及び遅延損害金の定めを追加することができるか。また、できるとした場合、どのような登記手続をすることになるか。

　結論　**遅延損害金の定めの追加は、抵当権の変更又は更正の登記の方法によってすることができる。しかし、期限の利益の喪失約款は、もともと登記することができない。**

　説明　　抵当権の設定契約をし、その登記を受けた後において、当該抵当権の内容又は登記事項に変更を生じるに至った場合は、その変更に関しても、原則としてその登記をしなければ、第三者に対抗することができない。

　本問の期限の利益の喪失約款は、弁済期に関する定めの一種と解されるが、弁済期は登記事項ではないことから、これを追加する変更の登記をすることはできないが、遅延損害金の定めを追加する抵当権の変更の登記はもちろん可能と解される。そこで、本問の場合を考えると、質問には明らかにされていないが、次の二つの場合が考えられる。すなわち、①当該期限利益の喪失約款及び遅延損害金の定めが債権契約締結の当初からされていたが、抵当権の設定登記の際は損害金の定めを登記事項として申請しなかったものを改めて登記しようとする場合、②新たに追加しようとする前記二つの事項が、債権契約締結の際は特に契約条項とされていなかったものをその後当事者の間で任意に追加変更契約を結び、損害金の定めを追加しようとする場合である。本問の場合の事例として以上二つの場合が考えられるが、損害金の定めを追加する変更登記をす

ることができることについては両者の間に差異はない。

7125 民法370条ただし書の定めを廃止する変更の登記と後順位抵当権者又は転抵当権者の利害関係の有無

問 抵当権設定の登記後、変更契約により「土地の上に生立する樹木につき抵当権の効力は及ばない」旨の民法370条ただし書の定めを廃止する変更の登記を申請する場合には、後順位の抵当権者は、登記上の利害関係を有する第三者に該当するか。また、転抵当権者が存する場合はどうか。

結論 後順位抵当権者は、本問の抵当権の変更の登記につき登記上の利害関係を有する第三者に該当するが、転抵当権者は、該当しない。

説明 順位1番の抵当権の設定の登記において、当該抵当権は、民法370条ただし書の規定により抵当不動産の上に生立する樹木につきその効力が及ばない、とする特約の登記をしているときは、その後その特約を廃止しても、その旨の変更の登記をしなければ、順位1番の抵当権者は、樹木に抵当権の効力の及んでいることを第三者に対抗することができない。

すなわち、民法370条ただし書の定めの特約の廃止の変更の登記は、抵当不動産の競売がされた場合に、樹木の換価代金についても、抵当権者として優先弁済を受けることができることを第三者に対抗するためにされるのである。そして、同条ただし書の定め（特約）の廃止の変更登記は、不動産登記法66条に規定する「権利の変更の登記」だから、後順位の抵当権者は、登記上の利害関係を有する第三者に該当するので、その承諾を証する当該者の作成した情報又は当該者に対抗することができる裁判があったことを証する情報を申請情報と併せて提供するときは、その変更の登記は付記登記でされ、それを提供することができないときは、この変更の登記が主登記でされる。後者の場合には、その変更登記後に登記された権利者には抵当権が抵当不動産上の樹木に及んでいることを主張することができるけれども、変更前に既に登記した後順位抵当権者には、抵当不動産上の樹木に抵当権の及んでいることを対抗することができない。

なお、この変更登記をしようとする抵当権の転抵当権者は、変更の登記につ

いて利益を享受するにとどまり、不利益を受けないから、登記上の利害関係を有する第三者に該当しない。

7126 登記原因日付の更正

問 利息に関する定めのある抵当権の設定の登記に後れる第三者の差押えの登記がある場合において、当該設定の登記原因日付を過去に遡らせる更正の登記には、当該差押債権者の承諾を証する情報の提供を要するか。

結論 **本問の更正登記において、当該差押債権者の承諾を証する情報を提供することは必ずしも必要ではないが、登記記録上、利息に関する定めに基づき優先弁済を受けることができる範囲が拡大することとなるときには、当該情報が提供されない場合には、付記登記で行うことはできず、主登記によって行う。**

説明 権利の更正登記を行うに当たり、登記上の利害関係を有する第三者がある場合でその承諾があるとき、又は当該第三者がないときは、当該更正登記を付記登記によってすることができ、その他の場合は、主登記によってすることとなる。

この「登記上の利害関係を有する第三者」とは、登記記録の記録から見て、一般的に損害を受けるおそれがあると認められる第三者をいい、例えば、抵当権（根抵当権）の債権額（極度額）の増額の登記がされる場合の後順位担保権者等がこれに当たるとされている。

これらを踏まえ、利息に関する定めのある抵当権の設定の登記に後れる差押えの登記に係る差押債権者が「登記上の利害関係を有する第三者」に当たるかどうかであるが、被担保債権の発生原因及びその日付の記載がない抵当権の登記についての更正登記においては、その登記の性質上、登記上の利害関係を有する第三者は存在せず、常に付記登記によってすることができることとなるものの、「利息に関する定め」は、抵当権を行使することができる最後の２年分に関するものとして公示されているものであって、配当期日から登記原因の日付から配当期日まで（２年未満分）につき優先行使することができることが公示されていたわけではないとして、当該差押債権者は、当該更正の登記について登記上の利害関係を有する第三者に当たらないとも考えられる。

しかし、更正前の原因日付から２年を超えない日にその更正登記が申請された場合には、更正後の原因日付からすると、満２年分の利息を優先弁済額とすることとなって、登記記録上、更正前と比べて利息分につき当該抵当権により担保される額が増加することとなるため、後順位の差押債権者は「登記上の利害関係を有する第三者」に該当することとなる。よって、本問の場合において、登記記録上、利息に関する定めに基づき優先弁済を受けることができる範囲が拡大することとなるときには、当該更正の登記の申請情報と併せて当該差押債権者の承諾を証する当該者の作成した情報又は当該者に対抗することができる裁判があったことを証する情報が提供されなければ、付記登記によることはできず、主登記によって登記されることとなる。

第4節

抵当権の移転

第1項 総説

7127 抵当権の移転及びその登記の意義

問 抵当権の移転の各種の態様とその登記の意義はどのようなものか。

結論 抵当権の被担保債権が譲渡等によって移転したときは、抵当権の随伴性により、反対の意思表示がない限り、抵当権も移転する。

また、被担保債権の全部又は一部について、第三者から代位弁済がされた場合には、その第三者は債権者に代位し、債権者が有していた債権及びそのための担保権を行うことができる。

なお、抵当権の移転について、登記は対抗要件である。

説明 抵当権の被担保債権が譲渡、転付命令、相続（一般承継）その他の原因によって移転したときは、いわゆる抵当権の随伴性によって、反対の意思表示のない限り、抵当権も債権を取得した者に移転する（債権譲渡の場合、抵当権を随伴させない特約があるときは、抵当権は移転せず、結局消滅することとなる）。なお、数人で被担保債権及び抵当権を共有している場合に、当該債権が可分であるときは、共有者の一人が、その債権を共有者若しくは第三者に移転した場合又は共有者について相続（一般承継）が生じた場合には、債権とともに抵当権の持分も移転することとなるであろうが、共有者の一人が、その債権に従って抵当権の持分を放棄したときは、民法255条の例外として、債権自体は、他の共有者に帰属しないものと解するが、抵当権については、当該共有者の持分は、当然他の共有者に帰属し、形式的に持分移転があ

るものと解してよい。共有者の一人の債権が免除その他の事由により消滅した場合も、同様に抵当権の持分の移転が生じるものと解される。次に、被担保債権が不可分であるとき（同法428条）は、共有者の一人が持分を放棄すれば、債権も他の共有者に帰属し、したがって、抵当権の持分も他の共有者にその持分に応じて移転する。このことは、当該共有者の債権が免除等により消滅したときも同様であり、債権の持分が移転したときも同様に解される。さらに、抵当権の共有者が、その持分のみを放棄したときも、当該持分は、他の共有者にその持分に応じて移転する。

なお、被担保債権の一部が移転した場合は、抵当権の一部移転、すなわち各債権者の各自の債権額の割合による持分をもって、抵当権の準共有関係を生じる。なお、債権の一部移転の場合に、目的不動産を分割してそれぞれの債権を担保する単有の抵当権とすることができるかどうかは、疑問があるが、抵当権の不可分性から考えて消極に解するのが相当である。

第二に、被担保債権の全部又は一部について、第三者より代位弁済がされた場合には、その第三者は債権者に代位し、債権者が有していた債権及びそのための担保権を（債務者に求償することができる範囲において）行うことができる。すなわち、弁済した債権の全部又は一部及びその抵当権の全部又は一部の弁済者への移転が、法律上当然に生じるのである（民法501条参照）。この場合の債権の一部移転については、前述の債権の一部譲渡と同様の法律関係になるのである。なお債権の一部（例えば金100万円の債権のうち60万円）について抵当権が設定されている場合、その債権全部（すなわち金100万円）の移転（債権譲渡による場合のみならず代位弁済等による移転を含む）があった場合は問題ないが、その債権（金100万円）の一部の移転があった場合には、移転を受けた者は、その債権全部について抵当権を取得するのではなくして、移転を受けた者の債権額と、債権者（抵当権者）の残存債権額との割合による持分をもって、当該抵当権を準共有すると解すべきである。

債権の全部又は一部の譲渡による抵当権の移転の場合にあっては、債権譲渡の対抗要件として、民法467条の規定による債務者への通知又は債権者の承諾（譲渡事実の了知である）を必要とするのであり、さらに抵当権の移転については、その対抗要件として、その登記を必要とする。そして、債権譲渡の対抗要件の具備は、登記の後であってもよいが、債権の二重譲渡の場合には、抵当権移転の対抗要件（登記）を具備しても、他の譲受人が債権譲渡の対抗要件を先

に具備すると、結局債権譲渡の対抗要件を先に具備した当該他の譲受人が抵当権をも取得することになる。また、代位弁済による抵当権の移転の登記は、同法501条1号の規定によれば、「あらかじめ」することを要するが、その趣旨は、当該不動産について、代位弁済後、新たな第三者の権利の登記がされる以前であればよいと解されている。なお、いまだ代位弁済がされないときにおいても、保証契約が成立しているときは、保証人は、代位によるこの抵当権の移転の仮登記をすることができる。

第2項 抵当権移転の要件

7128 抵当権の移転の生じる場合

問 抵当権の移転の生じる場合にはどのようなものがあるか。

結論 **抵当権の被担保債権の譲渡による場合、抵当権の被担保債権の転付命令による場合、抵当権の被担保債権の相続その他の一般承継による場合、抵当権の被担保債権の代位弁済による場合、抵当権の準共有者の持分の移転、放棄、消滅の場合、民法392条2項後段の規定による共同抵当の場合の後順位抵当権者の代位による場合等が考えられる。**

説明 抵当権は、その性質上一身専属権ではなく、その移転性のあることはいうまでもないが、抵当権の移転の生じる場合としては、①抵当権の被担保債権の譲渡（贈与、交換その他移転の生じる契約を含む）による場合、②抵当権の被担保債権の転付命令による場合、③抵当権の被担保債権の相続その他の一般承継による場合、④抵当権の被担保債権の代位弁済（第三者弁済）による場合、⑤抵当権の準共有者の持分の移転、放棄、消滅の場合及び⑥民法392条2項後段の規定による共同抵当の場合の後順位抵当権者の代位による場合等が考えられる。もっとも、最後の共同抵当の後順位抵当権者の代位による移転は、その他の場合の移転とはその意義を異にする。

そして、以上の場合の抵当権の移転は、相続その他の一般承継による場合を除き、一般にその登記をしなければ第三者に対抗することができない。なお、民法376条1項の規定による「抵当権……の譲渡」は、以上の場合の移転と同

様の意味における抵当権の移転ではない。

7129 被担保債権全部の譲渡による抵当権の移転

問 債権譲渡又は契約等により、抵当権は移転するか。

結論 **抵当権は、その被担保債権に従たる権利であり、したがって、被担保債権が譲渡されれば、抵当権も当然に譲受人に移転する。なお、特約により債権のみを譲渡した場合は、当該抵当権は消滅する。**

説明 抵当権の被担保債権の全部が譲渡された場合には、抵当権は、被担保債権に従たる権利であり、いわゆる抵当権の随伴性(抵当権の被担保債権について譲渡その他の処分がされると、抵当権も、その処分に従うこと)によって、原則として、当然(抵当権も移転する旨の何らの意思表示を要せずして)被担保債権とともに、その譲受人に移転する。抵当権は、その被担保債権を担保することをもって、その存在理由とするのであり、被担保債権が譲渡され、譲渡人の下に債権が存在しなくなったときに、なお抵当権のみが譲渡人の下に残存することはあり得ない。被担保債権がその同一性を失わずして承継されるときは、原則として(すなわち抵当権を随伴させない旨の反対の意思表示のない限りは)、抵当権もまた債権とともに譲受人に承継されるものと解することが、抵当権の性質に合致するのみならず、被担保債権が譲渡されるときには、抵当権により担保される経済上価値の多い債権として取引する当事者の通常の意思にも適合する。しかし、当事者は、その反対の意思表示すなわち抵当権を随伴させない旨の特約をすることもできる。このような特約のあるときは、抵当権は、被担保債権の譲受人に移転せず、消滅することになる(債権を有しない譲受人の下に抵当権のみを存在させることは無意味だからである)。

7130 被担保債権の一部の譲渡による抵当権の移転

問 抵当権の被担保債権の一部が譲渡されると、抵当権の一部も、抵当権の随伴性により移転することとなるわけであるが、その場合の法律関係はどうか。

結論 **抵当権の不可分性により、その抵当権は、債権者の各債権額の割**

合における持分をもって、準共有の関係となる。

説明 　抵当権の被担保債権の一部（例えば100万円のうち60万円）が譲渡された場合も、全部譲渡の場合と同様、抵当権がその随伴性により移転するが、この場合には、もちろん、抵当権の全部移転を生じることなく、抵当権の不可分性（民法372条、296条参照）から、抵当権について各債権者が各自の債権額の割合における持分（設例の場合は4：6）をもって準共有関係（同法264条参照）を生じるものと解する。譲渡された債権も、譲渡されない債権も、いずれも抵当権の不可分性によって、抵当権の目的物の全部によって、それぞれ担保されているのであり、抵当権自体が分割されることはない。

7131　相続その他一般承継による抵当権の移転

問　抵当権者が死亡した場合又は合併により消滅した場合は、相続人又は存続会社若しくは新設会社に抵当権が当然に移転するのか。また相続人が複数人の場合はどうなるか。

結論　**いずれの場合も当然に移転する。相続人が複数人ある場合は、その相続分に応じて承継することになるが、この場合、抵当権は分割することができないので、準共有することになる。**

説明　抵当権者が死亡して、相続が開始した場合又は抵当権者たる会社が合併により消滅し（新設合併すなわち抵当権者たる会社と他の会社が合併によりいずれも消滅し、新設会社が設立される場合及び抵当権たる会社が他の会社に吸収合併されて消滅する場合をいう。抵当権者たる会社が他の会社を吸収合併して存続する場合は、抵当権の移転は生じない）、法律上他の者が抵当権者の一切の権利義務を承継する場合には、相続人や合併により設立され、若しくは合併後存続する会社又はその他の一般承継人が、当該抵当権の被担保債権及び当該抵当権を承継取得する。そして、共同相続の場合すなわち相続人が複数人存在するときには、被担保債権の各法定相続分に応じて抵当権を準共有することになる。この場合、被担保債権が、金銭債権のように可分であるときでも、抵当権を分割することはできない。また、共同相続人間で遺産分割の協議、調停又は審判によって、当該抵当権の被担保債権を取得した相続人は、相続開始の時に遡って当該抵当権及び被担保債権を相続により取得することにな

る。なお、相続放棄をした者又は相続分のない者若しくは相続権を喪失した者は、被担保債権及び抵当権を取得することができない。

7132 新設分割による抵当権の移転

問 抵当権の消滅後、当該登記をする前に抵当権者につき新設分割が行われた場合の登記申請手続はどうなるか。

結論 新設分割計画に新設分割設立会社が当該登記申請義務を承継する旨の記載がある場合に限り、その抵当権の登記の抹消の申請を、新設分割設立会社が登記権利者としてすることができる。なお、当該記載がない場合には、新設分割会社が登記権利者としてすることとなる。

説明 新設分割による権利義務の承継は、新設分割計画の記載に従って、法律上当然に生じるものとされており（会社法764条1項、766条1項）、その性質は、相続や会社の合併による承継と同様の一般承継（包括承継）であるとされている。したがって、新設分割前に新設分割会社について既に発生していた登記請求権又は登記申請義務についても、新設分割計画にその承継に関する記載がある場合には、当然に新設分割設立会社に承継されることとなる。なお、新設分割計画に登記請求権等の承継に関する記載がない場合には、実体法上、当該登記請求権等は承継されないことから、新設分割会社がその登記を申請することとなる。

また、本問のとおり登記を申請するに当たっての必要な添付情報については、「登記権利者、登記義務者又は登記名義人が権利に関する登記の申請人となることができる場合において、当該登記権利者、登記義務者又は登記名義人について相続その他の一般承継があったときは、相続人その他の一般承継人は、当該権利に関する登記を申請することができる。」と不動産登記法62条で規定されており、新設分割による権利義務の承継については不動産登記令7条1項5号イの規定が適用されるものと考えられる。

新設分割に係る会社分割の効力は、本店所在地において設立の登記をしたときに生じることとされている（会社法49条、764条1項、766条1項）ので、当該新設分割の記載のある会社の登記事項証明書が必要となる。なお、新設分割設立会社の会社法人等番号が提供されたときは、登記事項証明書の提供に代える

ことができる（平27.10.23第512号通達）。また、新設分割設立会社が登記申請をするには、新設分割会社が有していた登記請求権等が新設分割によって新設分割設立会社に承継されている必要があり、このことは、新設分割計画の記載によって明らかにされるので、新設分割会社が有していた登記請求権等を新設分割設立会社に承継する旨の記載のある新設分割計画を提供する必要があり、その申請を担保するための新設分割計画の作成者の印鑑証明書も必要となる。つまり、本問の場合、登記申請義務の承継人としての地位を証する情報として、これらの情報が提供された場合は、新設分割設立会社が登記義務者の承継人としてその登記の抹消を申請することができる。

7133　転付命令による移転

問　抵当権付債権が差し押さえられ、次いで当該債権の全部又は一部について転付命令がされた場合には、抵当権もそれとともに移転するが、一部の移転の場合はどうなるか。

結論　**抵当権は分割することができないので、準共有の関係になる。**

説明　民事執行法による抵当権付債権に対する強制執行として、当該債権が差し押さえられ（同法143条、145条参照）、次いで、転付命令（同法159条、160条参照）が当該債権の全部又は一部についてされた場合には、当該転付命令に関わる債権の全部又は一部が、差押債権者に移転し、したがって、抵当権の随伴性により、抵当権もその全部又は一部が差押債権者に移転する（債権の一部の転付命令による移転の場合は、債権の一部の譲渡の場合と同じく、抵当権の準共有を生じる）。なお、抵当権の被担保債権が「有体物の引渡又は給付の請求」である場合には、転付命令をすることができない（同法159条参照）。

7134　代位弁済による移転

問　第三者、保証人等が債務の一部又は全部について債務者に代わり弁済すれば、抵当権もその第三者又は保証人等に移転するが、この場合の「弁済」「代位」等の意義はどのようなものか。

結論　**弁済又は代位により、債権者の債権及び担保権が、求償権の範囲**

内で弁済等をした第三者等に法律上当然に移転するが、これは第三者等の有する求償権を確保し、第三者弁済等が容易に又は円滑に行われるために認められたものである。

説明 　第三者又は保証人若しくは共同債務者（連帯債務者等）の一人が、債務者に代わりその債務の弁済をした場合には、その弁済者が債務者に対し取得する求償権の範囲内において、その「債権の効力及び担保としてその債権者が有していた一切の権利を行使することができる」のである（民法501条）。ここで、「弁済」とは、任意弁済のみならず、代物弁済、供託、相殺その他弁済と同視すべき債権の消滅行為をも含む。例えば、保証人その他の第三者が、債権者から強制執行を受け、その財産の競売代金から債権者が弁済を得た場合や、物上保証人が担保として提供した財産について競売法による競売がされ、競売代金から債権者が優先弁済を受けた場合も含まれる。なお、保証人及び連帯債務者は、民法459条、351条、442条等の規定により、当然求償権を取得するし、また、一般の第三者は、弁済の委託を受けて債務者に代わって弁済したときには、委任事務の処理費用として同法650条の規定により、弁済の委託を受けないで債務者に代わって弁済したときは、事務管理費用として同法702条の規定により、それぞれ求償権を取得することになる。

　民法501条に規定するいわゆる「債権の効力及び担保としてその債権者が有していた一切の権利を行使することができる」というのは、債権者の債権及び担保権が、求償権の範囲内で弁済した第三者に法律上当然移転することをいう。第三者の有する求償権を確保し、第三者弁済が容易に又は円滑に行われるために認められた措置である。

　抵当権付きの債権について、第三者弁済がされた場合には、前記のように全て第三者が求償債権を取得し、その求償債権の範囲内で（すなわちその債権額を限度として）、抵当権付債権の全部又は一部が代位弁済者に移転し、抵当権も移転することになる。

　なお、代位には、法定代位と任意代位とがある。法定代位すなわち弁済について正当の利益を有する者（債務者に代わって弁済しないと、自己の財産について強制執行を受けるおそれがある保証人や、自己の提供した物上担保が実行されて自己の財産を失うおそれのある物上保証人や、その債権を担保する担保権の目的物の第三取得者、連帯債務者、後順位担保権者、一般債権者等）が債務者に代わって弁済した場合には、法律上当然に（債権者の同意も、債務者への通知又は債務者

の承諾を必要としないで）代位し、債権及び抵当権を取得する。一方、任意代位すなわち弁済につき正当の利益を有しない第三者が、債務者に代わり弁済した場合には、債権譲渡の場合と同じく、債権の移転についての対抗要件として、民法467条の規定による債務者への通知（この通知は債権者がする）又は債務者の承諾（事実の了知）を必要とするのである。

　次に、債権の全部の代位弁済の場合には、もし代位弁済者の求償債権が原債権の債権額を超えるときは、原債権及び抵当権の全部が代位弁済者に移転するが、代位弁済者の求償債権が原債権の債権額より小さいときは、その求償債権に相応する原債権の一部及び抵当権が移転する。すなわち、原債権者は、債権の全部の弁済を受けている以上、抵当権の一部をなお有していることはあり得ず、したがって、結局抵当権の被担保債権額が減少して、その抵当権の全部が代位弁済者に移転するのである。また、債権の一部の代位弁済のときには、代位弁済者は、その弁済した価額（求償債権ではない）に応じて債権者とともに、その権利を行うものとされ（民法502条1項参照）、結局抵当権を、弁済した額と残存債権額の割合の持分で、代位弁済者と債権者が準共有することになる。

　次に、代位弁済をすることについて正当の利益を有する者が数人存在する場合について、民法501条各号は、その相互間の優劣を規定して、その利害の均衡衡平を図り、法律関係を紛糾させないように、次のように配慮している。

(イ)　保証人と担保の目的物の第三取得者との間においては、保証人は第三取得者に対しては、全額について代位する（民法501条1項。換言すれば、例えば、保証人が代位弁済したときには、第三取得者の所有不動産上に存した抵当権を代位により取得する）。

(ロ)　第三取得者は、保証人及び物上保証人に対しては、代位しない（民法501条3項1号。換言すれば、第三取得者が任意弁済し、また、担保権が実行され、所有権を失っても、保証の効力を享受することができず、保証人及び物上保証人に対して、保証債務の履行を請求することができない。つまり、代位弁済者たる第三取得者の代位により取得する債権は、保証人及び物上保証人により保証されないのである）。第三取得者は、その担保権の負担を覚悟して、目的物の所有権を取得した者であり、抵当権消滅請求その他の方法により、保護されているからである。

(ハ)　第三取得者相互間にあっては第三取得者の一人が代位弁済をしたときは、各不動産の価格に応じて、他の第三取得者に代位することができる（民法

501条3項2号）。例えば、甲不動産（価格10万円）、乙不動産（価格5万円）の上に、それぞれ代位弁済に係る債権の担保として抵当権が設定されているときに、甲不動産をAが、乙不動産をBが、取得した場合において、Aが任意に弁済し、又は甲不動産の抵当権が実行されてその所有権を失ったときはAはその代位弁済額（求償債権額）のうち、甲不動産の価格と乙不動産の価格に按分比例して、乙不動産の価格に相応する額のみについて、乙不動産の抵当権に代位することができる（例えばAの代位弁済額が12万円とすれば、4万円について不動産上の抵当権を取得することになる）。この場合、不動産の価格の算定する時期及び方法については、解釈上疑問がある。

(二) 物上保証人相互間にあっては、前記(ハ)の第三取得者相互間と同様であって、各物上保証人の担保提供に係る不動産の価格に応じて、他の物上保証人の所有の不動産上の抵当権に代位することができる（民法501条3項3号）。

(ホ) 保証人と物上保証人相互間にあっては、原則としてその頭数に応じて代位することになるのである（民法501条3項4号本文参照）。例えば、10万円の債権について保証人甲、物上保証人乙がある場合、甲が代位弁済をしたときは、物上保証人の所有不動産上の当該抵当権について2分の1の5万円だけ代位することができることになり、乙が代位弁済した場合には、やはり5万円だけ保証人が保証することになるのであるし、保証人が三人で物上保証人が一人の場合は、保証人の一人が代位弁済したときは、他の保証人に求償することができるほか、物上保証人に対して2万5,000円だけ代位することができることになり、物上保証人が代位弁済したときは、2万5,000円宛て各保証人に代位することができることになる。なお保証人が同時に物上保証人である場合には、一人として計算する（大判昭9.11.24民集13巻23号2153頁参照）。

(ヘ) 物上保証人が数人である場合には、保証人の負担部分を除きその残額について、各物上保証の目的財産の価格に応じて物上保証人に代位することができる（民法501条4号ただし書参照）。例えば、10万円の債務について保証人甲、乙、物上保証人丙、丁が存し、丙の不動産の価格が9万円、丁のそれが6万円とすると、代位弁済者は、甲乙の負担部分5万円（同号本文により甲、乙、丙、丁の頭数に応じることとなる結果、甲2万5,000円、乙2万5,000円につき代位されることとなる）を控除した残額5万円について、不動産価格に応じ、すなわち9万円と6万円との割合で、丙に対し3万円、丁に対し2万円

だけ代位することになる。

7135 被担保債権が共有の場合の共有持分譲渡又は放棄による移転

問 抵当権の被担保債権が数人の準共有の場合において、その一人が自己の持分を他に譲渡した場合には、抵当権もそれに従って移転するが、この場合の法律関係はどのように見てよいか。持分放棄の場合はどうか。

結論 共有持分の譲受人は、譲渡人と同様の立場となり、抵当権を準共有することになる。持分を放棄すれば、その持分は、各共有者の持分の割合で、各共有者に帰属する。

説明 抵当権の被担保債権が数人の準共有に属し、したがって、抵当権を準共有している場合に、その共有者の一人が、債権の自己の持分を他の共有者若しくは第三者に譲渡し、又はその共有者について、相続その他の一般承継が生じた場合には、その債権の持分の移転とともに、抵当権の持分も移転する。

被担保債権及び抵当権の持分を有する準共有者の一人が、自己の債権（可分債権）を放棄した場合には、民法255条の例外として、当該債権の持分自体は、他の共有者に帰属しないものと解すべきだが、抵当権については、当該放棄した共有者の有してきた持分は、他の共有者の持分に応じて帰属するものと解する（それだけ他の共有者の債権の担保される効力が増加することになる）。また、抵当権付不可分債権の準共有者の一人が、その共有持分を放棄すれば、同条の規定より、当該共有者の債権の持分及び抵当権の持分は、他の共有者の持分に応じて、他の共有者に帰属することになる。

抵当権の準共有者の一人が、その抵当権の持分を放棄（絶対的放棄）すれば、当該共有者の抵当権の持分は、やはり民法255条の規定により、他の共有者の持分に応じて他の共有者に移転することになる（放棄した抵当権の被担保債権は無担保債権になる）。また、共有者の一人の債権（可分債権）が弁済、免除等の事由により消滅したときは、その共有者の有していた抵当権の持分は、他の共有者の持分の割合に応じて、他の共有者に帰属すると解してよい。抵当権付きの不可分債権の共有者の持分が、免除等により消滅したときも、同様であ

7136 抵当権の被担保債権を譲渡担保した場合の抵当権移転

問 抵当権の被担保債権を譲渡担保した場合の抵当権移転の登記の登記原因及びその日付は、どうように記録するか。

結論 「○年○月○日債権譲渡担保」と記録すべきである。

説明 譲渡担保とは、物的担保の目的とされるべき権利を担保提供者から債権者に移転することによって、債権担保の目的を達するための法的形式であり、動産の占有を移さずに担保の設定をすることを禁じている質権の規定（民法345条、349条）の不都合を解消するために生み出された慣習上の担保物権（非典型担保）であり、判例もこれを認めている（大判大3.11.2民録20輯865頁）。

譲渡担保の目的は、通常所有権であることが多く、この場合の登記原因は単に「譲渡担保」となり、このような登記記録上の記録だけで当該所有権が譲渡担保とされていることが分かる一方、抵当権の場合は、被担保債権を譲渡担保に供した結果として抵当権が移転する場合と、抵当権のみを譲渡担保とする場合とが考えられる。

本問は前者に該当するが、この場合、被担保債権が移転すれば、原則として、当然に、被担保債権とともに抵当権も移転するという随伴性の性質から、被担保債権が譲渡担保されると、通常の債権譲渡と同様、抵当権が移転されるということになる（ただし、この場合における被担保債権の移転は、抵当権の移転とは別個に、独自の対抗要件が定められている（民法467条1項など））。

登記原因及びその日付の記録については、所有権について譲渡担保に供した場合には、「○年○月○日譲渡担保」と記録するが、抵当権の場合には、被担保債権そのものが譲渡担保に供される結果に伴い、その随伴性の性質によって抵当権が譲渡担保権者に移転されることになるので、所有権の場合における登記原因の記録例では不足であると考えられる。このため、抵当権の被担保債権について譲渡担保に供した場合における抵当権移転の登記原因は債権譲渡担保であり、その日付は債権譲渡担保契約成立の日とするのが相当であると考えられることから、登記原因及びその日付の記録例は「○年○月○日債権譲渡担保」である。

なお、抵当権の被担保債権が譲渡担保の目的であるということを公示上明らかにするため、抵当権の被担保債権を債権質の目的とした場合に準じて、登記原因及びその日付を「○年○月○日金銭消費貸借○年○月○日債権譲渡担保」と記録する方法も考えられるが、譲渡担保は、債権の質入れとは異なり、登記の形式上は完全な権利の移転を表しているため、譲渡担保の被担保債権の成立年月日までをも記録することは必要ではなく、抵当権の被担保債権が譲渡担保とされたことが明らかになるような形で記録されさえすれば、公示上も特段の支障はない。

　なお、抵当権のみを譲渡担保とする場合について、抵当権の譲渡は、抵当権者が他の抵当権者又は一般債権者の利益のためにする行為で、抵当権に基づく優先弁済受領の権利を他の特定の抵当権者又は一般債権者に譲り渡すものであるため、抵当権の処分であり、実体上、抵当権の移転を生じさせるものではないと解されている（民法376条1項）ことから、この場合の登記手続については、被担保債権を譲渡担保に供する場合とは異なり、登記の目的を「何番抵当権譲渡」又は「何番抵当権順位譲渡」のように登記記録に記録され、登記記録上からも抵当権の移転の登記とは全く異なった記録例となる。

第3項　抵当権移転の対抗要件

7137　債権譲渡の対抗要件

問　契約その他により債権を譲渡した場合の対抗要件を備えるためには、どのような手続を要するか。

結論　**譲渡人から債務者への通知又は債務者の承諾を要する。ただし、この場合の書面は確定日付のある証書によるべきである。**

説明　抵当権の被担保債権の全部又は一部の譲渡は、もちろん債権者（譲渡人）とその譲受人との契約等によるものだが、その譲渡を債務者その他の第三者に対抗するためには、民法467条の規定により、譲渡人からの債務者への通知又は債務者の承諾を必要とする。この場合の債務者の「承諾」というのは、同意の意義ではなく、事実の了知つまり債権譲渡のあったことを知っているという意味である。また「通知」は、いわゆる観念の通知

であり、しかも、通知を要しない旨をあらかじめ特約しても、強行法規違反として無効とされており（大判大10．2．9民録27輯244頁参照）、また、観念の通知として債権譲渡のあったことを通知するのだから、債権譲渡前のあらかじめの通知も無効と解してよい。なお、この通知は、債権の譲渡人がするべきものであって、債権の譲受人がしても効力はない。

さらに、債権が甲及び乙へ二重に譲渡され、又は甲に譲渡し、乙に質権を設定する等重複してその処分がされたような場合には、甲が他の譲受人乙又は質権者乙等に、債権譲渡による甲の債権の取得を対抗するためには、この通知又は承諾は、確定日付のある証書（民法施行法5条参照）でしなければならず、甲、乙について、いずれも確定日付のある証書で通知または承諾がされているときは、その確定日付の前後によって優劣が決められる。また、一方が確定日付のある証書により、他方が確定日付のない証書によっていたときには、確定日付のある証書によった方が優先する。そして、もし、甲が優先すれば、乙は債権または質権を取得しないことになるし、乙が優先することになれば、甲は債権を取得できないことになるか又は質権の設定された（質権付きの）債権しか取得することができないことになる。

7138 債権譲渡による抵当権移転の対抗要件

問 被担保債権の全部又は一部の譲渡があれば、抵当権もその随伴性により、全部又は一部が譲受人に移転するわけだが、一部移転の場合は、抵当権は不可分性により分割することができないので、準共有の関係になるのか、この場合の対抗要件を備えるためには、どのような手続を要するか。

結論 抵当権の一部移転の登記をする。なお当該抵当権は、準共有の関係になることはいうまでもない。

説明 抵当権の被担保債権の全部又は一部の譲渡により、抵当権の全部又は一部が法律上当然に（すなわち抵当権の随伴性により）譲受人に移転するが、この抵当権の移転も、民法177条に規定される物権（抵当権）の得喪であるから、第三者に対抗するためには、抵当権の全部又は一部の移転の登記が必要である。この点は、法律上当然の移転であっても、相続その他一般承継による抵当権の移転（法律上当然の移転であっても意思表示を必要と

しない意味の移転）と異なる。

しかし、債権譲渡による抵当権の移転を第三者に対抗するために、その移転の登記を必要とするといっても、債権譲渡そのものの対抗要件との関係から、この第三者には、債権譲渡を対抗することができる第三者を包含しないので、結局、登記の対抗要件としての実益のあるのは、民法376条の規定による抵当権の処分及び抵当権の絶対的放棄がされた場合における受益者に対する関係のみと見てよい。

7139 抵当権の移転登記と債権譲渡の通知又は承諾との関係

問 抵当権の一部又は全部の移転登記を行う場合において、債権譲渡の通知又は承諾がされる前後で、それぞれ効果が異なるものか。

結論 **抵当権の移転の登記をしても、債権譲渡の対抗要件を備えなかったため、債権譲渡の効力がなくなると、登記の効力を生じないこととなる。**

説明 抵当権の被担保債権の全部又は一部の譲渡があった場合には、債権譲渡の対抗要件は、民法467条の規定による通知又は承諾であり、抵当権そのものの移転の対抗要件は、抵当権の全部又は一部の移転の登記であるが、この二つの対抗要件の相互の関係が問題となる。

この問題は、結局抵当権の附従性に関連するものであって、抵当権の移転の登記を受けても、その被担保債権を取得することができないときには、債権のない抵当権の取得が無意味だから、抵当権も、その移転の登記にかかわらず、取得することができないことになるという。すなわち、債権譲渡があった場合、それに伴う抵当権の移転の登記を受けても、債権譲渡の対抗要件を具備しないときは、債務者その他の第三者に対して、債権の取得を対抗することができない結果（結局債権を取得し得ない結果）、抵当権の移転の登記も無効とされる。例えば、債権が甲、乙にそれぞれ譲渡された場合、甲への債権譲渡について民法467条の規定による通知又は承諾があり、乙のそれについてこの通知又は承諾がないとき、甲、乙のいずれについてもこの通知又は承諾があっても、甲の通知又は承諾が確定日付のある証書でされ、乙のそれが確定日付のある証書によっていないとき、甲、乙についての通知又は承諾がいずれも確定日付のある証書によってされているが、甲についての日付が前であるときには、いず

れの場合でも、乙が、仮に、先に抵当権の移転の登記を受けていても、乙は、甲に対し自己の債権の譲受を対抗することができない。債権は甲が取得し、乙が取得しない結果になるので、債権を伴わないで抵当権のみを取得することはあり得ないから、結局、乙は抵当権をも取得せず、先にした乙への抵当権の移転の登記は、登記原因を欠くものとして（登記の実質的有効要件を欠くものとして）無効であり、抹消されるべきものとなる。そこで甲は、乙への抵当権移転の登記が抹消された後、自己への抵当権の移転の登記を受けることができるわけである（乙への抵当権の移転の登記の抹消は、従前の抵当権者すなわち債権の譲渡人と乙との申請によるが、甲も、債権者代位により、乙に対しその抵当権取得の登記の抹消を請求することができる）。

　次に、この設例で乙が債権質権の設定を受けた場合又は乙が当該債権を譲渡人のものとして差し押さえた場合も、甲の対抗要件の具備が先であるときは、乙は結局質権を取得することができず、また、差押えも無効であって、質権の及ぶこと又は差押えの登記がされていても、いずれも抹消されるべきものとされる。これに対し、甲の対抗要件の具備よりも先に、乙が質権設定又は差押えの対抗要件を具備しているときは、仮に、その質権の及ぶこと又は差押えの登記がされていなくても（又は甲の抵当権の移転の登記が、乙の対抗要件の具備の前にされたとしても）、甲は、質権付きの債権又は差し押さえられた債権を取得することになる（差押えの場合には、差押債権者に対する関係では、甲への債権譲渡は無効になる）。この場合、甲が先に抵当権移転の登記を受けているときは、乙の質権取得又は差押えの登記を、どのような手続でするかが問題となる。

　甲の債権及び抵当権の取得は、質権付きの債権及び質権の効力の及んでいる抵当権であっても、その限りにおいて有効であり、この有効な抵当権の移転の対抗要件である登記を受けているのだから、その登記を抹消することは、甲に不当な不利益を与えることになる。したがって、乙の質権の効力の及ぶ旨の付記登記（抵当権の変更の登記）は、甲の取得登記を受けた抵当権の変更の登記として、することができるものと解してよい。すなわち、乙は、甲に対して、その抵当権に質権の効力が及んでいる旨の付記登記をすべきことを、請求することができるものと解してよく、ただこの場合、債権の譲渡人（従前の抵当権者）の、債務についての質権である旨を、申請情報とし、その旨も登記すべきである。また、乙が差押債権者である場合の民事執行法150条の規定による債権差押えの旨の抵当権への記入の登記についても、甲の抵当権の取得の登記を

抹消することは、甲に不当の不利益を与えることになる関係から（差押えが取り消されれば甲の債権及び抵当権の取得は完全に有効になる）、甲を差押命令後の特定承継人で、しかも差押えを対抗されるものとして、承継執行文の付与を受けて、甲の抵当権の登記について、差押えの登記をすることができるものと解する。なお、債権質権の設定の対抗要件は、民法364条の規定による第三債務者への通知又はその承諾であり、全く債権譲渡の場合と同様である。また、債権の差押えは、民事執行法145条の規定による差押命令の送達によってされるのだが、他の処分（譲渡又は質入れ等）についての確定日付のある証書による通知又は承諾との前後は、差押命令の送達の日を基準として定めるべきであり、また、転付命令による債権の移転は、転付命令の送達の日付が確定日付となる。

そこで、以上のように考えると、債権の譲渡自体について完全な対抗要件を具備して、債権の取得を第三者に対抗することができる限りにおいては、抵当権の移転の登記を特にしなくても、抵当権を失うことがないように思われるのだが、しかし、抵当権のみの処分がされた場合の受益者に対する関係では、やはり抵当権の移転の登記を受けておかなくては、対抗することができないものと解される。

債権の処分すなわち譲渡、質入れ、差押え等による抵当権の変動の関係においては、債権の処分自体の対抗要件の具備いかんのみによって抵当権の変動の効力及び対抗力が左右されるのであって、債権の処分の対抗要件を具備しさえすれば、特に抵当権の移転等の登記を要せずして、債権について権利を取得した第三者に抵当権の変動をも対抗することができる結果になる。それは、抵当権の付従性からくるのであって、債権の処分とそれによる抵当権の変動は、分離することは決してなく、しかも債権を主にしてその処分の対抗要件を取得した者が、当然それに伴う抵当権の利益を受けることになる。換言すれば、債務者及び債権の処分の当事者（二重の譲受人等）に対しては、抵当権の移転等の登記をしなくても、抵当権の利益を受けることができるという意味であって、それ以外の第三者に対しては、抵当権の移転等の登記をしなければ対抗することができない。すなわち、民法376条の規定により、その被担保債権と分離して抵当権のみの処分が認められ、また、抵当権のみの放棄（絶対的放棄の場合は、抵当権が消滅する）が認められるので、このような債権の処分に伴わない抵当権のみの処分がされ、その登記が先になると、その処分前に抵当権を取得

していたこと、その他の抵当権の変動を対抗することができないことになる。例えば、甲の抵当権の被担保債権が乙に譲渡され、甲から乙への抵当権の移転の登記の未了の間に、甲がその抵当権の順位を丙に譲渡し、その登記をしたときは、乙は丙に対し、順位の譲渡の前に乙が抵当権を取得したこと、したがって、甲の抵当権の順位の譲渡が無権利者のした処分であることを理由としてその無効を主張することができない（甲が無権利者すなわち抵当権を失ったことを主張するためには、乙自身が取得したことを主張することができなければならないのだが、抵当権の移転の登記がされていない以上、それを主張することができないからである）。したがって、このような場合には、乙は、結局丙に順位譲渡のされた状態の不利益な抵当権しか取得することができないことになる。

　以上要するに、甲から乙への債権譲渡による抵当権の移転についても、乙が、その抵当権の取得を第三者に対抗するためには、原則として、その登記を必要とするが、乙が債権譲渡の対抗要件を具備する限り、当該債権について他の処分がされても、その処分の利益を受けた第三者丙（債権の譲受人等）は、その処分自体（例えば他の譲渡）が、乙の債権取得を対抗される結果、無効であるので、民法177条に規定する第三者に該当しないといってよい。

7140　相続合併その他一般承継による抵当権の移転の対抗要件

問　抵当権者が死亡し、又は合併等により消滅した場合には、抵当権は当然に相続人又は吸収合併存続会社若しくは新設合併設立会社に移転されるが、その登記は対抗要件か。

結論　**登記は対抗要件ではない。**

説明　抵当権者が死亡して相続が開始した場合、又は合併して消滅した場合（吸収合併、新設合併を問わない）には、相続人又は吸収合併存続会社若しくは新設合併設立会社が、抵当権及びその被担保債権を承継するが、この場合の抵当権の取得については、その登記をしなくても第三者に対抗することができることはいうまでもない。ただ、数人の相続人が存する場合において、遺産分割の協議、調停又は審判により、相続人の一人が被担保債権、当該抵当権を取得した場合には、その取得を第三者に対抗するためには、その登記が必要だと解する考え方もある。しかし、遺産分割の結果、被担保債

権及び抵当権を取得しなかった相続人が、当該被担保債権及び抵当権の持分を第三者に譲渡し、登記しても、譲渡人が、債権及び抵当権を相続していないから、第三者は取得することができず、したがって、相続人は、第三者の一部の取得の無効を主張することができるものと解されるので、登記が対抗要件でないといえる（なお、第三者への抵当権の一部の移転の登記は、その前提として抵当権の共同相続による移転の登記を必要とするが、相続人の一人は、保存行為として単独で共同相続の登記を申請することができるから、第三者への抵当権の一部移転の登記がされることもあり得る）。

7141　転付命令による抵当権の移転の対抗要件

問　転付命令によって、債権の全部又は一部が移転した場合、債権への随伴性により抵当権の全部又は一部が移転するが、登記は対抗要件か。

結論　登記は対抗要件である。

説明　抵当権付債権の全部又は一部についての転付命令によって、その債権の全部又は一部が移転し、抵当権の全部又は一部が移転した場合には、債権の移転については、債権譲渡の場合と異なり、その移転の対抗要件として何らの行為を要しないが、抵当権の移転については、債権譲渡の場合と同じく、対抗要件として登記を必要とする。

　もっとも、転付命令と債権の任意譲渡は、質入れ等の処分と競合することもあるが、この場合には、転付命令に先立って債権の差押（処分制限）命令がされるので、この差押命令の第三債務者への送達（この送達によって差押えの効力が生じる。民事執行法145条参照）の日と、債権の任意譲渡等の処分の日の前後により優劣を決することになる。そして、差押命令の送達は確定日付がある証書によってされるので、債権の任意譲渡等の処分の対抗要件としての通知又は承諾が、確定日付のある証書でされているときは、その日付の前後により優劣を決し、任意譲渡等の処分の通知又は承諾が、確定日付のある証書によってされていないときには、転付命令による移転が、優先することになる。この転付命令による債権の移転と、当該債権の任意譲渡等の処分が競合した場合の、債権の移転又はその他の処分と、抵当権の移転の登記との関係は、債権の任意処分の競合する場合と同様である。

次に、転付命令による債権の移転に伴う抵当権は、対抗要件としてその登記を必要とするが、債権譲渡の場合の抵当権の移転の対抗要件としての登記と同じく、転付命令による債権の移転が優先し、他の処分が劣後して無効となる限りにおいては、抵当権の処分を受けた者に抵当権の移転を対抗することができるが、その移転の登記を受けない間に、民法376条による抵当権のみの第三者への処分と登記又は抵当権の放棄による登記の抹消がされた場合には、その処分の受益者に対しては、抵当権の取得及びその処分の無効（抵当権を失った者の処分であるから無効であること）を主張することができないことも、債権の任意譲渡の場合と同じである。ただ、転付命令の前提として、抵当権付債権が差し押さえられた場合には、当該抵当権の登記について、その被担保債権の差押えの記入登記がされるので（民事執行法150条参照）、この差押えの記入登記後に抵当権のみの処分の登記がされても、差押債権者すなわち転付命令により債権及び抵当権を取得した者に対しては、その抵当権のみの処分は無効だから、転付命令により債権及び抵当権を取得した者は、その処分のされなかった状態における抵当権を取得することができる。

7142 代位弁済による抵当権の移転の対抗要件

問 被担保債権が弁済された場合には対抗要件を備える必要があるか。

結論 **弁済をするについて正当な利益を有する者以外の者が債権者に代位する場合については、対抗要件を備える必要がある。**

説明 代位弁済があった場合には、代位弁済者の取得する求償権の範囲内で債権者の有していた債権及びその債権を担保する抵当権が法律上当然代位弁済者に移転するが、債権の移転については、法定代位すなわち弁済をするについて正当な利益を有する者が債権者に代位する場合には、何ら対抗要件としての行為を要しないが、任意代位すなわち弁済をするについて正当な利益を有しない者が債権者に代位する場合には、債権の移転の対抗要件として、債権譲渡の場合と同じく、民法467条の規定による債務者への通知（債権者が同意して、弁済者が代位した旨の債権者からの通知）又は債務者の承諾（代位したことの了知）を必要とする。したがって、これらの通知又は承諾がなければ、債務者等に対して、代位弁済による債権の移転を対抗することができ

ないし、また、二重の代位弁済があったような場合には、確定日付のある証書で通知又は承諾がされないと、確定日付のある証書で通知又は承諾のあった代位弁済者に劣後する（双方が確定日付のある証書で通知又は承諾がされると、その日付の前のものが代位する）。

なお、平成29年改正前の民法501条1項1号においては、保証人が代位による抵当権の取得を抵当権の目的物の第三取得者に対抗するためには、あらかじめ付記登記をすることを要するとしていたが、当該規定は削除されている。もっとも、代位の付記登記をし、これをもって担保権の承継を証明することもできるものと考えられる。

第4項　抵当権移転の登記

7143　抵当権又は質権の移転登記を同一の申請情報ですることの可否

問　移転の登記をすべき抵当権又は質権が多数存する場合に、それらの権利が、それぞれその取得の原因及び内容を異にする権利であっても、抵当権又は質権の移転登記における登記原因及び登記の目的が同一であるときは、1件の申請情報で移転登記の申請をすることができるか。

結論　同一の申請情報によって登記の申請をすることができる。

説明　同一の登記所の管轄内にある数個の不動産に関する登記を申請する場合に、登記原因及び登記の目的が同一のときは、同一の申請情報で登記の申請をすることができる（登記令4条）。ここに、登記原因とは、登記の原因となる事実又は法律行為であり、登記の目的とは、登記を求める事項、すなわち、所有権その他の権利に関する保存、設定、移転又は変更の制限又は消滅をいう。抵当権又は質権の移転の登記の登記原因は、主として被担保債権の移転（担保権の随伴性によって、被担保債権が移転すれば、担保権もそれに随伴して移転する）によるものだから、この被担保債権が同一人に同時に譲渡されたときには、登記原因が同一だと考えてよい。したがって、抵当権又は質権の目的となっている不動産が同一の管轄内にあるときは、同一の申請情

報ですることができる（昭28．4．6第547号通達）。

7144 債権の一部譲渡とともに共同抵当物件を分割した場合の抵当権移転の可否

問 債権の一部譲渡とともに共同抵当物件を分割し、抵当権を移転することができるか。

結論 抵当権の一部移転及び持分放棄により、実質的な抵当権の移転をすることができる。

説明 本問は、同一の債権を担保するため2個以上の不動産の上に共同抵当権が設定されている場合において、その被担保債権の一部を譲渡した場合、各共同抵当権が準共有となるが、このような法律関係を解消して、不動産ごとに単有名義の各別の抵当権にしようとする場合の問題である。例えば、甲がA、B2個の不動産の上に100万円の債務を担保するため共同抵当権を有する場合、そのうち60万円を乙に譲渡すれば、抵当権は甲、乙の準共有となり、6：4の持分となる。ところで、抵当物件がA、B2個の不動産であるところから、A不動産については甲の40万円のための単有の抵当権、B不動産については乙の60万円のための単有の抵当権とすることができないかというのである。このような場合には、債権の一部譲渡による一部移転の登記をA、B両不動産についてした上、A不動産については乙が抵当権の持分を放棄し、B不動産については甲が抵当権の持分を放棄すれば、A不動産については甲、B不動産については乙のそれぞれ単有の抵当権とすることができる。

7145 未登記の抵当権付債権の譲受人が直接自己名義でする抵当権設定登記の可否

問 未登記の抵当権をもって担保されている債権の譲渡を受けた者は、直接、自己名義に当該抵当権の設定の登記を受けることができるか。

結論 本問の場合、直接自己名義に抵当権の設定の登記をすることはできない。

説明 　債権者甲が抵当権の設定を受けたが、その登記を経由しないまま（いわゆる登記留保の措置を採ったまま）、その被担保債権を乙に譲渡した場合には、当然に抵当権も乙に移転するが（抵当権の付従性）、当該抵当権が未登記であることから、乙において、自己名義に直接その設定の登記をすることができるかは、乙が目的不動産の所有者に対して、登記請求権を有するに至るかどうかに関わるものだが、これについては、消極に解すべきであろう。したがって、登記手続としては、甲のための抵当権の設定の登記を経由した後、乙のための抵当権の移転の登記を行うべきであって、乙が直接に抵当権の設定の登記を受けることはできない（甲名義の抵当権の登記を未経由のままとすることは、いわゆる中間省略の登記であって、本問の場合にあっては、登記原因発生の関係等からいって、認められるべき筋いではない）。

7146　未登記抵当権付債権の譲受と抵当権の実行

問　抵当権の設定登記をしていない抵当権付きの債権を譲り受けた場合、譲受人は登記を経ないままで抵当権を実行することができるか。

結論　**未登記のままで抵当権を実行することができる。なお、抵当権の存在を証する確定判決、公正証書がなければ、競売申立てをすることができない。**

説明　抵当権付債権を譲り受けた場合において、特に抵当権を移転しない旨の特約がない限り、債権とともに法律上当然に抵当権も譲受人に移転するが、この場合には、当該債権の譲渡につき民法467条により債務者に通知するか又はその者の承諾を受けなければならない。そして、抵当権の移転を債務者以外の第三者に対抗するためには、やはり債権譲渡による抵当権の移転の登記を必要とする。しかしながら、抵当権の移転の登記を受けても、債権譲渡そのものについての対抗要件である債務者への通知又は債務者の承諾（同条）がないときは、抵当権の移転を主張することができないものと解される（もっとも、この通知又は承諾は、抵当権の移転の登記後でもよい）。つまり、抵当権付債権の譲受人が抵当権を実行するには、債権譲渡の対抗要件（前記通知又は承諾）を具備していなければならないのである。ところで、最初抵当権の設定を受けた抵当権者は、その抵当権が未登記の場合であっても、抵当

権を実行（競売）することができるものとされているが、この関係は譲受人においても同様であって、譲受人は、未登記の抵当権のままでその実行をすることができる。

なお、抵当権実行の効果の安定を図るため、抵当権の存在を証する確定判決等又は公正証書を提出しない限り、競売の開始はすることができないものとされている（民事執行法181条）ので、結局、これらの文書がない限り、未登記（仮登記を含む）の抵当権による競売の申立てをすることはできないことになる。

7147 代位弁済により抵当権の準共有者となった者の残債権全部の代位弁済

問 代位弁済を原因とする抵当権の一部移転登記により抵当権の登記名義人となった準共有者が更に残債権の全部を代位弁済した場合の抵当権の移転登記の申請情報には、債権額の記録を要するか。

結論 本問の登記の申請情報には、債権額の記録を要しない。

説明 債権の一部の代位弁済による抵当権の一部移転の登記を申請する場合には、「代位弁済の目的である債権額」を申請情報とすることを要し、その登記は、抵当権設定の登記の付記登記の形式で行われる。この抵当権の一部移転の登記がされた場合、それは抵当権設定の登記と付記登記により抵当権の準共有の状態を公示するものであり、この場合の付記登記の登記事項である「代位弁済の目的である債権の額」の記録により、債権の一部の代位弁済者の債権及び抵当権者の残存債権を担保している関係を明らかにする。

本問の場合、代位弁済を原因とする抵当権の一部移転の登記により登記名義人となった準共有者が更に残債権の全部を代位弁済することにより、変更後の当該抵当権が準共有者の債権全てを担保することとなり、準共有状態が解消されるわけであるから、前に行われた代位弁済と後に行われた代位弁済の割合を明らかにする必要はなく、後の移転登記の申請情報に債権額を記録する必要はない。

なお、代位弁済した場合の抵当権の移転の登記の登録免許税に係る課税標準額は代位弁済額であるが、準共有者が更に残債権の全部を代位弁済した場合における課税標準額については、債権額から前の抵当権の一部移転の登記による

代位弁済額を差し引いた残債権額となる。この場合、債務者が一部弁済しているなど、実際の代位弁済額と異なっていたとしても、登記記録上の抵当権の債権額の変更がされていなければ、登記記録上の残債権額となる。

第5節 抵当権の処分

第1項 総説

7148 抵当権の処分の意義

問 民法376条に規定する抵当権の処分とは、どのような意味を有するものか。

結論 抵当権の処分は、その抵当権による優先弁済権により他の債権の弁済が図られるという意味において抵当権の債権に対する付従性の例外といえる。

説明 抵当権の処分とは、その抵当権による優先弁済権を他の債権者のために処分することで、第一に「抵当権を他の債権の担保」とすること（いわゆる転抵当）、第二に「同一の債務者に対する他の債権者の利益のためにその抵当権……を譲渡し、若しくはこれを放棄すること」（抵当権の譲渡又は放棄）、第三に「同一の債務者に対する他の債権者の利益のためのその抵当権の……順位を譲渡し、若しくはこれを放棄すること」（抵当権の順位の譲渡又は放棄）をいう。この抵当権の処分は、その抵当権による優先弁済権により他の債権の弁済が図られるという意味において抵当権の債権に対する付従性の例外といえる。本来被担保債権と別個に、抵当権のみを処分することはできないのであるが、特に、民法376条に規定する処分については被担保債権と離れて、抵当権を処分することが認められ、いわば付従性の緩和が図られている。この抵当権の処分の利益を受けた者の権利の順位は、「抵当権の登記にした付記の前後による」ものとされる。

なお、確定前の根抵当権については、転抵当を除き順位譲渡等の処分はでき

ない（民法398条の11）。

7149 民法376条の「同一の債務者」の意義

問 民法376条の「同一の債務者」には、物上保証人（抵当権設定者）も含まれるか。すなわち、共に物上保証に係る1番抵当権（債務者A）と2番抵当権（債務者B）との間で順位の譲渡をすることができるか。

結論 同一不動産を目的とする数個の抵当権であれば、それぞれ債務者を異にしているものでも、それら相互間において順位の譲渡をすることができる。

説明 民法377条の規定は、「主たる債務者」「抵当権設定者」及び主たる債務者、保証人又は抵当権設定者の「承継人」を区別しているので、文理上は同法376条の「同一の債務者」には、物上保証人又は第三取得者が含まれないと解されるかのようである。しかし、同一不動産上に、債務者を異にして数個の抵当権が成立すること、抵当付不動産の第三取得者も自己の債務を担保するため他の抵当権を設定することができること、また、被担保債権の債務者を異にするといっても、結局それらの抵当権を実行した場合の競売手続において何ら差異はなく、登記した順序（順位番号）によって、優先弁済を受けることができる。

順位の譲渡とは、いうまでもなく、配当時における優先弁済権を譲渡するところに、その意義と効果とを有するものであるから、債務者を異にする数個の抵当権間において、順位の譲渡（放棄）を行うことができると解しても、何ら弊害がないばかりか、むしろ、これを積極に解することによって、不動産の交換価値権の利用が容易になる等実際的便宜にも合致する。本問の例においても、仮に、1番抵当権者が、2番抵当権者のために順位を譲渡したことによって、その債権の全部又は一部の弁済を受けることができないことになったとしても、その債務者Aも、目的不動産の所有者（物上保証人又は第三取得者）も、そのことによって不利益を受けるわけではない。したがって、処分（順位を譲渡）する抵当権の債務者も、物上保証人又は第三取得者も、全て「同一の債務者」と解すべきである。

登記実務も、債務者の異なる数個の抵当権間の順位の譲渡の登記を認めてい

る（昭30.7.11第1427号通達参照）。

7150 民法377条1項の規定の意義

問 抵当権の処分については、その旨を主たる債務者に通知し、又は主たる債務者がこれを承諾しなければ、これをもって、主たる債務者、保証人、抵当権設定者及びこれらの者の承継人に対抗することができないものとしているのはなぜか。

結論 処分された抵当権及びその被担保債権がなお存続するものとした場合には、弁済をした債務者、保証人、抵当権設定者及びその承継人が不測の損失を受けることになるからである。

説明 民法376条1項の規定による抵当権の処分は、同法177条に規定する「物権の得喪及び変更」の「変更」に該当するものであるから、その一般的な第三者対抗要件は、登記（付記登記）であることはいうまでもないが、同法377条1項において、「主たる債務者、保証人、抵当権設定者及びこれらの者の承継人」に対しては、「通知」をし、又はその「承諾」がなければ抵当権の処分を「対抗」することができないものとしている。

抵当権の処分及びその付記登記がされたが、主たる債務者に対する通知又は主たる債務者の承諾がなかった場合、当該抵当権の目的となっている不動産が競売され、抵当権の処分があった状態で配当がされたとしても、主たる債務者、保証人、抵当権設定者及びこれらの者の承継人の同意を必要としない。すなわち、このような者の意思に反しても、抵当権者とその処分の受益者との契約で抵当権の処分をすることができると考えられる。けだし、これらの者に損害を与えるものとはいえないからである。

一方で、主たる債務者への通知又はその者の承諾、すなわち、抵当権の処分を主たる債務者が了知することをもって、抵当権の処分の主たる債務者等に対する対抗要件としているのは、いかなる理由によるかが問題となるが、結局、民法377条2項との関連においてのみ理解することができるものといってよい。

すなわち、抵当権の処分は、そのいずれの場合にあっても処分される原抵当権の存続を基礎としているのであり、処分の享受は、処分された抵当権の存在を前提とする。換言すれば、抵当権の処分がされた後において、主債務者又は保証人等のように抵当権の被担保債務の弁済について法律責任を有する者が、

原抵当権の被担保債務の弁済をした場合、この弁済すなわち原抵当権の被担保債権の消滅を完全に有効なもの、したがって、原抵当権が絶対的に消滅するものとする場合には、抵当権の処分を受けた受益者は、処分の利益を享受することができなくなって、不測の損害を受けることになり、抵当権の処分が意味を有しないことになる。

　これに反して、抵当権の処分を受けた受益者を保護するため、処分された抵当権及びその被担保債権がなお存続するものとした場合には、弁済をした債務者、保証人、抵当権設定者及びその承継人が不測の損失を受けることになる。このような不都合を除くために、民法377条1項において、抵当権の処分を主たる債務者に通知し又は債務者がこれを承諾（同意の意味ではなくして、抵当権の処分があったことの事実の了知で足りる）するのでなければ、主たる債務者、保証人、抵当権設定者及びその承継人に対抗することができないものとしたのである。したがって、この場合の「対抗」とは、通知又は承諾がないときにおいて、主たる債務者、保証人、抵当権設定者及びその承継人が原抵当権の被担保債権を消滅させる行為をした場合に、その弁済等の消滅行為を抵当権の処分を受けた受益者が否定する（無効とする）ことができないとする趣旨である。抵当権の処分は、その抵当権の優先弁済の処分であり、その被担保債権の存在を前提とするものである以上、弁済についての制限を必要とするが、このような制限ないし拘束のあることを主たる債務者に了知させることなくして、抵当権の処分の受益者において制限ないし拘束を主張することができるものとすることは、不合理だからである。

　この通知又は承諾があれば、受益者は、抵当権の処分の登記（付記登記）をしなくても、主たる債務者、保証人、抵当権設定者及びその承継人に対する関係では、これをもって対抗する（弁済等の抵当権の被担保債権の消滅行為の無効を主張する）ことができるわけである。

7151　民法377条2項の規定の趣旨

　問　　抵当権の処分後においては、その受益者の承諾を受けないでした弁済は、「その受益者に対抗することができない」としているのは、どのような理由によるものか。

　結論　　抵当権の処分のいずれの場合においても、処分を受けた者がその

利益を享受するためには、処分された原抵当権が存続していることが必要であるため、被担保債権を消滅させない拘束が必要となるからである。

説明　民法377条2項においては、抵当権の処分の主たる債務者等に対する対抗要件としての通知又は承諾があったときには、「抵当権の処分の利益を受ける者の承諾を得ないでした弁済は、その受益者に対抗することができない」と規定しているのだが、その趣旨ないし意義、効果等については、解釈上問題とされる点が多い。ところで、抵当権の処分が行われた場合、その処分の利益の享受は、処分された原抵当権の存続を前提とするということについて異論はない。例えば、転抵当にあっても、転抵当の法律的性質をいかに解するにしても、原抵当権が消滅して、新たな抵当権が生じるものではなく、結局、原抵当権の上に転抵当が成立し、転抵当権者は、原抵当権の目的となっている不動産が競売されたときに、原抵当権者が受けるべき配当金から自己の債権の満足を得るのであって、原抵当権が競売時において既に消滅しているときには、転抵当権者は、転抵当の利益すなわち優先弁済を受けることができない。つまり、転抵当権者が転抵当の利益を享受するためには、原抵当権が存続していることを必要とするということである。

　抵当権の譲渡（又は放棄）にあっても、譲渡（又は放棄）を受けた無担保の債権者が、その利益を享受するには、原抵当権が存続していることを必要とするのであって、抵当権の放棄の場合はもちろん、その譲渡の場合も、実体上抵当権が移転するのでなく、原抵当権者が抵当権を失い、譲受人が抵当権を取得するというものではない。競売時において原抵当権が消滅しているときには、譲渡（又は放棄）を受けた者は、譲渡（又は放棄）の利益を享受することができないのである。

　抵当権の順位の譲渡も、これと同様であって、中間の抵当権その他の担保権が存在しない場合には、完全に（いわゆる相対的にではなく）順位が転換したと同様の効果が生じ、順位を譲渡した抵当権が消滅しても、結果的に何ら差し支えないし、このことは順位の放棄の場合も同様であるけれども（それは、結局順位を譲渡し又は放棄しなくても、その抵当権が消滅すれば同様の結果になるのであって、特別に取り扱う必要もないことであろう）、中間に他の担保権が存在する場合には、やはり順位の譲渡（又は放棄）を受けた者は、順位を譲渡（又は放棄）した抵当権が存続していて初めて順位の譲渡（又は放棄）の利益を享受す

ることができることになるのである。もっとも、転抵当以外の抵当権の処分について、原抵当権の存続及びその被担保債権に対する拘束を必要としない（原抵当権が消滅しても、処分の効果に影響がない）解釈が妥当であるとする見解もあるが、現行法の解釈としては無理なように思われる。

　このように、抵当権の処分のいずれの場合においても、処分を受けた者がその利益を享受するためには、処分された原抵当権が存続していることを必要とする。ところが、原抵当権が存続するためには、抵当権の付従性から、その被担保債権を消滅させない拘束が必要となる。けだし、被担保債権が消滅すれば、抵当権は当然消滅するからである。

　そのため、民法377条、特にその2項は、抵当権の処分を主たる債務者に通知し、又は主たる債務者がこれを承諾した場合には、処分の利益を受ける者の承諾を得ないで、原抵当権の被担保債権を弁済しても、受益者に対抗することができない、としているのである。すなわち、主たる債務者に抵当権の処分を了知させない限り、処分された原抵当権の被担保債権が弁済されても、受益者は、その弁済を無視することができず、したがって、原抵当権が消滅し、受益者は処分の利益を受けられない（すなわち処分がなかったのと同様になる）のに反し、抵当権の処分を主たる債務者に了知させたときは、主たる債務者はもちろん、保証人、抵当権設定者及びその承継人は、原則として原抵当権の被担保債権を弁済することが許されないのであり、ただ、処分の利益を受ける者の承諾があった場合に限り（この承諾があったときは、その限度で処分の利益が消滅する）、有効に弁済することができる。このように処分の受益者と主たる債務者等の利害を調整しているのである。

7152　民法377条2項の規定の意義と効果

| 問 | 民法377条2項の規定において、受益者の承諾がなければ、主たる債務者の行った弁済は、受益者に対抗することができないとしているが、この承諾の有無による弁済の効果はどのようなものか。 |
| 結論 | 転抵当、抵当権の譲渡若しくは放棄又は順位の譲渡により効果は異なる。 |

> **説 明**

(1) 転抵当の場合

　　　　甲の債務者乙に対する債権100万円の抵当権について、甲が丙に対して負担する80万円（又は150万円）の債務の担保として転抵当が設定された場合、丙の転抵当権は甲の抵当権の上に成立するので、甲が競売不動産から本来優先弁済を受けるべき配当金から、丙が、甲に対する債権の弁済として、優先的に配当を受けることになる。したがって、もし甲の債権の全部又は一部（例えば50万円）が、自由に乙から弁済することができるとすれば、丙は全く配当を受けられないか、又は本来80万円の優先配当が受けられるのに50万円の優先配当しか受けられないことになるので、乙の自由な弁済を制限しなければならないわけである。

　もし、乙が丙の承諾を得て弁済したときには、その弁済した額を限度として、甲の抵当権の全部又は一部が完全に消滅し、したがって、それだけ丙が優先配当を受けることができないことになる。ところが、乙が丙の承諾を得ないで甲に弁済した場合は、乙は、その弁済（抵当権の全部又は一部の消滅）を丙に「対抗」することができない。

　この「対抗」することができないという意味は必ずしも明確でない。すなわち、「対抗」することができないのは弁済者乙が丙に対してだけであって、抵当権者甲や後順位の他の担保権者又は弁済者以外の者は、この弁済による原抵当権、したがって、転抵当権の全部又は一部の消滅を主張することができるかどうか、又は弁済を「対抗」することができないというのは、受益者が存する限り、受益者は、全ての者に対する関係で弁済がなかったものとして取り扱うことになるのかどうかである。もし、前者の意味に解するならば、民法377条を設けた趣旨が没却されることになるので、同条2項の規定における「対抗」の字句の適否は別として、後者のように解すべきであろう。

　そこで、そのように解した場合、もし100万円全額を乙が弁済したときは、丙は、本来甲の受けるべき配当金80万円について優先配当を受けることとなるが、甲は100万円の残額20万円については、配当を受けることができない（甲は既に100万円の弁済を受けているのだから、甲はその弁済を否定することができないことはもちろんだからである）。このように、丙が80万円の弁済を受けたことは、甲の丙に対する債務を第三者が弁済したことになるから、競売不動産が乙の所有であるときは、乙は甲に対して80万円の返還を請求することができることになる（その返還請求は、第三者乙の弁済による求償権の行使と観念するか、又

第5節　抵当権の処分

は先に乙が弁済した100万円のうちの80万円を、若しくは丙に対する債務の消滅を不当利得として返還請求するものと観念するかは問題がある)。また、債務者乙以外の者が、競売不動産の所有者であるときには、80万円の求償権を乙に対して持つことになり、乙は、甲に対しては、不当利得の返還請求をすることになる。

(2) 抵当権の譲渡(又は放棄)の場合

抵当権の譲渡(又は放棄)の場合にあっても、その意義は、当該抵当権者が競売代金から本来優先的に受けるべき配当金について、抵当権の譲渡(又は放棄)の受益者に、当該抵当権者に優先して(又は同順位で)配当を受けさせるものであって、譲渡(又は放棄)の通常の意味のように受益者に抵当権が移転する(又は受益者に対して抵当権が消滅する)ものではないから、抵当権の譲渡(又は放棄)を受けた者がその利益を享受することができるためには、競売時において当該譲渡(又は放棄)をした抵当権が存続していることを要する。

この点に関し、抵当権の譲渡(又は放棄)については、その譲渡(又は放棄)した抵当権の被担保債権の存続も必要としないとする説も考えられる。

抵当権の譲渡にあっては、抵当権の移転が生じるのであって、譲渡した抵当権者はそもそも抵当権を失うのだから、その被担保債権が消滅しても、既に移転し、譲受人に帰属している抵当権には影響がない。また、抵当権の譲渡及び放棄のいずれについても、抵当権の被担保債権が拘束を受け、その弁済が任意にできないとすると、抵当権の譲渡及び放棄の制度の利用が極めて窮屈となり、不便であって、その意義の大半が失われる。他方、抵当権の譲渡及び放棄が、目的物件の所有者の意思にかかわりなく行うことができるのに、その譲渡(又は放棄)がされると、目的物件上の抵当権の負担を免れようとする場合、譲渡(又は放棄)をした抵当権者のみならず、譲渡(又は放棄)を受けた債権者(従前は無担保の債権者)にも弁済をしなければならないこととなって、目的物件の所有者の利益を害するおそれがあると考えられる。

しかし、抵当権の譲渡の場合でも、抵当権の付従性から、抵当権の被担保債権を変更することは原則として許されず、ただ更改の場合における民法518条のように、別個の債務に抵当権(更改により本来消滅する抵当権)を移すことが認められている場合に限るべきである。更改にあっては、第三者が抵当権を提供しているときにはその第三者の承諾を必要とするのに、一般的な抵当権の「譲渡」にあっては、このような第三者の承諾を必要としていないこととの均衡から考えても、同法376条1項の抵当権の「譲渡」が一般的に別個の債務に

抵当権を移す趣旨だと解することは、相当無理があり、また、抵当権のいわゆる流用の許されていない点との均衡からも、抵当権の「譲渡」を抵当権の移転、したがって被担保債権の入替え（変更）と解すべきではない。すなわち、同項の抵当権の「譲渡」又は「放棄」は、特殊の意義を有するものであって、抵当権の譲渡（又は放棄）を受けた者が、その抵当権による優先配当金について、抵当権者に優先して（又は同順位で）配当を受けるものであり、受益者は、決して抵当権を取得するものではない。また、譲渡（又は放棄）した抵当権者が、任意に弁済を受けられないことが不便であり、抵当権の譲渡及び放棄の制度の意義効用を減殺するということも、一理はあるが、弁済を受けられないのは、その抵当権者が自ら抵当権を処分したためであり（この点は転抵当も同様である）、この抵当権の譲渡及び処分もいわば抵当権者の債務者に対する恩恵的なもの、すなわち債務者の資金の借入れを容易にするためのものであるから、弁済を受けられない制約があっても、それ自体意義ないし効用を失うものではない。目的物件の所有者が抵当権の負担を免れるために、抵当権者とその受益者の双方に弁済を強いられる不都合があるという点も、本来債務者は、双方に弁済すべき義務があるのであり、また、処分した抵当権者に自由に弁済ができても受益者の受益権がなくならないのであれば、双方に弁済しなければ負担を免れないことは同様であり、もし処分した抵当権者に弁済すれば、受益者の受益権がなくなると解するならば、債務者に不利益を与えないかもしれないが、その半面、受益者に不利益を与え、結局、抵当権の処分の意義が失われる。

　以上のように、抵当権の譲渡（又は放棄）の場合にあっても、転抵当の場合と同じく、その抵当権すなわち被担保債権の存続が譲渡（又は放棄）を受けた者の受益の要件だと解し、したがって、抵当権者の被担保債権の弁済が制限されるものと解する。

　しかし、ここで問題となるのは、債務者が抵当権の譲渡（又は放棄）の通知を受け又は承諾をしたにもかかわらず、受益者の承諾を得ないで抵当権者に弁済した場合の法律関係である。転抵当の場合において述べたように、民法377条2項の「対抗」の意義は、当該目的物件の競売手続において、受益者以外の者、例えば後順位の抵当権者等に対する関係でも、弁済がなかったものとして取り扱われるということだが、このように取り扱った場合に、受益者の権利が保護される半面、後順位抵当権者等に不利益を与えるおそれがないかどうかで

ある。先順位の抵当権の被担保債権が弁済されれば、後順位の抵当権は、その順位が当然上昇することによって、利益を受けるのが本来である。

しかし、その先順位の抵当権の被抵保債権の全部が弁済されたのにもかかわらず、当該抵当権についてその譲渡（又は放棄）がされていることにより、弁済がないもの、すなわち、先順位の抵当権が消滅していないものとして取り扱われると、その結果、後順位の抵当権等の順位が上昇しないことになり、しかも、先順位の譲渡及び放棄は、後順位の抵当権者等の意思にかかわりなく行うことができることを考えれば、不利益を受けるともいえるからである。この点は、転抵当の場合も、順位の譲渡及び放棄の場合も同様である。転抵当にあっては、いずれにしても、原抵当権者の受けた弁済金は転抵当権者に弁済された額を限度として返還すべきものとなるが、抵当権（又はその順位）の譲渡又は放棄にあっては、このような返還の問題を生じず、処分した抵当権者への弁済を「対抗」することができなくても、債権者はもちろん、弁済を受けた抵当権者に何ら不利益がないように考えられる点が大いに異なる。

すなわち、弁済がないものとしてすなわち受益者の受益の限度において抵当権及びその被担保債権が存続するものとして、受益者に配当され、次いで後順位抵当権者等に配当されるものだが、債務者は、本来抵当権者に債務を負担している者だから、先に弁済した金額の返還を請求することができない。競売不動産の所有者が債務者と異なる場合に、その所有者は、債務者に対して受益者が配当を受けたことによる求償権を行使することができるが、抵当権者に対しては何らの請求もできない。順位が上昇しなかったことにより、その債権の全部又は一部の弁済を受けられなかった後順位抵当権者は、受益者に対して不当利得の返還等の請求もできないことは明らかだし、抵当権者に対しても同様である。以上のように、債務者が受益者の承諾を得ないで抵当権を譲渡し又は放棄した抵当権者に弁済したとしても、受益者に対する関係において弁済がなかったものとして取り扱われるだけで、結局弁済は有効になる。先順位の抵当権が消滅した場合、後順位抵当権等の順位が上昇するということが考えられないわけではないが、これはいわば偶然的なことであって、順位が上昇することは、むしろ予期しない利益を受けることであり、受益者が存在することによって順位が上昇しなかったとしても、特に不利益を与えることにはならない。

(3) **抵当権の順位の譲渡（又は放棄）の場合**

抵当権の順位の譲渡（又は放棄）の場合も、抵当権の譲渡（又は放棄）の場

合と全く同様であって、順位の譲渡（又は放棄）を受けた後順位抵当権者が、その利益を享受するためには、順位の譲渡（又は放棄）をした抵当権の存続を要件とする。したがって、順位の譲渡（又は放棄）をした抵当権の被担保債権が拘束を受け、受益者の承諾なくして弁済されても、受益者の受益の関係では弁済がないものとして取り扱われる。要するに、民法377条2項の「対抗」することができないというのは、受益者の受益の関係においては、弁済がなかったものとするという程度の意味である。弁済があったものとすると、処分された抵当権が消滅し、受益者の権利を害することになるから、弁済がないものと擬制し、抵当権が存続するものとして、受益者に、利益を享受させることとしているのであり、その半面、受益者の承諾を得て弁済すると、その限度で受益権が消滅することを明らかにしたものである。

7153 民法377条2項の弁済の意義

問 民法377条2項の規定における主たる債務者の弁済とは、どのような意義を有するものか。

結論 民法377条2項の「弁済」とは、弁済のみならず、弁済と同様、債権の全部又は一部を消滅させる行為をいうものと解される。

説明 民法377条2項の「弁済」とは、弁済のみならず、弁済と同様、債権の全部又は一部を消滅させる行為をいうものと解する。したがって、代物弁済、相殺、更改、免責的債務引受等も含まれる。このような債権の消滅行為は、債務者がした場合のみならず、同条1項の規定により、抵当権の処分を対抗することができる保証人、抵当権設定者及びこれらの者の承継人の行為をも含み、さらに一般の第三者の行為をも含むものと解してよい。保証人、抵当権設定者及びこれらの者の承継人は、弁済につき正当の利益を有する者だから、その弁済等の行為を否定するためには、抵当権の処分の対抗要件を備えることを必要とすべきだが、弁済につき正当の利益を有しない第三者に対しては、抵当権の処分の対抗要件を備えることを必要としない。

なお、受益者の債権が、処分された抵当権の被担保債権より小さい場合は、その抵当権の被担保債権の超過部分についての弁済も、民法377条2項の規定により制限されるかどうかは、疑問である。抵当権の処分がされることにより、間接的にその被担保債権が拘束を受けるけれども、債権の質入れのような

直接的な拘束ではないから、受益者の受益権を害する限度において制限を受けると解するのが妥当である。したがって、超過部分の弁済は、同項の制限を受けないものと解される。しかし、超過部分がいくらであるか（換言すれば受益者の受益債権の範囲）を算出するには、必ずしも受益者の債権の元本を基礎にすべきであるか、又はその利息、遅延損害金をも含めるべきかについては、若干問題である。しかし、転抵当や、抵当権の順位の譲渡及び放棄の場合にあっては、受益者は、抵当権者（又はこれと同視すべきもの）だから、その優先弁済を受ける債権つまり受益の債権の範囲については、同法375条の規定の適用があると解する。すなわち、受益の債権の額は、原則として元本と最後の2年分の利息又は遅延損害金の合計額である。

したがって、処分された抵当権の被担保債権のうち、この合計額を超過する部分については、民法377条2項の制限がないと解する。これに反し、抵当権の譲渡（又は放棄）の場合にあっては、受益者は無担保の債権者だから、直ちに同様に解することは困難である。しかし、この場合の受益者も、いわば処分を受けた抵当権を基礎にして、その抵当権者と同一の権利を行使するものであるから、受益の債権の範囲については、やはり同法375条の規定による制約を同様に受けるものと解される。したがって、元本と最後の2年分の利息又は遅延損害金の合計額を、受益の債権の範囲とすべきであり、それを超過する処分された抵当権の被担保債権の部分については、同法377条2項の制限がなく、自由に弁済することができる。

第2項　転抵当

7154　転抵当の意義

問　民法376条の規定の「抵当権を他の債権の担保と」する、いわゆる転抵当はどのような意義を有するか。

結論　**抵当権者が抵当権の被担保債権と同額の範囲内において当該抵当権を実行する権利を債権者に付与したものである。**

説明　転抵当とは、民法376条の規定による「抵当権を他の債権の担保と」すること、例えば、甲所有の不動産の上に、乙が1,000

万円の債権を担保する抵当権を有している場合、その抵当権を乙の丙に対する債務500万円の担保とすることをいい、同法348条の規定による転質と同様の作用をなす。転質についてと同じように、転抵当の性質についても、学説判例上争いがある。すなわち、まず、抵当権と債権とを共同に質入れするものとする説（抵当権債権共同質入説）があるが、同法は、既に債権の質入れに関する規定（同法362条以下）を設けており、債権が質入れされるときは、いわゆる抵当権の随伴性によって、それを担保する抵当権にも当然に質権の効力が及ぶのだから、この説によるときは、特に転抵当の規定を設ける必要もないように思われる。抵当権付きの債権の質入れは、当該債権の人的信用関係を考慮することに重点があるが、さらに債権の人的信用を何ら考慮することなく、その債権を担保する抵当権の把握している目的物の担保価値をより考慮して取引されるのが転抵当であると考える方が妥当であろう。

　抵当権及び債権の共同質入説に対し、抵当権のみが転抵当の目的となるものとする説がある。この説のうちには、債務の弁済その他の事由により転抵当権者の債権が消滅したときには、抵当権が再び原抵当権者に復帰するという条件で抵当権を自己の債権者に譲渡するものであるとする説（解除条件付抵当権譲渡説）と抵当権の上に抵当権を設定するものとする説及び抵当目的物を再度抵当とする説の三つがある。第一説については、抵当権の譲渡を、当該抵当権の被担保債権の債務者に対する債権者以外の者に認めることとなって不都合であるという非難が加えられるであろうし、第二説については、民法が抵当権の目的となるものと認めているのは、不動産所有権と地上権及び永小作権にすぎないのだから（同法369条参照）抵当権の上に抵当権を設定することができるかどうかは、甚だ疑問だとされるであろうし、また第三説に対しては、抵当目的物の上に抵当権者の権限によって、目的物の所有者の承諾なしに抵当権を設定することを認めるのであれば、その根拠が理解し難く、目的物の所有者を害するものとして非難されるであろう。

　しかし、判例は、転抵当を「抵当権者ハ其ノ抵当権ヲ以テ担保セラルル債権ト同額ノ範囲内ニ於テ其ノ抵当権ヲ実行スル権能ヲ債権者ニ付与シタルモノ」としている（大決昭7．8．29民集11巻17号1729頁）。原抵当権者の抵当権によって把握している担保価値を転抵当権者に更に優先的に把握させる意味において、正当であろう。転抵当をもって、抵当権のみが転抵当の目的となるものとする前掲の各説も、結局は、判例とその趣旨を同じくするものである。なお、

登記実務においても、転抵当権は、現抵当権者の把握している担保価値を優先的に支配する権利を設定するものと取り扱っている。

7155 転抵当の要件

問 抵当権の被担保債権額の範囲内であることや存続期間内であることは、転抵当設定の要件か。

結論 **いずれも転抵当設定の要件ではない。**

説明 転抵当権の被担保債権額は、原抵当権の被担保債権額の範囲内であることを要するか否かについては、通説は、これを範囲内であることを要するものとする。しかし、この趣旨は、転抵当権の設定の要件ではなくして、むしろ、転抵当権者の債権額が原抵当権のそれよりも超過していても、その転抵当権者の転抵当により受ける利益（優先弁済の範囲）は、原抵当権の債権額を限度とするという意味であろう。原抵当権が根抵当権である場合に関してだが、転抵当の債権額は、原抵当権の債権額（原根抵当権の極度額）を超えていても差し支えないとする先例がある（昭30.10.6第2016号通達）。それは、転抵当の性質を前記〔7154〕のように解する以上、転抵当の債権額が原抵当権のそれを超えてはならないとする必要は全くないからである。例えば、原抵当権の被担保債権額が100万円であって、転抵当権者の有する債権の額が120万円であっても、転抵当権者の優先弁済を受け得る額（受益額）は、100万円（厳密には、最後の2年分等を含めた原抵当権者の優先弁済を受けることのできる額である）を限度とすることになるだけである。

次に、転抵当権の存続期間（被担保債権の弁済期）が、原抵当権の存続期間内であることを要するかどうかである。この点については、通説は、転抵当権の存続期間（転抵当の被担保債権の弁済期）は、原抵当権の存続期間（原抵当権の被担保債権の弁済期）以内であることを要するものとするが、その必要もないものと解する。転抵当権者が原抵当権を実行することができるのは、もちろん原抵当権が実行することができる時期にあることを要するのであって、しかも、自己の債権の弁済期が到来し、履行遅滞となっていることを要するのだから、転抵当権の被担保債権の弁済期が原抵当権の被担保債権の弁済期前に到来すべきものであることをもって、転抵当権の設定の要件とする必要はない。

7156 転抵当権者の優先弁済権

問 転抵当の効果として、転抵当権者は、どのような範囲において、優先弁済を受けることができるか。

結論 原抵当権者の優先弁済を受けるべき配当額から（その額を限度として）、転抵当権者が自己の債権の優先弁済を受けることができる。

説明 転抵当権の設定された原抵当権の目的となっている不動産に対し、強制執行による競売や担保権の実行による競売又は滞納処分による公売がされた場合には、転抵当権者は、目的物件の売却代金から原抵当権者がその本来の順位において受けるべき配当額のうちから、まず転抵当権の被担保債権について優先弁済を受け、なお剰余があれば、初めて原抵当権者が弁済を受けることになる。換言すれば、原抵当権者の優先弁済を受けるべき配当額から（その額を限度として）、転抵当権者が自己の債権の優先弁済を受けるのである。この場合、転抵当権者が優先弁済を受ける債権の範囲についても、民法375条の適用があるものと解する。すなわち、元本のほか当該原抵当権について後順位の転抵当権等が存する場合には、利息又は遅延損害金の満期となった最後の２年分であるが、原抵当権について後順位の転抵当権等が存しない場合には、原抵当権の優先弁済額を限度として、元本のほか、未払の利息及び遅延損害金の全部の弁済を受けることができる。

そして、同一の原抵当権について、同時（又は順次）に転抵当権が設定された場合の転抵当権者相互間の優先弁済の順位は、付記登記の前後によるのであって（民法376条２項参照）、原抵当権者の優先配当額から、まず第１順位の転抵当権者が、元本及び満期となった最後の２年分の利息又は遅延損害金の優先弁済を受け、次いで、なお剰余があれば、第２順位の転抵当権者が、元本と２年分の利息又は遅延損害金の配当を受けることになるのであって、全ての転抵当権者に配当し、なお剰余があった場合に限り、初めて原抵当権者が配当を受けることができる。

なお、転抵当の転抵当の場合、すなわち転抵当権者がその転抵当権を自己の債権者に対する債務の担保とした場合には、前記のように転抵当権者の受けるべき優先配当額から、転抵当の転抵当権者が、更に優先して自己の債権の優先

弁済を受けることになるのであって、これらの優先弁済については、原抵当権に対する転抵当権の関係と、転抵当権に対する再度の転抵当権の関係は、全く同様である。

7157 転抵当と原抵当権の主たる債務者等への対抗要件

問 転抵当権をもって、原抵当権の主たる債務者等に対抗するためには、転抵当の登記が必要か。

結論 転抵当の登記がなくとも、対抗することができる。

説明 転抵当権を設定した場合には、債権譲渡に関する民法467条の規定に従って、原抵当権者が主たる債務者に転抵当権の設定を通知し、又は主たる債務者がこれを承諾する（事実を了知する）のでなければ、主たる債務者、保証人、抵当権設定者及びこれらの者の承継人に転抵当権の設定を対抗することができない（同法377条1項）。そして、これらの者に対しては、主たる債務者への通知又は主たる債務者の承諾があれば、転抵当の登記をしなくても、対抗することができるものと解する。また、転抵当その他の抵当権の処分が重複してされても、その処分を受けた者の権利の順位は、付記登記の前後によるのであって、債権譲渡又は債権の質入れのような確定日付のある証書による通知又は承諾を必要とせず、したがってその確定日付の前後によって優劣を決するわけではない。これとは逆に、付記登記をしても、主たる債務者への通知又は主たる債務者の承諾がなければ、主たる債務者、保証人、抵当権設定者及びこれらの者の承継人に対抗することができない。

なお、通知又は承諾をもって対抗要件とするのは、転抵当は、原抵当権の被担保債権そのものを担保とするものではないけれども、抵当権の債権への付従性から、転抵当権の目的となっている原抵当権の存続は、その被担保債権の存続を基礎とするものだから、この原抵当権の被担保債権に対して間接に拘束力を持たせる必要がある。この拘束力を持たせる対抗要件として、通知及び承諾を必要としているのである。

なお、転抵当の転抵当の場合にも、第一次の転抵当権者が、その主たる債務者（通常は原抵当権者。しかし、原抵当権者が物上保証人の場合もある）に、第二次の転抵当を通知し、又は主たる債務者がこれを承諾して、初めて主たる債務者、保証人、転抵当権設定者（原抵当権者）及びこれらの者の承継人（原抵当

権の移転を受けた者等）に対抗することができることは、全く同様である。

7158 転抵当と第三者対抗要件

問 転抵当権をもって、一般の第三者に対抗するためには、転抵当の登記が必要か。

結論 転抵当の登記が必要である。

説明 転抵当も、民法177条のいわゆる不動産物権の変動の一つだから（原抵当権の側から見れば、その変更、すなわち、転抵当権の制限を受ける意味で、その内容の変更であり、転抵当権の側から見れば、抵当権の設定である）、一般の第三者（債務者、保証人、抵当権設定者及びこれらの者の承継人以外の第三者）に対する対抗要件としては、やはりその登記を必要とするのはいうまでもない。

転抵当の登記に関しては、昭和35年法律第14号による改正前の不動産登記法にはこれに応ずべき何らの規定もなかったが、改正後の同法においては、これに関して規定を設け、抵当権設定の登記の申請手続として規定された同法117条を準用するものとしている（旧不登法119条の3）。その後、平成16年法律第123号による不動産登記法の全部改正において、旧不動産登記法119条の3と同趣旨の規定が不動産登記法90条に設けられている。もっとも、民法376条2項においては、転抵当相互の順位は、「抵当権の登記にした付記の」前後によるものと規定しているし、転抵当は、当該原抵当権の目的物に直接設定されるものでなく、原抵当権を通じて間接に目的物の担保価値を把握するものであり、原抵当権の把握する担保価値を更に優先的に把握し、原抵当権が優先して弁済を受ける額から、転抵当権の被担保債権の優先弁済を受けるものだから、原抵当権に対する制限であり、その内容に変更を加えるものといってよい。したがって、従前の取扱いとしては、原抵当権の変更の登記として、不動産登記法66条の規定による付記登記によってされるものと解されていた。しかし、転抵当権の設定は、後順位抵当権者等の権利を何ら害するものではないから、後順位抵当権者等は、登記上の利害関係を有する第三者でなく、また、性質上他の登記上の利害関係を有する第三者が存在しないから、常に付記登記でされるべきであって、「権利の変更」として同条を適用するまでもない性質のものである。

すなわち、転抵当の登記は、実質的には、原抵当権の上に抵当権を設定する

登記であり、また転抵当権の債権額その他被担保債権の内容等を第三者に対抗するために、それらの事項を登記する必要（公示上の妥当性）があり、この点において、その登記の申請手続につき抵当権の設定の登記に関する不動産登記法83条及び88条の規定を準用すべきものとした理由がある（しかし、形式は抵当権の変更の登記の一種として取り扱われる）。

なお、同一の抵当権について、数個の転抵当権の設定も可能であることは既述したが、このような場合の数個の転抵当権の順位は、付記登記の前後による。さらに、転抵当の転抵当も可能であり、この場合の登記も、第一次の転抵当権の変更の登記として、付記登記（付記登記の付記登記）による。

7159 転抵当権と原抵当権との法律関係

問 原抵当権は、転抵当権によって、どのような拘束を受けるか。
結論 **原抵当権者は、転抵当権の存立の基礎である原抵当権を消滅させられないという拘束を受ける。**

説明 転抵当権者の承諾がない限り、原抵当権を放棄したり、又はその債権を免除等により消滅させたりすることができない（転抵当権者がこの承諾をしたときは、原抵当権の消滅により転抵当権も当然消滅する。原抵当権の登記の抹消の申請情報と併せて転抵当権者の承諾を証する当該転抵当権者が作成した情報又は当該転抵当権者に対抗することができる裁判があったことを証する情報を提供するときは、不動産登記規則152条2項の規定により、転抵当権の登記も職権で抹消されることになる）。転抵当権者の承諾なしにされた原抵当権を消滅させる行為は、転抵当権者に対抗することができない（転抵当権に対する関係では無効である）ものと解する。

なお、原抵当権の被担保債権が転抵当権のそれを超過する場合、その超過部分の債権を消滅させ、優先弁済権の債権額の範囲を減少させることが、転抵当権者の承諾なくできるかどうかは、超過部分の弁済受領権と関連する問題だが、転抵当権者の優先弁済を受ける範囲について、全ての場合に民法375条の規定の適用があるとするならばともかく、原抵当権者に対する関係では、原抵当権の被担保債権額を限度として、元本のほか利息又は遅延損害金の最後の2年分に限らず、全ての利息及び遅延損害金の弁済を受けることができるものとするならば、超過部分についても、転抵当権者は利害関係を有するわけだか

ら、やはり、転抵当権者の承諾がなければ、超過部分であっても、これを自由に減少させることはできないと解する。

次に、原抵当権者の弁済受領権及び競売権も問題となる。原抵当権は、被担保債権の弁済によって、その全部又は一部につき当然に消滅するから、原抵当権者は、転抵当権者の承諾を得ない限り、弁済を受けることができないと解すべきは当然である。ただ、原抵当権の債権額が転抵当権のそれを超過する場合、その超過部分について弁済受領権ありとする有力な学説がある（例えば、我妻「担保物権法」190頁ほか、ただし、我妻「新訂担保物権法」394頁では、説を改めている）。しかし、原抵当権者に対する関係では、前記のように転抵当権者は、転抵当の元本債権額及び利息等の最後の2年分以外に、全ての利息及び遅延損害金の弁済を受ける権利があるから、超過部分であっても、転抵当権者の承諾なくしては、任意に弁済を受けることができないと解する。

最後に、競売権については、判例（大決昭7．8．29民集11巻1729頁）は、原抵当権の被担保債権が転抵当権のそれを超過する場合に、原抵当権者の競売権を認めている。学説にも、この判例理論を支持するものがある。転抵当の法律的性質について、抵当権債権共同質入説を採るときは、原抵当権の債権額が転抵当権のそれを超過する場合にあっても、原抵当権者は、その質入債権の取立て又は抵当権の実行をすることができない。しかしこの説を採らないときには、原抵当権の競売権を認めて差し支えないのだが、ただ、原抵当権の債権額が転抵当権のそれを超過する場合に限り競売権を認めることには、相当疑問がある。超過しない場合において競売権を認めても、転抵当権の被担保債権に充てるべきものは、転抵当権者に優先弁済され（又は供託され）るのだから、原抵当権の実行を認めても、転抵当権に損害を与えることはない。もっとも、原抵当権者は、原抵当権を実行しても何ら弁済を受けることがないのだから、あるいは無益な実行とも解されようが、転抵当権者が実行しない場合には、原抵当権を実行して、転抵当権者に弁済を受けさせることによって、自己の債務の負担を免れることができる、とすれば、その意味において実益なしとしない。したがって、原抵当権の債権額が転抵当権のそれを超過するしないにかかわらず、競売権を認めてよいであろう。

7160　転抵当権の実行の要件

問　転抵当権を実行するには、どのような要件を必要とするか。

結論　**転抵当権の実行をするには、転抵当権及び原抵当権の両方の被担保債権の弁済期が到来していて、いずれも実行できる要件を具備していることを要する。**

説明　転抵当権者は、その被担保債権の弁済期が到来しても、原抵当権の被担保債権の弁済期が到来しない限りは、自ら転抵当権を実行することができない。転抵当権の実行をするには、転抵当権及び原抵当権の両方の被担保債権の弁済期が到来していて、いずれも実行できる要件を具備していることを要する。けだし、転抵当権は、原抵当権の設定者の同意を要せずして設定することができるものであり、転抵当の設定によって原抵当権の設定者を従前より不利益な状態に置くこと、すなわち、原抵当権の被担保債権の弁済期がまだ到来しないのに、転抵当権の実行によって競売が行われることは、原抵当権の設定者の利益を害することになるからである。

なお、転抵当権者は、自らの転抵当権を実行することができない場合においても、民法423条の債権者代位の要件を備える限り、同条によって、原抵当権者に代位して原抵当権を実行することができる（大決昭7．12.20民集11巻21号2236頁参照）。なお、この場合には、原抵当権の実行要件が充足されていることを要するのはいうまでもない。

7161　抵当権の一部の転抵当の可否

問　抵当権の一部につき、これを他の債権の担保とするため、転抵当を設定することができるか。

結論　**抵当権の一部を、転抵当の目的とすることができる。**

説明　抵当権の一部の転抵当、すなわち、100万円の債権を担保する抵当権の、60万円を抵当権者の債務の担保に供することができるかどうかについては、これを禁ずべき理由はない。設例のように、100万円の債権を担保する抵当権の60万円分について転抵当を設定した場合は、残り40万円分については原抵当権者がもともと優先弁済を受けることができるが、転

抵当に供した60万円分については原抵当権者は優先弁済を受けることができない。転抵当に供した60万円分（及びそれに相応する最後の2年分の利息又は遅延損害金）に対して配当すべき額から、転抵当権者が優先配当を受け、なお残余があれば、原抵当権者が優先配当を受けるという関係になる。

7162　転抵当の転抵当の可否

問　民法376条1項により、抵当権を取得した転抵当権者は、更にその転抵当権を自己の債務の担保に供するため転抵当（いわゆる転抵当の転抵当）を設定することができるか。

結論　転抵当を更に他の債権の担保とすることができる。

説明　転抵当の性質、要件等に触れ、結論の理由を挙げると次のとおりである。転抵当とは民法376条の規定における「抵当権を他の債権の担保と」することをいうのであって、例えば、甲が乙に対して1,000万円の抵当債権を有している場合に、丙から500万円を借り、抵当権をその担保とするという場合をいい、その性質につき判例は「抵当権者は、その抵当権を以て担保せられる債権と同額の範囲内においてその抵当権を実行する権能をその債権者に付与したもの」と解しており、学説はこれを「目的物を再度抵当に入れること」という考え方に立っている。そこで、転抵当の効力要件としては、転抵当の被担保債権額は、原抵当権の被担保債権額を超過することができないものとするのが通説とされている。すなわち転抵当権者の債権額が原抵当権者のそれを超過していても、その転抵当の利益を享受することができるのは、原抵当権の債権額を限度とすると解される。このことは、原抵当権者が把握し、さらに、これを転抵当に供する担保価値は、その被担保債権を限度とするという点で理解することができる。したがって、転抵当を設定する場合に、転抵当権者の債権の額が原抵当権の債権額を超過していても、転抵当を設定することができるのはいうまでもない。例えば、原抵当の被担保債権額が1,000万円であって、その原抵当権者が負担する他の債権の額が1,500万円である場合にも、もちろん、転抵当は認められる。1,500万円のうち1,000万円を限度として他の債権者は転抵当を取得することができるわけである。なお、通説は、転抵当権の存続期間は、原抵当権の存続期間内であることを要件としているが（存続期間を超えて転抵当を設定することは、抵当権設定者の利益を害するとする）、

その必要もない。

そこで、本問の場合、すなわち、転抵当の転抵当が可能かどうかの点であるが、転抵当の性質及び効力要件を前記のように解するとすれば、その効力要件を満たす限りこれを否定する理由はない（転抵当権も抵当権である）。そして、この場合の登記も、転抵当権の基礎たる原抵当権の変更として、原抵当権の付記登記の付記登記によってすべきものとされる（昭30.5.3第1029号通達）。

第3項　抵当権の譲渡（放棄）

7163　抵当権の譲渡（放棄）の意義

問　民法376条の抵当権の譲渡（放棄）とは、どのような意義を有するものか。

結論　**民法376条の規定による、抵当権の譲渡（又は放棄）は、抵当権をその被担保債権と分離して、同一の債務者に対する無担保の債権者の利益のためにする抵当権の処分であって、抵当権の付従性の例外となるものである。**

説明　債務者が融資を受ける場合に、その債権者に対して抵当権者が抵当権の譲渡（又は放棄）をすることによって、当該債権者からの融資を容易に受けられるという実益がある。この抵当権の譲渡（又は放棄）は、抵当権を処分する抵当権者と譲渡（又は放棄）を受ける無担保の債権者との契約によるが、この場合、無担保の債権者とは、処分される抵当権の目的物件について担保権（一般の先取特権及び留置権を除く）を有しない者をいうが、他の不動産等に抵当権を有している者であってもよい。

この抵当権の譲渡というのは、一種特別の意義を有するもので、いわゆる権利が移転する意味における譲渡でない。すなわち、抵当権者は、その抵当権を譲渡しても、抵当権を失って、抵当権者でなくなるわけでなく、また抵当権の譲渡を受けた者も、抵当権を取得し、抵当権者となるわけではない。抵当権のみの譲渡があった場合には、抵当権の譲渡を受けた者は、譲渡をした抵当権者が、競売等の場合に、当該抵当権によって受ける配当金から、自己の債権を、譲渡した抵当権者よりも、先に弁済を受けることができるだけであって、譲渡

した抵当権者の抵当権の存続を基礎とする。したがって、抵当権の譲渡を受けた債権者の債権が任意弁済等により消滅した場合には、抵当権を譲渡した抵当権者は、抵当権の譲渡がなかった状態に復して、完全な抵当権の利益を再び享受することができることになる。このことは、民法376条の規定による抵当権の処分が相対的な効果しか生じないといわれるゆえんである。

また抵当権のみの放棄というのも、いわゆる絶対的放棄（抵当権が消滅する）ではなく、抵当権のみの放棄をした者は、放棄を受けた者に対しては、自己の優先弁済権を主張せず、放棄を受けた者は、本来放棄した抵当権者が受けるべき優先配当金について、放棄した抵当権者と同順位で、すなわち各債権額に按分比例して配当を受けることになる。つまり、抵当権の放棄をした者は、抵当権を失うわけではなく、抵当権の放棄を受けた債権者の債権が任意弁済等により消滅した場合には、抵当権の放棄がなかった状態に戻るのである。

7164　抵当権の譲渡（放棄）の要件

問　譲渡（又は放棄される）抵当権の被担保債権額は、譲渡（又は放棄）を受ける債権者の債権額より多額であることを要するか。弁済期の時期はどうか。

結論　**必ずしも多額であることを必要とせず、同額である場合又は比較して少額である場合においても、差し支えない。また、譲渡（又は放棄）される抵当権の被担保債権の弁済期と譲渡（又は放棄）を受ける債権者の債権の弁済期は、いずれが早く到来しても、又は同時であっても差し支えない。**

説明

(1) 譲渡（又は放棄）する抵当権

抵当権を譲渡（又は放棄）する者は、抵当権者であることはいうまでもない。その抵当権は、理論的には必ずしも既登記のものであることを要しないが（未登記の抵当権が譲渡又は放棄された場合、当該未登記の抵当権が実行されたときに、他の債権者が存在しない限り、譲渡又は放棄を受けた者も、その譲渡又は放棄を受けた利益を享受することができる）、既登記でなければ、実際問題としてあまり利益がない。なお、譲渡（又は放棄）する抵当権は、物上保証によるもの又は第三取得者の不動産上に存するものでも差し支えない。

(2) 譲渡（又は放棄）を受ける債権者

　抵当権の譲渡（又は放棄）を受ける債権者は、当該抵当権の目的となっている不動産上に抵当権を有しない無担保の債権者であるが、その債権に対する債務者は、譲渡（又は放棄）をする抵当権の被担保債権の債務者と、同一であることを要するかどうか、すなわち、抵当権の譲渡（又は放棄）を受け得る債権者は、譲渡（又は放棄）をする抵当権の目的となっている権利（所有権等）の登記名義人に対する債権者をも含むかどうかが問題となる。例えば、抵当権を譲渡（又は放棄）する債権者の債務者が甲で、その抵当権の目的となっている権利の登記名義人（抵当権設定者又は第三取得者）が乙である場合、その抵当権を、甲に対する他の債権者のみならず、乙に対する他の債権者に対しても譲渡（又は放棄）することができるかどうかである（甲又は乙以外の者を債務者とする債権者のために抵当権を譲渡し又は放棄することができないことはいうまでもない）。この点に関し、先例（昭30.7.11第1427号回答）は、民法376条1項にいう「同一の債務者」には抵当権の設定者（第三取得者を含む）をも包含する趣旨に解している。

　例えば、甲所有の不動産を目的として乙に対する債権金100万円のための抵当権を有する丙が、甲に対し80万円の債権を有する丁のために、その抵当権を譲渡することができるかどうかについては問題があるので、もしできるとした場合の法律関係の妥当性を検討してその当否を考えてみよう。抵当権の譲渡が問題になるのは、甲所有の不動産が競売されたときだが、この場合、丙がその抵当権によって金100万円の優先弁済を受け得るとすると、その100万円から、甲に対する債権者丁が、その債権金80万円の優先弁済を受けることとなり、丙は、乙に対する債権のうち金20万円の優先弁済を受ける。そして、甲は、自己の丁に対する債務金80万円が自己所有の不動産から弁済されたのだから、別に損失を受けることもないし、また丙は、丁に対して抵当権を譲渡したのだから、乙に対する債権金100万円のうちの金20万円についてのみ優先弁済を受けることができるにすぎなかったとしても、やむを得ないことだし、さらに乙は、丙が自己に対する債権金100万円の金額について優先弁済を受ければ、甲から求償されるべきところが、金20万円だけ甲所有の不動産から弁済され、金80万円の債務が残存することになる代わりに、甲からは、金20万円を求償されるにすぎないから、結果は同一である。

　このような結果になる以上、丙が、その抵当権を乙（丙に対する債務者）に

対する他の債権者のみならず、甲（物上保証人又は第三取得者）に対する債権者丁のためにも、譲渡することを認めても、何ら弊害がなく、損失を受ける者も生じない。もっとも、民法376条1項は、「同一の債務者に対する他の債権者の利益のために」抵当権を譲渡し又は放棄することができる旨規定し、同法377条1項は、「主たる債務者に抵当権の処分を通知し、又は主たる債務者がこれを承諾しなければ、これをもって主たる債務者、保証人、抵当権設定者及びこれらの承継人に対抗することができない」と規定しているところから形式的に考えると、同法376条1項の「同一の債務者」とは、前掲設例の場合において乙を指称し、したがって、乙に対する債権者に限り抵当権を譲渡し又は放棄することができるのみであって、「抵当権設定者」又はその「承継人」たる甲に対する債権者丁のためには、いかにも抵当権を譲渡し又は放棄することができないかのようにも解される。

　しかし、民法376条1項は、抵当権の処分の通常の場合を規定したものとも解され、特に抵当権設定者又は第三取得者に対する債権者のために、抵当権の処分を禁止する理由もないのみならず、抵当権設定者又は第三取得者に対する債権者のためにも抵当権の譲渡（又は放棄）を必要とする取引も行われる可能性があって、むしろ、これを認めた方が便利である以上、あえて消極に解する必要はない。債務者（前掲設例の乙）の立場から、丙の債権が残存するよりも、甲が自己に対して求償債権を取得する方が、実際上有利な場合も考えられるけれども、抵当権者が抵当権を絶対的に放棄することも自由であることと対比すれば、これまたやむを得ないことであり、また法律的には、甲が求償債権を取得するのと、甲がなお債権を有するのとは、差異がないといってよい。

(3)　譲渡（又は放棄）する抵当権の債権額と譲渡（又は放棄）を受ける債権者の債権額

　抵当権を譲渡し又は放棄する場合、譲渡される抵当権の被担保債権額が、譲渡（又は放棄）を受ける債権者の債権額より多額であることを要するかどうかが問題となる。この点に関しては、必ずしも多額であることを必要とせず、同額である場合又は比較して少額である場合においても、差し支えない。それは、譲渡（又は放棄）を受ける債権者が優先弁済を受ける利益を享受することができるのは、譲渡（又は放棄）された抵当権の被担保債権額を限度とするから、受益債権の額が多額であっても、他の債権者に不利益を与えることはないからである。

(4) 譲渡（又は放棄）する抵当権の被担保債権の弁済期と、譲渡（又は放棄）を受ける債権者の債権の弁済期

　譲渡（又は放棄）される抵当権の被担保債権の弁済期と譲渡（又は放棄）を受ける債権者の債権の弁済期との関係であるが、いずれが早く到来するか、又は同時であるかにかかわらず、抵当権の譲渡（又は放棄）をすることができる。抵当権の譲渡（又は放棄）を受けた債権者が、その利益を享受して優先弁済を受けることができるのは、いずれにしても譲渡（又は放棄）された抵当権の被担保債権の弁済期が到来し、その抵当権者が優先弁済権を行使することができる場合に限る。なお、譲渡（又は放棄）した抵当権の被担保債権の弁済期が到来しているにもかかわらず、譲渡（又は放棄）を受けた債権者の債権の弁済期が到来していないときは、その債権者に配当すべき金銭は供託されるであろうし、逆の場合には、譲渡（又は放棄）した抵当権の被担保債権額が供託されることになる。なお、譲渡（又は放棄）を受けた債権者が抵当権者に代位して抵当権を実行するためには、譲渡（又は放棄）した抵当権の被担保債権の弁済期が到来して、その抵当権の実行の要件を具備していることはもちろん、譲渡（又は放棄）を受けた債権者の弁済期も到来し、履行遅滞になっていることを要する。

7165　抵当権の譲渡の効果

問　民法376条の抵当権の譲渡は、どのような効果を生じるか。

結論　**抵当権の譲渡は、相対的に、すなわち譲渡人と譲受人との間において、譲渡を受ける無担保債権者が、譲渡した抵当権者の優先弁済を受けることのできる債権額（一部譲渡の場合においては、その一部）を限度として、自己の債権の優先弁済を受けることができるという効果を生じる。**

説明　例えば、被担保債権額100万円の抵当権が、120万円の債権を有する債権者に譲渡された場合には、譲受人は、抵当権者の本来の優先弁済を受ける額100万円（及び最後の2年分の利息等）の全部について優先弁済を受けるのである。そして、抵当権の譲渡は、相対的な効果を生じるにすぎないから、抵当権を譲渡した抵当権者は、その被担保債権額が抵当権の譲渡を受けた債権者の債権額より多額のときには、自己の被担保債権額よりその

債権者の優先弁済を受けた残額について、他の債権者に優先して本来の自己の優先弁済権を行使することができ、また、譲受人の債権が債務者の任意弁済その他の事由により消滅したときには、譲渡人の抵当権は、完全な効力を回復し、譲渡がなかった状態に戻る。

　なお、譲受人において譲渡の利益を享受することができる限度額としての、抵当権者の被担保債権額は、元本のみならず、民法375条の規定による最後の2年分の利息又は遅延損害金及び「特別の登記」がされた利息又は遅延損害金をも含めたものと解すべきであり、他方、譲受人の有する受益債権には、抵当権の譲渡人に対する関係においては、元本のみならず、全ての利息又は遅延損害金をも含むものと解する。

　次に、抵当権の譲渡について、債務者等に対する対抗要件（通知又は承諾）が具備されたときは、債務者の抵当権者（譲渡人）に対する弁済その他の債権の消滅行為は制限され、譲受人の同意を得ないで、弁済等の債権の消滅行為があっても、これによる抵当権の債権の消滅をもって譲受人に対抗することはできない。

　なお、抵当権の一部の譲渡、例えば被担保債権100万円の抵当権のうち60万円分について抵当権の譲渡があった場合には、抵当権者は、100万円のうち残額40万円については本来の優先弁済権を行使することができるのであり、譲受人は、60万円を限度として自己の債権の優先弁済を受け得るが、譲受人が60万円からその弁済を受けてなお残余があるときには、抵当権者がその残余について優先弁済を受けることになる。なお、この場合、抵当権によって担保される利息又は遅延損害金も、譲渡された部分（60万円）と残部（40万円）との割合で分割し、抵当権者が独自に優先弁済を受ける額と譲受人が優先弁済を受ける額とを算出すべきであろうし、また、設例の場合、例えば抵当権者の本来配当を受ける額が80万円のときには、80万円を6：4の割合で按分し、抵当権者及び譲受人の優先弁済を受ける額を定めるべきであろう。

　最後に、抵当権の譲渡を受けた債権者の債権が、譲渡又は質入れされ、若しくは差し押さえられたときには、その債権の譲受人、質権者又は差押債権者も、この抵当権の譲渡の利益を享受することができる。そして、債権の譲受人は、先の抵当権の譲受人のための登記につき、更に付記登記を受けることができるし、質権者は質権の効力の及ぶことの付記登記を受け、差押債権者は、当該抵当権の譲受けの債権が差し押さえられた旨の付記登記を受けることができ

る。

7166 抵当権の放棄の効果

問 民法376条の抵当権の放棄は、どのような効果を生じるか。

結論 抵当権の放棄は、相対的に、すなわち放棄した抵当権者と放棄を受けた債権者との間において、放棄を受けた債権者が、放棄した抵当権者の優先弁済を受けることのできる債権額（配当額）について、放棄した抵当権者と同順位で（各債権額に按分比例して）配当を受けるという効果を生じる。

説明 例えば、被担保債権額100万円の抵当権が、150万円の債権を有する無担保債権者に対して放棄された場合には、抵当権者は、100：100＋150＝2：5、受益債権者は、150：100＋150＝3：5、すなわち、2：3の割合によって、優先弁済額が分けられるのである。仮に、放棄した抵当権者の優先配当額が80万円であるときは、抵当権者は、80万円の5分の2（32万円）を、放棄を受けた債権者は、80万円の5分の3（48万円）の配当を受けることになる。

抵当権の放棄も、その譲渡と同じく、当事者間において相対的な効果を生じるにすぎない。他の後順位抵当権者には何らの影響がなく、また放棄を受けた者の債権が任意弁済等によって消滅したときには、抵当権の放棄がなかったのと同じ状態に戻り、放棄した抵当権は、その本来の優先弁済権を行使することができる。抵当権の「放棄」といっても、いわゆる絶対的放棄と異なり、抵当権を失うものでもなく、また、抵当権が消滅するものでもない。ただ、抵当権者が、放棄した相手方に対して、自己の優先権を主張し得ない結果となるだけである。

抵当権の放棄の場合も、放棄の利益を受ける限度としての放棄した抵当権者の被担保債権額、すなわち抵当権者と放棄を受けた債権者が同順位で優先弁済を受けるべき額は、元本のみならず、民法375条の規定による利息又は遅延損害金の最後の2年分及び「特別の登記」のされた利息又は遅延損害金を含めたものと解してよい。そして、この場合、抵当権者と放棄を受けた債権者の各債権額（同順位で配当を受ける場合の按分比例の基礎となるべき債権額）は、元本のみであるか、又は利息若しくは遅延損害金の全部をも含めたものであるかにつ

いては、若干問題があるが、後者と解すべきであろう。

　次に、抵当権の放棄の場合も、債務者等に対する対抗要件としての通知又は承諾があった場合には、抵当権者に対する債務者の弁済その他その被担保債権を消滅させる行為は、放棄を受けた債権者の同意を得てした場合を除き、放棄を受けた者に対抗することができない。

　なお、抵当権の一部の放棄、例えば、被担保債権額100万円の抵当権のうち60万円について放棄があった場合には、抵当権者は、40万円については、単独で優先弁済を受けることができるのであって、60万円について放棄を受けた債権者と同順位で（この場合の抵当権者の債権は残存債権であることはいうまでもない）弁済を受けることになる。もっとも、この場合、当該抵当権者の優先配当額が80万円にすぎないときは、80万円のうちその10分の4の32万円について抵当権者が単独で優先弁済を受け、残り48万円について放棄を受けた債権者と同順位で配当を受けることになる。なお、一部放棄の場合において、当該抵当権によって担保される利息又は遅延損害金も、放棄された額と残額（前例の場合には60万円と40万円）の割合として、抵当権者が単独で優先弁済を受ける額と同順位で配当する額を算出すべきであろう。

　最後に、抵当権の放棄を受けた債権者の債権が譲渡され、又は質入れされ、若しくは差押えを受けた場合には、その債権の譲受人、質権者又は差押債権者も、当該抵当権の放棄の利益を享受することができることは、抵当権の譲渡の場合と同様である。

7167　抵当権の譲渡（又は放棄）の対抗要件

問　抵当権の譲渡（又は放棄）の対抗要件としては、どのようなものが挙げられるか。

結論　**債務者、保証人、抵当権設定者及びその承継人に対する対抗要件は、債務者への通知又は主たる債務者の承諾、その他の第三者に対する対抗要件は、抵当権の譲渡（又は放棄）の登記である。**

説明　(1) 債務者、保証人、抵当権設定者及びその承継人に対する対抗要件

　抵当権の譲渡（又は放棄）は、抵当権者と無担保債権者との契約によるが、この譲渡（又は放棄）をもって、債務者、保証人、抵当権設定者及びこれらの

者の承継人に対抗するためには、抵当権者において、抵当権の譲渡（又は放棄）の旨を債務者に対し通知するか、又は主たる債務者が譲渡（又は放棄）を承諾（事実の了知）しなければならない（民法377条1項）。そして、この主たる債務者に対する通知又は主たる債務者の承諾があったときには、債務者の抵当権者に対する弁済その他当該抵当権の被担保債権の消滅行為は、抵当権の譲渡（又は放棄）を受けた者の承諾を得て行った場合を除き、譲渡（又は放棄）を受けた者に対し、全て対抗することができないことになる。

(2) その他の第三者に対する対抗要件

抵当権の譲渡（又は放棄）を、債務者、保証人、抵当権設定者及びこれらの者の承継人以外の第三者に対抗するためには、抵当権の譲渡（又は放棄）の登記をしなければならない。抵当権の譲渡（又は放棄）は、同時に又は時を異にして、数人の者の利益のためにすることができるが、これらの処分を受けた者の処分の利益を享受する順位は、この登記の前後による（民法376条2項）。

7168 抵当権のみの譲渡（放棄）の登記

問 抵当権のみの譲渡（放棄）については、どのような登記をすればよいか。

結論 **譲渡（放棄）という処分により利益を受ける他の債権者の債権（受益債権）の表示を申請情報に記録して申請することを要する。また、この登記は付記によりされる。**

説明 民法376条の規定による抵当権の譲渡というのは、いわゆる権利が移転する意味における譲渡ではない。抵当権者は、その抵当権を譲渡しても、抵当権を失って抵当権者でなくなるわけではなく、また、譲渡を受けた者も、抵当権を取得して抵当権者となるわけでもない。抵当権の譲渡を受けた者は、譲渡した抵当権者が競売等の場合に、当該抵当権によって受ける配当金から、自己の債権について、譲渡をした抵当権者よりも優先して弁済を受けるというにすぎない。

また、抵当権のみの放棄というのも、いわゆる絶対的放棄（抵当権が消滅する）ではなく、抵当権のみの放棄をした者は、放棄を受けた者に対しては、自己の優先弁済を主張せず、放棄を受けた者は、放棄をした抵当権者が本来受けるべき優先配当金について、放棄した抵当権者と同順位で、すなわち各債権額

に按分比例して配当を受けることができることになる。

したがって、抵当権のみの譲渡による登記は、抵当権の移転の登記ではなく、また抵当権のみの放棄による登記も、抵当権の消滅の登記ではない。これらは、「抵当権の譲渡（又は放棄）の登記」という特殊な登記であり、その登記申請については、不動産登記法83条及び88条の規定が準用され、譲渡（放棄）という処分により利益を受ける他の債権者の債権（受益債権）の表示を申請情報に記録して申請することを要する（登記令別表の五十八の項）。また、この登記は付記によりされることとなっている（規則3条）。

7169　抵当権の一部の譲渡（又は放棄）の可否

問　抵当権の一部につき、無担保債権者のために、これを譲渡（又は放棄）することができるか。

結論　抵当権の一部を譲渡（又は放棄）することもできる。

説明　抵当権の一部の譲渡（又は放棄）、例えば被担保債権額金100万円の抵当権の一部、すなわち、金100万円のうちの金60万円について、抵当権を譲渡し又は放棄することができるかどうかの問題である。

抵当権は、これを分割することができないが、ここにいう抵当権の譲渡（又は放棄）は、抵当権を移転し又は絶対的に放棄するのとは異なり、抵当権者の有する優先弁済権の利益を他の債権者に享受させるものであって、譲渡（又は放棄）した抵当権者が受けるべき優先配当金のうちから、抵当権の譲渡（又は放棄）を受けた者が、抵当権者に優先して（又は同順位で）配当を受けることができるものだから、抵当権の一部の譲渡（又は放棄）、換言すれば譲渡（又は放棄）を受けた債権者が抵当権者に優先して（又は同順位で）弁済を受ける利益を一定限度に制限する意味において、抵当権の被担保債権額の一部をもって表示する抵当権の一部につき、その譲渡（又は放棄）をすることができるものと解してよい。このような意味で、抵当権の一部についてその譲渡（又は放棄）がされた場合には、その残部については、なお、抵当権者が本来の優先弁済権を有しており、この部分を特定して、さらに、他の債権者のために譲渡その他の処分をすることも可能とされる。もっとも、既に譲渡（又は放棄）した抵当権の一部を、更に他の債権者のために譲渡することもできるが、この場合の処分の利益を受ける者の順位は、付記登記の前後による。

7170 抵当権(又はその順位)の譲渡(放棄)等と債務者の承諾の要否

問 民法376条1項による、抵当権を他の債権の担保としたり(転抵当)、同一の債務者に対する他の債権者(無担保債権者)の利益のために抵当権を譲渡(放棄)したり、また、抵当権の順位の譲渡(放棄)を行うについては、債務者の承諾を必要とするか。

結論 抵当権の処分については、債務者(抵当権設定者)の承諾を必要としない。

説明 抵当権付債権の譲渡については、譲渡人(抵当権者)がこのことを債務者に通知し又は債務者においてこの旨を承諾(事実の了知)しなければ、債務者その他の第三者に対抗することができないとされている(民法467条)。そして、民法376条の規定による抵当権の処分についても、これと同様に、「主たる債務者に抵当権の処分を通知し、又は主たる債務者がこれを承諾しなければ、これをもって主たる債務者、保証人、抵当権設定者及びこれらの者の承継人に対抗することができない」とされる。しかしながら、この「承諾」とは、事実の了知を意味するものと解されている。債権譲渡に関しても、その譲渡行為自体については債務者の承認を要するまでもなく、債権者において自由に行うことができるものであって、ただ、債権を譲渡したこと(その事実)を債務者に了知させなければ、対抗することができないというにすぎない。抵当権の処分についても、同様に解すべきであって、抵当権者は債務者の意思にかかわりなく、自己の権利を自由に処分することができる。そして、抵当権の処分をしたときは、その旨を債務者に通知して、債務者に処分の事実を了知させればよいわけで、その者の承諾を求める必要はない。

7171 抵当権のみの二重譲渡の可否

問 抵当権者甲において、その抵当権のみを債権から離して、これを無担保債権者乙に譲渡して、その登記を経由した場合において、更に他の無担保債権者丙に対しても同様に抵当権の譲渡を行うことができるか。

結論 抵当権のみの二重譲渡は、可能である。

説明 民法376条2項の規定によれば、「抵当権者が数人のためにその抵当権の処分をしたときは、その処分の利益を受ける者の権利の順位は、抵当権の登記にした付記の前後による」ものとされている。この「抵当権の処分」には、本問のように、被担保債権を離れての抵当権のみの譲渡が含まれることは、同項の前提となる同条1項の規定において明らかである。したがって、抵当権の譲渡が数人のために行われ得ることも何ら疑いのないところである。ところで問題は、抵当権の譲渡とはその文言からいって、いかにも抵当権の移転が行われるかのように解される点にある。しかし、このように解しては、同条は無用の規定ということになる。抵当権の譲渡がすなわち抵当権の移転であると解すると、これを譲り受けた無担保債権者が抵当権者となり、その反対に、譲渡人は、もはや抵当権者ではなく、無担保債権者となるわけで、抵当権を一旦譲渡すると、その譲渡人は、抵当権を有せず、したがって、再び他の無担保債権者に譲渡すべき権利（抵当権）を有しない結果となるが、しかし、これでは、同条の趣旨が没却されることとなる。抵当権の譲渡は、優先弁済を受ける利益を無担保債権者に与えることであって、その効果は、譲渡人（抵当権者）、譲受人（無担保債権者）間において相対的に生じるにすぎない。他の第三者に対しては、抵当権の譲渡が行われなかったものとして取り扱われる。例えば、後に譲受人の有する債権が消滅すると、抵当権の譲渡の効果も消滅し、譲渡人は、抵当権者となるからである。要するに、第三者に対する関係においては、抵当権を譲渡した者は、無担保債権者となるのではなく、依然として抵当権を有する者として理解され、したがって、抵当権の譲渡を行った後においても、更に他の無担保債権者に対して、重ねて抵当権の譲渡を行うことができると解してよい。

　しかしながら、前の譲受人と、後の譲受人とは、その利益享受の点において、おのずから差異があって、前者が後者に優先するものとしなければ不合理なので、このことの解決に当たっては民法376条の存在の意義がある。すなわち、前者がその登記を先にすれば、後者は、前者よりも後れて利益を受けるものとされる。例えば債権額を甲100万円、乙60万円、丙30万円とすれば、甲が乙のみに抵当権を譲渡した場合には、競売代価が100万円であれば、甲40万円、乙60万円（全額）の配当を受けることになる。甲が、更に丙にも抵当権を譲渡した場合には、競売代価が100万円であれば、乙60万円（全額）、丙30万円

（全額）となり、甲は残額10万円の弁済を受けることができるが、もし、競売代価が80万円であれば、乙は60万円全部の弁済を受けるが、丙は、20万円にとどまり、甲に至っては全く無配当となる。この場合において、競売代価が80万円以下のときは、乙のみが弁済を受け、丙、甲はいずれも弁済を受けることができ、丙は乙よりも後れて（つまり、乙の債権の全部又は一部の消滅を待って）、抵当権譲渡による利益を享受するにすぎない。

7172 債権を有しない第三者に対する抵当権のみの譲渡の登記の有効性

問 抵当権者が、その債務者に対して債権を有しない第三者のために、抵当権のみを（その被担保債権と離れて）単純譲渡し、その登記をした場合、その登記は、果たして有効か。

結論 債権を有しない第三者への抵当権のみの譲渡をすることはできず、本問の登記は、無効である。

説明 抵当権付債権の譲渡は、誰に対しても、これを行うことができる。そして、債権の譲受人は、当然に抵当権をも取得する。しかし、民法376条のいわゆる抵当権の譲渡は、その被担保債権と離れて、行われる処分行為である。この場合に、その譲受人において、同一の債務者に対して何らかの債権を有していないときは、その譲受人は被担保債権を取得するかに解されるが、このようなことは抵当権の債権への付従性を無視したもので、現行法上認められるものでない。同条において、「同一の債務者に対する他の債権者の利益のためにその抵当権若しくはその順位を譲渡し……」と規定されているのは、無担保債権者に対して抵当権を譲渡することができるという趣旨であって、全く債務者と関係のない第三者に対して譲渡することができる趣旨ではない。債務者に関係のない第三者のために抵当権のみを譲渡するとすれば、債務者は、これによって不測の損害を被るわけである。抵当権付債権の譲渡の場合と同一視するわけにはいかないからである。判例も「同一ノ債務者ニ対シ債権ヲ有セザルモノニ対スル抵当権ノミノ単純譲渡ノ登記ハ法律ガ同一ノ債務者ニ対スル他ノ債権者ニ非ザル者ニ対スル抵当権ノミノ単純譲渡ヲ認メ居ラザル関係上之ヲ許シ得ザルモノナレバ該登記申請ハ不動産登記法49条2号ニ依リ之ヲ却下スベカリシモノナリ」（東京控判昭8.9.27）として、債権を有し

ない者に対する抵当権のみの譲渡の登記は、無効の登記としている。

7173 抵当権譲渡による受益者の権利の譲渡の可否

問 抵当権の譲渡（放棄）を受けた者が、さらに、他の第三者（無担保債権者）に対し、その譲受けに係る抵当権を譲渡することができるか。

結論 抵当権の譲渡による受益者は、抵当権者ではないので、その譲受けに係る抵当権を譲渡することはできない。

説明 抵当権の譲渡（又は放棄）を受けた債権者が、さらに、「同一の債務者」に対する他の債権者の利益のために、その譲渡（又は放棄）の利益を譲渡し又は放棄することができるかどうかは問題である。抵当権の譲渡（又は放棄）を受けた者は、当該抵当権を取得するわけではなく、したがって、「抵当権者」ではないから、民法376条1項に規定する抵当権の譲渡（又は放棄）をすることができないものと解する。なお、抵当権の譲渡について、抵当権の移転が生じるものと解するときは、譲渡人が、抵当権を失い、譲受人が抵当権を取得することになるから、譲受人において取得した抵当権を他の債権者のために、さらに、譲渡し、又は放棄することもできるといえよう。しかし、抵当権の譲渡（又は放棄）の効果は、当事者間において相対的に生じるにすぎず、第三者に対する関係では、抵当権の譲渡（又は放棄）がなかったものとして取り扱われ、抵当権を譲渡した者は、依然として、抵当権者であることに変わりはない。このように解してこそ、同条2項の意味があるわけであり（同項）、この規定は抵当権を譲渡してもこれによって直ちに抵当権を失うものでないことを示すものである。

第4項 抵当権の順位の譲渡（又は放棄）

7174 抵当権の順位の譲渡（又は放棄）の意義

問 民法376条の抵当権の順位の譲渡（又は放棄）とは、どのような意義を有するものか。

結論 民法376条の規定による抵当権の順位の譲渡（又は放棄）は、抵当権を、その被担保債権と分離して、「同一の債務者」に対する後順位の、抵当権その他の担保権者のために、その順位についてされる抵当権の処分の一つであって、一種の抵当権の付従性の例外である。

説明 既に先順位の抵当権の存在する担保物件を更に担保に提供して、債務者（担保物件の所有者）が他の者から融資を受ける場合に、先順位の抵当権の順位の譲渡（又は放棄）をされることによって、その融資が容易になるので、このような目的ないし便益のために設けられた制度といってよい。特に、債務会社が担保付社債を発行しようとする場合、社債の担保は可及的に先順位であることが望まれるのであり、また金融界においても社債の担保を尊重する傾向にあることから、貸付金のための先順位の抵当権が存在する場合、社債のための抵当権のために、その順位を譲渡（又は放棄）する例が多く、担保付社債の発行を、円滑にしているのみならず、資金量の制約から巨額の融資（銀行の貸付け）を数個の銀行が共同して行う場合に、その銀行中に既に先順位の抵当権を取得している銀行があるときは、この共同融資を容易にするために、その抵当権の順位を放棄（又は譲渡）する例も多い。この抵当権の順位の譲渡又は放棄の効用は、極めて大きく、昭和46年改正民法によって、複数抵当権者間の抵当権の順位の変更が認められるまでは（同法374条）、この制度は、非常に多く利用されていた。

　この抵当権の順位の譲渡又は放棄は、先順位の抵当権者と後順位の担保権者との契約により、先順位の抵当権の順位を後順位の担保権者の利益のために処分するものである。すなわち、抵当権の順位の譲渡は、その当事者間においては順位の転換を生じると見てよい。例えば第1順位の抵当権の順位が第2順位又は第3順位の抵当権者に対して譲渡された場合には、第2順位又は第3順位の抵当権は、第1順位の抵当権者に対する関係においては、第1順位の抵当権となり、順位の放棄の場合は、放棄した抵当権者と放棄を受けた担保権者とが、当事者間においては同順位となる。

　抵当権の順位の譲渡の法律的性質に関して、いわゆる順位転換説と順位変更説の二説がある。それは、要するに、順位譲渡による順位の転換は、債権額の全額について生じるのか、又は順位を譲渡する抵当権の債権額を限度とするのかといった問題の差異による順位転換説が前者であり、順位変更説が後者の見

解のようである。判例は前者に属するようである（大阪控判大4．2．15新聞1002号23頁）。

7175 抵当権の順位の譲渡（放棄）の要件

問 抵当権の順位の譲渡（又は放棄）に要件はあるか。

結論 抵当権の順位、順位の譲渡（又は放棄）を受ける債権者、債権額に要件がある。

説明
(1) 譲渡又は放棄する抵当権

　　抵当権の順位は、抵当権の設定の登記の前後によって定まるから（民法373条参照）、その順位を譲渡し又は放棄し得る抵当権は、既登記のものに限られ、しかも順位の譲渡又は放棄を受ける抵当権よりも先順位であることを要する。もっとも、順位の譲渡については、譲渡を受ける抵当権と本来同順位であってもよい。

　なお、順位を譲渡し又は放棄することができる抵当権は、債務者の設定したもののみならず、物上保証人の設定したものや第三取得者の不動産の上に存在するものでもよい。

(2) 譲渡又は放棄を受ける債権者

　抵当権の順位の譲渡又は放棄を受ける債権者は、その抵当権の目的不動産上に、当該債権を担保する登記した担保権で、しかも後順位のものを有する者であって、必ずしも抵当権者に限られず、先取特権者又は質権者でもよい。民法376条は、「他の債権者の利益のため」と規定し、抵当権者に限っていないからである。しかし、順位の譲渡又は放棄は、無担保の債権者に対してはすることができない。

　なお、順位の譲渡又は放棄を受ける担保権者は、順位の譲渡又は放棄をする抵当権者の債務者に対する債権者であることを必要としない。すなわち、順位を譲渡又は放棄する抵当権者の債務者がAで、順位の譲渡又は放棄を受ける担保権者の債務者がBである場合にも、順位の譲渡又は放棄をすることができる。

(3) 順位を譲渡し又は放棄する抵当権の債権額と順位の譲渡又は放棄を受ける担保権の債権額

　順位を譲渡し又は放棄する抵当権の債権額（登記した債権額）と、順位の譲

渡又は放棄を受ける担保権の債権額（登記した債権額）の数額の大小、異同を問わない。譲渡又は放棄を受ける担保権の債権額が順位を譲渡し又は放棄する抵当権の債権額より高額の場合においても、順位の譲渡又は放棄をすることができる。この場合でも、中間の他の担保権者の権利を害するおそれはない。

7176 抵当権の順位の譲渡の効果

問 抵当権の順位の譲渡において、その効果が問題になるのはどのような場面か。

結論 当事者間及び他の担保権者の効果並びに譲受人の債権又は担保権が消滅した場合、順位の一部譲渡の場合及び順位譲渡の重複の場合が問題となる。

説明

(1) 当事者間の効果

抵当権の順位の譲渡が行われたときは、相対的に、順位の譲渡人（先順位の抵当権者）と譲受人（後順位の担保権者）との間において、順位の転換を生じる。順位1番の抵当権者（甲）の抵当権の順位が、順位3番の抵当権者（丙）に譲渡されると、甲丙間においては、丙の抵当権が、第1順位の抵当権となり、甲の抵当権が第3順位の抵当権となる。そして、この相対的に効力が生じるというのは、もし順位の譲渡のされる二つの抵当権の間に、中間の第2順位の抵当権者（乙）の抵当権が存在するときは、この甲丙間の順位の譲渡の効果は、甲丙間のみに生じ、乙に対する関係においては、甲丙間の順位の譲渡は、何ら影響を与えないことを意味する（この点、改正後の民法374条1項の順位の変更の場合と異なる）。順位の譲渡の効果は、競売の場合の配当において、順位の譲渡人たる甲が、順位の譲受人たる丙に、自己よりも優先して配当を受けさせることであって、第三者に対する関係においては、甲、丙ともその本来の抵当権又は担保権の順位において、優先弁済権を主張することができるにすぎない（当事者間においては、丙が甲の順位、すなわち、先順位を享受し、甲が丙の順位しか享受することができない）。例えば、順位1番の甲の抵当権の債権額が100万円、順位2番の乙の抵当権の債権額が80万円、順位3番の丙の抵当権の債権額が150万円とし、甲、丙間に順位の譲渡がされた場合に、競売代金が250万円（又は200万円）とすれば、順位の譲渡がない場合の甲、乙、丙の配当額は、それぞれ100万円、80万円、70万円（又は20万円）となるが、甲、丙

間に順位の譲渡がされている結果、甲、丙の配当の合計額170万円（又は120万円）から、丙が甲に優先して自己の債権150万円（又は150万円のうちの120万円）の配当を受け、甲は残額20万円の配当を受けることになる（又は残額の配当がないため、全く受けられないことになる）。

　なお、順位の譲渡があった場合、その当事者間においては、順位の譲受人は、順位の譲渡人より優先するのだから、順位を譲渡した抵当権の債権額より順位を譲り受けた担保権の債権額の方が高額の場合でも、順位の譲渡の利益を享受する（換言すれば優先する）のは、譲受人の担保権の債権額の全部についてであって、その超過部分については、譲渡人より劣後し又は同順位となるのではない。常に譲渡人は、譲受人がその債権の全部の優先弁済を受けた後でなければ、自己の債権の弁済を受けることができない。前記の設例の場合において、甲、丙の本来の順位において受けるべき配当額の合計170万円（又は120万円）から丙が甲に優先して弁済を受けるのは、この効果によるのである。

　しかも、順位を譲渡した抵当権（甲）の債権額が150万円で、順位を譲り受けた担保権（丙）の債権額が100万円であり、中間順位の抵当権（乙）の債権額が80万円であって、競売代金が200万円である場合に、丙が第1順位で100万円の優先弁済を受け、乙が第2順位で80万円の優先弁済を受けてから、甲が配当残額20万円の配当を受けるのではない。甲の順位の譲渡は、丙に対する関係のみであって、乙に対する関係では、甲は依然として第1順位だから、この設例の場合、本来第1順位で甲の受けるべき配当額150万円のうちから、丙がその債権全額100万円の優先弁済を受け、その残額50万円の配当を、甲が乙に優先して受けた上、さらに、第2順位で乙が50万円の配当を受けることになる、と解すべきである。

(2)　譲受人の債権又は担保権が消滅した場合

　順位の譲渡があった後、順位を譲り受けた後順位の担保権が放棄（絶対的放棄）により消滅した場合、又はその担保権の被担保債権が弁済等により消滅した場合には、順位の譲渡人の抵当権は、順位の譲渡のなかった状態に戻り、譲渡人は、その抵当権を本来の順位において完全に行使することができることとなる。

　この点に関し、譲受人の債権又は担保権が消滅しても、譲渡人の順位は元に戻らないとする考え方もあり得よう。しかし、順位の譲渡は、本来譲渡人の抵当権と譲受人の担保権との関係において、譲受人を優先させることを目的と

し、それ以上の何ものでもないから、譲受人の債権又は担保権が消滅した以上、順位の譲渡を存続させておく必要が全く考えられない。譲渡人の抵当権を元に戻らせても、債務者はもちろん他の担保権者に何らの不利益を与えるものではなく、むしろ元に戻させないとすれば、かえって中間順位の他の担保権者に利益を与えることになるが、このような利益を与えるべき理由はない。抵当権の順位を譲渡しても、譲渡人は譲受人以外の第三者すなわち中間順位の担保権者等に対する関係においては、依然として本来の順位の抵当権を有することに変わりないから（更に中間順位の担保権者に対しても、順位の譲渡をすることができることから考えて、そうだといえよう）、順位の譲渡の利益を享受すべき譲受人の債権はもちろん、担保権が消滅したときには、従前の抵当権及びその順位を回復するのが当然である。

(3) **他の担保権者に対する効果**

　先順位の抵当権者甲が、後順位の担保権者丙に順位を譲渡した場合、当事者甲乙間では順位の転換が生じる。その効果は相対的であって、中間順位の他の担保権者に対する関係では、順位の譲渡すなわち順位の転換がないものとして取り扱われる。すなわち、甲の債権額が乙のそれよりも低額の場合にあっても、丙が甲の順位において、中間順位者より優先するのは、甲の債権額の限度とするわけであり、また、甲の債権額が丙のそれよりも高額の場合にも、その超過額については、甲は中間順位者よりも優先して配当が受けられるのであって、超過額について甲が中間順位者より後順位（すなわち丙の順位）になるのではない。

(4) **債務者に対する効果**

　抵当権の順位の譲渡は、債務者に対する通知又は債務者の承諾（事実の了知）によって債務者等に対抗することができるが、この対抗要件（通知又は承諾）を備えたときには、債務者は、順位を譲渡した抵当権の被担保債権を弁済するには、順位の譲渡を受けた者の承諾を必要とする。承諾なしに弁済しても、その弁済は、順位の譲渡を受けた者に対抗することができない（民法377条2項参照）。この点は、抵当権の処分の一般についていえることだが、このように、順位の譲渡人に対する債務者の弁済その他、債権の消滅行為が制限される。この場合、順位の譲渡をした抵当権の債権額が、順位の譲受人の担保権の債権額より高額のときに、その超過部分についての弁済その他の債権の消滅行為も、制限されるかどうかが問題であるが、この点も、積極に解してよい。

(5) 抵当権の順位の一部譲渡の場合

　抵当権の順位譲渡の当事者間の特約によって、順位を譲渡する抵当権の一部、すなわちその被担保債権の一部の額に限定して、抵当権の順位の譲渡をすることができる。例えば被担保債権額500万円の抵当権の一部300万円を限度として、順位を譲渡することができるが、この場合には、順位の譲渡人は、残額200万円分については、依然として従前の順位を保有し、300万円分についてだけ、譲受人に、その順位譲渡の利益を享受させることになる。例えば、債権額500万円の第1順位の抵当権の一部300万円について、債権額400万円の第3順位の抵当権のために順位が譲渡され、第2順位の抵当権の債権額が200万円であるときに、目的不動産の競売代金が800万円とした場合には、第3順位の抵当権者は、第1順位において300万円の配当を受け、第1順位の抵当権者も、第1順位において200万円の配当を受け、次いで第2順位の抵当権者が200万円の配当を受け、更に残余の100万円は、従前の第3順位の抵当権者に配当されるのである（更に競売代金に残余があった場合に、初めて第1順位の抵当権者が配当を受けることになる）。

　なお、この設例の場合において、競売代金が400万円である場合（すなわち競売代金が第1順位の抵当権の債権額の全部に足りない場合）において、第1順位の抵当権者甲と、第3順位の抵当権者丙が、400万円を2：3の割合で配当を受け、甲160万円、丙が240万円の配当を受けることになるのか、又は400万円の競売代金から丙がまず300万円の配当を受け、甲は残り100万円の配当を受けることになるかは若干疑問があろう。しかし、順位の譲渡の本質は、順位を譲渡する抵当権者が、本来配当を受けるべき額について、順位の譲受人をして優先弁済を受けさせるものであり、抵当権の一部として300万円を指定するのも、順位を譲渡する抵当権者の受けるべき配当金から300万円を先取させる意味ではなくて、抵当権の一部を表示限定するためであって、500万円分の300万円、すなわち順位を譲渡した抵当権者の受けるべき配当金について、5分の3を先取させるものとする意味に解すべきであろう。もっとも、後者の意味すなわち順位を譲渡した抵当権者の受けるべき配当金から、300万円を先取することができる意味における順位の譲渡が許されるかどうかは、順位の譲渡の性質から問題だが、公示（登記）する方法があるならば、このような順位の譲渡も許してよいであろうし、また取引上その必要もあろう（公示の方法としては、前者の意味における順位の譲渡を金額をもって表示せずして5分の3についての順

位の譲渡である旨を登記し、後者の意味における順位譲渡については、金額をもって表示することとするのが適当のように思われる)。

(6) 順位譲渡の重複の場合

同一の抵当権について順位譲渡が重複してされた場合には、順位の譲受人の受益の順位は、順位譲渡の付記登記の前後による。例えば、第1順位の債権額100万円の抵当権（甲）の順位が第3順位の債権額50万円の抵当権（乙）に譲渡され、ついで第4順位の債権額40万円（又は60万円）の抵当権（丙）に譲渡された場合には、まず、第1順位において甲の受けるべき配当金から、乙が50万円の配当を受け、次いで、その残額50万円から丙が40万円（又は50万円）の配当を受け、最後に、甲がその残額10万円の配当を受けることになる（丙の債権額が60万円の場合は、甲の全額及び丙の残額10万円については第1順位においては配当されない。この場合、第2順位の抵当権者に配当して、なお残余があるときに限り、その残額を限度として、丙がその残額の10万円の配当を受け、次いで、甲が100万円の配当を受ける)。

なお、抵当権の一部の順位の譲渡が重複してされた場合、例えば、第1順位の債権額100万円の抵当権（甲）の順位が、その一部40万円分について第3順位の債権額50万円の抵当権（乙）のために譲渡され、次いで60万円分（又は40万円分）について第4順位の債権額80万円の抵当権（丙）のために譲渡された場合、この順序でいずれも付記登記がされたときには、第1順位で甲の受けるべき配当金100万円のうち40万円が乙に配当され、次いで甲の受けるべき残額60万円について、甲と丙とが10：6（又は4）の割合で配当を受ける、さらに競売代金の残額から第2順位の抵当権者、丙の未配当の残額が配当され、その後で甲の未配当の残額が配当されることになる。

7177 抵当権の順位の放棄の効果

問 抵当権の順位の放棄は、どのような効果を生じるか。

結論 **抵当権の順位の放棄は、当事者間においてのみその効力を生じ、順位を放棄する抵当権者が順位の放棄を受ける担保権者に対しては、同順位で配当を受けることとするものである。**

説明 (1) 当事者間の効果

抵当権の順位の放棄は、順位を放棄する抵当権者が順位の放

棄を受ける担保権者に対しては、自己の優先権を主張せずに、同順位で配当を受けることとするものである。例えば順位1番、債権額100万円の抵当権の順位が、順位3番、債権額40万円（又は150万円）の担保権のために放棄された場合においては、第1順位の抵当権者が本来受けるべき配当金について、第1順位の抵当権者と、第3順位の担保権者とが同順位（すなわちその債権額に按分比例して）で配当を受け、第3順位の担保権者の本来受けるべき配当金についても、第1順位の抵当権者と第3順位の担保権者とが同順位で（すなわち第1順位で配当を受けた額を控除した残債権額に按分比例して）配当を受けることになる（結局、順位の放棄がなかったものとして、第1順位の抵当権者及び第3順位の担保権者に配当されるべき金額の合計額について、同順位で配当されることになる）。なお、設例の場合において、第2順位の抵当権の債権額を50万円とし、競売代金を155万円としたときには、順位の放棄がなかったとすれば、第1順位の抵当権者甲が100万円、第2順位の抵当権者乙が50万円、第3順位の担保債権者丙が5万円の配当を受けるが、第1順位の抵当権の順位が第3順位の担保権者のために放棄されている結果、甲、丙の受けるべき配当合計額105万円を甲、丙の各債権額に按分比例して、結局、甲が7分の5の75万円、丙が7分の2の30万円の配当を受けることになる。

(2) 他の担保権者に対する効果

順位の放棄も、その当事者間においてのみ効力を生じる（いわゆる相対的効力）。中間順位の担保権者に対しては、何ら影響を与えない（前掲設例の場合、乙は何ら影響を受けない）。この点は、他の抵当権の処分の場合と同様である。

(3) 債務者に対する効果

抵当権の順位の放棄も、債務者、保証人、物上保証人、第三取得者等の同意なくすることができるが、順位の放棄のこれらの者に対する対抗要件として、主たる債務者への通知又はその者の承諾（事実の了知）を必要とする。その通知等があったときには、債務者が、順位の放棄を受ける者の同意なく、順位を放棄した抵当権の被担保債権の全部又は一部を消滅させる弁済その他の債権の消滅行為をしても、順位の放棄を受けた者に弁済等を対抗することができない。

(4) 順位の放棄を受けた担保権の消滅の場合

抵当権の順位の放棄は、その当事者間のみで効力が生じるから、順位の放棄を受けた担保権がその被担保債権の弁済その他の事由による消滅によって消滅

したときには、順位の放棄がなかったのと同様になり、順位を放棄した抵当権者は、本来の優先弁済権を回復する。

(5) 抵当権の一部の順位放棄の場合

抵当権の一部、すなわち、その債権額の一部をもって表示した部分について、順位の放棄をすることができる。例えば、債権額100万円の第1順位の抵当権の一部すなわち60万円分（10分の6）の順位が第3順位の債権額50万円の抵当権者のために放棄されたときには、第1順位の抵当権者の本来受けるべき配当額の10分の6について、第1順位と第3順位の各抵当権者が同順位すなわち各債権額100万円と50万円とに按分比例して配当を受け、第1順位の抵当権者の受けるべき配当額の10分の4については、第1順位の抵当権者が本来の第1順位で配当を受け、さらに、本来の第3順位の抵当権者の受けるべき配当額についても、その10分の6に関しては、同順位で配当されることになる。

(6) 順位放棄の重複の場合

抵当権の順位の放棄が重複して、すなわち、例えば第1順位の抵当権（甲）の順位が第3順位及び第4順位の抵当権（乙、丙）のために順次に放棄された場合には、まず甲の受けるべき配当額について甲、乙が同順位で配当を受け、この場合の甲の配当額について、さらに甲、丙が同順位で配当を受けることになる。

7178　抵当権の順位の譲渡（放棄）の対抗要件

問　抵当権の順位の譲渡（又は放棄）の対抗要件としては、どのようなものが挙げられるか。

結論　**債務者等に対しては、債務者に対する通知又は承諾であり、その他の第三者に対しては、登記である。**

説明　(1) 債務者、保証人、抵当権設定者及びその承継人に対する対抗要件

抵当権の順位の譲渡又は放棄は、いずれも順位を譲渡し又は放棄する先順位の抵当権者と、順位の譲渡又は放棄を受ける後順位の担保権者との契約（意思表示）によってなされ、それによって当事者間には効力が生じるが、そのことを順位の譲渡又は放棄をした抵当権の債権の債務者、保証人、その抵当権の設定者及びこれらの者の承継人に対抗するためには、その譲渡又は放棄をした抵

当権者から、順位の譲渡又は放棄の旨を、債務者に通知するか又は承諾（事実の了知）させなければならない（民法377条1項参照）。そして通知又は承諾があったときは、順位の譲渡又は放棄をした抵当権者に対する抵当債務の弁済その他の消滅行為は制限され、順位の譲渡又は放棄を受けた者の承諾なくされた弁済その他の消滅行為は、その者に対抗することができないことになる。

(2) その他の第三者に対する対抗要件

抵当権の順位の譲渡又は放棄を、当該抵当権の債権の債務者、保証人、その抵当権の設定者及びこれらの者の承継人を除くその他の第三者に対抗するためには、抵当権の順位の譲渡又は放棄の登記（この登記は、順位の譲渡又は放棄をした抵当権の変更の登記として付記登記としてされる）をしなければならない。抵当権の順位の譲渡及び放棄は、民法177条のいわゆる物権（抵当権）の変更（抵当権の効力、すなわち、優先順位に変更が生じる意味において）だからである。

そして、抵当権の譲渡又は放棄その他の処分は、同時に又は時を異にして、数人の者の利益のためにされることが可能だが、これらの処分を受けた者相互間における受益の順位は登記の前後による（民法376条2項参照）。

7179 順位譲渡（放棄）の登記の形式

問 抵当権の順位譲渡（又は放棄）の登記は、どのような形式によってされるか。

結論 順位を譲渡すべき抵当権の登記の付記登記として行われる。

説明 抵当権の順位の譲渡（又は放棄）の場合の登記は、不動産登記法上「権利の変更」の登記として取り扱われる（すなわち、順位を譲渡する側の抵当権の登記につき、その変更の登記として行われる）。そして、変更の登記の内容としては、変更に係る抵当権がその順位を後順位のどの抵当権のために譲渡するかが明らかにされなければならないが、もちろん変更の登記の性質として、その形式は順位を譲渡した抵当権の登記の付記登記としてされる（順位譲渡の効果は当事者以外には及ばず、登記上利害関係を生じる余地がないので、他の一般の権利変更の場合と異なり、常に、付記登記によるわけである）。けだし、民法376条2項において、「処分の利益を受ける者の権利の順位は抵当権の登記にした付記の前後による」と規定されていることからいっても当然である。

7180 抵当権の順位の譲渡（又は放棄）の登記における順位番号の記録方法

問 抵当権の順位を譲渡（又は放棄）した場合には、その登記により、従前の順位番号の記録が改められるか。

結論 順位番号は、設定登記の順序を表すためのものであって、これを実質順位に改めることはできない。

説明 抵当権の順位を譲渡（又は放棄）した場合の登記は、抵当権の変更の登記としてなされるが、この場合の順位番号に関する処置については、不動産登記規則163条において、「登記した担保権について順位の譲渡又は放棄による変更の登記をするときは、当該担保権の登記の順位番号の次に変更の登記の順位番号を括弧を付して記録しなければならない」とされている。このことを具体的に説明すれば、例えば甲（１番）が乙（２番）に順位を譲渡した場合には、順位譲渡の登記は、１番付記１号をもって行われるわけだが、これが変更の登記の順位番号として、乙の抵当権の登記の順位番号の次に、括弧を付して記録されることになる。この記録によって、２番の乙が１番付記１号の変更の登記（順位譲渡の登記）を自己のために備えていることを明らかにする。つまり、乙の順位番号２番の記録の次には、変更の登記の順位番号（１付１）が括弧を付して記録されるわけであって、それぞれの順位番号の記録を改めることはしない。

7181 被担保債権の債務者を異にする数個の抵当権間における順位譲渡の可否

問 同一不動産を目的とする数個の抵当権で、それらの被担保債権の債務者が異なるものの間において、順位の譲渡を行うことができるか。

結論 先順位の抵当権と、後順位の抵当権との、債務者が同一人でない場合でも、同一不動産を目的とする以上、この二者間において順位の譲渡をすることができる。

説明 抵当権の順位譲渡は、先順位抵当権者から後順位抵当権者に対し、後者の利益のためになされるもので、この抵当権者間の契約によるだけで足り、債務者の同意等を要しない。ところで、順位を譲渡する抵当権と、順位を譲り受ける抵当権の一方が債務者と抵当権設定者を異にする場合（物上保証の場合）に、その抵当権相互間の順位譲渡の可否及び先順位抵当権も後順位抵当権も、いずれも抵当権設定者は同一人であるが、債務者が異なっている場合（いずれも物上保証の場合）に、その抵当権相互の順位譲渡が可能かどうかという問題である。民法376条１項の規定によれば、「抵当権者は、その抵当権を……同一の債務者に対する他の債権者の利益のために……その順位を譲渡……することができる」とされているので、この場合には、債務者を異にするため、「同一の債務者に対する他の債権者」に該当しないのではないかという疑問があるが、前記のように、抵当権者は、被担保債権と離れて抵当権のみを処分することができるものとしているのだから、同項にいう「同一の債務者」とは、抵当権設定者（第三取得者を含む）を指称しているものと解してよい。したがって、債務者を異にする場合でも、その抵当権間の順位の譲渡その他の処分もできるのであり、その登記をすることもできるものと解される（昭30．7．11第1427号回答参照）。

7182 数個の後順位抵当権のために同時又は順次に順位を譲渡することの可否

問 １番抵当権者甲は、２番抵当権者乙、３番抵当権者丙、４番抵当権者丁の三者に対し、その順位を同時又は順次に譲渡することができるか。この場合の効果はどうか。

結論 甲は、乙、丙、丁のために同時に順位の譲渡をすることも可能であり、また、乙に譲渡した後、更に丙、丁の二者に対し順次に譲渡することも可能である。この場合の効果としては、同時譲渡の場合（同時に順位譲渡の登記をした場合）には、乙、丙、丁の三者は、その債権額に応じて（按分比例により）、本来甲の受けるべき配当額を分かち取ることができるが、順次譲渡の場合は、まず、乙が優先して、甲の受くべき配当額を甲に代わって取得し、もし残余があれば（甲の債権額が乙のそれよりも高額の場合で、競売代

価もほぼそれに等しい場合)、丙以下にも配当される。

説明 　民法376条2項の規定によれば「抵当権者が数人のためにその抵当権の処分をしたときは、その処分の利益を受ける者の順位は、抵当権の登記にした付記の前後による」とされていて、この規定によれば、明らかに甲が、乙、丙、丁の三者に対し、それらの利益のために、順位を譲渡することができることがうかがわれる。そして、同時又は順次の譲渡は、実体上の処分(順位譲渡契約)が同時又は順次に行われるという意味ではなく、順位譲渡の付記登記自体が同時又は順次にされるというところに、その実質的意義を持つのである。このことも、前掲条文の「……付記の前後による」によって明らかであろう。この同時に順位譲渡の登記をするというのは、乙、丙、丁の三者のための3個の順位譲渡の登記を同時に申請することであり、したがって、3個の申請書には同一の受付番号が付され、しかも同一の付記番号の下に(いずれも1番付記1号として)順位譲渡の各登記が行われることを意味する(順次譲渡については、さして問題はないが、ただ、実体上の処分が乙、丙、丁の順序で行われても、その登記が丙、乙、丁の順序でされると、受益権の順位は、丙、乙、丁となることに留意すべきである)。

　ただこの場合、甲の債権額が、乙、丙、丁三者の債権額の合計額を超える場合は問題がないけれども、そうでない場合には、その効果が問題とされる。例えば、甲の債権額が100万円、乙50万円、丙80万円、丁30万円であるときにおいて、乙、丙、丁の三者の合計額が160万円であるのに対し、100万円の甲が、三者のために同時又は順次に順位を譲渡することが、果たして可能かどうかである。

　不可能とする消極説は、抵当権の順位はその被担保債権と相合してこそ意義を持つものだから、甲の有する権利(100万円)を超えて(160万円のために)処分することができないとする。しかし、順位譲渡の効果は、結局、目的物の競売代価について、乙、丙又は丁がいかほどの債権額について甲の順位の譲受によって享受した利益の効果としてそれぞれ優先弁済を受けることができるかを測ればよいことだから、これを消極に解する理由はないようである。すなわち、同時譲渡の場合は、乙(50万円)、丙(80万円)、丁(30万円)が、甲の100万円につき、5、8、3の割合で配当を受けることになると見てよい。なお、順次譲渡の場合でも(乙、丙、丁の順序)、丁は本来ならば、甲の100万円については、乙、丙の存する限り順位譲受による利益を享受することができない

のであるが、競売に至るまでに、乙、丙のいずれかが任意弁済を受けて消滅した場合には、順位譲受けの実益を享受することができるわけだから、このような場合を考えれば、乙、丙の存在にかかわらず、丁への順位譲渡をする実益があるといえよう。

7183 数個の不動産をいずれも担保に徴求している数人の抵当権者間における順位譲渡の手続

問 甲土地を目的として、Xが１番、Yが３番の抵当権を取得し、乙土地を目的として、Xが２番、Yが４番の抵当権を取得している場合において、Xの有する甲土地の１番、乙土地の２番の各抵当権の順位を、Yの有する甲土地の３番、乙土地の４番の各抵当権のために、それぞれ譲渡しようとする場合には、その各登記を同一の申請情報によってすることができるか。

結論 甲土地に関するX（１番）のY（３番）への順位譲渡の登記と、乙土地に関するX（２番）のY（４番）への順位譲渡の登記とを、同一の申請情報によってすることができる。

説明 同一の登記所の管轄に属する数個の不動産に関する登記を同一の申請情報によって申請することができるのは、登記原因及び登記の目的が、同一である場合に限られる（登記令４条）。そして、登記原因及び登記の目的が同一である場合とは、その当事者が同一であることはもちろん、登記すべき権利変動の原因である法律行為の内容及びその成立の日付が同一である場合をいう。Xが、甲土地に関しては、その１番抵当権の順位をYの３番抵当権のために譲渡し、乙土地に関しては、その２番抵当権の順位をYの４番抵当権のために譲渡する契約を同時に行えば、甲土地、乙土地を目的とする各２個の順位譲渡については、正に当事者を同じくし、かつ登記すべき権利変動の原因である法律行為の内容及びその成立の日付が同一であると解される。すなわち、順位を譲渡する抵当権者が甲、乙両土地に関して同一であり、その受益抵当権者がこれまた同一である以上、不動産登記令４条の要件を充足するものといってよい（厳密には、Xの有する甲土地の抵当権と乙土地の抵当権とは別個のものだから、これら二者の順位の譲渡は、登記原因を異にするというべきではあろうが、登記手続の慣行として、土地、建物の売買登記が同一の申請情報に

よって行われている)。

なお、Xの有する甲、乙両土地の抵当権が同一債権を担保するいわゆる共同抵当であり、Yのそれが共同抵当でない場合、又はその逆の場合は、いずれも共同抵当の場合を含めて、X・Y間の2個の順位譲渡の登記を、同一の申請情報によってすることができるものと解する。

7184 関係当事者の一部において順位の譲渡及び放棄が行われた場合の効果

問 1番甲 (100万円)、2番乙 (60万円)、3番丙 (40万円) の各抵当権の登記がなされ、甲・乙間において順位譲渡、乙・丙間において順位放棄が行われた場合、売得金80万円の配分は、どのように実施されるか。

結論 甲20万円、乙36万円、丙24万円である。

説明 乙は、甲からその順位の譲渡を受けているので、甲に優先して、まず60万円の配当を受け、売得金80万円から60万円を差し引いた残額20万円は、甲において配当を受けることになる。甲は、丙に対する関係では、その先順位であることに変わりはないからである。そして、丙は、乙からその順位の放棄を受けている関係上、甲の順位譲渡によって乙が弁済を受けることができる60万円について、乙とともに、その債権額に比例する按分によって、配当を受ける。すなわち、乙は、$(60×60)／(60+40)=36$、丙は、$(60×40)／(60+40)=24$の割合による。

7185 順位を異にする3個の抵当権を同順位にするための手続

問 1番A銀行、2番B銀行、3番C銀行の3個の抵当権を同順位とするには、どのような手続によればよいか。

結論 **Aがその順位をB及びCに放棄し、Bがその順位をCに放棄して、それぞれの登記 (3個の順位放棄の登記) をすればよい。**

説明 先順位抵当権と後順位抵当権とが同順位となるためには、先順位が後順位に対しその順位を放棄すればよいわけである。順位

放棄は、当事者間においてのみその効果を生じるにすぎない（いわゆる相対的効果である）。すなわち、A、B、Cの3個の順位を異にする抵当権の間において、Aは、その順位をBに放棄しても、Cに対する関係では、依然として先順位であることに変わりはない。そこで、本問の場合にA、B、Cの三者を同順位とするためには、Aは、その順位をBのみならず、Cにも放棄することを要する。そして、Bも、その順位をCに放棄することによって、A、B、Cの三者間には、本来の順位関係が影をひそめて、全て順位を同じくする関係になる。なお、民法376条2項の規定の趣旨に則り、その手続につき問題ないものとするには、AがB、Cの二者に対してする順位放棄の登記は、同時に行われることを要する。すなわち、2個の順位放棄の登記は、同一の受付番号、したがって同一の付記番号でされることを要するのである。それは、「処分の利益を受ける者の権利の順位」は、「付記の前後による」とされているから、受益者の順位を同順位にするためには、付記登記の順位番号（付記番号）を同一にしておく必要があるからだと説かれる。

なお、A、B及びCの三者の合意によって3個の抵当権を同順位とする順位の変更を一挙にすることもできる（民法374条1項・2項）。

7186 登記された6個の抵当権の優先弁済を受ける順位を1、2、5、6、3、4番の順序とするための手続

問 抵当権の順位譲渡により、順位1、2、3、4、5、6番の抵当権の順位を1、2、5、6、3、4番とするには、どのような手続をすればよいか。

結論 まず、4番の抵当権者が、5番の抵当権者のために順位を譲渡し、次いで（時を異にして）6番の抵当権者のために順位を譲渡する。また、3番の抵当権者が、5番の抵当権者のために順位を譲渡し、さらに（時を異にして）6番の抵当権者のために順位を譲渡する。そして、順次に順位譲渡による抵当権の変更登記を申請すればよい。

説明 3番以下6番までの四者間において、絶対的にその順位の変更を生じるというものではない。

四者間において、5、6、3、4番と絶対的に順位の変更をするには、民法

第5節　抵当権の処分

374条1項に規定する順位変更の合意（四者の合意）を必要とするが、この場合は、その旨の1個の変更登記をすれば足りる。

7187 先順位、後順位とも同一人の場合における順位譲渡又は放棄の登記の可否

問 先順位抵当権者と後順位抵当権者とが同一人であっても、抵当権の順位の譲渡又は放棄をすることができるか。

結論 可能である。

説明 民法376条1項は、抵当権の順位又は放棄について、「他の債権者の利益のため」にこれを行うことができる旨を規定する。ところで本問の場合は、先順位の抵当権者と後順位の抵当権者が同一人である場合にも、この規定により順位の譲渡又は放棄をすることができるかどうかであるが、この場合においても、各抵当権は、それぞれ主たる債権に付従して存在する別個独立の権利であり、したがって、その順位についても同様だから、この各独立した抵当権の順位を変換し、あるいは一方の順位を他方の順位と同じものとするために、順位の譲渡又は放棄を認めることは、実益があり、かつ、理論的にも可能とされる（昭25.6.22第1735号通達、昭29.3.26第686号回答）。

7188 順位譲渡を受けた抵当権の当該譲受順位の譲渡の可否

問 甲（1番）乙（2番）及び丙（3番）の3個の抵当権が登記されている場合に、まず甲がその順位を乙に譲渡して、その登記を経由した後において、乙が、甲から譲り受けた順位を更に丙のために譲渡することができるか。

結論 甲の順位に関して受益者たる乙は、その譲受順位（すなわち享受した利益に関する権利）を、自己固有の順位の譲渡により後順位の丙のために譲渡することができる。

説明 民法376条の「順位」には、本来抵当権者の有する順位（固有のもの）だけでなく、先順位の抵当権者からその順位の譲渡を受けた受益抵当権者の保有する順位（実質的なもの）をも包含すると解してよいであろう。けだし、「順位」とは、優先弁済を受ける権利（地位）を意味す

るのが、その実質だからである。そして、譲受順位の譲渡を行うためには、その手続としては、当該受益抵当権者（本問の乙）の本来の順位（固有のもの）を譲渡することによって、その目的を果たすほかはない。すなわち、本来の乙の順位（2番）を丙に譲渡すれば、結局先に甲からの順位譲渡を受けて保有するに至った利益（優先弁済権）を丙に享受させることになる。したがって、本問の例と異なるけれども、まず、甲（1番）がその順位を丙（3番）に譲渡した後において、丙は、譲渡によって受けた利益を乙に享受させるために、本来自己よりも先順位である乙に対し、順位の譲渡を行うことが可能視されるわけである。もっとも、順位譲渡を受けた抵当権者がその譲受によって得た実質的順位を更に譲渡した場合には、その譲渡を受けた者の譲受順位（受益した権利）は、その譲渡を行った者が先に享受した譲受順位で行使することができる範囲を限度とする。

7189 抵当権の一部につきその順位を譲渡することの可否

問 先順位抵当権甲（債権額100万円）の一部（60万円分）について、後順位抵当権乙（債権額80万円）のための順位譲渡をすることができるか。

結論 抵当権の一部の譲渡と同様に、その一部につき、順位の譲渡をすることができる。

説明 抵当権の順位の譲渡といっても、それは、いわば順位権ともいうべき一種の権利の譲渡（財産権の譲渡）と観念されるべきものではなく、また、順位自体が可分的なものであるわけではない。しかし、順位譲渡の本質は、譲受人を、譲渡人よりも優先させ、譲渡人が本来優先弁済を受ける地位に譲受人を立たせるためのものである。したがって、当事者間の特約をもって、その受益の範囲を限ることも、特に民法376条の規定においてこれを禁止していない以上、可能視されてよい。本問のように、先順位抵当権の債権額100万円の一部60万円分について順位の譲渡を行った場合は、仮に、目的不動産の代価が80万円であるときは、本来の後順位の乙は、60万円の優先弁済を受けるのではなくて、80万円のうち100分の60の割合による額（48万円）を受けるにとどまり、その残額32万円は、甲において留保した権利（40万円）によって、甲に配当される。

7190 同一順位の抵当権者間において一方がほかより後順位となる場合及びその登記の手続

問 同一順位の1番抵当権者甲、乙があり、甲は乙のため第2順位の抵当権者となることができるか。できるとすれば、その登記原因は、順位譲渡、順位放棄のいずれによるべきか。また、後順位の他の抵当権者がある場合は、その承諾を要するか。

結論 順位譲渡を登記原因として、その旨の登記をすることができる。なお、他の後順位抵当権者の承諾を必要としない。

説明 抵当権の順位の譲渡及び順位の放棄は、民法376条1項に規定する抵当権の処分の一つである。順位譲渡にあっては、譲渡した抵当権者は、譲受人を自己より優先して配当を受けさせるのに対し、順位放棄の場合は、順位を放棄する抵当権者と順位の放棄を受ける担保権者とが同順位となる効果を有する。両者ともに先順位抵当権者と後順位の担保権者間の契約によってされる。そして、順位の譲渡又は放棄は、先順位者が、後順位者の利益のために行うものと解されている。すなわち、順位の譲渡については、「順位権の譲受人は、常に譲渡人よりも後順位にある抵当権者である」とし、また、「順位権の譲渡は、同一債務者に対する先順位抵当権者より後順位抵当権者にされる」と解しており、順位の放棄については、「先順位の抵当権者によって、後順位の抵当権者のために行われる」とし、同項に規定する「他の債権者」の中には、本問における「同一順位の抵当権者」は予定されていないと解する嫌いがある。しかしながら、抵当権の順位の譲渡若しくは放棄を許すのは、同一債務者に属する他の債権者の利益のためであり、これは担保権設定者に新たな負担を与えないという理由に基づくものと解されるので、同順位者間においても、他の債権者の利益のためというのがあり、しかも担保権設定者を害しないならば、その順位の譲渡、又は放棄が許されてよいであろう。先順位者から後順位者のみに限って譲渡、又は放棄が許されねばならないとする本質的理由はない。

さらに、文理解釈の上から、民法376条1項に規定する「他の債権者」の中に同順位者が含まれると解することは無理ではない。

以上の理由から本問前段の場合、甲、乙間において甲が乙のために第1順位

である権利を捨てて（あるいは譲渡して）、第2順位（後順位）となる契約を結ぶことは、他の債権者に不利益を与えるものではなく、また、担保権設定者に新たな負担を与えるものでもないので、許されてよい。このように解する場合、本問の登記原因について、順位譲渡、順位放棄のいずれと解すべきかが問題となるが、同順位の抵当権者間においては、抵当目的物の売得金からその全部の債権の弁済を受けて不足がないときは問題ないが、もし不足する場合には、同順位である以上本来ならばその債権額に応じて按分比例し、それぞれ債権の一部弁済を受けることになるのだから、その限りにおいて、一方は他方の優先弁済権を制限していることになる（すなわち、他方の弁済を受けることができない債権の一部について考えれば、一方の弁済を受け得た債権が優先しているわけである）。そこで、いわばこの一方の優先している地位を他方に与えること、換言すれば一方が他方に対して、同順位で弁済を受けることをやめて、他方にその債権全額をもって、まず優先弁済権を行使させ、自らは、その後において余剰があればそれから弁済を受けることを約するという本問のような場合は、正に順位譲渡の一種と見てよい。したがって、登記原因は「順位譲渡」とするのが相当である（昭28.11.6第1940号通達参照）。

　最後に、本問後段の後順位の他の抵当権者がある場合の、その抵当権者の承諾の要否については、このような場合においても後順位抵当権者は、甲が第2順位（後順位）になることによって、別段不利益を受けることはないので、その承諾を必要としない。

7191　同順位の3個の抵当権間において各順位を異にするための手続

問　A銀行、B銀行、C銀行の三者が同順位（例えば順位1番）で同一不動産上に抵当権を有している場合に、A1番、B2番、C3番の順位にするためには、どのような手続によるべきか。

結論　Bがその順位をAに譲渡し、Cがその順位をA及びBに譲渡して、それぞれの登記（3個の順位譲渡の登記）を行えば、所期の効果を上げることができる。なお、A、B及びCの三者間の合意で、一挙に本問の結果を求めるための順位の変更をすることができる（民法374条1項）。この場合は、絶対的に順位の変更の効力

を生じる。

説明 同順位の抵当権者間において、いずれか一方がほかよりも優先して弁済を受けようとする場合には、その二者間において順位の譲渡を行い、その旨の登記をすべきものとされている（昭28.11.6第1940号通達参照）。そこで、本問の場合には、Aを最も優先させようとするには、B及びCの二者が、等しくその順位をAに対し譲渡すればよいわけである。そして、B、C間において、更にCよりもBを優先させようとするためには、やはり、Cがその順位をBに対して譲渡すれば、その目的が達せられる。すなわち、BはAに対し、CはA及びBの二者に対し、順位の譲渡を行えばよいが、ここで注意すべきは、Cの順位譲渡に関してである。Aを最優先させることを最終目的として、CがA、Bの二者に対して順位の譲渡を行うには、必ず、Aのための順位譲渡の登記をBのための登記よりも先にしなければならない。

民法376条2項において「数人のためにその抵当権の処分をしたときは、その処分の利益を受ける者」（前記のA及びB）の権利の順位は、抵当権の登記（Cの登記）に「付記の前後による」とされており、また、この「付記……」とは、順位譲渡の登記が常に順位を譲渡する抵当権の登記の付記登記によってされるので、その順位譲渡の登記の前後によると定めたものと解されるからである。この手続による順位譲渡の効果は、相対的なものと解されている。そこで、これを絶対的な順位の変更とするには、A、B及びCの三者の合意によって、A1番、B2番、C3番とする順位の変更を一挙にして、その旨の登記をすればよい（同法374条1項・2項）。

7192 同順位抵当権者の一方が先順位抵当権の順位を譲り受ける場合と他の同順位抵当権者の承諾の要否

問 1番A銀行（100万円）、2番B銀行（60万円）、C銀行（40万円）（B、Cは同順位）の順序で3個の抵当権の設定の登記がされている場合において、Aがその順位をCに譲渡するについて、Bの承諾を必要とするか。

結論 A、C間の順位譲渡に関し、Bは何らの利害を有するものではないので、その承諾を要しない。

| 説明 | 同順位の抵当権者間にあっては、その債権額の数額に応じて（その按分比例によって）競売代価が配当される。本問の場合、設定登記の順位のままでは、仮に、競売代価が150万円だとすれば、まずAが100万円（債権額全部）の優先弁済を受け、残りの50万円についてB及びCが配当を受けるが、その額は、Bの60万円とCの40万円つまりBが6、Cが4の割合で、50万円が分けられる。つまりBは $(50×6)/(6+4)=30$ 万円、Cは $(50×4)/(6+4)=20$ 万円の配当を受ける。

ところで、Aがその順位をCに譲渡すると、Aは100万円だから、Aは、Cに代わって（Cを1番とする代わりに）Bと同順位の関係を持ち、その結果、先のCとの同順位の関係において占めていたBの配分率に変更を生じ、Bがいかにも不利益を被るかに見られる。すなわち、B6、C4の割合が変じて、B6、A10の割合になるのではないかと解する嫌いがある。そこで、Bの承諾を要するのではないかとの見解も生じるようである。しかし、以上の見解は、妥当ではない。

Aがその順位をCに譲渡しても、その効果は、A、Cの二者間においてのみ生じるもので、Bは、これによって何ら不利益を被るわけではない。Bに対しては、A、C間の順位譲渡がなかったものとして、その配当額が算出される。前掲のように競売代価が150万円であるときは、その配当に当たっては、まず、順位譲渡がなかったものとしての本来の配当額が定められる。すなわち、前掲のA100万円、B30万円、C20万円がそれである。そこでBは、A、C間の順位譲渡に関係なく、30万円の配当を受けるわけであって、つまり自己の権利に関して何ら影響を受けない。ただBの30万円を除いた残額120万円の中から、まず順位を譲り受けたCが40万円（債権全額）の配当を受け、その残額80万円がAに配当されるだけである。不利益を生じるのは、Aのみである。

7193 抵当権付債権の一部を譲り受けた者と債権者との間の順位譲渡の可否

| 問 | 抵当権付債権100万円の一部30万円を譲り受けた者乙が、抵当権一部移転の登記を経た後、債権者甲（抵当権者）の有する残余の部分70万円に優先（又は劣後）して弁済（配当）を受けるための方法、手続があるか。

第5節　抵当権の処分

|結論| 甲、乙間において、一種の順位譲渡の契約をして、その旨の登記をすることができる。甲が乙に対して順位の譲渡を行えば、乙は、甲に優先して、配当を受けることができない関係に立つ。

|説明| 抵当権付債権100万円の一部30万円の譲渡を受けた乙は、その譲り受けた30万円について当該抵当権の一部を取得し、甲と準共有の関係を持つことになるが、その実質は、甲の70万円の抵当権と乙の30万円の抵当権とが同順位で登記されているものと解してよい。同順位抵当権者間において、一方がほかよりも優先して弁済を受けようとする場合には、当該二者間において順位の譲渡契約をして、その登記をすればよいわけである（昭28.11.6第1940号通達）。そこで、本問の場合においても、甲、乙間で順位の譲渡をすれば、一方がほかよりも優先すると解される。この種の順位譲渡は、目的不動産の価格（担保価値）が100万円に満たない場合に、その実益がある。特に乙が代位弁済した場合において、甲が、乙よりも優先して弁済を受けようとする場合にそうである。

7194　共有抵当権者間における順位の譲渡の可否

|問| 甲、乙二者の準共有に係る抵当権にあって、甲が乙よりも優先して弁済を受けようとするために、二者間において一種の順位譲渡の契約をして、その登記をすることができるか。

|結論| 甲、乙二者の債権が別個独立のものであるときは、持分に関する順位の譲渡として、その登記をすることができる。

|説明| 抵当権を共有する共有者間において、共有者の一人が他の共有者より実質的に優先して弁済を受けるために、共有者間において抵当権の順位の譲渡ができるかどうかは問題である（同順位の抵当権者間において一方が他方に優先するためには、順位の譲渡をすべきであって順位の放棄が問題にならないのと同様に、共有者間においても、順位の放棄は問題にならない）。抵当権の被担保債権を共有することによって、抵当権を共有している者相互間においては、各共有者の債権が独立していないのだから、その優先権も独立して存在しない結果、優先順位を付そうとするための順位の譲渡は、あり得ないといえよう。

しかし、例えば保証人等が抵当権の被担保債権の一部を債務者に代わって弁済したときに、いわゆる弁済者の代位によって、求償の範囲内においてその債権の一部が保証人等に移転し、したがって抵当権の一部も移転して共有となる場合とか、又は抵当権の被担保債権の一部の譲渡によって抵当権の一部が移転して共有となったような場合においては、債権は、各共有者においてそれぞれ独立して有しているので、実質的には抵当権が分割されて、独立の抵当権を同順位で有しているのと何ら変わりない。ただ、民法においては、抵当権の分割の制度がないので、抵当権を共有するものと構成せざるを得ないのである。

　抵当権の順位の譲渡が順位の転換を生じるという意味においては、抵当権の共有者相互間において順位の譲渡はあり得ないように思われるが、順位の譲渡の本質は、譲受人の優先弁済権の利益を享受させ、譲渡人よりも優先させるところにあるので、これを一般的に順位の転換を生じるものというにすぎない。

　したがって、一部の代位弁済又は譲渡の場合においても、形式的には抵当権を共有するが、その債権を各自独立して有していることから、抵当権の共有持分の形式により実質的にそれぞれ独立の優先弁済権を持っていると見てよい。このような抵当権の共有者間において一方が他方より優先するための順位の譲渡をなし得るものと解しても、何ら考えられるところの弊害はない。

　なお、代位弁済の場合の、抵当権の共有者相互間の順位の譲渡を認めることによって、抵当権を共有し、したがって同順位で弁済者と債権者が権利を行使することとされている民法502条の不都合が（債権者が債務者から弁済を受けた場合に比し不利益を受けることのあり得ること）適宜緩和され、このような不都合を除去するために現在保証人等にあらかじめ代位権を放棄させている取引上の慣例も、より合理的に解決されることになる。

7195 抵当権の共有持分の順位譲渡（放棄）の可否

問　甲、乙二者の準共有に係る抵当権につき、甲が、その持分に関して、後順位の抵当権者丙のために順位を譲渡（放棄）し、その旨の登記をすることができるか。

結論　**甲は、準共有者として有する自己の優先弁済権を、他の後順位抵当権者に譲渡することは自由であり、その旨の登記をすることができる。**

説明 　抵当権の準共有の場合（抵当権の準共有は、抵当権の設定当初からその被担保債権が数人の準共有に属し、したがって抵当権を準共有する場合とか、抵当権の被担保債権の一部が譲渡又は代位弁済された場合等に生じる）、その共有者の一人が抵当権の持分につき、その順位を譲渡し又は放棄することができるかどうかは、順位の共有持分といった観念が認められないところから、若干疑問を生じる。しかし、抵当権の順位の譲渡といい、順位の放棄といっても、その本質は、順位の譲渡又は放棄をする者が本来優先弁済を受ける利益を、順位の譲渡又は放棄を受けた者に享受させる（優先配当額について優先し又は同順位で配当を受ける）ことにあるのだから、抵当権の準共有者の一人が自己の有する優先順位を後順位の担保権者のために譲渡し又は放棄することができると解してよい。

7196　債権譲渡による移転の付記登記がされた抵当権の順位譲渡とその登記手続

問　抵当権付債権の譲渡を受けた者が、その名義で抵当権移転の登記を経ている場合において、他の後順位抵当権のために順位を譲渡しようとするときは、その順位譲渡の登記の申請書に記載すべき当該抵当権の表示としては、どのような記録をもって表すべきか。

結論　**抵当権付債権の譲受人は、当該抵当権をも取得し、その結果自らが抵当権者として順位譲渡（放棄）を行い、その旨の登記をすることができる。なお、譲渡すべき抵当権の表示としては、設定登記の年月日及び受付番号をもって特定すれば足りる。**

説明　当該抵当権を特定すべき事項としては、その設定登記の受付年月日及び受付番号を記載すれば足り、移転登記の受付年月日及び受付番号を記録する必要はない。

　抵当権の移転の登記は、その設定の登記に付記してされる（不登法4条）。すなわち、設定登記の順位番号が1番であるとすれば、1番付記1号で行われる。移転の登記の内容としては、その登記原因及び債権の譲渡を受けた者（抵当権の移転を受けた者）の表示の記録だけであって、その譲渡に係る被担保債権に関する事項（履行条件等）については、全て設定登記における記載がその

ままなお効力を有するものとして、これに充てられる。このような場合に、順位を譲渡するには、もちろん順位の譲渡を行う者は、先に債権譲渡を受けた抵当権取得者であり、その者の権利取得に関する登記は、抵当権の移転の付記登記自体だけれども、前記のように、設定登記の記載自体にも当該抵当権の被担保債権に関するものがあるところからいって、現抵当権者の権利に関する登記は、むしろ設定登記及び移転登記の二者を合わせたものと解してよい。そして、順位譲渡の登記も、設定登記に付記して行われるので（民法376条2項参照）、順位譲渡すべき抵当権を特定するに足る事項として、申請情報に記録すべきものは、設定登記の受付年月日及び受付番号をもって足りると解される。だから、順位譲渡の登記は、先の移転の登記が1番付記1号であるとすれば、これに次いで1番付記2号でされる。

7197 抵当権のみの譲渡（処分）後当該抵当権の順位の後順位抵当権のための譲渡の可否

問 1番A銀行、2番B銀行の順序で2個の抵当権の登記がされている場合に、A銀行が、自己の抵当権を無担保債権者Cに譲渡し、その登記を経た後において、さらに、順位（1番）をBのために譲渡し、その登記をすることができるか。

結論 抵当権の譲渡を行っても、当該譲渡人は抵当権を失うわけではないから、更に後順位抵当権者のために順位の譲渡をすることができる。

説明 抵当権者が同一の債務者に対する他の債権者（無担保債権者）のために抵当権を譲渡することは、抵当権の債権への付従性を緩和したもので、被担保債権から分離して抵当権のみを譲渡することをいい、民法376条において認められたものである。その効果は、その当事者間においてのみ生じるものであって（相対的効果）、ただ、譲受人が、抵当権者に代わって、当該抵当権によって優先弁済を受ける額を限度として、競売代価の配当を受けることができるにすぎない。そして、後順位抵当権者の存する場合には、その者に対する関係では、抵当権の譲渡がなかったものとして扱われ、譲渡後においてもなお先順位であることには変わりはなく、順位の譲渡を行うことができることは、もちろんである。

先の処分（譲渡）によって利益を享受した者（無担保債権者）との関係では、後の順位譲渡を受けた者は、処分によって享受した権利（利益）の順位において、優先することができない。民法376条2項が、この法律関係を明らかにした実体規定である。先順位の抵当権者の債権額が無担保債権者のそれよりも高額であり、先の処分による利益を無担保債権者に享受させて、なお配当残額があると見込まれる場合にのみ、後順位抵当権者への順位譲渡の実益がある（もっとも、無担保債権が消滅すると、後の順位譲渡の効果は、十分に上がることになる）。

7198　無担保債権者への抵当権の順位の譲渡（放棄）の可否

問　1番A銀行、2番B銀行の順序で2個の抵当権の登記がされている場合において、Aが、他の無担保債権者C銀行のために、順位の譲渡を行い、その登記をすることができるか。

結論　**順位の譲渡を受けるべき者は、抵当権の登記を受けている者であることを要する。抵当権の登記のない者において、順位の譲渡を受けることはできない。**

説明　民法376条1項においては、抵当権者は「同一の債務者に対する他の債権者の利益のためにその抵当権若しくはその順位を譲渡し、若しくは放棄することができる」としているが、「他の債権者」とは、抵当権の譲渡（放棄）の場合は、無担保債権者を意味するが、抵当権の順位の譲渡（放棄）の場合にも、同様に解することは妥当でない。この規定の字句から推せば、いかにも、「その抵当権若しくはその順位」を、他の債権者の利益のために譲渡（放棄）することができるかのようであり、抵当権譲渡の相手方が無担保債権者であると同様に、順位譲渡の相手方も、無担保債権者であってもよいと解されるおそれもある。しかし、順位の譲渡は、先順位の抵当権と後順位抵当権との間において順位の交換を行うことであって、しかも、抵当権の順位とは、その設定の登記の順序をいうのであり、登記することによって定まるものである。このことは同法373条において「同一の不動産について数個の抵当権」を設定した場合の、それらの抵当権の「順位は、登記の前後による」としていることからいっても明らかである。なお、登記留保の抵当権については、登記上の順位はないけれども、その設定の登記を経由する前でも、既登記

の先順位抵当権との間でその順位譲渡契約をすることは差し支えない（昭36.12.23第3184号通達）。

7199 債権質権の順位譲渡の可否

問 同一の抵当権付債権を目的とする数個の債権質権間において、順位の譲渡（又は放棄）をすることができるか。

結論 債権質権には、民法376条の規定が適用されないので、その順位の譲渡（又は放棄）をすることはできない。

説明 不動産質権に関しては、民法第九章第三節において、その実体規定が設けられ、しかも同法361条において「この節に定めるもののほか、その性質に反しない限り、次章（抵当権）の規定を準用する」とされ、抵当権に関する規定が全面的に適用される。したがって、不動産質権については、その順位の譲渡（又は放棄）その他の処分（同法376条による処分）が可能である。しかし、債権質権は、抵当権の被担保債権を目的とするといっても、それは抵当権を拘束するというだけで、債権質権者自らが抵当権者となるわけではない。また、当該質権は、直接抵当権を目的として成立したものではなく、被担保債権の上に設定されたもので、いわゆる抵当権の随伴性によって、その効力が抵当権にも及ぶというにすぎない。

同一の抵当権の被担保債権の上に、数個の質権が存し、その登記がされている場合には、これら数個の質権（債権質権）は、抵当権の順位番号の付記1号、付記2号、付記3号……という順位が付されて行われるわけだが、このような順位番号としての付記1号、付記2号の間において、順位の譲渡が行われてよいのではないかと解する向きもある。しかし、債権質権自体の性質からいって、その順位の譲渡については、消極に解すべきであろう。抵当権付債権の上に成立した質権は、厳密には、不動産に関する権利とは言い難いものであって、例えば、当該債権質権の被担保債権の譲渡が行われたとしても、これに伴うべき債権質権自体の移転の登記をする途が開かれていない（債権質権の登記は、抵当権の被担保債権が債権質権の目的となったにすぎず、言わば抵当権の変更の登記と見るほかはないからである）。

7200 社債を担保する抵当権の順位の譲渡(放棄)の可否

問 社債を担保するために設定された抵当権の順位を譲渡(放棄)し、その登記をすることができるか。

結論 社債権者集会の決議(当分の間は財務大臣の認可)を得て、順位の譲渡(放棄)をすることができる。

説明 社債を担保する抵当権その他の担保権について、その順位の譲渡及び放棄だけが認められる。そして、社債を担保する担保権の順位を譲渡し又は放棄する場合には、同法42条が準用する41条の規定により、社債権者集会の決議を必要とする。もっとも、当分の間は、社債権者集会の決議に代えて、主務大臣の認可で足りるものとされている(「銀行等の事務の簡素化に関する法律」(昭和18年法律第42号)7条2項参照。同項は、企業担保法附則5項により新設されたのである)。

なお、社債権者集会の決議又は主務大臣の認可は、順位の譲渡又は放棄の効力発生要件と解すべきだから(決議又は認可がなければ、順位の譲渡又は放棄の効力が生じない)、社債を担保する抵当権の順位の譲渡又は放棄による登記の申請書には、不動産登記令7条1項5号ハの規定による社債権者集会の決議又は主務大臣の認可を証する書面の提出を要する。

第5項 権利質

7201 抵当権付債権を目的とする債権質の被担保債権を質入れした場合の登記の可否

問 抵当権付債権を質入れした場合には、当該抵当権が登記されているときは、その被担保債権が質入れされた旨の登記をすることができるとされているが、債権質の登記を経た後において、その債権質権者が、当該債権質によって担保されている債権を、自己の債権者に対し、更に質入れした場合にも、当該第三債権質権者のために、その旨の登記をすることができるか。

結論 債権質権者が自己の債権（債権質の被担保債権）を質入れすることは可能であるが、その旨の登記をすることは、現行の不動産登記法の下では、許されない。

説明 抵当権者Xが、自己の有する債権（抵当権によって担保されている債権）を債権者Yのために質入れした場合には、Yは債権質を取得するに至る。そして、債権質の目的とされたものが、Xの有する抵当権付債権であることからいって、Yの債権質の効力が、Xの抵当権にも当然及ぶので、その登記をする必要性が考えられる。ところで、現行の不動産登記法においては、債権質をもって登記することができる独立の権利として扱っていない（同法3条参照）。つまり、債権質は、いわゆる不動産に関する権利の範疇に属しないからである。そこで、Yの債権質に関しては、登記する途が設けられていない、というべきであろう。しかしながら、Xの抵当権によって担保されている債権がYのために質入れされ、その結果、Xの抵当権が、債権への随伴性のゆえに、Yの債権質の効力に服し、これによって、拘束を受けるに至ったことを登記記録上にも明らかにしておくことも、公示手段としてあながち無意味のことではない、と解される。それは、一種の抵当権の変更（抵当権が債権質によって拘束を受ける旨の変更）としてこれを取り扱い、このような債権質が設定され、これによって当該抵当権の被担保債権の取立てを債権質権者Yにおいて行うことができること、Yが自ら抵当権の実行をすることができることをも意味するものとして、登記上、被担保債権の質入れの旨を記録することも、解釈上、無理ではなかろうと考えられ、実務上も、積極に取り扱っているのである。

しかし、本問のごとく、債権質権者Yが、自己の債権者Zのために、債権（債権質の被担保債権）を質入れした場合においては、これに応じるべき登記手続は、全く考えられるべき余地がない。この場合には、前記のごとく、抵当権の変更の一種として、処遇するのは妥当でないからである。Zの債権質の目的とされたのは、Yの債権であって、抵当権付債権を直接目的としたYの債権質とは趣を異にすることはいうまでもない。また、Yは、登記上、独立の権利を有する、いわゆる登記名義人といえないので、たとえ、自己の債権を質入れしたといっても、Zのために、その旨の登記を行うべき義務を有しないものと解してよい（換言すれば、Zは、自己の債権質に基づいて、これを第三者に対抗するための登記を請求することは、不動産登記法上、認められない、と解すべきであろ

う）。Ｚとしては、債権質の対抗要件を具備しておれば、それで十分である（民法364条）。

7202 抵当権を質権の目的とすることの可否

問 登記された抵当権を目的として質権を設定し、その旨の登記をすることができるか。

結論 **抵当権の被担保債権は、質権の目的とすることはできるが、抵当権自体を質権の目的とすることはできない。**

説明 抵当権によって担保されている債権を質権の目的とした場合は、いわゆる債権質が成立し、当該債権質の効力は、抵当権にも及ぶので、抵当権の登記について、その旨の登記をすることができる。その登記内容は、抵当権の被担保債権が債権質の目的とされ、当該抵当権が債権質によって拘束を受けていることを表すものである。このような抵当権付債権の質入れが可能であるとする実体規定は、民法362条である。すなわち、その１項で「質権は、財産権をその目的とすることができる」としているのがそれである。ところで、財産権に抵当権が含まれるか否かについてはこれを消極に解すべきであろう。また同条２項において、債権質（権利質）については「この節に定めるもののほか、その性質に反しない限り、前三節（総則、動産質及び不動産質）の規定を準用する」としているけれども、第三節中の361条をも準用するものと解すべきではない。抵当権の上に直接質権が成立すると考えるのは、いずれもこれらを積極に解することから生じる誤解だといってよい。

7203 抵当権付債権の質入れの一部移転の登記申請の可否

問 抵当権付債権の質入れの登記がされている不動産に、当該質権の一部移転の登記を申請することができるか。

結論 **当該質権の一部移転があった場合でも、抵当権付債権の質入れと権利関係の状況は変わらず、公示の必要性があるので、抵当権付債権の質入れの一部移転の登記をすることができる。**

説明 抵当権付債権について質権が設定された場合には、担保権の随伴性によって、当該質権の効力が当該抵当権にも当然及ぶもの

と考えられる。要するに、あたかも当該抵当権の上に質権が成立しているように見える。また、抵当権付債権について質権が設定されると、質権者は、質入債権を自ら直接取り立てて自己の債権の弁済に充てることができるし、自己の債権が弁済されず、質入債権の取立てもできないときは、自ら当該抵当権を実行することができるとも解釈されている。このように、抵当権付債権が質入れされると、当該抵当権は事実上質権の拘束を受けることになるので、これを公示させるべきであると考えられている。

民法501条で規定されている弁済による代位の効果については、債権者の有する権利が代位者に法律上当然に移転すると解釈されており、その公示の必要も認められる。債務の一部代位弁済をしたときも同様である。同法502条では、「債権の一部について代位弁済があったときは（中略）債権者とともにその権利を行使する。」とあり、結局質権の拘束を当該抵当権は受けることから、当該質権の一部移転があった場合にも、権利関係の状況からすれば、抵当権付債権の質入れのときと何ら前提を異にするものではないから、公示の必要性があり、抵当権付債権の質入れの一部移転の登記を申請することができる。

登記の目的は「○番付記○号質権一部移転」として付記登記の付記登記ということになる。そのほかの記録事項は、「債権額の一部の代位弁済」があったときの登記記録を参考にして、登記原因は「年月日一部代位弁済」とし、弁済額についても「金○万円」とすべきである。もちろん権利者その他の事項欄は「質権者何某」と記録することになる。

7204 船舶抵当権の被担保債権の質入れ及びその旨の登記の可否

問 船舶の抵当権によって担保されている債権を質権の目的となし、その旨の登記をすることができるか。

結論 **船舶の抵当権の被担保債権を質権の目的とすることは可能であり、抵当権の登記につき、その旨の登記をすることもできる。**

説明 本問の疑問とするところは、商法849条の規定の誤解から生じるものと思われる。同条は「登記した船舶は、質権の目的とすることができない」としており、船舶登記にあっては、質権設定の登記をすることができないことが明らかなので、そこで、債権質に関する登記もすること

ができないとする解釈が行われるようである。しかし、抵当権付債権を質入れした場合には、当該抵当権は、被担保債権を目的とする債権質によって拘束を受けるわけであるが、その旨の登記をすることは、不動産の抵当権の場合において認められているところである。この場合には、債権質というものが独立の権利として登記されるわけではなく、抵当権の被担保債権が質入れされたことによって、その債権質の効力が抵当権にも及ぶ旨の、いわゆる抵当権の変更の登記として行われるにすぎない。船舶の抵当権についても、これと同様のことがいえるのであって、債権質なるものが直接、登記船舶を目的とするのではないから、商法849条に抵触するいわれはないのである。船舶の抵当権の変更の登記として、債権質の効力が当該抵当権にも及ぶ旨が登記されることにおいて、不動産の抵当権の場合と何ら変わりはないからである。

第6節 抵当権の抹消

第1項 総説

7205 目的不動産の所有権の一部（持分）を取得した抵当権者と権利混同

問 抵当権者が、抵当不動産の所有権の2分の1を取得した場合、取得した持分についての抵当権は、民法179条により消滅するか。

結論 **当該持分を目的とする他の権利がない場合、又は当該抵当権につき第三者の権利（民法376条による処分等）の登記がない場合には、消滅する。**

説明 本問の場合には、抵当権者が、目的不動産の所有者（抵当権設定者）から、その所有権の2分の1を譲り受け、当該2分の1の持分所有権を取得することによって、抵当権設定者と共有関係となり、「同一物について所有権及び他の物権が同一人に帰属したとき」に該当する（民法179条本文）。すなわち、所有権の2分の1（持分）と抵当権が同一人に属するからである。この場合には、抵当権は、抵当権者が取得した共有持分（所有権の2分の1）について消滅する。しかし、当該持分若しくは当該持分を含めた不動産所有権全部を目的とする他の権利（後順位抵当権等）が存する場合又は当該抵当権について第三者の権利（同法376条の抵当権の処分による受益者の権利）の登記、例えば転抵当、順位譲渡の登記が行われている場合には、消滅することはない（同法179条1項ただし書参照）。

7206 抵当権者が目的不動産の所有権を取得した後に第三者に転売した場合の抵当権登記の抹消手続

問 抵当権者甲が、抵当不動産を売買によって取得し、その登記を経た後、更に当該不動産を第三者乙に売り渡して、その登記を行った場合、抵当権の登記を抹消するには、どのような手続によるべきか。

結論 **現在の所有権の登記名義人乙と抵当権者甲とが共同申請する。この場合には、登記義務者甲の権利に関する登記識別情報の提供を必要とする。**

説明 抵当権の設定の登記の抹消の申請では、通常、登記権利者は抵当権設定者であり、登記義務者は抵当権者である。ところが、抵当権設定者（所有者）が、目的不動産を第三者に売却し、その所有権の移転の登記を経た後において、抵当権の登記の抹消を申請する場合には、登記権利者は、もはや抵当権設定者ではなく、第三取得者が、登記権利者として、抵当権者との共同申請によって行うことになる。現在の所有権の登記名義人が、常に他物権に関する登記の抹消については、登記権利者になるということである。このことは、抵当権者自らが目的不動産の所有権を取得し、その取得した所有権を、他の第三者に移転した場合においても、同様である。本問の場合、抵当権者の所有権取得によって、法律上当然に、その抵当権が消滅したものとされる。

したがって、抵当権者が所有権取得の登記を行った段階で、すなわち、第三者への転売の登記をする前に、自己名義の抵当権の登記を抹消しようとするときは、抵当権者（申請時の所有権の登記名義人）の事実上の単独申請によって、その抹消が行われる。このような事由によって、抵当権が消滅し、抵当権者（所有者を兼ねる）が単独で、その抹消を申請することができる状態に置かれていたとしても、その後、第三者への所有権の転売が行われ、その登記がされると、不動産登記法の共同申請の原則（同法60条）によって、転得者が登記権利者の地位を有するに至り、一旦権利混同によって消滅した抵当権であっても、その抹消は、抵当権者及び転得者（現在の所有者の登記名義人）の共同申請によって行うものとされる（昭30.2.4第226号通達参照）。したがって、登記義務者

である抵当権者の権利に関する登記識別情報、すなわち、抵当権の設定の登記の登記識別情報の提供を要する。

7207 抵当権者が行方不明の場合の抵当権登記の抹消手続

問 抵当権の被担保債権は消滅したが、その登記の抹消がされないまま、抵当権者が行方不明である場合には、抵当権の登記の抹消は、どのような手続によればよいか。

結論 **公示催告の申立てをし、除権決定を得た上、除権決定があったことを証する情報を申請情報と併せて提供して、債務者（設定者）単独で申請することができる。**

　また、債権証書並びに被担保債権及び最後の２年分の利息その他の定期金（債務不履行により生じた損害を含む）の完全な弁済があったことを証する情報、登記義務者の所在が知れないことを証する情報、又は弁済期から20年経過している場合には、その期間の経過後にその債権、利息及び損害金相当額を供託したことを証する情報、登記義務者の所在が知れないことを証する情報があれば、これらを申請情報と併せて提供して、申請することもできる。

説明 抵当権の登記の抹消は、抵当権者と抵当権設定者（又は第三取得者）との共同申請によって行われるのが原則である（不登法60条）。しかし、抵当権者が行方不明であるときは、不可能である。だからといって、被担保債権が弁済等によって消滅し、抵当権も消滅しているのに、その抹消をすることができないというのは、全く不合理である。そこで、不動産登記法70条は、このような場合の抹消手続を規定して、その解決を図っている。すなわち、非訟事件手続法の規定に従って、公示催告の申立てをして、除権決定を得た上、除権決定があったことを証する情報を申請情報と併せて提供すれば、抵当権設定者（債務者、この場合は登記権利者）が単独で抹消を申請することができるものとする。また、債権証書並びに被担保債権及び最後の２年分の利息その他の定期金（債務不履行により生じた損害を含む）の完全な弁済があったことを証する情報、登記義務者の所在が知れないことを証する情報を申請情報と併せて提供すれば、同様に、登記権利者の単独申請によって抹消する

ことができるとする。けだし、債権元本及びその付随債権たる利息等の最後の2年分が弁済されたことが明らかである場合は、通常は、被担保債権は消滅し、したがって抵当権の消滅したことも明らかだからである。

また、より簡易な抹消の特例もあり（不登法70条3項後段）、債権の弁済期から20年を経過し、かつ、申請情報と併せて、被担保債権の弁済期を証する情報、その期間の経過した後に債権、利息及び債務の不履行によって生じた損害の全額に相当する金銭の供託をしたことを証する情報、登記義務者の所在が知れないことを証する情報を提供した場合は、登記権利者のみで抵当権の登記の抹消の申請をすることができる。

7208 抵当権者死亡後相続人不存在の場合における抵当権登記の抹消手続

問 消滅した抵当権の登記の抹消をしないうちに、当該抵当権者が死亡し、その相続人のあることが明らかでない場合には、どのような手続によって抹消すべきか。

結論 **家庭裁判所によって選任された相続財産管理人が、抹消の登記義務を履行することになる。したがって、相続財産管理人と目的不動産の所有者との共同申請による。**

説明 相続人のあることが明らかでないときは、相続財産は、これを法人とするとされ、この場合には、利害関係人又は検察官の請求によって、家庭裁判所が、相続財産管理人の選任を行って、この旨を公告する。相続財産には、積極財産、消極財産のいずれもが含まれ、したがって、登記義務もこれに含まれると解される。そこで、消滅した抵当権の登記の抹消については、本来、相続人が存在すれば、その者が抹消の登記義務を履行すべきだが、相続人が不存在の場合には、相続財産管理人の選任を待って、その者に対し、登記義務の履行を求めるほかはない。本問の場合は、抵当権者の行方不明の場合とは異なり、不動産登記法70条に規定された手続（公示催告等の手続）によることはできない。

7209 競落により消滅した抵当権の抹消登記未了の場合の抹消手続

問 競落により消滅した抵当権の抹消の登記が、競落の登記と同時にされず、未了の場合は、抵当権者と現所有者との共同申請により、競落を原因として抹消の登記ができるか。

結論 できる。

説明 本問の場合には、関係人から裁判所へ抹消手続の申請をして、裁判所の嘱託によって抹消することができるが、現所有者と抵当権者の双方の申請によって抹消することもできる（昭28．6．29第1217号回答参照）。

7210 抵当権消滅請求による抵当権の抹消

問 抵当権が抵当権消滅請求により消滅した場合の登記原因及びその日付は、どのようになるか。

結論 **民法386条により抵当権が消滅する日すなわち、抵当不動産の第三取得者が代価又は金額を払渡し又は供託をした日をもって、「年月日抵当権消滅請求」とする。**

説明 抵当不動産の第三取得者は、民法383条の定めるところにより、抵当権消滅請求をすることができる（同法379条）。ただし、主たる債務者、保証人及びこれらの者の承継人は、抵当権消滅請求をすることができない（同法380条）。また、抵当不動産の停止条件付第三取得者は、その停止条件の成否が未定である間は、抵当権消滅請求をすることができない（同法381条）。この抵当権消滅請求は、抵当権の実行としての競売による差押えの効力が発生する前にしなければならない（同法382条）。

抵当権消滅請求の手続は、おおよそ次のとおりである。すなわち、抵当不動産の第三取得者は、抵当権消滅請求をするときは、登記をした各債権者に対し、次に掲げる書面を送付しなければならない。

(イ) 抵当不動産の取得の原因及び年月日、譲渡人及び取得者の氏名及び住所並びに抵当不動産の性質（土地であるか、建物であるか、土地であればその地目、

建物であればその種類)、所在及び代価その他取得者の負担を記載した書面
(ロ) 抵当不動産に関する登記事項証明書（現に効力を有する登記事項の全てを証明したものに限る。）
(ハ) 債権者が2か月以内に抵当権を実行して競売の申立てをしないときは、抵当不動産の第三取得者が(イ)に規定する代価又は特に指定した金額を債権の順位に従って弁済し又は供託すべき旨を記載した書面

そして、次に掲げる場合には、書面の送付を受けた債権者は、抵当不動産の第三取得者が上記(ハ)の書面に記載したところにより提供した代価又は金額を承諾したものとみなされる。

(イ) その債権者が上記の書面の送付を受けた後2か月以内に抵当権を実行して競売の申立てをしないとき。
(ロ) その債権者が上記(イ)の申立てを取り下げたとき。
(ハ) 上記(イ)の申立てを却下する旨の決定が確定したとき。
(ニ) 上記(イ)の申立てに基づく競売の手続を取り消す旨の決定が確定したとき。

さらに、抵当権消滅請求の効果が生じるのは、すなわち抵当権が消滅するのは、登記をした全ての債権者が抵当不動産の第三取得者の提供した代価又は金額を承諾し、かつ、抵当不動産の第三取得者がその承諾を得た代価又は金額を払い渡し又は供託したときである。

よって民法386条により抵当権が消滅する日すなわち、抵当不動産の第三取得者が代価又は金額を払い渡し又は供託をした日をもって、「年月日抵当権消滅請求」とする。

第2項　抹消登記請求権（申請適格）

7211　目的不動産の第三取得者と抵当権登記の抹消請求権

問　抵当権設定の登記がされた不動産について、第三者が所有権を取得し、その登記を経由した後、債務者である前所有者が債務の弁済を行った場合には、当該抵当権登記の抹消について、第三取得者はその登記請求権を有するか。

結論　抵当権の抹消に関しては、第三取得者は、抹消登記請求権を有

し、その抹消登記の申請に当たっては、登記権利者の関係に立つものと解される。

説明 　前所有者が債務者として、抵当権の被担保債務の履行（弁済）を行うことは当然のことであり、これによって当該抵当権は消滅するわけだが、この抹消登記の請求権は、所有権に基づくものと解されるので、既に所有権を失った前所有者にはその権利がなく、第三取得者すなわち現在の所有権の登記名義人に属するものと解する。したがって、本問の場合における抵当権登記の抹消については、第三取得者が登記権利者の関係に立つものとされ、その申請当事者は、抵当権者と第三取得者とされる（昭30．2．4第226号通達参照）。

7212　権利混同によって消滅した抵当権の抹消手続の一事例

問　抵当権者が抵当不動産を取得し、抵当権が混同によって消滅したが、その抹消登記未了の間に、抵当権者が死亡した場合には、抹消手続は、どうすればよいか。

結論　**目的不動産につき、被相続人（抵当権者）を所有権の登記名義人とする所有権の登記がされている場合、相続を証する書面（戸籍謄抄本等）を添付して、相続人のみで抹消を申請することができるが、そうでない場合には、所有権の登記名義人は前所有者（抵当権設定者）なので、前所有者と抵当権者の相続人との共同申請による。なお、いずれの場合でも、抵当権の登記につき、相続による移転の登記を必要としない。**

説明　抵当権者が、目的不動産を取得し、所有権移転の登記を経由したが、抵当権の登記の抹消を申請しないまま死亡した場合には、この抵当権は、相続開始の以前において消滅しているので、抵当権者の相続人が承継取得することはない。しかし、目的不動産の所有権は相続人が承継している。被相続人を所有権の登記名義人とする所有権の移転の登記がされているから、相続人は、相続による所有権の移転の登記をすることもできるが、その登記をしないでも、被相続人が登記名義人の抵当権の登記につき、権利混同を原因として、その抹消の申請をすることができる。この相続人は、抵当権の抹消に関しては、登記義務者（抵当権者）と登記権利者（所有者）のいずれ

もの地位を承継したものといってよい。したがって、不動産登記法62条の規定の「相続その他の一般承継人」に該当するので、相続人であることを証する情報を提供して、登記権利者及び登記義務者の相続人として申請することができるものと解される。

　しかし、被相続人において所有権の移転の登記を受けていない場合には、現在の所有権の登記名義人は、前所有者（抵当権設定者）とされているので、このままでは（形式的には）、本問の抵当権の抹消について、登記権利者は、抵当権設定者であり、相続人は登記義務者（抵当権者）の相続人として登記の申請に関与することができるにすぎない。したがって、相続人において、前所有者との共同申請によって被相続人を所有権の登記名義人とする所有権移転の登記を経由しない限りは、抵当権の抹消の手続としては、相続人は前所有者（抵当権設定者）と共同して、登記申請を行うほかはない。

7213　後順位抵当権者による先順位抵当権の抹消登記請求の可否

問　弁済等により、先順位の抵当権が消滅した場合、後順位の抵当権者は、当該先順位抵当権の抹消登記を請求することができるか。

結論　**後順位の抵当権者は、消滅した先順位の抵当権の登記の抹消を、先順位抵当権者に対し、直接請求することができる。**

説明　先順位の抵当権の登記が依然として存在すると、後順位の抵当権者は、登記記録上その後順位であるということになり、抵当権を実行する場合にも、また取引上も（例えばその抵当権で担保されている債権を譲渡しようとする場合）、いろいろと障害が生じるわけだから、消滅した先順位の抵当権の登記の抹消を請求する利益があり、先順位抵当権者は、その抹消の請求に応じる義務があるというべきである（大判大8.10.8民録1895頁）。そして、この抹消は、訴えによってのみ請求できると限る必要はなく、先順位抵当権者が任意に応じれば、後順位抵当権者が登記権利者となり、登記義務者である先順位抵当権者との共同申請で、消滅した当該抵当権の登記の抹消をすることができる（昭31.12.24第2916号回答）。

7214　清算結了の登記後の抵当権の登記の抹消の登記手続

問　債権及び抵当権は消滅し、抵当権の登記の抹消が未了のまま、法人が清算結了の登記をしている場合、抵当権の登記の抹消をするには、どうすればよいか。

結論　**本問では法人の清算は未了なので、法人の清算結了の登記を抹消し、抵当権の登記を抹消し、法人の清算結了の登記をすべきであるが、法人の閉鎖された登記記録に記録されている清算人による抵当権の登記の抹消の申請は認められる。**

説明　本問で清算事務が残っていた（抵当権の登記の抹消義務を履行していない）にもかかわらず、清算事務が終了したとして、清算結了の登記をしたのだから、法人の清算結了の登記は事実と異なる無効の登記といえよう。しかし、既に清算結了前に被担保債権は消滅し、実質的には抵当権は何ら効力を有しない権利となっており、当該法人の清算事務の中で、抵当権の登記の抹消手続のみが残ったとしても、それは、実質的な清算事務は全部終了しているが、ただ形式的な手続事務のみが一部残ったといってよい。

したがって、このような場合には、いまだ清算が結了していないので、先にした清算結了の登記につき「錯誤」を理由に登記の抹消をし、清算中の法人の状態に復帰させた後、通常の手続に従って当該抵当権の抹消手続をするのが相当だが、前記のとおり実質的には清算事務は終了し、ただ形式的な抵当権の登記の抹消という手続のみが一部残ったにすぎないから、法人の清算結了の登記の抹消、抵当権の登記の抹消、さらに清算結了の登記という煩瑣な手続をおもんぱかり、実務上の取扱いとしては、清算結了の登記の抹消を強要することなく、現在のままの状態で、法人の閉鎖された登記記録に記録されている清算人による抵当権の登記の抹消申請を認めることにより、その実際的便宜を図っている（昭24.7.2第1537号通達）。

7215　清算人の死亡後、裁判所の清算人選任書を提供してする抵当権抹消の登記手続

問　抵当権者である株式会社が解散し、清算人が選任されたが、当該

清算人が死亡し、新たな清算人の就任の登記をしていない場合、裁判所の清算人選任書を提供すれば、抵当権の登記の抹消を申請することができるか。

結論 裁判所において選任された清算人の就任の登記をした上で、抵当権の登記の抹消を申請すべきである。

説明 株式会社を抵当権者とする抵当権の設定の登記がされており、当該会社が解散し、清算結了に至っていないうちに、清算人が死亡している場合に、抵当権の登記を抹消するときは、当該会社の清算人を選任して、抵当権の登記の抹消の申請をする必要があるが、当該会社の清算人の就任の登記を行い、会社法人等番号を申請情報と併せて提供することが必要か否かが問題となっているものである。

ところで、本問の事例に関連する先例として、昭和38年9月13日付民事甲第2598号民事局長回答がある。これは、抵当権者である株式会社が解散し、その清算結了前に債権及び抵当権は消滅しているものの、その抵当権の登記の抹消が未了のまま、当該株式会社についての清算結了の登記がされ、その後、清算人全員が死亡し、当時の株主も不明となった事例である。この事例では、抵当権の登記の抹消に関する登記権利者は、利害関係人として、裁判所に対し当該会社の清算人の選任を申し立て、当該清算人との共同申請により、抵当権の登記の抹消を申請することとなったが、当該会社について清算人の就任の登記が未了であっても、便宜、裁判所の清算人選任の決定書をもって、代表者の資格を確認することができるものとして、抵当権の登記の抹消の申請をすることができることとされた。

この先例の趣旨は、この事例の清算人の選任は、既に消滅した抵当権について、登記の抹消を申請する目的に限ってされるものであり、抵当権の登記の抹消が完了すれば、清算は結了することになるので、当該会社の登記記録への清算人就任の登記を行うまでもないと考えられたものと思われる。本事例について、この先例と比較してみると、相違点として、当該会社の清算が結了していないことが挙げられる。清算が結了していれば、この先例のように、実質的に全ての清算は完了しており、形式的な登記の申請手続の一部のみが残っていたと見て、清算人の就任の登記を省略することも可能と考えられるが、清算中である本件の事例において、この抵当権の抹消登記手続以外にも清算手続が残っている可能性がある以上、原則どおり、当該会社の清算人の就任の登記を省略

することはできないと考えられる。

7216 破産管財人から別除権の目的である不動産を破産財団から放棄した場合の抵当権の登記の抹消の申請人

問 抵当権設定者である株式会社が破産し、破産管財人が別除権の目的である不動産を破産財団から放棄した場合、当該抵当権の登記の抹消は、破産管財人が申請するのか、破産会社の清算人が申請するのか。

結論 破産会社の清算人が申請する。

説明 法人である債務者に破産手続開始の決定があった場合において、破産管財人が特定の不動産を破産財団から放棄した場合、放棄された不動産は、破産財団に属しない財産として破産した法人に残されることになるので、その不動産の管理・処分権は破産者である法人に帰属し、その法人自らがこれを行うことになる。判例においても、破産財団から放棄された財産を目的とする別除権につき、放棄の意思表示をすべき相手方は破産者であるとされている（最決平12.4.28）。

本問の場合破産者は株式会社であるので、破産会社の代表機関が当該抵当権の登記の抹消を申請することになる。通常の場合において、株式会社の代表機関は取締役であるが（会社法349条１項。ただし、ほかに代表取締役その他株式会社を代表する者を定めた場合は、この限りではない）、株式会社と取締役との関係は、委任に関する規定に従うものとされているところ（同法330条）、委任は委任者又は受任者の破産手続開始の決定によって終了すると規定されている（民法653条２号）ので、取締役は会社の破産手続開始の決定により取締役の地位を失うことになる。そうすると、当然、取締役は退任することになることから、破産会社の代表機関は一般の解散の場合と同様に、清算人がなる（会社法483条）。

次に、委任の終了の場合において急迫の事情のあるときは、受任者は、委任者が委任事務を処理することができるまで必要な処分をしなければならないこととされている（民法654条）ことから、旧取締役（代表取締役）がこの義務の一つとして、別除権者（抵当権者）との共同により抵当権の登記の抹消を申請することが可能であるかについて検討する。

確かに、破産財団から放棄された不動産を管理する限度においては、その不動産を目的とする別除権の放棄の意思表示を受領する行為は、その別除権である抵当権の抹消手続も含めて管理行為に当たるものであり、不動産を売却するなどの清算的要素を含むものではないから、そのために特に清算人まで選任する必要までないとも考えられる。しかし、民法654条にいう「委任が終了した場合において、急迫の事情があるとき」とは、例えば、委任事務に属していた委任者の権利が、時効によって消滅するおそれがあるときに委任が終了した場合など、従来の委任の趣旨に従って善処しなければ委任者の不利益になるような場合をいうのであって、本問のように、別除権である抵当権の登記の抹消がそれに当たるとは解されない。

　登記手続上も、抵当権の登記の抹消の申請の際には、申請人が法人である場合には、申請情報と併せて、法人の会社法人等番号を提供しなければならないところ、破産会社については商業登記簿には、破産手続開始の決定の登記がされており（破産法257条）、登記官の形式的審査権限では、その会社の取締役（代表取締役）には管理・処分権がないものと判断される。また、そもそも、破産手続開始の決定も会社解散原因の一つであり（会社法471条5号）、その場合旧取締役（代表取締役）に清算業務を担当する権限はないと解されている。

7217 合併により解散した会社名義の抵当権で解散前に消滅した抵当権の登記の抹消の登記義務者

問　抵当権者である株式会社が合併により解散したが、その解散前に抵当権が消滅しているときは、合併による権利承継者は、抵当権の移転の登記の申請を要しないで、直ちに抵当権の登記の抹消を申請することができるか。

結論　申請することができる。

説明　　株式会社が合併により解散した場合には、合併後存続する会社又は合併により設立した会社（以下「合併後の会社」という）は、当該合併により解散した会社の権利義務を承継するから（会社法750条、752条、754条）、合併前に抵当権の被担保債権が弁済等により消滅していないときは、債権及び抵当権を合併後の会社において承継するので、抵当権の移転の登記を要するが、これに反し、合併前に抵当権の被担保債権が弁済等により消

滅しているときは、抵当権は消滅し、合併後の会社は抵当権を承継することはない。後者の場合には、合併後の会社は、合併により解散した会社の抵当権の登記の抹消義務だけを承継する。

したがって、合併後の会社は、抵当権の移転の登記を申請するのは相当でなく、直接抵当権の登記の抹消を申請する。そして、不動産登記令7条1項5号イの規定によれば「法第62条の規定により登記を申請する時には、相続その他の一般承継があったことを証する市町村長、登記官その他の公務員が職務上作成した情報（公務員が職務上作成した情報がない場合にあっては、これに代わるべき情報）」を「その申請情報と併せて登記所に提供しなければならない。」ものとしているのであり、この「相続その他の一般承継があったことを証する市町村長、登記官その他の公務員が職務上作成した情報」とは、合併の記載のある合併後の会社の登記事項証明書等をいうのだから、本問の場合には、これの提供を要する。ただし、当該会社の会社法人等番号を提供したときは、これの提供に代えることができる。

7218 抵当権消滅後における設定者の共同相続人の一人と抵当権者が共同してする抵当権抹消登記申請の可否

問 抵当権設定者である債務者が債務を弁済したが、その抵当権の登記の抹消の申請をしないまま死亡した場合には、その共同相続人の一人は、自己及び他の相続人のために、抵当権者とともに、その抵当権の登記の抹消を申請することができるか。

結論 抵当権の登記の抹消につき共同相続人が登記権利者の関係に立つので、その一人が保存行為として申請することができる。

説明 被担保債権の消滅により抵当権が消滅した場合には、抵当権設定者（所有権の登記名義人）は、抵当権の登記の抹消を求めることができるが、抹消の登記をする前に抵当権設定者（所有権の登記名義人）が死亡したときは、その相続人は、抵当権の抹消登記請求権を承継する。そして、相続人が数人存するときは、当該共同相続人がこれを承継する。抵当権の登記の抹消を共同相続人の全員が登記権利者となって申請しなければならないかは、民法252条ただし書によれば、「保存行為は各共有者がすることができる」ものとされていて、抵当権の抹消登記申請は保存行為に該当するものと解

されるので、共同相続人の一人が登記権利者となり、抵当権者とともに、抵当権の登記の抹消を申請することができる。

7219 被担保債権質入れの旨の登記のある抵当権登記の抹消の申請人

問 甲が乙に対して金1,000万円（弁済期日平成30年6月30日）の貸付けをし、乙は、貸付債権の担保として、乙が、Xに対して有する抵当権（既登記）付貸付金500万円（弁済期日平成30年6月30日）、Yに対して有する抵当権（既登記）付貸付金300万円（弁済期日平成30年6月30日）及びZに対して有する抵当権（既登記）付貸付金200万円（弁済期日平成30年6月30日）につき、質権を設定し、その対抗要件（抵当権の登記についての質権設定の付記登記及び民法364条による債務者X、Y、Zに対する通知）を備えた。その後Xは、期日に自己の債務金500万円を甲に支払ったが、Y、Zは、弁済しない。この場合、Xは、甲及び乙に対し抵当権の抹消登記を請求することができるか。

結論 Xは、甲に対しては、抵当権の登記の抹消についての承諾を、乙に対しては、抵当権の登記の抹消を請求することができる。乙の抵当権の登記の抹消の申請には、甲の承諾を証する甲が作成した情報又は甲に対抗することができる裁判があったことを証する情報を提供しなければならない。

説明 乙のXに対する抵当権付貸付金500万円の債権が、甲の乙に対して有する貸付債権1,000万円の担保として質入れ（債権質設定）され、その対抗要件を備えた場合、甲は、乙がその債務1,000万円を弁済期に支払わないときは、民法366条1項の規定により、「質権の目的である債権」すなわち乙のXに対する貸付債権500万円を直接Xに対して取り立てることができる。そして、Xが甲のこの請求によって、甲に500万円を支払ったときは、結局抵当権者である乙の有するXに対する被担保債権全額が消滅し、当該抵当権も当然消滅し、また、当該500万円の債権を目的とする甲の質権も、その目的となっている債権の消滅により、当然消滅する（Xが任意に甲に支払わないときは、甲は自己の質権の効力の及んでいる乙の抵当権を実行（民事執行法

による売却）して、その売却代金から優先弁済を受けることになる）。このことは、甲の債権1,000万円の共同担保として、質権の設定されたＹ、Ｚに対してＺの有する債権について、Ｙ、Ｚが甲に任意に弁済しないことによって何ら影響を受けることはない（Ｘに対する債権を目的とする甲の質権の被担保債権が1,000万円であって、Ｘの債務500万円を超過しているときでも、Ｘは、500万円について、甲の請求により弁済する義務があるだけで、それ以上の負担義務がない。したがって、甲の債権が全部消滅しなくても、Ｘの債権のための乙の抵当権及びその上の甲の質権は、Ｘの債権の消滅により消滅する）。

そこで、Ｘ（当該抵当権の目的となっている不動産の所有権の登記名義人又は抵当権の設定者）は、抵当権者乙に対し、当該抵当権の登記の抹消を請求することができる。この場合の登記手続では、当該抵当権付債権の質権者甲は、「登記上の利害関係を有する第三者」であるから、申請情報とともに、当該抵当権の登記を抹消することについての甲の承諾を証する甲が作成した情報又は甲に対抗することができる裁判があったことを証する情報を提供しなければならない（不登法168条、登記令別表の二十六の項参照）。

この情報を提供して、抵当権の登記の抹消を申請したときは、抵当権の登記が抹消されるだけでなく、その抵当権を拘束する債権質権の登記も、登記官が職権で抹消することとなる（規則152条2項参照）。もっとも、抵当権者乙は、甲に対しその債権質権の消滅を原因として、その質権の効力の及ぶ旨の付記登記の抹消を請求できるが、その請求により、債権質権の付記登記が抹消されてから、抵当権の登記の抹消を申請する場合であれば、甲の承諾を証する甲の作成した情報等の提供は要しない。

第3項　登記原因

7220　抵当権者が代物弁済によって目的不動産を取得した場合の抵当権消滅の登記原因

問　抵当権者が代物弁済による所有権の移転の登記を受けた場合、抵当権消滅の登記原因は何か。

結論　代物弁済による債権の消滅である。

| 説明 | 抵当権は、被担保債権に付従する従たる権利だから、被担保債権が消滅すれば抵当権もまた消滅する。本問では、抵当権者は、債権の弁済として、抵当権の目的となっている当該不動産を代物弁済として譲り受けたのだから、被担保債権は、債務の履行によって消滅し、その抵当権も債務の履行すなわち代物弁済によって消滅している。よって、抵当権消滅の登記原因は、代物弁済による債権の消滅である。抵当権者が所有権を取得したための、いわゆる混同が、抵当権消滅の登記原因となる場合ではない。

7221 債権不発生の場合の消費貸借についての抵当権登記の抹消の原因

問 金銭消費貸借によって生ずべき債務の担保として、抵当権を設定し、その登記を経たが、現実に金銭の授受が行われず、そのために債権が発生しない場合におけるこの抵当権の登記の抹消の登記原因は何か。

結論 抵当権設定契約の解除である。

説明 書面による金銭消費貸借の要物性は緩和されており（民法587条の2）、現実の取引の慣行としても、抵当権の設定の登記を経た上で、債権者からの融資が行われている。そして、抵当権の設定の登記後の事情変更によって、現実に融資がされず、被担保債権が不発生に終わることもあり得る。このような場合には、抵当権も、その債権不発生の事実は、抵当権の設定契約が有効に成立し、その登記が適法に行われた後において生じたのだから、やはり、抵当権の登記の抹消を申請するには、抵当権設定契約の解除をする必要がある。

7222 共有不動産を目的とする抵当権の効力を共有持分について消滅させる場合の登記原因

問 甲、乙共有の土地を目的として抵当権の設定及びその登記が行われた後、抵当権者において、乙の共有持分のみにつき、自己の権利を放棄しようとするには、どうすればよいか。

結論 「乙持分何分の何に対する放棄」を登記原因とし、「甲持分何分の

何を目的とする抵当権に変更」する旨を登記の目的として、抵当権の変更登記を申請すればよい。

説明 　共有地全部を目的として抵当権が設定され、その登記がされている場合、当該抵当権の効力を、目的土地の共有者の一人の持分について、消滅させることは、実体法上可能である。甲、乙共有の土地につき、当初から甲の持分のみを目的とする抵当権を設定することが可能であることから見て当然である。

　共有土地全部についての抵当権の効力を、共有者の一人の持分のみについて存立するものとするのは、抵当権の効力の変更となる。したがって、登記手続としては、抵当権の変更の登記として取り扱われる。他の共有者の持分について抵当権の効力が失われることからいって、抵当権の効力の一部消滅だとも解されなくはないが、このような見解を採るとすれば、乙の持分について消滅したことによる「一部抹消」という観念が生じ、登記手続としても、これに倣って抵当権の一部抹消の登記ということにならざるを得ない。しかし、この解釈は、現行登記法上、妥当なものとはいえない。やはり、抵当権の変更と解する方が、合理的である。この場合の登記の申請人は、抵当権者と乙の両者であり、甲は、全くこれに関与する余地はない（このような抵当権の変更は、直接、甲に対して何らの利害を及ぼすわけがないからである）。

7223 保証人の求償権担保のための抵当権登記の抹消の登記原因

問 　保証人の求償権を担保するための、抵当権の登記につき、主債務者の弁済によって保証債務も消滅したため、その抹消の登記を行う場合には、登記原因として申請情報に記録すべき消滅の事由は何か。

結論 　「主債務消滅」を登記原因とする。

説明 　保証人が、自己の求償権を担保するために、主債務者所有の不動産を担保に徴求し、その上に抵当権の設定を受け、その登記を経ている場合、主債務者が債権者に対して弁済を行えば、保証債務も消滅し、保証人の求償権を行使する余地がなくなる。したがって、求償権担保のための抵当権も、被担保債権の存在しないことによって消滅する。この場合の抵

当権の消滅の事由は、主債務者の弁済による主債務の消滅か、保証債務の消滅に伴うものと解すべきかだが、保証債務は、主債務の従であるものであって、主債務のないところに保証債務は成立しない（保証債務は、このような付従性を有している）。したがって、主債務が弁済によって消滅すれば、法律上当然に保証債務も消滅し、保証人の求償権も消滅に帰する。そこで主債務を消滅させたこと自体が、求償権担保の抵当権の消滅の原因となる。

7224 権利混同によって消滅した抵当権の登記抹消の登記原因の日付

問 抵当権者が抵当不動産を売買によって取得したことにより、権利混同を生じて消滅した場合、抵当権の登記を抹消する際に、申請情報に記録すべき登記原因の日付は、売買契約の日付又は売買登記の日付のいずれか。

結論 売買の日付を記録する。

説明 実体上、権利混同を生じて目的不動産の所有権が抵当権者に帰属したときは、抵当権が消滅するのであって、所有権取得の登記をすることによって、抵当権が消滅するのではない。抵当権者は、自己のための所有権の移転の登記を受ける以前においても、権利混同を原因として、自らの抵当権の登記の抹消を申請することができる。もっとも、この場合においては、前所有者（抵当権設定者）が現に所有権の登記名義を有するので、この者との共同申請による。

第4項　前提登記及びその省略

7225 抵当権の抹消登記申請と前提となる登記の登記名義人（抵当権者）の住所の変更（更正）登記の省略の可否

問 抵当権登記の抹消をする場合において、抵当権者がその住所をA市からB市に移転している場合は、その前提として、住所移転による抵当権者の住所の変更の登記をしなければ、登記の抹消の申

請は、受理されないか。

結論 抵当権者の住所移転を証する書面（住民票等）を提供して、直接、抵当権の登記の抹消を申請することができる。

説明 不動産登記法は、申請情報の内容である登記義務者の氏名若しくは名称又は住所が登記記録と合致しないときはその申請を却下すべきものとしている（同法26条7項）。この登記の申請は、申請情報の内容である登記義務者（抵当権者）の住所が登記記録に合致しない。しかしながら、消滅した抵当権につき、その登記の抹消をするものであり、あえて、抵当権者の住所を変更する実質的な意義が考えられないので（抵当権者の登記名義人の住所の変更の登記をしてもその直後にこれを抹消することになる）、その住所の移転を証する情報を提供することによって、同一性を明らかにすれば、登記官においても、真正な当事者からの申請によるものと見ることができよう。

7226 相続又は会社合併後の弁済を登記原因とする抵当権の抹消手続

問 相続又は会社合併による抵当権の移転の登記未了の場合、相続又は会社合併を証する情報を提供したときは、相続又は会社合併後の弁済に係るものでも、抵当権の移転の登記の申請をしないで、直ちに抵当権の登記の抹消を申請することはできないか。

結論 相続又は会社合併による抵当権の承継による移転の登記をした上で、抵当権の登記の抹消を申請しなければならない。

説明 抵当権の登記の抹消は、原則として、所有者（登記権利者）と抵当権者（登記義務者）の共同申請によるから、抵当権者の死亡による相続、合併（法人の場合）による承継、被担保債権の譲渡等の原因により抵当権が移転し、抵当権者（抵当権の登記名義人）に変更があった場合において、その登記をしない間に、弁済その他の原因により抵当権の消滅の事由が生じた場合には、実体的には、当該承継後の抵当権者が登記の抹消の登記義務者である。

不動産登記法62条の規定によれば、「登記権利者、登記義務者又は登記名義人が権利に関する登記の申請人となることができる場合において、当該登記権利者、登記義務者又は登記名義人について相続その他の一般承継があったとき

は、相続人その他の一般承継人は、当該権利にかかる登記を申請することができる。」としているが、この場合の「相続その他の一般承継があったとき」というのは、被相続人が登記義務を負担し、その登記義務を相続人が承継した場合をいう。これを抵当権の登記の抹消についていえば、被相続人の抵当権が弁済等によって消滅し、その登記の抹消の義務が生じたが、登記の抹消をしないうちに相続が開始し、相続人が登記抹消義務を承継し、その承継人として登記を申請する場合である。この場合には、当該抵当権を相続人が承継していないから、相続人名義に移転の登記をすべき筋合いでない。しかし、相続人が抵当権を取得した後、当該抵当権が消滅した場合には、相続人が正に登記義務者になる。この場合の抵当権の移転の登記を省略しての登記の申請は、申請情報の内容である登記義務者の氏名等が登記記録と合致しないこととなり、同法25条7号の規定に該当するので相当でない。

7227 抵当権設定者の相続の登記を省略して抵当権の登記の抹消を申請することの可否

問 抵当権設定者の死亡後に抵当権が消滅した場合には、抵当権設定者につき相続の登記を経ることなく、抵当権の登記の抹消を申請することができるか。

結論 **抵当権設定者につき相続の登記を経る必要がある。**

説明 抵当権設定者が死亡し、抵当不動産につき相続が開始したものの、相続による所有権の移転の登記未了のうちに、相続人が抵当権の被担保債権を弁済したことを原因として、抵当権設定者を登記権利者、その相続人を登記申請人として、抵当権の登記の抹消の申請をしたが、これが不動産登記法25条4号に該当するとして却下され、また、同却下処分に対する審査請求を棄却する裁決がされたことから、当該却下処分及び棄却裁決の取消しが求められた事案において、大阪高裁平成20年2月29日判決は、大要次のとおり判示して、抵当不動産の相続人の請求を退けた。

不動産登記法2条12号は、登記権利者とは、権利に関する登記をすることにより、登記上、直接に利益を受けるものをいい、間接に利益を受ける者を除くと規定しており、実体法上で利益を受ける者が直ちに登記権利者とはされていない。

抵当不動産の相続人は、本件不動産の所有権を相続しており、実体上は所有権に基づく妨害排除請求権としての抹消登記請求権を有する者であり、本件抵当権の登記の抹消による利益を受ける者ということができる。しかし、抵当不動産の相続人は相続による所有権の取得を登記しなければ、その所有権の取得は登記上現れておらず、登記上は、本件抵当権の登記の抹消によって直接に利益を受けるものとはいえないから、不動産登記法にいう「登記権利者」には該当しない。

　もっとも、不動産登記法62条は、登記権利者、登記義務者又は登記名義人が権利に関する登記の申請人となることができる場合において、これらの者について相続その他の一般承継があったときは、相続人その他の一般承継人が申請人になることができると規定しているから、この規定に基づいて、本件申請のように、登記上所有者とされている抵当権設定者を登記権利者として抵当不動産の相続人が申請人となって、本件抵当権の登記の抹消の申請をすることができないか考える余地がないではない。

　しかし、不動産登記法62条は、その文理に照らしても、明らかに、既に登記可能な変動が実体上生じているにもかかわらず、登記の申請がされないままに、登記権利者について相続が開始した場合に関する規定であると解される。このような場合には、被相続人が有していた登記権利者としての登記を申請し得る法的資格を、その相続人が当然に承継することから、被相続人自身が申請し得た内容の登記を相続人が申請することができることにしたのが、同条が規定された趣旨であると考えられる。

　したがって、登記権利者について相続が開始した後に物権変動が実体上生じた場合については、不動産登記法62条の適用は予定されておらず、そうである以上は、同条に基づいて登記上所有者とされている抵当権設定者を登記権利者として抵当不動産の相続人が本件申請をすることは許される場合ではないというべきである。

　形式的審査権しか与えられていない登記官が、およそ不動産登記法62条に予定されていない本件申請を同条に則って登記する余地はなかったというほかない。

　本件では、抵当権設定者が死亡したのは、10月であり、抵当不動産の相続人が債権者に対し、本件抵当権の被担保債権を全額弁済したのは、同年12月であるから、弁済により本件抵当権の被担保債権が消滅したのは、被相続人である

抵当権設定者の生前ではなく、抵当権設定者の死亡による相続後であることは明らかである。

したがって、抵当不動産の相続人は、相続による所有権の取得を登記しないままでは自らを登記権利者として本件抵当権の登記の抹消申請をすることはできず、また、不動産登記法62条に基づいて、本件申請をする権限を有する者でもない。

不動産登記法25条4号は、登記官は登記申請人が登記申請権限を有しない場合は登記の申請を却下しなければならないと規定するところ、本件処分は、本件申請を申請の権限を有しない者の申請であることを理由に却下したものであるから、前記の検討結果からすれば、正当な処分であって、その処分には取消事由となる瑕疵はない。

抵当不動産の相続人は、本件抵当権の登記の抹消の申請権限を有するとは認められないから、本件申請を却下した登記官の本件処分は適法である。

第5項 添付書面（登記原因証明情報）

7228 抵当権の抹消登記の登記原因証明情報と弁済受領証

問 抵当権の被担保債権の弁済により抵当権が消滅した場合、弁済受領証は抵当権の登記の抹消の登記原因証明情報となるか。

結論 **弁済受領証にいかなる抵当権の被担保債権が消滅したかを明らかにする事項、すなわち消滅した抵当権を特定するに足りる事項が記載されている場合には、登記原因証明情報とすることができる。**

説明 債務の弁済による抵当権の消滅を登記原因とする抵当権の登記の抹消の申請をする場合には、被担保債権の消滅（弁済）を証する情報が存するときは、これを登記原因証明情報として申請情報とともに提供することができる（不登法61条、登記令附則5条1項）。この登記原因証明情報は、文字どおり登記原因を証明するものであるから、ただ単に金〇円の弁済があったことを証明しているのみでは登記原因証明情報足り得ない。

しかし、どの不動産につき登記されている、どのような抵当権の被担保債権

が全部弁済されたかが明らかにされている書面であれば、登記原因証明情報としての適格を有するものとされる。したがって、弁済の場合に、債権者が交付する通常の領収書のようなものは、登記原因証明情報とは言い得ない。

7229 抵当権者が行方不明の場合の抵当権登記の抹消と「債権証書」

問 消滅した抵当権の抹消を行うに当たって、抵当権者が行方不明のときは、「債権証書並びに被担保債権及び最後の2年分の利息その他の定期金（債務不履行により生じた損害を含む。）の完全な弁済があったことを証する情報」及び「登記義務者の所在が知れないことを証する情報」を申請情報とともに提供すれば、登記権利者単独で申請することができるとされているが、この「債権証書」とは、どのようなものか。

結論 抹消すべき抵当権の被担保債権の成立（発生）を証する書面（契約証書等）をいう。

説明 民法487条では「債権に関する証書がある場合において、弁済をした者が全部の弁済をしたときは、その証書の返還を請求することができる」と規定しているが、債権証書は、弁済者のもとに返還されるべき「債権に関する証書」を指しているものと解される。債権の全部弁済が行われたのに、抵当権の登記の抹消手続未了の間に抵当権者が行方不明になり、申請手続につきその協力が得られない場合、通常は、弁済者（債務者）である登記権利者の手元に、「債権証書の返還」がされているはずである。そこで、「債権証書」を提出させるものとしているのである。

第6項 印鑑証明書

7230 登記識別情報を提供せずにする抵当権設定（仮）登記抹消申請と登記義務者（名義人）の印鑑証明書の要否

問 抵当権の設定又は抵当権の設定請求権保全の仮登記を抹消するに

当たって、登記識別情報失念のため、登記識別情報を提供することなく書面を提出する方法で登記の申請をする場合、登記義務者である仮登記の登記名義人の印鑑証明書の添付を要するか。

| 結論 | 登記義務者である抵当権の仮登記の登記名義人の印鑑証明書の添付提出を要する。なお、その印鑑証明書は、作成後、3か月以内のものであることを要する。

| 説明 | 書面を提出する方法により登記申請をする場合、不動産登記令16条又は18条の規定によれば、「申請人又はその代表者若しくは代理人」は、法務省令で定める場合を除き、「申請情報を記載した書面」又は「当該代理人の権限を証する情報を記載した書面」に記名押印しなければならず、その者の印鑑に関する証明書を添付しなければならないとされている。そして、「所有権以外の権利の登記名義人であって、不動産登記法22条ただし書の規定により登記識別情報を提供することなく当該登記名義人が登記義務者となる権利に関する登記を申請するもの」はこの「法務省令で定める場合」から除外されている。したがって、本問では、この規定の適用を受ける場合に該当し、仮登記の登記名義人の印鑑証明書の添付を必要とする。なお、印鑑証明書についても、その有効期限が設けられている（登記令16条3項、18条3項）。このように、仮登記の登記名義人の印鑑証明書を必要とすることは、この登記の抹消が、共同申請によると、単独申請（不登法110条前段の規定による仮登記の登記名義人の単独申請）によるとを問わない。

第7項　特殊な態様の抵当権の抹消

7231　移転の付記登記のある抵当権設定登記の抹消手続

| 問 | 債権譲渡による移転の登記がされている抵当権の登記を抹消するには、どのような申請手続によるべきか。
| 結論 | 債権の譲受人（すなわち抵当権の移転を受けた者）と目的不動産の所有者とが共同して、抵当権の登記の抹消を申請すれば足りる。なお、抵当権の移転の付記登記の抹消を申請する必要はない。

| 説明 | 抵当権付債権の譲渡が行われ、これによる抵当権の移転の登記がされると、その設定登記を受けた者（譲渡人）は、もはや抵当権者ではなく、抵当権の登記名義人の地位を失うが、その登記名義人の表示は、抹消されることなく、設定登記の記録の一部として残される。抵当権の移転を受けた後において、債務者が債務の弁済をしたときは、抵当権取得者は、自己の権利の登記につき、その抹消の登記義務を負うが、この場合、自己名義への移転の登記のみを抹消すれば足りるか否かが問題となる。

抵当権の移転の登記は、当該抵当権の設定の登記の付記登記として、その設定の登記の順位番号を付した○番付記○号の順位番号をもって行われる。移転の登記の内容としては、その登記原因と抵当権取得者の表示が記録されるにすぎない。このことは、設定の登記の記録をそのまま効力あるものとしている証左である。設定の登記の記載と移転の登記の記録とを併せたものをもって、抵当権取得者の権利に関する登記と見てよい。債権の譲渡を受けたのだから、抵当権の被担保債権の内容に変更を生じたわけではないので、設定の登記の記録自体をもって、現に効力を有するものと解することができる。ただ、形式的には、抵当権者の登記名義人が変更されたというにすぎず、変更後の新登記名義人の表示が付記登記されているにほかならない。以上のことから推して、債権の消滅によって、抵当権の登記が抹消されるべき場合における、その抹消の申請情報に記録すべき当該抵当権の特定事項としては、設定の登記の順位番号をもって表すだけで十分だといえよう。

登記手続においても、設定の登記の抹消をするときは、併せてその付記登記の全てを抹消すべきことは、当然の手続と解されている。

7232　転抵当の目的とされた原抵当権の抹消手続

| 問 | 転抵当の目的とされ登記がされている原抵当権について、抹消を申請するには、どうすればよいか。 |
| 結論 | 抹消についての転抵当権者の承諾を証する当該転抵当権者が作成した情報又は当該転抵当権者に対抗することができる裁判があったことを証する情報を提供して申請する（不登法68条、登記令別表の二十六の項添付情報欄へ）。この場合には、転抵当権の登記は、職権で抹消される（規則152条2項）。

説明 　原抵当権の被担保債権が弁済等によって消滅すると、当然に、転抵当権もその効力を失って消滅する。転抵当の目的とされている場合において、原抵当権の被担保債権の全部又は一部が消滅することは、転抵当権の効力にも影響があるので、民法377条2項においては「抵当権の処分の利益を受ける者の承諾を得ないでした弁済は、その受益者に対抗することができない。」と規定して、転抵当権者の保護を図っている。転抵当権者の承諾がなければ、たとえ原抵当権者に対してその債務者が弁済を行っても、その弁済は、転抵当権者に対する関係では、行われなかったものとして取り扱われる。

　これに反して、転抵当権者が承諾を与えたときは、原抵当権が、その被担保債権の消滅（弁済）によって、おのずから消滅すれば、転抵当権もまた、その目的を失うことによって消滅する。そこで、不動産登記法は、権利に関する登記の抹消は、登記上の利害関係を有する第三者がある場合には、当該第三者の承諾があるときに限り、申請することができる」として（同法68条）、原抵当権の登記を抹消する場合には、転抵当権者の承諾を証する当該転抵当権者が作成した情報又は当該転抵当権者に対抗することができる裁判があったことを証する情報の提供を必要とする（登記令別表の二十六の項添付情報欄へ）。そして、この登記の抹消をするには、その抹消登記の記録において、転抵当権を表示し、その目的となっている原抵当権の登記を抹消したことによって、転抵当権の登記を抹消する旨の記録を行うものとされる。つまり、原抵当権の登記の抹消のみを申請すれば足り、転抵当権の登記の抹消をも併せて申請することを要しない。

7233　同順位の抵当権の登記の抹消手続

問 　同順位で登記された抵当権を順次、各別に抹消する場合にはどのような手続によるべきか。また、いずれが先に抹消されたかが、登記記録上明らかにされるか。

結論 　**申請情報に記録すべき登記の目的は、抹消すべき抵当権をその登記の受付年月日、受付番号、順位番号のほか、登記事項欄に記録されている（あ）、（い）、（う）等の符号をもって特定し、その抹消の登記である旨を明らかにする。したがって、登記記録にも、**

符号○の抵当権の抹消である旨が記録され、いずれが先に抹消されたかが明らかにされる。

説明 　通常の抵当権の登記の抹消をする場合には、申請情報にはその抹消すべき抵当権の表示として、その登記の受付年月日、受付番号、順位番号を記録してこれを特定するが、同順位で登記されている数個の抵当権の設定の場合には、抵当権を特定するために設定の登記中の目的の上部に（あ）、（い）、（う）等の符号が付されているので（もっとも設定の登記の際付されていないものについては、後に登記記録に記録された順序により当該各抵当権の設定の登記中目的の上部に（あ）、（い）、（う）等の符号を記録して特定することとして差し支えないものと考える）、いずれか一つを抹消する場合には、その符号を記録することによって、他の同順位抵当権と区別する。
　なお、このような符号の記録がない場合には、債権額、抵当権者の表示等を記録して、抹消すべき抵当権の登記を特定することもできる。

7234　順位譲渡を受けた抵当権の抹消と順位譲渡の登記の処遇

問 　1番抵当権者甲が、3番抵当権者丙のために順位を譲渡し、その登記をした後、丙の抵当権が弁済により消滅したため、その抹消の登記をした場合には、先の順位譲渡の登記は、当然に効力を失い、職権で抹消されるか。

結論 　消滅した3番抵当権（順位譲渡による受益者）のためにされた順位譲渡の付記登記は、3番抵当権の登記の抹消をした場合に、登記官が抹消の登記をする。

説明 　順位譲渡の登記は、1番抵当権の登記に付記して行われ、1番付記1号の順位番号が付される。つまり、形式上は1番抵当権の変更の登記として取り扱われる。そこで、3番の丙の抵当権（実質は1番）が、被担保債権の弁済によって消滅した場合には、もはや、甲の順位を譲渡した旨の登記の記録は、存在価値を失うわけで、丙の抵当権の登記の抹消をすると、いわゆる現に効力を有する登記としての処遇を受ける余地がなくなる。したがって、丙の抵当権の登記を抹消する際に、登記官において、職権で抹消すべきかどうかが、不動産登記法に明文の規定がないために問題となる。同法68

条は、抹消する権利を目的とする第三者があるときは、当該第三者の承諾を要し、これにより、登記官は、職権で当該第三者の登記を抹消するものとしているが（規則152条2項）、順位の譲渡の付記登記は不動産登記法68条の第三者の権利の登記に該当しないであろう。しかし、法律に規定がないからといって、効力のない付記登記を存しておくことは、公示上妥当でなく、かつ、受益者である丙の抵当権は抹消されているので、職権で抹消しても何ら丙を害することにはならない。したがって、登記官が職権で抹消するものとされている（昭35.12.23第484号指示）。

第7節 共同抵当

7235 共同抵当の意義

問 共同抵当は、どのような意義を有するか。

結論 共同抵当（総括抵当ともいわれる）とは、同一の債権を担保するために、数個の不動産その他抵当権の目的となり得る物件の上にそれぞれ設定された抵当権をいう。この場合、その目的となっている物件の数だけ抵当権が成立するのであって、**数個の目的物件の上に一括して1個の抵当権が成立するのではない。**

説明 数個の土地又は建物、土地と建物、数個の登記船舶、数個の登録自動車、登記した数個の建設機械、数個の登録航空機、数個の鉱業権、数個の工場財団その他の財団、土地又は建物と登記船舶若しくは登録自動車又は工場財団など、抵当権の目的となり得る数個の物件の上に同一の債権を担保するために、同時に又は時を異にして、抵当権の設定される事例は極めて多い。このような共同抵当は、一般的に物件が多いだけその把握する担保価値が大であるし、そのうちの1個の目的物件の担保価値が下落しても、他の目的物件の担保価値により債権が保全されるために、抵当権者にとって有利だからである。また、建物の担保価値は、その敷地たる土地の担保価値と併せて把握されることによって大きくなることも、土地とその上の建物とを共同抵当の目的とする事例を多くする理由である。

共同抵当権者は、その共同抵当の目的となっているいずれの物件についても、いわゆる抵当権の不可分の原則によって、自由に優先弁済を受け得るので、その地位は強大であるが、その半面、他の者との利害の調整を図る必要性も大きくなる。共同抵当にあっては、共同抵当権者、債務者たる抵当権設定

者、物上保証人、先順位及び後順位の抵当権者その他の担保権者などの利害が錯綜するので、共同抵当権者の優先弁済権とこれらの者の利害を調整する必要がある。そこで、民法は、数個の不動産を共同抵当の目的とした場合について、同法392条及び393条の規定を設け、共同抵当権者と後順位抵当権者との利害の調整を図っているが、その他の利害関係人との利害の調整は、解釈によるところが大きい。

しかし、共同抵当権者と後順位の担保権者との利害の調整（すなわち後述する後順位抵当権者の代位権の認められること）が図られているのは、民法392条及び393条の規定の適用がある場合すなわち共同抵当権の目的物が全て不動産又は法律上不動産とみなされるもの（工場財団、鉱業財団、漁業財団、港湾運送事業財団、道路運送事業財団、立木法による立木）である場合と、民法392条及び393条の規定が準用され、又は同趣旨の規定の設けられている場合すなわち共同抵当権の目的物が全て登記した船舶であるとき（商法848条3項）、鉱業権であるとき（鉱業法12条、13条ただし書参照）、漁業権であるとき（漁業法23条1項）、登記した建設機械であるとき（建設機械抵当法21条）、鉄道財団であるとき（鉄道抵当法23条）などであって、例えば登記した船舶と不動産、あるいは登録自動車と不動産の上に共同抵当権が設定されたような場合には、民法392条の規定の適用又は準用がなく、後順位抵当権者との利害の調整が図られていない。

7236　共同抵当の成立

問　共同抵当は、どのようにして成立するか。
結論　**共同抵当は、同一の債権を担保するために、同時に又は時を異にして数個の目的物件の上に抵当権が設定されたときに成立する。**

説明　共同抵当は、同一の債権を担保するために、同時に又は時を異にして（追加担保として）数個の目的物件に抵当権が設定されたときに成立する（特殊の設定契約によるものではない）。また、共同抵当の目的となっている物件は、全て債務者（又は物上保証人）の所有に属するものであることを要せず、その所有者の異なる数個の目的物件の上にも成立する。さらに、それぞれの目的物件における共同抵当権の順位は、必ずしも同一であることを要せず、ある物件については第1順位、他の物件については第2順位の

共同抵当権でもよい。なお、主である建物と附属建物（その個数を問わない）とを併せて１個の建物とみなされる場合、そのみなされる１個の建物の上に抵当権が設定されたときは、主である建物と附属建物について共同抵当が成立することはなく、主である建物と附属建物とを併せて１個とみなされる建物の上に抵当権が成立する。しかし、抵当権の設定されている甲地が甲地と乙地の二筆の土地に分割された場合は、分割後の各土地の上の２個の抵当権となり、分割後の甲地と乙地の上にそれぞれ共同抵当権として２個の抵当権が存続することになる。

さらに、同一の債権を担保するために、目的物件の単有所有権と他の目的物件の共有持分の上にも共同抵当が成立するし、各目的物件の共有持分の上にも共同抵当が成立する。また、所有権と地上権又は永小作権の上にも、共同抵当が成立することがある。

次に、民法376条１項の規定による転抵当についても、共同転抵当権が考えられる。すなわち、数個の抵当権を他の債権の担保とした場合、各抵当権の上に成立する各転抵当は、共同抵当となる（しかし、この場合、同法392条の規定の適用があるかどうかは、問題である）。

7237　共同抵当における次順位抵当権者の意義

問　民法392条２項後段の規定により他の共同抵当権に代位することができる「次順位の抵当権者」とは、共同抵当に直近の次順位抵当権者に限るか。

結論　**直近の次順位抵当権者に限らない。**

説明　民法392条２項にいう「次順位の抵当権者」（代位権者）については、共同抵当権の直近の次の順位にある抵当権者に限るかどうかは、規定上若干疑問があるが、同項の趣旨からいって、直近の次順位抵当権者に限るものと解する必要はない（大判大11．２．13新聞1969号20頁）。例えば、共同抵当権が順位１番で、後順位として順位２番及び３番の抵当権がある場合、代位権者相互間の順位が問題となるが順位２番の抵当権者はもちろん順位３番の抵当権者も、代位することができると考えられる。なお、代位する抵当権者は、競売された不動産上に存する後順位の抵当権者に限るのであって、他の競売されない共同抵当の目的不動産上にある後順位の抵当権者には、代位権

がない。

　次に、共同抵当権と同順位の抵当権者が代位権を有するかどうかが問題となるが、積極に解すべきであろう。もっとも、共同抵当権者が当該不動産の競売代金からその債権の全部の弁済を受けるときは、同順位の抵当権者もその債権の全部の弁済を受けることができるのだから、代位の問題は生じない。ただ、共同抵当権者が当該不動産の民法392条1項の規定による割付額（分担額）を超えて、その債権の一部の弁済を受けた場合に代位の問題が生じる。そして、この場合の代位は、共同抵当権者の債権の一部が配当され、他の共同抵当の目的不動産から、残余の債権の全部が配当されたときに生じるものとされる。

　最後に、代位権を有するのは後順位の「抵当権者」に限るかどうか、抵当権以外の不動産質権及び先取特権を含むかどうかについても若干疑問があるが、民法341条及び361条の規定により、これを含むものと解すべきである。

7238　次順位抵当権者の代位の意義

問　共同抵当において次順位抵当権者の代位とは、どのような意義を持つか。

結論　**形式的には抵当権のみが移転することであり、実質的には、当該共同抵当権者の有していた抵当権の利益を、一定限度において享受することができることをいう。**

説明　民法392条2項の「代位」とは、形式的には、抵当権のみが移転することであり、実質的には、当該共同抵当権者の有していた抵当権の利益を一定限度において享受することである。つまり、代位する後順位抵当権者の被担保債権が一定限度において当該代位の目的となっている共同抵当権により担保されることになる。同法376条の規定による抵当権のみの譲渡に類するものといえる。代位弁済の場合の同法501条の規定による「代位」は、抵当権及びその被担保債権が法律上当然に移転することを意味するが、これとは異なる。同法392条2項の場合には、代位の目的となっている他の不動産上の共同抵当権は、本来その被担保債権の弁済による消滅（配当）によって消滅すべきであるが、競売された不動産に後順位の代位すべき抵当権の存する限り、共同抵当権のみが消滅することなく、その利益を後順位抵当権者に享受させることを意味する。なお、この「代位」は、いわゆる債権者代位に

おける代位が債務者の有する権利を債権者が代わって行使するのとも異なる。

7239　次順位抵当権者の代位の要件

問　共同抵当の場合において、民法392条の次順位抵当権者の代位は、常に認められるか。

結論　**代価の配当がされる不動産が債務者所有のものでない場合には、認められないものと考えられる。この場合には、物上保証人又は第三取得者が民法501条の規定により代位することができ、次順位抵当権者はこれらの者が代位により取得した抵当権の物上代位権が認められるものと考えられる。**

説明
(1) 共同抵当権の債権全部の配当の要否

　　民法392条2項の規定により、後順位抵当権者が代位するには、共同抵当権の被担保債権が当該不動産の競売代金によって全部弁済されたことを要するのか、又はその一部の弁済があった場合でも足りるかどうかについて問題がある。判例は、当初全部の弁済を受けた場合に限るとしたが（大判明41.12.19民録14巻1320頁）、後に連合部判決によって、一部の弁済があった場合でも、その弁済額（配当）が当該不動産の同条1項の規定による分担額を超えているときは、当該共同抵当権がその被担保債権の弁済を受け、他の不動産上の共同抵当権の消滅を来すことを条件（停止条件）として、代位権が生じるとした（大連判大15.4.8民集5巻581頁）。同条2項の規定によれば後の判例理論が正当であろう。なお、将来の代位による抵当権の移転を保全するためには停止条件付抵当権移転の仮登記をすることになる。

　この場合に、後順位抵当権者が停止条件付きに代位するとしても、その分担額を超えて債権の一部の弁済を受けたかどうかは、他の共同担保の目的不動産の価額が明らかにならなければ分からないが、このほかの不動産の価額が明らかになる時期については困難な問題がある。

(2) 共同抵当の目的不動産が債務者所有のものであることの要否

　例えば、甲所有のA不動産と乙所有のB不動産とが共同抵当となっていて、甲を債務者とする後順位抵当権が存するA不動産が競売され、共同抵当権者がその債権の全部の配当を受けたときに、その後順位抵当権者は、B不動産上の共同抵当権に代位することができるかが問題となる。

この問題に関し、判例は、民法392条2項後段の規定による後順位抵当権者の代位権が認められるのは、共同抵当権の目的不動産が、共同抵当権の債務者の所有に属する場合に限るとした（大判昭4.1.30参照）。また、丙が丁に対して有する債権の担保として、甲、乙各所有のA、B両不動産に、順位1番の共同抵当権が設定され、B不動産に、乙を債務者とする戊の債権を担保するための順位2番の抵当権が設定され、B不動産が競売されて、丙の債権が弁済された場合、後順位抵当権者たる戊は、A不動産上の丙の共同抵当権に代位することができず、乙が代位弁済者として、平成29年改正前の同法501条4号の規定によって、丙の抵当権に代位して、その抵当権を取得することになるものとし、ただ、戊は同法372条、304条のいわゆる物上代位の規定に準じ、A不動産上の、乙の取得した順位1番の抵当権の上に、自己の抵当権を行使することができるものとしている（戊の抵当権の設定者である乙が、競売により、その所有のB不動産の所有権を失った代わりとしてA不動産上の順位1番の抵当権を取得したのであるから、戊の抵当権の目的物の代位物として、戊は代位弁済により、乙の取得したA不動産上の順位1番の抵当権に、物上代位権を行使することができるとする）（大判昭11.12.9民集15巻1272頁）。

　この判例理論に対して反対説は、物上保証人も第三取得者も、目的不動産の価格に応じて被担保債権の按分額を負担することを甘受しているものとして、債務者所有の不動産の上の、後順位抵当権者の代位を認めるべきものとする。

　例えば、甲の4,000万円の債務のために、甲所有の価格3,000万円のA不動産と乙所有の価格3,000万円のB不動産の上に順位1番の共同抵当権があり、A不動産上に丙の1,000万円の債権のための順位2番の抵当権が存する場合、B不動産が競売されたときは、乙は1,000万円（按分負担額2,000万円に超過する3,000万円の所有不動産を失ったがゆえに）だけA不動産上の共同抵当権に代位し、A不動産が競売されたときは、丙が1,000万円につきB不動産上の共同抵当権に代位するという（我妻・旧版「担保物権法」201頁、柚木・担保物権法326頁以下。ただし、我妻・新訂「担保物権法」457頁は、改説して判例を支持する）。

　なお、最判昭53.7.4（金法869号45頁）は、共同抵当の目的となっている債務者甲所有の不動産と物上保証人乙所有の不動産につき、乙所有不動産が先に競売され、抵当権者が弁済を受けたときは、乙は甲に対し求償権を取得し代位により甲所有不動産上の抵当権を取得するが、乙所有不動産の後順位抵当権者は、代位により乙に移転した甲所有不動産上の抵当権から、民法372条、304条

の規定により物上代位をするのと同様に優先して弁済を受けることができ、かつ、その優先弁済の主張については登記を要しないとし、実質的に後順位抵当権者が物上保証人に優先することを明らかにした。

具体的に各種の場合について検討すると、まず、第一に債務者所有のＡ不動産と、物上保証人所有のＢ不動産とが、共同抵当権の目的となっている場合において、Ｂ不動産に後順位の抵当権が存するときに、Ｂ不動産が競売された場合を考える。物上保証人は、物上保証として提供した自己のＢ不動産が競売されたときには、法律上当然に民法501条の規定により求償することができる範囲内において、Ａ不動産上の共同抵当権及びその被担保債権に代位し、これを取得することになる。

この物上保証人の代位（債権及び抵当権の移転）と、Ｂ不動産上の、後順位抵当権者の民法392条2項後段の規定による代位とを、並列的に認めることはできないであろう。なぜなら、両者の代位は、その観念を異にするし、共同抵当権者が一部弁済を受けたときに後者の代位権が終局的にいまだ発生しない理由（共同抵当権者の抵当権が消滅せず、なお、共同抵当権者において行使することができるにもかかわらず、後順位抵当権者の代位を認めるような法律関係が考えられない）と同じく、共同抵当権が、債権とともに法律上当然に物上保証人に移転し、したがって、共同抵当権がなお債権とともに存続している状態において、後順位抵当権者の代位を並列的に認めると、法律関係が混乱するからである。もっとも、両者の代位を並列的に認め、その優劣を登記によって決する説、すなわち、物上保証人が代位の登記を先にした場合には、後順位抵当権者の代位が効力を失い、逆に後順位抵当権者がその代位の登記を先にしたときには、物上保証人の代位権が失効するものとする考え方もある。

そこで、両者の代位のいずれか一方を否定せざるを得ないのだが、次にいずれを否定するかが問題となる。物上保証人は、もちろん、民法501条の規定による代位権を期待しているとしても、自ら自己所有のＢ不動産に後順位の抵当権を設定したのだから、この期待が失われ、後順位抵当権者の代位を認めても、必ずしも物上保証人の利益ないし権利を害するともいえないかもしれない。

しかし、後順位抵当権者の代位を認めるとすると、必然的に物上保証人の代位を否定せざるを得ず、しかも、Ａ不動産上の共同抵当権の一部、すなわち、民法392条2項後段に規定する範囲においてのみ、代位することになるので、

物上保証人の代位の範囲より狭くなることはいうまでもない。このことは、物上保証人の代位の期待を喪失させるにしても、必要以上の不利益を与えるものであろう。

　物上保証人の利益ないし権利と、後順位抵当権者の利益ないし権利を衡平妥当に調整する見地からいえば、判例のように、技術的には相当複雑ではあるけれども、物上代位の理論をこの場合にも導入して、物上保証人の代位を優先して認め、その物上保証人の取得した抵当権に、後順位抵当権者の物上代位を認めるのが、最も妥当のように思われる。

　次に、第二の場合として前例のように、債務者所有のA不動産と、物上保証人所有のB不動産が、共同抵当権の目的であり、A不動産上に後順位抵当権がある場合を考える。まず、A不動産が競売された場合に後順位抵当権者の代位が認められるかどうかが問題となる。この場合には、B不動産の所有者は、本来ならば共同抵当権の被担保債権のうちA、B両不動産の価格に応じた分担額の負担を覚悟していたにもかかわらず、その負担の全部（又は一部）を免れる結果になるから、A不動産上の後順位抵当権者の代位を認めても、問題ないようにも思われる。

　仮にA、B両不動産が同時に競売されたときは、不動産の価格に応じて、共同抵当権者がA、B両不動産の代価から弁済を受けるのであって、競売によるA不動産の共同抵当権は、絶対的に消滅し、乙は共同抵当権の債権の一部を弁済したことになるが、民法501条の規定による代位を排除するものと解すべきであり、この場合、B不動産の所有者は、A不動産上の共同抵当権に同条の規定による代位をすることができないであろう。したがって、A不動産のみが競売された場合、B不動産の負担額を限度として、A不動産上の後順位抵当権者の代位を認めても、B不動産の所有者に特に不利益を与えるものではない。もっとも、B不動産の共同抵当権については、A不動産上の後順位抵当権者の代位を認めると、B不動産の所有者が、その後順位抵当権者のために物上保証をした結果になる点は若干問題ではあろうが、物上保証をした共同抵当権の分担額を限度とする以上、債権者が変更するだけだから、さして不利益を与えるものではなかろう。

　また、B不動産の所有者は、物上保証人として共同抵当権を設定した後において、自己のあずかり知らぬ抵当権がA不動産上に設定されることによって、その抵当権者に代位されることになる点は、A不動産に後順位抵当権が設定さ

れなければ、Ａ不動産の競売により共同抵当権の債権が全部弁済されたときは、全く負担を免れる場合と比べて不利益といえなくもないが、もともと、Ｂ不動産の所有者はその分担額を覚悟していたものと解すこともできる。

　判例がＢ不動産の共同抵当権に対し、Ａ不動産上の後順位抵当権者の代位を認めない理由は、おそらく、Ｂ不動産の所有者が、債務者所有のＡ不動産の担保能力すなわち共同抵当権の債権の全部を弁済する価値があるものとして、物上保証をしたことの期待を裏切る結果になることであろうが、物上保証人の期待を全てこのように解する必要はなく、むしろ、物上保証人は、Ｂ不動産の価格に応じた分担額の負担を覚悟していたものと考えられることから、第二の設例の場合は、後順位抵当権者の代位を認めるべきであろう。

　次に第三の場合として、いずれも債務者甲所有の共同抵当権の目的不動産Ａ、Ｂのうち、Ａ不動産に後順位抵当権が設定された後、Ｂ不動産の所有権が乙に移転した場合において、Ａ不動産が競売されたときには、Ｂ不動産が債務者甲の所有に属しないものとして、やはり後順位抵当権者は、Ｂ不動産上の共同抵当権に代位することができないであろうか。後順位抵当権者がＡ不動産上に抵当権を取得したときには、Ａ、Ｂ両不動産が債務者甲の所有に属していたのだから、もしＡ不動産が先に競売されたときには、Ｂ不動産上の共同抵当権に代位することができることを期待していたわけである。

　ところが、その後にＢ不動産が乙の所有に属したときには、もはや代位することができないものとすれば、後順位抵当権者の期待に反した結果になる。将来もし共同抵当権の目的となっている他の不動産につき所有権が移転されるときには、もはや代位することができないものとして、後順位抵当権を取得するものとするならば、ほとんど代位を期待することなしに後順位抵当権を取得して、取引せざるを得ない結果になるわけで、実際問題として、民法392条の規定の存在理由ないし立法趣旨を極めて薄弱にするものといってよい。そのことは、共同抵当権の目的不動産の担保利用を甚だしく阻害することになる。

　他方、第三取得者乙は、Ｂ不動産にＡ不動産と共同担保である旨の登記がされており、Ａ不動産上の後順位抵当権の存在をも了知することができるのであって、後順位抵当権者の代位を覚悟させても、何ら取引の安全を害し、乙の権利を害するものでもない。まして、実際問題として、Ｂ不動産上に共同抵当権を存続させたまま、乙がその所有権を取得する場合は、少なくともＢ不動産上の負担を控除した価格で売買などがされるのが通常だから、Ｂ不動産上の共同

抵当権に代位を認めても差し支えないであろう。

しかし、判例及び通説においては、後順位抵当権者の代位権は、先順位の共同抵当権が、競売においてその被担保債権の全部の弁済を受けたときに発生するのであって（先順位抵当権者が一部の弁済を受けたときは、前記のように将来残額の弁済を受けたときに代位する意味の代位請求権が発生するという）、それまでは、後順位抵当権者は何らの権利をも有しないとされているので、代位権の発生時期を基準として、代位権発生の要件としては、Ｂ不動産が同一の債務者甲の所有に属していることを要するものと考えられる。

ところで、共同抵当権の目的となっているＡ不動産上に、後順位の抵当権を取得した後、共同抵当権者がＢ不動産上の共同抵当権を放棄し、これを消滅させることは自由であり、消滅させたときには、後順位抵当権者はこれを甘受し、代位することができなくなる不利益を受けてもやむを得ないから、後順位抵当権を取得した後において、第三者が所有権を取得したときには、もはや代位することができないとの解釈は、民法392条の実益を失わせ、共同抵当権の目的不動産の担保利用を阻害するものであるから、第三の設例の場合も第二の設例の場合と同様、Ａ不動産上の後順位抵当権者の代位を認めるのが相当である。

次に、第三の設例において、Ｂ不動産ではなくして、Ａ不動産の所有権が甲から乙に移転された場合はどうであろうか。この場合は、第一の設例と同じく、乙の民法501条の規定による代位と、後順位抵当権者の同法392条2項後段の規定による代位が競合することになる。そして前者の代位を認めて、後者は代位することができない代わりに、前者の代位抵当権に対して物上代位権を取得するものと解すべきかどうかが問題となるのである。

第一の設例の場合と異なるのは、第一の設例にあっては、後順位抵当権を設定する時において、既にＡ不動産とＢ不動産の所有者を異にしていたのに対し、この場合は、後順位抵当権の設定の時においては、Ａ、Ｂいずれの不動産も債務者甲の所有に属していたのにかかわらず、その後において所有者を異にするに至った点である。したがって、仮に、後順位抵当権者の民法392条2項後段の規定による代位を認めないとすると、その抵当権設定当初における代位の期待を裏切る結果になる。

しかし、Ａ不動産の所有権を取得した第三取得者乙は、Ａ不動産が競売されたときには、民法501条の規定により、代位弁済者として、Ｂ不動産上の共同

抵当権に代位することができるのであって、しかも、B不動産上の共同抵当権について、A不動産上の後順位抵当権者の代位と、その第三取得者乙の代位とを、並列的に認めることができないことは、前記のとおりであるから、この場合も、第一の設例の場合と同様、第三取得者乙の同条の規定による代位を優先的に認め、後順位抵当権者の代位を認めない代わりに、判例理論のように、後順位抵当権者に第三取得者乙の代位により取得した、B不動産上の共同抵当権に物上代位権を認めることとして、両者の利害の調整を図るべきであろう。

7240 共同抵当における代位額の算定

問 共同抵当の場合において、後順位抵当権者が代位して抵当権を行使することができるものとされる代位額は、どのようにして算定されるか。

結論 **不動産の価額を競売価格による以外手続上可能な評価方法がない以上、いずれの不動産の価額もその競売価格によるものとするのが、最も適当であると考えられる。**

説明 民法392条2項の規定によれば、共同抵当権の目的となっている数個の不動産のうちの一部が競売された場合には、その競売不動産上の後順位の抵当権者は、競売されない他の不動産上の共同抵当権について、共同抵当権者が同条1項の規定による按分負担により「他の不動産の代価から弁済を受けるべき金額を限度として」代位することができるとされている。すなわち「他の不動産」上の共同抵当権が、共同抵当権者が一括競売の場合に当該「他の不動産」の代価から「弁済を受けるべき金額」を限度として、競売不動産上の後順位抵当権者に移転するのである（後順位抵当権の被担保債権額が限度額未満であるときは、その被担保債権額と同額において移転し、被担保債権額が限度額以上であるときは、この限度額において移転することになる）。

そこで、この「他の不動産の代価から弁済を受けるべき金額」（代位限度額）が定まらなければ、後順位抵当権者の代位額は定まらず、民法その他の法令はこの代位限度額の算定に関する規定がない。例えば甲、乙2個の不動産上に共同抵当権が存在し、甲不動産が競売され、その不動産上の後順位抵当権者が「他の不動産の代価から（共同抵当権者が按分負担により）弁済を受けるべき金額を限度として」代位するといっても、甲、乙両不動産の価額を定めない以

上、乙不動産の按分負担額すなわち一括競売の場合に乙不動産につき共同抵当権者が「弁済を受けるべき金額」が定まらず甲不動産の価額は、競売価格を採るとして、乙不動産の価額をいくらに認定するか、いつの時点において、どのような方法で認定するかが問題となる（同様の問題は、民法501条3項2号（平成29年改正前の民法501条3号）の場合についても存する）。また、後順位抵当権者の、代位の付記登記において、代位額（すなわち、移転すべき抵当権の範囲）を登記すべきかどうかという関連する問題もある。

　そこで、代位限度額すなわち代位額の算定方法としては、まず、第一に後順位抵当権者と共同抵当権者、債務者又は目的不動産の所有者との協議により定める方法が考えられる。後順位抵当権の代位額について、直接利害の関係を有するのは、目的不動産の所有者と、代位権者より更に後順位の担保権者だが、代位権者と共同抵当権者又は目的不動産の所有者でない債務者との協議によるものとするときは、これらの目的不動産の所有者及び後順位担保権者の利益を害するおそれがある。

　そこで、これらの直接利害の関係を有する者全部と代位権者との協議によって定める方法もあるが、この場合には協議が調わないときの方法が問題となる。本来、このような協議に代わる裁判は、非訟事件であるが、非訟事件手続法にもこのような裁判に関する規定がない。したがって、当事者又は利害関係人の協議が成立したときは、代位額を定めることができるからといって、協議が成立しない場合の協議に代わるべき裁判等の代位額の決定手続がない以上、代位限度額を当事者又は利害関係人の協議により決定するものとする解釈は手続上無理がある、と言わざるを得ない。また、代位権者が民事訴訟法により代位額の確認又は形成の訴えを提起して、訴訟によりこれを定めるとしても、代位額の決定の性質（本来非訟事件であることから）や誰を被告とするかという問題もある。

　そもそも、代位限度額の算定時期、換言すれば、「他の不動産」の価額をいつの時点において定めるかが問題なのである。甲不動産が競売されたときにおいて、「他の不動産」である乙不動産の価額を評定して代位額を定めた場合には、甲不動産が競売された時に同時に乙不動産も競売されたものとすれば、同時点における甲、乙両不動産の価格（競売価格）に応じて各不動産の負担額が定まるので「他の不動産の代価から弁済を受けるべき金額」を同時点において算定することができるので合理的のようにも思われるが、甲不動産の競売時に

おける乙不動産の価額を定める手続がなくまだ競売されていない乙不動産から代位権者が代位による抵当権の利益を享受することができるのは、将来乙不動産が競売されたときであるべきで、代位権の実現しない時点において、乙不動産の価額を確定して代位額を定めることは、相当ではない。

そこで、乙不動産の価額を、その競売されたときの競売価格によるものとして、甲不動産及び乙不動産のそれぞれの競売時における競売価格に応じて按分負担額を定め、代位限度額（したがって代位額）を算出する方法が考えられる。この方法によるときは、乙不動産が競売されるまで、代位額が定まらないことになり、代位による付記登記には、代位額が登記されないことになる。そこで、代位額が定まっていない以上、いくらの負担を覚悟すべきかが不明であり、乙不動産について取引をする者、後順位で抵当権の設定を受け、又はそれを買い受ける者などの取引の安全性が問題となる。

しかし、不動産の価額が低下すればそれだけ代位額が減少し、逆に乙不動産の価額が増加すればそれだけ代位額が増加することになり、代位額の増加の割合は乙不動産の価額の増加の割合より小であるから、取引関係に立つ第三者の権利を害するおそれはないと考えられる。結局、代位額の算定時期を甲不動産の競売時としようと、乙不動産の競売時としようと、甲、乙不動産の価額の変動による代位額の変動は避けられず、また、不動産の価額を競売価格による以外手続上可能な評価方法がない以上、甲、乙いずれの不動産の価額もその競売価格によるものとするのが、最も適当であろう。

乙不動産の代位額が登記されないという不便は、そもそも共同抵当権の目的不動産について取引をしようとする場合も、各不動産の価額に従って分担額も必ずしも明確になっていないこと及び取引関係に立つ第三者がその際の時価を適宜認定して分担額を予測するにすぎないことと比較すれば、やむを得ないであろう。なお、甲不動産が競売されたときに、共同抵当権者がその債権の一部の弁済しか受けない場合には、いまだ代位権は発生せず、共同抵当権者が残余の弁済を受けたとき（乙不動産が競売されて配当を受けたときなど）に初めて代位権が発生するので、この場合には、甲不動産の競売時において代位権を算定することはできない。共同抵当権者が乙不動産の競売代金から残余の配当を受けたときには、代位額の算定上、乙不動産の価額はその競売価格によることとなる。

このような場合のあることも考えれば、代位額の算定は、甲、乙両不動産の

競売価格を基礎としてするのが適当と思われる。

7241 共同抵当における数個の後順位抵当権者相互間の順位

問 共同抵当において、これに代位すべき後順位抵当権が数個存するときは、これら相互間における代位すべき順位は、どのようにして定まるか。

結論 その付記登記の前後による。

説明 共同抵当権の目的となっている数個の不動産の一部から、共同抵当権者が債権の全部の弁済を受けた場合において、その代位すべき後順位の抵当権が、同順位で、又は順位を異にして数個存するときに、これらの各後順位抵当権者は、全て代位することができるが、これらの後順位抵当権者相互間における代位の順位は、代位による付記登記の前後によって決すべきか、それとも、従前の代位すべき各抵当権の順位、すなわちその設定の登記の前後によって決すべきかが問題となる。

代位による付記登記の前後によるものとするときは、代位による付記登記が、共同抵当権者と後順位抵当権者の双方申請によりされることから、共同抵当権者（登記義務者）の恣意により、後順位抵当権者のある者が利益を受け、その他の者が不利益を受けるおそれがあるが、登記を対抗要件とし、不動産登記法4条2項後段が「同一の主登記に係る付記登記順位その前後による」ものとしていることからも代位による付記登記の前後によるものと解すべきである。

7242 数個の共同抵当と後順位抵当権者の代位

問 数個の共同抵当権が登記され、共同抵当権者が目的不動産の一部から優先弁済を受ける場合における当該目的不動産上の後順位の単独抵当権者の代位は、どうなるか。

結論 代位した後順位抵当権者は、共同抵当の形で、各不動産上の抵当権に代位する。

説明 代位の対象である他の不動産の抵当権が数個存する場合、例えば、甲乙丙丁4個の不動産が共同担保であって、甲不動産から

共同抵当権者が債権の全部の弁済を受けた場合には、後順位抵当権者（甲不動産に存するもの）は、乙、丙、丁の各不動産上の3個の共同抵当権にそれぞれ代位することになる。そして、このような場合には、代位した後順位抵当権者は、言わば共同抵当の形において、各共同抵当権に代位する。

7243 代位すべき共同抵当権の放棄（絶対的放棄）と後順位抵当権者の利害関係

問 A、B2個の不動産を共同抵当の目的とする抵当権者甲が、後順位抵当権者乙の存するA不動産の抵当権を留保しつつ、B不動産の抵当権のみを放棄（絶対的放棄）又は解除して、その登記の抹消をしようとする場合は、乙は、これにつき利害関係を有する第三者に該当するか。

結論 登記手続上は、代位に関する仮登記がされていない限り、利害関係を有する第三者としては扱うことができない。

説明 共同抵当権の目的不動産上の後順位抵当権者は、民法392条2項後段の規定により、他の不動産上の共同抵当権に代位することができるが、この代位権の発生（すなわち当該不動産が競売され、先順位抵当権者が、債権の全額の弁済を受けるとき）以前において、代位の目的となっているべき他の不動産上の共同抵当権を、抵当権者が放棄（絶対的放棄）又はその抵当権の設定契約の解除を、後順位抵当権者の承諾を要せずすることができるかについては、従来から説が分かれている。

民法392条2項後段の規定により代位すべき後順位抵当権者のない場合（共同抵当権の目的となっている不動産の全てについて後順位の抵当権の存しない場合又は共同抵当権の目的となっている他の不動産上に後順位抵当権が存せず、当該共同抵当権の目的となっている不動産上にのみ後順位抵当権の存する場合）において、その権利を放棄し又は解除して共同抵当権を消滅させても、第三者の権利を害するおそれはないが、同項後段の規定により、代位すべき後順位抵当権の存する場合において、その代位の目的となるべき共同抵当権を、当該抵当権者が任意に放棄又は解除して、これを消滅させるときは、後順位の抵当権者の代位を失わせることになる。さらに、代位すべき共同抵当権が残存するとしても（例えば共同抵当権の目的不動産が3個存在し、そのうちの後順位抵当権の存し

ない1個の不動産上の共同抵当権を放棄した場合、代位すべき共同抵当権は、なお1個存在する）、代位することのできる共同抵当権が減少するのみならず、残余の共同抵当権の目的不動産の全部が同時に競売された場合にも、各不動産の負担額（当該不動産から共同抵当権者が優先弁済を受けるべき額）が増加することになって、後順位抵当権者を害する。

　そこで、後順位抵当権者の代位の目的となるべき共同抵当権を任意に放棄し、又は解除することができるかどうか、換言すれば、放棄又は解除をする場合に後順位抵当権者の承諾を要するかが問題となる。判例は、後順位抵当権者の代位権は、その目的不動産が競売され、その先順位の共同抵当権者が債権全部の弁済を受けたときに初めて発生するものであって、それまでは単に代位の希望を有するにすぎないのであり、法律上当該共同抵当権につき後順位抵当権が何らの権利を有しない以上、後順位抵当権者の承諾を要せずして、共同抵当権を放棄することができるものとし（大判大6.10.22民録23巻1415頁）、このような放棄をしても不法行為による損害賠償責任を、後順位抵当権者に対して負うものでないとしていた（大判昭7.11.29民集2巻2301頁）。その後、共同抵当権の放棄が自由にできることを認めながらも、放棄をした場合には、その共同抵当権者は、後順位抵当権者が放棄がなかったとすれば代位することができたであろう限度の額において、当該後順位抵当権の存する目的不動産から、優先弁済を受けることができないものとする（最判昭44.7.3民集23巻8号1297頁）。

　学説は、一般的に判例に対して批判的であり、むしろ後順位抵当権者の保護及び民法392条2項の趣旨から、代位の目的となるべき共同抵当権の放棄について制限を加え、放棄について後順位抵当権者の同意を必要とし、同意なくした放棄は、後順位抵当権者に対抗することができないものとする説が有力である（石田「担保物権法論」上323頁以下、我妻「担保物権法」（旧）200頁、柚木「担保物権法」330頁）。しかし、他方「放棄をしても他の不動産だけで後順位抵当権者をも含めて十分に余裕があるときまで、放棄を絶対に許さないというのは窮屈であり、放棄によって利益を受けるべき抵当権設定者に不利になる」とし、また、後順位抵当権者の承諾があれば放棄することができるとする解釈も窮屈な場合があるとして、「放棄をするときには、予め割付をしたのち、その不動産に割り付けられた金額について放棄ができるとすることが考えられ」、「それは、結果において、放棄した抵当権者は、他の不動産については、それに割り付けられるべき金額においてしか優先権を主張できないとすることであ

り、必ずしも現実に割付をしなくても、この結果を解釈として認めることができる」として、このような解釈が最も欠点も少なく妥当であるとし、結果において判例理論に賛成する説もある（加藤「民法演習」Ⅱ物権198頁以下）。

　思うに、民法392条2項後段において、共同抵当権者が後順位抵当権の存する目的不動産から、その債権の全部の弁済を受けた場合に、当該後順位抵当権者は、他の共同担保不動産上の共同抵当権に代位することができるものとしているのは、共同抵当権の目的不動産の担保利用を円滑にし、合理化しようとするものである。

　すなわち、共同抵当権の目的不動産につき後順位抵当権を設定しようとする場合に、もし、共同抵当権の目的不動産がその抵当権の債権全額を負担し、後順位抵当権者はその余剰担保価値しか把握することができないとするならば、共同抵当権の目的不動産の全部の担保価値の合計が、共同抵当権の債権額より、はるかに大である場合（例えば、ある不動産のみにて共同抵当権の債権を満足させる担保価値がある場合）においても、いずれの目的不動産も後順位の担保取引に利用することができないことになる。

　そこで、共同抵当権者は、その目的不動産のいずれからもその債権の全部の弁済を受けることができるものとして、共同抵当権者を保護する半面、共同抵当権者が、後順位抵当権の目的不動産から債権全部の弁済を受けた場合には、他の共同抵当権に対して、後順位抵当権者の代位を認めることとしているのである。そうであれば、共同抵当権者がある不動産について後順位の抵当権が設定された後でも、他の不動産上の将来後順位抵当権者の代位の目的となるべき共同抵当権の放棄又は解除を自由にできるとするときは、後順位抵当権者の期待が裏切られることになる。それでは、後順位で抵当権を取得しようとする者の地位は極めて不安定となり、代位を期待して後順位の抵当取引をすることができなくなってしまう。

　保証人その他弁済について正当な利益を有する者（いわゆる法定代位者）は、民法499条（平成29年改正前の民法500条）及び501条の規定により、債務者に代わって弁済した場合に債権者の有する抵当権その他の担保権に代位（法律上の移転である）することができるが、この代位権の発生前に債権者が保証人等の代位すべき抵当権その他の担保権を故意又は過失によって喪失し、又は減少させたときは、代位権者が主債務を弁済した場合の代位の利益を害することになるので、その場合の代位権者の保護として代位するに当たって担保喪失又は減

少によって償還を受けることができなくなる限度において、その責任を免れるものとされている。そして、「喪失又は減少」には、抵当権その他の担保権の放棄も含まれるから、同法においては、代位弁済による法定代位権者の代位の目的となるべき担保権の放棄を自由に認めながら、代位権者の保護として、一定限度の免責を認めている。

　しかし、保証人その他弁済につき正当の利益を有する者の代位弁済の場合の法定代位権も、これらの者が債務者に代わって弁済することによって発生するが、弁済前においても、弁済した場合に代位すべき請求権が存するものと解される。つまり、これらの者が弁済につき正当の利益を有する者となったとき（例えば、保証人であれば保証契約が成立したとき）に、将来弁済すれば代位する意味において、いわば代位請求権を有しているものといえる（抵当権移転請求権の仮登記をすることができる）。

　このことは、民法392条2項後段の規定による後順位抵当権者の代位と類推されてよい。すなわち、後順位抵当権者が、将来共同抵当権者が当該不動産から優先弁済を受け、その債権の全部が弁済された時に代位権を取得する意味において、不動産登記法105条2号括弧書きのいわゆる「将来確定することが見込まれる」権利移転の請求権を有している関係は、保証人等の弁済につき正当の利益を有する者が代位請求権を有しているのと同様である。したがって、民法がこのような保証人等の将来代位すべき抵当権を自由に抵当権者が放棄することを認めているとするならば、現に権利が発生しておらず、将来発生すべき権利の目的となっている権利は、自由に放棄することができるともいえる。

　したがって、民法392条2項後段の規定による将来の代位権の対象である共同抵当権も、自由に放棄することができるともいえる。このような考え方から、判例は、共同抵当権の放棄を自由に認め、その代わりに後順位抵当権の保護として、同法504条を類推し、後順位抵当権の目的となっている不動産からは後順位抵当権者の代位することができた額だけ、優先弁済権が縮小するものとしているのかもしれない。

　しかし、保証人等の弁済につき正当の利益を有する者の代位権については、民法504条の規定の存在によって十分保護されているのだから、同条の存在することから逆に代位の目的となるべき抵当権の放棄も自由にすることができるものと解することができる（もっとも、代位による抵当権の移転の請求権保全の仮登記がされているときは、不登法68条1項の規定により、当該仮登記権利者の承

諾がなければ、放棄による抵当権の登記の抹消をすることができない）。

　民法392条2項後段の規定による後順位抵当権者の代位権については、その対象であるべき共同抵当権の放棄の場合の保護に関する規定がないことから、同一に解することができず、判例のように、後順位抵当権者の代位権の保護として、同法504条の規定を類推することは、困難であると言わざるを得ない。しかし、同法392条によれば、後順位抵当権者の代位権の対象であるべき共同抵当権の放棄について、後順位抵当権者の保護を図ることが必要である。

　判例は、既に紹介したように、後順位抵当権者の民法392条2項後段の規定による代位権の発生は、当該目的不動産から共同抵当権者がその債権の全部の弁済を受けた時であり、ただ一部の弁済を受けたときには、代位すべき請求権を取得する（したがって、仮登記ができる）にすぎず、それ以前には、何らの権利をも有しないものとし、したがって、共同抵当権者の他の不動産上の共同抵当権の放棄は自由だとしているが、後順位抵当権の目的不動産から、共同抵当権者が一部の弁済を受けたときに、後順位抵当権者が代位請求権を取得するとすることは、むしろ中途半端な理論であり、前記のように、共同抵当権の目的不動産につき後順位で抵当権を取得したときに、代位請求権を取得しているものと解すべきである。そうだとするならば、既にある不動産上の共同抵当権は、既にその他の不動産上の後順位抵当権者の代位請求権の目的となっているものと解してよい。

　一般的に、他人の権利の目的となっている権利は、自由に放棄することができないとされている。例えば、民法398条においても、抵当権の目的となっている地上権又は永小作権を放棄しても抵当権者に対抗することができないとされ、他人の権利の目的となっている権利について混同が生じても、その権利が消滅しないものとされている（同法179条参照）。また、判例は、同法398条の趣旨を拡張し、地上権又は賃借権に基づき、他人の土地上に所有する建物のみを抵当権の目的とした場合に、地上権又は賃借権の放棄のみならず、その合意解除も抵当権者に対抗することができないとしている（大判14. 7 .18新聞2463号14頁参照）。

　以上のことから、後順位抵当権者の代位の目的となっている共同抵当権も、同様に自由に放棄することはできないと解される。もっとも、判例は、当初、共同抵当権の放棄を自由だとしていたが（大判大6 .10.22民録23巻1415頁ほか）、放棄を自由に認めた場合の後順位抵当権者の不利益を考慮し、放棄した共同抵

当権者の後順位抵当権の目的不動産からの優先弁済権に制限を加え、放棄がなかったとすれば後順位抵当権者が代位することができたであろう限度において、共同抵当権者は優先弁済を受けることができないものとしている（大判昭11．7．14民集15巻1409頁、最判昭44．7．3民集23巻8号1297頁）。そして、その根拠として民法392条及び504条の法意を類推する。

　しかし、民法504条は、同法501条の規定による代位権者を保護する規定であり、同法392条2項後段の規定による代位とは、その観念を異にすることから、同条を類推するよりはむしろ他人の権利の目的となっている権利の放棄が、自由に認められないとする法理に準拠して、放棄を自由に認めない方が自然のように思われる。判例がこのように、後順位抵当権者の保護の見地からその優先弁済権を制限しているのも、放棄することができないものとした場合の不都合を除去するためであるかもしれない。例えば、後順位抵当権の存する不動産のみで、共同抵当権のみならず、後順位抵当権の債権も全部弁済を受けることができる十分な担保価値がある場合でも、他の不動産上の共同抵当権を放棄することができないというのでは、不便であり、また抵当権設定者にも不利益であろうから、このような不都合を除くためであるともいえよう。

　しかし、他人の権利の目的となっている権利の放棄が自由にできないといっても、その放棄により不利益を受ける者が放棄を承諾した場合にも放棄することができないということではなく、その者が承諾した場合には放棄することができる（この点に関し、後順位抵当権者の承諾なくして放棄をしても、その放棄を後順位抵当権者に「対抗できない」とする考え方（民法398条と同様の考え方）や、放棄を自由に認めながら、後順位抵当権者は放棄がなかった場合と同様に代位権を行使することができ得るとする考え方もあるようであるが（柚木「担保物権法」330頁）、「対抗できない」という意義が明らかでないし、また、放棄を自由に認めてなお代位権の行使を認めることはかえって理論的に複雑であろう）。したがって、全ての場合に絶対に放棄ができないわけではなく、後順位抵当権者が当該放棄によって何ら損失を受けることがないときには、承諾義務があるものと解されるから、実際問題としては、放棄につき後順位抵当権者の承諾を必要とするとしても、不都合な結果を生じない。後順位抵当権者が承諾義務があるにもかかわらず承諾しない場合には、訴えによって承諾の意思表示を命ずる判決を得なければならないことにもなろうが、それはやむを得ないであろう。

　なお、放棄につき後順位抵当権者の承諾を必要とするものとした場合の窮屈

さを考慮して、放棄する場合には、あらかじめ共同抵当権の被担保債権額の割付をして、当該不動産に割り付けられた金額について自由に放棄することができるものとし、その効果として、他の不動産について、共同抵当権者は、それに割り付けられる金額においてしか優先権がないものとする説がある（加藤「民法演習」物権199頁）。この「割付」というのは各不動産の価格に按分しての割付を指すものと解されるが、それは他の不動産についても、結局抵当権の一部放棄と同様の結果をもたらすものであろう。

　逆に言えば、共同抵当権者は、後順位抵当権の存する不動産上の共同抵当権について他の共同抵当権の放棄がなかったならば、その抵当権に代位すべき額だけその被担保債権額（優先額）を減少させることであって、正にそれだけの抵当権の一部放棄である。このような方法によれば、他の共同抵当権の放棄を自由に認めても弊害はないが、このような割付が手続的にも困難だし（共同抵当権の目的不動産の評価をいかにしてするかが問題であろう）、結局、放棄を極めて困難にすることになろう。そうだとするならば、全く同様の結果になる判例理論のように、後順位抵当権の存する不動産に対する共同抵当権者の優先弁済権の範囲を制限する解釈の方が妥当であるといえる。

　そこで、結局、判例理論のように後順位抵当権者の保護として、代位権を行使させるのと同様の結果となる共同抵当権者の優先弁済権の範囲を制限する考え方と、後順位抵当権者の承諾がなければ、その代位の目的となる他の共同抵当権の放棄（又は解除）を認めないとする考え方のいずれかを採るべきものと思われるが、そのいずれが妥当であるかを検討する、言わば資料的な意味において、現行の不動産登記法における手続面からの法律的運用がうまく行われるかどうかが検討される。

　まず、第一に、後順位抵当権の目的となっている不動産から共同抵当権者がその債権の一部の弁済を受けたことにより、後順位抵当権者の代位請求権が発生し、それによる他の不動産上の共同抵当権について代位の請求権保全の仮登記がされた場合には、当該仮登記の目的となっている共同抵当権の登記の抹消については、仮登記権利者（後順位抵当権者）は、不動産登記法68条に規定する「登記上の利害関係を有する第三者」に該当することはいうまでもなく、その仮登記権利者の承諾がない限り、当該共同抵当権の放棄等による登記の抹消の申請ができない（仮登記権利者の承諾を証する当該仮登記権利者が作成した情報、又は当該仮登記権利者に対抗することができる裁判があったことを証する情報

の提供があるときは、当該共同抵当権の登記が抹消されるばかりでなく、規則152条2項の規定により、後順位抵当権者の代位請求権保全の仮登記も抹消される)。したがって、このような仮登記のされているときは、後順位抵当権者の保護は十分図られる。

しかし、更に後順位抵当権者は、その抵当権の設定の登記を受けたことにより、そのときに広義の代位請求権を取得し、不動産登記法105条2号括弧書きのいわゆる「将来確定することが見込まれる」権利を有するものとして、代位請求権の保全の仮登記をすることができるものとすれば、このような仮登記のされた場合には、全て後順位抵当権者の代位権は、共同抵当権者が後順位抵当権の目的となっている不動産から債権の一部の弁済を受ける前においても、十分保護されることになる。そして、後順位抵当権の目的となっている不動産のみから、共同抵当権者が債権の一部の弁済を受けたときに、初めて代位請求権が発生するものと解されず、後順位抵当権がその設定の登記を受ければ、その時に後順位抵当権者は、代位請求権の保全の仮登記を受け得るものと解すべきである。

したがって、仮登記を受けておけば、登記上は後順位抵当権者の代位権が保護されるが、それはあくまで登記手続上そのような結果になるだけであって、その前提として、やはり実体上、代位請求権の目的となっている(登記手続上はその仮登記がされている)後順位抵当権者の承諾がなければ共同抵当権の放棄ができないと考えられる。仮に、自由に放棄することができるとするならば、後順位抵当権者(仮登記権利者)の承諾を必要としないか、又は後順位抵当権者に承諾義務があることになるのであって、結局後順位抵当権者の代位権の保護が図られないことになる。

次に後順位抵当権者の代位による付記登記が代位の対抗要件であると同様に、後順位抵当権の設定により取得される代位請求権も、その仮登記をしない限り対抗要件を具備しないものと解する考え方もあり得る。もっとも、ここでいう対抗要件というのは、仮登記によって、代位請求権そのものを対抗することができるということではなく、仮登記がされていないときには、後順位抵当権者の承諾なしに共同抵当権の放棄による登記の抹消がされても、放棄の無効を主張することができないという意味である。このような解釈を取ることは、登記手続上も便利であるし、実質的にも合理的であろう。

仮登記は、もちろん共同抵当権者と後順位抵当権者の共同申請により、又は

共同抵当権者の承諾を得て後順位抵当権者が単独でできる（不登法107条参照）。共同抵当権者の協力が得られないときには、仮登記を命ずる処分（同法108条参照）をすることは、比較的容易だから、この解釈を取るならば、後順位抵当権者の保護や共同抵当権の放棄の円滑化も図られ、さらに登記手続上も便利である。しかし、仮登記をしなければ、後順位抵当権者の代位権の保護が図られないのであれば、この仮登記が比較的容易にできるとしても、保護が十分であるとはいえない。共同抵当権の目的となっている不動産の担保利用を円滑にするためには、仮登記がされなくても、後順位抵当権者の代位権の保護を図り得ないかどうかが、更に問題となる。

　共同抵当権の登記をする場合には、各抵当権の登記において、共同担保である他の不動産及び当該権利を登記事項とすることになり（不登法83条参照）、共同抵当権である一の抵当権について、その放棄による登記の抹消の申請があった場合には、共同抵当権であること及び他の共同抵当権の目的となっている不動産に関する権利を知ることができる。

　したがって、このような共同抵当権の一についての登記の抹消の申請に関して、不動産登記法68条の規定の適用があるものとし、他の不動産上の後順位抵当権者を、同条のいわゆる「登記上の利害関係を有する第三者」として取り扱って、その者の承諾を証する当該第三者が作成した情報又は当該第三者に対抗することができる裁判があったことを証する情報を申請情報とともに提供しなければ、共同抵当権の一の放棄による抹消の登記を申請することができないものと解することもできる。

　ただ、ここで問題となるのは、他の共同抵当権の目的となっている不動産の所在地が抹消の登記を申請する登記所の管轄地内にある場合には、当該登記所において、後順位抵当権者を登記記録上知り得るのであるが、その登記所の管轄地内に存しない場合には、当該不動産上の、後順位抵当権の登記の存否を知ることができないことである。そこでこの場合は、他の登記所の管轄に属する不動産の登記事項証明書を提出させ、それにより後順位抵当権の存否を確かめ、後順位抵当権が存するときには、その者の承諾を証する当該者が作成した情報又は当該者に対抗することができる裁判があったことを証する情報の提供を要するものと考えられるが、このような取扱いをすべき旨の規定が存しない。

　しかし、実体法上後順位抵当権者の代位の目的となるべき共同抵当権の放棄

が後順位抵当権者の承諾なくすることができないと解するにおいては、このような規定が直接なくとも、この取扱いをすべきものとする解釈もあるであろう（もっとも、登記事項証明書を提出させるとしても、その作成時と抹消登記申請時には若干の期間の隔りがあり、登記事項証明書に後順位抵当権の登記が存在しなかったが、登記申請時に存在している場合もあるから、このような取扱いをしても、後順位抵当権者の承諾なくして共同抵当権の登記が抹消されることもあり得るが、やむを得ないであろう）。

しかし、果たして共同抵当権の登記の抹消につき、他の共同抵当権の目的となっている不動産上の後順位抵当権者が、不動産登記法68条のいわゆる「登記上の利害関係を有する第三者」に該当するかどうかは、問題である。同条においては「登記上」と規定し、当該登記記録上とは規定していないけれども、従来の解釈は、「登記上の利害関係を有する第三者」とは、抹消すべき登記のされている登記記録において登記されている利害関係人を指称するものとされており、実務の取扱いもそのようにされているからである。

したがって、現在の登記の実務に従う限り、少なくとも代位に関する仮登記がされていなければ、登記上の利害関係を有する第三者として扱うことはできないことにならざるを得ないといえる。

7244 代位の目的である共同抵当権の処分と後順位抵当権者の利害関係

問 A、B 2個の不動産につき共同抵当を有する甲が、後順位抵当権者乙が登記されているA不動産の抵当権を留保しつつ、B不動産の抵当権のみを処分しようとするには、乙の承諾を必要とするか。

結論 乙の承諾は要しない。

説明 民法376条の規定による抵当権の処分がされた場合には、当該抵当権による優先弁済権は、不利益な状態となる。例えば、順位の譲渡であれば、順位の譲渡を受けた後順位抵当権者が、当該抵当権者の優先弁済を受けるべき配当金について、先に優先弁済を受けるのである。

そこで、例えば、甲、乙2個の不動産に第1順位の共同抵当権Aが存し、甲不動産に第2順位の抵当権B、乙不動産に第2順位の抵当権Cが存する場合、

将来甲不動産のみが競売され、A抵当権者がその債権の全部の弁済を受け、そのためにB抵当権者が、その債権の全部又は一部の弁済を受けることができなかったときには、B抵当権は民法392条2項後段の規定により、乙不動産上のA抵当権につき一定限度において代位することができるが、乙不動産上のA抵当権について、同法376条の規定による処分がされているときには、B抵当権者が代位しても、処分後の不利益な状態の共同抵当権についてしか代位することができないことになって、B抵当権者の代位の利益を害することになる。そこで、乙不動産の共同抵当権Aの同条の規定による処分が、B抵当権者の同意なしに自由にすることができるかどうかが問題となる。

　そして、この問題を考える場合、まず乙不動産上の共同抵当権について、民法376条の規定による処分がされている場合に、甲不動産上の当該共同抵当権者は競売代金から全部又は一部の弁済を受けることができるかどうかが問題とされる。同法377条の規定により、抵当権の処分を債務者に通知し、又は債務者がこれを承諾したとき（すなわち処分について債務者等に対する対抗要件を備えたとき）には、処分を受けた受益者の承諾なくして弁済をしても、その弁済を受益者に対抗することができないものとされているが、同条の趣旨は、処分の利益を享受するためには、処分された原抵当権の存続、したがって、その被担保債権の存続を必要とするところから、原抵当権の被担保債権の消滅を来す行為を制限しようとするところにある。

　そこで、この場合民法377条に規定する「弁済」は、任意弁済のみならず、競売の場合の弁済（配当）その他抵当権の被担保債権の全部又は一部の消滅を来す一切の行為を含むかどうかが問題となる。共同抵当権の一部について処分がされた場合、他の共同抵当権の被担保債権の全部又は一部が配当により消滅することは、直ちに処分された抵当権の被担保債権の全部又は一部の消滅にほかならないから、処分された共同抵当権以外の共同抵当権によって優先弁済（配当）を受けることが、処分の受益者の同意なくして自由になし得るかどうかがまず問題とされる。後順位抵当権者の代位が問題となるのは、先順位の共同抵当権がその目的不動産から、その債権の弁済を受けることができる場合に限るからである。

　そこで、民法377条2項の解釈として、まず考えられる第一のものとしては、同項の弁済は極めて狭義に解すべきものとし、債務者の任意弁済その他債務者の行為による債権の消滅行為（相殺等）を指称するものとし、乙不動産の

共同抵当権が処分されていても、共同抵当権者は、本来、その目的となっているいずれの不動産からも債権全額について抵当権を行使して優先弁済を受けることができるのであって、一つの共同抵当権を処分したからといって、その抵当権の優先弁済権の行使は制限されるとしても、他の共同抵当権の優先弁済権の行使まで制限すべきでないから、甲不動産の共同抵当権については、競売代金に対し、処分の受益者の同意を要せずして優先配当を受け得るものと解する。

このような解釈を取って、甲不動産の共同抵当権が処分の受益者の同意なくして、その債権の全部の弁済（配当）を受けることができるとするならば、甲不動産の後順位抵当権者が乙不動産の共同抵当権に代位することになるけれども、処分を受けた受益者に対する関係においては、乙不動産の共同抵当権は、その被担保債権の消滅によって消滅することになり、その抵当権の処分を受けた受益者は、処分の利益を享受することができないことになり（すなわち後順位抵当権者の代位の関係において共同抵当権のみが一定限度において存続するが、処分の関係においては被担保債権の消滅により抵当権も消滅したことになる）、後順位抵当権者の代位の利益を害しない代わりに、処分を受けた者の利益を害する結果になる。

次に第二の解釈としては、民法377条2項の規定は、単に債務者の任意弁済を制限したにすぎないものではなく、およそ処分をした抵当権を消滅させる債務者の行為及び債務者の行為と同視されるべきものをも制限したものと解し、処分した抵当権と共同抵当の関係にある他の不動産上の抵当権について優先弁済を受けることも制限されるものと解する説である。

このような解釈を取るときは、甲不動産上の共同抵当権者は、競売代金からその債権の全部又は一部の弁済を受けることができないことになって、その後順位抵当権者の代位の問題の生じる余地がない。しかし、甲不動産上の当該共同抵当権は、原則として競売によって消滅するのだから、優先弁済権の行使を制限してしかも消滅させることは、共同抵当権者を甚だしく害するから、全く弁済を受けることができないものと解することは不都合であろう。

以上のいずれの解釈が妥当であるかは、容易に決することはできないが、いずれにしても、共同抵当権者または処分の受益者の保護に欠けるところがある。そこで、共同抵当権者及び処分の受益者はもちろん代位権者である後順位抵当権者の利害を調整し、可及的に不都合な結果を避ける解釈が望まれる。

すなわち、共同抵当権者は、共同抵当権の目的となっている不動産のいずれからでもその債権の全額について優先弁済権を行使することができるけれども、本来各不動産の価格に応じて按分した負担額の弁済を受けるのが原則である。一の共同抵当権の処分がされた場合においても、処分を受けた受益者の利益を享受し得る限度は、当該不動産の負担額であってそれ以上の受益ができないものと解する半面、他の共同抵当権も、この処分の受益者が受益し得る限度を超える債権額すなわち処分されない共同抵当権の目的となっている甲不動産の負担額を限度として優先弁済権を行使することができるけれども、それ以上の優先弁済を受けることは民法377条の規定により制限される（処分の受益者の同意がない限り優先配当を受けられない）と解する考え方である。

このような解釈を取るときには、処分されない共同抵当権の目的となっている甲不動産上の後順位抵当権者は先順位の共同抵当権者が当該不動産からその負担額を超えて優先弁済を受けることがないから、代位権の発生することもあり得ず、何ら後順位抵当権者を害することもないわけだし、処分の受益者も、共同抵当権の目的となっている不動産の全部が競売された場合と同様の処分の利益を受けるわけだから、何ら不都合を生じないだろう（このような解釈を取らないで、共同抵当権者がいずれの不動産からも債権の全額について弁済を受け得るとするときは、全部同時に競売された場合と処分された共同抵当権の目的となっている乙不動産のみが競売された場合とで、処分を受けた者の受益の範囲が異なることになり、妥当でないといえよう）。

この解釈を取るときは、乙不動産上の共同抵当権が処分されても、他の共同抵当権の目的となっている甲不動産上の後順位抵当権者は、何ら不利益を受けないから、この処分について後順位抵当権者の同意を要しないことになる。しかし、この解釈は、合理的なように思われるけれども、各不動産の負担額をいかにして定めるかが明らかでないという手続的に困難な問題がある。処分された抵当権の目的となっている不動産のみが競売された場合も、他の共同抵当権の目的となっている不動産のみが競売された場合にも、他の不動産の価額が定まらない以上、その負担額を定めることができない。

共同抵当に関し、民法392条2項のいわゆる不動産の価額をいかにして定めるかの根本問題に関連して、前記のような解釈は、抽象的には、各利害関係人の利害を調整することができる最も妥当なもののようではあるが、根本問題から採用することができないものと言わざるを得ないであろう。

以上、前記の問題については、いろいろの考え方があると思われるが、結局、甲不動産上の共同抵当権者は、その優先弁済権の行使が制限されず、その競売代金から債権の全部の弁済を受けることができるのであって、この場合は、甲不動産上の後順位抵当権者が乙不動産上の共同抵当権に対して代位権を行使することができ、乙不動産上の共同抵当権の処分を受けた者は、その処分の利益を享受することができない結果になるけれども、やむを得ないものと解するほかないであろう。このような解釈を取るときは、処分を受けた者の利益を害することにもなるが、共同抵当権者は、その目的となっているいずれの不動産からも優先弁済を受けることができるのであって、一つの共同抵当権を処分したからといって、他の共同抵当権についてまでこのような権利を制限すべきいわれはないであろう。

　つまり、処分を受けた者は、当該処分された抵当権の目的となっている不動産が競売された場合にのみ処分の利益を享受することができるだけであって、共同抵当権の被担保債権を債務者の行為によって消滅させることについては制限を受ける（処分の受益者の同意を要する）けれども、競売された場合の優先弁済（配当）までは制限を受けないものと解する。処分を受ける者は、共同抵当権の全部について処分を受けなければ処分の利益を完全に享受することができないことになる。そこで、以上の解釈が正しいとするならば、乙不動産上の共同抵当権を処分する場合に、他の共同抵当権の目的となっている甲不動産上に後順位の抵当権が存するときに、その後順位抵当権者の承諾を必要とするかどうかであるが、後順位抵当権の目的となっている甲不動産が先に競売された場合には、前記のように処分された共同抵当権の被担保債権が消滅し、処分を受けた者は受益することができず、ただ甲不動産上の後順位抵当権者に対する関係で共同抵当権のみが存続することになるのであって、後順位抵当権者が処分前と同様の共同抵当権に代位することができるのだから、その限りにおいては、後順位抵当権者は、何ら不利益を受けることがないわけである。

　しかし、もし乙不動産が先に競売された場合には、共同抵当権者は、その共同抵当権を処分している結果、乙不動産の本来の負担額に足りない弁済しか受けられないこともあるわけであって、この場合に、甲不動産上の共同抵当権は、その本来の負担額を超えて負担することになるとすれば、後順位抵当権者に不利益な結果となろう。そこで、まず共同抵当権の転抵当の場合を考えてみると、転抵当権者が優先配当を受けることは、共同抵当権者も債権について優

先配当を受けたことになるのであって、転抵当権者が優先配当を受けた限りにおいては、共同抵当権者の債権が消滅し、他の不動産上の共同抵当権もその限りにおいて消滅することとなって、後順位抵当権者に不利益になることはない。そこで問題は、転抵当以外の処分がされている場合であるが、この場合には、処分を受けた者が共同抵当権者の優先弁済権の利益を享受したとしても、共同抵当権者の債権について弁済があったことにはならない。例えば、共同抵当権の順位の譲渡を受けた者が共同抵当権者に優先して自己の債権の弁済を受けた場合、「同一の債務者」に対する他の債権者が自己の債権の弁済を受けたのであって、その限りにおいては、共同抵当権者の債権については何らの消長を来さない。

したがって、他の不動産上の共同抵当権の被担保債権は、処分された共同抵当権により共同抵当権者が優先弁済を受けた限りにおいて消滅するが、その優先弁済額が本来の当該共同抵当権の分担額より少ないときには、他の不動産上の共同抵当権は本来の分担額を超えて負担することになるとすれば、他の不動産上の後順位抵当権者が不利益を受けるおそれがあり、共同抵当権についての転抵当以外の他の処分は、他の不動産上の後順位抵当権者の利害に関係するわけである。そこで、まず問題となるのは、処分された共同抵当権の目的となっている乙不動産の競売において、共同抵当権者が、処分しなかったとすれば負担額以上の優先弁済を受けることができたにもかかわらず、処分したことによって、自己の債権の弁済を受けた額が乙不動産の負担額よりも少ない場合に、他の共同抵当権の目的となっている甲不動産が本来の負担額を超えて負担することになるか、換言すれば、共同抵当権者は甲不動産からその本来の負担額を超えて優先弁済を受けることができるかどうかである。乙不動産から共同抵当権者が本来の負担額以下の優先弁済しか受けられなかったとしても、それは自ら処分したことに基因するのであって、受益者が受益した範囲においては、処分した共同抵当権者は、その本来の優先弁済権を行使したのと同視して差し支えないわけである。処分を受けた者は、飽くまで処分した共同抵当権者の本来の優先弁済権から受益しているからである。

したがって、他の共同抵当権の目的となっている甲不動産上に後順位抵当権者等の利害関係人が存する限りは、甲不動産からその本来の負担額を超えて優先弁済を受けることができないものと解するのが妥当であろう。このような解釈は、共同抵当権の一部の絶対的放棄の場合において、共同抵当権者は、他の

共同抵当権の目的となっている不動産からその負担額を限度としてしか優先弁済を受けることができないとする判例理論（大判昭11.7.14参照）と同一であって、甲不動産上の後順位抵当権者との利害を調整して、妥当な結果が得られることになる。したがって、このような解釈を取るときは、共同抵当権の処分は、全て他の不動産上の後順位抵当権者の同意を要せずして、自由にすることができることになる。

7245 共同抵当権の混同と後順位抵当権者の利害関係

問 A、B2個の不動産を目的とする共同抵当権者甲が、後順位抵当権乙の存するA不動産を敬遠して、B不動産の所有権を取得した場合は、Bを目的とする甲の抵当権（共同抵当の一部）は、果たして混同により消滅するか。それとも、後順位抵当権乙の存在によって、混同の例外となるか。

結論 消滅しないものと解する（ただし判例は消滅するという）。

説明 後順位抵当権者の代位の目的となるべき共同抵当権の目的となっている不動産の所有権が、当該共同抵当権者に帰属した場合、当該共同抵当権は、民法179条1項本文（又は2項本文）の規定により消滅するか、又は同項ただし書の規定により消滅しないかが問題となる。この点に関しては、同法392条の法意から、代位すべき後順位抵当権者の保護を図るためには、混同によっても共同抵当権は消滅しないものと解せざるを得ないのだが、判例は混同により消滅するものとしている（大判大11.12.28民集1巻12号865頁）。その理由は、やはり後順位抵当権者の代位権は、共同抵当権者が後順位抵当権の存する不動産から、債権の全部の弁済を受けたときに、初めて発生するものだから、それ以前においては、代位権の目的となっていないので、同法179条1項又は2項の規定の適用がなく、混同によって消滅するものとしているのである。

しかし、後順位抵当権の設定の登記を受けたときにおいて、後順位抵当権者が、他の不動産上の共同抵当権についての代位請求権を取得するものと解するならば、民法179条1項又は2項にいう「第三者の権利の目的であるとき」に該当する（同項ただし書の「第三者の権利」は、「債権」を含まないが、同法392条2項の後段の規定による代位の請求権のごときものは、含まれると解される）。しか

も、登記手続上も、放棄の場合と同じく、このような代位請求権の目的となっている共同抵当権が、混同によっても消滅しないことを知ることができるのであって、このような混同による抹消登記を防止することができるのである。

7246 民法393条の代位の登記と対抗要件

問 民法393条の規定による次順位抵当権者の代位の登記は、対抗要件として定められたものか。

結論 対抗要件としての登記と解される。

説明 民法392条2項の規定による次順位抵当権者の代位について、その第三者対抗要件として登記を必要とするかどうかに関しては、判例は、当初、同法393条の規定による代位の付記登記をしなくても、抵当権を行使することができるし、また、次順位の抵当権者その他の第三者にも代位を対抗することができるものとし、同条は単に代位の付記登記を欲するときはこれをすることができることを明らかにしたものにすぎないとしたが（大判大8.8.28民録25巻1528頁）、その後若干これを修正し、代位の対象である他の不動産上の共同抵当権の登記が抹消されたときは、代位を第三者に対抗することができないものとした（大判昭4.9.30）。

その趣旨は、代位の対象である共同抵当権の登記が存する限りは、その登記における共同担保である旨の記録等から、一般の第三者は代位を了知することができるのだから、代位の登記をしなくても、第三者に不測の損害を被らせるおそれがないから、代位の対抗要件としては、その付記登記を必要としないが、代位の対象であるべき共同抵当権の登記が抹消されたときには、第三者が代位を了知することができないから、代位を対抗することができなくなるものとするのである。

共同抵当権の登記においては、どの不動産と共同担保であるかが共同担保目録において明らかにされているから、共同担保である他の不動産を知ることができ、しかも他の不動産の登記記録により、その不動産が競売され、共同抵当権の登記が抹消されていること及びその共同抵当権より後順位の抵当権の登記のされていたことを知ることもできる。しかし、共同抵当権の登記が抹消され、それより後順位の抵当権の登記（これも抹消されている）の存否を知ることができるとしても、その共同抵当権の債権が全部弁済され、そして後順位抵

当権者が、実体上代位しているものであることまで調査することは相当面倒であり困難である。

　さらに、競売により抹消された共同抵当権の存していた不動産が他の不動産に合筆されているときは、抹消された登記は移記されないから、その登記記録を確認しただけでは共同抵当権及びこの後順位の抵当権の登記の存していたことまでは分からない。しかも、共同抵当権（代位の対象である抵当権）の登記の存する他の不動産の登記記録を確認して、当該不動産につき取引をしようとする第三者は、その共同抵当権が弁済（配当）により既に消滅していることのみを調査して取引をすることも、十分考えられる。

　本来民法392条2項の規定により代位したときは、他の不動産上の抵当権のみが移転するのであり、それはまさに同法177条にいう物権の得喪変更に該当するものである。当該共同抵当権が一定額を限度として移転し、その被担保債権として、代位する後順位抵当権の債権が入ってくるのであって、このことは、当該共同抵当権について変動があったことになる。同条の規定における得喪変更も、原則として、法律上当然に生じるものも包含されるから、同法392条2項の規定による代位も、一般原則どおり、その第三者対抗要件として登記を要するものと解する。

　このように、代位の第三者対抗要件としてその登記を必要とすると解した場合には、代位の生じた後、当該代位の対象である共同抵当権の目的となっている権利について、第三者が権利を取得したときは、その第三者に対しては、代位を対抗することができないことになる。

　したがって、このような第三者の権利の登記が既にされているときには、代位による付記登記は、もはやすることができないものと解する。そうだとすれば、代位すべき後順位抵当権者の代位権の保護に欠けるおそれがあるけれども、それは代位したときには可及的速やかに代位の登記をすることにより避けられるし、さらに、将来発生すべき代位による抵当権の取得を保全するために、その仮登記をすることもできるわけだから、特に後順位抵当権者の保護に欠けることはない。ちなみに、判例（大判大15.4.8民集5巻585頁）において、共同抵当権者が、ある不動産からその債権の一部の弁済を受けたにすぎない場合には、後順位抵当権者が代位請求権を取得し、その請求権の保全の仮登記をすることができるとしているのも、根本的には、将来代位権を取得した場合において、代位を第三者に対抗するためには、その登記を必要とするとの前提が

あるからである。そうでなければ、代位請求権保全の仮登記をする理由がない（判例理論も必ずしも代位の対抗要件として登記を必要としないとする理論を一貫しているものではない）。

さらに、後順位抵当権者の代位請求権は、共同抵当権者が、ある不動産の競売代金から債権の一部の弁済を受けた場合に限り生じるものではなく、一部の弁済を受けない段階においても、後順位抵当権者は、将来共同抵当権者が全部の弁済を受ければ代位することができる地位にあるのであって、後順位の抵当権の設定をした時から、将来の代位権を保全するための仮登記をすることができるものと解してよい。ちなみに、保証人の代位弁済の場合の代位による抵当権の移転については、保証契約が成立した時から代位の法律上の可能性があるものとして、不動産登記法105条2号後段の規定により、代位の仮登記をすることができるものと解する。

7247 民法393条の代位の登記手続

問 民法393条の規定による次順位抵当権者の代位の登記の申請においては、どのような添付情報を提供すればよいか。

結論 **民法393条の代位登記については、不動産登記令別表の五十九の項の規定のほか、一般の原則規定である同令3条の規定が適用されるので、当該登記の申請情報と併せて登記原因証明情報及び登記識別情報のほか、これらの規定に従って添付情報を提供する。**

説明 (1) 代位の付記登記の性格

民法392条2項の規定は、「先順位抵当権者ガ其ノ権利ノ目的タル数個ノ不動産中或モノニ付抵当権ノ実行ヲ為シタル場合ニ就テハ、他ノ不動産ニ存スル其ノ抵当権ハ、負担ノ分割ニ依リ其ノ不動産ノ負担スベキ債権額ノ限度ニ就テ後順位抵当権者ヲシテ之ニ代位セシメ、之ニヨリ後順位抵当権者ヲシテ同時当ノ場合ニ於ケル負担分割ノ結果ト同一ナル結果ヲ収メシメ、以テ先順位抵当権者ノ利益ヲ害スルコトナクシテ後順位抵当権者ノ利益ノ均衡ヲ維持セントスルモノ」である（大判大15.4.8民集5号581頁）。

例えば、甲が乙に対して有する180万円の債権を担保するために、乙所有のA不動産（150万円）、B不動産（100万円）及びC不動産（50万円）の上に共同抵当権の設定を受け、その登記を経由した後、丙が乙に対する債権50万円を担

保するためにA不動産に後順位抵当権の設定を受け、また、丁が乙に対する30万円の債権を担保するためにB不動産に後順位の抵当権の設定を受け、それぞれ登記が行われている場合である。この場合に、甲がまずA不動産について抵当権を実行して150万円の弁済を受け、次いで、C不動産について抵当権を実行して残額30万円の弁済を受ければ、共同抵当の被担保債権は弁済によって消滅するから、本来ならば、B不動産上の甲の抵当権は、債権の不存在によって消滅するはずである。しかし、それでは、丙の地位を著しく害するので、本来消滅すべき甲の抵当権を、丙のためになお存続するものとし、丙が甲の抵当権を代位行使することができるようにしたのである。

　学説は、このことを、甲の抵当権が法律上当然に丙に移転するのだと説明している。つまり、甲の債権は、弁済によって消滅しているから、甲の抵当権はその被担保債権とともに丙に移転するということはあり得ず、したがって、法律上当然移転するのは、甲の抵当権のみだという。この学者の見解に従い、従来の登記実務においては、民法393条の代位登記は、債権の移転を伴わない抵当権の移転の登記だと解し（旧不登法119条2項）、したがって、その登記は付記登記でするものと理解されていた（同法125条参照）。

　しかし、民法392条2項の規定から、学説のように甲の抵当権が法律上当然に丙に移転すると解することができるかどうかは若干問題であり（同条の文言からすれば、甲の抵当権を代位行使することができるだけであって、丙に移転するとは読めないであろう）、仮に抵当権の移転の登記だとしても、その申請情報に記録すべき事項はいかなるものか、特に割付負担額算定に必要な事項として、どれだけのことを申請情報に記録したらよいかが、旧不動産登記法の規定からは明らかではなかったのである。これは、民法及び不動産登記法の立法者が、民法393条の代位登記は、同法177条の対抗要件としての登記ではないと考えたために、その登記事項として割付負担額を算定することができるようなものを予定していなかったものと考えられる（梅謙二郎『民法要義巻之二物権編』520頁等）。

　しかし、抵当権が法律上移転する場合でも、代位するべき抵当権は本来消滅しているのであって、第三者は当該抵当権が既に消滅したものとして取引をすることも多く、その移転の登記をしなければ第三者に対抗することができないものと解すべきであって、民法393条の登記も同法177条の対抗要件としての登記だと解するのが正当であろう。このような第三者を保護する意味で、同条の

原則を維持すべきであろう。

(2) 代位登記手続

　民法393条の代位登記については、不動産登記令別表の五十九の項の規定のほか、一般の原則規定である同令3条の規定が適用される。すなわち、この代位登記は、甲から丙への抵当権の移転の登記であるから、丙が登記権利者、甲が登記義務者となり、申請情報として同条、別表の五十九の項（後順位抵当権の債権額、利息、損害金、競売不動産の表示、競売代価、配当額等）に掲げる情報を提供し、添付情報として登記原因証明情報及び登記義務者（甲）の権利に関する登記識別情報を提供する。

7248 後順位抵当権者の代位の仮登記の可否

問　共同抵当における後順位抵当権者の代位の仮登記は許されるか。
結論　**抵当権の移転請求権の保全の仮登記をすることができる。**

説明　判例（大判大15.4.8民集5号581頁）は、「先順位抵当権者ガ其ノ債権ノ一部ノ弁済ヲ受ケタル場合ニ在リテハ、先順位抵当権ハ其ノ残額債権ニ付他ノ抵当不動産ノ上ニ依然トシテ抵当権ヲ有シ、其ノ残額債権ノ弁済ヲ受クル迄ハ抵当権ヲ失フモノニ非ザルヲ以テ、……後順位抵当権者ハ将来ニ於テ代位シテ抵当権ヲ行使シ得ベキ地位ヲ有スルニ過ギザルナリ。然レドモ此ノ如キ地位ヲ有スル者ハ不動産登記法二条二号ニ所謂将来ニ於テ確定スベキ権利移転ノ請求権ヲ有スルモノニ外ナラザルヲ以テ、代位附ノ仮登記ヲ為シ以テ其ノ権利ヲ保全スルコトヲ得ルモノト解セザルベカラズ」として、先順位の共同抵当権者がその目的不動産の一部の競売によりその債権額の一部の弁済を受けたにすぎない場合には、当該不動産上の後順位抵当権者は、民法392条2項後段の規定による代位をすることができないが、その共同抵当権者が残額債権の弁済を受けたときに代位することができる請求権を取得するのであるから、不動産登記法105条2号の規定により、抵当権（他の不動産上の共同抵当権）の移転請求権の保全の仮登記ができるものとしている。

　しかし、後順位抵当権者が、先順位の共同抵当権者が当該不動産からその債権の全額の弁済を受けたとき、又は当該不動産からその債権の一部の弁済を受け、その残額の弁済を後日受けたときに、当該不動産上の後順位抵当権者が代位することができることは、共同抵当権者の目的不動産上に後順位で抵当権を

取得した時から期待することができる。したがって、共同抵当権の目的となっている不動産について、後順位で抵当権の設定を受けた時から、代位による抵当権移転の請求権（判例のいう「将来ニ於テ確定スベキ権利移転ノ請求権」）を取得するものと解することができる。

先順位の共同抵当権者が、後順位抵当権の存する目的不動産から、債権の一部の弁済を受けたときに、初めてこの請求権が発生し、それまでは請求権が発生しないものと解する必要も理由もないものと考えられる。けだし、請求権の発生は、共同抵当権者の債権の一部弁済とは直接的に何らの関係もなく、後順位抵当権の設定の時において、民法392条2項後段の代位を期待することができ、この期待は正に不動産登記法105条の将来確定することが見込まれる権利の移転の請求権と解することに何らの不都合もないからである。ちなみに、例えば、保証契約が成立した場合には、保証人が主債務者に代わり将来主債務を弁済したときに、民法501条の規定により、その債権及びその債権を担保する抵当権につき代位することができるのであり、抵当権が移転するのであるが、保証契約の成立したときに、保証人は、将来もし主債務を代わって弁済したときに抵当権の移転を法律上期待することができるのであり、正に抵当権の移転の請求権が発生するものとして、保証契約が成立した場合に、代位による保証人の抵当権の移転の請求権を保全するために仮登記をすることができるとされる。

したがって、後順位抵当権者の民法392条2項後段の規定による共同抵当権の代位についても、これと同じく、後順位抵当権の設定の時から、代位による抵当権の移転の請求権が発生するものと見て、その請求権保全のための仮登記を行うことができると解される。

7249 共同抵当の登記申請手続の特則

問 共同抵当における登記申請手続の特則とは何か。

結論 共同抵当の場合も、各共同抵当権について、一般の抵当権の設定の登記の手続によるのであるが、申請情報に共同抵当であることを明らかにするための情報が加えられている。

説明 共同抵当についての対抗要件は、特別のものがあるわけではなく、各目的物件についての各抵当権の対抗要件を必要とする。

民法392条の適用又は準用のある場合において、不動産登記規則166条1項又は168条2項の規定により、共同担保である旨の記録（登記）がされるが、この記録は、公示上の便宜によるものであって、特に共同抵当の対抗要件となるものではない。

　共同抵当の設定登記の手続としては、一般の抵当権の設定の登記の手続を各不動産について行うほかは、共同抵当であることを明らかにすればよく、そのための規定が設けられている。すなわち、「二以上の不動産に関する権利を目的とするときは、当該二以上の不動産及び当該権利」を申請情報として提供し（登記令別表の五十五の項申請情報欄イ）、また、「一又は二以上の不動産に関する権利を目的とする抵当権の設定の登記をした後、同一の債権の担保として他の一又は二以上の不動産に関する権利を目的とする抵当権の設定の登記を申請するときは、前の登記に関する……事項」を申請情報として提供するのである（同欄ハ）。

　すなわち、同一の債権を担保するため数個の「不動産に関する権利」について、抵当権の設定契約がされ、その数個の「不動産に関する権利」について、共同抵当権の設定登記を申請する場合には、申請情報としてそれぞれの「不動産に関する権利」を提供するのであり（この場合、同一の登記所の管轄内にある数個の「不動産に関する権利」の全てにつき、共同抵当権の設定登記を申請する場合、登記原因及びその日付が同一であるときはもちろん、その日付の異なる場合においても、登記令4条の規定により、同一の申請情報で申請することができるのであるから、そのときには、それぞれの「不動産に関する権利」を申請情報として提供することは、同令別表の五十五の項申請情報欄イの規定によるものではない。実質的に同規定の適用のあるのは、共同抵当の目的となっている不動産又は権利の目的となっている不動産の一部が、他の登記所の管轄内にある場合（この場合は、同一の申請情報で全部について申請することができない）又は共同抵当の目的となっている数個の不動産に関する権利について、同一の申請情報で申請しないで、別個の申請情報で同時に申請する場合のみである。例えば、数個の不動産について共同抵当権を設定し、そのうちの一部についてのみ設定の登記を申請する場合には、同規定の適用がないものと解すべきであって、残りの不動産について抵当権の設定の登記を申請する場合には、同欄ハの規定の適用があるわけである）、また、1個又は数個の「不動産に関する権利」について、抵当権または共同抵当権の設定の登記をした後、同一の債権を担保するために他の1個又は数個の「不動産に関

する権利」について、共同抵当権の設定の登記を申請する場合には（その設定契約が前に登記を受けた「不動産に関する権利」とともに同時にされたものでも、また追加担保として別個にされたものでも）、その申請に係る1個又は数個の「不動産に関する権利」を申請情報として提供するほか、全て前に受けた抵当権の登記を表示するに足るべき事項をも申請情報として提供する。

　なお、追加担保の場合に、不動産登記令別表の五十五の項申請情報欄ハの規定により申請情報として提供すべき前の登記に係る……事項としては、登記官により共同担保目録が既に作成されている抵当権にあっては、その共同担保目録の記号及び番号を申請情報として提供すれば足り、そうでない抵当権にあっては、その目的となっている不動産の所在及び地番又は家屋番号並びに当該抵当権の登記の順位事項を申請情報として提供するだけで足りる（同欄ハ、規則168条2項）。

7250　土地と立木との共同抵当権の設定登記の申請情報

問　同一債権の担保として登記された立木と土地とを、共に抵当権の目的とした場合には、その設定の登記は、同一の申請情報によってすることができるか。

結論　**同一の申請情報によってすることができる。**

説明　登記された立木には、独立の不動産性が与えられており、立木の所有者は、土地と分離して立木を抵当権の目的とすることができる（立木法2条）。したがって、同一債権を担保するために、立木と土地とを、共に抵当権の目的とした場合には、共同抵当の関係を生じる。そこで、同一の申請情報によって、抵当権設定の登記を行うことができることも理解される。

　ただ、立木と不動産とでは、申請情報として提供すべき事項として、相違する点がある。立木にあっては、立木の採取に関する協定に係る施業方法を申請情報として提供し、登記することを要するとされている（立木法21条）。しかし、その他の事項は、一般不動産の抵当権のそれと全く同一であるばかりでなく、前記のように共同抵当の関係にあるので、同一の申請情報によってするのが合理的である。この場合も、不動産登記令4条ただし書の規定の適用があるというべきである。

7251 共同担保物件中の一部の物件のみの抵当権設定登記の可否等

問 同一の債権を担保するために、数個の不動産の上に抵当権を設定し（共同抵当）、その共同担保物件中の一部の物件についてのみ抵当権の設定の登記ができるか。

結論 当該登記はできる。

説明 同一の債権を担保するため、数個の不動産の上に抵当権を設定し（いわゆる共同抵当）、その数個の不動産について同時に抵当権設定の登記を申請する場合は、申請情報として各不動産を表示するものとされ（登記令別表の五十五の項申請情報欄イ）、この登記の申請があった場合において、その1個の不動産について抵当権の設定の登記をするときは、登記官は共同担保目録を作成し、当該担保権の登記の末尾に共同担保目録の記号及び目録番号を記録しなければならないものとされる（規則166条1項）。

ところで、本問は、抵当権設定登記の申請があり、その申請情報と併せて提供される登記原因証明情報によれば、明らかに数個の不動産を共同抵当としたことが認められるのにかかわらず、申請情報として提供されて抵当権の設定の登記を求めてきた不動産は、その共同担保物件中の一部のみであったという場合には、不動産登記法25条8号にいう「申請情報の内容が第61条に規定する登記原因を証明情報の内容と合致しないとき」に該当するものとして、その申請を却下すべきかどうかの点にあるが、そもそも抵当権は、不動産ごとに別個に存在するものであり、したがって、共同担保物件中のある不動産に関する抵当権についてのみ登記を求めることも、申請者の自由だといってよい。

なお、不動産登記法83条1項4号による記録についても、申請情報に不動産登記令別表の五十五の項申請情報欄イの事項がある場合に限り、登記官において、当該抵当権の登記に職権登記をすべきであって、申請情報として提供されていない不動産については、不動産登記法83条1項4号による記録の必要はない。

7252 日を異にして設定された共同抵当権の設定登記の申請手続

問 同一の債権を担保するため、数個の不動産に日を異にして抵当権を設定した場合、同一の申請情報で抵当権の設定の登記を申請することができるか。また、各別の申請情報で申請すべき場合、各申請情報として他の共同担保の不動産の表示を提供すべきか。

結論 同一の債権を担保するために、数個の不動産に、日を異にして設定された共同抵当権の設定の登記を、同時に申請する場合には、同一の申請情報で申請することができる。この場合には、申請情報として共同抵当の目的となっている不動産の表示を提供するべきである。

説明 同一の債権を担保するために数個の不動産に同時に共同抵当権が設定された場合には、登記の目的及び登記原因(その日付)が同一だから、不動産登記令4条ただし書により同一の申請情報で数個の物件につき共同抵当権の設定の登記を申請することができるのであって、この場合には、同令別表の五十五の項申請情報欄イにより申請情報として各不動産及び当該権利の表示を提供する。しかし、もし契約の日を異にして(すなわち、後にされるのは、いわゆる追加担保契約であるが)共同抵当権の設定契約がされた場合には、登記原因の日付が異なるため、各別の申請情報で共同抵当権の設定登記を申請すべきか、それとも同一の申請情報で申請して差し支えないかどうかであるが、便宜同一の申請情報で申請してよいとされている(規則35条10号)。けだし、登記原因の日付が異なるほかは抵当権の登記事項が同じであるから、同一の申請情報で申請することを認めても、申請情報の記録又は登記の過誤が生じないからであろう。この場合には、申請情報に共同抵当の目的となっている各不動産を表示し、登記原因及びその日付が不動産ごとに特定するように各別に記録することを要する。

なお、各別に申請するときは、先に申請して登記を受けた不動産を後の登記の申請情報に記録して提供する必要がある(登記令別表の五十五の項申請情報欄ハ)。

7253 共同抵当物件の一部解除と抵当権抹消登記の要否

問 抵当権の被担保債権の一部弁済等により一部消滅した場合には、その抵当権の一部消滅は、その登記をしなくても第三者に対抗することができるものと解されるが、共同抵当権の目的不動産の一部担保解除による抵当権の消滅の場合も、同様に解してよいか。

結論 本問の場合は、その登記をしなければ抵当権の消滅を第三者に対抗することができない。

説明 同一の債権を担保するために数個の不動産について抵当権を設定し、その登記をした後（共同抵当権の設定登記）、債務の一部弁済等により、抵当権の設定登記をした不動産のうち、ある不動産についての抵当権を解除する場合がある。

共同抵当権とは、各不動産がそれぞれ債務の全部の弁済を担保するために設定されるものであり、一部の弁済があっても、なお、残額をそれぞれの不動産が担保する。抵当権設定の登記がされているときは、それぞれの不動産について、その債務の一部弁済による抵当権の債権額の変更（減少）登記をすることになる。

そして、このように、債務の一部の弁済等により抵当権の被担保債権が減少した場合、新たに別の金融を受ける場合には、共同担保の目的となっている不動産の余剰担保価値を計算して、後順位抵当権を設定することもできるが、共同抵当権の目的となっている不動産のうち、ある特定の不動産だけで残額を担保することができれば、所有者としては、他の不動産についての抵当権の放棄（絶対的放棄——一部担保解除）を受け、当該不動産についての抵当権設定の登記を抹消し、その不動産を担保に利用すれば、より金融を受けることが容易になる。つまり、後順位の抵当権を設定するよりも、抵当権が設定されていない不動産に抵当権を設定する方が、債権の確保が確実だからである。

ところで、このように抵当権の被担保債権の一部弁済等により一部消滅した場合には、その抵当権の一部消滅（債権額の減少）は、本問のようにその登記をしなくても第三者に対抗することができるが、共同抵当権の目的不動産の一部担保解除（当該不動産についての抵当権の放棄）による抵当権の消滅は、その登記（抹消の登記）をしなければ第三者に対抗することができない（大判大

10.3.4参照)。このような場合には、抵当権を解除した不動産について、抵当権の設定の登記の抹消の申請をし、次に、他の不動産について抵当権の債権額の変更（減少）の登記を申請しなければならない。

7254 敷地権の表示を登記した建物のみを目的とする抵当権の追加設定の登記の可否

問 抵当権設定の登記のある土地を敷地として区分所有建物を新築し、敷地権の表示を登記した後に、敷地についての既存の抵当権の被担保債権と同一の債権を担保するために、当該区分建物のみを目的とする抵当権の追加設定をすることができるか。

結論 可能である。

なお、この場合の申請情報には、**不動産の表示として区分建物のみを記録し、また、既存の抵当権の目的となっている土地が他の登記所の管轄に属する場合には、その抵当権の登記を証する情報を申請情報と併せて提供する。**

説明 敷地権の表示を登記した建物の登記記録には、その建物のみを目的とする抵当権の設定の登記は、その登記原因が敷地権の生じた日前に生じたものを除き、することができないものとされている（不登法73条3項）。

そこで、本問のように敷地権の表示を登記する前に敷地について登記された抵当権の追加担保としてする場合にも、敷地権の表示を登記した建物のみに抵当権設定登記することはできないのではないかが問題となる。

ところで、不動産登記法73条3項の趣旨は、建物の区分所有等に関する法律22条1項本文により敷地利用権と分離して処分することができない権利について、その登記をも禁じたものであり、その前提としては、敷地利用権と分離して処分することができない権利の登記は建物の登記記録にのみ記録し、その登記の効力を敷地権に及ぶものとする一体性の原則に伴う公示方法が存する（不登法73条1項柱書き・3項ただし書）のである。

そこで、本問のように敷地権の表示が登記される前に敷地に設定された既登記の抵当権の追加担保として、敷地権の表示を登記した建物に抵当権を設定することが建物の区分所有等に関する法律22条で禁止された分離処分に該当する

かが問題点となるのである。しかしながら、同条が目的としている一体性の原則は、専有部分とその敷地利用権を分離処分することによる取引上及び公示上の複雑・混乱を回避し、その簡素・合理化を図ることにあると考えれば、本問のような追加設定は、いわば、分離処分されている敷地利用権に対して、事後的にその専有部分について一体的処分に服せしめようとするものであり、むしろ一体性の原則に則した処分といえるのであって、同条で禁止する分離処分には該当しないと解すべきである。逆に、仮に本問のような追加設定ができないとすれば、既設定の抵当権を一旦消滅させた上で、改めて抵当権を一体的に設定することとなるが、このことは、既設定の抵当権の順位の問題にも波及することとなる。

　実体上追加設定が認められるとすれば、これに伴う追加設定登記についても有効にすることができると解され、その登記手続については、不動産登記法上直接規定は存しないが、次の要領により登記することとされている（昭59.9.1第4675号通達）。

(イ)　抵当権の追加設定の申請情報には、不動産の表示として、区分建物のみを記録する。

　なお、既存の抵当権の目的となっている土地が他の登記所の管轄に属する場合には、申請情報と併せてその抵当権の登記を証する情報を提供する。

(ロ)　区分建物にする抵当権設定の登記には、建物のみに関する旨を付記する。

　なお、本問は、抵当権設定の登記のある土地を敷地として区分建物が新築されたケースであるが、敷地権の表示を登記する前の区分建物に抵当権設定登記がされている場合に、敷地権の表示を登記し、敷地について敷地権である旨の登記をした後に、敷地について抵当権を追加設定する場合も、同様の取扱いとなる。

第8節 その他

7255 登記留保と抵当権の保全

問 登記留保、つまり必要なときに抵当権の設定登記をするつもりで、登記識別情報、代理権限を証する情報（委任状）、設定者の印鑑証明書を取得しておけば、抵当権は保全されるか。

結論 **本問のような方法によっては、抵当権は保全されない。**

説明 　抵当権の取得を第三者に対抗するには、登記に関する法律の定めるところにより登記をしなければならない（民法177条）。したがって、抵当権設定者より、その者の登記識別情報（登記義務者の権利に関する登記識別情報）、印鑑証明書及び代理権限を証する情報（委任状）を取得していても、抵当権の設定の登記を完了しない限り、その権利は保全されないことになる。

　さらに、これらの情報（書面）又はこれに代わる情報（書面）が容易に作成され、かつ、それらの情報（書面）をもって第三者のために抵当権の設定又は所有権の移転等の登記をすることができるからである。

　すなわち、代理権限を証する情報（委任状）は、抵当権設定者自身が作成するものだから、いつでも作成することができ、印鑑証明書も請求に応じて市区町村長が発行する性質のものであり、また、登記識別情報についても、その内容が分かれば提供することができ、仮に登記識別情報の内容を知らなくても、事前通知制度や公証人又は資格者代理人による本人確認情報により登記の申請（所有権の移転、抵当権の設定等）ができるから、後に契約された第三者に対する売買契約（所有権移転）の登記が、先にされると、本問の抵当権の設定の登記は不可能となり、自己の抵当権の取得を新所有者に対抗することができなく

なり、あるいはまた、後に契約された抵当権設定契約の登記が先になされると、その後に本問の抵当権の設定の登記をしたとしても、後順位の抵当権となり（不登法4条）、先に登記した抵当権者には対抗することができない。したがって、本問の情報を取得していても、抵当権は保全されない。

7256 設定者が抵当権設定登記の申請に応じない場合の措置

問 貸付金を担保するため、債務者所有の不動産に抵当権の設定を受けたが、債務者が抵当権の設定の登記の申請に応ぜず、その不動産を他に売却するおそれがあるが、抵当権を保全するにはどうすればよいか。

結論 **抵当権設定の仮登記を命ずる処分の申立てをした上で、抵当権設定者（登記義務者）を相手として、抵当権設定の登記申請手続をすべきことを求める訴え（給付訴訟）を提起するのが相当である。**

説明 抵当権を設定しても、これを第三者に対抗するためには、その登記がされていなければならず、もしこの登記前に当該不動産が第三者に売却されてその登記がされてしまうと、抵当権の実行ができなくなる。したがって一日も早く抵当権設定の登記をしなければならない。しかし、この登記には抵当権設定者の協力が必要だから、もしその協力が得られないときは、登記申請の意思表示を求める訴えを提起し、その勝訴判決を得て登記をするということになる（不登法63条）。

しかし、判決を得るまでには相当の日時を要するので、その間に、抵当権設定者が抵当権者を害するような行為をすることがあり、例えば、目的不動産を第三者に売却し、かつその所有権移転の登記を経由したときは、後日抵当権者（登記権利者）が、前記訴訟において勝訴の判決を得たとしても、所有権取得者からその所有権の取得を対抗される結果、もはや当該抵当権の設定登記は不可能となり、あるいはまた、他の抵当権やその他の権利の登記が先にされると、当該抵当権の後順位となり、又はその他の権利に対して、自己の抵当権を主張することができなくなる（不登法4条）。そこで不動産登記法では、このような場合に備えて、仮登記という簡単な手続により、抵当権者等の登記権利者の地位を保全する方途を開いている。

仮登記は、登記手続上の条件不備を理由として申請することができるのであ

り（不登法105条1号）、ここにいう条件不備に、登記義務者の協力が得られない場合が該当することについては異論がない。したがって、本問の抵当権者が目的不動産の所在地を管轄する地方裁判所に仮登記を命ずる処分の申立てをして、その仮登記原因を疎明（証明と異なり、裁判官に一応確からしいとの推測を与える程度で足りる）して仮登記を命ずる処分の命令を受け、申請情報と併せて当該仮登記を命ずる処分の決定書の正本を提供して仮登記を受ければよい（登記令7条1項5号ロ(2)）。

このようにして仮登記がされた場合においては、その後、抵当権者が本案の訴訟において勝訴し、その確定判決をもって当該仮登記に基づく本登記をすると、その本登記の順位は仮登記の順位によることになる（不登法106条）ので、たとえ、債務者がこの仮登記後本登記前に目的不動産を第三者に売却し、その第三取得者のために所有権の移転の登記を経由していても、仮登記に基づく本登記の方が先順位となり、抵当権者はこの第三取得者に抵当権の取得を対抗することができる。

なお、仮登記をする方法のほかに、当該目的不動産の処分禁止の仮処分（民事保全法24条）を申請し、その登記をする方法もあるが、前記の仮登記を命ずる処分の方法によるのが最も簡便で費用も少なくて済むであろう。

7257 所有権登記未済の建物の新築資金担保の抵当権の保全

問 建物の新築資金を貸し付け、完成した建物に抵当権を設定する契約をしたが、建物が完成しても債務者がその所有権の保存の登記をしない場合、抵当権者が自己の権利を保全するため、その登記をする手続は、どうすればよいか。

結論 **債権者代位によって所有権の保存の登記をした後に、仮登記を命ずる処分により仮登記をし、さらに、判決による登記をすればよい。**

説明 抵当権者は債権者代位によって所有権の保存の登記をし（不登法59条7号）、次いで裁判所に対し、当該建物につき抵当権の設定の仮登記を命ずる処分を申し立て、その命令正本を仮登記の申請情報と併せて提供して仮登記を受け、順位の保存を図った上、さらに所有者を相手に、抵当権の設定の登記を命ずる給付判決を求めればよい。この確定給付判決によ

り、抵当権者は単独で抵当権の設定の登記をすることができる（同法63条）。

7258 建物の滅失登記と抵当権者の承諾情報の要否

問 建物の滅失登記の申請情報と併せて抵当権者が承諾したことを証する当該者が作成した情報を提供することは不要か。

結論 不要である。

説明 昭和26年法律第150号で不動産登記法が改正されるまでは（同年7月1日から施行）、建物の滅失の登記を申請する場合には、申請書に滅失を証する書面として家屋台帳の謄本（建物滅失事項の記載あるもの）の添付を要求し、なお、その建物の登記用紙に、所有権以外の権利に関する登記があるときは、その登記名義人の承諾書又はこれに対抗することのできる裁判の謄本を添付することを要求していたのであるが、昭和26年改正不動産登記法の下では、次の理由により添付情報（書類）をいずれも不要とされる。

　建物の滅失登記について抵当権者が利害関係を持つのは、建物が滅失していないのにかかわらず、抵当権者の不知の間に滅失の登記がされる場合であって、抵当権の目的となっている建物が事実上滅失している場合には、物権である抵当権はその目的物を欠き、当然消滅する。したがって、当該建物について滅失の登記がされようとされまいと、建物が現実に滅失している限り、その目的物を失った抵当権の行使ということは考えられないので、滅失の登記の申請について抵当権者の承諾の有無は問題とならない。

　そこで、滅失していないのにかかわらず滅失の登記が申請される場合が問題となる。

　建物が滅失していないのにかかわらず滅失の登記がされた場合の登記の効力については、およそ登記は、その実体を欠く場合は全て無効と解されているので、したがって、滅失していない建物についてされた滅失の登記も当然無効と解されるから、このような場合には、滅失の登記の無効を原因として（登記原因は錯誤）滅失登記の回復登記を申請することができ、回復登記がされない間及び回復された場合の既登記の抵当権の効力は、滅失の登記がされなかったと同様に、その効力を持続し対抗力を有するものと解されている。

7259 二重保存登記と抵当権の登記

問 同一の建物について重複して、同一所有者のために所有権の保存の登記がされた場合、この建物の抵当権の登記の効力はどうなるか。

結論 **本問の場合はいわゆる二重登記の場合に該当し、原則として、後にされた所有権の保存の登記は無効である。**

説明 不動産登記法においては、いわゆる一不動産一登記記録主義が採られ、1個の不動産につき一登記記録を設けることになっているので（同法2条5号）、同一の建物について重複して同一所有者のために所有権保存の登記がされた場合には、原則として、後で登記された所有権の保存の登記は無効である。したがって、このような無効の登記に基づいて、抵当権の設定の登記がされても、その登記もやはり無効であって、抵当権者は、先に保存登記のされた登記記録に改めて抵当権の設定の登記を受けない限り、第三者に抵当権を対抗することができない（先に登記された保存登記に基づきされた抵当権の登記は有効である）。

しかし、先に保存の登記のされた登記記録に、第三者の権利の登記がされておらず、後で保存登記のされた登記記録にのみ抵当権の設定の登記がされているときは、便宜、先にされた保存の登記を抹消する方法も実務上認められているので（昭30.4.22第698号通達）。この場合には、後の登記記録にされた抵当権の登記は有効と解してよい。

7260 抵当権者の代位登記と代位原因を証する情報の提供省略の可否

問 抵当権の登記名義人が、代位により抵当物件の氏名等の変更の登記を申請する場合でも、代位原因を証する情報の提供を省略することはできないか。

結論 **本問の登記申請については、代位原因を証する情報の提供を省略することができる。**

説明 本問の場合には、当該代位登記申請情報の添付情報の記録の欄に「代位原因を証する情報は、本件物件に抵当権設定登記済につき省略」と記して、提供を省略して差し支えない。不動産登記令7条1項3号にいう「代位原因を証する情報」とは、債務者の有する登記請求権を債権者が代わって行使しなければ、自己の債権を保全することができないところの登記請求権を債権者が有することを証する情報のことをいうのであって、要するに、登記官が当事者間に債権の存することを確認することができるものであれば足りると考えられる。

7261 抵当不動産が第三者に譲渡又は賃貸された場合の注意点

問 抵当不動産が譲渡又は賃貸されたときにおける抵当権者の注意すべき点は何か。

結論 **抵当権者は、抵当不動産が第三者に譲渡された場合は、その者が抵当権消滅請求権を有するかどうかを調査し、抵当権消滅請求権を有するときは、抵当権設定者に対し増担保又は損害賠償を請求することができるよう準備しておく必要がある。また、民法395条に規定する賃貸借については、その建物の競売における買受人の買受けの時から6か月を経過するまでは、その建物を買受人に引き渡すことを要しないので、競売価格の低価により不利益を被るおそれがないとはいえない。**

説明 抵当権設定者は、抵当権の権利の内容を侵害（目的物件の交換価値を減少又は消滅させ、そのため被担保債権の担保能力に不足を生じさせること）しない限り、その目的物を第三者に譲渡又は賃貸することは自由であり、抵当権者もこれを排斥するものではない。

ただ、このような場合、抵当権者は売却代金ないし賃料の上に物上代位権（売却代金より優先弁済を受けるための簡易な制度としては代価弁済（民法378条）がある）を有することとなるが、これらの権利の行使は譲渡にあっては抵当権の消滅を来し、賃貸借にあっては賃料よって弁済を受けた残存債権につき抵当権が存続するといった制限を受けるものの、物上代位権を行使するか否かは抵当権者の自由であり、したがって、被担保債権は何ら圧迫されるものではな

い。

　しかしながら、民法は抵当不動産の第三取得者及び賃借権者の地位を保護するため抵当権消滅請求（同法379条ないし386条）及び抵当建物使用者の引渡しの猶予規定（同法395条）を設けており、この点に関し抵当権者の注意すべき点はおおむね次のとおりである。

(1) **抵当不動産が第三者に譲渡された場合**

　我が国の抵当不動産の売買においては、抵当債務を控除した残りの価額で売買されるのが普通であるから、抵当権者は物上代位権を行使することはまれである。そして、このような場合の第三取得者が抵当権消滅請求（抵当不動産の第三取得者が抵当不動産の代価又は特に指定した金額を弁済することにより、抵当権を消滅させようとする制度）の権利を有し、かつこれを行使するときは、抵当権者はその代価又は特に指定した金額で満足するか、あるいはその申出を排斥するためには、競売を行わなければならない。抵当権者は、抵当不動産が第三者に譲渡された場合は、その者が抵当権消滅請求権を有するかどうかを調査し、抵当権消滅請求権を有するときは（主たる債務者、保証人及びその承継人が第三取得者となったとき並びに停止条件付第三取得者が条件成否未定のときは抵当権消滅請求権は有しない（民法380、381条）。）、抵当権設定者に対し増担保又は損害賠償を請求することができるよう準備しておく必要がある。

(2) **抵当不動産が第三者に賃貸された場合**

　抵当権者は抵当権設定登記後に登記された賃借権者に対しては対抗することができるから、抵当権の実行に当たっても何ら権利に影響はないが、例外として民法395条に規定する賃貸借については、その建物の競売における買受人の買受けの時から6か月を経過するまでは、その建物を買受人に引き渡すことを要しないので、競売価格の低価により不利益を被るおそれがないとはいえない。したがって、抵当権者は抵当不動産が第三者に賃貸された場合は、同条の規定による不利益を被ることがあり得ることを覚悟しておくべきである。

　以上、要するに抵当権者は、不知の間に抵当不動産が第三者に譲渡又は賃貸されたときは、抵当権消滅請求又は抵当建物使用者の引渡しの猶予により不測の損害を被る懸念がないとはいえないので、実務上は抵当権設定契約の締結に当たり、抵当不動産の譲渡賃貸借の禁止ないしは要承諾条項を挿入し、抵当権設定者に約束させた上で、更に前記の注意を払うべきである。

7262 混同を登記原因として抵当権の抹消を申請する場合の登記識別情報の提供の要否

問 混同を原因とする抵当権の抹消を申請する場合において、登記権利者と登記義務者が同一のときでも、登記義務者の権利に関する登記識別情報の提供を要するか。

結論 要する。

説明 登記を申請する場合には登記義務者の登記識別情報を提供しなければならない(不登法22条)。これは、申請に係る登記が登記記録に記録されることによって登記上不利益を受ける登記義務者が、真に登記義務者として申請しているかどうかを登記識別情報を提供させることによって、手続的に確認しようとするものである。

混同を原因とする抵当権の登記の抹消の申請は、登記権利者及び登記義務者の共同申請による(不登法60条)。本問の場合、登記権利者及び登記義務者が結果的に同一人となったものであり、あえて登記識別情報の提供を求めるまでもなく、登記の真正が担保されるとの推認ができるとの考え方もあろう。しかし、申請意思の確認の手段である登記義務者の登記識別情報の提供を求めないとすれば、本問の抵当権の登記の抹消の申請は、印鑑証明書(登記令16条、18条)の提供も要しないのであるから、第三者が勝手に登記権利者及び登記義務者と称して、抵当権の登記を抹消するおそれもある。

したがって、登記権利者及び登記義務者が同一人であることのみをもって登記識別情報の提供を不要とすることはできない(平2.4.18第1494号通達)。

7263 担保権の抹消の登記義務者が行方不明の場合の抹消手続の特例

問 担保権の抹消の登記義務者が行方不明のため登記権利者が登記義務者と共同申請による登記手続を執ることができない場合にはどうしたらよいか。

結論 登記権利者は、公示催告の申立てをし除権決定を得て、申請情報と併せて除権決定があったことを証する情報を提供して単独で抹

消を申請するか、申請情報と併せて債権証書並びに被担保債権及び最後の2年分の利息その他の定期金（債務不履行により生じた損害を含む）の完全な弁済があったことを証する情報、登記義務者の所在が知れないことを証する情報を提供して単独で抹消を申請することができるほか、被担保債権の弁済期から20年を経過している担保権については、申請情報と併せて弁済期から20年経過後に債権、利息及び債務の不履行によって生じた損害の全額を供託したことを証する情報、登記義務者の所在が知れないことを証する情報を提供して単独で抹消を申請することができる。

説明　　既存の登記の抹消原因が実体上発生しているのに、登記義務者が行方不明のために登記の抹消をすることができないこととなると、登記権利者の不利益が著しい。不動産登記法は抹消に関して特例を認めている。

まず、権利の登記の抹消の登記義務者が行方不明の場合には、登記権利者は裁判所に対して公示催告の申立てをし、除権決定を得て、申請情報と併せて除権決定があったことを証する情報を提供すれば、単独でその権利の登記の抹消を申請することができる（不登法70条2項、登記令別表の二十六の項添付情報欄ロ）。

次に、先取特権、質権または抵当権に関する登記の抹消の登記権利者は、登記義務者が行方不明である場合には、申請情報と併せて債権証書並びに被担保債権及び最後の2年分の利息その他の定期金（債務不履行により生じた損害を含む）の完全な弁済があったことを証する情報、登記義務者の所在が知れないことを証する情報を提供したときには、単独でこれらの権利の登記の抹消を申請することができる（不登法70条3項前段、登記令別表の二十六の項添付情報欄ハ）。

また、先取特権、質権又は抵当権に関する登記の抹消の登記権利者は、登記義務者が行方不明である場合において、被担保債権の弁済期から20年を経過しているときには、申請情報と併せて被担保債権の弁済期を証する情報、弁済期から20年を経過した後に、当該被担保債権、利息及び債務の不履行によって生じた損害の全額に相当する金銭を供託したことを証する情報を提供して単独で抹消を申請することができる（不登法70条3項後段、登記令別表の二十六の項添付情報欄ニ）。

なお、弁済期から20年を経過する前に一部弁済をし、その受取証書を所持し

ている者が、弁済期から20年を経過した後に残金を供託した上、その受取証書と供託をしたことを証する情報を提供して単独で登記の抹消申請をした場合には、不動産登記法70条３項の前段と後段と重複して適用することはできないのであり、このような登記の申請をすることはできない。

第 8 章

根抵当権

第1節

総 説

第1項　意義及び効力

8001　根抵当権の意義

問　根抵当権とは何か。普通抵当権とはどのような点で異なるか。

結論　根抵当権とは、一定の範囲に属する不特定の債権を極度額を限度として担保するために設定される抵当権であり、特定の債権を担保するために設定される普通抵当権とは、不特定債権の担保である点（不特定債権担保性）と、優先弁済を受ける限度として極度額がある点（限度担保性）とが異なる。

説明　民法は、根抵当権を抵当権の一種であるとしてその位置づけをするとともに、設定行為で定める一定の範囲に属する不特定の債権を極度額を限度として担保するため設定された抵当権であることを明確にしている（同法398条の2第1項）。すなわち、根抵当権は特定の継続的取引契約にいわば付従して成立するものではないとし、根抵当権を債権から独立した価値支配権として捉える立場を採っているのであるが、抵当権すなわち担保物権である以上この価値支配権は債権者（根抵当権者）が優先弁済を受けるための価値支配権であることはいうまでもなく、この優先弁済を受けるべき債権は設定行為において定める一定の範囲に属する不特定の債権であるとしているのである。したがって、設定時に特定している債権のみを担保するために根抵当権を設定することはできない。たとえその特定債権の債権額が設定時に未確定であっても、根抵当権の設定は許されない。

そして、根抵当権の普通抵当権との相違点は次のとおりであるということが

できる。すなわち、普通抵当権は特定の債権を担保するために設定される抵当権であって、当該特定債権についての優先弁済を受ける権利というべきであるが、根抵当権はこれと異なり、不特定の債権を担保するため設定されるもの（不特定債権担保性）であり、またその優先弁済については極度額を限度とするもの（限度担保性）である。

　なお、根抵当権は不特定の債権を担保するため設定されるという意味で不特定債権担保性を有するのであって、永久に不特定債権担保性を有するものではない。確定期日の到来その他の事由によって根抵当権の担保する元本が確定すると、根抵当権は特定の債権を担保することとなるわけである。しかし、根抵当権は確定しても普通抵当権に転化するわけではない。確定した根抵当権は付従性、随伴性等の面で普通抵当権と同じ法理に服することになるのではあるが、だからといって普通抵当権になったというものではない。すなわち確定により不特定債権担保性は失われても、極度額に達するまで優先弁済を受けるという根抵当権のもう一つの基本的性質（限度担保性）が失われるわけではないからである。

8002　根抵当権と被担保債権との関係（付従性）

問　担保物権はその通有性として債権に対する付従性を有するが、根抵当権についてはどうか。

結論　**根抵当権は、その成立において債権に対する付従性を必要とせず、また元本の確定前においては、債権とは別個独立の変更処分が認められ、債権の弁済によって根抵当権の消滅を来さないなど、債権に対する付従性が否定される。**

説明　根抵当権は、不特定の債権を担保するための抵当権である。根抵当権設定の要件として、その担保する債権が既に発生していることも、担保すべき債権が発生する法律関係が存在していることも要しない（民法398条の2）。すなわち根抵当権の成立は債権に付従しないのである。もっとも、根抵当権の設定行為においては、担保すべき債権の範囲を定めることを要するが、これは根抵当権の内容として定めることを要するとされているものであって、その被担保債権の範囲は担保する債権を画する基準であるにすぎず、付従性とは関係のないことである。

このように根抵当権は債権に付従することなく設定され、確定前は、担保すべき債権の範囲の変更、根抵当権の譲渡等債権とは独立の変更処分が認められる。これらの変更処分は、いずれも付従性を否定しているものであるが、確定期日の到来その他の事由によってその担保する元本が確定すると、その時点までに発生した債務者に対する債権で、被担保債権の範囲に属する債権のみがその被担保債権となり、根抵当権はこの特定債権に付従するものとなる。すなわち、根抵当権は確定によって特定債権を担保するものとなり、もはや、被担保債権の範囲の変更等はすることができなくなる。また、確定後被担保債権が弁済により全て消滅すれば、付従性により根抵当権も消滅することになるわけである。

8003 根抵当権の随伴性

問　担保物権の通有性である随伴性は、根抵当権でも有するか。
結論　**根抵当権はその担保すべき元本の確定前においては、被担保債権の移転に対する随伴性を有しない。**

説明　根抵当権は、不特定の債権を担保するため設定される抵当権であり（民法398条の2第1項）、設定行為において定められた被担保債権の範囲も債務者も設定当事者の変更契約により自由に変更することができる（同法398条の4）。また、被担保債権の範囲に属する債権が他に譲渡等により移転しても、それに伴って根抵当権が新債権者に移転することがないものとしている（同法398条の7第1項、なお債務の引受けについては同条2項）。したがって、被担保債権の範囲に属する個々の債権に根抵当権が随伴しないのはもとよりであるが、仮に被担保債権の範囲が特定の継続的取引契約によって定められている場合に、その継続的取引契約の債権者の地位が他に移転したときにおいてもこれに随伴して根抵当権が移転することはない。

　なお、確定前に被担保債権が差し押さえられ又は質入れされた場合その効力が根抵当権に及ぶかどうかについて、質入れの場合について当初の登記実務はこれを否定するものとしていた（昭47.12.19第943号回答）が、その後、民法398条の7の規定は、債権の移転に伴う随伴性を否定しているのみであるとして、これを変更し、差押え又は質入れの効力は、債権の移転に至らない限り、根抵当権に及ぶと解すべきであるとした（昭55.12.24第7175号回答）。

根抵当権について債権への随伴性がないのは、その担保すべき元本が確定するまでのことであって、確定後は特定の債権を担保するものとなる以上、当然に随伴性を有することとなる。

8004　被担保債権の譲渡と根抵当権

問　根抵当取引中に、既発生の個々の債権について譲渡又は転付命令があった場合に、その債権は根抵当権によって担保されるか。

結論　担保されない。

説明　根抵当取引中すなわち根抵当権の元本が確定する前は、根抵当権とその被担保債権との結び付きは希薄であり、ある一定時に当該根抵当権の被担保債権の範囲に属する債権であっても、その後に被担保債権の範囲の変更や債務者の変更等がなされれば、被担保債権から外れてしまうことになるのであって、結局いかなる債権が被担保債権であるかは、根抵当権の確定までは明らかでないといわなければならない。このような確定前の根抵当権にあっては、個々の債権が譲渡されるのに随伴して移転することは理論的にも困難であり、法制上特に随伴性を認めることは法律関係を混乱させる結果となる。

　そこで、民法398条の7第1項において「元本の確定前に根抵当権者から債権を取得した者は、その債権について根抵当権を行使することができない」と規定し、確定前の債権の譲受人に根抵当権が移転しないことを明らかにしている。このことは、債権の移転が債権の任意の譲渡行為によるものであると、強制執行によるのとでその法理を異にすることはないので、転付命令によって債権が移転した場合においても、その債権は根抵当権によって担保されることはない。

8005　被担保債務の引受けと根抵当権

問　根抵当取引中に既発生の個々の債権について債務引受があった場合に、その債務は根抵当権によって担保されるか。

結論　担保されない。

説明 　根抵当取引中すなわち根抵当権の元本が確定する前においては、根抵当権とその被担保債権との結び付きは希薄であり、特定の債権を担保するという関係に立っているものではない。結局根抵当権の元本が確定した時に、債権者（根抵当権者）と債務者（根抵当権の内容として定められている債務者）との間の債権で被担保債権の範囲に属するものが当該根抵当権の担保する債権となるものである。したがって、確定前に債務の引受けがあった場合には、その引受人の債務が担保されることがないのは根抵当権の性質上当然のことであり、民法398条の7第2項はそのことを明らかにする規定を置いている。

　しかし、担保されない債務は引受人の債務であるから、併存的債務引受である場合には従前からの債務者の債務は担保されていることになる。免責的債務引受の場合には完全に担保されなくなる。

8006　被担保債権の質入れと根抵当権

問　確定前の根抵当権について、担保すべき債権を目的とする債権質入れの登記申請は受理されるか。

結論　**受理することができるとするのが登記実務の先例である。**

説明　確定前の根抵当権について、その担保すべき債権を目的として債権質入れがされた場合、この質権が根抵当権に及ぶかどうかについては、否定説と肯定説が対立している。

　否定説は、平成29年改正前の民法による根抵当権は基本契約を前提とせず、設定当事者が定める一定の範囲に属する債権が担保され、その範囲も当事者は自由に変更することができるので（民法398条の2、398条の4）、根抵当権の被担保債権は、それが確定した時に存する債権であって、確定前における各個の債権は、被担保債権そのものではなく、被担保債権となり得る資格を有する候補にすぎず、それが確定するまでは被担保債権そのものではないので、確定前にその担保すべき債権の範囲として定められた範囲に属する債権を質入れしても、被担保債権そのものの質入れではないから、その質入れの効力は当該根抵当権には及ばないとするものである。また、民法398条の7は、形式的には、債権移転に伴う随伴性を否定しているものであるが、実質的には、確定前における全面的随伴性の否定の趣旨を理解すべきであるとしている。

肯定説は、確定前の根抵当権について随伴性が否定されるのは、民法398条の7のように明文の規定によって否定された場合のみに限られるのであって、それ以外は必ずしも随伴性が否定されているとは解されないばかりでなく、確定前における債権は、担保すべき債権の範囲に属するものである限り根抵当権の被担保債権そのものである（同法398条の9、398条の10等はこのことを当然の前提とする。また根抵当権の実行により確定するとされているのは、確定前の個々の債権が被担保債権そのものであるとしてこの債務不履行を前提とするものである）から、質入れによってその債権の主体に変更を生じるものではない以上、質権の効力は根抵当権に当然及ぶと言わざるを得ないとするものである。

　このように、両説が対立しているが、登記実務の先例においては、当初債権質入れの登記を受理しないのを相当としているものとしていたが（昭47.12.19第943号回答）、その後、これを変更し、受理することができるとした（昭55.12.24第7175号回答）。

8007　債権者の交替による更改と根抵当権

問　根抵当権の確定前に被担保債権について債権者の交替による更改があった場合に、新債務をその根抵当権によって担保させることができるか。

結論　**担保させることはできない。**

説明　民法518条の規定によれば、債権者の交替による更改があった場合には、更改の当事者はその債務を担保する担保権を新債務に移すことができることとされている。この債権者の交替による更改は、旧債務を消滅させ新債務を成立させるものであるが、実質的には債権譲渡と同一の機能を有するものである。そこで、根抵当権の元本確定前における法律関係の簡明化を図る見地から、個々の債権の移転に根抵当権が随伴しないものとしたのと同趣旨により確定前の根抵当権の被担保債権たる個々の債権について債権者の交替による更改があった場合に、根抵当権を新債務に移すこと、すなわち新債権者が根抵当権を取得することはできないこととしている（同法398条の8）。

8008 債務者の交替による更改と根抵当権

問 根抵当権の確定前に被担保債権について債務者の交替による更改があった場合に、新債務をその根抵当権で担保させることができるか。

結論 **担保させることはできない。**

説明 民法518条の規定によれば、被担保債務について債務者の交替による更改があった場合には、更改の当事者は旧債務についての抵当権を新債務に移すことができることとされている。この更改は、実質的には、債務の引受けと同一のものと見ることができるものであるが、確定前に債務の引受けがされた場合には、引受けの債務は根抵当権によって担保されないものとしている（同法398条の7第2項）。これは、根抵当をめぐる法律関係の簡明化を図る見地からであり、債務の引受けと同じ性質の債務者交替による更改の場合に根抵当権を新債務に移すことができるとすることは相当でない。そこで同法は確定前の債務者交替による更改の場合には、同法518条の規定の適用を排除して、更改の当事者は根抵当権を新債務に移すことができないことを明文の規定により明らかにしている（同法398条の7第3項）。

8009 確定前に保証人が弁済した場合、保証人が根抵当権者に代位することの可否及び保証人の求償権の担保方法

問 確定前に保証人が債務者に代わって弁済した場合、保証人は根抵当権者に代位することができるか。できない場合には保証人の求償権はどのようにして確保したらよいか。

結論 **根抵当権の元本確定前には、保証人が債務を弁済しても、保証人は根抵当権を代位により取得しない。したがって、保証人は求償権をその根抵当権によって担保することができないので、求償権確保のためには別途担保を確保しておくほかはない。**

説明 根抵当権の被担保債権は、その元本確定前においては流動変動するものであるから、個々の債権について保証人が弁済したからといって債権者に代位して根抵当権を行使することができるとすることはい

たずらに根抵当権をめぐる法律関係を複雑にする。そこで、民法は、この点を明確に規定し、保証人が確定前に債務を弁済しても根抵当権者に代位しないこととしている（同法398条の7第1項後段）。

それゆえ、保証人は確定前に債務を弁済しても根抵当権を代位取得することによって自己の主債務者に対する求償権を担保することができないから、この求償権を確保するためには別途当該求償権を担保する担保権を確保しておくのが安全である。

8010 優先弁済の限度

問 根抵当取引が終了したとき、どのような債権が優先弁済を受けるか。

結論 **根抵当取引が終了すると根抵当権は確定し、確定時までに発生した債務者に対する債権で、被担保債権の範囲に属するものが極度額を限度として優先弁済を受ける。**

説明 根抵当取引が終了するということ自体の意味が必ずしも明確ではないが、根抵当権者と債務者との間で今後いかなる取引もする可能性がなくなったときには根抵当権の担保すべき元本は確定する（民法398条の20第1項1号）。逆に、その他の事由で根抵当権が確定した場合にも、当該根抵当権による根抵当取引は終了するといえる。いずれにしても、根抵当取引の終了があったということは根抵当権の担保する元本が確定したことを意味する。

ところで、根抵当権が現実にかつ具体的に担保する債権は、その確定時までに発生したものであり、当該根抵当権の内容として定められている債務者に対する被担保債権の範囲に属するものである。したがって、これらの債権が根抵当権の被担保債権として、目的不動産の代価について極度額に至るまで優先して弁済を受けることになる。

例えば、A銀行が甲不動産について極度額1,000万円の根抵当権を有し、その根抵当権の内容として定められている債務者がB、被担保債権の範囲が銀行取引とされている場合、根抵当権が確定したとすれば、その確定の時までに発生した債権で、AとBとの銀行取引によって生じ、確定時にAがBに対して有する債権が当該根抵当権によって担保される。しかし、この要件に合致する債

権であっても必ずしもその債権額の全部について優先権があるのではなく、極度額の1,000万円を限度とすることはいうまでもない。

なお、この要件に合致する債権については元本はもとより、利息、損害金については何年分でも元本と合計して極度額に達するまでは優先弁済権がある（民法398条の3第1項）。

8011 回り手形、回り小切手の優先弁済の可否

問 回り手形、回り小切手による請求権は当然被担保債権に含まれるか。含まれない場合には、これを被担保債権とする方法はあるか。

結論 回り手形、回り小切手は当然には根抵当権の被担保債権とはならないが、これを被担保債権とすることを根抵当権者と設定者とで定めれば担保されることになる。

説明 根抵当権は不特定の債権を担保するため設定されるものであるが、この不特定の債権とはいかなる債権でもよいということではなく、設定行為において定められた被担保債権の範囲に属するものでなければならず、またその設定行為で定める被担保債権の範囲は、特定の債務者との一定の種類の取引等から生じるものに限定されていることが原則的に要求される（民法398条の2第1項及び2項）。すなわち根抵当権は根抵当権者と特定の債務者との取引から生じる債権を担保することを原則としているのである。

ところが、回り手形や回り小切手は根抵当権者が債務者との取引によって取得するものではないから、上記の原則によれば、これを根抵当権の被担保債権とすることができない。しかし、経済取引の実態から回り手形等による手形上又は小切手上の請求権を根抵当権の被担保債権とすることができないとすることは問題が多いので、民法は特別にこれらの請求権を債務者との取引によるものではないけれども根抵当権の被担保債権とすることを認めている（同法398条の2第3項）。したがって、回り手形、回り小切手による債務者に対する手形上又は小切手上の請求権を担保しようとするときは、根抵当権の被担保債権の範囲としてその旨を定めることができる。

ただし、回り手形、回り小切手については設定者や一般債権者等との利害の均衡の面から問題が多いので、債務者の支払停止等の後に取得したものについ

ては優先弁済がない等の制限が加えられている（同法398条の３第２項）。

8012　回り手形が被担保債権であることの立証責任

問　支払停止前に取得した手形のみが担保されるとすれば、その取得が支払停止前か停止後かの立証責任は誰にあるか。

結論　回り手形を債務者の支払停止前に取得したことの立証責任は根抵当権者にある。

説明　民法は、根抵当権は債権者が特定の債務者との取引によって取得する債権を担保するものであるとの原則を採っているものの、取引界の実態に着目して、例外として手形上又は小切手上の請求権については、債務者との取引によって発生したものではなくてもこれを被担保債権とすることができるものとしている（同法398条の２第３項）。したがって、回り手形については、根抵当権の内容としての被担保債権の範囲の定めに、これを担保する旨が定められている場合には、根抵当権によって担保されることになるわけである。

しかし、回り手形については、これを被担保債権の範囲として定められていれば無制限に優先弁済が受けられるとすることには問題がある。すなわち債務者（振出人）に支払停止等の信用状態悪化の事態が生じたときには、その振り出した手形は額面の５分の１、10分の１あるいはそれ以下の価値しか事実上なくなるのであるが、これを根抵当権者がその安い価格で所持人から買い受ければ、根抵当権により額面額どおりの優先弁済権を持つことになる。このような結果が生じることは、設定者や他の債権者との均衡からも許されないところであり、またいたずらに根抵当権者の権利を強大にすることにもなる。したがって、昭和46年改正民法後の民法は、回り手形を根抵当権の被担保債権とすることを認めた半面、回り手形については、根抵当権者が債務者に支払停止等の信用状態の悪化の事態が生じた後に取得したものは優先弁済権がないものとした。すなわちそのような回り手形の手形上の請求権は被担保債権としての適格がないものとしている。

しかし、この回り手形についての規制が実効を上げることができるように、債務者に支払停止等の事実が発生する前に取得したものであることの立証責任は根抵当権者に負わせている。この点に関する規定は民法398条の３第２項に

置かれているのであるが、同項に「……その前に取得したものについてのみ、その根抵当権を行使することができる」としているのは、立証責任が根抵当権者にあることを示す表現である。

なお、支払停止後に取得した回り手形であっても、根抵当権者がその支払停止の事実を知らないで取得したものである場合には、優先権を行使することができるが、この場合においても、その事実を知らないで取得したことの立証責任は根抵当権者にある（同法398条の3第2項ただし書）。

8013 確定後の根抵当権と普通抵当権との差異

問 根抵当権が確定した後は、その効力、変更、処分等については普通抵当権と全く同様か。何らかの点で異なるか。

結論 根抵当権は確定すると特定の債権を担保することになり付従性、随伴性が生じて普通抵当権と同様の性質を持つことになる面があるが、極度額による限度担保性は失われることはなく、依然として普通抵当権とは異なった性質を有するものである。

説明 根抵当権はその担保する元本が確定すると、それまで不特定の債権を担保するものであったが、特定の具体的な債権を担保するものになる。

また、付従性、随伴性を否定する担保すべき債権の範囲の変更等の例外的規定の適用はなくなるので、一般の抵当権と同じように債権に対する付従性、随伴性の法理が働いてくる。

すなわち被担保債権の範囲や債務者の自由変更性、債権から切り離された根抵当権自体の独立処分性等は失われることとなり、その半面普通抵当権と同様の付従性、随伴性や民法375条1項の処分可能性などが生じてくるのである。この面では確定後の根抵当権は普通抵当権とその性質及び効力において同様のものとなることは否定することができない。

しかし、確定後の根抵当権は、不特定債権担保性という特質を失うといっても、もう一つの基本的な特質すなわち極度額に至るまで優先して弁済を受けるという限度担保性を失うものではない。民法374条の規定の適用は受けず、利息損害金は極度額に達するまで何年分でも優先して弁済を受けることができるし、極度額を超えては1円たりとも優先弁済権がないのである。その限りにお

いては確定後の根抵当権といえどもいわゆる枠支配性を有し、したがって、極度額の変更はなお可能であり、いわゆる減額請求権や消滅請求権がこれに対して認められる（同法398条の21、398条の22）のであって、決して普通抵当権に転化してしまうものではない。

第2項　確定請求

8014　確定請求の意義

問　根抵当権設定者が元本の確定を請求することができるという確定請求の制度の意義は何か。

結論　**根抵当権者による価値支配を一般的な確定事由が生じるまで半永久的に続けさせると、設定者の権利を著しく拘束するので、根抵当権設定者に対し、設定後3年を経過したときには、根抵当権者に元本の確定を請求することを認めることにより、根抵当権の半永久的価値支配性を終了させ、減額請求の前提を作り、また弁済等による根抵当権消滅の基礎となる法律関係を生じさせるものである。**

説明　根抵当権は、債権関係から独立した価値支配権として構成されていて、元本確定前においては被担保債権の範囲や債務者を変更することができ（民法398条の4）、根抵当権を独立して処分することも認められている（同法398条の12等）。このように根抵当権は目的不動産に対してかなり強力な支配力を持つものであり、仮に被担保債権の範囲の変更等がされないとしても、設定行為で定められた被担保債権の範囲に属する債権が担保されるものとして、現実の債務者との取引の実態いかんにかかわらず極度額による価値支配性を維持して設定者の権利を制限するわけである。このような根抵当権者による価値支配を一般的な確定事由（同法398条の20等）が生じるまで半永久的に続けさせることは、制限物権として行き過ぎであるばかりでなく、設定者の権利を著しく拘束するものといわなければならない。

そこで、民法は根抵当権設定者に対し、設定後3年を経過したときには、根抵当権者に元本の確定を請求することを認めている（同法398条の19）。この確

定請求により設定者は根抵当権の半永久的価値支配性を終了させ、減額請求（同法398条の21）の前提を作り、弁済等による根抵当権消滅の基礎となる法律関係を生じさせることができる。

　設定者の確定請求権は形成権であって、設定者が一方的にこれを行使することができ、その請求の意思表示が根抵当権者に到達することによって効力を生じる。ただし、当該根抵当権の元本が確定するのは、意思表示到達後2週間を経過したときである（民法398条の19第1項）。

　もっとも、確定請求ができるのは、確定期日の定めがされていない場合に限られる（民法398条の19第3項）。すなわち、元本の確定すべき期日が定められている場合には、設定者の意思によってその期日が定められているものであり、しかも、その期日は定めをした日から5年以内の日であるから（同法398条の6第3項）、設定者に確定請求権を認める理由は存しない。

　なお、制度の趣旨に若干相違はあるが、同じく設定者保護の制度として、根抵当権者又は債務者に合併があった場合の設定者の確定請求の制度がある（民法398条の9第3項）。

8015　第三取得者の確定請求の可否

問　根抵当物件の所有権が第三者に移転した場合、その第三取得者は確定請求権を有するか。3年の起算点は当初の設定の時か。

結論　第三取得者も確定請求権を有する。その場合における3年の起算点は当初の設定時である。

説明　設定者の確定請求権は、根抵当権者の不当に長期にわたる支配権を制限するため設定者に認められた権利である。この確定請求権は、当該根抵当権によって制限を受けている者（根抵当権が不動産を目的としているものである場合には当該不動産の所有者）に認められるべき性質のもので、設定者として根抵当権設定契約を締結した者ばかりでなく、その者から所有権等を承継したいわゆる第三取得者も確定請求権を行使することができる。なお民法の規定上「根抵当権設定者」という表現がされている場合は第三取得者も含む意味で用いられているのであって、設定契約を締結した者のみを指す場合には「根抵当権を設定した者」と表現している（同法398条の22第1項参照）ことに注意を要する。

また、設定者の確定請求は、設定後３年を経過したときでなければできないのであるが、その３年は文字どおり当該根抵当権が設定された当初から起算して３年ということであって、第三取得者が取得した時点が起算点になるものではない。３年経過を要件としたのは、根抵当権が本来継続的な取引を円滑にするためのものであるところから、設定後直ちに確定請求を認めることは不合理であり、根抵当取引の安全という観点から少なくとも３年は確定請求をさせないという考えに立つものである。したがって、この３年については設定の時から起算すれば足りるのであって、第三取得者の取得の時点は制度の趣旨からいって関係がないといえる。

8016　共有不動産と確定請求権

問　根抵当権の目的不動産が共有の場合、共有者の一人が確定請求権を行使することができるか。

結論　**根抵当権の目的不動産の共有者全員により確定請求をするのが相当である。**

説明　不動産が数人の者によって共有されている場合には、当該不動産の処分行為は共有者全員でこれをしなければならない。共有不動産について根抵当権を設定したり、その極度額や被担保債権の範囲を変更したり、確定期日の定めをしたりすることは共有者全員がこれをしなければ効力を生じない。

　しかし、共有不動産についての行為であっても、それが保存行為である場合には、各共有者がこれをすることができる（民法252条ただし書）。そこで、根抵当権についての民法398条の19の規定による確定請求権の行使が保存行為であるかどうかが問題となる。この点に関しては、確定請求が積極的に根抵当権の内容に変更を来すものであること、当該根抵当権が債務者からの物上保証委託契約に基づいて設定されている場合には確定請求権の行使は委託契約上の債務不履行となるものであること等から、現状維持のための行為とは必ずしもいえず、他の共有者に不利益を全く与えるおそれのない行為ともいえないので、結局保存行為と見ることはできないとも考えられる。

　他方、確定請求の制度が全く設定者保護のために設けられたものであること、確定請求権の行使が共有不動産について利益にこそなれ不利益となる結果

を何らもたらすものでないことから考えると、各共有者が単独で確定請求権を行使しても他の共有者を物権的に害するものとはいえず、共有者間の秩序を乱すものでもないので、保存行為ではないかとも考えられる。共有者全員が物上保証委託を受けている場合であっても、確定請求権の行使は物権的な権利の行使であって、その効力は委託契約とは別個に考えるべきものであり、委託契約の有無で保存行為になったりならなかったりする筋合いのものではないであろう。

しかし、根抵当権設定契約が共有者全員でされるべきこととの対比において、確定請求だけは共有者の一人だけでも全員のためにできるというのはやはり疑問が残る。

したがって、実務上は、共有者全員が全員の名で確定請求をするのが相当であるといえる。

8017 共有根抵当権者に対する確定請求権の行使

問 根抵当権が共有の場合には、確定請求権は誰に対して行使すればよいか。効力発生の時期はいつか。

結論 **共有根抵当権に対する確定請求権の行使は共有者全員に対してされなければならず、その確定請求によって根抵当権が確定するのは、根抵当権共有者全員に確定請求の意思表示が到達してから2週間を経過した時である。**

説明 民法398条の19の規定による確定請求は、根抵当権者に対する意思表示によってされるが、根抵当権者が数人存在する場合、すなわち共有根抵当権である場合には、その意思表示は全員に対してする必要があるか、又は共有者の一人に対してするだけで足りるかは問題である。

しかし、共有根抵当権にあっては、共有者相互間に根抵当取引上の共同性が存するものではなく、各自別個の取引を継続しながら、その取引から生じる債権を担保しようとしているものである。したがって、その共有者の一人に確定請求の意思表示がされたからといって他の共有者にも確定の効力を認めることは不合理である。また、そればかりでなく、確定請求権が行使された場合に当該根抵当権が確定するのはその後2週間を経過した時であるとしている規定（民法398条の19第2項）の趣旨が、根抵当権者に不意打ちの不利益を与えない

ところにあることから考えても、共有者全員に不意打ちの不利益を与えないよう確定請求も全員に対してされなければならないであろう。

また、根抵当権の確定は、根抵当権全体として確定することを意味するものであって、共有者ごとに確定するということはあり得ないので、根抵当権は共有者全員に確定請求の意思表示が到達してから2週間を経過した時に確定するというべきである。すなわち、確定請求の意思表示が日を異にして根抵当権の各共有者に到達した場合には、その最後の到達の日から起算して2週間を経過した時に確定することになる。

8018 確定請求権の代位行使

問 確定請求権を代位権者が代位行使することはできるか。

結論 **根抵当権の確定請求権は設定者の債権者等が代位行使することはできないと解する。**

説明 根抵当権についての民法398条の19の規定による確定請求権は、設定者保護のために認められた形成権である。一般的に形成権は債権者代位になじまないものとされているが、この確定請求権についても、設定後3年を経過すれば当然に行使すべき権利として構成されているものではなく、根抵当権者の権利が不当に強大になることを防ぐため、これとの均衡上設定者に与えられた権限である。したがって、設定者は、確定期日の定めがなく、設定後3年を経過している場合には、いつでも一方的にその請求権を行使することはできるが、そうだからといって、設定者がその行使をすることが原則と考えられているものではない。根抵当取引の実際の状態、将来の見込み、設定者と債務者との関係等を勘案して設定者が自由にその意思で行使すべきかどうかを決すべき性質のものである。

そのような確定請求権は、これを代位行使するになじまないというべきであろう。

8019 確定の事由

問 元本を確定する事由は何か。

結論 **元本は、確定期日の到来のほか、根抵当権者若しくは債務者の相**

続若しくは合併、確定請求、強制競売の申立て、差押え又は債務者若しくは抵当権設定者の破産手続開始の決定等を契機として確定する。

説明　根抵当権の担保する元本がどのような場合に、いつ確定するかを民法の条文の順序で簡単に説明すると、第一には確定期日（同法398条の6）の到来によって確定し、その確定の時点はその期日の午前零時である。

　第二は、根抵当権者又は債務者に相続が開始し、その後6か月以内に民法398条の8第1項又は2項の合意の登記がされなかったときに根抵当権は確定し、その確定の時点は根抵当権者又は債務者の相続開始時すなわち死亡の時である（同条4項）。

　第三は、根抵当権者又は債務者である法人について合併があった場合において、根抵当権設定者が民法398条の9第3項の規定による確定請求をしたときに確定し、その確定の時はその合併の時、すなわち合併の効力発生日である（同条4項）。

　第四は、根抵当権に確定期日の定めがなく、しかも設定後3年を経過した場合において、設定者が民法398条の19第1項の規定により確定請求をしたときに根抵当権は確定し、その確定の時点は、確定請求の意思表示が根抵当権者に到達した時から2週間を経過した時である（同条1項）。

　第五は、根抵当権者が、抵当不動産について強制競売、任意競売又は物上代位による民法304条の規定による差押えの申立てをした場合には、その時点で根抵当権は確定する（同法398条の20第1項1号）。ただし、この場合には、申立てをしたが結局競売手続の開始又は差押えがなかったときには確定しない。

　第六は、根抵当権者が抵当不動産に対して滞納処分による差押えをした場合に、根抵当権はその差押えの時に確定する（民法398条の20第1項2号）。

　第七は、根抵当権の目的不動産について他の者により競売手続の開始又は滞納処分による差押えがあった場合に、その事実を根抵当権者が知った時から2週間を経過した時に確定する（民法398条の20第1項3号）。

　第八は、債務者又は根抵当権設定者が破産手続開始の決定を受けた場合に、その時点で根抵当権は確定する（民法398条の20第1項4号）。

　なお、共同根抵当（民法398条の16）の場合には、一の不動産についてのみ前記の確定事由が生じたときでも、全ての不動産について根抵当権は確定する

(同法398条の17第2項)。

8020 根抵当権設定者からの確定請求権の効力発生

問 根抵当権者からの元本確定請求権の効力は、いつ発生するか。

結論 **根抵当権者からの確定請求権は、根抵当権設定者の確定請求権と同様に、私法上の形成権であり、根抵当権者の意思表示が相手方(当該根抵当権の設定者)に到達した時にその効力が生じる。**

説明 根抵当権者は、元本確定期日の定めがある場合を除き、いつでも元本の確定を請求することができ、この請求があったときは、その時に元本が確定する(民法398条の19第2項・3項)。この根抵当権者からの確定請求は、根抵当権設定者からの確定請求(同条第1項)の場合とは異なって、根抵当権設定時から3年の経過は必要ない。

この根抵当権者からの確定請求権は、根抵当権設定者の確定請求権と同様に、私法上の形成権であり、根抵当権者の意思表示が相手方(当該根抵当権の設定者)に到達した時にその効力が生じる。

根抵当権者からの確定請求による元本確定の登記については、不動産登記令別表の六十一の項添付情報のとおり、「民法第398条の19第2項の規定による請求をしたことを証する情報」を、申請情報と併せて提供することで、根抵当権者が単独で申請することができる(不登法93条)。

なお、「民法第398条の19第2項の規定による請求をしたことを証する情報」は、元本の確定を請求する旨のほか、当該請求に係る根抵当権の設定の登記がされた物件の表示並びに当該設定登記の申請の受付年月日及び受付番号が記録されたもので、かつ、当該請求が配達証明付き内容証明郵便により行われたことを証するものでなければならない(平15.12.25第3817号通達)。

8021 民法398条の19第2項の規定による元本確定登記をするときの確定請求したことを証する情報

問 民法398条の19第2項の規定による元本確定の登記は、根抵当権の設定者全員に確定請求をしたことを証する情報を提供しなければならないか。

|結論| 根抵当権の設定者全員に確定請求をしたことを証する情報を提供しなければならない。

|説明| 民法398条の19第2項の規定による根抵当権者からの確定請求権は、私法上の形成権であり、根抵当権者の意思表示が相手方（当該根抵当権の設定者）に到達した時にその効力が生じる。

数人の共有となっている不動産に根抵当権が設定されている場合において、民法398条の19第2項の規定による元本の確定請求により元本が確定したことを理由として、根抵当権の元本の確定の登記を申請するには、形成的に確定の効力を生じさせる必要があり、その前提として、通知の相手方となるべき共有者全員に、確定請求を行わなければならない。

そして、根抵当権設定者が遠隔地にいる場合には、根抵当権者の意思表示の通知が根抵当権設定者に到達した時に元本確定の効力が生じることとなり（同法97条）、数人の共有となっている不動産に根抵当権が設定されている場合には、通知の相手方となるべき共有者全員に通知が到達した時に元本確定の効力が生じることから、元本確定の原因の日付は、通知が到達した日のうち最も遅い日となる。

以上のことから、民法398条の19第2項の規定による元本確定の登記は、根抵当権の設定者全員に確定請求をしたことを証する情報を提供しなければならない。

8022 民法398条の19第2項の規定による元本確定請求を根抵当権設定者の破産管財人にすることの可否

|問| 根抵当権が民法398条の19第2項の規定により、根抵当権設定者の破産管財人に対してした元本確定請求に基づき、元本確定の登記を申請することができるか。

|結論| 当該登記を申請することができない。

|説明| 根抵当権者は、元本確定期日の定めがある場合を除き、いつでも元本の確定を請求することができ、この請求があったときは、その時に元本が確定する（民法398の19第2項・3項）が、この根抵当権者からの確定請求権は、私法上の形成権であり、根抵当権者の意思表示が相手方（当該根抵当権の設定者）に到達した時にその効力が生じる。

一方、根抵当権の債務者又は根抵当権設定者が破産手続開始の決定を受けたときは、根抵当権の担保すべき元本は確定する（同法398条の20第1項4号）。
　裁判所は、破産手続開始の決定と同時に、破産管財人を選任する（破産法31条）ことから、根抵当権設定者について、破産管財人が選任されている場合は、当該根抵当権の担保すべき元本は確定しているので、根抵当権者は、民法398条の19第2項の規定により、単独で根抵当権の元本確定の登記を申請することはできない。

8023　確定により担保される元本債権の範囲

問　元本が確定した時、債権はどの範囲で担保されるか。
結論　**根抵当権者の債務者に対する債権で、確定の時までに発生したものであり、かつ、被担保債権の範囲に属する債権が被担保債権となるのである。**

説明　担保する元本が確定するということは、根抵当権が具体的に特定の債権のみを担保するということとなることを意味する。
　そこで、確定後の根抵当権はいかなる特定債権を担保することになるかが実際上問題となるのであるが、まずこれを抽象的にいうと、根抵当権者の債務者に対する債権で、確定の時までに発生したものであり、かつ、被担保債権の範囲に属する債権が被担保債権となるのである。
　具体例では、平成6年5月1日に根抵当権者甲が、債務者を乙とし、被担保債権の範囲を売買取引と定めた根抵当権の設定を受けている場合に、その根抵当権が平成9年5月15日に確定すると、甲と乙との売買取引から、平成9年5月14日午後12時までに生じた債権が担保される。なお、平成6年5月1日より前、すなわち設定前の売買取引から生じた債権も担保されるし、また平成9年5月14日以前に売買取引により発生している債権であれば、確定時までに履行期が到来していないものであっても、条件付債権でいまだその条件が成就していないものであっても担保される。

8024　確定の登記の必要性

問　元本が確定したとき必ず登記をすることを要するか。また、その

登記はどのような効果があるか。

結論 元本が確定した場合に、必ずその確定の登記を要するものではないが、確定後でなければすることができない登記を申請するときにはその前提として確定の登記をする必要がある。また確定の登記は、根抵当権が確定したものであることを第三者に対抗する効力があるが、実際上この対抗が問題となる場合は少ない。

説明 根抵当権の担保する元本が確定するということは、その根抵当権に変更が生じたことであるから、権利の変更として登記の対象となることはいうまでもない。そして、この登記は物権の変更についてのものであるから実体法上は第三者に対する対抗要件の具備となるのであるが、この登記をしなかったからといって、確定の効力が生じなかったり、又は確定の効力が否定されたりするものではない。したがって、確定の登記は必ずしなければならないものではない。また、確定を第三者に対抗する必要がある場合は実際上少ないと考えられることからすると、確定の登記は他の根抵当権の変更の登記と比較して緊急性の乏しいものといえる。

しかし、確定の登記をしていないと、登記手続上は未確定の根抵当権として取り扱われるので、確定後でなければできない登記、例えば順位の譲渡とか債権譲渡に伴う根抵当権の一部移転の登記とかの申請は受理されないことになる場合が多いので注意を要する。

根抵当権の元本の確定の登記は、第三者に対する対抗要件の具備という効力を持つが、根抵当権者又は設定者が第三者に対して確定を対抗しなければならない場合は実際上あまりないように考えられる。根抵当権者と設定者との間では確定という根抵当権の変更の当事者であるから対抗の問題は生じないし、根抵当権の内容の変更すなわち被担保債権の変更等は確定前でなければできないが、その変更は根抵当権者と設定者の契約の問題であり、また、根抵当権の譲渡等は根抵当権者及び設定者の意思又は承諾がなければできないことである。さらに、後順位抵当権者等には確定をもって対抗するということは考えられないところである。したがって、確定の登記が第三者に対する対抗要件であるといっても、その要件を具備しておくことが実際必要となる場合はないといえる。

8025 根抵当権の元本の確定の登記をする前提としての根抵当権設定者の相続による所有権の移転の登記の要否

問 根抵当権設定者が死亡している場合において、根抵当権の元本確定の登記（民法398条の19第2項）をするには、その前提として、相続による所有権の移転の登記をする必要があるか。

結論 必要がある。

説明 民法398条の19第2項の規定に基づき、根抵当権者の請求により根抵当権の元本が確定した場合には、不動産登記法60条の規定にかかわらず、当該根抵当権者が単独で、根抵当権の元本の確定の登記の申請を行うことができる（同法93条）。この根抵当権の元本の確定の登記は、元本確定を第三者に対抗するためのものではなく、根抵当権の元本が確定したという事実を公示するものにすぎない。

　根抵当権者からの確定請求による元本確定の登記については、不動産登記令別表の六十一の項添付情報欄に規定されている「民法第398条の19第2項の規定による請求をしたことを証する情報」を、申請情報と併せて登記所に提供することから、添付情報により根抵当権の元本が確定したことを客観的に明確にすることができる。

　一方、元本確定の登記が根抵当権者の単独で申請可能であっても、根抵当権設定者は、根抵当権の元本の確定の登記権利者であり、申請情報として登記権利者の氏名及び住所を登記所に提供しなければならない（登記令3条11号イ）ところ、その表示は登記情報と一致していなければならないことから、根抵当権設定者が死亡している場合には、前提として、相続による所有権の移転の登記を行い、根抵当権の元本の確定の申請情報と登記情報を一致させる必要がある。

　この場合、相続による所有権の移転について、根抵当権設定者の相続人の協力が得られない場合、根抵当権者は、根抵当権の元本の確定の登記請求権を有していることから、その登記の前提として必要な相続を原因とする所有権移転の登記を、根抵当権設定者の相続人に代位して行うことができる。

8026　共同根抵当権の確定

問　共同根抵当権の一つの担保物件について確定事由が発生した場合には、他の物件についても確定するか。

結論　**共同根抵当権は、一つの物件について確定事由が生じれば、全ての目的物件について確定する。**

説明　数個の不動産の上の根抵当権が共同根抵当権であるためには、共同担保である旨の登記がされていることが必要であるが（民法398条の16）、そもそも共同根抵当権であるということは、各不動産の上の根抵当権の担保する債権が同一であること、すなわち同一の債権についての優先弁済権であることを意味するものである（同法392条1項）。したがって、前記の共同担保である旨の登記が許されるのは、数個の不動産の上の根抵当権の極度額、被担保債権の範囲及び債務者が同一のものである場合に限られ、それを変更する場合には全ての不動産について同一の変更契約がされて、その登記が完了したときに初めてその変更の効力が生じるとされているのである（同法398条の17第1項）。すなわち、共同根抵当権者が結局実際に優先弁済権を行使する際に、その行使をする債権が同一であるように法律は規制しているのである。

　例えば、不動産ごとに被担保債権の範囲が異なることになったとしたら、根抵当権により優先権を行使する債権は不動産ごとに異なるという結果を招来し、異なる限りにおいては民法392条の規定の適用がそもそもないことになり、極めて複雑な法律関係となる。

　共同根抵当権である以上、優先権を行使する債権が全く同一でなければならないものであるから、その債権すなわち被担保債権の範囲を時間的に画する確定の時期も同一でなければならない。したがって、一律に確定させる必要があるのであるが、その一律確定の時点は、一つの不動産について確定事由が生じた時であることを民法は規定している（同法398条の17第2項）。考え方によっては、全ての不動産について確定事由が生じた時をもって一律確定の時期とすることも考えられるかもしれないが、同法が確定事由としている各事由の性質からいっても、又は法律関係の簡明化という点からいっても、一つの不動産について確定事由が生じれば、それによって全ての不動産について一律に確定の

効果が生じるとするほかはない。

8027 極度額の減額請求の意義

問 根抵当権設定者が、元本確定後にすることのできる極度額の減額請求の意義は何か。

結論 極度額の減額請求とは、根抵当権の確定後に、根抵当権設定者がその一方的な請求により、根抵当権の極度額を、現存債務額に以後2年間に生じるべき利息、遅延損害金を加えた額に減額することができることをいう。

説明
(1) 制度の趣旨
　根抵当権が確定しても、根抵当権者は、確定元本及びこれに対する利息、遅延損害金の全部につき極度額を限度として行使することができる（民法398条の3第1項）。したがって、確定元本を上回る過大な極度額が定められている場合においても、債務者が直ちに債務の全額を弁済しない限り根抵当権者は極度額全額について当該不動産の価値権を支配している結果となり、債務者が、余っている不動産の担保価値を利用するためには、根抵当権者と合意して極度額を減額して後順位担保権を設定するほかはない。しかし、悪質な金融業者が高率の利息や、遅延損害金を得る目的で過大な極度額を設定した場合等は、根抵当権者の合意を得ることは困難で、合意が得られないと根抵当権設定者は、結局過大な極度額により不動産の担保価値を拘束される結果となる。そこでこの弊害を防止する目的で認められたのが本制度である。

(2) 法的性質
　減額請求権は根抵当権設定者たる地位に対し特に認められた私法上の形成権であり、その性質上一身専属的な権利として債権者代位権に基づく代位行使はできないものと解される。この請求権の行使は根抵当権者に対する、意思表示のみによって絶対的な効力を生じ、請求権行使時における転抵当権者その他の第三者に対しても当然効力が及ぶものと解される。合意により極度額を減額する場合においてはこれらの利害関係人の承諾を要するのであるが、減額請求による減額の場合はその性質上承諾は問題とならない。しかし、減額請求後に権利を取得した第三者に対する関係においては、減額請求による極度額の減額も一般の物権変動と同様登記が対抗要件となるものと思われる。

根抵当権の目的不動産が共有である場合は各共有者が単独で減額請求をすることができる。また、根抵当権が共有である場合にはその全員に対してこの請求をしなければ効力を生じない。共同根抵当権の場合においては、その一つの不動産の設定者が根抵当権に対して減額請求をすると他の全ての不動産上の根抵当権に対しても減額の効果を生じる（民法398条の21第2項）。

8028 元本の確定前の極度額の減額請求の可否

問 元本の確定前に極度額の減額請求はできるか。

結論 **元本の確定前においては民法398条の21による極度額の減額請求はできない。**

説明 極度額の減額請求の制度は、確定により根抵当権の被担保債権が増減変動しなくなり特定債権のみとなったのにもかかわらず、極度額のうち、特定債権及びこれに対する一定限度の利息、遅延損害金を加えた額を超過する部分についてまで根抵当権者に絶対的な価値支配権を認めるのは妥当でないとして、特に設定者の利益保護のため認められた制度であるから、いまだ根抵当権の被担保債権の元本が未確定な状態においては減額請求が認められない。

しかし、確定前における減額請求が認められない結果、高額な極度額で根抵当権を設定したのにもかかわらず、根抵当権者が僅かしか融資をせず極度額の減額にも応じてくれない場合、設定者は当該不動産の余剰価値を利用することができず不都合な事態が生ずることが予想される。この場合設定者の採るべき手段としては、民法398条の19による確定請求、あるいは特別事情による確定請求をした後に減額請求をする方法がある。なお、場合によっては、同法398条の21第1項1号の規定により既に確定したものと認められることもあり得るし、元本確定の登記がされていなくとも、元本が実体上確定しているのであれば、減額の請求をすることはできるから、その場合には減額請求をすることができることとなる。

8029 根抵当権の消滅請求の意義

問 根抵当権の消滅請求の意義は何か。

結論 根抵当権の消滅請求とは、根抵当権の元本確定後に、現存債務額が極度額を超えている場合、物上保証人、不動産の第三取得者、借地権者等が極度額に相当する金額を払い渡し、又は供託して一方的に根抵当権を消滅させることである。

説明 (1) 制度の趣旨

　　　根抵当権が実行されると、不動産の第三取得者、当該根抵当権の後順位の用益権者等はその権利を失う。これらの者が自己の権利を保全するには根抵当権を消滅させなければならない。第三取得者等が根抵当権を消滅させる方法としては、債務を弁済する方法によるものが認められているが、この方法によった場合、債務の額が極度額を上回る場合においては現存債務の全額を支払わなければ根抵当権は消滅しないものとされている（最判昭42.12.8）。したがって、根抵当権の確定後の債権額が極度額を超過している場合においては、第三取得者等は極めて不安定な地位に置かれる。そこで、民法は第三取得者、物上保証人、対抗力を備えた用益権者等一定の範囲の利害関係人に対し、根抵当権の確定後においては極度額に相当する金額のみを払い渡し、又は供託することにより根抵当権を一方的に消滅させることができる権利を認め、もって第三取得者等と根抵当権者との利害の調整を図っているものである。

(2) 法的性質

　消滅請求権は一定金額の払渡し又は供託を伴う特殊な私法上の形成権であり、根抵当権者に対する意思表示及び一定金額の払渡し、又は供託によって効力が生じる。請求をすることができる者は、抵当不動産の第三取得者、物上保証人、地上権者、永小作権者、賃借権者であり、いずれも第三者に対する対抗要件を備えた者でなければならない（民法398条の22第1項）。実体的権利を取得した仮登記権利者も消滅請求をすることができる（同条3項、380条）。債務者、保証人及びその承継人等債務を支払う義務のある者は消滅請求をすることができない（同法398条の22第3項、379条）。

　消滅請求が有効に成立するには、根抵当権が確定していること、極度額相当の金額の払渡し又は供託があること、消滅請求の意思表示が根抵当権者に達することが必要である。

　消滅請求があると、根抵当権は絶対的に消滅し、消滅請求をした者が根抵当権者に代位することもないが、消滅請求のための払渡し又は供託は弁済の効力

を有するものとされているので、消滅請求権者は債務の弁済につき正当な利益を有する者として債務者に対し求償権を行使することができる（民法499条、501条（平成29年改正前の民法500条、501条））。

8030 債務者、保証人が根抵当権の消滅請求をすることができない理由

問 債務者、保証人はどうして根抵当権の消滅請求をすることができないのか。

結論 **債務者、保証人等は本来債務の全額を支払う義務があるのであり、これらの者に対し、その債務の一部である極度額相当額のみの弁済により根抵当権を消滅させることを認めることは、不可分性の原則を無意味にし、担保物権としての根抵当権の効力を著しく減少させるのみならず、公平の原則にも反して妥当ではないと考えられるからである。**

説明 確定した根抵当権の債権額が極度額を超過している場合において、極度額に相当する額の債務が弁済されても残額について従前の極度額で根抵当権は存続する。これは抵当権一般に認められている不可分性による。第三取得者等に対して消滅請求の制度が認められたのは、これらの者が本来債務を弁済すべき義務がないのにもかかわらず、債務全額につき弁済しなければ根抵当権を消滅させることができないとするのはこれらの者に酷であるばかりでなく、その結果不動産の交換価値を極度額の範囲のみでしか把握していない根抵当権者に、極度額を超える額の満足を与えない限り、第三取得者等の権利が覆ってしまうことは不合理だからである。

しかし、債務者、保証人等は本来債務の全額を支払う義務があるのであり、これらの者に対し、その債務の一部である極度額相当額のみの弁済により根抵当権を消滅させることを認めることは、不可分性の原則を無意味にし、担保物権としての根抵当権の効力を著しく減少させるのみならず、公平の原則にも反して妥当ではないと考えられるからである。

8031 後順位担保権者が根抵当権の消滅請求をできない理由

問 後順位担保権者はなぜ根抵当権の消滅請求をすることができないか。

結論 **先順位の根抵当権者は極度額を超える優先弁済権がなく、後順位の抵当権者がその極度額相当の金額を払い渡してこれを消滅させることに何らの法律上の利益がないといえるからである。**

説明 消滅請求の制度は、根抵当権が確定した場合において、被担保債権が極度額を超過している場合において、当該不動産の利用価値を把握している者に対し、一定の限度で抵当権の不可分性の効力を弱め、もって交換価値を把握しているにすぎない根抵当権者との利害の調整を図った制度であり、その目的は不動産の利用価値権者の保護にある。したがって、同じく不動産の交換価値のみを把握しているにすぎない後順位担保権者に対し、先順位にある根抵当権の消滅請求権を認めることは何ら必要がないというべきである。

すなわち、先順位の根抵当権者は極度額を超える優先弁済権がなく、後順位の抵当権者がその極度額相当の金額を払い渡してこれを消滅させることに何らの法律上の利益がないといえる。

第2節 根抵当権の設定

第1項　被担保債権及び極度額

8032　根抵当権の登記事項

問　根抵当権の設定登記の登記事項にはどのようなものがあるか。
結論　**根抵当権設定登記の際必要な登記事項は、登記原因及びその日付のほか被担保債権の範囲、極度額、債務者、根抵当権者があり、特別な定めがある場合の登記事項は、確定期日の定め、民法370条ただし書の定め、共同担保である旨の定めがある（不登法59条、83条1項、88条2項、民法398条の16）。**

説明
(1)　登記原因及びその日付
　　登記原因及びその日付の記録例は「年月日設定」である。
(2)　被担保債権の範囲
　具体的な記録方法については〔8035〕参照。なお、債務者数名の場合、債務者ごとに異なる被担保債権の範囲を定めることもできる。準共有の根抵当権設定登記の場合に、準共有者ごとに異なる被担保債権の範囲を定めることもできる。
(3)　極　度　額
　申請情報及び登記記録の記録例は、単に「極度額金○円」である。なお、元本極度額の定めが認められないので利息、損害金の定めの登記も許されない。
(4)　債　務　者
　目的不動産の所有者が債務者であるとないとを問わず、必ず登記しなければならない（不登法83条）。一の根抵当権において二人以上の債務者を定めること

も、また共有根抵当権において共有者ごとに異なる債務者を定めることもできるものと解される。

(5) 確定期日の定め

この定めは特定の日をもって定めることを要し、他の不確定な条件に係らしめるような定めは許されない。したがって、申請情報及び登記記録の記録例は「確定期日　○年○月○日」である。確定期日の定めは必ずしも設定契約と同時にする必要はないが、設定契約にその定めがあるときは必ず登記をしなければならない（不登法88条2項）。なお、債務者ごとに、あるいは数種の被担保債権ごとに異なる確定期日の定めをすることは許されない。

(6) 根抵当権者

根抵当権者の住所及び氏名を記録する。なお、共有根抵当権の設定登記の場合には、各根抵当権者の持分という観念はなく、持分の登記は要しない。また、民法398条の14の規定による共有者間の優先の定めは設定登記の申請と同一申請情報ではできず、別個の申請により付記登記でされる（不登法88条2項）。

8033　基本契約の要否

問　根抵当権の設定にはいわゆる基本契約があることを要するか。

結論　**根抵当権の設定には付従性を充足させるためのいわゆる基本契約を要しない。**

説明　民法において、根抵当権の個々の債権に対する付従性は否定されている（同法398条の2第1項、398条の7）。昭和46年改正民法施行前に実務上必要と解されていたいわゆる基本契約は根抵当権設定の要件ではなくなっている。

なお、被担保債権の範囲の限定方法として、民法は、原則として債務者との取引によって生じる債権を担保するものとし、一定の種類の取引を指定することによってその範囲を定めることもできるが、基本契約にほぼ相当する特定の継続的取引契約によって範囲を定めることも認めている。しかし、これは、付従性を充足させるための要件として必要とされたいわゆる基本契約ではなく、飽くまでも被担保債権の範囲の限定方法にすぎない。

8034 被担保債権の特定の要否

問 根抵当権の設定契約において、被担保債権を特定することを要するか。

結論 **根抵当権の設定契約においては、被担保債権を個々に特定することを要しないが一定の範囲を定めなければならない。なお、個々の被担保債権が全て特定している場合においては根抵当権を設定することはできないが、不特定の債権とともに特定の債権を被担保債権とする根抵当権は設定することができる。**

説明 根抵当権は一定の範囲に属する不特定の債権を担保するために認められた特殊な抵当権である（民法398条の2第1項）。したがって、根抵当権の設定に当たっては、個々の被担保債権が特定していることを要しないのは当然である。しかし、根抵当権も、その担保すべき不特定の債権は「一定の範囲に属する」ものに限られ、債権者と債務者の間の一切の債権を担保するようないわゆる包括根抵当権の設定は否定されている。しかも、この「一定の範囲」の定め方についても、原則として債務者との取引によって生じる債権に限定し、その他の債権については例外的に認める等一定の基準を規定している。その意味で根抵当権の被担保債権は一定の範囲によって限定された不特定の債権といえる。

また、根抵当権は不特定の債権を担保するために認められた担保権であるから、個々の被担保債権が全て特定している場合には一般の抵当権を設定すべきであって根抵当権を設定することは許されない。また、債権額が不確定であっても、債権自体特定しているような場合、例えば主たる債務が特定している保証人の求償権を被担保債権とする場合も根抵当権を設定することはできない。

なお、明文の規定はないが、不特定債権とともに特定債権をも被担保債権とする根抵当権の設定は認められると解されている。この場合においては、根抵当権が担保すべき債権は結局全体として不特定であると解されるからである。

8035 被担保債権の範囲の定め方

問 被担保債権の範囲は具体的にどの程度特定すればよいか。

結論 被担保債権の範囲の定め方については、民法398条の2第2項・3項に規定されているが、おおむね次の基準によるべきであると解される。

(イ) 債務者との特定の継続的取引契約によって生じる債権を被担保債権の範囲とする場合には、当該継続的取引契約を特定すれば足りる。当該契約を特定するには、契約成立の年月日及び契約の名称を明らかにすればよい。

(ロ) 債務者との一定の種類の取引により生じる債権を被担保債権とする場合には、当該取引の種類を特定すればよいが、その取引の種類を定めたことによりいかなる債権が担保されるのかが、他の債権を明確に区別できるような客観的な基準となり得る種類を定めなければならないものと解される。

(ハ) 特定の原因に基づいて債務者との間に継続して生じる債権を被担保債権とする場合には、当該原因たる事実を特定し、その原因から継続的に発生する債権との原因関係を明らかにすればよい。

(ニ) 債務者との取引によらない手形上・小切手上の債権をも被担保債権とする場合には、前記(イ)(ロ)に定めた範囲のほかに手形上・小切手上の債権も併せて被担保債権とする旨を明らかにすればよい。

(ホ) 不特定の債権とともに特定債権をも被担保債権とする場合には当該債権を特定する。債権を特定するには発生年月日、債権の種類を明らかにすればよい。

説明 (1) 被担保債権の範囲の基準

民法は、根抵当権の債権に対する付従性を否定しているが、包括根抵当権の成立は否定し、根抵当権の担保すべき債権は一定の基準により範囲を限定して定めるべきものとし、その限定の方法として前記(イ)ないし(ホ)までの方法を規定している（同法398条の2第2項・3項）。したがって、これ以外の方法により被担保債権の範囲を定めることは許されない。

例えば、債権者債務者間の一切の債権という定めは認められず、また、譲受債権、不法行為による損害賠償債権、委託によらない保証人の求償権も特定の原因に基づき継続的に発生するものと認められない限り、これらの債権をあらかじめ被担保債権の範囲として定めることはできないことになる。

(2) 被担保債権の範囲の意義

本来1個の債権を他の債権から区別するメルクマールとして通常考えられているのは、債権者、債務者、債権発生年月日、債権額（債権の内容）、債権発生

原因（権利発生の法的根拠）である。例えば、債権者甲、債務者乙の間に○年○月○日発生した債権額金○円の売買代金債権という形でその債権は特定される。人と人の間に無数に発生消滅する債権をある範囲に限定するためには、このメルクマールで限定するのが最も適している。根抵当権の担保する債権の範囲の限定も同じである。すなわち、根抵当権の場合、このメルクマールのうち、債権者と債務者については根抵当権者及び債務者（根抵当権の債務者）により、限定されており、債権発生の時間的範囲は確定期日（又は確定）により限定されている。

　したがって、債権額の確定が債権特定の要件でないとすれば、残る債権発生原因において限定するのが、いわゆる「被担保債権の範囲」である。民法398条の2第2項・3項の、取引に「よって生ずるもの」、特定の原因に基づき「生ずるもの」に限定して定めるという意味は、債権の発生原因、すなわちいかなる法律関係から発生した債権かを限定しなければならないという意味である。以下個々の範囲の定め方について説明する。

(3) **特定の継続的取引契約**

　特定の継続的取引契約による範囲の定めは、昭和46年改正民法施行前のいわゆる基本契約の観念とおおむね一致する。しかし、従来の基本契約の解釈において認められていたように、当該契約の内容に債権発生の法律的可能性のある契約関係が存しなければならないと解する必要はないものと思われる。すなわち、民法は、被担保債権の発生原因を限定する一方法として、特定の継続的取引契約による限定を認めるものであり、その趣旨から考えると、当該特定の取引契約において、一定の継続的取引の内容が表示され、その取引からいかなる債権が発生するのかを特定することができるものであれば足りるものと解すべきである。したがって、債権者に与信義務のない一般的な約款もこの継続的取引契約となり得る場合もある。

　登記手続としては、申請情報に特定の継続的取引契約を特定するに足りる事項として当該契約の名称及び契約成立の年月日を記録する。例えば「○年○月○日当座貸越契約」「○年○月○日手形割引契約」「○年○月○日石油販売特約店契約」のように記録する。契約の名称は当事者が当該契約に付したものでなければならないが、いかなる名称を付すかは当事者の任意である。

　なお、根抵当権設定登記の登記原因証明情報には、特定の継続的取引契約の存在及びその契約から生じた債権を担保する旨が表示されていれば、具体的な

契約の内容まで表示されている必要はない。

(4) 一定の種類の取引

　この場合は、当事者間の特定の契約が前提となっていないので、定められた取引の種類自体において、いかなる原因により生じた債権を担保するのかを他の債権と明確に区別して限定しなければならない。

　ところで、一定の種類の取引というのも結局債権の発生原因を限定することにより債権の範囲を画する一方法であるから、その取引の種類を定めることによりいかなる法律関係（権利関係）から発生する債権が担保されるのかを明確に限定する必要がある。したがって、少なくとも、売買、委託、委任、消費貸借等の債権発生原因たる法律関係が表示されている取引の種類は問題がない。具体的には民法、商法、手形法等において定型的な取引として規定されその法律関係がおのずから明確に限定されるものは当然含まれる。

　例えば、「売買取引」「消費貸借取引」「当座貸越取引」「物品委託販売取引」「保証委託取引」「手形貸付取引」「手形割引取引」「電気（ガス）供給取引」「物品委託加工取引」「証券取引所取引」「物品運送取引」「寄託取引」「物品損害保険取引」等はこれに含まれる。

　これに反し「金融取引」「資本取引」等は取引を経済的側面から見た種類であり、債権発生の原因法律関係を限定するものとはいえず、また「商品取引」「商取引」「商社取引」等は取引の対象、主体を限定したものにすぎず、債権発生の原因法律関係を限定したものとは認められず、したがって、あらゆる取引を包含し、当事者の予想しない債権までも含まれる可能性も生じ、結局「一定の種類の取引」に限定すべきものと規定している法の趣旨に反するものと解されるからである。

　なお、このような包括的なものは認められないが、数種の取引を併せて被担保債権とすることも許される。なお、「銀行取引」という定めについては、それが単に取引の主体を限定したにすぎないものと解するならば、これと同様妥当でないと解される。しかし、「銀行取引」という名称は従来から取引界一般において典型的な取引の名称として広く慣行的に使用され（商法502条8号参照）、その意味するところは、銀行が行う全ての取引という意味ではなく、為替取引、預金、貸付け等一定の範囲の取引に限定されていることがおのずから明らかであるので、数種の取引の総称として債権発生の原因法律関係を明確に限定する定めとして「銀行取引」という定めも認められるものと解される。

登記手続的には、一定の取引の種類を登記するが、この場合は特定の継続的取引契約を定めた場合と異なり、当該取引の種類の定めが適法か否かは登記官の形式審査の対象となるので、不適法な取引の種類を定めた根抵当権の設定の登記の申請はすることができないことになる。

(5) **特定の原因に基づき継続して生じる債権**

この基準により範囲を定めるには債権発生の基礎たる原因が特定していること、継続的な債権発生の可能性があることが必要である。原因とは不法行為、不当利得、事務管理、弁済者代位その他取引によらない一定の原因により債権が発生する場合におけるその原因のことである。また、継続的な債権発生の可能性は事実上のもので足りる。この範囲の定めは特定の原因及び発生する債権と原因との関係が明らかになればよい。例えば「A工場からの酒類の移出による酒税債権」「B工場の排水による損害賠償債権」のように定める。

(6) **手形上・小切手上の債権**

この基準による被担保債権の範囲の定めが認められているのは、債務者との取引によらないで取得する手形・小切手上の債権は当事者が特に範囲として定めた場合にのみ担保されるとした趣旨である。したがって、いわゆる回り手形・小切手を被担保債権とする場合には、申請情報に前記継続的取引契約、取引の種類とは別に「手形債権」「小切手債権」と表示しなければならない。

(7) **特定債権**

特定債権を被担保債権の範囲の中に加えることができるかどうか明文の規定はないが、範囲の限定として最も明確なものであり、これを否定すべき実質的な理由はないので当然認められるものと解されている。しかし、特定債権のみを担保する根抵当権は認められないので、他の不特定債権の範囲と併せて被担保債権とする場合にのみ特定債権を範囲の一部として定めることができる。この場合の定めは当該債権を特定すれば足りる。例えば、登記の申請情報には「〇年〇月〇日売買代金金〇円」「〇年〇月〇日貸付金〇円」と記録すべきであろう。

8036 被担保債権の範囲を「銀行取引」という種類で定めた場合の具体的範囲

問 根抵当権の担保すべき債権の範囲を「銀行取引」と定めた場合、

具体的にはどのような債権が担保されることになるか。

結論 銀行が一般的に業務として行う取引（手形貸付、証書貸付、当座貸越、手形割引、外国為替、支払承諾、貸付有価証券その他の取引）から直接生じる債権及びこれらの取引に附帯して生じる債権である。具体的には、貸付金、債務者との取引により取得した手形上・小切手上の債権、支払承諾の場合の求償債権、保証料、当座貸越契約の超過支払金（過振りの場合も含む）、手形割引の場合の買戻請求権、手形割引料、貸付有価証券の返還債権、貸付料その他の手数料及びこれらの債権に対する違約金、利息、損害金等が含まれるものと解される。

説明 「銀行取引」とは、銀行が一般に通常の業務として行っている取引の総称であるが、根抵当権の被担保債権の範囲の定めとして「銀行取引」という取引の種類が認められているのは、次のような理由があるからである。すなわち「銀行取引」という名称は、従来から取引界一般において広く慣行的に使用され、商法にも営業的商行為たる典型的な取引として掲げられている（同法502条8号）。その意味するところは、銀行が行う全ての取引という意味ではなく、為替取引、預金、貸付け等の一定の範囲に限定された取引の総称であり、そこから生じる債権の範囲が明確に限定することができるものと解されるからである。

また「銀行取引」という定めは、銀行又は銀行業を営む金融機関が根抵当権者である場合において定められるのが一般であるが、これらの金融機関の取引についてはおおむね銀行法等においてその業務が法定されており、主務官庁の監督を受けるのが通常であるので、「銀行取引」なる種類を認めても包括根抵当権を禁止した法の趣旨に反する結果は生じないものと解されるからである。

銀行法によれば、銀行の業務は預金の受入れ、金銭の貸付け、為替取引（同法10条1項）、付随業務（同条2項）のみで、これ以外の業務はすることができない。そのうち与信取引の主なものは前記のとおりであるが、むろんそれらの取引には限らない。範囲を「銀行取引」と定めた場合には、これらの銀行取引から生じる一切の債権がその範囲に含まれるのであるが、銀行が行う取引であっても、銀行本来の受信業務、与信業務に属さない取引、例えば銀行内部の庶務関係の業務として設備、備品、社員住宅の売買、賃貸借等の取引をして取得した債権については、たとえ債務者が同一人であっても「銀行取引」の範囲に

は入らない。

過振りの場合の超過支払金請求権は、民法上事務管理に基づく費用償還請求権たる性質を有し、また、支払承諾による求償権も、保証債務の履行という事実によって法律上当然生じるものと解されるので、「債務者との一定の種類の取引によって生ずる」債権の範囲と解するには全く問題がないわけではないが、仮に否定的に解するとしても、特定の原因により継続的に生じるものとして被担保債権たる資格があることは疑いなく、結局範囲の定め方の相違にすぎないので、「取引によって」の意義をそのように狭く解する必要はないものと思われる。

債務者が振出、裏書、引受け、保証した手形又は小切手を銀行が第三者から取得した場合の債務者に対する手形上・小切手上の債権は、「銀行取引」の範囲には含まれない。というのは、民法398条の2第3項において、手形上・小切手上の債権は「前項の規定にかかわらず」これを担保すべき債権とすることができると規定している趣旨から、同項は回り手形、回り小切手は同条2項の「債務者との取引」に含まれないことを前提としつつ、当事者において、特に被担保債権の範囲に含める定めがあった場合にのみ、これらの手形上・小切手上の債権も被担保債権になるものと規定したと解されるからである。

8037 根抵当権の担保すべき範囲を「ファクタリング取引」「リース取引」とすることの可否

問　「ファクタリング取引」「リース取引」を債権の範囲とする根抵当権設定登記を申請することができるか。

結論　「ファクタリング取引」「リース取引」を債権の範囲とすることは認められないが、「平成○年○月○日ファクタリング取引契約による債権」は認められる。

説明　(1) ファクタリング取引、リース取引

ファクタリングは米国で開発され、ヨーロッパ諸国をはじめとして各国に普及した制度であり、既に欧米諸国では、銀行周辺業務の一つとして行われており、我が国においても、昭和47年11月にファクター業務を目的とする会社が設立されている。ファクタリングとは、売掛債権買取業のことであり、一般には「債権買取」と訳される。信用売りをしても現金売りと同様の

効果を売手企業にもたらすのが特徴であり、㈦企業の売掛債権を買い取る（金融機能）、㈡売主に代わって債権（手形）を回収する（債権回収機能）、㈢買い取った売掛債権が不渡りになっても売主に償還請求しない（貸倒危険負担機能）という機能を持っている。しかし、実際の取引界にあっては、この機能を原型としたいくつかの形態で取引が行われているようである。

　また、リース契約は、法律的には民法601条に規定する賃貸借契約の一種又はそれに類似の契約をいうようであるが、一般経済用語としての「リース」とは、ニュアンスを異にするようである。すなわち、企業が必要とする機械設備等を3年とか5年という比較的長期にわたって貸与する賃貸制度をいい、金融（ファイナンス）機能と従来の賃貸借行為とをミックスさせた商取引のようである。実際の取引界にあっては、金融の一変型としていくつかの貸付業務の補完機能を期待されることから、各金融機関とも積極的にこの分野に進出し、現在の大手リース会社のほとんどが有力銀行とつながりを持っているといわれている。

⑵　「ファクタリング取引」「リース取引」を債権の範囲とすることの可否

　債務者との一定の種類の取引によって生じる債権を根抵当権の担保すべき債権とする場合には、債権者と債務者との間において行われる取引の種類を指定することによって根抵当権の担保すべき債権の範囲を定める必要がある。これは取引から生じる債権を根抵当権の担保すべき債権と担保されない債権に区分し、他の一般債権と区別して限定する必要があるからである。このことは、当該根抵当権の担保すべき債権の範囲を限定的に画することができ（取引種類の限定性の原則）、かつ、第三者が当該取引の内容を客観的に明確に認識することができる（客観的明確性の原則）ものであることが要求される。

　前記のとおり、ファクタリング、リース契約ともに種々の取引の形態があり、その内容も特定性に欠け、第三者が当該取引の内容を客観的に明確に認識することが困難であることから、「ファクタリング取引」「リース取引」を債権の範囲とすることはできないと解される（昭48.1.11第273号通知）。

　なお、担保すべき債権の範囲を、特定の継続的取引契約によって生じる債権をもって定めることも可能である（登記手続上、当該契約の成立年月日及びその名称の記録を要する）。この場合、根抵当権者と債務者との間において具体的に締結された特定の契約名を表示することによって、継続的取引契約であることが明らかであることが望ましいのであるが、必ずしも契約の内容を具体的に表

現した名称を用いる必要はなく、その契約を特定することが可能であればよいとされている。特定の継続的取引契約により生じる債権をもって担保すべき債権の範囲を定めた契約の名称の意味をこのように解すると、前記のように、ファクタリング取引の実態が必ずしも明らかでないとはいえ、「平成○年○月○日ファクタリング取引契約による債権」と記録することにより、その契約が特定し、その契約の内容を見れば担保すべき債権の範囲も明らかになることから、先例（昭55．9．17第5421号回答）もこれを債権の範囲とすることを認めている。

8038 極度額の定め方

問 極度額の定め方として債権極度額、元本極度額の二通りの方法が認められるか。

結論 **元本極度額により極度額を定めることは認められない（民法398条の3第1項）。**

説明 昭和46年改正民法施行前の根抵当権の極度額の定め方については、判例及び登記実務上、債権極度による定めと元本極度による定めの二通りの方法が認められていた。そして、前者によって極度額を定めた場合、根抵当権者は確定元本及び利息・損害金を含めた極度額しか優先弁済を受けられず、後者による定めの場合は、極度額を超え最後の2年分の利息・損害金についても優先弁済を受けられるものと解されていた。そのため、元本極度額による定めの根抵当権の登記においては、法定利息を超える利息・損害金の定めを第三者に対抗するための登記も認められていた。

しかし、被担保債権が基本契約から生じるものとしてある程度特定していた昭和46年改正前民法施行前の旧根抵当権の場合はともかく、不特定の債権を担保することが明定されている新しい根抵当権においては、個々の債権に付随する利息・損害金をあらかじめ約定させるということは理論的にあり得ない。また、最高予定利率を登記させるとしても、優先限度が登記上明らかでないことにもなり、いたずらに法律関係を複雑にするものと考えられたので、昭和46年改正民法は元本極度額による定めはこれを否定するとともに、根抵当権については、利息・損害金の優先限度に対する民法375条の制限を明文で排除し、確定元本及び利息・損害金の全部につき極度額の範囲でのみ優先権を行使できる

ものと規定している（同法398条の3第1項）。また、その結果予想される利息・損害金稼ぎを目的とする過大極度額設定の弊害に対する防止策として根抵当権設定者に対し極度額の減額請求の制度が設けられている（同法398条の21）。

なお、元本極度額の定めのある旧根抵当権については、昭和46年改正民法施行後も経過措置として効力を認められる（同法附則2条ただし書）が、元本極度のままで一定の変更、処分等は許されない（同法附則3条1項）。また、確定前であれば、元本極度額の定めを同法の極度額に変更することは第三者の承諾を要しないものとされている（同法附則4条）。

8039 利息・損害金の登記の可否

問 根抵当権設定の登記事項として利息・損害金の定めを登記することができるか。

結論 根抵当権の設定登記には利息・損害金の定めは登記事項として認められない。

説明 昭和46年改正民法施行後の根抵当権においては、元本極度額の定めは認められず、民法375条の適用を排除しているので、根抵当権者は利息・損害金を含めて極度額までしか優先弁済を受けられず、また、極度額の限度内であれば、利息・損害金は何年分でも優先弁済を受けられることとなっているため、利息・損害金の約定を対抗する必要は全くなく、そのような登記は無意味となった。このような登記を許すことは公示上の混乱を招くことになるので、当事者の申請があっても許されないと解されている。

なお、旧根抵当権については、そもそも民法375条の適用があるか否か必ずしも明らかでなかったが、判例により、極度額の定めとして、元本極度額、債権極度額の二通りの方法が認められ、元本極度額の定めをした場合にのみ同条の適用があり、その場合には限度額を超え最後の2年分の利息・損害金についても優先弁済を受け得るものと解されていた。その結果、法定利率を超過して利息・損害金の定めをしている場合においては、その超過部分については登記をしなければ第三者に対抗することができないものと解され、登記実務においても不動産登記法88条の規定に従い、利息・損害金の定めも登記事項とされていた。しかし、個々の債権の利率を登記させることは困難なので、最高予定利率を登記する扱いであった。

元本極度額の旧根抵当権は、昭和46年改正民法施行後も経過的に効力を認められるが、同法施行後において利息・損害金の定めのみの変更が許されるか否か疑義があるが、実質的に極度額の変更と認められるので許されないものと解される（同法附則3条1項）。

8040 共有根抵当権と持分

問 共有根抵当権の登記について持分の記録はすることができるか。
結論 **共有根抵当権の登記には共有者の持分の記録をすることはできない。**

説明 不動産登記令3条9号によれば、「表題登記又は権利の保存、設定若しくは移転の登記（根質権、根抵当権及び信託の登記を除く。）を申請する場合において、表題部所有者又は登記名義人となる者が二人以上であるときは、当該表題部所有者又は登記名義人となる者ごとの持分」とあり、準共有関係にある根抵当権は、登記の申請をする場合に登記所に提供しなければならない申請情報として、共有者の持分の提供を除外している。

したがって、共有根抵当権については、共有持分という観念を認める余地がないと考えられるので、共有根抵当権の設定等の登記の申請情報には、共有持分を記録する必要がなく、また、その登記も認められないのである。

第2項　確定期日

8041 確定期日の意義及び効果

問 確定期日とは何か。また、どんな効果があるか。
結論 **確定期日とは、その期日の到来により根抵当権が確定するものとして、根抵当権者と根抵当権設定者があらかじめ合意により定めた期日のことである。確定期日を定めた場合には、根抵当権設定者は、民法398条の19第1項の規定による確定請求をすることができない**（同法398条の19第3項）。

説明　根抵当権者と根抵当権設定者は、合意により、根抵当権の担保すべき元本の確定すべき期日をあらかじめ定めることができるものとされ（民法398条の6第1項）、その定めは登記事項とされている（不登法88条2項）。「期間」という観念ではなく、「期日」として構成されている。しかし、確定期日も、当該期日の到来までの期間中、確定請求権から根抵当権取引を保証しているという意味においては、期間たる性質も有しているといえる。

　確定期日として定められた日（例えば4月1日）、すなわち当日（4月1日）の日の午前零時が到来すると、根抵当権の担保すべき元本は確定する。

　まず、確定期日の到来により根抵当権は確定する。確定すると当該根抵当権で担保される被担保債権は確定し、確定時に存する特定債権のみが担保される。確定時以後に発生する債権はもはや根抵当権によっては担保されなくなるという意味では根抵当権の担保すべき債権の範囲を時間的に限定したものといえる。したがって、確定期日をあらかじめ定めることにより、根抵当権設定者は根抵当取引が長期化することを免れることができることになる。

　次に、確定期日の定めがあると、根抵当権設定者は確定請求により一方的に根抵当権を確定させることができなくなる（民法398条の19第3項）。根抵当権設定後3年を経過すると、根抵当権設定者はいつでも一方的に根抵当権を確定させることができるため、3年経過後においては根抵当取引は不安定なものとなり、根抵当権者の地位が害されるおそれが生じる。そこで、確定期日をあらかじめ定めることにより、根抵当権者は安定した根抵当取引を継続することができることになる。また、確定期日の定めを登記することにより目的不動産が第三者に売却された場合等においても第三者にも対抗することができ、根抵当取引が保証されることになる。

　なお、昭和46年改正民法施行前の根抵当権の存続期間若しくは取引期間の定め又はその登記については、同法施行後においては、その期間の最終日の翌日をもって新法の確定期日又はその登記として扱われることになる。もし、その日が昭和52年4月1日以後である場合には同年3月31日をもって確定期日とした定め又はその登記として扱われる（同法附則6条）。

8042 確定期日の定めの制度の趣旨

問 確定期日の定めが設けられているのはなぜか。

結論 確定期日の定めの制度は、確定期日を当事者においてあらかじめ定めることにより、根抵当権設定者に対し、不動産価値支配権の長期拘束から免れる途を与えるとともに、根抵当権者に対し、その期間内における根抵当権設定者の確定請求権の行使をあらかじめ排除することにより安定した根抵当権取引を保障することにある。

説明 民法は、確定期日を、根抵当権の内容の一要素としている。すなわち、確定期日は根抵当権の担保すべき債権の範囲を時間的に限定したものであり、被担保債権の範囲又は債務者の変更と同様、当事者間で自由に確定期日の変更をすることができるとし、さらに当該期日を登記した場合においては、当該期日までに変更の登記をしない限りその期日に確定するものとして、法律関係の明確化、簡明化を図っている（同法398条の6第4項）。

なお、民法は根抵当権設定者の利益保護のため確定請求の制度を認めている（同法398条の19第1項）。そのため、根抵当権設定後3年を経過すると、根抵当取引は極めて不安定なものとなり、根抵当権者に不利な結果ともなりかねない。そこで、根抵当権者はあらかじめ確定期日を定めることにより確定請求権の行使を排除することができ、安定した根抵当取引を保障されることとなる。その意味において確定期日の制限は根抵当権者の利益のためにも効果が生じるよう意図されて認められた制度であるともいえる。ただし、確定期日の定めがあっても根抵当権設定者が特別事情により確定請求をすることができるのは従来の判例どおりである。

8043 確定期日の定めについての契約の要否及び契約をすべき時期

問 確定期日の定めは必ずしなければならないか。また、根抵当権設定契約と同時にしなければならないか。

結論 確定期日の定めは必ずしもする必要はない。また、確定期日の定

めをする場合においても、根抵当権設定と同時である必要はなく、確定前であればいつでもできる。

説明　確定期日の定めは、根抵当権者と根抵当権設定者の合意により定めることができる。この合意をするか否かは当事者の自由であり、確定期日を定めない場合においては、ほかに確定事由の生じない限り当該根抵当権はいつまでも確定することなく存続する。しかし、この場合においては、根抵当権設定後3年を経過すると根抵当権設定者はいつでも自由に確定請求をすることができることとなるため、根抵当権者の地位は不安定なものとなる（民法398条の19）。したがって、一般的には、根抵当権設定後3年以内の日をもって確定期日を定めた場合は設定者に有利であり、3年より長い日をもって確定期日を定めた場合には根抵当権者に有利であるといえる。

　根抵当権設定契約と同時に確定期日を定めなかった場合においても、確定前であれば、その後新たに確定期日を定めることもできるし、また、一旦定めた確定期日を廃止、変更することもできる。この新たな確定期日の定め、その廃止、変更は根抵当権者と根抵当権設定者の合意により、後順位者その他の第三者の承諾を要しない。しかし、一旦定めた確定期日が、廃止、変更されることなく到来すれば、根抵当権は確定してしまうので、期日の到来後はその定めを廃止、変更することはできない。

　このように、根抵当権において確定期日の定めを必ずしも必要的なものとしなかった理由は、次のとおりと考えられる。すなわち、確定前の根抵当権は、被担保債権の範囲や債務者を入れ替えて全く別の取引の担保として利用することも、また、被担保債権と切り離して根抵当権のみを絶対的に譲渡することもできるいわば独立の担保価値権として構成されている。したがって、一旦設定されれば、当事者において確定させない限り、無限に利用することができるものとしてその独立価値権たる効用を発揮するものであり、必ずしも確定期日により一定期間後は確定するものとして構成しなければならない理論的必然性はないものと考えられたのである。

　なお、確定期日を定める場合には、定めた日から5年以内の特定の日を定めなければならないとされている（民法398条の6第3項）。これは、根抵当権設定者が不当に長期にわたり根抵当権による拘束を受けることがないように考慮されたものである。

8044 確定期日の定め方

問 確定期日の定め方はどうすべきか。

結論 **確定期日の定めは、その定めをした日（登記原因の日）から5年以内の特定の日をもって定めなければならない。**

説明 確定期日の定めは、「期間」ではなく、根抵当権が確定すべき特定の「期日」として構成されている。確定期日の定めの登記を申請する場合、申請情報には「確定期日　○年○月○日」と特定の日を記録することを要する。被担保債権の範囲として定められた継続的取引契約において期間が定められている場合、その期間の最終日を確定期日と定めることが通例であると思われるが、確定期日の定めは被担保債権の範囲の定めと合致する必要はなく、これと無関係に定めることができ、また、被担保債権の範囲として定められた継続的取引契約に存続期間の定めがあっても、これが直ちに確定期日の定めとみなされることにはならない。なお、昭和46年改正民法施行前の根抵当権の存続期間の定め又はその登記については、同法施行後は民法の確定期日の定め又はその登記とみなされる（同法附則6条。なお、同条ただし書に注意を要する）。

確定期日の定めは特定の日をもって定めることを要するので、他の不確定な条件に係らせるような定め、例えば「売買取引終了の日」というような確定期日の定めの登記の申請をすることはできない。また、確定期日は一の根抵当権について全体として確定すべき期日であり、債務者ごとに、あるいは数個の継続的取引契約ごとに異なる確定期日の定めも許されない。

確定期日はこれを定め又は変更した日から5年以内の日であることを要する（民法398条の6第3項）。この趣旨は、根抵当権設定者が不当に長期にわたり根抵当権により拘束を受けることがないようにするためである。

5年以内の日というのは、確定期日を定め又はその変更をした日（登記原因の日）の翌日から起算し5年後の応当日の前日までの日であり、例えば平成9年4月1日に確定期日の定め、又はその変更の合意をした場合には、その翌日以降同14年4月1日以前の日をもって確定期日とする定めをしなければならないということである。したがって、5年を超える日をもって定められた確定期日の定めの登記の申請をすることはできないことになる。

8045　確定期日の定めの登記の要否

問　確定期日の定めがある場合は登記しなければならないか。

結論　**根抵当権の設定契約において確定期日を定めた場合には、必ず登記をしなければならない（不登法88条2項）。**

説明　確定期日の定めは当事者の自由な合意に任されている（民法398条の6第1項・2項）。しかし、不動産登記法88条2項は、根抵当権の登記の登記事項の一つに「担保すべき元本の確定すべき期日の定めがあるときは、その定め」と規定し、設定登記をする際に確定期日が定められている場合には、必ず登記しなければならないものとしている。したがって、設定の登記の申請は、添付情報である登記原因証明情報に確定期日の定めがあるのにかかわらず、申請情報にその内容がないときは、当該根抵当権の設定の登記の申請は却下される（同法25条8号）。

確定期日を登記して、対抗力を備えるかどうかは当事者の任意に任せるべきであるとの考えもあるが、確定期日も根抵当権の内容の一部であり、物権の契約内容を正確に公示して取引の安全を保障しようとする登記制度の目的から、必ず登記させることにしたものであると思われる。しかし、確定期日の定めがあるのにかかわらず、その登記が何らかの事情により遺漏している場合には、そのことにより根抵当権の設定の登記は無効とはならず、確定期日の定めの登記がない根抵当権の設定登記として対抗力があるものと解される。

8046　確定期日の定めの登記

問　確定期日の定めを登記した場合、その登記はどのような効力があるか。

結論　**確定期日の登記は、当該根抵当権に確定期日の定めがあることをもって、目的不動産の第三取得者等の第三者に対抗するためのいわゆる対抗要件としての効力が認められるが、一方、確定期日を登記した場合において、当該期日を変更するにはその期日到来前に変更登記をしない限り登記されている期日に確定するものとされ、登記自体に特殊な効力が認められている。**

説明　確定期日の定めの登記も抵当権の内容に関する登記であり、一般の物権変動の登記と同様対抗要件たる性質を有している。例えば、確定期日の定めが登記されている場合において、目的不動産が第三者に譲渡されたときでも、根抵当権者は確定期日の定めを譲受人に対抗することができることになるので根抵当権が設定後3年を経過していても譲受人による確定請求権の行使を排除することができることになる。この場合に確定期日の登記がないと、根抵当権者は、確定期日の定めのない根抵当権としてしか対抗することができない。

　なお、確定期日の登記の対抗力とは確定期日の定めそのものを対抗することができるとの意味であり、確定期日が当事者間の合意により短縮的変更をされたため、登記された期日到来前に確定してしまった場合に、確定の効果までも変更登記がなければ第三者に対抗することができないという意味ではない。すなわち、確定自体は絶対的に生じ対抗の問題ではなく、その期日の到来により生じた確定の効果の対抗の問題とは別個に考えなければならないからである。

　確定期日の登記は、対抗力とは別に特別の効力が認められている。すなわち、確定期日の登記があると、当事者間でこの期日を変更し確定期日をもっと後に遅らせる合意をしても、登記された確定期日到来前に変更登記をしない限り、当該確定期日に絶対的に確定してしまうものとされている（民法398条の6第4項）。確定期日の登記にこのような特別の効力が認められた趣旨は次のように考えられる。

　すなわち、第一に、前記のとおり、確定期日の定め又はその変更の登記は、期日到来前においては対抗要件としての性質を有しているが、一方において確定期日はその到来により確定という効果が生じるため、確定期日の定めの対抗問題と確定の効果の対抗問題とをどのように解するか複雑な問題が生じる。すなわち、登記された確定期日到来後においてもその変更登記を対抗要件とすれば、当事者間では変更契約により確定しないにもかかわらず、第三者に対する関係では、登記をしないとその変更を対抗することができないので、第三者は変更契約のみを否認し、変更前の確定期日のみを主張することができる結果、変更前の期日の到来による確定の効果までも主張することができるものと解さざるを得ないことになる。

　このように確定の効果が対抗関係でまちまちになることが避けられないものとすると、法律関係が極めて錯雑となるため、確定の効力を画一化して法律関

係の明確化を図る趣旨で確定期日到来後においては、変更登記を効力要件としているものである。

　第二に、確定期日の定めを登記事項としている以上、その登記がされている場合には、当該期日の到来により確定することがいわば第三者に公示されていると見るべきであり、そのような場合においてもその期日の延長的変更を登記と無関係に有効にすることができるものとすれば、確定期日を公示させた趣旨に反し第三者を著しく害することとなる。

　なぜなら確定期日の登記は、当該期日が延長されない限り遅くともその期日に確定するであろうことを公示しているにすぎず、期日前の未確定までも公示するものではないのであるから、この期日の到来によって確定しない場合が生じることを認めれば、登記による公示が無意味になってしまうからである。期日変更の登記が当事者間で自由にすることができるにもかかわらず、登記を怠ったことに対する禁反言的制裁ともいえる。

　登記された確定期日が到来すると変更の登記は許されない。当事者に確定させる意思がなく、確定期日を失念したため変更の登記の時期を徒過してしまった場合も同様である。

8047　数個の取引の確定期日が異なる場合

問　根抵当権で担保される取引の種類が数個あり、その確定期日をそれぞれ異なる日と定めることができるか。

結論　**確定期日の定めは一の根抵当権全体についてその担保すべき元本の確定すべき期日であって、一の根抵当権につき相異なる二以上の確定期日を定めることは認められない。**

説明　根抵当権における確定期日は、単なる被担保債権の範囲に付された条件ではなく、根抵当権自体の変更をもたらす確定事由の一つとして、根抵当権自体の内容の一部であり、昭和46年改正民法施行前の「存続期間」等とは性質を異にする。すなわち、確定期日は、単に被担保債権の範囲を時間的に限定するだけではなく、当該期日の到来により根抵当権全体を確定させ、その性質を変更させる効力を有しているので、一の根抵当権につき相異なる二以上の確定期日を定めることは、許されない。

　以上のとおりであるから、一の根抵当権につき被担保債権の範囲として数種

の取引を定めた場合、当事者間において、それぞれの取引について相異なる期日を定め、その期日以後に当該取引から生じる債権を被担保債権から除く合意をすれば、最後に到来する期日が確定期日であり、その他の期日の定めは何ら物権的効力を生じず、また登記をすることも認められない。

8048 確定期日の定めを登記しなかった場合の効果

問 確定期日の定めがあるにもかかわらず、確定期日の定めを登記しなかった場合はどうなるか。

結論 登記がされなくとも当該確定期日は有効であり、その期日到来により根抵当権は確定する。しかし、根抵当権者又は根抵当権設定者は、確定期日の定めがあることを第三者に対抗することができない。

説明 確定期日を定めるか否かは当事者の自由であるが、根抵当権設定契約の際確定期日の定めのあるときは必ず登記しなければならない（不登法88条2項）。しかし、確定期日の定めの登記のみが過誤その他の理由により遺漏してされた根抵当権設定登記も有効であり、また、登記されなかった確定期日の定めも何ら効力を妨げられることなく物権契約として有効に存続する。したがって、当該期日の到来により根抵当権は確定する。また、根抵当権設定者は確定請求権を行使することができない（民法398条の19第3項）。

しかし、確定期日の定めも登記がなければ第三者に対抗することができない。例えば、確定期日の定めが登記されていない根抵当権の目的不動産が第三者に譲渡された場合においては、根抵当権者は譲受人に対し、確定期日の定めある根抵当権としてその効力を主張することができない。したがって、譲受人から確定請求権を行使されても対抗することができないこととなる。しかし、譲受人の方が根抵当権者に対し確定期日の定めがあることを主張することは妨げない。

なお、未登記の確定期日の到来により根抵当権が確定した場合において、その確定の効果を第三者に対抗するためには何らの登記を要しない。それは、確定期日の定めの対抗問題ではなく確定の効果の対抗の問題だからである。

登記されない確定期日の定めの廃止、変更も有効にすることができる。この場合においては民法398条の6第4項の規定は適用がないものと解される。な

ぜなら、確定期日の定めは登記が有効要件とされていないのであるから、未登記の確定期日が有効に存することは法の当然予想しているところであり、そのような未登記の確定期日につき変更の効力のみを登記に係らせていると解することはできず、また、もともと確定期日の登記がない場合、変更の登記のみを独立の登記として法が認めているとも解されないからである。結局同項は、確定期日の定めの登記は、いわば第三者に確定の時期を予告しているものと見るべきで、その変更の登記の懈怠に対し禁反言的制裁を与えたものと解すべきである。

8049 判決による元本の確定の登記

問 根抵当権者は、根抵当権設定者に対して元本の確定の登記手続を命じる旨の判決を得て単独で元本の確定の登記を申請することができるか。

結論 当該登記を申請することができる。

説明 根抵当権は、元本の確定の前後によってその法律的性質が大きく変わる。

元本確定前の根抵当権は、債権に対する付従性がなく、当事者は、担保すべき債権の範囲や債務者の変更等をすることができ（民法398条の4）、また、根抵当権の譲渡（同法398条の12）等根抵当権に固有の処分をすることが認められている。

一方、元本確定後は、特定の債権のみを担保するものとして付従性を有し、極度額の限度で優先弁済権を行使することができるという違いはあるが、普通抵当権とほぼ同一の性格を有することになる。

このように、根抵当権は、元本確定の前後によってその性質が異なるのであり、根抵当権の担保すべき元本の確定はそれ自体物権たる根抵当権の内容の変更と観念されるのであるから、登記する必要があると考えられる。また、元本確定の登記がされない以上、当該根抵当権の元本は確定していないものとして取り扱われるのが登記法の建前である。したがって、元本確定後でなければすることができない登記を申請する場合には、原則として、元本確定の登記がされた後でなければすることができない（昭46.12.27第960号依命通知七本文）。

ただし、登記上の記載から既に根抵当権が確定していることが明らかな場

合、すなわち、(イ)登記上の確定期日が既に到来しているとき、(ロ)根抵当権者又は債務者について相続による移転又は変更の登記がされた後、民法398条の8第1項又は2項の合意の登記がされないまま相続開始後6か月を経過しているとき、(ハ)同法398条の20第1項1号、2号又は4号の規定により確定していることが登記上明らかなとき等には、元本確定の登記をしなくても、確定を前提とする各種の登記をすることができる（昭46.12.27第960号依命通知七ただし書）。

　ところで、元本の確定の登記は、根抵当権設定者が登記権利者、根抵当権者が登記義務者となって申請することとされ（昭46.10.4第3230号通達九）、もし、根抵当権者が元本の確定の登記の申請に協力しないときは、根抵当権設定者は根抵当権者に対して当該登記手続を求める訴えを提起し、その確定判決に基づき単独で申請することができる（不登法63条）。

　しかし、形式的には手続上の登記義務者とされる者であっても、その登記がされることに実質的利益を有するときは、登記権利者に対して登記申請に協力すべき旨の登記請求権（いわゆる登記引取請求権）を有することは判例（最判昭36.11.24民集15巻10号2573頁）・通説であり、根抵当権も不動産登記法63条の類推により、根抵当権設定者に対して元本の確定の登記申請手続を求める訴えを提起し、その確定判決に基づき、単独でその登記の申請をすることができる。

　なお、ある者が元本確定後に代位弁済をしても、登記上元本が確定していることが明らかでないときは、元本確定の登記がされない限り、代位弁済をした者に対する根抵当権移転の登記の申請は受理されない。この場合は、代位弁済をした者は、根抵当権者に代位して根抵当権設定者に対して確定の登記手続を求める訴えを提起し、その判決に基づいて、単独で元本の確定の登記を申請することができる（昭54.11.8第5731号回答）。

8050 根抵当権の確定後の追加設定契約による共同根抵当権設定登記の可否

問　登記記録上確定したことが明らかな根抵当権に、確定後の追加設定契約による共同根抵当権の設定の登記の申請をすることができるか。

結論　申請することはできないものと考えられる。

| 説明 | 根抵当権の確定前に追加設定契約がされて、登記未了の間に被担保債権が確定した場合と根抵当権の被担保債権の元本の確定後に新たな当該債権について根抵当権の追加設定契約を行った場合とに分けて検討する。

　前者の場合に根抵当権の設定の登記をすることができるとする先例がある（昭37.3.9第368号通達）が、昭和46年改正民法施行後における根抵当権については、根抵当権の共同担保は登記が効力要件とされ、登記以前に共同根抵当権の観念は存在しないと考えられることから（民法398条の16、398条の17第2項）、この先例が本件の場合にも当てはまるかについては疑問がある。

　後者の場合には、追加担保といえども新たに設定契約を行うものであり、既に確定した債権のみを被担保債権とする設定契約は、民法398条の2第1項で定める根抵当権とは認められず、当該契約は、普通抵当権の設定契約と解されるものと思われる（平元.9.5第3486号回答参照）。

| 8051 | 確定後の根抵当権について債務者の一人が自己の債務を全額弁済した場合における根抵当権の変更登記 |

| 問 | 元本の確定した根抵当権について、債務者二人のうちの一人が自己の債務を全額弁済した場合に、他の一人のみを債務者とする根抵当権の変更の登記は、どのように申請すればよいか。 |
| 結論 | 債務弁済を原因とする根抵当権の変更の登記を申請する。 |
| 説明 | 甲を根抵当権者とし、乙及び丙をそれぞれ格別の債務者とする根抵当権の設定の登記について、元本確定の登記後、債務者丙が自己の債務についてのみ全額弁済した場合には、乙のみを債務者とする根抵当権の変更の登記を行うことができる。この場合の登記原因及びその日付の記録例は、「平成○年○月○日丙の債務弁済」である。

第3節 根抵当権の変更

第1項 被担保債権の範囲の変更

8052 変更又は更正の登記の意義

問 根抵当権の変更又は更正の登記とは、どのような登記か。

結論 根抵当権の変更の登記とは、根抵当権の登記の登記事項に変更があった場合にされる登記をいい、更正の登記とは、根抵当権の登記の登記事項に錯誤又は遺漏があった場合にされる登記をいう。

根抵当権の被担保債権の範囲、極度額及び債務者等の変更又は更正の登記がある。

説明 (1) 根抵当権について登記すべき事項

根抵当権については、登記権利者（根抵当権者）の氏名、住所、登記原因及びその日付並びに登記の目的等の一般的な登記事項（不登法59条）のほかに、根抵当権の担保すべき債権の範囲、極度額及び債務者を必ず登記しなければならない。また、民法370条ただし書の定めがあるとき、担保すべき元本の確定期日の定めがあるときには、これらの定めをも登記しなければならないとされている（不登法83条、88条2項）。

ところで、根抵当権設定契約がされ、その登記をした後に、当該根抵当権の内容である被担保債権の範囲、極度額、債務者及び確定期日等の変更があると、それらは、民法177条のいわゆる物権の変更に当たるから、その登記をしなければ第三者に対抗することができず、変更の登記そのものが効力要件とされるものもある（同法398条の4第3項、398条の6第4項、398条の8第4項）。

(2) 根抵当権について変更が生じる場合

　根抵当権の被担保債権の範囲、極度額、債務者及び確定期日等は、根抵当権者と設定者との契約で定められるので、その変更も原則として設定当事者の契約で、これをすることができるが、根抵当権が確定すると、担保すべき債権は特定不動のものとなり、この限りにおいて普通抵当権と同様の法律関係が生じるので、確定後は、債務の引受け等による債務者の変更はあり得るが、被担保債権の範囲及び確定期日の変更、あるいは一般的な債務者の変更はできない。極度額の変更は確定の前後を問わずすることができるが、後順位抵当権者及び転抵当権者の利害に重大な影響があるので、これらの利害関係人の承諾を得なければ、変更の効力が生じないとされている（民法398条の5）。

　次に、根抵当権の担保すべき元本の確定前に、債務者につき相続が開始した場合や、法人である債務者について合併があったときにも債務者の変更が生じることになる（民法398条の9第2項、398条の10第2項）。なお、元本の確定後の根抵当権については、普通抵当の場合と同様債務の引受け、債務者の交替による更改契約によって、債務者の変更を生じることがある。

　以上のように根抵当権の内容が変更すると、登記された事項に変更が生じたことになるので、その登記事項の変更を目的とする登記をしなければならないことになる。これが変更の登記であり、全て付記登記でされる（不登法66条）。

(3) 根抵当権の登記の登記事項に錯誤又は遺漏がある場合

　根抵当権設定の登記又は変更の登記等の登記事項に、登記した当初から錯誤や遺漏がある場合には、これを実体どおりに是正するための登記が認められる。この登記の錯誤又は遺漏は、申請又は登記官の職権により、設定当事者等の申請の過誤によると、登記官の過誤によるとを問わず（不登法67条）、付記登記でされる（同法66条）。これが根抵当権の更正の登記である。

8053　変更登記を要する事項

問　根抵当権の変更の登記にはどのようなものがあるか。

結論　被担保債権の範囲、債務者、極度額及び確定期日の変更、根抵当権の共有者間の弁済を受ける割合についての別段の定め又は優先劣後の定めの変更、民法370条ただし書の定めの変更である。

| 説　明 |　根抵当権の担保すべき債権の範囲、債務者、極度額、確定期日及び民法370条ただし書の定めは、根抵当権者と設定者の合意により定められ、根抵当権の共有者間の弁済を受ける割合についての別段の定め又は優先劣後の定めは、共有者全員の合意において定められ、それぞれ、当事者の申請によって登記される（不登法88条2項）が、その変更が生じると、根抵当権の権利の内容となる事項が変更したことになるから、登記をしなければ第三者に対抗することができないし（民法177条）、被担保債権の範囲及び債務者の変更は、根抵当権の元本の確定する前に登記をしなければ、その変更はされなかったものとみなされ（同法398条の4第3項）、確定期日の変更も、既に登記されている確定期日の到来する前に登記をしなければ、根抵当権の担保すべき元本は、確定期日の変更の合意にかかわらず、変更登記前の確定期日に確定するものとされる（同法398条の6第4項）。したがって、これらの事項の変更の登記は第三者に対抗するためにも、また、変更の効力を発生させるためにも要するものといえる。

　ただし、根抵当権の元本の確定後は、根抵当権の被担保債権は特定され、この限りにおいて普通抵当権と同様の法律関係が生じるが、債務引受契約によっても、債務者の変更が生じることになるが、債務の引受けそのものは、物権の変更ではないので、登記なくして第三者に対抗することができるから、確定後の根抵当権についてする債務者の変更の登記は、対抗要件としての登記ではなく、根抵当権の登記事項の変更を第三者に公示するために、不動産登記法により要請される変更の登記であると理解すべきものであろう。

8054　被担保債権の範囲の変更の可否

| 問 |　被担保債権の範囲を変更して不特定又は特定の債権を追加したり、一部を除いたり、又は入れ替えたりすることができるか。
| 結　論 |　**根抵当権の被担保債権の範囲は、根抵当権者と根抵当権設定者の合意で自由に拡大又は縮減することができる。**
| 説　明 |　根抵当権は、もともと一定の範囲に属する不特定の債権を担保するために設定されるものであり、その被担保債権の範囲は設定当事者の合意で物権契約として定められるものであるから、民法は、当事者の合意で、これを自由に変更することを認めている（同法398条の4）。もっと

も、根抵当権の元本の確定後は、被担保債権は特定されるので、この限りにおいて、根抵当権は、普通抵当権と同様、債権に付随するに至るので、その被担保債権の範囲の変更は許されない。しかし、元本の確定前であれば、その変更は自由であるから、従来の被担保債権の範囲に属する取引等から生じるもののほかに、新たな取引等によるものを追加することもできるし、被担保債権の範囲に属していた取引等によるものを除くことも可能であり、さらには、被担保債権の属している取引等から生じるものに代えて、別の取引等によるものを被担保債権の範囲とすることもできる。

ただ、民法398条の2の規定は、被担保債権の範囲の定め方について、一定の制限をしているので、変更についても制限を受けることになるので留意すべきであろう。

なお、この被担保債権の範囲の変更は、根抵当権者と設定者との合意でこれをすることができ、後順位抵当権者その他の第三者の承諾を得ることを要しない（民法398条の4第2項）が、担保すべき元本の確定前に、その変更の登記をしなければ、変更しなかったものとみなされる（同条3項）。

8055 被担保債権の範囲の変更契約の当事者

問 被担保債権の変更契約の当事者は誰か。物上保証の場合はどうか。

結論 **根抵当権の被担保債権の範囲の変更は、根抵当権自体の変更としてされるものであるから、変更の合意（物権契約）の当事者は、根抵当権者と根抵当権設定者であり、根抵当権設定者と債務者が異なる場合（物上保証）においても同様であり、合意について債務者の同意又は承諾を要しない。**

説明 根抵当権の被担保債権の範囲は、根抵当権者と設定者の合意で定められる（民法398条の2第2項）。つまり、被担保債権の範囲は設定行為（設定契約）自体において定められるものであるから、その変更も、設定行為の変更として設定当事者の合意によりされることになる。しかも、この合意は、諾成無方式の物権契約であるから、必ずしも書面によってする必要はない。

また、根抵当権設定者と債務者が異なる物上保証の場合においても、債務者

は根抵当権設定契約（物権行為）の当事者ではないので、根抵当権自体の変更として行われる被担保債権の変更の合意の当事者とはなり得ない。

しかし、物上保証の場合、債務者と設定者の間に、物上保証委託契約があるのが通常であろうから、債務者の同意を得ずに被担保債権の範囲を変更して、従前担保されていた債権を被担保債権から除くことは、物上保証委託契約に反することとなり、設定者に債務不履行の責任が生じることとなるし、同一の債務者に対する債権を、同じく債務者の同意を得ないで、被担保債権の範囲に含める変更をすると、その変更部分については、委託によらない物上保証が成立することになり、物上保証人の求償権の範囲が狭くなるおそれがある（民法351条、462条）。

しかし、被担保債権の範囲の変更についての債務者の承諾又は同意は、物上保証委託契約上の問題であって、根抵当権の変更の合意自体の問題ではないから、債務者の承諾又は同意がなくとも、根抵当権者と設定者の合意による被担保債権の範囲の変更は有効に成立し、物権的効力が生じるのである。

8056 被担保債権の範囲の変更について後順位抵当権者の承諾の要否

問 根抵当権の被担保債権の範囲の変更について後順位抵当権者の承諾を要しないか。

結論 根抵当権の被担保債権の範囲の変更については、後順位の抵当権者その他の第三者の承諾を要しない。

説明 根抵当権の担保すべき債権の範囲の拡大又は縮減によって、実質的には後順位の抵当権者、転抵当権者あるいは当該根抵当権者に順位の譲渡等をしている先順位抵当権者等は、その利害に影響を受けることが考えられるが、被担保債権の範囲の変更は、根抵当権の確定前に限って認められる変更であり、変更の時点では利害得失は必ずしも判然としない上、被担保債権の変更によって極度額が変更されるわけでもなく、後順位の抵当権者その他の第三者は、当該根抵当権者が極度額に至るまでは、優先弁済権を行使することをあらかじめ了知しているわけであるから、これらの者の承諾なしに変更することができるとしても、これらの者に特に不利益を与えることにはならないといえる。

以上のような理由から、根抵当権の被担保債権の変更については、後順位抵当権者その他第三者の承諾を要しないとしたものと考えられる（民法398条の4第2項）。

8057　根抵当権の確定後における被担保債権の範囲の変更が認められない理由

問　根抵当権の担保すべき元本の確定後に被担保債権の範囲を変更することが認められないのは、なぜか。

結論　**根抵当権も民法の定める抵当権の一種であるから、その担保すべき元本が確定し、特定の債権のみを担保するに至ると、その限りにおいて普通抵当権と同様の法律関係が生じ、特定の被担保債権に随伴することになるからである。**

説明　根抵当権は不特定の債権を一定の極度額まで担保する抵当権であり（民法398条の2第1項）、民法の定める抵当権の一種である。しかし、根抵当権は流動、変動する不特定多数の債権を担保するという面において、普通抵当権と異なる性質を有している。そこで、根抵当権について、このような特殊性が認められる間は、普通抵当権とは異なる法規制に服させることとして、根抵当権の流動性を尊重し、債権に対する付随性を否定して、その自由な処分、変更等を認めているのである。根抵当権の担保すべき元本の確定前において、被担保債権の範囲の変更が認められるのも、その表れである。

ところが、根抵当権の担保すべき元本が確定すると、根抵当権の被担保債権となる元本は具体的に特定する。すなわち、確定後は根抵当権の被担保債権が特定するので、普通抵当権に対する根抵当権の主たる特殊性は失われ、特定の債権のみを担保する根抵当権は、抵当権として当該特定の債権に随伴することになる。

8058　被担保債権の範囲の変更の登記申請手続

問　被担保債権の範囲の変更の登記申請はどうすればよいか。

結論　**根抵当権者が登記権利者、根抵当権設定者が登記義務者となって**

申請する。ただし、被担保債権の範囲が縮減されることが形式的に明らかな変更の登記については、設定者が登記権利者、根抵当権者が登記義務者となる。

説明　根抵当権の被担保債権の範囲の変更は、根抵当権自体の変更として、根抵当権者と設定者の合意ですることができるが、それは、物権の変更そのものであるから、登記をしなければ第三者に対抗することができないのみならず（民法177条）、根抵当権の担保すべき元本の確定前にその登記をしなければ、変更そのものがなかったものとみなされる（同法398条の4第3項）ので、変更の登記は極めて重要である。

ところで、根抵当権の被担保債権の範囲の変更は、後順位抵当権者その他の第三者の承諾を要しないものとされている（民法398条の4第2項）。すなわち、これらの者は被担保債権の変更については、法律上利害関係を有しないとされているのである。したがって、根抵当権の被担保債権の範囲の変更の登記は、根抵当権の変更の登記として、不動産登記法66条の権利の変更の登記ではあるが、後順位抵当権者等が変更について法律上利害関係を有しないものとされているので、登記上の利害関係人とはならず、常に付記登記によってされることになる。

次に、根抵当権の被担保債権の範囲の変更は、根抵当権の内容の変更であるから、先にも述べたように、その登記は、根抵当権の変更の登記として、登記権利者及び登記義務者の共同申請によってされるが、この場合、変更後の被担保債権の範囲に属する債権が、根抵当権によって担保されるということを第三者に対抗することができることは、登記上は、根抵当権者にとって有利であるから、この変更の登記については、原則として根抵当権者が登記権利者、設定者が登記義務者となるのである。しかし、被担保債権の範囲が縮減されることになることが形式的に明らかな場合、例えば、被担保債権の範囲としてA取引とB取引が定められ登記されている場合において、これをA取引のみとする変更の登記においては、B取引に属する債権が担保されないことを第三者に対抗することができることになるので、登記上は、設定者に有利なものといえるから、このような場合は、設定者が登記権利者、根抵当権者が登記義務者となって登記の申請をすることになる。

8059 被担保債権の範囲の変更登記の効果

問 被担保債権の範囲の変更の登記にはどのような効果があるか。

結論 根抵当権の元本の確定前は、抵当不動産の取得者及び根抵当権の譲受人等に、被担保債権の範囲の変更を対抗することができる。また、根抵当権の確定前にその登記をしなければ、その変更はなかったものとみなされるので、このような意味において、被担保債権の範囲の変更は、登記が効力要件ともいえる。

説明 被担保債権の範囲の変更は、根抵当権自体の変更であり、物権の変更に当たるから、その登記をしなければ、変更をもって第三者に対抗することができない（民法177条）。したがって、被担保債権の範囲の変更の登記は、第三者対抗要件であり、被担保債権の範囲の変更の登記をすると、抵当不動産の第三取得者及び根抵当権の譲受人等に対して、その変更を対抗することができるのである。

また、根抵当権の被担保債権の範囲の変更は、根抵当権の元本の確定前に限り認められるものであり、確定前にその登記をしないと、変更はなかったものとみなされ、確定前に被担保債権の範囲の変更の合意をしても、その根抵当権が変更の登記をする前に確定した場合には、変更前の範囲に属する債権についてしか担保されない。このような意味において、当該変更の登記は、被担保債権の範囲変更の効力要件ともいえる。

このように、当該変更の登記に対抗要件としての機能のほかに、特殊な効力要件的機能を認めることとしたのは、法律関係の錯綜を避け、効力の画一化を期するためである。すなわち、登記が対抗要件としてしか機能しないとすると、当事者間においては、登記がされていなくても、変更の効力が生じていることとなって、変更後の被担保債権の範囲に属する債権が担保されることになるが、第三者に対する関係においては、変更の登記がされない限り、変更の効力を対抗することができないため、依然として変更前の範囲に属する債権を担保するということになる。これでは、当事者間と第三者に対する関係とにおいて、被担保債権の範囲が異なり、当該抵当権の元本の確定時期も、どの範囲の債権を基準として決すべきかといった、法律関係が非常に錯綜してくることが考えられるからである。

第2項　極度額の変更

8060　極度額の変更の可否

問　極度額を増額又は減額することができるか。根抵当権の元本確定後においても可能か。

結論　**利害関係人の承諾があれば、極度額の増額又は減額をすることができる。なお、この極度額の変更は根抵当権の担保すべき元本の確定の前後を問わず可能である。**

説明　根抵当権の極度額は、設定行為において定められるものであるから、本来は、設定当事者である根抵当権者と設定者との合意により自由に変更することができるはずのものであり、第三者に対する関係は対抗要件の問題として処理すれば足りるとも考えられる。

そのため昭和46年改正民法施行前においては、極度額の変更は根抵当権者と設定者との間で合意すればよく、登記は、登記上利害の関係を有する第三者がある場合においては、その者の承諾書又はこれに対抗することができる裁判の謄本を、極度額変更による根抵当権の変更の登記の申請書に添付すれば、変更の登記が付記登記でされ、承諾書を添付することができないときは、主登記で変更の登記がされることになっていた。

しかし、これでは、当事者間においては、極度額の変更の効力が生じるが、ある第三者に対してはその変更を主張することができないという結果が生じることとなって、法律関係が極めて錯綜することとなる。

そこで、昭和46年改正民法は、法律関係の簡明化を図るために、利害関係人の承諾がなければ極度額の変更はできないとした（民法398条の5）。もとより、極度額の変更とは増額又は減額を指すのであって、増額による変更と減額によるそれとでは、変更についての利害関係人が異なることになるにすぎず、利害関係人の承諾がある限り、増減額とも可能であることはいうまでもない。

次に、根抵当権者による抵当不動産についての競売手続の開始等の事由により、根抵当権の担保すべき元本が新たに生じないことになると、根抵当権の担保すべき元本は確定する（民法398条の20第1項1号）。確定すると根抵当権は、具体的に特定された元本債権とそれに付随して発生する利息及び遅延損害金だ

けを極度額の範囲内で担保することになるが、極度額の有する担保限度性は、確定の前後により異なることはないので、確定後において極度額を変更することもできる。この場合も、確定前と同様、利害関係人の承諾を要することはいうまでもない。

8061 極度額の変更の当事者

問　極度額の変更の契約当事者は誰か。物上保証の場合はどうか。

結論　**根抵当権の極度額の変更は、根抵当権自体の変更であるから、変更契約の当事者は、根抵当権者と根抵当権設定者である。根抵当権設定者と債務者が異なる場合（物上保証）においても同様であり、変更契約をするについて債務者の合意又は承諾を要しない。**

説明　根抵当権の極度額は、設定行為において定められるものであるから、設定当事者である根抵当権者と設定者の変更契約でこれを変更することができる。もっとも、変更について利害関係人があるときは、法律関係の簡明化を図る見地から、その承諾を得なければできないとされている（民法398条の5）。

　根抵当権設定者と債務者とが異なる場合、つまり、物上保証の場合においても、債務者は、もともと、極度額を定める設定行為（物権契約）の当事者ではないから、極度額の変更という設定行為の変更契約の当事者とはならないのである。

　しかし、債務者のために第三者が物上保証をしている場合には、債務者とその第三者との間に、通常、物上保証委託契約が存するから、根抵当権設定者が無断で極度額の減額について根抵当権者と合意すると、債務者から物上保証委託契約上の債務不履行の責任を問われることがあるが、債務者は設定の当事者ではないから、変更契約の当事者でもなく、かつ、根抵当権の債務者の変更も設定当事者ですることができること（民法398条の4）から見て、極度額変更の法律上の利害関係人でもない。したがって、物上保証の場合においても、極度額の変更は、債務者の同意又は承諾を必要としない。

8062 極度額の変更についての利害関係人の承諾の要否

問 極度額の変更について利害関係人の承諾を要するか。

結論 **極度額の変更は、利害の関係を有する者の承諾がなければすることができず、設定当事者の変更契約は利害関係人の承諾がなければ効力を生じない。**

説明 根抵当権の極度額は設定行為において定められるものであるから、設定行為の当事者である根抵当権者と設定者との合意で自由に変更することができるはずのものである。そして、第三者に対する関係は、専ら対抗要件の問題として処理すれば足りるとも考えられる。

そのため、昭和46年改正民法施行前は、根抵当権者と設定者との間で変更の合意をすれば、極度額が変更されるが、ただ、その登記をする場合において当該変更について登記上利害の関係を有する第三者がある場合には、登記申請書にその者の承諾書又はこれに対抗することのできる裁判の謄本を添付したときは、極度額の変更登記が付記登記でされ、承諾書等が添付されないときは主登記でされることとなっていた。

しかし、これでは、当事者間においては変更の効果を主張することができるが、承諾を得ることのできなかった第三者には、その効果を主張することができないという結果を生じ、法律関係が錯綜したものとなる。

そこで、昭和46年改正民法は、根抵当をめぐる法律関係を簡明化するために、根抵当権の極度額の変更は、後順位の抵当権者その他全ての第三者に対抗することができる場合においてのみこれを認めることとするため、極度額の変更については、利害関係人の承諾がない限りできないものとしたのである（民法398条の5）。すなわち、利害関係人の承諾がなければ、変更の効力は生じないのである。

したがって、極度額を増額する場合には、総額について利害関係を有する後順位抵当権者その他の担保権者並びに不動産の差押債権者等の承諾を必要とするし、極度額を減額する場合には、減額について利害関係を有する転抵当権者等の承諾を要することになる。

8063 極度額を減額する場合の利害関係人

問 極度額を減額する場合の利害関係人とは誰か。

結論 転抵当権者が考えられる。根抵当権の担保すべき元本の確定後においてする減額の場合には、当該根抵当権について民法376条1項の処分を受けている者等が利害関係人となる。

説明 根抵当権は極度額の限度において優先弁済を受けることができる権利であるから、その極度額を減額すれば、それだけ優先弁済を受ける額が減じることになる。したがって、当該根抵当権を目的とする権利を有する者は、減額によって不利益を被るおそれがある。ところで、民法は、担保すべき元本の確定前の根抵当権については、転抵当を除くほかは同法376条1項の処分をすることを認めていない（同法398条の11）から、確定前の根抵当権を目的とする権利を有する者として転抵当権者が考えられる。確定後の根抵当権も転抵当の目的となるから、転抵当権者は根抵当権の極度額の減額が確定前にされる場合も、確定後にされる場合も、共に利害関係人である。次に確定後の根抵当権については、同法376条1項の処分が認められることになるので、確定後においては、根抵当権の順位の譲渡又は放棄を受けている者等も当該根抵当権の極度額の減額についての利害関係人となる。

なお、根抵当権の元本の確定後において、債務者のために又は債務者に代わって、被担保債権につき弁済をした者は、根抵当権者に代位することになる（民法499条（平成29年改正前の民法499条、500条）、398条の7第1項）が、これらの者が弁済をして、既に代位している場合には、根抵当権者そのものとなるのであるから、極度額の減額の合意の当事者であって、利害関係人ではない。他方、弁済について正当な利益を有する者（保証人、連帯債務者等）は、弁済をしない前でも、弁済をすれば法律上当然に代位することができる期待権を有するから、極度額の減額について利害関係を有するが、極度額の変更の登記手続上は、代位の仮登記をしない限り、登記上の利害関係を有する第三者とは取り扱われないことになる。

8064 極度額の増額契約後、変更登記前に設定登記をした後順位抵当権者の利害関係人該当性

問 極度額の増額契約をした後、その登記をする前に、後順位の抵当権が設定された場合、極度額の変更の登記について当該後順位抵当権者は利害関係人となるか。

結論 極度額の増額の登記をする時点における後順位抵当権者は全て利害関係人となる。

説明 根抵当権の極度額の変更は、利害関係人の承諾を得れば効力を生じる（民法398条の5）。その変更の登記をするまでの間に、新たに、後順位抵当権者等が生じると、これらの者に対しては、極度額の変更を対抗することができないと解すると、変更の合意の当事者及び変更時の利害関係人との間では、変更の効力は生じるが、変更後、変更の登記までの間に生じた利害関係人に対しては、変更の効力を主張することができないということになり、極度額の変更について利害関係人の承諾を要するものとして、極度額を限度とする優先弁済権の範囲を、当事者及び全ての利害関係人について画一的なものにしようとする民法398条の5の趣旨に反することとなる。

したがって、民法398条の5の利害関係人とは、変更の登記をする時点における利害関係人と解するのが相当である。

根抵当権の極度額が増額されれば、それだけ、当該根抵当権の優先弁済権の範囲は拡大されるのであるから、後順位抵当権者の利害に大きな影響を及ぼすことになるが、利害関係人の範囲を前記のように解すると、極度額の増額の登記をする時点の後順位抵当権者等は全て増額についての利害関係人に当たるのである。したがって、これらの者の承諾を得なければ、極度額増額の合意の効力は生じないし、また、これらの者の承諾を証するこれらの者の作成した情報又はこれらの者に対抗することができる裁判があったことを証する情報を、増額による変更の登記の申請と併せて提供しなければ、その申請は却下されることになる（登記令7条1項5号ハ、不登法25条8号）。

8065　主登記による極度額の増額の変更登記の可否

問　極度額の増額について、利害関係人の承諾が得られない場合、主登記による増額の変更の登記が許されるか。

結論　主登記による極度額増額の変更の登記は許されない。

説明　昭和46年改正民法施行前、根抵当権の極度額の変更は、根抵当権者と根抵当権設定者との合意により行うものとされ、その登記は、登記上の利害関係を有する第三者がある場合には、極度額の変更の登記の申請書に、その者の承諾書を添付した場合に限り付記登記で変更の登記がされ、承諾書を添付しない場合は、主登記で、その変更を登記するものとされていた。極度額の変更が主登記で登記されると、当事者間及び変更の登記後の後順位抵当権者等については、変更の効果を主張することができるが、変更の登記前の後順位抵当権者等には、その効果を対抗することができないという結果を生じ法律関係の錯綜を招来していた。そこで、昭和46年改正民法は、この法律関係の簡明化を図るために、極度額の変更は、利害関係人の承諾を得た場合に限って、その効力を生じるものとした。

したがって、極度額の変更の登記は、登記上の利害関係を有する第三者があるときは、当該第三者の承諾を証する当該第三者が作成した情報又は当該第三者に対抗することができる裁判があったことを証する情報を申請情報と併せて提供した場合に限り、付記登記でされ、これらを提供しない場合は、登記申請が却下されることになっている（登記令7条1項5号ハ、不登法25条8号）。すなわち、利害関係人の承諾がない以上、極度額の変更の効力が実体上生じないのであるから、実体上効力の生じない物権変動は登記することができないのであり、主登記による極度額の変更の登記をする余地はないものと考えられる。

もっとも、昭和46年改正民法施行前にすることのできた主登記による極度額増額と同様の効果を得るためであるならば、増額しない額について別途に、新しい根抵当権を設定すれば、その目的を達することができることになる。

8066　極度額の増減額の登記申請手続

問　極度額の増減額の登記申請はどうすればよいか。

| 結 論 | 根抵当権の極度額の増額による変更の登記は、根抵当権者が登記権利者、設定者が登記義務者となって、極度額の減額による変更の登記は設定者が登記権利者、根抵当権者が登記義務者となって申請する。また、その申請情報には、申請時における当該不動産についての登記上の利害関係を有する第三者があるときは、当該第三者の承諾があったことを証する当該第三者の作成した情報又は当該第三者に対抗することができる裁判があったことを証する情報を提供することを要する。

| 説 明 | 根抵当権の極度額の変更は、根抵当権の内容の変更であるから、その登記をしなければ第三者に対抗することができない（民法177条）が、この登記は権利の変更の登記であるから、昭和46年改正民法施行前は、登記上の利害関係を有する第三者がある場合においては、登記申請書にその承諾書又はこれに対抗することを得べき裁判の謄本を添付したときに限り、付記登記で変更の登記がされ、承諾書等を添附しない場合には、主登記でその変更を登記するものとしていた。

しかし、極度額の変更が主登記で登記されると、変更の当事者間及び変更の登記後の後順位抵当権者等には、極度額の変更を主張することができるが、変更の登記前の後順位抵当権者等に対しては、その効果を対抗することができないということから、法律関係の錯綜を招来していた。そこで、昭和46年改正民法は、極度額変更の効力を当事者及び全ての利害関係人について画一的なものとして、その法律関係を簡明化すべく、根抵当権の極度額の変更は、全ての利害関係人の承諾がなければ、これをすることができないものとした（民法398条の5）。つまり、実体法上その承諾がなければ変更の効力が生じないとされたのである。

極度額の変更は、このように利害関係人の承諾を得て初めて効力を生じるのであるから、変更の登記の申請情報には併せて登記上の利害関係を有する第三者の承諾を証する当該第三者の作成した情報又は当該第三者に対抗することができる裁判があったことを証する情報を提供しなければならず（登記令7条1項5号ハ）、これらの情報を提供しないときは、その申請は却下されることになる（不登法25条8号）。

このように、極度額の変更は利害関係人の承諾があれば効力を生じるのであるが、その変更の登記をするまでの間に、新たに利害関係人が生じると、これ

らの者に対しては極度額の変更を対抗することができないこととなると考えられなくはない。しかし、このように解すると、変更の合意の当事者及び承諾を得た利害関係人に対しては変更の効果を主張することができるが、変更の登記までの間に新たに生じた利害関係人に対しては、変更をもって対抗することができないという結果を生じる。これでは、極度額の変更について利害関係人の承諾を要するものとして、極度額の変更の効力を当事者及び全ての利害関係人について画一的なものとした民法398条の5の趣旨は没却されることになる。したがって、同条の利害関係人とは、変更の登記申請時における利害関係人と解すべきである。

　前記のように、利害関係人の承諾は、極度額の変更の効力発生の要件であるから、実体法上は、全ての利害関係人の承諾を要するが、ただ、登記申請の適否は登記官が申請に係る不動産の登記記録、申請情報及びその添付情報に基づいて形式的に判断することになっているので、申請情報と併せて提供する登記上の利害関係を有する第三者の承諾したことを証する当該第三者の作成した情報又は当該第三者に対抗することができる裁判があったことを証する情報は、申請に係る不動産についての登記上の利害関係を有する第三者のそれで足りる。

　次に、極度額の変更の登記は、根抵当権の変更の登記であるから、登記権利者及び登記義務者の共同申請によってされるのであるが、極度額の増額の登記がされると、根抵当権者は増額後の極度額をもって第三者に対抗することができることになるから、増額の登記によって登記上利益を受けることとなる者は根抵当権者であり、逆に極度額の減額の登記によって、登記上利益を受けることになる者は根抵当権の設定者であるから、増額の登記については、根抵当権者が登記権利者、設定者が登記義務者となって申請しなければならないのであり、減額の登記については、逆に設定者が登記権利者、根抵当権者が登記義務者となって申請しなければならないことになる。

第3項　債務者の変更

8067　債務者の変更の可否

問　根抵当権の債務者を変更することができるか。

結論　**根抵当権の債務者は、元本の確定前においては根抵当権者と根抵当権設定者の契約で自由に変更することができる。**

説明　根抵当権の債務者は設定行為において定められ、被担保債権の範囲の定めとあいまって、根抵当権の被担保債権を決定する基準として機能する根抵当権の内容となる事項である。したがって、その変更は、担保すべき元本の確定前においては、根抵当権自体の変更として、根抵当権者と設定者との契約によってすることができる。この契約は諾成無方式の物権契約であり、必ずしも書面によってこれをする必要はない。

なお、この債務者変更の契約は、従来の債務者Aを債務者Bに変更する場合でも、あるいは従来の債務者Aに新たにBを追加する場合でもすることができる。債務者を変更する場合には、担保すべき債権の範囲も変更するということが考えられるが、担保すべき債権の範囲はそのままとして、債務者のみを変更することも可能である。

債務者の変更は、根抵当権自体の変更として認められる物権自体の変更であるから、物権行為の当事者である根抵当権者と設定者の契約ですることができるのであり、新旧債務者の同意又は承諾も要しない。

以上のように、根抵当権の債務者の変更は、設定当事者の合意によって生じるが、そのほかにも、根抵当権の債務者につき相続が開始したときは、根抵当権は、相続開始の時に存する債務を担保することになる（民法398条の8第2項）し、また、根抵当権の債務者につき合併があった場合においても、根抵当権は、合併の時に存する債務のほか、合併後存続する法人又は合併によって設立された法人が合併後負担する債務をも担保することになる（同法398条の9第2項）ので、根抵当権の債務者の変更が生じる。

次に、根抵当権の元本が確定すると、被担保債権は特定のものとなるから、この限りにおいて、根抵当権は普通抵当権と同様の法律関係に服することになる。したがって、確定後においては、債務の引受け及び債務の相続又は合併に

よる承継等による債務者の変更はあるが、根抵当権自体の変更としての一般的な債務者変更ということはあり得ないことになる。

8068 債務者の変更の効力

問 債務者の変更をした場合、根抵当権の効力はどうなるのか。

結論 **根抵当権の債務者の変更をした場合には、既発生の債権をも含めて被担保債権の範囲に属する変更後の債務者に対する債権が、当該根抵当権によって担保されることになり、変更前の債務者に対する債権であって、変更後の債務者に対する債権でないものは、当該根抵当権によって担保されないことになる。**

説明 根抵当権の担保すべき元本が確定する前においては、根抵当権自体の変更として、設定当事者の合意で根抵当権の債務者の変更をすることができるが、根抵当権は、根抵当権者と債務者との間において生じる被担保債権の範囲に属する債権を担保するものである（民法398条の2）から、債務者を変更されると、変更前の債務者に対する債権は担保されないことになる。同時に、変更後の債務者に対する債権で当該根抵当権の被担保債権の範囲に属する債権が担保されることになるのである。しかも、変更後の債務者に対する債権で被担保債権の範囲に属するものである限り、その債権が変更前に発生したものであると、変更後に発生したものであるとを問わず担保される。

もっとも、根抵当権の債務者の変更は、根抵当権の内容の変更であるから、物権の変更としてこれを登記しなければ第三者に対抗することができない（民法177条）から、債務者の変更の登記をしないと、抵当不動産の第三取得者及び当該根抵当権の譲受人等に対抗することができないといえる。

この変更登記は、根抵当権の確定前においては、このように対抗要件として機能するのであるが、債務者の変更は、根抵当権の確定前にその登記をしなければ、その変更がなかったものとされている（民法398条の4第3項）ので、確定前に登記をしなかった場合は、結局変更後の債務者に対する債権が担保されず、配当を受ける段階では、変更しない場合と同じ効果しか期待することができないことになる。変更の登記は、このような意味で債務者の変更の効力要件であるということができる。

第3節 根抵当権の変更

8069 債務者の変更契約の当事者

問 債務者の変更契約の当事者は誰か。物上保証の場合はどうか。
結論 根抵当権者と根抵当権設定者であり、物上保証の場合も同様である。

説明 根抵当権の設定について、被担保債権発生の可能性を示す基本契約を必要とする立場を採っていた昭和46年改正民法施行前の登記実務では、債権者、新債務者及び旧債務者の三者の合意によって、基本契約上の債務者の地位の承継契約がされ、設定者がこれについて承諾をすると、根抵当権の債務者の変更が生じるものとしていた。しかし、民法398条の2においては、根抵当権は不特定の債権を担保するものとして構成され、債務者は根抵当権設定契約において定められるべきものとされている。すなわち、根抵当権の債務者は、被担保債権の範囲の定めとともに、根抵当権の担保すべき債権そのものを決定するための基準として、根抵当権設定契約自体において定められるものなのであり、根抵当権設定契約の内容となるものである。

したがって、根抵当権の債務者の変更は、根抵当権自体の変更としてされるものであるから、根抵当権者と根抵当権設定者との合意によってすることになる。根抵当権設定者と債務者が異なる場合（物上保証）においても、根抵当権の債務者の変更は、物権自体の変更であるから、物権行為の当事者である根抵当権者と根抵当権設定者の合意でこれを決することになるのである。そして、この合意には債務者の同意又は承諾も必要としない。新債務者の同意又は承諾を得ないで債務者の変更がされた場合には、委託によらない物上保証が成立することになる。ただし、一般に、物上保証の場合においては、物上保証委託契約があるのが通常であろうから、このような場合に債務者の合意又は承諾を得ないで、債務者を変更すると、物上保証委託契約上の債務不履行等の問題が生じることになる。しかし、根抵当権者と設定者の合意の効力は左右されることはなく、債務者の変更そのものは完全に有効にされるのである。

8070 債務者の変更についての後順位抵当権者の承諾の要否

問 債務者の変更について後順位抵当権者の承諾を要するか。

結論 根抵当権の債務者の変更は、後順位抵当権者その他第三者の承諾を要しない。

説明 根抵当権の債務者を変更すると、将来、根抵当権が確定したとき、変更後の債務者に対する債権が担保されることになって、被担保債権の確定額が変更しなかった場合の確定額を上回ることもあるから、後順位抵当権者等が債務者の変更によって実質的に不利益を被る場合も考えられるが、債務者の変更は確定前に限って認められる変更であり、変更の時点でその利害を問題にするのは必ずしも適当でない。また、極度額が変更されるわけではなく、先順位の根抵当権の極度額による優先弁済権の行使をあらかじめ了知している後順位抵当権者等が特に不利益を被るものとすることもできない。民法は、このような考えに基づき、根抵当権者の債務者の変更については、後順位抵当権者その他の第三者の承諾を要しない旨を定めたものと考えられる。

8071 物上保証における債務者の変更の場合の債務者の承諾の要否

問 物上保証において、債務者の変更をする場合、変更前の債務者の承諾を要するか。

結論 **根抵当権の債務者の変更は、変更前の債務者の同意又は承諾がなくても、根抵当権者と根抵当権設定者の合意でこれをすることができるが、債務者と設定者との間に物上保証委託契約がある場合には、債務者の承諾を得ないですると、物上保証委託契約上の債務不履行等の問題が生じることになる。**

説明 基本契約の存在を根抵当権設定の有効要件としていた昭和46年改正民法施行前の登記実務では、基本契約上の債務者の地位が、債権者及び新旧債務者の合意で新債務者に承継され、根抵当権設定者の承諾を得ると、根抵当権の債務者が変更するものとしていた。

しかし、民法398条の2においては、根抵当権は不特定の債権を担保するものとして構成され、根抵当権設定契約において債務者を定めるべきものとしている。したがって、債務者の変更は、根抵当権設定契約の要素を変更する物権契約そのものとなったのである。物権の変更は物権行為の当事者によってされ

るものであるから、根抵当権自体の変更である債務者の変更も、根抵当権者と根抵当権設定者の合意でこれをすることができる。もっとも、根抵当権の債務者の変更は、担保すべき元本の確定前にその登記をしなければ、変更しなかったものとみなされる（同法398条の4第3項）ので、登記を必要とすることはいうまでもない。

　このように、債務者の変更は、根抵当権自体の変更としてされるものであるから、根抵当権設定者と債務者とが異なる物上保証の場合においても、根抵当権者と設定者の合意ですることができるのであり、旧債務者の同意又は承諾を得なくても、その変更は有効であり、登記することができる。

　しかし、物上保証の場合においては、債務者と根抵当権設定者との間には、物上保証委託契約が存在するのが一般であり、その場合に、旧債務者の同意又は承諾を得ないで債務者を変更すると、設定者は物上保証委託契約の債務不履行としての責を負わなければならないことになる。

8072　債務者変更の登記申請手続

問　債務者の変更の登記申請はどうすればよいか。

結論　**根抵当権の債務者の変更の登記は、根抵当権者が登記権利者、設定者が登記義務者となって申請する。**

説明　根抵当権の債務者の変更は、根抵当権の担保すべき元本の確定前においては、根抵当権者と設定者の合意でこれをすることができるが、それは、根抵当権の内容自体の変更であるから、登記をしなければ第三者に対抗することができないのみならず（民法177条）、根抵当権の担保すべき元本の確定前に、その登記をしなければ、変更そのものをしなかったものとみなされる（同法398条の4第3項）。

　ところで、債務者の変更については、後順位抵当権者その他の第三者の承諾を要しないものとされている（民法398条の4第2項）。つまり、これらの者は債務者の変更について法律上利害関係を有しないとされているのである。したがって、根抵当権の債務者の変更の登記は、根抵当権の変更の登記として、不動産登記法66条の権利の変更の登記ではあるが、後順位抵当権者等が変更について法律上利害関係を有しないものとされている結果、登記上利害関係人ともならないので、常に付記登記によってされることになるのである。

次に、根抵当権の債務者の変更は、根抵当権の内容の変更であるから、先に述べたように、その登記は、根抵当権の変更の登記として、登記権利者及び登記義務者の共同申請によってされるが、この場合、変更後の債務者に対する債権が、根抵当権によって担保されるということを第三者に対抗することができることは、一般に根抵当権者にとって有利であるから、この変更の登記については、原則として根抵当権者が登記権利者、設定者が登記義務者となるのである。

　根抵当権の債務者の変更は、設定当事者の合意によって生じるほか、根抵当権の債務者につき相続が開始した場合及び根抵当権の債務者について合併があった場合にも生じる（民法398条の8第2項、398条の9第2項）から、このような場合にも、債務者の変更の登記をすることができる。

　なお、根抵当権の担保すべき元本が確定すると、被担保債権は特定のものとなり、根抵当権は普通抵当権と同様の法律関係に服することになる。したがって、債務の引受け、債務の相続又は合併による承継等によって、根抵当権の債務者の変更が生じることは普通抵当権における場合と同様であり、これに伴う債務者の変更の登記も同様にすることができる。

8073　債務者の変更と既存の債権の関係

問　債務者の変更をした場合、既に発生している債権は、当該根抵当権によって担保されるか。されないとすれば担保させる方法はあるか。

結論　**債務者の交替による変更の場合においては、変更前の債務者に対する債権は担保されないことになるが、新債務者の加入による追加的変更の場合には、従前からの債務者に対する債権も担保される。前者の場合においても、変更後の債務者が変更前の債務者が負担する既発生の債務を引き受けるのであれば、その引き受けた既発生債権をも被担保債権とする根抵当権の被担保債権の範囲の変更をすれば、当該債権も担保されることになる。**

説明　根抵当権は、設定行為において定められた債務者に対するその被担保債権の範囲に属する債権を担保する（民法398条の2）のであるから、設定行為において定められた債務者が債務者の変更により、根抵

当権の債務者でなくなったときは、その変更前の債務者に対する債権は担保されないことになる。すなわち、根抵当権の債務者は、被担保債権の範囲の定めとともに、根抵当権の担保すべき債権を決定する基準として機能するものであるから、例えば、従来の根抵当権の債務者甲に代えて新債務者を乙と定める変更をした場合、つまり債務者の交替的変更をした場合においては、変更前の債務者甲に対する債権は、そのままでは、当該根抵当権によって担保されることにはならないのであり、それは変更後に発生する債権であると、変更前に発生している既発生の債権であるとを問わず担保されないことになる。

これに反し、従来の債務者甲に加え、新たに乙をも当該根抵当権の債務者とする追加的変更の場合には、甲は依然として当該根抵当権の債務者であるから、甲に対する債権は既発生のものはもちろん、将来発生する債権も、乙に対する債権とともに、当該根抵当権によって担保されるのである。

債務者の交替的変更の場合には、変更前の債務者に対する既発生の債権も、それが当該根抵当権の債務者に対する債権でなくなるがゆえに担保されないことになるのであるが、これが債務の引受け等により変更後の債務者に対するものとなれば、当該根抵当権により担保させることも可能となる。

ただ、変更後の債務者が変更前の債務者の負担する債務を引き受けたとしても、その引き受けた債務は、根抵当権者と変更後の債務者との間の取引等によって生じたものではないから、そのままでは、当該根抵当権の被担保債権の範囲に属しないので、担保されないものといわなければならない。そこで、この引き受けられた債務をも担保させようとするのであれば、当該根抵当権の被担保債権の範囲に、その引受債務を特定の債務として加える担保すべき債権の範囲の変更をする必要がある。

8074 確定後における債務者の変更が認められない理由

問 根抵当権の担保すべき元本の確定後において、債務者の変更が認められないのはなぜか。

結論 **根抵当権が確定すると、担保すべき債権が具体的に特定し、根抵当権は被担保債権に随伴することになるので、債務引受等により債務者が変更することはあるが、根抵当権自体の変更としての一般的な債務者の変更は認められない。**

説明 根抵当権は、一定の範囲に属する不特定の債権を極度額の限度において担保する抵当権である（民法398条の2）から、それは不特定の債権を極度額の限度で担保するという点において普通抵当権と異なる特性を有しているわけである。民法は、根抵当権のこの特性に着目して、根抵当権についてこのような特殊性が存する間は、普通抵当権と異なった取扱いを認めることとしている。

　すなわち、根抵当権の確定前においては、被担保債権の範囲、債務者の変更又は確定期日の定め若しくはその変更が可能とされ、また、確定前に限って根抵当権の債権に対する随伴性が否定され（民法398条の7）、更に根抵当権の確定前に限って合併、相続等に関する特則（同法398条の8、398条の9）が適用され、根抵当権の譲渡、分割譲渡、一部譲渡を可能としている。

　ところで、根抵当権の担保すべき元本が確定すると、根抵当権はこの確定時に存する元本と利息、損害金を担保する根抵当権に変わることになる（民法398条の3）から、根抵当権の担保すべき元本は具体的に特定し、この限りにおいて特定の債権を担保する普通抵当権と実質的には異ならないことになる。つまり、確定後に生じる元本債権自体はもはや担保されない。もっとも、利息・損害金等は、確定後に生じるものでも極度額の限度額内であれば、なお、当該根抵当権によって担保され、民法375条が適用されないので、普通抵当権とは依然としてこの点においては異なっている。

　根抵当権の被担保債権の流動変動性が失われると、根抵当権も抵当権の一種であるから、流動し変動する特殊性のゆえにこそ認められる取扱いは許されないことになる。根抵当権が確定すると、担保すべき債権は特定不動のものとなるので、この限りにおいて普通抵当権と同様の法律関係が生じることになるのである。したがって、確定後は、債務の引受け等による債務者の変更はあり得るが、根抵当権自体の変更としての一般的な債務者の変更は認められないことになる。

8075　債務者の個人営業の法人成りの場合

問　債務者の個人営業による債務について根抵当権を設定していたところ、法人組織に切り替えた場合、根抵当権についてどのような方法を採ればよいか。また既存の債権についてはどうすればよい

か。

結論 債務者を個人から法人に変更する根抵当権の債務者の変更をすれば、当該法人と根抵当取引を継続することができる。また、既存の債権については、法人が債務を引き受けた場合であれば、当該特定の債権を被担保債権に加えるための被担保債権の範囲の変更をすれば、既存の債権も当該根抵当権によって担保させることができる。

説明 個人である債務者との営業取引等を根抵当権で担保している場合において、債務者が新たに設立された法人に、その営業を譲渡し、債権者が営業の譲渡を受けた法人と当該営業取引の継続に同意して、既存の根抵当権をして当該営業取引を担保させることとするには、当該根抵当権の債務者を個人から法人に変更することが必要である。

根抵当権は、その設定行為において定められた債務者に対する一定の被担保債権の範囲に属する債権を担保するものであるから、たとえ、法人が個人である債務者から営業の譲渡を受け、債権者と個人である債務者との根抵当権で担保される取引を承継していたとしても、法人が当該取引によって負担する債務は、根抵当権の債務者である個人に対するものでないから、そのままでは、根抵当権によって担保されることにならないからである。

しかし、他方、根抵当権の債務者を個人である債務者に代えて法人に変更すると、変更前の個人債務者に対する既発生債権が、変更後は、当該根抵当権の債務者に対する債権でなくなるため、担保されないことになる。

したがって、既存の債権をなお当該根抵当権をして担保させるためには、個人である債務者をなお根抵当権の債務者として存続させるか（法人を新たに根抵当権の債務者として追加する根抵当権の債務者変更をすること）、法人に当該既存債務を引き受けさせた上、引き受けた債務を根抵当権の被担保債権の範囲に含める被担保債権の範囲の変更が必要である。引受債務に関し被担保債権の範囲の変更が必要となるのは、法人に引き受けられた既存の債権が、債権者と法人との取引等から生じた債権でないから、従来の被担保債権の範囲に属せず、当該根抵当権によって担保されることにはならないからである。

8076 債務者の営業の全部譲渡の場合

問 根抵当権の債務者が、その営業の全部を他に譲渡した場合、根抵当権についてどのようにすればよいか。

結論 **根抵当権者が当該根抵当権で担保されていた取引を、営業の譲受人との間で継続し、その営業譲受人との取引を当該根抵当権で担保させたいとするのであれば、設定者との合意で根抵当権の債務者を営業の譲受人に変更することが必要であり、譲渡人に対する既存の債権をも併せて担保させるのであれば、さらに、譲受人をして当該債務を引き受けさせた上、これを被担保債権の範囲に含ませる被担保債権の範囲の変更をするのが相当である。**

説明 根抵当権の債務者の営業が全部他に譲渡される場合には、根抵当権で担保されていた取引も譲受人に譲渡されるであろうが、根抵当権が譲受人とその取引を継続しても、譲受人が継続される取引により負担する債務は、根抵当権の債務者に対する債権でないから当該根抵当権によって担保されない。

もっとも、根抵当権の債務者について合併があったときは、根抵当権は合併の時に存する債務のほか合併後存続する法人又は合併によって設立された法人が合併後において負担する債務をも担保するとされる（民法398条の9）ことから、合併と同様営業譲渡の場合も、根抵当権の債務者合併の場合に準じて、根抵当権は、譲受人が承継した取引により負担する債務をも、担保するものと解する余地がないでもない。しかしながら、営業の譲渡については、合併及び相続の場合のように明文の規定もないのであるから、設定者の利害に影響することでもあり、原則どおり担保されないものと解すべきである。

したがって、譲受人の営業譲受けによる取引承継後の当該取引による債務を、当該根抵当権で担保するには、根抵当権の債務者を譲受人に変更する必要がある。次に、譲渡人が既に根抵当権の被担保債権の範囲に属する取引により負担している債務であっても、根抵当権の債務者が譲受人に交替的に変更された後は、譲受人は根抵当権の債務者でないことになるから、そのままでは根抵当権によって担保されない。この場合に、譲受人の既存の債務をも当該根抵当権で担保させるには、まず、譲受人に譲受人の負担している債務を引き受けさ

せることが必要である。

しかし、譲受人が債務を引き受けただけでは、その引き受けた債務は、根抵当権者と譲受人との間の取引等によって生じた債権とはならないから、根抵当権の被担保債権の範囲には含まれず、いまだ根抵当権によって担保されることにならないのである。引き受けられた債権を特定の債権として当該根抵当権の被担保債権の範囲に含ましめる被担保債権の範囲の変更をすることによって、根抵当権で担保されることになるのである。

8077 債務者の営業の一部譲渡の場合

問 根抵当権の債務者が、その営業の一部を他に譲渡した場合、根抵当権についてどのようにすればよいか。

結論 **根抵当権の債務者の営業に属する一部の取引のみを根抵当権が担保している場合において、その一部の取引が営業の一部譲渡により他に譲渡され、根抵当権者が譲受人と当該一部の取引を継続し、これを根抵当権で担保させようとするのであれば、根抵当権の債務者を譲渡人から譲受人に交替的に変更すればよく、根抵当権が債務者の営業に属する取引の全部若しくは一部を担保している場合において、その根抵当権で担保されている取引中の一部取引が、営業の一部譲渡により譲渡され、根抵当権をして譲渡後の譲受人のその取引により負担することとなる債務をも担保させようとするのであれば、根抵当権の債務者を譲渡人のほかに譲受人を加える債務者の追加的変更をする必要がある。**

説明 根抵当権が債務者の営業に属する一部の取引のみを担保している場合において、その担保されている一部の取引のみが、営業の一部譲渡により譲渡され、根抵当権者が以後譲受人と当該取引を継続し、これを根抵当権で担保させようとするのであれば、根抵当権の債務者を譲渡人から譲受人に交替的に変更しなければならない。債務者が譲渡人である限り譲受人が当該取引によって負担する債務は、当該根抵当権によって担保されないからである。

なお、譲渡人が当該取引によって、既に負担する債務をも併せて当該根抵当権によって担保させようとするのであれば、譲受人をして譲渡人の負担する債

務を引き受けさせ、これを根抵当権の被担保債権の範囲に含ませる被担保債権の範囲の変更をしなければならない。もっとも、譲受人を根抵当権の債務者として残し、新たに譲受人を債務者とする追加的債務者の変更をして、譲渡人についての被担保債権の範囲を既存の具体的な特定の債権とする変更をすれば、譲受人の債務引受がなくとも、既存の債務を担保させることは可能である。

次に、根抵当権で担保されている取引中の一部取引が、債務者の営業の一部譲渡により譲渡された場合において、譲受人が譲渡を受けた取引により負担する債務をも、当該根抵当権で担保させるのであれば、新たに譲受人を根抵当権の債務者に追加する変更をしなければならない。譲受人に譲渡された取引以外の取引も、なお当該根抵当権で担保させるためには、譲渡人は引き続いて根抵当権の債務者でなければならないからである。

ただ、この場合、共に根抵当権の債務者となった譲渡人と譲受人について、その被担保債権の範囲が異なることになるので、譲渡人については、譲渡しなかった取引を、譲受人については譲渡を受けた取引を、それぞれ被担保債権の範囲とする被担保債権の範囲の変更をする必要があろう。この変更をした場合に譲渡に係る取引によって、既に生じて譲渡人に負担されている債務は、この変更をすれば結局担保されないことになるので、譲渡人についての被担保債権の範囲には、この既発生の具体的な特定債権をも加えておく必要があるであろう。もっとも、譲渡人の既存債務を譲受人が引き受けるのであれば、譲受人についての被担保債権の範囲に、これを加えることになる。

8078 併存的債務引受の場合の新債務者の引き受けた債務を既存の根抵当権で担保させる方法

問 併存的債務引受があった場合、新債務者の引き受けた債務は当該根抵当権で担保されるか。担保されないとすれば、どうすれば担保させることができるか。

結論 根抵当権の担保すべき元本の確定前においては、新債務者の引き受けた債務は根抵当権によって担保されない。新債務者の債務を根抵当権によって担保させるためには、債務者及び担保すべき債権の範囲を変更し、その登記をしなければならない。

説 明 　民法は、根抵当権の成立における債権への付従性を否定し、根抵当権を設定するについてはいわゆる基本契約を必要でないものとしている。このことは同時に根抵当権の価値権としての独立性を意味し、そのことから同法398条の7において根抵当権の元本の確定前における債権の移転等に対する随伴性が否定されている。昭和46年改正民法施行前においては、元本の確定前に、根抵当権の被担保債権である各個の債権が第三者に譲渡され、あるいは第三者が債務者のために弁済をし、また保証人が債務者に代わって弁済した場合に、これらの者が根抵当権に代位し、これらの者のために根抵当権の一部移転が生じるのかについては説が分かれていた。

　そして根抵当権の設定に際して基本契約を必要とする立場においては、元本の確定前においても根抵当権の一部移転が生じるものと解しており、登記実務もまたこの見解に従っていた。このことは根抵当権によって担保される個々の債務についても同様であると解されており、債務引受がされた場合には当然に根抵当権の債務者の一部変更を生じ、引受人の債務は本来の債務者の債務とともに根抵当権によって当然に担保されるものと解されていた。

　ところで、根抵当権の被担保債権は発生・消滅を繰り返すことが当然に予定されているのであり、このように流動変動する債権を担保するところに根抵当権の特質があると考えられるが、たまたま特定のものとして具体化した債権が第三者に移転した場合に、それに随伴して根抵当権の一部移転が生じるものとすることは、根抵当権の特質と相いれないものと考えられるし、また、法律関係を複雑化することにもなるので、昭和46年改正民法は元本の確定前における根抵当権の債権への随伴性を否定したわけである。

　そして、根抵当権によって担保される各個の債務について確定前に債務の引受けがされたときは、当該引受人の債務について根抵当権を実行することができないものとしたわけである。したがって、併存的に債務引受をした新債務者の債務は当然には根抵当権によって担保されないこととなるのである。

　そこで新債務者の債務をも当該根抵当権によって担保させるためには、民法398条の4の規定により債務者の追加的変更をして新債務者を当該根抵当権の債務者として追加しなければならないが、それだけでは、なお同法398条の7第2項の規定によって根抵当権によって担保されないから、更に担保すべき債権の範囲を変更して、当該特定の引受債務も担保する旨の定めをし、その登記をしなければならない。

8079 確定後における個々の債務の債務者の変更の可否

問 根抵当取引終了後、確定した個々の債務について債務引受があった場合、債務者の変更の登記ができるか。できないとすればどのようにすればよいか。

結論 民法398条の4の規定による債務者の変更の登記をすることはできない。債務引受を原因として根抵当権の変更の登記をすれば足りる。

説明 根抵当権の確定前は債権に対する付従性が否定され、根抵当権の独立の価値権としての性質が強められ、債務者を独立に自由に変更することができるものとされている。これは根抵当権が流動変動する債権を担保するものであるという特質から元本の確定前にのみ認められるものである。元本の確定後においては、根抵当権の被担保債権は特定しているのであり、債務者だけを変更することはできない。

また個々の債権の移転あるいは債務引受による債務者の変更も根抵当権に影響を及ぼさないものとし、その確定前における債権への随伴性が否定されている。これも飽くまでも被担保債権が流動変動するものであることを前提とするわけであるから、被担保債権が流動変動する状態を止め元本が確定した後においては、債権の移転に対する随伴性を否定する必要はなく、このことは債務の引受けについても同様である（民法398条の7）。

したがって、確定後の個々の債務について債務引受があった場合には、一般原則によって引受人の債務も根抵当権によって担保されることとなり、根抵当権者と設定者が共同で債務引受を原因とする根抵当権の変更の登記を申請することができるのであるから、この登記を申請すればよいことになる。

8080 債務者の変更登記の効果

問 債務者の変更の登記にはどのような効果があるか。

結論 債務者の変更をすれば、当該根抵当権によって担保されるべき債権が変更されることになる。

説明 根抵当権については、その確定前においては債権に対する付従性が原則として否定され、根抵当権者と債務者との取引によって生じる債権など被担保債権の範囲として定められた範囲に属する債権が、根抵当権によって担保される。

民法は、根抵当権が流動変動する債権を担保するものであるという特質に着目して、元本の確定前においては、被担保債権の範囲とか債務者を自由に入れ替えることができるものとしているわけである。したがって、取引契約上の債務者の地位の承継とは無関係に根抵当権の債務者を変更することが認められる。

ところで、根抵当権によって担保される債権は、当該根抵当権者と債務者との取引によって生じる債権のうち当該根抵当権の被担保債権の範囲に属するものということであるから、例えば、根抵当権者が甲、債務者が乙で、被担保債権の範囲が商品供給取引である場合には、当該根抵当権によって、甲と乙との間の商品供給取引によって生じる債権が担保されることになるのである。今この債務者乙を丙に変更することは自由にすることができるわけであるが、これを丙に変更した場合には、当該根抵当権によって担保される債権は、甲と丙との商品供給取引によって生じる債権に変更されることになり、甲と乙との商品供給取引から生じた債権は担保されないことになってしまう。

前記のとおり、根抵当権の債務者の変更は、根抵当権の要素の変更と見るべきものであり、非常に重要な意味を持つ。

なお、債務者の変更は元本の確定前においてのみ認められるものであり、かつ、元本の確定前にその登記をすることを要するのであって、変更の登記をしないうちに元本が確定してしまうと債務者の変更はなかったものとみなされる。その場合には、根抵当権によって担保される債権は変更前の債務者との取引によって生じた債権ということになり、仮に変更前の債務者との取引による債権がゼロである場合には、当該根抵当権によっては何ら優先弁済を受けることができない結果ともなるのである。このようなことから、債務者を変更した場合には速やかに登記をしておく必要がある。

第4項　確定期日の変更

8081　確定期日の延期又は短縮の契約の可否

問　確定期日の定めについて、その期日を延期したり、又は短縮したりすることができるか。

結論　担保すべき元本の確定前であれば、根抵当権者と根抵当権設定者との合意によって根抵当権の確定期日を変更（延期又は短縮）することができる。ただし、確定期日を定め又は変更した日から5年以内の日であることを要する。

なお、確定期日の登記がある場合にこれを変更しても、変更前の期日より前にその変更の登記をしないと、根抵当権は変更前の期日において確定する。

説明　根抵当権の確定期日の定めは、根抵当権の担保する債権をいわば一定の時間的範囲によって限定するものであるから、担保すべき債権の範囲の自由な変更を認めたのと軌を一にして、元本の確定前であれば、根抵当権者と根抵当権設定者との合意によって確定期日の定めについてその期日を延長的に変更したり、短縮的に変更したりすることができる（民法398条の6第1項）。この場合、後順位の抵当権者その他の第三者の承諾を得る必要はない（同条2項、398条の4第2項）。しかも、確定期日を定め又はその変更をした日から5年以内の日であることを要する（同法398条の6第3項）。5年以内の日でなければならないとした趣旨は、根抵当権設定者が不当に長期にわたり根抵当権による拘束を受けることがないようにするためである。

この5年以内の日は、民法の期間計算の規定に従って計算される。5年以内の日というのは、確定期日を定め又はその変更した日の翌日を起算日としてその起算日に応当する日の前日までの日を指す。そして、確定期日を変更しても変更前の期日より前にその登記をしないと根抵当権は変更前の期日において確定する（同法398条の6第4項）。

例えば、確定期日が平成26年3月31日と定められていて、登記されている場合に、これを延期するときは、少なくとも平成26年3月30日までにその延期をし、かつ、登記をしないと同年3月31日午前零時に担保すべき元本は確定して

しまうのであるから、最長同年3月30日から5年目のすなわち平成31年3月30日まで延期することができることとなる。したがって、平成31年3月31日以降の日をもって変更後の確定期日とする変更の登記の申請は、受理されないこととなるし、また、平成26年3月31日以後にする確定期日の変更の登記の申請についても受理されないこととなる。

8082 確定期日の定めの変更登記をしなかった場合の効果

問 確定期日の定めを登記している場合に、その定めを延長的に変更する契約をしながら、その登記をしなかった場合には、どのようになるか。

結論 **確定期日の定めを登記している場合で、その期日を更に将来の日とする延長的変更をしたときは、その期日が到来する前に期日の変更の登記をしないと担保すべき元本はその変更前の期日において確定する。**

説明 確定期日の定めを登記している場合において、その期日を更に将来の日とする延長的変更をしたときは、その期日が到来する前に期日の変更の登記をしないと、担保すべき元本はその変更前の期日において確定する（民法398条の6第4項）。

したがって、この変更の登記は、担保すべき債権の範囲等の変更の登記と同じように、変更前の期日の到来前においては対抗要件としての機能を営みながら、その期日前に変更の登記がされないときには、究極的には期日の変更の効力が生じないという意味において、変更の効力要件としての機能を営むこととなる。この趣旨は、確定期日を登記している場合には、第三者に根抵当権の確定期日をいわば予告しているともいえるところから、あらかじめ期日到来前に変更の登記をしなければ、当然に変更（契約）前の期日において根抵当権が確定したものとして扱うとされたものである。

なお、その期日をより近い日とする短縮的変更をしたときは、その登記をしなくても変更後の期日の到来により根抵当権は確定するものと解される。

8083 確定期日の定めの変更と利害関係人

問 確定期日の定めを変更する場合には、利害関係人の承諾を要するか。

結論 確定期日を変更するには後順位の抵当権者その他の第三者の承諾を必要としない。

説明 旧根抵当権のいわゆる存続期間について、その存続期間が満了する前に延長の登記をした事案につき、大審院は、根抵当権者は存続期間延長後に生じた債権については後順位者に対する関係においては優先弁済権を主張することができないとしていた（大判昭5.6.3）。ところが、昭和46年改正民法施行後の根抵当権については独立の価値権性を有するものとし、被担保債権の範囲等の変更について後順位者の承諾を要しないこととされている（民法398条の4第2項）。被担保債権の範囲が、いわば個々の債権の種類に応じて、根抵当権の担保する債権を限定するものであるのに対して、確定期日の定めは、いわば一定の時間的範囲によって根抵当権の担保する債権を限定するものである。このようなことから、民法398条の4第2項は、前記判例の趣旨を否定し、枠支配権に徹して、根抵当権につき担保すべき債権の範囲の自由な変更を認めたのと軌を一にして、確定期日の変更についても後順位の抵当権者その他の第三者の承諾を必要としないものとしているのである（同法398条の6第2項）。

8084 確定期日経過後における確定期日の定めの登記の可否

問 確定期日の定めをしたが、その登記をしなかった場合において、その期日の経過後にその定めの登記をすることができるか。その場合の確定期日の定めの効力はどうなるか。

結論 確定期日の定めをしたが、その登記をしなかった場合で、その期日を経過したときは、その定めの登記申請は受理されない。確定期日の到来によって元本確定の効果を生じる。

説明 確定期日を定めたときには、その旨の登記をするのが原則である（不登法88条2項）。この登記は、根抵当権の内容に関する登

記として、第三者に対する対抗要件としてされるものである。ところが、確定期日を定めたが、この定めが登記されない場合が生じ得る。この場合に、その確定期日前に、その登記をすることについては、特に問題はないが、その確定期日を経過した後においてその登記をすることができるのであろうか。

確定期日の定めは、登記しなくても確定期日としての効力は有するものと解されるから、その期日の到来によって根抵当権は確定することとなる。しかも、この確定期日は、その事柄の性質上、根抵当権の確定前に定めるべきものであり、また、たとえ、確定前に確定期日を定めたとしても、確定後にはむしろ端的に確定の登記をすべきであり、期日経過後の確定期日の定めの登記申請は、受理されないものと考えられる。

8085 確定期日の定めを廃止することの可否

問 確定期日の定めがあるものについて、その定めを廃止することができるか。

結論 確定期日の定めは廃止することができる。

説明 確定期日の定めは、いわば根抵当権の担保する債権の時間的範囲の限定であるということができるが、これは、根抵当権者と根抵当権設定者との合意によってするものである。そして、この合意をするかどうかは当事者の自由である。したがって、一旦定めたものを廃止することも当事者の自由である。しかも、この場合には、後順位の抵当権者その他の第三者の承諾を得ることを要しない（民法398条の6第2項、398条の4第2項）。したがって、確定期日の定めの登記は、根抵当権設定の登記においてする場合を除き、付記登記によってされる。

なお、確定期日の定めを廃止する結果、その定めはないこととなるので、民法398条の19の規定の適用を受け、根抵当権設定者は、その根抵当権の設定の時から3年を経過したときは元本確定の請求をすることができるようになる。

8086 確定期日の定めの変更登記申請手続

問 確定期日の定めの変更の登記の申請人は誰か。

結論 期日の延期の場合の登記は、根抵当権者が登記権利者、根抵当

設定者が登記義務者となって申請する。また、確定期日の短縮の場合の登記は、根抵当権設定者が登記権利者、根抵当権者が登記義務者となって申請する。

> **説明**
>
> 確定期日の定めの変更には、普通その期日の延期的変更と短縮的変更の場合とが考えられる。

まず、期日の延期の場合の登記は、根抵当権者が登記権利者、根抵当権設定者が登記義務者となって申請する。

申請情報に記録すべき登記の目的は「○番根抵当権変更」であり、登記原因及びその日付は「平成○年○月○日変更」である。なお、変更後の事項として「確定期日平成○年○月○日」を記録するほか、不動産の表示、登録免許税の額、登記所の表示、申請年月日等を記録する。

添付情報は、登記原因証明情報、登記識別情報のほか、書面申請の場合において、根抵当権の目的たる権利が所有権であるときは、その所有権の登記名義人たる設定者の印鑑証明書(作成後3か月以内のもの)を添付する必要がある。

なお、登録免許税は、不動産1個につき1,000円である。

確定期日の短縮の場合の登記は、根抵当権設定者が登記権利者、根抵当権者が登記義務者となって申請する。

8087 相続及び合意の登記後に、新たに追加担保登記をする場合の根抵当権者又は根抵当権の債務者の表示方法

問 根抵当権者又は根抵当権の債務者について相続及び合意の登記をした後に、これらの根抵当権に他の不動産を追加担保の登記をする場合には、申請情報に記録する根抵当権者又は債務者の表示の方法はどのようにすべきか。

結論 以下の振り合いによるべきである。

根抵当権者の場合

  根抵当権者 (○市○町○番地 何某

    (平成○年○月○日死亡)の相続人)

   ○市○町○番地 何 某

   ○市○町○番地 何 某

  指定根抵当権者 (平成○年○月○日合意)

　　　　　○市○町○番地　何某
　　　債務者の場合
　　　　債務者（○市○町○番地　何某
　　　　　　　（平成○年○月○日死亡）の相続人）
　　　　　○市○町○番地　何　　某
　　　　　○市○町○番地　何　　某
　　　　指定債務者（平成○年○月○日合意）
　　　　　○市○町○番地　何某

説明　　相続人は、相続開始前の被相続人の有していた債権又は債務を相続し、その債権又は債務が当該根抵当権によって担保され、指定根抵当権者又は指定債務者は、相続開始後に発生した債権又は債務につき、当該根抵当権の被担保債権の債権者又は債務者となることから、相続開始年月日、相続人の住所氏名、指定債権者（指定債務者）の住所及び氏名を申請情報に記録する必要がある。

　次に、相続人の相続開始前の固有の債権又は債務については当該根抵当権によっては担保されないことを明らかにするために、被相続人の住所及び氏名を申請情報に記録する必要がある。

　また、他管轄登記所の物件を追加したような場合に、その追加物件の根抵当権設定の登記をもって合意された旨を明らかにするために、合意の年月日も申請情報に記録する必要がある（昭62.3.10第1083号通達）。

第4節 根抵当権の譲渡
（弁済の割合及び優先弁済の定めを含む）

8088 根抵当権の譲渡の意義及び効果

問 確定前の根抵当権の譲渡とはどういうことか。また、どんな効果があるか。

結論 根抵当権の譲渡とは、根抵当権をその各個の被担保債権と切り離して、根抵当権自体を第三者に絶対的に移転することをいい、根抵当権が譲渡されると、根抵当権は譲受人に絶対的に移転し、譲渡人の債権は担保されなくなる。

説明
(1) 根抵当権の譲渡

　　根抵当権の譲渡とは、根抵当権とその各個の被担保債権と切り離して、根抵当権自体を第三者に絶対的に譲渡することをいう。

　根抵当権の譲渡をするには、譲渡人である根抵当権者と譲受人との合意及び設定者の承諾を必要とするのであって、この承諾がないと譲渡の効力を生じない。譲渡の契約は諾成無方式の物権契約である。

　根抵当権が譲渡されると、譲受人が、その根抵当権によって自己の債権を担保することになるので、譲渡人の債権はもはや当該根抵当権によっては担保されないことになる。

　昭和46年改正民法施行前においては、登記実務上は、根抵当権についても、その成立時における付従性を充足する必要があるとして、いわゆる基本契約の存在を必要とするという立場を採っていたため、債権関係と切り離して、これと独立して根抵当権自体を他に移転することはあり得ないとされていたのであるが、民法では確定前の根抵当権については付従性を否定し、根抵当権そのものを第三者に絶対的に譲渡することができることになっている（同法398条の

12)。

(2) 譲渡の効果

　根抵当権の譲渡があると、前記のとおり根抵当権は譲受人に絶対的に移転するので、その根抵当権について担保すべき債権の範囲として定められた債権の範囲に属する譲受人の債権は、譲受け後に取得するものはもちろんのこと、譲受け前のものも全て担保されることになるのである。

　もっとも、譲受人が、根抵当権の譲渡とともに、譲渡人の債権を譲り受けた場合においても、その譲受債権は当然には根抵当権によって担保されることにはならないので、譲受人がそれらの債権を当該根抵当権で担保させようとするときには、譲受け後に設定者との合意によって、民法398条の4の規定により、改めてその譲受債権を特定の債権として被担保債権とする旨の担保すべき債権の範囲の変更をしなければならない。

　なお、譲渡の対象となった根抵当権が、民法392条の規定が適用されるものであるときには、全ての不動産の根抵当権について譲渡の登記をしないと、譲渡の効果を生じないことになる（同法398条の17第1項）。

8089　根抵当権の譲渡と民法376条の譲渡との差異

問　根抵当権の譲渡と民法376条の譲渡とは、どのように異なるか。

結論　**根抵当権の譲渡は、根抵当権を第三者に絶対的に移転するのに対し、民法376条の譲渡は、その根抵当権による具体的な優先弁済権を譲渡するものであり、根抵当権自体の絶対的移転ではない。**

説明　根抵当権の譲渡は、根抵当権をその各個の被担保債権から分離して、根抵当権自体を第三者に移転することをいうのであって、譲渡人の被担保債権には全く関係なく、譲受人は完全に独立してその根抵当権を利用し、優先弁済が受けられるのに対し、民法376条の譲渡の場合は、抵当権者は、その抵当権を譲渡しても、抵当権を失うわけではなく、また、抵当権の譲渡を受けた者も、抵当権を取得し、抵当権者となるわけではないのである。

　抵当権のみの譲渡があった場合には、抵当権の譲渡を受けた者は、譲渡をした抵当権者が競売等の場合に、当該抵当権によって受ける配当額から、自己の債権を、譲渡した抵当権者よりも、先に弁済を受けることができるだけであっ

て、譲渡した抵当権者の抵当権の存続を基礎としているのである。したがって、抵当権の譲渡を受けた債権者の債権が任意弁済等により消滅した場合には、抵当権を譲渡した抵当権者は抵当権の譲渡がなかった状態に戻るのであって、完全な抵当権の利益を再び享受することができることになる（このことから、民法376条の処分が相対的な効果しか生じないといわれているのである）。

　また、手続についても、民法376条の譲渡の場合には、譲渡することができるのは「同一債務者に対する他の債権者」でなければならないのに対し、根抵当権の場合は、その制限がなく、特定の債権を担保する目的で譲り受ける者であってもよいし、不特定の債権を担保する目的で譲り受ける者であってもよい。また、当該根抵当権の債務者に対する同一の債権者である必要もない。

　さらには、民法376条の譲渡の場合においては、抵当権設定者の承諾の必要はないが、根抵当権の譲渡の場合には、根抵当権設定者の承諾が必要であり、また、対抗要件として同条の譲渡の場合には、債務者への通知・承諾（確定日付）が必要であるのに対し、根抵当権の場合には、登記のみが対抗要件である。

　このように根抵当権の確定前における譲渡と民法376条の譲渡とは、全く異なる性質を持っているのである。もっとも、根抵当権が確定した場合には、根抵当権についても、同条の規定による譲渡をすることができることとなる。

8090　契約上の地位の承継と根抵当権の移転

問　債権者の契約上の地位の承継があった場合、根抵当権は当然に移転するか。

結論　当然には移転しない。

説明　旧根抵当権については、付従性があるとされていたため、根抵当権を設定するにはいわゆる基本契約が必要であるとされていた。したがって、根抵当権が第三者に移転するのは、飽くまでも債権とともにこれに随伴して移転する場合に限られるものとし、根抵当権においてこれらの債権を間接的に指定している基本契約上の債権者の地位を第三者が承継した場合に限り、これに随伴して根抵当権の移転が生じるとしていたのであるが、民法は、確定前の根抵当権の債権に対する付従性を否定し、基本契約の存在を必要としていないので、単にその根抵当権を譲渡し、その担保すべき債権の範囲又は債務者の変更をすることによって、自由に根抵当権を譲受人が利用するこ

とができるようになったので、基本契約の承継契約というようなことは必要がなくなったのである。

　もっとも、昭和46年改正民法施行後の根抵当権は債権関係から独立して、不動産の交換価値の中から一定限度の枠内における価値を支配する権利、すなわち枠権であるから、その枠権を移転するのがすなわち根抵当権の移転ということになるのである。したがって、その枠の権利の移転を受けるためには、根抵当権の譲渡を受けなければならないのであって、単に基本契約の承継契約をしたのみでは、根抵当権は当然には移転しないのである。

8091　根抵当権の譲渡と既存の債権との関係

　問　　根抵当権の譲渡があった場合には、既発生の譲渡人の債権はどうなるか。また、譲受人のどの範囲の債権が担保されるか。

　結論　　**譲渡人の債権は、たとえそれが既発生のものであっても当該根抵当権で担保されなくなるが、その根抵当権について担保すべき債権の範囲として定められた債権の範囲に属する譲受人の債権は全て担保される。**

　説明　　根抵当権が譲渡されると、根抵当権は譲受人に絶対的に移転するので、譲渡人の債権はたとえそれが既発生のものであっても、もはや当該根抵当権によっては担保されなくなる。したがって、譲渡の時に譲渡人が有していた債権あるいはその後に取得する債権を引き続きその根抵当権によって担保させるためには、根抵当権の一部譲渡（民法398条の13）の方法によるほかないのである。

　以上に対し、根抵当権が全部譲渡されると、根抵当権は譲受人に絶対的に移転するので、その根抵当権について担保すべき債権の範囲として定められた債権の範囲に属する譲受人の債権は、譲受け後のものはもちろん譲受け前のものも全て担保されることになるのである。

　なお、譲受人が、その範囲に属する債権以外の債権を当該根抵当権によって担保させようとするには、譲受け後に根抵当権設定者との合意によって担保すべき債権の範囲を変更しない限り担保されないのである。

　また、根抵当権の譲渡とともに、譲渡人の債権を譲り受けた場合においても、譲受人がその譲受け債権を当該根抵当権によって担保させるためには、民

法398条の４により、改めてその譲受債権を特定の債権として担保すべき債権とする旨の担保すべき債権の範囲の変更をしない限り、その譲受債権も当然にはその根抵当権によって担保されることにはならない。

8092　全部譲渡の登記申請手続

問　全部譲渡の登記申請はどうすればよいか。
結論　**根抵当権の譲渡の登記は、譲渡人が登記義務者、譲受人が登記権利者となって申請する。なお、当該申請情報には設定者の承諾したことを証する情報を併せて提供しなければならない。**

説明　確定前の根抵当権は、設定者の承諾を得てこれを譲渡することができるのである（民法398条の12第１項）が、これを第三者に対抗するためにはその登記を必要とする。そして、根抵当権の譲渡の登記は、根抵当権の移転の登記として、当該根抵当権の登記に譲渡による移転を付記することによってされる（不登法66条）ことになるので、譲渡人が義務者、譲受人が権利者となって申請することになる（同法60条）。

確定前の根抵当権の譲渡は、根抵当権そのものの譲渡であるから、登記原因は「譲渡」であり、その日付は譲渡契約をする前に設定者の承諾を得ている場合には譲渡契約締結の日であり、譲渡契約後に設定者の承諾を得た場合には、設定者が承諾をした日ということになる。したがって、譲渡契約をする前に設定者の承諾を得ている場合には、当該譲渡契約書は登記原因証明情報に該当する。しかし、譲渡契約後に設定者の承諾を得た場合には、その承諾があったときに権利変動を生じるので、その契約書は、譲渡の登記原因証明情報としての要件を備えているとはいえない。また、確定前の根抵当権を譲渡するには、設定者の承諾を必要とする（民法398条の12第１項）ので、その承諾を証する情報を不動産登記令７条１項５号ハの規定に則して情報を提供しなければならない。

なお、譲渡すべき根抵当権が共同担保であるときは、各不動産について、例えば甲の所有するＡ物件と、乙の所有するＢ物件の根抵当権が共同担保であるときには、Ａ・Ｂ物件ともに譲渡の登記をしないと、その譲渡の効力を生じない（民法398条の17第１項）ので、Ａ・Ｂ物件とも譲渡することになるが、その場合、甲及び乙の承諾の日がそれぞれ異なる場合には、この登記原因の日付は

異なることになる。しかし、このような場合であっても、根抵当権の譲渡の登記は一つの申請情報で申請することができる（昭46.10.4第3230号通達）。もっとも、かかる場合には、登記原因を物件ごとに特定する方法で記録することになる。

8093 根抵当権の一部譲渡の意義及び効果

問 　根抵当権の一部譲渡とはどういうことか。また、どんな効果があるか。

結論 　**根抵当権の一部譲渡とは、根抵当権の共有状態を作出する行為であって、根抵当権の一部譲渡があると、譲受人は譲渡人とともに根抵当権を共有し、共に根抵当権者としてその利益を受けることができる。**

説明
(1) 根抵当権の一部譲渡

　根抵当権の一部譲渡は、確定前の根抵当権自体の絶対的処分の一態様として認められたものであって、譲渡人と譲受人とが根抵当権の共有者として利益を受ける結果を作出する処分である。したがって、根抵当権の一部譲渡は、例えば、極度額1,000万円の根抵当権のうち500万円の部分を譲渡するというようなものではなく、根抵当権の共有状態を作出するために、新たに第三者を根抵当権者の地位に加入させる行為である。

　根抵当権の一部譲渡をするには、譲渡人たる根抵当権者と譲受人との合意及び設定者の承諾を必要とするのであって、この承諾がなければ譲渡の効力を生じない。また、この合意は、単に「一部譲渡」をする旨のみで足り、諾成無方式の物権契約である。

(2) 一部譲渡の効果

　根抵当権の一部譲渡があると、譲受人は譲渡人とともに根抵当権を共有することになるので、以後当該根抵当権は、譲渡人の債権と譲受人の債権を共に担保することになる。

　一部譲渡があると、一部譲渡を受けたその根抵当権によって担保される譲受人の債権は、当該根抵当権の債務者に対するもので、しかも、その根抵当権の担保すべき債権の範囲として定められた範囲に属するもののみである。したがって、譲受人の、従来の担保すべき債権の範囲に属する債権以外の債権、ある

いは従来の債務者以外の債務者に対する債権は、当該根抵当権によっては、当然には担保されないのである。これを担保しようとする場合には、民法398条の4の規定により、担保すべき債権の範囲又は債務者の変更を、根抵当権者たる譲渡人と譲受人とが共同して、根抵当権設定者と合意する必要がある。なお、この場合譲受人のみが根抵当権設定者と変更の合意をしても、変更の効果は生じないことになる。

また、一部譲渡の対象となった根抵当権が民法392条の規定が適用されるものであるときには、全ての不動産の根抵当権について一部譲渡の登記をしなければ、一部譲渡の効果を生じないことになる（同法398条の17）。

8094 一部譲渡の登記申請手続

問 一部譲渡の登記申請はどうすればよいか。

結論 **根抵当権の一部譲渡の登記申請は、譲受人が登記権利者、譲渡人が登記義務者となって申請する。なお、申請情報には設定者の承諾を証する情報を併せて提供しなければならない。**

説明 元本の確定前においては、根抵当権者は根抵当権設定者の承諾を得てその根抵当権の一部譲渡をして根抵当権を譲受人と共有することができる（民法398条の13）のであるが、これを第三者に対抗するためにはその登記を必要とする。そして、根抵当権の一部譲渡の登記は、譲受人に対する根抵当権の一部移転であるから、根抵当権の一部移転の登記として、当該根抵当権の登記に一部譲渡による一部移転を付記することによってされる（不登法66条）。そして、この登記の申請は、譲受人が権利者、譲渡人が義務者となって申請する必要があり（同法60条）、申請情報には、併せて根抵当権設定者の承諾を証する情報を提供する必要がある。

元本の確定前における根抵当権の一部譲渡は、根抵当権そのものの一部譲渡であるから、登記原因は「一部譲渡」であり、その日付は一部譲渡の契約をする前に設定者の承諾を得ている場合には一部譲渡契約締結の日であり、そうでない場合には設定者が承諾をした日となることは、確定前における根抵当権の譲渡の場合と同様である。

また、登記原因証明情報も根抵当権の譲渡の場合と同様、一部譲渡契約の前に設定者の承諾を得ている場合は、その契約書は該当するが、そうでない契約

書は該当しない。もっとも、根抵当権の一部譲渡は、譲渡人と譲受人とが根抵当権の共有者として利益を受ける結果を作出する処分であるから、結果において根抵当権を共有することになるが、それぞれの持分の量は不確定であるから、持分という概念は存しないといえよう。したがって、根抵当権の一部譲渡等により根抵当権を共有する場合の登記の申請情報には、その持分の記録を要しない。

なお、一部譲渡の目的となっている根抵当権が共同担保である場合において、各不動産について登記原因の日付が異なる場合であっても、これを一つの申請情報で申請することができることは、根抵当権の譲渡の場合と同様である。

8095 根抵当権の分割譲渡の意義及び効果

問 根抵当権を分割して譲渡するというのはどういう意味か。また、どういう効果があるか。

結論 **根抵当権の分割譲渡とは、1個の根抵当権を2個の根抵当権に分割して、その一を他に全部譲渡することをいうのであって、根抵当権を2個に分割してその一を譲渡すると、譲渡した部分は譲受人に絶対的に移転するので、譲渡人は譲渡した部分について何らの権利も有しなくなる。**

説明 (1) 根抵当権の分割譲渡

根抵当権の分割譲渡とは、1個の根抵当権を2個の根抵当権に分割して、その一を他に全部譲渡することをいうのである。

(2) 分割譲渡の効果

根抵当権を2個に分割してその一を譲渡すると、譲渡した部分は譲受人に絶対的に移転することになる。その結果、譲渡人は譲渡した部分については、もはや何らの権利も有しないことになる。譲渡された根抵当権は、以後その根抵当権について定められた担保すべき債権の範囲に属する譲受人の債権のみを担保することになる。したがって、従来1個であった根抵当権が、同一順位の根抵当権者の異なる2個の根抵当権となり、譲渡人の根抵当権の極度額は、分割譲渡した根抵当権の極度額に相応する分だけ減額されることになる。

もっとも、根抵当権の分割は譲渡の一態様としてのみ認められた制度である

から、譲渡と関係なしに根抵当権の分割のみをするということはできないのである。また、甲乙が共有する1個の根抵当権を分割して、甲単有の根抵当権と乙単有の根抵当権にすることは、制度の趣旨からしてこの分割譲渡によってはできないものと解すべきである。しかし、甲乙の共有する1個の根抵当権を2個に分割してその一を丙に譲渡することは、分割譲渡により可能である。

なお、分割譲渡の対象となった根抵当権が民法392条の規定が適用されるものであるときは、全ての不動産の根抵当権について分割譲渡の登記をしないと、分割譲渡の効果を生じない（同法398条の17）。

8096 分割譲渡の登記申請手続

問 分割譲渡の登記の申請はどうすればよいか。

結論 **元本の確定前における根抵当権の分割譲渡の登記は、分割譲渡をした根抵当権者が義務者、譲受人が権利者となって申請する。**

説明 元本の確定前においては、根抵当権者は設定者の承諾及びその根抵当権を目的とする権利を有する者の承諾があれば、根抵当権を2個の根抵当権に分割してその一を第三者に譲渡することができる（民法398条の12第2項・3項）のであるが、これを第三者に対抗するためには、その登記を必要とする（同法177条）。もちろん、分割譲渡も、その法律的な性質から見ると根抵当権の譲渡ではあるが、その結果、同一順位における2個の根抵当権が現出することになるので、全部譲渡又は一部譲渡の場合のように単純な根抵当権の移転の形式を採ることはできない。

そこで、不動産登記令3条及び別表の六十の項並びに不動産登記規則165条において分割譲渡の場合の登記手続を規定している。すなわち、根抵当権を甲根抵当権及び乙根抵当権に分割して、乙根抵当権の移転の登記をする場合には、申請情報に、乙根抵当権の極度額のほかに、当該根抵当権の設定の登記の申請の受付の年月日、受付番号、登記原因及びその日付並びにその根抵当権の担保すべき債権の範囲及び債務者が、その登記に民法370条ただし書の定め又は担保すべき元本の確定すべき期日の定めが記録されているときは、それらの定めをも記録しなければならないものとしている。

このように、申請情報にこの事項を記録することとされたのは、分割譲渡による根抵当権の移転の登記は、一般の権利移転の登記のように付記によってそ

の登記をするのではなく、主登記ですることとされている（規則165条1項）ので、分割譲渡の登記がされると、それぞれ別個の根抵当権として存在することになる。そうすると、乙根抵当権の順位はもとよりその内容も不明確になるからである。

　もとより、分割譲渡も根抵当権の絶対的処分の一態様であるから、その申請は、分割譲渡をした根抵当権者が義務者、その譲渡を受けた者が権利者となって申請することは一般の権利移転の場合と異なるところはなく、また、申請情報には、前記のほか不動産登記法又は不動産登記令の一般通則に定める事項をも記録しなければならないことはいうまでもない。

　そして、この場合の登記原因は「分割譲渡」であって、その原因日付は、設定者又は分割譲渡する根抵当権を目的とする権利を有する者の承諾を分割譲渡契約締結の前に得ている場合は、その分割譲渡契約締結の日がそれであり、そうでない場合は、設定者等の承諾の日がそれであり、契約締結の前に設定者等の承諾を得ている場合には、その契約書は登記原因証明情報に該当する。もっとも、この申請情報には、設定者のほかその根抵当権を目的とする権利を有する者がある場合にはその者の承諾を証する情報を併せて提供する必要がある。

　なお、分割譲渡の対象となった根抵当権について民法392条の規定の適用がされる場合には、同法398条の17の規定により、全ての不動産の上の根抵当権につき分割譲渡の登記をしなければ、分割譲渡の効力が生じないので、共同根抵当の関係にある全ての不動産について、分割譲渡の登記をすることになる。

　また、この場合には、各不動産について登記原因の日付が異なる場合であっても一つの申請情報で申請することができる。

8097　第三者の権利の目的である根抵当権の分割譲渡

　問　　第三者の権利の目的となっている根抵当権を分割譲渡することができるか。できるとした場合にはその方法及び効果はどうなるか。

　結論　**分割譲渡することはできる。この場合には、その根抵当権を目的とする権利を有する者の承諾を要する。その承諾があれば分割譲渡された部分についてはその権利は消滅する。**

| 説　明 |　1個の根抵当権を2個に分割して、その一つを他に譲渡する場合において、その分割譲渡の対象となっている根抵当権に、その根抵当権を目的とする権利がある場合であっても分割譲渡はできるが、この譲渡をした場合における権利関係の錯綜を避けるため、民法は根抵当権を目的とする第三者の権利は、譲渡された根抵当権について消滅することとしているのである。

　そのために、根抵当権を分割譲渡する場合には、その根抵当権を目的とする権利を有する第三者の承諾を得なければならないこととしている（民法398条の12第2項・3項）。

　したがって、第三者の権利の目的となっている根抵当権を分割譲渡するには、根抵当権者と譲受人との間の分割譲渡契約のほかに、根抵当権設定者の承諾及びその分割譲渡の対象となっている根抵当権を目的とする権利を有する者の承諾が実体法上必要になるわけであり、その承諾をした第三者の権利は分割して譲渡された根抵当権については消滅するのである。

　なお、この場合における申請情報には、併せて設定者の承諾を証する情報のほか、根抵当権を目的とする権利を有する者の承諾を証する情報を提供する必要がある。

8098　根抵当権の分割譲渡と一部譲渡との差異

| 問 |　根抵当権の分割譲渡と一部譲渡とは、その効果はどのように異なるか。

| 結　論 |　**分割譲渡においては、分割譲渡された部分については、譲渡人は根抵当権者である地位を失い、譲渡人と譲受人とはそれぞれ別個独立の根抵当権者として、各自の根抵当権を実行することになるのに対し、一部譲渡の場合においては、譲渡人と譲受人が1個の根抵当権の共有者として権利を行使することになる点において異なる。**

| 説　明 |　分割譲渡は、1個の根抵当権を2個の根抵当権に分割して、その一を他に全部譲渡することになるが、一部譲渡は、1個の根抵当権を譲渡人と譲受人とが共有することになるのである。

　根抵当権の分割譲渡があると、分割譲渡された根抵当権については、譲渡人

は権利者である地位を失い、譲受人のみが当該根抵当権の権利者となり、以後それぞれ別個独立した根抵当権者として、その権利を行うことになるのであるから、例えば、根抵当権者甲が、順位一番の極度額1,000万円の根抵当権を、極度額700万円と300万円の2個の根抵当権に分割し、300万円の根抵当権を乙に譲渡すると、甲の根抵当権の極度額は、乙に譲渡した300万円分が減額されることになる半面、譲り受けた乙は、順位一番の極度額300万円の根抵当権者になる。したがって、甲は分割譲渡した300万円の根抵当権については無権利者となるので、乙の根抵当権の極度額に余裕を生じても、もはや甲はその譲渡した根抵当権によって利益を受けることはできないのである。

これに対し、根抵当権の一部譲渡は、根抵当権を2個に分割してその一を譲渡するのではなく、1個の根抵当権を、例えば、根抵当権者甲が順位一番の根抵当権を無担保者である乙に一部譲渡すると、甲と乙とはこの順位一番の根抵当権を共有することになり、以後当該根抵当権は、甲の債権と乙の債権を共に担保することになるのである。したがって、乙の債権が皆無になると甲がその極度額まで優先弁済を受けることができるのである。

以上のほか、その譲渡の方法においても異なる。すなわち、分割譲渡をする場合においては、その分割譲渡する根抵当権につきその根抵当権を目的とする権利を有する者がある場合にはその者の承諾がなければならないが、一部譲渡の場合には、これを要しない。

8099 共有根抵当権者間の優先弁済の割合又は優先についての別段の定めの時期

問 根抵当権の一部譲渡がされた根抵当権について、共有者間の優先弁済の割合又は優先についての別段の定めをするのは、譲渡と同時にすることを要するか、いつまでにすればよいか。

結論 **根抵当権の確定前であればいつでもすることができる。**

説明 根抵当権の一部譲渡があると、譲受人は譲渡人とともに根抵当権を共有し、それぞれの債権額の割合に応じてその利益、すなわち弁済を受けることになる（民法398条の14第1項前段）、その共有者が、根抵当権の元本の確定前に債権額の割合とは異なる割合によって弁済を受けるべき旨の定めをし、あるいは共有者のうちのある者が他の共有者に先だって弁済を

受けるべき旨を定めているときには、その定めによって弁済を受けることができるのである（同項後段）。

このように、弁済を受ける割合についての別段の定め又は優先劣後の定めは、根抵当権の一部譲渡による場合には、その一部譲渡によって共有状態が生じたときから、根抵当権が確定する前であればいつでもすることができる。もっとも、弁済を受ける割合についての別段の定め又は優先劣後の定めのできるのは、一部譲渡によって共有状態が生じた場合に限らず、根抵当権の共有状態が生じたのが設定の当初からである場合、あるいは相続によって生じた場合であっても差し支えないのである。また、これらの定めをした後において、これらを変更することも、廃止することも、確定前であればいつでもすることができる。

なお、共有者間における優先の定めの登記は、各共有者の合同申請によってされ、登記権利者、登記義務者としてすることにはならないのである（不登法60条）。また、この定めの登記の申請は、根抵当権設定の登記の申請又は一部譲渡若しくは根抵当権者の相続による移転等の登記の申請と一つの申請情報ですることはできない。また、その登記は常に付記登記としてされることになる（同法66条）。

8100 一部譲渡と優先の定めの登記申請を一つの申請情報ですることの可否

問 一部譲渡と優先の定めの登記申請を一つの申請情報ですることができるか。

結論 当該登記を一つの申請情報で申請することはできない。

説明 確定前の根抵当権の一部譲渡は、根抵当権を第三者に一部譲渡して、根抵当権を譲受人との共有とすることであって、譲受人に対する根抵当権の一部移転であるから、その登記も登記手続上は、根抵当権の一部移転の登記としてされる。一部譲渡による根抵当権の一部移転の登記は、譲受人が権利者、譲渡人が義務者となって申請しなければならない（不登法60条）のに対し、根抵当権の共有者間における優先の定めの登記は、それ自体根抵当権者内部の問題であって、他の者に対する関係で利害得失の生じる要素が極めて少ないので、不動産登記法89条2項により根抵当権の共有者は全員

で登記の申請をしなければならないとし、権利者、義務者の共同申請という構造を取っていない。

このように、一部譲渡の登記と、いわゆる優先の定めの登記とは、その登記手続の構造を異にすることから、一部譲渡と、優先の定めの登記を一つの申請情報で申請することはできない。

8101 根抵当権の一部譲渡の場合の優先弁済の割合についての別段の定め

問 根抵当権の一部譲渡がされた場合、共有者の間で弁済を受ける割合を任意に定めることができるか。その場合の効果はどうなるか。

結論 **任意に定めることができる。この場合には、その定められた割合によって弁済を受けることになる。**

説明 根抵当権の一部譲渡によって共有状態が生じた場合には、譲渡と同時又は譲渡後を問わず、その根抵当権の元本の確定前であればいつでも根抵当権の共有者が任意にその弁済を受ける割合についての別段の定めをすることはできる（民法398条の14第1項）。根抵当権の共有者がその定めをすると、その定められた割合によって弁済を受けることになるが、この定めは、具体的には当該根抵当権について配当されるべき額についての割合、すなわち、例えば、当該根抵当権について配当される額の七割を甲、三割を乙ということに定めることになる。極度額1,000万円の根抵当権についてこのような定めをした場合において、現実の配当額が500万円であるとすると、甲は500万円の7割の350万円、乙が残りの150万円の配当を受けることになる。

なお、この場合に甲又は乙のうちのいずれか一方の当事者の債権額が、その根抵当権に対する配当額について別段の定めによる割合で計算した額に達しないときは、他方の共有者が、その残余分から弁済を受けることができる。もとより、この別段の定めは、共有者相互間の関係を定めたものであるから、一部の者に剰余があれば、他の共有者がそれから受益するのは、共有の性質から見て当然のことである。

例えば、上記の例で、甲の債権は100万円しかなく乙の債権は400万円あったという場合には、乙は150万円のほかに、甲の分である350万円から甲乙の債権

に配当される100万円を差し引いた残額250万円を自己の債権の弁済に当てることができる。

なお、優先の定めと、弁済を受ける割合についての別段の定めとを複合、すなわち、例えば、甲・乙共有の抵当権について、まず、当該根抵当権について配当される一定部分については甲が乙に優先し、残りの部分については甲が7、乙が3の割合で弁済を受けるものとすることもできるものと解する。

8102 準共有の根抵当権についての優先弁済の割合又は優先劣後の別段の定めの可否

問 当初から準共有として設定された根抵当権について、優先弁済の割合又は優先権の別段の定めをすることが認められるか。

結論 認められる。

説明 確定前に根抵当権の共有状態が生じる場合としては、当初から共有で根抵当権を設定した場合、根抵当権設定後、根抵当権の一部譲渡をした場合及び根抵当権者の相続による共有の場合がある。もっとも、数人が根抵当権者となってこれを設定することができるかについては、民法は必ずしもこれを明らかにしていないが、できるというべきであろう。なぜならば、同法は、その398条の13の規定による根抵当権の一部譲渡によって、このような状態が当然に現出することを予想していることからして、それができないとする理論的理由がないと考えられるからである。

もとより、根抵当権の共有者間の優先の定めは、その根抵当権を共有する者の間の法律関係であって、根抵当権の確定前であればいつでもすることができるのであるから、根抵当権の共有状態が生じた原因、すなわちそれが設定であろうと、一部譲渡であろうと、相続であろうと制限はないのであり、また、それが設定と同時であろうと、設定後であろうと、根抵当権の確定前であれば、いつでもその定めをすることができるのであって、その時期についての制限はないのである。

しかし、この根抵当権の共有者間の優先の定めをした場合における登記は、たとえその定めの合意が設定と同時にされたものであっても、又は設定後にされたものであっても、その設定の登記とは別にされるものであるから、設定の登記の申請とは別の申請によるべきである（設定の登記申請とは、その申請人を

異にするからである)。

なお、根抵当権の共有者間の優先の定めの登記申請は、その根抵当権の共有者全員が申請人となるが、権利者、義務者の共同申請という構造を取っていない（不登法88条2項）。

8103 根抵当権の譲渡又は一部譲渡と普通抵当権

問 根抵当権の譲渡又は一部譲渡は、普通抵当権についてもすることができるか。その効果はどうなるか。

結論 **普通抵当権についてはすることができない。なお、根抵当権の譲渡又は一部譲渡に近い効果を得るためには、民法376条1項の規定による抵当権の譲渡又は放棄をするほかない。**

説明 根抵当権の譲渡又は一部譲渡は、確定前の根抵当権について付従性が否定される一場合として、根抵当権そのものの絶対的な処分方法として特に認められるものであり、このような規定がない普通抵当権については認められない。なぜなら、普通抵当権は、特定の債権を担保するものであり、付従性及び随伴性を有するものであり、被担保債権から独立して抵当権自体の処分をすることができないからである。

したがって、普通抵当権について、根抵当権の譲渡又は一部譲渡と同時又はそれに近い効果を生じさせようとするときには、抵当権に認められている民法376条1項の規定による抵当権の譲渡又は放棄をすることになる。なお、普通抵当権について、抵当権の譲渡をすることができるのは、「同一の債務者に対する他の債権者の利益のために」する場合に限られる。

ところで、この場合における抵当権の譲渡とは、権利が移転するという意味の譲渡ではない。すなわち、抵当権者は、その抵当権を譲渡しても、抵当権を失って、無権利者となるのではなく、また、抵当権の譲渡を受けた者も、抵当権を取得し、抵当権者となるわけではない。抵当権の譲渡を受けた者は、譲渡をした抵当権者が競売等の場合に、当該抵当権によって受ける配当金から、自己の債権を、譲渡した抵当権者よりも、先に弁済を受けることができるだけであって、譲渡した抵当権者の抵当権の存続を基礎としているのである。

したがって、譲渡人は、譲受人が優先弁済を受けた残額について、本来の自己の優先弁済権を行使することができるのであり、また、譲受人の債権が債務

者の任意弁済等により消滅したときは、譲渡人は譲渡がなかった状態に戻るのであって、完全な抵当権の利益を再び享受することができることになるのである。

　また、抵当権を根抵当権の一部譲渡があったのと同様又はそれに近い効果を生じさせるようにするためには、抵当権の放棄をする必要があるが、この放棄も、抵当権のみを放棄した者は、放棄を受けた者に対しては、自己の優先弁済権を主張せず、放棄を受けた者は、本来放棄した抵当権者が受けるべき優先配当金について、放棄した抵当権者と同順位で、すなわち各債権額に按分比例して配当を受けることになるわけである。したがって、抵当権の放棄をした者は、抵当権を失うわけではなく、抵当権の放棄を受けた債権者の債権が任意弁済等により消滅した場合には、抵当権の放棄がなかった状態に戻るのであるから、根抵当権の譲渡又は一部譲渡とは、その法律的性質のみならず効果を異にするが、民法376条1項による譲渡及び放棄をすることによって実質的にほぼ同様の効果を得ることはできる。

8104　確定後における譲渡又は一部譲渡の可否

　問　　確定後に、根抵当権の譲渡又は一部譲渡をすることができるか。
　結論　**根抵当権の譲渡又は一部譲渡は、元本の確定前に限られるので、元本の確定後はこれをすることはできない。**

　説明　　民法398条の12にいわゆる根抵当権の譲渡又は同法398条の13にいわゆる一部譲渡は、元本の確定前における根抵当権の絶対的処分の一態様として認められたものであって、元本の確定後における根抵当権には認められない。このことは、同法398条の12及び398条の13の規定すなわち「元本の確定前においては、根抵当権者は、……一部譲渡をすることができる」としていることからも明らかである。

　したがって、元本の確定後は、民法376条1項の規定による根抵当権の譲渡又は債権譲渡による根抵当権の移転によるほかない。なお、同項の規定による根抵当権の譲渡又は放棄は、元本の確定前においてはできない（同法398条の11）。ただし、元本の確定後においては、その債権がなければその根抵当権は消滅するので、処分等をすることはできないことになる。

8105 後順位根抵当権を先順位根抵当権者に譲渡又は一部譲渡することの可否

問 後順位の根抵当権を先順位の根抵当権者に対して譲渡又は一部譲渡することができるか。

結論 確定前の根抵当権の全部譲渡又は一部譲渡を受けることができる者については、特に制限はないので可能である。

説明 普通抵当権や確定した根抵当権の譲渡は、先順位の者に対してはできない(民法376条1項)が、確定前の根抵当権は、後順位のものを先順位のものに譲渡又は一部譲渡をしても差し支えないのである。なぜならば、法文上譲り受けることができる者については、何らの制限をしていない(同法398条の12、398条の13)ばかりでなく、理論上もこれを妨げる理由がないからである。したがって、根抵当権の譲渡又は一部譲渡の相手方は、他の債権でありさえすればよいのであって、その順位が譲渡人より先順位であろうと後順位であろうと、その先後を問わないのである。

なお、根抵当権の分割譲渡又は一部譲渡は確定前の根抵当権についてのみ認められるのであって、確定後の根抵当権については認められないのである。また、確定後における根抵当権の譲渡は、民法376条1項の規定によるほかなく、同法398条の12、398条の13の規定によることはできない。したがって、確定後の根抵当権は、先順位の根抵当権者に対しては譲渡することはできない。

8106 3番根抵当権を1番根抵当権に優先させる方法

問 いずれも確定前の1番根抵当権と3番根抵当権との間に、従来行われていた順位譲渡の効果と同様に、3番根抵当権を1番根抵当権に優先させるには、どのような方法があるか。

結論 (イ)中間順位の2番抵当権者の合意が得られる場合には、1番根抵当権者、2番抵当権者及び3番根抵当権者の合意により3番を1番、1番を3番とする順位変更の登記をすればよい。(ロ)中間順位者が抵当権者等担保権者である場合において、その中間順位者が合意しない場合は、1番根抵当権者と3番根抵当権者が相互に一

部譲渡をし合い、民法398条の14の規定により優先弁済についての定めをすればよい。

説明 1番根抵当権と3番根抵当権との間に、従来行われていた順位譲渡の効果と同様に、3番根抵当権を1番根抵当権に優先させる方法として次の方法がある。

(1) 順位変更

抵当権の順位は各抵当権者の合意によってこれを変更することができ（民法373条2項）、順位変更をすると抵当権の順位は絶対的に入れ替えられるので、変更後の順位において当初から設定されたのと同様の効果を生じることになる。したがって、順位変更をすれば、従来の民法376条1項の規定による順位譲渡と同様の効果を生じることになるのであるが、いわゆる順位譲渡は、当事者間における相対的な効力しか生じないのに対し、順位変更は絶対的な効力を生じるのであり、また、不動産登記法6条の順位を変更するのではないから、中間順位者が地上権者等用益物権の設定者の場合は、それらの者は、抵当権の順位変更には何ら関係はないが、中間順位者が担保権者である場合には、たとえ形式的にはその順位が変わらなくても、実質的には優先弁済権の範囲について影響を受けることになるので、それらの者の合意がなければ順位変更はできないのである。

したがって、2番抵当権者の合意が得られる場合には、1番、2番、3番の各担保権者の合意によって順位変更をし、しかもその登記をすれば、従来の順位譲渡と同様の効果を得ることができる。しかし、2番抵当権者の合意が得られなければ順位変更はできないので、次の方法によるほかないことになる。

(2) 相互に一部譲渡をし合い、優先の定めをする

確定前の根抵当権は設定者の承諾を得てその一部を第三者に譲渡することができ（民法398条の13）、譲渡を受けるものは先順位の者であると、後順位の者であるとを問わないので、1番根抵当権者と3番根抵当権者が相互に一部譲渡をし合うことのできるのは当然である。このように相互に一部譲渡をし合うと、あたかも設定当初より根抵当を共有していたのと同様の結果を生じることになるが、そのままにしておくと、根抵当権全体について配当されるべき額をその時点において有する各共有者の債権額の割合で按分することになる。そこで、民法398条の14第1項後段の規定による優先の定めをすれば、その定めに従って配当を受けることができることになるので、この定めをすると、従来の

順位譲渡をした場合にほぼ近い効果を得ることができる。

しかし、1番根抵当権の極度額のほうが3番根抵当権の極度額より大きい場合と、そうでない場合とは、その優先の定めはおのずと異なる定めをする必要がある。すなわち、1番根抵当権の極度額のほうが3番根抵当権の極度額より大きい場合には、3番根抵当権者は、1番根抵当権者より根抵当権の一部譲渡を受け、民法398条の14の規定により当該根抵当権について3番根抵当権の極度額相当の額まで優先して弁済を受ける旨の定めをなし、一方、1番根抵当権者に対し3番根抵当権の一部譲渡をして、同条の規定により当該根抵当権について1番根抵当権者に劣後する旨、すなわち1番根抵当権者が優先して弁済を受ける旨の定めをそれぞれの根抵当について行えばよい。

これに対し、1番根抵当権の極度額が3番根抵当権の極度額より小さい場合には、3番根抵当権者は1番根抵当権者よりその根抵当権の一部譲渡を受け、その後に民法398条の14の規定により当該根抵当権について3番根抵当権者が優先して弁済を受ける旨の定めをし、さらに3番根抵当権を1番根抵当権者に一部譲渡し、その後に同条の規定により3番根抵当権と1番根抵当権との各極度額の差額相当の額まで3番根抵当権者が優先して弁済を受ける旨の定めをすればよいことになる。

このように、1番根抵当権者と3番根抵当権者とが相互に根抵当権の一部譲渡をすると、各根抵当権は共に両者の共有となり、常に両者が各根抵当権を利用している関係にあって、しかも優先弁済について別段の定めをすることによって、その定めに従った弁済を受けることになるのであるが、このような定めをしていても、一部の者に剰余があれば、他の共有者がそれから受益することができることになるので、その点では民法375条1項の規定による順位譲渡と同様の結果となるといえる。

8107 3番根抵当権と1番根抵当権とを同順位とする方法

問 1番根抵当権と3番根抵当権との間に従来行われていた順位放棄の効果と同様に、1番根抵当権と3番根抵当権とを同順位の効果となるようにするには、どのような方法があるか。

結論 各根抵当権者相互間において根抵当権の一部譲渡をし合えばよい。

| 説明 | 　1番根抵当権と3番根抵当権との間に従来行われていた順位放棄の効果と同様に、1番根抵当権と3番根抵当権とを同順位となるようにするには、1番根抵当権者と3番根抵当権者の間において相互に各根抵当権の一部譲渡をし合えばよいのである。なぜならば、相互に各根抵当権の一部譲渡をし合えば、各根抵当権は共に両者の共有となり、常に両者が各根抵当権を利用している関係に立ち、各根抵当権について配当されるべき額をその時点において有する各共有者の債権額の割合で按分することになるからである。

　もとより、抵当権の順位の放棄は、順位を放棄する抵当権者が、順位の放棄を受ける担保権者に対しては、自己の優先権を主張しないことであって、同順位で配当を受けるためにされるのであるから、例えば、順位1番、債権額100万円の抵当権の順位が、順位3番、債権額150万円の担保権のために放棄された場合においては、順位の放棄がなかったものとして、1番の抵当権者が本来受けるべき配当金について、1番の抵当権者と3番の抵当権者とが同順位（その債権額に按分比例して）で配当を受け、3番の抵当権者の受けるべき配当金についても、1番抵当権者と3番抵当権者とが同順位（1番で配当を受けた額を控除した残債権額に按分比例して）で配当を受けることになり、当事者間においてのみその効力を生じるのであって、中間順位の担保権者に対しては、何ら影響を与えないのである。

　したがって、1番根抵当権を3番根抵当権者に一部譲渡し、3番根抵当権を1番根抵当権者に一部譲渡して、各根抵当権をそれぞれが共有することにすれば、それぞれの根抵当権について配当されるべき額を、配当の時点において有する各共有者の債権額の割合で按分することにしたのと、結果的には何ら異なるところはないのである。

　なお、2番抵当権者の合意が得られる場合には、順位の変更による方法も考えられるが、実際上本問の場合には、2番抵当権者の合意が得られることはほとんどないと考えられる。

8108 根抵当権について民法376条の抵当権の譲渡と同様の効果を生じさせる方法

| 問 | 　確定前の根抵当権について、民法376条の抵当権の譲渡と同様の

効果を生じさせるには、どのような方法があるか。

結論 根抵当権の一部譲渡をし、弁済を受ける順序について、譲受人が譲渡人に先立って弁済を受ける旨の別段の定めをすればよい。

説明 民法376条の抵当権譲渡は同一の債務者に対する無担保の債権者のためにされる抵当権の処分である。同一の債務者に対する他の債権者に抵当権の利益を得させる方法として行われるものであるが、確定前の根抵当権についてこれと同様の効果を生じさせるためには、根抵当権の一部譲渡をし、しかも、弁済を受ける順序について、譲受人が譲渡人に先立って弁済を受ける旨の別段の定めをすることによって、同様の目的を達することができる。

もちろん、民法376条の規定による抵当権の譲渡と同法398条の13の規定による根抵当権の一部譲渡とは、その法律的性質のみならず効力も全く異なるが、根抵当権の一部譲渡の方法によって、同法376条の譲渡と実質上同様の効果を得ることができるのである。

もっとも、民法376条1項による抵当権の譲渡にあっては、譲渡をした抵当権の被担保債権が存在することが前提であり、この被担保債権が消滅すると、その譲渡の効力も消滅するとされているのに対し、根抵当権の一部譲渡は、根抵当権の絶対的な譲渡であるから、譲渡人の債権の存否にかかわらず、譲受人はその利益を受けることができる。

したがって、結果において譲渡人の債権が存在しない場合であっても、譲渡の効果は失われないのである。このような意味において、民法376条の譲渡とはその性質と効力を異にすることになるが、前記のとおり、一応は根抵当権の一部譲渡をし、譲受人が譲渡人に先立って弁済を受ける旨の別段の定めをすることによって、同条の譲渡と同様の効果を生じさせることができる。

8109 根抵当権について民法376条の抵当権の放棄と同様の効果を生じさせる方法

問 確定前の根抵当権について、民法376条の抵当権の放棄と同様の効果を生じさせるには、どのような方法があるか。

結論 根抵当権の一部譲渡をすることによって同様の目的を達することができる。

| 説明 | 民法376条の抵当権の放棄は、前問の譲渡と同じく同一の債務者に対する無担保の債権者のためにされる抵当権の処分であって、抵当権のみを放棄した者は、放棄された者に対しては、自己の優先弁済権を主張せず、また、放棄を受けた者は、本来放棄をした抵当権者が受けるべき優先配当金について、放棄した抵当権者と同順位で、すなわち各債権額に按分比例して配当を受けることになるわけであるが、根抵当権についてこれと同様の効果を生じさせるためには、単純に根抵当権の一部譲渡をすることによって同様の目的を達することができるのである。

すなわち、根抵当権の一部譲渡があると、譲渡を受けた根抵当権者は、譲渡人とともに当該根抵当権を共有し、その根抵当権の利益を受けることになり、当該根抵当権について配当されるべき額をその時点において有する各共有者に債権額の割合で按分することになるので（民法398条の14）、従来根抵当権が放棄されると、放棄をした者は、放棄を受けた者に対しては、自己の優先弁済権を主張せず、また、放棄を受けた者は、本来放棄した抵当権者が受けるべき優先配当金について、放棄した抵当権者と同順位で、各債権額に按分比例して配当を受けるのと全く同じ結果となる。

もっとも、民法376条の放棄の場合には、抵当権の放棄を受けた債権者の債権が任意弁済等により消滅すると、その放棄の効力も消滅するが、根抵当権の一部譲渡の場合には、その一部譲渡の効力は消滅しない。しかし、一方に剰余がある場合には、他の一方がその利益を受けることができる点に相違がある。

8110 確定前の根抵当権を全部譲渡により移転する登記の申請と株式会社の取締役会議事録の提供の要否

問	A株式会社が根抵当権設定者で、代表取締役を同じくするA株式会社及びB株式会社が債務者である確定前の根抵当権を全部譲渡により移転する登記の申請には、当該譲渡を承認したA株式会社の取締役会議事録を添付情報として提供する必要があるか。
結論	**当該譲渡を承認したA株式会社の取締役会議事録を添付情報として提供する必要がある。**
説明	A株式会社が根抵当権設定者で、代表取締役を同じくするA株式会社及びB株式会社が債務者である確定前の根抵当権を全部

譲渡により移転する場合は、これにより被担保債権が全く変わり、新たな根抵当権を設定する場合と異ならないと考えられる。登記の申請には、添付情報として、当該譲渡を承認したA株式会社の取締役会議事録（会社法356条、365条）を提供する必要がある。なお、A株式会社が取締役会設置会社でない会社の場合には、当該譲渡を承認したA株式会社の株主総会議事録（同法356条）を提供する必要がある。

第5節 根抵当権の処分

第1項 根抵当権の転抵当

8111 根抵当権の処分の可否

問 根抵当権について民法376条1項の規定による処分は認められるか。

結論 **根抵当権の確定前は、転抵当以外の民法376条1項の処分は認められない。**

説明 民法は、元本の確定前においては、根抵当権については、転抵当を除く同法376条1項の処分を認めないとしている（同法398条の11第1項）。

なお、転抵当のみを認めているのは、転抵当を除く民法376条の処分については、根抵当権の処分として新たに認められた根抵当権の譲渡、一部譲渡等を利用することでほぼ同様の効果を得ることができるが、転抵当については、これらの方法によって賄えないだけでなく、転抵当を認めても、順位の譲渡等のように複雑な法律問題が生じないと考えられたからである。

なお、転抵当については、根抵当権の確定前においては、民法377条2項の規定は適用しないこととされている（同法398条の11第2項）。

8112 根抵当権の処分の制限の理由

問 根抵当権については、確定前において、どうして転抵当のみを認め、その他の処分を認めないのか。

| 結論 | 転抵当を除く民法376条1項の処分については、根抵当権の独立の処分として新たに根抵当権の譲渡、一部譲渡等を利用することで同様の効果をより簡明に実現することができるのに対し、転抵当の効果をこれらの方法で得ることは困難であるからである。

| 説明 | 抵当権については、民法376条1項の規定により、これをもって他の債権の担保（転抵当）とし、また、同一の債務者に対する他の債権者の利益のために、抵当権の譲渡若しくは放棄又は抵当権の順位の譲渡若しくは放棄をすることができるものとされている。根抵当権についてもこれらの処分を認めると、担保すべき債権の範囲の変更と同法377条2項との関係で複雑な問題を生じるおそれがあるので、これらの関係をめぐる法律関係を明確にし、簡明化するために、根抵当権の確定前においては、同法376条1項の規定による処分は、これをすることができないこととされているのである。

もっとも、このように確定前の根抵当権について転抵当以外の処分を禁止しても、これらの処分については、根抵当権の独立の処分として根抵当権の譲渡、一部譲渡が認められているから、これらの方法を利用することにより、民法376条1項の各処分と同様の効果がより簡明化された形で実現することができるのに対し、転抵当はこれらの方法によってその効果を実現することはできないだけでなく、転抵当を認めても、順位譲渡等におけるように複雑な法律関係も生じないと考えられるからである。

なお、転抵当以外の民法376条1項の規定による処分ができないのは、根抵当権の確定前に限られるのであって、確定後においては、根抵当権についても、これらの処分は認められることになる。

8113 根抵当権の転抵当の効力

| 問 | 根抵当権の転抵当については、確定前は民法377条2項の規定が適用されないが、原根抵当権者は自由に弁済を受けられることになるか。受けられるとすれば転抵当権設定の実益があるか。

| 結論 | 債務者は、転抵当権者の承諾を得ることなく原根抵当権者に弁済することができるが、必ずしも転抵当権設定の実益がないとはいえない。

説明 　根抵当権の担保すべき元本の確定前においては民法377条2項は適用しないこととされているのである。したがって、債務者は転抵当権者の承諾を得ないでも、債権者に対して自由に弁済することができ、その弁済をもって当然に転抵当権者に対抗することができるのである。

　この結果、根抵当権について転抵当権を設定しても、転抵当権者がその根抵当権によってどれだけの優先弁済権を受けることができるかは、根抵当権の担保すべき元本が確定しなければ分からないことになるだけでなく、場合によっては、確定前に全て弁済されてしまい、確定時には債権は存在しないということもあり得る。

　このような場合には、結果的には転抵当権を設定した意味が全くなかったことになるのであるが、実際問題としては、転抵当権は系統的な金融機関の間において、下位の金融機関が有している根抵当権を目的として上位の金融機関が転抵当を取得するというように、根抵当権者と転抵当権者との間に密接な経済取引上の関係がある場合もあるので、被担保債権が確定前に弁済されて転抵当権者としては優先権を行使する余地がないというようなことは通常は起こらないであろう。このような場合にはその実益があるということになる。

　なお、根抵当権を目的とする転抵当権について民法377条2項の規定の適用が排除されるのは、根抵当権の確定前における弁済に限られるのであって、確定後の根抵当権については、同項の規定は原則どおり適用されるのである。

8114　転根抵当権の設定の可否

問　根抵当権を目的として不特定の債権を担保するための転抵当（転根抵当権）を設定することができるか。

結論　設定することができる。

説明　不特定債権を担保する転根抵当権であっても、最終的には特定の債権を担保するものであり、転根抵当権の実行の段階で、特定債権というものが被担保債権として現存していれば、その目的を十分に達することができるので、このような債権も民法376条1項及び398条の11第1項ただし書の「債権」と評価することができる。

　したがって、そのような被担保債権の優先弁済を確保するために、原根抵当権の把握している担保価値を優先的に把握すべく転根抵当権を設定し、その登

記を受けることは可能である。

　もっとも、転抵当権の被担保債権額は、原抵当権のそれを超過してはならないことが転抵当権の要件とされていることから、転根抵当権の優先弁済の最高限度額である極度額が原根抵当権の極度額を超える場合においても、転抵当権の設定は認められるか否かが疑問となるが、この要件は、原根抵当権者が目的不動産について把握している担保価値以上のものを転根抵当権者に与えることはできないということであって、例えば、原抵当権の被担保債権額が100万円であって、その原抵当権者が転抵当権者に対して負う債務の額が200万円である場合、転抵当を設定することが全然できないというのではなく、転抵当をしても転抵当権者は100万円の転抵当権を取得するにすぎないということであると解されているから、転抵当権の被担保債権額が原抵当権の被担保債権額を超過しないことというのは、厳格な意味では転抵当権の成立要件ではないことになる。

　したがって、転根抵当権の極度額が原根抵当権の極度額を超過していても転根抵当権を設定しその登記をすることもでき、当該転根抵当権が把握する担保価値は、結局原根抵当権の極度額を限度とするものと解するほかないのである。

　次に、原抵当権が根抵当権である場合に、転根抵当権を設定しても、民法398条の11第2項によって、原根抵当権の担保すべき元本の確定前においては、同法377条2項の規定が適用されないので、原根抵当権によって担保される債権は皆無ということもあり得るが、このような場合には、もちろん原根抵当権は消滅するので、転根抵当権も同じ運命をたどるので、せっかく転根抵当権を設定しても無意味であったということになるだけである。

　しかし、このような現象が起こり得るとしても、原根抵当権が最終的には一定の被担保債権について優先弁済を受けるために機能しているものである以上、その担保価値を更に優先的に把握するために転根抵当権を設定する意味はあるし、また、これは原抵当権が根抵当権である場合の転抵当権の場合であっても同じことであって、法も容認しているところであるから、この点のみを捉えて転根抵当は認められないとする理由に乏しい。そしてまた、転根抵当を認めたからといって、法律制度が極めて複雑になって、そのような設定は認められないというほどの不合理性というものは生じない。

　なお、転根抵当権は、原根抵当権の優先弁済権が制限されるという意味にお

いて、原（根）抵当権の変更の登記として付記登記でされることになるが、実質的には根抵当権の設定登記の要素を持っているので、根抵当権の登記事項に関する規定が準用されており（不登法90条、88条2項）、その記録例も根抵当権設定の場合と同様の記録をすることになる。

第2項　根抵当権の順位の変更

8115　根抵当権の順位の変更の可否

問　根抵当権の順位の変更は、可能か。
結論　**関係抵当権者（根抵当権者を含む）の全員の合意によって抵当権（根抵当権を含む）の順位を絶対的に変更することができる。ただし、順位の変更について利害関係人があるときは、その承諾を得ることを要する。なお、順位の変更は、その登記をしなければ効力が生じない。**

説明　民法は、根抵当権者を含む関係抵当権者の全員の合意によって順位を絶対的に変更することができるようにしている（同法374条）。

例えば、同一不動産上に第1順位甲、第2順位乙、第3順位丙、第4順位丁という根抵当権が設定されている場合に、この甲、乙、丙、丁四人の合意とその登記によって一挙に優先弁済権の順序を丁、丙、乙、甲の順序にすることができる。

すなわち、この根抵当権の順位の変更は、根抵当権の優先弁済権の順位を絶対的に入れ替える効果を生じさせるものである。その変更の態様としては、従前の順位を逆転させるもの、同順位とするもの、その他いろいろの態様が考えられる。また、根抵当権の間だけでなく、根抵当権の間、普通抵当権と根抵当権との間でもすることができる。さらに、根抵当権の順位の変更の規定は、不動産質権、登記をした先取特権にも準用される（先取特権については異論がある）ので、これらの担保権についても、順位の変更をすることができる。

ところで、ここでいう「根抵当権の順位」は、民法373条でいう根抵当権の優先弁済権の順位という意味であり、登記記録中順位番号欄に記録される順位

番号をいっているわけではない。したがって、優先弁済権を本体とする根抵当権と、これと全く関係のない他の用益権、処分の制限あるいは仮登記上の権利との間の順位の変更は認められないこととなる。また、この順位の変更は、根抵当権の優先弁済権の順位を絶対的に変更するものであるから、1個の根抵当権の一部についての変更は認められない。

なお、順位の変更について利害関係を有する者があるときは、その承諾を得なければならない。しかも、この順位の変更は、その登記をしなければ、効力を生じない。

8116 根抵当権の順位の変更の当事者

問 根抵当権の順位の変更をする場合、どのような範囲の者が当事者となるか。

結論 **民法374条1項による順位の変更の合意をすべき当事者は、順位の変更が生じる抵当権を有する全ての者である。**

説明 民法374条1項による順位の変更をするには、各抵当権者の合意、利害関係人の承諾及び登記が必要であるが、まず合意をすべき当事者は、順位の変更が生じる抵当権を有する全ての者である。具体的にいうと、変更前の最優先順位と変更前の最後順位の抵当権者及びその中間順位の抵当権者がこれに当たる。中間順位の抵当権者は、順位が形式的には変わらなくても、実質的に優先弁済権の範囲について影響を受けることとなるので、全て合意の当事者となる。

例えば、甲、乙、丙の順序で設定登記されている抵当権の順位を丙、乙、甲の順序とする変更について合意をすべき当事者は、債権額又は極度額のいかんにかかわらず、甲、乙、丙の三者である。乙は形式的には第2順位であるけれども、実質的な順位としては、変更前の乙は甲に劣後するが丙には優先するという順位であり、それが、変更後は丙に劣後するが甲には優先するという順位であるから乙は変更後においても同じ第2順位だが、その内容は全く違うわけである。したがって、乙も合意の当事者になる。また、甲、乙、丙のほかにこれらと同順位の抵当権者がいる場合には、その者も当然に合意をすべき当事者となる。

変更前の最優先順位者より先順位の抵当権者及び変更前の最後順位者より後

順位の抵当権者は、実質的にも形式的にも、それぞれの優先弁済権の範囲に影響を受けることがないから、合意すべき当事者とならない。

8117 根抵当権の順位の変更の登記の効力

問 根抵当権の順位の変更の登記は、どのような効力を有するか。
結論 **民法374条1項による順位の変更は、その登記をしたときにその効力を生じる。また、その効力は絶対的なものであり、変更の当事者間で、優先弁済権の順位が入れ替わり、その順序に従って、換価代金から弁済を受けることになる。**

説明 民法374条1項による順位の変更の合意については、特に一定の方式が定められているわけではないが、この合意による順位の変更の効力が生じるのは、その登記をしたときである。単に順位の変更の合意をしただけでは、順位の変更の効力は生じず、登記が効力要件となっている。合意が成立したときは、その効力として当然にその合意に基づく登記請求権が当事者間に生じる。

ところで、この順位の変更の登記は、各抵当権の登記名義人の申請によってすることになっている（不登法89条1項）。すなわち、順位の変更の合意の当事者全員が共同してその登記を申請することとなる。そして、その登記の申請には、各自の抵当権の登記の登記識別情報及び登記原因証明情報として合意を証する情報を提供する必要がある。なお、順位の変更の登記は、1個の独立した登記であって、各抵当権の登記事項の変更の登記ではない。したがって、当然に独立の順位番号を持った主登記でされることになる。なお、順位の変更の登記をした後にその登記を変更することは認められないと考えられる。順位の変更の登記をした後にその登記を変更するということは、別途の順位の変更をするということになるからである。したがって、このような場合には、改めて別個の順位の変更の合意をして登記すべきである。ただ、順位の変更の登記の更正、抹消はあり得る。

このように、順位の変更の登記がされると、変更の当事者間で、優先弁済権の順位が入れ替わり、その順序に従って、換価代金から弁済を受けることができるようになる。

そして、その効力は、当事者相互間においてはもちろんのこと、利害関係人

として承諾した者、更には当該不動産上の順位の変更の当事者でない他の担保権者に対する関係においても絶対的に生じる。ただし、その他の用益権者、不動産の差押債権者、あるいは仮登記権利者などに対する関係においては、順位の変更の効力は生じない。

8118 第1順位根抵当権、第2順位普通抵当権、第3順位賃借権、第4順位根抵当権の順位の変更の合意の当事者

問 第1順位根抵当権甲（極度額300万円）、第2順位普通抵当権乙（債権額100万円）、第3順位賃借権丙、第4順位根抵当権丁（極度額200万円）の場合、これを根抵当権丁、普通抵当権乙、根抵当権甲とする順位の変更の合意をするには、誰が当事者となるか。

結論 本問の順位の変更の合意の当事者は、登記名義人甲、乙、丁である。

説明 民法374条1項による順位の変更において、合意すべき当事者は、順位の変更が生じるべき抵当権、質権又は先取特権の登記名義人全てである。したがって、まず、第3順位の賃借権の登記名義人丙は、順位の変更の合意をすべき当事者から除かれることになる。

　そして、乙については形式的には第2順位であって、変更の前後において変わらないように見えるが、実質的な順位としては、変更前の乙は甲に劣後するけれども丁には優先するという順位であり、それが変更後は丁に劣後するが甲には優先するという順位になるので、乙は変更後においても同じ第2順位であるけれども、その内容は全く違うものになる。したがって、本問の第2順位普通抵当権の登記名義人乙も合意すべき当事者になる。

　なお、順位の変更の当事者を決めるには、その債権額又は極度額は全く関係がない。

8119 根抵当権の順位の変更の利害関係人

問 1番根抵当権と2番根抵当権とが順位の変更をする場合において、1番根抵当権設定後、2番根抵当権設定前に登記した所有権移転の仮登記権利者又は差押権利者は利害関係人に該当するか。

| 結論 | 本問の所有権移転の仮登記権利者又は差押権利者は、利害関係人に該当しない。 |

| 説明 | 民法374条1項による順位の変更をする場合において、利害関係を有する者があるときは、その承諾を得なければならないことになっている（同項ただし書）。

　この利害関係人としては、まず、㈲当該順位の変更の対象となっている抵当権を目的とする権利を有する者である。すなわち、順位の変更が生じる抵当権を目的とする転抵当権者、その被担保債権の差押債権者若しくは質権者、当該抵当権若しくはその順位の譲渡若しくは放棄を受けている者又は代位の仮登記をしている者がこれに当たる（共同抵当関係にある不動産上の次順位者は、民法393条の代位の仮登記をしている場合に限って、利害関係人になると考えられる）。次に、㈹当該順位の変更の対象となっている抵当権に対し、順位の譲渡又は放棄の処分をしている先順位の担保権者（ただし、合意をすべき当事者となる場合は除く）である。

　そして、順位の変更によって利益を受ける場合には、承諾を要する利害関係人とはならない。例えば、転抵当権の目的となっている抵当権の順位が従前の順位より上順位となる場合には、当該転抵当権者は利害関係人とならない。また、設定者又は債務者は、順位の変更についての利害関係人ではない。

　さらに、順位の変更の効力は、用益権者、差押債権者又は所有権仮登記権利者に対しては及ばないから、これらの権利者と抵当権者との間には、順位の変更前における対抗関係が存在することになる。したがって、これらの者は、順位の変更の利害関係人にはならない。

　以上のことから、本問の所有権仮登記権利者又は差押権利者は、順位の変更の利害関係人には当たらない。本問の所有権仮登記権利者又は差押権利者は、1番根抵当権と2番根抵当権の順位の変更の効力を受けないため、この順位の変更によって何ら不利益を受けることにならないからである。

8120　順位の変更の登記の申請手続

| 問 | 順位の変更の登記の申請は誰が行うか。 |
| 結論 | 順位の変更の合意をした担保権者全員が登記の申請をする。 |

| 説 明 | 民法374条1項の規定による抵当権（他の担保権を含む）の順位の変更の登記の申請の当事者は、順位の変更の合意をした担保権者全員である（不登法89条1項）。

申請情報である登記の目的の記録例は「○番、○番……順位変更」であり、登記原因の記録例は「平成○年○月○日合意」である。なお、変更後の順位として、

「第壱 ○番（根）抵当権
　第弐 ○番（根）抵当権
　第参 ○番（根）抵当権」等

と記録する。

添付情報は、登記原因証明情報として、合意を証する情報のほか、申請人全員の担保権の登記の登記識別情報である。なお、不動産登記令9条1項5号ハに該当する情報として、利害関係人の承諾書（印鑑証明書付き）も提供する必要がある。

なお、登録免許税は、当該順位の変更をする担保権の件数1件につき1,000円である。

8121　順位の変更の登記の形式

| 問 | 順位の変更の登記の形式はどうなるか。
| 結 論 | **順位の変更の登記は、主登記によってされる。**

| 説 明 | 順位の変更の登記は、1個の独立した登記として主登記によってされる。この登記は、順位の変更に係る各担保権の登記事項の変更登記ではないので、不動産登記法4条2項の規定は適用されず、当然に主登記によってされることとなる。ただし、その主登記と順位の変更に係る担保権の登記とを関連づけておくために、その主登記をしたときは、順位の変更があった担保権の登記の順位番号の次に変更の登記の順位番号を記録（括弧書き）することとなっている（規則163条）。

8122　順位の変更の仮登記の可否

| 問 | 根抵当権の順位の変更の仮登記は許されるか。

結論 順位の変更の仮登記はできない。

説明 仮登記は、将来すべき本登記の順位をあらかじめ保全するためにされる登記である（順位保全の効力）。ところが、根抵当権の順位の変更は、その登記をしたときに効力を生じることとされている（登記の効力発生要件）。そこで、仮にこの順位の変更の仮登記を認めるとすると、順位保全の効力しかない仮登記に、言わば効力保全の効力まで与える結果となってしまう。したがって、登記を効力発生要件としている根抵当権の順位の変更についてその仮登記を認めることはできないこととなるものと解される。

なお、順位変更の仮登記後における利害関係人の承諾を不必要とする意味において、順位変更の仮登記を認める必要があるとする反対説がある。

第6節 根抵当権者又は債務者の相続、合併又は会社分割

第1項 相続の場合

8123 元本確定前の根抵当権者の相続

問 元本確定前に根抵当権者について相続が開始した場合、根抵当権はどうなるか。

結論 **元本確定前に根抵当権者について相続が開始したときは、その根抵当権は相続開始時に存する債権のほか相続人と根抵当権設定者との合意により定めた相続人が相続開始後に取得する債権を担保する。ただし、相続の開始後6か月以内に、合意をし、かつ、その登記をしないと、元本は相続開始時において確定したものとみなされる。**

説明 民法は、元本確定前に根抵当権者について相続が開始したときは、根抵当権は相続開始時に存する債権のほか相続人と根抵当権設定者との合意により定めた相続人が相続開始後に取得する債権を担保することとしている（同法398条の8第1項）。

すなわち、元本確定前においては、相続開始時に存する既発生の債権は当然に根抵当権によって担保される。つまり、相続開始時に存した被担保債権を相続によって取得した者は、当然に根抵当権者となる。しかし、相続開始後に新たに生じる債権、つまり相続人が新たに取得する債権は、当然には根抵当権によって担保されることにはならない。根抵当権設定者と相続人との合意により定められた相続人の債権のみが担保されることになる。

この合意に後順位の抵当権者その他の第三者の承諾は要しないとされている

（民法398条の8第3項）が、その合意について、相続開始後6か月以内にその登記をしないときは、根抵当権は相続開始時において存する債権についてしか行うことができなくなる。つまり、根抵当権の担保すべき元本は、相続開始時において確定したものとみなされる（同条4項）。

根抵当権の担保すべき元本が確定すると、その後に発生する元本債権はその根抵当権によっては担保されない。すなわち、根抵当権は、この確定時に存する元本と利息、損害金等を担保する根抵当権に変わることになるのである（根抵当権の担保すべき元本の確定とは、当該根抵当権に担保すべき元本が具体的に特定されることであるということができる）。このような意味において、根抵当権が確定すると、特定の債権を担保する普通抵当権と実質的には異ならないが、普通抵当権に転化するわけではない。その後に生じる元本債権自体はもはや担保されないけれども、利息、損害金等は、確定後に生じるものでも、極度額の限度内であれば、当該根抵当権によって担保されるのである。

8124 元本確定前における根抵当権者の共同相続の場合の合意と相続人

問 元本確定前に根抵当権者について相続が開始し相続人が数人ある場合、相続人と根抵当権設定者が合意をするには、どの相続人がすればよいか。

結論 **根抵当権を相続によって承継した共同相続人全員（相続放棄者を除く）が合意の一方の当事者となる。**

説明 元本確定前に根抵当権者について相続が開始した場合には、相続開始時に存する既発生の債権は、引き続いて当然にその根抵当権によって担保されるが、根抵当権の相続人が相続開始後新たに取得する債権をその根抵当権によって担保させるには、根抵当権設定者と相続人との合意が必要である。そして、この合意の登記が相続開始後6か月以内にされないとその根抵当権は、流動性を失って相続開始時において確定したものとみなされる。したがって、この合意は、単に根抵当関係を承継すべき相続人を定めるだけでなく、根抵当権を相続開始後も確定させることなく、その流動性を維持継続させるためのものであるということができる。

ところで、この合意の当事者の一方は、根抵当権者の相続人であるが、ここ

でいう相続人とは、根抵当権を相続によって承継した者であり、合意によって定められるべき相続人も、その相続人に含まれている者でなければならない。相続放棄をした者は、相続開始時に遡って相続人でなかったことになるから、これには含まれない。

したがって、共同相続の場合においては、共同相続人全員がその当事者となり、合意によって定められるべき相続人も、その中から選ばれることになる。例えば、A、B、C、Dが相続人である場合に、Dが相続放棄をしたとすると、A、B、Cに相続による根抵当権移転の登記をすることになり、かつ、A、B、Cが合意の当事者となる。

そして、このようにして決まった合意の一方の当事者A、B、Cは、他方の当事者たる根抵当権設定者に対して、例えばAを合意によって定めるべき者とすることを申し入れることになるのが通常であろう。設定者がこの申入れを受け、A、B、Cを根抵当権者とする相続による根抵当権の移転の登記をし、かつ、Aについて合意の登記を相続開始後6か月以内にすれば、根抵当権はその流動性を維持継続する（確定しない）こととなる。

8125 根抵当権者の相続と合意の登記

問 元本確定前に根抵当権者について相続が開始した場合、相続開始後の債権をも担保するためには、合意の登記をすることを要するか。その登記はいつまでにすればよいか。また、その登記をしなかったときは合意の効力はどうなるか。

結論 **元本確定前に根抵当権者について相続が開始した場合において、相続開始後に生じる債権をも担保するためには、根抵当権者の相続人と根抵当権設定者との間で合意をし、相続開始後6か月以内に合意の登記をすることを要する。この合意の登記をしないと、相続開始後に生じる債権は担保されず、根抵当権は相続開始時において確定したものとみなされる。**

説明 元本確定前に根抵当権者について相続が開始した場合に根抵当権者の相続人が取得する新たな債権をその根抵当権によって担保するには、相続人と根抵当権設定者との合意が必要である。しかも、相続開始後6か月以内にその合意の登記をすることを要する。この合意の登記をしな

いと、相続開始後に根抵当権者の相続人が取得する新たな債権は担保されず、その根抵当権は相続開始時に確定したものとみなされる（民法398条の8第4項）。なお、合意の登記の前提として、相続による根抵当権の移転の登記を必要とする。

8126 元本確定後の根抵当権者の相続

問 元本確定後に根抵当権者について相続が開始した場合、根抵当権はどうなるか。

結論 **元本確定後の根抵当権としての効力を有する。**

説明 元本確定後に根抵当権者について相続が開始したときは、債権を相続した者が根抵当権を取得し、その根抵当権は、元本確定後の根抵当権としてその効力をそのまま維持することとなる。

8127 元本確定前の根抵当権の債務者の相続

問 元本確定前に根抵当権の債務者について相続が開始した場合、根抵当権はどうなるか。

結論 **元本確定前に根抵当権の債務者について相続が開始したときは、その根抵当権は相続開始時に存する債務のほか、根抵当権者と根抵当権設定者との合意により定めた相続人が相続開始後に負担する債務を担保する。ただし、相続の開始後6か月以内に合意をしないと、元本は相続開始時において確定したものとみなされる。**

説明 民法は、元本確定前に根抵当権の債務者について相続が開始したときは、その根抵当権は、相続開始時に存する債務のほか根抵当権者及び根抵当権設定者の合意により定めた相続人が相続の開始後に負担する債務を担保するとしている（同法398条の8第2項）。

すなわち、元本確定前は、相続開始時に存する既発生の債務は当然に根抵当権によって担保される。つまり、相続開始時に存した被担保債務を相続した者は、当然に根抵当権の債務者となるわけである。しかし、相続開始後に新たに生じる債務は当然には根抵当権によって担保されることにはならない。根抵当権者と根抵当権設定者との合意により定められた相続人が負担する債務のみが

担保されることになるのである。債務者の相続人が一人であってもこの合意をする必要がある。

この合意については、後順位の抵当権者その他の第三者の承諾を要しない（民法398条の8第3項）が、その合意について相続開始後6か月以内にその登記をしないときは、根抵当権は相続開始時において存する債権についてしか担保されなくなる。つまり、根抵当権の担保すべき元本は、相続開始時において確定したものとみなされることになるのである（同条4項）。

そして、この根抵当権の担保すべき元本の確定は、言わば、根抵当権の流動性を失い、その後に発生する元本債権はもはやその根抵当権によっては担保されないことを意味する。

8128 根抵当権設定者と債務者とが同一である場合の根抵当権の債務者の変更の登記の省略の可否

問 根抵当権設定者と債務者とが同一である場合、相続による所有権の移転の登記がされたときには、根抵当権の債務者についても相続が開始したものと取り扱うことができるか。

結論 **相続による債務者の変更の登記をした後でなければ、相続が開始したものと取り扱うことはできない。**

説明 根抵当権の債務者について相続が開始した場合には、債務者の変更の登記をし、元本が確定したときにあっては元本の確定の登記をし、民法398条の8第2項の合意がされたときにあっては相続の開始後6か月以内にその合意の登記をすることができる。

この場合において、根抵当権設定者と債務者とが同一であり、相続による所有権の移転の登記がされたときに、債務者について相続が開始したものと取り扱うことができるかに関して、民法398条の8第2項の合意の登記は、債務者の変更の登記をした後でなければ、することができない旨不動産登記法92条に規定されている。他方、元本が確定し、元本の確定の登記やこれを前提とした根抵当権の処分の登記が可能かは法令に規定されていない。

この点については、根抵当権設定者の死亡までの間に債務者が変更し、登記が未了の場合もあり得ることから、債務者の変更の登記を省略して、債務者に相続が発生していると取り扱うことは相当ではないと考えられる。したがっ

て、相続による債務者の変更の登記をした後でなければ、相続が開始したものと取り扱うことはできず、元本の確定の登記やこれを前提とした根抵当権の処分の登記を申請することもできないと考えられる。なお、相続による債務者の変更の登記がされ、6か月を経過しているときについては、元本の確定の事由が登記記録上明らかであり、登記官において元本の確定の事実を形式的に判断することができることから、元本の確定の登記がされていなくとも、元本の確定を前提とした根抵当権の処分の登記を申請することができる（昭46.12.27第960号依命通知）。

8129 根抵当権の債務者の共同相続の場合の合意

問 元本確定前に根抵当権の債務者について共同相続が開始した場合、相続人が相続開始後に負担する債務を担保させる合意はどのようにすればよいか。

結論 **元本確定前に根抵当権の債務者について共同相続が開始した場合、相続人が相続開始後に負担する債務を担保させるためには、根抵当権者と根抵当権設定者との合意により相続開始後の債務を負担する相続人を定める必要がある。**

説明 元本確定前に根抵当権の債務者について相続が開始した場合には、その根抵当権は、相続開始時に存する債務を引き続き担保するが、根抵当権の債務者について相続が開始した後に債務者の相続人が負担する債務を担保させるためには、その旨の根抵当権者及び根抵当権設定者の合意が必要である。しかも、その合意について相続開始後6か月以内に登記しないとその根抵当権は流動性を失って相続開始時において確定したものとみなされる。したがって、この合意は、単に根抵当権の債務者の承継人を定めるだけでなく、根抵当権を相続開始後も確定させることなく、その流動性を維持継続させるためのものであるということができる（このような意味において、債務者の相続人が一人であっても合意をする必要があることになる）。

ところで、債務者について相続が開始した場合の根抵当権の債務者の承継についての合意は、根抵当権者と根抵当権設定者によってされる。債務者はその当事者ではない。設定者と債務者が同一人である場合には、当該抵当不動産の所有権の登記名義人の相続人が設定者として合意の当事者となる。そして、例

えば、債務者の相続人がA、B、C、Dであった場合に、根抵当権者と設定者は、そのいずれかの者にその根抵当権の債務者の地位を承継させることができる。

8130 根抵当権の債務者の相続と合意の登記

問 元本確定前に根抵当権の債務者について相続が開始した場合、相続開始後の債務も担保するためには、合意の登記をすることを要するか。その登記はいつまでにすればよいか。また、その登記をしなかったときは合意の効力はどうなるか。

結論 **元本確定前に根抵当権の債務者について相続が開始した場合において、相続開始後に債務者の相続人が負担する債務をも担保するためには、根抵当権者と根抵当権設定者との間で合意をし、相続開始後6か月以内に合意の登記をすることを要する。この合意の登記をしないと、相続開始後に債務者の相続人が負担する債務は担保されず、その根抵当権は相続開始時において確定したものとみなされる。**

説明 元本確定前に根抵当権の債務者について相続が開始した場合に債務者の相続人が負担する債務をその根抵当権によって担保するには、根抵当権者と根抵当権設定者との合意が必要である。しかも、相続開始後6か月以内にその合意の登記をすることを要する。この合意の登記をしないと、相続開始後に債務者の相続人が負担する債務は担保されず、その根抵当権は相続開始時において確定したものとみなされる（民法398条の8第4項）。

そして、この合意の登記は、相続による債務者の変更の登記をした後にしなければならない（不登法92条）。相続開始時において根抵当権の被担保債務が皆無の場合にも、一旦相続による債務者の変更の登記を経る必要がある。

8131 元本確定後の根抵当権の債務者の相続

問 元本確定後に根抵当権の債務者について相続が開始した場合、根抵当権はどうなるか。

結論 **元本確定後に根抵当権の債務者について相続が開始したときは、**

その根抵当権は元本確定後の根抵当権としての効力をそのまま維持する。

説明 　元本確定後に根抵当権の債務者について相続が開始したときは、債務を相続した者が根抵当権の債務者となり、その根抵当権は、元本確定後の根抵当権としてその効力をそのまま維持することとなる。

8132 根抵当権者又は債務者の相続の場合の合意についての第三者の承諾の要否

問 　元本確定前に根抵当権者又は債務者について相続が開始した場合、相続開始後に生じる債権又は債務を担保するため、根抵当権者の相続人又は根抵当権者と根抵当権設定者との合意をするには、後順位抵当権者その他の第三者の承諾を要するか。

結論 　**本問の場合、後順位抵当権者その他の第三者の承諾を要しない。**

説明 　元本確定前に根抵当権者又は債務者について相続が開始した場合、相続開始後に生じる債権又は債務を担保するため、根抵当権者の相続人又は根抵当権者と根抵当権設定者とが合意するについては、後順位の抵当権者その他の第三者の承諾を得ることを要しないこととなっている（民法398条の8第3項、398条の4第2項）。この合意は、根抵当権の言わば人的面からの一種の被担保債権の範囲の変更に関するものであると理解することもでき、民法398条の8第3項は、枠支配権としての根抵当権につき担保すべき債権の範囲の自由な変更を認めたのと軌を一にして、この合意についても後順位の抵当権者等の承諾を必要としないものとされている。

8133 根抵当権者又は債務者の相続の場合において合意がないときの根抵当権の効力

問 　元本確定前に根抵当権者又は債務者について相続が開始したが、相続開始後に生じる債権又は債務を担保する旨の根抵当権者の相続人又は根抵当権者と根抵当権設定者との合意がされなかった場合、根抵当権はどうなるか。

結論 　**本問の合意がされないまま、相続開始後6か月を経過した場合に**

は、相続開始後に根抵当権者の相続人が取得する債権又は債務者の相続人が負担する債務は担保されず、その根抵当権は相続開始時において確定したものとみなされる。

説明 　元本確定前において根抵当権者又は債務者について相続が開始した場合には、本来的には、根抵当権はその時点で確定するわけであるが、相続の場合における取引の実情を考慮して、一定の行為（根抵当権者の相続人又は根抵当権者と設定者との合意）が成立し、これを一定期間内に登記した場合に限り、その根抵当権関係の当事者の地位の承継を認めることとされたものである。すなわち、元本確定前に根抵当権者又は債務者に相続が開始した場合において、その根抵当権関係の当事者の地位の承継をするには、この合意が必須の要件とされているのである。したがって、この要件を具備しない（合意がされない）場合には、根抵当権は相続開始の時点において確定することとされているのである（民法398条の8第4項）。

　なお、根抵当権の確定によって相続開始後に発生する元本債権はもはやその根抵当権によっては担保されないこととなるが、普通抵当権に転化するものではない。すなわち、相続開始後に生じる元本債権自体はもはや担保されないが、利息、損害金等についてはその後に生じるものでも極度額の限度内で担保される根抵当権に変わるわけである。

8134 元本確定前の根抵当権者の相続とその登記申請手続

問 　元本確定前に根抵当権者に相続の開始があった場合の登記申請はどうすればよいか。

結論 　**根抵当権の移転の登記及び民法398条の8第1項の合意があったときは相続開始の時から6か月以内にその合意の登記を申請する。**

説明 　元本確定前に根抵当権者に相続の開始があった場合には、まず、根抵当権の移転の登記をする必要がある。この登記は、相続人全員（相続放棄をした者等を除く）が申請人となって申請する。

　申請情報である登記の目的の記録例は「○番根抵当権移転」であり、登記原因の記録例は「平成○年○月○日相続」である。

　添付情報は、登記原因証明情報として、相続を証する戸籍の謄抄本等であ

る。

　なお、登録免許税は、根抵当権の極度額の1,000分の1である。

　次に、民法398条の8第1項の根抵当権者の相続による合意があったときは、相続開始の時から6か月以内にその合意の登記をすることとなる。この合意の登記は、根抵当権者として、前記の根抵当権の移転の登記によって根抵当権の登記名義人となった者及び根抵当権設定者が申請する。

　申請情報である登記の目的の記録例は「○番根抵当権変更」であり、登記原因の記録例は「平成○年○月○日合意」である。なお、申請情報には、合意によって指定された根抵当権者の住所及び氏名も記録する。

　添付情報は、登記原因証明情報として、合意を証する情報及び根抵当権設定者の権利に関する登記識別情報である。根抵当権の目的である権利が所有権であるときは、その所有権の登記名義人である根抵当権設定者の印鑑証明書（作成後3か月以内のもの）も提供する必要がある。

　なお、登録免許税は、不動産1個につき1,000円である。

8135　元本確定前の根抵当権の債務者の相続とその登記

問　元本確定前に根抵当権の債務者に相続の開始があった場合の登記申請はどうすればよいか。

結論　**根抵当権の変更の登記及び民法398条の8第2項の合意があったときは相続開始の時から6か月以内にその合意の登記を申請する。**

説明　元本確定前に根抵当権の債務者に相続の開始があった場合には、まず、根抵当権の変更の登記をする必要がある。この登記は、根抵当権者が登記権利者、根抵当権設定者が登記義務者となって申請する。

　申請情報である登記の目的の記録例は「○番根抵当権変更」であり、登記原因の記録例は「平成○年○月○日相続」である。なお、申請情報には、変更後の事項として債務者の相続人の住所及び氏名も記録する。

　添付情報は、登記原因証明情報である相続を証する戸籍の謄抄本及び設定者の権利に関する登記識別情報である。根抵当権の目的である権利が所有権であるときは、その所有権の登記名義人である設定者の印鑑証明書（作成後3か月

以内のもの）も提供する必要がある。

なお、登録免許税は、不動産１個につき1,000円である。

次に、民法398条の８第２項の根抵当権の債務者の相続による合意があったときは、相続開始の時から６か月以内にその合意の登記をすることとなる。この合意の登記は、根抵当権者が登記権利者、根抵当権設定者が登記義務者となって申請する。

申請情報である登記の目的の記録例は「〇番根抵当権変更」であり、登記原因の記録例は「平成〇年〇月〇日合意」である。なお、申請情報には、合意によって指定された根抵当権の債務者の住所及び氏名も記録する。

添付情報は、登記原因証明情報として、合意を証する情報、設定者の権利に関する登記識別情報である。根抵当権の目的である権利が所有権であるときは、その所有権の登記名義人である設定者の印鑑証明書（作成後３か月以内のもの）も提供する必要がある。

なお、登録免許税は、不動産１個につき1,000円である。

第２項　合併の場合

8136　元本確定前の根抵当権者の合併の場合の根抵当権の被担保債権

問　元本確定前に根抵当権者である法人が合併した場合、根抵当権の被担保債権はどうなるか。

結論　**元本確定前に根抵当権者について合併があったときは、根抵当権は合併時に存する債権のほか合併後存続する法人又は合併によって設立した法人が合併後に取得する債権を担保する。また、根抵当権設定者は、一定期間内に、元本の確定を請求することができる。**

説明　元本確定前に根抵当権者である法人が他の法人に吸収合併された場合、あるいは他の法人とともに新設合併をした場合には、根抵当権は当該吸収合併をした法人又は新設合併により設立された法人に移転し、合併時に存する債権のほか、合併後の法人が取得する債権を担保する。根

抵当権者でなかった吸収合併前の法人が合併前に有していた固有の債権は、当然には当該根抵当権によっては担保されない。また、双方がそれぞれ同一の債務者に対して別個の根抵当権を有していた場合であっても、合併前の債権はそれぞれ合併の相手方の有していた根抵当権によっては当然には担保されないことになる。

ただし、民法398条の4により被担保債権の範囲を変更し、合併前の債権を特定の債権として、当該根抵当権の被担保債権に追加することはできる。そして、合併後の法人が取得する債権で、当該根抵当権によって担保される債権は、当該根抵当権について定められている担保すべき債権の範囲に属するものに限られる。

そして、根抵当権者である法人が、債務者に対する他の債権者である法人を吸収合併した場合には、根抵当権者の地位に変動が生じるわけではないので、合併後に当該吸収合併をした法人が取得する債権は、当該根抵当権の担保すべき債権の範囲に属するものである限り、当然に担保される。しかし、吸収合併された法人である債権者が、合併前に有していた債権は、吸収合併した法人である根抵当権者と債務者との取引によって生じた債権とはいえないので、当該根抵当権によっては、当然には担保されないものと考えられる。

なお、根抵当権者である法人について合併があり、根抵当権が合併後の法人に移転するものとすると、根抵当権設定者としては、自己の関知しない債権者のために根抵当権を設定した結果になり、このために根抵当権設定者の利益が害されることが考えられる。そこで、このような場合には、根抵当権設定者は、一定期間内に、担保すべき元本の確定を請求することができる（民法398条の9第3項）。

8137 元本確定後の根抵当権者の合併

問 元本確定後に根抵当権者について合併があった場合、根抵当権はどうなるか。

結論 **元本確定後に根抵当権者について合併があったときは、その根抵当権は、元本確定後の根抵当権として効力をそのまま維持する。**

説明 元本確定後に根抵当権者について合併があったときは、合併後存続する法人又は合併によって設立した法人が根抵当権を取得

し、その根抵当権は、元本確定後の根抵当権としてその効力をそのまま維持することとなる。

8138 元本確定前の根抵当権の債務者の合併の場合の根抵当権の被担保債権

問 元本確定前に根抵当権の債務者が合併した場合、根抵当権の被担保債権はどうなるか。

結論 **元本確定前に根抵当権の債務者について合併があったときは、根抵当権は合併時に存する債務のほか合併後存続する法人又は合併によって設立した法人が合併後に負担する債務を担保する。また、根抵当権設定者は、一定期間内に、元本の確定を請求することができる。**

説明 元本確定前に根抵当権の債務者である法人が他の法人に吸収合併された場合、あるいは他の法人とともに新設合併をした場合には、根抵当権の債務者の変更が生じ、その根抵当権は合併時に存する債務のほか合併後存続する法人又は合併によって設立した法人が合併後に負担する債務を担保する。根抵当権の債務者でなかった法人が合併前に負担していた債務は、当然には当該根抵当権によっては担保されない。ただし、民法398条の4により被担保債権の範囲を変更し、合併前の債務を特定の債務として、当該根抵当権の担保すべき債務とすることはできる。

そして、根抵当権の債務者である法人が、当該根抵当権者に対する他の債務者を吸収合併した場合には、債務者自体に変更が生じるわけではないので、合併後に負担する債務は、当該根抵当権によって当然に担保される。しかし、吸収合併された法人である債務者が、債権者に対して合併前に負担していた債務は、根抵当権者と合併後の債務者との取引によって生じた債務とはいえないので、当該根抵当権によっては、当然には担保されないものと考えられる。

なお、根抵当権の債務者である法人について合併があり、債務者としての地位が合併後の法人に承継されるものとすると、根抵当権設定者としては、自己の関知しない債務者のために根抵当権を設定した結果になり、根抵当権設定者の利益が害されることが考えられる。そこで、このような場合には、根抵当権設定者は、一定の期間内に担保すべき元本の確定を請求することができるよう

になっている。ただし、債務者が根抵当権設定者であるときは、この元本の確定請求はできない（民法398条の9第3項）。

8139　元本確定後の根抵当権の債務者の合併

問　元本確定後に根抵当権の債務者について合併があった場合、根抵当権はどうなるか。

結論　**元本確定後に根抵当権の債務者について合併があったときは、その根抵当権は、元本確定後の根抵当権としての効力をそのまま維持する。**

説明　元本確定後に根抵当権の債務者について合併があったときは、合併後存続する法人又は合併によって設立した法人が根抵当権の債務者となり、その根抵当権は、元本確定後の根抵当権としてその効力をそのまま維持することとなる。

8140　根抵当権者又は根抵当権の債務者の合併の場合の元本の確定方法

問　元本確定前に根抵当権者又は根抵当権の債務者について合併があった場合、元本を確定させることができるか。その確定させることができる者は誰か。その方法はどうか。

結論　**元本確定前に根抵当権者又は根抵当権の債務者（その債務者が根抵当権設定者であるときを除く）について合併があった場合には、根抵当権設定者は、元本確定の請求をすることができる。この確定請求は、根抵当権設定者が合併のあったことを知った日から2週間以内、又は合併の日から1か月以内であればすることができる。**

説明　元本確定前に根抵当権者又は根抵当権の債務者について合併があった場合には、根抵当権設定者（当該合併に係る債務者であるときは除く）は、元本確定の請求をすることができる（民法398条の9第3項）。この確定請求が認められた趣旨は、根抵当権者又は根抵当権の債務者である法人について合併があって、根抵当権が合併後の法人に移転し、あるいは根抵当

権の債務者としての地位が合併後の法人に承継されるものとすると、根抵当権者としては、自分の関知しない債権者あるいは債務者のために根抵当権を設定した結果になるので、設定者の利益が害されることが考えられるから、設定者の利益を保護するために認められたものである。

この確定請求をすることができる者は、根抵当権設定者及びその承継人（例えば、根抵当権の目的不動産の第三取得者）である。ただし、債務者が同時に設定者である場合には、その債務者について合併が生じたことを理由に確定請求をすることはできない（民法398条の9第3項ただし書）。

また、この確定請求は、根抵当権設定者が合併の効力が生じたことを知った日から2週間あるいは、合併の効力が生じた日から1か月を経過したときは、することができない（民法398条の9第5項）。

さらに、この確定請求権は、いわゆる私法上の形成権であり、根抵当権設定者の確定請求の意思表示が根抵当権者に到達した時にその効力を生じる（実際上は内容証明郵便でされることが多いであろう）。ただし、この確定請求によって担保すべき元本が確定することとなる時点は、その請求の意思表示が根抵当権者に到達した時でなく、合併の効力が生じた時である（民法398条の9第4項）。そして、合併の効力は、吸収合併にあっては合併契約に定める効力発生日（会社法749条1項6号等）、新設合併にあっては本店の所在地における設立の登記日（同法49条）に生じるものとされているから、その時点で、根抵当権は確定することとなる。

8141 根抵当権者又は債務者の相続の場合と合併の場合の扱いが異なる理由

問 元本確定前に根抵当権者又は債務者について相続があった場合と合併があった場合とでその扱いが異なるのはどういう理由か。

結論 根抵当権者又は債務者について相続が開始した場合に、その相続人が被相続人の取引関係をそのまま承継するかどうかは、相続人の意思あるいはその信用いかんにも関わることであり、また当事者間の信頼関係に著しい変動が生じることとなるので、一定の行為（合意）を求める必要性があるが、合併の場合には、合併後の存続法人又は設立法人が引き継ぐことを前提としているので、そ

の必要性がないからである。

説明 　合併は相続と同じように、これによって合併前の法人の権利義務は、合併後の法人に包括的に承継されるものとされているのであるが、相続の場合については、特に合意がなければ根抵当権は相続開始後に生じる債権又は相続開始後に負担する債務を担保しないとしているのに対して、合併の場合には、当然に根抵当関係が承継されるものとしている。このように相続の場合と合併の場合とで扱いを異にしている理由は、一般に根抵当権者又は債務者について相続が開始した場合に、その相続人が被相続人の取引関係をそのまま承継するかどうかは、相続人の意思あるいはその信用いかんにも関わることであり、当事者間の信頼関係に著しい変動が生じることとなり、しかも、共同相続の場合には、相続人全員が根抵当関係を承継するとすることは必ずしも合理的ではない。

　これに反して、合併の場合には、従来の事業ないし取引をそのまま合併後存続する法人又は合併によって設立された法人が引き継ぐことを当然の前提としているということができる。

　そこで、相続の場合には、相続に際して相続人のうち誰がその取引関係を受け継ぐかを明らかにするため一定の行為（根抵当権者の相続人又は根抵当権者と設定者との合意）を求める必要性があり、合併の場合にはその必要性がないとしてその扱いを異にしているのである。

　なお、相続の場合には、合意をするかどうかの自由な選択権を設定者に与えて設定者の利益の保護を図っているが、合併の場合には、設定者に一定の条件の下に確定請求権を与えて設定者の利益を保護しているのである。

第3項　会社分割の場合

8142　元本確定前後の根抵当権の会社分割

問 　元本の確定前後の会社分割を登記原因とする根抵当権の移転の登記の登記原因証明情報は何か。

結論 　**会社分割を登記原因とする根抵当権の移転の登記の登記原因証明情報は、元本確定前にあっては会社分割の記載のある登記事項証**

明書、元本確定後にあってはこれに加えて吸収分割契約書又は新設分割計画書である。

説明 　会社分割を登記原因とする権利の移転の登記の登記原因証明情報は、会社分割の記載のある登記事項証明書及び吸収分割契約書又は新設分割計画書とされているが（平18.3.29第755号通達）、根抵当権の移転の登記については、元本確定前にあっては会社分割の記載のある登記事項証明書、元本確定後にあってはこれに加えて吸収分割契約書又は新設分割計画書とされている（平17.8.8第1811号通知）。

　元本確定前に吸収分割契約書又は新設分割計画書の提供を要しないとされているのは、根抵当権者を吸収分割会社又は新設分割会社とする会社分割があった場合には、根抵当権は法律上当然に吸収分割会社又は新設分割会社と吸収分割承継会社又は新設分割設立会社の準共有となり、吸収分割契約書又は新設分割計画書に根抵当権の帰属や被担保債権の範囲についてこれと異なる定めがされているかにかかわらないからである（平13.3.30第867号通達）。なお、新設分割設立会社又は吸収分割承継会社の会社法人等番号が提供されたときは、前記登記事項証明書の提供に代えることができる（平27.10.23第512号通達）。

　また、吸収分割契約書又は新設分割計画書には、吸収分割承継会社又は新設分割設立会社が承継する権利義務に関する事項を定めなければならない。その定め方として、必ずしも個々の権利義務を個別に特定して帰属先を明らかにする必要までないことから、元本確定後に会社分割による根抵当権の一部移転の登記の申請があった場合に登記官において、登記原因証明情報として提供された吸収分割契約書又は新設分割計画書によって具体的な不動産が会社分割により承継されたのかどうかを判断することができない場合が生じる。

　この場合に、報告形式の登記原因証明情報において、吸収分割契約が締結され、又は新設分割計画が作成され、その効力が発生した日に会社分割により吸収分割会社又は新設分割会社から吸収分割承継会社又は新設分割設立会社に具体的な不動産に係る根抵当権が移転したことが明らかにされていれば、これを登記原因証明情報として取り扱うことができ、必ずしも吸収分割契約書又は新設分割計画書を提供する必要はないと考えられる。

8143 会社分割により根抵当権の被担保債権が吸収分割承継会社に全部移転した場合の根抵当権移転の登記

問 会社分割により根抵当権の被担保債権が吸収分割承継会社に全部移転した場合の根抵当権の移転の登記の申請は、どのようにするのか。

結論 **根抵当権を吸収分割会社及び吸収分割承継会社の準共有とする会社分割による根抵当権の一部移転の登記及び根抵当権の準共有者である吸収分割会社から吸収分割承継会社への共有持分の全部移転の登記を申請する必要がある。**

説明 根抵当権は、一定の範囲に属する不特定の債権を極度額の限度で担保する抵当権であり、元本の確定前に生じた個々の被担保債権の変動は、その根抵当権に影響を及ぼしかねないことから、原則として随伴性が否定されている。しかし、元本の確定前に根抵当権者を吸収分割会社とする会社分割があったときは、例外的に、根抵当権は、会社分割の時に存する債権のほか、吸収分割会社及び吸収分割承継会社が会社分割時に取得する債権を担保するとされている（民法398条の10第1項）。これは、会社分割時に吸収分割会社が有していた被担保債権については、それが吸収分割会社に残った債権であっても、吸収分割承継会社に承継された債権であっても、そのいずれもがその根抵当権によって担保され、他方、吸収分割承継会社が会社分割時から有していた債権はその根抵当権で担保されない趣旨と解されている。

一般に、この規定は強行規定であり、吸収分割会社及び吸収分割承継会社が吸収分割契約書にこれと異なる定めを記載したとしても、その意思とは無関係に、会社分割の法的効果として、一義的に準共有の法律関係が生じると考えられている。これは、多数の根抵当権が承継の対象とされた場合の承継に係る登記の遅れに伴う不利益等、吸収分割会社及び吸収分割承継会社の双方に不測の不利益が生じることを防止する趣旨であると解されている。

したがって、吸収分割契約書に根抵当権の被担保債権が吸収分割承継会社に全部移転する旨の定めが記載されている場合、つまり、民法398条の10第1項の規定と異なる定めがされている場合であっても、根抵当権を吸収分割会社及び吸収分割承継会社の準共有とする登記を一旦した上で、所要の登記をするこ

ととされている（平13.3.30第867号通達）。具体的には、吸収分割承継会社を登記権利者、吸収分割会社を登記義務者とし、会社分割を登記原因とする根抵当権の一部移転の登記及び吸収分割承継会社を登記権利者、吸収分割会社を登記義務者とし、譲渡を登記原因とする吸収分割会社の共有持分の全部移転の登記を申請する必要がある。

第 7 節

共有根抵当権の譲渡等

8144　共有根抵当権の譲渡の可否

問　根抵当権を甲・乙が準共有している場合、甲・乙が丙に譲渡又は分割譲渡することができるか。また、乙に分割譲渡することができるか。

結論　**丙に譲渡又は分割譲渡することも、乙に分割譲渡することもできる。**

説明　根抵当権の一部譲渡が行われると、当該根抵当権は一部譲渡を受けた者との共有根抵当権となるが、当初から共有の根抵当権を設定することもできる。

　この共有の根抵当権における、共有者の権利をどのようなものとして規定するかについて民法は共有者の権利のいわゆる全部譲渡のみを認めている（同法398条の14第2項）。共有者の権利について分割譲渡又は一部譲渡を認めることにすると、極めて複雑な法律関係が生じることが予想されたからであろう。

　しかし、共有に係る根抵当権を全体として処分することを禁じるものではない。共有物の処分の一般原則により共有者全員が共同して、当該根抵当権を譲渡し、又は分割譲渡することができる。

　甲・乙が根抵当権を共有している場合、甲・乙が共同して甲・乙共有の根抵当権を丙に譲渡することができる。そして甲・乙共有の根抵当権を丙に譲渡すれば、以後は丙単有の根抵当権として存続することになるし、甲・乙共有の根抵当権を丙に分割譲渡すれば、以後は甲・乙共有の根抵当権と丙単有の根抵当権という2個の根抵当権が同順位で存続していくことになるわけである。

　甲・乙共有の根抵当権を分割して甲単有の根抵当権と乙単有の根抵当権にす

ることができるかどうかについては問題があるが、分割譲渡というものは、甲単有の根抵当権の一部を分割してこれを乙に譲渡するのがその典型であることから考えれば、そのような分割譲渡はできないものと考えられる。

　しかしながら、甲・乙共有の根抵当権を分割譲渡して、これを甲・乙共有の根抵当権と乙単有の根抵当権とにすることは、分割譲渡の趣旨からしてもこれを禁じる理由はないから、認められるものと考えられる。この場合、乙が乙に対して分割譲渡する形になるが、そのことは分割譲渡の成否に影響を与えるものではないと考えられるのである。

8145　共有根抵当権の各共有者の権利の譲渡の可否

問　根抵当権を準共有している場合、各共有権利者は譲渡又は一部譲渡することができるか。

結論　共有者の権利については全部の譲渡のみをすることができる。

説明　民法は、根抵当権の共有者の権利については、その全部の譲渡のみを認め、分割譲渡や一部譲渡をすることはできないものとしている（同法398条の14第2項）。全部の譲渡のみを認めているのは、共有者の権利については一切の処分を認めないというのも窮屈であるし、全部の譲渡であれば、これは共有者が交替するという結果を生じるのみであるから、法律関係を複雑化するということもないわけであり、これを認めても、根抵当をめぐる法律関係を簡明・明確化しようとする同法の趣旨に特に反することもないと考えられたものであろう。したがって、各共有者は全部譲渡によってその権利を第三者に移転することのみが認められていることになるのである。

8146　共有根抵当権者の一人に対する順位譲渡の可否

問　根抵当権を準共有している場合、先順位の普通抵当権者が準共有者の一人に対して順位の譲渡や放棄ができるか。

結論　共有者の一人に対して順位譲渡や放棄をすることはできない。

説明　民法において、元本の確定前に根抵当権を同法376条1項の規定によって処分することは、法律関係を複雑化するということから、転抵当を除いて認められていない。しかしながら、根抵当権者が普通抵

当権者又は確定した根抵当権者からその抵当権の順位の譲渡又は放棄を受けることは、これは法律関係を特に複雑にするわけではないから禁止されていないのである（同法398条の5第15項）。

ところで、民法376条1項によれば、「他の債権者の利益のために」その順位を譲渡又は放棄することができるとされているため、順位の譲渡等を受けている根抵当権を譲渡又は一部譲渡した場合、根抵当権の譲渡又は一部譲渡は債権者の地位の承継とは無関係にされるので、譲受人が順位の譲渡等の利益を当然に受けるものであるかについては問題がないわけではない。同法はこの点について、譲受人も順位譲渡等の利益を受ける旨を明定して、この点に関する疑義を解消している。

そこで甲単有の根抵当権について、甲が先順位の抵当権の順位の譲渡を受けている場合に、これを乙に譲渡すれば、乙も順位譲渡の利益を受けることになるわけであり、同じく順位の譲渡を受けている甲・乙共有の根抵当権を丙に一部譲渡すれば丙も順位譲渡の利益を受けることになる。そしてこのことは、根抵当権を共有する数人の根抵当権者のうちの一人又は数人のために、抵当権の順位の譲渡又は放棄をすることは認められないということをも意味する。

したがって、甲・乙が根抵当権を共有している場合、先順位の抵当権者が甲のために順位の譲渡又は放棄をすることはできないことになるのである。甲・乙がその後一部譲渡をして丙が共有者として入ってきたときには、前記のとおり丙は順位譲渡又は放棄の利益を受けるのであって、順位譲渡をした抵当権者はこれを拒むことができないのであれば、そもそも最初に甲・乙のうち甲だけを選んで順位の譲渡又は放棄をするということを認めること自体あまり意味がなく、不合理であると考えられるからである。

8147 抵当権の順位の譲渡等を受けた根抵当権者がした根抵当権の譲渡等の効果

問 根抵当権者が先順位の普通抵当権者から順位の譲渡又は放棄を受けている場合、根抵当権者が根抵当権を譲渡又は一部譲渡したときはどのような効果があるか。

結論 譲渡又は一部譲渡によって根抵当権を譲り受けた者は順位の譲渡又は放棄の利益をも受けることができる。

説明 　根抵当権者が元本の確定前に先順位の普通抵当権者から順位の譲渡又は放棄を受けることは、特に法律関係を不明確にするということも考えられず、差し支えないものとされている。ただ、民法376条1項の規定による抵当権の順位の譲渡又は放棄があった後に、その順位の譲渡等を受けた者の抵当権が他の者に移転した場合には、その抵当権を取得した者が順位の譲渡等の利益を受けることができるかどうかについては、同項が「他の債権者の利益のために」と規定していることから問題のあるところである。

　この点については、普通抵当権の場合には債権者の地位の承継を当然の前提としているから、順位の譲渡等を受けているという地位もそのまま新債権者に承継されるという説明をすることによって、抵当権の移転を受けた者も当然に順位の譲渡等の利益を受ける。

　しかし、根抵当権の譲渡又は一部譲渡によって根抵当権が移転する場合には、債権者の地位の承継ということがその前提となるものではなく、それとは全く無関係になされるものであるために、抵当権の場合と同様の説明をすることはできない。そこで民法は、明文の規定を設けて、抵当権の順位の譲渡又は放棄を受けている根抵当権者が当該根抵当権を譲渡又は一部譲渡したときには、譲受人も順位の譲渡又は放棄の利益を受けるものとした。

　したがって、先順位の抵当権者甲から順位の譲渡を受けている根抵当権者乙が、その根抵当権を丙に譲渡したときには、丙は順位の譲渡を受けている根抵当権を取得することになるのであり、乙がその根抵当権を丁に一部譲渡した場合には、丁も乙とともに順位譲渡の利益を受けることになる（民法398条の15）。

8148　順位譲渡等を受けている共有根抵当権者間で優先弁済についての定めをすることの可否

問 　先順位普通抵当権者から順位の譲渡又は放棄を受けた根抵当権の準共有者間で、優先弁済を受ける順位について別段の定めをすることができるか。

結論 　**別段の定めをすることができる。**

説明 　根抵当権が共有されている場合、各共有者の優先弁済を受ける割合は、当該根抵当権が実行されて競売代金が配当される段階において各共有者が有している被担保債権額の割合によるものとされている

（民法398条の14第１項）。しかしながら民法は、元本の確定前に限って、共有者相互間においてこの原則的な割合とは異なる割合をもって弁済を受ける旨の定めをすること、また、他の者がある者に優先して弁済を受ける旨の定めをすることができるものとしている（同法398条の14第１項ただし書）。したがって元本の確定前であれば、自由にこのような定めをすることができるのである。

　問題は、当該共有の根抵当権に対して順位の譲渡又は放棄がされている場合である。すなわち根抵当権が共有されている場合には、共有者中の一部の者に対する順位の譲渡又は放棄は認められないものと考えられるので、当該共有者全員に対して順位の譲渡又は放棄がされていることになるが、そのような場合に、優先弁済を受ける別段の割合ないし優先劣後の定めをすることを認めると、共有者中の一部の者に対する順位譲渡又は放棄を認めたのと同様の結果になるということから、疑義があるというのが本問の趣旨であろう。

　しかし、共有者中の一部の者に対して順位の譲渡又は放棄をすることができないということと、順位の譲渡又は放棄を受けた共有者相互間で弁済を受けることについての別段の定めをすることは全く別個の問題であって、優先弁済に関する別段の定めは、順位の譲渡又は放棄を受けていると否とにかかわりなくすることができるものと考えられるのであり、順位の譲渡又は放棄を受けている場合には、これをすることができないものであるとは到底考えられない。

　すなわち優先弁済についての別段の定めは、順位の譲渡又は放棄を受けている根抵当権に配当される配当金を、当該根抵当権の共有者がどのように分配するのかという問題にすぎないものと考えられるからである。

第8節

共同根抵当

8149 共同根抵当権の意義及び要件

問 共同根抵当権の意義及び要件はどのようなものか。

結論 極度額、被担保債権の範囲及び債務者が同一である数個の不動産の上の根抵当権について、設定登記の際に共同担保である旨の登記をした場合に限って、当該根抵当権に民法392条及び393条の規定が適用される。

説明 昭和46年改正民法施行後の根抵当権においては、債権に対する付従性が否定され、基本契約は必要なくなったため、数個の不動産の上に根抵当権が設定されている場合に、基本契約が同一であれば共同根抵当であるという考え方はもはや採り得ず、「同一の債権の担保として数個の不動産の上に根抵当権が設定せられたる旨」を設定登記の際に登記した場合にのみ、当該数個の不動産の上の根抵当権は共同根抵当すなわち当該根抵当権に民法392条及び393条の規定が適用されるものとしたのである（同法398条の16）。

同一の債権を担保するものであるから、被担保債権の範囲、極度額及び債務者も同一でなければならない。この点については、民法398条の17第1項において、共同根抵当権の変更又は処分は共同担保である全ての不動産についてその登記をしなければ変更等の効力を生じないものとして、被担保債権の範囲等が区々になることを防止しているのである。

共同担保として設定された旨の登記事項は、不動産登記法83条1項4号以下の規定に定められているが、昭和46年改正民法施行前のように基本契約が同一であれば当然共同根抵当権となるという関係にはならないから、未登記根抵当権との共同担保関係というものは、少なくとも第三者との関係においては、同

法施行後の根抵当権においては認められる余地がないのである。

なお、共同担保でない根抵当権の目的となっている土地あるいは建物を分筆あるいは分割した場合には、分筆あるいは分割後の不動産の上の根抵当権は当然に共同担保の関係に立つものと解される。それはもともと当該根抵当権は、分筆あるいは分割前の土地又は建物の全体としての交換価値のうち、極度額相当額の交換価値を支配していたものと考えられるので、分筆あるいは分割によって当然に累積式の根抵当権になるものと解すると、当事者の意思に反し設定当初の極度額の2倍ないし数倍の交換価値を支配することになり、妥当でないからである。

8150 共同根抵当権の設定登記特有の申請情報

問 共同根抵当権の設定の登記特有の申請情報は何か。

結論 **共同根抵当権である旨である。**

説明 共同根抵当権の設定の登記の申請手続については、根抵当権の設定の登記をする際特に共同担保である旨の登記をしたときに限って共同根抵当となるので（民法398条の16）、共同担保である旨の登記を申請するものであることを設定の登記の申請情報としなければならない（登記令別表の五十六の項申請情報欄ハ）。申請情報である登記の目的の記録例は、「共同根抵当権設定」である。

なお、共同担保として根抵当権が設定された不動産が甲登記所と乙登記所の管轄に属する場合に、まず甲登記所に根抵当権の設定の登記を申請するときは、乙登記所の管轄に属する不動産に関する情報は申請情報となっていない。

乙登記所に根抵当権の設定の登記を追加担保として申請するときには、甲登記所の管轄に属する不動産に関する情報が申請情報となっている（登記令別表の五十六の項申請情報欄ニ）。以上のように共同根抵当権の設定の登記の申請手続は、共同抵当である普通抵当権の設定の登記の申請手続と若干その取扱いを異にしているが、共同根抵当権の性質から、そのような差異が生じるものである。

8151 追加担保の可否

問 追加担保により共同根抵当とすることができるか。

結論 **追加担保により共同根抵当とすることができる。**

説明 数個の不動産の上に設定された根抵当権が共同根抵当権とされるためには、その設定登記の際に、同一の債権の担保として数個の不動産の上に根抵当権が設定された旨を登記しなければならないが、ある不動産について根抵当権の設定の登記をするのと同時にということであって、数個の不動産の上の根抵当権が全て同時に設定され、かつ登記されなければならないということではない。

したがって、追加担保として甲不動産に根抵当権を設定し、その甲不動産と既に根抵当権の設定登記がされている乙不動産を共同担保とするため、甲不動産に追加設定の登記をするのと同時に共同担保の旨の登記をした場合にも、設定登記の際に共同担保の旨の登記がされたものとして取り扱うこともできる。

ただ、共同根抵当権の趣旨からすれば、既に甲不動産と乙不動産とに共同担保でない根抵当権が設定登記されている場合に、丙不動産に追加担保として根抵当権を設定するには、甲又は乙に追加することはできるが、甲及び乙に追加することはできないものと考える。

なぜならば、甲と乙とを後発的に共同担保にする方法はないのであり、甲及び乙に追加することを認めると、甲と丙、乙と丙とは共同担保の関係に立つが、甲と乙とは共同担保の関係に立たないということになって、配当計算が複雑困難になることに加えて、根抵当をめぐる法律関係が極めて錯綜したものとなることが予想されるからである。

同様の見地から、既に甲不動産と乙不動産の上に共同担保として根抵当権が設定登記されている場合に、丙不動産に追加担保として根抵当権を設定するには、いわゆる片面的共同担保関係が生じることを避けなければならないことから必ず甲・乙両不動産に追加しなければならないのであり、甲又は乙のみに追加することは、認められない。

8152 追加担保の登記特有の添付情報

問 追加担保である根抵当権設定の登記特有の添付情報は何か。

結論 **前の登記に他の登記所の管轄区域内にある不動産に関するものがあるときは、前の登記に関する登記事項証明書である。**

説明 根抵当権は、その設定登記の際に共同担保である旨の登記をした場合に限って共同根抵当となるのであるが（民法398条の16）、このことは追加担保とする根抵当権の設定登記を認めないということではない。そして、追加担保の場合における登記の申請手続については、設定登記の際に特に共同担保である旨の登記をすることによって共同根抵当となることは追加担保の場合にも同様である（登記令別表の五十六の項申請情報欄ハ）。

また、申請情報に前の登記を表示するには、不動産の所在及び地番若しくは家屋番号並びに順位番号を記録し、共同担保目録があるときは、その記号及び目録番号をも記録する必要がある（登記令別表の五十六の項申請情報欄ニ(1)～(4)、規則168条1項）。

次に、共同根抵当権は、担保すべき債権の範囲、債務者及び極度額が全て同一である場合にのみ許されるのであり、これは追加担保とする場合においても同様である。しかも、いわゆる片面的共同担保の関係となるような追加担保は、許されないものと考えられる。そこで不動産登記令別表の五十六の項添付情報欄ロは、追加担保とする根抵当権の設定登記を申請する場合に、前の登記に他の登記所の管轄区域内にある不動産に関するものがあるときは、前の登記に関する登記事項証明書を提供しなければならないものとしている。

8153 根抵当権の追加設定と前登記証明書

問 追加担保として根抵当権設定の登記の添付情報である「前の登記に関する登記事項証明書」は、具体的にはどのようなものをいうか。

結論 **共同担保目録付きの登記事項証明書である。**

説明 根抵当権は、同一の債権を担保するものとして設定し、かつその旨を登記したときに限り共同根抵当の関係が成立するものと

されている。同一の債権を担保するとは、各不動産の上の根抵当権の極度額、被担保債権の範囲、債務者が同一でなければならないが、設定後極度額等を変更する場合には、このことを設定時だけでなく設定後も維持するために、共同担保である全ての不動産についてその登記をしなければ変更自体の効力が生じないとされている。

このことは、追加設定の場合も同様であるのはもちろんであるが、共同担保の登記をしたもののみに共同根抵当の関係が成立することからすれば、既設定の不動産の一部に追加するという片面的共同担保の関係になる追加設定の登記も、法律関係を複雑にするので認められないものと考えられる。

そこで、追加設定の登記が申請されたときには、既設定の根抵当権と極度額等が符合しているかという点と、既設定の全ての不動産を共同担保として追加設定の登記が申請されているかどうかという点を審査しなければならず、既設定の不動産が他の登記所の管轄に属するときには、既設定の登記がどうなっているかを証明する前の登記に関する登記事項証明書を提供しなければならないものとされている（登記令別表の五十六の項添付情報欄ロ）。

なお、既設定の全ての不動産について追加設定の登記が申請されているかという点を審査するためには、共同担保目録付きの登記事項証明書を１通提供すれば足り、その他の物件の登記事項証明書は共同担保目録付きのものでなくてよい。

8154 根抵当権設定後に、敷地権の目的となった土地を根抵当権の共同担保として追加する場合の手続

問 区分建物に関する敷地権の登記がされた建物についての根抵当権の設定の登記がされている場合において、その後、敷地権の目的となった土地を根抵当権の共同担保として追加したときには、どのような登記の申請をすればよいか。

結論 区分建物について、○番根抵当権の目的に土地の符号○の敷地権を加える変更の登記の申請をすることができる。

説明 区分建物に関する敷地権の登記がされた建物（以下「敷地権付建物」という）に根抵当権の設定の登記がされている場合において、その後、敷地権の目的となった土地を当該根抵当権の担保として追加す

ることは、建物の区分所有等に関する法律22条1項が規定する分離処分に当たらない。同条が目的としている一体性の原則は、専有部分とその敷地利用権を分離処分することによる取引上及び公示上の複雑、混乱を回避し、その簡素、合理化を図ることにあると考えれば、本問のような共同担保としての追加設定は、言わば、分離処分されている敷地利用権に対して、事後的にその専有部分について一体的処分に服させようとするものであり、むしろ、一体性の原則に則した処分といえるのであって、同条で禁止されている分離処分には該当しないと解すべきである。

逆に、仮に本問の登記をすることができないとすれば、既に建物の専有部分に登記されている根抵当権の登記を一旦抹消した上で、改めて共同根抵当権を一体的に設定する以外に方法はないことになるが、これは、既に建物の専有部分に登記されている根抵当権の設定の登記の順位の問題にも波及し、容認し難い結果となる。

したがって、本問の場合には、登記することができ、具体的には、区分建物について、○番根抵当権の目的に土地の符号○の敷地権を加える変更の登記の申請をすることができるものと考えられる。この場合には、区分建物の根抵当権の設定の登記に付記として登記され、登記の目的、受付年月日及び受付番号並びに登記原因及びその年月日が記録され、付記登記されている○番登記は土地の符号○の敷地権については建物のみに関する旨の登記は抹消されない。また、共同担保目録があるときは、当該区分建物の表示の予備欄に「敷地権の表示（追加）　○の土地の所有権○分の○　　○受付第○号変更」の振り合いで記録される。

8155 共同根抵当権について更正による特別の登記の可否

問　共同根抵当権について、誤って共同担保である旨の登記を申請しなかった場合、後日更正登記により登記することができるか。

結論　**後日更正登記により共同担保である旨の登記をすることはできない。**

説明　被担保債権の範囲、極度額及び債務者が全て同一である根抵当権が、数個の不動産の上に設定されている場合でも、設定登記の際に同一の債権の担保として数個の不動産の上に根抵当権が設定された旨の

登記を申請せず、したがって、その登記もされなかったときは、当該根抵当権は、各抵当不動産についてそれぞれの極度額に至るまで優先弁済を受けることができるいわゆる累積式の根抵当権として公示されていることになる。

このような累積式の根抵当権を後日変更契約によって共同根抵当とすることは、民法398条の16が設定登記の際に同一の債権の担保として数個の不動産の上に根抵当権が設定された旨の登記をしなければならないものと規定している趣旨からして許されないものと考えられるが、共同担保である旨の登記の申請を遺漏したような場合は、後日変更契約をする場合とは異なるのであるから、後日変更する場合とは異なった取扱いをしてもよいのではないかという考え方もあろう。

しかし、共同担保である旨の登記は、共同根抵当の成立要件として、本来の設定登記とは別個の登記としてされるものであるから、この登記を遺漏した以上、対外的にはこのような根抵当権は常に累積式の根抵当権にならざるを得ないと考えられるが、これを変更して共同根抵当とする道のないのは前記のとおりであり、特に共同担保である旨の登記を共同根抵当成立の効力要件とした民法の規定の趣旨からすれば、後日共同根抵当とすることができないのは更正登記の場合においても同様と考えられるのである。

登記以前に共同根抵当である実体が存するのであれば、これを登記に反映させるための更正登記をすることができないということは妥当でないが、共同根抵当権については、共同担保である旨の登記をする以前に共同根抵当である実体が存するわけではないので、登記を遺漏した場合には、当該遺漏した登記を実体に符合させるということは問題とならず、したがって、もはや更正登記によって共同担保である旨の登記を追加する余地もないものと考えられるのである。

8156 共同根抵当権の変更の要件

問 共同根抵当権の一つについて、極度額の増額又は被担保債権の範囲の変更をすることができるか。

結論 共同根抵当権の一つのみについて極度額の増額又は被担保債権の範囲を変更する契約をしても、その効力は生じない。

説 明 　共同根抵当権は、同一の債権の担保として数個の不動産の上に設定されたものであることを設定登記の際に特に登記した場合にのみ認められるものであるが、同一の債権の担保としてということから、当該根抵当権の担保すべき債権の範囲、債務者及び極度額は全ての根抵当権について同一であることを要するものと考えられる。

　そしてこの要件は、設定の時に必要とされるだけでなく、設定後においても同一であることを要する。設定後には、各個の根抵当権について担保すべき債権の範囲等をばらばらに変更することを認めるとすれば、結果として担保すべき債権の範囲や極度額の異なる根抵当権が共同根抵当の関係に立つことになり、法律関係が複雑になる。

　そこで民法398条の17第1項において、共同根抵当権については、担保すべき債権の範囲や極度額を変更した場合には、共同担保であるすべての不動産について同一の内容をもって変更し、かつその登記をしなければ変更の効力を生じないものとして、共同根抵当権の担保すべき債権の範囲や極度額が区々になることを防止している。

　これは、登記が一種の効力要件となっているものともいえるものであるが、民法398条の17第1項は、担保すべき債権の範囲の変更及びその登記は共同担保である全ての不動産について同時にしなければならないものとはしていない。共同担保である不動産のうちの一部の不動産について、とりあえず変更契約を締結し、その登記をしておくということ自体まで否定しているわけではないので、そのような変更をすることも、またそのような登記をすることも認められる。そのような変更をし、そのような登記をしてみても、結果として共同担保である全ての不動産について変更の登記がされなかった場合には、結局変更の効力は生じなかったことになるので、先に一部の不動産についてした変更の登記は無益なものだったということになる。

8157 共同根抵当権の譲渡

問 　共同根抵当権の一つについて、譲渡又は一部譲渡をすることができるか。

結論 　共同根抵当権の一つのみについて譲渡又は一部譲渡をする契約をしても、その効力は生じない。

| 説明 | 根抵当権を譲渡すると、根抵当権者が交替し、以後根抵当権の譲受人の有する債権が当該根抵当権によって担保されることになり、仮に同一の債権の担保として数個の不動産の上に設定されている共同根抵当権の一部について譲渡を認めた場合には、共同根抵当権によって担保される債権が異なることになり、共同根抵当権の同一の債権の担保として設定されているという趣旨に反することになる。これは一部譲渡の場合にも同様と考えられるのである。

しかもそのような場合になお共同根抵当権の関係を認めるとすれば、法律関係が極めて錯綜、混乱することが予想される。そこで民法398条の17第1項においては、共同根抵当権の譲渡又は一部譲渡は共同担保である全ての不動産について同一の譲渡又は一部譲渡をしてその登記をしなければ、譲渡又は一部譲渡の効力を生じないものとして、共同担保である不動産のうち一部の不動産について譲渡又は一部譲渡等がされることのないように配慮しているわけである。

もっとも、この規定によれば、共同担保である全ての不動産について譲渡又は一部譲渡の登記をしなければ効力を生じないといっているのみであるから、共同担保である不動産について必ずしも同時に譲渡契約ないしその登記をすることは必要でないものと考えられる。したがって、譲渡による根抵当権の移転登記は共同担保である各不動産についてばらばらに申請されたような場合でも、受理されるのは当然のことである。ただ結果として、共同担保である全ての不動産について譲渡による根抵当権の移転の登記がされなかったときには、譲渡はその効力を生じないのであるから、移転登記が無駄になることがあり得る。譲渡による根抵当権の移転登記の申請自体は、共同担保である不動産の一部についても受理されるわけである。

8158 共同担保の特別の登記がない数個の根抵当権の効力

| 問 | 被担保債権の範囲、極度額、債務者が同一の数個の根抵当権について、共同担保である旨の登記がされていない場合、どのような効力を持つか。
| 結論 | **根抵当権者は各根抵当権の極度額に至るまで、それぞれの目的不動産から優先弁済を受けることができる。**

説 明 　　被担保債権の範囲、極度額、債務者が同一である根抵当権が数個の不動産の上に設定された場合でも、特に同一の債権の担保として設定された旨の登記をしなければ、民法392条等の規定は適用されないものとされているので、根抵当権者は各不動産の代価についてそれぞれの極度額に至るまでの優先権を行使することができるのであるが、同法398条の18はこのことを明らかにしているわけである。

　被担保債権の範囲、債務者が同一であれば、具体的に発生する被担保債権は同一であり、この被担保債権が数個の不動産によって担保されているわけであるから、その関係のみから見れば共同根抵当の関係と異ならないわけであるが、具体的な個々の被担保債権について、これをどの根抵当権によって担保させるかということは根抵当権者の自由に任されている。

　例えば、被担保債権の範囲、債務者が同一である根抵当権が、甲不動産と乙不動産とに設定されている場合には、具体的に発生している被担保債権を甲不動産上の根抵当権の被担保債権として優先弁済権を主張するか、あるいは乙不動産上の根抵当権の被担保債権として優先弁済を主張するかということは、全く根抵当権者の自由であるということである。

　しかも仮に甲不動産上の根抵当権の被担保債権とした場合においても、甲不動産の代価によって満足を得られなかったときには、その残額を乙不動産上の根抵当権の被担保債権として優先弁済権を主張することもできる。その結果、根抵当権者がいずれの不動産を選択するかによって、当該不動産の後順位者は大きな影響を受けることが予想されるが、やむを得ないというべきであろう。

8159　共同担保の登記の廃止の可否

問　　共同根抵当権についてされている共同担保の登記を廃止して、共同担保である旨の登記のない数個の根抵当権とすることができるか。

結 論　**共同担保である旨の登記を廃止することはできない。**

説 明　　被担保債権の範囲、債務者、極度額が同一の根抵当権が数個の不動産の上に設定されている場合において、同一の債権の担保として設定された旨を特に登記したときに共同根抵当となるのであるが、この登記がされて共同根抵当権の関係にある根抵当権について、この特別の登記を

廃止して累積式の根抵当権に変更することができるのかは問題である。

仮にこのようなことを認めるとすれば、累積式の根抵当権となることによって根抵当権者が優先弁済を受けることができる限度額は数倍になるわけであるし、また、共同担保である不動産の後順位者にとっては先順位の根抵当権の優先弁済権の限度額が増大した上、民法393条の規定による代位をして抵当権を行使することができなくなるということで甚大な影響を受けることになる。そこで、仮に後順位の抵当権者その他の利害関係人の承諾があっても、当該根抵当権について同法392条等の適用をなくそうとすることについてであるが、同条等の規定は、同一の債権の担保として数個の不動産の上に根抵当権が設定された旨の登記をしたときに初めて適用されるのであり、しかもこの登記がされている限り適用されることになるわけである。

したがって、この特別の登記を抹消するということは、もはや民法392条等の適用がなくなることであり、特別の登記が存在する限り同条等の規定が適用されるのであるから、結局特別の登記の抹消登記の原因は存在しないものと考えられるのである。抹消登記の原因がなければ、特別の登記を抹消することはできないし、抹消されなければ同条等の規定が適用されるのであるから、一旦共同根抵当権として設定登記された根抵当権を後日累積式の根抵当権に変更する方法は手続上ないことになる。

その意味で昭和46年改正民法の附則9条には旧根抵当権について、特に共同担保の関係から分離することができる旨の規定を設けているわけである。共同担保である旨の特別の登記の廃止が可能であるとすれば、特にこのような規定を設ける必要はないと考えられるのであって、同条の規定が設けられたということは、共同担保である旨の特別の登記を廃止するなどということはできないものと考えたからであろうと思われる。

8160 優先の定めの廃止

問 根抵当権の共有者間の優先弁済に関する定めを廃止することができるか。

結論 根抵当権の共有者間の優先弁済に関する定めを廃止することはできるが、その登記は、変更の登記による。

説 明　根抵当権の共有者は、それぞれその債権額の割合に応じて弁済を受けるが、元本の確定前に、これと異なる割合を定め、又はある者が他の者に先立って弁済を受けるべきことを定めたときは、その定めによるとされている（民法398条の14第1項）。この根抵当権の共有者間の優先弁済に関する定めについては、根抵当権の共有者間において、更に変更することができるが、第三者に対抗するためには、その定め及びその変更を登記しなければならない（同法177条）。

　本問の根抵当権の共有者間の優先弁済に関する定めを廃止することは、一旦優先弁済の定めをした後にこの定めを廃止して前の状態に戻すと評価することができ、その法的効果も優先弁済に関する定めの内容を共有者全員の合意により変更する場合と変わらないことから、根抵当権の共有者間の優先弁済に関する定めを廃止することはできるものと考えられる。

　もっとも、根抵当権の共有者間の優先弁済に関する定めの登記手続は順位の変更の登記手続を準用している（不登法89条2項）ことから、根抵当権の共有者全員の合意による優先弁済の定めの廃止の登記は、抹消の登記ではなく、変更の登記によることが相当である。この場合の登記原因は合意解除であり、優先の定めに関する記録例は、「優先の定め　廃止」とするのが相当と考えられる。

　なお、優先弁済の定めの抹消の登記をすることができる場合は、順位の変更の抹消の登記をすることができる場合と同様に、優先弁済の定めの合意が無効又は取り消された場合に限られると考えられる。

第 9 節

経過規定

8161　旧根抵当権に対する昭和46年改正民法の適用

問　旧根抵当権について昭和46年改正民法の適用はどのようになるか。

結論　**旧根抵当権についても原則として昭和46年改正民法が適用されることになる。**

説明　昭和46年改正民法はその附則 2 条において、民法の規定は、昭和46年改正民法施行の際現に存する抵当権で根抵当権であるもの（以下「旧根抵当権」という）についても別段の定めがある場合を除き、全面的に適用するものとしている。したがって、同法施行後においては、旧根抵当権も民法の適用を受け、同法の規定によって動いていくわけであって、同法によって認められた被担保債権の範囲の変更や根抵当権の譲渡が旧根抵当権についても原則として認められるわけである。

ただ、民法が適用されるということになると、昭和46年改正民法施行前においては認められていた事項で、民法によれば認められないものについてはどうなるのかという問題があるが、この点については、昭和46年改正民法の附則 2 条ただし書において、昭和46年改正民法による改正前の民法の規定により生じた効力を妨げないとしている。

これは取引の安全あるいは法的安定の見地からしても当然のこととも考えられるが、ともかくこの規定によって、民法においては認められないこととなった元本極度額の定めも、昭和46年改正民法施行後においてもその効力が認められるのであり、したがって、同法施行前に元本極度額の定めをもって設定された旧根抵当権について、同法施行後に元本極度額の定めをもって根抵当権の設

定登記を申請することも可能であるわけである。

　また、昭和46年改正民法施行前に確定前の旧根抵当権について順位の譲渡等がされているときにも、同法施行後に確定前の旧根抵当権について順位の譲渡等の登記をすることができるのである。

　このように、旧根抵当権については昭和46年改正民法の附則に別段の定めがある場合を除き民法が全面的に適用されるのであるが、同法が好ましくないものとして否定した元本極度額の定めを持つ旧根抵当権、主登記による極度額の増額部分がある旧根抵当権及び元本の確定前に同法375条1項の規定による処分がされている旧根抵当権については、そのままの状態で同法の規定を全面的に適用することは、根抵当をめぐる法律関係を簡明化し、明確化しようとする同法の理想に反することになるので、昭和46年改正民法はその附則3条で民法の規定の適用を制限しているが当然のことであろう。

　すなわち、元本極度額の定めを持つ旧根抵当権と主登記による極度額の増額部分を持つ旧根抵当権については、極度額、被担保債権の範囲、債務者の変更、根抵当権の譲渡、分割譲渡又は一部譲渡及び根抵当権の共有者相互間の弁済に関する優先の定めは一切することができないものとされている。これ以外の債権極度額の定めを持つ旧根抵当権については、同法375条1項の規定による処分がされているものについてのみ、同様の制限が規定されているが、極度額の変更と分割譲渡をすることは認められている。

　極度額の変更はこれを認めても特に法律関係を複雑にするものとは考えられないし、分割譲渡をした場合には、分割して譲渡される根抵当権については当該根抵当権を目的とする権利すなわち同項の規定による処分も消滅するものとされているので、これもまた法律関係を特に複雑にすることはないと考えられるからである。

8162 旧根抵当権の元本極度額の定めの変更の可否

問　旧根抵当権の元本極度額の定めを昭和46年改正民法に適合するように変更することができるか。

結論　変更することができる。

説明　元本極度額の定めを持つ旧根抵当権は、昭和46年改正民法施行後もその効力が認められることとなっているが、同法は元本極

度額の定めを否定したこともあって、元本極度額の定めを持つ旧根抵当権については、根抵当権が根抵当権であるゆえんに基づく被担保債権の範囲の変更や根抵当権の譲渡等は一切認められないものとされている。

そこで元本極度額の定めを持つ旧根抵当権についても、これらの変更ないし処分をするためには、まずその前提として元本極度額の定めを民法に適合するように変更することが必要であるが、昭和46年改正民法はその附則4条において、元本の確定前に限って元本極度額の定めを同法に適合するように変更することができるものとしている。しかもこの変更をするには、後順位の抵当権者その他の第三者の承諾を得ることを要しないものとして、この変更を容易にすることができるように配慮しているわけである。

この後順位抵当権者その他の第三者の承諾を要しないとしている点については、元本極度額の定めを持つ旧根抵当権の優先弁済を受ける限度についての解釈いかんによっては、必ずしも承諾を要しないものと割り切れないように考えられるのであるが、昭和46年改正民法は、なるべく極度額の定めが民法に適合するように変更されるよう、多少政策的に後順位者等の承諾は要しないものと割り切って規定したものであろうと思われるのである。旧根抵当権がなるべく同法に適合する根抵当権になることを期待しているともいえる。

8163 主登記による極度額増額の変更登記の分割の可否

問 主登記により極度額の増額の変更の登記がされている場合、これを分割して独立の根抵当権とすることができるか。この場合の手続、登記方法はどうか。

結論 **主登記による極度額の増額部分を分割して独立の根抵当権とすることができる。登記手続は、設定者と根抵当権者との共同申請により、増額の登記に根抵当権の設定の登記事項を付記する方法による。**

説明 付記によらない極度額の増額すなわち主登記による極度額の増額の登記がある旧根抵当権は、主登記による極度額の増額を昭和46年改正民法が認めていないこともあって、同法に適合しない旧根抵当権ということになり、新たに規定された被担保債権の範囲の変更や根抵当権の譲渡等は一切認められないこととされている（同法附則3条2項）。

そして、このような旧根抵当権を民法に適合させるものとするために認められたのが、主登記による極度額の増額部分を分割してこれを同法の規定による独立の根抵当権とする方法である（昭和46年改正民法附則5条1項）。これによって主登記による極度額の増額の登記が解消されれば、同法の適用の制限はなくなって同法の規定が全面的に適用されることになるわけである。

　そして、この分割をするには、根抵当権者が登記権利者、設定者が登記義務者となって、当該増額部分を目的とする第三者の権利があるときはその者の承諾書を添付して、分割の登記を申請すればよいのである。独立の根抵当権とするのであるから、この登記の申請には、根抵当権の設定登記の申請情報がその申請情報とされているのである（登記令附則4条）。したがって、申請情報は、極度額、被担保債権の範囲及び債務者となる。

　したがって、極度額は主登記によって増額された部分が分割によって独立する根抵当権の極度額となるものとして、被担保債権の範囲は分割前の根抵当権の登記原因の中に表示されている基本契約がそのまま分割によって独立する根抵当権の被担保債権の範囲となるし、また債権者は分割前の根抵当権の債務者が同様にそのまま独立する根抵当権の債務者となるわけである。極度額の増額部分を分割することによっては、分割前の根抵当権のこれらの事項が変更されることにはならないからである。

　この登記の申請があった場合には、登記官は、極度額の増額の登記に根抵当権の設定の登記事項を付記するとともに、分割前の根抵当権については分割後の極度額を付記し、当該増額部分を目的とする第三者の権利があるときには、この第三者の権利の登記を抹消するわけである（規則附則19条1項・2項）。

8164　旧根抵当権の元本確定時期の定めの効力

問　旧根抵当権に元本の確定すべき時期の定めが登記されている場合、その効力はどうなるか。

結論　**旧根抵当権の元本が確定すべき時期の定めにより元本の確定することとなる日を確定期日と定めたものとみなされ、かつその確定期日が登記されているものとみなされる。**

説明　　民法においては、根抵当権の担保すべき元本の確定すべき日を定めてこれを登記することができるものとされており、この確

定期日が定められている場合には、当該確定期日の到来によって根抵当権の担保すべき元本は当然に確定することとなる。

ところでこの確定期日に類似のものとして、旧根抵当権においては存続期間又は取引期間というものを定めて、これを登記することが認められていた。これは、そのような期間が定められた場合には、旧根抵当権の担保すべき基本契約から生じた債権のうち、当該定められた期間内に発生した債権のみが根抵当権によって担保されるとするものであるから、民法の確定期日と同様の機能を果たすものと考えられる。

旧根抵当権について存続期間又は取引期間が定められている場合、昭和46年改正民法施行後それらのものがどうなるのかについて、同法附則6条は、旧根抵当権について定められている存続期間又は取引期間の効力は原則としてそのまま認めることとしている。すなわち、当該存続期間等の定めによって元本が確定することとなる日を同法の確定期日として定めたものとみなし、また存続期間等の登記はこれを確定期日の登記とみなすものとしているのである。

したがって、旧根抵当権について存続期間の定めが登記されているときは、昭和46年改正民法附則6条によって当該存続期間の満了する日の翌日が確定期日として定められ、かつその確定期日が登記されているものとみなされるわけである。この場合登記もされているものとみなされるのであるから、その旨の変更登記は必要ないわけである。もっとも、当事者が変更の登記を申請してきた場合には、そのまま受理して登記することは差し支えないものと思われる。

ところで、旧根抵当権の存続期間等には特に期間の制限というものはないので、存続期間等を10年あるいは20年と定めることも可能であったが、昭和46年改正民法施行後にこれをそのまま確定期日とみなすことは、同法の確定期日がその定めをした日から5年以内の日であることを要するのと均衡を失することになる。

そこで昭和46年改正民法附則6条ただし書においては、存続期間等の満了する日が同法施行の日から5年以後の日であるときは、これを当然に同法施行の日から5年を経過する日に短縮されるものとして、同法施行の日から5年を経過する日が確定期日と定められたものとみなし、そのような確定期日が登記されているものとみなすこととしている。すなわち、このような場合には、昭和52年3月31日が確定期日と定められ、かつその確定期日が登記されているものとみなされるわけである。なお、変更の登記等を要しないのは前記の場合と同

様である。

8165 旧根抵当権の代位行使の可否

問 旧根抵当権の被担保債務について弁済をすることのできる者は、昭和46年改正民法施行後に代位弁済しても旧根抵当権に代位することができないか。

結論 **旧根抵当権の被担保債務を弁済するについて正当な利益を有していた者は、昭和46年改正民法施行後に弁済しても、当該旧根抵当権に代位することができる。**

説明 根抵当権については、元本の確定前には根抵当権の債権への随伴性が否定されている結果、元本の確定前に代位弁済が行われても、代位によって移転しないものとされている（民法398条の7第1項）。そこで、旧根抵当権について一律に同法が適用された場合、元本確定前における代位弁済については代位による根抵当権の移転が認められないことになるが、昭和46年改正民法附則7条は、同法施行前に保証人等の地位にあった者が同法施行後元本の確定前に代位弁済した場合には、なお従前の例によるものとして、これらの者の利益を保護しているわけである。

すなわちこれらの者は、同法施行前に、代位弁済すれば当該根抵当権に代位することができるという期待を持って保証人等の地位に立っているものと考えられるので、そのような期待権を同法施行後に全く無視することは妥当でないとされたためであろう。同法附則7条が従前の例によるといっているのは、旧根抵当権については明文の規定がなく、したがって、元本の確定前の代位弁済によって当該抵当権に代位することができるかについても見解が分かれているところから、代位弁済によって当該根抵当権に代位するという解釈が正しいのであれば、その解釈に従って取り扱われるということを意味するわけである。

登記実務の取扱いによれば、元本確定前に代位弁済がされた場合でも当該根抵当権は代位によって移転するという取扱いであるから、同法施行後元本の確定前に代位弁済がされた場合でも、代位による根抵当権の一部移転の登記は受理されることになる。その申請情報である登記原因の記録例は「年月日代位弁済」（昭和46年法律第99号附則7条）の振り合いによる。

8166　旧根抵当権の処分の効力

問　旧根抵当権について、民法375条1項の規定による根抵当権の譲渡、順位の譲渡等がされている場合、その効力はどうなるか。

結論　順位の譲渡等の効力はそのまま認められる。

説明　根抵当権については、元本の確定前には転抵当を除いて民法375条1項の規定による順位の譲渡等をすることは禁止されている。そこで、旧根抵当権について元本の確定前に同項の規定による処分がされているものの効力が問題となる。

この点については、昭和46年改正民法附則2条ただし書において、同法施行前に旧根抵当権について生じた効力は認めることとしているので、旧根抵当権について根抵当権の譲渡あるいは順位の譲渡等がされている場合にも、順位の譲渡等それ自体の効力は同法附則2条ただし書の規定によって認められることになるわけである。

問題は、元本確定前の根抵当権について民法375条1項の規定による処分がされている場合の法律関係であるが、この点について昭和46年改正民法附則8条は、その場合の法律関係についてはなお従前の例によるものとしているわけである。すなわち、民法375条1項の規定による処分がされた場合の第三者に対する対抗要件については同条2項の規定によることになるし、債務者、保証人、根抵当権設定者及びその承継人に対する対抗要件については同法376条1項の規定が適用されるわけである。

更に問題となるのは、民法376条2項の規定の適用があるのかどうか、また適用があるとしてもどのような形において適用されるのかということであるが、この点については従来から解釈上疑義があり、見解が対立していたところである。昭和46年改正民法はこの点については従前の例によるとすることにより、従前の正当な解釈に従ってその適用があるかどうかが決定されるものとしているわけである。

8167　共同担保の旧根抵当権の分離の可否

問　共同担保である旧根抵当権について、当該旧根抵当権を一つの不

動産について他の不動産から分離することができるか。その方法及び効力はどうか。

結論 元本の確定前に共同担保である全ての不動産の後順位者その他の利害関係人の承諾を得た上、根抵当権者と設定者との合意により分離することができる。なお、分離された根抵当権はいわゆる累積式の根抵当権となる。

説明 昭和46年改正民法施行前においては、基本契約が同一である根抵当権が数個の不動産の上に設定された場合には、当然に共同根抵当であるものとする見解が従来有力であり、登記実務においてもそのように取り扱われてきたのは周知のとおりである。したがって、旧根抵当権についても、基本契約が同一である限り、全国の不動産が共同担保の関係に立つことになるが、そのような場合にも民法398条の17の規定が適用され、共同担保である全ての不動産について変更又は譲渡等の登記をしなければ、当該変更又は譲渡等の効力を生じないものとすることは、根抵当権者にとって非常に窮屈なものとなることが予想される。

そこで昭和46年改正民法附則9条においては、民法の共同根抵当は当事者の選択によって共同根抵当となるものであり、その範囲は土地とその土地の上に存在する建物といった関係にあるごく狭いものに限定されるであろうという均衡論も考慮して、旧根抵当権について昭和46年改正民法施行前の共同根抵当権を、言わば再編成することを認めているわけである。

この分離をするには、元本の確定前に根抵当権者と設定者が、共同担保である全ての不動産の後順位者等の利害関係人の承諾を得た上で合意すればよいのであるが、分離は一の不動産ごとにしなければならないものとされている。例えばA、B、C、Dの4個の不動産が共同担保となっている場合に、C、D不動産を分離するには、まずC不動産を分離し、次いでD不動産を分離しなければならないわけである。したがって、分離の登記もC不動産とD不動産とは別個の申請情報で申請すべきものと考えられるのである。

このように分離された根抵当権は、共同根抵当の関係からは独立した根抵当権として、当該根抵当権の極度額に至るまで目的不動産から弁済を受けることができるいわゆる累積式の根抵当権となることになる。ただし、共同担保の関係からは分離するが、分離されたもの相互間においてもこれを共同担保にしたいという要請も無視し得ないものがあり、これを可能にするために昭和46年改

正民法附則9条2項は、共同担保の登記の関係では分離を設定とみなしているわけである。すなわち、A、B、C、Dの4個の共同担保をA、BとC、Dとの共同担保関係にしようとする場合には、まずCを分離し、次いでDを分離し、Dについて分離による変更登記を申請する際に、CとDとを共同担保にするという登記を申請すればよいわけである。

8168 共同担保の旧根抵当権の分離の登記手続

問 共同担保の旧根抵当権の分離の登記手続はどのようなものか。
結論 分離したものを共同担保とする場合には、便宜数個の不動産についての分離の登記の申請を一の申請情報でして差し支えない。

説明 共同担保である旧根抵当権の分離の登記は、根抵当権の変更の登記としてされるものであるから（昭和46年改正民法附則9条2項）、根抵当権者と設定者とが共同で申請しなければならないが、この場合は、根抵当権者が登記権利者、設定者が登記義務者となって申請しなければならないのである。しかもこの分離は、一の不動産ごとにしなければならないものとされているので（同条1項）、分離による変更の登記も一の不動産ごとに申請しなければならないものと考えられるのである。

ただ、分離したものを共同担保とする場合には、その場合にも一の不動産ごとに分離の登記を申請し、共同担保にするには必ず追加担保の手続によらなければならないとするのも当事者に酷であるし、また、共同担保の一体性からすれば、便宜数個の不動産についての分離の登記の申請を一の申請情報ですることを認めても、さして支障はないものと考えられる。

また、分離をするには、根抵当権者と設定者との合意のほか、後順位の抵当権者その他の利害関係人の承諾を要するのであるが、分離による変更登記の申請情報には、当該分離による変更登記を申請する不動産上の後順位抵当権者その他の登記上の利害関係を有する第三者の承諾を証する当該第三者が作成した情報を添付すればよいであろう。共同担保である全ての不動産の上の後順位抵当権者その他の登記上の利害関係を有する第三者のものを添付することは実際上不可能であろうし、また登記官の形式審査の建前からすれば、そこまで要求することもないと考えられるからである。

なお、この分離による変更登記は、共同担保の登記の抹消登記の実質を有す

るものであるから、共同担保である他の不動産の上の後順位抵当権者等が当該分離する不動産に民法393条の規定による代位の仮登記をしている場合には、この仮登記は分離の登記をしたときに抹消されることになるものと思われる。

当該仮登記権利者の分離についての承諾を証する情報も分離の登記の申請情報に添付されているはずであるから、これを抹消しても特に支障はないと考えられるからである。このように、共同担保である他の不動産上の後順位者は、分離する不動産に民法393条の規定による代位の仮登記をしている場合にのみ、登記上の利害関係を有する第三者として取り扱われているわけである。

8169 旧根抵当権の元本の確定の時期

問 旧根抵当権について、昭和46年改正民法施行前に、元本確定の事由が生じている場合、確定の効力が生じるか。

結論 昭和46年改正民法施行の日に元本確定の事由が生じたものとして、民法の規定が適用される。

説明 根抵当権においては、担保すべき元本が確定したか否かは重要な影響を及ぼすものであり、この観点から民法は、その398条の20第1項各号に元本の確定すべき事由とその時期とについて詳細な規定を設けているわけである。しかしながら、昭和46年の民法一部改正前の根抵当権については、同法398条の20第1項各号に掲げる事由が生じた場合においても、必ずしも元本は確定するものとして取り扱われていなかったように思われるのである。

そこで、昭和46年の民法一部改正前には根抵当権について民法398条の20第1項各号に掲げる事由が発生している場合でも、根抵当権の元本が確定していないものがあるわけであるが、これらの根抵当権が昭和46年の民法一部改正後においても元本が確定しないものとするのは、民法の適用を受けることからすれば妥当でないということになる。このような見地から昭和46年改正民法はその附則10条において、民法398条の20第1項1号・2号・3号及び4号の事由が昭和46年改正民法施行前に生じている旧根抵当権については、これらの事由が同法施行の日に生じたものとして民法398条の20第1項の規定を適用するものとして、昭和46年改正民法による改正後の根抵当権との均衡を図っているわけである。確定事由が昭和46年改正民法施行の日に生じるのであるから、その

後は民法398条の20第1項1号から4号までに定めるところにより元本が確定するに至るわけである。

　すなわち、同項1号、2号及び4号の場合には、昭和46年改正民法施行の日に確定するし、民法398条の20第1項3号の場合には、根抵当権者が昭和46年改正民法施行前から競売手続の開始又は滞納処分による差押えがあったことを知っていた場合には、同法施行の日から2週間を経過したときに確定することになるし、同法施行前にその事実を知らなかった場合には、競売手続の開始あるいは滞納処分による差押えがあったことを知った時から2週間を経過したときに確定することになるわけである。

第 9 章

工場抵当

第1節 総説

9001 工場抵当の意義及び性質

問 工場抵当とは、どういうものか。

結論 工場抵当とは、抵当権の効力が及ぶ範囲を土地又は建物以外にも拡充するものであり、①工場に属する土地又は建物に備え付けた機械器具等にまで効力が及ぶ抵当権（狭義の工場抵当）と、②工場を組成する物件を1個の財団として不動産とみなして設定される抵当権（工場財団抵当）がある。

説明 民法の抵当権の効力が及ぶ範囲は、土地及び建物並びにこれらに付加して一体となっている物（付加一体物）とされている（民法370条）。他方で、民法施行（明治31年）後、我が国の産業は著しく進展を遂げ、企業規模も拡大した。これに伴い、金融機関の融資も激増し、その際の担保として、土地及び建物から工場に移行する傾向が強くなり、この産業、金融業界の要請に応える形で、「工場抵当法」（以下「工抵法」という）が明治38年法律第54号をもって制定され、同年7月1日から施行された。なお、工抵法と同時に、鉄道抵当法（明治38年法律第53号）及び鉱業抵当法（明治38年法律第55号）も制定、施行されている。

工抵法が規定する工場抵当としては、①狭義の工場抵当と、②工場財団抵当の2種類がある。

狭義の工場抵当とは、工場の所有者が工場に属する土地又は建物に設定した抵当権の効力が、原則として、当該土地又は建物並びにそれらの付加一体物のほか、当該土地又は建物に備え付けた機械、器具その他工場の用に供する物にも当然に及ぶ抵当権のことである（工抵法2条）。

また、工場財団抵当とは、工場に属する土地、建物その他の工作物、機械器具等のほか、地上権及び賃借権、工業所有権並びにダム使用権といった有形無形の財産をもって組成する「工場財団」を１個の不動産とみなして、その財団に設定する抵当権のことである（工抵法８条以下）。

9002　工場の意義

問　工抵法の工場とは、どういうものか。
結論　**営業のため、物品の製造若しくは加工又は印刷若しくは撮影の目的に使用する場所をいう。また、営業のため、電気の供給の目的に使用する場所等は、工場とみなされる。**

説明　工抵法の工場は、同法１条１項において「営業ノ為物品ノ製造若ハ加工又ハ印刷若ハ撮影ノ目的ニ使用スル場所ヲ謂フ」と定義づけられている。また、同条２項において「営業ノ為電気若ハ瓦斯ノ供給又ハ電気通信役務ノ提供ノ目的ニ使用スル場所ハ之ヲ工場ト看做ス営業ノ為放送法（昭和25年法律第132号）ニ謂フ基幹放送又ハ一般放送（有線電気通信設備ヲ用ヒテテレビジョン放送ヲ行フモノニ限ル）ノ目的ニ使用スル場所亦同ジ」として、電気の供給の目的に使用する場所等は、工場とみなされる。すなわち、工抵法の工場といえるためには、①「物品の製造又は加工」の目的に使用する場所、②「印刷又は撮影」の目的に使用する場所、③「電気又は瓦斯の供給」の目的に使用する場所、④「電気通信役務の提供」の目的に使用する場所又は⑤「放送法にいう基幹放送又は有線一般放送（有線テレビジョン放送等）」の目的に使用する場所であって、「営業のため」のものでなければならない（例えば、「物品の製造又は加工」の目的に使用する場所を職業訓練所が所有していたとしても、その営業のためのものではないから、工場には該当しない）。

　また、「場所」とは、物理的に特定することができることを要し、土地若しくは建物又はこれらの上に存する借地権（地上権、賃借権）がなければ、工場という場所が存在するとは言えない（明38.8.5第665号回答）。

　「工場」に該当するかどうかについて、疑義が生じる場合もあり、例えば、ガソリンスタンドは、ガソリンを貯蔵し、これを供給するために設けられるものではあるが、「物品の製造又は加工」の目的に使用する場所ではなく、「電気又は瓦斯の供給」の目的に使用する場所（これらの場所は、電気又は瓦斯を製造

する場所及びこれと一体となっている）のように、石油の製造又は加工の目的に使用する場所と一体となっているものではないので、工場とみなされないから、工抵法2条の規定による工場抵当権の設定の登記をすることはできない（昭35．2．3第252号回答）。また、映画館は、映画を映写して観客の鑑賞の用に供することによって収益を上げてはいるが、これは、撮影すなわち映画の製作のための場所ではないから、「撮影」の目的に使用する場所には該当せず、仮に映画館の存する土地、又はその建物を目的として、抵当権を設定しても、当該抵当権の効力が、映画館に備え付けられた映写機などに当然及ぶことにはならない（昭27.12.1第104号電報回答）。

「営業のため」との要件に関しては、農業協同組合又は水産業協同組合の所有する水力発電施設等で、組合員の共同利用に供されるものについては、当該組合が直接「営業のため」に使用するわけではないが、組合員各自が、その営業のために、組合所有の施設を共同利用するので、それらの施設は営業のために存在するものと言えないことはないので、当該組合が、組合員の利益のために、他から融資を受けた場合、その債務の担保として、当該施設（工場）に属する土地又は建物について設定した抵当権は、正に工抵法2条の規定により、目的となっている土地、建物に備え付けられた機械器具その他、施設本来の用に供する物件にも効力を及ぼすものと解される（昭27．4．19第481号回答）。

9003 太陽光発電と工場抵当

問 太陽光発電設備に工場抵当を設定することはできるか。
結論 **太陽光発電装置を設置する場所は「工場」に該当し、狭義の工場抵当及び工場財団抵当のいずれも設定することができる。**

説明 平成24年7月1日に、電気事業者による再生可能エネルギー電気の調達に関する特別措置法（平成23年法律第108号）が施行され、再生可能エネルギー固定価格買取制度が導入された。この制度は、太陽光や風力、水力、地熱、バイオマスといった再生可能エネルギーで発電された電気を、電力会社が一定価格で一定期間買い取ることを義務付ける制度であり、この制度が導入されたことにより、特に太陽光発電の設備容量が急増している（大規模水力を除く再生可能エネルギーの設備容量は、平成24年度以降平成28年度まで、年平均26％ずつ増加しており、その大部分が太陽光発電である）。

太陽光発電設備には、①住宅等の屋根に設置する比較的小規模なものと、②土地に設置する比較的大規模なもの（いわゆるメガソーラーなど）とがあり、工場抵当（狭義の工場抵当及び工場財団抵当）の設定の可否については、太陽光発電設備が住宅等の屋根又は土地のいずれに設置されているのかによって考慮する事項が異なるので、それぞれ分けて考える。また、これら両者について、太陽光発電設備が工抵法１条の「工場」に該当するかどうかが問題となるが、同条２項前段は「営業ノ為電気（中略）ノ供給（中略）ノ目的ニ使用スル場所ハ之ヲ工場ト看做ス」と規定しており、営業のために太陽光発電設備が設置されている場所は、これに該当し、「工場」といえるものと解される。

(1)　**住宅等の屋根に設置する太陽光発電設備**

　まず、狭義の工場抵当を設定することが考えられる。狭義の工場抵当とは、太陽光発電設備が設置された屋根で構成される建物（工場）に、その所有者が設定した抵当権の効力が、当然に当該設備にも及ぶというものであり（工抵法２条２項）、また、そもそも抵当権は賃借権に設定することはできない（民法369条２項参照）から、太陽光発電設備の所有者がその設置された屋根（建物）を所有している場合に限り、狭義の工場抵当を設定することができる。

　なお、太陽光発電設備の設置前に建物についてのみ普通抵当権を設定し、太陽光発電設備の設置後に狭義の工場抵当に変更することも可能である。また、狭義の工場抵当を設定する場合には、太陽光発電設備について機械器具等の目録を提供しなければ、対抗要件を備えたことにならない（工抵法３条。最判昭32.12.27民集11巻14号2524頁、最判平６．７.14民集48巻５号1126頁参照）。既に狭義の工場抵当が設定されている建物に、新たに太陽光発電設備を追加した場合についても、追加した太陽光発電設備にも狭義の工場抵当の効力が当然に及ぶこととなるが、新たに太陽光発電設備を備え付けた旨の機械器具等の目録の記録の変更の登記を申請しなければ（同法３条４項、38条１項）、当該追加設備に対抗要件を備えたことにはならない。

　おって、太陽光発電設備の所有者が、それを設置している屋根（建物）を賃借している場合には、動産譲渡担保により太陽光発電設備を担保とすることができる。その対抗要件は、引渡しであり（民法178条）、占有改定（同法183条）による場合が多いと思われるが、太陽光発電設備の所有者が法人であるときは動産譲渡登記によることができる（動産及び債権の譲渡の対抗要件に関する民法の特例等に関する法律７条）。

また、太陽光発電設備の所有者が、建物全体を賃借している場合には、当該賃借権について対抗要件を備えることができるが（民法605条、借地借家法31条）、屋根のみを賃借している場合には、不動産の一部について賃借権の登記をすることはできないため（不登法25条13号、登記令20条4号）、その対抗要件を備える方法がなく、建物の所有者が、所有権を譲渡したときや破産したときには、屋根の賃借権を第三者に主張することができなくなる。

　次に、工場財団を設定することも考えられる。太陽光発電設備は「機械、器具」に該当するものと考えられ、工場財団の組成物件になり得る（工抵法11条2号）。ただし、太陽光発電設備のみを組成物件とする工場財団を設定することはできず、土地又は建物の所有権、地上権又は賃借権を組成物件とする必要がある（明38.8.5第665号回答、昭24.9.15第2052号通達）。

　なお、狭義の工場抵当とは異なり、太陽光発電設備の所有者が、その設置された建物を賃借している場合にも、当該賃借権と太陽光発電設備に工場財団抵当を設定することができるが、この場合には、当該賃借権を工場財団の組成物件とすることについて賃貸人の承諾を得る必要がある（工抵法11条4号）。

　また、第三者の権利の目的となっているものは工場財団の組成物件とすることはできないから（工抵法13条1項）、組成物件にしようとする土地又は建物等に抵当権等が設定されている場合には、これを抹消しなければ、工場財団を設定することはできない。太陽光発電設備には登記及び登録がないから、これを工場財団の組成物件とするには、1か月以上3か月以下の一定の権利申出期間を定めて公告をする必要があり（同法24条1項）、新たに太陽光発電設備を追加した場合も同様である。さらに、工場財団の組成物件となると、これを単独で処分することができなくなる（同法13条2項）。

(2)　**土地に設置する太陽光発電設備**

　前提として、太陽光発電設備が、「建物」に該当するか、動産にすぎないかが問題となるが、登記実務上、建物とは「屋根及び周壁又はこれらに類するものを有し、土地に定着した建造物であって、その目的とする用途に供し得る状態にあるものでなければならない」とされており（規則111条）、太陽光パネルは建物には該当せず、それ自体について登記を備えることはできないと考えられる。ただし、太陽光発電設備が設置された敷地内に築造された管理棟などについては「建物」に該当し得ると考えられるが、太陽光発電設備全体を建物と評価することができるわけではないと考えられる（最判昭42.12.5民集21巻10号

2545頁（ゴルフ練習場として使用する目的でされた土地の賃貸借の例ではあるが、たとえ当初からその土地上にゴルフ練習場に必要な事務所用等の建物を築造、所有することが予定されていた場合であっても、特段の事情がない限り、その土地の賃貸借は、借地法１条の「建物ノ所有ヲ目的トスル」賃貸借ということはできないとした裁判例）が参考となる）。

　この前提で、まず、狭義の工場抵当を設定することが考えられる。狭義の工場抵当は、工場（土地）の所有者が設定することができるものであり（工抵法２条１項）、前記(1)で述べたように太陽光発電設備が設置された土地について賃借権を有するにすぎない場合はもとより、地上権を有する場合についても設定することはできず、太陽光発電設備の所有者が当該土地を所有している場合に限り、狭義の工場抵当を設定することができる。

　その他は前記(1)で述べたところと同様であるが、太陽光発電設備を動産譲渡担保とする場合には、動産を特定する方法として、個別動産とする方法と、集合動産とする方法（「動産の種類」及び「動産の保管場所の所在地」が登記事項となる。動産・債権譲渡登記規則８条１項２号参照）があり、集合動産として特定したときは、動産譲渡担保の設定時点では太陽光発電設備が設置されていなくても、設置されたときに動産譲渡登記の効力が及ぶこととなり、また、新たに太陽光発電設備を追加して設置するたびに登記を備えなくても、設置されたときに動産譲渡登記の効力が及ぶこととなる。

　次に、工場財団を設定することも考えられる。これについては、前記(1)で述べたところと同様であるが、太陽光発電設備が設置された土地の利用権限が地上権である場合には、賃借権である場合と異なり、地上権設定者の承諾を得ることなく、太陽光発電設備の所有者は、当該地上権と太陽光発電設備とに工場財団抵当を設定することができる（工抵法11条３号参照）。

　なお、土地の利用権限が賃借権の場合、従前、賃貸借の存続期間は最長20年とされている一方で、再生可能エネルギー固定価格買取制度に基づく太陽光発電の調達期間は電気の供給を開始した日から20年間（ただし、発電容量が10キロワット未満のものは10年間）とされている関係上、太陽光発電設備の設置に必要な期間を含めると、賃借権の存続期間の方が調達期間よりも短くなることが問題とされていたが、2020年４月１日に施行される民法の一部を改正する法律（平成29年法律第44号）により民法604条が改正され、賃貸借の存続期間は最長50年となったため、この問題は立法的に解決された。

第2節 狭義の工場抵当

第1項 総説

9004 工場抵当権設定の場合の注意事項

問 工抵法2条の抵当権が、民法の抵当権と異なる点は何か。また、その設定には、どのような注意が必要か。

結論 **抵当権の効力が備付けの機械器具等にも当然に及ぶ点が異なる。また、その機械器具等が設定者の所有物かどうかを確認して、これを機械器具等の目録に漏れなく記録するよう十分注意することが必要である。**

説明 工抵法2条の規定による抵当権は、民法の規定による抵当権とその効力が及ぶ範囲に違いがある。民法の抵当権の効力は、その設定した土地及び建物（以下、民法又は工抵法2条による抵当権の目的である土地及び建物を「抵当不動産」という）のほか、付加一体物に及ぶものとされているが、抵当不動産が工抵法1条に規定する工場である場合には、原則として、何らの意思表示なく、当然に、抵当権の効力は、付加一体物のほか、抵当不動産に備え付けられた機械、器具その他工場の用に供するもの（以下、本節において、「機械器具等」という）にも及ぶものとされている。また、同法2条の抵当権の設定後に、その抵当不動産に備え付けられた機械器具等にも及ぶことになる。ただし、同条の抵当権の効力が及ぶのは、抵当不動産の所有者の所有に属する機械器具等のみであって、抵当不動産の所有者が他人から賃借して備え付けた機械器具等や第三者に譲渡担保に供した機械器具等には、その抵当権の効力は及ばない。

したがって、工抵法2条の抵当権を設定して金融取引をする場合には、抵当不動産に備え付けられている機械器具等が、その抵当不動産の所有者の所有に属するかどうかを調査する必要がある。また、その機械器具等が、抵当不動産の所有者の所有に属していない場合には、その機械器具等の所有者が物上保証をしたいとしても、機械器具等のみを物上保証によって、同条の抵当権の効力を及ぼすことはできない。この場合、抵当権者において、機械器具等が抵当不動産の所有者の所有に属するものと過失なく信じたときであっても、抵当権の設定には即時取得の規定（民法192条）の適用はないから、その抵当権の効力は、その機械器具等には及ばない。

　もっとも、抵当不動産の所有者が、その所有に属していた機械器具等を第三者に譲渡担保その他の原因により譲渡したが、その対抗要件である引渡し（民法178条。動産譲渡登記（動産及び債権の譲渡の対抗要件に関する民法の特例等に関する法律7条）を含む）をしていない間に、抵当権の対抗要件（後述する工抵法3条2項の機械器具等の目録の提供）を備えたときは、抵当権の効力が、譲渡担保等に優先して及ぶ。

　次に、工抵法2条の抵当権の設定の登記を申請する場合には、同法3条3項の規定により、機械器具等の目録に記録すべき情報を記載した書面（以下、本節において、この書面及びこの書面に基づき登記官が作成することとされている目録のことをともに「3条目録」という（同法3条2項・3項、工抵規則3条、25条1項、別記第1号様式、附則6条参照））を登記所に提出しなければならないことが重要である。同法2条の抵当権の効力は、3条目録に記録されている機械器具等についてのみ対抗要件を備えたこととなり、これを第三者に対抗することができるのである（最判平6.7.14民集48巻5号1126頁）。

　なお、抵当不動産の所有者が、抵当権設定登記後に新たに機械器具等を備え付けたときは、当該機械器具等にも抵当権の効力は及ぶこととなるから、できるだけ早く、その機械器具等を備え付けた旨の3条目録の記録の変更の登記を申請することが重要である（工抵法3条4項、38条1項参照）。

9005　物上保証としての工場抵当の設定の可否

問　　工場の所有者が、他人の債務を担保するため、当該工場に属する土地又は建物に設定した抵当権についても、工抵法2条の規定の

適用があるか。

結論 適用がある。

説明 民法369条1項では、抵当権者は、債務者又は第三者が債務の担保に供した不動産について、他の債権者に先立って自己の債権の弁済を受ける権利を有すると規定しており、債務者のほか、物上保証人が抵当目的物を供して抵当権を設定することができるものとしている。物上保証をすることができることは、工抵法2条の抵当権についても、民法の抵当権と同様であるから、工場の所有者が、他人の債務を担保するために、物上保証人として、その所有する土地又は建物であって、工場に属すべきものに抵当権を設定した場合には、当然に工抵法2条の規定が適用され、当該抵当権の効力は、抵当不動産に備え付けられた機械器具等にも及ぶ。

この場合には、自己の債務を担保するために工抵法2条の抵当権を設定するときと同様、同法3条3項の規定により、機械器具等の目録を提供しなければならない。なお、同法2条の抵当権について、同法13条1項が「他人ノ権利ノ目的タルモノ又ハ差押、仮差押若ハ仮処分ノ目的タルモノハ工場財団ニ属セシムルコトヲ得ス」と規定していることから、物上保証をすることはできないと解する考え方もあるようであるが、同項は工場財団の組成物件に関する規定であり、本問にある同法2条の抵当権（狭義の工場抵当）を物上保証として設定することができるかどうかとは関係しない。

9006 工場に属する土地、建物の共有持分の上の工場抵当の成否

問 工場に属する土地又は建物の共有持分の上に抵当権を設定し、その登記をすることができるか。また、この場合の抵当権の効力は、当該土地又は建物に備え付けられた機械器具等にも及ぶか。

結論 **工場に属する土地又は建物の共有持分にも、工抵法2条の抵当権を設定することができ、その登記をすることもできる。この場合、当該抵当権の効力は、当該共有者が当該土地又は建物に備え付けた機械器具等の共有持分にも及ぶ。**

説明 民法の規定による抵当権については、土地又は建物の共有持分に設定することができる（明32.12.22第2080号回答）。そして、

工抵法2条の規定による抵当権についても、これと同様であるから、工場に属する土地又は建物の共有持分にも抵当権を設定することができる。この場合、その土地又は建物に備え付けられた機械器具等に対する抵当権の効力が問題になる。当該抵当権の効力は、これらの機械器具等について、抵当権を設定した共有者が単独で所有しているときは当該機械器具等の全体に及ぶこととなり、抵当権を設定した共有者が第三者と共有しているときは当該機械器具等の共有持分に及ぶこととなる（昭33.7.15第346号回答）。

しかし、当該機械器具等について、抵当権を設定した共有者が所有していないときは、抵当権の効力は及ばない。なお、機械器具等の共有持分に抵当権の効力が及ぶときの3条目録の記録方法については、工抵規則や財団準則には規定はないが、各機械器具等についてその持分を記録するのが相当である。

9007 工抵法2条の抵当権と工場専属の貨物自動車

問　工抵法2条の抵当権の効力が及ぶ目的物には、工場専属の貨物自動車も含まれるか。

結論　**貨物自動車は、工場に属する土地又は建物に備え付けられたものではないので、これにつき工抵法2条の抵当権の効力は及ばない。**

説明　工場専属の自動車が、原材料の搬入や製品の搬出のために使用するものであるときは工場の用に供するものだが、抵当権の効力が及ぶためには、工場に属する土地又は建物に「備付ケタル」ものでなければならない（工抵法3条1項）。したがって、工場専属の自動車であっても、工場に属する土地又は建物に「備付ケタル」ものとは言えないから、抵当権の効力が及ぶ目的物に包含されない。なお、工場財団の組成物件である「機械、器具、電柱、電線、配置諸管、軌条其ノ他ノ附属物」（同法11条2号）は、（狭義の）工場抵当と異なり、工場に属する土地又は建物に直接備え付けられているものに限らないとされており、貨物自動車も工場財団の組成物件とすることができる。

9008 賃借して工場に備え付けた機械器具等を3条目録に記録することの可否

問 工場に属する土地又は建物の所有者が、他人から賃借して備え付けた機械器具等を3条目録に記録することができるか。

結論 **工場所有者の所有に属しない機械器具等には、これに抵当権の効力は及ばないから、3条目録に記録すべきでない。**

説明 工場に属する建物に抵当権を設定した場合には、工抵法2条の規定により、この建物に備え付けた機械器具その他工場の用に供する物に抵当権の効力が及ぶのである（もっとも、抵当権の「設定行為ニ別段ノ定アルトキ及民法第424条ノ規定ニ依リ債権者カ債務者ノ行為ヲ取消スコトヲ得ル場合」には、その物件には抵当権の効力は及ばない。工抵法2条1項ただし書）。しかし、当該建物に備え付けた機械器具等の中に、第三者の所有に属し、工場建物の所有者が賃借しているものがあるときは（もともと工場の所有者が、第三者の機械を賃借している場合のみならず、工場の所有者に属しているものを譲渡担保として第三者に所有権を譲渡し、工場の所有者が、更に賃借しているときも同様である）、工場所有者の所有に属しない機械器具等には、抵当権の効力が及ぶものとは解されないから、これを3条目録に記録することはできない。また、機械器具等の所有者が、物上保証として、質権を別個に設定することは格別、機械器具等に抵当権の効力を及ぶようにすることもできない。

9009 登記記録上の農地（現況宅地）を工場抵当の目的とすることの可否

問 登記記録上地目が農地として登記されている土地（現況は宅地）について、工抵法2条の規定による抵当権の設定をすることができるか。

結論 **当該土地が現実に工場に属するものである限り、工場抵当の目的とすることができる。**

説明 登記記録上地目が農地（田又は畑）とされていても、土地の現況が明らかに工場の敷地となっているものについては、当該土

地は、工場の敷地なのであるから、これを目的とする工抵法2条の規定による抵当権を設定し、この土地に備え付けられた機械器具等に当該抵当権の効力を及ぼすことができると解される。

なお、この場合において、当該土地の所有権の登記名義人等は、地目の変更の登記を申請しなければならない（不登法37条）。

第2項　工場抵当の効力

9010　3条目録を提供しないものとこれを提供したものとの間における3条目録上の機械器具等に対する優先順位

問　抵当権の目的物が工抵法の「工場」である場合には工抵法2条1項、3条目録を提供しないで設定した抵当権の効力も原則として本文が「建物ヲ除クノ外其ノ土地ニ附加シテ之ト一体ヲ成シタル物及其ノ土地ニ備附ケタル機械、器具其ノ他工場ノ用ニ供スル物ニ及フ」と規定していることから、工場に備え付けられた機械器具等にも及ぶこととなるが、当該機械器具等について、3条目録を提供して登記した場合と、そうでない場合とでは優先順位につき相違があるか。

結論　3条目録を提供して登記した抵当権が優先する。

説明　工場抵当の目的とされた機械器具等は抵当権の登記の登記事項であり、登記官はその登記事項を明らかにするため、3条目録を作成するものとされ、申請人は当該目録に記録すべき情報を提供しなければならないとされており（工抵法2条1項～3項）、申請人から3条目録が提供されなければ、当該3条目録に記録すべき機械器具等について登記がされたとはいえない。また、不動産に関する物権の得喪及び変更は、不動産登記法その他の登記に関する法律の定めるところに従いその登記をしなければ、第三者に対抗することはできず（民法177条）、判例も3条目録の記録を第三者対抗要件と解している（最判昭32.12.27民集11巻14号2524頁、最判平6.7.14民集48巻5号1126頁）。

したがって、工場に備え付けられた機械器具等に対する抵当権の優先順位

は、当該機械器具等を記録した3条目録を提供して登記した抵当権が優先する。例えば、順位1番と順位2番の抵当権がそれぞれ登記されている工場である土地に備え付けられた機械器具等について、第2順位の抵当権には当該機械器具等に関する3条目録が記録されているが、第1順位の抵当権には記録されていない場合、抵当権の順位は登記の前後によるから（民法373条）、先に3条目録を提供して登記を受けた第2順位の抵当権が当該機械器具等について、第1順位の抵当権に優先する。

9011 新たに建物に備え付けられた機械に対する工場抵当権の効力

問 A銀行は、工場に属する建物及び機械に工抵法2条の工場抵当権を設定し、順位1番でその設定登記を完了した。その後、B銀行は、この建物及び機械に工場抵当を設定し、同時に、新たに備え付けた機械5台（以下「新機械」という）をも、工場抵当物件として順位2番でその設定登記を完了した。この場合に、

① 新機械に対する第1順位の抵当権者は、A銀行か、又はB銀行か。一部には、「従物は主物の処分に従う」との民法の規定及び一物一権主義の建前からして、同一物である建物、機械につき2つの優先権が併存するのはおかしいという主張から、A銀行に当然優先権があるという。

② B銀行の抵当権設定の登記は、主登記と思われるが、B銀行が建物等に2番抵当権を設定しないで、新機械のみを工場抵当権の3条目録の追加物件として申請し、これに工場抵当権の効力を及ぼすことは可能か。もし可能とすれば、新機械に対する優先権がB銀行に確保されることになるか。

③ A銀行が新機械に抵当権を及ぼそうとする場合の登記手続はどうするのか。

結論 新たに備え付けられる機械器具等について抵当権の効力が及ばない旨の特約のある場合とか、当該機械器具等の備付けが他の債権者を詐害するものである場合のほかは、当該機械器具等にも当然に抵当権の効力は及ぶものとされ、その対抗要件は、当該機械器

具等が３条目録に記録されることである。したがって、優先順位は、その記録（変更登記）の前後による。

説明　工抵法によれば、工場に属する土地又は建物について抵当権を設定し、その登記の後に、その土地又は建物に新たに機械器具等を備え付けた場合は、その機械器具等に抵当権の効力が及ばない旨の特約のあるときとか、当該機械器具等の備付けが他の債権者を詐害するものであるときのほかは、当事者の特別の意思表示を要せず、当該機械器具等に当然に抵当権の効力が及ぶ（同法２条。大判大９.12.３民録26巻1928頁参照）。

この場合、当該機械器具等にその抵当権の効力が及ぶことを第三者に対抗するためには、当該登記した抵当権についての３条目録について、その備付けによる記録の変更の登記を要する。

(1)　質問の①は、Ａ銀行が建物に順位１番で抵当権の設定の登記をし、その設定登記後に、この建物に新たに新機械が備え付けられ、次いでＢ銀行のために新機械をも記録した３条目録を提供して順位２番で抵当権の設定の登記がなされた場合（Ａ銀行の抵当権についての３条目録につき新機械の備付けによる記録の変更の登記の未了の場合）、新機械に対する抵当権の順位はどうなるかというものである。

まず、新機械にＡ銀行の抵当権の効力が及んでいるかどうかであり、次に、及んでいるとすればＡ銀行の抵当権が優先するか、Ｂ銀行の抵当権が優先するかどうかである。

そして、前記のとおり、Ａ銀行と当該建物の所有者との間において新機械に抵当権の効力が及ばない旨の特約がされておらず、かつ、新機械の備付けが他の債権者を詐害するものでない限り、新機械にもＡ銀行の抵当権の効力が当然及ぶこととなる（したがって、この場合には、当該建物の所有者は、工抵法３条４項で準用する同法38条１項の規定によりＡ銀行の抵当権についての３条目録に新機械を記録する旨の変更の登記を申請すべきである。なお、当該建物の所有者がその変更の登記を申請しない場合には、Ａ銀行は、債権者代位により、当該建物の所有者に代位して、自らその申請をすることができる）。

次に、新機械にＡ銀行の抵当権の効力が及ぶ場合であれば、抵当権の効力が及ぶ備付けの機械については、３条目録にその機械が記録されることが第三者対抗要件であるから、Ａ銀行の抵当権についての３条目録につき、新機械を記録する旨の変更の登記がなされない限り、Ａ銀行は、Ｂ銀行等の第三者に対

し、当該機械にその抵当権の効力が及んでいることを対抗することはできない。すなわち、新機械について、A銀行の抵当権についての3条目録の変更の登記と、B銀行の抵当権の設定の登記（B銀行の3条目録に新機械を記録してされた抵当権設定の登記）の前後によって、A銀行は、B銀行に対し一番抵当権の効力を対抗することができるのかどうかが決まる。

　ところで、3条目録の記録は登記事項である（工抵法3条1項・2項）が、それは抵当権に関する登記であるから、3条目録の記録の変更の登記も、抵当権の変更の登記であり、抵当権の効力についての第三者対抗要件である。このことからも、新機械に対する優先順位は、A銀行の変更の登記とB銀行の設定の登記（すなわち、いずれの登記も3条目録への記録）の前後によって、決まることになると言ってよい。

(2)　質問の②は、B銀行は、建物について抵当権を設定しないで、新機械だけについて第1順位の抵当権を設定し、新機械だけを記録した3条目録を提供して、当該建物について新機械だけにB銀行の第1順位の抵当権の効力が及ぶ旨の登記を申請しようとする趣旨であれば、そのような抵当権の設定の登記の申請をすることはできない。

　また、B銀行が、新機械だけを記録した3条目録を提供して、当該建物につき抵当権の設定の登記を申請した場合はもちろん、当該建物について、まず、新機械を除き作成した3条目録を提供して、抵当権の設定の登記を申請し、次いで新機械の備付けによる3条目録の記録の変更の登記を申請した場合でも、新機械に対するA銀行の抵当権との関係は、(1)と同様である。

(3)　質問の③は、(1)において説明したように、A銀行の抵当権の効力が新機械に及ぶ場合であれば、当該建物の所有者は、A銀行の同意を証する情報及び新機械を記録した3条目録を申請情報と併せて提供し、備付けを登記原因として3条目録の記録の変更の登記を申請すべきだが（工抵法3条4項、38条、39条1項）、もし当該建物の所有者が当該登記の申請をしない場合には、A銀行は、債権者代位により、当該建物の所有者に代位して、その登記を申請することができる。当該登記がされると、A銀行は、新機械につきその抵当権の効力が及ぶことを第三者に対抗することができる。

9012 譲渡担保の目的となっている機械器具等と工場抵当権の効力

問 工場に属する建物に備え付けた機械器具等の一切が、既にＡ銀行のために譲渡担保に供されていることを知らずに、工抵法2条による抵当権を設定し、その登記を受けてこの機械器具等を記録した3条目録を提供した場合、抵当権の効力は、この機械器具等に及ぶか。

結論 **既に譲渡担保の対抗要件を備えていたのであれば、抵当権の効力は及ばないが、3条目録に記録された後に譲渡担保の対抗要件が備えられたのであれば、抵当権の効力は原則として及ぶ。**

説明 譲渡担保に供された機械器具等の所有権は、対外的には完全にＡ銀行に移転していることになる。したがって、当該機械器具等が備え付けられている建物について、工抵法2条による抵当権を設定しても、その抵当権の効力は、当該機械器具等には及ばない。なぜなら、工場に属する建物に備え付けられた機械器具等に抵当権の効力が及ぶのは、それが抵当権設定者（建物の所有者）の所有に属する場合に限られるからである。

また、機械器具等が工場に備え付けられ、抵当権設定者の占有にあっても、抵当権は占有を伴うものではないから、即時取得（民法192条）の適用はない。すなわち、抵当権者が、機械器具等について抵当権設定者の所有のものと信じ、その信じることに過失がなくても、当該抵当権者は当該機械器具等について抵当権を設定することはできない。

もっとも、Ａ銀行が機械器具等の所有権の取得を主張するためには、機械器具等の所有権移転についての対抗要件、すなわち、引渡し（民法178条。動産譲渡登記を含む）を了していることを要する。引渡しがされていないときは、Ａ銀行は、譲渡担保による所有権の取得を対抗することはできないから、本問の抵当権は、当該機械器具等にも及ぶことになる。

なお、本問の場合、当該機械器具等について、Ａ銀行が引渡し（占有改定でもよい）を受けず、本問の3条目録にも登記されていないときは、その後、Ａ銀行への引渡しか、3条目録への登記のいずれかが先に行われると、先にその対抗要件を備えた方が優先することになる。

9013 工場抵当権と備付機械の上の質権との優先順位

問 工抵法2条の規定により抵当権の効力が及んでいる機械器具等について、質権が設定されている場合には、当該機械器具等についての抵当権と質権との優先順位はどうなるか。

結論 いずれも対抗要件を備えている場合は、その具備のときの前後により、優先順位が定まる。

説明 　質権が設定されている機械器具等を現に占有している者（例えば、工場経営者）が、その機械器具等の所有者、すなわち質権設定者である場合には、当該機械器具等が現に工場の土地又は建物に備え付けられており、質権者が直接占有していないのだから、質権設定の際は、質権者が、一旦その機械器具等の引渡し――現実の引渡し（民法182条1項）――を受け有効に質権が設定された後に、その機械器具等を質権設定者に更に引き渡して代理占有させていることが考えられ、民法345条に違反していると考えられる（質権者が一度も引渡しを受けないで、同条に違反してその機械器具等を質権設定者に占有させていた（占有改定（同法183条）をした）のであれば、質権の成立要件である引渡しをしていないから（同法344条）、質権は効力を生じないと解する）。

　そこで、民法345条違反の場合、質権の効力がどうなるかが問題となるが、判例及び多数説は、同条違反を質権者の占有喪失と同視して、動産質については対抗力を失うものとしているが、質権が消滅するとする説もある。したがって、判例及び多数説の理論では、本問の場合、質権者は抵当権者に対抗することができないのだから、抵当権は質権の存在を否定し得るのであって、優先順位の問題は生じない。

　しかし、現に機械器具等を直接占有している者が、質権設定者ではない場合（他人所有の工場施設を賃借して、工場を経営しているような場合）は、同様には論じることはできない。

　すなわち、質権設定の際に質権者が機械器具等を現実に引渡しを受けず、民法184条の規定によるいわゆる指図による占有移転をなし、そのまま現に工場経営者が占有しているのだから、同法345条違反にはならず、質権を抵当権者に対抗し得ることになる（もっとも工場抵当権の設定の際、抵当権者が質権の存在

を知らず、また、その不知について過失のなかった場合に、同法192条の規定により、質権を否定することができるかどうかは問題だが、抵当権の設定には、即時取得の規定の適用がないので、質権の存在を否定することはできないと解される）。

そして、本問のように、機械器具等という動産に対して抵当権と質権とが設定された場合において、その順位に関しては、民法その他の法令には規定されていない（それは、通常、動産について質権と抵当権が競合することはなく、抵当権の設定が認められる自動車及び船舶については、質権の設定が禁止されているからである）。しかし、物権の順位は、何ら規定がない場合にはその成立の順序によるものと解すべきであって、対抗要件を必要とするものにあっては、結局その対抗要件を具備したものが優先すると解される。

したがって、本問の場合は、3条目録に当該機械器具等が登記されたときと、質権者に当該機械器具等が引渡し（指図による占有の移転でも可）されたときの前後によって優先順位が定まることになる。

なお、民法355条の規定は、動産に数個の質権が設定されたときのその質権の順位について、設定の前後によるとしており、この解釈の参考となる。

9014 工場抵当権と備付機械の上の売買の先取特権との優先順位

問 工抵法2条の規定により抵当権の効力が及んでいる備付けの機械器具等について、動産売買の先取特権が存する場合には、当該機械器具等についての抵当権と先取特権との優先順位はどうなるか。

結論 **動産売買の先取特権が優先する。**

説明 抵当権が設定されている工場の所有者が、機械器具等を購入して工場に備え付けたが、その代金の全部又は一部が未払の場合、当該機械器具等の売主は当該未払金及びその利息に関し、当該機械器具等について、先取特権を有することになる（民法311条）。

他方、当該機械器具等にも抵当権の効力が及ぶことになるが、抵当権と先取特権の順位に関しては、民法その他の法令には規定されていない。そこで、前問のとおり、工場抵当権と動産質権の優先順位は対抗要件の具備の順により定まると解されるところ、先取特権と動産質権とが競合する場合には、動産質権

は、民法330条(動産の先取特権)による第1順位と同じ優先順位とされており(同法334条)、同法330条による第3順位である動産の売買の先取特権に優先することから、この動産質権を工場抵当権に置き換えて考えると、工場抵当権も、動産売買の先取特権に優先すると解することができそうである。

しかし、裁判例では、これとは逆に、動産売買の先取特権が、工場抵当権に優先すべきとしている(大阪高判昭42.6.30判時504号68頁)。すなわち、工場財団抵当にあっては、財団組成物件を表示した工場財団目録を登記所に提供し、工場財団登記簿に所有権の保存の登記をすることにより設定されるが、この場合、登記官は工場財団に属すべき動産について権利を有する者が一定期間内にその権利を申し出ることを催告し、その期間内に申出がないときはその権利は存在しないものと擬制されるから(工抵法24条、25条)、動産売買の先取特権を有する者もこの申出をしないときは、その権利を主張することはできないが、他方で、この申出があるときはその動産は工場財団組成物件から排除されることとなる(同法13条)。したがって、工場財団抵当においても、この申出がない場合に限り、事実上抵当権が動産売買の先取特権に優先するのと同様の結果が生じるにすぎないのであり、このような特別規定のない(狭義の)工場抵当権にあっては、抵当権が動産売買の先取特権に優先すると解すべき根拠はない。また、工場抵当権の目的となっている機械器具等上の動産売買の先取特権は、工場抵当権に優先することは工抵法の解釈上認めざるを得ないが、このことは約定担保権の確保に努める現代法の中にあって法定担保権である先取特権制度を認める以上、約定の物的担保権の保持者を害する場合も生じる当然の帰結にすぎないとしている。

農業動産信用法16条においては、先取特権と農業用動産の抵当権とが競合する場合において、農業用動産の抵当権は、民法330条による第1順位と同じ優先順位であるとされており、動産売買の先取特権に優先することとなるが、これは、立法政策の問題であり、このような特別の規定がない工場抵当権については、前記裁判例のとおり、動産売買の先取特権が、工場抵当権に優先すると解するほかない。

9015 追加担保不動産に係る3条目録に、前に登記を受けた不動産の機械器具等を含めて記録した場合の措置

問 甲不動産（第一工場）について工抵法2条の抵当権を設定し、その登記を経た後、追加担保契約により、乙不動産（第二工場）及びこれに備え付けた機械器具等並びに第一工場に新たに備え付けた機械器具等（新規備付けの機械器具等）を、共に追加担保の目的とした場合において、乙不動産について抵当権の設定の登記を申請する際に、新たに提供すべき3条目録に、誤って第一工場の新規備付けの機械器具等を記録して登記を完了したが、この場合、このままでも、甲不動産についての当該抵当権の効力は、第一工場の新規備付けの機械器具等にも及ぶか。

結論 3条目録は、抵当権が数個の工場（不動産）を目的とする場合には、各不動産ごとに作成して、登記所に提供すべきである。したがって、本問の場合、前に抵当権の登記を受ける際に提供した第一工場の3条目録について、新規備付けの機械器具等の追加による記録の変更の登記を申請すべきであったにもかかわらず、誤って第二工場についての3条目録に含めて記録して登記をした場合には、第一工場の抵当権の効力は、新規備付けの機械器具等に及んではいるが、第三者に対抗することはできない。その善後措置としては、第二工場の3条目録の記録の更正及び第一工場の3条目録の追加による記録の変更の登記を申請すべきである。なお、これらの申請については、いずれも抵当権者の同意を証する情報の提供を要する。

説明 工場に属する土地又は建物について抵当権を設定した場合には、抵当権の効力は、当該土地又は建物に備え付けた機械器具等に当然に及ぶ（大判大9.12.3民録26巻1928頁）。そして、土地又は建物に備付けの機械器具等に、抵当権の効力が及んでいることを第三者に対抗するためには、工抵法3条3項の規定により、3条目録に記録すべき当該機械器具等に関する情報を提供して、抵当権設定の登記を申請しなければならない（最判昭32.12.27民集11巻14号2524頁、最判平6.7.14民集48巻5号1126頁）。

ところで、本問の場合には、第一工場（甲不動産）について設定した抵当権の効力は、第一工場（甲不動産）に備付けの機械器具等に及ぶ。また、第二工場（乙不動産）について設定した抵当権の効力は、第二工場（乙不動産）に備付けの機械器具等に及ぶが、第一工場（甲不動産）に備付けの機械器具等には、及ばない。

そして、本問のごとく、工場に属する数個の不動産について抵当権を設定した場合には、各不動産ごとに、３条目録に記録すべき各不動産に備付けの機械器具等に関する情報を提供することを要する。他の不動産に備付けの機械器具等を３条目録に登記しても、当該機械器具等については、もともと抵当権の効力が及ばないのだから、登記の効力を生じるものではない。

したがって、第一工場（甲不動産）への新規備付けの機械器具等が、第二工場（乙不動産）についての抵当権設定の登記の際に作成された３条目録に登記されていても、第一工場（甲不動産）の抵当権の効力が及んでいることにつき対抗要件を具備したことにはならない。

また、その善後措置としては、機械器具等の滅失に準じ、錯誤を原因として第二工場（乙不動産）の抵当権の３条目録の記録の更正の登記を申請し、第一工場（甲不動産）の抵当権の３条目録について、改めて備付けを原因として、その記録の変更の登記を申請すべきである（工抵法３条２項、38条１項）。なお、これらの登記の申請については、いずれも抵当権者の同意を証する情報の提供を要する（同法３条２項、38条２項）。

第３項　工場抵当と普通抵当の関係

9016　機械器具等の全部の備付けを廃止して工場抵当権を普通抵当権とする場合の手続

問　工場抵当権の登記を経由した後において、その目的となる土地又は建物に備え付けられた機械器具等の全部を撤去した場合には、この工場抵当権は、当然に普通の抵当権になるか。また、この場合の登記手続をどうすればよいか。

結論　工場抵当権は当然に普通の抵当権となる。また、不動産登記法66

条による抵当権の変更の登記を申請する。

説明 　工場抵当権の設定には、特に工場抵当権を設定する旨の特別の意思表示が必要とされるわけではく、当事者間に抵当権の設定の合意が成立すれば、その目的物件が客観的に工場に属する土地又は建物であれば、その抵当権は、工場抵当権となるのである。しかしながら、工場抵当権であるためには、工場に属する土地又は建物に、機械器具等の備付けがあることを要するのであって、たとえ、土地又は建物が工場内にあっても、機械器具等の備付けがない場合には工場抵当権は成立せず、単に普通の抵当権が成立するにすぎない。そこで、工場抵当権について、機械器具等の全部の備付けを廃止すれば、工場抵当権の目的である土地又は建物には、機械器具等が存在しないものとなるから、備付けを廃止したときに、普通抵当権に変更したこととなる。

　そして、工場に属する土地又は建物につき抵当権を設定し、その備付けに係る機械器具等の目録を提供して、その登記を経由した後、抵当権者の同意を得て機械器具等の全部を撤去した場合、抵当権は、それらの機械器具等については消滅するが（工抵法6条2項）、当該土地又は建物に対しては普通の抵当権として存続するのはいうまでもない。また、この場合の登記の方法については、工抵法に規定はないが、同法2条の適用を受けない抵当権となったのであるから、不動産登記法66条により工場抵当権を普通の抵当権とする旨の変更の登記を申請すべきか、又は、工抵法6条2項により当該機械器具等については抵当権は消滅したのであるから、同法3条4項において準用する同法38条の規定により分離による3条目録の記録の変更の登記を申請すれば足りるのかが、実務上問題となる。

　すなわち、工場抵当権の特質は、普通抵当権の効力が抵当不動産の付加一体物に及ぶのに対して、その効力が及ぶ範囲を更に機械器具等である工場供用物件に対してまで拡大した点にあるが、その効力を第三者に対して対抗するためには、抵当権の設定の登記の申請をする場合に、当該機械器具等を3条目録に記録して登記所に提供することを要し、抵当権の設定の登記がなされると、3条目録に記録された情報は抵当権の登記の登記事項とされるのである（工抵法3条1項）。そこで、機械器具等の全部の備付けを廃止した場合に、これを3条目録にどのように登記するかが問題となる。具体的には、抵当権設定者（工場所有者）が抵当権者の同意を証する情報を提供して単独で分離による3条目

録の記録の変更の登記を申請すべきか（同法3条4項、38条、42条）、あるいは、共同申請により工場抵当が普通抵当に変更した旨の変更の登記の申請（不登法66条）を要するかが問題となるのである。

この問題について、登記先例では、不動産登記法66条により工場抵当権が普通抵当権に変更した旨の抵当権の変更の登記の申請をすべきであり、分離による3条目録の記録の登記の申請によるべきではないとしている（昭35.5.16第1172号回答）。

なお、工場抵当権の登記について、工抵規則2条は「登記官は、法第3条第3項に規定する申請に基づく抵当権の設定の登記をするときは、当該抵当権の登記の末尾に、同条第2項の目録を作成した旨を記録しなければならない。」と規定し、抵当権の登記の末尾に「工場抵当法第3条第2項目録作成」の旨の記録がされるが、工場抵当権が普通抵当権となった場合、この記録の処理をいかにするかが問題となる（工場抵当が普通抵当となったのだから、その記録を存置するのは相当でなく、どのような手続によって抹消するかである）。この記録は、登記官が職権で記録する登記事項であり、その抹消についても、特に当事者からの申請を待つまでもなく前記の抵当権の変更の登記の申請に基づいて、その記録を抹消する記号を記録するものとされている（昭35.5.16第1172号回答）。

9017 工場抵当権の設定後、機械器具等に抵当権の効力が及ばないとする別段の定めをすることの可否

問 工場抵当権の登記を経由した後において、機械器具等を備え付けたまま、これらの全部について抵当権の効力が及ばないとする旨の「別段の定め」をすることができるか。また、できるとすれば、どのような登記手続をすればよいか。

結論 工場抵当権の登記を経由した後であっても、当事者間で現に存する機械器具等の全部につき、抵当権の効力が及ばない旨の「別段の定め」をすることはできる。また、現に存する機械器具等の全部についてだけ抵当権の効力を及ぼさないとする場合は、依然としてその抵当権の実質は工場抵当権であることに変わりはないが、現在及び将来において備え付けたもの全部についてまで及ばないとする場合は、普通の抵当権に転化したものと解される。い

ずれの場合にも、設定契約の変更契約を登記原因として、普通抵当権への変更及び「別段の定め」の登記をする旨の変更の登記の申請をするのが相当であろう。

説明　工場に属する土地又は建物につき抵当権を設定する旨の設定契約を行い、その備付けに係る機械器具等を記録した３条目録を提供して、その登記を受けた後であっても、抵当権者と抵当権設定者との設定契約の変更契約、すなわち、工抵法２条１項ただし書に掲げられた「別段の定め」についての合意をすることによって、機械器具等に抵当権の効力を及ぼさないこととすることはできる。そして、この「別段の定め」が現に存する機械器具等の全部について抵当権の効力を及ぼさない旨の定めであれば、当該抵当権はその実質においてなお工場抵当権であって、将来の備付けの機械器具等には「別段の定め」のない限り効力を及ぼすことになる。また、「別段の定め」が現に存する機械器具等の全部だけでなく将来備え付けられる機械器具等も含めて抵当権の効力を及ぼさない旨の定めであれば、当該抵当権は、工場抵当から普通の抵当権に転化したものと解してよい。

　そして、いずれの場合にも、その登記の申請は、設定契約の変更契約を登記原因とし、変更後の登記事項（登記令別表二十五）として、工場抵当権を普通抵当権とする変更であること及び「別段の定め」の内容を申請情報とすることを要する。

　なお、登記官の職権で、工場抵当権の登録の「工場抵当法第３条第２項目録作成」の旨の記録については、その記録を抹消する記号が記録されるとともに、３条目録についても閉鎖されることになる。

9018　普通抵当権が設定された土地又は建物に機械器具等を備え付けて工場抵当権とすることの可否

問　普通抵当権を設定する登記を経由した後、その目的となる土地又は建物に機械器具等を備え付け、工場を設置した場合には、この抵当権は、当然に工抵法２条の抵当権となるか。

結論　当然に工場抵当権となるものではなく、備え付けた機械器具等に抵当権の効力を及ぼさせる旨の変更契約が必要となる。

説 明　民法上の抵当権の目的とされ、その登記がされている土地又は建物について、新たに機械器具等を備え付け、当該土地又は建物が、工場に属するものとなったときは、この抵当権は、当然に工場抵当権に転化するものと解すべきか、あるいは機械器具等に抵当権の効力が及ぶためには、当事者間で工場抵当権とする旨の変更契約を必要とするかについては、工場抵当権とする旨、すなわち機械器具等に抵当権の効力を及ぼさせる旨の変更契約を必要とするものと解する。その理由は、工抵法2条が工場に属する土地又は建物に備え付けた機械器具等について抵当権の効力を及ぼすとしたのは、工場に抵当権を設定した当事者の意思を推認したものであると解されることからすると、抵当権設定時に土地又は建物が工場に属していなかった場合には、当事者の意思としては、普通抵当権を設定するというものであり、この抵当権の効力がこの土地に備え付けた機械器具等に当然に及ぶと解することは不合理であると解されるからである。

そして、当該機械器具等に抵当権の効力を及ぼす旨の変更契約がされた場合は、まさしく、普通抵当権から工場抵当権への移行（変更）ということができる。この場合の登記手続としては、従前の抵当権の登記について、これを工抵法2条の抵当権とする旨の変更の登記がなされることとなるが、登記原因としては、工場抵当とする旨の変更契約であり、登記の目的としては、工抵法2条の抵当権とする変更の登記である。

なお、既に登記上後順位の抵当権者等の利害関係人が存するときは、それらの者の承諾を証する情報を提供すれば、工抵法2条の抵当権とする変更の登記（したがって、工抵法3条2項目録作成の旨の登記）は、付記登記でなされるが（工場抵当であることを設定当初の順位で対抗することができる）、承諾を証する情報が得られなければ、付記登記によることができず、主登記で登記されることとなって、その変更登記後に登記された後順位抵当権者等に対抗することができるにすぎない（不登法66条）。

9019　**抵当権の効力を機械器具等に及ぼさないとした当初の別段の定めを改めることの可否**

問　工場に属する土地又は建物を目的とする抵当権の設定契約において、備付けの機械器具等に抵当権の効力は及ばないとした当初の

別段の定めを改めて、機械器具等にも効力を及ぼす抵当権に変更することができるか。できるとすれば、その登記手続は、どのようにすべきか。

結論 抵当権の効力が、機械器具等に及ばないとした別段の定めを廃して、通常の工場抵当とすることができる。この場合、抵当権の変更の登記を申請して、その旨の登記をすることができる。

説明 工場に属する土地又は建物を目的とする抵当権の設定契約において、抵当権の目的たる土地又は建物に備え付けられている機械器具等に、当該抵当権の効力を及ぼさない旨の特約をすることは、工抵法2条1項ただし書で認められている。この場合の、登記手続は通常の不動産抵当権の設定と異なるところがない。つまり、同法及び工抵規則に特別の定めがある場合のほかは、全て不動産登記法、不動産登記令及び不動産登記規則の定めるところにより登記されるので、当事者間の特約で、備付けの機械器具等の全部について、抵当権の効力が及ばないとした場合には、3条目録を提供する必要がない。

3条目録を提供しない以上は、この限りにおいて工抵法ないし工抵規則の規定を適用するまでもなく、不動産登記法、不動産登記令及び不動産登記規則の規定のみによって、登記の申請がなされ、登記の記録がなされる。ただ、問題は、工抵法2条の抵当権の設定である旨を申請情報として、そのことを登記事項とする必要があるかどうかである。もし、同条の抵当権である旨を登記する必要があるとすれば、必然的に、同条1項ただし書に掲げられた別段の定め、すなわち、抵当権の効力が、機械器具等に及ばない旨を登記しなければならない。

この要請に応えるべく、工抵法4条1項は「第2条第1項但書ニ掲ケタル別段ノ定アルトキハ之ヲ抵当権ノ登記ノ登記事項トス」と規定している。この規定は、不動産登記法88条（抵当権の登記の登記事項）の特例である。その理由は、同条においては、民法370条ただし書の別段の定めがあるときは、その定めを抵当権の登記の登記事項としているにすぎないからである。また、狭義の工場抵当は、民法における普通の抵当権と、本質的に何ら異なるところはないが、ただ、その効力が、工場に属する土地又は建物の付加一体物にも及び、更に土地又は建物に備え付けた機械器具等にまで及ぶ点において差異がある。

設定契約において、抵当権の効力が機械器具等には及ばないとした場合で

も、当該抵当権は、工場に属する土地又は建物の付加一体物には及ぶから、工抵法2条の抵当権であることには変わりがないと解すべきか、それとも民法上の普通の抵当権にすぎないとみるべきかは疑問であるが、少なくとも登記手続の面においては、民法上の普通の抵当権として取り扱われている。すなわち、工抵法2条1項ただし書に掲げられた別段の定めの登記をしないのが通例である。登記原因たる設定契約自体においても、別段の定めをすることなく、単に3条目録を提供しないでおけば、それで足りるとするのであろう。

しかしながら、工場抵当は、別段の定めがない以上は、その効力が当然に（設定契約によることなく）備え付けられた機械器具等に及ぶのだから、別段の定めもなく、3条目録をも提供しないでした登記は、無効ではないが、実体に合致しないものと言えよう。当事者間では工場抵当であるが、第三者に工場抵当であることを対抗することはできない。3条目録を提供させず、別段の定めの登記をもしない場合は、登記上、普通の抵当権と何ら異なるところはないので、かかる場合において、抵当権者側の要求によって、3条目録を提供し、工場抵当権であることを第三者にも対抗しようとするときは、形式上、抵当権から工場抵当権への変更として、その申請ないし登記の手続が執られることになる。そして、この場合に問題となるのは、この変更登記の登記原因である。当初の設定行為（契約）において別段の定めがないのであれば、当初から工抵法2条の抵当権であることはいうまでもなく、したがって、設定契約の変更を登記原因として掲げることは妥当でない。その理由は、実体上、設定行為（契約）には何らの変更もなされず、ただ、3条目録の提供について、当事者間に合意が成立したというだけにすぎないからである。

そこで、3条目録の提供についての合意の成立が登記原因だとする見解も考えられるが、このような合意の成立は、普通の抵当権を工場抵当権に変更する場合の原因ではなく、むしろ実体上工場抵当権と化した後の措置に関するものであって、登記原因ということはできない。この場合は、本来、工場抵当権でありながら、ただ、3条目録の提供がなかった場合（別段の定めがないので、3条目録を提供すべきであったが）、当初の抵当権の設定の登記の申請に錯誤があったと見てよい。したがって、この場合の登記原因及びその日付としては、単に「錯誤」とするほかはない。そして、登記の目的としても、工抵法2条の抵当権とする更正の登記とするのが相当である。

次に、設定行為（契約）において備付けの機械器具等の全部に抵当権の効力

を及ぼさない旨の別段の定めがなされ、その定めが登記されている場合について説明する。

この場合の抵当権設定の登記は、工場抵当権の登記であることはいうまでもない。このような場合において、当事者間において別段の定めを廃止する変更契約がされたときは、これは設定行為（契約）に変更があったものと解すべきだから、別段の定めの廃止により抵当権の効力が機械器具等に及ぶことを第三者に対抗するためには、別段の定めの登記を抹消すると同時に、3条目録を提供すべきものとされる。そして、この場合の登記原因は、抵当権設定契約における別段の定めを廃止する変更契約である。もちろん、登記の目的は、抵当権の変更として取り扱われ、3条目録を添付情報として提供して申請する必要がある。

第4項　登記申請手続

9020 工場に属するものとそうでないものを共同担保とする抵当権の設定の登記を一の申請情報で行うことの可否

問　工抵法でいう工場に属する土地又は建物とそうではない土地又は建物とを同一債権担保のため抵当権の目的とした場合には、その設定の登記の申請を一の申請情報によって申請することができるか。

結論　**一の申請情報によって申請することができる。なお、工場に属する不動産については、3条目録を提供する。**

説明　同一の登記所の管轄区域内にある二以上の不動産について登記の申請をする場合において、一の申請情報によって申請することができるのは、登記の目的並びに登記原因及びその日付が同一であるときその他法務省令に定めるときに限られる（登記令4条ただし書）。工場に属する土地又は建物とそうでない土地又は建物とを共に同一債権担保のための抵当権の目的とした場合には、前者は工抵法2条の抵当権であり、後者は普通の抵当権である。

そして、前者については3条目録が提供されることになって、いかにも前者

と後者とでは、申請情報に記録すべき登記の目的に関して相違点があるかのように見え、一の申請情報によって申請することができるかどうかの疑問も生じるわけだが、共に同一債権をその被担保債権とする以上、いわゆる共同抵当の関係にあるので、前者、後者のいずれについても、その登記内容は同様であり、ただ前者については、登記官によって、3条目録が作成されるとともに（工抵法3条2項）、3条目録を作成した旨の登記が職権で記録されるにすぎない（工抵規則2条）。このように登記内容のほとんど同一のものを、各別の申請情報によって申請しなければならないとするのは、その理由がなく、かえって実益に乏しいと言ってよい。

　不動産登記令4条ただし書の規定については、このような場合も当然に適用があるものと解すべきであって、むしろ、このような取扱いによる方が、登録免許税納付等の諸手続において、合理的であり、かつ簡易化されることは疑いない。実務上も、一の申請情報によって申請が行われている。

9021 工抵法2条の抵当権の設定登記の登記原因証明情報に機械器具等を表示することの要否

問 工抵法2条の抵当権の設定の登記の申請の添付情報である登記原因証明情報には、抵当権の効力が及ぶ機械器具等が記録されていることを要するか。

結論 機械器具等が記録されていることを必ずしも要しない。

説明 工抵法2条の規定により土地又は建物に抵当権を設定した場合、その土地又は建物が工場に属するものであれば、法律上当然に当該抵当権はその土地又は建物に備え付けられた機械器具等に効力を及ぼすのであって、抵当権の設定契約における特別の意思表示（機械器具等に抵当権の効力を及ぼす旨の意思表示）によって、機械器具等に抵当権の効力が及ぶのではない。したがって、登記原因証明情報の適格性という観点からは工場抵当権の設定の登記の申請において、登記原因証明情報である抵当権の設定契約書には、抵当権の効力が及ぶ機械器具等が記録されていることを必ずしも要しない。

9022 機械器具等の追加による３条目録の記録の変更の登記の申請と抵当権者の同意を証する情報の提供の要否

問 ３条目録に関して、機械器具等の追加による変更の登記を申請する場合も、抵当権者の同意を証する情報の提供を要するか。

結論 **機械器具等を新たに備え付けたことによる３条目録の記録の変更の申請にも、工抵法３条４項により準用される38条２項により抵当権者の同意を証する情報の提供を要する。**

説明 新たに機械器具等を備え付けたことによる３条目録の記録の変更の登記の申請は、新たに抵当権の効力が及ぶ機械器具等を追加するのであって、抵当権者に有利な登記であるから、抵当権者の同意を証する情報の提供を要しないのではないかとも考えられる。

しかし、工抵法３条４項において準用する38条２項の規定により、一般に３条目録の記録の変更の登記の申請について、抵当権者の同意を証する情報の提供が必要とされている。その理由は、その変更の登記が真正であることを、利害関係の最も密接な抵当権者の同意を証する情報の提供により、登記官が審査しようとするところもあるのであって、このことは、追加による３条目録の記録の変更の登記の申請の場合にも変わりがない。

したがって、抵当権者の同意を証する情報を提供しない３条目録の記録の変更の登記の申請は、不動産登記法25条９号の規定により却下される（昭33．7．12第1427号通達）。

9023 ３条目録の追加変更登記と抵当権者の代位申請の可否

問 工抵法２条の規定による抵当権を設定した建物について新たに機械器具等が備え付けられた場合に、工場の所有者が追加による３条目録の記録の変更の登記を申請しないときには、抵当権者が当該所有者に代わって登記の申請をすることができるか。

結論 **債権者代位により申請をすることができる。**

説明 本問の場合、当該機械器具等は、工抵法２条の規定により、その備え付けられた時期のいかんにかかわらず、抵当権の効力が

及ぶため、抵当権者としては、その機械器具等に抵当権の効力が及ぶことを第三者に対抗するために、当該機械器具等が３条目録に記録される必要がある。

そして、新たな機械器具等の備付けによる３条目録の記録の変更の登記の申請は、工場の所有者（建物の所有権の登記名義人）が、抵当権者の同意を証する情報を添付して申請すべきものとされている（工抵法３条４項、38条２項）。

しかし、工場の所有者が、この登記の申請をしない場合には、抵当権者は、当該機械器具等に抵当権の効力が及ぶことを第三者に対抗することができないことになるから、その抵当権を保全するために、民法423条により工場の所有者に代位して、この３条目録の記録の変更の登記を申請することができる。

9024 建物につき工場抵当権を設定した後、敷地及び機械器具等を追加担保とした場合の登記手続

問 建物について工抵法２条による抵当権の設定登記後、新たに取得した工場敷地と既に抵当権の設定の登記をした建物内に新設した機械器具等を追加担保として、土地につき追加した機械器具等に係る３条目録を提供して、追加の抵当権の設定の登記の申請をすることができるか。

結論 **工抵法２条による抵当権の設定の登記後、当該土地又は建物に新たに備え付けた機械器具等についても、その抵当権の効力が及ぶが、それを第三者に対抗するためには、３条目録の記録の変更の登記を要する。したがって、この場合は、土地については追加の抵当権の設定の登記を、建物については機械器具等の新設による３条目録の記録の変更の登記をそれぞれ申請すべきである。**

説明 工抵法２条の規定によれば、工場に属する土地について設定した抵当権は、建物を除くほか、その土地に付加してこれと一体を成しているもの及びその土地に備え付けた機械器具等に効力が及ぶのである。そして、当該機械器具等について、抵当権の効力が及んでいることを第三者に対抗するためには、同法３条３項の規定により、当該抵当権の効力が及んでいる機械器具等を記録した３条目録を提供しなければならない。

ところで、機械器具等について、抵当権の効力が及ぶのは、抵当権設定の契約等の特別の契約を要するものではない。すなわち、土地又は建物に備え付け

た機械器具等については、工抵法2条の規定により抵当権の効力が及ぶのであって、土地について設定した抵当権は、土地に備え付けた機械器具等に限り及ぶのであり（建物に備え付けた機械器具等には及ばない）、また、建物について設定した抵当権は、建物に備え付けた機械器具等に限り及ぶのである（土地に備え付けた機械器具等には及ばない）。

したがって、工場に属する土地又は建物について抵当権の設定の登記がされた後、当該土地又は建物に新たに備え付けた機械器具等について抵当権の効力が及ぶときは、これを第三者に対抗するためには、新たに備え付けた機械器具等を記録した3条目録を提供して、3条目録の記録の変更の登記を申請しなければならない（工抵法3条4項、38条1項）。

すなわち、本問のように、土地について新たに抵当権を設定した場合には、当該土地についての抵当権は、建物に新たに備え付けた機械器具等には及ばないから、土地の抵当権の設定の登記を申請に当該機械器具等についての3条目録を提供するのは相当でなく、土地については追加の抵当権の設定の登記を、建物については機械器具等の新設による3条目録の記録の変更の登記をそれぞれ申請すべきである。

第5項　3条目録

1　総説

9025　3条目録の意義

問　3条目録は、工場抵当の登記において、どのような意義を有するか。

結論　3条目録に記録された事項は、工場抵当権の登記の登記事項である。

説明　工場抵当は、工抵法2条の規定により工場に属する土地又は建物に付加して一体を成した物のみならず、それに備え付けられた機械器具等にまで、原則としてその効力を及ぼすが、これらの備付けの機械器具等は、いわゆる「附加シテ一体ヲ成シタル物」すなわち通常の土地又は建

物の構成部分又は従物と異なり、時には土地又は建物よりも交換価値が高い場合もあり、到底通常の付加一体物又は従物と同一に取り扱うことができないのみならず、これらの機械器具等は、純然たる動産としての流通性を有し、土地又は建物と独立して、正に取引の対象となる価値と可能性とが与えられている。

したがって、これらの物を把握する抵当権と逆に取引関係に立つ第三者を保護するためには、これらの機械器具等に抵当権の効力が及んでいることを公示する必要がある。このために、3条目録を作成し、公示することとされている。3条目録は、抵当権の効力が及ぶ機械器具等を記録し、抵当権の設定の登記の申請の際、登記所に提供され、この登記がなされると、その3条目録に記録された事項は当該抵当権の登記の登記事項の一部とされる（工抵法3条1項）。さらに、後にその内容に変更を生じた場合には、遅滞なくその記録の変更の登記を申請すべきものとして、3条目録の記録を常に現況に一致させる配慮が加えられている（同法3条4項、38条、39条）。

9026　3条目録記録の効力

問　3条目録の記録は、法律上どのような効力を有するか。
結論　他の一般の登記と同様に、第三者対抗要件である。

説明　工抵法2条による抵当権は、抵当不動産に備え付けられた機械器具等にもその効力が及ぶものとされ、当該機械器具等は当該抵当権の登記の登記事項とされており、当該機械器具等に関する情報は3条目録に記録されるとともに（同法3条1項～3項）、当該抵当権の登記の末尾には「工場抵当法3条2項目録作成」の旨の記録がされることとなる（工抵規則2条）。そして、3条目録の記録の効力は、やはり他の一般の登記と同様に、第三者対抗要件であると解されている（最判昭32.12.27民集11巻14号2524頁、最判平6.7.14民集48巻5号1126頁）。すなわち、工場に属する土地又は建物に抵当権が設定されたときは、それに備え付けられた機械器具等には、当然に当該抵当権の効力が及ぶのであるが（大判大9.12.3民録26巻1928頁）、その効力が及ぶことを第三者に対抗するためには、3条目録に記録してそのことを公示する必要がある。

9027 後順位工場抵当権の登記後に先順位抵当権を工場抵当権とした場合の機械器具等についての優先順位

問 工場に属する建物について、順位1番の普通抵当権（3条目録が作成されていないもの）と、順位2番の工場抵当権（3条目録が作成されているもの）が存する場合、その後、順位1番の抵当権について3条目録が提供されたときには、機械器具等に対する抵当権の優先順位はどうなるか。

結論 **順位1番の普通抵当権者が、利害関係人たる第2順位の工場抵当権者の承諾を証する情報を提供して変更（更正）登記を申請すれば、その登記は付記登記でなされ、したがって、第2順位の工場抵当権者に優先するが、承諾を証する情報の提供がない場合は主登記でなされるから、第2順位の工場抵当権に劣後することとなる。**

説明 本問の順位1番の抵当権が、その設定登記の申請の際に3条目録を提供せず、形式上普通抵当権としての登記がされた場合に、その後において3条目録を提供して、その提供のあった旨の登記を受けるのは、抵当権の変更又は更正の登記の申請として行うものとされる。すなわち、順位1番の抵当権の設定の登記を申請する際に、その目的となっている建物が既に工場に属するものであって、実体上工場抵当権が成立していて、備付けの機械器具等にその効力が及んでいるにもかかわらず、誤って3条目録を提供しなかった場合には、その申請に錯誤があったのだから、当該抵当権の登記の更正を申請することになる。

これに対し、当初の抵当権の目的となっている建物が工場に属するものでなく、したがって、普通の抵当権が設定され、その登記がされた後に、当該建物が工場に属するものとなったときには、当事者間の契約により当該抵当権の効力を備付けの機械器具等に及ぼす旨の契約（当初の抵当権設定契約の変更契約）をしたときに、当該抵当権の効力が機械器具等に及ぶこととなり、工場抵当となるが、このような場合に3条目録を提供し、抵当権の効力が及ぶことを第三者に対抗するためになされる登記は、抵当権の変更の登記とされる。

この抵当権の変更又は更正の登記は、不動産登記法66条に規定する「権利の

変更又は更正の登記」であるから、登記上の利害関係を有する第三者の承諾を証する情報を申請情報と併せて提供したときには、付記登記でされることになり、もしこの承諾を証する情報を提供しないときには、主登記でされることになる。

　そこで、本問の場合、順位1番の抵当権について、3条目録を提供してする抵当権の変更又は更正の登記が申請されたときに、既に順位2番で3条目録が作成されている工場抵当権の登記がされている場合には、その工場抵当権者が登記上の利害関係人に該当するので、その工場抵当権者の承諾を証する情報を申請情報と併せて提供して、この抵当権の変更又は更正の登記の申請がされたのであれば、その登記は付記登記でされることとなるし、この承諾を証する情報を提供しないで申請されたのであれば、その登記は主登記でされることになる。この変更又は更正の登記が付記登記でされると、不動産登記法4条2項により、その付記登記の順位は主登記（すなわち当該抵当権の設定登記）の順位（すなわち順位1番）によることとなる結果、順位1番の抵当権者は、当該抵当権の効力が機械器具等に順位1番で及んでいることを順位2番の工場抵当権者にも対抗することができる。

　これに反し、もしこの変更又は更正の登記が主登記でされると、その主登記の順位でしか工場抵当権であること（換言すれば、提供した3条目録に記録されている機械器具等に抵当権の効力が及んでいること）を対抗できないことになる。したがって、順位2番の抵当権の3条目録に記録されている機械器具等については、それが順位1番の抵当権の3条目録に記録されたとしても、順位2番の抵当権の方が優先する。

2　作成方法等

9028 数個の不動産を目的とする工場抵当権の設定の場合の3条目録の作成方法

| 問 | 工場に属する数個の土地又は建物につき、工場抵当権の設定の登記を申請する場合、3条目録は、1個の土地又は建物ごとに作成すべきか。それとも一括して作成してよいか。 |

| 結論 | 1個の土地又は建物ごとに作成すべきである。 |

説 明　　工場に属する数個の土地又は建物を目的とする工場抵当権を設定し、その登記を申請する場合は、一の申請情報によってなされるのが通常である。したがって、この申請情報と併せて提供すべき3条目録も、一通の書面に、工場抵当権の目的である土地又は建物を列挙して記録し、それぞれの記録の箇所に、各々備え付けられた機械器具等を記録したもので足りるとする取扱いも考えられる。

　そこで、この取扱いの根拠をまず検討してみると、登記の申請が一の申請情報によってなされることから、これに添付すべき3条目録も一通の書面で作成しても何ら不都合がないということであろう。

　また、工抵規則3条が、同規則15条の規定を3条目録の作成について準用されていないこともその根拠とし得ると考えられる。すなわち、工抵規則15条は、工場財団目録の作成は工場ごとに各別になされるべきものと規定している。なお、工抵規則15条の規定は、工場財団について分割又は合併が認められ、これに応じる手続規定が設けられる等の改正措置が採られた当時、その手続を合理化するために併せて追加された旧工抵法（不登法の施行に伴う関係法律の整備等に関する法律（平成16年法律第124号）による改正前の工抵法）22条3項を工抵規則制定の際に引き継いだ規定である。そして、工抵規則3条の規定についても、同規則15条を準用するなどの改正措置が講じられていれば、3条目録の作成方法についても、より一層明確にされたとも言えよう。

　しかしながら、もともと3条目録には、当該抵当権ごとにその効力が及ぶ機械器具等を記録すべきであり、したがって、抵当権ごと、換言すれば当該抵当権の目的となっている土地や建物ごとに作成されるべき性質のもので、このような改正措置を講じるべき筋合いではないのである。工場に属する数個の土地や建物を共同抵当権の目的とする場合には、土地、建物ごとにそれぞれ抵当権が存在するのであり、それぞれの効力が及ぶ範囲を異にする。したがって、この場合、もし当該土地又は建物に備え付けられた機械器具等の目録を一通の書面によって作成したとすれば、その後抵当権者において、目的不動産の一部につき抵当権を放棄（絶対的）又は解除し、その抹消の登記が申請されたときの措置に窮することにもなる。

　すなわち、抵当権を放棄又は解除して、その登記を抹消したときは、当該抵当権の目的であった土地、建物に備え付けられた機械器具等も、抵当権の拘束から離れるのはいうまでもなく、この場合において、3条目録中この機械器具

等の記録された箇所にその旨を記録して、抵当権の効力が及んでいないことを明らかにしておけばよいとも言える。しかしながら、このような手続をすべき根拠は規定上何ら存しないことからすると、工抵法ないし工抵規則において、数個の土地や建物に備え付けられた機械器具等に係る３条目録を一通の書面によって作成することが、本来全く考慮されていないと言える。また、工抵規則４条において、抵当権の登記を抹消した場合の３条目録の保存期間が規定されているが、数個の共同抵当の一部について抵当権の抹消の登記がされた場合に、もし一通の書面によって３条目録が作成されているとすれば、この保存期間の算定等をはじめ、事務処理上支障を来すおそれがあると思われる。また、Ａ建物に備え付けられた機械器具等の全部又は一部を同建物から撤去して、これをＢ建物に付替えをした場合の３条目録の記録の変更の登記手続についても、同様のことが言えよう。

　次に、数個の土地や建物を目的とする既登記の工場抵当権の同一の債権を担保するための追加担保として、他の土地又は建物について、工場抵当が設定された場合を例にとって、更に検討してみると、この場合において、先に登記された数個の工場抵当権に関し一通の３条目録が提供されているとすれば、追加担保に関わる土地又は建物に備え付けられた機械器具等も、先に提供された３条目録に追加表示するだけで足りると解さざるを得ない（共同抵当の場合には、あくまでも、３条目録は一通で足りるとする説を貫けば、その当否は別として、このような結論に達する）。ところが、これではこの３条目録に追加表示すべき記録の変更の申請手続において難点が生じる。すなわち、申請情報として掲げるべき不動産の表示としては、先に登記を受けた目的不動産の全部を記録することとなるが（既に作成されている３条目録には、目的不動産の表示が列挙されているからである）、追加表示すべき機械器具等はこの不動産に備え付けられたものではないから、このような方法による申請は許されないと解される。また、追加担保の目的となっている不動産の表示を併せて申請情報とすることも、当該不動産の表示が既に作成されている３条目録に掲げられていないことから、やはり許されないと解される。

　要するに、工場に属すべき数個の土地や建物について、工抵法２条の規定による抵当権を設定した場合には、その目的物である土地及び建物は、共同担保の関係にあるが、この場合の抵当権は、１個のものではなく、目的物の個数に応じた、数個の抵当権が存在するのである。そして、それらの抵当権の登記

も、当該数個の申請によってなされるのが原則だが、登記原因及び登記の目的が同一であることなどによって、便宜一の申請情報によることが許されているにすぎない。そして、3条目録の記録は登記事項であるから（同法3条1項）、このように数個の抵当権の効力が及ぶものとされた機械器具等に係る3条目録も、1個の土地又は建物ごとに作成されなければならない。

また、抵当権の登記の末尾に3条目録を作成した旨の記録がなされる（工抵規則2条）のは、当該土地又は建物を目的とする抵当権の効力が及ぶべき機械器具等を具体的に記録するのに代えて、登記官の職権によって、なされるのである。そうすると、3条目録は、これに記録する機械器具等にその効力を及ぼすべき抵当権ごとに、換言すれば目的不動産1個（土地一筆、建物1個）ごとに作成して登記所に提供することが予定されていると言える（昭33.11.4第2284号通達）。

9029　3条目録の記名押印者

問　工抵法2条の抵当権の設定の登記を申請する場合に、提供する3条目録に記名押印する者は誰か。

結論　**3条目録については、申請人（抵当権者及び抵当権設定者）本人（申請人が会社等の法人であるときは、その代表者）が記名押印しなければならない。**

説明　工抵規則3条において準用する同規則25条2項により、工抵法2条の規定による抵当権の設定の登記を書面により申請するとき（なお、3条目録はコンピュータ化されていないので、3条目録が添付情報となる登記の申請をオンラインにより申請することはできない）は、申請人は、同法3条3項に規定する目録に記録すべき情報を記録した書面には、「申請人又はその代表者若しくは代理人（委任による代理人を除く。）が記名押印しなければならない」。

したがって、「申請人」たる抵当権者（登記権利者）と抵当権設定者（登記義務者）とが「記名押印」しなければならない（昭33.11.4第2284号通達）。また、委任による代理人によって工場抵当権の設定の登記を申請する場合にも、代理人が3条目録を調整することは差し支えないが、3条目録への記名押印は申請人本人がしなければならない。これは、3条目録の記録内容の真正を保証する

意味においても、申請人本人が記名押印するのが当然であるからである。また、申請人が会社等の法人であるときは、その代表権限のある者が記名押印することになる。もっとも、工場抵当権の設定契約自体が委任による代理人によって行われた場合には、その代理人の記名押印で足りると言ってよい。

3　登記事項証明書の作成

| 9030 | 3条目録のみの登記事項証明書の交付請求の可否 |

問　3条目録のみの登記事項証明書の交付を請求することができるか。

結論　3条目録のみの登記事項証明書の交付を請求することはできない。

説明　工抵法2条に規定する抵当権の設定の登記がなされると、その3条目録に記録された情報は、当該抵当権の登記の登記事項となる（同法3条1項）。

　そして、土地又は建物の登記事項証明書は、登記記録に記録されている事項の全部又は一部を証明した書面であるが、抵当権の設定の登記について3条目録が作成されている場合には、3条目録に記録されている事項は、当該抵当権の登記の登記事項の一部であるから、一つの登記事項の一部について、それを証明した書面を作成することはできない。

　このことは、工抵規則39条1項において、工場に属する土地又は建物の登記記録について登記事項証明書の交付の請求をする場合において、3条目録に記録された事項について証明を求めるときは、不動産登記規則193条1項各号に掲げる事項のほか、当該証明を求める旨も請求情報の内容にしなければならないと規定し、また、工抵規則40条3項においては、3条目録に記録された事項について証明を求める旨が請求情報の内容とされていないときは、3条目録に記録された情報の記録を省略するものとすると規定する一方で、3条目録に記録された事項のみに関する証明の方法を規定していないことからも明らかである。

4　3条目録の記録の変更

9031　3条目録の記録の変更の登記の意義及びその登記手続

問　3条目録の記録の変更の登記は、どのような意義を持ち、どんな場合に行う必要があるか。また、その登記手続は、どうすればよいか。

結論　**3条目録は工場抵当権の効力が機械器具等に及んでいることを公示するものであり、機械器具等の変更を第三者に対抗するためには、3条目録の記録の変更の登記をしなければならない。そして、変更に当たるときとして、機械器具等の変更が生じたとき、新たに機械器具等を備え付けたとき、機械器具等が滅失したとき、機械器具等につき抵当権が消滅したときが挙げられる。また、その登記手続は、通常の登記の申請に必要な事項のほか、申請に係る記録物件である機械器具等の表示を申請情報の内容とするとともに、抵当権者の同意を証する情報、表示の変更又は追加による場合には変更目録又は追加目録を添付情報として提供しなければならない。**

説明

(1) 意　義

　工場に属する土地又は建物に備え付けられた機械器具等については、工場経営上その改廃又は新設が当然予想され、これに伴い抵当権の効力が及んでいる機械器具等の範囲及び内容が変更されることが多い。備付けにより新たに工場抵当権の目的物となったときや備付けをやめたことにより工場抵当権の消滅したとき等においては、備え付けられた機械器具等に対する工場抵当権の得喪変更を生じる。このことを第三者に対抗するためには、3条目録の記録の変更の登記を申請しなければならない。また、現に抵当権の効力が及んでいる機械器具等を明確に公示して、取引の安全を図るとともに、当該機械器具等そのものの特定を明らかにする必要から考えて、3条目録の記録が、常に真実に合致し、現況を明確にしていることが要求される。そこで、工抵法3条4項は、3条目録について工場財団目録の記録の変更の登記に関する38条から42条までの規定を準用し、その記録の変更の登記手続を定めている。

(2) 変更登記をすべき場合

　工抵法3条4項において準用する同法38条1項の規定によれば、3条目録に「掲ケタル事項ニ変更ヲ生シタルトキ」は、所有者は、遅滞なく3条目録の記録の変更の登記を申請しなければならない。この「変更ヲ生シタルトキ」というのは、現に目録に記録されている事項に変更を生じた場合（例えば表示の変更）のみならず、その目録全体に変更を生じた場合をも包含する。これを分説すれば、次のとおりである。

　(イ)　機械器具等の表示に変更を生じたとき

　機械器具等に関し3条目録に記録されている事項に変更を生じたときには、その表示を現況に合致させるために、3条目録の記録の変更の登記を申請すべきである。

　(ロ)　新たに機械器具等を備え付けたとき

　工場抵当権の目的となっている土地又は建物に、新たに機械器具等を備え付け、それらに工場抵当権の効力が及ぶ場合には、その機械器具等を3条目録に記録するため、3条目録の記録の変更の登記を申請すべきである。

　土地又は建物に機械器具等を備え付けても、それが、他人の所有物であり、工場の所有者が賃借するような場合、又は、抵当権者との別段の定めにより、その機械器具等に工場抵当権の効力を及ぼさない場合には、3条目録に記録すべきでないから、3条目録の記録の変更の登記の申請は要しない。しかし、別段の特約をした場合には、不動産登記法66条のいわゆる権利の変更の登記を申請し、別段の定めの登記をしなければ、そのことをもって第三者には対抗することができない。

　(ハ)　機械器具等が滅失したとき

　3条目録に記録されている機械器具等が滅失したときには、やはり3条目録の記録の変更の登記を申請すべきである。「滅失」とは、必ずしもその物理的滅失のみを指すのではなくて、例えば機械が消耗して機械としての効用を失い、単なる屑鉄となったように、その経済的効用を失った場合とか、機械等に大改造を加え、その同一性を喪失したような場合をも包含する。

　(ニ)　機械器具等につき抵当権が消滅したとき

　工抵法6条2項の規定により、抵当権者の同意を得て、機械器具等の備付けをやめたときとか、同法5条2項の規定により、第三取得者が完全な権利を取得したときには、抵当権がその機械器具等につき消滅するわけだから、このよ

うな場合には、3条目録の記録の変更の登記を申請して、3条目録からその機械器具等の表示を抹消する記号を記録すべきことを要する（同法3条4項、42条）。

　㈥　3条目録の記録（登記）の更正をすべきとき

　3条目録に記録すべき機械器具等を遺漏したときや3条目録に記録した機械器具等の表示が錯誤により誤っているとき、工抵法2条1項ただし書の規定により工場抵当権の効力が及ばない機械器具等を記録したときとか、滅失していないのにもかかわらず滅失による3条目録の記録の変更の登記がされたときとか、工場抵当権が消滅していないのにもかかわらず消滅による3条目録の記録の変更の登記がされたとき、あるいは土地又は建物の所有者の所有に属しない機械器具等（すなわち工場抵当権の及ばない物件）が3条目録に記録されているとき等には、その誤った記録を更正するため、3条目録の記録の更正の登記を申請することができる。

　すなわち工場抵当法38条のいわゆる「変更ノ登記」とは広義のそれを意味し、登記の更正も含まれるものと解する。

　なお、抵当権の効力が及ばない機械器具等を3条目録からその表示を抹消する記号を記録するときの更正は、分離の場合の手続に準じて行う。

(3)　3条目録の記録の変更の登記の申請の特質

　㈦　一般に登記は、第三者への対抗要件を具備するためのもので、その登記を申請するかどうかは、その登記により利益を受ける者の自由に任されているが、3条目録の記録の変更の登記については、工場抵当権の目的となっている土地又は建物の所有者のみに、遅滞なくその登記を申請すべきものとして、その義務を課している（工抵法3条4項、38条1項）。すなわち、一般の登記申請と異なり、遅滞なく登記の申請をしなければならないことと、その登記により利益を受ける者のいかんに関せず、全て抵当権設定者である所有者を申請人としていることにおいて特色がある（所有者がこの変更の登記を申請しない場合には、抵当権者が代わってその登記を申請することができるけれども、それはあくまで所有者に代位して（債権者代位）するのであって、抵当権者自らが、本来の登記権利者としてすべきものではない）。このことは、形式的には、3条目録の記録の変更の登記につき工場財団目録に関する規定を準用していることから説かれる。

　㈧　3条目録は、工場抵当権の設定の登記を申請するごとに提供されるもの

であって、数個の抵当権の設定の登記がされているときには、3条目録も、その数に応じて数通作成される（この点は工場財団目録と異なる）。したがって、3条目録の記録の変更の登記を申請すべき事由が発生したときには、原則として各3条目録について遅滞なく登記の申請をすべきである。

　そこで問題となるのは、3条目録が数通ある場合において、各3条目録について変更の登記を申請すべき同一の事由がある場合に、そのうち1通の3条目録のみについて変更の登記を申請することができるか、それとも各3条目録について同時に申請をすべきかどうかである。この点は、工抵法3条4項が、3条目録の記録の変更の登記について、本来1通しか作成されない工場財団目録の変更の登記に関する同法38条から42条までの規定を準用しているところから生じる困難な問題である。それは、数通の3条目録があって、新たに備え付けられた機械器具等に全ての工場抵当権の効力が及ぶ場合に、例えば第2順位の工場抵当権に関する3条目録のみについて、追加による3条目録の記録の変更の登記がされたときは、その追加された機械器具等に対する工場抵当権の順位は、どのようになるか、もしその変更の登記の前後によるとすれば、機械器具等についての工場抵当権の順位と、土地又は建物についての順位とが相違することも生じ得るからである。だから、3条目録の記録に変更を生じたときには、工場の所有者は、遅滞なくその変更の登記を申請すべき義務を課せられており、したがって、各3条目録について、同時にその登記を申請することが当然であり、また、望ましい。

(4)　**申請書の記録方法**

　3条目録の記録の変更の登記の申請については、まず不動産登記令3条の規定の適用がある。したがって、申請情報の内容は、次のとおりである。

　(イ)　申請人の氏名又は名称及び住所（登記令3条1号）

　(ロ)　申請人が法人であるときは、その代表者の氏名（登記令3条2号）

　(ハ)　代理人によって登記を申請するときは、当該代理人の氏名又は名称及び住所並びに代理人が法人であるときはその代表者の氏名（登記令3条3号）

　(ニ)　代位によって登記を申請するときは、申請人が代位者である旨、被代位者の氏名又は名称及び住所並びに代位原因（登記令3条4号）

　(ホ)　登記の目的（登記令3条5号）

　「登記の目的」としては、「平成○年○月○日受付第○号抵当権機械器具等記録変更」の振り合いで記録する。

(ヘ) 登記原因及びその日付（登記令3条6号）

登記原因及びその日付としては、表示変更のときは「○年○月○日表示変更」、滅失のときは「○年○月○日滅失」、追加のときは「○年○月○日備付」、分離のときは「○年○月○日分離」のように記録する。

(ト) 申請に係る機械器具等の表示

3条目録に記録されている（また記録すべき）機械器具等で、当該申請に係るものの表示を情報の内容とする。例えば、表示の変更の場合は、変更前の機械器具等の表示（これは現に3条目録に記録されている表示と合致していなければならない）及び変更後の表示を記録すべきであり（もっとも、変更後の機械器具等の表示は、「変更目録の記載のとおり」と記録して具体的事項を省略してもよい）、滅失の場合は滅失した機械器具等を、備付けをやめた場合は撤去した機械器具等を、新たに備え付けた場合はその新規の機械器具等をそれぞれ記録する。備え付けた場合の機械器具等の表示は、「追加目録の記載のとおり」と記録して、その具体的表示を省略してもよい。

(チ) 不動産の表示（登記令3条7号・8号）

工場抵当の目的となっている不動産を記録する。不動産の表示は登記記録と合致していることを要する。

(リ) 登録免許税額（規則189条1項）

3条目録の記録の変更の登記の登録免許税は、当該登記が登録免許税法別表第一の一の（十四）の「変更の登記」の区分に該当するので、不動産の個数を課税標準とし、その1個につき1,000円であるから、この税額を申請情報の内容とする。

(ヌ) 添付書類の表示（規則34条1項6号）

(ル) 申請の年月日（規則34条1項7号）

(ヲ) 登記所の表示（規則34条1項8号）

(5) 添付情報

(イ) 登記原因証明情報（不登法61条）

3条目録の記録の変更登記については、登記原因を証する書面がはじめから存在しないから、報告的登記原因証明情報を作成し、添付する。なお、3条目録はコンピュータ化されていないため、申請書と同一内容を記載した書面を提供しても差し支えない（規則附則15条2項）。

(ロ) 抵当権者の同意を証する情報（工抵法34条、38条2項）

3条目録の記録の変更の登記を申請するには、全ての場合において、当該変更登記についての抵当権者の同意を証する情報又はこれに代わるべき裁判があったことを証する情報を提供しなければならない。また、同意の真正を保証するため、同意を証する情報には、抵当権者が記名押印し、その記名押印した者の印鑑に関する証明書をも併せて添付しなければならない（登記令19条。会社等の代表者が同意する場合は、当該会社等の会社法人等番号又はその代表権限を証する登記事項証明書等をも提供すべきである）。もっとも、この印鑑に関する証明書（及び会社等の代表者の代表権限を証する登記事項証明書等）については、不動産登記令16条3項（及び同令17条1項）の規定の適用はなく、その有効期間の制限はない。この同意を証する情報に関し、問題となる点を次に説明する。
　(i)　同意を要する抵当権者
　3条目録の記録の変更の登記の申請について同意を必要とする抵当権者は、変更の登記をすべき3条目録に係る抵当権の抵当権者のみであり、その他の工場抵当又は普通の抵当権の抵当権者は含まない。
　(ii)　同意を証する情報の内容
　3条目録の記録の変更の登記につき必要とされる抵当権者の同意を証する情報の内容は、単に変更の登記を申請することについての同意では足りず、どんな内容の変更の登記を申請するかについての具体的な記録がなければならない。すなわち、どの機械器具等につき、どのように表示の変更の登記をするのか、どの機械器具等を分離又は追加するのか、どの機械器具等の滅失による変更の登記を申請するのかが具体的に明らかにされ、その登記についての同意であることが証されるものでなければならない。
　(ハ)　表示の変更又は追加による場合における変更目録又は追加目録（工抵法3条4項、39条）
　3条目録に記録されている機械器具等の表示に変更が生じたこと、又は新たに工場に機械器具等を備え付けたことにより、3条目録の記録の変更の登記を申請する場合には、変更後の表示を掲げた3条目録又は追加すべき機械器具等の表示を掲げた3条目録を提供する。
　(二)　申請人が法人であるときは、当該法人の会社法人等番号又は当該法人の代表者の資格を証する情報（登記令7条1項1号）
　申請人が会社その他の法人であるときは、会社法人等番号（商業登記法7条）を有する法人にあっては当該法人の会社法人等番号を、その他の法人にあって

は当該法人の代表者の資格を証する情報を提供しなければならない。
　㈭　代理人によって登記を申請する場合には、当該代理人の代理権限を証する情報（登記令7条1項2号）
　3条目録の記録の変更の登記を代理人によって申請する場合には、その代理権限を証する情報を提供する。

9032　3条目録の記録の変更の登記の効力

問　3条目録の記録の変更の登記は、どのような効力を有するか。
結論　3条目録に記録された機械器具等の表示の変更による変更の登記については対抗力の問題は生じる余地はなく、また、滅失による変更の登記は目的物が滅失した場合の登記であるから対抗力の問題は生じないが、分離又は追加による変更の登記には、それらの登記をしなければ、抵当権の効力が消滅し又は及んでいることを第三者に対抗することはできない。

説明　(1)　表示の変更による変更登記
　　　　3条目録に記録された機械器具等の表示に変更を生じた場合に申請すべき変更の登記（工抵法3条4項、38条）については、対抗力の問題が生じる余地はない。機械器具等の表示に変更が生じているのであれば、その表示の変更の登記をするかどうかにかかわらず、その表示の変更を何人にも主張することができる。
(2)　滅失による変更登記
　3条目録に記録された機械器具等が滅失した場合に申請すべき変更の登記（工抵法3条4項、38条）についても、対抗力の問題は生じない。抵当権の目的物である機械器具等が滅失すれば、抵当権が当該機械器具等につき消滅するのは当然であって、その消滅を何人にも主張することができる。
(3)　分離による変更登記
　抵当権者の同意を得て、3条目録に記録された機械器具等を分離したときは、当該機械器具等につき抵当権は消滅するが、この場合に申請すべき変更の登記（工抵法3条4項、38条）は、当該機械器具等につき抵当権が消滅したことを第三者に対抗するための要件である。もし、分離による変更の登記をしなければ、例えば当該抵当権を譲り受けた第三者に対して、当該機械器具等につ

いて抵当権が消滅したことを対抗することはできない。

(4) 追加による変更登記

　新たに機械器具等を備え付けたことにより、これに抵当権が及ぶ場合に申請すべき変更の登記（工抵法3条4項、38条）については問題がある。すなわち、この変更の登記は、追加物件に抵当権の効力が及ぶことを第三者に対抗するための要件であるが、この第三者のうち当該工場に属する土地又は建物に登記された抵当権者に関しては、3条目録の記録の変更の登記をした順序により、抵当権が追加された機械器具等に対する順位が定まるかどうかである。数個の抵当権の登記がされ、数個の3条目録が記録されているときに、まず工場の所有者が第2順位の抵当権に関する3条目録について追加による変更の登記を行い、その後に第1順位の抵当権に関する3条目録について同様の登記をしたような場合には、この追加された機械器具等に対する抵当権の順位は、この変更の登記をした順序によるのか、それともこの変更の登記の順序ではなく、抵当権の設定の登記の順位によるかという問題である。

　3条目録に関し、その性質の異なる工場財団目録（本来一通しか存しない）についての工抵法38条以下の変更の登記に関する規定を準用したことから生じる問題である。これは、追加による3条目録の記録の変更の登記が当該機械器具等についての抵当権の対抗要件である以上、その機械器具等に対する抵当権の順位は、その変更の登記の前後によるとするのが相当である。

第6項　その他

9033　工場抵当物件を分離して競売の申立てをすることの可否

問　工抵法2条による抵当権について抵当権を実行する場合に、土地又は建物と機械器具等とを分離して競売の申立てをすることができるか。例えば、

① 土地又は建物のみによって債権の満足を得る見込みがあるときは、機械器具等を除外して土地又は建物のみの競売の申立てをすることができるかどうか。

② 第1順位の抵当権が工場抵当ではなかった場合、土地又は建物のみの競売の申立てをされることがあり得ると思われるが、その場合、土地又は建物が競売されてしまえば、第2順位の工場抵当権者は、機械器具等のみについて競売の申立てをしなければならない結果となるがどうか。

結論 分離して競売の申立てをすることはできない。

説明 工抵法2条の規定は、工場に属する土地又は建物に設定した抵当権は、原則としてその土地又は建物の付加一体物のみならず、その土地又は建物に備え付けられた機械器具等にも及ぶ旨を規定しているが、その趣旨は、工場施設の一体としての価値を保存し利用させようとすることにあって、単に抵当権者の利益のためのみを考えているのではない。したがって、この規定により抵当権の効力が及んでいる機械器具等を除外して抵当権の目的である土地又は建物の競売をすることは、たとえ抵当権者において債権の満足を得ることに支障がない場合であっても、この規定の趣旨に反し、認められないと解される。

なお、工抵法3条1項は、同法2条の抵当権の目的となる機械器具等については、抵当権の登記の登記事項とするとしているが、これは3条目録に記録された機械器具等に抵当権の効力が及ぶことを第三者に対抗するための要件にすぎず、仮に3条目録の提供がなく、あるいは3条目録に記録されていない機械器具等があったとしても、同法2条1項ただし書の規定する場合に該当しない限り、抵当権設定者に対する関係においては、抵当権の効力は、特段の意思表示なく全ての工場に備え付けられた機械器具等に及ぶものとされる（判例・通説）。

例①の場合には、前記の理由によって、登記のいかんにかかわらず、抵当権の目的である機械器具等を除外して競売の申立てをすることはできない。もし抵当権者及び抵当権設定者が、共に機械器具等の競売の申立てを望まないのであれば、まず、その機械器具等の備付けをやめ、抵当権の効力を及ばなくした上で（工抵法6条2項参照）、競売の申立てをすべきである。

また、例②の場合には、第1順位の抵当権も、工抵法2条1項ただし書の場合に該当しない限り、実体上の関係においては機械器具等に及んでいるとみられるし、仮に、設定行為における特約によって機械器具等に及んでいないとしても、それが、第2順位の抵当権の目的になっており、しかも、第1順位の抵

当権の実行が第2順位の抵当権の実行の意味をも含んでいる関係にある以上は、第1順位の抵当権者による競売の申立てにおいても、機械器具等を除外して競売をすべきでないことは例①の場合と、何ら異なるところがない。ただ、この場合の売却代金の配当について、第2順位の抵当権の登記の登記事項である3条目録に記録されている機械器具等の代価に相当する部分の金額は、第2順位の抵当権者に優先的に配当される。

9034 工抵法2条の抵当権の目的物と差押えの効力

問 工抵法2条の抵当権の目的である土地又は建物を滞納処分により差し押さえ、さらに、その土地又は建物に備え付けてある機械器具等をも差し押さえることができるか。

結論 **工抵法2条の抵当権の目的たる土地又は建物を差し押さえれば、その差押えの効力は当然にその備え付けた機械器具等に及ぶので、更にそれらを差し押さえる必要はないし、また、機械器具等のみを差し押さえることはできない。ただし、3条目録に記録されていない機械器具等については、差し押さえることができる。**

説明 工抵法2条の抵当権の目的となっている土地又は建物を差し押さえた場合には、その差押えの効力は、当然、同法2条1項の規定により抵当権の目的である物に及ぶことになるし、また、この規定により抵当権の目的である物は、土地又は建物とともにしなければ差押えの目的とすることができない（同法7条2項）。

しかしながら、工抵規則3条において準用する同規則25条1項は、工場に属する土地又は建物につき抵当権の設定の登記を申請する場合には、その土地又は建物に備え付けた機械器具等で、工抵法2条の規定により抵当権の目的であるものに関する3条目録を提出すべきものとしている。すなわち、第三者対抗要件としては、この3条目録を提出すべきものとしている。したがって、この3条目録に記録されている場合には、その土地又は建物の差押えの効力は、当該3条目録に記録されている物件に及ぶことの対抗要件を具備することになるが、この目録に記録されていない場合には、土地又は建物の差押えの効力を対抗することはできないので、これらの機械器具等を別に差し押さえなければならない。

第3節 工場財団

第1項 総説

9035 工場財団の意義

問 工場財団とは、どのような意義を有するか。また、どんな利点を有するのか。

結論 工場財団とは、抵当権の目的とするため、工場に属する土地及び建物その他の工作物、機械、器具、電柱、電線、配置諸管及び軌条その他の附属物、地上権、賃借権（賃貸人の承諾があるときに限る）、工業所有権並びにダム使用権といった有形無形の財産をもって組成されるものであり、工場財団登記簿に所有権保存の登記をすることによって成立し、1個の「不動産」とみなされる。工場財団が、1個の「不動産」とみなされることにより、個々の組成物件に対して抵当権を設定する必要はなくなるとともに、その組成物件に異動があっても、工場財団としての同一性を維持することができるなどの利点を有する。

説明 工場財団とは、抵当権の目的とするため、工場に属する土地及び建物その他の工作物、機械、器具、電柱、電線、配置諸管及び軌条その他の附属物、地上権、賃借権（賃貸人の承諾があるときに限る）、工業所有権並びにダム使用権といった有形無形の財産をもって組成されるものであり、工場財団登記簿に所有権保存の登記をすることによって成立し（工抵法9条）、1個の「不動産」とみなされる（同法14条1項）。これは、工場を組成

する有形無形の財産の集合体を法律上一体として把握しておくための法的擬制であり、工場財団の成立後に、その組成物件に異動があった場合でも、その同一性を維持することができるために採られている法的措置である。また、工場財団については、その組成物件が多数であっても、これらを一括して１個の「不動産」と擬制して、その「不動産」に抵当権を設定するものであるから、民法その他の法令における不動産に関する規定が適用されることとなり、特に、不動産登記法及びその関係法令が適用されるのは、手続上、重要なことである。

　しかしながら注意すべきは、工場財団は、所有権及び抵当権の目的となるだけであって、それらの権利以外の権利（例えば、地上権、地役権、先取特権等）の目的とすることはできず（ただし、抵当権者の同意を得て、賃借権の目的とすることは認められている。工抵法14条２項）、また、工場財団の組成物件は、個別にこれを譲渡し、又は所有権以外の権利、差押え、仮差押え若しくは仮処分の目的とすることはできない（ただし、抵当権者の同意を得て、賃借権の目的とすることは認められている。同法13条２項）。工場財団及びその組成物件について、このような権利の制限があることは、工場財団が、貸付資本の担保として投資、融資の安全性を確保することにその存立の意義があることから考えて、当然のことであると言える。

第２項　組成物件

１　通　則

9036　工場財団の組成物件の種類

　問　　工場財団の組成物件となり得るものとしては、どのような種類のものがあるか。

　結論　　工場財団の組成物件となり得るのは、工場に属する土地及び建物その他の工作物、機械、器具、電柱、電線、配置諸管及び軌条その他の附属物、地上権、賃借権（賃貸人の承諾があるときに限る）、工業所有権並びにダム使用権であり、工場財団は、これらの全部

又は一部をもって組成される。

> **説 明**
>
> 次の(1)から(6)までに掲げるものの全部又は一部をもって一団となし、これを組成物件として、工場財団の設定をすることができる。

(1) **工場に属する土地及び建物その他の工作物**

　工場に属する土地とは、工場操業のための用に供せられるべきもので、工場の敷地に限らず、工場から離れた場所にあっても、例えば、工場の従業員の社宅の敷地とか、原材料等の置場とか、セメント工場の場合の原石や石灰の採取地等も含まれる。また、工作物とは、土地に築造された一切の施設をいい、建物のほか、用水タンク、ガスタンク、貯油槽、煙突、橋梁、桟橋、用水槽、堀、塀、コンクリート造の防波堤等が挙げられる。なお、土地及び建物は、工場の所有者において、所有権の登記がされていることを要する。

　なお、土地又は建物その他工場財団の組成物件となり得るものが共有である場合であっても、その共有持分(工場所有者の持分)を工場財団の組成物件となし得る(昭33．7．15第1428号通達参照)。

(2) **機械、器具、電柱、電線、配置諸管及び軌条その他の附属物**

　「機械、器具」は、必ずしも工場に属する土地又は建物に直接付加され、あるいは備え付けられたものであることを要せず、例えば、工場用のトラック、船舶、端舟、運搬車のようなものも含まれ、また、専用の鉄道貨車や石油タンク車等も、工場財団の組成物件となり得る。

　「電柱、電線」は、送電のために敷設又は架設されたものに限られる。単に予備としてストックされているものとか当該工場の製品といったようなものは除外される。要するに、現に工場の用に供せられているものでなければならない(工場に属する土地又は建物に直接付加され、あるいは備え付けられているものだけではなく、他人の土地に敷設又は架設された電柱又は電線であっても、その土地について、賃借権等を有する限りは、組成物件としてよい)。

(3) **地 上 権**

　地上権は、工場に属する工作物その他の生産施設を所有する目的で、他人の土地を使用するため、その土地に設定を受けたものであり、工場の所有者において、地上権の登記がされていることを要する。

(4) **賃貸人の承諾あるときは物の賃借権**

　物とは、土地及び建物に限らず、建物以外の工作物、船舶、自動車その他の

機械、器具等の動産も含まれている。また、賃貸人の承諾のあることを要件とするが、賃貸人の承諾を得て、更に譲渡を受けた賃借権も組成物件とすることができる。また、例えば、Ａ会社の甲工場財団に属する物件の一部の不動産を、抵当権者の同意を得て、Ｂ会社に賃貸した場合において、Ｂ会社は、Ａ会社（賃貸人）の承諾を得たときは、この賃借権をもって、自己の乙工場財団の組成物件とすることができる。なお、土地、建物及び船舶の賃借権は、いずれも登記されていることを要する（工抵規則11条1項参照）。

(5) 工業所有権

　ここで工業所有権とは、狭義の工業所有権（産業財産権）を意味するのであって、特許権、実用新案権、意匠権及び商標権のことであり、そのほか、これらの本権と経済上同一の作用をなす専用実施権、通常実施権、専用使用権及び通常使用権を含むものである（工抵規則12条2項参照）。工場財団の組成物件とするには、独立して譲渡性を有するものでなければならないので、狭義の工業所有権ではないが、広義の工場所有権に該当するもの（産業上必要な特定の利益を独占的に享受し得べき一切の権利を含むものとして、商号権、産地使用権、博覧会賞牌使用権、不正競争防止法上の権利、氏名権など）については、独立して譲渡性を有するものではないので、工場財団の組成物件とすることはできない。なお、これらの工業所有権を工場財団の組成物件とするには、その設定の登録がされていることを要する（同条1項参照）。

(6) ダム使用権

　ダム使用権とは、特定多目的ダム法（昭和32年法律第35号）によって、物権とみなされ、この法律に別段の定めがある場合を除き、不動産に関する規定が準用され（特定多目的ダム法20条）、多目的ダムによる一定量の流水の貯留を一定の地域において確保する権利をいうものとされている（同法2条2項）。また、相続、法人の合併その他の一般承継、譲渡、滞納処分、強制執行、仮差押え及び仮処分並びに一般の先取特権及び抵当権の目的となるほかは、権利の目的となることができない（同法21条）。このようなダム使用権を工場財団（主として水力発電施設を有する工場）の組成物件とするには、ダム使用権登録簿において登録を受けておかなければならない（工抵規則14条参照）。

(7) 工場財団の組成物件とならないもの

　工抵法11条は、例示規定ではなく、いわゆる制限列記規定なので、同条各号以外のものを組成物件とすることはできない。例えば、電話加入権や商号権や

公水使用権や事業免許権等とか賃借権以外の債権といったようなものである。なお、要役地が工場財団の組成物件である場合、当該工場財団に設定された抵当権の効力は、地役権にも及ぶが、地役権自体が組成物件とされているわけではない。

(8) その他の注意事項

　工抵法11条柱書きの「一部」の意義について、これを文理解釈すれば、同条各号のうちのいずれかに該当する物件を一つでも組成物件とすることによって工場財団を設定することができるようにも理解することができる。しかし、同法8条1項の規定をも併せて解釈すれば、同項は1個又は数個の工場について工場財団を設定することができるとしているように、「工場」とは、同法1条の規定により「場所」であることが必要であり、少なくとも工場としての「場所」を形作るものが含まれていなければならないことが理解される。

　したがって、土地若しくは建物又はそれらの上の地上権若しくは賃借権が組成物件として含まれている必要があり、機械器具のようなもののみを組成物件として、財団を設定することは許されない（明38．8．5第665号回答、昭24．9．15第2052号通達）。なお、土地若しくは建物の所有権又はそれらの上の地上権若しくは賃貸人の承諾のある賃借権のいずれか一つのみをもって、これを組成物件とする工場財団の設定をすることは可能である（昭33.11.4第2289号回答）。

9037　工場財団の組成物件となるべき要件

問　工抵法11条各号に掲げられているものが、有効に工場財団の組成物件となるには、どのような要件を必要とするか。

結論　**工抵法11条各号に掲げられているものが、有効に工場財団の組成物件となるためには、①他人の権利の目的となっていないこと、②差押え、仮差押え又は仮処分の目的となっていないこと、③他の財団に属していないこと及び④登記又は登録できるものについては既登記又は既登録であることの要件を備えていなければならない。**

説明　工場財団の組成物件となり得るものは、工抵法11条各号に掲げられているが、これらのものを有効に工場財団に属させるため

には、各組成物件について、次の要件を備えることが必要である。

(1) 他人の権利の目的となっていないこと

　工抵法13条1項は「他人ノ権利ノ目的タルモノ」は工場財団に属させることができない旨を規定しており、例えば、工場に属する土地であっても、抵当権、地上権又は賃借権等の権利が設定されているときには、その土地を工場財団の組成物件とすることができない。これは、抵当権や地上権、賃借権等の権利の目的とされている物件を工場財団の組成物件とすると、法律関係が複雑になり、財団の単一性を損なう結果となるからである。

　なお、工場財団の組成物件となるべきものについて、仮登記（例えば、所有権移転若しくはその請求権保全の仮登記又は抵当権若しくは地上権等の設定若しくはそれらの請求権保全の仮登記）がされているにすぎない場合であっても、やはり工抵法13条1項の「他人ノ権利ノ目的タルモノ」に該当し、その物件を工場財団の組成物件とすることはできない。

(2) 差押え、仮差押え又は仮処分の目的となっていないこと

　工抵法13条1項は「差押、仮差押若ハ仮処分ノ目的タルモノ」は工場財団に属させることができない旨をも規定している。「差押え」というのは、民事執行法による差押えはもちろん、国税徴収法による滞納処分による差押えも含まれる。「仮差押え」とは、民事保全法20条以下の規定によるものであり、「仮処分」とは、同法23条以下の規定による仮処分を指すことは明らかだが、例えば、会社法上の特別清算手続や民事再生法上の民事再生手続における会社財産の保全処分等のような処分制限の効力の生じるものも含まれる。

(3) 他の財団に属していないこと

　工抵法8条2項は「工場財団ニ属スルモノハ同時ニ他ノ財団ニ属スルコトヲ得ス」と規定しており、一の工場財団の組成物件となっているものは、同時に他の工場財団の組成物件に属させることはできないし、鉱業財団等の工場財団以外の財団に属しているものも、同時に工場財団に属させることはできない。

(4) 登記又は登録できるものについては既登記又は既登録であること

　(イ) 土地及び建物

　工抵法12条は「工場ニ属スル土地又ハ建物ニシテ所有権ノ登記ナキモノアルトキハ工場財団ヲ設クル前其ノ所有権保存ノ登記ヲ受クヘシ」と規定している。ここで所有権保存の登記を受けるべき「所有権ノ登記ナキ」土地又は建物とは、設定しようとする工場財団に属させようとする土地又は建物のみであっ

て、たとえ当該土地又は建物が工場財団を設定しようとする工場に属していても、それを当該工場財団の組成物件とするかどうかは工場の所有者の自由であるから、組成物件とするのでなければ、所有権保存の登記を受ける必要はない。また、一旦工場財団を設定した後、当該工場財団に、新たに未登記の土地又は建物を組成物件として追加しようとする場合にも、やはりこの規定を類推して、その追加による工場財団目録の記録の変更登記を申請する前に、当該土地又は建物について、所有権保存の登記を受ける必要がある。

(ロ) 登録自動車

次に道路運送車両法による登録を受け得る自動車については、工抵法13条ノ2の規定により、その登録を受けなければ、工場財団に属させることができない。また、一旦工場財団を設定した後に、この自動車を新たに工場財団に属させる場合にも、その追加による工場財団目録の記録の変更登記を申請する前に、当該自動車について、登録を受ける必要がある。

(ハ) 地上権

工場財団の組成物件とする地上権については、それが既登記であることを要するかどうかの法文上の規定はないけれども、工抵法12条の規定を類推して、登記を必要とするものと解する。

(ニ) 不動産又は登記船舶の賃借権

不動産又は船舶の賃借権についても、地上権と同様、それが既登記であることを要するかどうかの法文上の規定はないけれども、やはり登記を要するものと解する。賃借物の転貸の登記に転借権の譲渡を許す旨の登記がある場合、又は転借権を財団の組成物件とすることについての転貸人の承諾書が添付してある場合には、転借権を工場財団の組成物件とすることができる（昭31.12.24第2892号通達）。

(ホ) 登記船舶

登記することができる船舶（端舟その他ろかいのみをもって運転し、又は主としてろかいをもって運転する舟及び総トン数20トン未満の船舶以外の船舶。なお、それが商行為をする目的であるかどうかを問わず航海の用に供する船舶であれば足りる（商法684条、686条2項、船舶法20条、35条1項参照））についても、地上権や賃借権と同様、それが既登記であることを要するかどうかの法文上の規定はないけれども、やはり登記を要するものと解する。

(ヘ) 工業所有権

特許権、実用新案権、意匠権及び商標権については、その設定の登録により発生するから（特許法66条1項、実用新案法14条1項、意匠法20条1項、商標法18条1項）、工場財団の組成物件とするためには、その設定の登録がされているのはいうまでもない。また、これらの本権に関する専用実施権及び専用使用権は、登録しなければ効力が生じないから（特許法98条1項2号、実用新案法18条3項、意匠法27条4項、商標法30条4項）、同様である。しかし、特許権、実用新案権及び意匠権に関する通常実施権については、登録の制度はなく、その登録がなくても、その発生後に本権等を取得した者に対しても効力を生じるから（特許法99条、実用新案法19条3項、意匠法28条3項）、その登録を要せずに、工場財団に属させることはできる。他方で、商標権に関する通常使用権については、第三者に対する対抗要件として、登録を必要とされているにすぎないが（商標法31条4項）、工場財団に属させるためには、やはり登録を要するものと解する。

9038 工場財団の組成物件となるべきものの処分制限

問 工場財団の組成物件に関して、所有権保存の登記を申請した後、その登記がされるまでの間、当該組成物件の処分につき、どのような制限があるか。

結論 工場財団について所有権保存の登記の申請があったときは、その組成物件となるべきもののうち、登記又は登録がされているものについては工場財団に属すべきものとして所有権保存の登記の申請のあった旨の記録がされ（工抵法23条）、登記及び登録がない動産については一定の期間内に権利を有する者はその申出をすべき旨の公告がされるところ（同法24条1項）、この記録又は公告の後は、組成物件となるべきものを譲渡し、又は所有権以外の権利の目的とすることはできない（同法29条、33条1項）という制限がある。

説明 工抵法は、工場財団の組成物件について、その財団の単一性を保持するために、処分を制限している。この処分の制限は、①工場財団の所有権保存の登記の申請をした後、その登記がされるまでの間の制限と、②工場財団の所有権保存の登記がされた後（工場財団に属した後）の制

限に分けられる。そして、本問は①に関するものであり、工場財団の所有権保存の登記の申請があった場合には、組成物件となるべきもののうち、登記又は登録がされているものについては、工場財団に属すべきものとしてその財団につき所有権保存の登記の申請があった旨の記録（登記又は登録）がされ（同法23条1項）、また、登記及び登録がない動産については、当該動産につき権利を有する者又は差押え、仮差押え若しくは仮処分の債権者は1か月以上3か月以下の一定の期間内にその権利を申し出るべき旨を公告するものとし（同法24条1項）、これらの記録又は公告があった後は、組成物件となるべきものを譲渡し、又は所有権以外の権利の目的とすることが禁止される（同法29条、33条1項）。

　工場財団に属すべきもので登記又は登録されているものについて、工抵法23条の記録がされた後においても、差押え、仮差押え又は仮処分の登記又は登録をすることができるとされている。これは、差押え等は急を要するものであり、また、工場財団の所有権保存の登記の申請があった物件について、同条の登記がされただけでは、その後、当該申請が却下されたり、抵当権の設定の登記がされないで所有権保存の登記の効力を失ったりすること（同法10条参照）も考えられ、必ずしも工場財団に属すとまでは言えないからである。加えて、先取特権の保存の登記についても、これと同様の理由ですることができる。

　しかし、差押えの登記又は登録がされ、競売手続が進行しても、当該工場財団の所有権保存の登記の申請が却下されない間及びその登記が効力を失わない間（工抵法10条参照）は、売却許可決定をすることはできず（同法30条）、また、この差押え等の登記若しくは登録又は先取特権の保存の登記については、当該工場財団について抵当権設定の登記がされたときはその効力を失うものとされており（同法31条）、この差押えの登記等は職権で抹消される（同法37条1項）。もっとも、差押え、仮差押え又は仮処分自体の効力は、なお存在しているから、裁判所は利害関係人の申立てによって差押え、仮差押え又は仮処分の命令を取り消すべきものとされている（同法32条）。

　工場財団に属すべき動産（登記又は登録があるものを除く）についても、差押え、仮差押え又は仮処分をすることはできるが、当該工場財団について抵当権設定の登記がされたときは当該差押え等はその効力を失うものとされている（工抵法33条3項）。そして、この場合には、当該差押え等の効力は失われたのであるから、当該動産を占有していた執行官等は、その差押え等を解除して、

占有を所有者に返還しなければならない。なお、競売申立て等により執行官等が当該動産を差し押さえても、当該工場財団の所有権保存の登記の申請が却下されない間及びその登記が効力を失わない間は、売却することはできない（同法33条2項、30条）。

9039 工場財団の組成物件の処分制限

問 工場財団に属した組成物件の処分につき、どのような制限があるか。

結論 工場財団の所有権保存の登記がされた後（工場財団に属した後）、その組成物件については、これを譲渡し、又は所有権以外の権利、差押え、仮差押え若しくは仮処分の目的とすることはできない（工抵法13条2項）という制限がある。ただし、抵当権者の同意を得て、賃貸借の目的とすることだけはできる（同項ただし書）。

説明 工抵法13条2項は「工場財団ニ属スルモノハ之ヲ譲渡シ又ハ所有権以外ノ権利、差押、仮差押若ハ仮処分ノ目的ト為スコトヲ得ス但シ抵当権者ノ同意ヲ得テ賃貸ヲ為スハ此ノ限ニ在ラス」と規定して、工場財団の組成物件について、その処分を制限している。その趣旨は、工場財団に属するものの個々的な処分を制限することによって、財団の単一体としての価値を維持し、個々的な処分によって生じることのあるべき財団とその個々の組成物件との法律関係、特に財団の抵当権者と組成物件上の権利者との間の利害関係の複雑化を防止することによって、一体として有する財団の担保価値を把握する抵当権者を保護しようとすることにある。この点は、狭義の工場抵当における抵当権者の保護より更に厚いと言えよう。

そして、取引の安全を図るため、工場財団に属する物件で登記又は登録のあるものについては、工場財団の所有権保存の登記をしたときは（工場財団の組成物件となったときは）、当該物件の登記記録又は登録に関する原簿に当該物件が工場財団に属した旨を記録することとされ（工抵法34条）、また、登記及び登録がない動産については、工場財団の所有権保存の登記の申請があったときは、当該動産につき権利を有する者又は差押え、仮差押え若しくは仮処分の債権者は1か月以上3か月以下の一定の期間内にその権利を申し出るべき旨を公告して（同法24条1項）、第三者に処分制限のあることを公示することとしてい

る。また、これらの手続は、工場財団が設定された後、当該財団に新たに属するに至った組成物件についても、同様の記録又は公告をすべきものとしている（同法43条）。そして、登記又は登録のあるものについては、それが財団に属しなくなったときには、財団に属する旨の記録を抹消することとしている（同法44条）。

　なお、そのほか、工場財団の組成物件を記録した工場財団目録を一般に公示して、取引の安全を図ることを配慮している（工抵法21条1項・2項）。

　おって、工場の所有者が、この処分制限を第三者に対抗する要件として、工抵法34条（同法43条において準用する場合も含む）の記録又は同法24条1項（同法43条において準用する場合を含む）の公告であるのか、それとも工場財団目録の記録であるのか、あるいはこれら両方があいまって、初めて対抗要件を具備するのかという問題がある。登記又は登録のあるものについては、工場財団目録に記録されているだけでは足りず、同法34条の記録がなされていることを要するものと解する。

　また、登記及び登録のない動産について、工抵法24条1項の公告はその動産について権利を有する者又は差押え、仮差押え若しくは仮処分の債権者にその権利の申出をさせるためのものであり、その後当該動産が財団に属したかどうかまでは判然としないから、結局、当該動産が財団に属するものであるということの公示方法としては工場財団目録の記録だけであり、工場財団目録に記録されていることが、当該動産が財団に属していること、すなわち、当該動産に処分制限があることを第三者に主張するための要件だと言ってよい。

(1) **譲渡及び所有権以外の権利の目的とすることの禁止**

　工場財団に属するものは、譲渡し、又は地上権、抵当権及び質権等の所有権以外の権利の目的とすることができない。ここで「譲渡」というのは、売買及び贈与等の所有者の任意的処分行為によるものを意味する。しかし、収用のような強制的な処分であるとか、相続又は会社の合併等による一般承継は含まれず、また、工場財団そのものの移転による個々の組成物件の移転も含まれない。

　なお、所有権以外の権利の目的とすることができるかどうかについて、問題となり得るのは先取特権である。民法の一般の先取特権は債務者の総財産につき、何らの意思表示を要せずに当然生じるものであり（民法306条）、また動産の先取特権（同法311条以下）及び不動産の先取特権（同法325条以下）も、特定

の動産、不動産の上に当然生じるものであるところ、工抵法13条2項が「所有権以外ノ権利……ノ目的ト為スコトヲ得ス」との規定していることから、先取特権のように法律上当然生じるものについては、この制限に含まれないとも考えられるが、同項の趣旨が、前記のように、一体として有する財団の担保価値を把握する抵当権者を保護しようとすることにあることからすれば、先取特権についてもこの制限に服するものと解する。このように解釈することは、同法31条において、同法23条の記録のあった後にされた先取特権の保存の登記は、工場財団につき、抵当権設定の登記がされたときに効力を失うものとされていることからも、妥当であると言えよう。

(2) 差押え、仮差押え又は仮処分の禁止

　工場財団に属するものは、個々的に差押え、仮差押え又は仮処分の目的とすることはできない（工抵法13条2項）。企業担保としての工場財団の単一性を維持するためである。すなわち、工場財団に属するものを個々的に差押え、仮差押え又は仮処分の目的とすると、一体として有する工場財団の担保価値が毀損されるからである。なお、この禁止に違背して違法に差押え等がなされた場合には、工場抵当の目的たる物件の違法執行の場合と同じく、抵当権者は民事執行法11条1項の規定（準用される場合を含む）による執行異議を申し立てることができることはもちろん、同法38条1項の規定（準用される場合も含む）による第三者異議の訴えを提起することができる。

(3) 抵当権者の同意を得た賃貸借

　工抵法13条2項ただし書は、工場財団に属するものでも、抵当権者の同意を得たときは、これを賃貸することができる旨を規定している。そして、賃貸についての抵当権者の同意に関しては、抵当権者が複数人存するときはその全員の同意を必要とする。

　また、抵当権が設定されていないときは、工場の所有者が自由に賃貸することができることはいうまでもないが、抵当権が設定されていない間に賃貸し、その後抵当権が設定されたときは、改めて抵当権者の同意を必要とし、その同意が得られない場合には、賃貸借は将来に向かって、その効力を失うものと解する。なお、改めて抵当権者の同意が必要となるのは、同意を得た抵当権者のほかに、新たに抵当権者が存在するに至った場合も同様であると解する。

9040 工場財団の組成物件の処分の効力

問 工場財団に属した組成物件につき、制限に反した処分は効力を有するか。

結論 工場財団に属した組成物件について、工抵法13条2項の規定による制限に反してされた譲渡その他の処分は当事者間においても当然に無効となり、効力を有しない。ただし、当該組成物件が登記及び登録のない動産である場合には、民法192条の規定(即時取得)が適用される。

説明 工抵法13条2項の規定による制限に違背して、工場財団の組成物件の譲渡その他の処分をした場合、当該処分は当然に無効であるというのが同項の趣旨であると解する。これは、当該処分の当事者が工場財団の抵当権者に対抗することができないというだけでなく、当事者間においても無効であるということである。そして、抵当権者が、その無効を主張すること、すなわち、当該処分の対象である物件が工場財団に属することを第三者に対抗することができるためには、当該物件が工場財団目録に記録されているだけではなく、登記又は登録があるものについては、更に同法34条の記録がされていることを要する。また、登記又は登録があるものについて、同条の記録がされていれば、この処分の制限に違背する処分に基づく登記又は登録の申請がされたとしても、当該申請は却下されることとなる。

他方で、登記及び登録のない動産について、工抵法24条の公告がされ、また、工場財団目録に記録されている場合であっても、狭義の工場抵当に関して同法5条2項が規定しているように、民法192条の規定(即時取得)が適用されるかどうかが問題となる。第三者が善意で(当該動産が工場財団に属していることを知らないで)、しかもその善意につき過失がないときにおいて、平穏かつ公然にその動産を買い受け、また質権を取得したような場合に、当該第三者が有効に所有権又は質権を取得することができるかどうかである。

この点については、工抵法の立案者の考えは、民法192条の規定の適用はないものとしていたようである。その理由としては、工場財団に属する組成物件の処分については、工抵法5条2項のような第三取得者を保護する規定を設けていないことや、昭和27年法律第192号「工場抵当法及び鉱業抵当法の一部を

改正する法律」による改正前の工抵法49条（目的物の処分に対する罰則に関する規定）は、工抵法2条の規定による抵当権の目的であるもののみを対象とし、工場財団の組成物件は対象としていなかったこと（狭義の工場抵当の目的物については、同法5条2項の規定の適用により、第三取得者が完全に権利を取得し、抵当権が消滅することがあり得るから、立法当時においては、罰則によって間接的に抵当権者を保護したものと解される）が挙げられる。また、工場財団の組成物件の処分については、同項のような規定はないのであるから、民法192条から194条までの規定の適用がなく、すなわち、善意の第三取得者が保護されないものと解するのが妥当であると形式的には言える。

しかし、工場財団の組成物件が登記及び登録のない動産である場合には、当該動産が工場財団に属しているかどうかの公示方法は、工場財団目録の記録だけであり、組成物件が登記又は登録があるものの場合の公示方法と比べると不十分であることや、当該動産が工場財団の組成物件であるということは第三取得者には関係しない事情であるが、当該動産が工場財団の組成物件であるときにだけ第三取得者が保護されないこととなるのは第三取得者にとって酷であることからすると、狭義の工場抵当の場合と同様、取引の安全を保護する点に重きを置いて、工場財団の組成物件についても、工抵法5条2項の規定を類推適用して、民法192条から194条までの規定の適用があると解するのが妥当であろう。

2　各　　則

9041　組成物件の一部が他人の所有地又は所有建物にある場合の財団設定の可否

問　機械器具その他工場の供用物件の一部が、工場所有者以外の者が所有する土地又は建物に備え付けられている場合において、この土地又は建物に、賃借権の設定が行われていなくても（換言すれば土地又は建物の賃借権を組成物件とすることなく）前記の機械器具等を工場財団の組成物件とすることができるか。

結論　同一工場の必要的供用物件である限り、組成物件とすることができる。

| 説 明 | 　工場に属する土地や建物が、いずれも工場所有者の所有に属しない場合において、当該工場につき工場財団を設定しようとするには、この土地の地上権や建物の賃借権を組成物件とするほかはない（この場合において、財団設定を可能ならしめるために、工抵法11条3号・4号の規定が設けられている）。しかしながら、工場所有者が当該工場に属すべき土地、建物を自ら所有し、そのほかに他人所有の隣接土地等に権原に基づいて（使用貸借等により）機械器具その他工場の用に供すべき物件の備付けを行っている場合には、その所有に属する土地や建物を中心として、工場財団を設定することはもちろん可能である。そして、この他人所有の土地や建物に備え付けた供用物件を当該工場財団の一部とすることも、実際的便宜から考えて可能だと解されるべきである。なぜなら、工場の機能を完全に実現するためには、供用物件の全てを必要とするのはいうまでもなく、抵当権者としても、その把握すべき担保価値を考慮すれば、本問のような機械器具等を組成物件とする必要があるからである。工抵法の工場は、1条で定義されているように「場所」であって、その場所には土地や建物はもちろん、地上権や賃借権も観念的に含まれる。そして、場所が工場所有者に属する限りは、工場財団を設定することができる。本問の場合において、工場所有者に属する場所が存するときは、当該場所を中心とする工場財団を設定し、その場所以外に備え付けた必要的供用物件をも組成物件とすることもできるわけである。

9042　建物を組成物件とはせずに、これに備付けの機械器具を組成物件とすることの可否

問　工場財団の組成物件から、ある建物を除いておきながら、これに備え付けた機械器具を組成物件とすることができるか。

結論　**工場に属する他の土地又は建物を組成物件とする限り、組成物件とはしない建物に備え付けた機械器具も、当該工場財団の組成物件とすることができる。**

説明　　工場財団の組成物件に関しては、当然所属主義を採っておらず、組成物件の選択は、工場所有者において自由に行うことができるのである（工抵法11条）。したがって、工場に属する土地や建物の全部を組成物件とする必要はなく、それらの一部のものをもって工場財団に属させる

ことができる。それゆえに、建物に備え付けられた機械器具等を組成物件としておきながら、工場所有者の意思によって、当該建物自体を財団の組成物件としない事例も考えられるが、このような場合も、何ら工抵法において禁止するところでなく、ほかに、工場に属する土地又は他の建物が組成物件とされている以上、本問の事情のもとにある工場財団の設定も適法と言えよう。

9043 鉱業施設たる製錬所の諸施設を工場財団の組成物件とすることの可否

問 鉱山における採掘用の諸施設を鉱業財団の組成物件とすると同時に、これと関係のある製錬所の諸施設を工場財団の組成物件とすることができるか。

結論 製錬所の諸施設が、鉱業財団が設定された鉱区以外の地域にある場合には、工場財団の組成物件とすることができるものと解する。

説明 鉱業財団は、①鉱業権、②土地及び建物その他の工作物、③地上権及び土地の使用権、④物の賃借権(賃貸人の承諾があるときに限る)、⑤機械、器具、車輌、船舶、牛馬その他の附属物、⑥工業所有権で、鉱業に関して同一の採掘権者に属するものの全部又は一部を組成物件とし(鉱業抵当法2条)、鉱業財団登記簿に所有権保存の登記をすることによって設定される(鉱業抵当法3条、工抵法9条)。ただし、鉱業財団は、鉱業に関して設定されるものであり(鉱業抵当法2条)、鉱業経営の中心とも言うべき採掘権は、必ず鉱業財団の組成物件であることを要するものとしていると解されている。換言すれば、前記②以下の物件の全部又は一部のみをもってしては、鉱業財団を設定することはできないのである。

そして、鉱業財団にあっても、工場財団と同様に場所としての観念が作用すると解される。すなわち、鉱業財団が採掘権を中心として設定されるということは、採掘権の客体である鉱区を基盤として設定されることを意味するにほかならない。したがって、工場財団が1個又は数個の工場につき設定することができるのと同様に、鉱業財団もまた、1個又は数個の採掘権につき、1個の財団として設定することができる。なお、この1個又は数個の採掘権とは、1個又は数個の鉱区と解してよい。なぜなら、採掘権と鉱区とは不可分の関係にあ

るからである（一採掘権、一鉱区）。鉱区のように場所的なものとして取り扱うことの方が、むしろ工場財団に関する規定を準用する上において実質的であり、合理的である場合がある。

　このように鉱業財団は、採掘権（鉱区）ごとに設定することができるものであること、すなわち採掘権が組成物件の中心的母体であって、財団の言わば組成単位とでもいうべきものが採掘権であるということができる。しかし、それだからといって、鉱区以外の地域に存する附属施設（例えば、選鉱のための施設、貯炭場、あるいは製錬所の類）をもって組成物件とすることができないわけではない。むしろ、単一の有機的結合体として、抵当権の目的に供するためには、一切の附属事業に関わる施設をも含ませるのが、財団設定の目的にも適うわけである。もっとも、鉱区以外の地域にあるこれらの附属施設を組成物件とするかどうかは、採掘権者の自由な選択に委ねられ、これらの附属施設を除外して、鉱区に属する諸設備のみを組成物件とすることができるのである。

　したがって、鉱区以外の地域に存する諸設備を組成物件から除いて、これを抵当権の目的からも留保している場合において、これらの諸設備が、工抵法１条の「工場」に該当するものである場合には、本問のような問題が発生する。本問で挙げられた製錬所は、必ずしも自家製錬にのみ向けられるものとは限らず、他からの委託を受けて製錬を行う場合も考えられるので、このような場合も含めて、製錬すなわち「物品ノ製造若ハ加工」と解すべきであり、工抵法１条の工場に該当すべき要件を備えているものと見てよい。

　そこで、鉱区以外の地域における製錬所の敷地や建物及びこれらに備え付けられた機械器具その他の供用物件を組成物件として、工場財団を設定することもできるといえるわけである。ただし、製錬所の諸設備が、全て鉱区内にある場合には、たとえこれらの諸物件が当初から鉱業財団に属させられず、これらを財団から留保していたとしても、その後抵当権の目的とするために、財団の組成物件とするに当たっては、当初の鉱業財団に属させるほかはなく、これらをもって別の鉱業財団を設定することは不可能であるのと同様に、工場財団の設定といったようなことは、到底許されないことである。要するに、鉱業財団は、一鉱区に２個以上存在し得ず、鉱区内に存する工場施設をもってしては、別の工場財団を設定し得ないということである。

9044 放送局の施設と「工場」

問 テレビジョン放送局における放送施設の一部として、隔地の電波塔内に設けられた設備、機械等を工場財団の組成物件とすることができるか。

結論 組成物件とすることができるものと解する。

説明 営業のため放送法にいう放送の目的に使用する場所、すなわちテレビジョン放送局は、工抵法において工場とみなされ、これについて工場財団を設定することは可能だが（同法1条2項）、放送施設は、一定の場所に一団となって設けられているとは限らず、例えば、スタジオの所在場所から相当離れた場所に送信施設の一部を設けることもあり得る。

そして、当該隔地の場所（土地又は建物）について賃借権を取得し、その登記を受けているときは、賃貸人の承諾を得て、当該登記された賃借権を組成物件とするとともに、賃借権の目的となっている土地又は建物に備え付けた（送信施設の一部としての）機械器具等を組成物件とすることが可能なことについては問題がない。

しかし、賃借権を取得することなく、工場の本拠よりも隔地にある設備・機械を組成物件とすることができるかどうかについては、問題があるが、工場供用物件である限り、積極に解すべきである。なぜなら、放送事業にあっては、このような施設を除いては、その機能を果たすことはできず、やはり、これらのものを含めた全施設を網羅して、初めて放送を行い得るのだから、工場財団の設定に当たっても、隔地の諸施設を組成物件として含ませる方が、その設定の目的に適うものと考える。

9045 工場財団の組成物件である不動産を賃借して、別の工場財団の組成物件とすることの可否

問 A会社の工場財団に属する物件の一部不動産を、抵当権者の同意を得てB会社に賃貸した場合に、B会社は、工場財団を組成するに当たって、この賃借権（登記済み）を工場財団の組成物件として、工場財団に属させることができるか。

| 結論 | 賃貸人であるＡ会社の承諾があるときは、当該賃借権を組成物件とすることができる。

| 説明 | 　　工抵法においては、賃貸人の承諾があるときは、物の賃借権を工場財団の組成物件とすることができるとするが（同法11条4号）、同法8条2項の規定によれば、「工場財団ニ属スルモノハ同時ニ他ノ財団ニ属スルコトヲ得ス」とされているので、本問の場合には、工場財団の組成物件とすべき賃借権は、他の工場財団に属していないが、賃借権の目的不動産が他の工場財団の組成物件となっているから、同項の規定に抵触しないかどうかが問題になろう。

　工場財団は、工場に属する不動産等を組成物件として、1個の不動産とみなして所有権及び抵当権の目的とすることができるものとしているのであるから（工抵法14条）、工場財団に属する物件を、同時に他の工場財団の組成物件とすることを可能とするのであれば、同一物件について二重に権利を設定することになる。そこで、工抵法8条2項は、工場財団に属するものを同時に他の工場財団の組成物件とすることができないとしているのである。

　そこで本問の場合を考えると、既に工場財団に属しているものが不動産の所有権であって、しかも工抵法13条2項では工場財団に属するものであっても、抵当権者の同意を得て賃貸し得るとしているのであり、そして、この賃借権の目的となっている不動産（所有権）が工場財団の組成物件となっていても、この賃借権を他の工場財団の組成物件とすることができない趣旨の規定もなく、同一の物件について二重に権利を設定するものではない。

　したがって、本問の賃借権を他の工場財団の組成物件とすることができると解してよい。もっとも、例えば、甲建物が工場であって、甲建物及びこれに属する機械器具等をもって工場財団を組成している場合（工場財団の所有権保存の登記がなされている場合）において、当該甲建物を抵当権者の同意を得て賃借し、当該賃借権及び当該建物に備付けの機械器具とともに新たに工場財団を組成することは、1個の工場につき二重に工場財団を設けることになるので、消極に解する。

| 9046 | 自動車や貨車を工場財団に所属させることの可否

| 問 | 　　工場専属の自動車や貨車（貨物を運送するための鉄道車両）は、工

場財団の組成物件とすることができるか。

結論 　**自動車や貨車も、工場供用物件である限り、工場財団の組成物件とすることができる。**

説明 　工場専属の自動車で、原材料の搬入、製品の搬出のために使用するものは、土地又は建物に備え付けられたものとは言えないけれども、工場の用に供するものとみることには異論がない。なぜなら、原材料、製品等の搬出入のための運搬用自動車（トラック）は、必要不可欠なものであり、これを工場所有者において所有しているときは、当該自動車は、疑いなく工場供用物件の一つと言ってよいからである。

　そして、工抵法11条には、工場財団の組成物件となり得るものが規定されているが、工場専属の自動車のようなものも、同条２号の「器具」に該当するものとして、工場財団の組成物件とすることができる（同法13条ノ２参照）。

　また、これと同様に、工場において生産する製品又はその原材料を運搬するための工場の所有者が所有する貨車も、工場財団の組成物件とすることができると解してよい。

　なお、狭義の工場抵当においては、その効力が及ぶのは土地又は建物に「備付ケタル」機械器具等であるから（工抵法２条１項）、自動車や貨車にその効力が及ばないのは工場財団とは異なる点である。

9047　工場附属の医療施設としての建物、医療器具等を工場財団の組成物件とすることの可否

問 　工場の敷地内にある附属病院の建物及びその敷地並びにこれに備え付けられた医療用機械器具等を工場財団の組成物件とすることができるか。

結論 　**工場の附属病院及びこれに備え付けられた機械器具等も工場財団の組成物件とすることができる。**

説明 　工抵法11条については、工場財団に設定する工場における物品の製造若しくは加工又は印刷若しくは撮影のために、直接供される物件のみに限定して解すべきでない。工場敷地内に存する工場の附属病院の建物及びその敷地並びにこれに備付けの医療用機械器具等は、間接的ではあるが工場経営のための用に供するものに変わりがないから、この工場について

工場財団を設ける場合には、これらを工場財団の組成物件とすることができる。なお、工場の附属でない単なる病院は、同法1条の工場ということはできない。

9048 航空機を工場財団に所属させることの可否

問 航空機は工抵法11条2号の「機械、器具」等として工場財団の組成物件とすることができるか。

結論 航空機は工場財団の組成物件とすることができない。

説明 工場財団の組成物件とすることができるものを定めている工抵法11条の各号中、2号に掲記されている「機械、器具、電柱、電線、配置諸管、軌条其ノ他ノ附属物」は、同法3条1項の「機械、器具其ノ他工場ノ用ニ供スル物」とは異なり、必ずしも工場に属する土地又は建物に備え付けられている必要はなく、工場の用に供されているものであればよい。例えば、原料や製造された商品の運搬をするための自動車や船舶も工場財団の組成物件とすることができるものとされている。

一方、「航空機」とは、航空法2条1項において「人が乗つて航空の用に供することができる飛行機、回転翼航空機、滑空機、飛行船その他政令で定める機器をいう。」と定義されている。すなわち、「人が乗つて航空の用に供する」構造や性能を備えていれば「航空機」であり、物の運搬用に使用するかどうかといった使用目的にかかわらず、「航空機」としての要件を満たすことができる。そうすると、工抵法11条2号の「機械、器具」等に含まれるとされている自動車や船舶と、遠距離にある工場間で原料等を輸送するための航空機とは、商品や原料等を運搬、輸送するという意味においては、同種の効用を果たしていると認めることができる。

しかしながら、同じく運搬、輸送のためのものである自動車（道路運送車両法により登録を受けた自動車）及び船舶（登記した船舶）については、工場財団に属させるための要件や手続が工抵法等に規定されており、一種の処分制限の登録又は登記である工場財団に属すべき旨の記録が、当該自動車の自動車登録ファイル又は当該船舶の登記記録に、工場財団の所有権保存の登記の申請を受理した登記官の国土交通大臣への通知に基づき、又は当該登記官の職権によりなされるとともに、工場財団目録にも当該自動車又は当該船舶が記録されるな

ど、工場財団の登記と個々の組成物件の登録又は登記とが相互に関係づけられるような規定が設けられている。すなわち、登録自動車については工抵法13条ノ2、23条4項、工抵規則13条等に、また、登記船舶については工抵規則9条等に、それぞれ通知手続や職権登記手続、工場財団目録の記録事項等が規定されている。

　この登録自動車に関する工抵法13条ノ2、23条4項等の規定は、昭和26年6月1日に公布された自動車抵当法（昭和26年法律第187号）において、自動車を抵当権の目的とすることができることとなったことに伴う関係法律の整理のために同日公布された自動車抵当法施行法（昭和26年法律第188号）の2条において工抵法が改正され、新たに設けられたものであり、また、登記船舶に関する工抵規則9条の規定は、工抵規則が平成17年3月7日に施行されたことに伴い廃止された工場抵当登記取扱手続（明治38年司法省令第18号）10条に同様の規定があり、同条は手続制定当時から設けられていたものである。

　この経緯から見ると、登録自動車又は登記船舶については、関係法令の制定当時から、それらが工抵法11条2号の「機械、器具」等に包含されるものであるとして立法措置が講じられたことがうかがえるのであるが、「航空機」については、登録制度を設けた昭和27年の航空法の制定、航空機を抵当権の目的とすることができることを定めた昭和28年の航空機抵当法の制定の際にも何らのこのような措置が講じられていない。このことは、航空機抵当法等の立法当時、航空機が工場財団の組成物件となり得ることを予定していなかったことを推測させるところ、それは、産業界等において、航空機を工場財団の組成物件とすることまでの必要性が乏しかったためと思われるが、その後においても、登録自動車や登記船舶のような手続規定は設けられていない。

　もっとも、登録自動車や登記船舶に関する前記の各規定が単なる手続規定にすぎないのであれば、航空機についての手続はそれらを類推適用すれば足りるとの解釈も成り立ち得るところであるが、登録自動車や登記船舶に関する各規定の立法経過、登記官の国土交通大臣への通知によりなされる自動車登記ファイルへの工場財団に属すべき旨の記載の法的な効果等を考慮すれば、航空機には単なる手続規定がないとの理由で登録自動車や登記船舶と同様の取扱いを認める妥当性は乏しいものと考えられる。

　以上のことから、航空機が工抵法11条2号の文理上は同号の「機械、器具」等に該当すると解する余地はあるが、それが工場財団に属すべきものとした場

合の通知規定等を欠く結果、航空機登録簿への工場財団に属すべき旨の登録ができないこととなり、この登録原簿が有する私法上の権利の公示機能を十分に果たせないこととなる。このような理由から、航空機は同法11条に規定する工場財団の組成物件にはなり得ないと解されているのが登記実務の考え方である（昭55．8．1第4692号通達）。

なお、観光施設財団抵当法4条5号及び5条によれば、所有権の登録を受けた航空機が観光施設財団の組成物件となることが定められており、同法においては航空機が観光施設財団に属すべき旨の国土交通大臣への通知規定等が設けられている（同法11条、工抵法23条）。

9049 牛馬を工場財団の組成物件とすることの可否

問 工場財団には、当該工場の供用物件たる運搬車のようなものも、その組成物件として属させることができるとされているところ、この運搬車が畜力によって運転されるものである場合は、これを牽引する牛や馬のようなものも組成物件とする必要性が生じるが、その必要性を充足させるために、牛や馬を工場財団の組成物件とすることができると解してよいか。

結論 牛や馬は、工場財団の組成物件とすることはできない。

説明 工場財団が、どのようなものをその組成物件とすべきかは、工抵法11条において規定されているところ、本問の運搬車が工場の供用物件として工場財団に属すべきものとされるのは、これが同条2号に定められた「器具」又は「其ノ他ノ附属物」に該当するからにほかならない。そこで、この運搬車が畜力によらなければ運転することができないものであるときは、畜力すなわち牛馬の類も、運搬車としての効用を果たすために必要かもしれないが、同条に掲げられた物件ではないから、工場財団に属させることは無理と言ってよい。

なお、鉱業財団や道路交通事業財団にあっては、採掘権者や事業者（道路交通事業抵当法2条の「事業者」をいう）の所有に属する牛や馬をもって財団の組成物件とすることができることが明らかにされている（鉱業抵当法2条5号、道路交通事業抵当法4条5号）。そこで、工場財団の組成物件についても、鉱業財団や道路交通事業財団と同じく牛馬をも組成物件とすることができるという

類推解釈又は拡張解釈をすることも考えられなくもないが、このような解釈は妥当でないと考える。

9050 受電権を組成物件とすることの可否

問 水力発電施設の建設事業の出資の一部を出えんした者の有する受電権（電気供給を受けるべき権利）を、工場財団の組成物件とすることができるか。

結論 受電権を工場財団の組成物件とすることはできない。

説明 工場財団の組成物件は、工抵法11条各号に掲げられたものに限られ、これら以外のものをもって、組成物件とすることは認められない。また、この規定については、限定列挙であると解されるから、類推解釈をすることも許されない。そこで、本問の受電権が、この規定各号中のいずれに該当するかを検討してみると、強いて挙げれば、同条5号の工業所有権や6号のダム使用権がその類似のものとして考えられ、ここに本問の疑問が生じるわけである。

しかし、工抵法11条5号の「工業所有権」は、いわゆる狭義の工業所有権であって、特許権、実用新案権及び意匠権（それらの実施権）並びに商標権（その使用権）を意味するものであって、単に産業上必要な特定利益を独占的に享受し得るべき権利ないしは無体財産権のような広義の工業所有権は含まれないと解する。したがって、本問の受電権は、広義の工業所有権の範疇に属するだろうが、これを同号の工業所有権と見ることはできない。

また、工抵法11条6号の「ダム使用権」は、特定多目的ダム法（昭和32年法律第35号）によって創設された権利（物権とみなされる）であるし（同法15条以下）、多目的ダムは水力発電のためにも利用されるものではあるが、「ダム使用権」とは、多目的ダムによる一定量の流水の貯留を一定の地域において確保する権利であるとされており（同法2条2項）、本問における受電権のようなものが、これに含まれるとは解されない。

第3項　管轄登記所

9051　工場財団の設定についての管轄登記所の指定申請手続

問　工場財団の所有権保存の登記を申請する場合において、当該工場財団を組成する工場が数個の登記所の管轄にまたがっている場合の管轄登記所の指定を受ける手続は、どのような方法によるべきか。

結論　**数個の登記所がどの法務局又は地方法務局の管内にあるかによって、法務局又は地方法務局の長若しくは法務大臣に対して、管轄登記所の指定の申請をし、その指定された登記所が管轄登記所となる。**

説明　工場財団の所有権保存の登記を申請する場合、当該工場財団を組成する工場の所在地を管轄する法務局若しくは地方法務局若しくはこれらの支局又は出張所が管轄登記所となる（工抵法17条1項）が、当該工場財団を組成する工場が数個の登記所の管轄地内にまたがっているとき（一つの工場が甲登記所と乙登記所の管轄地内にまたがっているとき）、又は工場財団を組成する数個の工場が数個の登記所の管轄地内にあるとき（例えば、一つの工場財団を組成する工場が横浜と大阪とにあるとき）は、工場財団の所有権保存の登記の申請に先立ち、当該数個の登記所が同一の法務局又は地方法務局管内の登記所である場合は当該法務局又は地方法務局の長に、それ以外の場合であって当該数個の登記所が同一の法務局の管轄区域（法務省組織令69条2項の事務に関する管轄区域をいう）内の登記所である場合（法務局又は地方法務局の管轄区域はまたがるが、同一の管区法務局の管轄区域内の登記所である場合）は当該法務局の長に、これら以外の場合（当該数個の登記所が管区法務局の管轄区域をまたがる登記所である場合）は法務大臣に、管轄登記所の指定を申請し、その指定された登記所が管轄登記所となる（工抵法17条2項、管轄指定省令1条）。

このように、工場財団の管轄登記所は、工場の所在地、すなわち、工場財団に属する不動産又は地上権若しくは不動産賃借権が設定されている不動産（これらを組成物件としない工場財団の所有権保存の登記はできない）によって定まることから、工場財団の管轄登記所の指定を申請する場合には、申請書に、工場

の名称及び位置並びに工場財団の所有権の保存の登記，分割の登記又は合併の登記の申請をするための必要がある旨を記載するとともに，工場に属する土地又は建物の全部を記載するか，土地の所在及び地番，建物の所在及び家屋番号を記載した不動産目録2通を添付するものとされている（財団準則2条2項，3条）。なお，この不動産目録は必ずしも工場財団目録であることを要しない。おって，申請書又は申請書に添付する不動産目録へのこの土地又は建物の記載については，その管轄登記所ごとに区分するのが適当である。

　また，この管轄登記所の指定を申請する場合に必要な書類は，次のとおりである。なお，申請書には，申請人が指定を希望する管轄登記所名を記載することができる（財団準則2条3項）。おって，土地又は建物の登記事項証明書を添付することを要しない（昭29.2.3第267号通達）。

① 　管轄登記所指定申請書（財団準則2条1項）
② 　不動産目録（2通）（財団準則3条）　ただし，申請書に工場に属する土地又は建物の全部を記載した場合は不要である。
③ 　登記事項証明書（資格証明書）（財団準則4条1号）　申請人が会社等の法人が工場の所有者であるときは，当該法人の代表者の資格を証する書面
④ 　委任状等（財団準則4条2号）　代理人によって申請するときは，当該代理人の権限を証する書面

第4項　所有権保存の登記

9052　所有権保存の登記の申請情報の内容

問　工場財団の所有権保存の登記の申請情報の内容は，どのような事項か。

結論　**工場財団の表示のほか，土地又は建物に係る所有権保存の登記の申請情報として掲げられている事項である。**

説明　工場財団の所有権保存の登記の申請情報の内容は，工抵法21条3項の規定により定められており，同条1項1号から3号までに掲げられた事項のほか，不動産登記令3条各号（7号・8号及び11号へを除く）に掲げられた事項であり（工抵規則18条1項），具体的には，次のとおりで

ある。
(1) 工場財団の表示（工抵法21条1項1号～3号・3項）
　(イ)　工場の名称及び位置
　「工場の名称」とは、当該工場が通常呼ばれている名称（通称）をいう。工場経営者において呼称するものでよく、会社の商号である必要はない。「工場の位置」とは、工場に属する土地のうち代表的なものの所在をいうが、通常工場の主たる建物の所在地を申請情報の内容とするのが適当であろう（必ずしも工場に属する土地の全部である必要はない）。要するに、「工場の名称」とあいまって当該工場を特定し得る程度の情報で足りる。
　(ロ)　主たる営業所
　「主たる営業所」とは、会社等の法人の場合は、本店又は主たる事務所をいうのではなく、当該工場の営業主が営業に関する事務を主として行っている営業所をいう。個人の場合は、当該工場の営業に関する事務を主として行っている営業所をいい、その個人の住所ではない。
　(ハ)　営業の種類
　「営業の種類」とは、当該工場において行っている営業の種類をいう。会社等の場合においても、当該会社等の目的（会社法27条1号参照）の全部を意味するのではない。
　また、数個の工場につき工場財団を設定する場合にも、各工場につき(イ)、(ロ)、(ハ)の事項を申請情報の内容とする必要があるのはもちろんのこと、その場合の記録方法としては、各工場ごとに、(イ)、(ロ)、(ハ)の事項を記録すべきである。なお、数個の工場が各別の所有者に属する場合にも、一つの工場財団を設定することができるが（工抵法8条1項後段）、この場合には、各工場の所有者の氏名又は名称も申請情報の内容となる（工抵規則24条1項）。

(2) 登記の目的（工抵規則18条1項、登記令3条5号）
　「登記の目的」の内容は「工場財団所有権保存」とする。なお、登記原因は存在しないから「登記の原因及びその日付」（登記令3条6号）は不要である。

(3) 申請人（工場の所有者）の表示（工抵規則18条1項、登記令3条1号・2号）
　申請人である工場の所有者の氏名又は名称及び住所を申請情報の内容とし、申請人が法人であるときは、その代表者の氏名も申請情報の内容とする。

(4) 代理人の表示（工抵規則18条1項、登記令3条3号）
　代理人によって登記を申請するときは、当該代理人の氏名又は名称及び住所

並びに代理人が法人であるときはその代表者の氏名を申請情報の内容とする。なお、申請人又は代理人の電話番号その他の連絡先も申請情報の内容とする（規則34条1項1号）。

(5) 添付情報の内容（規則34条1項6号）
(6) 申請の年月日（規則34条1項7号）
(7) 登記所の表示（規則34条1項8号）
(8) 登記免許税額（規則189条1項）

　工場財団の所有権保存の登記については、財団の数を課税標準として、1個につき3万円の登録免許税が課されるので（税法別表第一の五の（一））、その登録免許税額を申請情報の内容とする。

9053　所有権保存の登記の添付情報

問　工場財団の所有権保存の登記を申請する場合における添付情報は、どのような情報か。

結論　**工場財団目録及び工場図面のほか、土地又は建物に係る所有権保存の登記の添付情報として掲げられている情報である。**

説明　工場財団について所有権保存の登記を申請する場合において、申請情報と併せて提供すべき情報（添付情報）は、工抵法22条の規定により定められており、工場財団目録に記載すべき情報のほか、登記令7条1項1号から3号まで、5号イ及びハ並びに6号（登記令別表の二十八の項添付情報欄ニに係る部分に限る）に掲げられた情報並びに工場図面であり（工抵規則21条）、具体的には、次のとおりである。

(1) 工場財団目録（工抵法22条）

　工場財団目録とは、工場財団を組成する全ての物件の表示を記録したものであって、その工場財団に属する組成物件を明らかにして、これを公示するものである。工場財団登記簿の表題部には、登記事項として工場の名称及び位置等が記録され、その工場財団がどのような工場について設定されているかを明らかにしているところ（工抵法21条1項）、「工場財団ヲ組成スルモノ」についても工場財団の登記簿の表題部の登記事項とされているが、これを明らかにするため、登記官は、工場財団目録を作成することができるものとされている（同条2項）。すなわち、工場財団について所有権保存の登記を申請する場合には

工場財団目録に記録すべき情報を提供しなければならないところ（同法22条）、工場財団目録についてはコンピュータ化されていないので、所有権保存の登記の申請は書面による方法しかなく、申請人（工場の所有者）は、工抵規則別記第2号様式による用紙に工場財団目録に記録すべき情報を記録した書面を提供しなければならない（同規則25条1項）。そして、この書面が提出されたときは、工場財団目録についてはコンピュータ化されていないため、当該書面は登記官が作成すべき工場財団目録（工抵法21条2項）とみなされることとなる（工抵規則附則6条4項）。また、工場財団目録は、二以上の工場について工場財団を設定するときは、工場ごとに作成するものとされている（同規則15条）。

(2) **工場図面（工抵規則21条、22条）**

工場図面には、「工場に属する土地及び工作物については、それらの方位、形状及び長さ並びに重要な附属物の配置」及び「地上権の目的である土地並びに賃借権の目的である土地及び工作物については、それらの方位、形状及び長さ」を記録するものとされ（工抵規則22条1項）、また、工場ごとに作成するものとされており（同条2項）、工場の一部について工場財団を設定するときは、工場財団に属する部分とこれに属さない部分とを明確に区分して作成しなければならないとされている（同条3項）。このように、工場図面は、工場財団の重要な要素である組成物件を図面により明確に特定するために必要とされている。なお、工場図面には、作成の年月日を記録し、申請人が記名するとともに、その作成者が署名し、又は記名押印しなければならないとされている（同条4項、規則73条2項、74条2項）。

(3) **申請人が法人であるときは、当該法人の会社法人等番号又は当該法人の代表者の資格を証する情報（工抵規則21条、登記令7条1項1号）**

申請人が会社その他の法人であるときは、会社法人等番号（商業登記法7条）を有する法人にあっては当該法人の会社法人等番号を、その他の法人にあっては当該法人の代表者の資格を証する情報（作成後3か月以内のもの（登記令17条1項））を提供しなければならない。ただし、当該法人の代表者の資格を証する登記事項証明書（作成後1か月以内のもの（規則36条2項））又は支配人等の権限を証する登記事項証明書（作成後1か月以内のもの（同項））を提供したときは、会社法人等番号の提供を要しない（同条1項）。

(4) 代理人によって登記を申請するときは、当該代理人の権限を証する情報（工抵規則21条、登記令7条1項2号）

　司法書士等の代理人に委任して登記の申請をする場合における委任状がこれに該当する。また、法人の支配人等（支配人その他の法令の規定により法人を代理することができる者であって、その旨の登記がされているもの）についても、当該法人の代理人ではあるが（会社法11条1項参照）、当該法人が会社法人等番号を有する法人であるときは会社法人番号が提供されることとなるので（登記令7条1項1号）、当該支配人等の権限を証する情報の提供を要しないものとされている（規則36条3項）。また、司法書士法人等の法人に委任して当該法人が代理人として登記の申請を委任する場合には、当該法人への委任状のほか、当該法人の代表者の資格を証する情報の提供を要することとなるが、当該法人の会社法人等番号の提供をもって、当該法人の代表者の資格を証する情報の提供に代えることができるものとされている（規則37条の2）。

(5) 住所を証する情報（工抵規則21条、登記令7条1項6号、別表の二十八の項添付情報欄ニ）

　登記名義人となる者（工場の所有者）の住所を証する市町村長、登記官その他の公務員が職務上作成した情報（公務員が職務上作成した情報がない場合にあっては、これに代わる情報）の提供を要する。具体的には、工場の所有者が個人である場合には当該個人の住民票の写し、法人である場合には当該法人の登記事項証明書がこれに該当する。ただし、工場の所有者が個人の場合には住民票コード（住民基本台帳法7条13号）を、法人の場合には会社法人等番号を提供した場合には、住所を証する情報の提供を要しない（登記令9条、規則36条4項）。

(6) 管轄指定書（工抵規則19条）

　工場財団を組成する工場が、数個の登記所の管轄地にまたがり、又は数個の工場が、数個の登記所の管轄地内にある場合には、工抵法17条2項の規定により、その工場財団の所有権保存の登記を申請すべき管轄登記所の指定を申請しなければならない。そして、同項の規定により管轄登記所の指定がされた場合において、登記の申請をするときは、管轄登記所の指定があったことを証する情報を提供しなければならない。

(7) 物の賃借権を組成物件とするときの賃貸人の承諾を証する情報（工抵規則21条、登記令7条1項5号ハ）

　物（不動産及び動産）の賃借権は、その賃貸人の承諾のあるときに限り、工

場財団の組成物件とすることができるから（工抵法11条4号）、物の賃借権を組成物件として工場財団の所有権保存の登記を申請する場合には、その賃貸人がこれを承諾したことを証する情報を提供しなければならず（工抵規則21条、登記令7条1項5号ハ）、また、この承諾を証する情報には賃貸人の印鑑に関する証明書を添付しなければならない（登記令19条2項）。この場合、不動産又は登記した船舶の賃借権にあっては、この賃借権は登記されていることを要するところ（工抵規則11条1項参照）、承諾権者である賃貸人を明らかにするため、当該不動産又は船舶の登記事項証明書も併せて提供すべきである。ただし、不動産又は登記された船舶の賃借権について、賃借権の譲渡又は賃借物の転貸を許す旨の定めが登記されているときは（不登法81条3号参照）、その定めが記録された登記事項証明書を提供すれば、承諾を証する情報の提供は要しない。また、工場財団の所有権保存の登記を申請する登記所にこの賃借権が登記されている場合は、承諾を証する情報及び登記事項証明書の提供を要しない。

(8) **工業所有権を組成物件とする場合のその権利者の承諾を証する情報（工抵規則21条、登記令7条1項5号ハ）**

工業所有権（特許権、実用新案権又は意匠権の実施権若しくは商標権の使用権）を組成物件とする場合には、その本権又は専用実施権若しくは専用使用権の権利者の承諾を要するから、これらの権利者がこれを承諾したことを証する情報を提供しなければならず（工抵規則21条、登記令7条1項5号ハ）、また、この承諾を証する情報にはこれらの権利者の印鑑に関する証明書を添付しなければならない（登記令19条2項）。

(9) **ダム使用権の処分許可書（工抵規則21条、登記令7条1項5号ハ）**

ダム使用権を組成物件とする場合には、国土交通大臣の許可を受けなければならないから（特定多目的ダム法22条）、国土交通大臣がこれを許可したことを証する情報を提供しなければならない。

(10) **申請書の写し（規則附則15条2項）**

工場財団の登記の事務についていわゆるオンライン申請の指定に関する不動産登記法附則6条の指定を受けるまでの間、工場財団の所有権保存の登記を申請するときは、申請書と同一の内容を記載した書面（申請書の写し）を提出しなければならないところ（規則附則15条2項）、工場財団登記簿はコンピュータ化されておらず、工場財団の登記の事務について不動産登記法附則6条の指定はされていないから、申請書の写しを提供しなければならない。

第5項　工場財団目録

1　総　説

9054　工場財団目録の記録の効力

問　　工場財団目録の記録は、どんな効力を有するか。
結論　**工場財団目録に記録される「工場財団ヲ組成スルモノ」は工場財団の表題部の登記事項であり（工抵法21条1項）、工場財団目録への記録（工場財団目録の備付け）によって、工場財団に属することとなる。**

説明　工場財団目録は「工場財団ヲ組成スルモノ」を明らかにするために作成されるものであり（工抵法21条2項）、「工場財団ヲ組成スルモノ」は工場財団登記簿の表題部の登記事項の一部である（同条1項4号）。工場財団は、その所有権保存の登記がされることによって設定され1個の不動産とみなされるものであるところ（同法9条、14条1項）、その実質は、組成物件の集合体であるから、工場財団目録は、工場財団登記簿の根幹をなすものであると言うことができる。

ここで、工場財団目録の記録の効力、すなわち、工場財団目録の記録を成立要件と解し、工場財団目録に記録されたもののみが工場財団の組成物件であるのか（記録されないものは組成物件ではないのか）、あるいは、工場財団目録の記録を対抗要件と解し、工場の所有者において工場財団の組成物件としたものが組成物件であり、工場財団目録の記録の有無は問わないのかが問題となり得る。

まず、工場財団を設定する当初の組成物件については、工場財団はその所有権保存の登記をされることがその設定の成立要件であり、それは抽象的なものではなくて、一定の具体的な組成物件の集合体としての工場財団の成立であるから、所有権保存の登記によって成立する工場財団は、正にその工場財団目録に記録される物件によって組成されるものであって、工場財団目録に記載されない物件は組成物件とはならないのであり、工場財団目録の記録は、組成物件であることの成立要件であると解すべきである。

次に、工場財団が設定された後、工場財団の組成物件となっている物件を工場財団から分離し（工場財団に属しないものとし）、又は新たに工場財団の組成物件とする場合にする工場財団目録の記録の変更の登記はどのように解すべきか。分離する場合については、工場の所有者は抵当権者の同意を得て工場財団に属するものを分離することができるとされているところ（工抵法15条1項）、この分離の性質は、工場に備え付けた機械を取り外すという事実行為を意味するのではなく、当該機械を工場財団の組成物件とはしないという工場の所有者の意思表示であって、これは、工場財団に属しているものを属させないものとする効果意思を伴う単独の法律行為であると解すべきである。また、新たに工場財団の組成物件とする場合についても、当然主義を採用せず、選択主義を採用している以上、工場の所有者の単独の意思表示によってされるものと解すべきである。

　このように、工場財団が設定された後、工場財団の組成物件となっている物件を工場財団から分離し、又は新たに工場財団の組成物件とする場合には、工場の所有者は、工場財団目録の変更の登記を申請しなければならないところ（工抵法38条1項）、この変更の登記の効力は、工場の所有者の単独の意思表示を原因とするものであるが、その分離又は追加による工場財団目録の記録の変更によって、当該物件が工場財団に属しなくなり、又は属することとなるものと解すべきである。

　この点については、工抵法39条が「新ニ他ノモノヲ財団ニ属セシメタルニ因リ」と、同法42条が「財団ニ属セサルニ至リタルニ因リ」と規定していることからすれば、工場財団に属するか又は属せざるかという事実は既に発生しており、同法38条1項に基づく工場財団目録の変更の登記は、分離又は追加の第三者対抗要件であると解すべきであるという考えもあり得るが、この変更の登記は、工場財団の組成物件の変動であり、また、工場財団目録の記録は、工場財団の表示に関するものであり、権利に関する登記ではなく、工場財団目録は、工場財団の組成物件を明らかにするものであることからすると、成立要件と解するのが素直な解釈であるといえる。

　また、新たに工場財団の組成物件とする場合（組成物件の追加の場合）には、所有権保存の登記の申請があった場合と同様に、組成物件とされるべきものの登記記録には工場財団に属すべきものとして登記の申請があったことなどが記録され（工抵法23条1項）、登記及び登録がない動産については一定の期間内に

権利を有する者はその申出をすべき旨の公告がされる(同法24条1項)などの手続を経て変更の登記がされる(同法43条)ことからすると、やはりこの変更の登記は成立要件と解するのが相当であるといえる。

2 作成方法等

9055 工場財団目録の記録事項及びその作成方法

問 工場財団目録は、どのような要領で、また、どんな事項を記録して、作成すべきか。

結論 **工場財団目録の作成については、工場が数個ある場合には、工場ごとに作成しなければならない。また、記録すべき物件は、その工場財団の組成物件の全てについてであり、その記録方法については、工抵規則7条以下の規定による。**

説明 工場財団目録は、登記官が作成することができるものとされているが(工抵法21条2項)、コンピュータ化されていないので、申請人(工場の所有者)は、所有権保存の登記等を申請するに当たっては、工抵規則別記第2号様式による用紙に工場財団目録に記録すべき情報を記録した書面を提供しなければならず(工抵規則25条1項、27条3項)、この書面が、登記官が作成すべき工場財団目録(工抵法21条2項)とみなされ、工場財団目録つづり込み帳につづり込まれることとなる(工抵規則附則6条4項)。そして、申請人が作成すべき工抵規則別記第2号様式による用紙に工場財団目録に記録すべき情報を記録した書面の作成方法は、次の要領による。

(1) **工場ごとに作成とすること**

二以上の工場について工場財団を設定するときは、工場財団目録は、工場ごとに作成するものとされている(工抵規則15条)。

(2) **工場財団目録に記録すべき物件**

「工場財団ヲ組成スルモノ」(工抵法21条1項4号)の全てを記録する。しかし、地役権については、要役地が抵当権の目的である工場財団の組成物件である場合に、地役権についても当該抵当権の目的となるが(工抵法16条2項、民法281条1項)、地役権自体が工場財団の組成物件となるわけではないから(工抵法11条)、地役権は工場財団目録に記録すべきでない。

次に、土地又は建物に付加して一体を成した物（付加一体物）及び土地又は建物に備え付けられた機械、器具その他工場の用に供する物（機械器具等）は、当該土地又は建物が工場財団の組成物件となっている場合に、抵当権の効力が及ぶが（工抵法2条、16条1項）、当該付加一体物及び機械器具等自体が当然に工場財団の組成物件となっているわけではない。付加一体物のうち、不動産の構成部分となっているものは、当該土地又は建物が組成物件となっている場合には、当然その土地又は建物とともに工場財団に包摂されるのであり、当該付加一体物自体を独立して組成物件とすることはできない。

　しかし、機械器具等は、これを組成物件としなくても抵当権の効力が及ぶけれども、これ自体を別個に組成物件とすることは可能である。機械器具等について抵当権の効力が及ぶのは、抵当権実行の際に現に備え付けられているものに限られており、その前に備付けが廃止されたものに対する追及効は認められていない（工場財団に工抵法5条は準用されていない）。そして、機械器具等を工場財団の組成物件とする場合には、抵当権者の同意なく分離することはできず、この場合には機械器具等についても工場財団目録に記録すべきである。

(3)　記録方法

　工場財団を組成するものの記録方法については、工抵規則7条以下に規定されている。

　(イ)　土　　　地

　「市、区、郡、町、村及び字」並びに「地番」を記録する（工抵規則7条1項）。この記録は、当該土地の登記記録と一致していることを要する（工抵法27条2号）。

　(ロ)　建　　　物

　建物の表示としては、「市、区、郡、町、村、字及び土地の地番」並びに「家屋番号」を記録する（工抵規則7条2項）。なお、①附属建物がある場合であっても、それを記録する必要はない。②区分建物である建物の場合は、「当該建物が属する一棟の建物の所在する市、区、郡、町、村、字及び土地の地番」並びに「家屋番号」を記録する。また、これらの記録は、当該建物の登記記録と一致していることを要する（工抵法27条2号）。

　(ハ)　工作物（建物を除く）

　「工作物の所在する市、区、郡、町、村、字及び土地の地番」「種類」「構造」「面積又は延長」を記録する（工抵規則7条3項）。なお、「延長」とは、例

えば、煙突の高さ何メートル、塀の長さ何メートルをいう。

　㈢　機械、器具、電柱、電線、配置諸管、軌条その他の附属物

　「種類」「構造」「個数又は延長」「製造者の氏名又は名称、製造の年月、記号、番号その他同種類の他の物と識別することができる情報があるときは、その情報」を記録する（工抵規則8条）。要するに、その同一性を認識するに足るべき事項を記録する。なお、それが設置され、備え付けられている土地又は工作物を記録するのが相当である。この土地又は工作物の記録としては、前記㈠、㈡の土地及び工作物の記録と同一である。また、例えば、二筆の土地にまたがって附属しているものも、やはり、その二筆の土地の表示をして、それにまたがる旨を記載する。

　ただし、工場財団目録に軽微な附属物を記録するときは、概括して記録することができることとされている（工抵規則8条ただし書）。例えば、ある特定の機械の附属品等は、その機械の附属品一式の振り合いでよい（大判昭8.5.24民集12巻16号1565頁、最判昭32.12.27民集11巻14号2524頁、大阪高判昭29.12.11下民集5巻12号2011頁参照）。

　㈣　登記船舶

　船舶登記令の規定により登記した船舶（登記船舶）については、船舶登記令11条1号から5号までに掲げる事項を記録する（工抵規則9条1項）。すなわち、「船名」「船舶の種類」「船籍港」「船質」「総トン数」を記録する。そして、これらの記録は、当該船舶の登記記録と一致していることを要する（工抵法27条2号）。

　また、小型船舶の登録等に関する法律の規定により登録した小型船舶を記録するときは、同法6条2項に規定する「船舶番号」とともに、同項1号から4号までに掲げる事項、すなわち、「船舶の種類」「船籍港」「船舶の長さ、幅及び深さ」「総トン数」を記録する（工抵規則9条2項）。そして、これらの記録は、当該小型船舶の小型船舶登録原簿の記録と一致していることを要する（工抵法27条2号）。

　なお、登記も登録もすることができない船舶（商法684条、686条2項、船舶法20条、35条1項、小型船舶の登録等に関する法律2条参照）を記録するときは、これを「器具」に該当するものとして、工抵規則8条の規定により、前記㈢の記録をするのが相当である。

　㈤　地上権

地上権の目的である土地の記録として工抵規則7条1項に規定する事項、すなわち、「市、区、郡、町、村及び字」並びに「地番」のほか、その地上権の登記の順位番号を記録する（同規則10条）。そして、この地上権の記録は、土地の登記記録と一致していることを要する（工抵法27条2号）。

(ト) 賃借権

不動産又は登記船舶の賃借権については、前記(イ)、(ロ)又は(ホ)に掲げた事項のほか、その賃借権の登記の順位番号を記録する（工抵規則11条1項）。

また、不動産及び登記船舶以外の物に関する賃借権については、「賃料」「存続期間又は賃料の支払時期の定めがあるときは、その定め」「設定の年月日」「賃貸人の氏名又は名称及び住所」を記録するほか、賃借権の目的たるものが、工作物であるときはその工作物の記録（前記(ハ)）、機械、器具等であるときはその機械、器具等の記録（前記(ニ)）、登録自動車であるときはその登録自動車の記録（後記(リ)）をそれぞれ記録する（工抵規則11条2項）。

なお、物の転借権を工場財団の組成物件としたときは、原賃借権を併せて記録し、また、譲渡を受けた賃借権を組成物件とするときは、譲渡を受けた賃借権について前記の事項を記録するが、譲渡人の表示及び譲渡年月日を記録する必要はなく、「存続期間」及び「設定の年月日」についても譲受前の当初の賃貸借の存続期間及び設定の年月日を記録する。

そして、不動産、登記船舶、小型船舶及び登録自動車等の登記又は登録された賃借権の記録は、賃借権の登記又は登録の記録と一致していることを要する（工抵法27条2号）。

(チ) 工業所有権

「権利の種類」「権利の名称」「特許番号又は登録番号」「登録の年月日」を記録する（工抵規則12条1項）。「権利の種類」とは、特許権、実用新案権、意匠権及び商標権を指称するが、その「名称」とは、特許権については「何々の発明」等のように発明の名称をいい、また、実用新案権については「何々式除草機」、意匠権については「水中玩具上の形状」等の実用新案又は意匠の名称をいう。

また、工業所有権に関しての専用実施権、通常実施権、専用使用権又は通常使用権については、「権利の範囲」「本権の種類及び名称」「本権の特許番号又は登録番号」「登録の年月日」「本権の権利者の氏名又は名称及び住所」を記録する（工抵規則12条2項）。「権利の範囲」とは、例えば、物の製作のみの実施

権とか、ある地方においてのみの実施権というように、実施権には、制限を付すことができるので、その制限、すなわち実施権の効力の内容的範囲をいう。本権の「権利者の氏名」等は、工場財団の所有権保存の登記を申請する際における本権の権利者等について記録する。なお、実施権の登録年月日の記録は要せず、「登録の年月日」とは本権に関するものをいう。

そして、これらの記録は、それぞれの登録原簿上の記録と一致していることを要する（工抵法27条2号）。

(リ)　登録自動車

道路運送車両法2条2項の規定による自動車（軽自動車、小型特殊自動車及び二輪の小型自動車を除く）については、「車名及び型式」「車台番号」「原動機の型式」「自動車登録番号」「使用の本拠の位置」を記録する（工抵規則13条）。そして、これらの記録は、登録原簿上の記録と一致していることを要する（工抵法27条2号）。

なお、登録することができない自動車を記録するときは、これを「機械」に該当するものとして、工抵規則8条の規定により、前記(ニ)の記録をするのが相当である。

(ヌ)　ダム使用権

ダム使用権登録令25条1項1号から4号までに掲げる事項、すなわち、「ダム使用権の設定番号」「多目的ダムの位置及び名称」「ダム使用権の設定の目的」「ダム使用権により貯留が確保される流水の最高及び最低の水位並びに量」を記録する（工抵規則14条）。そして、これらの記録は、ダム使用権登録簿の記録と一致していることを要する（工抵法27条2号）。

(4)　工場財団目録の用紙

所有権保存の登記等を申請するに当たっては、工抵規則別記第2号様式による用紙に工場財団目録に記録すべき情報を記録した書面を提供しなければならず（同規則25条1項、27条3項）、この書面が、登記官が作成すべき工場財団目録（工抵法21条2項）とみなされ、工場財団目録つづり込み帳につづり込まれることとなる（工抵規則附則6条4項）ところ、工場財団の登記記録を閉鎖した日から20年間保存しなければならないから（同規則36条）、これを作成するための用紙についても「日本工業規格B列四番ノ強靱ナル用紙」を用いる（工抵規則附則6条5項によりなお効力を有する工抵規則による改正前の工場抵当登記取扱手続16条）。

(5) 申請人の記名押印

　工場財団目録には、申請人又はその代表者若しくは代理人（委任による代理人を除く）が記名押印しなければならない（工抵規則25条2項）。なお、委任による代理人によって登記の申請をする場合には、当該代理人が工場財団目録を調製することは差し支えないが、工場財団目録への記名押印は申請人本人（工場の所有者）がしなければならない（昭33．7．12第1426号通達参照）。また、申請人が株式会社である場合は、その代表取締役が記名押印すべきである（昭33．6．24第423号回答）。

(6) 契　印

　工場財団目録が2枚以上であるときは、申請人又はその代表者若しくは代理人（委任による代理人を除く）は、各用紙に当該用紙が何枚目であるかを記載し、各用紙のつづり目に契印をしなければならない。ただし、当該申請人又はその代表者若しくは代理人が二人以上あるときは、その一人がすれば足りる（工抵規則25条3項）。なお、二以上の工場につき工場財団を設定する場合には、工場財団目録は工場ごとに作成されるが、この場合に当該二以上の工場の所有者が異なるときの契印は、当該工場財団目録に記録された工場の所有者（申請人の一人）がするのが適当である。

(7) 二以上の工場の所有者が異なるときの工場の所有者

　二以上の工場について工場財団を設定する場合において、当該二以上の工場の所有者が異なるときは、当該各工場の工場財団目録には、当該工場財団目録に記録された工場の所有者の氏名又は名称を記録する（工抵規則16条）。これは、申請人のうちの誰の所有に属する工場であるかを明確にするためであって、後日このような工場財団を分割した場合の工場財団目録の分離手続をも明確にする趣旨である。この場合の記録方法としては、各工場財団目録には申請人が記名するため、どの申請人が所有者であるかを明らかにするよう所有者である申請人の頭書に「所有者」と記録するのが簡便であろう。

3　工場財団目録の記録の変更

9056　工場財団目録の記録の変更の意義

問　　工場財団目録の記録の変更は、どのような意義を有するか。

結論 工場財団目録の記録は、工場財団の表題部の登記事項であり、これに変更が生じたときは、遅滞なく、その変更の登記の申請をする必要があり、工場の所有者及び工場財団の抵当権者が工場財団目録の記録に変更があったことを主張するためには、その変更の登記をする必要がある。

説明 工場財団目録は、工場財団の表題部の登記事項である「工場財団ヲ組成スルモノ」を掲げたものであり、工場財団の所有権保存の登記の申請の際、添付情報として登記所に提供され（工抵法22条）、所有権保存の登記がされたときは、工場財団つづり込み帳につづり込まれ（工抵規則附則6条4項）、公示されるところ（同規則39条2項参照）、工場財団目録の記録によって、どのような物件が当該工場財団に属しているかを常に明確にし、取引の安全と円滑に資することとしている。

そして、工場財団を組成する工場の設備の改廃は、工場経営上当然行われるところであり、金融のため新たな物件を工場財団に追加して所属させたり、既に工場財団に属している物件を工場財団から分離したりすることも考えられる。したがって、工場財団の組成物件については、自然的、人為的にその内容が変更することも当然予想されるところであって、この場合、遅滞なく、工場財団目録の記録を変更する必要があるので、工抵法は、38条から42条までにおいて、工場財団目録の記録の変更に係る登記手続を設けている。

また、工場財団目録の記録は成立要件と解され、工場財団目録に記録されたもののみが工場財団の組成物件である（記録されないものは組成物件ではない）ので、工場の所有者及び工場財団の抵当権者が工場財団目録の記録に変更があったことを主張するためには、その変更の登記をする必要がある。

9057 工場財団目録の記録の変更をすべき場合

問 工場財団目録の記録の変更の登記の申請は、どのような場合に行うべきか。

結論 ①表示に変更を生じた場合、②新たに他の物件を加える場合、③組成物件である物を分離した場合及び④組成物件である物が滅失した場合である。

説明 　工場財団目録の記録の変更の登記を申請すべき場合は「工場財団目録ニ掲ケタル事項ニ変更ヲ生シタルトキ」(工抵法38条1項)であるところ、ここには工場財団目録の記録そのものに変更が生じた場合(表示変更の場合)のほか、工場財団目録の内容自体に変更の生じる場合(追加、分離、滅失の場合)も含まれており、具体的には、以下のとおりである。なお、工場財団目録は、工場ごとに作成されるので(工抵規則15条)、工場財団目録の記録に変更があるかどうかは工場の目録ごとに判断すべきであり、例えば、A工場に属する機械をA工場から分離して、これを同一の工場財団に属するB工場に備え付ける場合も、工場財団目録の記録の変更の登記を申請する必要がある。また、工場財団目録の記録に誤りがあった場合における記録の更正の登記の申請についても、工抵法38条に包含されている。

(1) 表示変更の場合

　工抵法39条の「工場財団ニ属スルモノニ変更ヲ生シ」たときとは、工場財団目録に記載されている工場財団の個々の組成物件の表示が変更した場合、すなわち、工場財団目録に記載した事項について変更が生じた場合をいう。例えば、土地にあっては所在又は地番が変更した場合、建物にあっては所在又は家屋番号が変更した場合、工作物については種類、構造、面積若しくは延長、又はその所在の土地の表示が変更した場合のみならず、その所在する土地を変更した場合とか、機械、器具等についてはその構造、個数又は延長、その備付けの場所等が変更した場合等である。

　なお、工場財団に属するものの表示変更による登記を申請する場合、登記又は登録のある組成物件にあっては、その登記記録又は登記原簿における当該物件の表示について、まず表示変更の登記又は登録がされていなくても、工場財団目録の当該物件についての記録の変更の登記は申請することができると解される。ただし、土地の分割又は合併による地番の変更とか建物の分割、区分又は合併による家屋番号の変更は、その土地又は建物の登記記録において分筆若しくは合筆又は分割、区分若しくは合併の登記をしなければ行われないことに留意する必要がある。行政区画の変更に伴う地番又は家屋番号の変更についても同様である。

(2) 「新ニ他ノモノヲ財団ニ属セシメタル」場合

　工場に新設した物件を工場財団に属させるとか、あるいは追加担保の意味で、それまで工場財団に属していなかった物件を新たに工場財団に属させ、又

は工場財団を組成している工場以外の工場を工場財団に属させる場合に、その追加による変更の登記を要する（工抵法39条）。

なお、追加物件は、追加による変更登記がされたときに、初めて工場財団に属するに至るのであって、この変更の登記、換言すれば工場財団目録への記録が工場財団に属するための効力要件である。

次に、工場財団に新たに追加して属させる物件についても、工場財団の組成物件としての要件を必要とするのはいうまでもない。すなわち、それが工抵法11条各号掲記の物件であることはもちろん、そのほか、①他人の権利の目的となっていないこと、②差押え、仮差押え又は仮処分の目的となっていないこと、③他の財団に属していないこと及び④登記又は登録あるものについては、それが既登記又は既登録であることを要する。また、登記又は登録あるものについては、後記する追加目録における追加物件の表示が、登記記録又は登録原簿における当該物件の表示と一致していることを必要とするから、登記記録又は登録原簿の表示が真実と合致していない場合には、前もってその表示変更の登記又は登録をしておく必要がある。

注意すべきことは、当該工場財団を組成している工場に属している物件を追加する場合は問題ないが、他の工場に属している物件を追加しようとするときには、追加する物件をもって一つの工場とし、それ自体一つの工場財団を設定し得る範囲のものでなければならず、単に他の工場に属している機械のみを追加することはできない。必ず工場に属する不動産又はその地上権若しくは賃借権を包含していることを要する。したがって、他の工場に属する物件を追加する場合は、必然的にその工場を追加することになる。すなわち、工場財団は、それまでの組成工場と追加工場とについて設定されたものとなるわけである。それゆえに当然、工場財団の表示が変更され、その表示変更の登記を申請すべきである。この申請は、この追加による工場財団目録記録の変更の登記の申請と同時にされるべきであって、その工場財団目録の記録の変更の登記の申請情報に併せて提供される追加目録は、当然追加工場についての目録であるべきである。さらに、工場図面についても、追加工場についての工場図面を提供すべきである（工抵規則25条1項、27条3項）。

(3) 「工場財団ニ属セサルニ至リタル」場合

「工場財団ニ属セサルニ至リタル」場合（工抵法42条）とは、工場財団の組成物件として工場財団に属していたものが、工抵法15条の規定により当該工場財

団から分離された場合はもちろん、例えば工場財団に属している機械器具等の動産が、民法192条の要件を充足したことにより、完全に第三者の所有に帰した場合とか、組成物件である土地につき取得時効が完成して第三者の所有に帰した場合あるいは土地収用法により収用されて工場の所有者の所有でなくなった場合のように、工場財団の組成物件である適格を失ったとき、すなわち、第三者の権利の目的となったために工場財団に属することができなくなった場合をも包含する。

　なお、工場財団は工場につき設定されるものだから、工場財団を組成する物件であって、常にそれが工場を組成していることを要する。すなわち、工場は一つの「場所」だから（工抵法1条1項）、少なくとも不動産（土地、建物）又は地上権若しくは不動産賃借権が組成物件中に存することを要する。したがって、工場財団の組成物件から、その不動産又は地上権若しくは不動産賃借権のうちの一つも残存させないような分離（変更登記）をすることはできない。しかし、組成物件である機械器具等の全部を分離したとしても、工場財団としては存続する。

(4)　「工場財団ニ属シタルモノカ滅失シ」たる場合

　工場財団に属している物件、例えば工作物又は機械器具等が滅失した場合とか、地上権、賃借権又は工業所有権等の権利が消滅したときは、滅失による目録の変更登記をすべきである（工抵法42条）。なお、この「滅失」には、物理的に消滅した場合のみではなくて、その物が経済的に効用を失った場合をも含んでいる。

　工場財団に属している物件が滅失したことにより、少なくとも残存の物件のみでは工場財団を設定し得ない程度にまで、組成物件が滅失したときには、当該財団も消滅するに至ると解することができる。つまり、工場財団に属する不動産や、地上権や不動産賃借権のうち、その一つも残存しなくなったときには当該工場財団は消滅するのである。

9058　工場財団目録の記録の変更の登記の申請手続

問　　工場財団目録の記録の変更の登記は、どのような申請手続によるべきか。

結論　**申請情報の内容として工場財団の表示を提供するとともに、添付**

情報として変更目録又は追加目録、抵当権者の同意を証する情報及び変更後の工場図面を提供するほかは、通常の登記の申請に要求される事項を申請情報の内容又は添付情報として提供する。

> 説明

(1) 申請情報の内容

(イ) 工場財団の表示（工抵法21条1項1号～3号・3項、工抵規則27条1項）

　工場財団の表示としては、工抵法21条1項1号から3号までに掲げる事項（「工場の名称及び位置」「主たる営業所」「営業の種類」）とともに、変更後の登記事項を申請情報の内容とする必要がある（工抵規則27条1項）。申請情報の内容とする同法21条1項1号から3号までに掲げる事項は、工場財団登記簿における当該工場財団の表題部の登記事項の内容と一致していることを要する（同法27条2項）。また、変更後の登記事項について、①表示変更の場合は当該物件の変更前と変更後の表示を、②追加の場合は追加する物件を、③分離の場合は分離する物件を、④滅失の場合は滅失した物件を、それぞれ記録する。なお、表示変更における場合の変更後の表示又は追加の場合における追加物件の表示は、添付情報である変更目録又は追加目録を援用し、「添付の変更目録（又は追加目録）の記載のとおり」として差し支えない。

(ロ) 登記原因及びその日付（工抵規則18条1項、登記令3条6号）

　表示変更の場合には、変更を生じた事由とその事由発生の日付を記録する。例えば、土地の分筆により地番が変更した場合は「年月日分筆」と、建物以外の工作物の面積又は延長が増加した場合は「年月日増設」と、土地又は建物の所在の名称が変更し、又は地番若しくは家屋番号が変更した場合は、「年月日字名変更（地番変更、家屋番号変更）」と、建物のえい行移転により所在が変更した場合は「年月日所在変更」等と記録する。また、物件を新たに工場財団に追加する場合には、その旨の登記をすることによって当該物件が工場財団に追加されることとなるから、登記原因は存在せず、登記原因及びその日付を記録する必要はない。

　次に、工抵法15条1項の規定により抵当権者の同意を得て物件を工場財団から分離する場合は、当該分離の効果の発生は、抵当権者の同意を得た上での分離によってではなく、工場財団目録の記録の変更の登記により分離が登記されたことによって生じることになるのであるから、登記原因は存在せず、登記原因及びその日付を記録する必要はない。他方、第三者が収用、時効取得又は即

時取得により所有権又は質権等を取得したことにより反射的に工場財団に属しなくなった場合は、第三者の権利取得自体が登記原因であり、その取得の日が登記原因の日付である。最後に、滅失又は消滅による場合は、滅失又は消滅が登記原因であり、その日付は滅失又は消滅の日である。

　(ハ)　登記の目的（工抵規則18条1項、登記令3条5号）

　「工場財団目録の記録変更」と記録する。

　(ニ)　登録免許税額（規則189条1項）

　工場財団目録の変更（又は更正）の登記の登録免許税は、財団の数を課税標準としてその1個につき6,000円であるので（税法別表第一の五の（七））、この登録免許税額を記録する。

　(ホ)　添付情報の表示（規則34条1項6号）

　(ヘ)　申請人の表示（工抵規則18条1項、登記令3条1号・2号）

　工場財団の所有者（所有権の登記名義人）が申請人であるときは、登記記録の表示と一致していなければならない。また、申請人が法人であるときは、その代表者の氏名も申請情報の内容とする。

　(ト)　代理人の表示（工抵規則18条1項、登記令3条3号）

　代理人によって登記を申請するときは、当該代理人の氏名又は名称及び住所並びに代理人が法人であるときはその代表者の氏名を申請情報の内容とする。なお、申請人又は代理人の電話番号その他の連絡先も申請情報の内容とする（規則34条1項1号）。

　(チ)　申請の年月日及び登記所の表示（規則34条1項7号・8号）

(2)　添付情報

　(イ)　変更目録又は追加目録（工抵法39条）

　表示変更の場合には、変更後の物件の表示を記録した目録を、追加の場合には、追加する物件の表示を記録した目録を提供する。これらの目録の作成方法は、工場財団の所有権保存の登記を申請するときに提供すべき工場財団目録の作成方法と同一である（工抵規則27条3項参照）。また、記録すべき物件の表示は、工抵規則7条以下の規定によるが、登記又は登録のある物件については、その登記記録又は登録原簿におけるその表示と符合していることを要するので、登記記録又は登録原簿における表示が真実に合致していないときは、工場財団目録の変更の登記の前提として、登記記録又は登録原簿における表示の変更を必要とする。

㈹　抵当権者の同意を証する情報（工抵法38条2項）

　工場財団目録の変更登記を申請することについての抵当権者（当該工場財団の全ての抵当権者）の同意を証する情報又はこれに代わるべき裁判があったことを証する情報の提供を必要とする。また、同意の内容については、具体的にどの物件についてどのような登記をするのかを明確にされたものでなければならない。なお、この同意を証する情報には、抵当権者の印鑑に関する証明書を添付しなければならず（登記令19条2項）、抵当権者が会社その他の法人であるときは、会社法人等番号又は同意をする代表者の資格を証する登記事項証明書等の提供も要する。

㈻　登記原因を証する情報又は申請書の写し（規則附則15条2項）

　登記原因を証する書面は初めから存在しないので、報告的登記原因証明情報を作成して添付し、あるいは、工場財団登記簿はコンピュータ化されていないため、申請書と同一内容を記載した書面を提供しても差し支えない（規則附則15条2項）。

㈡　変更後の工場図面（工抵規則34条1項）

　既に備え付けられている工場図面に変更があるときは、変更後の工場図面を提供する。なお、この工場図面も、工場ごとに分けて作成する（工抵規則22条2項）。

㈭　会社法人等番号又は資格証明情報（登記令7条1項1号）

　申請人が会社その他の法人であるときは、会社法人等番号を有する法人にあっては当該法人の会社法人等番号を、その他の法人にあっては当該法人の資格証明情報（作成後3か月以内のもの（登記令17条1項））を提供しなければならない。ただし、当該法人の代表者の資格を証する登記事項証明書（作成後1か月以内のもの（規則36条1項1号・2項））又は支配人等の権限を証する登記事項証明書（作成後1か月以内のもの（同条1項2号・2項））を提供したときは、会社法人等番号の提供を要しない（同条1項）。

㈥　代理権限証明情報（登記令7条1項2号）

　代理人によって登記を申請するときは、当該代理人の権限を証する委任状等を提供する。なお、組成物件の分離の場合は、委任状にその物件の記載を要するが、抵当権者の同意を証する情報に記録した物件の表示の記録を援用してよい（昭36.7.24第1751号通達）。

第6項　工場図面

9059　工場図面を謄写印刷等で作成することの可否

問　工場財団の所有権保存の登記を申請する場合には、工場図面を申請情報と併せて提供すべきものとされているが（工抵法22条、工抵規則21条）、工場図面を謄写印刷又は複写機により作成してもよいか。

結論　差し支えない。

説明　工場図面の作成については、紙質及び規格等に関する別段の法令上の規定はないが、工場図面は、工場財団の登記記録を閉鎖した日から20年間保存すべきものとされているから（工抵規則36条）、強靭な紙質の用紙を用い、かつ、その記載が、褪色等により消滅しないように作成されなければならない。そこで、従来は美濃判の強靭な和紙に墨字墨引をしたもので作成すべきものとしてきたが、保存の条件に合致するものと認められるものであれば、和紙以外のものでも差し支えなく（昭41.1.25第102号回答）、青写真で作成してもよく（昭34.7.15第1521号回答参照）、また、謄写印刷又は複写機により作成してもよい（昭41.1.25第102号回答）とされている。

なお、財団登記事務取扱手続準則30条においては、工場図面は、同附録第17号様式又はこれに準ずる様式により、丈夫な用紙を用いて作成されていれば足りるものとしている。

9060　工場財団の組成物件であるガスの配置諸導管等の配置図面の要否

問　ガス製造工場について工場財団を設定する場合において、その工場及び家庭等にガスを供給する配置諸導管等（本管、支管及びガスメーター）を工場財団の組成物件としたときは、この配置諸導管等の工場図面（配置図面）の提供を要するか。

結論　配置諸導管の工場図面（配置図面）の提供は要しない。

説明 　工場財団の所有権保存の登記を申請する場合には、工場図面を申請情報と併せて提供すべきものとされているところ（工抵法22条、工抵規則21条）、工抵規則22条1項1号の規定によれば、工場図面には「工場に属する土地及び工作物については、それらの方位、形状及び長さ並びに重要な附属物の配置」を記録としている。しかし、ガスの供給施設としての工場及び家庭等にガスを供給する配置諸導管は、工抵法11条2号の「配置諸管」に該当し、工場財団の組成物件とすることはできるものの、「重要な附属物」には該当しないものと解してよく（昭34.1.30第89号回答参照）、これについての工場図面（配置図面）を作成する必要はない。

第7項　表示変更

9061　工場財団の表示の変更登記の意義

問　工場財団の表示の変更の登記は、どのような場合にされるのか。
結論　**工場財団を組成する工場に変更があった場合にされる登記であり、工場財団に新たに工場が追加され、又は工場が分離された場合、あるいは、工場財団を組成していた数個の工場が1個となり、又は1個の工場が数個となった場合のほか、「工場ノ名称及位置」「主タル営業所」又は「営業ノ種類」の記録事項に変更が生じた場合にされる登記である。**

説明　工場財団の表示の変更の登記とは、工場財団を組成する工場に変更があった場合にされる登記であり、具体的には、次のような場合にされる登記である。

　すなわち、工場財団を組成する工場以外の工場に属する物件を追加した場合（例えば、甲工場で設定されている工場財団に、乙工場に属する物件（不動産又はその用益権）を組成物件として追加し、その結果、当該工場財団が甲、乙の二つの工場で組成されることになる場合）、工場財団を組成する工場が従来1個であったものが、当該工場を拡張等したことにより数個の工場となった場合、工場財団を組成する工場が従来数個であったものが、そのうちのある工場に属する不動産又はその用益権の全部を分離した結果、当該工場がその工場財団を組成する

工場でなくなった場合、工場財団を組成していた数個の工場が1個の工場となった場合、「工場ノ名称及位置」「主タル営業所」又は「営業ノ種類」の記録事項に変更が生じ、又はその表示に当初から錯誤又は遺漏があった場合にされる登記である。

　これらの場合には、工場財団の表題部の登記事項に変更があったものとして、工抵規則27条の規定によるほかは、一般の不動産の表題部の変更（又は更正）の登記手続と同様の手続による。

　そして、不動産又はその用益権の追加による場合と、分離による場合の工場財団の表示変更の登記は、この追加又は分離による工場財団目録の記録の変更の登記と同時に申請すべきであり、また、1個の工場が数個の工場となり、又は数個の工場が1個の工場となった場合の工場財団の表示変更の登記は、前者の場合には工場財団目録を工場ごとに改製するための工場財団目録の記録の変更の登記と、後者の場合には当該数個の工場ごとに作成されている工場財団目録を1個の工場財団目録に改製するための工場財団目録の記録の変更の登記と同時に申請すべきものとされる（昭45.8.20第200号回答参照）。

　次に、1個の工場であるにもかかわらず数個の工場として工場財団を設定した場合、又は数個の工場であるにもかかわらず1個の工場として工場財団を設定した場合には、これを真実に合致させるためには、工場財団の表示更正の登記を申請しなければならないことになる。この場合の表示更正の登記も、前者の場合には、工場ごとに作成されていた数個の工場財団目録を1個の工場財団目録に改製し、後者の場合には、1個の工場財団目録を数個の工場財団目録に改製するための工場財団目録の記録の更正の登記と同時に申請すべきである。

9062　工場財団の表題部の変更登記の申請手続

問　工場財団の表題部の登記事項に変更を生じた場合の登記の申請手続はどうすればよいか。

結論　**工場財団の表題部の変更（又は更正）の登記の申請手続については、工抵規則27条の規定によるほかは、一般の不動産の表題部の変更（又は更正）の登記手続と同様に、これを行う。**

説明　(1)　申請情報の内容
　　　　(イ)　工場財団の表示（工抵法21条1項1号〜3号・3項、工抵

規則27条1項)

　工場財団の表示としては、変更(又は更正)前の工場財団の表示(登記記録上の工場財団の表示と符合していることを要する)と変更(又は更正)後の事項を記録するが、いずれも、各工場につき「工場ノ名称及位置」「主タル営業所」及び「営業ノ種類」を記録する(工抵規則27条1項)。

　(ロ)　登記原因及びその日付(工抵規則18条1項、登記令3条6号)

　登記原因としては、工場を追加するときは「工場追加」、減少するときは「工場分離」と記載する。そして、その日付は、いずれも、当該工場に属する不動産又はその用益権の追加、若しくはその全部の分離による工場財団目録の記録の変更の登記の日であるが、工場財団の表示の変更(又は更正)の登記とこの工場財団目録の記録の変更の登記とを同時に申請すべきである。また、分離による場合には、この申請の日が登記原因の日付となるけれども、追加による場合は、追加による目録記載の変更登記がされる日が未定なので、登記原因の日付が問題となろう。しかし、この場合は、当該申請の日を登記原因の日付として記録して差し支えないであろう。

　次に、物件の追加又は分離によるのではなくて、1個の工場が数個の工場となり、又は数個の工場が1個の工場となったときは、登記原因としては、「工場分離」又は「工場合併」と記録し、その日付としては、事実上1個の工場が数個の工場となり、又は数個の工場が1個の工場となった日を記録する。

　さらに、工場財団の表題部の登記事項である工抵法21条1項各号掲記の事項が変更した場合には、当該事項の変更の原因を登記原因として記録し(例えば、「工場の名称の変更」や「主たる事務所の移転」)、その日付は、この変更の生じた日を記録する。

　最後に、工場財団の表示更正の登記の場合には、登記原因としては、「錯誤」(工場財団の表示事項、すなわち、工抵法21条1項各号掲記の事項を誤って登記された場合、若しくは1個の工場を数個の工場と誤り、又は数個の工場を1個の工場と誤って登記した場合)又は「遺漏」(数個の工場財団目録を既に提供し、数個の工場につき登記すべきであったのに、これを誤って申請情報の内容である工場財団の表示として、そのうちの1個又は数個の工場を遺漏し、そのまま登記された場合、又は工場財団の表題部の登記事項に当初より遺漏があった場合)と記録する。

　(ハ)　登記の目的(工抵規則18条1項、登記令3条5号)

　登記の目的としては、「工場財団の表題部変更(又は更正)の登記」と記録

する。
　㈋　登録免許税額（規則189条1項）
　工場財団の表題部の登記事項の変更（又は更正）の登記の登録免許税は、財団の数を課税標準としてその1個につき6,000円であるので（税法別表第一の五の（七））、この登録免許税額を記録する。
　㈻　添付書類の表示（規則34条1項6号）
　㈬　申請人の表示（工抵規則18条1項、登記令3条1号・2号）
　工場財団の所有者（所有権の登記名義人）が申請人であるときは、登記記録の表示と一致していなければならない。また、申請人が法人であるときは、その代表者の氏名も申請情報の内容とする。
　㈷　代理人の表示（工抵規則18条1項、登記令3条2号）
　代理人によって登記を申請するときは、当該代理人の氏名又は名称及び住所並びに代理人が法人であるときはその代表者の氏名を申請情報の内容とする。なお、申請人又は代理人の電話番号その他の連絡先も申請情報の内容とする（規則34条1項1号）。
　㈸　申請の年月日及び登記所の表示（規則34条1項7号・8号）
(2)　**添付情報**
　工場財団の表題部の変更又は更正の登記の申請情報とともに提供すべき情報（添付情報）としては、不動産登記令7条の規定によるが、登記原因を証する書面は初めから存在しないので、報告的登記原因証明情報を作成して添付し、あるいは、工場財団登記簿はコンピュータ化されていないため、申請書と同一内容を記載した書面を提供しても差し支えない（規則附則15条2項）。また、申請人が法人であるときは、当該法人の会社法人等番号又は当該法人の資格証明情報（登記事項証明書等）を提供し、また、代理人により登記を申請するときは、委任状等の当該代理人の権限を証する情報を提供する。

第8項　工場財団の分割

9063　工場財団分割の意義

　問　　工場財団の分割とは、どのような意義を有するか。

結論 工場財団の分割とは、数個の工場につき設定された１個の工場財団を、分割の登記によって、数個の工場財団とすることであり、抵当権の目的となっている工場財団の余剰担保価値を切り離して、簡便な方法で、これを新たな工場財団として、新たな抵当権を設定することができるようにすることで、財団抵当制度の利用者の実際的便宜に応えるものである。

説明 工場財団の分割と合併は、昭和27年６月14日に施行された工場抵当法及び鉱業抵当法の一部を改正する法律（昭和27年法律第192号）によって設けられたものであり、工場財団の持つ余剰担保価値の効率的な利用とか、追加担保の手続の円滑化ないし工場財団の担保価値の増大化を図るなど、いずれも財団抵当制度の利用者の実際的便宜に応えたものである。

このうち、工場財団の分割とは、数個の工場につき設定された１個の工場財団を、分割の登記によって、数個の工場財団とすることである（工抵法42条ノ２第１項）。例えば、Ａ、Ｂ、Ｃの３個の工場について甲工場財団が設定されている場合に、①Ａ及びＢについて甲工場財団とし、Ｃについて乙工場財団としたり、②Ａについて甲工場財団とし、Ｂ及びＣについて乙工場財団としたり、③Ａについて甲工場財団とし、Ｂについて乙工場財団とし、Ｃについて丙工場財団としたりすることである。工場財団の分割が認められるのは、抵当権の目的となっている工場財団の余剰担保価値を切り離して、簡便な方法で、これを新たな工場財団として、新たな抵当権を設定し得る途を開くことにある。すなわち、工場財団の上に設定された抵当権の被担保債権が一部弁済等により減少しているにもかかわらず、依然としてその抵当権が過大な担保価値を第１順位で把握している場合がある。

このような場合には、その余剰担保価値をもって、次順位の抵当権を更に設定することは可能であるが、抵当権者によっては、その担保価値を適確に把握するため、第１順位での設定を望むことも十分にあり得る。そこで、その余剰担保価値を既設の工場財団から切り離し、これをもって新たな工場財団とした上で、これに新たな抵当権を設定することができるように、工場財団の分割の制度が認められたのである。そして、このような実際的要請からは、余剰担保価値を切り離して作られる新たな工場財団については、分割前の工場財団に設定されている既存の抵当権の効力を及ぼさないこととする必要があるため、工場財団に設定されている既存の抵当権は、分割後の数個の工場財団のうち、抵

当権者の欲する1個の工場財団についてのみ効力が及ぶものとし、それ以外の工場財団については抵当権が消滅するものとされている（工抵法42条ノ2第2項・3項）。

このようにして余剰担保価値をもって作られる分割後の工場財団については、直ちに新たな抵当権の目的とする場合のみならず、工場財団の合併の制度とあいまって、これを追加担保として他の工場財団に合併することや、複数の工場財団を分割して作られた数個の工場財団を合併して、複数の工場財団の余剰担保価値を集約した1個の工場財団を設け、これに抵当権を設定することもできる。

また、工場財団の分割は、分割の登記をすることによってされるものであるから（工抵法42条ノ4）、分割の登記は、工場財団の分割の効力発生要件である。

9064 工場財団分割の要件

問 工場財団を分割するには、どのような要件を必要とするか。

結論 **①分割しようとする工場財団が数個の工場につき設定されていること、及び、②抵当権の目的となっている工場財団の分割の場合は、抵当権者が分割後の特定の1個の工場財団を除く他の工場財団につき抵当権の消滅を承諾することの両要件を満たしていることが必要である。**

説明 (1) 分割しようとする工場財団が数個の工場につき設定されていること

工場財団の分割は、数個の工場につき設定された工場財団についてのみ認められ、1個の工場につき設定された工場財団については認められない。本来、工場財団は、1個又は数個の工場につき設定されるものであるから（工抵法8条1項前段）、分割後の各工場財団も、やはり1個又は数個の工場につき設定されるものであることを要する。

ところで、工場の個数を定めることは、場合によっては困難であるが、その工場財団が1個の工場につき設定されているか、数個の工場につき設定されているかは、工場財団登記簿の登記記録の表題部の記録に基づいて判断されるべきである。また、もし誤って真実は数個の工場であるにもかかわらず、1個の工場として登記がされている場合には、工場財団の表示更正の登記を申請し

て、数個の工場としての表示に改めた上で、工場財団の分割の登記を申請すべきである。さらに、工場自体は発展拡張するものでもあるから、所有権保存の登記の申請時には、1個の工場であったものが、後に数個の工場となっている場合もある。このような場合には、工場財団の表示変更の登記を申請して、数個の工場としての表示に改めた上で、工場財団の分割の登記を申請すべきである。なお、この更正又は変更の登記を申請する場合には、工場財団目録についても、その記録の更正又は変更に応じて、工場ごとに作成されたものに改めるべきである（工抵規則15条）。

(2) **抵当権の目的となっている工場財団の分割の場合は、抵当権者が分割後の特定の1個の工場財団を除く他の工場財団につき抵当権の消滅を承諾すること**

　工抵法42条ノ2第2項の規定によれば、甲工場財団を分割してその一部を乙工場財団とした場合は、抵当権は乙工場財団につき消滅するものとされている。ここで乙工場財団というのは、分割後の特定の1個の工場財団（それは分割の登記の実行手続からいえば、分割前の工場財団の登記記録にそのまま記録されることとなる分割後の1個の工場財団のこと）を除いた分割後の他の1個又は数個の工場財団を総称しているわけである。

　したがって、例えば、工場財団を分割してA、B及びCの3個の工場財団とした場合、新たに登記記録を設けるB及びCの2個の工場財団については抵当権が消滅し、A工場財団についてのみ抵当権が存続することとなる。このように分割後の乙工場財団（例で示したB及びCの2個の工場財団）につき抵当権が消滅するものとしたのは、工場財団の余剰担保価値を切り離して新たな工場財団とした上で、これに新たな抵当権を設定することができるようにするという工場財団の分割を必要とする実際上の要求に応じるためである。そして、分割後の乙工場財団につき抵当権が消滅するということは、抵当権者の権利を侵害することとなるので、工抵法42条ノ2第3項は、抵当権者を保護するため、抵当権の目的となっている甲工場財団の分割は、抵当権者が分割後の乙工場財団（特定の1個の工場財団（例で示したA工場財団）を除く他の分割後の工場財団（例で示したB及びCの2個の工場財団））について抵当権が消滅することを承諾しなければすることができないと規定したのである。

　分割により抵当権が存続する工場財団は、分割後の工場財団のうち特定の1個の工場財団に限られる。したがって、抵当権者において抵当権の消滅を承諾

するのは、この特定の１個の工場財団を除く全ての分割後の工場財団についてである。抵当権の存続する分割後の１個の工場財団は、抵当権者において特定すればよいのである。つまり、分割前の工場財団を組成する数個の工場のうち、抵当権者は、自己の欲する工場を選定して、それをもって組成される工場財団について抵当権を存続させることとし、他の工場をもって組成される工場財団については抵当権の消滅を承諾するわけである。

　どのように工場財団を分割するかは、抵当権者において分割後抵当権の存続するものとしてどの工場をもって組成される工場財団を選択するか、どの程度の担保価値を有するものをこの工場財団として欲するかによって定まるわけである。例えば、W、X、Y及びZの四つの工場につき設定されている甲工場財団を分割しようとする場合、抵当権者がW及びXの二つの工場をもって組成される分割後の工場財団に抵当権を存続させたいと欲するならば、抵当権者の承諾を得るには、甲工場財団のうちW及びXの二つの工場を残し、他のY及びZ二つの工場を甲工場財団から分割し、１個の乙工場財団として、又は乙及び丙の２個の工場財団とすればよいわけである。

　なお、抵当権者が数人存する場合には、その全員の承諾を必要とし、また、各抵当権者が消滅することを承諾している分割後の工場財団は全て一致していることを要する。

　おって、工場財団の分割は、抵当権の目的となっていない工場財団についてすることもでき、この場合には、抵当権者の承諾が不要であることはいうまでもない。

9065　工場財団分割の登記申請手続

問　工場財団の分割の登記の申請は、どのような手続によるべきか。
結論　**工場財団の分割を登記の目的とし、また、分割後に抵当権が消滅する工場財団を申請情報の内容とするとともに、これと併せて、分割後に抵当権が消滅する工場財団について抵当権が消滅することの抵当権者の承諾を証する情報を提供することを要する。**

説明　工場財団の分割は、その登記をすることによってされるものであり（工抵法42条ノ４）、分割の登記は、工場財団の分割の効力発生要件であるところ、その登記申請手続は、次のとおりである。

(1) 前提登記

　工場財団の分割の登記の申請情報の内容とすべき工場財団の表示は、登記記録における表示と符合していることを要する。したがって、登記記録における工場財団の表示として各工場についての「工場ノ名称及位置」「主タル営業所」及び「営業ノ種類」（工抵法21条3項）が分割の登記の申請時において異なっているときには、まず、工場財団の表示の変更又は更正の登記を申請して、登記記録の表示を真実に合致させた上で、その表示を申請情報の内容とすべきである。登記記録上工場財団が1個の工場につき設定されているかのように記録されているにもかかわらず、真実は数個の工場に変更している場合、又は所有権保存の登記の当時から数個の工場であったような場合も、やはり工場財団の表示の変更又は更正の登記を申請すべきである。

(2) 管轄登記所

　工場財団の分割の登記の管轄登記所は、分割しようとする工場財団の管轄登記所（当該工場財団が現に登記されているその登記所）である。分割後の工場財団のうち、それを組成する工場が、この管轄登記所の管轄地内に存しなくなるものがある場合においても、分割の登記は、分割前の工場財団の管轄登記所に申請しなければならない。この場合において、当該分割後の工場財団を組成する工場が当該登記を受けた登記所の管轄区域内にないこととなったときは、当該分割の登記をした後に、登記官が、当該工場財団を管轄する登記所にその登記記録等を移送することとされている（工抵規則31条）。

(3) 申請情報の内容

　工場財団の分割の登記の申請情報の内容は、工抵法42条ノ5の規定による事項のほか、工場財団の登記の申請一般に関する工抵法21条3項の規定による事項であり、具体的には、次のとおりである。

　(イ) 分割前の工場財団の表示（工抵法21条1項1号～3号・3項）

　工場財団の表示としては、工抵法21条1項1号から3号までに掲げる事項（「工場ノ名称及位置」「主タル営業所」「営業ノ種類」）を記録する。また、これらの事項は、いずれも登記記録上の表示と符合していなければならない。

　(ロ) 分割後の工場財団の表示（工抵法42条ノ5前段）

　次に分割後の工場財団の表示を申請情報の内容とする。この表示も同じく「工場ノ名称及位置」「主タル営業所」及び「営業ノ種類」をもってする。分割後の工場財団が2個以上の工場をもって組成されるときには、工場ごとに、こ

れらの事項を記録するのが適当である。なお、この分割後の各事項の表示も、分割前の工場財団を組成する各工場における登記記録上の表示と符合していることを要する。すなわち、工場ごとについていえば、分割前と分割後の各事項の表示が一致しているのが当然だからである。

　(ハ)　抵当権の消滅する工場財団の表示（工抵法42条ノ5後段）

　分割しようとする工場財団が抵当権の目的となっているときは、工抵法42条ノ2第2項の規定により分割によって抵当権が消滅する工場財団を表示する。その表示方法としては、(ロ)において記録した分割後の工場財団の表示に、抵当権の消滅する工場財団である旨を付記することで足りる。

　(ニ)　登記の目的（工抵規則18条1項、登記令3条5号）

　「登記の目的」として「工場財団の分割の登記」と記録する。なお、工場財団の分割は、その登記をすることによって効力が生じ（工抵法42条ノ4）、登記原因は存在しないので、「登記の原因及びその日付」（登記令3条6号）は不要である。

　(ホ)　登録免許税額（規則189条1項）

　工場財団の分割の登記は、「変更の登記」に該当し（税法別表第一の五の(七)、昭27.6.20第854号通達）、財団の数を課税標準として、1個につき6,000円である。そして、課税標準となる財団の数については、特段の規定がないが、分割後の財団の個数のいかんにかかわらず、分割前の財団の個数と解するのが相当である。すなわち、分割前の工場財団の数を課税標準として、その1個につき6,000円の登録免許税が課されるので、その登録免許税額を申請情報の内容とする。

　(ヘ)　添付情報の表示（規則34条1項6号）

　(ト)　申請人の表示（工抵規則18条1項、登記令3条1号・2号）

　工場財団の所有者（所有権の登記名義人）が申請人であるときは、登記記録の表示と一致していなければならない。また、申請人が法人であるときは、その代表者の氏名も申請情報の内容とする。

　(チ)　代理人の表示（工抵規則18条1項、登記令3条3号）

　代理人によって登記を申請するときは、当該代理人の氏名又は名称及び住所並びに代理人が法人であるときはその代表者の氏名を申請情報の内容とする。なお、申請人又は代理人の電話番号その他の連絡先も申請情報の内容とする（規則34条1項1号）。

(リ)　申請の年月日及び登記所の表示（規則34条1項7号・8号）
(4) **添付情報**
　(イ)　抵当権消滅について抵当権者の承諾があったことを証する情報（工抵法42条ノ5後段）

　抵当権の目的となっている工場財団を分割するには、分割後の特定の1個の工場財団を除くその他の工場財団について、抵当権が消滅することを抵当権者において承諾することを要するので（工抵法42条ノ2第3項）、抵当権の目的となっている工場財団の分割の登記の申請情報と併せて、この抵当権者の承諾のあったことを証する情報を提供しなければならない。分割前の工場財団に、抵当権者を異にする数個の抵当権の登記がされている場合には、分割によって抵当権が消滅する工場財団について、抵当権者の全員がその抵当権の消滅を承諾していることを要するので、その全員の承諾のあったことを証する情報を提供すべきである。この承諾があったことを証する情報は、工場財団の分割を承諾するものでなく、分割後のどの工場財団につき抵当権の消滅を承諾しているかが明らかなものであることを要し、また、分割の登記の申請情報の内容である抵当権の消滅する工場財団の表示とこの承諾を証する情報における抵当権の消滅する工場財団の表示とは一致していなければならない。

　なお、この承諾があったことを証する情報には、当該抵当権者の印鑑に関する証明書を添付しなければならず（登記令19条2項）、抵当権者が会社その他の法人であるときは、会社法人等番号又は同意をする代表者の資格を証する登記事項証明書等の提供も要する。

　(ロ)　申請書の写し（規則附則15条2項）

　登記原因を証する書面は初めから存在せず、また、工場財団登記簿はコンピュータ化されていないため、申請書と同一内容を記載した書面の提供を要する（規則附則15条2項）。

　(ハ)　会社法人等番号又は資格証明情報（登記令7条1項1号）

　申請人が会社その他の法人であるときは、会社法人等番号を有する法人にあっては当該法人の会社法人等番号を、その他の法人にあっては当該法人の資格証明情報（作成後3か月以内のもの（登記令17条1項））を提供しなければならない。ただし、当該法人の代表者の資格を証する登記事項証明書（作成後1か月以内のもの（規則36条2項））又は支配人等の権限を証する登記事項証明書（作成後1か月以内のもの（同項））を提供したときは、会社法人等番号の提供を要

しない（同条1項）。

(ニ) 代理権限証明情報（登記令7条1項2号）

代理人によって登記を申請するときは、当該代理人の権限を証する委任状等の提供を要する。

(ホ) 分割後の工場財団の管轄登記所の指定があったことを証する情報（工抵規則19条）

工場財団の分割により、分割後の工場財団でその組成する工場が分割前の工場財団の管轄登記所の管轄地内に存在しないこととなったときは、分割の登記をした後、登記官は、その分割後の工場財団に関する登記記録及び工場財団登記簿の附属書類又はその謄本並びに工場財団目録を工抵法17条の規定による管轄登記所に移送すべきこととされている（工抵規則31条）。

そこで、例えば、甲登記所管轄地内にあるＡ工場、乙登記所管轄地内にあるＢ工場及び丙登記所管轄地内にあるＣ工場について甲工場財団が設定され、管轄登記所が甲登記所と指定されていた場合において、その工場財団をＡ工場につき甲工場財団、Ｂ工場につき乙工場財団、Ｃ工場につき丙工場財団と分割するときは、各工場財団の管轄登記所は工抵法17条1項の規定により明らかである。しかし、この例とは異なり、このＣ工場が乙登記所と丙登記所の管轄地にまたがっており、このＣ工場を丁工場財団として分割する場合や、Ｂ及びＣの2個の工場につき戊工場財団として分割する場合は、この丁工場財団や戊工場財団の管轄登記所は、工抵法17条1項の規定によっては定まらず、同条2項の規定による管轄登記所の指定を要し、登記官は、この指定された管轄登記所に分割後の工場財団に関する登記記録等を移送することとなる。

したがって、これらの場合には、申請人（工場の所有者）は、分割の登記の申請をする前に、工抵法17条2項の規定により、分割後の工場財団についての管轄登記所の指定を受け、その指定があったことを証する情報（管轄登記所指定書。財団準則附録第1号の様式によるもの）を分割の登記の申請情報と併せて提供しなければならないのである。

9066 工場財団の分割登記申請と社債権者集会の決議書面添付の要否

問　　工場財団の分割の登記を申請する場合において、当該工場財団に

抵当権設定の登記が存するときは、抵当権消滅について抵当権者の承諾があったことを証する情報を提供すべきものとされているが、この抵当権が担保付社債信託法による社債の担保であるときは、申請情報と併せて社債権者集会の決議があったことを証する情報の提供を要するか。

| 結 論 | 担保付社債信託法41条1項の規定による受託会社（抵当権者）、委託者（工場の所有者・抵当権設定者）及び受益者である社債権者による合意があったことを証する情報を提供する場合には、同条2項の社債権者集会の決議があったことを証する情報も提供すべきである。ただし、担保の変更後における担保の価額が未償還の担保付社債の元利金を担保するのに足りる場合には、受託会社及び委託者の合意によって、抵当権消滅についての抵当権者の承諾をすることができるので（同条3項）、この場合には社債権者集会の決議があったことを証する情報の提供は不要である。

| 説 明 |　工場財団の分割は、分割後の数個の工場財団のうち1個の工場財団以外の1個又は数個の工場財団について抵当権が消滅することになるのだから（工抵法42条ノ2第2項）、当該工場財団に設定されている抵当権が担保付社債信託法による社債の担保であるであるときは、担保付社債信託法41条1項にいう「担保付社債に係る担保の変更」に該当し、抵当権者である受託会社が工抵法42条ノ2第3項の抵当権の消滅を承諾するには、受託会社（抵当権者）、委託者（工場の所有者・抵当権設定者）及び受益者である社債権者の合意によることとなり（担保付社債信託法41条1項）、また、受益者である社債権者の合意の意思決定は社債権者集会の決議によることとなる（同条2項）。ただし、担保の変更後における担保の価額が未償還の担保付社債の元利金を担保するのに足りるときは、担保付社債に係る担保の変更は、受託会社及び委託者の合意によって、することができる（同条3項）。

　したがって、工場財団の分割の登記を申請する場合において、当該工場財団に抵当権設定の登記が存するときの抵当権消滅について抵当権者の承諾があったことを証する情報としては、担保付社債信託法41条1項の規定による受託会社、委託者及び受益者である社債権者による合意があったことを証する情報又は同条3項の規定による受託会社及び委託者の合意があったことを証する情報を提供すべきであるが、同条1項の合意によって抵当権消滅についての抵当権

者が承諾をする場合には、当該合意に係る意思決定について同条2項の社債権者集会の決議があったことを証する情報も提供すべきである。

第9項　工場財団の合併

9067　工場財団の合併の意義

問　工場財団の合併は、どのような意義を有するか。

結論　工場財団の合併とは、同一の所有者に属する数個の工場財団を、合併の登記によって、1個の工場財団とすることであり、抵当権の目的とされている工場財団に、抵当権の目的とされていない他の工場財団を追加担保として加え、あるいは、いずれも抵当権の目的とされていない数個の工場財団をもって1個の工場財団を設けることによって、追加担保の円滑化ないし工場財団の担保価値の増大化を図ることができるようにすることで、財団抵当制度の利用者の実際的便宜に応えるものである。

説明　工場財団の合併とは、同一の所有者に属する数個の工場財団を、合併の登記によって、1個の工場財団とすることである（工抵法42条ノ3第1項）。例えば、抵当権が設定されている甲工場財団の担保価値の増大化を図るために、乙工場財団を追加担保とするには、乙工場財団にも抵当権を設定して、甲工場財団に設定された抵当権と共同担保関係とする方法もあり得るが、甲工場財団と乙工場財団を合併して1個の工場財団とすることで、甲工場財団に設定されていた抵当権の効力を合併後の工場財団の全部に及ぼす（同条2項参照）という簡便な方法によってもすることができる。

このように、工場財団の合併は、抵当権の目的とされている工場財団に、抵当権の目的とされていない他の工場財団を追加担保として加え、あるいは、いずれも抵当権の目的とされていない数個の工場財団をもって1個の工場財団を設けることによって、追加担保の円滑化ないし工場財団の担保価値の増大化を図ることができるようにすることで、財団抵当制度の利用者の実際的便宜に応えるものである。

ただし、合併後の工場財団に関する抵当権の権利関係の複雑化を防止するた

めに、工場財団の合併の要件として、合併しようとする工場財団のいずれの登記記録にも所有権及び抵当権の登記以外の登記がないことのほか、合併しようとする数個の工場財団のうち2個以上の工場財団に既登記の抵当権がないことが、求められている（工抵法42条ノ3第1項ただし書）。

また、工場財団の合併は、合併の登記をすることによってされるものであるから（工抵法42条ノ4）、合併の登記は、工場財団の合併の効力発生要件である。

9068 工場財団の合併の要件

問 工場財団の合併については、どのような要件を必要とするか。

結論 ①合併しようとする工場財団が同一の所有者に属すること、②合併しようとする工場財団のいずれの登記記録にも所有権及び抵当権の登記以外の登記がないこと、及び、③合併しようとする数個の工場財団のうち2個以上の工場財団につき既登記の抵当権がないことの要件を全て満たしていることが必要である。

説明 工場財団の合併は、合併後の工場財団に関する抵当権の権利関係の複雑化を防止するために、一定の場合に制限されており、その具体的な要件は以下のとおりであり、これらの要件の全てを満たす必要がある。

(1) **合併しようとする工場財団が同一の所有者に属すること**

同一の所有者に属しない数個の工場財団は、合併することができない。工場財団は、各別の所有者に属する数個の工場につき設定することができるが（工抵法8条1項後段）、各別の所有者に属する数個の工場財団の合併は認められない。なお、同一の共有関係にある数個の工場財団は合併することができる。

(2) **合併しようとする工場財団のいずれの登記記録にも、所有権及び抵当権の登記以外の登記がないこと**

「合併セントスル工場財団ノ登記記録ニ所有権及抵当権ノ登記以外ノ登記アルトキ」は、工場財団の合併をすることができない（工抵法42条ノ3第1項ただし書）。すなわち、所有権及び抵当権の登記以外の登記がされている工場財団は、同様の登記がされていない工場財団とはもちろん、同様の登記がされている他の工場財団とも合併することができない。そして、「所有権及抵当権ノ登記」とは、所有権保存及び移転の登記並びに抵当権の設定、移転及び変更の登

記等を指称するものであり、「所有権及抵当権ノ登記以外ノ登記」とは、所有権に関する登記及び抵当権に関する登記から「所有権及抵当権ノ登記」を除いたものであって、例えば、民事執行法による差押えの登記（同法48条、111条、188条、195条）、仮差押え又は仮処分の登記（民事保全法47条、53条）、国税徴収法による差押えの登記（同法68条3項）若しくは所有権又は抵当権に関する仮登記等を指称するものである。

(3) 合併しようとする数個の工場財団のうち2個以上の工場財団につき既登記の抵当権がないこと

「合併セントスル数個ノ工場財団ノ内二個以上ノ工場財団ニ付既登記ノ抵当権アルトキ」は、工場財団の合併をすることができない（工抵法42条ノ3第1項ただし書）。すなわち、合併しようとする数個の工場財団が全て既登記の抵当権の目的となっていない場合、又はそのうち1個の工場財団のみが既登記の抵当権の目的となっている場合は、合併をすることができるが、既登記の抵当権の目的となっている工場財団が2個以上あるときは、合併をすることができない。抵当権設定の登記がされている2個以上の工場財団の合併を認めると、これらの数個の抵当権の順位をいかにすべきかという問題が生じ、権利関係が複雑となるからである。

なお、合併しようとする数個の工場財団のうち1個の工場財団のみが既登記の抵当権の目的となっている場合であれば、同一の工場財団に複数の抵当権が設定されていても、この要件は満たすこととなる。

おって、もともと共同担保として同一の被担保債権を担保するために、数個の工場財団に同一の抵当権設定の登記がされていて、しかも、このほかに抵当権は設定されていない場合には、工場財団の合併を認めても格別権利関係が複雑になるわけでもないし、また、手続上の便宜から1個の工場財団とする実益もないわけではないが、このような場合の合併は認められていない。もっとも、あらかじめ抵当権者の了解の下に、1個の工場財団を除く他の工場財団について、まず抵当権の登記を抹消して、既登記の抵当権の目的となっている工場財団を1個にした後に、合併の登記をすれば、合併後の工場財団には、抵当権の効力が全部に及ぶこととなるから（工抵法42条ノ3第2項）、抵当権者の権利を害することもなく、合併をすることはできることとなる。

9069 工場財団の合併と管轄登記所

問 数個の登記所の管轄に属する2個以上の工場財団の合併の登記の管轄登記所は、どのようにして定められるか。

結論 合併しようとする数個の工場財団が数個の登記所の管轄に属するときは、管轄登記所の指定の申請をして、その指定を受ける必要があるが、合併しようとする数個の工場財団のうち、既登記の抵当権の目的である工場財団があるときは、その工場財団の登記をしている登記所が管轄登記所となる。

説明 工場財団の合併の登記を申請する場合、その管轄登記所は、合併前の工場財団の登記がされている登記所であり、合併しようとする数個の工場財団が同一の登記所の管轄に属するときは、もちろんその登記所が管轄登記所となる。本問のように、合併しようとする数個の工場財団が数個の登記所の管轄に属するときは、工場財団の合併の登記の申請前に、申請人（工場の所有者）が、管轄登記所の指定の申請をし、その指定を受けた登記所が管轄登記所になる（工抵法17条2項・3項、管轄指定省令1条）。ただし、合併しようとする数個の工場財団のうち、既登記の抵当権の目的である工場財団があるときは、合併の登記手続を簡略化するため、管轄登記所の指定を受けることなく、その工場財団の登記をしている登記所が管轄登記所となる（工抵法17条3項ただし書）。

なお、合併しようとする数個の工場財団が数個の登記所の管轄に属し、その工場財団がいずれも抵当権の目的になっていない場合には、管轄登記所の指定を申請し、その指定された登記所が管轄登記所になるところ、例えば、甲登記所の管轄に属するA工場財団と、乙登記所の管轄に属するB工場財団とを合併しようとする場合において、そのA、B2個の工場財団のいずれにも抵当権設定の登記がされていないときは、まず、申請により甲、乙いずれかの登記所をその工場財団の合併の登記の管轄登記所として指定を受けて、その指定を受けた登記所に合併の登記の申請をすることになる。

そして、この管轄登記所の指定は、合併しようとする工場財団の管轄登記所のうちから指定するのであって、仮に、この甲登記所の管轄に属するA工場財団が甲登記所の管轄地内にある工場と丙登記所の管轄地内にある工場で組成さ

れ、乙登記所の管轄に属するＢ工場財団が乙登記所の管轄地内にある工場と戊登記所の管轄地内にある工場で組成されていても、Ａ工場財団及びＢ工場財団の管轄登記所である甲登記所又は乙登記所のいずれかが管轄登記所として指定され、丙登記所又は戊登記所が管轄登記所として指定されることはない。

　また、管轄登記所の指定を受けて所有権保存の登記をした工場財団とそうでない工場財団とを合併する場合においても、後者の工場財団に抵当権設定の登記が存する場合には、後者の工場財団の登記がしてある登記所が（管轄登記所指定を受けることなく）、当然に合併登記の管轄登記所であり、工場財団の所有権保存の登記の際に管轄登記所の指定を受けていることについては何ら考慮することを要しない。

9070　工場財団の合併の登記の申請手続

問　工場財団の合併の登記の申請は、どのような手続によるべきか。
結論　**工場財団の合併を登記の目的とし、また、管轄登記所を異にする数個の工場財団の合併を申請する場合において、いずれの工場財団も抵当権の目的となっていないときは、管轄登記所の指定があったことを証する情報を申請情報と併せて提供するほかは、工場財団の登記の申請一般の申請情報及び添付情報と同様である。**

説明　工場財団の合併は、その登記をすることによってされるものであり（工抵法42条ノ4）、合併の登記は、工場財団の合併の効力発生要件であるところ、その申請手続は、次のとおりである。

(1)　前提登記

　工場財団の合併の登記の申請情報の内容とすべき工場財団の表示は、登記記録における表示と符合していることを要する。したがって、登記記録における工場財団の表示として各工場についての「工場ノ名称及位置」「主タル営業所」及び「営業ノ種類」（工抵法21条3項）が合併の登記の申請時において異なっているときには、まず、工場財団の表示の変更又は更正の登記を申請して、登記記録の表示を真実に合致させた上で、その表示を申請情報の内容とすべきである。

(2)　合併登記の管轄登記所

　工抵法17条の規定によって定まることとなる。

(3) 申請情報の内容

　工場財団の合併の登記の申請情報の内容は、工抵法42条ノ5の規定による事項のほか、工場財団の登記の申請一般に関する工抵法21条3項の規定による事項であり、具体的には、次のとおりである。

　(イ)　工場財団の表示（工抵法21条1項1号～3号・3項）

　　(i)　合併しようとする工場財団の表示

　工場財団の表示の第一として、合併しようとする工場財団を申請情報の内容とする。この場合の表示としては、当該工場財団を組成する工場について工抵法21条1項1号から3号までに掲げる事項（「工場ノ名称及位置」「主タル営業所」「営業ノ種類」）を記録する。

　なお、合併しようとする工場財団のうち合併の登記を申請する登記所以外の登記所の管轄に属するものがある場合には、その工場財団の表示として、この事項以外にその本来の管轄登記所及び登記番号（例えば、何地方法務局何出張所登記第何号）を付記するのが相当である。これは、登記官が行う管轄登記所への通知の便に供するためである（工抵規則32条1項参照）。また、抵当権の目的となっている工場財団と他の工場財団を合併する場合には、工抵法17条3項ただし書による法定の管轄を申請情報の内容として明確にするため、抵当権の目的となっている工場財団につき、その旨を付記する。

　　(ii)　合併後の工場財団の表示

　工場財団の表示の第二としては、合併後の工場財団を申請情報の内容とする。この場合の記録としては、やはり工抵法21条1項1号から3号までに掲げる事項（「工場ノ名称及位置」「主タル営業所」「営業ノ種類」）であり、工場ごとに、これらの事項を記録するのが適当である。そして、これらの事項は、もちろん(i)において各工場について記録されたものと一致していることを要する。

　(ロ)　登記の目的（工抵法42条ノ5、工抵規則18条1項、登記令3条5号）

　「登記の目的」として「工場財団の合併の登記」と記録する。なお、工場財団の合併は、その登記をすることによって効力が生じ（工抵法42条ノ4）、登記原因は存在しないので、「登記の原因及びその日付」（登記令3条6号）は不要である。

　(ハ)　登録免許税額（規則189条1項）

　工場財団の合併の登記は、「変更の登記」に該当し（税法別表第一の五の

(七)、昭27.6.20第854号通達)、財団の数を課税標準として、１個につき6,000円である。そして、課税標準となる財団の数については、特段の規定がないが、合併後の財団の個数と解するのが相当である。すなわち、合併後の工場財団の数を課税標準として、その１個につき6,000円の登録免許税が課されるので、その登録免許税額を申請情報の内容とする。

　㈠　添付情報の表示（規則34条１項６号）

　㈥　「申請人の表示」（工抵規則18条１項、登記令３条１号・２号）

　工場財団の所有者（所有権の登記名義人）が申請人であるときは、登記記録の表示と一致していなければならない。また、申請人が法人であるときは、その代表者の氏名も申請情報の内容とする。

　㈦　代理人の表示（工抵規則18条１項、登記令３条３号）

　代理人によって登記を申請するときは、当該代理人の氏名又は名称及び住所並びに代理人が法人であるときはその代表者の氏名を申請情報の内容とする。なお、申請人又は代理人の電話番号その他の連絡先も申請情報の内容とする（規則34条１項１号）。

　㈧　申請年月日及び登記所の表示（規則34条１項７号・８号）

(4)　添付情報

　㈠　申請書の写し（規則附則15条２項）

　登記原因を証する書面は初めから存在せず、また、工場財団登記簿はコンピュータ化されていないため、申請書と同一内容を記載した書面の提供を要する（規則附則15条２項）。

　㈡　会社法人等番号又は資格証明情報（登記令７条１項１号）

　申請人が会社その他の法人であるときは、会社法人等番号を有する法人にあっては当該法人の会社法人等番号を、その他の法人にあっては当該法人の資格証明情報（作成後３か月以内のもの（登記令17条１項））を提供しなければならない。ただし、当該法人の代表者の資格を証する登記事項証明書（作成後１か月以内のもの（規則36条２項））又は支配人等の権限を証する登記事項証明書（作成後１か月以内のもの（同項））を提供したときは、会社法人等番号の提供を要しない（同条１項）。

　㈢　代理権限証明情報（登記令７条１項２号）

　代理人によって登記を申請するときは、当該代理人の権限を証する委任状等の提供を要する。

(ニ) 管轄登記所の指定があったことを証する情報（工抵規則19条）

　管轄登記所を異にする数個の工場財団を合併しようとする場合において、いずれの工場財団も抵当権の目的となっていないときは、工抵法17条3項本文の規定により、管轄登記所の指定を要するので、このときは、申請人は、合併の登記を申請する前に、同項において準用する同条2項の規定により、合併後の工場財団についての管轄登記所の指定を受け、その指定があったことを証する情報（管轄登記所指定書。財団準則附録第1号の様式によるもの）を合併の登記の申請情報と併せて提供しなければならない（工抵規則19条）。

第10項　組成物件の分離

9071　差し押さえられた工場財団の組成物件の分離と差押権者の同意の要否

問　工場財団につき、滞納処分による差押えが行われ、その登記がされている場合において、組成物件の一部を分離するには、この差押権者の同意を要するか。

結論　**差押権者の同意を要しない。なお、抵当権者の同意は要する。**

説明　抵当権者の同意を得た上であれば、工場財団の組成物件の一部を当該財団から分離することができ、抵当権の効力は、この分離物件には及ばず、その物について消滅する（工抵法15条1項）。また、抵当権者の同意を証する情報の提供がなければ、分離による工場財団目録の記録の変更の登記をすることができない（工抵法38条2項）。

　すなわち、抵当権者の同意を得ることなく、組成物件の一部を分離することは、法令上認められておらず、また、物理的に切り離したとしても、工場財団目録の記録を変更しない限り、組成物件の一部の分離を抵当権者に対して主張することはできない。これは、工場財団の組成物件の一部の分離が抵当権者にとって不利益をもたらすことは明らかなので、抵当権者の利益保護のために、その同意がなければ分離することができないとしたのである。

　ところで、工場財団の登記記録に滞納処分による差押えの登記がされているときは、その差押権者にとっても、組成物件の一部の分離が不利益であること

は、抵当権者と同様である。しかし、差押権者は、分離された物件について、改めて差押えをすることもできるわけであって、分離についての抵当権者の不利益とは、この点に関し趣を異にし、また、工場財団は、抵当権の目的とするためにのみ設定され、その存立の意義を有するのであり、工抵法においては、分離について差押権者の同意を必要とする旨の規定を設けていない。

したがって、工場財団の組成物件の一部を分離するために、差押権者の同意は要しない（昭30.6.6第1146号回答）。なお、分離の登記をした場合は、その旨を差押登記の嘱託官庁に通知する扱いが相当とされている（同回答）。

第11項　工場財団及びその組成物件の賃借権

9072　工場財団の賃借権設定の登記の可否

問　工抵法14条2項において、「工場財団ハ所有権及抵当権以外ノ権利ノ目的タルコトヲ得ス但シ抵当権者ノ同意ヲ得テ之ヲ賃貸スルハ此ノ限ニ在ラス」と規定しているが、工場財団について、賃借権の設定の登記をすることができるか。

結論　**工場財団について、賃借権の設定の登記をすることはできない。**

説明　工場財団は、所有権及び抵当権以外の権利の目的とすることはできないが、例外として、抵当権者の同意を得たときに限り、賃貸借の目的とすることができるとされている（工抵法14条2項ただし書）。これは、抵当権は、本来その目的物について、その使用収益を設定者に自由に行わせ（民法369条1項）、抵当権者がその交換価値を把握するものであり、工場財団も、法律上1個の不動産とみなされるから（工抵法14条1項）、土地及び建物と同様に、抵当権設定者（工場の所有者）は、自由に工場財団を賃貸借の目的としても差し支えないように思われる。

しかしながら、工場財団は、土地及び建物とは異なり、工場経営上必要な諸々の生産設備及び権利の集合体であって、抵当権者は、究極においては、その工場財団の交換価値を把握し、競売代金から優先弁済を受けることを企図するものではあるものの、抵当権の実行はむしろ好むところでなく、その工場財団をもってする生産活動から得られる企業収益の配分を、利息の名目において

受け、さらに、その収益によって債権の弁済を受けることを所期するのであると考えられる。

　したがって、抵当権者は、誰がその工場財団をもって企業経営するかについて、極めて重大な関心を有しており、その利害の影響するところが多いのである。そこで、工場財団を賃貸借の目的とすることは、取引の相手方である工場の所有者以外の者の手によって工場が経営されるのだから、抵当権者に利害関係があるものとして、工抵法は、工場財団の賃貸借について、抵当権者の同意を要することとして、工場の所有者の収益権と抵当権者の利益とを調整しているのである。

　そして、工場財団の所有者（抵当権設定者）が、抵当権者の同意を得て、工場財団の賃貸をした場合、工場財団登記簿に当該賃貸に関する事項（賃借権）を登記することができるかどうかが問題となる。しかしながら、工場財団登記簿の権利に関する登記記録の内容を定めた工抵法20条3項の規定によれば、登記財団登記簿の登記記録中権利部には所有権及び抵当権に関する事項を記録するものとし、賃借権の登記を記録することとはされていない。したがって、抵当権者の同意を得て工場財団に賃借権を設定しても、その対抗要件を備えるための登記をすることができない（昭28．3．3第323号回答参照）。なお、抵当権者の同意があれば、賃借権の登記をしなくても、その同意によって対抗要件を備えたことになるかが問題となり得る。

　不動産賃貸借の対抗力を規定した民法605条は、不動産の賃借権は、これを登記したときは、その後その不動産について物権を取得した者に対しても、その効力を生じるとして、登記を対抗要件としている。そして、工場財団も1個の不動産とみなされるところ（工抵法14条1項）、特別の規定がない以上、民法の規定が適用され、その賃借権の対抗要件についても、民法の規定に従うべきであり、工場財団の賃借権に関しては、その登記をすることは認められていないので、工場財団の賃借権については、対抗要件を具備することはできない。したがって、抵当権者の同意を得た工場財団の賃借権であっても、当該工場財団について、抵当権が実行された場合はもちろん、売買等により所有権が移転した場合にも、当該賃借権は、新しい所有者に対抗することはできない。

9073 工場財団の賃貸借とその留意点

問 工抵法14条2項ただし書の規定によれば、工場財団は、抵当権者の同意を得て賃貸借の目的とすることができるものとされているが、この場合、どのような点に留意すべきか。

結論 抵当権の目的となっている工場財団の賃貸借については、抵当権者の同意は賃貸借の成立要件であり、また、賃貸借成立後に新たに抵当権が設定された場合には、その抵当権者の同意を必要とし、その同意が得られないときは、賃貸借は将来に向かって効力を失うこととなる。抵当権の目的となっていない工場財団の賃貸借についても、賃貸借成立後に新たに抵当権が設定された場合には、その抵当権者の同意を必要とし、その同意が得られないときは、賃貸借は将来に向かって効力を失うこととなる。

説明 工場財団は、所有権及び抵当権以外の権利の目的とすることはできないが、例外として、抵当権者の同意を得たときに限り、賃貸借の目的とすることができるとされているところ（工抵法14条2項ただし書）、この場合、留意すべき点は、次のとおりである。

(1) 抵当権の目的となっている工場財団の賃貸借

(イ) 抵当権者の同意と賃貸借の対抗力

工場財団について抵当権者の同意を得て賃貸借がされた場合であっても、その登記をすることはできず、また、工場財団が、抵当権の実行により競落され、又は任意に譲渡（売却）された場合には、当該賃借権を買受人に対抗することができない。

(ロ) 抵当権者の同意が賃貸借の成立要件かどうか

抵当権者の同意を得ないで賃貸借契約がされても、その契約は無効であって、工場財団の所有者（賃貸人）と賃借人との間においても賃借権が成立しないものと解すべきか、それとも、民法612条の規定による賃借権の譲渡又は転貸が賃貸人の承諾なしにされてもその譲渡又は転貸は無効ではなく、ただ賃貸人に対抗することができない（賃貸人に対する関係では、譲渡又は転貸がない）ものと解されているのと同じように、抵当権者の同意を得ないで賃貸借契約がされても、その契約は、抵当権者に対抗することができないだけであって、工

場財団の所有者（賃貸人）と賃借人との間においては有効に賃借権が成立しているものと解すべきかどうかが、工抵法14条2項ただし書の規定上必ずしも明確ではない。

この問題は、結局、前記の抵当権者の同意と賃借権の対抗力の問題に密接に関連があると考えられる。

すなわち、抵当権者の同意を得て工場財団の賃貸借がされても、当該同意がいわゆる対抗要件である（すなわち、同意を得た賃貸借は、工場の所有者（抵当権設定者）が工場財団を譲渡したとしても消滅することなくその買受人に対抗することができる）と解されるのであれば、同意を得ない賃貸借は抵当権者に対抗することができないだけであって当事者間では有効だと解することができるが、そのように解されないのであれば、同意を得ない賃借権は抵当権者に対抗することができないだけではなく当事者間でも無効であると解することが整合的である。それは、同意を得ない賃貸借が当事者間では有効であると解されるのならば、特に工場財団の賃貸借について抵当権者の同意を得ることを要するものと規定する必要がないといえるからである（同意を得ても得なくても、対抗することができないならば、同意を必要とすることが無意味である）。

加えて、工場財団（不動産とみなされる）を抵当権の目的とした場合でも、民法上の抵当権と同様であれば、抵当権はその目的物の交換価値を把握しているものであり、抵当権設定者は、目的物を自由に使用収益することができるのだから、工場財団についても、抵当権設定者は、当該工場財団を自由に（抵当権者の同意等を要せずして）使用収益することができるはずである。

しかしながら、工抵法においては、工場財団は所有権及び抵当権以外の権利の目的とすることができないとした上で、その例外として抵当権者の同意を得て、工場財団の賃貸借をすることができるものとしているのであるから、この抵当権者の同意は、工場財団の賃貸借のいわゆる対抗要件ではなく、成立要件と解するのがやはり整合的であるといえる。

(ハ) 賃貸借後に新たに抵当権が設定された場合

工場財団について賃貸借をする場合に、同意を要する抵当権者は、賃貸借契約の締結の際における全ての抵当権者であることはいうまでもなく、その一部の抵当権者の同意を得たのみでは、賃貸借についての同意があったことにはならない。

そこで、賃貸借契約の締結の際に、全ての抵当権者の同意を得て、賃貸借が

有効に成立した後において、新たに抵当権が設定された場合、賃貸借と新たな抵当権者の同意との関係が問題になる。

　すなわち、賃貸借成立後に新たに設定された抵当権の抵当権者の同意を更に必要とし、その同意が得られないときには賃貸借は将来に向かって効力を失うものと解すべきか、又は賃貸借成立後に新たに設定された抵当権の抵当権者の同意を必要とせず、賃貸借は有効に存続するものと解すべきかが問題となる。

　前記のように、工場財団の賃貸借については、その登記が認められず、公示方法がないから、新たに設定された抵当権についてはその抵当権者の同意を要しないとすることは、抵当権者の利益を害するおそれがあるとも考えられるかもしれない。

　他方で、同意を得た賃貸借でも、抵当権の実行の場合や売買等の場合に、買受人が対抗することができるのであれば、賃貸借成立後に新たに設定された抵当権の抵当権者には何ら不利益を与えないから、当該抵当権者の同意を必要としないと解することもできる。

　しかしながら、抵当権の実行等の場合に、同意を得た賃貸借であっても、買受人に対抗することができないという事情は、賃貸借契約の締結の際に存する抵当権者についても同様であって、工場財団の賃貸借については、抵当権者の同意を必要としているのだから、有効に賃貸借が成立した後に、新たに抵当権が設定された場合であっても、その抵当権者の同意を必要とすると解するのが首尾一貫した解釈であると考えられる。

　もっとも、このように解した場合、その同意が得られなかったときは賃貸借が将来に向かって効力を失うものと解することとなるが、いつからその効力が失われるかが問題となる。新たに抵当権が設定されたときからであるのか、それとも、同意を得られないことが確定したときからであるのかの問題であるが、この点については、やはり同意が得られないときは、遡って新たに抵当権が設定されたときから、賃貸借は効力を失ったものと解するのが相当である。

(2) **抵当権の目的となっていない工場財団の賃貸借**

　抵当権の目的となっていない工場財団について、賃貸借をすることができるのはもちろんであって、この場合、抵当権者が存しないから、その同意は問題とならない。しかし、抵当権が存在しない間に工場財団について賃貸借がされ、その後抵当権が設定された場合、その抵当権者の同意を要するかどうか、また同意を要するとした場合に、その同意が得られないときには賃借権がどう

なるかが問題となる。この点に関しては、既述の抵当権者の同意を得て工場財団について賃貸借がされた後、新たに抵当権が設定された場合と同じように、その抵当権者の同意を得る必要があり、その同意が得られないときには、賃貸借は、将来に向かって効力を失うものと解する。

9074 工場財団の組成物件の賃借権の設定の登記の可否

問 工抵法13条2項において、「工場財団ニ属スルモノハ之ヲ譲渡シ又ハ所有権以外ノ権利、差押、仮差押若ハ仮処分ノ目的ト為スコトヲ得ス但シ抵当権者ノ同意ヲ得テ賃貸ヲ為スハ此ノ限ニ在ラス」と規定しているが、工場財団に属する不動産について、賃借権の設定の登記をすることができるか。

結論 工場財団に属する不動産について、賃借権の設定の登記をすることはできる。

説明 工場財団に属する不動産は、抵当権者の同意を得て、賃貸借をすることができるが（工抵法13条2項ただし書）、この賃貸借について、抵当権者の同意を要する趣旨は、工抵法14条2項ただし書の規定による工場財団の賃貸借の場合と同じであり、また、抵当権者の同意（数人の抵当権者が存するときは、その全員の同意）が賃貸借の成立要件である（東京高判昭44．7．17判時572号32頁）ことも、工場財団の賃貸借の場合と同様である。

ただし、工場財団については、その賃借権の登記をすることが認められていないが（工抵法20条3項参照）、不動産（土地及び建物）については、不動産登記法3条8号の規定によりその賃借権の登記が認められているので、工場財団に属する不動産について、賃借権の設定の登記をすることはできるかどうかは、工場財団の賃貸借と同様に論じることはできない。

この問題は、換言すれば、工抵法34条1項の規定による財団に属した旨の記録がされている土地又は建物について、賃借権の登記をすることができるかどうかである。

ところで、工抵法においては、工場財団に属する土地又は建物について、所有権移転の登記又は所有権以外の権利の設定若しくは保存登記の申請があった場合に、当該申請を却下すべき旨の直接の明文規定がない。しかし、同法13条2項本文の規定により、工場財団に属する土地又は建物については、「之ヲ譲

渡シ又ハ所有権以外ノ権利……ノ目的ト為スコトヲ得ス」とされているので、仮に工場財団に属する土地又は建物について、譲渡がされ、又は所有権以外の権利が設定されたとしても、その譲渡又は設定は実体上無効であるから、このような無効な原因による所有権の移転又は所有権以外の権利の設定の登記の申請があっても、不動産登記法25条13号及び不動産登記令20条8号の規定により、当該申請に係る登記が民法その他の法令の規定により無効とされることが申請情報若しくは添付情報又は登記情報から明らかであるときに該当するものとして、当該申請は却下されることとなる（なお、当該不動産の登記記録には工場財団に属したる旨の記録がされていることから（工抵法34条1項）、当該不動産が工抵法14条2項の規定による処分の制限を受けることは登記記録から明らかである）。

　すなわち、工場財団に属する土地又は建物について、所有権の移転又は所有権以外の権利の設定の登記は、することができない。

　しかしながら、賃貸借については、工抵法13条2項ただし書の規定により、抵当権者の同意を得てすることができるとする例外が認められている。

　したがって、工場財団に属する土地又は建物については、その登記記録には工場財団に属したる旨の記録がされているが、抵当権者の同意を得て賃借権を設定することができ、その賃借権の設定の登記の申請があった場合には、不動産登記法25条13号及び不動産登記令20条8号に規定するときには該当せず、当該登記がされることになる（昭41.12.20第851号回答）。もちろん、その賃借権の設定の登記を申請する場合には、不動産登記令7条1項5号ハの規定により、当該賃借権について当該工場財団の抵当権者全員の同意を証する情報（その情報が記載された書面に記名押印した抵当権者の印鑑に関する証明書、及び抵当権者が法人である場合には、当該法人の会社法人等番号又は資格証明情報を含む）を提供すべきことはいうまでもない。

9075　工場財団の所属不動産の賃貸借とその留意点

問　工抵法13条2項ただし書の規定によれば、工場財団に属する不動産は、抵当権者の同意を得て賃貸借の目的とすることができるものとされているが、この場合、どのような点に留意すべきか。

結論　抵当権の目的である工場財団に属する不動産の賃貸借には、登記することができ、登記された賃借権は、その後、その目的である

不動産について物権を取得した者に対してもその効力を生じ、また、新たな抵当権の抵当権者に対しても対抗することができる。抵当権の目的となっていない工場財団に属する不動産の賃借権については、当該賃貸借をすることはもちろんのこと、その登記もすることができるところ、この賃借権の設定の登記を申請する場合には、当該工場財団登記簿に抵当権の登記がないことを証する情報を提供すべきである。

説明 　工場財団に属するものは、これを譲渡し、又は所有権以外の権利、差押え、仮差押え若しくは仮処分の目的とすることはできないが、例外として、抵当権者の同意を得たときに限り、賃貸借の目的とすることができるとされているところ（工抵法13条2項ただし書）、この場合、留意すべき点は、次のとおりである。

(1) 抵当権の目的である工場財団に属する不動産の賃貸借

　工場財団に属する不動産は、抵当権者の同意を得て賃貸借の目的とすることができ（工抵法13条2項ただし書）、当該賃借権は登記することができるものとされている。そして、登記された賃借権は、民法605条の規定により、当該賃借権の目的である土地又は建物について物権（所有権）を取得した者に対してもその効力を生じることとされており、当該土地又は建物が工場財団に属するものである場合（当該土地又は建物の登記記録に、工抵法34条1項の規定により財団に属した旨の記録がされている場合）であっても、民法605条の規定は適用されるものと解される。

　なお、賃借権の目的たる土地又は建物について物権を取得する者としては、工場財団について、売買等がされ、又は抵当権が実行され、若しくは強制競売若しくは滞納処分が実行されたことにより、工場財団、したがって、それに所属する土地又は建物の所有権を取得した者のみである。それは、これらの場合以外に所有権を譲渡したり、その他の物権を設定したりすることは、工抵法13条2項本文の規定からあり得ないからである。また、工場財団の競売等の場合に、工抵法46条の規定により、個々のものとして土地又は建物が売却されたときの競落人に対しても、賃借権を対抗できるのはいうまでもない。

　次に、抵当権者の同意を得て、工場財団に属する土地又は建物について賃借権が設定され、その登記が完了した後において、新たに抵当権が設定された場合には、当該賃借権について、更にその抵当権者の同意を必要とするかどう

か、すなわち、当該土地又は建物に賃借権の設定の登記をしたことにより、この新たな抵当権者は、民法605条に規定する「その後その不動産について物権を取得した者」に該当するものとして（なお、前提として、当該抵当権者は、工場財団について抵当権を取得したのであるが、工場財団に属する当該土地又は建物についても抵当権を取得した者に該当するとして取り扱うことができる）、もはや、更に当該抵当権者の同意は要せず、当該賃借権が有効に存続するものと解すべきか、あるいは、更に当該抵当権者の同意を得るべきであって、その同意が得られないときには、当該賃借権は将来に向かって効力を失うものと解すべきかが問題となる。

　工場財団に属する土地又は建物の登記記録には、その賃借権の登記がされているけれども、工場財団登記簿はもちろん工場財団目録（工抵法21条2項参照）にも、当該土地又は建物に賃借権が存する旨の記録がないから、その後工場財団について抵当権を取得した者に対して、当該賃借権を対抗することができるものと解することは妥当でないと解し、民法605条の「その後その不動産について物権を取得した者」というのは、当該土地又は建物を目的とする物権を取得した者に限るべきであるとして、工場財団についての賃借権と同様に、工場財団に属する土地又は建物について有効に賃借権が設定され、その登記がされた後においても、新たに抵当権が設定された場合には、その抵当権者の同意を必要とし、もしその同意が得られないときには、当該賃借権は将来に向かって効力を失うとする考え方もあり得る。

　しかし、工抵法13条2項ただし書の規定による賃借権について、登記をすることを認めるのであるから、工場財団を設けた趣旨とはかけ離れるが、民法605条の規定の適用があると解し、当該賃借権の登記をした後に「その後その不動産について物権を取得した者」（賃借権の登記後の工場財団の抵当権者）に対しても、当該賃借権を対抗することができるとするのが相当である（昭41.12.20第851号回答）。

　なお、工場財団に属する土地又は建物についての賃借権であっても、その登記を備えていないもの、あるいは、賃借権の登記又は登録の制度のないものについては、抵当権者の同意を得て賃貸借がされても、その対抗要件を具備することができないのであるから、工場財団についての抵当権が実行されるなどにより当該工場財団に所属する土地又は建物の所有権を取得した者に対して、対抗することができず、また、新たに工場財団に抵当権が設定された場合には、

更にその抵当権者の同意を必要とし、その同意が得られないときには、その賃借権は将来に向かって効力を失うこととなる。

(2) 抵当権の目的となっていない工場財団に属する不動産の賃借権

　抵当権の目的となっていない工場財団に属する土地又は建物について、賃貸借をすることができるのはいうまでもないし、その登記をすることができることはもちろんである。そして、この賃借権の設定の登記を申請する場合には、当該工場財団登記簿に抵当権の登記がないことを証する情報を提供すべきである。

　また、当該工場財団について新たに抵当権が設定された場合に、その抵当権者の同意を要せずとも、登記された賃借権が有効に存続することは、前記の抵当権の目的である工場財団に属する不動産の賃貸借と同様である。

　なお、賃借権の目的となっているが、その賃借権の登記のされていない土地又は建物を組成物件として工場財団の所有権保存の登記の申請がされた場合、この賃借権の効力がどうなるかは問題である（登記されていないので、登記官は、工抵法27条1号の規定により、工場財団の所有権保存の登記の申請を却下せずにその登記をすることもあり得る）。登記されていない賃借権でも、借地借家法により、対抗することができるものもあるわけである。本来対抗要件を備えていない賃借権は、工場財団の抵当権者に対抗することができないのはいうまでもないが、対抗要件を備えている賃借権は、工場財団の抵当権者に対抗することができるのであって、当該賃借権の目的である土地又は建物は、工場財団に属し得ないものとして、工抵法42条に規定する分離に準じた工場財団目録の変更又は更正の登記をすべきであろう。

第12項　財団の消滅

9076　工場財団の消滅

| 問 | 工場財団はどのような場合に消滅するか。 |
| 結論 | 工場財団は、①所有権保存の登記の失効による場合、②抵当権の登記の全部抹消後6か月以内に抵当権設定の登記を受けない場合、③抵当権が財団の分割により消滅した後6か月以内に抵当権 |

設定の登記を受けない場合、及び、④工場財団の消滅の登記をした場合に消滅する。

説明

工場財団が消滅するのは、次の場合である。

(1) 所有権保存登記の失効による場合

　工場財団は、その所有権保存の登記の後、6か月以内に抵当権設定の登記を受けないときは、所有権保存の登記の失効により消滅する（工抵法10条）。

　これは、工場財団が抵当権の目的とするために設定されるものであり、工場財団の成立後は、工場財団に属する個々の組成物件について差押えが禁止されるなど第三者の権利行使が制限されるため（工抵法13条2項、25条、30条、31条）、所有権保存の登記がされてから6か月を経過しても抵当権設定の登記を受けないと、第三者の権利が害されるおそれがあるので、工場財団所有者と第三者との利害調整を図るため、所有権保存の登記を失効させ、工場財団を消滅させることにしたものである。

　この場合の6か月の起算日は、所有権保存の登記がされた日の翌日であり、6か月の満了日は、6か月目の最後の月において起算日に応当する日の前日（応当日のないときは、その月の末日の終了）である（民法140条、143条）。例えば、所有権保存の登記がされた日が平成30年4月26日である場合は、起算日は同月27日であり、満了日は同年10月26日となる。ただし、著しく異常かつ激甚な非常災害であって、当該非常災害の被害者の行政上の権利利益の保全等を図ることなどが特に必要と認められるものが発生し、当該非常災害が特定非常災害として政令で指定された場合には、特定非常災害発生日から起算して6か月を超えない範囲内において政令で定める日を限度として、法務大臣は、告示により当該満了日を延長する措置を取ることができるものとされている（特定非常災害の被害者の権利利益の保全等を図るための特別措置に関する法律2条1項、3条1項）。

　この抵当権設定の登記には、不動産登記法105条1号の仮登記は含まれるが（昭14.8.16第897号回答）、同条2号の仮登記は、実体上抵当権は設定されていないので、含まれない（昭40.4.28第419号回答）。

　なお、抵当権の登記の存しない工場財団を分割したときは、6か月の期間は、当該分割の登記の日の翌日ではなく、当初の所有権保存の登記の日の翌日から起算する。また、抵当権の登記の存しない工場財団を合併したときは、合併前の工場財団のうち、所有権保存の登記をしたのが遅い工場財団の所有権保

存の登記の日の翌日から起算する。

(2) 抵当権の登記の全部抹消後6か月以内に抵当権設定の登記を受けない場合

　工場財団の抵当権の登記が全部抹消され、その最後の抹消登記の日の翌日から6か月以内に、新たな抵当権設定の登記がされないときは、工場財団は消滅する（工抵法8条3項）。なお、この期間計算は、抵当権が実体上消滅した日の翌日ではなく、抵当権の登記の全部が抹消された日の翌日から起算する。

　次に、抵当権の登記の抹消は、有効にされたことを必要とし、例えば、登記官が錯誤により抹消したような場合を含まない。このような場合は、この抹消した登記の回復の手続をすることができるが、もしこの手続をせずに6か月を経過して登記記録が閉鎖されたとしても、当然その回復をすることができる。

　なお、抵当権の登記の全部抹消された工場財団を分割した場合、分割後の各工場財団についての6か月の起算点は、もちろん分割の登記の日の翌日ではなく、分割前の工場財団につき抵当権の登記の全部抹消された日の翌日であり、抵当権の登記の全部の抹消の日を異にする工場財団を合併した場合又は所有権保存の登記後まだ抵当権の登記を受けない工場財団と合併した場合は、抵当権の登記が全部抹消された日のうち、最も遅い日の翌日、又は抹消された日と所有権保存の登記の日のいずれか遅い方の日の翌日から、6か月の期間を起算する。

(3) 抵当権が財団の分割により消滅した後6か月以内に抵当権設定の登記を受けない場合

　工場財団の分割により抵当権の消滅した財団につき、分割の登記の日の翌日から6か月以内に抵当権設定の登記を受けないときは、その工場財団は消滅する（工抵法8条3項）。この場合の6か月の期間計算は、(1)の場合と同様だが、分割により抵当権の消滅した工場財団と所有権保存の登記後抵当権の登記を受けていない工場財団又は抵当権の全部が抹消された工場財団若しくは分割により抵当権の消滅した他の工場財団とを合併した場合には、この分割の登記の日、所有権保存の登記の日又は抵当権の登記の全部が抹消された日のうち、最も遅い日の翌日から6か月の期間を計算する。また、分割により抵当権の消滅した工場財団について、抵当権の設定を受ける前に更に分割した場合には、2度目の分割後の工場財団についての6か月の起算点は、最初の分割の登記をした日の翌日である。

(4) 工場財団の消滅の登記をした場合

　所有者は、抵当権の登記の全部抹消された工場財団又は分割により抵当権が消滅した工場財団について、「所有権ノ登記以外ノ登記」がされていない場合に限り、工場財団の消滅の登記を申請することができる（工抵法44条ノ２）。なお、この工場財団の消滅の登記は、工場所有者に限って申請することができるのであって、債権者が代位して申請することはできない（昭31.6.14第1273号通達）。工場の所有者が工場財団の組成物件を単独で処分したいとき、工場財団を抵当権の目的とする必要がないとき等、もはや工場財団を存続させておくことを欲しない場合に、工場財団の消滅の登記を申請する便宜を認めたものである。

　そして、工抵法８条３項は、この申請により工場財団消滅の登記がされたときは、工場財団が消滅すると規定している。

　なお、工場財団の所有権保存の登記をした後、いまだ抵当権の登記がされていない工場財団については、工抵法44条ノ２の規定に該当せず、消滅の登記を申請することができないものと解する。

　また、この「所有権ノ登記以外ノ登記」とは、所有権の移転又はその請求権の仮登記、差押え、仮差押え又は仮処分等の処分制限の登記若しくは抵当権の設定又は設定の請求権の仮登記等をいう。

9077 工抵法10条の６か月の期間の起算点

問　工抵法10条によれば、工場財団の所有権保存の登記後６か月内に抵当権設定の登記を受けないときは、工場財団の所有権保存の登記はその効力を失うとされているところ、以下の場合には、６か月の期間はいつが起算日となるのか。

①　工場財団の所有権保存の登記の申請年月日（受付年月日）　平成30年３月19日
②　当該工場財団の官報公告日　同年３月23日
③　当該公告の期間満了日　同年４月23日
④　所有権保存の登記年月日　同月26日

結論　**工場財団の所有権保存の登記がされた日の翌日、すなわち、４月27日が起算日となる**（民法140条参照）。

説明 工抵法10条によれば「工場財団ノ所有権保存ノ登記ハ其ノ登記後6箇月内ニ抵当権設定ノ登記ヲ受ケサルトキハ其ノ効力ヲ失フ」ものとしている。そして、工場財団は、その所有権保存の登記がされることによって設定されるものである（同法9条）。

したがって、工場財団に抵当権を設定しなければならない期間の起算日については、工場財団の所有権保存の登記の申請をしただけで工場財団が設定されるものでなく、また、工場財団の組成物件に動産がある場合における工抵法24条1項による公告の期間が満了したことによって工場財団が設定されるわけでもないから、工場財団登記簿に工場財団の所有権保存の登記がされた日を基準とすべきものである。

そして、期間の起算については、民法の規定によるべきであり、民法140条本文の規定によれば「日、週、月又は年によって期間を定めたときは、期間の初日は、算入しない。」としていることから、工場財団登記簿に所有権保存の登記がされた日は算入せず、その翌日から起算されるのである。

第13項　その他

9078 抵当権設定の追加物件について工場財団に所属の旨の記録前における仮差押えの登記等の可否

問 抵当権設定の登記がされている工場財団の組成物件とするために、土地及び建物の追加による工場財団目録の記録の変更の登記を申請し、当該土地及び建物について、工抵法23条の規定によりその旨の記録がなされている場合において、当該土地及び建物について、同法43条において準用する同法34条1項の規定による工場財団に属した旨の記録がされる前であれば、差押え、仮差押え若しくは仮処分の登記若しくは先取特権保存の登記の申請又は嘱託は、受理されるか。

結論 差押え、仮差押え若しくは仮処分の登記若しくは先取特権保存の登記の申請又は嘱託は、当該目的物件について工抵法23条1項の規定による記録がなされている場合であっても、同法43条におい

て準用する同法34条１項の規定による工場財団に属した旨の記録がされる前であれば、工場財団の登記記録に抵当権設定の登記がされているかどうかにかかわらず、受理される。

説明 　工抵法43条は、工場財団に新たに他のものを追加するときは、工場財団の所有権保存の登記をする場合の同法23条から34条まで及び37条の規定を準用している。

　したがって、追加物件がその後に工場財団に所属し、すなわち、追加による工場財団目録の記録の変更の登記の効力が生じ、抵当権設定の登記がされたときは、差押え、仮差押え又は仮処分の登記若しくは先取特権の保存の登記は、その効力を失うのであり（工抵法43条、31条）、これらの登記がされているときは、登記官は、職権をもって、その登記を抹消すべきものとされている（同法43条、37条１項）。

　そして、当該工場財団について抵当権設定の登記がされている場合に、追加による工場財団目録の記録の変更の登記の効力が生じたときは、既に抵当権設定の登記がされているのだから、その後に抵当権設定の登記がされることを待つまでもなく、追加物件についての差押え、仮差押え又は仮処分の登記若しくは先取特権の保存の登記は職権により抹消されるべきものと解する。そうだとすれば、結局、当該追加物件についての差押え、仮差押え又は仮処分の登記若しくは先取特権の保存の登記は、職権により抹消されるのだから、このような登記は、当初から受理すべきでないかということが問題となり得る。

　しかし、当該追加物件の登記記録について、工抵法43条及び23条の規定により、工場財団に属すべきものとして工場財団目録の記録の変更の登記の申請があった旨の記録があっても、その時点では、当該変更の登記の申請は受理されるかどうかは分からず、工場財団登記簿の登記記録に抵当権設定の登記がされているかどうかにかかわらず、差押え、仮差押え又は仮処分の登記若しくは先取特権の保存の登記の禁止の効力が生じるものではないから、本問の申請又は嘱託は、受理されることとなる。

9079　工抵法23条の記録後の仮登記を命ずる処分による抵当権設定の仮登記の可否

問 　不動産について、工抵法23条の規定により、当該不動産を組成物

件とする工場財団の所有権保存の登記があった旨の記録がされている場合において、当該不動産に仮登記を命ずる処分により抵当権設定の仮登記をすることができるか。

結論 工抵法23条の規定による記録の後に、仮登記を命ずる処分による抵当権設定の仮登記をすることはできない。

説明 工抵法23条の規定により不動産の登記記録に当該不動産を組成物件とする工場財団の所有権保存の登記の申請があった旨の記録がされたときは、当該不動産について、これを譲渡し、又は所有権以外の権利の目的とすることができないのだから（同法29条）、その登記記録についても、抵当権の設定の本登記はもちろん、その仮登記をすることはできない。

したがって、工抵法23条の規定による記録がされた不動産に、抵当権の設定の本登記又は仮登記の申請があったときは、不動産登記法25条13号及び不動産登記令20条8号の規定により、その申請は却下される。

なお、仮に、当該申請が誤って受理され、その登記がされたとしても、当該登記は、不動産登記法71条の規定により、職権で抹消されることとなる。そして、このことは、抵当権設定の仮登記が、同法108条1項の規定による裁判所の仮登記を命ずる処分によるものであったときでも、同様である。

9080 組成物件の追加による公告期間中の既設工場財団についての抵当権設定の登記の可否及び当該抵当権の効力

問 既設の工場財団について、新たに組成物件を追加する場合において、その旨の公告期間中に、新たに抵当権を設定して、その登記をすることができるか。もし、可能だとすれば、この公告期間満了後に、工場財団に属するに至った追加物件についても、当該抵当権の効力は及ぶものと解してよいか。

結論 前段、後段いずれも積極に解してよい。

説明 工場財団は、1個の不動産とみなされるから（工抵法14条1項）、これを目的とする抵当権設定の登記をする場合、当該工場財団について、新たな組成物件の追加による工場財団目録の記録の変更の登記を申請し、その効力が生じる前（すなわち、同法23条1項及び43条の規定による工場財団に属すべきとして工場財団目録の記録の変更の登記の申請があった旨の

記録がされただけで当該工場財団に属する前）においても、既に抵当権の目的物件である工場財団は特定されており、しかも、当該抵当権は、個々の組成物件にその効力を及ぼすものだけれども、工場財団に設定されるものであって、その個々の組成物件について設定するものでないから、追加による工場財団目録の記録の変更の登記の効力が生じる前でも、当該工場財団についての抵当権設定の登記をすることができるといってよい。

　また、このようにして抵当権設定の登記がされた場合において、その後、組成物件の追加による工場財団目録の記録の変更の登記の効力が生じた場合に、当該新たに追加した物件に、抵当権の効力が及ぶかどうかについては、工場財団は、工場財団目録に記録された組成物件を一体として、1個の不動産とみなされているのだから、当該工場財団の抵当権は、工場財団目録に記録されている全ての物件等に効力を及ぼすものと解すべきである。

　したがって、追加による工場財団目録の記録の変更の登記の効力が生じる前に設定された抵当権が追加物件の公告期間中に登記された場合であっても、当該抵当権は、当該追加物件に対しても当然にその効力が及ぶのである。このことは、追加による工場財団目録の記録の変更の登記の申請がされる前に、当該工場財団についての抵当権設定の登記がされているときは、当該抵当権は、その設定後に申請された追加による工場財団目録の記録の変更登記により当該工場財団に属することとなった追加物件にも、当然にその効力が及ぶことと同様である。

9081　工場財団目録のみの登記簿抄本の交付請求の可否

問　工場財団登記簿につき、その工場財団目録の全部又は一部のみの登記簿抄本の交付請求をすることができるか。

結論　**工場財団目録の全部又は一部のみの登記簿抄本の交付請求をすることはできない。ただし、工場財団目録の追加による変更事項のみの登記簿抄本の交付請求をすることはできる。**

説明　工場財団登記簿の謄本及び抄本の交付請求については、工抵規則39条以下のほか、不動産登記法119条以下及び不動産登記規則193条の規定によることとなる。そして、工場財団登記簿は、コンピュータ化されていないから、1個の工場財団について一用紙を備え、一用紙を表題部

並びに甲区及び乙区に分けることとされている（不動産登記法の施行に伴う関係法律の整備等に関する法律（平成16年法律第124号）7条2項によりなおその効力を有することとされる同法による改正前の工抵法19条、20条1項）。

また、工場財団目録の記録事項は、表題部の登記事項の一部であるから（工抵法21条1項4号）、工場財団目録は表題部の他の登記事項と一体不可分であり、表題部の登記事項の一部について登記簿抄本を作成することはできないことから考えて、工場財団目録の全部又は一部のみの登記簿抄本の交付請求はすることができない。

ただし、工場財団目録追加による変更登記は、従前、工場財団に属していなかった物件を新たに工場財団に所属せしめる場合に、当該所属せしめる物件の表示を掲げた工場財団目録を提供し（工抵法39条）、これを既につづり込まれている工場財団目録とともにつづり込まれ、表題部の登記事項の一部となるのであり（工抵規則附則6条4項）、その変更登記事項のみについて、登記簿抄本の交付申請があったときは、その変更登記事項は特定されているので、後記の振り合いにより登記簿抄本を作成し、交付して差し支えないものとされている（昭37．8．28第2405号通達）。

「一、財団（又は不動産）の表示
　一、所有者
　一、平成〇年〇月〇日変更登記事項（又は3条目録の変更の登記の場合には、「乙区順位何番の抵当権登記の変更登記事項」と記載する。）
　　　　平成〇年〇月〇日受付第何号上記物件を追加した。
　　　　　　　記
　　　（追加目録に記載されている追加物件を具体的に表示する。）」

第 **10** 章

各種財団抵当その他

第1節

各種財団抵当

第1項 総　説

10001 各種財団抵当の種類

問 工場財団のほかの財団抵当にはどのようなものがあるか。
結論 **工場財団と同様の財団抵当制度が設けられているものには、鉱業財団、漁業財団、港湾運送事業財団、道路交通事業財団及び観光施設財団がある。**

説明　工場財団のほかに、これと同様の財団抵当制度が設けられているものには、鉱業財団、漁業財団、港湾運送事業財団、道路交通事業財団及び観光施設財団がある。これらの財団は、いずれも法律上1個の不動産とみなされており、その登記手続については、特別の規定がなければ、不動産登記法の規定が適用されることとなり、その登記に関する事務は、登記所（法務局若しくは地方法務局若しくはこれらの支局又はこれらの出張所）がつかさどっている。

　なお、以上とは異なり、法律上1個の物とみなされる財団として、鉄道財団（鉄道抵当法（明治38年法律第53号））、軌道財団（軌道ノ抵当ニ関スル法律（明治42年法律第28号））及び運河財団（運河法（大正2年法律第16号））があり、これらの財団に関する登録は、登記所ではなく、その監督官庁がつかさどっている。このほか、自動車交通事業財団（自動車交通事業法（昭和6年法律第52号））は、旧道路運送法（昭和22年法律第191号）が昭和23年3月15日に施行されたことによって廃止されたが、その施行の際に現に存するもののみが経過的に存続しており（道路運送法施行法（昭和26年法律第184号）12条の規定によりなおその効力を

有するものとされる旧道路運送法附則5条）、登記所において、その登記に関する事務をつかさどっている。

　各種の財団抵当の管轄登記所については、工場抵当法17条が準用されており（鉱抵法3条、漁抵法6条、港運法26条、道抵法19条、観抵法11条）、その「事業施設」の所在地を管轄する登記所であり、具体的には次のとおりである。また、当該所在地が数個の登記所の管轄地にまたがり、又は財団を組成する数個の「事業施設」が数個の登記所の管轄地内にあるときは、法務大臣又は法務局若しくは地方法務局の長において管轄登記所を指定することになることから（工抵法17条2項、管轄指定省令1条、2条）、事業者は、登記手続上利便だと考える登記所をあらかじめ特定し、指定権者に申請をすることによって、管轄登記所の指定を受けることができる。

(1)　鉱業財団

　採掘権の客体である「鉱区」の所在地を管轄する登記所が管轄登記所となる（鉱抵法3条、工抵法17条1項）。なお、試掘権を財団に属させる場合においても、その鉱区の所在地は、管轄に関し考慮すべきでなく（昭24.9.30第2237号通達）、また、同様に、鉱業財団に鉱区以外の地域にある不動産を組成物件として属させる場合においても、その鉱区以外の地域にある不動産の所在地を考慮しなくてもよい。さらに、鉱業財団が設定された後に、他の採掘権等を追加する場合（追加による鉱業財団目録の記録の変更の登記を申請する場合）には、追加する採掘権の鉱区等が他の登記所の管轄地内にあるときでも、管轄登記所の指定を要せず、その財団の登記がされている登記所に申請すればよい（昭26.5.17第1005号通達）。

(2)　漁業財団

　定置漁業権又は区画漁業権につき設定される漁業財団についてはその漁場に最も近い沿岸の属する市町村又はこれに相当する行政区画を管轄する登記所、漁業用の登記した船舶につき設定される漁業財団についてはその船籍港を管轄する登記所が、管轄登記所となる（漁抵法6条ただし書、工抵法17条1項）。また、水産物の養殖場につき設定される漁業財団については、その養殖場の「所在地」を管轄する登記所が管轄登記所となる。

(3)　港湾運送事業財団

　「上屋、荷役機械その他の荷さばき施設及びその敷地」（港運法24条1号）又は「事務所その他一般港湾運送事業等のため必要な建物及びその敷地」（同条

3号）である不動産を管轄する登記所が管轄登記所となる（同法26条、工抵法17条1項）。

(4) 道路交通事業財団

組成物件のうち不動産の所在地を管轄する登記所が管轄登記所となる（道抵法19条、工抵法17条1項）。

(5) 観光施設財団

「観光施設」の所在地を管轄する登記所が管轄登記所となる（観抵法11条、工抵法17条1項）。

第2項　鉱業財団

10002　鉱業財団の意義及び性質

問　鉱業財団とは、どういうものか。また、工場財団と比較して、どのような特殊性があるか。

結論　**鉱業財団は、抵当権の目的とするため、鉱業のための企業財産、すなわち、鉱業権を中心として、土地及び建物その他の工作物、機械、器具及び車輛などの動産並びに地上権及び工業所有権などの権利をもって組成され、工場財団と同様、その所有権の保存の登記がされることによって、1個の不動産とみなされるものである。また、鉱業権は必ず鉱業財団の組成物件とする必要があり、それに伴う競売手続上の特則が設けられるなどの特殊性がある。**

説明　鉱業財団は、鉱業抵当法により設定することができる財団であり、抵当権の目的とするため、鉱業のための企業財産、すなわち、鉱業権（採掘権）を中心として、鉱業経営のための土地及び建物その他の工作物、機械、器具、車両、船舶及び牛馬その他の附属物である諸設備並びに地上権、土地使用権、物の賃借権（賃貸人の承諾があるときに限る）並びに工業所有権をもって組成され（同法2条）、その所有権の保存の登記がされることによって成立し、1個の不動産とみなされるものである（同法3条、工抵法9条、14条1項）。

鉱業抵当法は、鉱業財団に関し、原則として工場財団に関する工場抵当法の

規定を準用しているので（鉱抵法3条）、鉱業財団についての法律的取扱いは、ほとんど工場財団と同様である。ただし、鉱業財団は、鉱業に関して設定されるものであり（同法2条）、鉱業経営の中心とも言うべき採掘権は、必ず鉱業財団の組成物件であることを要するものとしていると解されている（なお、試掘権のみでは、鉱業財団を設定することはできず、採掘権とともにする必要がある）。

　このことに関連して、採掘権の取消しの登録があったとき、又は採掘権の放棄による消滅の登録があったときは、経済産業大臣は直ちにこれを抵当権者に通知し、抵当権者は直ちに抵当権を実行することができるとするとともに、抵当権を実行するときはその通知の時から6か月以内にこれをすべきものとし、採掘権は、その6か月以内の期間内又は抵当権実行の終了に至るまでは抵当権実行の目的の範囲内においてなお存続するものとみなす（同法4条、5条）として、採掘権の取消し及び放棄の場合において、鉱業財団の抵当権者の保護を図っており（競売の買受人が代金を納付して鉱業財団を取得したときは、採掘権の取消し又は放棄は遡及して効果が生じなかったものとみなされ、買受人は当該採掘権を含む鉱業財団の所有権を取得することになる）、鉱業財団の競売手続に関して、工場財団にその例を見ない特則を設けている。

　また、採掘権が、原則として、日本国民又は日本国法人でなければ享有することができないため（鉱業法（昭和25年法律第289号）17条）、鉱業財団についても、原則として、外国人及び外国法人は取得することができない。このことに関連して、鉱業財団の競売においては、日本の法律に従って法人を設立して、鉱業財団を買い受けようとする者は、その旨を執行裁判所に申し出て、買受けの申出をすることができる（鉱抵法6条）という競売手続上の特則を設けている。

　鉱業財団は、工場財団と同様、所有権及び抵当権以外の権利の目的とすることはできず（同法3条、工抵法14条2項本文）、加えて、工場財団は、抵当権者の同意を得て、賃貸することができるが（同項ただし書）、鉱業権が賃借権の目的とすることができない（鉱業法13条）ため、鉱業財団についても賃貸することはできない。ただし、鉱業財団を組成する採掘権であっても、抵当権者の同意を得て、租鉱権の目的とすることはできる（鉱抵法2条の2第2項）。また、賃貸借と同様に、鉱業権は先取特権の目的とすることができない（鉱業法13条）ので、工場財団と異なり、鉱業財団については先取特権の目的とすることもできない。

鉱業財団の売買等の契約による移転について、鉱業財団は１個の不動産とみなされることから（鉱抵法３条、工抵法14条１項）、民法176条により意思表示のみによって、所有権が移転し、その所有権の移転の登記をすることができる。なお、鉱業財団の移転により、その組成物件も当然移転することになるが、鉱業財団に属する鉱業権については、鉱業法60条により、相続その他の一般承継による場合を除き、鉱業原簿に登録をすることによって、その効力を生ずることになるので、鉱業財団の売買等による移転の場合には、それに属する鉱業権については、当然に移転の効力は生じず、移転の登録をすべき債権が生じるにすぎず、その登録のされた時に鉱業権の移転の効力が生じるものと解される。なお、鉱業財団に属する鉱業権は、それ自体単独で譲渡することはできない（鉱抵法３条、工抵法13条２項）から、鉱業財団の移転に先立って、鉱業権の移転の登録をすることはできない。

10003　鉱業権の意義及び性質

問　　鉱業権とは、どんな権利か。
結論　**鉱業権とは、一定の鉱区において、一定の種類の鉱物を採掘することを内容とする権利であり、試掘権と採掘権とに分けられる。**

説明　　鉱業権は、一定の鉱区において一定の種類の鉱物を採掘することを内容とする権利である。鉱業権は、物権とみなされ、鉱業法に特別の定めがある場合を除き、不動産に関する規定が準用される（鉱業法12条）が、相続その他の一般承継、譲渡、滞納処分、強制執行、仮差押え及び仮処分の目的となるほかは、他の権利の目的となることができない（同法13条本文）。ただし、採掘権は、抵当権及び租鉱権の目的とすることができる（同条ただし書）。鉱業権は、鉱区内において行使される独占的排他的権利であり、土地所有権や土地使用権とは別個独立の権利であり、鉱区内に存する登録を受けた未採掘鉱物、これと同種の鉱床中にある他の未採掘鉱物を包括的に支配して、これらを採掘し、取得する権利である。
　また、鉱業権には、試掘権と採掘権とがあり（同法11条）、試掘権は、鉱物の有無、品質、稼行の適否を調査するためのもので、将来取得することがあるべき採掘権の準備的行為を内容とする一方、採掘権は、鉱物の本格的掘採を内容とし、鉱物の存在が明らかであり、その鉱量、品位等から見て、採掘に適す

るときに成立する。そして、試掘権と採掘権には、次のような違いがある。

　すなわち、試掘権の存続期間は原則２年とする制限があるが（同法18条１項）、採掘権は無期限である。採掘権は抵当権及び租鉱権の目的となるが、試掘権は、これらの目的とはならず、鉱業抵当法において採掘権とともに鉱業財団の組成物件として抵当権の目的とすることができるにすぎない。採掘権を有する者は鉱業財団を設定することができるが、試掘権のみを有するにすぎない者は鉱業財団を設定することはできない。採掘権についてはその鉱区の分割や合併が認められているが（鉱業法50条）、試掘権は鉱床が不分明な段階であるから、分割や合併は認められていない。

　さらに、鉱業権は、経済産業大臣に対して、その設定の出願をして、許可を受け（同法21条）、鉱業原簿に登録されることによって成立する（同法60条）。この設定のほか、鉱業権の移転や消滅、採掘権を目的とする抵当権の設定や消滅などについても、相続その他の一般承継、被担保債権の消滅による抵当権の消滅などの場合を除いて、鉱業原簿への登録が効力発生要件とされている（同条）。加えて、鉱業権は、条約に別段の定めがあるときを除き、日本国民又は日本国法人でなければ、これを享有することができない（同法17条）。

　なお、租鉱権とは、設定行為に基づき、他人の鉱区において、鉱業権の目的となっている鉱物を掘採し、及び取得する権利のことであり、経済産業大臣にその設定の申請をして、認可を受け（同法77条１項）、鉱業原簿に登録されることによって成立する（同法85条）。

　鉱業権の対象となる「鉱物」は、一切の鉱物学上の鉱物ではなく、鉱業法３条に規定された鉱物に限られる。すなわち「鉱物」とは、「金鉱、銀鉱、銅鉱、鉛鉱、そう鉛鉱、すず鉱、アンチモニー鉱、水銀鉱、亜鉛鉱、鉄鉱、硫化鉄鉱、クローム鉄鉱、マンガン鉱、タングステン鉱、モリブデン鉱、ひ鉱、ニッケル鉱、コバルト鉱、ウラン鉱、トリウム鉱、りん鉱、黒鉛、石炭、亜炭、石油、アスフアルト、可燃性天然ガス、硫黄、石こう、重晶石、明ばん石、ほたる石、石綿、石灰石、ドロマイト、けい石、長石、ろう石、滑石、耐火粘土（ゼーゲルコーン番号31以上の耐火度を有するものに限る）及び砂鉱（砂金、砂鉄、砂すずその他ちゆう積鉱床をなす金属鉱をいう）」をいう。これらの鉱物の廃鉱又は鉱さいであって、土地に附合しているものは、鉱物とみなされている（同法３条２項）。

　「鉱区」とは、鉱業権設定の出願が許可され、その登録がされた場合に、そ

の鉱業権の客体である土地、すなわち鉱業権を行使し得る地域的範囲として鉱業原簿に登録された一定の土地の区域をいう（同法5条）。鉱業権設定の出願の際に、鉱区図を添えて提出する鉱区は、出願どおりか、又はそれに訂正若しくは増減を加えた上で許可される。鉱区図は、鉱業原簿の一部とされ、これを標準として鉱区が定められるのである。鉱区は、平面的な地表の区域でなく、地表境界線の直下を限りとして地下に及ぶものであり、鉱区の境界は直線で定められ、その面積については法律上最小限及び最大限が定められている（同法14条）。

「鉱業」とは、「鉱物の試掘、採掘及びこれに附属する選鉱、製錬その他の事業」をいう（同法4条）。「試掘」とは、試錐又は坑道、坑井の開墾等により鉱物の存在状態を探索する作業をいい、試掘権行使の本体を成すものである。「採掘」とは、鉱物の存在状態の既に知られているものについて、これを取得することを主な目的とするもので、採掘権行使の本体となる事業である。試掘及び採掘は、本来の意義においての鉱業であるが、企業としての鉱業は、これでは十分でなく、鉱物の運搬、選鉱、製錬その他の附属事業を一体として運営することにより成立する。したがって、これらの附属事業も鉱業とされる。

第3項　漁業財団

10004　漁業財団の意義及び性質

問　漁業財団とは、どういうものか。また、工場財団と比較して、どのような特殊性があるか。

結論　漁業財団は、定置漁業権若しくは区画漁業権を有する者、登記した船舶を有する者又は水産物の養殖場を有する者が、抵当権の目的とするため、当該漁業権、船舶又は養殖場等のほか、漁業経営のための各種物件をもって組成され、工場財団と同様、その所有権の保存の登記がされることによって、1個の不動産とみなされるものである。また、漁業権を漁業財団の組成物件とするには都道府県知事の認可が必要であることなどの特殊性がある。

説明 　漁業財団は、漁業財団抵当法により設定することができる財団であり、定置漁業権若しくは区画漁業権（特定区画漁業権にして漁業協同組合又は漁業協同組合連合会の有するものを除く）を有する者、漁業の用に供する登記した船舶を有する者又は水産物の養殖場を有する者が、抵当権の目的とするため、定置漁業権若しくは区画漁業権（特定区画漁業権にして漁業協同組合又は漁業協同組合連合会の有するものを除く）又は登記した船舶若しくは水産物の養殖場を基本とし、またこれらを併せて、船舶並びにその属具及び附属設備、土地及び建物その他の工作物、漁具及び副漁具、機械、器具その他の附属物である諸設備並びに地上権、土地若しくは水面の使用又は引水若しくは排水に関する権利、物の賃借権（賃貸人の承諾があるときに限る）並びに工業所有権をもって組成され（同法2条）、その所有権の保存の登記がされることによって成立し、1個の不動産とみなされるものである（同法6条、工抵法9条、14条1項）。

　船舶については、登記することができるもののみならず、登記することができない船舶についても漁業財団の組成物件とすることはできるが、登記した船舶は、漁業財団の基本の物件として、それを基本単位として漁業財団を設定することができることになる。また、船舶が漁業財団に属する場合は、その船舶の属具を組成物件としない場合でも、漁業財団の抵当権の効力は、その属具にも及ぶことになる（漁抵法3条2項）。

　漁業財団抵当法1条が「水産物ノ養殖場」を基本とする漁業財団の設定を認めているのは、主として漁業権によらない水産物の養殖場についても広く漁業財団の設定を認めようとするものではあるが、漁業権による養殖業にあっても、当該漁業権を除外して、養殖場を基本とする漁業財団を設定することができる（昭34.11.18第2564号回答）。また、真珠の養殖場を基本として、漁業財団を設定する場合、養殖中の核入真珠の母貝をその組成物件とすることができるかについて、同法2条の規定上必ずしも明記されているわけではないが、母貝は、実質的に見て、真珠の養殖業において相当の財産的価値を有しており、真珠養殖に必要不可欠のものでもあること、形式的に見ても、同条5号の「副漁具」に含まれるものとも言えるし、また、同条6号の「器具その他の附属物」とも言えることから、組成物件となるものと解することができる（昭34.10.16第2331号回答、昭35.5.11第509号回答）。

　同法は、漁業財団に関し、原則として工場財団に関する工場抵当法の規定を

準用しているので（漁抵法6条）、漁業財団についての法律的取扱いは、ほとんど工場財団と同様である。ただし、漁業権を漁業財団の組成物件とし、又は漁業権の属する漁業財団を目的とする抵当権を設定するには、それぞれ都道府県知事の認可を要し（同法2条3項、3条の2第1項）、都道府県知事は、漁業の経営に必要である資金の融通のためやむを得ない場合でなければ、これらの認可をすることができない（同法2条4項、3条の2第2項）。また、漁業財団は、工場財団と同様、所有権及び抵当権以外の権利の目的とすることはできず（同法6条、工抵法14条2項本文）、加えて、工場財団は、抵当権者の同意を得て、賃貸することができるが（同項ただし書）、漁業権は貸付の目的とすることができないから（漁業法（昭和24年法律第267号）29条）、漁業権を組成物件とする漁業財団は、賃貸することができない（昭28．3．3第323号回答）。

　漁業財団の消滅に関して、工場財団の消滅に関する規定（工抵法8条3項、10条、44条の2）が準用されるが（漁抵法6条）、これに加え、漁業財団については、漁業権に漁業財団を設定した場合に当該漁業権が取り消されたときにも消滅するとともに、漁業法7条に規定する特定区画漁業権に漁業財団を設定した場合に当該漁業権が抵当権者の同意を得て漁業協同組合又は漁業協同組合連合会に譲渡されたときにも消滅する（漁抵法5条3項）。ただし、漁業権に漁業財団を設定した場合に当該漁業権が取り消されたときは、行政官庁（都道府県知事）は直ちにこれを抵当権者に通知し、抵当権者は抵当権を実行することができるとするとともに、抵当権を実行するときはその通知を受けた日から6か月以内にその手続をすべきものとし、漁業権は、その6か月以内の期間内又は抵当権実行の終了に至るまでは抵当権実行の目的の範囲内においてなお存続するものとする（同法4条）として、漁業権の取消しの場合における漁業財団の抵当権者の保護が図られている（競売の買受人が代金を納付して漁業財団を取得したときは、漁業権の取消しは遡及して効果が生じなかったものとみなされ、買受人は当該漁業権を含む漁業財団の所有権を取得することになる）。

　なお、仮差押えの登記のある漁業財団に属する船舶を当該漁業財団から分離するに当たって、抵当権者の同意のほかに、仮差押権者の同意を要するかが問題となる。漁業財団の変更の登記の申請については、抵当権者の同意を証する情報を提供しなければならない（同法6条、工抵法38条2項）が、差押えの登記のある工場財団について分離による変更の登記の申請には、差押権者の同意を証する情報の提供は不要とされている（昭30．6．6第246号回答）のと同様に、

仮差押えの登記のある漁業財団に属する船舶を分離する漁業財団の変更の登記の申請にも、当該仮差押権者の同意を証する情報の提供は要しない（昭26．8．2第1602号通達）。

10005 漁業権の意義及び性質

問 漁業権とは、どんな権利か。

結論 「**漁業権**」とは、**定置漁業権、区画漁業権及び共同漁業権**のことであるが、このうち、漁業財団を設定する基本の**物件**としてその**組成物件**とすることができる漁業権は、**定置漁業権及び区画漁業権**である。

説明　「漁業」とは、水産動植物の採捕又は養殖の事業をいい（漁業法２条１項）、「漁業権」とは、定置漁業権、区画漁業権及び共同漁業権のことであるが（同法６条１項）、このうち、漁業財団を設定する基本の物件としてその組成物件とすることができるのは、「定置漁業権」及び「区画漁業権」である（漁抵法１条、２条１項１号）。ただし、「区画漁業権」のうち「特定区画漁業権」（漁業法７条）であって漁業協同組合又は漁業協同組合連合会が有するものは除くものとされている（漁抵法１条）。

　「定置漁業権」とは、定置漁業を営む権利をいい（漁業法６条２項）、「定置漁業」とは、漁具を定置して営む漁業であって、①身網の設置される場所の最深部が最高潮時において水深27メートル（沖縄県にあっては15メートル）以上であるもの（瀬戸内海におけるます網漁業並びに陸奥湾における落とし網漁業及びます網漁業を除く）及び②北海道においてさけを主たる漁獲物とするものをいう（同条３項）。

　また、「区画漁業権」とは、区画漁業を営む権利をいい（同法６条２項）、「区画漁業」とは、①一定の区域内において石、かわら、竹、木等を敷設して営む養殖業（第一種区画漁業）、②土、石、竹、木等によって囲まれた一定の区域内において営む養殖業（第二種区画漁業）及び③一定の区域内において営む養殖業であって第一種区画漁業及び第二種区画漁業以外のもの（第三種区画漁業）をいう（同条４項）。

　なお、「共同漁業権」とは、共同漁業を営む権利をいい（同法６条２項）、「共同漁業」とは、一定の水面を共同に利用して営む一定の漁業をいう（同条５

項)。

　漁業権は、物権とみなされ、土地に関する規定が準用され（同法23条1項）、行政庁の免許により一定の水面において特定の漁業を一定期間排他的に営むことができる権利ではあるが、漁業権を有する者は、免許の対象である種類、範囲及び様態においてのみ水面を使用することができる権利であって、その制限を超えて無限定に水面を支配あるいは利用する権利を有するものではない（東京高判平8.10.28判タ925号264頁）。

　漁業権の設定を受けようとする者は、都道府県知事に申請してその免許を受けなければならず（同法10条）、その存続期間は、免許の日から、原則として、真珠養殖業を内容とする区画漁業権や内水面以外の水面における水産動物の養殖業を内容とする区画漁業権（一定のものを除く）などについては10年、その他の漁業権は5年とされている（同法21条）。漁業権の設定等は、免許漁業原簿に登録され、この登録は登記に代わるものとされている（同法50条1項・2項)。

　また、漁業権は、相続又は法人の合併若しくは分割による場合を除き、移転の目的となることができない（同法26条1項本文）が、定置漁業権及び区画漁業権については、滞納処分による場合、先取特権者又は抵当権者がその権利を実行する場合などにおいて、都道府県知事の認可を受けたときは、移転の目的とすることができる（同項ただし書）。さらに、定置漁業権又は区画漁業権を目的とする抵当権の設定には、都道府県知事の認可が効力発生要件とされており（同法24条2項）、都道府県知事は、漁業の経営に必要な資金の融通のためやむを得ないと認められる場合でなければ、この認可をすることができない（同条3項）。加えて、漁業権は貸付の目的とすることができない（同法29条）。

　このような漁業権の性質により、漁業財団についても、定置漁業権及び区画漁業権を漁業財団の組成物件とし、又は漁業権の属する漁業財団を目的とする抵当権を設定するには、それぞれ都道府県知事の認可を要し（漁抵法2条3項、3条の2第1項）、都道府県知事は、漁業の経営に必要である資金の融通のためやむを得ない場合でなければ、これらの認可をすることができない（同法2条4項、3条の2第2項）という特殊性に結び付いている。

第4項　港湾運送事業財団

10006　港湾運送事業財団の意義及び性質

問　港湾運送事業財団とは、どういうものか。

結論　**港湾運送事業財団は、抵当権を設定する目的で、一般港湾運送事業者等が一般港湾運送事業等に関する各種の施設、船舶、土地、建物、地上権、賃借権、地役権並びに機械及び器具等をもって組成され、工場財団と同様、その所有権の保存の登記がされることによって、1個の不動産とみなされるものである。**

説明　港湾運送事業財団は、港運法により設定することができる財団であり、抵当権の目的とするために、一般港湾運送事業者等が一般港湾運送事業等に関する各種の施設、船舶、土地、建物、地上権、賃借権、地役権並びに機械及び器具等をもって組成するもので、その所有権の保存の登記によって設定され、1個の不動産とみなされるものである（港運法23条、24条、26条、工抵法9条、14条1項）。港湾運送事業とは、港運法2条1項に規定する港湾運送を行う事業をいい（港運法2条2項）、このうち、一般港湾運送事業等（港運法4条）とは、港湾運送事業法3条1項1号から4号までに掲げる一般港湾運送事業、港湾荷役事業、はしけ運送事業及びいかだ運送事業のことをいい、一般港湾運送事業者等とは、国土交通大臣から一般港湾運送事業等の許可を受けた者をいい、港湾運用事業財団を設定することができるのは、この一般港湾運送事業者等に限られている（同法23条）。

港湾運送事業財団は、1個の不動産とみなされ、工場財団と同様、所有権及び抵当権以外の権利の目的とすることができないが、抵当権者の同意を得て、賃貸借の目的とすることはできる（同法26条、工抵法14条）。もっとも、一般港湾運送事業等については、国土交通大臣の免許を要するものであって、当該事業自体の賃貸ということは考えられない。また、港湾運送事業財団の消滅に関して、港湾運送事業法24条1号（上屋、荷役機械その他の荷さばき施設及びその敷地）又は同条3号（事務所その他一般港湾運送事業等のため必要な建物及びその敷地）に掲げる不動産のいずれもが存しないときは、港湾運送事業財団を設定することはできないから（同法25条）、一旦設定された港湾運送事業財団の組

成物件中これらの不動産のいずれもが存しなくなったときは、財団は消滅するものと解すべきである。なお、港湾運送事業財団は、一般港湾運送事業者等が設定するものであるが、一旦有効に設定した後、当該財団の所有者が一般港湾運送事業者等でない者になったことにより消滅することがないとされている（同法28条）。

第5項　道路交通事業財団

10007　道路交通事業財団の意義及び性質

問　道路交通事業財団とは、どういうものか。また、工場財団と比較して、どのような特殊性があるか。

結論　道路交通事業財団は、抵当権を設定する目的で、一般旅客自動車運送事業等に係る業務を独立して運営し、適当な事業規模を有すると国土交通大臣から認定された事業者が、当該事業等に関する土地、工作物、自動車その他の物件をもって組成され、その所有権の保存の登記がされることによって、1個の不動産とみなされるものである。また、組成物件について、工場財団が選択主義を採っているのに対して、道路交通事業財団は当然主義を採っているなどの特殊性がある。

説明　道路交通事業財団は、道路交通事業抵当法により設定することができる財団であり、抵当権の目的とするため、道路運送法による一般旅客自動車運送事業、貨物自動車運送事業法による一般貨物自動車運送事業、道路運送法による自動車道事業、自動車ターミナル法による自動車ターミナル事業（一般自動車ターミナルを無償で供用するものを除く）又は貨物利用運送事業法による第二種貨物利用運送事業に関する土地、工作物、自動車その他の物件をもって組成され（道抵法2条、3条、4条）、その所有権の保存の登記によって設定され（道抵法6条1項）、1個の不動産とみなされるものである（道抵法8条）。また、道路交通事業財団を設定することができるのは、一般旅客自動車運送事業、一般貨物自動車運送事業、自動車道事業、自動車ターミナル事業又は第二種貨物利用運送事業に係る業務を独立して運営し、適当な

事業規模を有すると国土交通大臣から認定された事業者である（道抵法2条、3条）。

　道路交通事業財団は、1個の不動産とみなされるが（道抵法8条）、所有権及び抵当権以外の権利の目的とすることはできない（道抵法9条）ことに加えて、工場財団が抵当権者の同意があれば、賃貸することができる（工抵法14条2項ただし書）のに対して、道路交通事業財団は、一般旅客自動車運送事業、一般貨物自動車運送事業、自動車道事業及び第二種貨物利用運送事業が名義の利用及び事業の貸渡しをしてはならないとしていることから（道路運送法33条、72条、貨物自動車運送事業法27条、貨物利用運送事業法13条、34条）、抵当権者の同意があっても、賃貸することはできない（道抵法9条は、工抵法14条2項ただし書と同様の規定となっておらず、また、道抵法19条は工抵法14条の規定を準用していない）。また、組成物件について、工場財団が選択主義を採っているのに対して、道路交通事業財団は当然主義を採っている。すなわち、工場財団については、その組成物件となり得るものの全部又は一部をもって工場財団を組成するものとして、工場の所有者が組成物件を自由に選択することができるとしているが（工抵法11条）、道路交通事業財団については、その所有権の保存の登記がされたときは、組成物件となり得るものは当然に財団に属するものとされ（道抵法6条2項）、その設定後に新たに組成物件になり得るもの（事業単位）に属したものも当然に財団に属するものとされている（同条3項）。

　道路交通事業財団の消滅に関して、工場財団の消滅に関する規定（工抵法8条3項、10条、44条の2）が準用されるが（道抵法19条）、これに加え、自動車運送事業及び第二種貨物利用運送事業にあっては、土地等及び事業用自動車が存しないとき、自動車道事業及び自動車ターミナル事業にあっては、一般自動車道又は一般自動車ターミナルの敷地が存しないときは、道路交通事業財団を設定することができないから（同法5条）、一旦設定された道路交通事業財団の組成物件中、これらの物件がいずれも存しなくなったときは、道路交通事業財団は消滅するものと解すべきである。

　さらに、事業の免許若しくは許可の取消し又は事業単位に属する路線の全部について免許若しくは許可の失効があったときは、事業単位でなくなるから、やはり道路交通事業財団は消滅するものと解すべきである（同法14条1項参照）。ただし、この取消し又は失効があったときは、国土交通大臣は直ちに（許可の失効があったときはその事実を知ったとき直ちに）、その旨を抵当権者に通知

し、抵当権者はその権利を実行することができる（同項・2項）そして、抵当権を実行するときはその通知を受けた日から6か月以内にその手続をしなければならないとし、免許又は許可は、その取消し又は失効の日からその6か月以内の期間内又は抵当権実行が終了する日までは、抵当権実行の目的の範囲内においてなお存続するものとみなすものとされ、買受人が代金を納付したときは、その取消し又は失効はなかったものとみなされる（同条3項～5項）。また、道路交通事業財団に対する抵当権の実行のための競売又は強制競売の開始決定の時以後において、道路交通事業財団に関する免許又は許可の取消し又は失効があったときは、その免許又は許可は、買受人が代金を納付するまでは、競売又は強制競売の目的の範囲内において、なお存続するものとみなすものとされ、買受人が代金を納付したときは、その競売又は強制競売の開始決定の時以後における免許又は許可の取消し又は失効はなかったものとみなすものとしている（同法15条）。このように、事業の免許又は許可の取消し及び事業単位に属する路線の全部についての免許又は許可の失効の場合における道路交通事業財団の抵当権者の保護が図られている。

第6項　観光施設財団

10008　観光施設財団の意義及び性質

問　観光施設財団とは、どういうものか。

結論　**観光施設財団は、観光施設を観光旅行者の利用に供する事業を営む者が、抵当権の目的とするため、観光施設に属する土地及び工作物、機械、器具及び備品、動物、植物及び展示物、地上権、物の賃借権（賃貸人の承諾があるときに限る）、船舶、車両及び航空機並びにこれらの附属物並びに温泉利用権をもって組成され、その所有権の保存の登記がされることによって、1個の不動産とみなされるものである。**

説明　観光施設財団は、観光施設財団抵当法により設定することができる財団であり、抵当権の目的とするため、事業者（観光施設を観光旅行者の利用に供する事業を営む者）が、「観光施設」に属する土地及び建

物その他の工作物、機械、器具及び備品、動物、植物及び展示物、地上権、物の賃借権（賃貸人の承諾があるときに限る）、船舶、車両及び航空機並びにこれらの附属物並びに温泉利用権をもって組成され（同法3条、4条）、その所有権の保存の登記によって設定され（同法7条）、1個の不動産とみなされるものである（同法8条）。

　そして、同法1条において明らかにしているように、観光施設財団は、観光のための企業財産、すなわち、観光事業を営むための「観光施設」をもって設定し、これを抵当権の目的とし、「観光施設」に関する信用の増進により、設備投資のための資金の導入を容易にすることで、「観光施設」を整備して観光に関する事業の発達を図り、それにより、観光旅行者の利用の増進に資することを目的としている。

　また、「観光施設」とは、具体的には、観光旅行者の利用に供される施設のうち、①遊園地、②動物園、③水族館、④植物園その他の園地、⑤展望施設（索道が設けられているものに限る）、⑥スキー場（索道が設けられているものに限る）、⑦アイススケート場（冷凍設備が設けられているものに限る）及び⑧水泳場（水質浄化設備が設けられているものに限る）をいい、これらの施設が観光旅行者の利用に供される宿泊施設に附帯して設けられている場合にあっては、当該施設及び宿泊施設をいうものとされている（同法2条、観光施設財団抵当法第2条の観光施設を定める政令）。

　観光施設財団は、1個の不動産とみなされ（観抵法8条）、工場財団と同様、所有権及び抵当権以外の権利の目的とすることはできないが、抵当権者の同意を得て賃貸することはできる（同法9条）。

　また、観光施設財団の組成物件に関しては、観光施設財団抵当法4条各号に規定するものに限られ、いずれも同一の事業者に属し、かつ観光施設財団の基本であるべき観光施設に属していることを要し、また、「賃貸人の承諾あるとき」の「物の賃借権」には、土地又は建物の賃借権を含むものとされている。観光施設財団は、土地又は地上権若しくは土地の賃借権が存しないときは設定することができないとして（同法6条）、土地に関する権利は、組成物件として必須のものとされている。なお、温泉利用権は、温泉の引湯権、温泉を開発する権利、泉源地の所有権等、温泉を利用する一切の権利（分湯権、引湯権）で慣習法上のものをいう。

　観光施設財団の消滅に関して、工場財団の消滅に関する規定（工抵法8条3

項、10条、44条の2）が準用されるが（観抵法11条）、これに加え、観光施設財団は、観光施設財団抵当法4条1号に掲げる土地又は同条4号に掲げる土地に関する権利（地上権又は賃借権）が存しないときには、これを設定することができないのであるから（観抵法6条）、一旦設定された観光施設財団でも、その組成物件中から土地や土地に関する権利が存在しなくなったような場合には、観光施設財団は消滅するものと解すべきである。

第2節 船舶登記等

第1項 総　説

10009 登記することができる動産

問 動産について所有権等の登記をすることができるものには、どのようなものがあるか。

結論 **動産について、所有権等の登記をすることができるものには、船舶、農業用動産及び建設機械があり、これらに関する登記手続についてはいずれも不動産登記法、不動産登記令の規定を準用することとされている。**

説明 　動産について、特に法律の規定に基づき登記することができるものとして、総トン数20トン以上の船舶（商法686条1項（商船）、船舶法35条1項（非商船））、農業用動産（農信法）及び建設機械（建抵法）があり、それらの登記に関する事項についてはいずれも政令（勅令）に委任され（船舶法34条1項、農信法13条3項、建抵法9条、28条）、船舶登記令、農業用動産抵当登記令及び建設機械登記令が制定されており、これらの政令においては、登記に関する事項について不動産登記法及び不動産登記令の多くの規定を準用している。このように、工場財団等の各種財団や立木が、法律上不動産とみなされることにより、登記をすることができ、それらの登記に関する手続については、特別の規定がなければ、不動産登記法及び不動産登記令の規定が適用されることとなるのとは異なっている。ただし、農業用動産については、登記することができる権利は、抵当権のみである（農信法13条1項、農業用動産抵当登記令1条）。

なお、企業担保法（昭和33年法律第106号）による企業担保権は、株式会社の発行する社債を被担保債権として、株式会社の総財産について一体として設定されるもので、物権とされており（同法1条）、その設定又は変更を目的とする契約は公正証書によってしなければならないほか、その得喪及び変更は、株式会社の本店の所在地において、株式会社登記簿にその登記をしなければ、効力を生じないとされている（同法3条、4条）。そして、その登記に関する手続を定めた企業担保登記登録令（昭和33年政令第187号）は、その16条において、登記に関する多くの事項について不動産登記法及び不動産登記令の多くの規定を準用しており、登記手続に関しては船舶等の登記に類似する点もあるが、企業担保権は動産そのものではなく当該権利のみについて、独自の登記簿ではなく株式会社登記簿に登記するという点において、船舶等の登記とは異なっている。

また、企業担保権は、物権とされ、現に株式会社に属する総財産について優先弁済権を有するが（企業担保法2条1項）、株式会社の財産に対する強制執行又は担保権の実行としての競売には優先弁済権を有していない（同条2項）。また、株式会社の財産の上に存する権利（留置権並びに地上権、永小作権、地役権、賃借権及び採石権等の用益物権、買戻権、仮登記又は仮登録された権利、鉱業権の上の租鉱権並びに工業所有権上の実施権等）との関係では、これらの権利が企業担保権の登記の後に対抗要件を備えたものであっても劣後するものとされている（同法6条）。さらに、一般の先取特権に劣後するほか、特別の先取特権、質権又は抵当権であってその権利の目的となっている財産についても劣後するものとされている（同法7条）。このように、企業担保権が優先するのは、一般の無担保債権に限られていることもあり、その利用は極めて低調である。

第2項　船舶登記

10010　船舶登記の意義及び性質

問　　船舶の登記とは、どういうものか。

結論　　船舶の登記は、総トン数20トン以上の船舶についての所有権、抵当権及び賃借権等についてされ、船舶の所有者は、登記をした後

に、船舶原簿の登録をして、船舶国籍証書の交付を受けなければ、航行することはできないため、船舶の登記が義務付けられている。

説明 登記することができる船舶とは、端舟その他ろかいのみをもって運転し、又は主としてろかいをもって運転する舟（商法684条）及び総トン数20トン未満の船舶（同法686条2項）は登記することができないため、これらを除いた船舶であって（船舶法20条参照）、日本の国籍を有する船舶である（大判大6.12.25民録23輯2217頁参照）。

また、商法の規定は、商行為をする目的で航海の用に供する船舶（商船）に適用されるが、船舶法35条1項は、商法第3編（海商）の規定について、漁業その他商行為以外の事業をする目的で航海の用に供する船舶（非商船。官庁又は公署の所有に属するものを除く）に準用しているので、漁船等の非商船についても、総トン数20トン以上の船舶については、登記することができる。

船舶の登記は、船舶の表示、船舶についての所有権、抵当権又は賃借権の保存等（保存、設定、移転、変更、処分の制限又は消滅をいう）若しくは船舶管理人の選任、氏名若しくは名称若しくは住所の変更若しくは代理権の消滅についてするものとされ、製造中の船舶の登記は、製造中の船舶の表示、製造中の船舶についての抵当権の設定等（設定、移転、変更、処分の制限又は消滅をいう）又は船舶の所有者となるべき者についてするものとされている（船舶登記令3条、商法686条1項）。また、信託に関する登記及び処分の制限の登記等をすることができる（信託法14条、民事執行法112条、189条、民事保全法48条、54条、国税徴収法70条、86条等）。

登記した船舶は質権の目的とすることができないため（商法849条）、船舶の質権の登記をすることはできない。船舶の先取特権は、登記をすることはできないが、船舶の抵当権に優先するものとされている（同法848条1項）。なお、船舶管理人とは、共有の船舶について、船舶の賃貸借等の一定の行為を除き、船舶共有者に代わって船舶の利用に関する一切の裁判上又は裁判外の行為をする権限を有する者である（同法698条1項）。船舶共有者は、船舶管理人を選任しなければならず（同法697条1項）、船舶管理人を選任したときは、その登記をしなければならない（同条3項）。

また、総トン数20トン以上の船舶の所有者は、船舶の登記をして、その後、船籍港を管轄する管海官庁の船舶原簿に登録をして、船舶国籍証書の交付を受

けなければ、航行することはできないため、その登記が義務付けられている（商法686条1項、船舶法5条、6条）。そして、船舶に関する登記手続については、船舶登記令及び船舶登記規則に規定されているが、船舶登記令において不動産登記法及び不動産登記令の規定を、船舶登記規則において不動産登記規則の規定を準用しており、船舶登記令及び船舶登記規則に直接規定していない事項については、不動産に関する登記手続と同様であると言ってよい（船舶登記令35条1項・2項、船舶登記規則49条参照）。

　船舶の登記の管轄登記所は、原則として、当該船舶の船籍港の所在地を管轄する法務局若しくは地方法務局若しくはこれらの支局又はこれらの出張所であり（船舶登記令4条1項）、当該船舶の船籍港の所在地を管轄する登記所が二以上ある場合には、法務省令で定めるものとされ（同条2項）、船籍港の所在地を管轄する登記所が二以上ある船舶の管轄登記所を指定する省令（平成17年法務省令第28号）において、東京都の区のある地域を船籍港と定めたときは東京法務局、神奈川県川崎市の区域を船籍港と定めたときは横浜地方法務局川崎支局であり、これらのとき以外のときは商業登記につき事務の委任を受けた登記所である。

　このように、不動産登記とは異なり、法務大臣若しくは法務局又は地方法務局の長が個別に管轄登記所を指定することとしていないのは、船籍港は「横浜市」や「千葉市」のように市町村の名称（東京都の特別区の場合は「東京都」である）をもって定めるものとされていることから（船舶法施行細則（明治32年逓信省令第24号）3条）、登記の対象となる船舶ごとに個別に管轄登記所を指定する必要はなく、あらかじめ定めておくことが可能であるからである。

　また、製造中の船舶の登記の管轄登記所は、製造地を管轄する登記所である（船舶登記令5条）。

第3項　農業用動産抵当に関する登記

10011　農業用動産抵当に関する登記の意義及び性質

　　問　　　農業用動産抵当に関する登記とは、どういうものか。
　　結論　　**農業用動産抵当に関する登記とは、中小農水産業者の経営資金の**

調達を容易にするため、一定の農業用動産に関する債権について認められた動産抵当に関する登記である。

説明　農業用動産抵当は、中小農水産業者の経営資金の調達を容易にするため、農業動産信用法により認められる動産抵当であり、抵当権の目的となり得る農業用動産、抵当権設定者となり得る者及び抵当権者となり得る者は次のとおり法定されている。

　抵当権の目的となり得る農業用動産は、「農業」（耕作、養畜又は養蚕の業務及びこれに付随する業務並びに水産動植物の採捕若しくは養殖又は薪炭生産の業務及びこれに付随する業務のこと（農信法1条））の「経営ノ用ニ供スル動産」であって、農業動産信用法施行令（以下「農信法施行令」という）1条1号から10号までに掲げるものをいい（農信法2条）、それぞれ個々的に抵当権の目的となる。抵当権設定者となり得る者は、もちろんその農業用動産の所有者であるが、その被担保債権は、「農業」をなす者又は農業協同組合、農事組合法人若しくは漁業協同組合（農信法施行令4条）が、次に述べる「抵当権者となり得る者」に対し負担する債務に限られている（農信法12条1項）。なお、この債務を担保するのであれば、抵当権設定者は、必ずしもその債務者であることを要せず、物上保証人として他人の債務のためにその所有する農業用動産に抵当権を設定することも可能である。

　抵当権者となり得る者は、農業協同組合及び信用組合並びに農業協同組合法10条1項2号の事業を行う農業協同組合連合会、水産業協同組合法2条1項3号の事業を行う漁業協同組合、同法87条1項3号の事業を行う漁業協同組合連合会、株式会社日本政策金融公庫、沖縄振興開発金融公庫、農林中央金庫、銀行、信用金庫、信用協同組合、農業信用基金協会及び漁業信用基金協会に限られている（農信法3条、農信法施行令2条）。そして、農業用動産の抵当権については、原則として、不動産の抵当権に関する規定（ただし、民法379条〜386条を除く）が準用されているが（農信法12条2項）、その得喪変更については、登記をしなければ善意の第三者に対抗することができないものの、登記をしなくても悪意の第三者には対抗することができ（同法13条1項）、また、抵当権の登記をしても、第三者の即時取得、すなわち抵当権の存在を過失なくして知らずに所有権を取得し、又は質権を取得した第三者は、抵当権の存しない所有権又は質権を取得する（同条2項）等というように、不動産の抵当権とは異なる点がある。

さらに、抵当権を設定した農業用動産の所有者が、これを第三者に譲渡し、又は他の債務の担保に供する場合には、当該第三者に抵当権の存在を告知すべき義務があるものとし、罰則をもってこれを強制している（同法14条、19条）ほか、抵当権の目的となっている農業用動産を他に譲渡し、又は担保に供したとき、第三者が差押え、仮差押え又は仮処分等をしたときは、所有者は遅滞なくその旨を抵当権者に告知すべきものとされている（同法15条）。

　農業用動産について、登記することができる権利は、抵当権のみであり（同法13条1項、農業用動産抵当登記令1条）、登記官は、初めて抵当権の設定の登記をする場合には、職権で、表題部の登記事項並びに所有者の氏名又は名称及び住所を登記しなければならず（同令12条）、登記官は、抵当権の登記の全部を抹消したときは、登記記録を閉鎖しなければならないとされている（農業用動産抵当登記規則15条）。また、農業用動産抵当に関する登記は、抵当権に関する登記のほか、所有者の氏名若しくは名称又は住所についての変更の登記又は更正の登記、所有者の変更による変更の登記等である。これらの登記の手続については、農業用動産抵当登記令及び農業用動産抵当登記規則に規定されている（農信法13条3項参照）が、農業用動産抵当登記令において不動産登記法及び不動産登記令の規定を、農業用動産抵当登記規則において不動産登記規則の規定を準用しており、農業用動産抵当登記令及び農業用動産抵当登記規則に直接規定していない事項については、不動産に関する登記手続と同様であると言ってよい（農業用動産抵当登記令18条、農業用動産抵当登記規則40条参照）。

　さらに、農業用動産の抵当権に関する登記の管轄登記所は、原則として、当該抵当権の目的である農業用動産の所在地（漁船にあっては、その主たる根拠地）を管轄する法務局若しくは地方法務局若しくはこれらの支局又はこれらの出張所であり（農業用動産抵当登記令2条1項）、農業用動産の所在地が二以上の登記所の管轄区域にまたがる場合は、法務大臣若しくは法務局又は地方法務局の長において管轄登記所を指定することになることから（同条2項、管轄指定省令1条）、農業用動産の所有者は、登記手続上利便だと考える登記所をあらかじめ特定し、指定権者に申請をすることによって、管轄登記所の指定を受けることができる。

10012 農業動産信用法３条の法人が抵当権付債権を質入れし、その登記をすることの可否

問 農業動産信用法３条の法人が農業用動産の抵当権を有している場合に、同条の法人でない者のため、その抵当権付債権につき質権を設定することは可能であり、この質権を設定した場合に、農業用動産の抵当権の登記にその旨の付記登記をすることは差し支えないと考えるが、どうか。

結論 農業用動産の抵当権付債権に質権を設定することは可能であり、その旨の付記登記をすることができる。

説明 農業用動産の抵当権を取得し得る者は、抵当権設定者（債務者）の所属する「農業協同組合」「信用組合」又は「勅令ヲ以テ定ムル法人」（農業協同組合法10条１項１号の事業を行う農業協同組合連合会、水産業協同組合法11条１項３号の事業を行う漁業協同組合、同法87条１項３号の事業を行う漁業協同組合連合会、株式会社日本政策金融公庫、沖縄振興開発金融公庫、農林中央金庫、銀行、信用金庫、農業信用基金協会及び漁業信用基金協会—農業動産信用法施行令２条）に限られるが、本問の場合は、抵当権付債権に質権を設定する場合であるから、農業動産信用法には抵触せず、質権設定は可能である。

抵当権付債権の質入れの場合、質権の効力が抵当権に当然及ぶのであるが、それを第三者に対抗するためには、その登記を必要とする（民法177条）。しかし、この登記は形式的には、抵当権の変更登記（付記登記）による。

第４項　建設機械に関する登記

10013 建設機械に関する登記の意義及び性質

問 建設機械に関する登記とは、どういうものか。
結論 建設機械に関する登記とは、建設機械に関する動産信用の増進により、建設工事の機械化の促進を図るために設けられている建設

機械の抵当制度に関する登記である。

> **説明**

　建設機械に関する登記とは、建設機械に関する動産信用の増進により、建設工事の機械化の促進を図ることを目的として、建設機械抵当法により建設機械の抵当制度が設けられており、その公示制度として設けられているものである。そして、建設機械に関する登記としては、所有権並びに抵当権の得喪及び変更、すなわち保存、設定、移転、変更、処分の制限又は消滅についての登記が認められており、所有権の保存の登記を除いて、その他の登記は、建設機械の所有権及び抵当権の得喪及び変更を第三者に対抗するための要件である（同法7条1項）。すなわち、既登記の建設機械の所有権及び抵当権の取得その他の物権変動は、当事者間の意思表示（例えば、売買契約、抵当権設定契約等）のみによってその効力が生ずるが（民法176条）、これを登記しなければ、その物権変動を第三者に主張することができない（建抵法7条1項）。

　抵当権の目的とすることができる「建設機械」は、建設業法2条1項に規定する建設工事の用に供される機械類であり（建抵法2条1項）、具体的には、建設機械抵当法施行令1条、別表において定められている。また、抵当権の設定の登記を申請するに当たっては、抵当権を設定しようとする建設機械について、まず、国土交通大臣又はその委任を受けた都道府県知事の行う記号の打刻又は既に打刻された記号の検認を受けた上で、所有権の保存の登記を申請する必要がある（建抵法3条1項、4条1項、5条）。そして、所有権の保存の登記を申請することができるのは、建設業法2条3項に規定する建設業者に限られている（建抵法3条1項）。

　建設機械の登記の管轄登記所は、建設機械抵当法施行令8条1項の規定により打刻された記号によって表示される都道府県の区域内に置かれている法務局又は地方法務局（北海道にあっては、札幌法務局）である（建設機械登記令1条）。

　管轄登記所を本局のみとし、支局及び出張所においては建設機械の登記の事務を取り扱わないとしているのは、建設機械の所有権の保存の登記を申請しようとする者は、あらかじめ、当該建設機械について、国土交通大臣又はその委任を受けた都道府県知事の行う記号の打刻又は既に打刻された記号の検認を受けなければならないところ（建抵法4条1項・4項）、打刻は、「打刻をした年」、「打刻の際申請人の主たる営業所（本店等）が所在する都道府県」、「打刻をした者」及び「打刻番号」を、当該建設機械の主要な部分の見やすい位置に

打刻することによって行い（建設機械抵当法施行令8条1項）、国土交通大臣又は都道府県知事は、建設機械に打刻又は検認をしたときは、申請人に建設機械打刻証明書又は建設機械打刻検認証明書を交付するものとされ（同令9条1項）、この打刻された「都道府県」が、建設機械の管轄登記所を定める基準となるからである。

　これを例示して説明すれば、建設機械の打刻は、建設機械抵当法施行規則3条の別記様式2号によって行われるところ、管轄登記所を定める基準となる「申請人の主たる営業所が所在する都道府県」を表示する記号は、片仮名50音によるのであって、例えば、打刻記号「29アイ0023」であれば、最初の片仮名による記号「ア」がこの「都道府県」を表示しており、別記様式2号の欄の50音に対応して、「ア」であれば北海道、「ス」であれば東京都を表しているから、打刻記号の最初の片仮名による記号が「ア」であれば札幌法務局、「ス」であれば東京法務局が、それぞれ当該打刻記号が付された建設機械の管轄登記所となる。

　また、一度打刻されると、その打刻された記号は変更されることがなく、打刻記号の最初の片仮名で表示される「都道府県」も変更されないので、当該建設機械についての管轄登記所も変更されることはない。

第 3 節

鉱害賠償登録制度

10014 鉱害賠償登録制度の意義及び性質

問 鉱害賠償登録制度とは、どういうものか。

結論 鉱害賠償登録制度は、鉱物の掘採のための土地の掘さく等による土地又は建物に関する損害について、鉱業権者等が、いわゆる打切補償として、将来の賠償額を支払い、その旨の鉱害賠償の登録をしたときは、その後に、その土地又は建物について権利を取得した者に対しても、その効力を生ずることとするものであり、これによって、支払の登録をした鉱業権者等を二重賠償の危険から保護するものである。

説明 鉱業法109条は、鉱物の掘採のための土地の掘さく等によって他人に損害を与えたときは、損害の発生の時における当該鉱区の鉱業権者等が、損害の発生の時既に鉱業権が消滅しているときは、鉱業権の消滅の時における当該鉱区の鉱業権者等が、その損害を賠償する義務を負うものとするなど、鉱業権者等の損害賠償義務を規定している。

また、この損害賠償義務については、土地の陥落による耕作地の減収のように一定期間鉱害が継続する場合には、その都度、鉱業権者等と被害者とで交渉し、賠償額を決定することは煩雑であることから、いわゆる打切補償として、将来の賠償額を予定し、鉱業権者等は、その支払をすることにより、将来の賠償義務を免れる場合が少なくなかった。しかしながら、この将来の賠償額の予定は、当事者間の債権契約であって、賠償額が支払われた土地等の譲受人に対して対抗することができなかったため、鉱業権者等は、しばしば二重賠償を強いられる結果となる場合があった。

そこで、昭和25年に、現行の鉱業法が制定された際に、新たに鉱害賠償登録の制度が設けられ、土地又は建物に関する損害について予定された賠償額の支払は、賠償の目的となる損害の原因及び内容並びに賠償の範囲及び金額について、政令で定めるところにより、登録をしたときは、その後その土地又は建物について権利を取得した者に対しても、その効力を生ずることとされた（鉱業法114条2項）。これによって、支払の登録をした鉱業権者等は、当該土地又は建物の第三取得者等に対しても、予定された賠償額の支払の効力を主張することができるようになる。このように、鉱害賠償登録制度は、支払の登録をした鉱業権者等を二重賠償の危険から保護するための制度であると言える。

　そして、鉱業法114条2項の規定に基づいて、鉱害賠償登録令が制定され、鉱害賠償登録に関する事務は、当該土地又は建物について登記の事務をつかさどる登記所がつかさどることとされ（鉱害賠償登録令2条）、登記所に、登録の申請書をつづって調製した鉱害賠償登録簿を備えることとされている（同令6条1項）。また、登記官は、支払の登録をし、支払の登録を抹消し、又は抹消した登録を回復したときは、当該土地又は建物の登記簿にその旨を記録することとされている（同令26条）。

　ところで、この予定された賠償額の支払の登録の抹消については、原則として、その登録を受けた鉱業権者等とその登録に係る権利の登記名義人が共同して申請することとなるが、当該鉱業権者等が自然人である場合にあっては死亡して相続人（包括受遺者を含む）がないとき、当該鉱業権者等が法人である場合にあっては清算が結了しているときは、その登録に係る権利の登記名義人が単独で申請することができるとされている（同令19条1項ただし書）。このようにその登録に係る権利の登記名義人の単独申請による抹消が認められているのは、我が国の石炭鉱業については、順次縮小し、炭鉱数についても、昭和27年に1,047あったものが、順次閉山され、同令19条1項ただし書が設けられた時点（平成26年現在）で、北海道に8炭鉱を残すのみとなっており、鉱業権者等の中には、解散して、その清算が結了し、現に存在しなくなっているものもある。他方で、予定された賠償額の支払の登録がある旨の記録がされている土地については、土地の合筆の制限事由となる（不登法41条6号）ほか、当該土地を含む地域について土地改良事業等に伴う換地処分を行う場合、土地所有者には、従前の土地に代えて位置や形状が異なる換地後の土地が割り当てられることになるため、鉱害賠償登録が物理的な意味でのその土地における損害につい

て予定された賠償額の支払がされたことを公示しているというその性質上、換地処分の対象とすることはできないと解される。そして、支払の登録がされた土地を含む地域について土地改良事業等に伴う換地処分を行う場合には、従前の土地をそのままの形状で現地に換地する方法で施行するのでなく、まず、当該登録が抹消される必要があるところ、支払の登録をした鉱業権者等が現に存在しなくなったとき、すなわち、当該鉱業権者等が自然人である場合にあっては死亡して相続人（包括受遺者を含む）がないときや、当該鉱業権者等が法人である場合にあっては清算が結了しているときは、支払の登録を存続させておく実益がなく、その登録に係る権利の登記名義人が単独で申請することができるとされたものである。

第 11 章

担保付社債

11001 抵当権の譲渡と担保付社債信託法上の担保

問 担保付社債信託法における「担保」には、民法376条1項の規定により社債権者が他の債権者から譲渡を受けた抵当権も含まれるか。

結論 **担保付社債信託法における「担保」には、民法376条1項の規定により社債権者が他の債権者から譲渡を受けた抵当権は含まれない。**

説明 担保付社債信託法では、社債に担保を付そうとする場合には、担保の目的である財産を有する者（委託者）と信託会社（受託会社）との間で信託契約を締結することとされており（担保付社債信託法2条1項）、担保の追加も両者の合意に基づく信託の変更による（同法40条）。抵当権者（社債の発行会社の債権者）が社債権者に対して抵当権を譲渡することを内容とする信託契約の締結や担保の追加は、当事者が異なり、担保付社債信託法では想定されていない。

また、社債権者と信託会社との間の信託契約によるとしても、そもそも、民法376条1項の規定による抵当権の譲渡は、抵当権者が自己が有する優先弁済の利益を債務者を同じくする一般債権者に享受させるものであり、当該一般債権者が抵当権者に代わって新たに抵当権者となるものではないので、社債権者が他の債権者から譲渡を受けた抵当権を信託契約において社債の担保とすることもできない。

したがって、担保付社債信託法における「担保」には、民法376条1項の規定により社債権者が他の債権者から譲渡を受けた抵当権は含まれない。もっとも、既に担保付社債信託法における「担保」となっている抵当権を譲渡することは、可能である（担保付社債信託法42条参照）。

11002 一部の工場財団に係る抵当権の解除と担保付社債信託法41条1項の「担保の変更」

問 担保付社債に係る担保である数個の工場財団のうちの1個の工場財団について抵当権を解除することは、担保付社債信託法41条1

項の「担保の変更」に該当するか。

結論 担保付社債信託法41条1項の「担保の変更」に該当する。

説明 担保付社債信託法41条1項は、「担保付社債に係る担保の変更は、受託会社、委託者及び受益者である社債権者の合意による信託の変更により、することができる」としており、また、受益者の意思決定は、社債権者集会の決議によることとされている（同条2項）。ただし、担保の変更後における担保の価値が未償還の担保付社債の元利金を担保するのに足りるときは、担保の変更は、受託会社及び委託者の合意により、することができる（同条3項）。

担保付社債信託法41条1項は、担保付社債に係る担保が変更することにより、受益者である社債権者に不利益を及ぼす場合には、受託会社及び委託者のみならず、社債権者の合意をも必要とするものであるところ、数個の工場財団が担保となっている場合において、そのうちの1個の工場財団について抵当権を解除することは、担保付社債に係る担保の価値を減少させ、受益者である社債権者に不利益を及ぼすものであるから、同項の「担保の変更」に該当することになる。

11003 担保付社債信託法上の信託契約による抵当権の設定の登記の申請における登記原因証明情報の添付の要否

問 担保付社債信託法上の信託契約による抵当権の設定の登記の申請において、登記原因証明情報を提供することができないとして、他の添付情報をもって代えることができるか。

結論 必ず登記原因証明情報を提供しなければならない。

説明 抵当権設定の登記を申請する場合には、その申請情報と併せて登記原因を証する情報を提供しなければならず（不登法61条、登記令7条1項5号ロ、別表の五十五の項）、このことは、担保付社債信託法上の信託契約による場合であっても変わりはない。

担保付社債信託法上の信託契約は、担保の目的物である財産を有する者（委託者）と信託会社（受託会社）との間で結ばれ、信託証書でしなければ、その効力を生じないとされており（担保付社債信託法18条1項）、当該信託証書には、委託者（抵当権の設定の登記の登記義務者である。社債の発行会社と同じ者で

あるとは限らない。）、受託会社（抵当権の設定の登記の登記権利者（同法61条））及び発行会社（抵当権の設定の登記の債務者）、担保付社債の総額、担保付社債の利率、担保の種類、信託証書の作成の日（信託契約の日）等が記載されている（同法19条1項）ことから、これが抵当権の設定の登記における登記原因証明情報となる。

11004 担保付社債の分割発行についての登記の登記原因

問 担保付社債の社債総額についての登記をした後、分割発行をした場合にする付記登記の登記原因は何か。

結論 「平成○年○月○日物上担保付社債信託及び平成○年○月○日社債発行契約平成○年○月○日第○回社債発行」又は「平成○年○月○日物上担保付社債信託及び平成○年○月○日第○回社債発行」である。

説明 担保付社債の総額を数回に分けて発行するときは、担保付社債信託法上の信託契約による担保権の設定の登記においては、担保付社債の総額、担保付社債の総額を数回に分けて発行する旨及び担保付社債の利率の最高限度のみを被担保債権に係る登記事項とすることとされている（担保付社債信託法62条2項）。

そして、その後、担保付社債を発行したときは、その回の担保付社債の金額の合計額及び当該担保付社債に関する利率を担保権の設定の登記に付記して登記することとなり（担保付社債信託法63条1項・3項）、その登記原因は、「平成○年○月○日物上担保付社債信託及び平成○年○月○日社債発行契約平成○年○月○日第○回社債発行」となる。ただし、当初の信託契約の際に、第1回又はその後に発行する社債についての事項を契約したときは、その回の登記原因は、「平成○年○月○日物上担保付社債信託及び平成○年○月○日第○回社債発行」となる。

11005 担保付社債の総額についての制限の有無

問 担保付社債の総額について、発行会社の純資産額等を基準とした制限は、設けられているのか。

| 結論 | 担保付社債の総額について、発行会社の純資産額等を基準とした制限は、設けられていない。

| 説明 | 平成5年の商法改正以前は、社債は、発行会社の最終の貸借対照表上の純資産額を超えて募集することはできないとされていたが、現行では、会社法等の下で、このような制限は設けられていない。

したがって、担保付社債信託法上の信託契約による担保権の設定の登記においても、社債の発行会社の純資産額によって担保付社債の総額が制限を受けることはない。

11006 担保付社債を分割発行する場合における抵当権の設定の登記の時期

| 問 | 担保付社債を分割発行する場合、信託契約による抵当権の設定の登記の申請は、いつまでにしなければならないか。

| 結論 | 遅くとも第1回の社債発行に係る分割発行についての登記と同時にしなければならない。

| 説明 | 担保付社債の総額を分割発行する場合には、信託契約による抵当権の設定の登記においては、担保付社債の総額、担保付社債の総額を数回に分けて発行する旨及び担保付社債の利率の最高限度のみを被担保債権に係る登記事項とすることとされている（担保付社債信託法62条2項）。そして、その後、担保付社債を発行したときは、その回の担保付社債の金額の合計額及び当該担保付社債に関する利率を抵当権の設定の登記に付記して登記することとなる（同法63条1項・3項）。

したがって、第1回の社債発行に係る分割発行についての登記をするに当たっては、信託契約による抵当権設定の登記がされていることが前提となることから、信託契約による抵当権設定の登記は、遅くとも、第1回の社債発行に係る分割発行についての登記と同時にする必要がある。

11007 担保付社債の分割発行についての登記における登記原因証明情報

| 問 | 担保付社債の分割発行についての付記登記の登記原因証明情報

は、担保付社債の信託契約に係る信託証書のみで足りるか。

結論 信託証書のみでは、社債発行契約の日及び社債発行の日が判明しない場合には、登記原因証明情報として、担保付社債の信託契約に係る信託証書のほか、それらを証する情報を提供する必要がある。

説明 担保付社債の総額を分割発行する場合において、担保付社債を発行したときは、その回の担保付社債の金額の合計額及び当該担保付社債に関する利率を抵当権の設定の登記に付記して登記することとなる（担保付社債信託法63条1項・3項）。担保付社債を分割発行する場合の信託証書には、各回の担保付社債の発行までに、委託者及び受託会社により、その回の担保付社債の金額の合計額、利率等が付記される（同法21条2項）ことから、登記事項のうち、その回の担保付社債の金額の合計額及び当該担保付社債に関する利率は、信託証書によって確認することができる。したがって、信託証書は、登記原因証明情報の一部となり得る。

一方、社債発行契約の日及び社債の発行の日は信託証書からは通常判明しないことから、登記原因証明情報として、更にこれらを証する情報（総額引受契約の契約書、発行会社の証明書等）をも併せて提供する必要がある。

なお、当初の信託契約において、第1回又はその後に発行する社債についての事項の契約をしたときは、社債発行契約の日や社債発行の日が信託証書によって判明する場合もあり得るが、その場合は信託証書のみで足りる。

11008 一部の工場財団の譲渡と担保付社債信託法41条1項の「担保の変更」

問 甲会社が担保付社債に係る担保としてA工場財団及びB工場財団に抵当権を設定している場合において、甲会社が乙会社にA工場財団を譲渡することは、担保付社債信託法41条1項の「担保の変更」に該当するか。

結論 担保付社債信託法41条1項の「担保の変更」に該当しない。

説明 担保付社債信託法41条1項は、担保付社債に係る担保が変更することにより受益者である社債権者に不利益を及ぼす場合には、受託会社及び委託者のみならず、社債権者の合意をも必要とするものであ

る。

　数個の工場財団が担保となっている場合に、そのうちの１個の工場財団を第三者に譲渡したとしても、それは、抵当権が設定されたまま工場財団を譲渡するにすぎず、担保付社債に係る担保の価値を減少させ、受益者である社債権者に不利益を及ぼすものではないので、担保付社債信託法41条１項の「担保の変更」には該当しない。

11009 担保付社債を分割発行した場合において、ある回の社債の一部を償還した場合にする登記

問　担保付社債の分割発行をした後、第１回の社債の一部を償還した場合には、第１回の社債の発行に係る付記登記中の担保付社債の金額の合計額を変更する登記のみをすれば足りるか。それとも、信託契約による抵当権の設定の登記中の担保付社債の総額を変更する登記をもする必要があるか。

結論　**第１回の社債の発行に係る付記登記中の担保付社債の金額の合計額を変更する登記のみをすれば足りる。**

説明　担保付社債の総額を数回に分けて発行するときは、信託契約による抵当権の設定の登記においては、担保付社債の総額、担保付社債の総額を数回に分けて発行する旨及び担保付社債の利率の最高限度のみを被担保債権に係る登記事項とし（担保付社債信託法62条２項）、その後、担保付社債を発行したときは、その回の担保付社債の金額の合計額及び当該担保付社債に関する利率を抵当権の設定の登記に付記して登記することとされている（同法63条１項・３項）。

　この場合、当初の抵当権の設定の登記における「担保付社債の総額」は、信託契約において発行を予定している社債の総額にすぎず、社債の発行に係る付記登記によって、その後に発行した担保付社債が当初の抵当権の設定の登記の順位で担保されることが公示される。

　第１回の社債の一部を償還した場合には、付記登記がされている第１回の社債に係る債権額が減少したにとどまり、信託契約において発行を予定している社債の総額には影響がないので、当初の抵当権の設定の登記中の担保付社債の総額を変更する必要はない。

11010 担保付社債を分割発行した場合において、ある回の社債の全部を償還したときにする登記

問 担保付社債の分割発行をした後、第1回の社債の全部を償還した場合には、第1回の社債の発行に係る付記登記を抹消する登記の申請をする必要があるか。また、信託契約による抵当権の設定の登記中の担保付社債の総額を変更する登記をする必要があるか。

結論 **第1回の社債の発行に係る付記登記を抹消する登記の申請をする必要がある。抵当権の設定の登記中の担保付社債の総額を変更する登記をする必要はない。**

説明 ある回の社債の全額が償還された場合には、その回の社債に係る付記登記については、被担保債権とともに抵当権の効力も消滅していることから、当該付記登記を抹消する登記の申請をすべきである。

この場合、当初の抵当権の設定の登記における「担保付社債の総額」は、信託契約において発行を予定している社債の総額にすぎないので、これを変更する必要はない。

なお、ある回の社債の全額が償還された結果、全ての社債が償還されたことになる場合には、抵当権の設定の登記を抹消する申請をもすべきである。

第 12 章

立木抵当

12001 「一個ノ立木」の意義

問 立木ニ関スル法律13条によると、「立木登記簿ハ一個ノ立木ニ付一登記記録ヲ備フ」とされているが、「一個ノ立木」とは、どのようなものを指すのか。

結論 **「一個ノ立木」とは、立木ニ関スル法律に基づき所有権の保存の登記がされている「一筆ノ土地又ハ一筆ノ土地ノ一部分ニ生立スル樹木ノ集団」を指す。**

説明 立木ニ関スル法律1条1項によると、同法における「立木」とは、「一筆ノ土地又ハ一筆ノ土地ノ一部分ニ生立スル樹木ノ集団ニシテ其ノ所有者カ本法ニ依リ所有権保存ノ登記ヲ受ケタルモノ」をいうとされている。

したがって、立木ニ関スル法律13条の「一個ノ立木」とは、一筆の土地又は一筆の土地の一部分に生立する樹木の集団について、その所有者が同法に基づき所有権の保存の登記を受けた場合において、当該登記の対象となっている「樹木ノ集団」を包括的に指していることになる。

12002 果樹についての立木登記の可否

問 りんご、桃等の果実の採取を目的として植栽された樹木の集団について、立木ニ関スル法律に基づき、所有権の保存の登記をすることができるか。

結論 **りんご、桃等の果実の採取を目的として植栽された樹木の集団については、立木ニ関スル法律に基づき、所有権の保存の登記をすることができる。**

説明 立木ニ関スル法律1条1項によると、同法における「立木」とは、「一筆ノ土地又ハ一筆ノ土地ノ一部分ニ生立スル樹木ノ集団ニシテ其ノ所有者カ本法ニ依リ所有権保存ノ登記ヲ受ケタルモノ」をいうとされていることから、ある樹木の集団について同法に基づき所有権の保存の登記をすることができるか否かは、当該樹木の集団が同項の「樹木ノ集団」に該当するか否かによることになる。

これに関して、立木ニ関スル法律1条2項では、「前項ノ樹木ノ集団ノ範囲ハ勅令ヲ以テ之ヲ定ム」とし、同項に基づき、昭和7年勅令第12号「樹木ノ集団ノ範囲ヲ定ムルノ件」が制定されている。そして、昭和7年勅令第12号1条によると、「樹木ノ集団」は、昭和7年勅令第12号別表に掲げる樹種のうちの7種以内の樹木をもって組成されるものに限られるが、植栽により生立された樹木の集団については、この制限を受けないとされている。

　したがって、りんご、桃等の樹木は、昭和7年勅令第12号別表に掲げる樹種ではないが、それらの果実の採取を目的として植栽された樹木の集団は、立木ニ関スル法律に基づき、所有権保存の登記をすることができることになる（昭30.6.10第1175号通達参照）。

12003　立木登記への不動産登記法の適用関係

問　立木登記については、どのような法律が適用されるのか。

結論　**立木登記については、立木ニ関スル法律に定めるもののほか、不動産登記法が適用される。**

説明　立木ニ関スル法律では、一筆の土地又は一筆の土地の一部分に生立する樹木の集団について、その所有者が同法に基づき所有権の保存の登記を受けた場合において、当該登記の対象となっている「樹木ノ集団」を「立木」と称している（同法1条1項）。この「立木」は、不動産とみなされる（同法2条1項）ことから、同法に定めるもののほか、土地や建物と同様に不動産登記法が適用される。

12004　立木の所有権保存の登記の意義

問　立木の所有権保存の登記は、どのような意義があるか。

結論　**樹木の集団は、立木の所有権保存の登記を受けることにより、土地とは別の不動産とみなされ、土地とは別に所有権の移転や抵当権の目的とすることができるようになり、また、土地の所有権や地上権の処分の効力が及ばないようになる。**

説明　土地に生立する樹木の集団は、土地の定着物として、不動産である当該土地の一部であることから、土地を処分したときは、

原則として、当該土地に生立する樹木の集団も土地の処分に従うことになる。したがって、例えば、土地の所有権を移転したときは、その対象は当該土地に生立する樹木の集団にも及び、土地に抵当権を設定したときは、その対象は当該土地に生立する樹木の集団にも及ぶことになる。

仮に、売買等により、樹木の集団のみを土地とは独立して所有権の移転の対象としようとする場合には、慣行上、いわゆる明認方法（樹皮を削って氏名を記載するなどの方法）を施すことによって、対抗要件を備えることができるとされているが、明認方法を施したとしても、樹木の集団のみについて、土地とは独立して抵当権を設定することはできない。

一方、樹木の集団について立木の所有権保存の登記を受けた場合には、当該立木は、土地とは別の不動産とみなされ（立木法2条1項）、所有権移転の登記を受けたり、抵当権の目的とすることができるようになり（同条2項）、また、土地の所有権や地上権の処分の効力は、そこに生立する立木である樹木の集団には及ばないことになる（同条3項）。

このように、立木の所有権保存の登記は、土地や建物の所有権保存の登記とは異なり、立木についてする最初の登記であり、本来、土地の一部であった樹木の集団について、別個の不動産として独立した処分を可能とする機能を有するものである。

12005 地目が畑である土地上の樹木の集団についての立木の所有権の保存の登記の可否

問 登記上の地目が畑である土地の上に生立する樹木の集団について、立木の所有権保存の登記をすることができるか。

結論 **登記上の地目が畑である土地の上に生立する樹木の集団について、立木の所有権保存の登記をすることは可能である。**

説明 立木の所有権保存の登記を申請する場合には、立木の所在する市、区、郡、町、村及び字並びに土地の地番、地目及び地積をも申請情報の内容としなければならない（立木法15条2項、立木規則7条1項）が、これは、立木の所在を特定し、また、土地の登記記録中表題部に立木の登記記録を表示する（立木法19条1項）ために必要とされるものである。

そして、立木の所有権保存の登記に当たっては、当該土地の登記上の地目に

関して何らの制限も設けられておらず、登記上の地目が畑である土地の上に生立する樹木の集団についても、立木の所有権保存の登記をすることは可能である。

12006 一筆の土地に生立する樹木の集団につき二以上の立木登記をすることの可否

問 一筆の土地の一部に生立する樹木の集団について、既に所有権保存の登記がされている場合において、当該土地の他の部分に生立する樹木の集団について、所有権保存の登記をすることは可能か。

結論 可能である。

説明 所有権保存の登記をすることができる樹木の集団は、「一筆ノ土地又ハ一筆ノ土地ノ一部分ニ生立スル樹木ノ集団」（立木法1条1項）である。そして、昭和7年勅令第12号「樹木ノ集団ノ範囲ヲ定ムルノ件」2条は、「同一ノ土地ニ生立スル樹木ノ集団」につき2個以上の立木の登記をすることができないとしていることから、既に立木として所有権保存の登記がされている樹木の集団につき、重ねて所有権保存の登記をすることができないばかりでなく、既に所有権保存の登記がされている樹木の集団が生立する土地上に、当該樹木の集団とは所有者や樹木の種類が異なるものがあるとして、他の樹木の集団に関する所有権保存の登記をすることも、認められない。

一方、昭和7年勅令第12号2条の「同一ノ土地」とは、一筆の土地の中の同一部分と解すべきであるとされており（昭29.1.6第2559号回答）、既に一筆の土地の一部分に生立する樹木の集団について所有権保存の登記がされている場合（その場合には、当該土地の「部分ノ位置及地積、其ノ部分ヲ表示スヘキ名称又ハ番号アルトキハ其ノ名称又ハ番号」も登記事項となる（立木法15条1項1号））において、当該一筆の土地の他の部分に生立する樹木の集団について所有権の保存の登記をすることに特段の制限はなく、可能であると解される。

なお、昭29.1.6第2559号回答を根拠に挙げて、一筆の土地に生立する樹木の集団につき二以上の立木登記をすることができるのは、当該二以上の樹木の集団が各別の所有者に帰属する場合に限るとする見解もあるが、同回答は、昭和7年勅令第12号2条の「同一ノ土地」の意義を示すにとどまり、当該二以上

の樹木の集団が各別の所有者に帰属する場合に限るとの見解を示したものではない（照会庁が提示した一見解にすぎない）し、また、そのような解釈の根拠となり得る法令上の規定も見当たらない。

12007 立木の所有権保存の登記における土地の登記簿上の利害関係人

問 立木の所有権保存の登記を申請する場合においては、その保存の登記につき「土地ノ登記簿上利害ノ関係ヲ有スル第三者」があるときは、その第三者の承諾を証する情報を申請情報と併せて提供することとされている（立木法17条）が、この「利害ノ関係ヲ有スル第三者」とは、どのような者を指すのか。

結論 **樹木の集団が土地とは別の不動産とみなされることによって不利益を被る者であり、土地の所有権の登記名義人が申請する場合における地上権の登記名義人、地上権の登記名義人が申請する場合における所有権の登記名義人等がこれに該当する。**

説明 立木の所有権保存の登記を申請する場合において、その保存の登記につき「土地ノ登記簿上利害ノ関係ヲ有スル第三者」があるときは、その第三者の承諾を証する情報を申請情報と併せて提供することとされている（立木法17条）。

この「利害ノ関係ヲ有スル第三者」とは、樹木の集団が土地とは別の不動産とみなされることによって不利益を被る者であり、①土地の所有権の登記名義人が申請する場合における地上権の登記名義人、②地上権の登記名義人が申請する場合における所有権の登記名義人、③判決により自己の所有権を証する者が申請する場合における所有権又は地上権の登記名義人（判決の当事者を除く）等がこれに該当する。

一方、例えば、土地の所有権の登記名義人が申請する場合、当該土地に抵当権の設定の登記がされているときであっても、抵当権の登記名義人は、「利害ノ関係ヲ有スル第三者」には該当しない。この場合には、抵当権の登記に樹木に及ばない旨の記録があるときを除き、土地の登記簿上の抵当権の設定の登記を立木の登記簿に転写することとされており（立木法18条1項）、抵当権者が不利益を被ることはないからである。

12008 代位により立木の所有権保存の登記を申請することの可否

問 土地や建物と同様に、立木の所有権の保存の登記についても、他人に代位して申請することができるか。

結論 できない。

説明 樹木の集団について、立木ニ関スル法律に基づき立木の所有権保存の登記を申請し、土地とは別の不動産として取引の対象とするか否かは、申請人となることができる（同法16条1項参照）樹木の集団の所有者の自由意思であり、民法423条その他の法令の規定に基づき、他人に代わって立木の所有権保存の登記を申請することはできないものと解される（昭33.7.2第1328号通達参照）。

12009 立木の所有権保存の登記を申請する場合における立木の樹種等を証する情報の提供の要否

問 立木の所有権保存の登記を申請する場合には、「樹種、数量及樹齢」も申請情報の内容とされている（立木法15条2項）が、これらを証する情報を提供する必要があるか。

結論 立木の所有権保存の登記を申請する場合において、立木の樹種等を証する情報を提供する必要はない。

説明 立木の所有権保存の登記を申請する場合において提供すべき添付情報については、不動産登記法等のほか、立木ニ関スル法律及び立木登記規則に定めがあるが、樹種等を証する情報を提供すべき旨の規定は置かれていない。

12010 植栽による樹木の集団について所有権保存の登記を申請する場合における添付情報

問 昭和7年勅令第12号「樹木ノ集団ノ範囲ヲ定ムルノ件」別表に掲げられていない樹種によって組成される樹木の集団について立木

の所有権保存の登記を申請する場合には、植栽によって生立したことを証するため、どのような添付情報を提供する必要があるか。

結論 植栽によって生立させられた樹木の集団であることを証する主務官庁が作成した情報を提供しなければならない。

説明 ある樹木の集団について立木ニ関スル法律に基づき所有権保存の登記をするには、当該樹木の集団が同法1条1項の「樹木ノ集団」に該当する必要がある。そして、これに関して、同条2項では、「前項ノ樹木ノ集団ノ範囲ハ勅令ヲ以テ之ヲ定ム」とし、同項に基づき、昭和7年勅令第12号「樹木ノ集団ノ範囲ヲ定ムルノ件」が制定されている。

昭和7年勅令第12号1条は、「樹木ノ集団」は、昭和7年勅令第12号別表に掲げる樹種のうちの7種以内の樹木をもって組成されるものに限られるが、植栽により生立された樹木の集団については、この制限を受けないとしている。したがって、植栽により生立された樹木の集団については、昭和7年勅令第12号別表に掲げる樹種のうちの7種以内の樹木をもって組成されていなくても、立木として所有権保存の登記を受けることができることになる。

この場合の所有権保存の登記の申請においては、「その集団が植栽によって生立させられた樹木の集団であることを証する主務官庁が作成した情報」を申請情報と併せて登記所に提供しなければならないとされている（立木規則9条2項）。

12011 伐採期限の到来後は所有権が復帰する旨の約定がされている立木の売買及び抵当権の効力

問 甲は、その所有する山林に生立する樹木の集団について、伐採期限を定め、当該「伐採期限の到来後は所有権が甲に復帰する」旨の特約をした上で、乙に売却した。そこで、乙は、当該樹木の集団について立木の所有権保存の登記をし、さらに、丙のために抵当権の設定の登記をした。伐採期限の到来後、抵当権の効力は、どうなるか。また、当該特約について登記がされている場合は、抵当権の効力はどうなるか。

結論 抵当権設定の登記より前に特約に基づき始期付所有権移転の仮登

記がされていない限り、抵当権は消滅しない。

説明　甲が乙に樹木の集団を売却し、乙が当該樹木の集団について立木の所有権保存の登記を受けた場合には、当該立木は、不動産とみなされ（立木法2条1項）、土地とは別に所有権の移転や抵当権の目的とすることができるようになる（同条2項）。

この場合に、「伐採期限の到来後は所有権が乙から甲に復帰する」旨の特約について甲が第三者に対抗するためには、伐採期限の到来日を始期とする始期付所有権移転の仮登記（不登法105条2号）をしておかなければならず、丙のための抵当権設定の登記より前にこの仮登記がされていない場合には、伐採期限が到来したとしても丙の抵当権は、消滅することはない（同法109条2項参照）。

また、甲が立木の所有権保存の登記をした上で、乙に当該立木を売却し、乙への所有権移転の登記をしている場合においても同様であり、乙が丙のために抵当権設定の登記をするより前に、伐採期限の到来日を始期とする乙から甲への始期付所有権移転の仮登記をしていない場合には、伐採期限が到来したとしても丙の抵当権は、消滅することはない。

なお、不動産登記法59条5号では、「登記の目的である権利の消滅に関する定めがあるときは、その定め」を登記事項の一つとして掲げている（所有権移転の登記に付記登記がされる）。本問とは異なり、所有権の移転の失効についての定め（終期）を定めた場合には、これを権利の消滅に関する定めとして登記することにより、その後に抵当権設定の登記を受けた丙に対抗することができることになる（抵当権の設定の登記の抹消は、甲と丙との共同申請による）。

しかし、本問の特約は、その文言上、甲から乙への所有権の移転についての終期を定めたというより、甲から乙に所有権が移転することを前提として、一定の日に再び乙から甲に所有権が移転することを意味するものと解されることから、そのような文言の特約を権利の消滅に関する定めとして登記することはできない。

12012　立木の抵当権の設定の登記における申請情報の内容である施業方法

問　立木の抵当権設定の登記の申請において、「施業方法」が申請情報の内容とされているのはなぜか。

|結論| 抵当権の設定後も当事者間の協定に従って適切に間伐等を実施し、立木の経済的価値を維持する必要があるからである。

|説明| 立木の生育状況は、抵当権の目的物である立木の経済的価値に重大な影響を及ぼすものであって、立木の生育を助長するためには、立木の間伐その他の手入れは必要不可欠である。

そこで、立木ニ関スル法律3条は、「立木ノ所有者ハ立木カ抵当権ノ目的タル場合ニ於テモ当事者ノ協定シタル「施業方法」ニ依リ其ノ樹木ヲ採取スルコトヲ妨ケス」とし、また、立木について抵当権を設定する場合には、必ず、立木の間伐その他の手入れの方法について当事者間で協定し、これを登記することとされている（同法21条）。

12013 立木の滅失の登記の申請における利害関係人の承諾を証する情報の提供の要否

|問| 皆伐に伴い立木の滅失の登記を申請する場合には、申請情報と併せて、抵当権者等の登記上の利害関係人の承諾を証する情報を提供する必要があるか。

|結論| 提供する必要はない。

|説明| 立木の登記がされている場合において、皆伐によって全ての樹木が土地から分離したときは、もはや、立木ニ関スル法律の適用がある「立木」は物理的に存在しないことになる。したがって、立木の滅失の登記を申請する場合には、建物の滅失の場合と同様に、抵当権者等の登記上の利害関係人の承諾を証する情報を提供する必要はない。

12014 立木の所有権の保存の登記の抹消

|問| 甲所有の土地について、①甲から乙への所有権移転の登記、②甲を債権者とする処分禁止の仮処分の登記及び③乙から丙への所有権移転の登記がされた後、④丙による当該土地上の立木についての所有権保存の登記がされた。その後、甲が甲・乙間の所有権の移転の登記の抹消の訴えに勝訴し、これに基づき、甲が単独で、甲・乙間の所有権移転の登記及び乙・丙間の所有権移転の登記を

抹消する申請をする場合、甲は、立木の所有権保存の登記の抹消をも申請することができるか。

結論 申請することはできない。

説明 立木は、土地と独立した1個の不動産とみなされる（立木法2条1項）ことから、土地について、甲が勝訴判決を得て、単独で、甲・乙間の所有権の移転の登記及び乙・丙間の所有権の移転の登記の抹消を申請することができたとしても、別個の不動産である立木の所有権の保存の登記の抹消を申請することはできない。

なお、所有権保存の登記がされることにより立木が不動産とみなされた後は、立木が滅失した場合を除き、所有者の意思によって、立木の登記がない状態に戻すことはできないし、そのような申請手続も、法令上、設けられていない（昭31.6.8第1303号回答参照）。

ただし、丙による立木についての所有権の保存の登記の申請に当たっては、登記上利害関係を有する第三者である甲の承諾を証する情報を提供する必要があり（立木法17条）、本来、本問のような状態となることは想定されにくい。

12015 未登記の立木についての仮差押えの登記の可否

問 未登記の立木について、仮差押えの登記の嘱託をすることは可能か。

結論 未登記の立木について、仮差押えの登記をすることはできない。

説明 樹木の集団は、立木ニ関スル法律の定めるところに従い所有権の保存の登記をすることによって、同法の「立木」として不動産とみなされる（同法2条1項）ものであるが、当該樹木の集団について、立木として所有権保存の登記をするか否かは、樹木の集団の所有者の自由意思に委ねられる。

そして、立木として所有権の保存の登記がされていない樹木の集団については、土地とは別の不動産とは認められないことから、仮差押えの登記を嘱託することはできない。

第13章

譲渡担保

13001 不動産の譲渡担保に関する登記手続

問 不動産を譲渡担保の目的物とした場合、どのような登記手続を行う必要があるか。

結論 「譲渡担保」を登記原因として、所有権移転の登記をする。

説明 譲渡担保とは、担保の目的物である財産の所有権を移転することにより、当該財産の所有者が債権者から資金の提供を受けることを目的とする慣習上の担保物権である。譲渡担保の目的物は、動産であることが多いが、不動産の場合もある。

譲渡担保は、通常の売買による所有権の移転と異なり、背景となっている消費貸借契約上の債務を弁済した場合には、一旦移転した所有権が当初の所有者に戻るという契約となっている点に特色がある。

いずれにせよ、不動産を譲渡担保の目的物とした場合には、当該不動産の所有権が少なくとも一旦は譲渡担保権者に移転することから、「譲渡担保」を登記原因として、所有権移転の登記をすることになる。

13002 譲渡担保を登記原因とする所有権移転の登記において被担保債権の内容等を登記事項とすることの可否

問 不動産を譲渡担保の目的物とした場合にする所有権移転の登記において、被担保債権の内容や債権額を登記事項とすることができるか。

結論 登記事項とすることはできない。

説明 抵当権の登記においては、不動産登記法83条1項に基づき、権利に関する登記の一般的な登記事項（同法59条）のほか、被担保債権の債権額、債務者の氏名又は名称及び住所等も登記事項とされている。

一方、不動産を譲渡担保の用に供した場合は、当該不動産の所有権の移転の形式を採るものである以上、実質的には不動産の所有者（登記義務者）が債権者（登記権利者）から資金の提供を受けることを目的とするものであったとしても、その場合にする登記は所有権移転の登記であり、登記事項は、一般的な所有権移転の登記の場合と変わりはない。

したがって、不動産を譲渡担保の目的物とした場合にする所有権移転の登記原因は「譲渡担保」となるが、被担保債権の内容や債権額を登記事項とすることはできない。

13003 譲渡担保を登記原因とする所有権の移転の登記において特約事項を登記することの可否

問 不動産を譲渡担保の目的物とした場合にする所有権移転の登記において、「債権の全額及び利息の合計額を弁済した場合には、直ちに債務者に所有権の移転の登記を行う」旨の特約事項を登記することができるか。

結論 登記することはできない。

説明 不動産を譲渡担保の用に供した場合は、当該不動産の所有権の移転の形式を採るものである以上、実質的には不動産の所有者（登記義務者）が債権者（登記権利者）から資金の提供を受けることを目的とするものであったとしても、その場合にする登記は所有権移転の登記であり、登記事項は、一般的な所有権の移転の登記の場合と変わりはない。したがって、不動産登記法59条各号に掲げる事項が登記事項となる。

そして、不動産登記法59条5号では、「登記の目的である権利の消滅に関する定めがあるときは、その定め」を登記事項の一つとして掲げている（所有権の移転の登記に付記登記がされる）。本問とは異なり、所有権の移転の失効についての定め（解除条件）の場合には、これを権利の消滅に関する定めとして登記することにより、その後に抵当権の設定の登記を受けた者に対抗することができることになる。しかし、本問の特約事項は、その文言上、債務者から債権者への所有権の移転についての解除条件を定めたというより、一定の停止条件が成就した場合に債権者から債務者に所有権の移転の登記をする旨を約したものと解されることから、そのような文言の特約事項を権利の消滅に関する定めとして登記することはできない。

なお、不動産の売主は、売買契約と同時にした買戻しの特約により、買主が支払った代金及び契約の費用を返還して、売買の解除をすることができ（民法579条前段）、売買契約と同時に買戻しの特約を登記したときは、買戻しは、第三者に対しても、その効力を生ずる（同法581条1項）とされているが、もとよ

り譲渡担保契約は売買契約とは性質が異なることから、本問のような特約に基づき、買戻しの登記をすることもできない。

13004 債権者ではない第三者のために譲渡担保を登記原因として所有権移転の登記をすることの可否

問 債権者甲の債務者乙に対する債権を担保するために、乙所有の不動産を第三者丙に移転することとして、譲渡担保を登記原因とする所有権の移転の登記をすることができるか。

結論 債権者ではない第三者のために譲渡担保を登記原因として所有権の移転の登記をすることはできる。

説明 質権や抵当権のような民法上の担保物権では、付従性の原則に則り債権者と担保権者とが一致することが求められるが、譲渡担保の方法によるときは、担保権の実行の際の所有権の帰属方法等を契約において定めることが可能であることから、判例においても、「債務者カ自己ト債権者ト第三者トノ三人合意ノ上債権担保ノ目的ヲ以テ土地ヲ第三者ニ信託的ニ売渡ス契約ハ之ニ因リ債務者ヲシテ其債務ノ弁済ヲ為スニ非サレハ第三者ヨリ土地ノ返還ヲ受ケルコトヲ得サラシメテ当事者ノ目的トスル債権担保ノ実ヲ挙クルコトヲ得ルモノナレハ固ヨリ公序良俗ニ反スルコトナク適法ナル信託行為ノ一種ニ属シ契約自由ノ範囲内ニ在ル有効ノ法律行為ナリト謂ハサル可カラス」（大判大7.11.5民録24輯2122頁）として、債権者と担保権者とが一致しないことを許容している。

したがって、甲の乙に対する債権を担保するために、甲、乙及び丙の三者が合意の上で、乙が所有する不動産の所有権を丙に移転することは可能であり、その場合には、乙から丙に対して譲渡担保を登記原因として所有権の移転の登記をすることになる。

13005 被担保債権が消滅した場合の譲渡担保の目的となっている不動産の登記手続

問 不動産について譲渡担保を登記原因として債権者に対する所有権の移転の登記を経ている場合において、その後、債務者が債務の

全額を弁済したことにより被担保債権が消滅したときは、どのような登記手続をすることになるのか。

結論 債権者及び債務者の共同申請により、債権者から債務者への所有権の移転の登記をするか、債務者から債権者への所有権の移転の登記を抹消することになる。

説明 債務者が所有する不動産を譲渡担保の目的とした場合には、当該不動産について、債務者から債権者に対して、譲渡担保を登記原因として所有権の移転の登記がされている。

被担保債権が消滅した場合には、債務者は、譲渡担保に供していた不動産を取り戻す必要があるが、その方法としては、債権者と債務者との共同申請により、債権者から債務者への所有権の移転の登記を申請する方法及び債務者から債権者への所有権の移転の登記を抹消する方法が考えられる。いずれの場合も、登記原因は、「譲渡担保契約解除」である。

第14章

信託の登記

14001　信託の意義

問　信託とは何か。

結論　**信託とは、①信託契約、②遺言、③公正証書等によってする意思表示の方法のいずれかにより、特定の者が一定の目的（専らその者の利益を図る目的を除く）に従い、財産の管理又は処分及びその他の当該目的の達成のために必要な行為をすべきものをいう。**

説明　信託とは、信託法に定義された法的な財産管理制度を指すもので、①信託契約、②遺言、③公正証書等によってする意思表示の方法のいずれかにより、特定の者が一定の目的（専らその者の利益を図る目的を除く）に従い、財産の管理又は処分及びその他の当該目的の達成のために必要な行為をすべきものとすることをいう（同法2条1項）。また、①信託契約又は②遺言の方式によるときは、当該特定の者に対し、財産の譲渡、担保権の設定その他の財産の処分をすることを要する（同法3条）。

我が国の民法の法体系の下では、所有権は唯一絶対であり、物権とも債権とも言い難い全く別個の法体系として確立された信託という制度は、極めて異質な存在といえる。信託の性質をめぐっては学説の対立があるが、次に掲げる点が信託制度の特徴として掲げられている。

(イ)　他人による財産管理・処分のための法律制度である。

(ロ)　財産権は、委託者によって受託者に移転又は処分され、受託者はその名義人となる（ただし、自己信託には当てはまらない）。

(ハ)　受託者は、信託財産につき対外的に唯一の管理・処分権者となるので、委託者自ら信託財産上の権利を行使することはできない。

(ニ)　受託者は、名義と管理権を取得するが、その任務の遂行、権利の行使は信託目的に拘束され、受益者のために行われなければならない。

(ホ)　信託財産には、法人格がないが、受託者から独立している。

(ヘ)　信託は、委託者の受託者への強い信頼関係で成立するが、成立後は、個人的な関係が消滅しても、信託目的に従って、受益者の利益のために独立して存続する。

14002　信託登記の意義

問　信託の登記とは、何か。どうして必要なのか。
結論　**信託財産に属する不動産については、不動産に関する一般の物権の得喪及び変更についての対抗要件としての登記（民法177条）とは別に、信託の登記をしなければ、当該財産が信託財産に属することを第三者に対抗することができない（信託法14条）。**

説明　信託財産の独立性の効力は、信託当事者のみならず、第三者にも及ぶので、信託外の第三者の利益保護が図られる必要がある。そこで、民法177条の一般的な物権変動の公示とは別に、信託財産が受託者の固有財産から区分された独立の財産集合体である事実を公示するための措置が必要となる。この公示は、信託法14条によって実現されるものであり、信託財産に属した不動産にあっては、一般的な物権変動の公示（民法177条）と、信託財産の公示（信託法14条）という二重の公示方法が採られている。

　信託法14条の対抗とは、信託の登記をしなければその譲渡が信託であることを第三者に主張できないという趣旨であり、信託の意思をもって財産権を譲渡した場合において、譲渡の登記があるにもかかわらず、その譲渡までも対抗できないとする趣旨ではない。同条の「信託」の登記は、「財産の処分」（同法3条）が予定する民法177条の登記とは異なるものである。

　信託法14条の第三者の範囲は、信託関係人（委託者、遺言信託の場合の委託者の相続人、受託者、受益者、信託管理人及び信託財産の管理人）、信託行為の当事者の包括承継人、不動産登記法5条に該当する者、信託財産や受益権に対する不法行為者を除いた者であり、これらに対しては公示なくして信託を対抗することができない。

　信託財産は、受託者の名義で受託者が管理するものであるが、他方で、受益者のために信託目的の範囲内において拘束される財産でもある。そこで、受託者は、その財産を自己の固有財産とは分別して管理しなければならない（信託法34条）。仮に、信託の登記がされないものとした場合には、受託者名義の財産が受託者個人の固有財産なのか、信託財産なのかが第三者には分からない。また、信託財産であった場合には、信託財産に対する強制執行等が禁止されていることから、信託財産と知らずに処分を受けた第三者は、委託者から財産の

復旧の請求を受けることもあり、受益者の保護だけでなく、信託財産及び受託者と取引をする第三者を保護するためにも、信託財産である旨及び信託の内容を公示する必要がある。

ところで、信託の登記の申請をするかどうかは一般の登記申請と同様に当事者の任意である。しかし、一旦信託の登記をした場合には、事後、登記記録事項と事実関係を一致させることが望まれることから、信託について生じた変動の登記については、当事者等にその申請義務を課している場合がある（不登法103条）。

14003　信託目録の意義

問　信託目録とは、何か。どのような事項が記録されるのか。
結論　**信託目録とは、登記官が作成する一定の登記事項が記録された情報であり、信託に関する登記事項の一部が記録される。**

説明　信託に関する登記の登記事項は、権利に関する登記の一般的登記事項（不登法59条各号）のほか、信託の登記固有の登記事項（同法97条1項各号）がある。このうち、不動産登記法97条1項各号に掲げる登記事項は、信託目録（同条3項）に記録される。

信託目録とは、登記官が作成する一定の登記事項が記録された情報である。旧不動産登記法の信託原簿の記載事項が登記事項として整理され（不登法97条1項）、信託原簿に相当するものが新たに信託目録として規定された（同条3項）。信託目録は、不動産登記規則別記第5号様式により作成する。

信託の登記の申請情報及び添付情報については、不動産登記令3条及び7条並びに別表65に規定されている。信託の登記の記録方法については、不動産登記規則175条に規定されている。信託目録の記録事項は、以下のとおりである（不登法97条）。

(1)　**委託者、受託者及び受益者の氏名又は名称及び住所**（不登法97条1項1号）

受益者が複数いる場合であっても、受益権の共有持分を登記することはできない。

なお、①受益者の指定に関する条件又は受益者を定める方法の定め（不登法97条1項2号）、②信託管理人の氏名又は名称及び住所（同項3号）、③受益者代理人の氏名又は名称及び住所（同項4号）、④受益証券発行信託である旨（同

項5号)、⑤受益者の定めのない信託である旨（同項6号）のいずれかを登記したときは、「受益者の氏名又は名称及び住所」を登記することを要しない（同条2項）。

(2) **受益者の指定に関する条件又は受益者を定める方法があるときは、その定め（不登法97条1項2号）**

受益者の指定に関する条件又は受益者を定める方法の定めとは、「○年度の○○大会の優勝者」等、現時点では受益者を特定することができないが、将来のある時点で特定されるような場合や、「○○の債権を有する者」等、ある一定の時点において受益者として特定することは可能であるが、常に変動する可能性のある場合（債権の譲渡に伴って受益者が変動するなど）など、信託行為において特定の受益者を定める代わりに、受益者として指定されるべき者の条件又は指定の方法を定めたときの、その条件又は方法の定めをいうものと解されている。

(3) **信託管理人があるときは、その氏名又は名称及び住所（不登法97条1項3号）**

この事項を登記した場合には、受益者の氏名又は名称及び住所の登記を要しない（不登法97条2項）。

(4) **受益者代理人があるときは、その氏名又は名称及び住所（不登法97条1項4号）**

この事項を登記した場合には、受益者の氏名又は名称及び住所の登記を要しない（不登法97条2項）。もっとも、受益者が現に存在し、その氏名等を特定することができるときは、それらの各号に定められた事項を登記するとともに、受益者の氏名等を併せて登記して差し支えない（平19.9.28第2048号通達第2、1）。

(5) **信託法185条3項に規定する受益証券発行信託であるときは、その旨（不登法97条1項5号）**

この事項を登記した場合には、受益者の氏名又は名称及び住所の登記を要しない（不登法97条2項）。もっとも、受益者が現に存在し、その氏名等を特定することができるときは、それらの各号に定められた事項を登記するとともに、受益者の氏名等を併せて登記して差し支えない（平19.9.28第2048号通達第2、1）。

(6) 信託法258条1項に規定する受益者の定めのない信託であるときは、その旨（不登法97条1項6号）

この場合も受益者の氏名又は名称及び住所の登記を要しない（不登法97条2項）。

(7) 公益信託ニ関スル法律1条に規定する公益信託であるときは、その旨（不登法97条1項7号）
(8) 信託の目的（不登法97条1項8号）
(9) 信託財産の管理方法（不登法97条1項9号）
(10) 信託の終了の事由（不登法97条1項10号）
(11) その他の信託の条項（不登法97条1項11号）

14004 財産権の移転等に伴う信託の登記

問 財産権の移転等に伴う信託の登記には、どのような種類があるか。
結論 「委託者名義の財産権を受託者に移転する登記と同時にする信託の登記」、「信託法16条の規定により信託財産に属する不動産についての信託の登記」、「信託法40条の規定により信託財産の原状回復等があった場合の所有権移転等の登記と同時にする信託の登記」などがある。

説明 財産権の移転等に伴う信託の登記は、信託法14条で定める当該財産が信託財産である旨を公示するための登記のことであり、通常、信託の登記という場合には、これら登記を指し、これらの登記は、信託財産の性質により、更に次のように細分類される。

(1) **委託者名義の財産権を受託者に移転する登記と同時にする信託の登記**

信託行為により不動産を信託の目的物とした場合には、委託者の所有に係る不動産の所有権を受託者に移転する登記をすると同時に、信託の登記をすることとなる（不登法98条1項・2項）。

(2) **信託法16条の規定により信託財産に属する不動産についての信託の登記**

例えば、受託者が信託を受けた金銭で不動産の所有権を取得した場合など、受託者が信託財産の管理、処分、滅失、損傷等により取得した財産は、信託財産に属する（信託法16条）ことになるので、これを第三者に対抗するためには、受託者への所有権移転の登記をすると同時に、信託財産である旨の登記を

しなければならない（不登法98条1項・2項）。

　受託者が土地の信託を受け、信託財産である金銭又は信託財産である土地を担保として当該敷地に建物を新築した場合には、当該建物は信託財産を構成するものであり、受託者の名義で所有権保存の登記をするとともに、信託財産である旨の登記をしなければならない。

　担保権が信託財産である場合にされる抵当権設定信託（いわゆるセキュリティトラスト）も、この類型に分類される。

(3)　信託法40条の規定により信託財産の原状回復等があった場合の所有権移転等の登記と同時にする信託の登記

　受託者が不当な管理によって信託財産に変更を生じさせたときは、受益者、受託者に対して、信託財産の原状回復を請求することができる（信託法40条1項2号）。したがって、例えば、受益者による原状回復の請求に基づいて、受託者は、処分した不動産又はこれに代わるべきものとして他の不動産を第三者から買い受けた場合には、買主たる自己名義への所有権移転の登記と同時に信託財産である旨の登記（信託の登記）をしなければならない。また、受託者がこの登記をしない場合には、受益者又は委託者が受託者に代位して申請することが認められている（不登法99条）。

　また、原状回復等があった不動産が受託者の原始取得に係るものである場合には、受託者名義で表題の登記をし、受託者名義で所有権保存の登記と同時に受託者が単独で信託の登記をしなければならない。

14005　権利の変更に関する信託の登記

　問　権利の変更に関する信託の登記には、どのような種類があるか。
　結論　「受託者の変更」、「複数受託者の一人の任務終了による合有名義人の変更の登記」、「自己信託による権利の変更登記と信託の登記」などがある。

　説明　(1)　受託者の変更

　①受託者である個人の死亡、②受託者である個人が後見開始又は保佐開始の審判を受けたこと、③受託者（破産手続開始の決定により解散するものを除く）が破産手続開始の決定を受けたこと、④受託者である法人が合併以外の理由により解散したこと、⑤信託法57条の規定による受託者の辞任、

⑥同法58条の規定による受託者の解任、⑦信託行為において定めた事由の発生等、受託者の任務の終了事由（同法56条1項1号ないし7号に掲げる事由）に該当する場合には、信託は終了しない。この場合には、新受託者が就任することによって当該受託者の任務終了及び新受託者への任務の承継の効果が生じるので、「受託者変更」を原因とする新受託者への移転の登記を申請しなければならない。

　登記官は、申請に基づき、相当区事項欄に受託者変更を原因とする新受託者への移転の登記をするほかに、職権で信託目録の受託者の欄の記録を変更しなければならない（不登法101条1項）。

　また、任務終了事由には該当しないものの、⑧受託者である法人の合併、⑨受託者である法人の分割があった場合にも、受託者から新受託者への権利義務の承継が生じるので、「合併」又は「会社分割」を原因とする新受託者への移転の登記を申請しなければならない。

　この場合、登記官は、申請に基づき、相当区事項欄に受託者変更を原因とする新受託者への移転の登記をするのみで、職権で信託目録の受託者の欄の記録を変更することはできないので（不登法101条1項）、受託者は、別途、信託目録の変更の登記を申請しなければならない。

　なお、前記のいずれの場合も、既に信託の登記がされているので、新受託者への移転の登記のみを申請すれば足り、重ねて信託の登記を申請する必要はない。

(2)　複数受託者の一人の任務終了による合有名義人の変更の登記（不登法100条2項）

　複数受託者の一人につき任務が終了した場合には、信託行為に別段の定めがない限り、信託財産は残存する他の受託者に帰属することになるので（信託法86条4項）、当該信託財産が不動産の所有権であるときは、合有名義人の変更の登記をすることとなる。

(3)　自己信託による権利の変更登記と信託の登記

　自己信託は、委託者自身が受託者となり、委託者が自己の有する一定の財産の管理処分を自ら行う信託の方法である。当該信託の目的となる権利は、自己信託がされても委託者自身に帰属するので、委託者から受託者への権利の移転は生じないが、委託者の固有財産という性格が、信託財産に属することとなるので、当該権利が信託財産となった旨の権利の変更の登記をすることとなる。

14006 信託の登記の抹消

問 信託の登記の抹消には、どのような種類があるか。

結論 「信託財産の処分」、「信託終了」、「信託財産を受託者の固有財産とする場合」、「信託の併合又は分割の登記」、「信託財産と固有財産等に属する共有物の分割」などがある。

説明
(1) 信託財産の処分

信託財産である不動産が処分されると、当該不動産は、信託財産ではなくなるので、信託の登記の抹消をしなければならない。この登記は、所有権移転の登記等の申請と同時にしなければならない。

(2) 信託終了（信託財産の引継ぎ）

信託の終了事由が生じ、清算受託者による清算手続が終了すると、その残余財産は、残余財産受益者等に交付され、信託財産でなくなる（信託法182条）。これは、残余財産引継と言われ、信託財産が不動産の場合には、当該信託の登記の抹消は、所有権移転の登記等の申請と同時にしなければならない。

(3) 信託財産を受託者の固有財産とする場合

信託法では、受益者の承認を得て、信託財産に属する財産を固有財産に帰属することが認められている（同法31条1項1号・2項2号）。この場合には、権利の変更の登記がされ、これに併せて信託の登記の抹消をする必要がある。これらの登記は、権利の変更の登記の申請と同時に申請しなければならない（不登法104条の2第1項）。この場合の登記権利者及び登記義務者については、特則が設けられている（同2項）。

(4) 信託の併合又は分割の登記

信託の併合又は分割が行われた場合において、信託の併合又は分割により信託財産に属する不動産に関する権利の帰属に変更が生じたときは、信託の併合又は分割は受託者が同一である信託についてされるものであるため、当該権利の登記名義人である受託者には変更がない。そこで、自己信託がされた場合と同様に、権利の移転の登記ではなく、信託の併合又は分割を原因とする権利の変更の登記がされる（不登法104条の2第1項）。この場合には、当該権利の変更の登記と併せて、当該不動産に関する権利が属していた信託についての信託の登記を抹消し、新たに当該権利が属することとなる信託についての信託の登

記をすることとなる。この登記は、権利の変更の登記の申請と同時に申請しなければならない（同1項）。この場合の登記権利者及び登記義務者については、特則が設けられている（同2項）。

(5) **信託財産と固有財産等に属する共有物の分割**

共有物の分割は、①信託行為において定めた方法、②受託者と受益者との協議による方法、③分割をすることが信託の目的の達成のために合理的に必要と認められる場合であって、受益者の利害を害しないことが明らかであるとき等において、受託者が決する方法によってする（信託法19条1項・3項）。

これらの場合には、権利の変更の登記がされるが、これに併せて信託の登記又は信託の登記の抹消をする必要がある。これらの登記は、権利の変更の登記の申請と同時に申請しなければならない（不登法104条の2第1項）。この場合の登記権利者及び登記義務者については、特則が設けられている（同2項）。

14007 信託の登記における共同申請の例外

問 信託の登記における共同申請の例外とは何か。

結論 **狭義の信託の登記（不登法98条2項）のみならず、受託者の変更による登記（100条）、信託の変更の登記（103条）、自己信託（98条3項）、信託の登記の抹消（104条）等、信託に関する登記の多くは、受託者が単独で申請することが認められている。**

説明 不動産登記の申請構造は、登記権利者と登記義務者の共同申請を原則としている（不登法60条）が、信託に関する登記の多くは、共同申請の例外とされている。

(1) **委託者の固有財産を信託財産とする場合の信託の登記**

信託の登記は、権利の移転の登記等の申請と同時にしなければならないところ、この場合の権利の移転の登記等については、自己信託による場合（不登法98条3項）を除き、共同申請の原則が維持されている。委託者及び受益者の利益は、委託者又は受益者が権利の移転等の登記の申請人となることにより確保されていると解されている。

(2) **信託法16条1項1号の場合の信託の登記**

受託者が信託財産を処分したことによって得た財産は、全て信託財産に属する（信託法16条1項1号）。受託者が金銭信託によって不動産を買い受けた場合

には、その不動産は、信託財産であり、このことを第三者に対抗するためには、その不動産の所有権移転の登記及び信託の登記をしなければならない。この場合の譲渡人は、信託行為の当事者ではないので、当該信託の登記を所有権移転の登記と同時にすることはできず、別に受託者の単独申請が認められる。

(3) 信託法40条1項2号の原状の回復

受託者が信託の本旨に反して信託財産を処分した場合には、受益者は、その不当処分をした受託者に対して、信託財産の原状の回復を請求することができる（信託法40条1項2号）。これによって再取得した不動産も信託財産である。この場合、受託者への所有権移転の登記と信託の登記をすることになるが、信託の登記について売主は申請当事者とはならず、受託者の単独申請となる（98条2項）。

(4) 自己信託による権利の変更の登記

自己信託は、委託者自身が受託者となるので、信託の対象となる権利は、自己信託の登記がされても、権利の移転を伴わない。自己信託は、受託者の固有財産が信託財産に属することとなる点で、権利の変更に当たり、当該権利が信託財産になった旨の権利の変更登記がされる。自己信託の登記の対象が所有権である場合には、付記登記ではなく、主登記によってされる（規則175条1項）。

(5) 受託者の変更による登記等

受託者の変更による登記等について、①一定の事由により受託者の任務が終了した場合における権利の移転登記については、新受託者（不登法100条1項）、②共同受託者の一人の任務の終了があった場合における権利の変更（含有名義人の変更）の登記については、関係受託者全員又は残存受託者が単独で申請することができる（同条2項）。

(6) 信託の併合又は分割

信託の併合又は分割により信託財産に属する不動産に関する権利の帰属に変更が生じた場合には、これらは同一受託者の信託についてされるので、当該権利の登記名義人には変更がない。この場合には、自己信託の登記と同様に、信託の併合又は分割を原因とする権利の変更の登記がされる（不登法104条の2第1項）。また、当該権利の変更の登記と併せて、当該不動産に関する権利が属していた信託についての信託の登記を抹消し、新たに当該権利が属することとなる信託の登記をする必要がある。この信託の登記の抹消及び信託の登記の申請は、信託の併合又は分割を原因とする権利の変更の登記の申請と同時にしな

ければならない（同条1項）。登記の申請は、当該不動産に関する権利が属していた信託の受託者及び受益者が登記義務者、当該不動産に関する権利が属することとなる信託の受託者及び受益者が登記権利者となる（同条2項前段）。

(7) 信託財産に属する財産の固有財産への帰属に係る変更の登記等

信託法上、信託財産に属する権利が固有財産に帰属すること、固有財産に属する権利が信託財産に属する権利が帰属すること又は信託財産に属する財産が他の信託財産に帰属することが許されている。これらの場合には、いずれも権利の変更の登記がされるが、これに併せて信託の登記、信託の登記の抹消を同時に申請しなければならない（不登法104条の2第1項）。この場合の登記申請当事者については、特例がある（同条2項）。

(8) 職権による場合又は裁判所書記官若しくは主務官庁による嘱託がされる場合の信託の変更の登記事項以外の登記事項につき変更があった場合

職権による場合又は裁判所書記官若しくは主務官庁による嘱託がされる場合の信託の変更の登記事項以外の登記事項につき変更があった場合には、受託者は、遅滞なく、信託の変更の登記を申請しなければならない（不登法103条1項）。

(9) 信託の登記の抹消

信託の登記の抹消は、受託者が単独で申請することができる（信託法104条2項）。

14008 代位による信託の登記申請手続の特則

問 代位による信託の登記申請手続の特則とは何か。

結論 **信託財産の管理者である受託者が信託の登記を申請すべき場合において、これをしないときは、受益者又は委託者が、受託者に代わって信託の登記を申請するために代位申請権が認められている。**

説明

(1) 代位申請

受益者又は委託者は、受託者に代わって信託の登記を申請することができる（不登法99条）。信託財産の管理者である受託者が信託の登記を申請しない場合に、受益者又は委託者が受託者に代位して申請することができる規定である。受益者又は委託者は、信託財産の管理・運用について深い関

心を有する立場にあると考えられるからである。この代位による申請は、不動産登記法98条2項の特則であり、代位ができるのは、狭義の信託の登記（同法97条）に限られ、同法98条1項で定められる「当該信託に係る権利の保存、設定、移転又は変更の登記」の申請にまで、代位が認められるわけではないと考えられる。

なお、不動産登記法103条1項の信託の変更の登記（同法103条1項、99条）の申請についても、受益者又は委託者による代位申請が認められる。これは、信託の変更があった場合には、これを適切に信託の登記に反映させなければ、実体と信託の登記による公示内容とにそごが生じることとなるところ、信託財産の管理者である受託者が信託の変更の登記を申請すべき場合において、これをしないときは、受益者又は委託者が、受託者に代わって信託の変更の登記を信託する必要があるからである。

(2) 特則の適用範囲

不動産登記法99条は、明文上代位申請が認められる範囲を明らかにしていない。そこで、特例の適用範囲については、学説の対立がある。

第一の説は、代位申請の特則は、信託法16条により信託財産に帰属した不動産についてされる信託の登記についてのみ認められるとする。第二の説は、同条により信託財産に帰属した不動産についてする信託の登記及び同法40条1項による信託財産の原状の回復の場合の信託の登記にのみ適用されるとする。第二説が通説的な見解である。なお、代位登記は、本来の申請適格者の債権者に認められるものであり、申請適格者が本来することのできる登記が共同申請によるべきものか単独申請によるべきものかということは、代位申請の可否とは直接関係ないとする第三説もあるが、この説によれば、信託行為設定時にされる共同申請による登記についても代位申請が可能という結論になる。

14009 裁判所書記官又は主務官庁による信託の変更の登記の嘱託

問 裁判所書記官又は主務官庁による信託の変更の登記の嘱託とは何か。

結論 裁判所書記官又は主務官庁は、信託の変更の登記の嘱託をしなければならない（**不登法102条**）。

説明　(1) 裁判所書記官による嘱託
　(イ) 裁判所による裁判

　裁判所の裁判によってされる受託者の解任、信託管理人若しくは受益者代理人の選任若しくは解任又は信託の変更の登記は、裁判所書記官が職権で嘱託しなければならない（不登法102条1項）。

　裁判所による裁判とは、①受託者がその任務に違反して信託財産に著しい損害を与えたことその他重要な事由があるときは、委託者又は受益者の申立てにより受託者を解任することができる（信託法58条4項）、②受益者が現に存しない場合において、信託行為に信託管理人に関する定めがないときは、利害関係人の申立てにより信託管理人を選任することができる（同法123条4項）、③信託管理人がその任務に違反して信託財産に著しい損害を与えたことその他の重要な事由があるときは、委託者又は受益者の申立てにより信託管理人を解任することができる（同法128条2項、58条4項）、④受益者代理人の任務が終了し、信託行為に新たな受益者代理人に関する定めがない場合等において必要があると認めるときは、委託者又は受益者代理人に代理される受益者の申立てにより新受益者代理人を選任することができる（同法142条1項、62条4項）、⑤受益者代理人がその任務に違反して信託財産に著しい損害を与えたことその他重要な事由があるときは、委託者又は受益者の申立てにより受益者代理人を解任することができる（同法141条2項、58条4項）、⑥信託行為の当時予見することができなかった特別の事情により、信託事務の処理の方法に係る信託行為の定めが信託の目的等に照らして受益者の利益に適合しなくなったときは、委託者、受託者又は受益者の申立てにより、信託の変更を命ずることができる（同法150条）。

　(ロ) 信託財産管理命令

　裁判所書記官は、職権で、遅滞なく、信託法64条5項及び6項の規定により信託財産管理命令の登記の嘱託又は登記の抹消の嘱託をしなければならない。

　一つの物件の共有持分が、異なる複数信託の信託財産となっている場合（一つの不動産について複数の信託の登記がされている場合）において、そのうちの一部の信託について信託財産管理命令の登記の嘱託があった場合の登記の目的欄は、「○番信託の信託財産管理命令」とする（平19.9.28第2048号通達2、9）。

　信託財産管理者は、信託財産に属する財産の管理及び処分をする権利を有するため（信託法66条1項）、信託財産管理者が信託財産に属する不動産に関する

権利についての登記の申請をする場合があり得る。この場合には、裁判所が作成した選任を証する情報を提供することを要する（平19.9.28第2048号通達2、9）。

なお、信託財産管理者の氏名住所は、登記事項とされていないので、信託財産管理者が受託者に代わって当該不動産の処分に係る登記を申請する必要が生じた場合には、別途、裁判所の決定書等、信託財産管理者であることを証する情報を添付する必要があろう。

(ハ) 信託財産法人管理命令

信託法74条6項において準用する同法64条5項及び6項の規定に基づき信託財産法人管理命令の登記又は登記の抹消の嘱託がされる。信託財産法人管理命令に関する登記事務の取扱いは、信託財産管理者の取扱いと同様である。

(2) 主務官庁による嘱託

主務官庁の処分によってされる受託者の解任、信託管理人若しくは受益者代理人の選任若しくは解任又は信託の変更による信託の変更の登記については、処分庁である主務官庁が嘱託しなければならない（不登法102条2項）。

具体的には、公益信託における①受託者の解任並びに信託管理人の選任及び解任については、職権をもってすることができる（公益信託ニ関スル法律8条柱書ただし書）、②信託行為の当時予見することができなかった特別の事情が生じたときは、信託の変更を命ずることができる（同法5条1項）。

また、主務官庁は、農業協同組合法（昭和22年法律第132号）、農業経営基盤強化促進法（昭和55年法律第65号）又は森林組合法（昭和53年法律第36号）の規定によるいわゆる農地信託又は森林経営信託については、受託者の解任、信託管理人の選任及び解任（ただし、農業経営基盤強化促進法又は森林組合法の規定に基づく農地信託又は森林経営信託については、現存する受託者のみが受益者となるので、信託管理人に関する規定は適用除外されている）、受益者代理人の選任及び解任並びに信託の変更につき、信託法に規定する裁判所の権限と同様の権限に基づきこれをすることができる（信託法整備法による改正後の農業協同組合法11条の26、信託法整備法による改正後の森林組合法12条、信託法整備法による改正後の農業経営基盤強化促進法29条）。

14010 登記官の職権による信託変更

問 登記官の職権による信託変更の登記とは何か。
結論 登記官は、信託財産に属する不動産について受託者に関する一定の登記をするときは、職権で信託変更の登記をしなければならない（不登法101条）。

説明

(1) 信託法75条1項又は2項の規定による権利の移転（不登法101条1号）

受託者の死亡等、信託法56条1項各号に掲げる事由により受託者の任務が終了した場合の信託に関する権利義務は、①委託者及び受益者の同意を得て受託者が辞任したときは、原則として新受託者の就任時に新受託者が承継したものとみなされ（同法75条2項）、②①以外のときは、受託者の任務終了時に新受託者が承継したものとみなされる（同条1項）。いずれの場合にも、これらの承継につき、新受託者から権利の移転の登記の申請がされることとなるが、これに基づき登記官が当該権利の移転の登記をするときは、登記官が職権で信託目録に記録されている受託者についても変更の登記をしなければならない。

(2) 信託法86条4項の規定による権利の変更（不登法101条2号）

受託者が二人以上ある信託において、その一人の任務が信託法56条1項各号に掲げる事由により終了した場合には、当該信託に関する権利義務は、他の受託者が当然に承継することとなる（同法86条4項）。この承継について、不動産登記法100条2項の規定に基づき、他の受託者から権利の変更の登記の申請がされ、これに基づき登記官が当該権利の変更の登記をするときは、登記官が職権で信託目録に記録されている受託者についても当該信託の変更の登記をしなければならない。

(3) 受託者である登記名義人の氏名若しくは名称又は住所についての変更の登記又は更正の登記（不登法101条3号）

受託者である登記名義人の氏名等の変更又は更正の登記をした場合には、登記官は、職権で、信託の変更又は更正の登記をしなければならない。

14011 信託登記の同時申請

問 信託の登記は、なぜ権利に係る登記と同時に申請しなければならないのか。

結論 登記の正確性を確保するとともに、信託行為における「所有権移転登記」と、それが信託財産である旨の「信託の登記」とは、表裏一体を成すものであり、同一の登記内容に収められるべき性質のものだからである。

説明 信託の登記は、「当該信託に係る権利の保存、設定、移転又は変更の登記の申請」と同時にしなければならない（不登法98条1項）。これは、登記の正確性を確保するためであり、信託の登記の申請と当該信託に係る権利の保存、設定、移転又は変更の登記の申請とは、一の申請情報によってしなければならない（登記令5条2項）。これは、信託行為が財産権の移転とその管理・処分との二つの内容を持つことから、信託行為における「所有権移転登記」と、それが信託財産である旨の「信託の登記」とは、表裏一体を成すものであり、同一の登記内容に収められるべき性質のものであるからである。

ここでいう「当該信託に係る権利」とは、所有権のみならず、所有権以外の権利も含まれる。「保存」とは、信託財産に属する金銭で建物を新築した場合の所有権保存の登記等、受託者が不動産の所有権を原始取得し、かつ、当該不動産が信託財産に属する場合の保存登記をいう。「権利の変更」とは、自己信託による信託の登記や、自己の固有財産を信託財産とした場合等、権利の移転は伴わず、固有財産に属していた当該権利が信託財産に属するものに変わる場合に、これを公示するために必要とされる「信託財産となった旨の登記」を指す。

信託財産に属する不動産に関する権利が移転、変更又は消滅により信託財産に属しないこととなった場合における信託の登記の抹消の申請は、当該権利の移転の登記若しくは変更の登記又は当該権利の登記の抹消の申請と同時にしなければならない（不登法104条1項）。また、不動産登記令5条3項は、信託の登記の抹消の申請と権利の移転の登記若しくは変更の登記又は権利の登記の抹消の申請とは、一の申請情報でしなければならない旨が定められている。

14012 信託の登記のみの申請の可否

問 所有権移転の登記のみがされた不動産について、後日、信託の登記のみを申請することができるか。

結論 原則として、申請することができない。

説明 所有権移転の登記のみがされた不動産について、後日、信託の登記のみを申請することができるか否かという問題については、信託行為による財産権の移転に伴う信託の登記と、信託設定後に信託財産の処分により取得した不動産についてする信託の登記とに分けて検討する必要がある。

(1) 信託行為による財産権の移転の登記に伴う信託の登記の場合

信託を原因とする所有権移転の登記の申請がされたが、信託の登記が同時に申請されない場合、登記官は、このような登記の申請が不動産登記法98条1項に違反するものであることを形式的に判断することができるので、当該申請は却下される。なお、この場合の却下条項については同法25条5号による見解と同条8号による見解があるが、いずれの却下条項によっても差し支えないものと考えられる。

誤って信託による所有権移転の登記のみを受理し、後日、信託の登記の申請がされた場合の通説的な見解は、信託は財産の処分と信託目的の設定という二つの行為が不可分の関係にあるから、この申請は受理することはできず、一旦所有権移転の登記を抹消した上で、改めて同一申請情報をもって両方の登記を申請すべきであるとしており、登記実務もこの見解に従っている。

ところで、「信託」以外の登記原因、例えば「売買」や「贈与」を原因とする所有権移転の登記がされている場合に、登記原因を「信託」に更正すると同時に信託の登記をすることができるであろうか。登記実務は、一般的に登記原因の更正を認めているが、例えばA単独名義を所有権更正登記によってA及びBの共有名義にする場合に、この更正登記は所有権の一部抹消及び所有権一部移転登記の実質を持つものと考えられ、所有権更正と同時に信託の登記を同一の申請情報ですることは、単に登記原因の更正のみにとどまるものではなく、当該更正登記と同時に別個独立した「信託の登記」が新たにされるものであり、登記の同一性を欠いていると言わざるを得ない。したがって、不動産登記

法98条1項の「移転」の中に「更正」を含めることは認められるものではないと考えるべきであり、この場合には、既にされた登記を抹消して、新たに所有権移転及び信託の登記をするのが相当であろう。

(2) 信託財産の処分により取得した不動産についてする信託の登記の場合

信託法16条の規定によって信託財産に属する不動産の信託の登記及び同法40条の規定に基づく信託財産の原状回復の登記は、受託者の単独申請によってするが（不登法98条2項）、この場合において、所有権移転の登記もされていないときには、所有権移転の登記と信託の登記を同一の申請情報で申請すべきものであると考えられる（不登法98条1項）。一方、不動産登記法99条の規定により、受益者又は委託者は、受託者に代位して信託の登記を申請することができることからすると、信託財産の所有権移転の登記のみがされることは予想されるものであるから、所有権移転の登記のみがされている場合には、必ずしもこれを抹消して、所有権移転の登記と信託の登記を同一の申請情報で申請しなければならないというものではないと解される。そもそも、受益者又は委託者による代位申請は、受託者が信託の登記の申請をしない場合の補完のために設けられているのであり、受益者又は委託者の代位申請を認める規定の趣旨が生かされるためにも、これらの場合には、後日の信託の登記のみの申請が認められるべきである。

14013 委託者

問 委託者とは何か。

結論 **委託者とは、信託契約、遺言又は自己信託によって信託をする者をいう。**

説明 委託者とは、信託契約、遺言又は自己信託によって信託をする者をいう（信託法2条4項）。

信託法には、複数の委託者（共同委託者）に関する明文規定がないが、特定の目的のために複数の委託者が共同して1個の信託行為を行うことは、当然に認められている。なお、共同しない多数の委託者の信託財産を合同して運用する形態を「合同運用」というが、合同運用における委託者は、「共同委託者」ではない。

委託者は、自己信託の場合を除き、財産の譲渡、担保権の設定、その他の財

産を処分しなければならない。例えば、不動産の所有権を信託するには、委託者は受託者に対してその不動産の所有権を移転しなければならず、地上権を信託するには、委託者は受託者に対して地上権の設定又は移転をしなければならない。また、債権を信託するには、委託者は受託者に対して債権を譲渡しなければならない。

さらに、委託者は、信託行為によって受託者に対して、信託財産を移転又は処分するだけでなく、同時に、その財産を一定の目的に従って管理又は処分すべきことの拘束を加えるものである。

信託法は、委託者の資格について特段の制限規定を設けていないことから、民法の一般原則に従い、行為能力を有する限り委託者となることができると解されている。すなわち、処分の能力を有しない未成年者、成年被後見人及び被保佐人は、単独で信託の委託者となることはできず、未成年者は、法定代理人の同意を得て自ら信託をするか、法定代理人が未成年者に代わって信託をしなければならない。また、成年被後見人は、成年後見人の同意を得ても自ら信託契約を締結することはできず、成年後見人が成年被後見人に代わって信託契約をしなければならない。被保佐人は、保佐人の同意を得なければ信託契約を締結することができない。

もっとも、信託行為は、契約のほかに民法の遺言の方式に従った遺言によってもすることができるのであり（信託法3条2号）、遺言による場合には、満15歳に達した未成年者、成年被後見人又は被保佐人（ただし、成年被後見人が有効な遺言をするためには、本心に復したときにおいてしなければならない）であっても単独で信託の委託者となることができる（民法961条、973条）。

委託者である法人は、定款又は寄附行為により定められた目的の範囲において、信託行為をすることができる。ただし、他益信託設定の場合には、その原因関係についても法人の目的による制限に服しなければならない。

委託者が破産原因のある債務者である場合には、破産者が破産手続開始後に破産財団に属するに至った財産権を信託しても、破産債権者に対抗することができない（破産法47条1項、78条1項）。

委託者が民事再生原因のある債務者である場合には、開始決定がされても、債務者は当然には財産の管理処分権を失わない。もっとも、監督委員が選任されている場合には、当該監査委員の同意を得なければ信託の設定が行えなくなることがある（民事再生法54条）。

委託者が会社更生原因のある債務者である場合、会社更生法による更生手続の開始決定があると、会社は、事業の経営及び財産の管理処分権を失い（同法72条）、会社が会社財産を信託しても、更生手続の関係においては、その効力を主張することができない（同法54条1項）。開始決定前にした信託行為は、否認権の対象となることがある（同法86条）。

14014 登記手続における委託者の適格性

問 信託登記の委託者となる者に制限があるか。

結論 登記能力を有する者であることのほかに、破産の登記等がされている場合には、登記できないことがある。

説明 不動産所有権の信託の登記における委託者は、所有権移転の登記義務者となる者であり、登記能力を有する者であることが求められる。したがって、権利能力なき社団のように登記能力を有しない者が信託の登記の委託者となることはできない。なお、法人は、定款又は寄附行為により定められた目的の範囲において信託行為をすることができるが、法人の目的を証する情報は添付情報とされていないので、登記官は、この法人の目的による制限を審査することはできない。

一般に、破産の登記のされた不動産に対して、破産者から登記の申請がされた場合、その申請につき破産管財人の関与がなく、申請情報に破産管財人の代表権限を証する情報等の添付がないことが明らかであれば、当該登記は、却下されることとなる。

破産管財人が破産手続開始後に信託行為をすることは、特に禁止されてはいない。破産法も、破産財団に属した財産権に信託を設定しても、破産債権者に対抗することができない（同法47条1項）としているにすぎない。既に破産の登記がされている場合には、信託の登記の申請情報には、破産管財人による任意売却の場合と同様、裁判所の許可書（同法78条2項、93条）等の添付情報が提供されることとなり、これらの情報が添付されれば、破産債権者の実質的な同意があるものと考えられることから、当該申請は認められるものと考えられる。

破産者が破産手続開始前にした信託行為に基づいて、破産管財人が破産手続開始後に信託の登記の申請をする場合も、破産法は、破産手続開始前に生じた

登記原因に基づいて破産手続開始後にする登記は、破産債権者に対抗することができないとしている（同法49条1項）。この場合には、監査委員又は裁判所の許可書の添付があれば、信託の登記は受理して差し支えないものと考えられる。なお、破産開始手続前になされた信託行為は、破産管財人によって否認されることもあり（同法160条、173条）、その場合には信託の効果は失われることとなる。

　再生債務者が再生手続開始前にした信託行為に基づいて、再生手続後に信託の登記がされたとしても、再生手続との関係においては、その効力を主張することができない。ただし、登記権利者が再生手続開始の事実を知らないでした登記については、この限りではない（民事再生法45条1項）。再生手続開始の申立て後に、再生債務者が監督委員の同意を得ないで登記申請等の行為を行った場合には、当該行為が無効となることがある（同法54条4項）。また、監督委員の否認権の行使に服することがある（同法56条1項）。

　株式会社について会社更生法による更生手続の開始決定があると、会社は、事業の経営並びに財産の管理及び処分をする権利を失い（同法45条）、会社が会社財産に関してした信託行為は、更生手続の関係においては、その効力を主張することができないとされている（同法54条1項）。また、更生手続開始決定前にした信託行為であっても、否認権の対象となることがある（同法86条以下）。これらの規定は、信託行為の成立を否定するものではなく、債権者との関係において相対的無効を定めるものにすぎないから、信託の登記は認められるものと解され、相対無効の主張は登記の対抗問題として処理されるべきものであろう。

14015　受託者

問　受託者とは何か。

結論　**受託者とは、信託行為の定めに従い、信託財産に属する財産の管理又は処分及びその他の信託の目的の達成のために必要な行為をすべき義務を負う者である。**

説明　受託者とは、信託行為の定めに従い、信託財産に属する財産の管理又は処分及びその他の信託の目的の達成のために必要な行為をすべき義務を負う者である（信託法2条5項）。受託者は、委託者からの信

託を受けて信託財産の名義人となるが、所有権者のように完全かつ無制限な管理処分権を有するものではなく、信託財産について信託目的の範囲内という制限付きの管理処分権が付与されている。信託の設定が信託契約による場合は、委託者の相手方として信託契約を締結した者、すなわち、委託者に対し信託目的達成のために必要な行為をすることを約して、信託財産を譲り受けた者が受託者となる。

　受託者は、委託者からの信頼を基礎としつつ、一定の目的に従って、信託財産を管理・処分すべき任務を負う者であり、処分能力を有しない未成年者、成年被後見人、若しくは被保佐人が受託者となることは禁止されている（信託法7条）。無能力者は、たとえ法定代理人等の同意があっても、受託者となることはできず、民法の追認、催告の定めの適用もないとされている。未成年者等が受託者として行った信託行為は絶対的無効となる。

　法人の場合には、信託の引受けが当該法人の権利・行為能力の範囲に属している必要がある。営業信託の受託者は、信託業を営むことについて内閣総理大臣の免許、登録、認可を得なければならない（信託業法3条、7条、金融機関の信託業務の兼営等に関する法律（昭和18年法律第43号）1条）。

　信託法上、受託者には以下の義務規定が定められている。

　①信託事務遂行義務（信託法29条1項）、②善管注意義務（同条2項）、③忠実義務一般、④禁止行為（自己取引（同法31条1項1号）、信託財産間取引（同項2号）、双方代理的行為（同項3号）、間接取引（同項4号））、⑤競合行為の原則禁止（同法32条1項）、⑥公平義務（同法33条）、⑦分別管理義務（同法34条）、事務処理の委託に関する義務（同法28条）、帳簿作成、報告義務（同法37条1項）。

　また、信託法上、受託者には、①受益債権の物的有限責任（同法100条）、②損失填補（同法40条1項）、③受託者の第三者に対する責任（同法21条1項5号）の責任規定が定められている。

　一方、受託者の権利としては、①報酬請求権（民法648条参照、信託法54条）、②費用及び損害補償請求権（信託法48条1項）などがある。

　また、受託者の権限には、①管理処分権（信託法2条5項）、②訴訟行為（民事訴訟法58条1項3号）、③信託管理人選任請求権（信託法123条）、④管理方法変更請求権（同法150条）、⑤信託の終了を命ずる裁判の申立権（同法165条）などがある。

14016 権利能力なき社団を受託者とすることの可否

問 権利能力なき社団を受託者とすることはできるか。
結論 **権利能力なき社団を受託者とする登記をすることはできない。**

説明 信託法上、受託者を権利能力なき社団とした場合には、その代表者が受託者としての信託の引受けを行うと解するのが、通説的な見解である。しかし、登記実務では、一般に権利能力なき社団名義による登記をすることは認められず、受託者は所有権移転の登記の名義人でもあることから、権利能力なき社団を受託者とする登記をすることはできないと解されている。この場合、登記実務では、代表者個人の名義又は構成員全員の名義で登記をすることが認められているが、この取扱いは、受託者が権利能力なき社団であることを積極的に公示したことにはならず、あくまでも受託者は、代表者個人又は構成員全員であり、そのことを公示したにすぎないという点に注意する必要がある。

14017 受益者

問 受益者とは何か。
結論 **受益者とは、信託行為に基づいて、信託の利益を享受する者である。受益者は、原則として信託の利益を受ける意思表示を必要とせず、当然にその利益を享受し得る地位に立つ者である。**

説明 受益者とは、信託行為に基づいて、信託の利益を享受する者である。受益者は、原則として信託の利益を受ける意思表示を必要とせず、当然にその利益を享受し得る地位に立つ者で(信託法88条)、信託行為の当事者ではないが、信託関係において重要な地位を占めている。

受益者に指定された者は、受益を強制されるものではないので、受益権を放棄することができる(信託法99条)。受益権の放棄により信託の目的が達成することができなくなれば、信託は終了する。

信託法上、受益者の能力を制限する規定はない。一般に権利能力を有する者は、全て受益者になることができると解されている。死者は、受益者となることができない。遺言信託の場合でも、指定された受益者が遺言者の死亡前に死

亡したときは、遺言信託は効力を生じない。

受託者は、共同受益者の一人として、又は単独受益者として信託の利益を享受することができる。ただし、単独受益者として信託の利益を享受できるのは、1年未満に限られる（信託法163条2号、8条）。なお、受託者が受益者となること以外の第三者の名義（例えば、自己のかいらいである受託者の子）をもって、信託の利益（受益権の全部を取得し、現実的に信託の全部）を享受することは、禁止されている。

法令によりある財産を享有することができない者は、その権利を有するのと同一の利益を受益者として享受することができない（信託法9条）。権利能力の制限に関する特別規定がある場合に、信託を利用して回避しようとする脱法行為は、禁止される。

目的信託（信託法258条）及び公益信託を除き、受益者の定めは必須である。信託法上、必ずしも信託行為時に受益者が特定、存在している必要はないが、信託行為によって受益者を特定するか、又は特定し得る程度まで明示される必要がある。受益者に関する指示が不明瞭で受益者を特定することができない場合には、当該信託行為は無効となる。

信託行為において受益者を特定せず、受益者を指定する権利を有する者を定めることができる。また、受益者を変更する権利を有する者を定めることができる（「受益者指定権等」、信託法89条）。

受益者には、受託者の義務違反や法令違反に対し、①受託者の権限違反行為の取消権（信託法27条1項）、②損失塡補や現状回復の請求権（同法40条）、③違反行為の差止請求権（同法44条1項・2項）、④調査のために検査役の選任を請求する権利（同法46条）などが認められている。

受託者の受益者に対する費用等の補償請求権について、受託者と受益者との間の合意で、個別に費用等の補償又は前払を受けることは妨げられないが、受益者は、費用の補償につき責任を負うものではない（信託法48条5項）。

14018 受託者を受益者とする信託の登記

| 問 | 受託者を受益者とする信託の登記は認められるか。 |
| 結論 | 信託法163条2号の規定の範囲内で認められる。 |

説明 受託者と受益者の兼任に関しては、受託者は受益権の全部を1年を超えて固有財産で保有することができない（信託法163条2号）とされている。換言すれば、受益権の全部保有又は一部保有の別を問わず、1年未満の保有は認められることになる。もっとも、専ら受託者の利益を図る目的の場合には、信託とは認められない（同法2条1項）ことから、当然のことながら信託の目的も登記の受否の判断事項となる。

14019　受託者が複数いる場合の各受託者の持分

問　受託者が複数いる場合に、各受託者の持分を記録することができるか。

結論　**各受託者の持分を記録することはできない。**

説明　受託者が数人いる場合には、信託財産はその合有となる（信託法79条）。ところで、所有権移転の登記は、登記権利者が2名以上のときには、当該権利の登記名義人ごとの持分が登記事項である（不登法59条4号）。

本問は、受託者が数人いる場合（いわゆる共同受託）に、その持分を申請情報に記録するべきかという問題であるが、信託法79条の「合有」は、共同所有の一形態である民法の合有と異なり、持分という観念は潜在的なものさえない信託法独自の概念であると解されている。

この見解によれば、民法上の合有は、その根底に権利と義務が潜在的にセットになっているのに対して、信託法上の合有は、受託者の信託行為としての義務だけであり、権利についての概念が入らないとされている。登記実務も、合有は、共有（民法249条以下）と異なり、分割請求権や持分の処分又は承継といった共有関係から生じる持分の概念がないことから、共同受託の場合には、持分を記録することはできないと考えられている。

14020　受託者である法人の合併による解散

問　受託者である法人が合併により解散した場合には、どのような登記手続をするのか。

結論　**合併による権利の移転の登記及び信託の変更の登記を申請する。**

説明 受託者である法人の合併による解散は、信託行為に別段の定めがない限り、受託者の任務終了事由とはならず（信託法56条3項）、合併後存続する法人（吸収合併）又は合併により設立する法人（新設合併）が受託者の任務を引き継ぐ（同条2項）。

したがって、法人が合併したことにより解散した場合の権利の移転の登記は、合併により受託者の権利義務が当然に存続法人に承継されることになるので、不動産登記法100条1項の規定による受託者の任務終了に基づく権利の移転の登記ではなく、相続等の一般承継に基づく権利の移転の登記（同法63条2項の法人の合併による権利の移転の登記）を申請することになる（登記令7条、別表の二十三の項）。この場合の登記原因は、不動産登記法100条1項の登記ではないので、「年月日受託者変更」ではなく、「年月日合併」が相当である。

なお、法人の合併による権利の移転の登記がされても、登記官が職権で信託の変更の登記をすることはない（不登法101条）ので、別途、受託者は、遅滞なく、信託の変更の登記を申請しなければならない（同法103条1項）。

14021 胎児又は権利能力なき社団を受益者とすることの可否

問 将来生まれてくる子どもや権利能力なき社団を受益者として登記することができるか。

結論 **胎児を受益者とする登記をすることができるが、権利能力なき社団を受益者とする登記は、することができない。**

説明 受益者の氏名又は名称及び住所は、信託の登記の登記事項であり（不登法97条1項1号）、受益者が信託に関する登記の当事者となることもあるので（同法99条、104条の2）、登記することのできる受益者の要件については、検討が必要となる。

(1) 将来生まれてくる子を受益者とする信託の登記

胎児は、原則として権利能力を有しないが（民法3条）、胎児又は将来生まれるべき子を受益者とする生前信託を設定することは可能である。この場合には、胎児を未存在の受益者として信託管理人を選任することができる。受益者の登記は、胎児について「Ａ妻Ｂ某胎児」、将来生まれるべき子については「未存在」とし、いずれの場合も信託管理人が選任され、信託管理人の氏名又は名称及び住所が登記されることとなる（不登法97条1項3号）。なお、胎児又

第14章 信託の登記 1269

は将来生まれるべき子が出生によって権利能力を有した場合には、信託の変更の登記を申請し、その者の氏名及び住所の記録をしなければならない（同法103条1項）。

　また、遺言信託の場合には、胎児の相続能力について民法965条の類推適用を受けると解されるので、胎児は生まれたものとして扱われるが、胎児が受益者として指定されたものの、遺言者の死亡前に胎児が死亡した場合には、遺言信託の効力は生じないこととなる。

(2) 権利能力のない社団を受益者とする信託の登記の可否

　権利能力のない社団を受益者とすること自体は、実体上有効と解されている。受益者は、信託当初は登記申請の当事者ではないが、信託法182条1項の規定等により、信託不動産の所有権が受益者に帰属することになった場合には、登記名義人となる可能性がある。また、信託契約を締結したものの受託者が信託の登記を拒む場合には、受益者又は委託者は、受託者に代位して信託の登記を申請することができるとされており（不登法99条）、登記申請人となる地位が与えられている。そこで、登記における受益者の表示は、信託当事者以外の信託関係人の中でも特に重要なものとなる。

　登記の申請に当たっては申請人の氏名又は名称及び住所を、申請人が法人であれば、その代表者の氏名を提供しなければならないとされており（登記令3条1号）、自然人又は法人でなければ登記申請人となることができない。このため、受益者の表示の方法は、登記申請人の表示に関する規定と同様に厳格に解されるべきであり、権利能力なき社団が登記名義人となることが認められていないのであれば、将来、登記名義人となる可能性がある受益者にあっても、権利能力なき社団を登記することは許されないとするのが登記実務の取扱いである。

14022　信託契約時に受益者が特定しない場合の登記方法

　問　信託契約締結時に受益者が特定しない場合には、受益者は、どのように登記をすればよいか。

　結論　例えば、信託契約で「A会社の定年退職者」などと定め、その旨を登記するとともに、選任された信託管理人の氏名又は名称及び住所（不登法97条1項3号）を登記すれば足りる。

説明 不動産登記法は、信託行為の時点で受益者が特定されない場合であっても、信託行為中に、受益者の指定に関する条件又は受益者を定める方法が定められているときは、その定めが登記事項とされている（同法97条1項2号）。そして、この登記がされた場合には、受益者の氏名又は名称及び住所（同条1項1号）を登記する必要がない（同条2項）。

したがって、例えば、信託契約で受益者を「Ａ会社の定年退職者」と定めた場合は、その旨を登記するとともに、選任された信託管理人の氏名又は名称及び住所（不登法97条1項3号）を登記すれば足りる。

その後に受益者が特定したときに、受益者の変更をすることはもとより可能である。また、必ずしも受益者が特定することを予定していない場合（例えば公益信託）には、受益者の名義を権利能力を有する者に変更する必要性はないであろう。もっとも、このような記録が認められたとしても、受益者が登記名義人として代位による信託の登記をする場合（不登法99条）又は信託財産の所有権を受益者が取得して所有権移転の登記をする場合の登記申請人となるためには、登記能力を有しなければならない。

14023 信託管理人

問 信託管理人とは何か。
結論 **受益者が現に存しない場合に、受益者の権利を行使するために、信託行為の定め又は利害関係人の申立てによる裁判所の選任により置かれるものである。**

説明 受益者が現に存しない場合に、信託行為の定め又は利害関係人の申立てによる裁判所の選任により、信託管理人を置くことができる（信託法123条1項・4項）。

受益者が現に存しない場合とは、まだ生まれていない子又は将来設立される法人を受益者として指定する場合、これから行われる大会の優勝者を受益者として指定する場合、信託行為の定めにより受益者を指定する権利を有する者がまだこの指定権を行使していない場合（信託法89条）、受益者の定めのない信託の場合（同法258条）等が考えられる。これらの場合には、受益者として権利を行使することができる者がいないので、受益者に代わって、受託者を監督し、信託に関する意思決定をする者が必要となるからである。なお、目的信託又は

公益信託においても信託管理人の選任が可能である。

　利害関係人は、信託管理人となるべき者として指定された者に対し、相当の期間を定め、その期間内に就任の承諾をするかどうかを確答すべき旨を催告することができる（信託法123条2項）。催告がされた場合には、信託管理人となるべき者として指定された者は、その期間内に委託者（委託者が現に存しない場合には受託者）に対して確答をしないときは、就任の承諾をしなかったものとみなされる（同条3項）。

　裁判所が信託管理人を選任することができるのは、信託行為の定めによる信託管理人が就任していない場合に限られ、また、利害関係人の申立てによることが必要である。信託管理人を二重に選任することができるとすると、委託者の合理的な意思に反することになり、権限が競合し、法律関係が複雑になるおそれがあり、相当ではないからである。

　未成年者又は成年被後見人若しくは被保佐人は、信託管理人となることができない。また、当該信託の受託者も信託管理人にはなり得ない（信託法124条）。自然人のみならず、法人を信託管理人として選任することも可能である。信託管理人を二人以上選任することもできる（同法125条2項）。この場合、信託行為に別段の定めがない限り、共同しその権限に属する行為をしなければならない。

　信託管理人は、受益者のために自己の名をもって、信託行為に別段の定めがない限り、受益者の権利に関する一切の裁判上又は裁判外の権利を有する（信託法125条）。受益者の権利とは、受託者の監督に係る権利と信託に関する意思決定に関する権利が含まれる。

　信託管理人の任務の終了は、受託者の任務の終了の規定（信託法56条）が準用される（同法128条1項）。信託管理人の辞任及び解任については、受託者の辞任（同法57条）、受託者の解任（同法58条）の規定がれぞれ準用される（同法128条2項）。

14024　受益権とは

問　受益権とは何か。

結論　受益権とは、①信託行為に基づいて受託者が受益者に対し負う債務であって、信託財産に属する財産の引渡しその他の信託財産に

係る給付をすべきものに係る債権（受益債権）及び、②受益債権を確保するために信託法の規定に基づいて受託者その他の者に対し、一定の行為を求めることができる権利の総体である。

説明　受益権とは、①信託行為に基づいて受託者が受益者に対し負う債務であって、信託財産に属する財産の引渡しその他の信託財産に係る給付をすべきものに係る債権（受益債権）及び、②受益債権を確保するために信託法の規定に基づいて受託者その他の者に対し、一定の行為を求めることができる権利の総体である（信託法2条7項）。

　また、受益権は、元本受益権と収益受益権とに分類され、それぞれを別の受益者に帰属させることもできると解される。通常の信託では同一の受益者に帰属することが多いが、これを分ける場合には、信託行為で区分しておく必要がある。

　信託行為により受益者として指定された者は、信託行為に別段の定めがない限り、受益の意思表示を要することなく、当然に受益権を取得する（信託法88条1項）。信託行為による別段の定めとは、例えば、受益権を取得するには受益の意思表示を要する旨の定め、受益権の取得について条件や期限を付する旨の定め、委託者等が受益者を変更する権利を有する旨の定め等がある。民法の第三者のためにする契約における受益の意思表示に相当する行為は不要である。

　受託者は、信託行為に別段の定めがある場合を除き、受益者となるべき者として指定された者が受益権を取得したことを知らないときは、その者に対し、遅滞なく、その旨を通知しなければならない（信託法88条2項）。

　受益権の譲渡は、指名債権の譲渡と同様に扱われる。すなわち、受益権は、その性質が譲渡を許さない場合を除いて、原則として相続性及び譲渡性を有する（信託法93条）ので、これを数量的に分割して一部を譲渡することが認められる。譲渡性を有しない受益権とは、例えば受益者が変更されることによってその給付内容が全く変更されてしまう人的信託等が考えられる。受益権の譲渡は、受益者が受託者の承諾を要することなく、当事者間の意思表示により効力が発生する。信託行為に別段の定めを置き、譲渡を禁止することもできるが（同条2項）、このような譲渡禁止の定めは、善意の第三者に対抗することができない（同項ただし書）。

　受益権の譲渡は、譲渡人がこれを受託者に通知し、又は受託者がこれを承諾

しなければ、受託者その他の第三者に対抗することができず（信託法94条1項）、かつ、この通知又は承諾は、確定日付のある証書によってしなければ、受託者以外の第三者に対抗することができない（同条2項）。また、受託者は、受託者への通知又は承諾がされるまでに譲渡人に対し生じた事由をもって譲受人に対抗することができる（同法95条）。

なお、指名債権譲渡では、債務者の異議をとどめない承諾に対し、譲渡人に対抗できる事由があってもこれを譲受人には対抗することができないという抗弁切断の効果が認められている（民法468条）が、信託法には、民法のような異議をとどめない承諾に係る効力は与えられていない（信託法95条参照）。

受益債権とは、信託行為に基づいて受託者が受益者に対し負う債務であって、信託財産に属する財産の引渡しその他の信託財産に係る給付をすべきものに係る債権である（信託法2条7項）。受益権は、受益債権を含む概念で、受益債権に「これを確保するために信託法の規定に基づいて受託者その他の者に対し一定の行為を求めることができる権利」が付加されたものである。

14025 受益権の一部譲渡の可否

問 受益権の一部譲渡は可能か。可能な場合には、どのような登記手続をするのか。

結論 **受益権を譲り受けた者は、原則として受益者となるので、受益者の変更の登記をすれば足りる。**

説明 受益権は、量的に分割して、その一部を譲渡することも可能であり、質権の対象とすることも可能である。この場合、受益権が指名債権としての性質を有するものであるときには、譲受人又は質権者は、債権譲渡又は質権設定の対抗要件（民法467条、364条）を具備しなければ、受託者その他の第三者に対抗することができないとされている。また、受益権は原則として、相続によって相続人に承継される。さらに、委託者は、信託行為において留保することにより、受益者を変更したり、受益権を変更・消滅させることもできる。

受益権の対象である信託財産が登記すべき財産権である場合において、受益権の一部が譲渡されたときは、譲受人は原則として新たな受益者となり受益者の変更が生じるので、受託者は信託目録の記録の変更の申請をしなければなら

ないが、この登記は、対抗要件としての効力を持たず、公示上の便宜にすぎない。

14026 一筆の土地の一部に信託の登記をすることの可否

問 一筆の土地の一部に信託の登記をすることはできるか。

結論 **あらかじめ、分筆の登記をしなければならない。**

説明 一筆の土地の一部を目的とする物権変動は、当事者間の契約としては有効であるが、これを登記するためには、あらかじめ分筆をしなければならない。このことは信託財産の公示についても同様である。分筆未了の土地の一部を信託財産とする内容の遺言も有効であるが、この場合には信託財産とする土地の一部を図面等で明らかにする等、信託財産とする土地の特定が可能でなければならない。なお、信託の登記は、当該土地を分筆した後に認められる。

14027 農地の信託登記の可否

問 登記記録上の地目が農地である土地に信託の登記をすることができるか。

結論 **農業協同組合及び農地中間管理機構以外の者は、農地以外の地目に変更登記をした後でなければ、信託の登記をすることができない。**

説明 農地を農地のまま信託することを業とすることができるのは、農業協同組合及び農地中間管理機構に限られており、信託銀行は農地のままで受託することはできない（農地法3条1項14号）。したがって、信託銀行等が土地信託で農地を受託する場合には、農家が自ら農地以外のものに転用（同法4条）し、農地以外の地目に変更登記をした後に信託の登記をしなければならない。また、農地の転用と併せて、農地の権利を移転する場合（同法5条）も同様の手続によるべきものと考えられる。

なお、農地法3条1項14号の場合を除き農地の信託は許可を受けなければならないので、信託による農地の所有権移転の場合にも原則として同項の規定による許可を要する。

14028 抵当権設定登記のされている不動産に信託の登記をすることの可否

問 抵当権設定登記のされている土地に信託の登記をすることができるか。

結論 **可能である。**

説明 抵当権設定登記等の担保権の登記がされている土地を信託財産とすることについては、信託法上特にこれを禁止する規定もなく、このような土地に信託の登記をすることは可能である。この場合には、受託者は、抵当権の負担が付いたまま委託者の権利を承継し、抵当権設定の登記に劣後する信託の登記は、担保権が実行されると抹消されることとなる。もっとも、信託業の実務における土地信託は、受託者が信託目的に従い、借入行為を行い、建物を建築し、賃貸事業を行ういわゆる管理・運用型信託が多く、信託目的以外のために抵当権が設定されている場合、抵当権者が抵当権を実行すると、前記の理由により信託目的である賃貸事業の継続は不可能となることから、そのような事態を避け、安定した事業を遂行するために、抵当権等の負担のない土地を信託の目的とするのが一般的である。

14029 信託財産である土地の上に建築された建物の登記

問 信託財産たる土地の上に建築した建物は、どのように登記をすればよいのか。

結論 **当該建物が信託財産であれば、受託者が表題登記の申請をする。**

説明 当初、信託財産が土地だけであっても、受託者がその土地を管理・運用して金銭で利益を得ることとなった場合、この金銭も信託財産であり、さらに、この金銭によって別の不動産を購入したり、新たに建物を建築したような場合には、これらの不動産も信託財産となる（信託法16条）。これは、信託財産そのものに物上代位性があるからである。

ところで、土地信託においては、委託者が更地を信託し、受託者がその土地の上に建物を建築した場合、受託者は信託土地及び当該建物を信託不動産として管理運用することとなる。当該建物は、信託目的のために建築されたもので

あるから、当然に信託財産となると解されている。この場合、受託者が自らの名義で建築確認通知を受け、請負契約の当事者になり、受託者自身の名義で代金を支払うものであるから、その建物の表題登記は受託者の名義でされる。

しかし、表題登記の段階では当該建物が信託財産である旨を公示する方法がないので、受託者は、表題部所有者として所有権保存の登記をする際に同時に信託の登記を申請することとなり、信託目録の記録によって委託者が公示される。所有権保存の登記の受託者の表示は、信託財産たる金銭等によって受託者が不動産の所有権を取得した場合にする所有権移転及び信託の登記と同視することができるので、「受託者Ａ」とせずに「所有者Ａ」と表示するのが相当である。

なお、この場合の登録免許税は、所有権保存と信託の登記を併せて納付されるべきである。

14030 信託財産である土地と敷地権の発生

問 信託財産である土地の上に区分建物を新築した場合には、敷地権は発生するのか。

結論 信託契約の形態によって、敷地権の発生時期が異なる。

説明 土地信託においては、土地を更地のまま信託し、信託の登記をした土地上に、賃貸又は分譲を目的とする区分建物を建築し、建物の所有権保存の登記及び信託の登記をした上で、土地及び建物を一体として管理する形態を取ることが多い。この場合において、当該区分建物が信託財産であること、新築した区分建物が受託者名義で表題登記及び所有権保存の登記ができることについては異論のないところであるが、新築した区分建物と敷地利用権とが当然に一体化するかが問題となる。

(1) 信託行為の同一性

新築した区分建物と敷地利用権が一体化するためには、同一信託行為に基づいて信託財産を構成していなければならない。したがって、仮に受託者が同一であっても土地と建物が別個の信託行為に基づいて信託財産が構成されていたり、信託法上土地と建物が分離処分される余地のある場合（例えば、信託条項に土地と建物の分離処分をすることができる旨の記載がある場合等）には、そもそも区分建物と敷地利用権は一体化しないものと考えられる。分離処分の禁止

（区分所有法22条）の趣旨からすれば、敷地利用権あるいは専有部分のみの処分があり得る場合には、敷地利用権と専有部分の所有権は一体化しないと解されるからである。

　しかし、信託行為が別個であっても結果的に区分建物と敷地利用権を一体的に処分することを目的とする場合には、一体化を肯定することもあり得る。もともと建物の区分所有等に関する法律22条は、信託財産の一体化を想定しておらず、専ら解釈によることとなるが、土地信託において分譲型マンションが一体化するか否かは大きな問題であり、信託財産と敷地権の発生の有無は、単に信託行為の同一性の問題ではなく、信託行為の内容や目的によって表示される信託当事者の一体化の意思が大きいものと思われる。

(2)　敷地権の発生時期及び登記の時期

　土地信託において建築された区分建物の敷地権は、実体上受託者が建物の所有権を取得したときに発生する。しかし、区分建物の表題登記では、表題部の所有者欄に受託者が所有者として記録されるものの、信託の受託者である旨及び信託財産であることは表示されないので、登記記録からは、当該建物は受託者の固有財産であると見るほかなく、建物の表題登記の時点で敷地権である旨の登記はできない。

　そこで、信託の条項から信託財産であることを登記官が知ることができる所有権保存及び信託の登記をした時点で、初めて敷地権である旨の登記をすることができると解されている。もっとも、敷地権である旨の登記をすることができるということと、実体上敷地権が生じるということは別の問題であるから、登記記録に記録される敷地権の表示の原因及びその日付欄の日付は、実体的に敷地権が発生した日付である建物の新築年月日を記録するのが相当であると考えられる。また、土地の信託目録には、建物の登記後は、これを正確に特定するために、記録事項の変更をして、土地と区分建物が同一の信託行為に基づくものであることを明確に公示しておくことが望ましい。

　なお、区分建物の専有部分につき所有権保存及び信託財産の処分による信託の登記をした場合には、建物についてされた信託の登記に、職権で不動産登記規則156条に規定する建物のみに関する旨の付記登記、すなわち「○番信託登記は建物のみに関する」と記録をする必要がある。

(3)　信託登記後の問題

　敷地権付の区分建物の処分信託の場合には、受託者が専有部分及び敷地権持

分を第三者に売却することによって信託は終了し、第三者は完全な所有権を取得することになる。したがって、専有部分及び敷地権持分について第三者への移転の登記をするとともに、専有部分に登記された信託の登記を抹消することにより、当該区分建物の専有部分及び敷地権持分は、信託の拘束状態から解放される。土地にされた信託の登記そのものは、信託財産の一部が移転しても信託そのものは終了するわけではないので、土地にされた信託の登記について、移転した専有部分に対応した部分につき一部抹消をしたり、変更登記等をすることは予定されない。敷地権付の区分建物の場合には、土地にされた信託と建物の専有部分にされた信託は、同一の信託行為によるものであり、敷地権に優先する信託の登記があったとしても、買主の取得した敷地権持分のみが不当に侵害されることは、信託行為上、あり得ないものと考えられる。

　受託者の変更、信託条項の変更等、専有部分にされた信託の登記につき変更が生じた場合には、専有部分にされた信託の変更の登記を申請しなければならない。専有部分について変更登記がされても、当該信託登記は、建物のみに関するものであり、土地にされた信託の登記については、当然に変更されるわけではないので、土地にされた信託の登記についても変更が生じたのであれば、別途、信託の変更登記を申請しなければならない。

14031 未登記建物と信託の登記

| 問 | 信託財産が未登記建物であった場合、当該建物につき信託の登記をすることはできるか。
| 結論 | **受託者名義で建物の表題登記をした上で、所有権の保存及び信託の登記をすることができる。**

| 説明 |　未登記不動産であっても信託財産とすることができる。この場合の未登記不動産の所有権は、原則として信託の効力発生に伴い委託者から受託者に移転することとなり、当該未登記建物が非区分建物の場合には、受託者は、不動産登記法47条の「所有権を取得した者」に該当するので、表題登記の申請義務も委託者から受託者へ承継されたものと解され、受託者名義で自己を所有者とする建物の表題登記を申請することになる。

　この場合、委託者が自己の固有財産として当該建物を新築し、原始的に所有権を取得したことと、その後に、信託行為により当該建物を信託財産とし、そ

の所有権が委託者から受託者に移転し、所有権の譲渡があった事実は、添付情報である「所有権を証する情報」において明らかにされる。

　次に、受託者が自己名義で所有権保存の登記をする場合には、信託の登記を同時に申請しなければならない（不登法98条）。この場合には、信託の登記に関して登記原因証明情報を添付しなければならない。なお、所有権保存の登記の受託者の表示は、信託財産である金銭等によって受託者が不動産の所有権を取得した場合とは異なり、未登記建物そのものが信託の目的物であるので、「受託者何某」と表示すべきである。

14032 差押えのされた不動産にする信託の登記の可否

問　差押えの登記のされた不動産を信託財産として、信託の登記をすることができるか。

結論　可能である。

説明　差押えの登記のされた不動産の所有権を移転し、信託の登記をすることも認められる。なぜなら、差押えによる処分禁止の効力は、競売手続を完全に遂行させる限度において認められており、これに違反する処分がされたとしても、その処分は絶対的無効ではなく、債権者との関係において相対的無効となるにすぎないからである。また、差押え後であっても、債務者は、第三者に対し、目的不動産を売却したり、抵当権の設定等の処分行為をすることができる。したがって、差押えの目的となっている不動産を信託財産とすることも可能と解されている。

14033 譲渡担保によって取得した不動産に信託の登記をすることの可否

問　譲渡担保によって取得した不動産を信託財産とした場合、信託の登記をすることができるか。

結論　可能である。

説明　不動産に信託を設定する場合、当該不動産の取得原因によって信託が許されない場合があるのかという問題である。一般に不動産の取得原因が承継取得であっても原始取得であっても、民法上の完全権と

しての所有権を有するのであれば、所有者は、自由意思により当該不動産を処分できるのであり、信託財産とすることができる。このことは、包括承継による取得であろうが、特定承継による取得であろうが差異はない。しかしながら、本問のように、譲渡担保を原因とする所有権移転の登記がされている不動産については、検討が必要となる。

　譲渡担保は、物的担保の目的物の所有権を担保提供者から債権者に移転することによって、債権担保の目的を達するための方式であり、判例によって認められた担保物権（非典型担保）である。一般に目的物の所有権が債権者に移転された後も、担保提供者が目的物を占有し、債務者が債務を履行した場合には所有権が担保提供者に戻されるが、債務不履行の場合には債権者は目的物を換価（処分清算）して債権の満足を得るか、債権者自らが目的物の所有権を完全に取得（帰属清算）することになる。

　判例は、譲渡担保が目的物の所有権移転という形式を採ることから、譲渡担保を登記原因とする所有権移転の登記ができると判示し（大阪高判昭27.12.27下民集3巻12号173頁、最判昭47.11.24金法673号24頁）、登記実務もこの見解に従っている。

　譲渡担保を原因とする所有権移転の登記がされている不動産については、登記記録上からは、帰属清算によって債権者が目的物の所有権を完全に取得したのか、譲渡担保契約によって目的物の所有権が一時的に債権者に移っているにすぎないのかが明らかでない。前者の場合には、譲渡担保契約は終了しており、債権者は、売買等の他の原因による場合と同様に、完全な所有権を取得したことになるので、当該不動産を信託財産とすることができる。後者の場合には、債権者が登記名義人とはいえ、当事者間においては、なお担保提供者に所有権が存すると解されているので、債権者が当該不動産を信託財産とすることはできないと考えられるが、第三者との関係では、担保提供者は所有権を主張することができないので、債権者が第三者に所有権を譲渡し、第三者が登記を具備した場合には、第三者は完全な所有権を取得するものと解され、債権者が信託を原因として第三者に所有権を移転した場合には、当該登記は民法177条との関係では、有効なものと取り扱われるものと考えられる。

14034 信託の仮登記の可否

問 信託の仮登記は、することができるか。

結論 可能である。

説明

(1) 所有権移転仮登記

　　信託契約が成立したが、登記手続上の要件が具備しない等の理由で、直ちに信託の登記（本登記）ができない場合には、不動産登記法105条1号の仮登記が認められる（平19.9.28第2048号通達第3別紙・信託の登記に関する登記記録例7）。

　旧不動産登記法下では、信託による所有権移転の仮登記及び信託の仮登記の嘱託が登記義務者ごとに各別に嘱託書を作成しないで、一括してされた場合には、受理すべきでないとする先例（昭34.9.15第2068号回答）があった。これは、信託は、原因行為としての信託行為のほかに財産権の移転という処分行為をも含む複合行為をして初めて信託の効力が生じるので、信託の仮登記と所有権移転の仮登記の両方の登記申請を同一の書面で申請しなければならないという趣旨であり、信託の仮登記自体は、一定の要件を満たすものであれば受理することができるという趣旨であると考えられていた。

　また、旧不動産登記法下では、信託の登記を申請する際に、信託原簿を添付しなければならなかったことから、この仮登記をする際にも信託原簿の添付を要するのか、あるいは仮登記の時点では信託原簿の添付は要せず、本登記の際に添付をすればよいのかという問題もあった。この点については、信託原簿の添付ができないことは、形式的には申請情報の添付書面の一部が調わないということであり、手続上の要件が具備しないとして不動産登記法105条1号の仮登記が認められるという考え方もあろうが、信託原簿は、単に申請情報に添付する書類の一部であるだけでなく、信託の重要な要素でもあり、少なくとも信託の登記においては登記の一部とみなされ、信託の内容を公示するものである。このような信託原簿の重要性を考慮した場合には、信託原簿が提出できないことを理由とする仮登記を認めることは相当でないと解されていた。

(2) 賃借権の転貸の仮登記及び信託の仮登記

　賃借権設定仮登記がされている不動産に、転貸の仮登記及び信託の仮登記をすることは、認められる。転貸は、信託法3条1項1号の財産の処分に該当す

ると解され、当該賃借権転貸が仮登記でなされる場合には、信託の仮登記も同時に申請することができると解される。

(3) 所有権移転請求権仮登記又は条件付仮登記と同時にする信託の仮登記

　信託法では、信託の効力の発生は、信託契約である債権的な合意であるとされ、信託財産の処分そのものは発生要件ではない。信託契約が成立すれば、信託財産の処分を受ける請求権が生じるものと考えられる。また、財産権の移転がされたもののその登記が未了の場合において、信託契約を締結することを将来において約する信託予約なるものをすることも理論的に可能であろう。さらに、委託者の所有に属さない不動産を信託財産とする信託行為も有効であり、そのような場合には、委託者が信託財産を取得した時点で受託者に所有権の移転をすることとなる。ただし、当該不動産について売買予約等がされれば、委託者を権利者とする所有権移転請求権仮登記をすることができ、そのときに受託者への所有権移転請求権仮登記又は条件付仮登記と同時にする信託の仮登記を認めることは可能であると考えられる。

14035　自己信託

　問　　自己信託に関する登記とは、何か。
　結論　**自己信託とは、受託者が一定の目的に従い自己の有する一定の財産の管理、処分等の行為を自らすべき旨を定める信託の形態である。信託に関する登記の規定は、自己信託の場合にも適用される（信託法14条）。**

　説明　　信託法では、受託者が一定の目的に従い自己の有する一定の財産の管理、処分等の行為を自らすべき旨を定める方法による自己信託が認められている（信託法3条3号）。信託に関する登記の規定は、自己信託の場合にも適用され（同法14条）、登記・登録制度のある財産については、その財産が自己信託に係る財産である旨を登記・登録しなければ、信託財産であることを第三者に対抗することができない。

　したがって、ある不動産が自己信託による信託財産に属した場合にこれを第三者に対抗するためには、信託の登記を要する。これによって、当該不動産について、自己信託が設定されたことが明らかとなり、委託者の債権者をはじめとする利害関係人が不測の損害を被ることを防止できる。

不動産登記法98条1項には、信託に係る権利の「保存、設定、移転」に加え、新たに「変更」の登記の制度が設けられており、3項で、「信託法3条3号に掲げる方式によってされた信託（自己信託）による権利の変更の登記は、受託者が単独で申請することができる」旨の規定が新設されている。

　自己信託では、委託者が所有するある不動産を信託財産とする場合において、信託行為の前後を通じて、当該不動産は同一人である受託者（兼委託者）の所有に属するので、自己信託の方法により信託がされても、当該信託の対象となる権利は、受託者に属するものである点は変わらず、権利の移転は伴わないが、受託者の固有財産から信託財産に属することとなる点で、権利の変更（不登法3条）に該当する。この場合の当該信託の対象となる不動産に関する権利については、当該権利が信託財産になった旨の権利の変更の登記がされる。所有権を自己信託の対象とした場合における権利の変更の登記は、付記登記によらず、主登記による。

　自己信託の場合であっても、信託の登記の申請は、当該権利の変更の登記と同時にすべきである（不登法98条1項、登記令5条2項）。

　自己信託による権利の変更の登記は、共同申請の例外として、受託者が単独で申請することができる（不登法98条3項）。自己信託の方法による信託は、権利の移転を伴わず、受託者が委託者を兼ねているので、受託者と委託者の共同申請によるものとすることができず、他方、権利に関する登記につき共同申請主義が採られているのは、登記の真正を担保する趣旨であるところ、自己信託の方法によってされた信託による権利の変更の登記の申請の添付情報（原因証明情報）として、次のとおり当該登記の真正を一定程度担保するための情報が必要とされている。

　すなわち、登記の申請には、登記原因証明情報として、信託法4条3項1号に規定する公正証書等によって自己信託をした場合には当該公正証書等（公正証書については、その謄本）を、公正証書等以外の書面又は電磁的記録によって自己信託をした場合には当該書面又は電磁的記録及び同項2号の通知をしたことを証する情報を添付しなければならない（登記令別表の六十五の項）。

　なお、自己信託の方法によってされる信託の登記の申請に当たっては、当該申請人が申請権限を有する者であること（信託財産に属すべき不動産に関する権利の登記名義人であること）を担保するため、登記識別情報を提供しなければならない（登記令8条1項8号）。

14036　二重信託（再信託）

問　二重信託（再信託）とは何か。登記をすることは可能か。
結論　二重信託とは、実務上、第2信託の委託者が第1信託の受託者となる信託をいう。登記をすることは可能であると解される。

説明　二重信託とは、実務上、第2信託の委託者が第1信託の受託者となる信託をいう。委託者を企業、受託者を信託銀行、受益者を従業員とする企業年金信託に、年金基金を特定金銭信託で受託する貸付信託、合同運用指定金銭信託、動産信託（車輌信託等）として信託運用するケースは、古くから年金信託等の運用の手法として利用されてきた。現在では、ベビーファンド（小口の信託商品：第1信託）を、マザーファンド（大手の金銭運用信託：第2信託）で再運用するなど、金銭信託商品の一種として、確立されている。

不動産信託では、第1信託の信託不動産の売却が困難な場合には、当該信託不動産を第三者に再信託（第2信託）し、信託不動産の売却代金に代えて、第2信託の信託受益権を第1信託の受益者に帰属させる手法が採られることがあり、この場合には、登記記録中に第1信託と第2信託が連続して登記されることから、再信託とも呼ばれる。

二重信託は、第2信託の委託者と第1信託の受託者が同一人に帰すことになる部分に着目すると、形式的に自己信託に類似するが、昭37.3.31第943号回答によれば、委託者と受託者とは実質的には法主体を異にするものであり、実際上の弊害もないので、旧信託法1条、9条には抵触せず、自己信託には該当しないとの解釈がされていた。現行の信託法下でも、他人の信託財産の管理者が委託者となる二重信託は、自己信託とは区別され、同法3条3号の適用を受けないものと解されている。

次に、受託者が受益権の全部を一定期間以上保有することを信託の終了事由とする信託法163条2号の規定との関係が問題となる。二重信託の場合、形式的には、受託者が二重信託により生じた受益権の全部を取得することとなるが、二重信託により生じた受益権は、当該運用を行う元の信託の信託財産に帰属するものであって、固有財産で保有する場合と異なり、実質的には、二重信託の受託者又は元の信託の受託者の交代が生じ、形式的にも受益者と受託者が

分離し得ることまで想定すれば、信託の構造は潜在的に維持されていると言えることから、信託の継続を認めて差し支えないと解されている。

　前記の実体関係を登記手続に反映させることは、もとより可能である。

14037　抵当権の設定による信託（セキュリティトラスト）

　　問　　　抵当権の設定による信託（セキュリティトラスト）とは何か。
　　結論　　**抵当権のセキュリティトラストとは、信託制度を利用して、被担保債権と担保権を切り離して、被担保権の債権者と異なる者（受託者）が抵当権を信託財産として、保有・管理する仕組みをいう。**

　　説明　　　広義の抵当権のセキュリティトラストとは、信託制度を利用して、被担保債権と担保権とを切り離して、被担保権の債権者と異なる者（受託者）が抵当権を信託財産として、保有・管理する仕組みをいう。この場合、被担保債権の債権者が当該信託の受益者となる。セキュリティトラストには、直接設定方式と二段階設定方式があるとされる。直接設定方式は、抵当権設定と同時に信託が設定される方式を指し、二段階設定方式は、第1段階として、被担保債権の債権者（第1抵当権者）が担保権設定の登記を受け、第2段階として、第1抵当権者が委託者兼受益者、担保権者（第2抵当権者）が受託者となり、当該抵当権を移転する方式を指すものとされる。二段階設定方式は、登記実務上、旧来から「抵当権移転信託」として認められてきたものである。

　もっとも、基本通達（平19．9．28第2048号通達第2、4）に示された抵当権のセキュリティトラストとは、登記の申請時には、抵当権設定者（委託者）が登記義務者となり、抵当権者（受託者）が登記権利者となるものを指しており、これは、直接設定方式を念頭に置いたものである。

　受益者は、被担保債権の債権者である。当初受益者は、当初の貸付債権等が被担保債権となるが、債権譲渡により当該貸付債権を譲り受けた者は、後発的な受益者となる。

　抵当権のセキュリティトラストを設定するに当たり、受益者である債権者の同意を要するとの見解があるが、登記手続上、受益者の同意を証する情報を提供する必要はない。

　被担保債権が譲渡されるたびに受益者の変更登記が必要になるのかという問

題がある。不動産登記法97条１項２号では、「受益者の指定に関する条件又は受益者を定める方法の定めがあるときは、その定め」が登記事項とされており、この登記がされた場合には、受益者の氏名又は名称及び住所を登記することを要しないので、本件の問題は回避することができる。

　被担保債権からセキュリティトラストの受益権だけを切り離し、これを受益者が単独で処分することができるであろうか。そもそも民法の債権者＝担保権者の法理とセキュリティトラストとの調和は、担保権者が担保権の実行で得た配当金が信託の制度を通じ、被担保債権の債権者たる受益者に配分されることにより、担保権と被担保債権とが関連付けられるところに求められているので、受益権のみの切り離しは、認められないであろう。被担保債権以外の債権に優先弁済権が認められるとしても、被担保債権の変更を内容とする信託契約の変更が必要となると考えられる。

　セキュリティトラストにおける担保物の入替え又は担保物の一部解除等の担保の変更が、信託法上の信託目的の変更又は受益債権の内容の変更に該当するかという論点がある。担保物の入替えは、担保価値の維持を前提とする限り、信託目的の変更には該当せず、同法149条所定の手続は要しないものと解される。また、担保価値を維持することを前提に、信託契約に担保物の入替えを行うことができる旨の特約を定めておけば、担保物の入替えは、受託者の裁量によることになるので、同法103条１項１号及び４号に定める受益権取得請求の手続を経る必要はないものと解される。

　被担保債権が弁済により消滅した場合には、抵当権の付従性によって抵当権も消滅する。この場合には、抵当権登記及び信託の登記を抹消すれば足りる。また、担保権が実行された場合には、信託の終了によって金銭配当がされることになる。この場合も、抵当権登記及び信託の登記が抹消される。

　問題は、被担保債権が消滅する前に、信託契約が解除等によって終了した場合である。この場合には、信託財産である担保権そのものが受益者への交付対象財産となることがある。すなわち、抵当権設定及び信託の登記がされている場合において、信託が終了し、信託財産である抵当権が信託財産引継を原因として、受益者に帰属することもあり、この場合には、「信託財産引継」を原因とする抵当権移転の登記及び信託の登記が抹消されることとなる。

　例えば、合意終了（信託法164条）等により、信託財産である抵当権が受益者に現状有姿のまま交付される定めがある場合には、通常の信託と同様に、受益

者が抵当権を取得することとなるが、この場合において、受益者が複数いるときには、抵当権は準共有となるので、各抵当権者の持分の表示等を要することとなる（不登法59条4号）。なお、既に抵当権設定登記の時点で、受益者ごとに（あ）（い）等の符号を付して、債権額の内訳が登記されている場合であっても、移転登記に係る各抵当権者の表示に（あ）（い）等の符号を冠記するとともに、改めて債権額や持分を冠記するべきであろう。

　ところで、受益者が多数の場合等には、信託目録には受益者の氏名住所が表示されないこともあり、抵当権者が判然としない場合もあり得る。さらに、これらの場合に債権譲渡等がされ受益者が変動していても、信託目録上には、変更の登記がされないこととなる。そのような場合には、信託財産引継ぎ時の抵当権者及びその準共有持分は、登記原因証明情報において明らかにされる必要がある。

14038　抵当権の設定による自己信託の登記の可否

問　　自己（委託者兼受益者）の有する不動産に、自己を担保権者とする担保権の設定登記及び自己信託の登記をすることができるか。

結論　**認められない。**

説明　　自己（委託者兼受益者）の有する不動産に、自己を担保権者とする担保権の設定登記及び自己信託（受託者）の登記をすることは許されない。自己信託の信託財産は、設定の際に既に有している「自己の有する一定の財産」が対象となるべきところ、この場合には、信託に際して初めて信託財産である担保権が設定されることとなり、自己信託の設定の時点では、当該担保権はまだ「自己の有する」一定の財産とはいえない。このような担保権を設定することによる自己信託は、信託法上、許容されていないものと解される。

14039　信託の併合

問　　信託の併合とは何か。

結論　**信託の併合とは、受託者を同一とする二以上の信託の信託財産の全部を一の新たな信託財産とすることをいう。**

説明　信託の併合とは、受託者を同一とする二以上の信託の信託財産の全部を一の新たな信託財産とすることをいう（信託法2条10号）。信託の併合は、原則として、委託者、受託者及び受益者の合意により決定される（同法151条1項本文）。①信託の目的に反しないことが明らかであるとき、②信託の目的に反せず、かつ受益者の利益に適合することが明らかであるときは、それぞれ、受託者及び受益者の合意、受託者の書面等による意思表示で、信託の併合をすることができる（同条2項）。

　信託の併合を行うに当たって、明示すべき事項（信託法151条1項各号）があるが、これらは任意規定である（同条3項）。

　明示事項は、以下のとおりである。

(イ)　信託の併合後の信託行為の内容
(ロ)　信託行為において定める受益権の内容に変更があるときはその内容及び変更の理由
(ハ)　信託の併合に際して受益者に対し金銭その他の財産を交付するときは、当該財産の内容及びその価額
(ニ)　信託の併合の効力発生日
(ホ)　その他法務省令で定める事項

　信託の併合がされると、従前の信託の信託財産責任負担債務が併合後の信託に承継される（信託法153条参照）が、信託の併合に係る一方の信託の運用状況が芳しくない場合には、もう一方の信託の信託財産責任負担債務に係る債権者が、自己の債権回収の可能性に悪影響を受けるおそれがある。そこで、信託の併合をする場合には、信託財産責任負担債務に係る債権を有する債権者（信託債権者）は、信託の併合をしても当該債権者を害するおそれがないことが明らかでない限り、受託者に対し異議を述べることができることとされている（同法152条1項）。

　債権者の異議手続は、①信託を併合する旨、②信託債権者が一定期間内に異議を述べることができる旨、③その他法務省令で定める事項（他の信託の情報に関する事項、併合の条項の相当性に関する事項、併合に関わる各信託の財産状況等に関する事項、併合の理由）を官報に公告し、かつ、知れたる債権者に対し各別に催告しなければならない（信託法152条2項）。ただし、受託者が法人の場合には、日刊新聞紙の公告又は電子公告により各別の催告に代えることができる（同条3項）。

異議を述べた債権者に対しては、信託の併合をしても当該債権者を害するおそれがないときを除き、受託者は、弁済、相当の担保の提供又は信託会社等に当該債権者への弁済を目的とする信託の設定をしなければならない（信託法152条5項）。

信託の併合がなされると、併合前の各信託は終了し（信託法163条5号）、その清算も要しない（同法175条）。併合前の信託財産は併合後の新たな信託の信託財産となる（同法2条10号）。併合前の信託に対する債務（信託財産責任負担債務）についても、併合後の新たな信託に対する債務となる。また、併合前の信託の信託財産のみを引当としていた債務（信託財産限定責任負担債務）については、併合後の信託の信託財産のみが引当となる。なお、従前の信託の信託財産責任負担債務及び信託財産限定責任負担債務は、併合後の信託の信託財産責任負担債務あるいは、信託財産限定責任負担債務となる（同法2条10号、153条）。

14040 信託の分割

問 信託の分割とは何か。

結論 **信託の分割とは、ある信託の信託財産の一部を受託者を同じくする他の信託の信託財産に移転すること（吸収信託分割）、又は受託者を同じくする新たな信託の信託財産として移転すること（新規信託分割）をいう。**

説明 信託の分割とは、ある信託の信託財産の一部を受託者を同じくする他の信託の信託財産に移転すること（吸収信託分割）、又は受託者を同じくする新たな信託の信託財産として移転すること（新規信託分割）をいう（信託法2条11号）。信託が終了した場合には、その信託を承継信託とする吸収信託分割は、することができない（同法174条）。

信託の分割は、原則として、委託者、受託者及び受益者の合意により決定される（信託法155条、159条）。①信託の目的に反しないことが明らかであるとき、②信託の目的に反せず、かつ受益者の利益に適合することが明らかであるときは、それぞれ、受託者及び受益者の合意、受託者の書面等による意思表示で、信託の分割を行うことができる（同法155条2項、159条2項）。

信託の分割を行うに当たって、明示すべき事項（信託法155条1項各号、159条

1項各号）があるが、これらは任意規定である（同法155条3項、159条3項）。
明示事項は、以下のとおりである。

㈤　信託分割後の信託行為の内容
㈥　信託行為において定める受益権の内容に変更があるときはその内容及び変更の理由
㈦　新規信託分割に際して受益者に対し金銭その他の財産を交付するときは、当該財産の内容及びその価額
㈧　新規信託分割の効力発生日
㈨　移転する財産の内容
㈩　①吸収信託分割の場合で、信託分割によりその信託財産の一部を他の信託に移転する信託（「分割信託」）の信託財産責任負担債務でなくなり、分割信託からその信託財産の一部の移転を受ける信託（「承継信託」）の信託財産責任負担債務となる債務があるとき、②新規信託分割の場合で、信託分割により従前の信託の信託財産責任負担債務でなくなり、新たな信託の信託財産責任負担債務となる債務があるときは、それぞれ当該債務に係る事項

　吸収信託分割がされると、承継信託に帰属するものとされた信託財産責任負担債務は、承継信託の信託財産を責任財産とすることになる（信託法157条）。新規信託分割がされた場合も同様で、分割後の新たな信託に帰属するものとされた信託財産責任負担債務は、その新たな信託の信託財産を責任財産とすることになる（同法61条）。

　信託の分割に当たっては、予定されている信託の分割の内容を判断するために必要な情報をあらかじめ提示することにより、関係する各信託の受益者の利益を保護する観点から、分割後の信託行為の内容、受益権の内容に変更があるときは、その内容及び変更の理由その他の信託法155条1項各号又は159条1項各号掲記の事項を明らかにしてしなければならない。

14041　信託の併合又は分割の登記

問　信託の併合又は分割の登記手続はどうするのか。
結論　①信託の併合又は分割を原因とする権利の変更の登記、②信託の登記の抹消、③信託の登記の各申請を同時にしなければならない。

| 説明 | 信託の併合又は分割が行われた場合において、信託の併合又は分割により信託財産に属する不動産に関する権利の帰属に変更が生じたときは、信託の併合又は分割は受託者が同一である信託についてされるものであるため、当該権利の登記名義人である受託者には変更がない。そこで、自己信託がされた場合と同様に、権利の移転の登記ではなく、信託の併合又は分割を原因とする権利の変更の登記がされる（不登法104条の2第1項）。

この場合には、当該権利の変更の登記と併せて、当該不動産に関する権利が属していた信託についての信託の登記を抹消し、新たに当該権利が属することとなる信託についての信託の登記をすることとなる。

これらの信託の登記の抹消の申請及び信託の登記の申請は、信託の併合又は分割を原因とする権利の変更の登記の申請と同時にする（不登法104条の2第1項）。これらの登記は、同一の登記原因に基づくものであり、登記の正確性を確保するために三つの登記又は登記の抹消の各申請は同時にされなければならない。

信託の併合又は分割による権利の変更の登記については、当該不動産に関する権利が属していた信託の受託者及び受益者を登記義務者とし、当該不動産に関する権利が属することとなる信託の受託者及び受益者が登記権利者となる（不登法104条の2第2項前段）。受益者については、登記識別情報の提供を要しない（同項後段）。

信託の併合又は分割をする場合には、債権者保護手続（信託法152条、156条、160条）を執るので、この場合の権利の変更の登記の申請時の添付情報として、債権者保護手続が適法に行われたこと等を証する情報を提供しなければならない（登記令別表の六十六の二の項）。

14042　遺言信託

| 問 | 遺言信託とは、何か。どのように登記をするのか。 |
| 結論 | **遺言信託とは、特定の者に対し財産の譲渡、担保権の設定その他の財産の処分をする旨並びに当該特定の者が一定の目的に従い財産の管理又は処分及びその他の当該目的達成のために必要な行為をすべき旨の遺言をする方法による信託である。遺言信託の登記申請手続は、遺贈を原因とする所有権移転の登記の申請手続を類** |

推して行われる。

説明

(1) 遺言信託とは

　信託は、委託者と受託者間の契約によるほか、委託者の遺言によっても設定することができる（信託法2条2項2号）。遺言信託とは、「特定の者に対し財産の譲渡、担保権の設定その他の財産の処分をする旨並びに当該特定の者が一定の目的に従い財産の管理又は処分及びその他の当該目的達成のために必要な行為をすべき旨の遺言をする方法」（同法3条2号）による信託である。

　遺言信託は、その性質上、財産権の名義人（受託者）と実質的利益を享受する者（受益者）が別人格となり、遺贈とは異なる法制であるが、その部分を除けば、おおむね遺贈に準じた法律関係が構成されることになるので、遺留分等について、遺贈に関する規定が類推されるものと解される。

　遺言信託は、遺言の一種であり、その方式及び効力については、民法の本則の規定に従い、解釈されることになる。遺言は、遺言者本人の死亡により効力を生じる一方的な法律行為であって（同法985条）、単独行為である。遺言信託の効力は、「当該遺言の効力の発生」によってその効力を生じる（信託法4条2項）。

　遺言信託の当事者は、信託法の一般通則に従うが、遺言のされた時点において、遺言能力を有する者（民法961条以下）でなければ委託者となることができない。また、委託者の相続人は、信託行為に別段の定めがない限り、委託者の地位を承継しない（信託法147条）。

　受託者を指定する信託行為の定めがある場合には、利害関係人は、受託者となるべき者として指定された者に対し、信託行為を引き受けるかどうかを催告することができる（信託法5条1項）。受託者を指定する信託行為の定めがない場合又は受託者となるべき者として指定された者が信託の引受けをせず、若しくはこれをすることができないときには、利害関係人の申立てにより、裁判所が受託者を選任することとなる（同法6条1項）。

　死者は受益者とはなり得ないので、遺言信託によって指定された受益者が遺言者の死亡前に死亡したときは、遺言信託はその効力を生じない。

(2) 遺言書

　遺言書の作成については、遺言書としての法定要件を満たすものであることのほかに、信託目的を達成するためには、①信託目的、②信託財産、③受益者

（信託法上は、受益者の定めのない信託も許される）、④受託者（受託者の定めのない信託も許される）、⑤信託期間（信託期間の定めのない信託も許される）、⑥信託財産の払出方法などの事項が遺言書の中に明示されている必要がある。

(3) 登記申請手続

　一般に、遺言信託は、遺言によって財産権を処分する点で一種の遺贈と解されることから、民法の遺贈の規定が類推適用される。したがって、登記申請手続においても、信託の登記の一般通則によるほか、遺贈を原因とする所有権移転の登記の申請手続を類推することができる。

　遺言信託は、遺言者である委託者の死亡により信託が有効に成立するものであるから、信託財産とされた不動産は相続財産とはならない。遺言による信託の登記は、受託者を登記権利者、委託者の相続人全員を登記義務者とする共同申請によることとなる。なお、遺言者は、遺言で一人又は数人の遺言執行者を指定し、又はその指定を第三者に委託することができる（民法1006条1項）。遺言執行者は、相続人の代理人とみなされ、この遺言執行者がある場合には、相続人は、相続財産その他遺言の執行を妨げるべき行為をすることができないので（同法1013条）、遺言執行者は、代理権限を証する情報として当該遺言書を添付して、登記申請をすることができる。また、遺言執行者が信託銀行で、かつ受託者である登記権利者である場合には、権利者兼義務者として実質的な単独申請となる。

14043　信託財産の一部抹消の可否

問　信託財産の一部を処分した場合に、信託の登記の一部を抹消することができるか。

結論　できない。

説明　信託財産である不動産の一部（持分）を売却した場合に、信託の登記は抹消されるであろうか。この場合に移転した持分のみに着目すると、その部分については信託財産が処分され、第三者の固有財産となったのであるが、財産全体としては処分途中であると言える。信託法は、信託財産であるか否かを公示するだけで、この中途状態を公示する規定がない。また、この状態を「信託財産の変更」「信託財産の一部抹消」と呼ぶべきものでもない。結局、信託財産の持分の一部が処分されただけでは、まだ処分信

における受託者の任務は途中の状態であり、同法上、当該信託財産に係る信託目的はいまだ完了していないと見るのが相当であろう。

信託の登記の抹消の規定（不登法104条2項）は、不動産登記法98条1項に対応する規定であり、共有持分の一部を信託財産として、残部を後日信託財産とした場合には、各持分移転に呼応して各信託の登記がされることとなるものであるから、その持分を単位として処分したときには、持分移転の登記と同時に信託の登記がされる。しかし、本問の場合には、信託行為時に所有権全部を一括して信託財産としたのであるから、所有権全部が信託財産への不帰属となった時点、すなわち、最終の持分移転がされて、当該不動産が信託の制約から解放された時点に初めて信託の登記が抹消されるべきである。

結局、信託の登記は、担保権や処分の制限の登記とは異なり、その信託財産の持分の一部を第三者に処分した場合に、当該持分上に先順位の登記として優先的に残る性質のものではなく、特別な公示をするまでもなく信託財産ではなくなるものである。言い換えれば、信託財産を処分した場合には、新たな信託の登記をしない限り、処分した持分は新たな買主である第三者の固有財産として扱われることとなるのであり、特にその部分が信託財産でない旨の手当をする必要はないと考えられる。

なお、共有持分を信託財産とする場合において、その持分全部を処分したときは信託は終了するので、信託の登記を抹消しなければならない。

14044　受託者が信託財産を固有財産とした場合

問　受託者が信託財産を固有財産とした場合には、どのような登記をするのか。

結論　**受託者の固有財産となった旨の登記及び信託の登記の抹消をする。**

説明　受託者が信託財産を固有財産とした場合には、受託者の固有財産となった旨の登記及び信託登記の抹消を申請する。信託の登記の抹消は権利の変更の登記の申請と同時に申請しなければならない。権利の変更の登記は受託者を登記権利者、受益者を登記義務者とする。この登記は、形式上は権利の変更の登記であるが、受託者名義で登記されている不動産が受託者固有の不動産となったことを公示するものであり、その実質は権利の移転

の登記であると考えられている。したがって、この登記には、不動産登記令別表の二十五の項添付情報欄ロの適用はなく、権利の変更につき利害関係を有する第三者の承諾は要しない。

14045 信託条項に反する登記

問 信託の登記がされている不動産について、信託目録に記録されている信託条項に反する内容の登記の申請をすることができるか。

結論 信託条項に反する登記の申請をすることはできない。

説明 受託者は、信託行為の定めるところに従って、信託財産の管理又は処分をするので、原則として、信託行為にその定めがなければ、処分行為（売却、担保権の設定等）をすることができないが、信託目的の遂行上処分行為が必要と考えられる場合には、その処分行為をすべき権限が与えられたものと解される。

登記官の形式審査において、受託者に信託財産を処分する権限が与えられていることが信託条項から明らかでない信託財産の処分に係る登記の申請は、することができないと解されている。したがって、信託期間中にされる登記が信託目的に違反するものでないことは、登記官の審査の対象とされる。

先例（昭43.4.12第664号回答）も、信託条項が「売買等の有償行為をもって信託財産を処分することを受託者に信託する」旨の内容である場合には、信託期間終了後であっても信託期間終了前の日付でされた売買その他の有償行為を原因とする所有権移転登記は受理されるが、登記官は、信託条項に反する贈与その他の無償行為を原因とする所有権移転の登記を受理することができず、不動産登記法25条5号の規定により却下すべきとされている。

また、信託の登記がされている不動産について所有権移転の登記の申請をする場合、信託条項に「受託者は受益者の承諾を得て管理処分をする」旨が記録されているときには、受益者の承諾を証する情報を添付しなければならない。

さらに、信託契約以前に委託者（兼受益者）Ａの所有する甲不動産にＡを債務者とする抵当権が設定されている場合において、信託に基づき委託者Ａから受託者Ｂに所有権が移転されている乙不動産に、当該抵当権の追加設定の登記をすることは、信託条項に信託契約以前から受益者が負担している債務に対する抵当権の設定登記手続を許容する記録がない限り、することができない。

14046 信託の登記のされた不動産への抵当権の設定登記の可否

問 信託の登記のされた不動産に、抵当権設定の登記を申請することはできるか。

結論 信託条項の記録内容に違背するものでない限り、申請することができる。

説明
(1) 受益者のためにする抵当権設定の登記

信託の登記のされた不動産についてする抵当権設定の登記については、一般的には、信託条項に違反しないもので、それが信託目的の遂行のために必要なものと解される限り認められる。信託目録の信託条項に「信託財産の運用及び処分方法は受託者において自由に実行し得るものとする」旨の信託の登記のある不動産について、「受託者は受益者の債権者に対する債権全額を担保するため、受託者所有の不動産につき債権者のために抵当権を設定することとし、直ちに債権者に対して抵当権設定の登記手続をする」旨の和解調書を添付して抵当権設定の登記の申請を認めた先例がある（昭44.8.16第1629号回答）。これは、受益者自身の債務のための抵当権は、受益者の利益のために行うものであり、信託目的に反しないと解されることによるものであろう。

(2) 第三者のためにする抵当権設定の登記

信託条項が「信託財産を賃貸し、若しくは運用し又は処分して、これによって得た金銭を有価証券の取得又は預金に投資する」という趣旨である場合に、受託者が第三者の債務の担保のためにする抵当権設定の登記は、そこから受益者が得るものは何もなく、これは信託条項に反することとなるとして、仮に委託者及び受益者の承諾があっても認められないとした先例がある（昭41.5.16第1179号回答）。旧信託法の下の解釈では、信託とは、受託者が信託目的に従って、受益者のために信託財産を管理・運用又は処分するのであり、受益者以外の第三者の債務のために信託不動産に抵当権を設定することは、受益者の利益に反して第三者の利益を図ることとなり、信託の目的に反すると考えられていたことによる。

ところで、現行の信託法では、受託者は信託財産に属する財産の管理又は処分及びその他の信託の目的の達成のために必要な行為をする権限を有するもの

とされ、その権限の範囲が旧信託法のそれと比較して拡大されている。一方、受託者は、受益者のために忠実に信託事務の処理その他の行為をしなければならず（信託法30条）、受益者保護のため一定の行為が禁止されている（同法31条）。受託者による第三者を債務者とする抵当権の設定の登記は、形式的に受益者の利益が害されることとなり、禁止行為である利益相反行為に該当するが、絶対的に認められないというわけではなく、信託行為をもって当該利益相反行為を許容する旨の定めがあれば、このような登記は認められるものと解される。

(3) 第三者を抵当権者とする場合

信託条項が信託不動産に担保権等の設定を認めていると解される場合において、第三者を抵当権者、受託者を債務者とする抵当権設定の登記は認められると考えられる。この場合の登記記録への記録は、受託者は自己の固有の債務を負担するわけではなく、委託者との間に生じた信託債務を負担することになるので、その旨の表示として「債務者（受託者）何某」と記録することが考えられる。

(4) 自己貸付けによる抵当権設定登記

土地信託においては、受託者である信託銀行が建物建築の資金を調達するために信託の登記のされた不動産に抵当権等を設定する必要が生じる場合がある。この場合、受託者が自ら受託者である自己に金銭を貸し付けて、その債権を担保するためにする抵当権設定の登記は認められるであろうか。受託者が自己の固有財産である自己資金を貸し付ける場合と、他の信託勘定による信託財産を貸し付ける場合とが考えられる。

　(イ)　自己の固有資金の貸付け

これまで、受託者が自己の固有の資金を受託者に貸し付ける行為は、同一人を契約の主体とするものであり、債権債務を生じる余地はないものと考えられ、担保権者と債務者を同一人とする担保権の設定の登記は民法上無効な法律行為と考えられていた。旧信託法下の通説でも、受託者がその固有財産である金銭を自己が受託者となっている信託財産に貸し付け、その債務を担保しようとする抵当権設定の登記の申請は、同法22条に違反する無効な債権債務関係であり、その趣旨全体において法律上許容できないことが明らかであるものとして、このような登記の申請は、旧不動産登記法49条2号で却下されるものと考えられていた。

近時、受託者を信託銀行とする不動産信託において、信託行為で受託者が自行からの金銭の借入れ及び当該借入れに係る信託財産に対する抵当権の設定を行うことを許容する定めがある場合には、受託者である信託銀行を債務者兼担保権設定者とし、かつ当該信託銀行を抵当権者とする抵当権設定の登記を申請することができるとする登記実例があり、この場合の債務者の表示は、「債務者　○市○町○番地　○信託銀行（平成○年○月○日信託目録第○号受託者）」とされる。

(ロ)　他の信託勘定資金の貸付け

受託者が自己の他の信託勘定による資金を信託行為に基づいて生じた信託上の債務を受託者として負担するため借り入れる行為については、旧信託法の当時から議論が分かれていた。

現行信託法が依拠する債権説に従えば、信託財産からの「借入れ」及び別の信託財産からの「貸出し」は、勘定間で振替が行われたにすぎないが、土地信託実務の円滑な遂行という観点から、同法49条4項の趣旨を類推し、金銭債権関係が成立するものとみなすことも可能と思われる。なお、信託勘定相互間の借入れ及び貸出しの取引は、同法31条1項2号の利益相反行為に該当するので、当該登記申請の受否には、添付情報（登記令7条1項5号ハ）との関係で、注意を要する（信託法31条2項）。

登記実務の立場は判然としないが、債権者と債務者が同一人格であり、同一人が一方で債務者となり他方で権利者となることはおかしいので、抵当権設定登記をすることができないとする見解は、なお有力に存在する。

しかし、今後は、責任財産を信託財産に限定した貸出しがされ、複数の金融機関が受託者の別勘定とともに参加する（シンジケートローン）形態が見込まれている。また、旧信託法36条1項で認められていた受託者の信託財産に対する費用の償還請求権の優先性が、現行信託法49条によって大幅に縮小されたことなどからも、抵当権設定登記の必要性が高まるものと思われる。

14047　信託登記前に登記された根抵当権の極度額変更の登記の可否

問　信託の登記に優先する根抵当権設定の登記について、極度額の変更の登記を申請することができるか。

結論 　申請することはできない。ただし、受託者が信託不動産について信託前に根抵当権を有している場合については、当該根抵当権の極度額の変更の登記を申請することができる。

説明　　受託者が信託不動産について、信託前に根抵当権等の担保権を有していても、担保権は信託によって混同により消滅することはない。しかし、信託後に当該根抵当権の極度額を増額する行為は、新たに信託財産について根抵当権を設定するという実質を持つものと考えられている。

　根抵当権は、不特定な債権を担保するためのものであるが、信託後において受託者が固有財産を貸し付ける行為は、信託法31条で禁止されていることからも、根抵当権で担保される取引行為は既に終了していると考えられ、したがって、信託契約後にする極度額の増額の根抵当権変更契約に基づく登記は、原則として認められないと考える。もっとも、同条の規定は、形式的に受益者の利益が害される行為を利益相反行為として禁止しているにすぎないので、信託行為をもって当該行為を認許する旨の定めがあれば、これを認める余地がある。

　では、第三者が信託不動産について、信託前に根抵当権等の担保権を有している場合において、信託後に受託者が当該根抵当権の増額をすることは認められるであろうか。この場合も新たに信託不動産について根抵当権を設定する行為と同視されるものと考えられることから、受託者の行為が第三者の債務を担保する場合等、単に第三者の利益を図ることを目的とするものであれば、前記と同じ結論になろう。

　例えば、受益者が債務者である場合には、信託契約中に当該根抵当権の増額をする権限が受託者に付与されることが考えられるので、この場合には、当該根抵当権の増額の変更登記がされることが考えられる。なお、受益者である債務者が複数債務者のうちの一人であった場合も、受益者の利益が図られることに変わりない。

　これに対して、受託者が信託不動産について信託前に根抵当権を有している場合に、信託登記後に当該根抵当権の極度額減額の変更登記をすることは、委託者にとって形式的に利益になるものであるから、特に禁止行為には該当しないものと思われる。

14048　信託登記のある不動産の合筆又は合併の可否

問　信託登記のある土地又は建物を合筆又は合併することができるか。

結論　**信託条項に反しないものであれば、することができる。**

説明　土地の合筆又は建物の合併は、登記官の処分によって効力が生じるが、当該処分は、原則として登記名義人の意思による申請行為に基づいて行われ、その行為は、処分行為であると解されている。土地又は建物が信託財産である場合の受託者は、登記名義人ではあるものの、完全権としての所有権に基づく処分行為が当然に付与されているわけではなく、信託財産としての信託契約上の制約を受けることとなる。したがって、信託の登記がされている不動産につき、受託者が土地の合筆又は建物の合併の登記を申請する場合には、信託契約中に当該不動産の処分をする権限が付与されているか、少なくとも当該不動産の処分を禁止する規定がないことが必要である。

ところで、従来、信託の登記のある不動産の合筆は、登記先例により禁止されていた。しかし、信託法の施行に伴う不動産登記法の改正で、合筆の登記の制限の特例として、「信託の登記であって、不動産登記法97条１項各号に掲げる登記事項が同一のもの」である場合が追加され（規則105条３号）、合筆の登記における権利部の記録方法に変更が加えられ、合筆後の土地の登記記録の権利部の相当区に当該信託の登記を記録することとされた（規則107条１項４号）。

各筆の土地の所有権の全部が同一の信託に属する場合のほか、各筆の土地が共有されており、その共有部分が、異なる複数の信託に属する場合も含まれる。この場合には、合筆後の土地の登記記録の甲区には、各信託についての信託の登記をそれぞれ記録しなければならない（平19．9．28第2048号通達第２、１）。なお、不動産の持分の一部が固有財産、その他の持分が信託財産の場合も、含まれるものと思われる。

なお、所有権等の登記以外の権利に関する登記がある建物の合併の登記も同様に、旧信託法下では原則として禁止されていたが、不動産登記規則131条が改正され、「信託の登記であって、不動産登記法97条１項各号に掲げる登記事項が同一のもの」である場合が追加され（規則131条２号）、新たに建物の合併の登記の制限が緩和された。この場合の建物の合併の登記における権利部の記

録方法についても、土地の合筆の登記の場合と同様である（規則134条1項において準用する107条1項）。

14049 信託の登記のある土地の分筆

問 信託の登記のされた土地を分筆することができるか。
結論 **信託条項に反しない限り、することができる。**

説明 分筆の登記の申請は、原則として処分行為であるが、合併の場合における権利関係の交錯といった問題は生じないので、分筆する土地が信託財産である場合であっても、一般的には、従来から分筆することができるものと考えられている。そして、通常、信託財産を分割する目的は、分筆した後の土地を売却等して信託財産から除外することが多いものと思われる。

もっとも、信託目的が単なる保存行為又は管理行為のみで、処分行為がない場合については、問題がある。例えば、信託条項の内容から、土地の分筆の登記が明らかに信託目的に反するものであることが形式的に確認することができるものについては、分筆の登記を認めることはできない。言い換えれば、信託条項の内容に違反しない限り分筆の登記をすることは認められるものと解されている。

信託の登記がされている土地の分筆の登記が申請された場合、登記官は職権で元地の登記事項を記録した信託目録を作成することとされ（規則102条1項後段、176条2項）、この信託目録には新たな番号を付し、「平成○年○月○日分割により信託目録○番から転写」と記録する。転写事項中の信託目録に付されている番号は、付記の変更登記である。

14050 信託財産に対する差押え

問 信託財産に対する差押えの登記の嘱託はすることができるか。
結論 **信託財産自体に由来する権利に基づく差押え又は信託前に設定された抵当権に基づく差押え等は、することができる。**

説明 (1) 受託者の債務に関するもの
受託者を執行義務者とする差押えには、受託者の固有の債務

又は他の信託勘定で生じた債務に基づく場合と、受託者の信託目的遂行のために生じた債務に基づく場合を分けて考える必要がある。

　受託者には、信託により取得した財産を固有財産とは別個に管理しなければならない分別管理義務（信託法34条）があり、受託者個人の債権者は、原則として信託財産に対して強制執行、仮差押え、仮処分又は競売をすることができない（同法23条１項）。先例（昭30.12.23第2725号通達）も受託者の固有の債務に対する滞納処分による差押えの登記は、信託財産である不動産に対してすることができないものであるから、差押えの登記は受理することができないとしている。

　一方、信託財産自体に由来する権利、例えば、信託財産自体の固定資産税の滞納処分のように信託事務の処理について生じた権利に基づく場合の差押えは、旧信託法16条１項（現行信託法21条１項、23条１項参照）の規定から、その差押えの登記は受理できるとする先例（昭31.12.18第2836号通達）がある。もっとも、この場合には、差押えの登記の嘱託情報に、差押えが当該信託財産に対する固定資産税の滞納処分によるものであることを明らかにしなければならない。

(2)　**委託者の債務に関するもの**

　信託の登記後に委託者の債務について受託者を執行債務者とする差押えの登記が可能かという問題がある。これについては、信託の登記に優先する先順位の担保権者からの差押えの場合と、無担保の一般債権者からの差押えの場合に分けて考える必要がある。

　信託法23条は、信託財産責任負担債務に係る債権に基づく場合を除き、信託財産に属する財産に対しては、強制執行、仮差押え、仮処分若しくは担保権の実行若しくは競売（担保権の実行としてのものを除く）又は国税滞納処分をすることができないと規定しており、差押えの目的たる債権が信託財産責任債務に係る債権である場合、すなわち、信託財産につき信託前の原因によって生じた権利に基づく場合又は信託事務の処理につき生じた権利に基づく場合には、その債権者は信託財産に対して強制執行等をすることができる（同法21条１項１号）。同法21条１項１号の規定を文言どおり解釈すると、実体上、信託財産につき信託前の原因によって生じた権利が存する場合には、直ちに信託財産責任負担債務に係る債権を構成するように思われるが、登記実務及び旧信託法16条の伝統的な解釈に従えば、信託の登記前に登記された抵当権設定の実行として

する受託者に対する差押えがこれに該当し、このような登記が受理されるにとどまる。

すなわち、信託の登記に優先する先順位の担保権者からの差押えの場合には、登記官は、嘱託情報の登記原因の表示が「競売開始決定」であること及び信託の登記前に設定された抵当権の実行としての登記であるかどうかを登記記録と嘱託情報の記載から判断することができるので、滞納処分による差押えの場合と異なり、信託前の原因によって生じた権利に基づくものであることを特に差押登記嘱託情報に表示する必要はない。

これに対して、当該不動産に担保権設定の登記を有しない一般債権者が、信託前に発生した債権に基づいて、信託の登記がされた後に当該信託財産に対する差押えをすることは認められない。なぜなら、債務者は既に登記名義人ではなく、一般債権者の場合、物権的な担保権を有する債権者と異なり、信託財産に対して直接的な権利を有しているとは認められないからであると考えられている。ここでは、「信託前の原因によって生じた権利」を対抗力を有する権利に限定し、登記を有しない債権者からの差押えを認めないという立場を採るものであるが、旧信託法当時のこの考え方は、信託法においても変更がないものと考えられる。

14051 信託の登記前に発生した債権を被保全権利とする仮差押えの登記

問 信託財産に対して信託の登記前に発生した債権を被保全権利として委託者に対する仮差押えの登記の嘱託はすることができるか。

結論 することは、できない。

説明 仮差押えは、金銭債権を有する債権者が債務の引当となる債務者の責任財産に対する将来の強制執行を保全するため、その現状を維持することを目的としてなされる保全処分である（民事保全法20条1項）。受託者への所有権移転及び信託の登記がされている場合には、この不動産を債務者（委託者）の責任財産と見ることはできず、たとえ、仮差押命令における被保全債権の発生原因の日付が信託の登記前の日付であったとしても、これに基づく仮差押えの登記の嘱託はすることができない。

14052 信託財産に対する処分禁止の仮処分

問 信託財産に対する処分禁止の仮処分の登記を嘱託することができるか。

結論 することができる。

説明 　仮処分の被保全権利は、不動産物権に係る請求権であって、単なる債権ではない（民事保全法53条1項）。信託法23条では、信託財産に対する仮処分は認められないが、これは、受託者個人の債権者及び他の信託財産の債権者が仮処分をすることができないという趣旨である。

　例えば、甲を委託者とし、乙を受託者とする信託契約に基づき、甲から乙への信託による所有権移転の登記がある不動産について、甲の債権者が甲・乙間の信託行為が詐害行為に当たるとして、乙（受託者）を登記義務者とする処分禁止の仮処分を得た場合、その登記の受否については、信託法23条1項の規定から、信託財産に対し仮処分をすることができないので、その登記も認めることはできないと考えられる。

　しかし、一般的には、例えば、甲・乙間の売買契約に基づき甲から乙への売買による所有権移転の登記がある不動産について、甲の債権者が、甲・乙間の売買を詐害行為であるとして、乙に対して当該不動産の処分禁止の仮処分が認められた場合には、その登記は可能であり、甲の債権者の立場からすれば、それが詐害行為に該当するものであっても、甲・乙間の所有権移転の形式が信託であったがゆえに、処分禁止の仮処分の登記が認められないとすれば、衡平を失する結果となる。しかも、信託法は、債権者を害することを目的とする信託を禁止しており、これに反する行為については、債権者取消権を行使することができるので（同法11条1項）、債権者のこの権利をより実効性のあるものとするためにも、信託財産に対する処分禁止の仮処分の必要性が認められる。

　また、裁判所は、当然、信託法23条1項の規定を考慮した上で仮処分命令を発するのであるから、信託財産である不動産に仮処分の命令が出されれば、仮処分命令の正本に信託の登記の抹消請求権を保全する旨の記載の有無にかかわらず、仮処分の登記を受理して差し支えないものと考えられる。

14053 信託財産に対する競売による売却を原因とする所有権移転の嘱託登記

問 信託財産に対する競売による売却を原因とする所有権移転の嘱託登記をすることができるか。

結論 することができる。

説明 信託に優先する担保権が登記されている場合に、信託財産に対する担保権不動産競売の開始決定がされたときは、差押えの登記を嘱託しなければならない（民事執行法48条、188条）。その後、当該不動産が競売により第三者の所有に帰したときは、信託による所有権の取得は、抵当権者に対抗することができないので、売却によって消滅することとなる（同法59条2項、188条）。この場合、受託者から第三者への売却決定による所有権移転の登記及び信託の登記等負担登記の抹消の嘱託がされることとなる（同法82条1項、188条）ので、受託者への所有権移転の登記及び信託の登記を申請により抹消する必要はない。

ところで、受託者が当該不動産の買受人となった場合は、受託者個人への所有権移転の登記と信託の登記の抹消を同一の情報で嘱託しなければならないのであるが、この場合の信託の登記の抹消は不動産登記法104条1項の規定による抹消であり、民事執行法82条の規定による負担登記の抹消ではないと解される。

前記のとおり、信託の登記以前に登記された抵当権の実行は可能であり、この場合の競売による売却を原因とする所有権移転の登記の登記義務者は、現在の所有権の登記名義人である受託者である。なお、信託の登記は、「競売による売却」を原因として抹消される。

一筆の土地につき、数回に分けて甲が取得した持分につき移転登記がされ、その一つの持分についてのみ差押えの登記がされた後に、乙を受託者とする信託による所有権移転の登記及び信託の登記がされている場合において、当該差押えに基づく競売による売却がされたときは、差押えの登記に劣後する信託による所有権の登記は、効力を有しないものとなるので、登記の目的を「甲持分全部（順位〇番で登記した持分）移転」とする有効な持分移転登記に更正する登記を嘱託しなければならない。

14054 信託財産に対する委託者の破産者

問 信託財産に対する委託者の破産を原因とする破産の登記を嘱託することができるか。

結論 破産手続開始前に信託の登記がされている場合には、破産の登記を嘱託することができない。

説明 破産者が破産手続開始後に破産財団に属する財産に関してした法律行為は、破産手続の関係においては、その効力を主張することができない（破産法47条）。

委託者についての破産の登記の受否の問題は、破産手続開始前に受託者への信託の登記がされているか否かによって判断される。破産は、破産手続開始当時の破産者に属する総財産をもって破産債権者の弁済の資に充てることを目的とするものであるから、破産財団を構成する財産は差押可能なものでなければならない。したがって、破産者が破産手続開始前に既に処分した財産は、破産財団に属さないこととなるので、破産手続開始前に所有権移転及び信託の登記がされているものについては、破産の登記をする余地はないことになる。

問題となるのは、破産手続開始前に受託者がその財産を取得したものの、その取得について対抗要件を備えていない場合であるが、受託者は、破産手続の関係において、自己の所有権も信託も対抗することができないと解されることから、破産の登記は、当然に認められることとなる。この場合には、受託者が信託の効力を主張して、破産の登記の抹消を求めて争うことになるのであろう。また、破産手続開始前に受託者がその財産を取得し、破産手続開始後に対抗要件を備えたものについては、破産手続の関係において効力を主張することができないとされている（破産法49条）。

一方、破産者が破産手続開始後に破産財団に属する財産に関してした法律行為は、破産手続の関係においては、その効力を主張することができない（破産法47条）とされていることから、破産手続開始後に受託者への信託の登記がされている場合には、当該登記は、破産手続の関係において、その効力を主張することができない。

14055 抹消された信託の登記の回復

問 抹消された信託の登記を回復することができるか。
結論 便宜、認められる場合がある。

説明 委託者甲から受託者乙に所有権移転の登記及び信託の登記がされている不動産につき、受託者乙から第三者丙に信託財産の処分による所有権移転の登記及び信託の登記の抹消がされた後、乙から丙への所有権移転の登記を「錯誤」を原因として抹消する場合は、丙への所有権移転の登記に伴って抹消された信託の登記についても、委託者及び受託者が共同し、錯誤を原因として信託の登記の抹消の回復の登記を連件で申請するのが実務の取扱いである。

ところで、昭40.12.7第3399号回答によれば、所有権移転の登記と同時に信託の登記の抹消をすべきところ、所有権移転の登記をしないまま誤って信託の登記の抹消のみがされている不動産に対する抵当権設定の登記が申請された場合には、当該抵当権設定の登記は受理されず、また、登記上の利害関係人の承諾を証する情報を添付して、委託者、受託者双方から錯誤を原因として信託の登記の抹消の回復登記の申請がなされたときは、便宜受理して差し支えないとされている。

このように、何らかの事情で信託の登記のみ抹消の登記がなされている場合に、そのままの状態では、受託者を設定者とする抵当権設定登記の申請を受理することができない。これは、そもそも信託の登記のみを抹消することは不動産登記法上許されず、仮にこのような登記が出現したとしてもそれは不適法に抹消されたにすぎず、そのような登記は効力を有さないと考えれば、登記名義人はあくまでも受託者であり、その前提に立てば、受託者を設定者とする登記の申請は可能であるとの見解もあろう。

しかし、先例はこのような考え方を採らず、信託の登記のみが抹消されている以上は、受託者たる地位も終了していると考えることができ、登記記録上は受託者が登記名義人となっているが、実体上信託は終了しており、実体上の所有者は、受託者以外の者である可能性があると評価することができ、したがって、登記記録上の受託者を設定者とする抵当権設定の登記申請は、登記義務者が判然としない（旧不動産登記法49条6号）という理由で受理できないとしてい

る。

　この場合には、信託の登記の抹消回復をして、登記名義人を受託者とした上で実体に即した登記をしない限り、いつまでも登記義務者が判然としない状態が続くということである。この場合の是正方法は、利害関係人の承諾を証する情報を添付して、委託者、受託者双方から錯誤を原因とする信託の登記の抹消回復の登記の申請をすることが、便宜認められている。

14056 信託財産の共有物分割

問　信託の登記がされている不動産について共有物分割がされた場合には、どのような登記申請手続をするのか。

結論　**信託法の定めるところによって、幾つかの法律効果が生じることとなるが、いずれの場合における登記手続も、①持分の移転の登記、②信託の登記の抹消、③新たな信託の登記の組合せとなる。**

説明　(1)　共有物分割の形態

　　共有物分割には、①受託者に属する特定財産につきその共有持分が信託財産と固有財産とに属する場合において、不動産に関する権利が固有財産に属する財産から信託財産に属する財産となったとき、②受託者に属する特定財産につきその共有持分が信託財産と固有財産とに属する場合において、不動産に関する権利が信託財産に属する財産から固有財産に属する財産となったとき、③受託者に属する特定財産につきその共有持分が一の信託財産(a)と他の信託財産(b)とに属する場合において、当該不動産に関する権利を一の信託財産に属する財産(a)から他の信託財産に属する財産(b)となったときが考えられる。いずれの場合における登記手続も、①持分の移転の登記、②信託の登記の抹消、③新たな信託の登記の組合せとなる。

(2)　持分の移転

　共有物分割によって共有持分の移転がされる場合のうち、登記権利者及び登記義務者が同一人のときは、持分移転の登記ではなく、権利の変更の登記がされる。

　固有財産の持分権を有する乙が当該持分を信託財産の持分権を有する乙に移転する場合には、移転する持分について信託財産となった旨の登記がされる。反対に、信託財産の持分権を有する乙が当該持分を固有財産の持分権を有する

乙に移転する場合には、移転する持分について固有財産となった旨の登記がされる。また、ａ信託財産の持分権を有する乙が当該持分をｂ信託財産の持分権を有する乙に移転する場合には、移転する持分について他の信託財産となった旨の登記がされる。

　なお、登記権利者及び登記義務者が別人のときは、権利の変更ではなく、持分移転の登記がされる。

⑶　**信託登記の抹消**

　共有分割がされると、当該不動産に存していた信託が消滅することがある。この場合には、信託の登記の抹消がされる。

　所有権の共有持分の一部が信託財産で、残部が固有財産である場合に、共有物分割によって信託財産の持分権を有する乙が当該持分を固有財産の持分権を有する乙に移転する場合には、信託財産に属する信託は消滅するので、信託の登記は抹消される。また、ａ信託財産の持分権を有する乙が当該持分をｂ信託財産の持分権を有する乙に移転する場合には、ａ信託財産の持分権に属する信託は消滅するので、当該信託の登記は抹消される。

⑷　**新たな信託の登記**

　固有財産の持分権を有する乙が当該持分を信託財産の持分権を有する乙に移転する場合には、移転する持分に係る部分が信託財産であることは、既存の信託の登記では公示されないので、新たに信託の登記をすることとなる。また、ａ信託財産の持分権を有する乙が当該持分をｂ信託財産の持分権を有する乙に移転する場合には、移転する持分に係る部分が信託財産であることは、既存のｂ信託の登記では公示されないので、新たに信託の登記をすることとなる。

⑸　**そ　の　他**

　Ａ及びＢの共有に係る二筆の土地について、Ａの各持分についてＣを受託者とする持分全部移転及び信託の登記がされている場合には、Ｃは、信託行為の定めに反しない限り、Ｂとともに共有物分割をし、各土地をＣ及びＢの単独所有とすることができる。この場合には、Ｃの単独所有となる土地につき、共有物分割を原因とするＢ持分全部移転の登記及び信託法16条１項の規定に基づく信託財産の処分による信託の登記を、Ｂの単独所有となる土地につき、共有物分割を登記原因とするＣ持分全部の移転の登記及び信託財産の処分を登記原因とする信託の登記の抹消をそれぞれ申請する。

　Ａ所有の甲土地に、順位２番で取得した持分について持分全部移転登記及び

a信託（受託者B）の登記が、順位3番で登記した持分について持分全部移転登記及びb信託（受託者B）の登記がそれぞれされている場合において、その後に、甲土地を甲1土地及び甲2土地に分筆したときは、両土地には、同一内容の信託の登記が転写される。この場合には、両信託の受託者はいずれもBであるが、両土地は、信託財産に属しており、Bの固有財産ではないので、a信託の受託者Bとb信託の受託者Bとの間で、甲1土地及び甲2土地について、共有物分割を原因とする持分全部移転登記をすることができるものと考えられる。登記の手続としては、例えば、甲1の土地につき、「受託者B持分○分の○（順位○番で登記した持分）持分が他の信託財産となった旨の登記」「○番信託登記抹消」及び「信託」となる。

A（持分3分の1）、信託受託者B（持分3分の2）の共有に係る甲土地を甲1土地及び甲2土地に分割した後に、当該土地を共有物分割（現物分割）することができる。この場合には、甲1土地については、B持分をAに全部移転するとともに、信託の登記を抹消し、甲2土地については、A持分をBに全部移転するとともに、移転により取得した部分につき、新たに「受託者B持分○分の○（順位○番で登記した持分）持分が他の信託財産となった旨の登記」をすることになる。

14057 信託された建物の合体

問 信託登記のされた建物につき合体がされた場合の登記手続は、どうなるのか。

結論 **合体の登記手続を要する。**

説明 Aを委託者、Bを受託者とする信託の登記がされている隣接する2個の専有部分について、隔壁を除去する工事が施され、当該2個の専有部分が構造上1個の専有部分となった場合には、信託財産である当該専有部分の処分権限がBにあるか否かにかかわらず、合体の登記手続を要する。

区分所有権の目的となる建物の部分である専有部分を信託財産の目的とすることは当然に認められ、隣接する2個の専有部分を信託財産とした場合には、信託の登記がされ、各別に当該信託目録が備えられる。これらの専有部分が隔壁の除去によって区分性が失われた場合には、建物の合体の登記をしなければ

ならないが、この登記は、報告的登記であり、登記名義人である受託者Ｂに登記申請義務が課されている。

ところで、区分建物の隔壁除去工事は、不動産の処分行為と解され、一般的には信託契約中に信託財産の処分権限が具体的に明記されることが多いが、必ずしもその旨の記載がない場合であっても、区分建物の合体は、通常、マンションの資産価値を低下させるものではなく、むしろ、資産価値を高める場合が多いことを考えると、委託者の意思に合致する処分であることが多いと思われる。仮に受託者が信託契約に反し、信託財産を処分したのであれば、委託者と受託者との間の損害賠償や、信託契約の解除等の問題となる。

もっとも、合体工事を依頼した者に法律上の処分権限があったか否か、合体工事の工事人との間に契約があったか否かは、合体の登記手続上は、問題にはならないので、必ずしも、信託目録の記録から受託者に信託財産である専有部分の隔壁の除去の権限があるか否かが明らかにされている必要はなく、既に当該専有部分に隔壁除去工事がされていれば、登記名義人である受託者には、合体という事実の発生に基づき、合体の登記を申請する義務が生じるものと解される。

合体の登記の手続では、合体前の各専有部分の所有者が異なる場合には、それぞれの所有者が合体後の専有部分について有することとなる持分を登記するのであるが、合体前の各専有部分の所有者が同一である場合であっても、合体前の建物につき所有者の登記以外の所有権に関する登記等があって、その登記が合体後の専有部分につき存続するものであるときは、当該登記の登記名義人、登記原因及びその日付、登記の目的及び受付番号が同一である場合を除き、合体後の建物につきその登記に係る権利の目的を明らかにするため、所有者でないものとみなした場合の持分を登記しなければならない。

合体前の各専有部分の受託者は、合体後の建物の登記名義人となるものの、それは完全な所有権登記名義人の地位を取得しているのではなく、合体前の各専有部分に有した地位を合体後も引き続き有するという限度においての所有権登記名義人の地位を有しているにすぎない。これは、例えば、合体前の専有部分に登記された担保権者の権利が合体後の専有部分につきその価格割合に応じて、その持分上に存続するのと同じである。

14058　信託の登記がされた不動産の仮登記

問　信託の登記がされた不動産について、条件付仮登記を申請することができるか。

結論　することができる。

説明　例えば、信託目録に「信託契約が終了したときは、受益者に当該不動産を信託財産引継を原因として交付する」等の信託条項が記録されている場合には、「信託契約の終了」を条件として条件付所有権移転の仮登記をすることができるものと解される。この場合に、「仮登記を申請すること」が具体的に信託条項に定められている必要はないであろう。なぜなら、登記義務者となる受託者には、登記申請義務があり、本登記をする権利を有する受益者には、原則として仮登記をする権利があると解されるからである。

なお、信託終了による所有権移転の登記は、信託の登記の抹消と同時に申請しなければならないので、本事例の場合には、信託終了による条件付所有権移転の仮登記及び条件付信託の登記の抹消の仮登記も、同一申請情報によって申請し、同時に登記されることになる。

次に、仮登記された条件付所有権（権利者＝受益者Ａ）を目的とする停止条件付抵当権設定の仮登記（権利者＝受託者Ｂ）もすることができる。受託者Ｂは、信託終了前に本件不動産について抵当権を取得することはできないものの、信託終了により、本件不動産の所有権が受益者Ａに移転した後は、Ａを設定者とする抵当権を取得し、その登記をすることができるので、当該登記の順位を保全することを目的とするＢの仮登記をすることが認められる。この場合の抵当権の仮登記は、信託財産にされるものであるが、信託の終了によって、当該財産が固有財産になったときに抵当権を取得することになるので、現行の信託法はもちろんのこと、旧信託法22条の規定にも抵触することにならないと解されている。

第15章

民事執行法・民事保全法による登記

第 1 節

総　説

15001　民事執行事件に係る登記の嘱託者

問　誰が民事執行事件に係る登記嘱託をするのか。

結論　民事執行法1条に規定する民事執行の事件に係る登記の嘱託は、裁判所書記官が行わなければならない（同法48条1項、54条1項、82条1項、150条、164条1項・5項等）。なお、強制競売における売却による登記の嘱託は、不動産の買受人及び買受人から競売不動産に抵当権の設定を受けようとする者が代金納付の時までに申出をしたときは、裁判所書記官が当該申出の際に指定された登記の申請の代理を業とする者に当該登記等の嘱託情報を提供して登記所に提供させる方法によって行わなければならない（同法82条2項）。

説明

（1）　嘱　託　者

　民事執行法1条に規定する民事執行の事件に係る登記の嘱託の主体を裁判所書記官としているのは（同法82条2項による場合を除く）、このような嘱託事務は裁判所書記官の単独権限でできることとしても特段支障はないし、また、適正・迅速な執行手続の遂行にもつながるものと考えられたからである。

（2）　嘱託方法の改善

　競売手続の円滑化等を図るための関係法律の整備に関する法律により民事執行法の一部が改正され、嘱託方法が改善されている。

　(イ)　従来の取扱い

　売却許可決定が確定し、買受人から代金の納付があったときは、執行裁判所

の裁判所書記官は、売却不動産の権利の移転の登記等を嘱託することとされ（民事執行法82条1項）、実務上、裁判所書記官から郵送により嘱託情報を登記所に提供する取扱いがされていた。

　㈡　改善された趣旨

　従来の取扱いによると、裁判所書記官が売却不動産に係る移転の登記等を嘱託することとされ、嘱託による所有権の移転の登記等が完了した後でなければ抵当権の設定登記を申請することができないため、当該不動産の買受希望者が代金納付のためにあらかじめ銀行からの融資を利用して当該不動産を購入することが困難な状況にあった。そこで、通常の不動産の売買と同様に銀行ローンを利用することができるようにするため、従来の取扱いに加えて、買受人及び銀行の双方から依頼を受けた司法書士又は弁護士が裁判所書記官から嘱託情報の提供を受け、これを登記所に提供することを認め（民事執行法82条2項）、これにより、嘱託情報の提供と同時に抵当権の設定登記を申請することができるとされたものである。

15002　民事執行の手続における不動産

問　民事執行手続において、不動産又は不動産とみなされるものはどのようなものか。

結論　**土地及びその定着物（登記することのできる土地の定着物）、不動産の共有持分、登記された地上権及び永小作権並びにこれらの権利の共有持分は、不動産とみなされる。**

説明　民法上、不動産とは土地及び土地の定着物をいう（同法86条1項）とされているが、民事執行手続上は、定着物のうち、登記することができない土地の定着物（例えば、瓦斯タンク、石油タンク、給水タンク、煙突等）については、不動産執行の対象から除外され、動産執行の方法によることとされている（民事執行法43条1項、122条1項）。また、金銭の支払を目的とする債権についての強制執行については、不動産の共有持分、登記された地上権及び永小作権並びにこれらの権利の共有持分は、不動産とみなされ、不動産に対する強制執行の方法によることとなる（同法43条2項）。これは、民事執行法の施行当時の支配的な見解に従ったものであるが、半面、登記を経ていない地上権及び永小作権並びにそれらの共有持分に対する強制執行は、その

他の財産権に対する強制執行の方法によることとなる（同法167条）。これは、土地、建物及びこれらの共有持分については、未登記であっても差押えの登記の嘱託があった際に、所有権の登記をすることができるが（不登法76条2項）、未登記の地上権等については、このような取扱いができないためである。

なお、特別法によって不動産とみなされるものとして、立木ニ関スル法律1条に規定する立木（立木法2条1項）、工場財団（工場抵当法14条1項）、鉱業財団（鉱業抵当法3条）、漁業財団（漁業財団抵当法6条）等がある。この他、不動産に関する規定が準用されるダム使用権（特定多目的ダム法20条）、また、地上権に関する規定（民法269条の2の規定（地下又は空間を目的とする地上権）を除く）が準用される採石権（採石法4条3項）、不動産に関する規定が準用される鉱業権（鉱業抵当法12条）も、不動産に対する強制執行の方法によることとなる。

15003 民事執行事件に係る登記の種類

問 民事執行事件に係る登記には、どのような種類のものがあるか。

結論 民事執行法に係る登記は、大きく分けて、**強制執行に関する登記及び担保権の実行としての競売等による登記**がある。

説明

(1) 強制執行に関する登記

　強制執行に関する登記としては、不動産に対する強制執行、船舶に対する強制執行、債権及びその他の財産権に対する強制執行に関する差押えの登記若しくは差押えの登記の抹消の登記がある。

不動産に対する強制執行は、強制競売又は強制管理の方法により、又はこれらの方法を併用して行われるが、強制競売又は強制管理の開始決定の時における差押えの登記、売却許可決定が確定し、代金の支払があった時における売却による登記（権利移転の登記及び消滅する負担記入登記の抹消。船舶についても同じ）及び強制競売又は強制管理の申立てが取り下げられた時、又は開始決定が取り消された時における差押えの登記の抹消が嘱託される。

船舶（総トン数20トン以上の船舶。ただし、端舟その他ろかい、又は主としてろかいをもって運転する舟を除く）に対する強制執行は、強制競売の方法により行われ（民事執行法112条）、強制競売の開始決定に係る差押えの登記及びその登記の抹消並びに強制競売における売却による登記が嘱託される。

民事執行法150条に規定する債権（登記のされた先取特権、質権又は抵当権によって担保される債権）に対する強制執行は、執行裁判所によるその債権の差押命令により開始されるが、同条の債権について、転付命令若しくは譲渡命令が確定した時、又は売却命令による売却が終了した時は、その債権を取得した差押債権者又は買受人のための先取特権、質権又は抵当権の移転の登記等、及び同条の規定による差押えのあった旨の登記の抹消が嘱託される（同法164条1項）。

　その他の財産権（登記された賃借権、買戻権、仮登記上の権利及び船舶共有者の持分）に対する強制執行は、特別の定めがあるもののほか、債権に対する強制執行の例によることとされており（民事執行法167条1項）、登記された賃借権、買戻権、仮登記上の権利及び船舶共有者の持分に対する差押命令に係る差押えの登記、これらの登記された賃借権等に対する強制執行の申立てが取り下げられた時、又は差押命令の取消決定の効力が生じた時における差押えの登記の抹消、登記された賃借権等について譲渡命令が確定した時、又は売却命令による売却が終了した時における登記された賃借権等の移転の登記または差押えの登記の抹消が嘱託される（同法167条5項、82条）。

(2)　担保権の実行としての競売等による登記

　不動産を目的とする担保権の実行としての競売では、不動産に対する強制競売の規定（法定地上権についての民事執行法81条を除く）が準用される（同法188条）。したがって、不動産を目的とする担保権の実行としての競売の開始決定に係る差押えの登記及びその登記の抹消並びに競売における売却の登記については、不動産に対する強制競売の登記に準じて取り扱われることになる。

第2節 強制執行に関する登記

第1項 不動産に対する強制執行

15004 強制競売の申立ての前提としてする債権者代位による登記の申請

問 強制競売の申立ての対象となる不動産の所有権の登記名義人が死亡した債務者名義である場合に必要な登記は、どのようなものか。

結論 **強制競売の申立ての対象となる不動産の所有権の登記名義人が死亡した債務者名義である場合には、その申立ての前提として、債権者代位権に基づき、相続を登記原因とする相続人への所有権の移転の登記を申請し、当該登記を了しておく必要がある。**

説明 不動産に対する強制執行として行う強制競売（民事執行法43条1項）の申立てにおいては、原則として、執行文の付された（執行力のある）債務名義の正本を提出する必要があるところ（同法22条、25条本文、民事執行規則21条柱書）、その申立ての前提として、同債務名義の正本に記載された債務者の表示と強制競売の申立ての対象となる不動産の所有権の登記名義人とが一致していることを要する。したがって、債務名義成立後、債務者が死亡している場合の不動産に対する強制競売の申立てにおいて、その不動産の所有権の登記名義人について、相続を登記原因とする相続人への所有権の移転の登記がされておらず、相続人に対する承継執行文の付与（民事執行法27条2項）された債務名義の正本に記載された債務者の表示と強制競売の申立ての対象となる不動産の所有権の登記名義人とが一致していない場合には、その

申立ての前提として、債権者は、債権者代位権（民法423条１項本文）に基づき、相続を登記原因とする相続人への所有権の移転の登記を申請し、当該登記を了しておく必要がある。この債権者代位による登記の申請において添付情報として登記所に提供する代位原因を証する情報（登記令７条１項３号）としては、競売申立受理証明書や相続人に対する承継執行文の付与された債務名義が該当する。

15005 強制競売の二重開始決定と差押えの登記の嘱託

問 強制競売又は担保権の実行としての競売の開始決定がされた不動産について、強制競売の申立てがあり、その開始決定がされた場合、差押えの登記の嘱託は重ねてすることができるか。

結論 強制競売の二重開始決定に基づき重ねて登記の嘱託がされる。

説明 (1) 民事執行法上の二重開始決定

　　民事執行法は、強制競売又は担保権の実行としての競売の開始決定がされた不動産について強制競売の申立てがあったときは、更に強制競売の開始を決定するものとし（同法47条１項）、その開始決定に係る差押えの登記をしなければならないとしている（同法48条）。二重申立債権者のために差押えの効力を発生させた上で、以後の手続の進行は先行手続を優先させ、先行手続の取下げ又は取消しがあったときは、先の差押登記は抹消され、後の申立人のために手続が当然続行され（同法47条２項）、又は停止されたときは、後の差押債権者による続行申立てによって手続の続行を図る方法を採ることとした（同条４項）。なお、民事執行法47条は、同法188条で担保不動産競売について準用されるから、先の又は後の申立てが競売の申立てであり、後の又は先の申立てが強制競売の申立てであったときも、解釈上当然に二重開始決定をすることになる。

(2) 二重開始決定の要件
　(イ) 強制競売の申立要件を具備した申立てがあること
　(ロ) 対象不動産について先行の開始決定があること
　(ハ) 対象不動産が債務者の所有にとどまっていること

　先行の開始決定による差押えの登記がされた後に、債務者が不動産の所有権を他に譲渡し、その登記を経たときは、債務者の他の債権者が同一不動産につ

き強制競売の申立てをすることはできない。このような債務者の処分は、民事執行法が採用した手続相対効により執行手続上無視されるが（同法82条1項2号・3号）、他の債権者が、先行の開始決定による差押えの効力を採用して、重ねて強制執行の申立てをすることはできない。強制競売の申立ては、対象不動産の所有権が債務者にあることを前提とするからである（他の債権者は配当要求の方法で執行参加することになる（同法51条1項））。もとより、新しく所有者となった債権者が、同一の不動産を目的とする強制競売の申立てをすることはあり得るが、その申立てに係る強制競売の開始は、同法47条にいう二重開始決定ではない。

　後の強制競売の申立てが仮差押債権者の本執行の申立てである場合でも、この申立てに先行して強制競売又は競売の開始決定がされているときは、一般に二重開始決定となる。ただし、仮差押えの登記がされた後に、債務者が不動産を第三者に譲渡し、その第三者を債務者とする強制競売又は競売の申立てがあって開始決定がされている場合に、仮差押えに基づく本執行として強制競売の申立てがあり、その許可決定がされたとしても、後者の開始決定は民事執行法にいう二重開始決定ではない。この場合、仮差押えの手続相対効の働きにより、先行の強制競売手続は取り消されることになるが（同法53条）、後の差押えについては、請求異議の訴え等により取り消されることもあるから、その手続は事実上停止され、後の開始決定による執行手続が進行され、売却により不動産の所有者が買受人に移転した時点で先の競売手続は取り消される。同様に、仮差押えの登記後に抵当権が設定され、その抵当権の実行としての競売手続が開始されていた場合に、仮差押えに基づく本執行としての強制競売の開始決定がなされたとしても、二重開始決定にならない。仮差押えの登記後に設定された抵当権は、仮差押えに基づく本執行の手続では無視される（手続相対効）からである。

(3) **二重開始決定と差押えの登記**

　このような要件が具備すれば、執行裁判所は、重ねて強制競売の開始決定をする（民事執行法47条1項）。民事執行法は、この決定を特に二重開始決定と名付けているが、その形式は、同法45条の開始決定と全く異なるところはなく、差押えの宣言も重ねてされる。

　開始決定に係る差押えの登記がされることも同様で、裁判所書記官はその登記の嘱託をしなければならない（民事執行法48条1項）。嘱託情報の内容とし

て、登記の目的（不登法18条、登記令3条5号）は「差押」であり、登記原因（不登法18条、登記令3条6号）は、「平成○年○月○日○地方裁判所強制競売開始決定」である。

　要するに、民事執行法の下では、強制競売の申立てごとに開始決定がされ、それに応じて差押えの登記が重複してされるのである。

(4)　二重開始決定を受けた者の地位

　この場合でも、先行の競売開始決定により手続が進行している限り、後行の競売開始決定は、単に配当要求の効力があるにすぎない（ただし、配当要求の終期までに競売の申立てをした場合に限る（民事執行法87条1項・2項））が、先行の競売の申立てが取り下げられ、又は競売開始決定が取り消されたときは、後行の競売開始決定に基づいて手続が進められることになる（同法47条2項）。

　なお、後行の差押債権者は、不動産登記法にいう登記上の利害関係を有する第三者（民事執行法66条、68条等）に該当することになる（昭55.8.28第5267号通達第三2㈢）。

15006　登記された差押債権者と登記上の利害関係を有する第三者

問　強制競売開始決定に係る差押えの登記の登記名義人は、不動産登記法にいう登記上の利害関係を有する第三者に当たるか。

結論　**強制競売開始決定に係る差押えの登記は、債務者に対する処分の制限に対抗するための登記であって、その登記の登記名義人は、登記上の利害関係を有する第三者に当たる。**

説明　(1)　登記上の利害関係を有する第三者

　　不動産登記法68条によると、権利に関する登記の抹消は、登記上の利害関係を有する第三者（当該登記の抹消につき利害関係を有する抵当証券の所持人又は裏書人を含む。以下この条において同じ。）がある場合には、当該第三者の承諾を証する当該第三者が作成した情報又は当該第三者に対抗することができる裁判があったことを証する情報（以下「承諾証明情報」という）を提供しなければならないとされている（登記令別表の二六の項添付情報欄ヘト）。権利に関する登記の抹消は、本来は関係当事者だけですることができるはずであるが、抹消される登記を前提に権利の登記を取得している第三者がいる場合で

も、関係当事者が自由に抹消することができるとすると、その第三者に不測の損害を及ぼすおそれがあるため、制約が設けられた。不動産登記法は、この他にも権利の変更の登記または更正の登記（同法66条）、抹消された登記の回復（同法72条）等に関して類似の規定を置き、これとは別に、登記官は、権利に関する登記に錯誤または遺漏があることを発見した場合において、登記の錯誤又は遺漏が登記官の過誤によるものであるときは、遅滞なく、当該登記官を監督する法務局又は地方法務局の長の許可を得て、登記の更正をしなければならないとし、ただし、登記上の利害関係を有する第三者がある場合にあっては、当該第三者の承諾がある場合に限るとしている（同法67条2項）。

　本問は、これらの規定にいう「登記上の利害関係を有する第三者」の中に、強制競売開始決定に係る差押えの登記の登記名義人（差押債権者）が含まれるかどうか、という問題である。この登記と同じ性質を持つ滞納処分による差押えの登記及び担保権の実行としての任意競売開始決定に係る差押えの登記の登記名義人についても、基本的には以下の説明が妥当する。

(2) **先　例**

　先例は、個別事案の処理に当たり、差押えの登記の登記名義人は「登記上の利害関係を有する第三者」に該当するとの立場を採ってきた（抹消登記の場合につき、昭30.12.20第2693号回答、仮登記の本登記の場合につき昭36.2.7第355号回答）が、民事執行法及び民事執行規則の施行に伴う登記事務の取扱いの指針を定めた昭55.8.28第5267号通達は、登記された差押債権者が不動産登記法にいう登記上の利害関係を有する第三者に該当する旨の見解を注意的に示して、従前の回答の立場を維持することを明らかにしている（同通達第三2㈢後段）。

15007 差押えの登記後の権利の移転と新たな差押えの登記の可否

問　　債務者が差押えの登記がされた不動産を第三者に譲渡し、所有権移転登記がされた場合、その不動産について重ねて差押えの登記をすることができるか。

結論　　譲受人を債務者とする差押えの登記の嘱託は受理されるが、譲渡人を債務者とする差押えの登記の嘱託は受理されない。

説明 差押えその他処分制限の登記がされている不動産につき、その処分制限に違反して譲渡等の処分がされても、その処分は、差押え等の手続に対抗することができないだけであり、絶対的に無効となるものではない。したがって、差押えの登記がされた不動産につき、第三者への所有権移転登記の申請がされれば、受理される（明27.5.14第171号回答等）。この場合、この所有権移転は既に開始されている競売手続には対抗することができないので、譲渡人の債権者は配当要求（民事執行法51条）をすることはできるが、強制競売の申立てをすることはできない。誤って競売開始決定がされ、差押えの登記の嘱託（同法48条）がされても却下される（不登法25条7項）。

一方、その不動産は譲受人の所有になっているので、譲受人の債権者がその不動産につき強制競売の申立てをすることは妨げられず、譲受人を債務者として差押えの登記の嘱託がされることになり、その嘱託は受理される。この場合は債務者を異にするので二重の差押えの登記の問題ではなく、理論上は、両競売手続は相互に無関係に進められる。ただし、譲受人を債務者とする差押えの登記（競落がされて買受人への所有権移転登記がされているときはその登記）は、譲渡人を債務者として開始されている競売手続において競落がされ、買受人が代金を納付したときは、「売却により効力を失った権利の取得の登記」として抹消の嘱託がされる運命にある（民事執行法82条1項2号）ので、実際には、譲受人を債務者とする競売の手続は進められないことになろう。

15008 買受人の代金納付と登記

問 売却許可決定が確定し、買受人が代金を納付したときは、どのような登記の嘱託がされるか。

結論 **(イ)買受人の取得した権利の移転の登記、(ロ)売却により消滅した権利又は売却により効力を失った権利の取得若しくは仮処分に係る登記の抹消、(ハ)差押え又は仮差押えの登記の抹消の嘱託がされる。**

説明 強制競売（担保権の実行としての競売も同様）において買受人が代金を納付したとき（この時に買受人が所有権を取得する（民事執行法79条））は、裁判所書記官は、(イ)買受人が取得した権利の移転の登記、(ロ)売却により消滅した権利又は売却により効力を失った権利の取得若しくは仮処

分に係る登記の抹消、(ハ)差押え又は仮差押えの登記の抹消を嘱託しなければならない（同法82条１項）。これらの登記の嘱託は同一の嘱託情報で行う。嘱託情報の内容として、登記原因は「強制競売による売却」とし、登記原因の日付は買受人が代金を納付した日とする（昭55．８．28第5267号通達第三・一４(一)）。

(イ)については、売却許可決定が確定した後、代金納付期日までに買受人に相続その他の一般承継があった場合において、嘱託情報に一般承継を証する情報を添付して、代金を納付した一般承継人のために権利の移転の登記の嘱託があったときは、受理して差し支えないとされている（昭55．８．28第5267号通達第三・一４(三)）。

(ロ)については〔15009〕参照。

(ハ)の抹消を嘱託すべき差押えまたは仮差押えの登記には、二重の開始決定に係る差押えの登記、強制管理の開始決定に係る差押えの登記、仮差押えの登記その他抹消すべき権利に係る差押えまたは仮差押えの登記が含まれるが、滞納処分に関する差押えまたは参加差押えの登記は含まれない（滞調法32条により職権抹消される）（昭55．８．28第5267号通達第三・一４(二)）。

15009　売却により消滅した権利又は売却により効力を失った権利の取得に係る登記

問　裁判所書記官が登記の抹消を嘱託すべき売却により消滅した権利又は売却により効力を失った権利の取得に係る登記とは何か。

結論　**売却により消滅した権利に係る登記とは、不動産の上に存する先取特権、使用及び収益をしない旨の定めのある質権並びに抵当権の登記等である。**

また、売却により効力を失った権利の取得の登記とは、差押えまたは仮差押えの登記後に登記された抵当権、これらの登記後の所有権移転の登記、抵当権設定の登記後の貸借権または地上権の登記等である。

説明　買受人が代金を納付したときは、裁判所書記官は、差押え又は仮差押え等の登記の他、売却により消滅した権利又は売却により効力を失った権利の取得に係る登記の抹消を嘱託しなければならないとされている（民事執行法82条１項２号）。

競売手続において目的不動産が売却されると、不動産の上に存する先取特権、使用及び収益をしない旨の定めのある質権並びに抵当権（いずれも差押え又は仮差押えに優先するものに限る）は消滅するとされている（民事執行法59条1項）。これらの権利を有する者は、当然に配当を受けることができる（同法87条1項4号）。裁判所書記官が登記の抹消を嘱託すべき売却により消滅した権利に係る登記とは、この権利の登記をいう。

　また、この消滅する先取特権等を有する者、差押債権者又は仮差押債権者に対抗することができない不動産に係る権利の取得は、売却によりその効力を失う（民事執行法59条2項）。裁判所書記官が登記の抹消を嘱託すべき売却により効力を失った権利の取得の登記とは、これらの権利の取得の登記をいう。これに該当するものとしては、例えば、差押え又は仮差押えの登記後に登記された抵当権、これらの登記後の所有権の移転の登記、抵当権の設定の登記後の賃借権又は地上権の登記等がある。

15010 買受人による代金納付と滞納処分による差押え・参加差押えの登記の処理

問　買受人が代金を納付したときに抹消される差押え又は仮差押えの登記には、滞納処分に関する差押え及び参加差押えの登記も含まれるか。

結論　**含まれない。滞納処分に係る差押え及び参加差押えの登記は、民事執行法に基づく執行裁判所の嘱託によって抹消されるのではなく、滞納処分と強制執行等との手続の調整に関する法律に基づき、登記官の職権により抹消される。**

説明
(1) 代金納付による登記の嘱託
　　強制競売の手続では売却許可決定が確定し、買受人が代金を納付したときは、裁判所書記官は、買受人の取得した権利の移転の登記の嘱託、売却により消滅した権利または売却により効力を失った権利の取得若しくは仮処分に係る登記の抹消の嘱託のほかに、差押え又は仮差押えの登記の抹消を嘱託しなければならない（民事執行法82条1項）。不動産に係る差押え又は仮差押えの執行は、いずれも換価を目的とし、又はその目的を保全するためのものであって、強制競売による売却が行われると、その効力が失われる（同法59

条3項）ため、これを抹消する必要があるからである。ところで、民事執行法82条1項3号にいう「差押え」に民事執行法上の強制競売開始決定または不動産の担保権の実行としての競売開始決定に基づく「差押え」が含まれることは明らかだが、さらに、国税徴収法による「差押え」又は「参加差押え」が含まれるか、換言すれば、同法によるこれらの各処分の制限の登記も、執行裁判所書記官の嘱託により抹消されるかが問題となる。

(2) **強制執行と滞納処分との関係**

同一の不動産について国税徴収法による滞納処分またはその例による滞納処分（滞納処分と強制執行等との手続の調整に関する法律2条1項。以下「滞納処分」という）と民事執行法による強制執行、仮差押えの執行又は担保権の実行としての競売との手続が競合することがある。このような場合の各手続の調整を図る規定は、滞納処分と強制執行等との手続の調整に関する法律に設けられている。同法は、原則として先着手優先主義を採り、先行する手続を優先的に進行させるものとしているが、この手続が中止又は停止された場合等、一定の事由があるときは、後行の強制執行手続の差押債権者等または徴収職員等は執行裁判所に対し、後行手続の続行を申請することができるものとし、その申請を容認する決定があったときは、後行手続を進行させるものとしている（同法12条、13条本文、17条、29条1項、30条本文、33条1項）。この結果、民事執行法による不動産の強制競売手続において、売却代金が納付され、裁判所書記官が同法82条1項により登記又は登記の抹消を嘱託すべき場合に、当該不動産につき滞納処分による差押え又は参加差押えの登記がなされているというケースは、次の場合である。第一は、滞納処分による差押え又は参加差押えに先行する強制競売手続において目的不動産が売却された場合、第二は、先行する滞納処分の手続が進行しない等の事由（滞調法17条、8条）が存する場合において、後行の強制競売手続上の差押債権者等の申請により、強制執行手続を続行する旨の決定がされる（この決定があったときは、同法の適用については、滞納処分による差押えは、強制執行による差押え後にされたものとみなされる（同法17条、10条参照））。

ところで、民事執行法による不動産の強制競売において、買受人が代金を納付したときは、前記のとおり、同法82条1項により、裁判所書記官は買受人の取得した権利の移転の登記並びに売却により消滅した権利等に係る登記及び差押え等の登記の抹消を嘱託すべきであるが、同項にいう「差押え」は、民事執

行による差押えを意味し、滞納処分による差押えを含まない（同法82条1項の規定は、同法59条の規定と連動するもので、同条により消滅するものとされる権利等の登記の抹消を嘱託すべきものとしているのであるが、同条にいう差押えには滞納処分による差押えは含まれない）。滞納処分による差押えの登記も強制競売による売却が行われたときは抹消されるが、その根拠規定は滞納処分と強制執行等との手続の調整に関する法律32条であって、裁判所書記官の嘱託によってではなく、登記官が職権で抹消する（滞納処分による差押えが強制競売による売却が行われた場合に失効する旨の明文の規定はないが、同条の規定は、そのことを当然の前提としているものと解される）。昭55．8．28第5267号通達もこの手続を確認している（同通達第三4㈡）。

15011 買受人の一般承継人が代金を納付した場合の登記の可否

問 不動産に関する強制競売手続において、買受人の代金納付前に、買受人につき一般承継事由が発生し、その一般承継人が代金を納付してきた場合、当該不動産につき一般承継人を権利者とする権利移転登記をすることができるか。

結論 代金納付をした買受人の一般承継人を権利者とする権利の移転の登記をすることができる。

説明 (1) 問題の所在

不動産に対する強制競売手続において、執行裁判所の売却許可決定が確定すると、実体法的には、当該不動産を目的とし、買受人を買主とする売買契約が確定的に成立し、買受人は代金支払義務を負うことになる。買受人は、執行裁判所の定める期限までに代金を納付しなければならず（民事執行法78条1項）、その代金の納付があったときは、不動産の所有権（同法43条2項の規定により不動産とみなされる権利の強制競売にあってはその権利）が買受人に移転し（同法79条）、執行裁判所は、登記所に対し、買受人が取得した権利の移転の登記を嘱託しなければならない（同法82条1項1号）。

ところで、売却許可決定の確定後代金納付前に、買受人について相続、法人の合併などの一般承継が生じ、その一般承継人が執行裁判所に代金を納付したとして、執行裁判所からこのような所定の登記の嘱託があった場合、登記所は

これを受理してよいかが問題となる。

(2) 民事執行法下における解釈

　民事執行法は、競落による所有権の移転の時期が売却許可決定の言渡し時ではなく、売却許可決定の確定後の代金納付時としている（同法79条）。このことから、買受人の一般承継人が代金を納付したときに、不動産の所有権は債務者から直接一般承継人に移転することになる。したがって、同法の解釈としては、売却許可決定の確定後に買受人について一般承継が生じた場合には、その承継人が、格別の手続を要することなく、買主の執行手続上の地位（代金を納付して不動産の所有権を取得し得る地位）を承継することを認め、その代金の納付があったときは、その者のために売却を原因とする所有権の移転の登記手続をすることになる。

　通達も、裁判所が一般承継人に代金納付を認め、嘱託情報と併せて一般承継を証する情報を提供して、代金を納付した一般承継人のために権利の移転の登記を嘱託してきた場合には、これを受理して差し支えないとしている（昭55．8．28第5267号通達第三4㈢）。

　なお、売却許可決定の告知後その確定前に一般承継があった場合には、決定手続が中断し（民事執行法20条、民訴法124条1項1号）、受継によって一般承継人が買受人の地位を取得するものと解すべきである。

15012　民事執行法による法定地上権の設定の登記

　問　　法定地上権が設定されたものとみなされると、法定地上権設定の登記は裁判所書記官からの嘱託によってなされるか。

　結論　**裁判所書記官の嘱託によるのではなく、通常の地上権設定登記と同様、当事者の申請による。**

　説明　(1) 民事執行法の法定地上権制度

　　　土地とその上の建物が同一の所有者に属する場合において、土地のみにつき抵当権が設定されたときは、競売によって土地を取得する買受人は、その建物のために地上権の制限を受ける。この場合、建物のみにつき抵当権が設定されたときは、競売により建物を取得する買受人は、その建物のために地上権を取得する（民法388条本文）。同一所有者に属する土地又はその上の建物の一方にのみ抵当権が設定されて、その抵当権が実行されたときには、

所有者と買受人との間で事前に土地利用関係を約定する余地がないことから、建物はその存立の基礎を失うことになるが、それでは、建物の効用を全うすることができず、社会経済上の損失が大きいばかりか、建物に設定された抵当権の価値を著しく低下させ、抵当権者、ひいては買受人の利益を害することになる。民法388条の法定地上権制度は、このような不都合を回避するための法制度である。

民法388条の規定の適用範囲は、判例・学説によって次第に拡張され、同一所有者に属する土地・建物の一方又は双方に抵当権が設定されていれば、抵当権の実行による競売でなく、強制競売の場合でも法定地上権が成立するとされていたが（大判大3．4．14民録20巻290頁）、抵当権の設定されていない同一所有者に属する土地とその地上建物が強制競売の結果、所有者を異にするに至った場合については、判例は同条の適用を否定していた（大判昭9．2．28法律新聞3676号13頁、最判昭38．6．25民集17巻800頁など）。これに対し、学説上は適用肯定説が有力であった。このため、民事訴訟法に国税徴収法127条と同旨の規定を置いて立法的解決を図ることがかねてから望まれていたが、昭和54年制定された民事執行法81条の規定により、強制競売の場合においても民法388条と同様に法定地上権が成立することとされたのである。

(2) **民事執行法上の法定地上権の成立要件とその内容**

民事執行法81条による法定地上権の成立要件は、(イ)差押当時土地上に建物が存在すること、(ロ)その土地及び建物が同一の所有者に属すること、(ハ)土地又は建物を差し押さえたこと、(ニ)売却により所有者を異にするに至ったこと、である。ただし、同法による法定地上権は、前記の立法理由からもうかがわれるように、民法388条の補充規定であって、同条（同法341条、361条において準用される場合を含む）の法定地上権が成立する場合には、適用されない。したがって、抵当権の設定された土地若しくは建物又は土地及び建物が差し押さえられ、強制競売の結果所有者を異にするに至った場合には、民法388条の適用を肯定するのが従前の学説・判例（大判大3．4．14、最判昭37．9．4民集16巻9号1854頁）であったから、このようなケースについては民事執行法81条の適用はないことになる。

民事執行法81条は、法定地上権の内容については、地代を当事者の請求により裁判所が定めると規定する（同条後段）にとどまるから、その余の内容は解釈に委ねられているが、法定地上権の効力が及ぶ土地の範囲、その存続期間等

は、民法388条の法定地上権と同一に解すべきである。なお、法定地上権の成立時期は、買受人が代金を納付して、土地又は建物の所有権を取得した時（土地と建物の所有者を異にするに至った時）である（民事執行法79条）。

(3) 法定地上権の登記

　不動産の強制競売手続において、買受人が代金を納付したときは、裁判所書記官は、民事執行法82条1項各号に掲げる登記及び登記の抹消を嘱託しなければならないが、代金納付により成立する法定地上権の登記はこの中に含まれていない。執行裁判所が、当事者の意思にかかわらず、法定地上権の成立を公示する手続を執るべきものとするまでの必要はなく、通常の地上権設定登記と同様、当事者の申請に委ねるとされており、昭55. 8 .28第5267号通達第三5もそのように解している（成立する地上権は、建物の所有を目的とするものであるから、法定地上権の登記はなくとも、借地借家法により建物の登記さえあれば、第三者に対する対抗要件は具備されることに注意しなければならない）。この通達によれば、登記申請の申請情報には、登記原因として「法定地上権設定」、登記原因の日付として買受人が代金を納付した日をそれぞれ記載する。

15013　売却による登記の登記原因を証する情報

問　売却許可決定の正本は、売却による登記の登記原因を証する情報となるか。

結論　**売却許可決定の正本は、登記原因を証する情報となる。**

説明
(1) 売却による登記嘱託

　　強制競売は、執行機関である執行裁判所が主宰して買受人に所有権等を取得させる手続であることから、買受人が代金を納付して所有権を取得すると、裁判所書記官は、買受人のために、所有権の移転の登記を嘱託すると同時に、売却により消滅し、あるいは効力を失った抵当権、用益物権等の登記、又は売却により効力を失った仮処分の登記並びに差押え及び仮差押えの登記の各抹消の嘱託をしなければならないとされている（民事執行法82条1項）。

(2) 売却許可決定の登記原因証明情報としての適否

　民事執行法82条3項は、「その嘱託情報と併せて売却許可決定があったことを証する情報を提供しなければならない。」と規定している。「売却許可決定があったこと」は、買受人が取得した権利の移転の登記等の「登記原因」の一部

であるが、同法78条1項では、買受人は売却許可決定が確定したときは、裁判所書記官の定める期限までに代金を納付しなければならないと規定しており、同法79条では、買受人は代金を納付した時に不動産を取得すると規定していることから、売却許可決定があった日と代金納付の日は一致しないこととなる。したがって、売却許可決定の正本は、売却許可があったことを証する情報となり得るが、不動産を取得した日を証明していないことになる。しかし、同法82条3項が「登記原因を証する情報」という一般的な規定ぶりとせず、「売却許可決定があったことを証する情報」と規定している以上、破産規則61条3項の場合と同様（同項には、「当該裁判書の謄本以外の不動産登記法第61条に規定する登記原因を証する情報を記載した書面を添付することを要しない」と規定がある）、その他の登記原因を証する情報の提供までは求めない趣旨であると解するのが相当である（河合芳光『逐条不動産登記令』76頁、金融財政事情研究会）。

(3) **担保不動産競売に伴う所有権移転及び抹消登記嘱託書の様式**

平成16年の改正による不動産登記法の施行に伴う「担保不動産競売による売却に伴う所有権移転及び抹消登記の嘱託」の様式が、平17.2.23第491号通知により示されている。

```
                              平成　　年（　　）第　　号
                    登記嘱託書兼登記原因証明書

         支局
法務局          御中
         出張所

                              平成　　年　　月　　日
                                 地方裁判所　　支部
                                 裁判所書記官　印

登 記 の 目 的   所有権移転及び別紙抹消登記目録記載の登記の抹消
原       因   平成　年　月　日担保不動産競売による売却
権利者・義務者   別紙登記権利者・義務者目録記載のとおり
添 付 書 類   住所証明書（注1）
課 税 価 格   金　　　　円
登 録 免 許 税   金　　　　円
     内訳    移転登記分
```

　　　　　　　　　　抹消登記分　　金　　　　　円
　不動産の表示　　　別紙物件目録記載のとおり（注２）

登記原因証明情報（注３）
　　平成　　年　　月　　日　地方裁判所　　　支部
　　別紙物件目録記載の不動産につき売却許可決定があったことを証明する。
　　　　　　　　　　　　　　　平成　　年　　月　　日
　　　　　　　　　　　　　　　　　地方裁判所　　　支部
　　　　　　　　　　　　　　　　　　　裁判所書記官　　　　　　　　印

（注１）　買受人から住所証明書の提出に代えて、住民基本台帳法７条13号に規定する住民コードの提供を受けたときは、同コードを記載することにより、住所証明書の提供を省略することができる（登記令９条、規則36条４項）。
（注２）　不動産番号を記載することで、物件目録の提供を省略することができる（登記令６条１項、規則34条２項）。
（注３）　登記嘱託における「登記原因を証する情報」（不登法16条２項、同61条、登記令７条１項５号ロ）を記載した書面には、売却許可決定の正本（民事執行法82条３項）のほか、登記原因を裁判所書記官が証明した書面も含まれる。登記嘱託書と登記原因を証する情報を記載した書面は、本様式のように、同一の書面により作成することも認められる。

15014　差押えの登記後に権利の移転の登記がされている場合の差押えの登記の抹消の登記権利者

問　差押えの登記後に第三者のために差押えに係る権利の移転の登記がされている場合の差押えの登記の抹消の登記権利者は誰か。

結論　差押えの登記当時の権利の登記名義人が登記権利者となる。

説明　(1)　強制競売の開始決定に係る差押えの登記の抹消

　　　民事執行法54条は、差押債権者の申立てに係る強制競売の手続が目的の不到達によって終了したとき、すなわち、競売の申立てが取り下げられ、又は取消決定の効力が生じたときは、執行裁判所の裁判所書記官は差押えの登記の抹消を嘱託しなければならないとしている。
　強制競売の申立てが取り下げられ、あるいは強制競売の手続を取り消す決定（民事執行法14条５項、40条１項、53条、63条２項・３項、73条４項）が効力を生

じることによって、その開始決定に係る差押登記が抹消されることになるが、この場合における登記原因の記録は、強制競売の申立てが取り下げられたときには、「取下」とし、強制競売の手続が取り消されたときには、取消しは裁判によってされるので、「取消決定」とすることとされている（昭55.8.28第5267号通達第八）。なお、登記原因の日付は、取下げの場合には、取下げのされた日であり、取消しの場合には、取消決定が確定しなければその効力が生じないとされているもの（同法12条2項）については、その取消決定が確定した日であり、取消決定が債務者及び差押債権者に告知された時にその効力を生じるとされているもの（同法40条2項、なお、取消決定につき同法20条）については、その取消決定が債務者及び差押債権者に告知された日であるとされている。

次に、強制競売の申立ての取下書に目的物件の表示がある等登記原因を証するに足りる記載があるときは、これを登記原因証明情報として取り扱うものとされている。また、確定した時にその効力を生ずるものとされている取消決定の正本に確定した旨及び確定の日が付記されているとき、又は差押債権者及び債務者に告知された時にその効力を生ずるものとされている取消決定の正本にその告知された旨及び告知の日が付記されているときは、これらの正本を登記原因を証する情報として取り扱うことができるとされている（昭55.8.28第5267号通達第三3㈢）。又は、裁判所書記官が作成した報告的な登記原因証明情報を提供して登記所に嘱託することを要する。

⑵　差押えの登記の抹消の登記権利者

差押えの登記後に第三者のために差押えに係る権利の移転の登記がされている場合、すなわち、所有者甲の段階で乙が差し押さえ、その後所有権が丙に移転しその登記がされているという場合に、取下げ又は取消決定による差押えの登記の抹消の嘱託をする場合、登記権利者は誰かという問題がある。この点については、㈠差押えの登記当時の権利の登記名義人である甲とする説、㈡現在の登記名義人である丙とする説、㈢両者ともに登記権利者であるとする説が考えられるが、先例（昭55.8.28第5267号通達第三3㈡）は、差押えの登記当時の権利の登記名義人を、登記権利者として記録すべきものとしている。

抵当権などの抹消と比較すると、抵当権の抹消については、現在の所有権の登記名義人が登記権利者であるとされている（明32.8.1第1361号回答）。登記の抹消請求権は、一種の物上請求権（妨害排除請求権）であり、これを行使することができるのは現在の権利者であるという考え方に基づくものといえる

が、このような考え方との均衡上、差押えの登記の抹消を嘱託する場合にも、現在の権利者丙を登記権利者とすべきであるとする考え方もある。しかし、取下げ又は取消決定による差押えの登記の抹消の嘱託は、民事執行の手続の一環として裁判所書記官が法律の規定に基づいてすべきものとされているものであることから、抵当権等の登記の抹消の場合とは性格を異にするものである上、手続上も、いちいち現在の権利者を確認した後でなければ抹消の嘱託ができないということになると煩瑣であるということが考えられる。また、登記権利者とは、当該登記がされることによって登記簿上直接の利益を受ける者をいうことから、差押えの登記が抹消されることによって直接に受益者の地位に立つのは処分の制限から解放される差押えの登記当時の権利の登記名義人であって、現在の権利の登記名義人は間接的・反射的に受益の効果を受けるにすぎない。このようなことを考慮して差押えの登記の当時の権利の登記名義人を登記権利者とすることとされている。

15015 買受けの申出後の強制競売の申立ての取下げを原因とする差押えの登記の抹消の嘱託

問 買受けの申出後の強制競売の申立ての取下げを原因として差押えの登記の抹消を嘱託する場合、最高価買受申出人又は買受人の同意があったことを証する情報を提供する必要があるか。

結論 最高価買受人の同意を証する情報の提供を要しない。

説明 (1) 買受けの申出後の強制競売の申立ての取下げ

　強制競売の申立債権者は、開始決定がされた後でも、申立ての取下げをすることができ、売却が実施されて買受けの申出があるまでは、取下げについて他の者の同意を得る必要はない。強制競売の申立てについては、少なくとも買受けの申出があるまでであれば、申立てが取り下げられても、債務者には何も法律上の不利益がないので、申立ての取下げに債務者の同意を要しない。また、抵当権者、配当要求債権者等の配当等を受けられる立場の債権者が存在しても、これらの者は自ら手続を遂行しているわけではないから、少なくとも買受けの申出があるまでであれば、差押債権者が申立てを取り下げるのにこれらの者の同意を得る必要はない。

　これに対し、売却が実施され買受けの申出があった後に強制競売の申立てを

取り下げるには、最高価買受申出人等の新たな関係者が生じているので、別途の考慮が必要である。すなわち、売却が実施され買受けの申出があった後でも、差押債権者は、強制競売の申立てを取り下げることができるが、この場合には、原則として最高価買受申出人又は買受人の同意を得なければならず、次順位買受申出人があるときは、その者の同意も得なければならない（民事執行法76条１項）。これらの者は、買受申出の保証を提供するなどの努力をして不動産を取得し得る地位を得たのであるから、差押債権者の一方的な行為によってこれらの努力を無にするのでは、これらの者の保護に欠け、ひいては競売制度の信頼に関わるからである。取下げの方式については、法令上の制約はないので、口頭ですることも許されるが、通常は取下書を提出する方法によっている。なお、民事執行法76条１項の規定により申立ての取下げに最高価買受申出人等の同意を要するときは、その同意があったことを証明しなければならない。実務での取扱いは、最高価買受申出人等の作成した同意書が取下書に添付されている。

(2) 取下げによる差押えの登記の抹消の嘱託と同意書の添付の要否

前記のとおり、強制競売において、売却期日が開かれ、買受けの申出がされた後に強制競売の申立てを取り下げるには、最高価買受申出人、買受人及び次順位買受申出人の同意を要するとされていることから、取下げによる差押えの登記の抹消の嘱託に当たっては、これらの者の同意書を、不動産登記令７条１項５号ハの情報として提供する必要があるのではないか、ということが問題となる。この点については、(イ)強制競売の申立ての取下げが有効にされたかどうかは第一次的には執行裁判所が判断すべき事項であること（執行裁判所において取下げを有効と認めた場合に、差押えの登記の抹消の嘱託がされる）、(ロ)買受けの申出があった後の取下げである場合かどうか、すなわち、民事執行法76条１項本文の規定の適用がある場合であるか否かは、登記官の形式的審査からは判断し得ないことから、先例は、差押えの登記の抹消の嘱託書にはこれらの者の同意したことを証する情報を提供することを要しないとしている（昭55.8.28第5267号通達第三３㈣）。

15016 強制管理の開始決定に係る差押えの登記及びその抹消の嘱託手続

問 強制管理の開始決定に係る差押えの登記及びその抹消の嘱託手続はどうするか。

結論 強制競売の開始決定に係る差押えの登記に準じて差押えの登記が嘱託される。その登記の抹消についても同様である。

説明 (1) 強制管理の概要

　強制管理は、不動産を売却により換価することによって債権の回収を図るものではなく、その不動産の収益力に着目し、そこから生じる果実の収取権を債務者から奪って、その収取等の管理を裁判所の選任する管理人にさせることとし、その果実又は換価金をもって債権の回収に充てようとする制度である。強制管理は、包括執行という性質上、一旦強制管理の対象となった果実に対する個別的な動産執行・債権執行は、強制管理手続が続行されている限り、効力を有しない。ただ、優先担保権の目的となっている果実（例えば、質権の目的となっている賃料債権）に対しては強制管理による管理権は及ばないと解され、また、抵当権者等が債務者の有する賃料債権について物上代位による差押えをした場合、抵当権の目的となっている不動産について強制競売等と強制管理とが競合してなされ、抵当権者が不動産から生ずる天然果実について抵当権の効力を主張する場合は、優先権の行使である物上代位による差押えや、抵当権者の天然果実に対する抵当権の効力主張が強制管理による執行手続に優先すると解されている。このように強制管理は、債務者の有している使用収益権を利用しようとする制度であるので、強制競売、担保権の実行としての競売又は滞納処分による売却により債務者が所有権を喪失するに至ったときは、強制管理手続も続行できなくなり、取り消される。

　債務者の所有する不動産で、通常の用法に従えば収益を伴うものは、現に収益性が高いかどうかを問わず、また、強制競売手続中のものであっても強制管理の対象とすることができる。しかし、質権が設定されている場合のように債務者が収益権を有しない不動産や、収益性が低く手続費用も償うことができないことが明らかな不動産に対しては、強制管理を開始することはできないと解されている（民事執行法106条2項）。

強制管理は収益執行としての特色から、目的不動産に多額の担保権が設定されていて元本執行ができない場合（民事執行法63条）、目的不動産の値上りが期待できるため、とりあえず強制管理の方法で収益を上げながら時期を待つ必要がある場合、強制競売による売却までに当該不動産の価値を維持しつつ債権の回収を図る場合、又は目的不動産が貸ビル、貸マンションのように建物の規模が大きく換価が必ずしも容易でない半面、収益性の高いものである場合には、適切な執行方法であるとされている。

(2) 強制管理の登記

執行裁判所が債権者の申立てにより不動産に対して強制管理の開始決定をするときは、開始決定において債権者のために不動産を差し押さえる旨を宣言する（民事執行法93条1項）。この場合には、裁判所書記官は、その決定を債務者へ送達する前に、強制管理の開始決定に係る差押えの登記を嘱託しなければならない（同法111条、48条）。なお、嘱託情報の内容として、強制管理の開始決定に係る差押えの登記の目的は「差押」であり、登記原因は「平成○年○月○日○地方裁判所（○支部）強制管理開始決定」である（昭55.8.28第5267号通達第八）。

また、強制管理が債権者の申立てにより取り下げられ、又は開始決定の取消しがあった場合には、裁判所書記官は、先にした差押えの登記の抹消を嘱託しなければならない（民事執行法111条、54条）。

この差押えの登記の嘱託及び差押えの登記の抹消の嘱託の手続は、強制競売の場合に準じて取り扱われる。

第2項　船舶に対する強制執行

15017　船舶執行の対象となる船舶

問　船舶執行の対象となる船舶の範囲はどうなっているか。
結論　端舟その他ろかい又は主としてろかいをもって運転する舟を除く総トン数20トン以上の船舶が船舶執行の対象とされている。
説明　民事執行法では、端舟その他ろかい又は主としてろかいをもって運転する舟を除く総トン数20トン以上の船舶は、登記の有無

を問わず、また、外国船であっても、日本の裁判所の管轄地域に所在するものであれば、我が国の裁判籍に服し（同法112条、113条）、船舶執行の対象となる。

製造中の船舶は、これをもって抵当権の目的とすることができるが（商法850条、847条1項）、製造中の船舶に対する強制執行を動産執行の方法で行うのか、あるいは船舶執行の方法で行うのかについては、民事執行法上明文の規定がない。

製造中の船舶については所有権の保存の登記ができないので（船舶登記令3条2項、25条～32条）、差押えの登記ができず、債務者の処分の制限をもって第三者に対抗することができない。また、製造中の船舶については、船舶執行の基本的行為である船舶国籍証書等の取上制度（民事執行法114条1項）がない。製造中の船舶は元来動産であるから、特に船舶執行の方法による旨の規定がない以上、民事執行法の下では、製造中の船舶に対する強制執行は、動産執行の方法による（昭55．8．28第5267号通達第三・二2）。

第3項　債権及びその他の財産権に対する強制執行

15018　先取特権等によって担保される債権の差押えの登記の嘱託手続

問　登記された先取特権、質権又は抵当権によって担保される債権についての差押えの登記の嘱託手続はどうするか。

結論　**差押債権者の申立てにより裁判所書記官から嘱託される。**

説明　登記された先取特権、質権又は抵当権によって担保されている債権が差し押さえられた場合（民事執行法143条、145条）には、担保権の随伴性により、差押えの効力は従たる権利である先取特権、質権又は抵当権に及ぶから、裁判所書記官は、差押債権者の申立てにより、その債権について差押えがされた旨の登記（以下「債権差押えの登記」という）を嘱託しなければならないとされている（同法150条）。

この債権差押えの登記の嘱託手続も、不動産登記法等の規定に従い、嘱託情報に登記原因証明情報（債権差押命令の正本に、差押えの効力の及ぶ先取特権等の表示があり、かつ、第三債務者に送達された旨及び送達の日が付記されているとき

は、これを登記原因証明情報として取り扱うこととされている。昭55．8．28第5267号通達第三・二(2))、又は裁判所書記官が作成した報告的な登記原因証明情報を提供して登記所に嘱託することを要する。

嘱託情報の内容として、登記の目的は「○番先取特権（質権、抵当権）付債権差押」であり、登記原因は「○地方裁判所（○支部）差押命令」である。

15019 その他の財産権で権利の移転について登記を要するもの

問 その他の財産権で権利の移転について登記を要するものにはどのようなものがあるか。

結論 その他の財産権で、権利の移転について登記を要するものとしては、登記された賃借権、買戻権、仮登記上の権利及び船舶共有者の持分がある。

説明 「その他の財産権」とは、不動産、船舶、動産及び債権以外の財産権をいい、特許権、実用新案権、著作権等の無体財産権が代表的なものである。これらの財産権に対する強制執行については、民事執行法167条1項の規定により、特別の定めのあるものの他、債権執行の例によることとされており、これらの財産権で権利の移転について登記を要するものとしては、登記された賃借権、買戻権、仮登記上の権利及び船舶共有者の持分がある。

ここで問題となるのは、仮登記上の権利、特に不動産登記法105条1号の仮登記がされている所有権がこの「その他の財産権」に該当するかどうかである。仮登記義務者すなわち現在の所有権の登記名義人を債務者とする強制競売が許されることは疑いがないから、同号の仮登記がされている所有権に対しても強制競売ができるとすると、同一の所有権に対して二重に強制競売の手続が進められることにもなる。また同号の仮登記がされている所有権については売却による所有権移転の登記をすることができないので、同号の仮登記がされている所有権に対する強制執行は、不動産に対する強制執行の方法によるべきではなく、その他の財産権に対する強制執行の方法によるべきである。

なお、その他の財産権に対する強制執行は、執行裁判所の差押命令により開始され、権利の移転について登記を要するものの強制執行に関する登記につい

ては、民事執行法167条5項において同法48条の規定が準用されているので、差押命令が発せられたときは、その差押命令に係る差押えの登記が裁判所書記官によって嘱託されることになる。

　嘱託情報の内容として、登記の目的（不登法18条、登記令3条5項）は「○番賃借権（○番付記○号買戻権、○番仮登記所有権、○番仮登記条件付所有権、○番仮登記所有権移転請求権）差押」であり、登記原因は「○地方裁判所（○支部）差押命令」である（昭55．8．28第5267号通達第三・三2㈠)）。

第 3 節

仮差押え・仮処分に関する登記

15020 不動産に対する仮差押えの執行が仮差押えの登記をする方法により行われる場合の手続

問 不動産に対する仮差押えの執行が仮差押えの登記をする方法により行われる場合の手続はどうか。

結論 仮差押命令を発した裁判所の書記官が仮差押えの登記の嘱託をする方法により行われる。

説明 (1) 不動産（民事執行法43条1項に規定する不動産（同条2項の規定により不動産とみなされるものを含む）をいう）に対する仮差押命令は、「金銭の支払を目的とする債権」につき「強制執行をすることができなくなるおそれがあるとき、又は強制執行をするのに著しい困難を生じるおそれがあるとき」に発せられるのであって（民事保全法20条1項）、この「金銭の支払を目的とする債権」が「条件付」又は「期限付」である場合でも、発せられる（同条2項）。すなわち、債務者に対する金銭債権について勝訴の確定判決等の債務名義を得ても、債務者所有の財産権が売却等により債務者の所有に属さなくなる、又は担保権が設定され、その財産の価値が減少することになると、その債務名義に基づく民事執行（強制競売等）による当該金銭債権の満足を得ることができなくなるおそれがあるから、将来の民事執行を保全するために、債務者の財産について債務者の処分を禁止する仮差押えをする必要があり、そのために仮差押命令が発せられるのである。不動産に対する仮差押えの執行は、仮差押えの登記をする方法又は強制管理の方法により行われるが、これらの方法を併用することもできる（同法47条1項）。

なお、仮差押えの執行がされた不動産について、更に仮差押えの執行をする

ことができる（民事保全法47条5項、民事執行法47条1項）。

(2) 不動産に対する仮差押えの執行がされると、債務者は処分制限の効力を受け、その執行後の債務者の譲渡、担保権の設定、用益権の設定は、全て仮差押債権者に対抗することができない上、仮差押債権者が本執行ができる要件を具備して本執行をすると、仮差押えの執行後の処分は、その効力を失うことになる。例えば、仮差押えの登記後に抵当権が設定され、さらに、その後に他の債権者による強制執行が行われた場合には、抵当権者は、仮差押債権者に対抗できないだけでなく、仮差押債権者が本執行の移行の要件を証明したときは、手続上全く無視される。これとは逆に、仮差押債権者が本案訴訟に敗訴したようなときには、抵当権者は処分制限の効果を受けないものとして扱われる。

(3) 仮差押えの登記をする方法による仮差押えの執行の申立てが適法にされると、仮差押命令を発した裁判所（民事保全法2条）の裁判所書記官から仮差押えの登記の嘱託が管轄登記所にされる（同法47条3項）。

　仮差押えの登記の嘱託情報の内容として、登記の目的は「仮差押」、登記原因は「○地方（簡易・高等）裁判所（○支部）仮差押命令」であり、登記原因の日付は仮差押命令を発した日であり、債務者への送達の日ではない。そして、嘱託情報には、登記原因証明情報として仮差押命令の正本又は登記原因を裁判所書記官が証明した情報（注）を提供することを要する（不登法61条、登記令7条1項5号ロ、平2.11.8第5000号通達第二・一及び昭55.8.28第5267号通達第四・一）。

　仮差押えの執行がされた不動産について更に仮差押えの執行をすることができるので、仮差押えの登記の嘱託が重ねてなされる。そして、登記された仮差押債権者は、いずれも不動産登記法にいう登記上の利害関係を有する第三者に該当する（平2.11.8第5000号通達第二・一及び昭55.8.28第5267号通達第四・一）。

　なお、仮差押えの登記後に第三者のために仮差押えに係る権利の移転の登記がされている場合には、その第三者を債務者とする仮差押えの登記の嘱託は受理することができるが、仮差押え当時の権利の登記名義人を債務者とする仮差押えの登記の嘱託は受理することができない（前記通達）。

（注）登記原因を裁判所書記官が証明した情報

登記原因証明情報
　　平成○年○月○日　○地方裁判所

別紙物件目録記載の不動産につき仮差押命令があったことを証明する。

平成○年○月○日

○　地方裁判所

裁判所書記官　　　　　　　　（印）

15021　登記請求権保全のための処分禁止の仮処分の意義

問　不動産の登記請求権を保全するための処分禁止の仮処分の登記にはどのような意義があるか。

結論　**処分禁止の仮処分の登記に抵触する処分行為は仮処分債権者に対抗することができず、仮処分債権者は抵触する第三者の登記を単独で抹消することができる。**

説明　例えば、①不動産の所有者が、委任状を偽造され、知らないうちに第三者に登記名義を移された場合には、登記名義を回復するために、現在の登記名義人に対して訴訟を提起しなければならず、また、②不動産を買い受け代金を支払ったが、売主が所有権移転登記手続に協力しない場合には、売主に対して売買契約に基づいて所有権移転登記手続を求める訴訟を提起しなければならない。

我が国の民事訴訟は、訴訟承継主義が採られているため、確定判決の効力は口頭弁論終結後の承継人にしか及ばない（民訴法115条1項3号、民事執行法23条1項3号）。したがって、この場合、訴訟を提起しても、口頭弁論終結前に被告が第三者に登記名義を移したときは、例え勝訴判決を得ても、現在の登記名義人である第三者には効力を有しないから（口頭弁論終結前にその第三者をして訴訟を承継させる手続を執らない限り）、再度その第三者に対し訴訟を提起しなければならない。

そこで、そのような事態を防ぐため、登記名義人（被告）に対して、対象不動産の処分を禁止するとともに、この禁止命令にもかかわらず処分がされたときに備えて、登記請求権を保全するための措置が必要である。その目的で利用されるのが「不動産の登記請求権を保全するための処分禁止の仮処分」（民事保全法53条1項）である。

この仮処分の本来の効力は、債務者に対して不動産の処分を制限することに

あるが、この仮処分が実際に意味を持つのは、第一に本案訴訟等との関係において対象不動産の登記名義人（被告）を固定し、勝訴判決等によって本案の権利の実現を図り得る効力（当事者恒定的効力）である。さらに、前記②のような場合には、この効力に加えて、本案訴訟等によってされるべき登記の順位を保全する効力（順位保全的効力）がある。

15022 仮登記を命ずる処分と処分禁止の仮処分の相違点

| 問 | 裁判所の命令に基づいて登記の順位を保全する方法として、不動産登記法108条の仮登記を命ずる処分の制度があり、それにより不動産の登記請求権を保全することができるが、これと処分禁止の仮処分とはどのように相違するか。

| 結論 | 仮登記を命ずる処分を得た申請人が単独で仮登記の申請をすることができることなどが、裁判所書記官が登記の嘱託をする処分禁止の仮処分と異なる。

| 説明 | (1) 仮登記の登記義務者が共同申請（不登法60条）に協力せず、又は仮登記権利者が単独申請をするための承諾（同法107条）を拒む場合、仮登記権利者は、確定判決を得て単独で仮登記の申請をすることができるが（同法63条）、仮登記は対抗力を有しない一時的・仮定的な予備登記にすぎないことから、判決によるまでもなく、簡易な仮処分命令によって登記をすることができることとされている（同法107条）。仮登記権利者は、不動産の所在地を管轄する地方裁判所に対して、仮登記の原因となる事実を疎明して、仮登記を命ずる仮処分命令の発令を申請することができ、この疎明によって仮登記原因の存在が一応認められるときは、裁判所は担保を供させることなく、決定の形式で仮登記を命ずる仮処分命令を発する（同法108条1項・2項）。したがって、この場合は、仮登記を命ずる処分を得た申請人が自ら単独で仮登記の申請をするのであり、処分禁止の仮処分（民事保全上の仮処分）のように、裁判所書記官の嘱託によるものではない。

(2) 仮登記を命ずる処分は、目的たる不動産について争いのあることを必要とせず、その性質は本案訴訟の存在を前提としない非訟事件に属し、処分禁止の仮処分とその本質を異にすると解されており、処分禁止の仮処分（民事保全法23条1項）でないことを明らかにするため、「仮登記を命ずる処分」という表

現に改められている。
(3) 仮処分命令に対しては、仮登記の登記義務者から抗告（非訟事件手続法20条）・即時抗告・異議の申立て（民事保全法26条以下）などの不服申立てをすることはできない（大判大13．4．4民集3巻127頁、最判昭42.12.19判時510号37頁）。
　したがって、仮登記の登記義務者は、仮登記権利者に対して仮登記抹消手続を命ずる判決を得て、抹消手続をするほかない（不登法63条1項、110条）。
(4) このように仮登記を命ずる処分と処分禁止の仮処分との間には、大きな違いがあるが、不動産上の権利を保全するために、どちらの手続を利用するかは、権利者が自由に判断し得る。

15023　保全仮登記の意義

問　処分禁止の仮処分の執行としてされる「保全仮登記」とはどのようなものか。

結論　**登記請求権のうち、原則として後順位の登記との関係で登記の順位を保全すれば足りる場合に処分禁止の登記とともに行うものである。**

説明　(1) 従来の実務では、抵当権設定登記請求権を保全するための仮処分がされ、本案訴訟で勝訴した場合には、仮処分の効力を援用しての登記申請と同時に後順位の登記の全てを抹消せざるを得なかった。これは、本来であれば、当該仮処分に係る権利の登記の順位を保全すれば足りるのに、登記制度上その手続がないことに起因するものであった。そこで、民事保全法においては、従来からの「処分禁止の登記」による方法の他に、「保全仮登記」をも併用する方法が加わり、2種類の執行方法が設けられた（同法53条1項・2項）。
(2) 「処分禁止の登記」（平成16年改正前の不登法下の「仮処分の登記」と同旨）は、当事者の恒定を図るためのものであるから、登記請求権を保全するための処分禁止の仮処分の全てについて行われる（民事保全法53条1項）。そして、登記請求権のうち、原則として後順位の登記との関係で登記の順位を保全すれば足りる場合には、この「処分禁止の登記」とともに「保全仮登記」をも併せて行う（同条2項）。
(3) いずれの執行方法によるかは、被保全権利である登記請求権の種類・態様

によって、次のとおり、区分される。

(イ) 所有権に関する登記請求権を被保全権利とする場合、所有権は排他性を有するため、後順位登記に係る全ての権利変動と併存することができないので、仮処分の効力を援用する際に後順位の全ての登記を抹消する（民事保全法58条2項、不登法111条1項）。したがって、この場合には、処分禁止の登記のみをすることとなる（民事保全法53条2項）。

(ロ) 所有権以外の権利（地上権、抵当権など）に関する登記請求権を被保全権利とする場合、その権利変動の態様のいかんによって、2種類の執行方法のいずれによるかが区分される。

(i) 所有権以外の権利について、その「移転、消滅」の登記請求権を被保全権利とする場合、処分禁止の登記のみをする（民事保全法53条2項、不登法111条2項参照）。

例えば、地上権の移転登記請求権を被保全権利とする場合、この権利変動（地上権の移転）は、同一地上権についてのその後の変動（第三者が地上権の移転を受けた場合など）とは両立しないため、仮処分の効力を援用する際に後順位でされた第三者の登記（地上権移転登記など）は抹消される（民事保全法58条2項、不登法111条2項）。したがって、この場合も、(イ)の所有権に関する登記請求権の場合と同じである。

(ii) 所有権以外の権利について、その「保存、設定又は変更」の登記請求権を被保全権利とする場合、処分禁止の登記と保全仮登記とを併用する（民事保全法53条2項）。

この場合は、原則として後順位の登記に係る権利と併存できるから、その登記の順位を保全すれば足りるので、この仮処分の効力を援用する際に後順位の登記を抹消する必要はない。例えば、抵当権設定登記請求権を被保全権利とする場合は、この方法によることとなる。ただし、地上権など「不動産の使用・収益をする権利」の設定等の登記請求権を被保全権利とする場合は、後順位の登記が同じく「不動産の使用・収益をする権利」の取得（地上権の設定など）であると、これらの権利は併存し得ないので、仮処分を援用する際に後順位の登記は抹消される（民事保全法58条4項、不登法113条）。しかし、後順位の登記が抵当権設定の登記の場合には併存できるから、後順位の登記を抹消することはない。仮処分執行の時点では後順位にどのような登記がされるか分からないので、「保全仮登記」を併用する執行方法を採ることになる。

15024 処分禁止の登記及び保全仮登記をする者

問 処分禁止の登記及び保全仮登記は、誰がするのか。
結論 **裁判所書記官が登記を嘱託する。**

説明 　処分禁止の登記を単独でする場合も、保全仮登記を併用する場合も、いずれも裁判所書記官の嘱託によって行われる（民事保全法47条3項）。仮処分の登記は、債務者に発令を知られることなく行われなければならない（密行性）から、実務上、保全命令が発令されると債務者に送達する前に登記嘱託手続を行うのが確立した慣行である。そして、仮処分の登記が完了した後、登記官から保全執行裁判所に登記完了証と登記事項証明書とが送付される（民事保全法47条5項、民事執行法48条2項）。また、執行の申立てが取り下げられたとき、又は対象不動産が滅失したり、登記嘱託時に既に対象不動産の登記名義が第三者に移転していたときなど、仮処分の執行を妨げる事情が明らかとなったことにより執行の手続が取り消されたときは（民事保全法47条5項、民事執行法53条）、裁判所書記官は、仮処分登記の抹消を嘱託しなければならない（民事保全法47条5項、民事執行法54条1項）。

15025 処分禁止の登記及び保全仮登記の嘱託手続

問 処分禁止の登記及び保全仮登記の嘱託手続はどのようなものか。
結論 **嘱託情報に登記原因証明情報として、仮処分命令正本又は登記原因を裁判所書記官が証明した情報を添付して、登記所に嘱託する。**

説明 　処分禁止の登記を単独でする場合も、保全仮登記を併用する場合も、いずれも不動産登記法等の規定に従い、嘱託情報に登記原因証明情報として、当該処分の制限（処分禁止の仮処分及び保全仮登記）の命令を行った管轄地方裁判所の仮処分の命令正本、又は登記原因を裁判所書記官が証明した情報を添付して、登記所に嘱託することを要する。

　嘱託情報の内容は以下のようになる。

(1) 登記の目的

　処分禁止の登記が単独でされる場合は「処分禁止仮処分」（所有権の場合）又

は「〇番抵当権（地上権）処分禁止仮処分」とする。また、保全仮登記を併用する場合は、抵当権（地上権）設定の保全仮登記をも併せて求めることとなるから「処分禁止仮処分抵当権（地上権）設定保全仮登記」とする。

(2) 登記原因及びその日付

登記原因及びその日付の記載としては、管轄地方裁判所の仮処分命令の日の年月日及びその裁判所の名称を掲げ、その日における「仮処分命令」による旨を記載して、当該仮処分の登記の「原因」を明らかにする。

(3) 保全仮登記の表示

保全すべき登記請求権の内容を別紙に次のように記載する。

```
（別紙）
登記目録
登記の目的　抵当権設定保全仮登記
原因　平成〇年〇月〇日金銭消費貸借同日設定
債権額　金〇万円
利息　年〇％
損害金　年〇％
債務者　〇市〇町〇番地　〇〇〇〇
権利者　〇市〇町〇番地　〇〇〇〇
```

(4) 登記権利者及び登記義務者の表示

登記権利者の表示としては、仮処分権利者の氏名・住所（会社等の法人であるときは、その商号・本店又は名称・事務所）を記載する。この記載は、仮処分命令正本における「債権者」の表示とも合致していることを要する。

登記義務者の表示としては、仮処分の債務者（所有権等の登記名義人）の氏名・住所（会社等の法人であるときは、その商号・本店又は名称・事務所）を記載する。この記載は、登記記録上の表示及び仮処分命令の正本における「債務者」の表示の双方と合致していることを要する。

(5) 添付書類の表示

登記原因証明情報として、当該処分の制限の（仮処分の）命令を行った管轄地方裁判所の命令正本、又は登記原因を裁判所書記官が証明した情報（不動産の表示が掲げられ、その表示が登記記録上のそれと合致するもの）を提供すること

を要する。

(6) 登記嘱託の年月日及び登記所の表示

登記を嘱託する年月日及び登記を嘱託する管轄登記所の名称を記載する。

(7) 嘱託する裁判所書記官の表示

嘱託者として、執行裁判所の裁判所書記官の氏名を記載する。

(8) 課税価格及び登録免許税額の表示

課税標準価格は、抵当権の債権額を記載する。

登録免許税は、課税価格に1,000分の4の税率を乗じて計算した額を記載する。

(9) 不動産の表示

登記記録及び仮処分命令の正本における表示と合致するものでなければならない。なお、物件に「不動産番号」（不登法27条4項、規則90条）があるときは、その番号を表示すれば、所在・地番・地目・地積、所在地番・家屋番号・種類・構造・床面積の表示は省略することができる（登記令6条）。

15026 保全仮登記の記録

問 保全仮登記にはどのようなことが記録されるか。

結論 仮処分の債権者が保全すべき権利の表示が記録される。

説明 (1) 保全仮登記は、民事保全法により仮登記の手法を利用して規定され（同法53条2項）、その機能と形式は一般の仮登記と同様である。

民事保全法の施行前は、登記請求権を保全するための処分禁止の仮処分は、いかなる登記請求権の内容であっても、一律に同じ仮処分の登記がされ、仮処分の登記に後れる第三者の登記を抹消するのが実務の取扱いであった（昭28.11.21第2164号通達、昭41.11.29第1071号電報回答）。

しかし、抵当権は、同一不動産に幾つも設定することができる権利であり、また、仮処分債権者としてもその順位が確保されれば目的を達するはずであるから、それまでの実務の取扱いは、仮処分に過大な効力を与えるものであるとの批判がされていた。

(2) そこで、民事保全法では、所有権以外の権利の保存、設定又は変更についての登記請求権を保全するための処分禁止の仮処分の執行は、処分禁止の登記

とともに、仮処分による仮登記（保全仮登記）をする方法によることとした（同法53条2項）。このような抵当権の設定登記請求権を保全するための処分禁止の仮処分においては、仮処分の登記に後れる所有権の登記を抹消するというような過大な効力は認められない。

　また、この仮処分の登記をした後、保全すべき登記請求権に係る登記をするには、保全仮登記に基づく本登記をする方法による（民事保全法58条3項）。

(3)　前記のように、保全仮登記（不登法112条）については、仮登記に関する各規定が準用され、その機能及び形式は一般の仮登記と同様であるが、保全仮登記は処分禁止の登記と一体となった不動産登記法3条にいう「処分の制限の登記」であり、同法105条の仮登記とはその性質を異にする。

　したがって、一般の仮登記のように仮登記上の権利を第三者に譲渡し、あるいは仮登記上の権利を差し押さえることはできない。

　処分禁止の登記と保全仮登記とは、一体となった処分制限の登記であるから、相互の関連性が分かるように、登記の目的欄に、「処分禁止仮処分（乙区○番保全仮登記）」「抵当権設定保全仮登記（甲区○番仮処分）」のように記録し、保全仮登記は、常に乙区に記録する。

抵当権設定の場合

```
（甲区）
2　処分禁止仮処分（乙区○番保全仮登記）
平成○年○月○日受付第○号
原因　平成○年○月○日○地方裁判所仮処分命令
債権者　○市○町○番地
　　　　○○○○
（乙区）
1　抵当権設定保全仮登記（甲区2番仮処分）
平成○年○月○日受付第○号
原因　平成○年○月○日金銭消費貸借同日設定
債権額　金○万円
利息　年○%
損害金　年○%
債務者　○市○町○番地
```

```
         ○○○○
権利者   ○市○町○番地
         ○○○○
```

(4) 仮処分の債権者が保全すべき登記請求権に係る登記をするには、保全仮登記に基づく本登記をする方法による（民事保全法58条3項）。その具体的な効果は、不動産登記法112条の規定により、仮登記と同様に本登記をした場合の登記の順位が確保される。

なお、保全仮登記に基づく本登記は、判決による登記の場合に限らず、共同申請によるものであってもよい。

また、保全仮登記に基づいて本登記をする場合において、本登記における権利の表示が保全仮登記の権利の表示と異なるときは、本登記の前に保全仮登記の更正をしなければならない（民事保全法60条）。

15027 処分禁止の仮処分の債権者が本案訴訟で勝訴した場合の登記手続

問 不動産の処分禁止の仮処分命令を得て、その執行をした債権者が、その後、本案訴訟で勝訴した場合の登記手続はどのようにするか。

結論 執行方法には、「処分禁止の登記のみによるもの」と「保全仮登記を併用するもの」との2種類あり、登記手続は次のとおり異なる。

説明 民事保全法58条1項は、「第53条第1項の処分禁止の登記の後にされた登記に係る権利の取得又は処分の制限は、同項の仮処分の債権者が保全すべき登記請求権に係る登記をする場合には、その登記に係る権利の取得又は消滅と抵触する限度において、その債権者に対抗することができない。」と規定している。この規定は、平成16年改正前の不動産登記法下での判例・通説・登記実務を踏襲し、対債権者及び対被保全権利の両面で相対的無効説の立場を採ることを明らかにしたものである。

処分禁止の仮処分の執行方法には、処分禁止の登記のみによるものと、保全仮登記を併用するものとの2種類があるから、この仮処分の効力を援用する方

法も、そのいずれが採られているかにより異なってくる。

(1) 「処分禁止の登記」のみがされた場合

(イ) 処分禁止の登記のみの執行方法を採る場合に被保全権利となり得るのは、「所有権に関する登記請求権」と「所有権以外の権利の移転、消滅についての登記請求権」である。

　この仮処分の債権者は、保全すべき登記請求権に係る登記をする場合、すなわち、当該仮処分の効力を援用して本案の権利の実現としての登記をする場合には、処分禁止の登記に後れる登記を抹消することができる（民事保全法58条2項）。したがって、仮処分の効力を援用して、本案の権利の実現としての登記を行うときは、それと同時にする限り、仮処分債権者が単独で、「仮処分の登記」に後れる登記の抹消を申請することができる（所有権に関する登記請求権の場合—不登法111条1項、所有権以外の権利の移転・消滅についての登記請求権の場合—同条2項）。

　この場合、仮処分の登記に後れる登記の抹消申請は、「仮処分による失効」を登記原因とし、抹消すべき登記を特定して行う。これら一連の登記は、全て同一受付番号で行われる（不登法19条3項）。

(ロ) 仮処分の効力を援用しての登記が済んだ場合、あるいは、これを援用する必要がなくなった場合には、処分禁止の登記は抹消される。

　(i) 仮処分の効力を援用して本案の権利の実現としての登記をするのと同時に債権者の申請により仮処分の登記に後れる登記が抹消されたときは、その仮処分の登記（処分禁止の登記）は職権で抹消される（不登法111条1項・2項）。

　この場合の登記の記載は、「○番仮処分登記抹消　仮処分の目的達成により平成○年○月○日登記」とする（平2.11.8第5000号通達第三・一㈢イ㈎）。

　(ii) (i)以外の場合、例えば、処分禁止の登記に後れる登記がなかった場合には、債権者が仮処分の効力を援用したか否かが登記官において明らかでないので、債権者の申立てに基づき保全執行裁判所の裁判所書記官が仮処分登記の抹消の嘱託をする（民事保全法規則48条1項）。

　この場合の登記の記録は、「○番仮処分登記抹消　平成○年○月○日受付第○号　原因平成○年○月○日抹消申立」とする（平2.11.8第5000号通達第三・一㈢イ㈎）。

(2) 「保全仮登記」と併用された場合

(イ) この場合の被保全権利は、「所有権以外の権利の保存、設定又は変更についての登記請求権」である。

保全仮登記を併用する執行方法を採った場合、仮処分の効力を援用して本案の権利を実現するには、保全仮登記に基づく本登記手続をする方法による（民事保全法58条3項）。

(ロ) 保全仮登記併用の場合（民事保全法53条2項）は、処分禁止の登記に後れる登記を債権者単独申請で抹消することができないのが原則である（同法58条2項）。

(ハ) 被保全権利たる登記請求権が「不動産の使用又は収益をする権利」についてのものであるとき、すなわち、地上権、永小作権、質権（使用・収益をしない旨の定めのあるものを除く。不登法3条）、賃借権、採石権に係る保全仮登記と併用された仮処分は、例外的に、処分禁止の登記に後れる「不動産の使用若しくは収益をする権利（所有権を除く。）又はその権利を目的とする権利の取得に関する登記」を債権者が単独で抹消を申請することができる（民事保全法58条4項、平2.11.8第5000号通達第三・三(四)イ）。

抹消の対象となる登記は、「不動産の使用又は収益をする権利」の取得の登記とその移転の登記等及びこの権利についての差押え・仮差押えの登記をいい、後者は、権利の登記のうち、地上権に設定された抵当権の設定の登記、その抵当権の登記名義人を申立人とする競売開始決定に係る差押えの登記などである（平2.11.8第5000号通達第三・三(四)イ）。

この場合の抵触する登記の抹消は、保全仮登記の本登記の申請をするのと同時に行う限り、債権者単独で申請することができる（不登法113条）。

(ニ) 保全仮登記に基づく本登記をしたときは、債権者が当該仮処分の効力を援用したことが登記官に明らかであるから、登記官は職権で併用されている処分禁止の登記を抹消しなければならない（不登法114条）。この場合、保全仮登記については何らの変更を要せず、当該保全仮登記及び本登記を移記又は転写する場合には、その目的中の括弧書きを移記又は転写しない（平2.11.8第5000号通達第三・三(四)ア）。

第4節 担保権の実行としての競売等に関する登記

15028 不動産を目的とする担保権の実行としての競売の開始決定に係る差押えの登記

問 不動産を目的とする担保権の実行としての競売の開始決定に係る差押えの登記手続はどのようにするか。

結論 **執行裁判所の裁判所書記官から当該開始決定に基づく差押えの嘱託手続が行われる。**

説明 (1) 不動産を目的とする担保権、すなわち先取特権、質権又は抵当権の実行としての競売は、国家機関の関与により強制的に目的物から債権の満足を得るものであるから、強制執行手続と同様に民事執行法に規定されている。担保権の実行手続と強制執行手続との差異は、担保権の実行にあっては、その執行の申立に債務名義を必要とせず、担保権の存在を証する文書を提出すれば執行手続が開始されることである（民事執行法181条）。

執行裁判所が、申立てを適式なものと認め競売の手続を開始するには、競売の開始決定をし、債権者のために不動産を差し押さえる旨を宣言（差押宣言）するとともに、債務者（不動産の所有者）に送達しなければならない（民事執行法188条、45条）。

差押えの効力は、開始決定が債務者に送達された時に生じ、差押えの登記がその開始決定の前に送達されたときは、登記がされた時に生じる（民事執行法188条、46条）。そして、差押えの効力が生じると、債務者は処分制限の効力を受けるが、その登記がされない限り、それを第三者に対抗することができない。この差押えの登記がされると、第三者の善意・悪意を問わず、第三者についても処分制限の効力を受けることとなり、その処分制限の内容は、債務者所

有の不動産の所有権の譲渡、担保権の設定及び用益権の設定は、全て制限を受ける（その効果は相対的効力である）。したがって、差押えの登記の後における当該不動産についての処分行為（所有権移転、抵当権設定等）は、当事者間では有効であり、また、これらの登記も許されるが、その処分を差押債権者には対抗することができない（その執行手続内では、効力がないものとして無視される）。

(2) 競売の開始決定がされると、執行裁判所の裁判所書記官からその開始決定に基づく差押えの嘱託がされるが、嘱託情報の内容として、登記の目的は、「差押」とし、登記原因は「○地方裁判所（○支部）競売開始決定」とする（登記原因の日付は競売の開始決定がされた日である）。

なお、民事執行法においては、同一不動産に対して重複して強制競売又は不動産競売の開始決定をすることができるので（同法47条1項）、既に担保権の実行として不動産の競売開始決定がされ、その差押えの登記がされている不動産に対して、重ねて担保権の実行としての不動産の競売開始決定がされたときは、それによる差押えの登記の嘱託がされる。

15029 仮処分登記の前に登記された抵当権の実行としての差押えの登記が仮処分登記の後にされている場合の抹消

問 仮処分登記の前に登記された抵当権の実行としての差押えの登記が仮処分登記の後にされているときに、その差押えの登記を仮処分権利者が単独で抹消することはできるか。

結論 仮処分権利者が単独で抹消することはできない。

説明 (1) 民事保全法の施行前においては、不動産の登記請求権を保全するための処分禁止の仮処分の効力に関して明確な規定はなかったが、大判大12．5．21民集2巻305頁以来、処分禁止の仮処分に違反してなされた仮処分債務者の行為は、仮処分債権者に対してのみ、その目的物の処分をもって対抗できないということであって、債務者は一切の処分権能を失うものではないから、債務者と第三者との関係ではその処分行為は有効である（相対的効力説）というのが判例、通説であった。この相対的効力説であるとする見解は、登記実務においても採られ、処分禁止の仮処分登記後の仮処分に違反する登記の申請を受理することになっていた（昭24．7．19第1661号回答、昭24．10．1第2272号回答）。

(2) 甲所有の不動産につき、仮処分債権者乙のため譲渡その他の一切の処分禁止の仮処分の登記の後に、丙に対する所有権移転の登記がなされた後、甲から乙への所有権の移転登記を申請する場合には、その前提として又はその申請と同時に、甲から丙への所有権移転の登記の抹消を申請することを要し、その登記の抹消を申請するには、甲から乙への所有権の移転登記の申請と同時に申請する場合に限り、乙単独で申請することができる（昭28.11.2第2164号通達）。さらに、甲から乙への所有権移転の登記の申請が本案判決による登記権利者（乙）の単独申請ではなく、登記義務者（甲）との共同申請の形式でなされる場合でも甲から乙への所有権移転の登記申請と同時に、仮処分の登記の後にされた第三者丙の登記を乙が単独で抹消申請することができる（昭37.6.18第1562号通達）とされていた。

(3) 民事保全法は、仮処分の効力について、処分禁止の仮処分の登記がされた後、仮処分債権者が本案訴訟で勝訴し、その勝訴の確定判決に基づいて登記手続を行う場合に、処分禁止の仮処分の登記に後れる債務者又は第三者に対する登記を抹消することができると規定している（同法58条2項）。この場合、第三者の登記の抹消は、全て仮処分債権者の申請により行うこととなり、登記官の職権では抹消できない（なお、仮処分債権者が第三者に対し債務名義を有する場合には不登法63条により抹消申請ができる）。

この考え方は、民事保全法下における処分禁止の仮処分は平成16年改正前の不動産登記法下と同じ性質（相対的効力）のものであり、仮処分の一般の効力として認められていたものを、民事保全法53条1項の処分禁止の登記のみが処分禁止の仮処分の効力として明文化されたものである。

(4) この処分禁止の仮処分の登記に後れる登記とは、仮処分の登記より後順位の登記のうち保全すべき登記請求権に抵触し、仮処分債権者に対抗することができない登記をいうのである。

仮処分債権者に対抗することができないのは、処分禁止の登記がされた後にされた登記に係る権利の取得又は処分の制限の登記であり、仮処分債権者が保全すべき登記請求権を実現する登記をする場合に、それと抵触する限度において仮処分債権者に対抗することができない。

これに対し、仮処分の登記の前に抵当権の設定登記がされているときは、処分禁止の仮処分の登記の後にされた当該抵当権の移転、仮処分又は当該抵当権に基づく競売開始決定に係る差押えの登記は、保全すべき登記請求権に抵触し

ない。処分禁止の仮処分の登記の前の抵当権は、仮処分債権者に対抗できるものであり、その抵当権に基づく差押えであるから、仮処分債権者に対抗できるのである。

したがって、本問においては、乙の差押えの登記を丙の申請により抹消することはできない（昭58.6.22第3672号通達）。なお、この差押えの登記の抹消の申請は、不動産登記法25条13号で政令に委任された却下事由のうち「前各号に掲げるもののほか、申請に係る登記が民法その他の法令の規定により無効とされることが申請情報若しくは添付情報又は登記記録から明らかであるとき」（登記令20条8号）に該当するものとされている（同通達）。

15030 登記された賃借権等を目的とする担保権の実行としての差押え

問 登記された賃借権等を目的とする担保権の実行としての差押えの登記はどのように取り扱われるか。

結論 登記された賃借権等に対する強制執行の登記に準じて取り扱われる。

説明 登記された賃借権、買戻権、仮登記上の権利及び船舶共有者の持分（以下「登記された賃借権等」という）を目的とする担保権の実行としての競売については、登記された賃借権等に対する強制執行の規定（民事執行法167条5項、48条、54条、82条）が準用される（同法193条2項）ので、登記された賃借権等を目的とする担保権の実行としての差押命令に係る差押えの登記及びその登記の抹消並びに譲渡命令等による登記については、登記された賃借権等に対する強制執行のそれに準じて取り扱うものとされている（昭55.8.28第5267号通達第五・二）。

15031 遺産分割等に必要な換価のための競売に関する登記

問 遺産分割の審判をするため、家庭裁判所が命じた換価のための競売の登記手続はどうなるか。

結論 裁判所書記官から競売開始決定に係る差押えの登記が嘱託される。

| 説明 | 　家庭裁判所は、遺産の分割の審判をするため必要があると認めるときは、相続人に対して、遺産の全部又は一部について競売して換価することを命ずることができる（家事事件手続法194条）。

　遺産分割は、遺産に属する物又は権利の種類及び性質、各相続人の年齢、職業、心身の状態及び生活の状況その他一切の事情を考慮してこれをするものとされている（民法906条）が、現物を相続人に取得させるのでは相続分に従った分割が不可能となったり、遺産の価値を著しく減少させてしまう場合があるので、遺産分割の終局審判がされる前の中間処分として、家庭裁判所の職権による判断によって遺産の換価ができることとされているものである。

　この遺産の競売等を命ずる処分の規定は、遺産の特別縁故者に対する分与の場合（民法958条の３）にも準用される（家事事件手続法204条）。

　この競売は、民事執行法195条に規定する「その他の法律の規定による換価のための競売」に該当する、いわゆる形式的競売であり、担保権の実行としての競売に関する登記に準じて取り扱われる（同条、昭55.8.28第5267号通達第五の三及び昭55.12.20第7145号通達第二の四）。

　したがって、競売開始決定がされると、裁判所書記官から、その開始決定に係る差押えの登記が嘱託される（民事執行法188条、48条１項）。嘱託情報の内容として、登記の目的は「差押」、登記原因は「○地方裁判所（○支部）競売開始決定」とする。また、競売における売却による登記の登記原因は「競売による売却」とする。

15032 遺産の分割の審判の申立てがあった場合における仮差押え又は仮処分の登記

| 問 | 　遺産の分割の審判の申立てがあった場合における仮差押え又は仮処分の登記をするにはどうすればよいか。
| 結論 | **共同相続人の一部の者が債権者となり、他の一部の者を債務者として、その持分に対して仮差押え又は仮処分がされることになるが、この登記をする場合においては、あらかじめ共同相続の登記がされていることを要する。**
| 説明 | 　遺産の分割の審判の申立てがあった場合において、強制執行を保全するために必要があるときは、家庭裁判所又は高等裁判所

は、当該審判の申立人又は相手方の申立てにより、仮差押え又は仮処分を命ずることができる（家事事件手続法200条2項）が、この場合の仮差押え又は仮処分は、共同相続人の一部の者が債権者となり、他の一部の者を債務者として、その持分に対してされることになる（したがって、処分禁止の仮処分の被保全権利は持分移転登記請求権である）。そうすると、目的不動産の登記名義人が被相続人である場合には、嘱託情報に掲げた登記義務者（これは仮処分債務者である）の表示が登記記録と合致しないこととなって、当該命令に係る登記の嘱託は、不動産登記法25条7号の規定に該当することになる。したがって、当該命令に係る登記を嘱託する場合には、その前提として法定相続分による共同相続の登記を経由する必要があるのである（昭49．2．12第1018号回答及び昭55．8．28第5267号通達参照）。

　ところで、被相続人の生前に同人からその所有不動産を買い受けたが、所有権の移転の登記がされないまま相続が開始し、被相続人の所有権の移転の登記義務を承継した相続人において当該登記の申請手続に協力しないため、買主が、本来ならば被相続人を債務者とすべきところ、被相続人が死亡したため相続人を債務者として、その不動産の処分禁止の仮処分命令を得たような場合には、不動産登記法62条に該当するものとして、被相続人名義のままであってもその仮処分の登記の嘱託は受理される（昭33.11.1第2351号通達）。しかし、本問のように、相続人が被相続人から不動産の共有持分を承継取得したことを前提として、その持分の処分を禁止の対象とするような場合には、その仮処分の登記の嘱託が受理されるためには、あらかじめ仮処分債務者である相続人名義の登記がされていることを要するのである。

　目的不動産の登記名義人が共同相続人のうちの一人となっているような場合、例えば、相続人が甲、乙（持分各2分の1）の二人であるにもかかわらず、甲単有名義の相続登記が経由されている場合には、乙は、理論的には、甲に対する更正登記請求権（甲単有名義の登記を甲、乙の持分各2分の1とする共有名義の登記に更正する旨の）を被保全権利として、本案の管轄裁判所に対し、所有権の2分の1の処分を禁止する旨の仮処分を申し立ることができる。そして、仮処分の登記を受け（昭30.4.20第695号通達参照）た後に、本案勝訴の確定判決等により、甲、乙の持分を各2分の1とする更正の登記を受けた上で、家庭裁判所に対し遺産分割の甲持分全部につき審判前の保全処分としての仮処分を申し立てるか、あるいは直接管轄家庭裁判所に対し、甲の所有権の2分の1に

つきその処分を禁止する旨の審判前の保全処分としての仮処分を申し立てるということになろう。

15033 元本確定前の根抵当権の被担保債権に対する差押えの登記等の受否

問 元本確定前の根抵当権の被担保債権に対する差押えの登記の嘱託又は質入れの登記ができるか。

結論 できる。

説明 本問については、質入れの登記について受理することができないとしている先例（昭47.12.19第943号回答）があったが、それを受理することができる取扱いに変更（昭55.12.24第7176号通達）されている。

なお、差押え又は質入れの登記がされた後の問題として、(イ)債権の範囲又は債務者を変更する場合、(ロ)根抵当権の全部譲渡又は一部譲渡があった場合、(ハ)差押債権者等が根抵当権の実行として競売の申立てをしてきた場合等の法律関係については説が分かれており、先例も明確にしていないので、今後の解釈に委ねられることになろう。

15034 仮処分に基づく抹消登記の嘱託の受否

問 賃借権設定仮登記の抹消登記手続を命ずる仮処分に基づく当該仮登記の抹消登記の嘱託は受理されるか。

結論 受理されない。

説明 登記手続を命ずる仮処分が許されるか否かについては、民事執行法174条の解釈をめぐり見解が対立しているが、判例（大判大2.3.14民録19輯128頁。ただし、定置漁業権の名義書換請求に関する事案）・通説はこれを否定している。

民事執行法174条は、あくまで判決が確定したときに意思表示をしたものとみなすとの原則を採っていること、仮処分が暫定的・仮定的性格のものであることに照らせば、消極説が妥当である。

先例も消極説に立ち、昭47.12.8第996号回答は、所有権の移転の仮登記の抹消を命ずる仮処分決定に基づく抹消登記の嘱託は受理すべきではないとし、

また、昭57.10.26第6326号回答は、本問の事案について受理すべきではない（却下条項は、不登法25条13号、登記令20条8号）としている。

15035 強制競売開始決定に係る差押えの登記の後の所有権移転等の登記の可否

問 強制競売開始決定に係る差押えの登記がされた後、債務者から第三者への所有権の移転の登記又は抵当権の設定の登記は許されるか。

結論 許される。ただし、その第三者は、優先する差押えの登記の登記名義人（差押債権者）の申立てによる競売手続においては無視される。

説明 (1) 差押えによる処分制限の効果

不動産の強制競売は、債務者所有の不動産の換価価値を強制的に取り上げる制度であるから、差押えの効力が生じた以上、債務者はその換価価値に影響を及ぼすような処分はできなくなる。差押えの登記は、このような処分制限の効力を第三者に対抗するための公示方法であり、差押えの登記がされると、第三者は、その善意悪意にかかわらず、処分制限の効力を受けることになる。本問にあるような目的不動産の所有権の譲渡や、抵当権の設定などは、制限される処分の代表例であるが、問題は、そのような制限違反の処分の効果である。この点については、かつては、差押えがなされた後は、これに触れる債務者の処分（目的不動産を他に譲渡したり、第三者に用益権や担保権を設定する等）は、契約当事者間を含め一切無効であり、登記も許されないとする絶対無効説が通説であった（兼子一『増補強制執行法』236頁など）。しかしながら、差押えの目的は、債務者の不動産を換価して差押債権者の債権を実現することにあるから、この目的に抵触する限りにおいて債務者の処分を無視すれば足りるはずである。不動産の換価には相当の日時を要し、しかも申立ての取下げ等によって中途で手続が終了することも多い実務の現状において、その間の債務者の処分を完全に無効と解してしまうことは相当ではなく、今日では、差押え後の債務者の処分行為は当事者間では有効であるが、処分の効果が差押債権者の行う執行手続との関係では無視され、効力を有しないとする相対的無効説が通説となっている。この相対的無効説にも、さらに、差押えの手続が進行

している限り全ての債権者との関係で処分制限の効果を生ずるとする手続相対効説と、処分制限の効果は、差押債権者には対抗できないものの、その他の債権者との関係では生じないとする個別相対効説の２説があるが、民事執行法は前者の説を採用したものといわれている。

(2) **差押えの登記の後の処分の登記**

差押えの効力発生後の処分行為の効力について絶対無効説を採るならば、その登記も許されないことになるが、相対的無効説に立てば、その処分行為は差押債権者等に対抗できないだけで、処分当事者間では有効であるから、その登記は許されることにはなる。

登記実務では、明治27年以来一貫して、差押えの登記の後の処分の登記を認めるという取扱いがなされており、絶対無効説が採られていないことが明らかである。実際問題としても、強制競売の申立てが後日取り下げられたり、その手続が取り消されたときは、第三者は制限のない完全な権利を取得できることになるのであるから、あらかじめその対抗要件を具備しておく実益がある。したがって、差押えの登記があっても、所有権移転の登記や抵当権設定の登記は許されることになる。

(3) **差押え後の処分行為をめぐる法律関係**

差押え後の所有権譲渡は差押債権者には対抗することができないから、差押債権者は、所有者の変更があってもこれを無視して手続を進めて差し支えなく、買受人が所有権を取得したときは、新所有者に対して引渡命令を執行することができる。また、前記の手続相対効説を採ったといわれる民事執行法の下では、差押えの登記の後に所有権の変更があっても、旧所有者に対する債権者は、別に強制競売を申し立てて二重開始決定（民事執行法47条）を得ることはできないが（不動産の所有権の登記名義人が異なるから、差押えの登記をする道がない）、配当要求はすることができるし（逆に、新所有者の債権者は強制競売の申立てをすることはできるが、配当要求をすることはできない）、配当の剰余金があるときは、執行裁判所は、旧所有者に交付すれば足りる。他方、差押えの登記の後に抵当権を設定した債権者は、執行手続上は無視されるから、当然に配当等にあずかることはできず、執行手続に参加するためには、債務名義を得て、又は仮差押えの執行（登記）をして、配当要求をするほかはないことになる。

第 16 章

仮登記

16001 仮登記の意義

問 仮登記とは何か。
結論 **仮登記とは、本登記(終局登記)をなすべき実質的又は形式的要件が完備しない場合に、後日される本登記の順位を確保しておくためにされる予備的な登記のことをいう。**

説明 仮登記とは、不動産登記法105条の規定に基づいて行われる登記をいう。実体法である民法には何の規定もないが、仮登記とは、本登記(終局登記)をなすべき実質的又は形式的要件が完備しない場合に、後日なすべき本登記の登記記録上の順位を確保しておくために、本登記をなすまでの間の権利保全行為として、後日なすべき登記事項、または、その請求権の存在をあらかじめ当該不動産の登記記録に、仮に登記しておく予備的な登記のことをいう。

登記を要すべき権利変動が既に生じていて、速やかにその登記(本登記)をなすべきだが、その登記申請に必要な手続上の条件を具備しないために登記ができない場合、又は登記すべき権利変動はいまだ生じていないが、将来権利変動の生ずる法律関係が既に発生している場合に、後日必要とする登記事項又はその請求権の存在をあらかじめ仮登記しておき、その後において第三者の権利が登記上出現しても、自己の仮登記事項を後日本登記することによって、仮登記後本登記をなすまでの間において出現した第三者の登記上の権利が自己の仮登記した権利と抵触するときには、その抵触する範囲においてこれを排斥し、自己の権利を保全しようとする趣旨の登記をいう。

16002 仮登記できる権利

問 仮登記できる権利には、どのようなものがあるか。
結論 **所有権、地上権、永小作権、地役権、先取特権、質権、抵当権、賃借権、採石権の9種である。**

説明 不動産登記法は105条で仮登記を規定している。
仮登記は、次に掲げる場合にすることができる。
1　第3条各号に掲げる権利について保存等があった場合において、当該保存

等に係る登記の申請をするために登記所に対し提供しなければならない情報であって、第25条第9号の申請情報と併せて提供しなければならないものとされているもののうち法務省令で定めるものを提供することができないとき。
2 第3条各号に掲げる権利の設定、移転、変更又は消滅に関して請求権（始期付き又は停止条件付きのものその他将来確定することが見込まれるものを含む。）を保全しようとするとき。

「第3条各号に掲げる権利」とは、所有権、地上権、永小作権、地役権、先取特権、質権、抵当権、賃借権、採石権の9種の権利である。仮登記をなし得る権利は、これらの権利で本来登記が認められているものに限る。

16003　仮登記の種類

問　仮登記にはどのような種類があるのか。
結論　**仮登記には、登記すべき権利変動が既に生じている場合に行う1号仮登記と登記すべき権利変動がいまだ生じていない場合に行う2号仮登記がある。**

説明　1号仮登記とは、不動産登記法105条1号の規定に基づく仮登記のことをいい、「条件不備の仮登記」とか「物権保全の仮登記」とも呼ばれている。この仮登記は、登記すべき権利変動が既に生じていて、本来ならば速やかに登記を申請したいが、登記申請に必要な諸条件が完備しないために、やむを得ず後日なすべき本登記の登記記録上の順位保全のためにするものである。

2号仮登記とは、不動産登記法105条2号の規定に基づく仮登記のことで、「請求権保全の仮登記」とも呼ばれている。この仮登記は、同号の「請求権を保全しようとするとき」にするもので、つまり当事者間にいまだ登記すべき権利変動は生じていないが、将来その権利変動を生じさせるべき請求権が法律上発生している場合、例えば売買予約等の成立によって、将来所有権を移転すべき請求権が法律上発生している場合等において、将来その請求権に基づき所有権移転の物権契約を締結しその登記をなすべき場合の、登記上の順位保全のためにするものである。

停止条件付権利の仮登記とは、登記すべき権利変動の発生時期が一定の停止

条件にかかっている場合に、不動産登記法105条2号の類推解釈により、条件成就までの間の権利保全行為として、登記上の順位保全の目的でなされる仮登記のことをいう。なお、始期付権利の仮登記は、この条件が期限である点で停止条件付権利の仮登記と異なる。

16004 仮登記を要する場合及び仮登記の効力等

問 仮登記は、どのような場合に行うか。仮登記にはどのような効力があるか。

結論 **仮登記は、実体的に物権変動が生じているのに、本登記をするための手続上の条件が整わない場合又は物権変動の請求権しか存しない場合に、将来なすべき当該権利変動による本登記の順位を保全するために、あらかじめ行う予備的登記である。仮登記の効力は、将来本登記がされた場合、その本登記の順位を保全する効力がある。**

説明 仮登記は、実体的に物権変動が生じているのに、本登記をするための手続上の条件が整わない場合又は物権変動の請求権しか存しない場合に、将来なすべき当該権利変動による本登記の順位を保全するために、あらかじめしておく予備的な登記である。仮登記できるのは、以下の場合である。

(イ) 登記の申請に必要な手続上の条件が整わないとき（例：登記識別情報を提供することができないとき。登記原因について第三者の許可、承諾が必要であるのに、それらを証する情報を提供できないとき）

(ロ) 物権変動はまだ生じていないが、その請求権がある場合（例：抵当権設定の予約がある場合）、物権変動が始期又は停止条件付きである場合、あるいは、物権変動の請求権が停止条件付き又は始期付きである場合（例：債務不履行の場合は当然代物弁済として不動産の所有権が移転するというような代物弁済契約をしたとき、あるいは、一の条件が生じたとき、債権者が債務者の財産の上に抵当権を設定させる請求権を取得する契約をした場合）

仮登記は一般の登記に比して簡便な手続が認められている。仮登記義務者の承諾があるときは、その印鑑証明書を添付することによって、または、地方裁判所に仮登記原因を疎明して仮登記を命ずる処分の申立てをし、その決定書の

正本を添付することによって、仮登記権利者が単独で申請することができる（不登法107条1項、なお、仮登記を命ずる処分の手続に関して同法108条参照）。例えば、債権者である銀行と借主との間で、銀行の指示する借主の財産の上にいつでも抵当権を設定する約定がある場合、銀行が抵当物件を特定しても、登記申請についての借主の協力が得られないときは、仮登記を命ずる処分をその不動産所在地を管轄する地方裁判所に申立てをして、その決定書の正本の交付を受けることができる。

　仮登記には、将来本登記がされた場合、その本登記の順位を保全する効力がある。仮登記自体は、対抗力を持たないが、仮登記に基づいてなされた本登記の順位は、仮登記の順位によるものとされているからである（不登法106条2項）。その結果、仮登記後本登記前にされた他の登記は、仮登記に基づく本登記の内容の実現と背馳する範囲で効力を失い、あるいは後順位となる。例えば、甲所有の不動産につき乙のため抵当権設定又はその請求権保全の仮登記がなされた後、甲から丙への所有権移転の登記、あるいは丙のための抵当権設定の登記がなされても、その後乙が仮登記に基づいて本登記を行えば、乙はその抵当権を所有者である丙に対抗できるし、あるいは丙の抵当権は乙の抵当権より後順位となるのである。

16005　印鑑証明書の提出不能を理由とする仮登記の可否

問　印鑑証明書の提出不能を理由として、仮登記をすることができるか。

結論　認められない。

説明　平成16年改正前の不動産登記法2条1号は「登記ノ申請ニ必要ナル手続上ノ条件カ具備セサルトキ」に仮登記ができるという概括的な規定をしていたため、印鑑証明書の提出不能を理由とする仮登記の可否について疑義が生じる余地があった。しかしながら、同号を改めた現行の不動産登記法105条1号は、同号の委任に基づいて不動産登記規則178条が定める添付情報、すなわち、①登記識別情報、又は、②第三者の許可、同意若しくは承諾を証する情報の提供不能を理由とする仮登記のみを認める趣旨と解されることから、これ以外の添付情報が提供できないことを理由とする同号の仮登記は認められないことが明確となった。

登記義務者の印鑑証明書の提出不能を理由とする仮登記の申請は認められない（旧法下の同旨の先例、昭29.10.5第2021号通達参照）。

16006 登記識別情報の提供不能を理由とする仮登記の可否

問 抵当権設定登記申請と併せて提供すべき登記識別情報を提供することができないことを理由に、仮登記を申請することができるか。

結論 可能である。

説明 不動産登記法105条1号は、平成16年改正前の不動産登記法2条1号が「登記ノ申請ニ必要ナル手続上ノ条件カ具備セサルトキ」に仮登記ができるという概括的な規定となっていたものを改めたものであり、同号の委任に基づいて不動産登記規則178条が定める添付情報、すなわち、①登記識別情報、又は、②第三者の許可、同意若しくは承諾を証する情報について、これを提出できないことを理由とする同号の仮登記の申請が認められることを明示した。したがって、登記義務者の登記識別情報の提供不能を理由とする仮登記の申請は可能であることが明確となった。

なお、平成16年改正前の不動産登記法2条1号の規定が概括的な規定となっていたために、登記義務者の権利に関する登記済証（現行法における「登記識別情報」の機能を果たしていたもの）の紛失を理由とする仮登記申請の可否については疑義があり、登記先例上の取扱いにも変遷があった。現行法は、平成16年改正前の不動産登記法下の実務の取扱いを立法化したものといえることから、参考として平成16年改正前の不動産登記法下の取扱いの変遷を概観する。

平成16年改正前の不動産登記法下においては、抵当権の設定登記を申請する場合には、抵当権設定登記申請書の他に登記義務者の権利に関する登記済証等を登記所に提出しなければならないとされていた（同法35条）。もっとも、登記義務者の権利に関する登記済証を提出できないときは、保証書をもって代用すべき旨を規定していたので（同法44条）、従来、紛失等による登記済証の提出不能を理由とする仮登記は認めないとする実務上の取扱いであった（昭29.8.21第1803号回答）。その後、不動産登記法の一部改正（昭和35年法律第14号）に伴い、保証書制度の利用については、登記所からの登記義務者への事前通知、これに基づく登記義務者の申出等、即日処理の一般原則の例外として取

り扱われることとなり、取引の安全を図るためにも、この場合に平成16年改正前の不動産登記法2条1号に該当する仮登記を認める必要が生じた。そこで、昭25.4.7第788号通達で従来の取扱いが変更され、この理由による抵当権設定の仮登記を申請し得るものとされた。

さらに、その後、所有権以外の権利に関する登記の場合には、事後通知によることと改められたが（旧細則69条ノ4）、これらの権利に関する仮登記も認められるに至っている（昭29.12.17第3965号通達）。

16007 財産分与の予約を登記原因とする所有権移転請求権仮登記の可否

問 離婚前に、当事者が財産分与の予約をした場合に、これを登記原因として所有権移転請求権の仮登記ができるか。

結論 **離婚前における財産分与の予約を登記原因とする所有権移転請求権の仮登記はできない。**

説明 民法768条1項は「協議上の離婚をした者の一方は、相手方に対して財産の分与を請求することができる」と規定している。財産分与の性質は、第一に、夫婦財産関係の清算であり、第二に、離婚後の生活についての扶養であり、第三に、離婚に責任のある配偶者に対する不法行為責任についての慰謝料請求であるとされている。そしてこの請求権は離婚によって生ずるものとされているのではあるが、財産分与の請求権は、同項でいう「離婚をした者」について認められるものであり、その具体的な分与の判定は離婚の時又は家庭裁判所の審判の時を基準として行われるものである。

したがって、財産の分与は特定財産について、離婚前にあらかじめ具体的に確定できる性質のものではないと考えるのが相当である。

これを不動産登記法105条2号の規定の趣旨と照らしてみると、同号の請求権は本登記可能な権利でなければならず、また、「その他将来確定することが見込まれる」請求権もそれが発生し得る単なる事実上の見込みでは仮登記できないものと解されているので、本件仮登記は認められないと解すべきであろう。

16008 求償権担保のための抵当権設定仮登記の可否

問 保証人が将来保証債務を履行した場合に取得する求償債権を担保するための抵当権の順位保全の仮登記はできるか。

結論 可能である。

説明 保証人が将来保証債務を履行した場合には、主である債務者に対して求償権を取得する（民法459条、462条）。そして、保証人は、債権者に対し、主である債務に関する利息、違約金、損害賠償、その他全てその債務に従たるものについてまで、弁済の責に任ずるものだから（民法447条）、保証人の将来弁済すべき金額は保証契約当時は不確定であって、保証人が主である債務者に対して取得すべき求償債権の範囲もまた不確定である。本問の場合は、この将来の求償債権を担保するために、抵当権設定契約を締結したが、その登記をするための手続上の条件が具備しないために、不動産登記法105条1号の仮登記を申請できるか、あるいは、抵当権設定契約を締結せず、単に抵当権設定の効力が一定の時期に生じる等の契約をして、抵当権設定請求権保全の仮登記を申請できるかという問題であろうが、いずれもできると解すべきである。

16009 製造中の船舶を目的とする抵当権設定請求権保全の仮登記の可否

問 製造中の船舶につき抵当権設定の予約をした場合、その抵当権設定の請求権の保全の仮登記をすることができるか。

結論 製造中の船舶についても、抵当権設定請求権保全の仮登記をすることができる。

説明 製造中の船舶は、抵当権の目的とすることができるから（商法850条、847条1項）、その設定の予約をすることも可能である。そして、船舶登記令35条2項において、不動産登記法105条の規定が製造中の船舶の登記について準用されているので、製造中の船舶についても抵当権設定予約による抵当権設定の請求権を保全するため、仮登記をすることができるものと解する。

16010 抵当権と代物弁済の両契約を証する書面により代物弁済の仮登記のみをすることの可否

問 債権者が債権担保のため、債務者との間で、債務者所有の不動産につき抵当権設定契約及び弁済期に債務を履行しないときは、この不動産を債権者に代物弁済として譲渡する旨の代物弁済の予約を締結している場合に、後者のみにつき登記を申請できるか。

結論 申請できる。

説明 債権者が債務者所有の不動産につき抵当権設定契約と代物弁済の予約をしているときは、そのいずれについても登記申請できる。前者については、抵当権設定登記を、後者については、停止条件付所有権移転請求権保全の仮登記を申請できる。債権者は、後者の仮登記を申請するだけで、前者の本登記を申請しないで留保することもできる。抵当権設定契約をすれば、債権者、債務者間においてその効力を生じ、債権者は、登記しないでも、債務不履行のときには抵当権を実行するため競売の申立てをすることができるが、抵当権設定の登記をしないときは、その不動産につき利害関係を有する第三者が現われた場合、債権者は抵当権設定の事実をその第三者に主張し得ないことになるだけである。つまり、前者については、債権者は登記によって受ける利益を放棄しているだけで、後者の仮登記をする妨げとはならない。なお、この仮登記については、いわゆる仮登記担保法が適用される。

16011 抵当権設定登記の特約と所有権移転の仮登記

問 抵当権設定契約に際し、債務者が期限に弁済しないときは抵当物件は債権者の所有に帰し、債務の金額は清算される旨の特約をした場合、抵当権設定の登記において、この特約事項を登記することができるか。

結論 本問の特約事項は、抵当権の登記事項ではなく、これについては別個に停止条件付所有権移転の仮登記を申請すべきである。

説明 本問の特約は「抵当権の被担保債権を債務者が期限に弁済しないときは、代物弁済として、抵当物件の所有権を抵当権者（債

権者）に移転する」旨の契約であって、つまり所有権の得喪に関する契約であるため、所有権の得喪変更に関する権利保全のための登記手続を経ていないと、例え抵当権の登記事項中にそのような特約事項が登記されていたとしても、何らの効力をも有しないと解される。仮に、特約事項の条件が成就して抵当権者に抵当物件の所有権が移転したとしても、その移転の登記が、当該登記記録権利部の甲区（所有権に関する登記の登記事項が記録される）になされない以上、抵当権者は、その所有権取得を第三者に対抗することができないからである。

したがって、本問の特約による条件が成就した場合の所有権の取得を、完全に第三者に対抗し得るための権利保全の方法としては、不動産登記法105条2号の類推解釈による「停止条件付所有権移転の仮登記」を申請する必要がある。

16012 抵当権の成立後その登記に条件を付した場合の抵当権設定仮登記の可否

問 抵当権の設定契約は成立したが、その登記の時期を「弁済期にその債務の履行をしないとき」とした場合、停止条件付きの抵当権としてその仮登記をすることができるか。

結論 **登記申請行為自体を停止条件付きに係らせても、その旨仮登記をすることはできない。**

説明 停止条件付きの抵当権というのは、抵当権の効力の発生時期がある一定の条件の成就に係っている場合、例えば抵当権設定契約において「〇年〇月〇日現在の売掛代金の支払残金〇円の支払を担保するため、〇年〇月〇日までに債権者の指名する保証人を立てないときは、本契約に基づく抵当権の効力が発生する」と契約した場合や、「本件債務の支払を〇年〇月〇日までに支払わないときは、本契約による抵当権の効力が発生する」とした場合等をいう。つまり、当事者間に抵当権設定の物権契約は成立したが、ある一定の条件が成就するまでは当該抵当権の効力が発生しない状態にある抵当権をいう。

このような状態にある抵当権の設定は、不動産登記法3条にいう権利の設定があったものということはできないので、その登記をすることができないが、

将来一定の条件の成就によって抵当権を取得すべき法律上の可能性が十分に存するところから、同法105条2号の規定の類推解釈により、抵当権設定の仮登記が認められている。

　本問の場合は、既に抵当権の設定契約の成立と同時にその効力が生じているのだから、抵当権の設定の登記をしようとすれば、いつでもその登記をなし得る状態にあるわけである。ただ、当事者間の契約で登記の申請時期を「弁済期にその債務の履行をしないときに登記をする」と特約したにすぎないから、このような抵当権は、停止条件付きの抵当権とはいえない。したがって、本問のような理由に基づく抵当権の設定の仮登記は、することができないものとされている（昭29.10.5第2037号回答参照）。

16013　不動産登記法105条1号の仮登記が認められる実務上の事例

問　不動産登記法105条1号の仮登記が許されるのは、どのような場合か。

結論　**不動産登記法105条1号の仮登記は、不動産登記規則178条により定められた添付情報の提供ができない場合のほか、登記義務者が登記申請に協力しない場合も申請できる。**

説明　現行不動産登記法105条1号は、同号の委任に基づく不動産登記規則178条により定められた添付情報、すなわち、登記識別情報、または、第三者の許可、同意若しくは承諾を証する情報について、これを提供できないことを理由とする同号の仮登記が認められることを明示したが、平成16年改正前の不動産登記法下で認められていた「登記義務者が登記申請に協力しないとき」が明文の規定上明らかでないため、この点の解釈が問題となり得る。現行法においても、権利に関する登記の申請については、登記権利者と登記義務者との共同申請によるのが原則であり（不登法60条）、登記義務者が登記申請に協力しないという事態は、登記権利者が所要の登記を実現する上で最大の支障となることは平成16年改正前の不動産登記法下におけるのと同様である。このことから、現行法においても、明文の規定はないものの、権利変動が生じているにもかかわらず登記義務者が登記申請に協力しない場合には、不動産登記法105条1号の仮登記をすることができるものと解される。も

っとも、登記義務者が本登記の申請手続に協力しない場合は、実際には、仮登記義務者が仮登記申請にも応じず、同法107条１項にいう「承諾書」の作成にも応じないという事態が多いものと推測されるから、登記義務者の非協力を理由とする同法105条１号の仮登記の申請は仮登記権利者が同法108条に規定する仮登記に関する処分を得て、単独で申請するケースが多いものと考えられる。

16014 請求権保全の仮登記の効力

問 不動産登記法105条の仮登記に関し、同条１号の場合の仮登記は、既に権利変動があった場合になされるものであり、同条２号（請求権）の仮登記は、まだ債権の域を脱しない場合になされるものであることから考えて、同法106条の本登記の順位についても両者は異なり、２号仮登記にあっては、本登記の順位は、物権変動があった時まで（例えば売買一方の予約による所有権移転請求権保全の仮登記の場合は、予約完結の意思表示の時まで）遡るにすぎないという説があるが、この説は妥当か。

結論 売買一方の予約による２号仮登記の場合にも、売買予約につき完結の意思表示をした時に遡及して、所有権の対抗力を取得したものと解すべきでない。

説明 仮登記の効力については、平成16年改正前の不動産登記法７条２項の趣旨を受け継いだ不動産登記法106条の規定が存するのみで、解釈上極めて疑義が多く、判例・学説もまちまちである。判例も、後述する昭和８年３月28日の大審院判決までは、仮登記が本登記のため順位保全の効力を有するため、仮登記に基づいて本登記がなされたときは、その本登記の効力、すなわち権利変動の対抗力は、仮登記の時に遡及して生ずるものとし、このことは１号仮登記と２号仮登記とで異ならないものとしていた。しかし、昭和８年３月28日の大審院判決（民集12巻375頁）は、この判例理論を修正し、仮登記の遡及効は、１号仮登記と２号仮登記とで区別して考えるべきだとし、１号仮登記の場合は「本登記ノ効力即チ当該物権変動ノ対抗力ハ仮登記当時ニ遡及シテ生ズ」るから「仮登記ト本登記トノ中間ニ於テ第三者トノ間ニ為サレタル所謂中間処分ハ此対抗力ヲ致サルル範囲ニ於テ、存在ノ余地ナキニ至ル」のだが、これに対し、２号仮登記の場合には「当事者間ニ物権変動ノ生ズベカ

リシハ早クトモ請求権ノ実現セラルベカリシ時（即チ義務履行）ナルガ故ニ此ノ時以前ニ遡リテ対抗力ノミ猶之ヲ生ジ得ベキ」でないから、本登記の効力は、仮登記の時まで遡及せず、義務履行期の当時まで遡及するにすぎないとしている。また、義務履行期後本登記前になされた中間処分は、１号仮登記の場合と同様、この遡及効によるのであるが、仮登記後義務履行期までになされた中間処分は、２号仮登記の有する「請求権保全テフ効力」によって、本登記の権利に抵触する範囲において、その効力を失うのであって、ここに１号仮登記が「本登記ノ対抗カヲ遡及セシムル効力」のみ有するのに対し、２号仮登記は、この遡及効と「請求権保全テフ効力」を併せ有する差異があるとしたのである。そして、前掲大判昭８．３．28以後の判例は、大体においてこの判例理論を踏襲しており、昭和31年６月28日の最高裁判所の判決（民集10号754頁）も「昭和18年１月８日甲のために、所有権移転請求権保全の仮登記がなされ、右仮登記によって移転登記の順位が保全された所有権は、条件成就により甲に移転し、同人は昭和25年11月８日所有権移転登記をしたというのであるから、右の条件成就の日以後甲は本件土地所有権の取得をもって第三者に対抗し得るに至ったもの」としているのも、前掲大判昭８．３．28の判例に従ったものと思われるのであって、本問の趣旨も、この判例理論と同趣旨の見解に立っているものと解される。

　しかし、仮登記の遡及効、すなわち仮登記に基づく本登記の対抗力が、仮登記の当時に遡及して生じるものとすること自体が極めて疑問である。このような遡及効を前提とするがゆえに前掲大判昭８．３．28の判例理論のように、１号仮登記と２号仮登記とで遡及する時期を区別せざるを得なくなるのだが（請求権しか存しないときにまで権利変動の対抗力を認めることはできない）、仮登記には、その本登記の対抗力を仮登記当時まで遡及させる効力を有するものでないと解するのが正当であろう。本来、民法177条において登記が物権変動の対抗力を有するものとされているが、その趣旨は、例えば平成30年５月１日の売買による所有権取得の登記を、同年６月１日になした場合、同年５月１日に所有権を取得したことを第三者に対抗（主張）できるのではなく、第三者に対する関係では、同年６月１日すなわち登記した日に所有権を取得したことしか主張できないのであって、このことは、仮登記に基づく本登記においても同様であり、物権変動が本登記の時に生じたことを主張し得るにとどまる。

　ただ、不動産登記法106条の規定により、仮登記後本登記前になされた他の

権利変動に対しては、本登記された権利の取得と抵触する限りにおいて、これを否定することができるにすぎないのである。すなわち、同法4条1項においては「同一の不動産について登記した権利の順位は、法令に別段の定めがある場合を除き、登記の前後による」ものとされており、仮登記に基づく本登記の場合には、仮登記の前後、したがって権利の順位を定めるに際して、本登記の順位を用いずして、仮登記の順位と他の登記の順位、すなわち仮登記と他の登記のいずれが早くなされたかによって、本登記された権利の優劣を定めようとするのが、同法106条の規定の趣旨である。

例えば、順位2番で甲から乙への所有権移転（又は請求権保全）の仮登記が平成30年5月1日になされ、次いで同年6月1日順位3番で甲から丙への所有権移転の登記がなされた後、同年8月1日この仮登記に基づく本登記がなされた場合、乙の所有権は、本登記された8月1日に取得したものとして、同日以降一般の第三者に対抗できるにすぎないが、乙の所有権取得と抵触する丙の所有権との関係においては、その登記した前後を決めるについては、丙の登記と乙の仮登記の前後により定めることになって、結局乙の本登記が丙の登記より先になされたものとして取り扱われる。その結果、乙は、丙の所有権を否定することができるのである。しかし、それは決して仮登記した当時、すなわち、平成30年5月1日に遡及して否定し、したがって、同日から他の第三者に対しても所有権取得を対抗できるようになるのではなく、本登記をした同年8月1日以降、同日に所有権を取得したものとして対抗できるにすぎない。例えば当該不動産が丁に賃貸されていたとした場合、乙は8月1日以降所有者として賃料を請求できるが、5月1日から7月末日までの賃料を請求することはできず、この間の賃料は、丙が適法に請求し、取得することができるのである。

したがって、本問のように、売買一方の予約による2号仮登記の場合にも、売買予約の完結の意思表示をしたときに遡及して、所有権取得の対抗力を取得するものと解すべきではない。

16015 不動産登記法105条1号の仮登記をなすべき場合に同条2号の仮登記をした場合の効力

問 甲が乙に対する債務の担保として不動産の所有権を乙に譲渡した場合において、乙のために所有権移転請求権保全の仮登記をした

ときは、順位保全の効力を有するか。

結論 当該仮登記は、順位保全の効力を有する。

説明 判例によっては、不動産登記法105条1号の仮登記は、物権変動は既に生じているが登記手続上の諸条件が具備しない場合になされるものであり、同条2号の仮登記は、物権変動がいまだ生じていない場合に、その請求権を保全するためになされるものだから、両者は判然と区別すべきものであるとし、したがって「予約ニ基キ売買完結後ニ於テハ、売買ニ因ル権利移転ノ登記又ハ仮登記ヲ為スコトヲ得ベシト雖モ、予約ニ因ル権利移転ノ請求権ヲ保全センガ為メニスル仮登記ヲ為スコトヲ得ザルモノニシテ、之ヲ為スモ其効ナキモノトス」と判示したものがある。この判例の理論に従えば、本問の場合、乙は譲渡担保権者であるから、譲渡担保の効果として、乙は少なくとも外部的には所有権を取得しているわけであって、明らかに1号仮登記によるべきであったといえる。それなのに2号仮登記による誤りを犯したというのであるから、その登記は、順位保全の効力を有しないかに解される。しかし、一旦2号仮登記の申請が受理されて、その登記がされた以上は、本来1号によるべき場合であったとしても、なお、順位保全の効力を有すると解すべきであるとする最高裁の判例も存する（最判昭32．6．7民集第11巻6号936頁）。後者の判旨を正当と解する。

16016 仮登記に基づく本登記の登記義務者

問 所有者甲と債権者乙との間になされた抵当権設定登記と、債務不履行を停止条件とする代物弁済による所有者移転の仮登記とがある不動産を丙が譲り受け、甲、乙、丙協議の上、丙が甲の債務を引き受け、抵当権についてはその旨の付記登記をした。ところが、丙がその後引受債務を履行しないので、乙は前記仮登記に基づく本登記をしたいが、(イ)乙丙の申請によって本登記ができるか、(ロ)乙丙間で裁判上の和解をなし、甲乙間の仮登記に基づく本登記をなす旨の和解調書を登記原因とした場合はどうか。

結論 (イ)、(ロ)のいずれによっても本登記を申請することができる。

説明 本問の仮登記に基づく本登記手続においては、登記義務者は、仮登記義務者であった者（仮登記をした時の所有権の登記名義

人）又は現在の登記名義人である丙のいずれを登記義務者としても差し支えない（昭37．2．12第75号回答）。したがって、(イ)、(ロ)のいずれによっても本登記を申請することができる。

16017 仮登記原因を異にする場合の本登記手続

問 甲は、乙に対し、貸金担保のため、乙所有不動産について債務不履行を停止条件とする代物弁済の予約による所有権移転請求権保全の仮登記をすべきところ、これを誤って売買予約による所有権移転請求権保全の仮登記をした後、乙の債務不履行に基づき、代物弁済により所有権が甲に移転したという理由で、その移転登記手続請求の訴えを提起した結果、「乙は甲に対し右所有不動産の所有権移転登記手続をせよ」との判決が確定し、その判決に基づき仮登記を本登記にする場合、仮登記の原因「売買予約」を「代物弁済予約」と更正しなければ、この仮登記の本登記をすることができないか。

結論 仮登記原因を更正しない限り、本登記はできない。

説明 仮登記は、いうまでもなく将来なされるべき本登記の順位を保全するためになされるものである。これを不動産登記法105条1号の仮登記についていえば、例えば、売買又は代物弁済によって所有権が移転し、その本登記をなし得べきであるにもかかわらず、手続上の条件が整わないときに、売買又は代物弁済による所有権移転の仮登記がなされるのであり、同条2号の仮登記についていえば、例えば売買予約又は停止条件付代物弁済契約（又は代物弁済の予約）が成立した場合に、将来売買契約が成立し、又は代物弁済の効力が生じた時における所有権移転の本登記の順位を保全するために、売買予約又は停止条件付代物弁済による所有権移転請求権保全又は停止条件付所有権移転の仮登記がされるのである。

したがって、この1号仮登記に基づく本登記の登記原因は、仮登記の登記原因と同一であるべきであり、2号仮登記に基づく本登記の登記原因も、仮登記の登記原因となっている移転請求権ないし停止条件付移転の発生原因となっている契約ないし法律関係と関連を有するものであるのが当然である。所有権移転（又は移転請求権保全）の仮登記だからといって、原因関係を異にする別個

の原因による所有権移転の本登記を、仮登記に基づいてすることは許されない。

　本問のように、仮登記の登記原因が売買予約であり、それが正しいものであるならば、その本登記は売買（売買予約による売買の本契約又は売買予約完結権の行使による売買）を登記原因とすべきであって、別個の原因となっている代物弁済による所有権移転の本登記をこの仮登記に基づいてすることができないのである（別個に代物弁済を登記原因として所有権移転の登記をすべきであって、この場合は、その登記の順位は仮登記によることができないことはいうまでもない）。もっとも、この仮登記の登記原因が、真実は代物弁済の予約又は停止条件付代物弁済（債務不履行のときに代物弁済が効力を生じ所有権が移転する）であって、売買予約と登記したのが間違いであれば、その更正登記をすることができるのはいうまでもなく、その更正登記をした上で、代物弁済による所有権の移転の本登記を、仮登記に基づくものとしてすべきである。そして、この更正の登記は、もちろん仮登記権利者と仮登記義務者の共同申請によるのを原則とするので、仮登記権利者を原告として、代物弁済による所有権移転の本登記手続をなすべき旨の判決があるときでも、それは仮登記の登記原因の更正登記をなすべき旨を命じた判決ではないから、この判決によっては、仮登記権利者は、単独で仮登記原因の更正の登記を申請することができないのはいうまでもない。

16018　仮登記に基づく本登記申請に登記義務者の協力が得られない場合の処置

問　債権が弁済されないときは代物弁済として不動産の所有権を移転する旨の停止条件付所有権移転の仮登記に基づき本登記を申請する場合に、債務者の協力が得られないときは、どのような方法を採ればよいか。

結論　**登記義務者である債務者を被告として、その登記申請の意思表示を求める訴えを提起し、その勝訴の確定判決を得、その判決に基づき、登記権利者である債権者が単独で登記を申請する。**

説明　　不動産についての権利に関する登記は、登記権利者と登記義務者の共同申請によるのを原則とするが（不登法60条参照）、もし

登記義務者の協力が得られないときは、登記義務者を被告として、その登記申請の意思表示を求める訴えを提起し、その勝訴の確定判決を得た上で、その判決に基づき、登記権利者が単独で登記を申請することになる。このことは、代物弁済契約による条件付所有権移転の仮登記に基づく本登記（停止条件の成就―債務不履行による代物弁済を登記原因とする所有権移転の本登記）を行うについても、同様である。

16019 仮登記後第三者が所有権取得登記をした場合の本登記手続

問 甲所有の不動産につき、乙のために所有権移転請求権保全の仮登記をした後に、丙のために所有権移転の登記がされた場合、乙は、丙の所有権の登記を抹消しなければ、自己の仮登記に基づく本登記を申請することができないか。

結論 昭和35年の不動産登記法改正後においては、丙の承諾を証する丙の作成した情報（又は丙に対抗することができる裁判があったことを証する情報）を提供しなければ、乙は仮登記に基づく本登記を申請することができない。

説明 本来、乙の仮登記を本登記にするためには、乙が甲に対して有する所有権移転の請求権を行使して、甲との間に売買契約を締結し、所有権移転の本登記を申請し得る状態に立ち至った場合において、甲乙の共同申請により仮登記に基づく本登記を申請すべきものであるが、既に所有権が甲から丙に移り、その登記がされてしまった以上、甲は、もはや乙の本登記に協力する資格を失っているのではないかとの疑義が生じる。だからといって、乙に仮登記のままで、丙に対し、本登記の抹消請求を許すことは、本来仮登記の有しない対抗力を認めることになり、また、丙に対して仮登記に基づく本登記義務を認めることも、事柄の性質上不合理である。

この場合の仮登記に基づく本登記の手続については、現行不動産登記法上は立法的な解決をみている。本問の場合の本登記の申請は、仮登記の名義人乙を登記権利者、仮登記義務者であった甲を登記義務者として双方が共同して申請するのが原則であり（不登法60条）、その本登記の申請は登記上の利害関係を有する第三者である丙の承諾を得なければすることができない（同法109条1項）。

具体的には、登記上の利害関係者である丙の承諾を証する丙本人が作成した情報または丙に対抗することができる裁判があったことを証する情報を提供しなければならない。そして、丙の承諾が得られたならば、登記官が申請に基づいて仮登記の本登記をする際に、丙の所有権の登記を職権で抹消すべきこととされている（同条2項）。この不動産登記法109条の規定は、昭和35年の不動産登記法の改正の際に当時の不動産登記法に初めて置かれたもので（平成16年改正前の不登法105条1項、146条）、その後、平成16年に現行不動産登記法が制定された際に現在の条文に改められたものである。

16020 条件付契約に基づく所有権移転の時期

問 弁済期に債務を弁済しないときは代物弁済として所有権が移転する旨の停止条件付代物弁済の仮登記後、条件が成就した場合には、所有権移転の時期はいつか。

結論 条件成就の日である。

説明 条件の成就によって、法律上、当然に所有権が移転するのであって、「債務を弁済しないとき」において、改めて代物弁済の契約を行い、債務者に対し所有権の移転の意思表示を求めるまでもない。

16021 債務不履行を停止条件とする所有権移転仮登記と債務更改の場合の措置

問 抵当権付債務について債務者交替による更改が行われた場合には、当該抵当権を新債務に移すことができるとされているが（民法518条）、その旨の付記をこの抵当権の登記について受けた場合において、目的不動産上に旧債務の不履行を停止条件とするいわゆる代物弁済の所有権移転仮登記（仮登記担保権）があるときは、その仮登記についても、債務者の交替による更改があった旨の付記登記ができるか。

結論 付記登記をすることはできない。

説明 債の更改の場合は、旧債務は消滅し、新債務が生ずるのであるが、抵当権及び質権については、新債務にこれを移すことが

認められている（民法518条）。しかし、仮登記担保権については、免責的債務引受の場合と異なり、同一性のない債務が発生し、担保権は消滅するのが原則であることから、新債務に移すことは認められていない。したがって、債権者（抵当権者）において、なお、新債務に関し、その不履行を停止条件として、目的物の所有権が自己に移転すべきことを欲するならば、所有者との間に新たにその趣旨の代物弁済契約を締結し、これを原因とする所有権移転の仮登記をしなければならない。もともとこの種の仮登記については債権債務関係は登記されていないのであるから、この種の付記登記ができないのは当然ともいえるのである。

16022 抵当権の順位譲渡の場合の代物弁済仮登記の措置

問 第1順位甲100万円、第2順位乙150万円として2個の抵当権の登記がなされている不動産につき、この各登記と同時に、甲、乙が、各々自己の債権に関し債務不履行を停止条件とする代物弁済による所有権移転の仮登記（甲乙の順で）を受けている場合において、甲がその抵当権の順位を乙に譲渡し、その旨の登記を経由したのであるが、甲、乙の有するこの仮登記についても、順位の交換のような効果を生ずる手続を講ずることはできないか。

結論 本問のような措置を採ることはできない。

説明 債務不履行のときは代物弁済として抵当権の目的たる不動産の所有権が債権者（抵当権者）に移転する旨の特約が当事者間において定められた場合には、これによって、いわゆる代物弁済の仮登記なる停止条件付所有権移転の仮登記をすることができるが（この特約は、抵当権の登記事項とすることは許されない）、この仮登記は、例え抵当権設定の登記と同時になされたとしても、当該抵当権の登記とは、何らの関連もなく行われるものである。本問のように、甲、乙2個の抵当権間において、その順位の譲渡が行われたとしても、これによって、直ちに甲、乙各自の有する仮登記された権利についてまでも、抵当権の順位交換に比すべき関係を生じさせるだけの措置を図る必要はない。また、例え仮登記関係についても順位の交換を図るための合意が当事者間に成立したとしても、その合意は、法律的には何らの意味をも有しない。甲、乙2個の仮登記された権利間においてその順位の譲渡を行うこと

は、実体上はもちろん、手続上も不可能である。また抵当権について認められる順位の変更（民法374条）は、仮登記については認められない。この仮登記は所有権の移転の仮登記にほかならず、所有権は一物について2個以上存することはないから、所有権移転の仮登記が2個存するとしても、いずれか一方は実質関係を伴わないものであり、例え本登記されたとしても、いずれかは無効の登記として抹消されるべきものである。それゆえ、仮登記された2個の停止条件付所有権の間で順位譲渡あるいは順位の変更を図るようなことは、理論上考えられない。

16023 仮登記された抵当権又はその設定請求権の順位譲渡の可否

問 停止条件付抵当権設定（又は請求権保全）の仮登記権利者が、後順位抵当権者のため、その順位を譲渡し、その旨の付記登記を申請することができるか。

結論 **抵当権設定請求権保全の仮登記は、抵当権の設定を請求する債権を登記しているにすぎないから、抵当権の順位の譲渡又は放棄はあり得ず、したがって、それらの付記登記をすることはできないが、不動産登記法105条1号の仮登記による抵当権については、順位の譲渡又は放棄による付記登記をすることができる。**

説明 民法376条の規定により、抵当権者は、その抵当権の順位を譲渡又は放棄することができるが、この順位の譲渡又は放棄をなし得るのは、順位なるものが本来その登記の前後によるものである以上（同法373条）、当該抵当権が登記されているものであることを要する。そこで、抵当権に関し仮登記がなされている場合に、この順位の譲渡又は放棄、したがって、それによる付記登記が可能であるかどうかが問題となる。そして、不動産登記法105条1号の抵当権の仮登記の場合は、当該抵当権は既に設定されているから、民法376条の規定により、抵当権の仮登記権利者（抵当権者）は、その順位を譲渡又は放棄することができ、したがってそれによる付記登記をなし得るのはいうまでもない（この場合、厳密に言えば、当該仮登記が本登記になった時に、当該抵当権の順位が定まるのであるが——すなわち民法373条にいう「登記の前後」における「登記」とは本登記を意味する——本登記をした時に確定する順位

を譲渡し又は放棄することになるのである。したがって、順位の譲渡又は放棄を受けた者がその利益を主張するためには、順位を譲渡し又は放棄した抵当権の仮登記が本登記になってからである）。しかし、不動産登記法105条2号の抵当権設定請求権保全の仮登記の場合には、現在存在するのは、将来抵当権の設定を請求する債権にすぎず、抵当権ではないから、これについて民法376条による順位の譲渡又は放棄はあり得ず、したがって、本問のような付記登記はなし得ないものと解する。

16024 停止条件付抵当権設定の仮登記の可否

問 弁済期に債務を履行しないときは、抵当権設定契約の効力を生じ本登記をなすべき旨の停止条件付抵当権設定の仮登記をすることができるか。

結論 この仮登記は、設定自体が停止条件に係るものとして、登記することができる。なお、本登記をなすべき旨は、この停止条件に含まれない。

説明 抵当権設定契約は、当事者の意思表示によって効力を生ずる諾成契約であるが（民法176条）、本問の場合は、現在抵当権設定契約を締結するというのではなく、将来、弁済期に債務を履行しない時には、抵当権設定の効力を生ずるというのだから、抵当権の設定自体が停止条件に係っているとみてよい。つまり、抵当権設定契約の効力の発生を将来の一定の事実の成否（弁済期に債務を履行しないこと）に係らせているのであって、抵当権設定契約の予約と考えられる。このような場合には、債権者は、債務者に対し抵当権設定請求権を有するわけであるから、不動産登記法105条2号による抵当権設定請求権保全の仮登記をすることができる。しかし「本登記をなすべき旨」の約定は、ここでいう停止条件に該当しない。

16025 農地の所有権移転の仮登記と農地法所定の許可書の要否

問 農地について所有権移転又はその請求権保全の仮登記を申請する場合には、その申請情報に農地法による都道府県知事等の許可を

証する書面を添付しなければならないか。

結論 **添付することを要しない。**

説明 　農地について所有権を移転する場合においては、都道府県知事等の許可を要するものとされているから（農地法3条、5条参照）、売買、代物弁済等を原因とする所有権移転の本登記を申請する場合は、都道府県知事等の許可を証する書面を申請情報に添付しなければならない。しかし、その仮登記を申請する場合にはこの許可を受けたが、その許可を証する書面を提出することができないことを理由として不動産登記法105条1号の仮登記を申請することが可能である（規則178条）。

　次に、不動産登記法105条2号に基づき所有権移転の請求権保全の仮登記を申請する場合には、仮登記の登記原因は、例えば、「売買予約」等のように所有権の移転を目的とする請求権にすぎない。すなわち、仮登記の登記原因は、所有権の移転の契約ではない。したがって、その仮登記の申請情報には、都道府県知事等の許可を証する情報を添付することを要しない（もっとも、この仮登記に基づく本登記を申請する場合には、その本登記の登記原因は、所有権の移転を目的とするものだから、その申請情報には、都道府県知事等の許可書を添付する）。

　なお、例えば、債務不履行を停止条件とする代物弁済契約に基づく所有権移転の仮登記を申請する場合には、この契約は、所有権を移転する契約であり、したがって、農地法による都道府県知事等の許可を要するが、しかし、その仮登記の申請情報には、この許可を証する情報を添付することを要せず、本登記申請情報に添付することを要する（昭39.3.3第291号通達参照）。

16026　仮登記を命ずる処分に基づく仮登記手続

問 　仮登記を命ずる処分に基づく仮登記申請は、仮登記権利者（又はその代理人）の申請によって仮登記することができるが、その登記申請手続はどうすればよいか。

結論 **登記原因証明情報として仮登記を命ずる処分の決定書の正本を、その申請情報と併せて登記所に提供しなければならない（登記令7条1項5号ロ(2)）。**

説明 　仮登記を命ずる処分（不登法108条）に基づく仮登記は、仮登記権利者（又はその代理人）の単独申請により行われる（同法107

条1項)。この仮登記を申請する場合には、登記原因証明情報として仮登記を命ずる処分の決定書の正本を、その申請情報と併せて登記所に提供しなければならない（登記令7条1項5号ロ(2)）。なお、仮登記権利者の単独申請であるから、仮登記義務者の登記識別情報の提供を要しない（不登法22条ただし書、なお、107条2項参照）。

16027 共同根抵当権設定の仮登記の可否

問 共同根抵当権設定の仮登記をすることができるか。
結論 できない。

説明 昭和46年の民法改正前においては、根抵当権についても債権に対する付従性があるものと解されており、同一の基本契約から生ずる債権を担保する数個の不動産の上の根抵当権は当然に共同根抵当権であると解されていた。

したがって、共同根抵当権設定の仮登記をすることも認められていた。

ところで、民法改正後の根抵当権についてはこのような基本契約は必要でないものとしたので、同一の基本契約から生ずる債権を担保する数個の不動産の上の根抵当権は共同根抵当権であるとすることはできないことになったので、民法398条の16で、根抵当権の設定の登記をする時に特に共同担保である旨の登記をしたときにのみ共同根抵当権とされることとなり、同法398条の17で、共同根抵当権についての特則が定められるに至った。そこで、設定の本登記をする以前に共同根抵当権であるということはあり得ないことになったのであり、数個の不動産の上に債権の範囲と債務者を同じくする根抵当権が設定されたとしても、それは共同根抵当権ではないのであるから、共同根抵当権であることを前提として仮登記をすることも許されないとする見解が生まれる。

このような見解に対しては、民法398条の16でいう登記は、もちろん本登記であり、この登記がない以上、同法392条、393条の規定が適用されないことはいうまでもないが、仮登記は、本登記のための予備登記として不動産登記法が特に認めたものであり、民法398条の16は、このような本登記の予備登記としての仮登記を排除するものではないとする有力な反対説がある。

登記実務の扱いにおいては、仮登記をすることを認めていない（昭47.11.25第4945号回答）。つまり、仮登記に基づく本登記の際に、共同担保である旨の登

記をすべき趣旨と解されるが、仮登記の段階においては、いわゆる累積式の根抵当権と誤認されるおそれがあるなど、公示上問題があるとする指摘がされている。

16028 数個の不動産を目的とする根抵当権設定の仮登記を同一の申請情報ですることの可否

問 数個の不動産を目的とする根抵当権（累積式）設定の仮登記の申請を、一件の申請情報ですることができるか。

結論 申請することはできない。

説明 不動産登記令4条の規定によれば、申請情報は、登記の目的及び登記原因に応じ、一の不動産ごとに作成して提供するのが原則であるが、「同一の登記所の管轄区域内にある二以上の不動産について申請する登記の目的並びに登記原因及びその日付が同一であるときその他法務省令で定めるとき」は、例外的に一件の申請情報をもって申請することができるものとされている。これは申請人の便宜のために、登記事務処理上も特に支障がないことから認められるものである。

ところで、いわゆる累積式の数個の根抵当権を同時に設定した場合には、形式的には登記の目的並びに登記原因及びその日付が同一であるとも言い得るのであるが、いわゆる累積式の根抵当権は、それぞれの極度額に至るまで優先弁済権が認められ、かつ、究極的には、それぞれ別個の債権を担保するものとして機能するものであるから、それぞれ全く別個の独立した根抵当権と評価し得るものである。したがって実質的には、登記原因は同一とは言えないとも考えられ、さらには、登記事務の円滑な処理という観点から、このように全く別個独立の根抵当権については、別個の申請情報による申請の方が望ましいと言える。そこで、不動産登記令4条が特に登記事務処理上支障がないことから認められた趣旨に照らし、累積式の数個の根抵当権について同一の申請書で申請するのは相当でないものとされている（昭46.10.4第3230号通達）。

問題は仮登記の場合はどうかということであるが、仮登記は本登記の順位を保全するための予備的登記であるとしても、仮登記において予定された内容の権利と異なる内容の権利について本登記をすることは許されないから、本登記の際許されないものは仮登記においても許されないと考えるべきである。した

がって同一の申請情報で申請することを認められないとされているのである（昭48.12.17第9170号回答）。

16029　根抵当権の極度額変更の仮登記の可否

問　根抵当権の極度額変更の仮登記をすることができるか。
結論　できる。

説明　根抵当権の極度額の変更は、利害関係を有する第三者の承諾を得なければすることができないものとされているので、変更登記は全て付記登記でされるが、利害関係人の承諾を証する情報あるいは登記義務者の登記識別情報の提供不能等を理由として、変更の仮登記をすることができるであろうか。変更の本登記をする時には、その時点において存在する全ての利害関係人の承諾を証する情報の提供を要するものと考えれば、あえて仮登記をしておくだけの実益はないと考えることもできるが、本登記をする時には、仮登記以後に出現した利害関係人の承諾は要しない（あるいは承諾義務を負う）ものと考えれば、仮登記の実益がある。

　この点については、所有権の仮登記に基づく本登記をする時に、仮登記以後に権利に関する登記をした者は本登記の承諾義務を負うとされていることから、仮登記にも一種の対抗力のようなものが認められることになっているのが参考となる。仮登記の時点において存在する利害関係人の承諾も得て、極度額の変更が完全に効力を生じていることが仮登記によって公示されるのであるから、仮登記以後に出現する利害関係人はそのことを当然の前提として取引すべきであると言えるのであって、極度額変更の本登記がされることによって不測の損害を受けるものであるとは言えないし、本登記の際にはこれらの者の承諾を要しない。そうだとすれば、仮登記の実益はあるので、仮登記をすることも許される。

16030　根抵当権の確定の仮登記の可否

問　根抵当権の確定の仮登記をすることができるか。
結論　できない。

説 明 　新根抵当権については、元本の確定前と確定後とでその法律的性質が全く異なるものとされており、根抵当権について許される登記も確定の前後で全く異なるものとされている。そこで公示の混乱を避けるという意味もあって、元本の確定後にのみ許される登記をするためには、元本の確定の登記を経由しなければならないものとされているのである。

　元本の確定とは以後根抵当権によって担保される債権が新たに生じないことを意味する。それは一つの事実であるといえるが、そうだとすれば、対抗問題が生じるわけではないから、その登記の順位を仮登記によって保全する必要はなく、仮登記をする実益はなく、仮登記をすることはできない。

16031　真正な登記名義の回復を原因とする仮登記の可否

問　真正な登記名義の回復を原因とする所有権移転請求権を保全するための仮登記をすることができるか。

結論　**不動産登記法105条2号の仮登記はできない。**

説 明　不動産の所有権の登記名義人が真実の所有者でない場合に、これを真実の所有者名義に登記をするには、無効な登記を抹消した上で、改めて真実の所有者名義に登記をするのが本則であるが、第三者の権利に関する登記等があって、無効な登記を抹消するのに障害があるときは、抹消に代えて無効な登記名義人から真実の所有者へ移転登記をすることが先例において認められている。これが真正な登記名義の回復の登記といわれるものである。

　ところで、仮登記は、実体上の物権変動は既に生じているが登記を申請するための手続上の要件が具備しない場合、あるいは実体上の物権変動はいまだ生じていないが将来これを生じさせる請求権が生じている場合に、本登記のための順位を保全するためになされるものである。したがって、現在若しくは将来における物権変動が前提となっているのは否定し得ないところであり、判例はこの点を捉えて、現在若しくは将来における物権変動が前提とならない本問のような仮登記はすることができないとしている（名古屋高判昭51.10.27金法815号21頁）。

　もっとも、このような考え方に対しては「真正な登記名義の回復」という登記原因自体が既に登記権利者に所有権が存していることを意味しているのであ

るから、不動産登記法105条2号の仮登記ができないことは、理論的に当然であるとしても、同条1号の仮登記については、「真正な登記名義の回復」という登記原因が是認される限りにおいて、これを否とすることはできないのではないかということが十分に考えられる。手続として移転登記の方法を認めるのであれば、無効の登記名義人が任意に登記申請手続に協力しない場合には、これに対して移転登記手続を求める訴えを提起して判決を得なければならないが、判決を得るまでの間、自己のための所有権移転登記の順位を保全する必要はあるのである。

16032 不動産登記法105条1号の仮登記上の権利の移転登記と同条2号の仮登記上の権利の移転登記の差異

問 不動産登記法105条1号の仮登記上の権利の移転登記には登記識別情報の提供を要しないのに、同条2号の仮登記上の権利の移転登記には登記識別情報の提供を要するのはなぜか。

結論 不動産登記法105条1号の仮登記は、既に実体上の権利変動は生じているが登記を申請するための手続上の要件が具備されない場合になされるものであり、この手続上の要件が具備されない一つの場合として登記識別情報の提供不能がある（規則178条）。一方、同条2号の仮登記は債権が生じた段階で将来なされる登記の順位を保全するためのものであり、付記登記の本登記としてなされ本登記である以上、登記識別情報を要しないという理由はないので、登記識別情報の提供を要する。

説明 不動産登記法105条1号の仮登記は、既に実体上の権利変動は生じているが登記を申請するための手続上の要件が具備されない場合になされるものであり、この手続上の要件が具備されない一つの場合として登記識別情報の提供不能がある（規則178条）。したがって、不動産登記法105条1号の仮登記は登記識別情報の提供なくしてなされる。このようにして仮登記された所有権を更に移転することは可能であり、しかもその場合には所有権移転の効果が確定的に生ずるのであるから、登記としては本登記をすべきであるが、起点となる登記が仮登記であるためこの移転登記も仮登記としてするほかはなく、登記識別情報の提供は要しないことになるのである。なお、第

一の仮登記に基づく本登記をした時に交付される登記識別情報を添付して第二の仮登記に基づく本登記をするのであるから、第二の仮登記をするときに義務者の利益が害されることにはならない。

　一方、不動産登記法105条２号の仮登記は、将来物権変動を生じさせる請求権、つまり債権が生じた段階で将来なされる登記の順位を保全するためのものであり、この請求権の移転もまた当然に認められる。そしてこれは、物権の移転ではなく請求権という債権の移転であるから、それ自体として独立の順位を取得する必要はなく、基本となる仮登記に付記してなされる。債権の移転として見ればこれを仮登記でする必要はないので、付記登記の本登記としてなされるが、本登記である以上、登記識別情報を要しないという理由はないので、登記識別情報の提供を要する。なお、請求権移転の付記登記の仮登記をすることはもちろん可能であり、その場合には登記識別情報の提供を要しないのは当然のことである（平成16年改正前の不登法下における登記済証に関する先例、昭39．8．7第2736号回答参照）。

16033　条件付所有権を目的として抵当権設定の仮登記をすることの可否

問　　仮登記された停止条件付所有権を目的として、条件の成就を停止条件として抵当権を設定した場合、抵当権設定の仮登記をすることができるか。

結論　できる。

説明　　仮登記された停止条件付所有権（例えば、農地法の許可を停止条件とする所有権）は、民法129条のいわゆる条件付権利と言えるが、これを処分することも担保に供することもできる。したがって、この条件付権利を目的として条件が成就して所有権を取得したときには、その所有権を目的として抵当権設定の効力が生じるという停止条件付抵当権設定契約を締結することもできる。

　この設定契約が有効なら、抵当権設定登記の順位を保全するためには仮登記をしなければならないが、目的となっている所有権の登記が仮登記にとどまっているのに、更に仮登記を重ねることができるであろうか。

　不動産登記の共同申請主義の原則からして、起点となる登記がされてない以

上、例え仮登記であっても許されないのは当然のことであるが、条件付所有権の仮登記がなされていれば、この仮登記に基づく本登記が起点となるのであって、登記義務者となる者も確定していると言えるから、抵当権設定の仮登記をするのに手続上の障害はないと言ってよい。

起点となる登記が仮登記であるから、抵当権設定の本登記をすることができないのは当然のことであるが、仮登記であれば、これをするのに特段の障害はないのでこれを認めてよいものとされている（昭39. 2. 27第204号通達）。

16034　仮登記原因の疎明の程度

問　裁判所に仮登記を命ずる処分の申立てをするときには、仮登記原因をどの程度疎明すればよいか。

結論　**①仮登記をするに足る物権変動が実体上既に生じていること、あるいは、将来物権変動を生じさせる請求権が既に発生していること、②仮登記義務者が仮登記申請を承諾せず、かつ、共同申請にも協力しないことを疎明すればよい。**

説明　仮登記をすべき原因が既に生じているのに、仮登記義務者が仮登記の申請手続に協力しない場合には、仮登記を命ずる処分の決定正本を添付すれば、仮登記権利者が単独で仮登記を申請することができるのであるが、これを得るためには、仮登記原因を疎明しなければならないものとされているので（不登法108条2項）、仮登記原因の疎明として何をどの程度疎明すればよいかという問題が生ずる。

仮登記を命ずる処分は、仮登記をすることができる状態にあるのに仮登記義務者が登記申請手続に協力しないという場合に利用されるのであるから、仮登記をするに足りる物権変動が実体上既に生じていること、あるいは将来物権変動を生じさせる請求権が既に発生していることをまず疎明しなければならないのは当然のことであるが、その他に仮登記義務者が仮登記申請について承諾せず、かつ、共同申請にも協力しないということを疎明しなければならないことになる。

問題は、それ以上に仮登記義務者が申請手続に協力しても本登記をすることができない事情、すなわち第三者の許可、同意又は承諾を証する情報を提供することができないといった事実をも疎明しなければならないかであるが、仮登

記を命ずる処分は義務者が登記申請手続に協力しない場合のためのものであること、すなわち、仮登記義務者の承諾と同列のものと考えるならば、その他の登記申請手続上の条件不備の事実まで疎明する必要はないものと考えられる（仙台高秋田支決昭42．3．3金法474号25頁）。

16035　仮登記義務者の承諾書に代わる判決の一例

問　「仮登記義務者は仮登記の更正登記手続に同意せよ」との判決は、不動産登記法107条１項の仮登記の登記義務者の承諾となるか。

結論　**承諾に代わるものとして認めてもよい。**

説明　仮登記の内容に錯誤又は遺漏があるときは、正しい登記に更正しなければそれをもって第三者に対抗することができないので、更正登記をしなければならない場合が出てくるが、その登記手続については、仮登記が文字どおり本登記の順位を保全するための仮の登記であるということから、一般の権利に関する登記における共同申請の原則の例外として、不動産登記法107条１項にその申請手続の例外が規定されている。これによれば、仮登記は仮登記義務者の承諾又は同法108条に規定する仮登記を命ずる処分があれば仮登記権利者が単独で申請することができるものとされているのであり、これは仮登記の変更又は更正の登記についてもそのまま当てはまる。共同申請によることも当然にできる。

そこで、仮登記の更正登記をしなければならないというときには、仮登記義務者が承諾を証する情報を提供してくれればそれを添付して仮登記権利者が単独で登記を申請すればよいのであるが、任意に承諾を証する情報を提供してくれないときには、訴えを提起して承諾に代わる判決あるいは更正登記手続を命ずる判決を得て、その正本を添付して登記を申請しなければならないことになる。

したがって、「更正登記手続をせよ」との判決であれば仮登記義務者の更正登記手続の申請の意思表示に代わるものとして問題はない（この場合は、判決による更正登記の申請となる）が、「更正登記手続に同意をせよ」との判決では多少疑問がないわけではない。しかしながら、同意の義務があることは確定されていることからすれば、これを登記申請の意思表示に代わるものと見るのは

無理であるとしても、承諾に代わるものとしては認めてもよい（昭42.8.23第2437号回答）。

16036 代物弁済予約の仮登記後の賃借権者は仮登記の本登記について利害関係人となるか

問 代物弁済予約を原因とする仮登記後に登記された賃借権の登記名義人は、当該賃借権に優先する抵当権を有する全ての者がこれに対抗力を与えることに同意し、その同意について登記がされた場合であっても、代物弁済による所有権の移転の本登記について、登記上の利害関係を有する第三者に該当するか。

結論 該当する。

説明 代物弁済予約を原因とする所有権移転請求権の仮登記の場合でも、代物弁済を原因として仮登記に基づく本登記をするときは、当該仮登記の後に登記された他の権利の登記名義人の承諾を証する当該第三者の作成した情報を添付しなければならないのは当然のことである。

ところで、「担保物権及び民事執行制度の改善のための民法等の一部を改正する法律」（平成15年法律第134号、平成16年4月1日施行）により、改正前の民法395条に定められていたいわゆる短期賃貸借制度は廃止され、原則として、抵当権に後れる賃貸借は、期間の長短を問わず、抵当権者及び買受人に対抗することができないが、抵当権設定後の賃借権について登記がされ、かつ、これに優先する抵当権を有する全ての者が同意をし、かつ、その同意の登記があるときは、その同意をした抵当権者に対抗することができることとする制度が新設された（民法387条1項）。

したがって、このような賃借権は抵当権実行による競売の場合でも消滅しないものとされている。そこで、代物弁済予約の仮登記は実質担保権であるとする考え方から、これについても民法387条1項が準用されるとし、代物弁済による所有権移転の本登記は担保権の実行にほかならず、そうだとすれば、それによって、このような賃借権は消滅しないことになるので、所有権移転の本登記をする際にも抹消すべきものではなく、したがって登記上の利害関係を有する第三者に該当しないという考え方が出てくるわけである。

しかしながら、仮登記担保法においても、この点について何らの規定も設け

られていないのであるから、代物弁済予約を原因とする所有権移転請求権の仮登記について同項が類推適用されるとする考え方は、とりがたいというべきである。したがって、登記実務の取扱いとしては登記上の利害関係を有する第三者に該当するものとして、当該第三者の承諾を証する当該第三者の作成した情報又は当該第三者に対抗することができる裁判があったことを証する情報の添付を求めるべきである（平成15年民法改正前のいわゆる短期賃貸借に関する同旨の先例、昭47．2．23第987号回答参照）。

16037 農地法5条の許可を条件とする仮登記について同法3条の許可により本登記をすることの可否

問 農地法5条の許可を停止条件として所有権移転仮登記をしている不動産について、同法3条の許可書を添付して仮登記に基づく本登記をすることができるか。

結論 可能である。

説明 　農地法の許可を停止条件とする所有権移転仮登記は不動産登記法105条2号の仮登記としてされるが、同条1号の仮登記は物権変動自体は既に生じていることから、仮登記の原因と本登記の原因は同一でなければならないのに反して、同条2号の場合はいわば物権変動の請求権を保全するのであるから、仮登記の原因と本登記の原因が同一であることはあり得ないのである。

　しかしながら、仮登記は将来なされる物権変動の登記の順位を保全する意味を持つものであるから、仮登記において予定された物権変動の原因と異なる原因で物権変動が生じたとしても、仮登記に基づく本登記をしてその物権変動の登記の順位を保全することはできないと言わなければならない。

　ところで、農地法5条の許可が停止条件となって所有権移転の効力が生ずることになっている場合に、同法3条の許可によって所有権が移転したということが、仮登記において予定されている物権変動の原因と異なるのかといえば、仮登記において予定されているのは、結局のところ売買による所有権移転ということなのであり、ただその効果の発生が同法所定の許可に係っているにすぎないものなのである。そうだとすれば、同法5条の許可によって移転しても、同法3条の許可によって移転しても、同法の許可という条件の成就によって当

該土地の所有権が移転したということ自体には何ら差異がないと言えるわけで、仮登記において予定されている物権変動が生じたものとして本登記をすることは可能である（昭51.10.15第5413号回答）。

16038 被相続人名義の仮登記の更正登記及び仮登記に基づく本登記を相続人の一人から行うことの可否

問 農地法の許可を条件とする所有権移転仮登記を誤って1号仮登記で登記してしまった場合に、仮登記名義人（登記権利者）が農地法の許可を得た後、登記申請を行う前に死亡してしまった。この場合、当該仮登記を2号仮登記に更正した上で仮登記に基づく本登記を申請したいが、登記義務者の任意の協力が得られない場合、登記権利者の複数の相続人のうちの一人が原告となって登記手続を命じる給付判決を得ることができれば単独で登記申請をすることができるか。

結論 単独で登記申請をすることができる。

説明 本問については、まず、登記原因が実体関係と符合しない仮登記が本登記の順位を保全する効力を有するのかが問題となるが、一般に、権利に関する登記の登記原因に誤りがあっても、その登記の効力には影響がないとするのが登記実務の考え方である（昭33.4.28第786号通達）。そこで、更正の登記の要否について検討することになるが、この点については、登記先例も更正の登記を要するとの見解を採っている（昭55.9.19第5618号回答等）。

したがって、仮登記の登記原因を更正した上でなければ、仮登記に基づく本登記の申請をすることができない。権利の更正の登記及び仮登記に基づく本登記は、いずれも登記権利者と登記義務者との共同申請による（不登法60条）。本問においては仮登記名義人（登記権利者）が既に死亡していることから、登記権利者として誰が登記申請人になるかが問題となるが、これらの登記手続は、いずれも当該権利の準共有者としての保存行為に当たるものと解されることから（民法264条、252条ただし書参照）、登記権利者の複数の相続人のうちの一人が行うことができるものと考える。

すなわち、本問については、登記義務者がこれらの登記に任意に協力しない

場合には、仮登記名義人の相続人の一人が登記権利者の相続人の立場で、当該仮登記を２号仮登記に更正し、かつ、仮登記名義人への仮登記に基づく本登記の登記手続を求める訴えを提起して勝訴判決（給付判決）を得ることができれば、その判決の正本及び仮登記名義人が生前に得ていた農地法の許可があったことを証する情報を添付情報として申請情報とともに提供すれば登記権利者の相続人の一人から単独申請することができる。

16039 混同により消滅した権利の仮登記に基づく本登記の可否

問 甲所有の不動産の抵当権設定仮登記の登記名義人となっている乙が、甲から当該不動産を譲り受けた場合において、この仮登記に基づく本登記を申請することができるか。

結論 **乙の抵当権設定仮登記に係る権利は、乙の不動産所有権の取得によって混同により消滅しているから、当該仮登記に基づく本登記をすることはできない。**

説明 所有権以外の権利の仮登記の名義人が目的不動産そのものを取得した場合には、権利の混同により、所有権以外の物権は消滅する（民法179条１項本文）。ただし、他の物権が第三者の権利の目的であるときは、この限りでなく、当該他の物権は存続する（同項ただし書）。不動産登記法105条１号の仮登記がされた抵当権は、ここでいう「物権」であるが、同条２号の仮登記がされた抵当権設定請求権は性質上は債権であるものの、物権の取得を目的としたものであるから、物権に準ずるものといえる。したがって、これらの権利について仮登記の名義人が目的不動産の所有権を取得したときは、これらの権利は、第三者の権利の目的となっていない限り、混同により消滅する。権利が消滅すれば当該仮登記は実体関係に符合しないものとなるから、本登記を行うことはできないものと解される。

本問の乙が登記名義人となっている抵当権の設定の仮登記は、不動産登記法105条１号によるものか同条２号によるものかは判然としないが、この権利が第三者の権利の目的となっているという事情はうかがえないことから、乙の当該不動産の所有権の取得により、実体上混同により消滅したものと解される。したがって、仮登記に基づく本登記の申請を行うことはできない。

なお、本問の仮登記は、混同を登記原因として、乙の単独申請により抹消することができるものと解される。

第17章 仮登記担保

第1節 総説

17001 仮登記担保の意義

問 仮登記担保とはどのようなものか。

結論 金銭債権を担保するために、債務者又は第三者所有の不動産等を目的として、代物弁済の予約、停止条件付代物弁済契約等の契約を結び、その契約上の権利を保全するため、仮登記又は仮登録を利用するものをいう。

説明 金銭の貸借に当たり、債務者又は第三者（物上保証人）所有の不動産を目的として、抵当権を設定するとともに、又は単独で代物弁済の予約若しくは停止条件付代物弁済契約を結び、その契約上の地位を保全するため、所有権移転請求権保全の仮登記をすることがある。このような措置を講ずる債権者の意図は、抵当権の実行方法である担保不動産競売の手続によらず、仮登記に基づく本登記をすることにより、債権者自らが目的不動産を取得して、債権債務関係を簡易迅速に決済するというものであるが、それとともに、この契約によれば、不動産の価額が債権額をはるかに上回るときでも、債務不履行により目的不動産を丸取りできるといううまみが存することも指摘できよう。なぜなら代物弁済契約は、本来の債務の弁済に代えて他の物を債権者に給付することにより債務を消滅させる契約であるので、たとえ代物である不動産の価額が債権額を上回っても、暴利行為として無効とされない限り、有効である。判例も、当初は、このような代物弁済本来の法理を適用し、目的となっている不動産等の価額が債権額を上回る場合であっても、代物弁済の予約等が暴利行為等であって公序良俗に反しなければ、目的物の丸取りも許されるとしていた。

しかしながら、このような丸取りを許すことは、債務者の保護に欠けるのみならず、債権者の合理的な意図（法定の換価手続によらず、私的な換価処分権能により簡易迅速に優先弁済を受ける）を超えて必要以上に債権者を有利に扱うことになる。そこで、最判昭42.11.16（民集21巻9号2430頁）により態度を改め、いわゆる丸取りの禁止、清算金支払義務の法理を打ち出した。すなわち、このような契約の実質を直視し、当事者の意思を合理的に解釈し、これを借用された形式（代物弁済契約）とは異質な担保権設定契約として把握することにより、その法律効果を契約目的に照らして過不足のない合理的範囲に限定し、債権者が債権担保を目的とする代物弁済の予約等により目的不動産の所有権を取得しようとするときは、その価額から債権額を差し引いた差額を清算金として債務者（所有者）に支払うことを要することを明らかにして、債権者が債権額を上回る目的不動産の丸取りをすることを禁止することとした。また、既に目的不動産を差し押えた債権者があるときは、たとえ差押え前に所有権移転請求権保全の仮登記を経由していても、仮登記に基づく本登記手続においてその執行を排除することは許されず、競売手続において優先弁済権を主張してその満足を図るほかはないことを明らかにした。

　このようないわゆる丸取りの禁止、清算金支払義務の法理は、最判昭49.10.23（民集28巻7号1473頁）に集大成され、ここに判例法としての仮登記担保法が確立された（担保契約上の権利保全手段が仮登記であるところから、仮登記担保といわれている）。

　しかし、判例法理は、債務者保護の観点から実質的妥当性を重んずるあまり、解釈論の域を逸脱しているとの批判もあるばかりでなく、関係する種々の法律関係につき不明確な点もあり、また解釈論としての限界から、立法的解決に待つべき問題も残されていた。

　仮登記担保法は、上記の判例法理を基本的に承認しつつ、その法律関係を明確にして、債務者の保護を図るとともに、債権者及び後順位の担保権者等その他の利害関係人の利害を調整しようとするものである。

17002　仮登記担保法の要点

問　仮登記担保法とはどのような法律か。
結論　金銭債権を担保するため、その不履行があるときは債務者等に属

する所有権等の移転等を目的としてされた代物弁済の予約等の契約で、その契約による権利について仮登記又は仮登録のできるものを仮登記担保契約と定義し、その法律関係を明確にして、債務者等の保護を図るとともに、債権者及び後順位の担保権者等の利害関係人の利害を合理的に調整しようとするものである。

説明　第一に、金銭債務を担保する目的でされた代物弁済の予約等の契約を仮登記担保契約として本来の代物弁済契約と異なる一種の担保権設定契約として把握され、以下のとおりそれにふさわしい法律構成がとられている。

(イ)　所有権取得手続の特則を設け、債権者が仮登記担保契約によりその所有権を取得しようとするときは、あらかじめ債務者等にその旨の通知をし、その通知が債務者等に到達した日から2月を経過しなければ債権者はその所有権を取得することができないこととされ（仮担法2条1項）、また、2月の期間経過時における目的不動産の価額が債権額を超えるときは、債権者は、その超過額に相当する金銭を清算金として支払うべきこととされた（同法3条1項）。

(ロ)　ひとたび目的不動産につき競売手続がされたときは、債権者は目的不動産の所有権を取得することができず、強制競売等の手続で優先弁済を受けるほかないものとされた（仮担法15条1項）。

(ハ)　債権者が目的不動産の所有権を取得した後でも、清算金の支払がなされるまでは、債務者等に目的物の受戻しができることとして債務者等の保護を図られた（仮担法11条）。

(ニ)　建物の所有者である債務者等を保護し、併せて建物の社会経済的価値を確保するため、法定借地権の制度が設けられた（仮担法10条）。

第二に、清算金をめぐる利害関係人の争いを合理的に解決する方法が以下のとおり講じられている。

(イ)　仮登記担保契約の目的不動産につき、担保仮登記がされた後に登記をした抵当権者等が、清算金に対し登記の順位に従った物上代位権の行使が可能となるよう配慮された（仮担法4条）。

(ロ)　仮登記担保契約に基づく権利の実行、すなわち仮登記に基づく所有権移転の本登記手続と目的不動産に対する強制執行等の手続との調整を図り、清算金の支払と強制競売等の申立ての先後によって両手続の優先関係を決めるこ

ととされた（仮担法15条）。

17003 本来の仮登記と担保仮登記との相違点

問 本来の仮登記と担保仮登記との相違点はあるか。

結論 **不動産登記の手続面においては、本登記の際の添付情報について特則があること以外、相違点はない。仮登記の効力という実体面においては、本来の順位保全の効力のほか、強制競売等の手続では仮登記自体の順位により優先弁済権を行使することができるなど、重要な効力が与えられている。**

説明

(1) 手続面

不動産登記の手続面においては、仮登記に基づき本登記を申請する場合の手続に関し若干の差異がある。本登記をすることについて登記上利害の関係を有する第三者がある場合、本来、その者の承諾書又はその者に対抗することができる裁判の謄本を添付しなければならないが（不登法109条1項、登記令別表六十九添付情報欄イ）、清算金を供託した日から1月を経過した後に担保仮登記に基づき本登記を申請する場合においては、一定の場合、後順位の担保権者が清算金に対して物上代位の差押えをしたこと及び清算金を供託したことを証する情報をもってそれらの者の承諾に代えることができる（仮担法18条、登記令別表六十九添付情報欄イ）。手続に関するその他の点、例えば登記の申請人、申請情報の内容に関しては、全く差異がない。

(2) 実体面

仮登記の効力という不動産登記の実体面について見ると、本来、仮登記は順位保全の効力を有するにすぎず（不登法106条）、民法177条の対抗要件としての効力を持たないが、担保仮登記には仮登記担保法により新たに重要な効力が与えられている。

(イ) 目的物に関し競売が開始された場合、担保仮登記がされていると、仮登記担保契約の債権者は、本登記のされた抵当権の権利者と同様に、優先弁済請求権を行使することが可能となる（仮担法13条）。

(ロ) 担保仮登記がされていると、破産、民事再生又は会社更生の手続が開始された場合、それぞれ別除権者又は更生担保権者として処遇される（仮担法19条）。

(ハ) 債権者は、担保仮登記がされていると、先順位の仮登記担保権者の清算金に対し物上代位権を行使することが可能となる（仮担法4条2項）。

　このように、担保仮登記には担保権としての優先権の発生要件としての意義がある。そして、優先権の順位は仮登記自体の順位によるので、担保仮登記は本登記と同様の意味があると考えられる。

　一方、債権者の権利が目的物の取得権として機能する場合には、担保仮登記は原則として本来の順位保全の効力を有するにとどまる。しかし、清算金の支払後の申立てに基づき目的物について競売が開始された場合には、担保仮登記の権利者は、仮登記のままで所有権の取得を差押債権者に対抗することができ（仮担法15条2項）、強制競売に対し第三者異議の訴え（民事執行法38条）を提起することもできる。この場合、担保仮登記は対抗要件としての効力を有する。他方、清算金の支払前の申立てに基づき競売が開始された場合には、担保仮登記が先順位であっても、それに基づき本登記の請求をすることができないので（仮担法15条1項）、この場合には本来の順位保全の効力が制限されているのである。

第2節 仮登記担保契約の成立・変動と登記

17004 仮登記担保契約で定めるべき事項

問 仮登記担保契約ではどのような事項を定めるか。

結論 被担保債権、担保の目的物件、所有権等の移転等及びその条件、時期、費用負担に関する事項等である。

説明 仮登記担保契約とは、金銭債務を担保するため、その不履行があるときは債権者に債務者又は第三者に属する所有権その他の権利の移転等をすることを目的としてされた代物弁済の予約、停止条件付代物弁済契約その他の契約で、その契約による権利について仮登記又は仮登録のできるものをいうが（仮担法1条参照）、以下の事項を定めておくのが相当である。

(1) **被担保債権**

仮登記担保契約の被担保債権はどのような金銭債権であるか、また、その範囲（元金、利息、損害金）はどこまでかを明らかにしておく。被担保債権の不特定な、いわゆる根仮登記担保契約については、それによって担保すべき不特定の債権の範囲を定めることもできるが、債務者との間に生ずる一切の債権を担保する旨の包括根仮登記担保契約も設定契約自体としては有効である。根仮登記担保契約については、その他債務者を定める必要がある。しかし、極度額は必ずしも定める必要はない。なぜなら、極度額は根仮登記担保権者が優先弁済を受ける限度を指すが、根仮登記担保権者は強制競売等において優先弁済を受けることはできず、また破産手続や民事再生手続、会社更生手続においてもその効力を認められないからである（仮担法14条、19条5項）。

(2) **担保の目的物件**

目的物件は所有権その他の権利の移転等の仮登記・仮登録のできるものに限

られている（仮担法1条）。担保の目的物件すなわち代物弁済の予約等の対象物件は、登記記録に従って表示すべきである。なお、仮登記担保法は、同一人に属する土地とその上に存する建物のうち、債権者が建物につき仮登記担保契約に基づき所有権を取得した場合、その土地につき法定借地権が成立することとしていないので（同法10条参照）、建物のみを仮登記担保契約の目的としたときは、敷地である土地について建物の取得を停止条件とする賃借権設定契約を結びその仮登記をする等、仮登記担保契約に基づき債権者が建物の所有権を取得した場合に備え、あらかじめ敷地の利用権を確保するための措置を講じておく必要がある。

(3) **所有権等の移転等及びその条件、時期**

　(1)の被担保債権の不履行があるときは、(2)の物件に関する所有権等が代物弁済等として債権者に移転する旨の合意が明確にされねばならない（仮担法1条）。すなわち、仮登記担保契約は、例えば抵当権設定契約とは異なり、仮登記担保契約という名前の特定の契約があるのではなく、仮登記担保法1条の要件を具備した代物弁済の予約、停止条件付代物弁済その他の契約を総称して仮登記担保契約と呼ぶにすぎないから、当事者間において締結されるのは、あくまで代物弁済の予約であり、停止条件付代物弁済契約である。そこで、債務不履行により、いかなる契約に基づき目的物件の所有権その他の権利が債権者に移転等するのか、その移転等の原因となる契約、例えば代物弁済の予約であるとか停止条件付代物弁済であるとかを具体的に定める必要がある。同時にこの所有権等の移転等の条件、時期――例えば代物弁済予約の場合に、債権者である銀行が予約完結権を行使すれば所有権は当然に移転するとか、あるいは予約完結権の行使後1週間経過後に移転するとか――も併せて取り決めておく必要がある。この契約で定められた所有権移転の時期以後に初めて、債権者は同法2条の通知を出すことができるからである。

(4) **費用負担に関する事項等**

　不動産鑑定費用、建物の保険料、本登記費用（登録免許税を含む）等各種費用の分担その他の必要事項（例えば、債務者に「不動産鑑定を銀行が委嘱した不動産鑑定士にさせたときは、その費用を債務者が負担することについて異議がない」旨を約束させること等）も定めておくべきである。仮登記担保法2条の通知に要する費用や本登記に必要な費用（司法書士等に支払った費用・登録免許税を含む）は、格別の合意がなくとも弁済に必要な費用（民法485条）として、債務者

等が負担すべき費用（仮担法2条2項）に入ると思われるが、鑑定費用については、格別の合意がなければ、代物弁済に関する費用（民法559条、558条）として、当事者双方平分して負担すべきだという解釈も生じ得るからである。鑑定費用や保険料について債務者等が負担すべき合意をした場合には、これを債権者が負担したときには、債権者は所有権の移転等の本登記手続を行う際に土地等の見積価額からこれを控除して清算金を計算することができる（仮担法2条2項）。

17005 仮登記担保契約に基づく権利の登記申請

問 仮登記担保契約に基づく権利の登記申請はどのようにするのか。
結論 **登記申請手続は、通常の仮登記と同様、不動産登記法等の手続に従う。**

説明 仮登記担保法は、金銭債務の不履行があるときは債権者に債務者等が所有する土地又は建物等の所有権等を移転等することを内容とする契約で、その契約による権利について仮登記又は仮登録のできるものの効力等に関して特別の定めをしたものであり、仮登記担保契約という新たな典型契約を創設するものでもなく、またその登記手続を新たに法定したものではないので、仮登記申請手続については、仮登記担保契約に当たるとされる個々の契約、例えば代物弁済の予約に基づき不動産登記法等に準拠した手続をすればよい。以下、不動産所有権の移転を約した場合を例に、仮登記申請手続を概観する。

不動産登記法上仮登記をすることができる場合は、(イ)登記申請に必要な手続上の条件が具備していないとき（不登法105条1号）、及び(ロ)権利の設定、移転、変更又は消滅の請求権を保全するとき（同条2号）であるが、仮登記担保契約に基づき仮登記をする場合は、後者のいわゆる「2号仮登記」によりすることとなる。

仮登記の申請は、原則として仮登記権利者（仮登記担保権者）と仮登記義務者（債務者等）の共同申請による（不登法60条）が、仮登記義務者の承諾又は仮登記を命ずる処分がある場合は仮登記権利者の単独申請が認められている（同法107条1項）。

仮登記の申請情報の内容は、不動産登記令3条に規定されているが、その中

で特に注意すべきことは、「登記原因」として売買予約や代物弁済予約など、所有権移転請求権の発生原因である法律行為を記録すべきであって、「仮登記担保契約」と記録すべきではないこと、「登記の目的」も所有権移転請求権仮登記等とすべきであって、「仮登記担保」などと記録すべきではないことである。

　添付情報は、不動産登記令7条等に規定されており、原則として、登記原因を証する情報のほかに、書面申請の場合には、登記義務者の印鑑証明書（作成後3か月以内のものに限る。登記令16条2項・3項）が必要となる。

第 3 節

担保仮登記に基づく所有権の移転

17006 担保仮登記に基づく所有権移転の手続

問 債権者が仮登記担保契約に基づき目的不動産の所有権の移転を受けるには、どうすればよいか。

結論 **債務者等に対して実行通知をし、その通知が債務者等に到達した日から2月の経過を要する。担保仮登記に基づく本登記を受けるためには、この期間経過後、清算金の支払と引換えに本登記請求をする。**

説明 仮登記担保法は、債権者(仮登記担保権者)が仮登記担保契約に基づき目的不動産の所有権の移転を受けるためには、契約において所有権を移転するものとされている日以降に、債務者等に対し清算金の見積額等を通知し(通知の詳細については次問参照)、その通知が債務者等に到達した日から、2月の経過を要することとしている(同法2条)。そして、この期間が経過すれば所有権の移転の効力が生ずるので、清算金の支払は、所有権移転の効力発生要件ではない。しかし、同法3条2項は、清算金の支払の債務と目的不動産の所有権移転の登記及び引渡しの債務とは同時履行の関係にあるものと定めている。そこで債権者が担保仮登記に基づく本登記や引渡しを受けるためには、2月の清算期間経過後(すなわち、所有権移転の効力が生じた後)、債務者等に対して清算金の支払と引換えに本登記や引渡しの請求をすることとなる。

なお、清算金がない場合や債権額が目的不動産の価額を超過しているような場合には、債権者は、清算期間が経過すれば無条件に債務者等に対し、当該不動産の所有権移転登記及び引渡しを求めることができる。

17007　仮登記担保権の実行通知

問　仮登記担保権の実行通知はどのように行うか。
結論　**仮登記担保法2条1項並びに5条1項及び2項の規定により定められた通知を行う。**

説明　仮登記担保法は、同法2条において債権者が仮登記担保契約の相手方である債務者又は第三者に対して清算金の見積額等を通知すべきことを定め、債務者等を保護するとともに、同法5条において物上代位権者等に対し同法2条の通知をしたこと等を通知することを定め、物上代位権者等が物上代位等をするか否かの判断を容易にすることができるようにしている。

(1) 仮登記担保法2条1項の規定による通知

　債権者が仮登記担保法2条1項の規定によって通知すべき通知の相手方は、仮登記担保契約の相手方である債務者又は第三者（物上保証人）である（物上保証人に通知するときは債務者に通知する必要はない）。この通知は、仮登記担保契約において目的物の所有権を債権者に移転すべきものとされている日（代物弁済の予約では予約完結の意思表示をした日、停止条件付代物弁済契約では停止条件が成就した日）以後にしなければならず、これより前にされた通知は無効と解される。

　通知すべき内容は以下のとおりである。

(イ)　清算期間が経過する時における清算金の見積額（もし清算金がないと認めるときはその旨）。清算金とは、清算期間が経過した時の土地又は建物の価額がその時の債権額（債務者等が負担すべき費用で債権者が代わって負担したものを含む）を超えるときにおけるその差額に相当する金銭をいい（仮担法3条1項。なお次問参照）、債権者が通知を発する時点ではいまだ確定することができないので、債権者が自分の見積りにおいて決定した清算金の見積額を通知するのである。

(ロ)　清算期間が経過する時の土地又は建物の見積価額並びにその時の債権及び債務者等が負担すべき費用で債権者が代わって負担したものの額。

(ハ)　土地又は建物が2個以上あるときは、各土地等の所有権の移転によって消滅させようとする債権及びその費用の額。共同仮登記担保の場合は、各土地

等に債権額を割り付けることが必要である。

通知の方法に法律上別段の定めはないが、後日の紛争防止のため、配達証明付内容証明郵便により行うのが相当である。

(2) **仮登記担保法5条1項の規定による通知**

債権者が仮登記担保法5条1項の規定により通知する相手方は、同法2条1項の規定による通知が債務者等に到達した時における、担保仮登記後に登記がされている先取特権、質権若しくは抵当権を有する者又は後順位の担保仮登記の権利者である。この通知は、これらの者が清算金請求権に対して物上代位をするのか又は競売請求をするのかの判断の資料を与えるために行うので、その通知の時期は、同項の規定による通知が債務者等に到達した後遅滞なくすべきこととされ、通知の内容も、債務者等に対して同項の規定による通知をした旨、その通知が債務者等に到達した日及び同条の規定により債務者等に通知した事項（清算金の見積額等）となっている。

(3) **仮登記担保法5条2項の規定による通知**

仮登記担保法5条2項の通知は、同法2条1項の規定による通知が債務者等に到達した時において、担保仮登記に基づく本登記につき登記上利害関係を有する第三者（同法5条1項の通知を受けるべき者を除く）に対して行う。この通知は、これらの者が登記上の自己の権利を保全するため債務者に代わり債務を弁済する機会を与えるために行うものであり、通知の時期は同法5条1項の通知と同一であるが、通知の内容は、債務者等に対して同法2条1項の規定による通知をした旨及び同条の規定により債務者等に通知した債権等の額となっている。

なお、仮登記担保法5条1項及び2項の通知は、通知を受ける者の登記上の住所又は事務所に宛てて発すれば足りる（同条3項）。

17008 清算金

問	清算金とは何か。
結論	**清算金とは、仮登記担保契約に基づき債権者が債務者等の所有する土地等を取得しようとする場合において、清算期間経過時の土地等の価額がその時点における債権等の額を超えるとき、債権者が債務者等に支払わなければならない金銭をいう。**

|説 明| 仮登記担保法では、債権者が仮登記担保契約に基づき債務者等の所有に属する土地等を取得しようとする場合において、土地等の価額が債権等の額を上回るときは、その差額を清算金として債務者等に支払うと定められている。

清算金の額は、清算期間が経過した時における土地又は建物の価額(その時における客観的な取引価額)がその時の債権等の額を超える場合における超過額(ただし、仮担法8条1項の規定により清算金の見積額がこの額を超えるときは、その見積額)であり、単なる清算金の見積額(同法2条1項)とは異なるので、清算金の請求権者である債務者又は物上保証人は、債権者による清算金の見積りに不満があるときは、支払うべき清算金の額がこれより多い旨を主張・立証し、清算金として支払うべきことを求めることができる。

17009 清算金の供託

|問| 仮登記担保権者が、清算金を供託することができるのはどのような場合か。

|結論| **仮登記担保権者は、清算期間の経過後、以下の場合に清算金を供託することができる。**
  (1) **民法494条の弁済供託の要件が具備されるとき**
  (2) **清算金請求権に対して単発の差押え又は仮差押えの執行がされたとき**
  (3) **清算金請求権に対して差押え若しくは仮差押えの競合があるとき、又は配当要求の送達を受けたとき**

|説 明| 仮登記担保権者が債務者の債務不履行により仮登記担保権を実行し、目的不動産の所有権を取得して所有権移転の登記及び引渡しの債務の履行を受けるには、清算金(清算期間が経過した時の目的不動産の価額と債権等の額の差額)を債務者に支払わなければならない(仮担法3条1項)。そして、この登記及び引渡しの債務の履行と清算金の支払の債務の履行とは同時履行の関係に立つ(同条2項)。

仮登記担保権者は、目的不動産につき所有権の移転を求めようとするときは、清算金の支払をする必要があるが、債務者等が清算金の見積額を争ってその受領を拒否するなど以下の(1)ないし(3)の事由があるときは、清算期間の経過

後清算金を供託することができる（なお、清算期間の経過前に供託しても、仮登記担保権者は、その効果を後順位担保権者に対抗することができない（仮担法6条2項））。

(1) **民法494条の弁済供託の要件が具備されるとき**

　民法494条の弁済供託の要件は、(イ)債権者が弁済の受領を拒絶したとき（受領拒絶）、(ロ)債権者が弁済を受領することができないとき（受領不能）、(ハ)弁済者の過失なくして債権者を確知することができないとき（債権者不確知）の三つである。債務者等が清算金の見積額を争って受領を拒絶した場合、その他相続又は清算金債権の譲渡の有無、効力などに事実上又は法律上の疑義がある場合などがこれらの要件を具備することになろう。この供託は債務履行地の供託所にする必要があり（同法495条1項）、供託したときは遅滞なく債務者（被供託者）に供託の通知をしなければならない（同条3項。しかし、通知を欠いても供託が無効となるわけではない）。仮登記担保権者は、債務者（被供託者）が供託を受諾せず、又は供託を有効と宣言した判決が確定しない間は供託物を取り戻すことができる（同法496条1項。しかし、清算金債務の支払を担保するため別に質権、抵当権が設定されており、それが供託により消滅した場合は取り戻すことができない。同条2項）。

(2) **清算金請求権に対して単発の差押え又は仮差押えの執行がされたとき**

　この場合は仮登記担保法7条1項を根拠として供託をすることができる。この供託も債務履行地の供託所にする必要がある。差押え又は仮差押えは、後順位の担保権者の物上代位権によるもののほか、一般の債権者の債務名義によるものであっても差し支えない。この供託がされたときは、被供託者である債務者等の供託金還付請求権につき、前記差押え又は仮差押えがされたものとみなされる（同法7条2項）。また、仮登記担保権者は、同法15条1項に規定する場合を除き、供託金を取り戻すことができない（同法7条3項）。なお、この供託をした仮登記担保権者は、債務者等のほか差押債権者又は仮差押債権者に対しても、遅滞なく供託の通知をしなければならない（同条4項。しかし、この通知を欠いた場合でも供託が無効となるわけではない）。

(3) **清算金請求権に対して差押え若しくは仮差押えの競合があるとき、又は配当要求の送達を受けたとき**

　差押え等の合計額が清算金債権の額を超える場合又は配当要求があった場合は、精算期間経過後、仮登記担保法7条1項及び民事執行法156条2項の双方

の規定を根拠として（この場合には、被供託者の記載を要しない）供託をすることができる。清算金債権の一部のみが差し押さえられた場合において配当要求があったときは、差押金額に相当する清算金については仮登記担保法7条1項及び民事執行法156条2項の双方の規定を根拠として、残額については債務者等を被供託者として仮登記担保法7条1項のみを根拠として、清算金の金額を一括して供託することができる。この差押え又は仮差押えに後順位担保権者が物上代位としてする差押え又は仮差押えが含まれる（仮担法4条参照）ことは(2)の場合と同様である。

第4節 本登記の手続

17010 本登記の要件

問 本登記は具体的にどのようにして行うか。
結論 **仮登記担保契約に基づき本登記を行う要件は、清算期間である2月を経過することであり、本登記は、債権者と債務者等の共同申請で行う。**

説明 仮登記担保契約に基づき本登記を行うには、仮登記担保法2条によれば、債権者が当該契約において所有権を移転するものとされている日以後に債務者等に清算金の見積額等を通知し、その通知が債務者等に到達した日から2月の清算期間が経過しなければならないこととされている。同法3条2項によれば、清算金の支払の債務と所有権移転の登記（本登記）とは同時履行の関係に立っているので、清算金の支払は抗弁事実であって、本登記の要件ではない。また、清算期間経過後清算金が支払われるまでに目的不動産につき競売申立てがされた場合は、執行債権者に対して第三者異議の訴えを提起し、執行停止の裁判を得て、競売手続の停止を求めることができる。

　本登記は、債権者と債務者又は物上保証人（すなわち、仮登記を行った登記義務者）の共同申請により、担保目的でない通常の仮登記に基づく本登記手続と同一の方法により行われる。申請情報には、不動産登記法18条、不動産登記令3条等の定めるところに従って、所要の事項を記録すれば足りる。登記の申請に当たっては、本登記について登記上利害関係を有する第三者がいるときは、その者の承諾書又はその者に対抗することができる裁判があったことを証する情報を提供することを要する（不登法109条1項、登記令別表六十九添付情報欄

イ)。ただし仮登記担保法には特則があり、一定の場合、後順位担保権者が同法4条1項の差押えをしたこと及び清算金を供託したことを証する情報をもってこれらの者の承諾に代えることができるとしている（同法18条、登記令別表六十九添付情報欄イ）。

17011 本登記の登記原因及びその日付

問 担保仮登記に基づく本登記の申請情報は、登記原因及びその日付をどのように記録するか。

結論 **登記原因は、仮登記原因に対応するものであること、その日付は、清算期間が満了する日の翌日の日付であることを要する。**

説明 担保仮登記に基づき本登記を申請する場合の登記の原因は、仮登記の登記原因に対応する原因を記録しなければならない（昭54.4.21第2592号通達）。例えば、仮登記原因が売買予約であれば「売買」が、代物弁済の予約又は停止条件付代物弁済であれば「代物弁済」が、それぞれ本登記原因ということになり、本登記原因に関する限り、一般の仮登記に基づく本登記の場合と全く異ならない。

昭54.4.21第2592号通達によれば「登記原因の日付として申請情報に記録する日は、仮登記原因の日付として登記されている日（仮登記原因に始期が付されているときは、その始期の到来した日）から2月の期間の経過後の日であることを要する」としているが、この通達の趣旨は、通達に記された日以降ならいつでもよいということではなく、清算期間を経過した日（例えば3月31日に2月の期間が満了するとすれば4月1日）が本登記原因の日となる。

なお、本登記の登記原因又はその日付につき、昭54.4.21第2592号通達に違背する申請は、方式不適合というべきなので、不動産登記法25条5号の規定により却下されることとなる。

17012 本登記申請の添付書面

問 担保仮登記に基づき所有権移転本登記をなすには、どのような添付情報が必要か。

結論 **登記原因証明情報のほか、担保目的でない通常の仮登記に基づく**

本登記手続と同様である。ただし、仮登記担保法18条に規定する差押えをしたこと及び清算金を供託したことを証する情報を添付する場合がある。

> **説明**

次に掲げる情報を申請情報に添付して申請する。
(1) 登記原因証明情報
　仮登記に基づく本登記手続の場合は、登記原因を証する情報が初めから存在しないから、報告的な登記原因証明情報を添付することとなる（不登法61条、登記令7条1項5号ロ、別表三十添付情報欄イ）。
(2) 登記識別情報
　登記義務者である所有権の登記名義人が所有権の取得の登記をしたときの登記識別情報を提供する（不登法22条）。
(3) 印鑑証明書
　登記義務者である所有権の登記名義人の印鑑証明書を添付する（登記令16条2項）。なお、印鑑証明書は作成後3か月以内のものでなければならない（同条3項）。
(4) 住所証明書
　登記権利者である仮登記名義人の住所を証する情報（通常は住民票の写し）を添付する（登記令別表三十添付情報欄ロ）。
(5) 登記上利害関係を有する者の承諾及び印鑑証明書
　本登記をするにつき登記上の利害関係を有する第三者がいる場合には、これらの者の承諾（承諾書に押印した印鑑証明書を含む）、又はこれらの者に対抗することができる裁判があったことを証する情報を提供しなければならない（不登法109条1項、登記令別表六十九添付情報欄イ、19条2項）。ただし、仮登記担保法18条は、一定の要件の下において登記上の利害関係を有する第三者のうち物上代位のできる後順位の担保権者が清算金を差し押さえたときは、仮登記担保権者は、その差押えをしたこと及び清算金を供託したことをもってその者の承諾に代えることができるとしており、同条に定める場合は、これらを証する情報を提供すれば足りる（〔17013〕参照）。

17013 仮登記担保法18条の規定により不動産登記法の特則を設けた理由

問 承諾を証する情報の代わりに差押えをしたこと及び清算金を供託したことを証する情報を提供すれば、本登記をすることができることとされたのはなぜか。

結論 後順位担保権者が清算金に差押えをしたときは、その者が、仮登記が有効であり、かつ本登記の要件を具備していること、そして仮登記名義人が所有権を取得することを承認しているものと見ることができるからである。

説明 不動産登記法109条1項及び不動産登記令別表六十九添付情報欄イで、仮登記に基づき本登記をする場合には、登記上利害関係を有する者の承諾を証する情報を提供しなければならないことを規定しているが、この情報を提出させる理由は、利害関係人が、仮登記が有効であり、かつ本登記の要件が具備されていることを承認していることを明らかにするためである。ところで、仮登記担保契約に基づき本登記を求める場合において、物上代位権者が清算金請求権に対する差押え又は仮差押えをしたというのは、仮登記担保権者の仮登記が有効であり、かつ本登記の要件が具備されていることを承認したので、その行動を取ったものと見ることができよう。

もし、後順位担保権者が、仮登記は無効であると考えるのであれば、目的不動産から仮登記担保権者が債権の満足を受けた残額である清算金に権利の行使をすることなく、目的不動産の満額につき優先弁済権を行使するため競売手続に出るはずであるが、清算金に対し権利の行使をしたということは、仮登記担保権者から提示された清算金の見積額を肯認し、仮登記に基づき仮登記担保権者が目的不動産の所有権を取得することを認めているからであろう。もっとも、後順位の担保仮登記の権利者は、競売の申立てをもって対抗することはできないが、清算金の差押えをした以上、仮登記が有効でありかつ本登記の要件が具備されていることを承認していることになる。そして、清算金の供託をしたことを証する情報を提供し、かつ供託の時から1月を経過していることを要求しているので、仮登記担保法15条2項の規定により、もはやその者が競売申立てをすることもできない（競売申立ては本登記手続に対抗できない）ことも明

らかである。

　このような場合にまで、常にその者の承諾を証する情報等を要求するのは仮登記担保権者にとって酷である上、不動産登記法109条1項で承諾を要求している理念を全て満たしているので、後順位担保権者が物上代位のための差押えをしたこと及び仮登記担保権者が清算金を供託したことを証する情報をもって、当該後順位担保権者の承諾を証する情報に代えることができるものとされたのである。ただし、この場合でも当該後順位担保権者の申立てに係る競売開始決定の登記があるときは、これらの情報だけでは、供託と競売申立ての先後すなわち本登記手続と競売手続のいずれが優先するかは職権では知り得ないので、当該後順位担保権者の承諾を証する情報に代えることはできない（仮担法18条ただし書参照）。

17014　供託を証する書面中の供託金額の記載

　問　仮登記担保法18条の規定が適用されるためには、供託を証する書面中の供託金額はどのようなものでなければならないか。

　結論　**供託を証する書面中の供託金額は、差押額以上であることを要するが、差押えが競合し、各差押額の合計が清算金の額を超える場合は、清算金全額である。**

　説明　仮登記担保権者は、仮登記担保法7条に基づき、清算金の支払を目的とする債権につき差押えまたは仮差押えの執行があったときは、清算期間が経過した後、清算金を債務履行地に供託することができる。いわゆる単発の差押えがあり、差押金額が清算金債権の額以下であっても、清算金全額の供託をして所有権移転の本登記ができるようにされている。差押金額（複数の差押えがあっても差押金額の合計額）が清算金債権の額以下の場合、清算金の全額を供託することができるが、仮登記担保権者が差押えによって支払を禁止された部分についてのみ供託できることとしても必要かつ十分（残額は債務者等に弁済すれば足りる）であり、その額を供託することもできる（昭54．6．11第3367号通達第一の二（一）1参照）。

　また、清算金債権につき、二以上の差押え等があり、その差押合計額が清算金債権の額を超える場合は、仮登記担保法7条1項の規定及び民事執行法156条2項の規定による供託につき、債権の全額について供託することができる

（昭54.6.11第3367号通達第一の二（一）2参照）。

　以上のことから、仮登記担保法18条の供託を証する書面と言い得るためには、供託を証する書面中の供託金額は、差押額以上であることを要するが、差押えが競合し各差押額の合計額が清算金の額を超える場合は清算金全額ということとなる（昭54.4.21第2592号通達第一の三参照）。

　なお、清算金の額とは、清算金の見積額で十分である。なぜなら仮登記担保法8条に基づき、仮登記担保権者と清算金の物上代位者は、仮登記担保権者が同法2条の規定により通知した清算金の見積額に拘束されることとなるからである。

17015　清算金がない場合の仮登記担保法18条の適用

問　　清算金がない場合、不動産登記法109条１項に規定する本登記手続はどうすればよいか。

結論　　**後順位担保権者の承諾書、又はその者に対抗することができる裁判があったことを証する情報を申請情報に添付して申請する。**

説明　　仮登記担保法18条は、後順位の担保権者が清算金を差し押さえた場合において、一定の条件の下では債権者（仮登記担保権者）は、仮登記に基づく本登記を申請するに当たり、当該差押えをしたこと及び清算金を供託したことをもって当該差押えをした後順位担保権者の不動産登記法109条１項に規定する承諾に代えることができる旨定めている。このような特則を定めたのは、後順位担保権者は、仮登記が有効であり、かつ本登記の要件が具備されていることを承認の上、差押えを行ったと認めることができるので、このような場合にまで当該後順位担保権者の承諾を求める必要はないと考えられたからである。ところで、本問のように清算金がない場合には、後順位担保権者は、清算金を差し押さえることにより、自己の債権を満足することができず（仮担法8条2項参照）、後順位担保権者が、当該仮登記が有効なものと認めているのか、あるいは本登記の要件が備わったものと認めているのかについて判断できる客観的な資料がないものと言わざるを得ない。そこで、このような場合にはこの特則を認める基盤がないので、このような特則は認めることができない。したがって、清算金がない旨の通知をしたときは、不動産登記法109条１項に規定するとおり、後順位担保権者の承諾を得て、本登記を申請す

ることになる。

17016 競売開始決定の登記がある場合の本登記手続

問 担保権実行としての競売開始決定の登記がされている場合において所有権本登記をするにはどうすればよいか。

結論 **通常の手続により、競売を申し立てた者の承諾を証する情報又はこれに対抗することができる裁判があったことを証する情報を添付して行えばよい。**

説明 仮登記担保法18条ただし書の規定により、担保権実行としての競売開始決定の登記があるときは同条本文による不動産登記法の特則の適用を受けることができず、本登記手続は通常の手続によらなければならない。したがって、同法109条1項の規定により、本登記の申請情報には、登記上の利害関係人全員の承諾を証する情報又はこれに対抗することができる裁判があったことを証する情報を添付して申請を行うほかない（登記令別表六十九添付情報欄イ）。複数の者が物上代位による清算金の差押えを行い、仮登記担保権者が清算金全額を供託した場合において、差押債権者のうち一人が担保権実行としての競売の申立てを行い競売開始決定の登記がなされたときも、他の者に対する関係でも、もはや仮登記担保法18条本文の特則を用いることができない。

なお、通常の手続により本登記を行う場合には、仮登記担保法18条ただし書あるいは同法15条1項の強制競売等に係る競売開始決定の登記がされているときでも、他に却下事由のない限り、当該本登記申請は受理される（昭54.4.21第2592号通達第一の四参照）。

第 5 節

受 戻 権

17017 受戻権の性質及び効力

問 受戻権とは何か。受戻しの意思表示によって、法律上当然に目的不動産の所有権は債務者に復帰するのか。

結論 受戻権とは、債務者等が、仮登記担保権者から清算金支払債務の弁済を受けるまでに債権等の額に相当する金銭を提供して、土地等の所有権の再移転を請求することができる権利である。仮登記担保権者に対して、債権等の額に相当する金銭を提供して受戻しの意思表示をすれば、法律上当然に目的不動産の所有権は債務者等に復帰することになる。

説明 債権者が仮登記担保権を実行して目的不動産の所有権を取得するには、仮登記担保法2条によって、まず債務者等に対して清算金の見積額を通知し、その到達後2月（清算期間）を経過してからでなければならず、更に目的不動産の所有権移転の登記やその引渡しを受けるためには、同法3条により、清算期間経過時点において具体的に生じた清算金を債務者等に支払わなければならないが、同法11条は、債務者等の利益保護の見地から、現実に清算金の提供があるまでは、債務者等は、債権等の額に相当する金銭を債権者に提供して目的不動産の所有権の受戻しを請求できることとしている。

受戻権は、既に判例において認められており、最大判昭49.10.23（民集28巻7号1473号）も「清算金の支払時期である右換価処分の時に仮登記担保権者の債権は満足を得たこととなり、これに伴って仮登記担保関係も消滅するものというべく、その反面、債務者は、右時期までは債務の全額（換価に要した相当

費用額を含む。）を弁済して仮登記担保権を消滅させ、その目的不動産の完全な所有権を回復することができる」としていたが、仮登記担保法はこの考え方を基本的に承認し、受戻権の法律関係を明確化している。

　受戻権の法律的性質は、民法579条の不動産の買戻権と同様、一種の形成権とされている（しかし、買戻権と異なり解除権ではないので、清算期間の経過後、受戻しの意思表示をした時までに存在することとなった権利は、受戻しの意思表示により消滅するわけではない）。したがって、清算期間の経過によって、一応、目的不動産の所有権が債権者に移転し（仮担法2条1項）、債務者等に清算金債権が発生し、被担保債務は消滅することになるが（同法3条1項）、債務者等が、被担保債権が清算期間の経過時に消滅しなかったとすれば支払わなければならない債権等の額に相当する金銭を債権者に提供して受戻しの意思表示をすれば、その意思表示の到達した時に、目的不動産の所有権は再び法律上当然に債務者等に移転することになる。

17018　担保仮登記の本登記後の受戻権の行使による登記手続

問　担保仮登記に基づく本登記がされた後、受戻権の行使により所有権が債務者等に復帰した場合、どのような登記をすればよいか。

結論　担保仮登記の登記義務者を登記権利者とする所有権移転の登記をすればよく、この場合の登記原因は「受戻し」であり、その日付は受戻しの意思表示が債権者に到達した日である。

説明　受戻権とは、債務者等が、仮登記担保権者から清算金支払債務の弁済を受けるまでに債権等の額に相当する金銭を提供して、土地等の所有権の再移転を請求することができる権利であり、その法律的性質は、民法579条の不動産の買戻権と同様、一種の形成権とされているが、買戻権とは異なり解除権ではなく、一度債権者に移転した所有権を、債務者等の単独の意思表示により再び債務者等に移転させることができる権利である。そこで、仮登記担保契約に基づき目的不動産の所有権が債権者に帰属し、その本登記がなされた後に受戻権が行使された場合は、債権者から債務者等に目的不動産の所有権移転の登記をする必要があることは明らかであろう。この場合、債権者の担保仮登記とそれに基づく本登記を抹消すれば、債務者等の所有権登記を復活させることができるとも考えられる。

しかし、受戻権は解除権のように債権者への所有権移転がなかったことになるものではなく、債権者の所有権を基礎として、その所有権の移転を求める権利なのであるから、登記手続においても、所有権移転の形式を採るべきであり、債権者の本登記等を抹消する方法は採ることができない。

受戻権は、解除権である買戻権とは異なり、清算期間が経過した時の状態にそ及して不動産を取り戻す権利ではなく、受戻しの意思表示が債権者に到達した時の権利状態をそのまま引き継いで不動産を取り戻す権利である。したがって、清算期間が経過し、債権者が所有権を取得した後、その不動産に用益権が設定されると、その用益権付の不動産を受け戻すことになるが、本登記等を抹消する方法では、債権者から用益権の設定を受けて登記をした第三者の権利を害することとなるので、本登記等を抹消する方法は採ることができない。

所有権移転の原因は、受戻しという意思表示であり、その意思表示は債権者に到達した日に効力を発生するので、所有権移転の登記原因は「受戻し」であり、その日付は、受戻しの意思表示が債権者に到達した日である（昭54.4.21第2592号通達第二の一参照）。なお、受戻権は、清算期間が経過した時から5年が経過したときは、消滅するので（仮担法11条ただし書）、この登記原因の日付も、担保仮登記に基づく本登記の登記原因の日付から起算して5年以内の日であることを要する。もし、5年後の日が記録されているときは、不動産登記法25条5号の規定によりその申請は却下されることとなる（同通達参照）。

17019 担保仮登記の本登記未了の場合の受戻権の行使による登記手続

問 担保仮登記に基づく本登記がされていない場合、受戻権行使による登記手続はどうすればよいか。

結論 当該仮登記を抹消しても差し支えなく、この場合の登記原因は「受戻しによる失効」、その日付は、受戻しの意思表示が債権者に到達した日である。

説明 受戻権は、仮登記担保契約に基づき債権者に移転した土地等の所有権を、債務者等の単独の意思表示により、債務者等に移転する権利であり、このことは担保仮登記に基づく本登記がされていない場合であっても当てはまる。しかしながら、担保仮登記に基づく本登記がされていな

い場合に受戻権が行使されたときは、その時点で債権者は既に目的不動産の所有権を有しておらず、債務者等に所有権が移転しているので、そのような場合にまで債権者を所有者とする本登記をした上で所有権移転の登記をして債務者等が所有者となるようにするのはあまりにもう遠である。そこで、昭54.4.21第2592号通達第二の二は、このような場合、担保仮登記を抹消する方法によって債務者等が所有者となる登記をすることも認めている。

なお、この場合の登記原因は「受戻しによる失効」であり、その日付は受戻しの意思表示が債権者に到達した日である（昭54.4.21第2592号通達第二の二参照）。また、受戻権行使により担保仮登記を抹消する場合も、登記原因の日付は清算期間が経過してから5年以内であることを要する（仮担法11条ただし書参照）。

第6節 その他

1 共同仮登記担保

17020 共同仮登記担保の意義

問 共同仮登記担保とはどのようなものか。
結論 **共同仮登記担保とは、同一の金銭債務を担保するため、数個の不動産について仮登記担保契約を締結したものをいう。**

説明 共同仮登記担保とは、同一の金銭債務を担保するため、数個の不動産について仮登記担保契約を締結したものをいう。例えば、ある金銭債務を担保するため、その債務の不履行があった場合、債務者所有の土地と建物の両方について所有権の移転をすることを目的として代物弁済の予約等を行うことをいう。共同仮登記担保は、土地あるいは建物等の価額が一つずつだと債権額に満たないが両方合わせるとこれを超すような場合に担保価値を集積するために行ったり、土地・建物のうち建物は損壊し価値が急激に変動し得るし、土地は経済界の事情によりその価額が変動するので、危険の分散を図るために行われる。また、数筆の土地を一括使用して初めて経済的価値が生じる場合や、建物と敷地を一括して担保に供するというような場合も利用される。当初は、一つの不動産についてのみ仮登記担保契約をしていたが、同一の債務につき、更に別の不動産についても追加的に仮登記担保契約をすることも可能であるし、所有者の異なる不動産につき、一つの債権のためにそれぞれ仮登記担保契約を締結することも可能である。

17021 共同仮登記担保の本登記手続

問 共同仮登記担保に基づき所有権移転登記手続を求める場合には、どうすればよいか。

結論 通常の手続の他に、共同仮登記担保中のいずれの土地等に対し債権のうちいかなる額を割り付けるかを定め、各土地等の所有権の移転によって消滅させようとする債権及びその費用を明らかにしなければならない。

説明 目的不動産を１個とする単純な仮登記担保契約に基づき債権者がその所有権を取得しようとするには、仮登記担保法２条の規定により、契約上所有権が移転するものとされている日以後に、債務者等に対し清算金の見積額を通知し、その通知が債務者等に到達してから２月経過すること等が必要であり、この清算金の見積額を具体的に明らかにするため、その通知には、清算期間が経過する時の土地等の見積価額とその時の債権及び債務者等が負担すべき費用で債権者が代わって負担したものの額（債権等の額）を明らかにしなければならない。ところで、不動産に関する利害は一つ一つ別々であり得るので、共同仮登記担保に基づき所有権移転登記手続を求めるには、目的の各不動産ごとに清算をし、清算金を定める必要があり、そのために、清算金の見積額を算出するに当たっては、いずれの不動産に対し、債権のうちいかなる額を割り付けるかを定めなければならない。そこで、同条２項では、債権者は、このように債権を割り付けた場合、債務者等に対してもこれを明らかにするために、「土地等が二個以上あるときは、各土地等の所有権の移転によって消滅させようとする債権及びその費用」をも明らかにしなければならないと規定されている。このように債権を割り付けた場合には、共同担保関係がなくなり、各不動産はそれぞれ割付債権等の額のみを担保し、通知以降の手続はまちまちとなっていく。例えば、同法５条の後順位担保権者等に対する通知には、それぞれの不動産について割り付けた債権等の額のみを示せば十分であり、他の不動産に割り付けた額の通知は必ずしも必要ではない。

なお、各不動産についての債権の割付けについては民法392条の準用の余地はないので、債権者は、自由な判断でこれを行うことができるが、ある不動産に債権を偏って割り付けた場合には、その不動産の後順位担保権者が競売を申

し立てる可能性があるので、この点を十分検討して債権を割り付ける必要がある。

2　根仮登記担保

17022　根仮登記担保の性質

問　根仮登記担保とはどのようなものか。また、その確定はどのようにして行えばよいか。

結論　**根仮登記担保とは、消滅すべき金銭債務が仮登記担保契約の時に特定されていない不特定の金銭債務を担保する仮登記担保をいう。その確定については法律に別段の定めがないので、特約により確定事由を明確にすることが望ましい。**

説明　根仮登記担保とは、仮登記担保契約において、当該仮登記によって担保すべき金銭債権が、その契約の時に特定されていない仮登記担保をいい（仮担法14条参照）、不特定の金銭債務を入れ替わり立ち替わり担保しつつ、一定の時点における被担保債務全体の給付に代えて、目的となっている所有権その他の権利の移転等をすることを目的とするものである。

担保すべき金銭債務が契約の時に特定されていない点は、民法が根抵当の普通抵当に対する特質を担保すべき債権の不特定性に求めたことと同視して差し支えない。

根仮登記担保については、民法398条の2に規定されているような形で担保すべき債権の範囲を特定しておく必要性がなく（被担保債権の範囲等を公示することができないことが一つの理由である）、根仮登記担保契約に基づいて所有権を取得しようとするとき、どういう債権の代物弁済としてその所有権を取得するのかが確定できればよいので、いわゆる包括根抵当的な包括根仮登記担保契約を結ぶことも法律上禁止されていない。

もっとも、根仮登記担保についても、根担保の共通的性格として、被担保債権の流動性が失われ、一定時点における特定の元本債権を担保するという意味において確定することが必要なことはいうまでもない。しかしながら、仮登記担保法は、根仮登記担保についての確定事由を定めておらず、また、解釈上、当然には根抵当の確定に関する民法の規定が全て準用されるとはいえないの

で、その確定事由を根抵当の確定に準じて特約により明確にしておくのが相当である。

17023 根仮登記担保の機能及び仮登記担保への変更

問 根担保仮登記は、仮登記担保法ではどのように取り扱われるのか。また、根仮登記担保を普通の仮登記担保に変更することができるか。

結論 **根担保仮登記は、仮登記担保権が所有権取得機能を発揮する局面では、普通の担保仮登記と本質的には同じ機能を果たすが、競売手続等、価値取得機能を発揮すべき局面では、優先弁済権を行使することができない。また、根仮登記担保を普通の仮登記担保に変更することはできない。**

説明 　根仮登記担保契約に基づいても、債務者に債務不履行等があり、一定の時点における被担保債務全体の給付に代えて、目的となっている所有権その他の権利の移転等を請求することができ、そのような場合においても仮登記担保法が適用されることはいうまでもない。

　仮登記担保法は所有権取得機能について別段の制約を加えていないので、普通の担保仮登記と本質的に同じ機能を果たしている。しかし、強制競売等の価値取得機能を発揮すべき局面では、同法には、優先弁済権が認められていない。すなわち、同法14条には、根担保仮登記については「強制競売等においては、その効力を有しない」と規定され、同法19条においても、根担保仮登記は、破産手続、民事再生手続及び会社更生手続上、効力を有しないとされている。さらに、後順位の根担保仮登記を有する者は、清算金に対して物上代位をすることができないものと解される（同法4条2項参照）。この趣旨は、債権額の公示もない根仮登記担保権につき、通常の担保仮登記と同じような優先弁済権を与えると、包括根抵当を認めなかった根抵当立法とのバランスを失することになるので、これを否定したものである。そして、このことは、根仮登記担保が確定した後においても変わりはない。

　そこで、根仮登記担保を普通の仮登記担保に変更することができないか、殊に、確定した後にそうすることができないかとの疑問が生じよう。しかし、根担保仮登記と通常の担保仮登記との間に区別を設けた立法政策的配慮から見て

も、また、根抵当権を普通抵当権に変更することを認めない通説的見地からも、根仮登記担保自体を普通の仮登記担保権に変更することは認められないものと言うべきである。

3　強制競売手続と仮登記担保

17024　強制競売等の手続における仮登記担保権

問　強制競売等の手続において仮登記担保権はどのように取り扱われるか。

結論　**強制競売等の手続では、仮登記担保権は抵当権とほぼ同等のものとして取り扱われる。**

説明　本章では、目的物件に対する強制競売、担保権の実行としての競売又は企業担保権の実行手続を「強制競売等」と略称している。この強制競売等の手続が清算金の弁済前に開始されたときは、仮登記担保権者は、その仮登記に基づいて目的物件の所有権移転の本登記を請求することができなくなり、その競売手続に参加して自己の債権につき優先弁済を受けるほかはない。仮登記担保権者も競売手続においては通常の担保権と同等の扱いを受けるということであり、現に、優先弁済を受ける順位に関して、仮登記担保法13条1項は、担保仮登記に係る権利を抵当権とみなし、また、担保仮登記のされた時にその抵当権の設定の登記がなされたものとみなしており、仮登記担保権は、優先弁済等については、抵当権と同等の取扱いを受けることとされている。

しかし、抵当権の設定の登記がされたものとみなされるとしても、担保仮登記については、債権額や極度額についての登記がされていないため、強制競売等の手続の中で、債権の額等を届け出るべき旨の催告がされ、担保仮登記で売却により消滅する（仮担法16条参照）ものについては、配当要求の終期までに届け出なければ、配当等を受けることができない（同法17条参照）ことに注意すべきである。

4 その他

17025 法定借地権の意義

問 法定借地権とはどのようなものか。

結論 **土地及びその上にある建物が同一の所有者に属する場合において、その土地につき担保仮登記がされ、その仮登記に基づき本登記がされる場合につき、建物所有のため法律上当然に成立が認められる賃借権を法定借地権という。**

説明 仮登記担保法10条によれば、金銭債務を担保するため同一の所有者に属する土地及びその上に存する建物のうち、土地についてされた担保仮登記に基づき、債務者の債務不履行により仮登記担保権の実行として所有権移転の本登記がされるに至ったときは、その建物のため土地に賃借権が成立することを認めている。このように仮登記担保権の実行の結果、法律上当然に生ずる賃借権を法定借地権という。

周知のとおり、民法388条は法定地上権の制度を認め、同一所有者に属する土地又はその上の建物のうち一方につき抵当権の実行があった場合、建物の保護のため法律上当然に地上権が成立するとしている。

ところで、仮登記担保権の場合は、同一所有者に属する土地又はその上の建物のうち、建物を仮登記担保の目的とする場合は、将来の実行に備え、敷地について建物所有を目的とする賃借権等を設定し、債権者を権利者とする賃借権等の仮登記をしておくことが可能であるので、民法388条のような制度はなくても差し支えない。しかし、土地を仮登記担保の目的とする場合は、債務者等は、将来の実行に備え、自己の所有地につき建物所有を目的とする借地権等を設定しておくことができず、仮登記担保権が実行されると土地の利用権のない建物を所有するという不合理な結果になる。

そこで、このような場合には、債務者保護及び建物の社会経済的価値の保全という見地から、法定利用権の制度を認める必要があるので、仮登記担保の目的が土地である場合に限って、仮登記担保法10条で法定借地権の制度を創設したのである。

法定借地権の成立要件は、土地につき担保仮登記がされた当時その土地の上

に建物が存在すること、その当時その土地と建物が同一の所有者に属していること、土地につき担保仮登記がされたこと、その担保仮登記に基づく所有権移転の本登記がされたこと、である。したがって、土地に担保仮登記がされている場合であっても、その土地につき強制競売等が行われたときは、その土地上にある建物については、たとえそれが担保仮登記の当時土地と同一所有者の所有に属していたものであっても、法定借地権は成立しないこととなる。

17026 仮登記担保権と破産手続、民事再生手続及び会社更生手続

問 仮登記担保権は、破産手続や民事再生手続、会社更生手続ではどのように取り扱われるのか。

結論 **通常の担保仮登記の権利者は、破産手続及び民事再生手続においては別除権者として、会社更生手続においては更生担保権者として処遇されるが、根担保仮登記は、破産手続、民事再生手続及び会社更生手続においてはその効力を有しない。**

説明 仮登記担保権が破産手続や民事再生手続、会社更生手続においていかに取り扱われるかについては、仮登記担保法19条で規定されており、その取扱いは、普通の仮登記担保の場合と根仮登記担保の場合とで異なっている。

まず、普通の仮登記担保の破産手続における取扱いであるが、仮登記担保法19条1項には、破産財団に属する土地等についてされている担保仮登記の権利者については、破産法中抵当権を有する者に関する規定を適用する旨が規定され、仮登記担保権者は別除権者（破産法2条10項・9項）になることが定められている。そして、破産法65条には、別除権者は破産手続によらずにその権利を実行することが定められているので、仮登記担保権者は、破産手続によらないでその権利を行使することができる。具体的には、仮登記担保権者は、破産管財人に対し仮登記担保法2条の規定による通知をし、その通知が破産管財人に到達した日から2月の清算期間が経過した時にその土地等の所有権を取得し、清算金があれば、それを破産管財人に支払って仮登記に基づく所有権移転の本登記を請求できる。なお、破産管財人が破産法184条の規定により土地等の競売を申し立てたときも、仮登記担保権者は、その競売手続に参加して、優

先弁済請求権を行使することができることも明らかである。

　ところで、仮登記担保法19条2項には、「破産財団に属しない破産者の土地等についてされている担保仮登記の権利者については、破産法中同法第108条第2項に規定する抵当権を有する者に関する規定を準用する」と規定されているので、仮登記担保権者は、その土地等を取得してもなお完全な弁済を受けることができなかった債権額についてのみ、破産債権者として破産手続に参加することができる点にも注意すべきである。

　また、民事再生手続における取扱いであるが、仮登記担保法19条3項には、「再生債務者の土地等についてされている担保仮登記の権利者については、民事再生法中抵当権を有する者に関する規定を適用する」と規定され、仮登記担保権者は別除権者（民事再生法53条1項）になることが定められている。そして、民事再生法53条2項には別除権は再生手続によらないで行使することができると定められているので、仮登記担保権者は、民事再生手続によらないでその権利を行使することができる。

　次に、会社更生手続における取扱いであるが、仮登記担保法19条4項には、「担保仮登記に係る権利は、会社更生法又は金融機関等の更生手続の特例等に関する法律の適用に関しては、抵当権とみなす」と規定されており、仮登記担保権者は更生担保権者（会社更生法2条11項・10項）として取り扱われることとなる。そこで、仮登記担保権者は、更生管財人に対して仮登記に基づく所有権の本登記を請求することができず、更生計画に従って、その債権の弁済を受けることができるにとどまるのである。この点は、破産手続や民事再生手続の場合と異なる。

　そして、根担保仮登記の取扱いであるが、仮登記担保法19条5項には、「第14条の担保仮登記は、破産手続、再生手続及び更生手続においては、その効力を有しない」と規定され、根担保仮登記については、破産手続、民事再生手続及び会社更生手続においては何らの効力も有しないこととされている。根担保仮登記の効力を破産手続等で認めた場合、破産に瀕した債務者等に対する債権を廉価で買い集め、この債権の優先弁済を受けることを認めることとなって、他の債権者の利益を害することとなる。

17027 土地又は建物の所有権以外の権利の取得を目的とする担保仮登記の取扱い

問 土地又は建物の所有権以外の権利の取得を目的とする担保仮登記に関する登記については特別な取扱いがあるのか。

結論 土地、建物その他のものの所有権以外の権利（先取特権、質権、抵当権及び企業担保権を除く）の移転又は設定に関する担保仮登記の本登記手続の際、仮登記担保法18条の規定する不動産登記法の特則の適用の余地がないこと以外、土地又は建物の所有権の移転に関する担保仮登記に準じて取り扱われる。

説明 仮登記担保法20条には、「第2条から前条までの規定は、仮登記担保契約で、土地等の所有権以外の権利（先取特権、質権、抵当権及び企業担保権を除く。）の取得を目的とするものについて準用する」と規定され、土地又は建物の所有権以外の権利の取得を目的とする担保仮登記についても、原則として土地又は建物の所有権の移転に関する担保仮登記と同様の取扱いを行っても差し支えないこととされている。ところで、土地又は建物の所有権以外の権利の取得を目的とする担保仮登記については、これを、土地又は建物以外のもの（例えば、工場財団等）の所有権の移転に関する担保仮登記と、土地、建物その他のものの所有権以外の権利（先取特権、質権、抵当権及び企業担保権を除く）の移転又は設定（例えば、地上権の設定、賃借権の移転）に関する担保仮登記の二つに分けて考えることができる。

前者、すなわち土地又は建物以外のものの所有権の移転に関する担保仮登記は甲区に記録され、その本登記の取扱いも土地又は建物の所有権の移転に関する仮登記と異ならないので、担保仮登記に基づく本登記と受戻権の行使による登記の両方について、これと同様に取り扱って差し支えない（昭54.4.21第2592号通達第三の一参照）。

しかしながら、後者、すなわち土地、建物その他のものの所有権以外の権利の移転又は設定に関する担保仮登記については、その本登記手続に不動産登記法109条1項が適用されないことから、昭54.4.21第2592号通達第三の二では、同条の特則である仮登記担保法18条関係を除いて、土地又は建物の所有権の移転に関する担保仮登記に準じて取り扱うこととしている。

17028　租税等の徴収権と仮登記担保権

問　仮登記担保権は、国税・地方税の滞納処分手続においてどのように取り扱われるか。

結論　**仮登記担保と租税債権が競合した場合、仮登記がされた時と租税の法定納期限等との先後によりその優劣を定めるなど、抵当権に準じて取り扱われる。**

説明　仮登記担保は、私法体系においては昭和53年の立法により初めて実定法上の制度とされたのであるが、国税徴収法（以下「徴収法」という）及び地方税法上では既に昭和34年に仮登記担保に関する規定が設けられていた。ただ、当時は仮登記担保を実定法上担保権的に取り扱うという機運が熟していなかったため、仮登記担保の法律上の形式を尊重して物権取得権的に取り扱うこととし、それによって租税債権が不当に害される場合についてのみ手当がされていた。何らの規定もない場合、担保のための仮登記がされていれば、その担保物を滞納処分により差し押さえてもその後に本登記がなされれば結果的に差押えの効力が失われることとなる。そのため、仮登記の時期のいかんにかかわらず担保仮登記により担保される債権は租税債権に優先することとなり、抵当権等の担保権以上の保護が与えられることになってしまう。このような不合理を是正するため昭和34年の徴収法および地方税法の改正で、租税の法定納期限等後に仮登記がされた仮登記担保は、その担保物に対する滞納処分による差押えには対抗できないこととされたのである。なお、この改正では滞納処分による差押えに対抗できない担保仮登記は滞納処分による配当手続においては、その順位に応じて配当を受けるのではなく、いわば所有者である滞納者に代わる地位にある者として、換価財産の残余金の分配を受けるだけとされていた。

　これに対して仮登記担保法では、仮登記担保の、所有権等を取得するという本来の権能は認めつつも、強制競売等の手続においては、仮登記のままでその順位に応じて配当を受けることとし、更に担保仮登記は競売による売却によって消滅することとするなど、一定の場合、仮登記担保を担保権的に取り扱うこととした。

　これに対応して徴収法及び地方税法にあっても、仮登記を担保権的に捉え、

租税債権と競合した際の調整、配当、消滅等に関して、抵当権に準じて取り扱うこととされた。

　具体的には、まず租税債権と仮登記担保とが競合した場合の調整については、法定納期限等と仮登記の時との前後により優劣を定めることとした（徴収法23条、地方税法14条の17）。また、清算金の弁済前に、担保のための仮登記がされている財産が滞納処分により差し押さえられたときは、仮登記担保の権利者は本登記の請求をすることができないこととする（徴収法52条の2）とともに、滞納処分による換価代金等は仮登記担保により担保される債権に対しても仮登記のままで配当することとし、その場合、優先順位については、仮登記担保法13条1項に倣い、仮登記担保をその仮登記の時に設定の登記がされた抵当権とみなしてその順位により配当することとした（徴収法129条）。また、担保のための仮登記がされた財産が滞納処分により換価された場合は、担保のための仮登記に係る権利及び担保のための仮登記に基づく本登記で差押え後にされたものに係る権利は、消滅するものとした（同法124条）。

第 18 章

登録免許税

18001　登録免許税の納付方法

問　登記を受ける者は、登録免許税を納付すべきものとされているが、どのように納付すればよいか。

結論　当該登記につき課されるべき登録免許税の額に相当する登録免許税を国の収納機関（日本銀行、国税の収納を行う日本銀行代理店、郵便局等）に納付し、その領収証書を登記の申請書に貼付して登記所に提出する。例外として、税額が３万円以下の場合その他政令で定める場合には、登録免許税の額に相当する金額の印紙を登記の申請書に貼付して登記所に提出することができる。

説明　登録免許税の納付は、原則として当該登記につき課される登録免許税額に相当する登録免許税を日本銀行、国税の収納を行う日本銀行代理店及び郵便局等の収納機関に納付し、その領収証書を登記の申請書に貼付して登記所に提出する現金納付方式によることとされている（税法21条）。例外として、以下の場合には印紙納付方式（登記の申請書に登録免許税の額相当の収入印紙を貼付して登記所に提出する）により登録免許税を納付することができる。

(イ)　登録免許税の額が３万円以下である場合（税法22条、23条２項、24条の２第１項）

(ロ)　既に登記申請書に貼付された領収証書又は収入印紙による納付税額と登記官の認定価格に相当する税額との差額を納付する場合又は税計算の誤りによる不足額を納付する場合（税法26条３項）

(ハ)　登記所の近傍に収納機関が存在しないため、現金納付の方法によることが困難であると法務局又は地方法務局の長が認めてその旨を当該登記所に公示した場合（税法施行令29条１号）

(ニ)　登録免許税の額のうち３万円未満の端数の部分を納付する場合（税法施行令29条２号）

(ホ)　(ハ)、(ニ)以外で、印紙により納付することにつき特別の事情（例えば、現金納付登記所であることを知らないで登録免許税額相当の収入印紙を購入してしまった場合）があると登記官が認めた場合（税法施行令29条３号）

18002 登録免許税額の端数計算

問 登録免許税額が、課税標準の価額に一定の率を乗じて算出するとされているものについて、その額に端数を生じた場合には、どのように計算すべきか。

結論 **100円未満の端数は切り捨て、また、その価額が1,000円に満たないときはこれを1,000円とする。**

説明 登録免許税が課税標準の価額に一定の税率を乗ずる方法により算出することとされているものにつき、その額に100円未満の端数があるときは、その端数金額はこれを切り捨てることとされている（国税通則法119条1項）。したがって、例えば、課税標準の金額に所定の税率を乗じて計算した金額が3,580円である場合の当該登記につき課税される登録免許税額は、3,500円となる。

また、課税標準の価額に一定の税率を乗ずる方法により算出する場合の最低税額は1,000円とされているので（税法19条）、その価額が895円又は370円等である場合における当該登記につき課税される登録免許税額は、共に1,000円となる。

18003 登録免許税の納付義務者

問 抵当権設定の登記を申請する場合の登録免許税は、登記権利者、登記義務者のいずれが納付すべきか。

結論 **登記権利者、登記義務者の双方が納付義務を負う。**

説明 登録免許税法3条は「登記等を受ける者は、この法律により登録免許税を納める義務がある」と規定し、納税義務者の明確化を図っている。すなわち、登記を受ける者は、同法により登録免許税を納める義務があり、この場合において、当該登記を受ける者が2人以上あるときは、これらの者は連帯して登録免許税を納付する義務を負う。したがって、当該申請行為が単独申請の場合、例えば、所有権の保存の登記や登記名義人の氏名若しくは名称又は住所についての変更の登記等の場合の登録免許税は、当該申請人が納付義務者となるが、本問の抵当権設定の登記のように、登記権利者と登

記義務者の共同申請による場合には、その登録免許税の納付義務は誰が負担するかは登録免許税法上も明確でない。しかし、同法4条において「……に掲げる者が自己のために受ける登記……」と規定され、同法3条の「登記等を受ける者」と書き分けていることから考えれば、共同申請の場合には、登記権利者及び登記義務者の双方に納税義務があるものと解する。もっとも、当事者間の契約により登録免許税の実質上の負担者又はその負担割合を定めることは自由であることはいうまでもない。

18004 登録免許税の課税標準価額の認定に対する不服の申立方法

問 登記官は、登記申請人の申告に係る課税標準価額について認定権があるといわれているが、この認定価額を不服とする場合には、どんな救済方法があるか。

結論 国税不服審判所長に対し、審査請求をすることができる。

説明 登録免許税法2条によれば、「登録免許税は、別表第一に掲げる登記……について課する」と規定し、不動産に関する登記を受ける者が納付すべき登録免許税については、同法別表第一において受けるべき登記の種類により課税標準及び税率が定められている。ところで、登記に対して課税される登録免許税の納付義務は登記を受けるときであり（同法27条1項）、その税額の確定は、納税義務の成立と同時に特別の手続を要しないで客観的に確定する国税である（国税通則法15条3項5号）。したがって、登録免許税の課税標準価格も確定しているのだから、登記官が課税標準価格を認定する余地はないとも考えられよう。しかし、登録免許税法26条は「登記機関は、登記等の申請書（略）に記載された当該登記等に係る登録免許税の課税標準の金額……国税に関する法律の規定に従っていなかったとき、その他当該課税標準の金額……がその調査したところと異なるときは、その調査したところにより認定した課税標準の金額……を当該登記等を受ける者に通知するものとする。……」と規定しているところから、登記官は、登録免許税の課税標準価額の認定権を有していると解される。そして、登記官は、登記の申請情報に記載された課税標準の価額を相当と認めた場合はこれを受理（登記）し、不相当と認めたときは、自ら相当とする価額を認定し、これを申請人に通知（書面又は口頭

による）するものとされる。

　そこで、認定告知処分を不服とする場合の救済方法として、審査請求の制度が設けられている。すなわち、国税通則法75条1項3号の規定によれば、国税庁、国税局、税務署及び税関以外の行政機関の長又はその職員がした処分について不服のある者は、国税不服審判所長に対して審査請求をすることができることとされ、この審査請求は、同法77条1項の規定によりその処分があったことを知った日の翌日から起算して3月以内にしなければならないものとされている。

　不動産に関する登記の登録免許税は、一応申請人の申告した課税標準の価格によって課税されるが、登記官がその申告価額を不相当と認めたときは、登記官が不動産の価格を認定し、その旨を申請人に告知することとなる。この場合、申請人が、遅滞なく、登記官の認定価額に相当する税額と申告価額に相当する税額との差額を納付しないときは、当該登記の申請は却下される（不登法25条12号）。したがって、この場合、登記官の認定価額を不当とする者は、申請に係る不動産の価格の認定処分をした登記官の所属する登記所の所在地を管轄する国税不服審判所長に対し、請求人の氏名、年齢及び住所、審査請求に係る処分、処分のあったことを知った年月日、請求の趣旨及び理由等を記載した審査請求書を提出し、その審査請求に基づく裁決の結果、確定した不動産の価格を課税標準価額として算出した登録免許税額を納付し改めて登記を申請することになる。

　登記官の認定価格を不当とするけれども、登記の優先順位を保持したい場合には、登記官の認定価額と申告価額との差額に相当する税額を納付して登記を受けるとともに、一方において、審査請求をすることもできる（国税通則法75条1項）。この場合において、審査請求に基づく裁決の結果、登記官の認定処分の全部若しくは一部が取り消されたときは、当該取り消された認定価額に相当する登録免許税は、過誤納として還付される（同法56条）。

　さらに、審査の請求に対する国税不服審判所長の裁決になお不服がある場合には、裁判所に出訴し得る（国税通則法114条）。

18005　登録免許税の還付請求の手続

　問　　登録免許税の還付を受けるのはどんな場合か。また、その請求手

続はどのようにすべきか。

結論 登録免許税の還付は、過誤納の場合と登記申請の却下、取下げ（再使用証明をしたときを除く）の場合であり、還付手続は、登記官が職権で申請人の住所地を管轄する税務署長に還付通知をすることによって行われる。

説明 登録免許税の還付は、以下の各号のいずれかに該当する場合になされる（税法31条1項・5項）。

(イ) 登記の申請が却下された場合（却下と同時に、申請書に貼付し使用済みの旨の記載がされた現金領収証書又は印紙で使用済みの旨の記載若しくは消印がされたものをその登記所における登記について当該却下の日から1年以内に再使用したい旨の申出をなし、当該現金領収証書又は印紙につき再使用することができる証明を得た場合を除く。）

(ロ) 登記の申請を取り下げた場合（取下げと同時に、申請書に貼付し使用済みの旨の記載のされた現金領収証書又は印紙で使用済みの旨の記載又は消印がされたものをその登記所における登記について当該取下げの日から1年以内に再使用したい旨の申出をなし、当該現金領収証書又は印紙につき再使用することができる旨の証明を得た場合を除く。）

(ハ) 過大に登録免許税を納付した場合

(ニ) 再使用証明を無効とし、当該再使用証明に係る現金領収証書の記載金額又は収入印紙の合計券面金額に相当する登録免許税の還付を受けたい旨の申出をした場合

この(イ)から(ハ)までに該当する事実があるときは、登記官は、遅滞なく、当該登記の申請人の住所地（法人の場合は、主である事務所の所在地）を管轄する税務署長に対し一定の事項を記載した還付通知書を送付することとされている（税法31条1項、税法施行令31条1項）。この通知を受けた税務署長は、登記申請人からの還付請求を待つことなく、国税通則法56条から58条までの還付、充当及び還付加算金の規定により還付手続を実行する。したがって、登記申請人からは改めて還付請求の手続をする必要はない。しかし、登録免許税の過誤納の場合は、事柄の性質上登記官がその事実を早期に発見することが困難であるところから、登記を受けた者に対しても登記を受けた日から1年を経過する日までに登録免許税法31条1項の通知をなすべき旨を登記官に対し請求できることとし（同条2項）、速やかに過誤納額を還付する方策が講ぜられている。した

がって、この請求は、登記官に対し還付通知をすることを促すためのものであるから、この請求が登録免許税の過誤納金の還付手続の前提手続となるものではなく、請求がなくても、登記官がその事実を知ったときは、自発的に還付通知をすることになる。

次に㈡の申出をした場合であるが、この場合もその申出を新たな登記申請の却下又は取下げとみなし、登記官は、申請人の納税地の所轄税務署長に対し還付通知をすることとされており（税法31条5項）、この還付通知に基づき、所轄税務署から、再使用証明を受けた現金領収証書の記載金額又は収入印紙の合計券面額を現金で還付を受け得ることとなる。

18006 登記申請の一部取下げと登録免許税の還付

問 同一の債権を担保するため、数個の不動産に抵当権を設定し、その登記を同一の申請書で申請したところ、そのうち1個の不動産に関しては、所有者が異なるため、その申請を取り下げた。この場合、取り下げた1個分に相当する登録免許税は還付されるか。

結論 **抵当権設定の登記の登録免許税は、原則として当該抵当権によって担保される債権金額又は債権の目的物の価額に1,000分の4の税率を乗じて計算した金額であるから、一部取下げがあっても、その登録免許税は変わらないので、還付されることはない。しかし、当該登記の申請が登録免許税法13条2項の規定に該当する場合は、登録免許税1,500円が還付される。**

説明 管轄を同じくする数個の不動産に対し、同一の債権を担保するため抵当権を設定し、その登記を同一の申請書で申請する場合の登録免許税は、不動産の個数に関係なく一の抵当権の設定登記とみなして債権金額に1,000分の4の税率を乗じて計算した金額であり（税法13条1項、別表第一の一（五））、また、管轄を異にする数個の不動産につき、同一の債権を担保するため抵当権を設定し、最初にその登記の申請をする登記所において納付する登録免許税額もこれと同様である。したがって、この両者の場合には、たとえ申請の一部が取り下げられたときでも登録免許税は還付されない。

しかし、同一の債権のため管轄を異にする数個の不動産に抵当権を設定し、その登記を申請する場合において、その抵当権の設定登記の申請が最初の申請

以外のものである場合、又は既に設定登記を受けている抵当権の追加担保として更に1個又は数個の不動産につき抵当権の設定登記を受ける場合の登録免許税は、既に同一債権のため抵当権の設定の登記を受けたことを証する書面（前登記証明書（準則125条2項）、同一債権を担保する抵当権等に係る登記を既に受けた旨の記載のある登記事項証明書（同条1項）等）を当該登記の申請書に添付したときに限り、不動産の個数1個につき1,500円である（税法13条2項、税法施行規則11条）。したがって、当該抵当権の設定登記の申請が登録免許税法13条2項の規定に該当するものである場合に限り、不動産1個分の登録免許税が還付されることとなる。

18007　登記申請の取下げの場合の再使用証明

問　申請を取り下げた場合、申請書に貼付した収入印紙（又は現金領収証書）の再使用証明手続は、どのようにすればよいか。

結論　登記申請の取下げと同時に再使用証明申出書を登記所へ提出して証明を受けることになる。

説明　登記官は、登記申請人から登記申請の取下げと同時に、当該登記の申請書に貼付された登録免許税の現金領収証書又は印紙で使用済みの旨の記載又は消印済印紙をその登記所において、取下げの日から1年以内に再使用したい旨の申出があったときは、当該現金領収証書又は印紙について、再使用できる旨の証明をして申請人に還付することとされている（税法31条3項、税法施行令31条2項）。したがって、登記の申請を取り下げる場合において、当該登記の申請書に貼付された消印済印紙等を再使用したい場合は（再使用の必要がない場合は、登記申請の取下げのみでよく、この場合登録免許税は現金にて還付される）、登記所に備付けの「再使用証明申出書」に所要の事項を記載し、取下書と同時に登記所へ提出すればよい。なお、この証明を受けた現金領収証書又は印紙は同一の登記所において1年以内に限り再使用することができる。

なお、再使用証明を受けた者は、証明に係る現金領収証書又は印紙を再使用する必要がなくなったときは、再使用証明後1年を経過した日までに再使用を無効とするとともに現金で還付を受けたい旨を当該証明をした登記所に申し出ることができる（税法31条5項）。この申出書には、税法施行令32条3項各号に

定める事項を記載し、かつ、再使用証明に係る現金領収証書又は印紙を添付しなければならない。この申出があった場合、登記官は、登録免許税法31条1項の規定により所轄税務署長に対し還付通知をする（同条5項）。

18008 山林を目的とする権利の登記の登録免許税

問 山林について登記を受ける場合は、その登録免許税の課税標準価額たる不動産価格は、立木の価格も含めて算定されるか。

結論 立木の価格を含まない。

説明 従来、山林を目的とする権利に関する登記の登録免許税については、「土地及立木併算ノ価格」を課税標準価格とする取扱いによるべきものとされていた（明27.11.30第1047号回答）。しかし、このような課税標準価格の認定は、山林以外の不動産に関する課税標準価格の認定の取扱いと比較した場合、甚だ不均衡であり（例えば、茶畑、桑畑等にあっては、従来土地の上に成育する茶の木、桑の木の価格は、土地の価格に加算されない）、昭34.10.6第2172号通達によって取扱いが改められ、「当該山林の立木産出の可能性の有無大小は土地の評価に関係することもちろんであるが、現に成育している立木の価格を土地の価格に算入すべきでない」とされるに至った。例えば、普通一般の山林売買では、(イ)土地と分離して立木のみを売買する場合、(ロ)土地と立木とを合わせて売買する場合、(ハ)立木を除き土地のみを売買する場合など、内容的に差異が存するため、山林の価格の算定についても少なからざる差異を生じている。

また、地目、地積、地形及びその他立地の客観的条件が全く同一の隣地2個の山林について見るに、一方の山林には10年生のひのきが成育し、他方の山林には40年生のひのきが成育している場合は、この2個の山林の価格は成育するひのきの価格を加算するかどうかで差異を生ずるのは当然だが、土地そのものの価格を考えた場合には差異はないが、土地の価格に立木の価格を加算すると10年生のひのきの価格と40年生のひのきの価格の差異が、土地の価格にも差異を生じさせる要因となる。このようなことは、現に成育する立木の価格によって土地の価格が左右されることになり、価格認定の普遍的妥当性を失わせることとなる。

したがって、土地と建物との登録免許税が全く各別に取り扱われるのと同様

に、山林についても土地と立木とを登録免許税法上各別の不動産として取り扱うのが、より我が国の慣行に合致し、普遍性があるといってよい。

なお、田畑については作物の収穫量を加算しない取扱いがされているし、畳、建具の価格は建物の登録免許税の課税標準価格に算入しないとする昭30.10.19第2211号回答、及び土地建物に備え付けられている機械器具は登録免許税の課税標準価格に算入しないとする昭31．6．14第1273号通達などが存する。

18009 建物の価格と課税標準の範囲

問 建物の価格を課税標準として登録免許税を納付することとされている登記を申請する場合、畳、建具等の価格は建物の価格に含まれるか。

結論 畳、建具等の価格は、建物の価格には含まれない。

説明 所有権の保存の登記、所有権の移転の登記及び地上権、永小作権、賃借権又は採石権の設定、転貸又は移転の登記を申請する場合には、当該不動産の価格を課税標準の価格とし、これに一定の税率を乗じて計算した額の登録免許税を納付しなければならないこととされているが（税法別表第一の一の（一）～（三））、この不動産が建物である場合は、雨戸及び出入口又は部屋の戸扉は、建物の一部を構成するものだから、これらの価格は、この課税標準価額に算入すべきであろうが、従物である畳、建具は、独立の動産である性質を失わず、登記すべき権利の目的となるものではなく、したがって、これらの物の価格は、建物の価格に算入すべきでない（昭30.10.19第2211号回答）。

18010 工場抵当法2条の抵当権設定の登記の登録免許税の納付方法

問 工場抵当法3条の規定により、機械器具目録を提出して同法2条の抵当権設定登記を受ける場合において、抵当権の目的である不動産の価格が債権金額より少ないときでも、債権金額を課税標準価額としその価格に1,000分の4を乗じて計算した額の登録免許税を納付しなければならないか。

結論 納付しなければならない。

説明 抵当権の設定の登記の登録免許税の課税標準は、全て債権金額（一定の債権金額のないものについては、登記の時における債権の価額をもって債権金額とみなすことにされている）によることとされている（税法別表第一の一の（五））。したがって本問の場合は、債権金額の1,000分の4の税率を乗じて計算した額を登録免許税として納付することになる。

18011 課税標準価額の認定基準時

問 数年前に売買契約を締結し、現在その登記を申請する場合の登録免許税の課税標準は、売買契約当時の不動産の価格か、それとも現在の価格か。

結論 登記申請時の不動産の価格である。

説明 不動産の価格を課税標準として登録免許税が課されるべき登記（税法別表第一の一の（一）〜（三）、（十）〜（十二）の二(1)、（十二）の二(3)及び（十二）ホ）を申請する場合の不動産の価格は、当該登記を受ける時の価格によるとされている（同法10条1項）。したがって、本問の場合の登録免許税の課税標準は、売買契約当時の不動産の価格によるのでなく、登記を申請する時の価格によることになる。

18012 住宅用家屋を取得した場合における租税特別措置法の適用

問 住宅用家屋を取得した場合、租税特別措置法は適用されるか。

結論 一定の条件を満たしたときは、適用される。

説明 登録免許税を軽減するため登録免許税の特例の規定が租税特別措置法に設けられている。すなわち、同法の適用がある登記を申請する場合には、同法施行規則に定める証明書を添付したときは、登録免許税法9条の規定にかかわらず、登録免許税の税率が軽減される。なお、租税特別措置法の趣旨から、軽減の規定が適用される期間が定められている。

個人が住宅用家屋を取得した場合における同法による登録免許税の軽減措置は、以下のとおりである。

(1) 住宅用家屋の所有権の保存登記の税率の軽減措置

　昭和59年4月1日から平成32年3月31日までの間に新築された住宅用家屋については、当該家屋を新築した個人が受ける所有権の保存の登記に限らず、建築後使用されたことのない住宅用家屋を取得した個人が当該家屋を居住の用に供した場合の当該個人が受ける所有権の保存の登記については、当該住宅用家屋の新築又は取得後1年以内に所有権の保存の登記を受けるときに限り、その税率は1,000分の1.5である（租税特別措置法72条の2）。

　ただし、この軽減措置を受けることのできる建物は、(イ)専ら当該個人の住宅の用に供される1棟の家屋（隣接する2棟以上の家屋を共に当該住宅の用に供する場合には、これらの全ての家屋）で床面積の合計が50平方メートル以上であるもの、(ロ)建築基準法で規定する耐火建築物若しくは準耐火建築物に該当する家屋又は一団の団地（その面積が1,000平方メートル以上であるもの）に集団的に新築された家屋（地上階が3階以下であるもの）で同法で規定する耐火建築物若しくは準耐火建築物に準ずる耐火性能を有するものとして国土交通大臣の定める基準に適合するものである。区分所有建物の専有部分を個人が区分所有する場合には、専ら当該個人の住宅の用に供する専有部分で、その床面積が50平方メートル以上のものであることが必要であり、また、その旨を、当該個人の申請に基づき当該家屋の所在地の市区町村長が証明したものであることが必要である（租税特別措置法施行令41条、同法施行規則25条）。

(2) 住宅用家屋の所有権の移転登記の税率の軽減措置

　個人が、昭和59年4月1日から平成32年3月31日までの間に、建築後使用されたことのない住宅用家屋又は建築後使用されたことのある住宅用家屋を取得し、当該個人の用に供した場合は、これらの住宅用家屋の所有権の移転の登記を取得後1年以内に受けるときに限り、当該登記に係る登録免許税の税率は1,000分の3である（租税特別措置法73条）。

　ただし、この場合において、取得した住宅用家屋が建築後使用されたことのないものである場合は、租税特別措置法施行令41条に規定する所有権の保存の登記の税率の軽減の適用条件に該当する建物である旨の証明書が必要である（同法施行規則25条の2第1項1号）。また、取得した住宅用家屋が建築後使用されたことのあるものである場合は、当該建物の新築が取得日以前15年以内（ただし、建物登記簿に記載された建物の主である部分の構成材料が鉄骨造、鉄筋コンクリート造、鉄骨鉄筋コンクリート造、石造、れんが造、コンクリートブロック造

であるものは25年以内)のものであることを要し、その旨の市区町村長の証明書が必要である(租税特別措置法施行令42条、同法施行規則25条の2)。

(3) **住宅取得資金の貸付等に係る抵当権の設定登記の税率の軽減措置**

　個人が、昭和59年4月1日から平成32年3月31日までの間に住宅用家屋を新築(当該期間内に家屋につき増築し、当該増築後の家屋が住宅用家屋に該当する場合の当該増築を含む)し、又は建築後使用されたことのない住宅用家屋若しくは建築後使用されたことのある住宅用家屋を取得し、当該個人の居住の用に供した場合において、これらの住宅用家屋の新築若しくは取得をするための資金の貸付(貸付に係る債務の保証を含む)が行われたとき、又は賦払いの方法によりその対価の支払が行われるときは、その貸付に係る債権(当該保証に係る求償権を含む)又はその賦払金に係る債権を担保するために受けるこれらの住宅用家屋を目的とする抵当権の設定の登記に係る登録免許税の税率は、当該新築又は取得後1年以内に登記を受けるものに限り、1,000分の1である(租税特別措置法75条)。

　ただし、この場合には、当該新築又は取得に係る家屋が租税特別措置法72条の2又は73条の規定により所有権の保存又は移転の登記の税率軽減対象家屋であることを要し、その旨の証明書の添付を必要とする(同法施行令42条の2の3、同法施行規則27条)。

(4) **市区町村長の住宅用家屋証明書**

　住宅用家屋の所有権の保存の登記等につき登録免許税の軽減措置を受ける場合には、前記のとおり、当該家屋の所在地の市区町村長の証明書を登記申請書に添付しなければならない。これは、所有権の保存の登記等に係る家屋が租税特別措置法72条の2ないし74条に該当するか否かの実質的判断は市区町村長が行うことを意味する。

　なお、登録免許税の軽減措置は、当該登記のときに限り行われるのであるから、登記申請時に証明書を添付せず本則の税率で登録免許税を納付した後、後日当該証明書を提出して登録免許税の還付を請求することはできない。

18013　敷地権の表示がされた区分建物の権利に関する登記の登録免許税

問　敷地権の表示がされた区分建物について権利に関する登記をする

場合の登録免許税の課税対象は建物のみでよいか。

結論 その権利に関する登記が、敷地権についても、建物と同一の登記原因による相当の登記となっている効力を有するときは、敷地権と建物の双方に対し登録免許税が課せられる。

説明 敷地権の表示がされた区分建物について所有権に関する登記で、建物のみに関するものである旨の付記がないものについては、その登記は敷地権についても同一の登記原因による相当の登記としての効力を有するものとされている（不登法73条１項）。これは、所有権以外の、一般の先取特権、質権又は抵当権に関する登記についても同様である（同項）。

区分建物の敷地権の目的である土地については、特別の登記は行わないが、この規定によって登記の効力は敷地権にも及ぶこととなる。すなわち、敷地権についても建物と同じ登記を受けたこととなり、登記の対抗力等の利益も享受するのである。したがって、この場合には敷地権についても登録免許税を納付すべきであり、従来の取扱いと基本的には異ならない。

なお、前記の場合において、この登記が、登記名義人の氏名若しくは名称又は住所についての変更の登記等、不動産の個数を課税標準とするものであるときには、敷地権の表示を登記した建物の個数及び敷地権の目的である土地の個数の合計数により登録免許税を算定する。

また、特殊な例として不動産登記法74条２項の所有権の保存の登記の場合には、建物については所有権の保存の登記の税率である1,000分の４を、土地については敷地権の種類により所有権の移転若しくは地上権又は賃借権の移転の登記の税率をもって算定する。

そして、国税通則法118条１項及び119条の端数の処理については、例えば建物と敷地権を一体として売買するように税率が同じ場合には、双方合算した価額について1,000円未満の端数を切り捨て、それに税率を乗じその額につき100円未満の端数切捨処理を行う。また、不動産登記法74条２項の所有権の保存の登記のように建物と敷地権についての税率が異なる場合には、建物及び敷地権の価額のそれぞれにつき別個に1,000円未満を切り捨てた上で、それぞれの税率を乗じこれらの価格を合算した額を確定額とし、それに対し100円未満の切捨ての処理を行うこととなる。

18014 同一の債権を担保するための税率を異にする抵当権の登記又は登録と登録免許税の納付方法

問 工場財団（又は登録自動車）と建物の共同抵当権を設定した場合、登録免許税はどのように納付すればよいか。

結論 税率の低いものから先に登記を申請する方がよい。

説明 税率を異にする数個の不動産または権利を共同抵当とする抵当権を設定し、その登記を受ける場合の登録免許税の納付方法は以下のとおりである。

(1) 管轄登記所が同一の場合

　同一の登記所の管轄に属する不動産等につき、同一の債権を担保するため抵当権を設定し、その設定の登記を同時に申請するときは、その設定の登記は一つの抵当権の設定の登記とみなされ、この場合において、登記の目的となっている権利の種別により登録免許税の税率が異なるときは、その最も低い税率をもって当該登記の登録免許税の税率とすることとされている（税法13条1項）。したがって、同一の債権を担保するため、税率を異にする不動産と工場財団に抵当権を設定し、その登記の申請を同時に申請するときの登録免許税の税率は、不動産に関する抵当権の設定の登記については債権金額の1,000分の4であり、工場財団に関する抵当権の設定の登記については債権金額の1,000分の2.5であるから、この場合は債権金額に1,000分の2.5を乗じて計算した額を納付することになる。

(2) 管轄登記所が異なる場合

　管轄を異にする数個の不動産等につき、同一の債権を担保するため抵当権を設定し、その登記を受ける場合には、最初に登記を申請する登記所において所定の登録免許税を納付し、2回目以降の登記を申請する登記所では、その登記の申請書に既に同一債権について登記を受けたことを証する書面（登記識別情報通知書、登記事項証明書又は前登記証明書（準則125条2項））を添付したときに限り、不動産又は工場財団の個数1個につき1,500円の登録免許税を納付することになる（税法13条2項、税法施行規則11条）。例えば、甲登記所管内のA工場財団と乙登記所管内のB・Cの不動産につき、同一の債権を担保するため抵当権を設定し、その登記を申請する場合は、A工場財団とB・C不動産の管轄

登記所が異なるので、登録免許税法13条1項の規定の適用はないこととなる。したがって、本問の場合は、甲登記所において債権金額に1,000分の2.5の税率を乗じて計算した額の登録免許税を納付して抵当権の設定の登記を受け、次いで乙登記所管内のB・Cの不動産に関する抵当権の設定の登記の申請書に前述した前登記証明書等を添付し、登録免許税3,000円（B・Cの不動産の個数2個分）を納付して登記を申請する方法による方が、最初に乙登記所、次いで甲登記所の順（この場合は、債権金額に1,000分の4を乗じて計算した額と工場財団の個数1個分の登録免許税額を納付する）に登記を申請するより有利である。

次に、同一債権を担保するために登録自動車と不動産とを目的とする抵当権の設定を受ける場合にも、自動車の登録官庁においてまず抵当権の登録を受け、次いで不動産の管轄登記所に抵当権の設定の登記を申請すればよい。この場合、当該登記の申請書に登録免許税法13条2項に規定する財務省令で定める書類を添付しなければ、債権金額を課税標準として1,000分の4の税率を乗じた額の登録免許税を納付しなければならない。

18015 追加担保による抵当権設定登記の登録免許税の納付

問 抵当権の設定の登記後、同一債権の追加担保として他の不動産について抵当権の設定の登記をする場合には、改めて登録免許税を納付しなくてもよいか。

結論 不動産1個につき1,500円の登録免許税を納付する。

説明 1個又は数個の不動産の設定登記を受けた後において、さらに同一の債権のため、他の1個又は数個の不動産につき抵当権の設定をなし、その登記を受ける場合において、その登記の申請書に既に同一の債権につき抵当権の設定の登記を受けている旨を証する財務省令で定める書類（登記識別情報通知書、登記事項証明書、前登記証明書（準則125条2項））を添付したときに限り、申請に係る不動産の個数1個につき1,500円の登録免許税を納付すればよいのである（税法13条2項）。

なお、前記の「前登記証明書」等は、追加担保として抵当権を設定した不動産等の管轄登記所と、前に抵当権の設定の登記を受けた不動産の管轄登記所とが異なる場合には添付を要するが、同一の登記所の管轄に属する不動産等を追加担保として抵当権を設定し、その登記を申請する場合は、当該登記の申請情

報の内容として前の登記に係る所在、地番又は家屋番号及び順位番号事項を記載することとされており（登記令別表五十五の項申請情報欄ハ）、当該登記の申請が同一の債権のための抵当権の設定であることが登記官において明らかであるため、特にこの書類を添付することを要しない。

18016 根抵当権と租税特別措置法75条の適用の有無

問 租税特別措置法75条の規定により、登録免許税の軽減措置が採られている抵当権の登記には、根抵当権の登記も含まれるか。

結論 根抵当権の登記は含まれない。

説明 租税特別措置法75条の趣旨は、住宅建築のための資金を借り受けた適用家屋所有者が、その債務を担保するために当該新築（又は増築）家屋を目的として設定した抵当権の登記の登録免許税を軽減し、債務者である適用家屋所有者の負担を軽減することであるから、抵当権の被担保債権は、住宅増築資金のための貸付に係るものでなくてはならない。したがって、根抵当権を設定しても、その被担保債権は、根抵当取引によって生ずる一定の範囲の不特定多数の債権であるから、たとえその多数の債権の一つとして住宅建築資金の用途に供されたものがあるとしても、根抵当取引による全債権を担保すべき根抵当権の登記についてまで、軽減措置の適用があると解することはできない。なお、既存住宅の取得のためにする抵当権の設定の登記についても同様である。

18017 抵当権の移転の登記の登録免許税

問 一部弁済により債権金額が減少している場合、抵当権の移転の登記の登録免許税の課税標準である債権金額は減少後の残存債権額か、それとも登記記録に記録されている債権額か。

結論 登記記録に記録されている債権金額が課税標準となる。

説明 抵当権の移転の登記の登録免許税の課税標準は、債権金額によることとされているが（税法別表第一の一の（六））、この債権金額は、登記記録に登記されている債権金額をいい、債権の一部弁済後の残存債権額をいうのではない。もしも残存債権額であるとするならばその旨が法文上

明確にされていなければならないし、また、現行登記制度上登記官が課税標準である残存債権額を把握することが困難だからである。したがって、本問の場合は、一部弁済を登記原因として債権額減少の変更登記の申請をなし、登記記録上の債権金額を残存債権額に変更し、しかる後、抵当権の移転の登記を申請するのでなければ残存債権額を課税標準とすることはできない。

18018 根抵当権の極度額の変更の登記の登録免許税

問 根抵当権の極度額の増加による変更の登記を申請する場合の登録免許税額はいくらか。

結論 **増加部分を課税標準とし、これに1,000分の4の税率を乗じて計算した額の登録免許税を納付する。**

説明 本問の場合は、登録免許税法12条1項の規定により増加する部分の極度額についての根抵当権の設定の登記とみなされ、その増加額を課税標準とし、それに1,000分の4の税率を乗じて計算した額の登録免許税の納付を要する。

なお、数個の不動産につき同一債権のための根抵当権の設定の登記を受けている場合において、その極度額の増加による根抵当権の変更の登記を申請する場合は、当該登記の申請が最初の申請以外であるときは登録免許税法13条2項の規定の適用がある。すなわち、管轄を異にする登記所においても受ける場合にはその登記所では権利の件数1件につき1,500円で足りる。

18019 表示登記と登録免許税の要否

問 不動産の表示に関する登記は登録免許税を要するか。

結論 **所有権の登記のある「土地の分筆又は建物の分割若しくは区分による登記事項の変更の登記」及び「土地又は建物の合併による登記事項の変更の登記」以外の土地又は建物の表示に関する登記を受ける場合には、登録免許税を納付する必要はない。**

説明 昭和35年法律第14号による法改正前においては、不動産の表示の変更登記が、原則として当事者の任意の申請によってなされていたことから、登録税は全て課税されていたのであるが、改正後、すなわち

登記簿・台帳一元後の表示に関する登記は、原則として当事者にその申請義務を課しているところから、所有権の登記のある建物についての床面積の増加の登記を除き、課税されなかった。現行の登録免許税法になってからは、この床面積の増加の登記も非課税とされたが、新たに所有権の登記のある不動産についての分筆、分割、区分又は合併による表題部の変更の登記について課税されることとなった。これらの登記は、当事者の任意の申請によることとされ、その申請が専ら申請人の利便のためにされるものであることなどのほか、これらの登記についての登記所における手続が、他の課税対象とされている登記事項に比し複雑な事務処理を必要とし、これについて課税しないことは、他の課税対象登記事項とのバランスが取れないため、新たに課税することになったものであろう。以下、これらの登記の登録免許税について説明する。

(イ)　所有権の登記のある土地の分筆又は建物の分割若しくは区分による登記事項の変更の登記とは、一筆（個）の土地又は建物を分けて数筆（個）の土地又は建物とする登記をいうのであり、建物の区分とは、一棟の建物に属する建物の部分で区分所有権の目的となっているものがあるときは、登記記録上その部分ごとに分けて区分建物の登記をすることをいう。これらの分筆等の登記は、その登記がなされて初めてその効果が生じるものである。

　　この登記を受ける場合の登録免許税は、税法別表第一の一の（十三）のイの規定により、分筆又は分割若しくは区分された後の不動産の個数1個につき1,000円である。なお、分筆された後とは分筆後の状態、すなわち、一筆の土地を二筆に分筆した場合には、二筆を指し、したがって登録免許税の額は常に2,000円を下ることはないわけである。

(ロ)　所有権の登記のある土地又は建物の合併による登記事項の変更の登記とは、数筆（個）の土地又は建物を一筆（個）の土地又は建物とする登記をいうのである。なお、不動産登記法41条において合筆をなし得ない場合を規定しているが、その趣旨は、合筆後の土地の一部につき権利に関する登記が存続するような結果となる合併は、一不動産ごとに一登記用紙を備えて、それを1個の物権の目的として登記するという建前に反することになるからである。なお、建物についても同法56条に同趣旨の規定がある。

　　この登記を受ける場合の登録免許税は、税法別表第一の一の（十三）のロの規定により、合併後の不動産の個数1個について1,000円とされている。例えば、所有権の登記のある土地数筆を合筆して一筆の土地とした場合に

は、1,000円を納付すればよいこととなる。

次に規則108条又は135条の規定により、甲地を分割してその一部を乙地に合併する場合の登記あるいは甲建物又はその附属建物を分割又は区分して、これを乙建物の附属建物として合併する登記を受ける場合の登録免許税は、分割及び合併の結果、合併後の不動産の個数を2個として2,000円を納付すべきである。

18020 抵当権の債権額の更正登記の登録免許税

問 抵当権の債権額の更正の登記を申請する場合の登録免許税額は、いくらか。

結論 **更正後の債権額が更正前の債権額より少ない場合には、不動産1個ごとに1,000円であるが、更正の結果債権額が増加する場合には、増加分を課税標準とし、これに1,000分の4の税率を乗じて計算した額の登録免許税を納付する。**

説明 本問の場合、更正後の債権額が更正前の債権額より少ない場合には、不動産の個数1個につき1,000円でよいが（税法別表第一の一の（十四））、更正の結果債権額が増加する場合は、増加額についての抵当権の設定の登記とみなされるので、増加額を課税標準として、これに1,000分の4の税率を乗じて計算した額の登録免許税を納付する（税法12条、別表第一の一の（五））。

なお、その登記の錯誤が登記官の過誤に基づく場合、例えば、申請情報に70万円と記載されているにもかかわらず、誤って登記記録に50万円と記載されていることが、当該登記の申請情報により明らかである場合には、登記官は、法務局長（又は地方法務局長）の許可を得て、職権で更正の登記をすることになる。しかし、申請の当事者が申請することもでき、この場合には、登録免許税は免除される（税法5条12項）。

18021 債務更改の場合の抵当権変更の登記の登録免許税

問 民法518条により不動産の担保を新債務に移した場合において、その登記を申請するには、登録免許税法別表第一の一の（五）に

より抵当権の設定の登記の登録免許税を納付すべきか。

| 結論 | 権利の変更の登記として、登録免許税法別表第一の一の（十四）により不動産の個数１個につき1,000円を納付する。

| 説明 | 民法518条の規定により不動産を目的とする抵当権を更改によって新債務に移した場合の登記は、抵当権の変更の登記であるから、抵当権の設定の登記として登録免許税を納付すべきでなく、権利の変更の登記として、不動産の個数１個につき1,000円の割合による登録免許税を納付すればよい（税法別表第一の一の（十四）。昭30.7.18第1499号通達）。

18022　民法375条の利息についての特別登記の登録免許税

| 問 | 民法375条１項ただし書の規定による特別の登記は、登記上利害の関係を有する第三者がある場合、その者の承諾を証する情報を添付しないときは主登記により、その他の場合には、付記登記によるものとされているが、この登記を申請するには、付記登記、主登記のいずれによる場合でも特別の登記により担保されるべき利息を債権金額とし、登録免許税法別表第一の一の（五）により登録免許税を納付しなければならないか。

| 結論 | **登録免許税法12条１項の規定により、本問の特別の登記は、抵当権の設定の登記とみなされるので、利息額を課税標準として、それに1,000分の4を乗じて計算した額の登録免許税を納付しなければならない。**

| 説明 | 「特別の登記」の性質は権利の変更の登記の一種であると解されている（昭27.4.8第396号通達）。したがって、民法375条１項ただし書の規定による「特別の登記」は、権利の変更の登記ではあるが、登録免許税法上は、同法12条１項の規定により「先取特権、質権又は抵当権につき工事費用の予算金額、債権金額又は極度金額を増加する登記又は登録は、その増加する部分の工事費用の予算金額、債権金額又は極度金額についての先取特権、質権又は抵当権の保存又は設定の登記又は登録とみなして、この法律の規定を適用する」こととされているので、本問の場合には、利息額を課税標準として、これに1,000分の4の税率を乗じて計算した額の登録免許税を納付することになる。

18023 共有持分についての抵当権を不動産全部に及ぼすための変更登記の登録免許税

問 甲・乙共有の不動産につき、甲の持分について抵当権の設定の登記がなされた後、甲が乙の持分所有権を取得し、単独所有となったことによる当該抵当権の効力を不動産全部に及ぼさせる旨の変更の登記の申請に際し、納付すべき登録免許税はいくらか。

結論 **不動産1個につき1,500円である。**

説明 本問の登記は、形式上は抵当権の変更として付記登記（登記上の利害関係人が存する場合には、その者が承諾したことを証する情報を提供したときに限る）でなされるが、登記原因は、従前の乙所有部分についての同一債権を担保するための抵当権の設定契約である。そして、この抵当権の設定の登記の申請は、既に甲の持分を目的とする抵当権の設定の登記を受けているので、登録免許税法13条2項に規定する「同一の債権のために……抵当権等の設定登記等を受ける場合において、当該抵当権等の設定登記等の申請が最初の申請以外のものであるとき」に該当し、同項の規定により不動産の個数1個につき1,500円の登録免許税を納付すればよい。

18024 抵当権の順位の変更登記の登録免許税

問 民法374条2項に規定する抵当権の順位の変更の登記については、納付すべき登録免許税はいくらか。

結論 **抵当権の件数を課税標準とし、その1件につき1,000円であり、数個の不動産が共同担保となっている場合には、金額の個数倍となる。**

説明 同一不動産上に、1番甲、2番乙、3番丙、4番丁及び5番戊の5つの抵当権が登記されている場合において、その全員の合意により抵当権の順位の変更を行う場合は、抵当権の件数は5件であるから、計5,000円の登録免許税を必要とするが、もし、このうち1番甲、2番乙、3番丙の三者間のみでの順位の変更であれば、抵当権の件数は3件だから、3,000円の登録免許税で足りるということになる。また、この場合に共同担保となっ

ている数個の不動産について変更するのであればその個数倍する。例えば共同担保となっている三筆の土地についてするのであれば前段は1万5,000円、後段は9,000円となる。

18025　根抵当権の一部譲渡の登記の登録免許税

問　根抵当権の一部譲渡の場合の一部移転の登記については、納付すべき登録免許税はいくらか。

結論　**一部譲渡後の共有者の数で極度金額を除して計算した金額を課税標準とし、これに1,000分の2を乗じて計算した額になる。**

説明　根抵当権の一部譲渡による移転の登記の登録免許税については、登録免許税法別表第一の一の（七）の定めるところによる。その一部譲渡後の共有者の数で極度金額を除して計算した金額をもって課税標準とし、これに1,000分の2の税率を乗じたものとされる。例えば、極度額1,000万円の根抵当権を有する甲が、乙に対して一部譲渡をした場合は、その一部譲渡後は甲及び乙の二者の共有関係となるので、1,000万円を2で除した500万円が課税標準とされ、結局、登録免許税の額は、1万円ということになる。

18026　同一不動産上の3個の抵当権の登記の抹消の登録免許税

問　同一物件に対し、順位1番、2番、3番と同一人のための抵当権の登記がある場合、各抵当権の被担保債権の弁済が同日であれば、当該抵当権の抹消登記を同一の申請情報ですることができるとすると、登録免許税は、登録免許税法別表第一の一の（十五）により1,000円を納付すればよいか。

結論　**1,000円でよい。**

説明　本問では、抵当権はそれぞれ異なった三つの登記原因による抵当権を取得しているのであり、登記記録には、3個の設定登記がなされている。そこでまず、1件の申請でそれらの抹消登記をすることができるかどうかが問題であるが、この点については積極に解されている。しか

し、登録免許税については、その申請の内容が、抵当権者が同一人であるとはいえ、登記原因の異なる3個の各独立した抵当権のそれぞれの登記の抹消の申請という、3個の登記の申請であるから、各設定登記の登記事項ごとにそれぞれ「不動産一個」として納付するかどうかが問題である。

ところで、登録免許税法18条は「同一の登記等の申請書（当該登記等が官庁又は公署の嘱託による場合には、当該登記等の嘱託書）により、別表第一に掲げる登記等の区分に応じ二以上の登記等を受ける場合における登録免許税の額は、各登記等につき同表に掲げる税率を適用して計算した金額の合計額とする」と規定しているので、この規定を裏面から解釈すれば、同一の登記の区分（登記の抹消）に属する登記を、同一の申請情報により同一の不動産について受ける場合の登録免許税は、登記の数に関係なく一不動産につき1,000円を納付すればよいことになる（昭42.7.22第2121号通達第一・一（三）2）。したがって、本問の場合の登録免許税は1,000円となる。

18027 共有物の分割による所有権の移転の登記における登録免許税

問 換地処分された共有の土地を分筆した後に共有物分割による持分移転の登記がされた場合の登録免許税は、どのようになるか。

結論 土地区画整理において、従前の1個の土地に対して数個の換地を定めるいわゆる分割型換地がされた場合において、換地後の土地の全部又は一部について、共有物の分割を原因とする所有権の持分移転の登記申請がされたときにおける登録免許税の税率は、当該共有物に有していた持分に応じた価額に対応する部分については、1,000分の4であり、その他の部分については、1,000分の20となる。

説明 (1) 共有物の分割とは、共有関係を解消して単独の所有とするものであるが、共有物が不動産である場合には、その持分について所有権の移転の登記がされることになる。登録免許税の税率の適用に当たって、共有物の分割については、「共有物（その共有物について有していた持分に応じた価額に対応する部分に限る。以下同じ。）」としており（税法17条1項）、範囲が限定されている。当該「その共有物について有していた持分に応じた価

額に対応する部分」とは、税法施行令9条において、「共有物である土地の所有権の移転の登記において法第17条第1項又は別表第一第一号（二）ロ若しくは（十二）ロ(2)の規定の適用がある場合におけるその共有物について有していた所有権の持分に応じた価額に対応する部分は、当該共有物の分割による所有権の持分の移転の登記に係る土地（以下この項において「対象土地」という。）につき当該登記（以下この項において「対象登記」という。）の直前に分筆による登記事項の変更の登記（以下この項において「分筆登記」という。）がされている場合であつて当該対象登記が当該分筆登記に係る他の土地の全部又は一部の所有権の持分の移転の登記（当該共有物の分割によるものに限る。以下この項において「他の持分移転登記」という。）と同時に申請されたときの当該対象土地の所有権の持分の移転に係る土地の価額のうち当該他の持分移転登記において減少する当該他の土地の所有権の持分の価額に応じた当該対象土地の持分の価額に対応する部分」と規定されている。すなわち、共有物を分筆して数筆の土地とし、その土地を共有者それぞれ単独所有することとし、当該土地についてそれぞれの持分の移転の登記をする場合を射程としているものである。

(2) 土地区画整理において、従前の1個の土地に対して数個の換地を定めるいわゆる分割型換地の場合における登記の構造（土地区画整理登記規則8条）は、分筆の登記の例に類似しており、当該換地を上記(1)の「分筆登記」とみなして差し支えないとされている（平12.3.31第828号通達）。

(3) そのため、土地区画整理において、従前の1個の土地に対して数個の換地を定めるいわゆる分割型換地がされた場合において、換地後の土地の全部又は一部について、共有物の分割を原因とする所有権の持分移転の登記申請がされたときにおける登録免許税の税率は、当該共有物に有していた持分に応じた価額に対応する部分については、1,000分の4であり（税法別表一の一の（二）ロ）、その他の部分については、1,000分の20（税法別表一の一の（二）ハ）となる。

18028　工場財団の分割、合併の登録免許税

問　工場財団の分割、合併等の登記を申請する場合には、納付すべき登録免許税額はいくらか。

結論　登録免許税法別表第一の五の（五）の「変更の登記」に該当する

から、財団の数1個につき6,000円を納付する。

説明 　工場財団の分割の登記は、登録免許税法別表第一の五の（五）の「変更の登記」に該当するから、その登録免許税は、財団の数1個につき金6,000円を納付する。財団の数とは、分割前の財団の個数をいうものと解するので、1個の財団を分割して2個以上とする場合も、それ以上の数個の財団とする場合も、いずれも6,000円である。しかし、同一の申請書で2個以上の財団につき分割の登記を申請する場合には、財団の数1個につき6,000円を必要とする。

　また、工場財団の合併の登記の登録免許税についても、この分割の場合と同様に、「変更の登記」に該当するから、その登録免許税は、財団の数1個につき、6,000円を納付する。ここで財団の数というのは、合併前の財団の個数をいうものと解するので、合併後の財団の数に関係なく、合併前の財団の数に応じ、それが2個の場合は1万2,000円を納付する。また、同一の申請書で合併後の財団の数が2個ある合併の登記を申請する場合は、合併前の財団の数1個ごとに6,000円を必要とする。

18029 住所移転及び行政区画の変更に伴う登記名義人等の住所についての変更の登記の登録免許税

問 　登記名義人が登記記録に記録された住所から他の住所に移転した後に、当該移転後の住所について区制施行などの地番変更を伴わない行政区画の変更が行われた場合の当該登記名義人の住所について、変更の登記を一の申請でするときの登録免許税の取扱いは、どのようになるか。

結論 　**非課税となる。**

説明 　登記名義人の住所を変更する場合の登記原因は、2回以上の住所移転がある場合など同種の登記原因が複数あるときは、その最後の住所移転を登記原因として、登記名義人の住所についての変更の登記を申請することができる（昭32.3.22第423号通達）。他方、本問における登記原因は、①住所移転、②行政区画の変更（区制施行等）であり、同種の登記原因とは認められないため、その両方を登記原因として併記することになる（平22.11.1第2759号通知）。

なお、規則92条1項において、「行政区画又はその名称の変更があった場合には、登記記録に記録した行政区画又はその名称について変更の登記があったものとみなす。字又はその名称に変更があったときも、同様とする。」と規定されているが、当該規定は、表示に関する登記の通則事項であり、登記名義人の住所についての変更の登記といった権利に関する登記には、適用されない。

　行政区画の変更、住居表示の実施などを登記原因とする登記名義人の住所についての変更の登録免許税は、いずれも非課税とされている（税法5条4号・5号）。また、住所移転後に住居表示の実施があった場合の登記名義人の住所についての変更の登記の登録免許税も、登録免許税法5条4号の規定により、非課税とする取扱いがされている（昭42.12.14第3447号回答（以下「昭和42年回答」という）。その趣旨としては、最終の登記原因が住居表示の実施に基づくものであるときは、いわば中間省略の登記として、登記記録上に、現在の住所である住居表示の実施後の表示のみが記載されるからであり、しかもこの実際になされる登記の登録免許税は、同法によって免除されることになっているからと解されている。

　しかし、住所移転後に行政区画の変更があった場合の登記名義人の住所についての変更の登記については、登録免許税を徴税するのが相当とする先例（昭48.11.1第8187号回答）はあるが、これは、旧不登法59条の「行政区画又ハ其名称ノ変更アリタルトキハ登記簿ニ記載シタル行政区画又ハ其名称ハ当然之ヲ変更シタルモノト看過ス」の規定があることを前提としたものであり、現在では、前記のとおり、登記名義人の住所についての変更の登記といった権利に関する登記には、上記のような規定（規則92条1項）が適用されなくなったため、昭和42年回答と同様の考え方に基づき、税法5条5項の規定により登録免許税を徴する必要がないと解されている（平22.11.1第2759号通知）。

不動産登記実務総覧【第4版】

2019年3月28日　第1刷発行
⎡1980年4月1日　　初版第1刷発行⎤
⎢1987年12月16日　全訂版第1刷発行⎥
⎣1998年8月17日　　新訂版第1刷発行⎦

　　　　　　　　　　監　　修　倉　吉　　　敬
　　　　　　　　　　編集代表　寺　島　　　健
　　　　　　　　　　　　　　　小宮山　秀　史
　　　　　　　　　　発 行 者　倉　田　　　勲

〒160-8520　東京都新宿区南元町19
発　行　所　一般社団法人 金融財政事情研究会
企画・制作・販売　株式会社きんざい
出 版 部　TEL 03(3355)2251　FAX 03(3357)7416
販売受付　TEL 03(3358)2891　FAX 03(3358)0037
　　　　　URL https://www.kinzai.jp/

校正：株式会社友人社／印刷：三松堂株式会社

・本書の内容の一部あるいは全部を無断で複写・複製・転訳載すること、および磁気または光記録媒体、コンピュータネットワーク上等へ入力することは、法律で認められた場合を除き、著作者および出版社の権利の侵害となります。
・落丁・乱丁本はお取替えいたします。定価はカバーに表示してあります。

ISBN978-4-322-13069-0